헨리 키신저의
외교

파리강화회의에서 연설하는 우드로우 윌슨, 1919년 1월 25일

HENRY KISSINGER

DIPLOMACY

헨리 키신저의 외교

헨리 키신저 지음 | 김성훈 옮김

김앤김북스

헨리 키신저의 외교

초판 1쇄 발행 2023년 8월 25일
3쇄 발행 2024년 12월 16일

지은이   헨리 A. 키신저
옮긴이   김성훈
펴낸이   김건수

디자인   이재호 디자인
펴낸곳   김앤김북스
출판등록 2001년 2월 9일(제12-302호)
주소   서울시 마포구 월드컵로42길 40, 326호
전화   (02) 773-5133
E-mail   apprro@naver.com
ISBN   978-89-89566-89-2 (03340)

미국 외교단에서 종사하는
모든 남성과 여성에게 바친다.
이들의 프로페셔널리즘과 헌신이 미국의 외교를
떠받쳐주고 있다.

차례

HENRY KISSINGER
DIPLOMACY

01

신세계질서

The New World Order

　　마치 어떤 자연법칙에 따르기라도 한 듯, 모든 세기마다 권력과 의지와 지적, 도덕적 추진력을 갖추고 국제체제 전체를 자신의 가치에 따라 형성하려는 국가가 등장하는 것처럼 보인다. 17세기에는 리슐리외(Richelieu) 추기경이 이끄는 프랑스가 국민국가[1]에 기반하면서 국가이익이라는 궁극적인 목적에 따라 움직이는 근대적 접근법을 국제관계에 도입했다. 18세기에는 영국이 세력균형의 개념을 정교하게 발전시켰고, 이 개념은 이후 200년간 유럽외교를 지배했다. 19세기에는 메테르니히(Metternich)의 오스트리아가 유럽협조체제(Concert of Europe)를 재구축했고, 비스마르크(Bismarck)의 독일은 이 체제를 해체하면서 유럽외교를 권력정치라는 냉혈한 게임으로 바꾸어놓았다.

20세기에 어떤 나라도 미국만큼 국제관계에 결정적으로 그리고 동시에 상반되는 태도를 보이면서 영향을 미치지 않았다. 어떤 사회도 다른 나라의 국내문제에 개입하면 안 된다고 미국보다 더 단호하게 고집하지 않았고, 동시에 자신의 가치가 보편적으로 적용 가능하다고 열성적으로 주장하지 않았다. 일상적인 외교 활동에서 미국보다 더 실용적인 국가는 없었으며, 동시에 자신의 역사적, 도덕적 신념을 추구하는 데 있어 미국보다 더 이념적인 국가도 없었다. 전례 없는 영역과 범위의 동맹과 공약을 떠맡고 있으면서도 미국보다 해외개입을 더 주저했던 나라도 없었다.

　　미국이 자신의 역사 내내 스스로를 특이한 존재로 여기면서 미국 외교정책에 대한 두 가지 모순적인 태도가 생겨났다. 첫 번째 태도는 미국이 국내적으로 민주주의를 완벽하게 구현하고, 그럼으로써 나머지 인류를 위한 등불(beacon)이 됨으로써 자신의 가치에 가장 잘 이바지한다는 것이다. 두 번째 태도는 미국의 가치는 미국으로 하여금 그 가치를 위해 전 세계에서 성전(聖戰)에 나서도록 의무를 부과한다는 것이다. 제2차 세계대전의 종식 이래 상호의존의 현실이 지배적이었음에도 불구하고, 때묻지 않은 과거에 대한 향수와 완벽한 미래에 대한 갈망 사이에서 갈피를 못 잡은 채 미국인들의 사고는 고립주의와 개입주의 사이를 오갔다.

　　양대 학파―등불로서의 미국과 십자군으로서 미국―는 민주주의와 자유 무역, 국제법에 기반한 전 지구적인 국제질서를 정상이라고 상상한다. 그런 체제가 실제로 존재했던 적이 없었기 때문에, 미국이 그것을 환기시키는 것은 종종 다른 나라들에게는 순진하지는 않더라도 유토피아적으로 보인다. 그럼에도 불구하고 외교 분야에서 이와 같은 회의적인 시각이 우드로우 윌슨, 프랭클린 루스벨트, 로널드 레이건 혹은 20세기에 있었던 다른 모든 미국 대통령의 이상주의를 퇴색시키지 못했다. 오히려 역사는 극복 가능하며, 세계가 진정으로 평화를 원한다면 미국의 도덕적 처방을 적용해야 한다는 미국의 신념을 자극했을 뿐이다.

　　양대 학파는 미국적 경험의 산물이기도 하다. 물론 다른 공화국도 존재해왔지만, 어떤 공화국도 자유라는 아이디어를 의식적으로 입증하려고 창조된 적은 없었다.[2] 다른 어떤 나라의 국민도 모든 인류의 자유와 번영이라는 명분으로 신대륙으로 가겠다고 하거나 황무지를 개척하겠다고 선택한 적도 없었다. 고립주의자와 선교사라는 두 가지 접근법은 일견 상당히 상충하는 것처럼 보이지만 그 근저에 있는 공통의 믿음을 반영했다. 즉, 미국의 정부 제도가 세계에서 가장 훌륭하고, 다른 인류 전체가 전통적인 외교 방식을 포기하고 국제법과 민주주의를 존중하는 미국 방식을 따르면 평화와 번영을 유지할 수 있다는 믿음이었다.

미국의 오랜 국제정치 여정은 경험에 대한 신념의 승리였다. 미국이 세계정치 무대에 뛰어든 1917년 이래 미국의 힘이 워낙 압도적이었고 자신의 이상이 옳다는 확신이 너무나 강했기 때문에 국제연맹에서부터 켈로그-브리앙 조약, 유엔 헌장 및 헬싱키 협정 최종의정서에 이르기까지 20세기 주요 국제적 합의에 미국의 가치가 구현되었다. 소련 공산주의의 붕괴는 미국식 이상이 옳았다는 점을 지적으로 증명해준 사건이었으며, 또한 역설적으로 미국이 자신의 역사 내내 회피하려고 했던 형태의 세계에 직면하는 계기가 되었다. 새롭게 등장하는 국제질서에서 민족주의는 다시 생명이 연장되었다. 국가들은 고상한 원칙보다 자국 이익을 더 자주 추구했고, 협력보다 경쟁을 더 많이 해왔다. 이런 오래된 행동 방식이 바뀌었다거나 향후 수십 년 사이에 변화할 가능성이 있다고 주장할 만한 근거는 거의 없다.

새롭게 등장하는 세계질서에서 새로운 사실은 미국이 처음으로 세계에서 손을 털고 물러날 수도 없고, 세계를 지배할 수도 없게 되었다는 점이다. 미국은 자국 역사를 통틀어 인식해왔던 자신의 역할을 변경할 수도 없고, 변경하기를 원해서도 안 된다. 미국이 국제무대에 등장했을 때, 미국은 젊고 활기찼으며 국제관계에 관한 자신의 비전에 따라 세계를 변화시킬 수 있는 힘이 있었다. 1945년 제2차 세계대전이 끝났을 때, 미국은 너무나 강력했기 때문에(한때는 미국이 전 세계 경제 총생산의 35퍼센트를 차지했다), 미국이 전 세계를 자신이 원하는 대로 만들어나가야 할 운명인 것처럼 보이기도 했다.

존 F. 케네디는 1961년에 자유가 반드시 성공하도록 "모든 대가를 치르고 모든 부담을 짊어질" 정도로 미국이 충분히 강력하다고 자신만만하게 선언했다. 30년이 지난 현재, 미국은 그때처럼 자신이 품고 있는 모든 열망을 즉시 실현하겠다고 주장할 처지가 못 된다. 다른 국가들도 강대국의 반열에 동참할 정도로 성장했다. 미국은 이제 자신의 목표를 달성하려는 과정마다 도전에 직면하고 있으며, 개별 단계마다 미국의 가치와 지정학적 필요성이 뒤섞여 있다. 새로운 필요성 중 한 가지는 서로 비슷한 국력을 지닌 국가들로 이루어진 세계는 자신의 질서를 일종의 균형상태(equilibrium)라는 개념에 기초해야 한다는 점이다. 미국은 이런 아이디어를 편안하게 느낀 적이 전혀 없었다.

1919년 파리강화회의에서 외교정책에 관한 미국식 사고와 유럽식 외교 전통이 서로 마주쳤을 때, 서로의 역사적 경험이 상이하다는 사실이 극명하게 드러났다. 유럽 지도자들은 익숙한 방식으로 기존 체제를 재단장하려고 했다. 미국의 평화 중재자들은 제1차 세계대전이 복잡다단한 지정학적 갈등이 아니라 유럽의 잘못된 관행 때문에 발생했다고 믿었다. 우드로우 윌슨은 유명한 14개 조항(the Fourteen Points)을 통해 유럽인들에게 이제부터 국제체제는 세력균형이 아닌 민족자결주의에 기반을 두어야 하며, 안보를 군사동맹이 아닌 집단안보에 의지해야 하고, 또한 더 이상 외교가 전문가들에 의해 비밀리에 추진되지 말아야 하며, "공개적 합의, 합의 과정 공개"에 기반을 두고 진행되어야 한다고 말했다. 명백히 윌슨은 종전(終戰)에 관한 조건을 논의하거나 기존 국제질서를 회복하려고 회의에 참석한 것이 아니었다. 거의 3세기에 걸쳐 실천되었던 국제관계의 전반적 체계를 개조하려고 참석했다.

미국인들이 외교정책에 대해 숙고하면 할수록, 그들은 유럽의 고난을 세력균형체제 탓으로 돌리게 되었다. 그리고 유럽이 처음 미국의 외교정책에 관심을 가졌어야만 했던 이래, 유럽의 지도자들은 세계 개혁이라는 미국이 스스로 부과한 임무에 대해 미심쩍어했다. 미국과 유럽은 마치 상대방이 그들의 외교활동 방식을 자유롭게 선택했으며, 만약 상대방이 더 현명하거나 덜 호전적이었다면, 더 수긍할 수 있는 어떤 다른 방법을 택할 수 있었던 것처럼 행동했다.

사실 미국과 유럽의 외교정책 스타일은 양쪽 다 그들이 처한 독특한 여건의 산물이었다. 미국인들은 두 거대한 대양에 의해 약탈적인 강대국으로부터 보호를 받는, 그리고 허약한 주변국들이 있는 거의 텅 빈 대륙에 거주했다. 미국은 견제할 필요가 있는 강대국과 마주칠 일이 없었기 때문에 균형상태가 도전받는 것에 거의 신경 쓰지 않았다.

유럽 국가들을 괴롭혔던 안보 딜레마는 거의 150년 동안 미국을 건드리지 않았다. 안보 딜레마에 직면하자, 미국은 유럽 국가들이 촉발한 세계대전에 두 번 참전했다. 각각의 경우 미국이 참전했을 때는 이미 세력균형이 작동하지 못하는 상황이었고, 이로 인해 오히려 역설적인 결과가 생겼다. 즉, 대부분의 미국인이 혐오했던 세력균형이 실제로 계획되었던 대로만 작동했더라면 미국의 안보가 보장되었을 것이고, 세력균형이 붕괴했기 때문에 미국이 국제정치에 끌려 들어온 것이다.

유럽의 국가들이 선천적으로 호전적이거나 음모를 좋아하는 구세계의 성향으로 인해 세력균형을 자신들 간의 관계를 조율하는 수단으로 선택한 게 아니었다. 민주주의와 국제법을 강조하는 태도가 미국만의 독특한 안보관의 산물이라고 간주한다면, 유럽의 외교는 험난한 교육을 통해 다져진 결과로 볼 수 있다.

유럽의 제1 선택, 즉 보편적 제국에 대한 중세의 꿈이 무산되고 국력이 엇비슷한 몇몇 국가들이 아주 오래된 열망의 잿더미에서 등장함에 따라 유럽은 세력균형의 정치에 내던져졌다. 이렇게 구성된 한 무리의 국가들이 각자 서로를 상대해야 한다면 오직 두 가지 결과만이 가능하다. 즉, 한 국가가 아주 강력해져서 다른 국가들을 모두 정복하고 제국이 되거나, 아니면 어떤 국가도 이런 목표를 달성할 정도로 충분히 강해지지 못하게 하는 것이었다. 후자의 경우에는 국제 공동체에서 가장 공격적인 구성원의 야망은 다른 국가들이 뭉쳐서 견제해야 한다. 다시 말하자면 세력균형을 작동시키는 것이다.

세력균형체제는 위기나 심지어 전쟁을 막는다는 목적을 가지고 있지 않았다. 제대로 작동할 경우 세력균형체제는 다른 국가들을 지배하려는 국가들의 능력과 충돌의 범위 모두를 제한하려는 것이었다. 그 목표는 평화라기보다 안정과 절제였다. 당연히 세력균형 합의는 국제체제의 모든 구성원을 완전히 충족시킬 수 없다. 다만, 피해를 보는 측이 국제질서를 뒤엎으려는 수준까지 불만을 품지 않게 할 때 가장 잘 작동한다.

세력균형 이론가들은 이따금 마치 세력균형이 국제관계의 자연스러운 형태라는 인상을 남긴다. 하지만 세력균형체제는 실제로 인류사에서 아주 드물게 존재했다. 서반구에는 이런 체제가 전혀 없었고, 2000년 전 춘추전국 시대가 종료된 이래 현대 중국 영토에서도 마찬가지였다. 인류 문명의 대부분과 역사의 가장 기나긴 기간 동안 가장 흔한 정부 형태는 제국이었기 때문이다. 제국은 국제체제 내에서의 활동에 관심이 없다. 제국은 국제체제가 되기를 갈망한다. 제국은 세력균형이 필요 없다. 미국이 이런 식으로 미주 대륙에서 외교정책을 수행해왔고, 중국도 아시아에서 역사의 대부분을 이렇게 행동해왔다.

서방에서 세력균형체제가 작동했던 유일한 사례는 고대 그리스나 르네상스 시대 이탈리아 도시국가 간에, 그리고 1648년 베스트팔렌 조약(the Peace of Westphalia) 이후 등장한 유럽 국가 체제뿐이었다.[3] 이 체제의 두드러진 특징은 어쩔 수 없는 현실—실질적으로 힘이 동등한 다수 국가들의 존재—을 세계질서의 지도 원리로 격상시켰다는 점이다.

지적인 측면에서 세력균형이라는 개념은 계몽주의 시대 모든 주요 정치 사상가들의 확신을 반영했다. 그들의 시각에 따르면, 정치적 영역을 포함한 우주는 서로 균형을 이룬다는 이성적인 원리에 따라 작동했다. 이성적인 인간들이 무작위로 행동하는 것처럼 보여도 전체적으로 보면 공동선을 지향하는 경향이 있다. 물론 이런 명제가 30년전쟁 이후 거의 끊이지 않고 갈등이 이어졌던 세기에 있었다는 점은 이해하기 어렵다.

애덤 스미스는 『국부론(The Wealth of Nations)』에서 "보이지 않는 손"이 이기적 개별 경제주체들의 활동에서 전반적인 경제적 부를 정제해낼 것이라고 주장했다. 『페더럴리스트 페이퍼(The Federalist Papers)』에서 매디슨(James Madison Jr.)은 만약 공화국이 충분히 크다면 이기적인 이익만 좇는 다양한 정치적 "파벌"이 일종의 자유로운 메커니즘에 따라 적절한 국내적 조화를 형성할 수 있다고 주장했다.[4] 몽테스키외가 고안하고 미국 헌법에 구현된 권력분립 및 견제와 균형 같은 개념도 동일한 시각을 반영했다. 권력분립의 목적은 폭군의 등장을 막는 것이지 조화로운 정부를 달성하는 것이 아니었다. 각자 이익을 추구하는 개별 정부기관들은 권력남용을 자제하게 되고, 이로써 공동선에 기여한다는 것이다. 동일한 원칙이 국제관계에도 적용되었다. 개별 국가가 각자의 이기적인 이익을 추구함으로써 진보에 기여한다고 추정되었다.

한 세기가 넘게 이런 기대가 충족되는 것처럼 보였다. 프랑스대혁명과 나폴레옹전쟁에 따른 혼란을 겪고 나서, 유럽 지도자들은 1815년 빈 회의(Congress of Vienna)에서 세력균형을 회복했고 도덕적, 법적 유대를 통해 국제무대에서 온건하게 행동하려고 함으로써 권력에 무자비하게 의존하는 태도를 완화했다. 하지만 19세기가 끝나갈 무렵, 유럽의 세력균형체제는 권력정치의 원칙과 훨씬 더 가혹한 환경으로 되돌아갔다. 적을 제압하는 게 외교의 표준 방식이 되었고, 힘을 시험해보는 일들이 잇따랐다. 궁극적으로 1914년에 위기가 대두되었고 아무도 물러서지 않았다. 유럽은 제1차 세계대전이라는 재난을 겪은 후 다시는 세계적 리더십을 완전히 회복하지 못했다. 미국이 주도적인 행위자로 등장했지만 우드로우 윌슨은 미국이 유럽식 원칙에 따라 행동하지 않을 것이라고 천명했다.

미국은 미국의 역사를 통틀어 봐도 세력균형체제에 참여한 적이 한 번도 없었다. 두 차례의 세계대전이 있기 전까지 미국은 세력균형에 엮이지 않은 채 세력균형의 혜택만 누렸고, 그러면서도 마음대로 세력균형을 혹평하는 호사까지 누렸다. 냉전기에 미국은 세력균형체제의 원칙과 다른 원칙으로 운영되었던 양대 강대국 세계에서 소련에 맞서 이념적, 정치적, 전략적 투쟁을 벌였다. 양대 강대국 세계에서는 갈등이 공동선으로 이어진다는 가식이 있을 수가 없다. 어느 한 편이 이득을 보면 다른 한 편은 손실을 입게 된다. 실제로 전쟁 없는 승리는 미국이 냉전에서 달성한 위업이며, 이러한 승리로 미국은 조지 버나드 쇼가 묘사한 딜레마에 필연적으로 봉착했다. "인생에는 두 가지 비극이 있다. 하나는 당신 마음속 욕망을 상실하는 것이고, 다른 하나는 그것을 획득하는 것이다."

미국 지도자들은 미국의 가치를 너무나 당연하다고 여겼기 때문에 이런 가치가 다른 나라 지도자들에게는 혁명적이고 불안하게 보일 수 있다는 사실을 거의 인식하지 못했다. 다른 어떤 사회에서도 윤리적 행동 원칙이 개인적 행동에 적용되는 것과 같은 방식으로 국제적 행동에도 적용된다고 주장하지 않았다. 이런 관념은 리슐리외의 국가이성

(raison d' état)과 정반대였다. 미국은 전쟁 예방이 외교적 과제일 뿐만 아니라 법적 과제이며, 자신이 저항하는 것은 변화 그 자체가 아니라 변화 방식, 특히 무력 사용이라고 주장했다. 비스마르크나 디즈레일리 같은 사람이라면 외교정책이 실제 내용이 아니라 방식에 관한 것이라는 주장을 비웃었을 것이다. 물론 그들이 실제로 그 말을 이해했다면 말이다. 어떤 국가도 미국처럼 스스로에게 도덕적 요구를 강요한 적이 없었다. 그리고 어떤 나라도 당연히 절대적인 도덕적 가치와 그런 가치가 적용되어야 하는 구체적 상황에 내재한 불완전성 사이의 간극을 놓고 미국만큼 고뇌한 적도 없었다.

냉전기 동안 외교정책에 관한 미국의 독특한 접근법은 당면한 도전에 놀라울 정도로 적합했다. 냉전기에는 이념적으로 깊은 갈등이 있었고, 오로지 한 나라, 즉 미국만 비공산주의 세계의 방어를 조직화할 수 있는 수단—정치적, 경제적, 군사적—을 포괄적으로 모두 갖추었다. 이런 위치에 있는 국가는 자신의 견해를 고집할 수 있고, 종종 불리한 위치에 있는 국가의 정치인들이 직면하는 문제를 겪지 않을 수도 있다. 즉, 가용한 수단이 빈약해서 자신들의 희망보다 덜 야심적인 목표를 추구해야 하고, 주어진 환경 때문에 심지어 이런 목표조차도 단계적으로 접근해야 하는 상황에 처하지 않는다.

냉전기 세계에서 전통적 권력 개념이 상당히 붕괴했다. 대부분의 역사는 군사력, 정치력, 경제력이 통합된 모습을 보여줬고, 이러한 힘들은 대체로 균형이 잡힌 것으로 드러났다. 냉전기에는 권력의 다양한 요소들이 상당히 두드러졌다. 구소련은 군사 초강대국이었지만 동시에 경제적으로는 약체였다. 또한 일본의 경우처럼 경제적으로는 거인이면서 군사적으로는 별 볼 일 없었다.

탈냉전기 세계에서는 이런 다양한 요소가 보다 일치하고 균형이 잡힐 가능성이 있다. 미국의 상대적 군사력은 점차 쇠퇴할 것이다. 명백한 적이 부재한 상황에서 국방 분야로부터 다른 우선순위로 자원을 돌리도록 국내적으로 압박을 받을 것이며, 이미 이런 과정이 시작되었다. 단일한 위협이 더 이상 존재하지 않고 개별 국가가 자신이 처한 위협을 각자의 시각에서 바라봄에 따라, 그간 미국의 보호를 받으며 안주해왔던 국가들은 자신들의 안보에 더 큰 책임을 떠안게 될 것이다. 그리하여 새로운 국제체제는 비록 수십 년이 걸릴지라도 균형점을 찾아갈 것이고, 심지어 군사 분야에서도 그렇게 될 것이다. 이런 추세는 미국의 우위가 이미 쇠퇴하고 있고 다른 나라들이 더 안전하게 미국에 도전할 수 있는 경제 분야에서 한층 더 두드러질 것이다.

21세기 국제체제는 한편으로는 파편화, 다른 한편으로는 세계화의 심화라는 겉보기에 상호 모순되는 요소로 특징지어질 것이다. 국가 간 관계 수준에서 새로운 질서는 냉전기의 경직된 체제보다 18세기와 19세기의 유럽체제처럼 될 가능성이 있을 것이다. 이 국제체제는 적어도 6개 주요국—미국, 유럽, 중국, 일본, 러시아, 그리고 아마도 인도—과 다양한 중견국과 소국들로 형성될 것이다. 동시에 국제관계는 진정으로 글로벌해지고 있다. 통신이 실시간으로 이루어지며, 세계 경제가 모든 대륙에서 동시에 작동한다. 핵확산, 환경, 인구폭발, 경제적 상호의존과 같은 전 세계적인 차원에서만 다룰 수 있는 일련의 이슈들이 대두하고 있다.

미국으로서는 미국에 견줄 만한 중요성을 지닌 국가들 사이에서 상이한 가치와 매우 상이한 역사적 경험을 조화시키는 시도가 생소한 경험일 것이고, 19세기의 고립주의나 냉전기의 사실상 패권국 지위로부터 크게 벗어나는 일일 것이다. 마찬가지로 다른 주요국들도 새롭게 등장하는 세계질서에 적응하는 데 어려움을 겪고 있다.

근대 세계에서 유일하게 다국가체제(multi-state system)를 경험했던 지역인 유럽은 국민국가(nation-state), 주권(sovereignty), 세력균형의 개념을 발명해냈다. 이러한 아이디어는 지난 3세기 동안 국제관계의 대부분을 지배해왔다. 하지만 과거에 유럽에서 국가이성을 실천해왔던 어떤 국가도 이제는 새롭게 등장하는 국제질서에서 주요 행위자가 될 만큼 충분히 강력하지 못하다. 이들은 상대적으로 약하기 때문에 통합된 유럽을 창조해서 보완하려고 하며, 이런 노력으로 인해 상당히 많은 에너지를 소진하고 있다. 하지만 설령 이런 시도가 성공하더라도 그와 같은 통합된 정치체가 예전에 존재한 적이 없었기 때문에, 세계무대에서의 통합된 유럽 행동을 위한 지침이 자동적으로 마련되지는 않을 것이다.

러시아는 그들의 역사 내내 특별한 국가였다. 러시아는 유럽 무대에 늦게 등장했고—프랑스와 영국이 각각 국가로서 공고해진 지 한참 지난 뒤에—유럽외교의 전통적 원칙을 전혀 적용받지 않는 것처럼 보였다. 상이한 3개의 문화권—유럽, 아시아, 무슬림 세계—과 국경을 접하면서 러시아는 이와 관련된 각각의 주민들을 포함하고 있었고, 그래서 유럽적 의미에서 진정한 국민국가가 아니었다. 러시아의 통치자들이 인접한 영토를 병합하는 과정에서 나라가 지속적으로 변모했기 때문에 러시아는 다른 어떤 유럽 국가들과 비교해도 지나치게 큰 제국이었다. 더욱이 매번 새로운 정복활동을 통해 완전히 생소하고 다루기 힘든 비(非)러시아 종족을 흡수하면서 러시아의 성격도 바뀌었다. 이 때문에 러시아는 어떤 그럴듯한 외부 안보위협과는 무관할 정도로 방대한 규모의 군대를 보유해야 한다고 느꼈다.

강박적인 안보 불안과 개종시키려는 열망 사이에서 그리고 유럽의 요구와 아시아의 유혹 사이에서 갈피를 잡지 못했던 러시아 제국은 유럽의 세력균형에서 항상 일정한 역할을 담당했지만 정서적으로는 결코 유럽의 일부가 아니었다. 정복과 안보에 대한 요구가 러시아 지도자들의 머릿속에서 합쳐졌다. 빈 회의 이후부터 러시아 제국은 다른 어떤 열강보다도 자국 병력을 외국 땅에 더 자주 주둔시켰다. 분석가들은 이러한 러시아의 팽창주의를 안보적 불안감에 기인한다고 종종 설명한다. 하지만 러시아의 저술가들은 외부 세계로 팽창해나가는 러시아의 활동을 마치 메시아와 같은 소명이라고 훨씬 더 빈번하게 정당화해왔다. 거침없이 전진하는 러시아는 자신의 한계 인식을 거의 드러내지 않았다. 좌절을 겪으면 후퇴했고 음침하게 분노를 삭였다. 러시아 역사의 대부분에서 러시아는 기회를 노리고 있는 대의명분 그 자체였다.

공산주의가 소멸한 이후의 러시아는 역사적으로 전혀 전례가 없는 국경선 안에 놓이게 되었다. 유럽과 마찬가지로 러시아도 상당한 에너지를 투입해서 자신의 정체성을 재정의해야 할 것이다. 러시아가 원래의 역사적 리듬으로 되돌아가 잃어버린 제국을 되찾을 것인가? 무게중심을 동쪽으로 옮기고 아시아 외교에 보다 적극적으로 참여할 것인가? 어떤 원칙과 방법으로 자신의 국경 주변, 특히 불안정한 중동에서의 격변에 대응할 것인가? 러시아는 세계질서에 항상 핵심적인 존재로 남아 있을 것이고 이런 질문들에 답하는 것과 연관된 불가피한 혼란 속에서 세계질서에 대한 잠재적 위협이 될 것이다.

중국도 마찬가지로 자신에게 생소한 세계질서에 직면하고 있다. 2000년간 중국은 단일 제국으로 자신의 세계를 통일해왔다. 물론 이런 지배체제는 가끔씩 불안정해지기도 했다. 유럽 못지않게 중국에서도 전쟁이 빈번하게 발생했다. 하지만 이런 전쟁은 대체로 제국의 권위를 차지하려는 경쟁 세력들 사이에서 발생했기 때문에 국제전이기보다는 내전의 성격을 띠고 있었고, 변함없이 얼마 안 가서 새로운 중앙권력의 등장으로 이어졌다.

19세기 이전에는 중국의 우월한 지위에 맞설 정도로 역량이 있는 주변국이 존재한 적이 없었고, 중국도 그런 나라가 등장하리라고 상상조차 하지 않았다. 외부의 정복자들이 중국 왕조를 쓰러뜨렸지만 결국 중국 문화에 흡수되어 중국의 전통을 지속했다. 국가 간 주권 평등이라는 관념은 중국에서 존재하지 않았다. 외부인은 야만인으로 간주되었고 조공관계로 강등되었다. 18세기에 처음으로 베이징에 파견된 영국 사절단도 이런 식으로 접수되었다. 중국은 해외에 대사를 파견하는 것을 경멸했으나, 필요하다면 근처에 있는 야만인들을 점령하기 위해서 멀리 떨어진 야만인들을 활용했다. 하지만 이는 어디까지나 비상 상황을 위한 전략이었지 유럽식 세력균형과 같은 일상적인 운영 방식이 아니었으며, 유럽의 특징이라 할 수 있는 일종의 상주 외교단을 만들어내지 못했다. 19세기 유럽 식민주의에 굴욕적으로 시달린 뒤에 중국은 최근—제2차 세계대전 이후—중국의 역사에 전례가 없었던 다극체제 세계(multipolar world)에 재등장했다.

일본도 외부 세계와 모든 접촉을 끊고 살아왔다. 매슈 페리(Matthew C. Perry) 제독에 의해 1854년 강제로 개항하기 전까지 500년 동안, 일본은 중국인들이 했던 것처럼 야만인들이 서로 대립하게 해서 견제하거나 조공관계를 구축하려는 시도조차도 하지 않았다. 외부 세계와 단절된 채 일본은 자신만의 독특한 관습에 자부심을 가졌고, 내전으로 다져진 군사적 전통에 흡족해했으며, 자신의 내부 구조를 일본의 독특한 문화가 외세의 영향에 휘둘리지 않고 그보다 우월하며, 결국에는 외세의 영향을 받아들이기보다 물리칠 것이라는 확신에 기초해 구축했다.

소련이 가장 큰 안보위협이었던 냉전기에 일본은 수천 킬로미터 떨어져 있는 미국과 자신의 외교정책을 동일시할 수 있었다. 다양한 도전이 있는 신세계질서에서 자신의 과거를 아주 자랑스러워하는 이 나라는 하나의 동맹국에만 안보를 의존하는 정책을 거의 틀림없이 재검토해야 할 것이다. 대서양과 태평양 너머로 그리고 남아메리카 쪽으로 세 방향을 바라보고 있으며, 서반구에 떨어져 있는 미국에 비해 일본은 아시아의 세력균형에 더욱 민감해질 수밖에 없다. 중국, 한국, 동남아시아는 미국보다는 일본에게 상당히 중요해질 것이며, 이로 인해 일본 외교정책은 한층 자율성이 높아지고 독자적인 성향을 띠게 될 것이다.

현재 남아시아에서 주요 강대국으로 등장하고 있는 인도의 외교정책은 많은 면에서 유럽 제국주의 전성기의 마지막 잔재이며, 오래된 문화의 전통에 의해서도 영향을 받았다. 영국이 도래하기 전까지 인도 아대륙은 수천 년 동안 단일 정치체로 통치를 받은 적이 없었다.[5] 영국의 인도 식민지배는 소수의 병력으로 달성되었는데, 일단 현지 주민들이 영국의 지배를 한 통치세력이 다른 통치세력을 교체하는 정도로 간주했기 때문이다. 하지만 통일된 통치체제를 수립한 후, 대영제국은 자신이 인도에 도입한 민주적 정부라는 가치와 문화적 민족주의로 말미암아 허약해졌다. 하지만 국민국가로서 인도는 신참국가였다. 방대한 인구를 먹여 살리려고 분투하면서 인도는 냉전기에 비동맹운동에 살짝 관여한 적이 있었다. 그러나 국제정치 무대에서 덩치에 걸맞은 역할을 맡지는 않았다.

그리하여 실제로는 새로운 세계질서를 구축해야 하는 가장 중요한 국가들 중에 어느 국가도 새롭게 등장하는 다국가체제를 경험해본 적이 없다. 예전에는 새로운 세계질서가 이토록 많은 상이한 인식들을, 이토록 글로벌한 규모로 규합할 필요가 없었다. 과거의 어떤 질서도 역사적인 세력균형체제의 속성을 전 세계적인 민주적 여론과 폭발적인 현대의 기술과 결합할 필요가 없었다.

돌이켜보건대 모든 국제체제는 불가피하게 균형을 이루는 것처럼 보인다. 일단 국제체제가 구축되고 나면 다른 선택을 했을 때 역사가 어떻게 전개되었을지, 혹은 실제로 어떤 다른 선택들이 가능했을지 상상하기가 어렵다. 일단 국제질서가 탄생하면 많은 선택지들이 생길 수 있다. 하지만 각각의 선택은 남은 선택의 세계를 제한한다. 복잡성은 유연성을 제한하기 때문에 최초의 선택이 특히 중요하다. 국제질서가 빈 회의로부터 등장한 질서처럼 상대적으로 안정적일지 혹은 베스트팔렌 평화 조약이나 베르사유 조약으로부터 나타난 질서처럼 극도로 불안정할지 여부는 구성원인 국가들이 안전하다고 느끼게 해주는 것과 정의롭다고 여기는 것을 어느 정도까지 합치시킬 수 있는지에 달려 있다.

가장 안정적이었던 두 국제체제—빈 회의 이후 체제와 제2차 세계대전 이후 미국이 지배했던 체제—는 인식이 일치했다는 이점이 있었다. 빈 회의의 정치인들은 무형적 요소를 동일한 방식으로 바라보았던 귀족들이었고, 근본 원칙에 동의했다. 전후질서를 구축했던 미국 지도자들은 비범할 정도로 일관성이 있고 활기 넘치는 지적 전통으로부터 등장했다.

현재 등장하고 있는 질서는 서로 매우 이질적인 문화를 대표하는 정치인들에 의해 구축될 것이다. 이들은 아주 복잡하고도 거대한 관료체제를 운영하기 때문에 흔히 목적을 규정하는 일보다는 행정기구를 관리하는 일에 더 많은 에너지를 소모한다. 이들은 통치에 반드시 필요하지도 않고, 심지어 국제질서 구축에 그다지 적절하지도 않은 자질 덕택에 그 자리에 오른 사람들이다. 그리고 유일하게 가용한 다국가체제 모델은 서방 사회가 수립되었기 때문에 많은 다른 참여자들이 이 체제를 거부할지도 모른다.

하지만 베스트팔렌 평화 조약으로부터 우리 시대에 이르기까지 다수 국가들에 기반한 이전 세계질서의 흥망은 현대 정치인들이 직면하고 있는 도전을 이해하기 위해 의지할 수 있는 유일한 경험이다. 역사를 공부한다고 해서 그대로 적용할 수 있는 사용 설명서가 나오지는 않는다. 역사는 유추를 통해 가르쳐주며, 비교 가능한 상황들의 있을 법한 결과에 대한 실마리를 던져준다. 하지만 개별 세대는 스스로 어떤 상황이 실제로 비교 가능한지 결정해야 한다.

지식인은 국제체제의 작동을 분석한다. 정치인은 국제체제를 구축한다. 그리고 분석가와 정치인의 관점에는 엄청난 차이가 있다. 분석가는 자신이 연구하고 싶은 문제를 선택할 수 있는 반면, 정치인의 문제는 정치인에게 부과된 것이다. 분석가는 명확한 결론을 도출하기 위해 필요한 시간을 얼마든지 할애할 수 있다. 정치인에게 있어 가장 압도적인 도전은 시간의 압박이다. 분석가는 위험을 무릅쓰지 않는다. 만약 자신의 결론이 틀린 것으로 밝혀져도 또 다른 논문을 작성할 수 있다. 정치인에게는 한 가지 추측만 허용되며, 실수는 돌이킬 수 없다. 분석가는 이용 가능한 모든 사실을 갖고 있으며, 자신의 지적 역량에 대해 평가를 받게 될 것이다. 정치인은 판단을 내리는 그 순간에 입증될 수 없는 판단에 기초해서 행동해야 한다. 그리고 얼마나 불가피한 변화를 현명하게 관리했는지, 그리고 무엇보다 평화를 얼마나 잘 유지했는지에 기초해서 역사의 평가를 받게 될 것이다. 그렇기 때문에 정치인들이 세계질서의 문제를 어떻게 다루었는지 검토하는 것—무엇이 잘 되었는지 혹은 실패했는지, 그리고 왜 그랬는지—은 현대 외교에 대한 이해의 시작일 수는 있어도 그 끝은 아니다.

02

경첩[1]:
시어도어 루스벨트 혹은 우드로우 윌슨
The Hinge: Theodore Roosevelt or Woodrow Wilson

20세기 초까지 고립주의 성향이 미국 외교정책에 만연했다. 그러다 미국의 국력이 급속하게 신장하고 유럽 중심 국제질서가 점진적으로 붕괴하는 두 가지 요인으로 말미암아 미국이 세계정치에 내던져졌다. 두 대통령의 시기가 이러한 진전에 분수령이 되었다. 바로 시어도어 루스벨트(Theodore Roosevelt)와 우드로우 윌슨(Woodrow Wilson) 시기였다. 세계문제에 관여하는 게 내키지 않았던 국민이 세계문제라는 소용돌이로 빨려 들어갈 때, 이 두 사람이 정부의 고삐를 쥐고 있었다. 비록 이 두 명이 미국이 고립주의에서 벗어나야 한다는 사실을 상반된 철학으로 정당화하려 했지만, 둘 다 미국이 세계문제에서 중요한 역할을 맡아야 한다고 인식했다.

시어도어 루스벨트는 세력균형에 대한 노련한 분석가였다. 그는 미국의 국익 차원에서 세력균형이 필요하다고 보았고, 그에게 미국이 빠진 전 세계적 세력균형이란 상상할 수 없었기 때문에 미국이 국제사회에서 역할을 맡아야 한다고 주장했다. 우드로우 윌슨의 경우 미국의 국제적 역할에 대한 정당화는 메시아적이었다. 미국은 세력균형 유지가 아니라 미국의 원칙을 전 세계에 확산할 의무가 있다는 것이었다. 윌슨 행정부 시기에 미국은 세계문제에서 핵심 행위자로 등장하였고, 미국식 사고의 자명한 이치를 반영하지만 구세계 외교관들에게는 혁명적 변화로 받아들여지는 원칙들을 천명했다. 이 원칙은 세계평화가 민주주의의 확산에 달려 있고, 국가가 개인과 똑같은 윤리적 잣대로 평가받아야 하며, 국익이 보편적인 법체계를 고수하는 데 있다고 보았다.

세력균형에 기초한 유럽외교에 이골이 난 사람들로서는 도덕적 토대에 기반을 둔 외교정책이라는 윌슨의 견해가 기이하면서 심지어 위선적으로 보였다. 하지만 윌슨주의는 윌슨과 같은 시대에 살았던 사람들의 의구심을 극복하면서 역사 속에서 살아남았다. 윌슨은 보편적 세계기구인 국제연맹(League of Nations)이라는 비전의 창시자였으며, 국제연맹은 동맹보다도 집단안보(collective security)를 통해 평화를 유지하고자 했다. 비록 윌슨이 이 기구가 장점이 많다고 미국을 설득하지 못했지만, 그 아이디어는 살아남았다. 무엇보다도 윌슨식 이상주의의 북소리에 맞춰 미국 외교정책은 윌슨 행정부 이후에도 계속 전진해왔고 오늘날까지 이어지고 있다.

국제문제에 관한 미국만의 독특한 접근법은 갑자기 생겨난 것도 아니고, 고독한 영감의 산물도 아니다. 독립 초기 당시, 미국의 외교정책에는 간단히 말하자면 신생국 미국의 독립을 튼튼하게 다진다는 미국의 국익이 정교하게 반영되어 있었다. 어떤 유럽 국가라 할지라도 경쟁국가와 서로 대립하는 한 미국을 실질적으로 위협할 수 없기 때문에, 건국의 아버지들은 경멸해 마지않던 세력균형이 자신들의 이익에 부합하기만 한다면 기꺼이 활용할 준비가 되어 있다는 것을 보여줬다. 실제로 이들은 미국의 독립을 유지하기 위해서 뿐만 아니라 미국의 국경을 넓히는 과정에서도 영국과 프랑스 간의 관계를 교묘하게 이용했다. 이들은 프랑스대혁명 전쟁에서 어느 한쪽이 완벽하게 승리하기를 원하지 않았기 때문에 중립을 선언했다. 제퍼슨은 나폴레옹전쟁을 대륙(프랑스)의 폭군과 대양(영국)의 폭군 간의 투쟁이라고 정의했으며,[2] 다시 말하자면 유럽 내 투쟁에 참여하는 당사자가 도덕적으로 똑같다는 것이었다. 비동맹주의의 초기 형태를 구사하면서 이 신생국은 그 이후에 등장한 다른 국가들처럼 협상 수단으로써 중립이 이익이 된다는 점을 깨닫게 되었다.

동시에 미국은 자신의 영토 확장을 포기할 정도로 구세계의 방식을 거부하지는 않았다. 오히려 초창기부터 미국은 미주지역에서의 팽창을 일편단심의 목표로서 추구했다. 1794년 이후 미국은 캐나다와 플로리다를 상대로 자신에게 유리한 방식으로 일련의 조약을 체결했고, 영국령 서인도에서 미국의 상업적 이익을 구축하기 시작했다. 이런 활동은 1803년 프랑스로부터 미시시피강 서쪽 지역에 있는 미지의 영토인 루이지애나를 매입하고 스페인령인 플로리다와 텍사스에 대한 영유권을 주장하면서 절정에 달했다. 이러한 팽창은 이후 미국이 강대국으로 발전할 수 있는 토대가 되었다.

이 거래를 결정했던 당시 프랑스 지도자 나폴레옹 보나파르트는 이와 같은 일방적 거래를 구세계적인 방식으로 설명했다. "이 영토를 획득함으로써 미국의 국력이 영원히 강력해졌다. 내가 지금 영국에게 해상의 라이벌을 만들어주었고, 언젠가는 영국의 자부심이 꺾일 것이다."[3] 미국 정치인들은 프랑스가 자신의 소유물을 매각하면서 정당화했던 논리에 개의치 않았다. 그들로서는 구세계 권력정치를 비난하는 행위가 북아메리카를 가로지르는 미국의 영토 확장과 모순된다고 보지 않았다. 서부로의 진출을 외교정책이 아닌 국내문제로 간주했기 때문이다.

이러한 정신에서 제임스 매디슨(James Madison)은 전쟁을 모든 악의 근원, 즉 세금과 군대 그리고 "수많은 사람을 소수의 지배하에 두려는 다른 모든 수단의 전조라고 비난했다.[4] 후임자인 제임스 먼로(James Monroe)는 미국이 강대국이 되기 위해 서부 팽창이 필수적이라고 옹호하면서 거기에는 어떤 모순도 없다고 보았다.

> 정당한 한계를 넘지만 않는다면 미국이 확대될수록 (연방과 주) 정부 둘 다 행동의 자유가 더 커질 것이며, 안보도 더 완벽해질 것이라는 사실이 모두에게 자명합니다. 또한 이렇게 된다면 다른 모든 분야에서 모든 미국인에게 더 좋은 결과가 있을 것입니다. 영토의 범위는 크건 작건 간에 한 국가의 많은 특징을 규정합니다. 한 나라의 자원, 인구, 물리적 힘의 범위를 규정합니다. 간단히 말하자면 강대국과 약소국의 차이를 만드는 것입니다.[5]

그럼에도 신생국 미국의 지도자들은 유럽의 권력정치 방식을 때때로 이용하면서도 미국을 예외적인 국가로 만든 원칙들에 전념했다. 유럽 강대국들은 잠재적으로 유럽을 지배할 수 있는 강대국이 등장하지 못하게 수없이 많은 전쟁을 치렀다. 미국의 국력과 구대륙과의 거리라는 요소가 합쳐지자, 미국에서는 어떤 도전을 받더라도 극복할 수 있다는 자신감이 생겨났다. 유럽 국가들은 생존의 여지가 훨씬 작았기 때문에 그러한 변화 가능성에 대비해 국가들끼리 연합했다. 미국은 변화된 현실에 대응해 자신의 정책을 조정할 수 있을 만큼 충분히 멀리 떨어져 있었다.

바로 이런 사실이 조지 워싱턴(George Washington)이 어떤 대의명분이건 간에 "항구적" 동맹을 경고한 지정학적 근거가 되었다. 그는 다음과 같이 말했다.

> 인위적 유대에 의해 우리 스스로를 유럽 정치의 일상적인 흥망성쇠 혹은 유럽의 우호관계나 적대감의 일상적인 결합이나 충돌에 휘말리게 한다면 현명하지 못할 것입니다. 우리의 초연하고 멀리 떨어져 있는 상황은 우리를 다른 경로로 인도하고 그 경로를 추구할 수 있게 합니다.[6]

신생국 미국은 워싱턴의 조언을 실용적이고 지정학적인 판단이 아니라 도덕적 격언으로 다루었다. 자유라는 원칙의 보고로서 미국은 거대한 대양 덕택에 누리게 된 안보를 신의 섭리의 표시로 해석하고, 자신의 행동을 다른 어떤 나라들도 가지지 못한 안보 분야에서의 여유가 아니라 우월한 도덕적 인식의 결과로 보는 게 당연하다고 여겼다.

유럽에서 전쟁이 끊이지 않았던 이유는 유럽 국가들이 자기 이익만을 추구했기 때문이라는 신념이 이 공화국의 초창기 외교정책의 근간을 차지했다. 유럽 지도자들이 국가들 간의 조화는 서로 이기적인 국익을 추구하는 과정에서 정제되어 나온다는 신념을 국제체제의 근간으로 삼았던 반면, 미국 지도자들은 국가들이 서로 불신하는 경쟁자가 아니라 협력하는 파트너로서 행동하는 세계를 상상했다. 미국 지도자들은 국가의 도덕성이 개인의 도덕성과 다르게 판단되어야 한다는 유럽식 사고를 거부했다. 제퍼슨(Thomas Jefferson)은 이렇게 말했다.

> 인간과 국가들에게는 오직 한 가지 윤리체계가 있을 뿐입니다. 감사해하고, 모든 상황에서 매사에 충실하며, 개방적이고, 관대하며, 장기적으로 양쪽의 이익을 증진해야 합니다.[7]

당당한 미국의 어조는—가끔씩 외국인들의 귀에 거슬렸다—미국이 자신을 본국(영국)과 묶어놓았던 법적 관계뿐만 아니라 유럽의 체제와 가치에 맞서 반란을 일으켰다는 현실을 반영했다. 미국은 유럽에서 빈번하게 전쟁이 발생하는 이유를 자유와 인간 존엄의 가치를 부정하는 정부들이 만연해 있기 때문이라고 보았다. 토머스 페인(Thomas Paine)은 "전쟁은 구체제 정부의 제도이기 때문에 국가들이 서로에 대해 품고 있는 적대감은 정부들이 그 제도의 정신을 유지하고자 정책적으로 자극하는 것에 불과하다. … 인간은 인간의 적이 아니지만, 그릇된 정부 제도를 통해 그렇게 된다."라고 기술했다.[8]

무엇보다도 평화가 민주적 제도들을 증진하는 데 달려 있다는 관념은 오늘날까지도 미국식 사고의 주된 요소로 남아 있다. 전통적인 미국식 사고에 따르면, 민주주의 국가들은 서로 전쟁을 하지 않는다는 주장이 항상 있었다. 다만 알렉산더 해밀턴(Alexander Hamilton)은 다른 형태의 정부보다 공화정이 본질적으로 더 평화롭다는 전제에 이의를 제기했다.

> 스파르타, 아테네, 로마, 카르타고 모두 다 공화국이었습니다. 이 중 아테네와 카르타고 두 나라는 상업적 공화국이었습니다. 하지만 이 나라들은 그 당시 주변 군주국들처럼 공격적이거나 방어적인 전쟁을 자주 치렀습니다. … 영국 정부에도 하원이 입법부의 한 축을 구성하고 있습니다. 오랜 기간 영국은 상업 지향적이었습니다. 하지만 (영국보다) 더 자주 전쟁을 겪은 나라는 거의 없습니다.[9]

하지만 해밀턴은 어디까지나 극소수파를 대변했다. 미국 지도자 중 압도적 대다수는 오늘날의 지도자들처럼 미국이 세계평화에 기여하면서 자신의 가치를 전파할 특별한 의무가 있다고 확신하고 있다. 지금이나 그때나 방법론상의 이견은 있다. 미국이 자신의 외교정책상 최우선 목표로서 자유로운 정치제도의 확산과 증진을 적극적으로 추구해야 하는가? 아니면 스스로 모범을 보여서 영향을 주는 방식을 택해야 하는가?

미국의 초창기 시절에는 미국이 국내에서 자신의 미덕을 실천함으로써 민주주의라는 대의명분에 가장 잘 기여할 수 있다는 시각이 압도적이었다. 토머스 제퍼슨의 말을 빌리자면, 미국의 "정의롭고 공고한 공화국 정부는 전 세계 모든 사람들의 항구적 기념비이자 모범"이 될 것이라고 보았다.[10] 1년이 지난 뒤, 제퍼슨은 미국이 실제로 "모든 인류를 위해 행동"하고 있다는 주제로 다시 돌아왔다.

> 다른 나라들에는 주어지지 못했지만, 우리에게는 주어진 환경 덕택에 우리는 사회

가 어느 정도까지 개별 구성원에게 자유와 자치를 부여해도 되는지를 입증할 의무
를 지게 되었습니다.[11]

미국 지도자들은 미국 행동의 도덕적 기반과 자유의 상징으로서 자신의 중요성을
강조하면서 유럽 외교의 자명한 원리를 거부하기에 이르렀다. 즉, 세력균형이 이기적 이
익의 경쟁을 통해 궁극적인 조화를 정제해낸다는 것, 안보적 고려가 법의 원칙보다 우선
한다는 것, 다시 말해 국가의 목적이 수단을 정당화한다는 것을 거부했다.

이처럼 전례 없는 아이디어가 19세기 내내 번영했고 정치제도가 잘 자리 잡았고 자
신의 가치가 옳다고 확신하던 국가에 의해 제시되었다. 미국은 고매한 원칙과 생존의 필
요성이 상충하지 않는다고 인식했다. 시간이 갈수록 국제분쟁을 해결하는 수단으로서 도
덕에 대한 호소는 독특한 형태의 양면적인 태도와 미국적인 고뇌를 만들어냈다. 만약 미
국인들이 자신들의 개인적 삶에 정직성을 투영하듯이 외교정책에도 그렇게 할 수밖에 없
다면 어떻게 안보상황을 분석할 것인가? 실제로 극단적인 경우에 생존이 도덕성에 종속
된다는 말인가? 혹은 자유로운 정치제도에 대한 미국의 헌신은 가장 이기적으로 보이는
행동조차도 자동적으로 도덕적으로 보이게 만드는가? 만약 이게 사실이라면, 국가의 행
동은 단지 그 행동의 성공만으로 판단되어야 한다는 유럽식 관념인 국가이성과 어떻게
다른가?

로버트 터커 교수와 데이비드 헨드릭슨 교수는 미국식 사고에 있는 이런 양면적인
태도를 명확하게 분석했다.

> 제퍼슨의 국가운영술에 있어 가장 큰 딜레마는 그가 국가들이 항상 그들의 안보를
> 보장하고 야심을 충족시키기 위해 궁극적으로 의지해 온 수단을 명백히 포기하면서
> 도, 동시에 보통 이런 수단의 사용으로 이어지는 야심을 포기하지 않으려 한 데 있었
> 다. 다시 말하자면 그는 미국이 양쪽을 다 가질 수 있기를 원했다. 즉, 미국이 자신의
> 활동에 따른 통상적 결과의 희생자가 되는 일 없이 권력의 과실을 누릴 수 있기를 바
> 랐다.[12]

오늘날까지도 이러한 두 가지 접근법 간의 줄다리기는 미국 외교정책의 주요 주제
가 되어왔다. 1820년이 되자 미국은 두 접근법 사이에서 타협점을 찾았고 제2차 세계대
전 이후까지 둘 다 추구할 수 있었다. 미국은 대서양 너머에서 일어나고 있는 사건들이

세력균형 정치에 따른 결과이기 때문에 마땅히 비난받아야 한다고 계속 주장하면서도 북아메리카에서의 자신의 팽창은 "명백한 운명(manifest destiny)"이라고 간주했다.[13]

20세기로 접어들 때까지 미국의 외교정책은 기본적으로 아주 단순했다. 미국의 명백한 운명을 실현하고 해외문제에 연루되지 않은 채 자유로운 상태로 남아 있는 것이었다. 미국은 가능하다면 민주주의 정부를 선호했지만, 이런 자신의 선호를 명확히 밝히려고 하지는 않았다. 1821년 당시 국무장관이었던 존 퀸시 애덤스(John Quincy Adams)는 이런 태도를 다음과 같이 요약했다.

> 어디에서든지 자유와 독립의 규범이 펼쳐져 왔거나 앞으로 펼쳐질 곳이라면, 미국의 동정과 축복, 기도가 있을 것입니다. 그러나 미국은 무찌를 괴물을 찾아 해외로 나가지는 않습니다. 미국은 모든 사람들의 자유와 독립을 기원합니다. 미국은 자신의 자유와 독립만을 위한 투사이자 옹호자입니다.[14]

미국이 겉으로 내세운 이와 같은 자제(self-restraint) 정책에는 필요하다면 유럽외교 방식을 일부 동원해서라도 유럽의 권력정치를 서반구로부터 배제하겠다는 결정이 그 이면에 있었다. 이런 정책을 천명한 먼로 독트린은 프로이센, 러시아, 오스트리아가 주요 구성원이었던 신성동맹(The Holy Alliance)이 1820년대 스페인에서의 혁명을 탄압하려고 할 때 대두되었다. 영국은 원칙적으로 국내문제 개입을 반대했기 때문에 마찬가지로 서반구에서 신성동맹을 지지하기를 꺼렸다.

영국 외교장관 조지 캐닝(George Canning)은 미주 지역의 스페인 식민지를 신성동맹의 손아귀에서 벗어나게 하려고 미국에 공동 행동을 제안했다. 그는 스페인에서 어떤 일이 발생하건 상관없이 어떤 유럽 열강도 라틴아메리카를 통제하지 못하게 되기를 원했다. 캐닝은 식민지를 상실하면 스페인은 별 볼 일 없는 국가가 될 것이고, 이로 인해 개입을 단념하게 되거나 개입 자체가 무의미해질 것이라고 판단했다.

존 퀸시 애덤스는 영국의 이론은 이해했지만 영국의 의도는 신뢰하지 않았다. 1812년 영국의 워싱턴 점령이 있은 지 얼마 안 되서[15] 예전 모국을 편들기에는 너무나 시기상조였기 때문이다. 따라서 애덤스는 먼로 대통령에게 미국의 일방적 결정으로 유럽 식민주의를 미주 지역에서 축출하도록 촉구했다.

1823년에 선포된 먼로 독트린에 따라, 대서양이 미국을 유럽과 갈라놓는 해자(垓字)가 되었다. 그때까지만 하더라도 미국 외교정책의 기본 원칙은 미국이 유럽의 권력투쟁에 휘말리지 않겠다는 것이었다. 먼로 독트린은 여기에서 한 걸음 더 나아가 유럽이 미주 지역 내 문제에 얽히지 말아야 한다고 선포했다. 그리고 미주 지역의 문제, 즉 서반구 전체의 문제가 무엇인지에 관한 먼로의 구상은 실제로는 팽창주의적이었다.

더 나아가 먼로 독트린은 원칙의 선포에 그치지 않았다. 미국은 대담하게 유럽 열강에 이 신생국이 서반구의 불가침성을 수호하기 위해 전쟁도 불사하겠다고 경고했다. 유럽 열강이 "서반구의 어느 지역으로라도 팽창한다면 우리의 평화와 안전에 위험한 행동"으로 간주하겠다고 선언했다.[16]

마지막으로 먼로 대통령은 애덤스 국무장관이 2년 전에 했던 발언보다 덜 세련되고 보다 노골적인 어조로 유럽의 문제에 어떠한 개입도 하지 않겠다고 밝혔다. "우리는 유럽 열강들이 그들 자신과 관련된 문제를 놓고 벌이는 전쟁에 한 번도 관여한 적이 없었고, 관여하는 것은 우리의 정책과도 부합하지 않습니다."[17]

미국은 유럽에 등을 돌리는 동시에 서반구에서는 자유롭게 팽창 정책을 추구했다. 먼로 독트린의 우산 밑에서 미국은 무역과 영향력 확대, 영토 병합이라는 유럽의 군주라면 누구라도 꿈꾸는 것과 전혀 다를 바 없는 정책을 추구할 수 있었다. 요컨대 권력정치를 할 필요도 없이 강대국으로 변모했다. 팽창하려는 미국의 열망과 유럽의 어떤 나라보다도 미국이 더 순수하고 원칙을 지닌 나라라는 신념은 결코 충돌하지 않았다. 자신의 팽창을 외교정책이라고 간주하지 않았기 때문에 미국은 원주민(인디언), 멕시코, 텍사스를 복속시키기 위한 힘을 쓸 수 있었고, 그러면서도 양심에 거리낌이 없었다. 분명히 말하자면 미국의 외교정책은 외교정책이 되어야 할 필요가 없었다.

루이지애나를 미국에 매각한 나폴레옹과 마찬가지로, 캐닝은 구세계의 균형을 바로잡기 위해 신세계를 탄생시킨 것을 당연히 자랑할 만하다. 영국이 먼로 독트린을 영국 해군으로 지원하겠다는 의사를 밝혔기 때문이다. 하지만 미국은 서반구에서 신성동맹을 몰아내는 정도까지만 유럽의 세력균형을 바로잡으려고 했다. 나머지에 관해서는 유럽 열강들이 미국의 참여 없이 알아서 세력균형을 유지해야 했다.

19세기 이후 미국 외교정책은 먼로 독트린의 적용을 확장하는 데 초점을 두었다. 먼로 독트린은 1823년에 유럽 열강을 서반구에서 몰아내겠다고 경고했다. 먼로 독트린을 선포한 지 한 세기가 지나자, 먼로 독트린은 서반구에서 미국의 패권을 정당화하기 위해 그 의미가 확대되었다. 1845년 포크(James Polk) 대통령은 미국의 텍사스 병합을 놓고 "독립된 국가가 자신보다 더 강력한 외세에 의존하거나 동맹국"이 됨으로써 미국의 안보를 위협하는 상황을 막기 위해 필요하다고 설명했다.[18, 19] 다시 말하자면, 먼로 독트린은 실존하는 위협뿐만 아니라 어떤 공공연한 도전 가능성이라도 있다면 이에 맞서 간섭하는 것을 마치 유럽의 세력균형이 그랬던 것처럼 정당화했다.

남북전쟁으로 말미암아 미국의 영토 확장에 대한 집착이 잠시 중단되었다. 이제 남부연합이 유럽 국가들로부터 승인을 받아 북아메리카 대륙에 다국가체제가 형성되고 유럽 외교식 세력균형 정치가 등장하지 않도록 막는 것이 미국 외교정책의 최우선 관심사가 되었다. 하지만 1868년이 되자 앤드류 존슨(Andrew Johnson) 대통령이 먼로 독트린에 따른 팽창이 정당하다는 기존 입장으로 되돌아왔는데, 이번에는 알래스카 매입과 관련 있었다.

> 이 지역을 외국이 소유하거나 통제했기 때문에 지금까지 미국의 성장이 방해받았고 미국의 영향력이 손상되었습니다. 그곳에서의 만성적인 혁명과 무정부 상태도 마찬가지로 해가 되었습니다.[20]

비록 당시의 소위 강대국들은 거의 알아채지 못했지만, 미주 대륙을 가로지르는 팽창 이상의 근본적인 무엇인가가 일어나고 있었다. 즉, 미국이 세계에서 가장 강력한 국가로서 강대국 클럽에 참여한 것이다. 1885년이 되자 미국은 당시 세계 최대 산업국인 영국을 제조업 생산 규모에서 앞질렀다. 20세기가 되자 미국은 독일, 프랑스, 오스트리아-헝가리, 러시아, 일본, 이탈리아를 합친 것 이상으로 에너지를 소비하고 있었다.[21] 남북전쟁으로부터 20세기로 접어드는 기간 사이에 미국의 석탄 생산량은 800퍼센트, 철도는 523퍼센트, 철도 길이는 567퍼센트, 밀 생산량은 256퍼센트 증가했다. 이민에 힘입어 미국 인구가 두 배로 증가했다. 그리고 성장 추세가 가속될 가능성이 있었다.

어떤 국가도 이 정도로 국력이 신장되면 자신의 영향력을 전 세계로 확대하고자 정책을 전환하지 않은 경우는 없었다. 미국 지도자들도 똑같이 유혹을 받았다. 앤드류 존슨 대통령의 국무장관인 시워드(William H. Seward)는 캐나다와 멕시코의 상당 부분을 포함하면서 태평양 멀리까지 확장된 제국을 꿈꿨다. 그랜트(Grant) 행정부는 도미니카 공화국을 병합하기 원했으며, 쿠바를 획득하는 방안도 잠시나마 검토했다. 동시대 유럽 지도자인 디즈레일리나 비스마르크라면 이해하고 승인했을 법한 종류의 구상들이었다.

하지만 미 상원은 국내 우선순위에 초점을 두었고 모든 팽창주의적인 구상을 주저앉혔다. 미국은 육군도 소규모로 유지했고(25,000명) 해군도 약했다. 1890년이 될 때까지 미국 육군은 세계 14위로 불가리아 육군 다음이었으며, 미국의 산업 규모가 이탈리아의

13배에 달했음에도 해군은 이탈리아보다도 작았다. 미국은 국제회의에 참석하지 않았고 2류 국가로 대우받았다. 1880년에는 터키가 외교 시설을 축소했을 때 스웨덴, 벨기에, 네덜란드, 미국에 있는 대사관을 폐쇄했다. 동시에 마드리드에서 근무하는 독일 외교관은 워싱턴에 근무할 바에는 자신의 월급을 깎아달라고 제안하기까지 했다.[22]

그러나 일단 남북전쟁 이후 미국이 도달했던 국력 수준에 도달하게 되면, 어떤 국가라도 국제무대에서 자신의 국력을 활용해 위상을 높이려는 유혹을 영원히 거부하지는 못한다. 1880년대 후반에 미국은 해군력을 강화하기 시작했다. 실제로 미 해군은 1880년이 되도록 칠레, 브라질, 혹은 아르헨티나 해군보다도 작았다. 1889년이 되자 해군장관인 벤저민 트레이시(Benjamin Tracy)는 해군이 전함을 보유하도록 로비활동을 했으며,[23] 동시대 해군 역사학자인 알프레드 마한(Alfred Thayer Mahan)은 이를 위한 이론적 설명을 개발했다.[24]

비록 영국 해군이 유럽 열강들이 미국을 침탈하지 못하게 보호해줬지만, 미국 지도자들은 영국을 자국의 보호자로 인식하지 않았다. 19세기를 통틀어 영국은 미국의 이익에 가장 큰 도전이었고, 영국 해군은 가장 심각한 전략적 위협으로 간주되었다. 예전에 먼로 독트린을 주장했을 때 영국의 역할이 가장 중요했음에도 불구하고, 막상 미국이 국력을 과시하기 시작했을 때 먼로 독트린을 원용하면서 영국의 영향력을 서반구로부터 축출하려고 했다는 사실은 놀랍지 않다.

미국은 도전에 관해 그다지 섬세하지 못했다. 1895년 리처드 올니(Richard Olney) 국무장관은 국력의 불평등을 날카롭게 지적하면서 영국에 경고했다. "오늘날 미국은 이 대륙에서 실질적인 주권국가이며, 미국의 명령은 미국이 간섭하기로 정한 대상에게는 법입니다."라고 그는 말했다. "무한한 자원과 고립된 위치 덕택에 미국은 자신에게 주어진 상황을 통제할 수 있게 되었으며 다른 어떤 강대국에 맞서서도 버틸 수 있게 되었습니다."[25] 확실히 미국의 권력정치 포기는 서반구에는 적용되지 않았다. 1902년이 되자, 영국은 중앙아메리카 지역에서 핵심적인 역할을 맡겠다는 주장을 포기했다.

서반구에서 최고의 지위에 등극한 미국은 국제문제의 더 넓은 무대로 진입했다. 미국은 자신도 모르는 사이에 세계적인 강대국으로 성장했다. 대륙을 가로질러 팽창하면서 미국은 서반구 지역에서 가장 강력한 국가가 되었으면서도 강대국의 외교정책을 원하지 않는다고 밝혔다. 영토적 팽창이 끝나갈 무렵에 미국은 자신의 선호와 무관하게 국제적으로 중요한 존재가 되었고, 자신의 힘을 행사할 수 있는 위치에 놓였다. 미국 지도자들은 미국의 기본 외교정책이 다른 인류를 위한 "등불"로서 봉사하는 것이라고 계속해서 주장할 수는 있었지만, 일부 지도자들은 미국의 국력 덕택에 당시 주요 사안에서 목소리를 낼 수 있으며 미국이 국제체제의 일부가 되기 위해 모든 인류가 민주적이 될 때까지 기다릴 필요가 없다는 사실을 점차 깨닫게 되었다.

누구도 시어도어 루스벨트보다 이러한 생각을 더 예리하고 명확하게 말하지 못했다. 루스벨트는 전 세계가 미국의 영향력을 느끼게 하고 국익이라는 개념 측면에서 미국을 세계와 연계시키는 것이 미국의 의무라고 최초로 주장한 대통령이었다. 전임자들처럼 루스벨트는 미국이 세계에서 선량한 역할을 맡을 것이라고 확신했다. 하지만 전임자들과 달리 루스벨트는 미국이 국제문제에 얽히지 않는 데서 오는 이익보다 훨씬 더 큰 외교정책상의 진정한 이익이 있다고 믿었다. 루스벨트는 미국이 독특한 미덕의 화신이 아니라 다른 강대국과 똑같다는 전제에서 출발했다. 만약 미국의 이익이 다른 나라의 이익과 충돌한다면, 미국은 이기기 위해서 자신의 힘에 의지해야 할 의무가 있었다.

그 첫 번째 단계로서 루스벨트는 먼로 독트린을 그 당시의 제국주의적 독트린과 동일시하면서 가장 개입주의적으로 해석했다. 소위 먼로 독트린의 "당연한 귀결"로서 루스벨트는 1904년 12월 6일에 "일부 문명화된 국가"의 개입에 관한 일반적인 권리를 선포했으며, 서반구에서 미국만이 이를 행사할 권리가 있다고 보았다. "미국이 서반구에서 먼로 독트린을 고수해야 한다면, 내키지 않더라도 범법이나 무기력 상태 같은 극악한 상황에서는 어쩔 수 없이 국제적인 경찰력을 행사할 수밖에 없습니다."[26]

루스벨트의 행동이 그의 연설보다 앞서 나갔다. 1902년에 미국은 유럽 은행들과의 채무를 청산하도록 아이티를 압박했다. 1903년에는 파나마에서 사회적 불안을 전면적인 반란으로 부추겼다. 미국의 도움을 받아 파나마 지역에 거주하는 주민들은 콜롬비아로부터 억지로 독립을 쟁취했지만, 나중에 파나마 운하가 되는 지역의 양쪽 구역을 미국의 주권 지역으로 설정한 다음에야 파나마는 독립국이 되었다. 1905년에 미국은 도미니카 공화국을 재정적 측면에서 보호국으로 만들었다. 그리고 1906년에는 미군이 쿠바를 점령했다.

서반구에서의 근육질 외교는 루스벨트에게 미국의 새로운 세계적 역할의 일부였다. 태평양과 대서양이라는 두 대양은 미국을 다른 세계로부터 단절하기에는 더 이상 충분히 넓지 않았다. 미국은 국제무대에서 행위자가 되어야 했다. 심지어 루스벨트는 1902년 의회에 보낸 메시지에서 이렇게 말했다. "갈수록 국제정치적, 경제적 관계가 상호 의존적이고 복잡해짐에 따라, 문명화되고 질서를 중시하는 모든 강대국이 세계에서 적절한 치안 활동을 해야 하는 의무를 지게 되었습니다."[27]

국제관계에 대한 미국의 접근법에서 루스벨트는 역사적으로 아주 독특한 위치를 차지하고 있다. 어떤 대통령도 미국의 세계적 역할을 그토록 완전히 국익 관점에서 규정하거나, 국익을 이 정도로 광범위하게 세력균형과 동일시하지도 않았다. 루스벨트는 미국이 세계를 위한 최선의 희망이라는 미국인들의 인식을 공유했다. 하지만 대부분의 미국인들과 달리, 루스벨트는 미국이 단순히 시민적 도덕을 준수함으로써 평화를 유지하거나 미국의 운명을 실현시킬 수 있다고 믿지 않았다. 루스벨트가 인식했던 세계질서의 성격을 볼 때, 그는 토머스 제퍼슨보다는 파머스턴이나 디즈레일리에 훨씬 더 가까웠다.

위대한 대통령은 자국민의 미래와 그들의 경험 사이의 간극을 메울 수 있는 교육자여야 한다. 루스벨트는 특히 평화가 국가들 간의 관계에서 정상 상태이며, 사적 도덕과 공적 도덕 간에 차이가 없고, 전 세계 다른 나라에 영향을 끼치는 격변으로부터 미국이 안전하게 차단되어 있다고 믿어온 국민에게 특별히 엄중한 교리를 가르쳐주었다. 루스벨트는 그런 명제들을 일일이 반박했다. 그에게 국제사회에서의 삶은 투쟁을 의미했고, 역사에서 다윈의 적자생존 이론이 개인적 도덕보다 더 좋은 지침이 되었다. 루스벨트의 관점에서는 온유한 사람은 오직 강력할 때만 땅을 차지했다.[28] 루스벨트에게 미국은 대의명분이 아니라 강대국이자 잠재적으로 가장 강력한 강대국이었다. 그는 영국이 19세기를 지배했듯이, 미국을 세계무대로 인도해서 20세기를 주도하게 만들 운명을 지닌 대통령이 되기를 희망했다. 절제와 지혜를 지니고 안정과 평화, 그리고 진보를 위해 노력하는 막대한 힘을 지닌 나라로서 말이다.

루스벨트는 외교정책에 대한 미국인들의 사고를 지배했던 도덕적 경건함을 견딜 수가 없었다. 그는 국제법이 유효하다고 보지 않았다. 국가가 자신의 힘으로 지킬 수 없는 것은 국제사회가 보호해줄 수 없다고 보았다. 그는 당시 국제 이슈로 대두되던 군축을 거부했다.

> 하지만 아직도 범법 행위를 효과적으로 저지할 수 있는 어떠한 종류의 국제적 권력도 형성될 가망이 없고, 이런 상황에서 강력하고 자유로운 국가가 자신의 권리를 수호하고 심지어 예외적인 경우 다른 국가의 권리까지 옹호해줄 수 있는 힘을 스스로 포기한다면, 이것이야말로 어리석고 사악한 행동이 될 것입니다. 모든 폭정과 야만주의가 무장하도록 방치한 채 자유롭고 계몽된 국민들이 … 일부러 스스로 무력하게 되도록 하는 것보다 더욱 악을 조장하는 경우는 없습니다.[29]

루스벨트는 세계 정부에 대해 이야기할 때는 한층 더 냉혹했다.

> 나는 몽상적인 평화 조약, 불가능한 약속, 실효적인 힘이 뒷받침되지 않은 모든 종류
> 의 서류 뭉치 따위를 신뢰하는 윌슨-브라이언의 태도가 너무 싫다. 국가와 세계는
> 외교정책에서 브라이언이나 브라이언-윌슨의 사고방식보다는 프리드리히 대제나
> 비스마르크의 전통을 국가의 영속적인 입장으로 삼는 게 훨씬 더 낫다. … 힘의 뒷
> 받침이 없는 감상적인 정의로움은 정의로움이 결여된 힘만큼, 아니 그보다도 더 나
> 쁘다.30

권력으로 규율되는 세계에서 루스벨트는 만물의 자연스러운 질서가, 가령 서반구에
서 미국 또는 인도 아대륙에서 영국처럼, 특정한 국가에 광범위한 지역에 대한 압도적인
영향력을 부여하는 "세력권(sphere of influence)" 개념에 반영되어 있다고 믿었다. 1908
년에 루스벨트는 일본의 한국 점령을 묵인했다. 자신이 생각하기에 한-일 관계는 조약의
조항이나 국제법이 아니라 각 나라의 상대적 힘에 따라 결정되어야 했기 때문이다.

> 한국은 절대적으로 일본의 것이다. 확실히 조약에 따르면 한국은 독립국가로 남아
> 있어야 한다고 엄숙하게 서약되어 있다. 하지만 한국은 조약 내용을 강제하기에는
> 속수무책이었으며, 다른 어떤 나라도 … 한국인들 스스로가 자신을 위해 전혀 할 수
> 없는 일을 한국인들을 위해 해주리라고 상상할 수는 없다.31

루스벨트가 이와 같이 유럽식의 시각을 가지고 있었기 때문에, 그가 다른 어떤 미국
대통령도 필적할 수 없는 노련함을 갖고 전 세계적인 세력균형에 접근했고, 닉슨만이 그
에 견줄 수 있었다는 사실은 놀랍지 않다. 애초에 루스벨트는 유럽식 세력균형이 어느 정
도 자율적으로 규제되기 때문에 미국이 개입할 필요가 없다고 보았다. 하지만 이 판단이
틀렸다고 확인된다면, 그가 균형상태를 재구축하기 위해 미국이 관여하도록 촉구했을 것
이라는 데는 거의 의심의 여지가 없었다. 루스벨트는 독일이 유럽의 균형에 위협이 된다
고 점차 인식했고, 미국의 국익을 영국 및 프랑스의 국익과 동일시하기 시작했다.

이는 1906년 모로코의 미래를 결정하기 위해 개최된 알헤시라스(Algeciras) 회의에
서 드러났다. 프랑스의 지배를 저지하고자 "문호 개방"을 주장했던 독일은 미국도 모로
코에서 무역과 관련한 이해관계가 상당히 있다고 믿었기 때문에 미국 대표단도 이에 동

참해달라고 촉구했다. 이 회의에서 미국 대표로 당시 주이탈리아 대사가 참석했지만, 독일 대표단은 그의 활동에 실망했다. 루스벨트는 미국의 상업적 이익을—전혀 크지 않았지만—지정학적 시각에 종속시켰다. 이러한 태도는 모로코 위기가 절정에 달했을 때 헨리 캐봇 로지(Henry Cabot Lodge)가 루스벨트에게 보낸 서한에서 드러난다. 그는 이렇게 말했다. "프랑스는 우리와 같은 편이 되어야 하고 영국도 우리 쪽에 있어야 하며 힘을 합쳐야 합니다. 이게 경제적으로나 정치적으로나 적절한 처리 방식입니다."[32]

루스벨트는 유럽에서 독일을 가장 큰 위협으로 간주했던 반면, 아시아에서는 러시아의 야심을 우려했고, 그래서 러시아의 최대 맞수인 일본을 선호했다. "세계 그 어떤 나라보다도 러시아가 향후 몇 년의 운명을 손에 쥐고 있다."라고 루스벨트는 선언했다.[33] 1904년에 영국과의 동맹으로 보호를 받는 일본이 러시아를 공격했다. 루스벨트는 미국이 중립으로 남겠다고 선언했지만 일본 편에 섰다. 그는 "러시아가 승리한다면 문명이 일격을 받는 것이나 다름없다."라고 주장했다.[34] 그리고 일본이 러시아 함대를 격파시키자 그는 기뻐했다. "일본이 승리해서 너무나 기쁘다. 일본이 우리에게 이익이 되는 일을 해줬기 때문이다."[35]

그는 러시아가 세력균형에서 완전히 소멸되기보다 약해지기를 원했다. 세력균형 외교의 격언에 따르면, 러시아가 과도하게 약해지면 일본이 러시아의 위협을 대체하기 때문이다. 루스벨트는 미국에 가장 이익이 되는 결과는 러시아가 "일본과 대면하게 남겨두어서 각자 상대방에게 적정한 수준의 조치를 취하게 되는 상황"이라고 보았다.[36]

루스벨트는 고매한 이타주의가 아니라 지정학적 현실주의에 기초해서 평화 조약을 체결하고자 교전국 양측에 오이스터 베이(Oyster Bay)에 있는 자택에 대표단을 보내달라고 요청했다. 결국 뉴햄프셔주 포츠머스(Portsmouth)에서 일본의 승리를 제한하면서 극동의 균형상태를 보존한다는 결론이 도출되었다. 그 결과 루스벨트는 세력균형이나 세력권과 같은 원칙에 기초한 합의를 이뤄냄으로써 미국 대통령으로서는 최초로 노벨평화상을 받았다. 하지만 그러한 원칙은 그의 후임인 윌슨 이후에는 상당히 미국적이지 않은 것처럼 보이게 되었다.

1914년이 되자 독일이 벨기에와 룩셈부르크를 침공했고 이 두 나라가 조약상 중립국이어서 독일의 침공 행위가 노골적인 조약 위반에 해당했지만, 루스벨트는 처음에는 상대적으로 냉정한 입장을 취했다.

나는 이 조약이 위반되었거나 무시됐다고 해서 어느 한쪽이나 다른 쪽을 편들지 않겠다. 거인들은 사투를 벌일 때, 이리저리 비틀거리면서 자신들에게 방해가 되는 그 누구든 짓밟기 마련이다. 그렇게 해도 위험하지만 않다면 말이다.[37]

루스벨트는 유럽에서 전쟁이 발발한 지 몇 개월이 지난 후에야 벨기에의 중립이 침해된 데 대해, 독일의 침공이 불법이기 때문이 아니라 세력균형에 위협이 되는 게 염려되어서 처음에 내렸던 평가를 뒤집었다. "만약 독일이 이 전쟁에서 승리해 영국 함대를 궤멸시키고 대영제국을 파멸시킨다면, 1~2년 내로 독일이 중앙아메리카와 남아메리카에서 우월한 지위를 주장하리라고 생각이 들지 않는가?"[38]

루스벨트는 미국이 삼국협상(영국, 프랑스, 러시아) 측을 후원할 수 있도록 대규모로 군비를 재무장하라고 촉구했다. 그는 독일이 승리할 가능성도 충분히 있으며, 만약 그렇게 된다면 미국이 위험해질 수 있다고 보았다. 동맹국(독일, 오스트리아-헝가리) 측이 승리한다면 영국 해군의 보호를 받는 상황을 포기해야 하며, 독일 제국주의가 서반구에서 자신의 권리를 주장하게 될 것이다.

루스벨트가 영국 해군이 대서양의 제해권을 장악하는 게 독일의 패권보다 안전하다고 간주했던 이유는 문화적 친화성이나 역사적 경험과 같은 무형의 비권력적 요인에 기인한다. 실제로 영국과 미국 간에는 강력한 문화적 유대감이 있었으나, 미국과 독일 사이에는 비견할 만한 게 없었다. 더욱이 미국은 영국이 바다를 지배한다는 데 익숙했으며, 그런 생각이 불편하지도 않았고, 영국이 미주 대륙까지 팽창하려는 의도가 있다고 더 이상 의심하지도 않았다. 하지만 독일에 대해서는 불안감을 갖고 주시하고 있었다. 1914년 10월 3일, 루스벨트는 주미 영국 대사에게 (독일이 벨기에의 중립국 지위를 침범한 데 대한 자신의 최초 평가는 편리하게 잊어버리고) 다음과 같은 서한을 작성했다.

> 만약 내가 대통령이었다면 나는 7월 30일이나 31일에 [독일에 대해] 조치를 취해야 했을 겁니다.[39]

한 달 후 러디어드 키플링(Rudyard Kipling)에게 보낸 서한에서, 루스벨트는 자신의 확신에 기초해서 미국이 유럽의 전쟁에 관여하도록 만들기가 어렵다고 실토했다. 미국인들은 권력정치의 관점에 그와 같이 엄격하게 맞추어진 행동 방침을 따르려 하지 않았다.

> 만약 제가 믿고 있는 모든 것들을 옹호해야 한다면, 나는 우리 국민에게 아무런 쓸모

가 없을 겁니다. 국민이 저를 따르지 않을 테니까요. 우리 국민은 근시안적이고 국제문제를 이해하지 못합니다. 영국 국민도 근시안적이기는 하지만, 이런 국제문제와 관련해서 우리만큼 근시안적이지는 않습니다. … 방대한 대양 덕택에 우리 국민은 현재 벌어지고 있는 전쟁을 전혀 두려워할 필요가 없고 아무런 책임도 없다고 믿고 있습니다.[40]

만약 외교정책에 관한 미국식 사고방식이 시어도어 루스벨트에게서 정점에 이르렀다면, 미국식 사고방식은 유럽식 국가운영술의 전통적 원칙이 미국의 조건에 맞춰 진화된 것으로 기술되었을 것이다. 루스벨트는 미국이 미주 대륙에서 지배적인 입지를 구축하고 세계적 강대국으로 평가받기 시작한 시기의 대통령으로 여겨졌을 것이다. 하지만 미국의 외교정책에 대한 사고방식은 루스벨트와 함께 끝나지 않았고 그렇게 될 수도 없었다. 자신의 역할을 자국 국민의 경험에 국한시키는 지도자는 뒤처지는 운명에 빠진다. 만약 지도자가 자국 국민의 경험보다 앞서간다면 국민으로부터 이해를 못 받을 위험을 무릅쓰게 된다. 미국은 경험이나 가치 면에서 루스벨트가 부여한 역할을 맡을 준비가 되어 있지 않았다.

미국은 결국 루스벨트가 아직 살아있던 시기에 그가 염원했던 세계지도국의 역할을 수행했다. 하지만 루스벨트가 경멸했던 대통령의 지도하에 그리고 루스벨트가 조롱했던 원칙을 위해서 그렇게 했다는 게 역사의 아이러니다. 우드로우 윌슨은 미국식 예외주의라는 전통의 화신이었으며, 훗날 미국 외교정책을 지배하게 될 지적 학파의 기원이 되었다. 루스벨트는 이 학파의 지침이 기껏해야 무의미하다고 여겼고, 최악의 경우 미국의 장기적인 국익에 해가 된다고 간주했다.

모든 확립된 국가운영 원칙에서 볼 때, 두 명의 위대한 미국 대통령 중에서 루스벨트의 주장이 훨씬 더 뛰어났다. 그럼에도 불구하고 결국 승리한 사람은 윌슨이었다. 100년이 지난 후에 루스벨트는 업적만으로 기억되지만, 윌슨은 미국식 사고를 형성했다. 루스벨트는 국가들 간에 국제정치가 어떻게 작동하는지를 이해했고 그런 다음 세계문제를 처리했다. 어떤 미국 대통령도 국제체제의 운영에 관해서 루스벨트만큼 시각이 예리하지 못했다. 하지만 윌슨은 미국식 동기부여의 주요 동인을 잘 이해했다. 아마도 가장 큰 동기의 원천은 미국이 스스로를 다른 나라와 똑같다고 보지 않았다는 점이었다. 미국에는 끊임없이 세력균형을 유지한다는 단 하나의 목적을 위해 도덕적으로 중립적인 태도를 취하면서 권력의 미묘한 차이를 끊임없이 조정하는 유럽식 외교의 이론적이고 실용적인 토대가 없었다. 현실과 권력의 교훈이 무엇이든 간에, 미국인들은 미국만의 예외적 특성이 자유의 실천과 전파에 있다는 확신을 견지했다.

미국인들은 자국이 예외적이라는 그들의 인식에 부합하는 비전이 제시되어야만 비로소 위대한 행동에 나설 수 있었다. 강대국 외교가 실제로 작동하는 방식에 아무리 지적으로 잘 들어맞는다 해도, 루스벨트가 했던 방식으로는 제1차 세계대전에 참전해야 한다고 미국인들을 설득할 수 없었다. 반면에 윌슨은 외국 지도자들로서는 대체로 이해가 불가능할 정도로 도덕적으로 고양된 주장을 통해 자국민의 감정을 자극했다.

윌슨의 방식은 놀라운 성과를 거두었다. 그는 권력정치를 거부하면서도 미국인들을 어떻게 감동시키는지 알고 있었다. 윌슨은 학자 출신으로서 상대적으로 정계에 늦게 진출하였지만, 태프트(Taft)와 루스벨트 사이에서 공화당이 분열된 덕분에 당선되었다. 윌슨은 미국의 본능적 고립주의는 미국이 예외적인 국가라는 이상에 대한 신념에 호소하는 방식으로써만 극복이 가능하다고 파악했다. 그는 중립주의를 열정적으로 옹호하면서 정부가 평화에 헌신하는 모습을 일단 보여준 다음에 고립주의 성향의 국가를 전쟁으로 한 걸음씩 끌고 갔다. 그리고 윌슨은 모든 이기적인 국익을 포기하면서 미국이 자신의 원칙을 확인하는 것 이외에는 다른 이익을 추구하지 않겠다고 밝히면서 일을 진행해나갔다.

1913년 12월 3일, 윌슨은 첫 번째 상하원 합동연설을 통해 이후에 윌슨주의로 알려진 원칙의 큰 틀을 정했다. 윌슨의 시각대로 균형상태가 아닌 보편적인 법, 국가의 자기 권리 주장이 아닌 국가의 신뢰성이 국제질서의 토대였다. 몇 가지 중재 조약의 비준을 권유하면서 윌슨은 무력이 아닌 구속력 있는 조약이 국제분쟁을 해결하는 방식이 되어야 한다고 주장했다.

> 미국과 다른 국가들 사이의 논란을 해결할 수 있는 기준은 딱 한 가지이며, 이는 두 가지 요소로 이루어져 있습니다. 바로 우리 자신의 명예와 세계평화에 대한 우리의 의무입니다. 너무나 복잡한 시험은 새로운 조약 의무의 확립과 이미 가정된 의무의 해석 둘 다를 쉽게 관리할 수 있도록 바뀌어야 할 것입니다.[41]

실행할 힘이나 의지가 뒷받침되지 않은 채 고상하게만 들리는 원칙만큼 루스벨트를 불쾌하게 만든 것은 없었다. 그는 친구에게 다음과 같이 편지를 썼다. "나더러 만약 철혈정책과 감상적인 정책 중 하나를 반드시 선택하라고 한다면 … 물론 철혈정책이다. 이게 장기적으로 볼 때 국가뿐만 아니라 세계에도 더 좋으니까."[42]

마찬가지로 유럽에서 발발한 전쟁에 국방비 증가로 대응하자는 루스벨트의 제안은 윌슨에게는 말이 되지 않았다. 1914년 12월 8일 유럽에서 전쟁이 4개월째 지속되고 있을 때 두 번째로 한 의회 상하원 합동 연설에서, 윌슨은 미국의 군비증강을 반대했다. 그렇게 한다면 "전쟁 명분이 우리의 마음에 전혀 와닿지 않고, 그 자체로 우리에게 친선과 사심 없는 거래의 기회를 주는" 전쟁의 결과로 "우리가 평정심을 잃었다."라는 신호를 보내는 셈이기 때문입니다.[43]

윌슨의 시각에서 볼 때, 미국의 영향력은 미국의 이기적이지 않은 태도에 달려 있었다. 미국이 스스로를 보전해야 결국 교전 당사자 사이에서 신뢰할 수 있는 중재자로 나설 수 있기 때문이었다. 루스벨트는 유럽에서의 전쟁, 특히 독일의 승리는 궁극적으로 미국의 안보를 위협할 것이라고 주장했다. 윌슨은 미국이 본질적으로 사심이 없으며, 그렇기 때문에 중재자로 나서야 한다고 주장했다. 미국이 세력균형보다 가치에 대한 믿음이 더 컸기 때문에 유럽의 전쟁은 미국으로서는 국제문제에 관한 새롭고 더 나은 접근법으로 개종(改宗)시킬 수 있는 특별한 기회가 되었다.

루스벨트는 이런 아이디어를 비웃었고 윌슨이 1916년 재선에 도움을 받으려고 고립주의 정서에 영합하고 있다고 비난했다. 실제로 윌슨이 추진한 정책의 배경은 정반대였다. 윌슨이 선언했던 내용은 전 세계로부터 미국이 물러나겠다는 말이 아니라 미국의 가치가 보편적으로 적용 가능하며, 궁극적으로 이런 가치를 전파하겠다는 공약이었다. 윌슨은 제퍼슨 이후 이어져온 전통적인 미국적 지혜를 재천명했지만, 십자군적인 이념을 위해 사용했다.

- 미국의 특별한 사명은 일상적인 외교를 초월하며, 미국으로 하여금 인류를 위한 자유의 등불(beacon of liberty)로서 역할을 하게 한다.
- 민주주의 국가들의 외교정책은 국민들이 선천적으로 평화를 애호하기 때문에 도덕적으로 우월하다.
- 외교정책은 인간의 윤리와 동일한 도덕적 잣대를 반영해야 한다.
- 국가는 스스로 별도의 도덕성을 주장할 권리가 없다.

윌슨은 미국의 도덕적 예외주의에 관한 이런 주장에 보편적 특성을 부여했다.

우리가 어떻게 할 수 없는 어떤 다른 국가들의 힘을 두려워하십시오. 우리는 무역이나 다른 평화로운 분야에서의 경쟁은 질시하지 않습니다. 우리는 우리가 원하는 대로 살아가고자 합니다. 하지만 우리는 다른 사람도 마찬가지로 원하는 대로 살아가게 하려고 합니다. 우리는 아무도 위협하지 않고, 누구의 소유물도 탐내지 않으며, 아무도 타도하고 싶지 않기 때문에 실로 세계 모든 국가의 진정한 친구입니다.[44]

다른 어떤 나라도 자신의 이타주의에 근거해서 국제적인 리더십을 주장하지 않았다. 모든 다른 국가는 자국의 국익이 타국의 국익과 양립 가능한지 여부로 판단을 받으려고 했지만, 우드로우 윌슨부터 조지 H. W. 부시에 이르기까지 미국 대통령들은 미국의 비이기적 속성을 자국의 리더십 역할에서 핵심으로 원용해왔다. 하지만, 덜 고상한 격언을 따르는 외국 지도자들에게 미국이 이타적이라는 주장이 뭔가 예측 불가능한 느낌을 불러일으킨다는 사실을 윌슨도 윌슨주의를 신봉하는 사람들도 현재에 이르기까지 선뜻 직시하려고 하지 않았다. 국익은 계산이 가능한 반면, 이타주의는 실행하는 사람이 정의를 어떻게 내리냐에 따라 좌우되기 때문이다.

하지만 윌슨에게 미국 사회의 이타적 성격은 미국이 신의 은총을 받았다는 증거였다.

마치 하느님의 섭리에 따른 것처럼 이 넓은 대륙이 사용되지 않은 채 남겨져 있었고, 그 무엇보다도 인간의 권리와 자유를 사랑하는 평화로운 사람들이 와서 이기적이지 않은 공동체를 세우기를 기다리고 있었습니다.[45]

미국의 목표가 신의 섭리를 대변한다는 주장은 미국이 전 세계에서 맡아야 할 역할이 루스벨트가 상상했던 그 어떤 역할보다도 광범위하다는 사실을 함축했다. 루스벨트는 단지 세력균형을 개선하기 위해서 미국의 신장된 국력에 맞는 역할을 맡으려고 했기 때문이다. 만약 루스벨트의 구상에 따랐더라면 미국은 물론 대부분의 주요 강대국들보다 훨씬 강력했겠지만, 여전히 여러 나라 중 한 나라로 남았을 것이고 세력균형이라는 역사적 원칙의 지배를 받았을 것이다.

윌슨은 미국을 그런 고려로부터 완전히 동떨어진 차원으로 옮겨놓았다. 세력균형을 경멸하면서 윌슨은 미국의 역할이 "우리의 이기심이 아니라 … 우리의 위대함을 증명하는 것"이라고 주장했다.[46] 만약 이게 진실이라면, 미국은 자신의 가치를 자신만을 위해 간직할 권리를 갖고 있지 않았다. 일찍이 1915년에 윌슨은 미국의 안보가 다른 인류 전체의 안보와 불가분의 관계에 있다는 전례가 없는 독트린을 제시했다. 이는 이제부터 어디에서라도 침략이 발생하면 막는 게 미국의 의무가 되었다는 점을 시사했다.

> 우리는 간섭받지 않는 발전과 권리와 자유라는 우리 자신의 원칙에 근거한 우리의
> 삶에 대한 방해받지 않는 통치를 요구하기 때문에, 어디에서 발생했건 간에 우리 자
> 신은 절대 하지 않을 침략에 대해 분노합니다. 우리는 스스로 택한 국가 발전의 노
> 선을 실행하는 데 있어서 안보를 주장합니다. 우리는 그 이상의 것을 주장합니다.
> 우리는 다른 사람들의 안보도 요구합니다. 우리는 개인의 자유와 자유로운 국가 발
> 전을 향한 우리의 열의를 우리 자신에게만 영향을 미치는 사건과 활동에 국한하지
> 않습니다. 우리는 독립과 권리라는 힘든 길을 가려고 하는 사람들이 있는 어디에서
> 나 그러한 열의를 느낍니다.[47]

미국을 시혜적인 세계경찰로 상상하는 이런 사고방식은 제2차 세계대전 이후 발전
하게 될 봉쇄정책을 암시했다.

시어도어 루스벨트는 한참 열의가 넘칠 때도 결코 세계적 개입주의를 예고하는 그
토록 방대한 생각을 품지 않았을 것이다. 오히려 루스벨트는 당시 전사와 같은 정치인이
었다. 윌슨은 선지자와 같은 성직자였다. 정치인, 심지어 전사도 자신이 살고 있는 세계
에 초점을 맞춘다. 선지자에게 "진정한" 세계란 자신이 만들어내고 싶은 세계다.

윌슨은 애초에 중립을 재확인하는 차원에서 출발했던 사안을 전 세계적인 성전(聖
戰)의 토대를 마련하는 제안으로 바꾸어놓았다. 윌슨의 시각에서 볼 때, 미국을 위한 자
유와 세계를 위한 자유 사이에는 실질적인 차이가 없었다. 사소한 문구 해석을 가장 중시
하는 교수단 회의에서 보냈던 시간이 헛되지 않았다는 걸 증명하려는 듯이, 그는 조지 워
싱턴이 외국문제에 연루되는 상황을 경고했을 때 실제로 무엇을 의미했는지를 놓고 기막
힌 해석을 제시했다. 윌슨은 미국 최초의 대통령인 워싱턴이 들었다면 분명히 대경실색
했을 방식으로 "외국(foreign)"을 재정의했다. 윌슨에 따르면, 워싱턴이 뜻했던 바는 미국
이 다른 나라의 목적에 휘말리는 것을 반드시 막아야 한다는 것이었다. 하지만 윌슨은 인
간성에 관련된 것이라면 그 무엇도 "우리에게 다른 나라의 일이거나 무관심한 일일 수
없다."라고 주장했다.[48] 이런 이유로 미국은 해외문제에 관여할 수 있는 무제한적인 특권
을 갖게 되었다.

외국문제에 연루되지 말라는 건국의 아버지의 경고로부터 전 세계적 개입을 위한
특권을 이끌어내고, 전쟁 개입을 불가피하게 만드는 중립 철학을 고안하다니 이 얼마나

기발한 생각인가! 더 나은 세계에 대한 자신의 비전을 명확하게 밝히면서 윌슨은 미국을 점차 세계전쟁으로 끌고 갔고, 한 세기 동안 지속했던 미국의 동면을 정당화하는 것처럼 보이는 활력과 이상주의를 불러일으켰다. 그래서 미국은 이제 닳고 닳은 상대국들이 알지 못하는 역동성과 순수성을 띠고 국제무대에 뛰어들 수 있게 되었다. 유럽외교는 역사의 모진 시련을 겪으면서 단련되었고 굴욕을 겪었다. 유럽 정치인들은 부서지기 쉬운 많은 꿈들과 내동댕이쳐진 고상한 희망들과 인간의 취약한 예견력 때문에 사라진 이상들의 프리즘을 통해 사건들을 바라봤다.

미국은 이런 한계를 인식하지 못했고, 역사의 종말까지는 아니지만 적어도 유럽외교가 확실히 적실성을 잃었다고 대담하게 선언하면서 여태까지 미국에만 독특한 것으로 여겨졌던 가치를 모두에게 적용 가능한 보편적 원칙으로 바꿔놓으려고 했다. 그리하여 윌슨은 안전한 미국과 아직 순수한 미국 사이에 있는 미국식 사고의 긴장을 적어도 당분간 극복할 수 있었다. 미국은 제1차 세계대전 참전을 미국 자신을 위해서가 아니라 오로지 세계 도처에 있는 사람들을 위한 개입이자 보편적 자유를 위한 십자군적 역할 측면에서 접근할 수 있었다.

독일의 루시타니아호 격침과 무엇보다 무제한 잠수함 작전의 재개가 미국의 선전포고를 위한 가장 그럴듯한 명분이 되었다. 하지만 윌슨은 구체적인 불만을 이유로 미국의 참전을 정당화하지 않았다. 국익은 무관했다. 벨기에 침범과 세력균형은 참전과는 상관이 없었다. 오히려 제1차 세계대전은 도덕적 기반이 있었고, 최우선 목표는 새롭고 보다 정의로운 국제질서였다. 윌슨은 선전포고를 요청하는 연설에서 다음과 같이 밝혔다.

> 문명 자체가 불확실한 상태에 있는 것으로 보이는 상황에서, 이 위대하고 평화로운 국민을 전쟁으로, 그것도 모든 전쟁 중에서도 가장 끔찍하고 비참한 전쟁으로 끌고 들어가는 것은 두려운 일입니다. 하지만 권리는 평화보다 소중합니다. 그리고 우리는 우리가 항상 마음속 가장 깊숙이 소중하게 간직해온 것들을 위해서, 민주주의를 위해서, 권위에 복종하는 이들이 자신의 정부에서 목소리를 낼 권리를 위해서, 작은 나라들의 권리와 자유를 위해서, 모든 국가에 평화와 안전을 가져다주고 마침내 세계 자체를 자유롭게 할 자유로운 민족들의 협조에 의한 권리의 보편적 지배를 위해서 싸울 것입니다.[49]

이러한 원칙을 위한 전쟁에서 타협이란 있을 수가 없었다. 오로지 완전한 승리만이 타당한 목표였다. 루스벨트였다면 거의 틀림없이 미국의 전쟁 목표를 정치적이고 전략적인 측면에서 제시했을 것이다. 윌슨은 미국의 공평무사함을 뽐내면서 미국의 전쟁 목적을 완전히 도덕적 차원에서 정의 내렸다. 윌슨의 시각에 따르면, 이번 전쟁은 무절제하게 추구해온 국익의 충돌이 아니라 독일이 정당한 이유도 없이 국제질서를 공격해서 빚어진 결과였다. 보다 구체적으로 진정한 범죄자는 독일 국민이 아니라 독일 황제였다. 선전포고를 촉구하면서 윌슨은 다음과 같이 주장했다.

> 우리는 독일 국민과 싸우는 게 아닙니다. 우리는 독일인들에게 동정심과 우의만 느낄 뿐 다른 감정이 없습니다. 독일 정부가 전쟁에 참여하게 된 것은 독일 국민의 충동 때문이 아니었습니다. 독일 국민은 전쟁을 사전에 알고 있거나 승인하지 않았습니다. 이 전쟁은 옛날 불행한 시절에 국민들과 상의 없이 왕조의 이익을 위해 도발되고 벌어졌던 전쟁처럼 결정된 전쟁입니다.[50]

비록 빌헬름 2세가 유럽 무대에서 오랫동안 돌출행동을 해왔다고 여겨졌지만, 어떤 유럽 정치인도 그를 퇴위시켜야 한다고 주장하지 않았다. 아무도 황제나 황실 가문을 타도하는 게 유럽의 평화를 위한 해결의 열쇠가 되리라고 생각하지 않았다. 하지만 일단 독일의 국내문제까지 논의가 되면서 이 전쟁은 10년 전 루스벨트가 러시아와 일본 간에 성사시켰던 것처럼 상충하는 이익의 균형을 잡는 방식의 타협으로 종결될 수가 없었다. 1917년 1월 22일 미국이 참전하기 전, 윌슨은 참전 목표를 "승리 없는 평화"라고 선언했다.[51] 하지만 미국이 전쟁에 참여했을 때 윌슨이 제시했던 것은 완전한 승리를 통해서만 달성이 가능한 평화였다.

윌슨의 선언은 얼마 안 가서 일반적 통념이 되었다. 허버트 후버(Herbert Hoover)처럼 노련한 정치인도 독일 지배계층이 선천적으로 사악하고, "다른 국민들의 생혈을 수탈"한다고 설명하기 시작했다.[52] 이 시대의 분위기는 제이콥 슈먼(Jacob Schurman) 코넬대학교 총장이 적절히 표현한 대로, "하늘의 왕국(Kingdom of Heaven)"과 "무력과 공포가 있는 훈족 왕국(Kingdom of Hun-land)" 간의 투쟁이었다.[53]

하지만 한 왕조를 타도하는 것만으로는 윌슨의 발언이 내포했던 모든 것을 실현할 수가 없었다. 윌슨은 선전포고를 촉구하면서 자신의 도덕적 관심 범위를 전 세계로 확장했다. 독일뿐만 아니라 다른 모든 국가들이 민주주의를 위해 안전해져야 했다. 왜냐하면 평화는 "민주주의 국가들 간의 파트너십"이 필요하기 때문이다.[54] 또 다른 연설을 통해 윌슨은 한 걸음 더 나아가 미국이 전 세계에 민주주의를 전파하지 않으면 미국의 힘이 위축될 것이라고 말했다.

> 우리는 인간을 자유롭게 하고자 이 나라를 세웠으며, 우리는 우리의 생각과 목적을 미국에만 국한하지 않았습니다. 이제 우리는 인간을 해방시킬 것입니다. 만약 우리가 그렇게 하지 않는다면 미국의 명성도, 미국의 힘도 소멸해버릴 것입니다.[55]

윌슨이 자신의 전쟁 목적을 상세히 진술한 내용은 14개 조항(the Fourteen Points)에 있으며, 이후 제9장에서 다루도록 한다. 윌슨의 역사적 업적은 미국인들이 자신들의 도덕적 신념으로 정당화할 수 없는 국제문제에는 개입을 지속하지 못한다는 사실을 윌슨이 인식했다는 데 있다. 윌슨이 몰락한 원인은 역사의 비극을 일시적 일탈이나 근시안적 사고 혹은 지도자 개인의 사악함 때문이라고 간주했고, 여론의 힘이나 민주주의 제도의 전 세계적 확산 이외의 평화를 위한 객관적인 기반을 거부한 데 있다. 그 과정에서 윌슨은 유럽 국가들에게 철학적으로나 역사적으로 준비가 안 된 어떤 것을 받아들이도록 요청했다. 그것도 하필 유럽을 고갈시켜버린 전쟁 직후에 요청했던 것이다.

유럽 국가들은 300년간 그들 세계질서를 국익의 균형에 기초했고, 외교정책을 안보 추구에 기초했으며, 그 외의 모든 추가적 이익은 보너스로 간주했다. 윌슨은 유럽 국가들에게 외교정책을 도덕적 신념에 기초할 것을 요청했다. 안보는 부수적으로 따라오게 된다고 했다. 하지만 유럽은 이와 같이 사심 없는 정책을 위한 개념적 장치가 전혀 없었고, 또한 한 세기 동안 고립주의에 빠져 있다가 최근에 등장한 미국이 과연 윌슨의 이론대로 국제문제에 지속적으로 개입할지 여부도 여전히 지켜봐야 했다.

윌슨의 등장은 미국에 분수령이 되었고, 지도자가 자국 역사의 흐름을 근본적으로 바꾸어놓은 보기 드문 사례였다. 시어도어 루스벨트나 그의 아이디어가 1912년 대선에서 승리했더라면 참전 목적의 문제는 미국 국익의 본질이 무엇인가에 기초했을 것이다. 루스벨트였다면 미국의 참전을 미국이 삼국협상에 동참하지 않는다면 동맹국 세력이 승리할 것이고, 그러면 얼마 못 가서 미국의 안보가 위협받을 것이라는 주장에 기반했을 것이다. 실제로 루스벨트는 이런 식의 주장을 내세웠다.

만약 국익이 이렇게 정의되었더라면, 미국은 시간이 지날수록 영국이 유럽 대륙에 대해 취했던 것에 필적할 만한 세계정책을 채택했을 것이다. 영국 지도자들은 압도적으로 강력한 한 국가가 유럽의 자원을 총동원할 경우 영국의 제해권이 도전받을 것이고, 결국 영국의 독립도 위협받게 된다는 전제에 토대를 두고 지난 3세기 동안 영국의 외교정책을 이끌어왔다. 미국은 지정학적으로는 유라시아 대륙으로부터 떨어진 섬이기 때문에 마찬가지 논리로 유럽이나 아시아를 어느 한 나라가 지배하는 상황을 막아야 하고, 더 나아가서 두 대륙을 동일한 나라가 통제하는 경우를 막아야 한다고 느꼈을 것이다. 이런 조건에서는 독일이 도덕적 원칙을 위반했다는 사실이 아니라 독일의 지정학적 영역 확장이 주요한 전쟁 명분(casus belli)이 되어야 했을 것이다.

그러나 이와 같은 구세계 방식의 접근법은 윌슨이 물꼬를 텄고 오늘날까지 이어지는 미국 정서의 원천에 반한다. 심지어 루스벨트조차도 자신이 주창했던 권력정치에 잘 대처하지 못했을 것이다. 비록 본인은 할 수 있다고 확신한 채로 사망했지만 말이다. 여하튼 루스벨트는 더 이상 대통령도 아니었고, 윌슨은 미국이 참전하기도 전에 기존의 국제정치 원칙을 기반으로 전후 질서를 수립하려는 어떤 시도도 미국이 거부할 것이라고 분명히 밝혔다.

윌슨은 전쟁의 원인이 독일 지도부의 사악함뿐만 아니라 유럽의 세력균형체제에도 있다고 보았다. 그는 1917년 1월 22일, 전쟁이 발발하기 전에 있었던 국제질서를 "조직화된 경쟁" 체제라고 공격했다.

> 모든 미래의 평화와 세계 정책에 대한 질문은 이렇습니다. 현재의 전쟁이 정의롭고 안전한 평화를 위한 싸움입니까, 아니면 단지 새로운 세력균형만을 위한 싸움입니까? … 세력균형이 아니라 세력 공동체가 있어야 하며, 조직화된 경쟁이 아니라 조직화된 공동의 평화가 있어야 합니다.[56]

윌슨의 "세력 공동체(community of power)"라는 말을 통해 의미했던 것은 이후 "집단안보"로 알려진 완전히 새로운 개념이었다(영국의 윌리엄 글래드스턴이 1880년대에 이와 유사한 개념을 제시했지만 사장되었다).[57] 세계의 모든 국가들의 평화에 대한 이해관계가 똑같으며, 그렇기 때문에 평화를 교란하는 세력을 응징하기 위해 단결할 것이라고 확신하면서 윌슨은 평화를 사랑하는 국가들의 도덕적 합의에 의해 국제질서를 보호하자고 제안했다.

> 이 시대는 한때 국가의 행동방침을 규율했던 국가적 이기주의라는 기준을 배격하고, 새로운 만물의 질서에 길을 내줘야 한다고 요구받는 시대입니다. 이 시대에 유

일한 질문은 이런 질문일 것입니다. "그게 옳은가?" "그게 정의로운가?" "그게 인류에게 이익이 되는가?"[58]

월슨은 이런 컨센서스를 제도화하기 위해서 전형적인 미국식 제도인 국제연맹(The League of Nations)을 제안했다. 이 세계기구의 후원 하에 권력은 도덕으로, 무력은 여론의 명령으로 대체될 것이다. 월슨은 민주주의 국가인 영국과 프랑스를 비롯하여 모든 나라의 수도에서 대중들이 전쟁 발발을 환영하며 기쁨과 안도감을 열정적으로 표출했다는 사실을 도외시하면서, 대중들이 제대로 알았더라면 전쟁이 결코 발생하지 않았을 것이라고 계속 강조했다. 월슨의 시각에 따르면, 이 새로운 이론이 효과가 있으려면 적어도 국제 거버넌스에서 두 가지 변화가 필요했다. 첫 번째로 민주적 정부가 전 세계에 확산되어야 하며, 두 번째로 "우리가 개인에게 요구하는 것과 똑같은 도덕률"에 기초한 "새롭고 보다 건전한 외교"가 정교하게 개발되어야 했다.[59]

1918년에 월슨은 평화의 요건으로서 "개별적으로, 비밀리에, 그리고 단 한 번의 선택으로 세계의 평화를 불안하게 만들 수 있는 모든, 그리고 도처에 있는 자의적인 권력을 분쇄하거나, 지금 그렇게 할 수 없다면 적어도 실질적으로 무력할 정도로 약화시켜야" 한다는, 여태까지 들어보지 못했고 숨이 턱 막히는 야심찬 목표를 언급했다.[60] 월슨은 1919년 2월 14일 파리강화회의에서 이런 입장에 따라 설립되고 생명력이 불어넣어진 국제연맹이 전쟁 없이 위기를 해결할 것이라고 말했다.

> 우리는 이 문서[국제연맹 규약]를 통해 하나의 거대한 힘에 우선적으로 그리고 주로 의존할 것입니다. 이 거대한 힘은 세계 여론이라는 도덕적 힘이며, 정화하고 규명하고 압박하는 대중적 관심이라는 영향력입니다. … 그래서 (세상에 공개되어) 밝은 빛으로 파괴되는 것들은 전 세계적 규탄이라는 압도적인 빛으로 적절하게 파괴될 수 있습니다.[61]

평화는 더 이상 전통적인 권력의 계산이 아니라 안보 메커니즘이 뒷받침하는 세계적인 컨센서스를 통해서 보전될 것이다. 대부분 민주주의 국가로 구성된 보편적인 집단이 오래된 세력균형과 동맹체제를 대신해서 "평화의 신탁관리자(trustee of peace)"로서 역할을 할 것이다.

이런 고상한 생각은 다른 어떤 나라에 의해서 실행되기는커녕 제시된 적도 없다. 그럼에도 불구하고 이런 생각은 미국 이상주의의 손을 거쳐 외교정책에 관한 국가적 사고의 핵심 요소로 변모했다. 윌슨 이후 모든 미국 대통령이 윌슨의 주제를 다양한 형태로 발전시켜 왔다. 국내적으로는 윌슨의 이상(너무 흔해져서 더 이상 윌슨과 동일시되지도 않았다)이 혼란스러운 세계의 잔혹한 도전들에 대응하기에 적절한 지침인지 여부보다 그 이상을 실현하지 못한 것에 대한 토론이 더 많이 있었다. 세대를 세 번 거치는 동안 비판자들은 윌슨의 분석과 결론을 무자비하게 물어뜯었지만, 이 모든 시간 내내 윌슨의 원칙은 미국 외교정책 사고의 기반이 되어왔다.

하지만 윌슨이 권력과 원칙을 혼합한 결과, 미국의 양심이 자신의 원칙과 필요를 조화시키려고 하는 과정에서 미국은 수십 년간 양면적인 태도를 보이게 되었다. 집단안보의 기본 전제는 모든 국가가 모든 안보 위협을 똑같이 인식하고, 그리고 이에 저항하기 위해 똑같이 위험을 감수할 각오가 되어 있어야 한다는 것이었다. 이 같은 일은 실제로 발생한 적이 없었을 뿐만 아니라 국제연맹과 유엔 둘 다의 전 역사에서 일어날 여지가 없었다. 위협이 정말로 압도적이어서 전체 혹은 대부분의 국가에 영향을 미칠 때만 그와 같은 컨센서스가 가능했다. 두 차례의 세계대전 동안에 그리고 지역적 차원에서 냉전기에 그런 일이 있었다. 하지만 대부분의 경우에—그리고 거의 모든 어려운 상황에서—세계의 국가들은 위협의 성격이나 그 위협에 맞서기 위해 각오해야 하는 희생의 유형에 대해 입장을 달리하는 경향이 있다. 이탈리아의 1935년 아비시니아(Abyssinia, 에티오피아의 옛 이름) 침공이나 1992년의 보스니아 위기가 이런 사례에 해당했다. 적극적인 목표를 달성해야 하거나 혹은 불의로 인식되는 상황을 바로잡아야 하는 경우 글로벌 컨센서스를 도출하기가 훨씬 더 어려운 것으로 판명되었다. 역설적이지만, 이념적으로나 군사적으로 압도적인 위협이 없고 예전 그 어느 때보다 민주주의를 더 많이 들먹이는 탈냉전 세계에서 이런 어려움이 한층 가중되고 있다.

또한 윌슨주의는 국제문제에 관한 미국적 사고에 잠재해 있던 또 다른 균열이 두드러지게 했다. 도전 받는 방식에 관계 없이 미국이 보호해야 하는 어떤 안보이익이 존재하는가? 혹은 상당히 불법적이라고 볼 수 있는 변화에만 미국이 저항해야 하는가? 미국은 국제적 변화라는 사실에 관심이 있는가 아니면 변화의 방식에 관심이 있는가? 미국은 지정학의 원칙을 전면 배격하는가? 혹은 그러한 원칙이 미국의 가치라는 필터를 통해 재해석되어야 하는가? 지정학의 원칙과 미국의 가치가 상충한다면 무엇이 우세할 것인가?

윌슨주의는 미국이 무엇보다도 변화의 방식에 저항하며, 만약 명백히 합법적인 방식으로 위협을 받으면 미국이 보호할 만한 전략적 이익이 없다는 함의를 갖고 있었다. 걸프전쟁을 보더라도 부시 대통령은 필수불가결한 석유의 공급을 방어하고 있는 게 아니라 침략이라는 원칙에 저항하고 있다고 주장했다. 그리고 냉전기에는 계속 실패했음에도 불구하고, 미국이 소련의 위협에 맞서 대항세력을 조직할 도덕적 권리가 있는지에 대한 토론이 미국 내 일각에서 있었다.

만약 시어도어 루스벨트였더라면 이런 질문에 대한 답변에 있어 의문을 갖지 않았을 것이다. 국가들이 위협을 똑같이 인식한다거나 위협에 똑같이 대응할 각오가 되어 있다는 가정은 루스벨트가 옹호했던 모든 것을 부정하는 것이었다. 그리고 루스벨트는 희생자와 침략자가 함께 편안하게 소속될 수 있는 어떠한 세계기구도 상상할 수가 없었다. 1918년 11월, 그는 서한에서 이렇게 썼다.

> 우리가 국제연맹으로부터 너무 많은 걸 기대하지 않는다면야 나는 찬성하죠. … 나는 이솝이 어떻게 늑대와 양이 무장을 해제하기로 합의했는지, 그리고 어떻게 양이 선의를 보장하는 차원에서 양치기 개를 멀리 보내버렸는지, 그리고 나서 바로 늑대에게 잡아먹힌 것에 대해 쓰면서 조롱했던 역할을 맡을 의향이 없어요.[62]

그다음 달에 루스벨트는 펜실베이니아 출신 상원의원인 녹스에게 다음과 같이 서한을 보냈다.

> 국제연맹이 약간 유용할지도 모르지만, 허세를 부리거나 유용한 척할수록 실제로 성취할 수 있는 일은 적어질 것입니다. 국제연맹에 대한 이야기는 100년 전 신성동맹에 관한 끔찍하게 우스꽝스런 이야기를 떠올리게 합니다. 신성동맹도 항구적 평화 유지가 주된 목표였습니다. 그런데 차르 알렉산드르는 1세기 전 이런 특별한 활동을 벌인 윌슨 대통령이라 할 수 있습니다.[63]

루스벨트는 오로지 신비주의자, 몽상가, 그리고 지식인만이 평화가 인간의 자연스러운 상태이며 사심 없는 컨센서스에 의해 유지될 수 있다고 본다고 평가했다. 그에게 평화는 본질적으로 쉽게 부서질 수 있기 때문에 끊임없는 경계와 강국의 무기, 뜻이 맞는 국가들 간의 동맹을 통해서만 유지될 수 있었다.

하지만 루스벨트는 한 세기를 너무 앞서서 살았거나 한 세기를 너무 늦게 살았다. 국제문제에 대한 루스벨트식 접근법은 1919년에 그가 사망하면서 함께 사라졌다. 미국 외교정책에서 어떠한 의미 있는 학파도 그 이후에 루스벨트를 원용한 적이 없다. 반면, 심지어 루스벨트의 가르침을 많이 따랐던 리처드 닉슨조차도 무엇보다도 윌슨의 국제주의를 신봉한다고 스스로 여겼고, 백악관 각료회의실에 제1차 세계대전 당시 대통령이었던 윌슨의 초상화를 걸어두었다는 점에서 윌슨의 지적인 승리는 분명했다.

미국이 그토록 세계적인 역할을 맡을 준비가 안 되어 있었기 때문에 국제연맹은 미국에서 자리 잡는 데 실패했다. 그럼에도 불구하고 윌슨의 지적인 승리는 어떤 정치적 승리보다도 더 중요했던 것으로 판명되었다. 미국은 새로운 세계질서 수립이라는 과제에 직면할 때마다 어떻게든 우드로우 윌슨의 지침으로 되돌아갔기 때문이다. 제2차 세계대전이 끝났을 때, 이런 지침은 승전국들의 화합에 기초해 평화를 구축하길 희망하며 국제연맹과 동일한 원칙에 따라 유엔을 설립하는 데 도움이 되었다. 이러한 희망이 사라지자 미국은 두 초강대국 간의 갈등이 아니라 민주주의를 위한 도덕적 투쟁으로서 냉전에 임했다. 공산주의가 붕괴했을 때, 미국 양대 정당의 행정부들은 평화로 가는 길이 민주주의 제도의 전 세계적 전파와 함께 집단안보에 달려 있다는 윌슨식 아이디어를 채택했다.

윌슨주의를 통해 미국의 중심 드라마가 세계 무대에서 구현되었다. 미국의 이념은 어떤 의미에서는 혁명적이었지만, 미국인들은 국내적으로 스스로가 현상유지에 만족한다고 생각해왔다. 외교정책 이슈를 선과 악의 투쟁으로 여기는 미국인들은 불완전하거나 결정적이지 않은 결과에 대해 그래왔듯이, 대체로 타협을 불편하게 여겼다. 미국이 엄청난 지정학적 변화를 추구하기를 꺼렸다는 사실로 인해 미국은 종종 영토적, 때로는 정치적 현상유지의 수호자로 연상되어왔다. 법의 지배를 신뢰해 온 미국은 평화로운 변화가 가능하다는 신념과 대부분의 중대한 역사적 변화가 폭력과 격변을 수반했다는 사실을 조화시키는 데 어려움을 느꼈다.

미국은 미국보다 축복받지 못한 세계에서, 그리고 생존을 위한 여유가 훨씬 작고 목표도 한정적이며 자신감도 한참 떨어지는 국가들과 협력해서 자신의 이상을 실행해야 할 거라는 사실을 알게 되었다. 그럼에도 미국은 잘 감내해왔다. 세계대전 이후 세계는 대체로 미국이 창조했으며, 그리하여 결국 미국은 윌슨이 미국이 맡아야 한다고 상상했던 역할을 맡게 되었다. 미국은 따라가야 할 등불이자 도달해야 할 희망이 되었다.

03

보편성에서 균형상태로:
리슐리외, 윌리엄 오렌지 공, 피트

From Universality to Equilibrium:
Richelieu, William of Orange, and Pitt

오늘날 역사학자들이 설명하는 유럽의 세력균형체제는 보편성에 대한 중세시대의 열망이 최종적으로 붕괴한 17세기에 등장했다. 이 보편성은 로마제국과 가톨릭교회 전통의 융합을 의미하는 세계질서 개념이었다. 세계가 천국을 반영하는 것으로 상상되었다. 유일신이 천국을 지배하듯이, 마찬가지로 황제 한 명이 세속 세계를, 교황 한 명이 보편적 교회를 각각 지배하도록 되어 있었다.

이런 정신에 입각해서 독일과 북부 이탈리아의 봉건 국가들이 신성로마제국 황제의 통치 아래 모이게 되었다. 17세기가 되자 이 제국이 유럽을 지배할 가능성이 생겼다. 라인강보다 훨씬 더 서쪽에 국경이 있었던 프랑스와 영국은 이 제국과 비교한다면 변방국이었다. 만약 신성로마제국 황제가 기술적으로 자신의 관할 하에 있는 모든 영토에 중앙집권체제를 구축할 수 있었더라면, 신성로마제국과 서유럽국들과의 관계는 중국과 주변 국가들과의 관계와 비슷해졌을지도 모른다. 즉, 프랑스는 베트남이나 한국, 영국은 일본과 비슷해졌을 것이다.

하지만 중세시대 대부분의 기간 동안 신성로마제국 황제는 절대로 이 정도의 중앙집권체제를 구축하지 못했다. 그 이유 중 하나로 적절한 교통수단과 통신체계의 미비를 꼽을 수 있는데, 이로 인해 넓은 영토를 하나로 묶기 어려웠기 때문이다. 하지만 가장 중요한 이유는 신성로마제국 황제가 교회의 지배를 정부의 지배로부터 분리했다는 사실이다. 이집트의 파라오나 로마의 시저와 달리, 신성로마제국 황제는 신의 속성이 없다고 여겨졌다. 서유럽 바깥의 다른 모든 지역, 심지어 동방정교가 지배하고 있는 지역조차도 종교건 정부건 각각 핵심 고위직을 중앙정부가 임명했다는 점에서 통일되어 있었다. 종교기관은 서방 기독교 세계에서는 당연한 권리로 요구되던 독자적 지위를 주장할 수단도 권위도 없었다.

서유럽에서는 교황과 황제 간의 잠재적, 그리고 때로는 실질적 충돌로 인해 궁극적으로 근대 민주주의의 기반이 되는 입헌주의와 정교분리가 형성되었다. 이에 따라 다양한 봉건 영주들이 경쟁 관계에 있는 두 세력에게 대가를 요구함으로써 자신들의 자치권을 강화할 수 있었고, 결국 파편화된 유럽으로 이어졌다. 공국(公國), 백작령(伯爵領), 도시, 주교 관할령 등으로 얼기설기 엮인 것이다. 비록 이론상으로는 모든 봉건 영주가 황제에게 충성해야 했지만, 실제로는 자신들이 원하는 대로 행동했다. 다양한 왕조가 황제 자리를 차지하겠다고 주장했고, 중앙권력이 거의 사라졌다. 황제들은 보편적 통치라는 낡은 비전에 집착했지만 실제로 실현될 가능성은 전혀 없었다. 유럽의 모든 변두리 지역과 프랑스, 영국, 스페인은 비록 보편적인 가톨릭교회의 일부였지만 신성로마제국 황제의 권위를 수용하지 않았다.

합스부르크(Hapsburg) 왕조가 15세기 들어서 거의 영구적으로 황제 자리를 주장하고 교묘한 정략결혼을 통해 스페인 왕실도 흡수하여 스페인의 방대한 자원도 차지할 때까지, 유럽 전체를 보편적으로 지배하겠다는 신성로마제국 황제의 열망은 정치체제로 실현될 가능성이 없었다. 16세기 전반기가 되자 카를 5세는 오늘날의 독일, 오스트리아, 이탈리아 북부, 체코, 슬로바키아, 헝가리, 프랑스 동부, 벨기에, 네덜란드를 아우르는 중유럽 제국의 등장 가능성을 높이는 정도까지 제국의 권위를 되살렸다. 만약 신성로마제국이 이 정도로 성장한다면 아주 압도적인 존재가 될 수 있기 때문에 유럽식 세력균형과 같은 체제가 출현하기 어려워진다.

바로 이 순간에 종교개혁의 여파로 교황권이 약해지자 패권적 유럽 제국이 등장할 가능성도 꺾였다. 교황권이 강력했을 때 교황은 신성로마제국 황제의 입장에서 가시 같은 존재였고 만만치 않은 경쟁자였다. 16세기 들어 교황권이 쇠퇴하자 마찬가지로 제국의 꿈을 파멸시킨 원인이 되었다. 신성로마제국 황제는 스스로를 신의 대리인으로 간주하고 싶어 했고 다른 사람들도 그렇게 봐주기를 원했다. 하지만 16세기에 신성로마제국 황제는 프로테스탄트 지역에서 신의 대리인이라기보다 타락한 교황과 결탁한 오스트리아 빈 출신 군벌로 간주되었다. 종교개혁은 반란을 일으킨 제후들에게 종교적, 정치적 영역에서 새로운 행동의 자유를 부여했다. 이들은 로마 교황과 절연하면서 종교적 보편성과도 절연하게 되었다. 이들은 합스부르크 황제에 맞서 투쟁함으로써 황제에 대한 충성 서약이 더 이상 종교적 의무가 아님을 보여줬다.

단일체제라는 개념이 붕괴하면서 유럽의 신흥국들은 자신들의 이단성(heresy)을 정당화하고 서로의 관계를 조율하는 원칙이 필요했다. 이들은 국가이성과 세력균형의 개념에서 이런 원칙을 발견해냈다. 이 개념들은 각각 서로에게 의지했다. 국가이성은 국가의 안녕을 향상하고자 동원하는 모든 수단을 정당화했다. 국가이익이 중세시대의 보편적 도덕성을 대체했다. 세력균형은 보편적 군주제에 대한 향수를 개별 국가들이 이기적인 이익을 추구하면 여하튼 다른 모든 국가의 안전과 발전에도 기여할 것이라는 위안으로 대체했다.

이와 같은 새로운 접근법은 유럽에서 최초로 국민국가를 형성한 국가 중 하나인 프랑스에서 최초이자 가장 포괄적으로 등장했다. 프랑스는 신성로마제국이 다시 활기를 되찾는다면 오늘날의 용어로 "핀란드화"될 가능성이 있었기 때문에 가장 잃을 게 많은 국가였다. 종교적 제약이 약화되면서 프랑스는 종교개혁에 따른 프랑스 주변국들 간의 대립을 이용하기 시작했다. 프랑스의 통치자들은 신성로마제국이 점차 약해지면 (그리고 심지어 해체된다면) 프랑스의 안보가 향상될 것이고, 행운마저 따른다면 프랑스가 동쪽으로 팽창할 수도 있을 것이라고 보았다.

이와 같은 프랑스의 정책을 주도한 사람은 전혀 그럴 것 같지 않은 의외의 인물, 즉 교회의 제후이자 1624년부터 1642년까지 프랑스의 초대재상이었던 리슐리외 추기경(Cardinal de Richelieu)이었다. 교황 우르바노 8세(Pope Urban VIII)는 리슐리외 추기경의 사망 소식을 접하자, "하느님이 존재한다면 리슐리외 추기경은 벌 받을 일이 많을 것이오. 하느님이 존재하지 않는다면 … 그는 성공한 삶을 산 셈이오.”라고 말했던 것으로 전해진다.[1] 자신이 살던 시대에 필수적이었던 종교적 신앙심을 무시하고, 오히려 초월해 가면서 많은 성공을 거두었던 리슐리외 추기경으로서는 이렇게 상반된 묘비명을 들었더 라면 의심할 여지없이 기뻐했을 것이다.

리슐리외보다 역사에 더 큰 발자취를 남겼다고 주장할 수 있는 정치인은 거의 없다. 리슐리외는 근대국가 체제의 아버지였다. 그는 국가이성이라는 개념을 공표했으며, 국 익을 위해 이를 무자비하게 활용했다. 국가이성은 그의 후원을 받으면서 프랑스 정책의 실천 원리로서 보편적인 도덕적 가치라는 중세시대 개념을 대체했다. 처음에 리슐리외는 합스부르크 왕조의 유럽 지배를 막으려고 했으나, 궁극적으로는 그의 후계자들이 향후 2 세기 동안 유럽에서 프랑스의 우위를 구축하도록 부추기는 유산을 남겼다. 이러한 야심 이 실현되지 못하자 처음에는 어쩔 수 없는 현실로서, 그다음에는 국제관계를 조직하는 체계로서 세력균형이 등장했다.

리슐리외가 1624년 재상에 취임했을 때, 합스부르크 신성로마제국 황제 페르디난 트 2세(Ferdinand II)는 가톨릭교회의 보편성을 되찾고 프로테스탄트들을 근절하며, 중 유럽의 제후들을 대상으로 황제로서의 통제권을 구축하려 했다. 반종교개혁인 이 과정은 이후 30년전쟁으로 이어졌다. 30년전쟁은 1618년 중유럽에서 시작되었으며, 인류 역사 상 가장 잔인하고 파괴적인 전쟁이 되었다.

1618년이 되자 대부분 신성로마제국에 속했던 중유럽의 독일어권 지역이 프로테스 탄트와 가톨릭이라는 두 개의 무장된 진영으로 분열되었다. 그해 프라하에서 전쟁의 도 화선에 불이 붙었고, 얼마 안 가서 독일 전체가 전쟁에 휘말려들었다. 독일이 계속해서 피를 흘리고 빈사상태가 됨에 따라 독일 제후국들은 쉽게 외부 침략자들의 희생물이 되 었다. 곧 덴마크군과 스웨덴군이 중유럽으로 파고 들었으며, 궁극적으로 프랑스군도 전 쟁에 동참했다. 1648년 전쟁이 끝났을 때 중유럽은 폐허가 되었고, 독일 인구는 3분의 1 이 줄어들었다. 이런 비극적인 전쟁의 모진 시련을 겪으면서 리슐리외 추기경은 국가이 성 원칙을 프랑스 외교정책에 접목했으며, 다음 세기에는 다른 유럽 국가들도 이 원칙을 채택했다.

리슐리외는 교회의 제후로서 가톨릭 정통주의(orthodoxy)의 회복을 추진하는 페르 디난트를 당연히 환영했어야 했다. 하지만 리슐리외는 프랑스의 국익을 어떠한 종교적 목표보다 앞세웠다. 추기경이라는 그의 직책에도 불구하고, 리슐리외는 가톨릭이라는 종교를 재구축하겠다는 합스부르크 왕가의 시도가 프랑스의 안보를 지정학적으로 위협한다고 보았다. 그로서는 이게 종교적 행위라기보다 오스트리아가 중유럽을 정복하겠다는 정치적 행위였고, 그렇게 함으로써 프랑스를 2류 국가로 격하하려는 시도였다.

리슐리외의 공포는 근거가 없는 게 아니었다. 유럽 지도를 보면 프랑스가 모든 방향에서 합스부르크 왕가의 영토에 포위되어 있었다. 남쪽에는 스페인이 있었고, 동남쪽에는 대부분 스페인의 지배를 받는 이탈리아 북부의 도시 국가들이 있었으며, 동쪽의 프랑슈-콩테 지역(Franche-Comte, 오늘날의 리옹과 사보이 북부 지역)도 스페인의 통치를 받고 있었고, 북쪽에는 스페인령 네덜란드가 있었다. 스페인 합스부르크 왕가의 지배를 받지 않는 얼마 안 되는 국경 지역도 오스트리아 왕실 방계 가문의 지배를 받고 있었다. 로렌(Lorraine) 공국도 오스트리아 신성로마제국 황제에게 충성하고 있었으며, 전략적으로 중요한 오늘날 알자스(Alsace) 지역 또한 마찬가지였다. 만약 독일 북부마저 합스부르크의 지배하에 놓인다면 프랑스는 신성로마제국에 대해 위험할 정도로 취약해질 것이다.

리슐리외는 스페인과 오스트리아가 프랑스처럼 가톨릭 국가라는 사실에 그다지 안도감을 느끼지 않았다. 오히려 반대로 리슐리외는 반(反)종교개혁 세력의 승리를 막겠다고 마음먹었다. 오늘날 소위 국가안보 이익이라고 지칭되고 당시에는 최초로 국가이성이라고 일컬어졌던 것을 추구하고자, 리슐리외는 프로테스탄트 제후들의 편에 서서 보편적인 가톨릭교회의 분열을 활용할 준비가 되어 있었다.

만약 합스부르크 황제들이 똑같은 원칙에 따라 행동했거나 국가이성이라는 새롭게 등장하는 세계를 이해했더라면, 자신들이 리슐리외가 가장 두려워했던 결과를 달성하기에 가장 유리한 위치에 있다는 사실을 깨달았을 것이다. 즉, 오스트리아가 우위를 차지하고 유럽 대륙을 지배하는 강대국으로서 신성로마제국이 등장할 수 있었을지도 모른다. 하지만 합스부르크 왕가의 적수들은 합스부르크 왕가가 경직적이어서 전술적 필요성에 적응하지 못하고 미래의 추세도 이해하지 못한다는 점을 수 세기 동안 활용했다. 합스부르크 왕가의 통치자들은 원칙주의자들이었다. 패배를 제외하고 절대로 자신의 신념을 굽히려고 하지 않았다. 따라서 이런 정치적 여정이 시작되었을 때, 이들은 리슐리외 추기경의 무자비한 술수에 상당히 무방비 상태로 놓여 있었다.

리슐리외를 돋보이게 해준 페르디난트 2세 황제는 국가이성이란 개념을 거의 확실히 들어본 적이 없었다. 만약 들어본 적이 있다고 한들 신성모독이라고 배격했을 것이다. 자신의 세속적 임무란 신의 의지를 실행하는 것으로 보았고, 신성로마제국 황제(Holy Roman Emperor)라는 직위에서 항상 "신성(holy)"을 강조했기 때문이다. 그는 신성한 목적을 도덕적이지 않은 다른 수단으로써 달성 가능하다는 사실을 절대로 인정하려고 하지 않았을 것이다. 그는 프로테스탄트인 스웨덴인이나 무슬림인 터키인과 조약을 체결한다는 것을 전혀 생각해보지 않았을 것이다. 반면, 리슐리외 추기경은 이를 당연하게 받아들였다. 그리하여 페르디난트 황제의 보좌관인 예수회 소속 수사 라모르마이니(Lamormaini)는 황제의 인식을 이렇게 요약했다.

> 황제 폐하께서는 이 시기에 만연한 그릇되고 부패한 정책을 현명하게도 처음부터 비난하셨다. 황제 폐하께서는 이러한 정책을 따르는 자들이 거짓말을 하고 하느님과 종교를 오용하기 때문에 상종할 수 없다고 보셨다. 하느님께서 승인해주신 왕국을 하느님이 싫어하는 수단으로 강하게 만들겠다고 하는 건 아주 어리석은 행동일 것이다.[2]

이처럼 절대적 가치에 대한 의지가 확고한 통치자라면 협상하는 입장에서 타협이 불가능했고, 하물며 조작한다는 것은 말할 나위조차도 없었다. 황제가 아니라 아직 대공 신분이던 1596년, 페르디난트는 이렇게 선언했다. "종교와 관련해서 종파주의자에게 어떠한 양보라도 하느니 차라리 죽어버리겠다."[3] 그는 자신의 약속을 지켰고, 그의 제국은 손해를 입었다. 그는 제국의 안녕보다 신의 의지에 복종하는 데 관심이 더 컸기 때문에 프로테스탄티즘을 일부 수용하기만 한다면 최선의 이익을 얻을 수 있음에도 불구하고, 프로테스탄트를 분쇄해야 할 의무가 있다고 생각했다. 근대적 용어를 빌리자면, 그는 광신자였다. 황제의 보좌관 중 한 명인 카스파르 시오피우스(Caspar Scioppius)의 말을 빌리자면, 황제의 신념을 이렇게 강조할 수 있다. "이교도들을 죽이라고 요청하는 하느님의 목소리를 무시하는 왕에게 화가 있을지어다. 너희는 너희 자신이 아니라 하느님을 위해 전쟁을 해야 한다(Bellum non tuum, sed Dei esse statuas)."[4] 페르디난트에게 국가는 종교에 봉사하기 위해 존재했지 그 반대가 아니었다. "우리의 신성한 고백을 위해 너무나 중요한 국가문제에서 인간에 대한 고려를 항상 할 수는 없는 법이다. 오히려 하느님에게 … 의지해야 하며, … 하느님만을 믿어야 한다."[5]

리슐리외는 페르디난트의 신앙을 전략적 도전으로 다루었다. 비록 개인적으로는 종교적이었지만 재상으로서 자신에게 주어진 임무를 철저히 세속적 관점에서 바라보았다. 구원이 그의 개인적 목표일 수는 있겠지만 정치인 리슐리외로서는 무관했다. 리슐리외는 한때 "인간은 불멸이며, 인간의 구원은 내세에서 이루어진다."라고 말했다. "국가는 불멸이 아니며, 국가의 구원은 지금이 아니면 영원히 불가능하다."[6] 다시 말하자면, 국가는 올바른 일을 하더라도 현세건 내세건 보상을 못 받는다. 국가는 필요한 일을 할 수 있을 정도로 충분히 강력할 때만 보상받는다.

30년전쟁이 시작된 지 11년이 되는 해인 1629년에 페르디난트에게 기회가 주어졌고, 리슐리외였다면 이 기회를 절대로 놓치지 않았을 것이다. 프로테스탄트 제후들은 희망하는 신앙 활동을 자유롭게 추구할 수 있고, 종교개혁 기간 중 탈취했던 교회의 토지를 보유할 수만 있다면 합스부르크 왕가의 정치적 우위를 받아들일 의향이 있었다. 하지만 페르디난트는 자신의 종교적 소명을 자신의 정치적 필요성에 복속시키려고 하지 않았다. 엄청난 승리를 안겨주고 자신의 제국을 보장해줄 수 있었음에도 불구하고 페르디난트는 이교도들을 박멸하기 위해서 복구령(Edict of Restitution)을 발표했고, 프로테스탄트 국가들이 1555년부터 교회로부터 몰수한 모든 토지를 원상복구할 것을 요구했다. 이는 편의주의에 대한 열정의 승리였으며, 신념이 정치적 자기이익의 계산에 우선했던 고전적인 사례였다. 그리고 전투가 확실히 끝장을 볼 수밖에 없었다.

이런 틈을 포착하고 리슐리외는 중유럽이 완전히 빈사상태에 빠질 때까지 전쟁을 끌기로 결심했다. 아울러 국내정책에서는 종교적 도덕관념을 배제했다. 그는 1629년 알레 화약(Peace of Alais)을 통해 프랑스의 프로테스탄트들에게 신앙의 자유를 허용했다. 반면 신성로마제국 황제는 이 동일한 자유를 독일 제후들에게 허용하기 싫어서 싸우고 있었다. 리슐리외는 중유럽을 갈가리 찢어놓은 격변으로부터 자국을 보호한 다음, 프랑스의 국가적 목표를 위해 페르디난트의 종교적 열망을 이용했다.

합스부르크 황제가 자국의 이익을 이해하지 못함에 따라, 즉 이런 개념이 실제로 타당하다는 사실을 받아들이기를 거부함에 따라 프랑스의 재상은 신성로마제국 황제에게 저항하는 프로테스탄트 독일 제후들을 지지하고 매수할 기회를 갖게 되었다. 중앙집권화를 꾀하는 신성로마제국 황제의 목표에 맞서 프로테스탄트 제후들의 자유를 수호하는 역할을 프랑스 고위 성직자와 가톨릭교도인 프랑스 국왕 루이 13세가 맡는다는 것은 있을 법한 이야기가 아니었다. 가톨릭교회의 제후가 프로테스탄트인 구스타부스 아돌푸스(Gustavus Adolphus) 스웨덴 국왕을 후원해서 신성로마제국 황제를 상대로 전쟁을 하도록 부추긴다는 것은, 150년 후에 있을 프랑스대혁명이라는 대격변만큼이나 심오한 혁명적 함의가 있었다.

종교적 열정과 이념적 광신이 여전히 지배하던 시대에, 도덕적 의무로부터 자유로운, 감정에 치우치지 않는 외교정책은 마치 사막에 있는 눈 덮인 높은 산처럼 두드러졌다. 리슐리외는 프랑스를 포위하고 있다고 여겨졌던 세력을 끝장내고, 합스부르크를 피폐하게 하며, 프랑스 국경, 특히 독일과의 접경지역에 중요한 강대국이 등장하지 못하게 하는 데 목표를 두었다. 동맹 체결과 관련하여 동맹이 프랑스의 국익에 도움이 되는지 여부만이 그의 유일한 기준이었다. 이런 동맹을 처음에는 프로테스탄트 국가들과 맺었고, 나중에는 심지어 이슬람인 오스만 제국과도 체결했다. 리슐리외는 교전국을 지치게 하고 전쟁을 오래 끌기 위해 적의 적을 후원하고 매수하고 반란을 부추기고 왕조의 논거와 법적인 논거를 비범하게 동원했다. 그가 너무나 성공을 거두어서 1618년에 시작된 전쟁이 수십 년간 계속되었고, 마침내 역사에서 그 전쟁이 지속된 기간보다 더 적절한 이름을 찾을 수가 없어 30년전쟁으로 불리게 되었다.

독일이 초토화되는 동안, 프랑스는 다들 너무나 지쳐서 적대 행위를 끝내고 평화를 위한 타협을 이룰 조짐이 다시 나타난 1635년까지 방관하고 있었다. 하지만 리슐리외는 프랑스 국왕이 합스부르크 황제와 동등하게 강력해질 때까지, 되도록이면 더 강력해질 때까지 타협에 관심이 없었다. 리슐리외는 이런 목표를 추구하면서 전쟁이 시작된 지 17년이 되었을 때, 프로테스탄트 제후들의 편에 서서 전쟁에 참여할 필요가 있다고 프랑스 국왕을 설득했다. 이런 설득 과정에서 프랑스의 커진 국력을 활용할 수 있는 기회라는 주장보다 더 나은 정당화는 없었다.

> 폐하께서 검을 잡는 대신 주머니에 손을 넣은 채 폐하의 동맹 세력을 이용해서 10년이라는 기간 동안 폐하의 국가에 맞서는 세력을 억눌러왔다는 사실은 폐하께서 비범하게 신중하다는 표시입니다. 그런 다음 폐하의 동맹국들이 폐하 없이 더 이상 버틸 수 없게 될 때 공개적으로 참전하는 것 또한 용기 있고 크게 지혜롭다는 표시입니다. 이는 폐하가 왕국의 평화를 관리함에 있어, 재원을 모으기 위해 엄청난 신경을 쓰면서 또한 어떻게 재원을 써야 할지를 알고 있는 경제학자처럼 행동해왔다는 점을 보여줍니다.[7]

국가이성이라는 정책이 성공하려면 무엇보다도 권력 관계를 평가할 수 있는 능력이 필수적이다. 보편적 가치는 그것을 어떻게 인식하는가에 따라 정의되며 지속적으로 재해석될 필요가 없다. 실제로 보편적 가치는 재해석과 모순된다. 하지만 권력의 한계를 판단하려면 경험과 통찰력이 합쳐져야 하며, 또한 상황에 맞춰 지속적으로 조정되어야 한다. 물론 이론상으로는 세력균형도 상당히 계산이 가능하지만, 현실에서는 운용하기가 극도로 어려운 것으로 입증되었다. 세력균형이 작동하기 위한 전제조건으로서 한 나라의 계산을 타국의 계산과 조화시키는 일은 훨씬 더 복잡하다. 균형상태의 본질에 관한 의견 일치는 대개 주기적인 충돌을 통해서 이루어진다.

리슐리외는 목적과 수단을 거의 수학적으로 정확하게 결부시키는 게 가능하다고 확신했기 때문에 그러한 도전에 대처할 수 있는 자신의 능력을 전혀 의심하지 않았다. 그는 『정치유표(Testament politique)』에서 "논리적으로 볼 때, 뒷받침되어야 하는 것과 그것을 뒷받침하는 힘이 서로 등비율이 되어야 한다."라고 말했다.[8] 그는 운명적으로 교회의 제후가 되었다. 그리고 신념에 따라 데카르트나 스피노자처럼 인간의 행동이 과학적으로 설명될 수 있다고 생각했던 이성주의자들의 지적인 모임에 동참하였다. 그는 기회를 잡아서 국제질서를 자국에 아주 유리하게 바꿀 수 있었다. 그는 정치인으로서 스스로를 정확히 평가했다. 리슐리외는 자신의 목표를 꿰뚫는 통찰력이 있었다. 하지만 그와 그의 아이디어는 그가 자신의 전술을 전략 수준으로 끌어올리지 못했다면 승리하지 못했을 것이다.

이렇게 참신하고 냉혹한 독트린은 아무런 도전을 받지 않고서는 도저히 그냥 넘어갈 수가 없었다. 아무리 세력균형 독트린이 훗날 지배적이 된다 하더라도, 그것은 도덕률의 우위에 토대를 둔 보편주의적 전통에 매우 반하는 것이었다. 모든 도덕의 굴레에서 벗어난 정책에 대한 공격 중에서도 저명한 학자인 얀세니우스(Jansenius)의 비판이 가장 혹독했다.

> 이들은 세속적이고 언젠가는 사라질 운명의 국가가 종교와 교회보다 더 중요하다고 믿는가? ⋯ 가장 기독교적이지 않은 왕은 자신의 왕국을 이끌고 관리하는 데 있어서 주님이신 예수 그리스도의 왕국을 확대하고 보호하도록 그에게 의무를 지우는 게 전혀 없다고 믿어야 하는 것인가? ⋯ 그가 하느님께 "내 국가가 보호받고 위험으로부터 자유로울 수만 있다면 주님의 권력과 영광, 그리고 주님을 섬기라고 가르치는 종교가 사라지고 파멸되게 해주십시오."라고 감히 말할 수 있는가?[9]

이는 물론 리슐리외가 그의 동시대 사람들에게, 그리고 우리가 아는 바로는 그의 신에게 했던 말과 정확히 동일하다. 리슐리외를 비판했던 사람들이 귀류법(reductio ad absurdum)[10]이라고 여겼던 것이 실제로는 리슐리외의 사고를 고도로 정확하게 요약하고 있다는 점에서 리슐리외가 촉발한 변화가 매우 혁명적이었다는 사실이 드러난다. 프랑스 국왕의 재상으로서 리슐리외는 종교와 도덕을 자신의 행동 지침인 국가이성의 하위 범주에 포함시켰다.

리슐리외를 옹호하는 사람들은 자신들이 리슐리외의 냉소적인 방식을 얼마나 잘 받아들였는지 과시하려고 비판자들의 주장을 그들에게 되돌려 주었다. 그들은 국가의 자기이익 추구 정책이 가장 높은 도덕률에 해당하며, 윤리적 원칙을 위반한 사람은 리슐리외를 비판한 자들이지 리슐리외가 아니었다고 주장했다.

왕실과 가까운 학자였던 다니엘 드 프리작(Daniel de Priezac)에게 공식적으로 이런 비판을 논박하라는 임무가 부여되었다. 리슐리외의 승인을 받고 진행된 것이 거의 확실했다. 프리작은 리슐리외가 고전적인 마키아벨리 방식으로 이단의 확산을 편드는 것처럼 보이는 정책을 추구함으로써 대죄(mortal sin)를 저지르고 있다는 전제에 도전했다.[11] 그는 오히려 리슐리외를 비판하는 사람들의 영혼이 위험에 빠졌다고 주장했다. 프랑스가 유럽의 가톨릭 국가 중에서 가장 순수하고 헌신적이기 때문에, 리슐리외는 프랑스의 이익을 위해 봉사함으로써 가톨릭 종교의 이익을 위해서도 봉사하고 있다는 것이다.

프리작은 어떻게 자신이 프랑스가 이처럼 독특한 종교적 소명을 부여받았다는 결론에 도달하게 되었는지에 대해서는 설명하지 않았다. 하지만 이런 결론은 프랑스가 강력해져야 가톨릭교회의 안녕에도 이익이 된다는 그의 전제로부터 도출되었다. 그리하여 리슐리외의 정책이 매우 도덕적이라는 것이다. 실제로 합스부르크가 프랑스를 포위하면 프랑스의 안보가 크게 위협받기 때문에 분쇄해야 했으며, 이처럼 궁극적으로 도덕적인 목적을 추구하기 위해서는 프랑스 국왕이 무슨 수단을 택했건 간에 무고하다는 것이다.

> 그는 전쟁이라는 수단을 통해 평화를 추구하고 있으며, 전쟁을 하는 과정에서 그가 바라는 바와 어긋나는 무엇인가가 발생한다면, 이는 의지에 따른 범죄가 아니라 불가피한 범죄이며, 이와 관련된 법은 가장 가혹하고 가장 잔인한 셈이다. … 어떤 전쟁을 개시하는 의도가 정의롭다면 그 전쟁은 정의롭다. … 따라서 수단이 아니라 의지가 고려해야 하는 최우선 요소이다. … 범죄자를 죽이려는 의도가 있는 사람은 때로는 죄가 없는 사람의 피를 흘리게 하고도 허물이 없을 수 있다.[12]

직설적으로 말해서, 목적이 수단을 정당화했다.

리슐리외를 비판했던 또 다른 사람인 마티외 드 모르그(Mathieu de Morgues)는 "당신의 스승인 마키아벨리가 고대 로마인들의 행동을 보여주었던 것처럼, 당신의 계획을 추진하는 데 도움이 되는 데까지, 종교를 변형하고 … 종교를 해설하고 종교를 적용하면

서" 종교를 조작했다고 리슐리외를 비난했다.[13]

　드 모르그의 비판은 얀세니우스의 비판과 다를 바 없었고 그만큼 효과가 없었다. 리슐리외는 실제로 묘사된 바와 같은 조작가였으며, 지적받은 방식으로 정확히 종교를 이용했다. 리슐리외는 의심의 여지 없이 마키아벨리처럼 세계를 있는 그대로 분석했을 뿐이라고 대답했을 것이다. 마키아벨리처럼, 리슐리외는 고상한 도덕적 감수성을 지닌 세상을 선호했을지도 모르지만, 그는 자신에게 주어진 환경과 요인들을 얼마나 잘 활용했는지를 놓고 역사가 자신의 정치적 경륜을 평가할 것이라고 확신했다. 실제로 만약 정치인을 평가할 때 스스로 정한 목표를 얼마나 달성했는지를 놓고 시험한다면, 리슐리외는 근대사에서 가장 중요한 인물 중 하나로 기억해야 한다. 리슐리외는 자신이 접한 세계와 근본적으로 다른 세계를 물려주었고, 프랑스가 향후 3세기 동안 따르게 될 정책을 작동시켰기 때문이다.

　이런 식으로 프랑스는 유럽에서 지배적인 국가가 되었고 영토도 방대해졌다. 30년 전쟁을 종결시킨 1648년 베스트팔렌 평화 조약 이후의 세기에 국가이성이라는 독트린은 유럽외교를 지도하는 원칙이 되었다. 리슐리외 추기경은 후대 정치인들이 자신을 존경한다는 데 대해 놀라지 않았을 것이고, 그의 맞수인 페르디난트 2세가 역사 속에서 잊히는 운명에 대해서도 마찬가지 반응을 보였을 것이다. 그는 아무런 환상을 갖지 않았고 스스로에 대해서도 마찬가지였다. 리슐리외는 『정치유표』에서, "국가문제와 관련해서 힘이 있는 자는 흔히 권리가 있고, 힘이 없는 자는 애를 써야만 간신히 세계의 대다수 여론으로부터 잘못된 평가를 받지 않을 수 있다."라고 말했다. 이런 격언은 지난 몇 세기 동안 거의 논박된 적이 없었다.[14]

　리슐리외가 중유럽의 역사에 끼친 영향은 그가 프랑스를 위해 거둔 성과와는 정반대였다. 그는 중유럽의 통일을 두려워했고, 통일되지 못하도록 막았다. 아마도 그는 독일의 통일을 약 2세기 동안 지연시켰다. 마치 영국이 노르만 왕조의 통솔하에 국민국가가 되었고 몇 세기 후에 프랑스가 카페 왕조하에서 국민국가가 되었듯이, 30년전쟁의 초기 단계는 독일의 통일 왕조가 되려는 합스부르크 왕가의 시도로 볼 수 있다. 리슐리외는 합스부르크 왕가를 좌절시켰고, 신성로마제국은 300개 이상의 주권국으로 분열되었으며,[15] 이들은 각자 독자적인 외교정책을 자유롭게 추구하게 되었다. 독일은 국민국가가 되지 못했고, 개별 왕조가 사소한 분쟁에 휘말려 내부지향적으로 변했다. 결과적으로 독일은 민족적인 정치문화를 발전시키지 못했고, 비스마르크가 19세기 후반에 독일을 통일할 때까지 지방 중심의 편협성에서 헤어나지 못했다. 독일은 대부분의 유럽 전쟁에서 전쟁터가 되었고, 이런 전쟁은 대부분 프랑스가 일으켰다. 유럽이 해외 식민지 활동에 나설 때, 독일은 초창기에 동참하지 못했다. 통일된 독일은 국가이익을 규정해본 경험이 너무나 부족했고, 결국 20세기 최악의 비극을 초래했다.

하지만 신은 때로는 인간의 소망을 너무나도 완전하게 실현시킴으로써 벌을 줄 때도 있다. 만약 반종교개혁이 성공했다면 프랑스가 갈수록 중앙집권화되는 신성로마제국의 부속물로 전락할 것이라는 리슐리외 추기경의 분석은 거의 정확했고, 특히 리슐리외 추기경이 당연시했던 것처럼 국민국가의 시대가 왔다고 가정한다면 더욱 정확했다. 하지만 윌슨식 이상주의의 인과응보는 그것이 내세웠던 선언과 실제 현실 사이의 괴리였던 반면, 국가이성에 따른 인과응보는 과도한 확장이었다. 국가이성이 훌륭한 정치가의 손에 있는 경우를 제외하면 지나치게 확장하기 마련이고, 심지어 훌륭한 정치가가 있는 경우에도 그렇게 될 가능성이 있다.

리슐리외의 국가이성 개념은 제한이 없었기 때문이다. 국익이 충족되었다고 판단이 설 때까지 얼마나 가야 할 것인가? 안보를 위해 얼마나 많은 전쟁이 필요한가? 이타적인 정책을 내세우는 윌슨식 이상주의는 국익을 등한시하는 위험이 항상 있었다. 반면 리슐리외의 국가이성은 절묘하게 자멸로 몰아가는 위험이 있다. 루이 14세가 등극한 후 프랑스의 상황이 바로 이랬다. 리슐리외는 프랑스 국왕에게 압도적으로 강력한 국가를 물려주었고, 프랑스는 약하고 분열된 독일과 쇠퇴하는 스페인과 국경을 접하게 되었다. 하지만 루이 14세는 프랑스의 안보에 대해 마음의 평안을 얻지 못했다. 그는 정복할 기회를 포착했다. 루이 14세가 지나치게 열정적으로 국가이성을 추구함에 따라 유럽 전체가 놀랐고, 다 같이 반(反)프랑스 연합을 형성함에 따라 결국 그의 구상은 물거품이 되었다.

그럼에도 불구하고 리슐리외 사후 200년간 프랑스는 유럽에서 가장 영향력이 큰 국가였으며, 오늘날도 국제정치에서 중요한 행위자로 남아 있다. 어떤 나라에서도 이에 맞먹는 성과를 주장할 수 있는 정치인은 찾아보기가 힘들다. 리슐리외의 가장 큰 성공은 그가 중세시대의 도덕적, 종교적 제약을 벗어던진 유일한 정치인이었기에 가능했다. 불가피하게 리슐리외의 후계자들은 대부분의 국가가 리슐리외가 제시한 전제에 따라 행동하는 체제에 대응해야 하는 과제를 물려받았다. 이로 인해 프랑스로서는 페르디난트처럼 경쟁 세력들이 도덕적 고려를 하느라 손이 묶여 있던 리슐리외 시절의 유리한 조건이 사라졌다. 일단 모든 국가가 똑같은 원칙에 따라 활동하면 이익을 얻어내기가 훨씬 더 어려워진다. 국가이성에 따른 영광에도 불구하고 프랑스의 영토 확장은 마치 끝없이 쳇바퀴를 돌리는 상황이 되었다. 프랑스는 독일 국가들 간 충돌의 중재자가 되었고, 그럼으로써 중유럽을 지배했지만, 그러한 노력을 하느라 진이 빠졌고 점차 자신의 구상대로 유럽을 형성할 능력을 잃어버렸다.

국가이성은 개별 국가의 행위에 대해서는 논리적 근거를 제시했으나, 세계질서의 도전에 대해서는 답을 주지 못했다. 국가이성은 우위의 추구나 혹은 균형상태의 구축으로 이어질 수 있다. 하지만 의식적으로 계획해서 균형상태가 형성되는 경우는 드물다. 프랑스에 맞서다 보니 유럽에서 세력균형이 형성되었듯이, 일반적으로는 우위를 추구하는 특정 국가를 저지하려는 과정의 결과로 균형상태가 발생한다.

리슐리외가 개시한 세계에서 국가들은 더 이상 도덕적 규약이라는 허울에 구애받지 않았다. 만약 국가의 선(the good of the state)이 최고의 가치라면 통치자의 임무는 자신의 영광을 드높이고 증진하는 것이었다. 강력한 국가는 지배하려 할 것이고, 약한 국가는 자신의 힘을 강화하고자 연합체를 결성해서 저항할 것이다. 이런 연합체가 침략자를 견제할 정도로 충분히 강력하면 세력균형이 이루어질 것이다. 그렇지 못하다면 어떤 국가가 패권을 차지할 것이다. 결과가 미리 정해지지 않았기 때문에 시험해보려는 전쟁이 빈번했다. 초기에는 그 결과가 균형상태만큼이나 프랑스나 독일 제국이었을 수도 있었다. 그렇기 때문에 명확하게 세력균형에 기반을 둔 유럽 질서가 형성되기까지 100년 이상이 걸렸다. 처음에 세력균형은 국제정치의 목표가 아니었다. 거의 어쩔 수 없는 우연한 현실이었다.

상당히 희한하게도, 당시 철학자들은 세력균형을 이렇게 인식하지 않았다. 계몽주의의 산물인 이들은 경합하는 이익의 충돌로부터 만물의 조화와 공정함이 등장할 것이라는 18세기의 신념을 그대로 반영했다. 세력균형이라는 개념은 단순히 기존 통념의 연장선상에 있었다. 한 국가가 지배하는 상황을 막고 국제질서를 유지하는 게 세력균형의 우선 목표였다. 세력균형은 충돌을 방지하는 게 아니라 제한하려고 고안되었다. 18세기의 냉정한 정치인들에게 무력충돌의 제거(혹은 야심이나 탐욕의 제거)는 유토피아처럼 몽상적으로 보였다. 해결책은 인간 본성의 타고난 결함들을 이용하거나 상쇄시킴으로써 장기적으로 가능한 최선의 결과를 도출하는 것이었다.

계몽주의 시대의 철학자들은 국제체제를 더 나은 세계를 향해 멈추지 않고 거침없이 전진하는 거대한 시계 장치처럼 작동하는 우주의 일부로 인식했다. 볼테르는 1751년에 "기독교 유럽"은 "일부는 군주제이고, 다른 일부는 혼합 정체인 여러 국가로 나눠진 일종의 거대한 공화국이지만 … 모두가 서로 조화를 이루고 있고 … 세계의 다른 부분에는 알려지지 않은, 공적이고 정치적인 법이라는 동일한 원칙을 지니고 있다."라고 서술했다. 이런 국가들은 "어찌됐건 … 그들 간에 가능한 한 동등한 세력균형을 유지하겠다는 현명한 정책으로 하나가 되어 있다."[16]

몽테스키외도 똑같은 주제를 거론했다. 그에게 세력균형은 다양성으로부터 통합을 이끌어내는 일이었다.

> 유럽의 정세를 보면 모든 국가가 서로에게 의존하고 있다. … 유럽은 여러 개의 지방으로 구성된 단일 국가다.[17]

이런 말이 나오던 18세기에 이미 스페인 왕위 계승을 둘러싼 전쟁이 두 번, 폴란드 왕위 계승 전쟁이 한 번, 그리고 오스트리아 왕위 계승을 둘러싼 일련의 전쟁이 있었다.

동일한 정신으로, 역사철학자인 에메리히 드 바텔(Emmerich De Vattel)은 7년전쟁의 두 번째 해인 1758년에 다음과 같이 썼다.

> 지속적으로 개최되는 협상이 근대 유럽을 일종의 공화국으로 만들어가고 있으며,
> 이 협상의 구성원들이 각자 독립적이지만 공통의 이익으로 다 함께 결속되어 있고,
> 질서유지 및 자유의 보존을 위해 단결하고 있다. 이를 통해 잘 알려진 세력균형의
> 원칙이 탄생했으며, 세력균형을 통해서 사안이 조정됨으로써 어떤 국가도 절대적인
> 장악력을 갖거나 다른 나라들을 지배하지 못하게 되었다.[18]

철학자들은 결과와 의도를 혼동했다. 18세기를 통틀어 유럽의 제후들은 수많은 전쟁을 겪었으며, 이런 전쟁을 하면서 국제질서상의 어떤 일반적인 관념을 실행하겠다는 목적의식이 있었다는 증거가 전혀 없었다. 국제관계가 힘에 기초한 바로 그 순간 수많은 새로운 요소가 등장했기 때문에 계산하기가 갈수록 어려워졌다.

그 이후부터 다양한 왕조가 영토 팽창을 통해서 자신들의 안보를 증진하는 데 집중했다. 이 과정에서 일부 국가 간에 상대적 권력 관계가 극적으로 변했다. 스페인과 스웨덴이 2류 국가 신세로 하락했다.[19] 폴란드는 소멸의 길로 미끄러지기 시작했다.[20] 베스트팔렌 평화 조약에서 완전히 배제되었던 러시아와 그다지 중요한 역할을 맡지 않았던 프로이센이 신흥 강대국으로 등장했다. 세력균형은 구성 요소가 상대적으로 고정되어 있어도 분석하기가 상당히 어려운데, 국가 간의 상대적 힘이 지속적으로 유동적이면 세력균형을 평가하고 다양한 국가들에 대한 평가들을 조화시키기가 절망적으로 복잡해진다.

30년전쟁으로 중유럽에 힘의 공백이 발생하자 주변국들은 중유럽을 잠식하고 싶다는 유혹을 느꼈다. 프랑스는 지속해서 서쪽으로부터 압박을 가했다. 러시아는 동쪽에서 전진해왔다. 프로이센은 유럽 대륙의 중심에서 팽창했다. 유럽 대륙의 핵심 국가 중에 어떤 나라도 철학자들이 그토록 칭송했던 세력균형을 유지해야 한다는 의무감을 특별히 느끼지 않았다. 러시아는 스스로 너무 멀리 떨어져 있다고 생각했다. 강대국 중 가장 작은 프로이센은 전반적인 균형상태에 영향을 주기에는 여전히 너무 취약했다. 모든 왕들은 자신의 지배력을 강화하는 게 전반적인 평화에 가능한 한 가장 크게 기여할 수 있는 방안이라 생각하며 위안을 삼았고, 야심을 억누르지 않은 채로 힘을 휘두르는 것을 정당화하고자 평화를 보이지 않는 손에 맡겼다.

국가이성의 본질은 위험과 편익의 계산이었다. 이는 프로이센의 오스트리아와의 우호 관계와 오스트리아의 영토보전을 존중한다는 조약상의 구속력에도 불구하고, 프리드리히 대제가 오스트리아로부터의 슐레지엔(Schlesien) 획득을 정당화했던 방식에서 드러났다.

> 우리 군대의 우월성, 군대를 즉각 운용할 수 있는 신속성, 한마디로 말해 우리가 주변국에 대해 가진 명백한 이점 때문에 우리는 이런 예상치 못한 비상 상황에서 유럽 내 모든 다른 국가들보다 훨씬 더 우월해졌다. … 영국과 프랑스는 원수지간이다. 만약 프랑스가 오스트리아 제국의 문제에 개입한다면 영국은 이를 용납하지 못할 것이고, 그래서 나는 항상 어느 한쪽과 좋은 동맹을 체결할 수 있다. 내가 슐레지엔을 획득한다고 해서 영국이 아무런 피해를 입지 않기 때문에 질투하지 않을 것인 반면, 영국으로서는 동맹이 필요하다. 네덜란드도 신경 쓰지 않을 것이다. 특히 암스테르담 비즈니스계는 슐레지엔을 담보로 한 모든 차관을 보증받을 것이기 때문이다. 우리가 영국과 네덜란드와 합의할 수 없다 하더라도 이들이 우리의 구상을 꺾을 수 없고, 오스트리아 제국 가문의 굴욕을 환영할 프랑스와 여전히 거래를 할 수 있다. 러시아만 홀로 우리를 피곤하게 만들 수 있다. 만약 러시아 여제가 살아 있다면 … 우리가 주요 자문관들을 뇌물로 매수할 수 있다. 만약 여제가 사망한다면, 러시아는 바빠져서 외교문제에 신경을 쓸 겨를이 없어질 것이다.[21]

프리드리히 대제는 국제문제를 체스 게임처럼 다루었다. 그는 슐레지엔을 획득해 프로이센의 국력을 확대하려 했다. 그가 계획을 구상하면서 유일하게 인식했던 걸림돌은 도덕적 가책이 아니라 다른 강대국의 저항이었다. 그의 위험-편익 분석은 만약 슐레지엔을 정복한다면 다른 국가가 보복할 것인지, 보상을 추구할 것인지 여부였다.

프리드리히 대제는 이 계산을 자신에게 유리하게 풀어나갔다. 슐레지엔을 점령함으로써 프로이센은 진정한 강대국이 되었으나, 다른 국가들이 이 새로운 강대국의 등장에 적응하려고 하면서 일련의 전쟁이 촉발되었다. 첫 번째 전쟁은 오스트리아 왕위 계승 전쟁으로서 1740년부터 1748년까지 이어졌다. 여기에서 프로이센은 프랑스, 스페인, 바이에른, 작센과 합세했고, 1743년에 편을 바꾸었다. 반면, 영국은 오스트리아를 지지했다. 1756년에서 1763년까지 지속했던 제2차 전쟁인 7년전쟁에서는 역할이 뒤바뀌었다. 오스트리아는 이제 러시아, 프랑스, 작센, 스웨덴과 합세했고, 영국과 하노버가 프로이센을 지지했다. 이렇게 편이 바뀐 것은 순전히 즉각적인 이익과 구체적인 보상의 계산에 따른 결과이지, 국제질서의 지배적인 원칙에 따른 것이 아니었다.

하지만 개별 국가들이 각자 힘을 늘리는 데만 골몰하고 있는 무정부적이고 서로 약탈하는 것처럼 보이는 상황에서 일종의 균형상태가 점차 등장했다. 국가들이 서로 자제했기 때문이 아니라 어떤 국가도, 심지어 프랑스마저도 다른 모든 국가를 상대로 자신의 의지를 강요하고 제국을 형성할 수 없었기 때문이다. 어떤 국가라도 지배하겠다고 위협하는 순간, 주변국들이 연합체를 형성했다. 이는 국제정치학 이론을 추구해서가 아니라 가장 강력한 국가의 야심을 막겠다는 순수한 자기이익 추구에서 나온 산물이었다.

이토록 전쟁이 지속해도 종교전쟁 당시처럼 전쟁터가 황폐하게 유린되는 일은 없었다. 두 가지 이유 때문이었다. 18세기의 절대군주는 역설적으로 종교, 이념, 혹은 민주 정부가 사람들의 감정을 자극할 수 있는 경우와 비교하면 전쟁을 치르기 위해 자원을 동원할 수 있는 능력이 떨어졌다. 전통에 의해 그리고 어쩌면 소득세와 다른 많은 강제징수금을 부과하면 왕권이 불안해질 수 있어 억제가 되었다. 그 결과 전쟁에 쏟아부을 수 있는 국부의 규모가 한정되었고, 무기의 기술도 초보적 수준에 있었다.

무엇보다 유럽 대륙의 균형상태가 한층 강화되었고, 노골적으로 세력균형에 집중해서 외교정책을 구사하는 국가가 등장하면서 사실상 관리가 되었다. 영국 정책의 근간은 균형상태를 바로잡기 위해 필요하다면 더 약하고 위협받는 편을 지원하는 것이었다. 이러한 정책을 최초로 구상한 사람은 엄숙하면서 세속적이었던 네덜란드 출신의 영국 국왕 윌리엄 3세였다. 그는 고향인 네덜란드에서 살 때 프랑스 태양왕(루이 14세)의 야심 때문에 괴로워했고, 영국의 국왕이 되자 언제라도 루이 14세를 꺾기 위해 연합체를 결성하려고 했다. 영국은 국가이성에 따른다면 유럽으로 팽창할 필요가 없는 유럽 국가였다. 영국은 자신의 국익이 유럽의 세력균형 유지에 달려 있다고 인식했고, 유럽 대륙에서 단일 강대국의 유럽 지배를 방지하는 것 이상으로 유럽 대륙에서 특별한 목표를 추구하지 않았다. 이런 목표를 추구하면서 영국은 유럽을 지배하려는 강대국의 야심에 반대하는 국가들이 어떤 식으로든 연합체를 결성하려고 하면 동참할 수 있었다.

영국의 주도하에 유럽을 지배하려는 프랑스에 저항하는 연합체가 계속 바뀌면서 세력균형이 서서히 등장했다. 이런 역동성은 18세기에 있었던 거의 모든 전쟁에서 핵심 요소로 자리 잡았으며, 영국이 주도한 대프랑스 동맹은 리슐리외가 합스부르크 왕가에 맞서 독일에서 처음으로 원용했던 것과 마찬가지로, 유럽의 자유라는 대의명분을 내걸고 싸웠다. 프랑스의 지배에 저항하는 동맹이 프랑스가 극복하기에는 너무나도 강력했고, 프랑스가 한 세기 반에 걸쳐 팽창주의를 지속하면서 자신의 부를 소모했기 때문에 세력균형이 유지되었다.

균형자로서의 영국의 역할은 어쩔 수 없는 지정학적 현실을 반영했다. 유럽 해안에서 떨어져 있고 상대적으로 작은 섬나라인 영국은 유럽 대륙의 모든 자원이 단일 통치자에 의해 동원된다면 위험에 처하게 될 것이다. 그렇게 된다면 영국(1707년 스코틀랜드와의 합병 이전에 그랬듯이)은 인구나 자원이 훨씬 더 적기 때문에 오래 못 가서 유럽 대륙 제국의 수중에 놓이게 될 것이다.

영국은 1688년에 있었던 명예혁명(Glorious Revolution)으로 인해 프랑스의 루이 14세와 즉각 대립할 수밖에 없었다. 영국은 명예혁명으로 가톨릭 국왕인 제임스 2세를 퇴위시켰다. 유럽 대륙에서 프로테스탄트로서 대안이 될 만한 인물을 물색하던 중, 영국은 퇴위된 국왕의 딸인 메리와 결혼했기 때문에 영국 왕위를 물려받아야 한다고 집요하게 주장하는 네덜란드의 통치자 윌리엄 오렌지 공(Willem III van Orange)을 선택했다. 윌리엄이 국왕으로 즉위함에 따라 영국은 훗날 벨기에가 되는 지역에서 전개되고 있던 루이 14세와의 전쟁에 연루되었다. 중요한 요새와 영국 해안으로부터 위험할 정도로 가까운 항구가 벨기에에 즐비했다. 이후 시간이 지날수록 이 지역에 대한 우려가 더욱 커졌다. 윌리엄은 루이 14세가 이 요새를 점령한다면 네덜란드가 독립을 잃을 것이고, 프랑스가 유럽을 정복할 가능성도 커질 것이며, 영국이 직접 위협을 받으리라는 사실을 잘 알고 있었다. 영국군을 파병해 오늘날의 벨기에 지역에서 프랑스와 전쟁하도록 한 윌리엄의 결단은 독일이 1914년에 벨기에를 침공했을 때, 영국이 벨기에를 위해 전쟁을 하겠다고 내린 결정의 전례가 되었다.

이제부터 윌리엄은 루이 14세에 맞선 싸움에서 선봉을 맡았다. 키도 작고, 등이 굽었으며, 천식이 있는 윌리엄은 처음에 보면 태양왕의 콧대를 꺾을 운명을 쥔 사람처럼 보이지 않았다. 하지만 오렌지 공은 특출한 정신적 기민함과 더불어 강철 같은 의지의 소유자였다. 그는 유럽에서 이미 가장 강력한 군주인 루이 14세가 스페인령 네덜란드(오늘날의 벨기에)를 정복하게 놔둔다면 영국이 위험해진다고 확신했고, 이는 거의 정확한 판단이었다. 프랑스 국왕을 억누를 수 있는 동맹을 형성해야 했으며, 추상적인 세력균형 이론상의 문제가 아니라 네덜란드와 영국 두 나라의 독립을 위해서였다. 윌리엄은 스페인과 스페인의 영지(領地)에 대한 루이 14세의 구상이 실현된다면, 프랑스는 어떤 나라들이 다같이 힘을 합치더라도 대적할 수 없는 초강대국이 될 것이라고 인식했다. 이런 위험을 사전에 막고자 윌리엄은 협력국을 구했고, 얼마 안 가서 몇몇 협력국을 찾아냈다. 스페인, 사보이, 오스트리아 제국, 작센, 네덜란드 공화국, 그리고 영국이 대동맹(the Grand Alliance)을 형성했다. 이는 단일 국가에 맞서기 위해 형성된 최대 규모의 동맹으로서 근대 유럽사에서 유래가 없었다. 약 4반세기 동안(1688년부터 1713년까지) 루이 14세는 대동맹에 맞서서 계속 전쟁을 했다. 결국 프랑스의 국가이성 추구는 유럽 내 다른 국가들의 이기적인 이익 추구에 의해 제어되었다. 프랑스는 유럽에서 가장 강력한 국가로 남기는 했지만, 다른 모든 국가들을 압도할 정도까지는 못 되었다. 세력균형이 작동하는 교과서와 같은 사례가 되었다.

윌리엄의 루이 14세에 대한 적개심은 개인적이지도 않았고 어떠한 반불 감정에 근거하지도 않았다. 태양왕의 힘과 무한한 야심에 대한 냉철한 평가가 반영된 결과였다. 윌리엄은 자신의 보좌관에게, 만약 합스부르크가 유럽을 지배하려고 위협하던 1550년대에 살았더라면 그는 "지금 자신이 스페인인 것만큼이나 프랑스인이었을 것이다."라고 실토했다.[22] 이런 입장은 또한 1930년대에 반독일주의라는 비난에 대해 윈스턴 처칠이 한 대응의 전례가 되었다. "만약 상황이 반대였다면, 우리는 똑같이 친독반불(親獨反佛)이 될 수 있다."[23]

윌리엄은 세력균형에 최대한 도움이 될 수 있다고 느꼈을 때는 루이 14세와 협상을 할 의향이 확실하게 있었다. 윌리엄의 단순한 계산은, 영국은 합스부르크 왕가와 부르봉 왕가 간에 대략적인 균형을 유지하려는 것이고, 그러니 누가 되었든 간에 더 약한 쪽이 영국의 도움을 받아 유럽의 균형상태를 유지하게 될 거라는 것이다. 리슐리외 이래 오스트리아가 약자였기 때문에, 영국은 프랑스의 팽창주의에 맞서 합스부르크 왕가와 손을 잡았다.

균형자로서 행동한다는 아이디어가 처음 등장했을 때, 영국 국민은 좋게 받아들이

지 않았다. 17세기 후반 당시, 영국 여론은 2세기 이후 미국 여론과 아주 비슷하게 고립주의 성향을 띠었다. 만약 위협이 발생한다면 그때 가서 하더라도 위협에 맞설 시간이 충분하다는 게 당시 여론이었다. 어떤 국가가 나중에 무엇을 할지도 모른다는 추측성 위험에 맞서 싸울 이유가 없었다.

윌리엄은 시어도어 루스벨트가 훗날 미국에서 했던 것과 비슷한 역할을 했다. 본질적으로 고립주의 성향이 있는 자국민에게 영국의 안보는 해외에서의 세력균형에 동참하는 데 달려 있다고 경고했다. 영국인들은 미국인들이 루스벨트의 주장을 받아들였던 것보다 훨씬 더 빨리 윌리엄의 견해를 받아들였다. 윌리엄이 사망하고 약 20년이 지난 후, 전형적으로 야당의 입장을 반영하는 신문 〈크래프츠맨(The Craftsman)〉은 세력균형이 "영국 정치의 독창적이고 영속적인 원칙" 중 하나라고 지적했고, 유럽 대륙에서의 평화가 "무역으로 먹고 사는 섬나라에 너무나도 필수불가결한 조건이어서… 영국 정부가 평화를 유지하기 위해 지속적으로 노력해야 하며, 만약 다른 국가에 의해 평화가 파괴되거나 혼란을 겪으면 평화를 회복해야 한다."[24]라고 명시했다.

하지만 세력균형이 중요하다는 데 동의한다고 해서 이 정책을 시행하는 최선의 전략이 무엇인지를 둘러싼 영국 내 논쟁이 잦아들지는 않았다. 영국 의회에는 양대 정당을 대표하는 두 학파가 있었고, 두 번의 세계대전을 겪은 후 미국에서도 상당히 유사한 이견이 있었다. 휘그당(The Whigs, 자유당)은 세력균형이 실제로 위협받는 경우에만 영국이 관여해야 하며, 위협을 제거하기에 충분한 기간 동안만 관여해야 한다고 주장했다. 이와 대조적으로 토리당(The Tories, 보수당)은 영국의 주요 임무가 단순히 세력균형의 보호에 그치지 않고 세력균형을 구축하는 것이라고 믿었다. 휘그당은 저지대 국가들이 실제로 공격받는 상황이 발생하더라도 맞설 수 있는 시간이 충분하다는 입장이었다. 토리당은 관망하는 정책을 추진하다가는 침략국이 균형상태를 돌이킬 수 없을 정도로 약화시킬지도 모른다고 판단했다. 그래서 만약 영국이 도버 해협에서 전쟁이 발생하는 상황을 피하고 싶다면, 라인강이나 유럽 다른 곳 어디서건 세력균형이 위협받는 것처럼 보이면 침략에 맞서 싸워야 한다고 보았다. 휘그당은 동맹을 임시방편으로 간주했고 일단 승리해서 공동의 목표를 고려할 필요가 없어지면 끝내야 한다고 보았던 반면, 토리당은 영국이 항구적인 협력체에 참여해서 사건들을 주도하고 평화를 보존할 수 있게 해야 한다고 촉구했다.

1742년부터 1744년까지 토리당원으로서 외교장관을 지낸 카터렛 경(Lord Carteret)은 유럽에 대한 항구적 관여를 열성적으로 옹호했다. 그는 "유럽 대륙의 모든 문제와 소란을 무시하고, 적을 찾으러 섬 밖으로 나가지 않으려 하며, 우리의 상업과 즐거움에만 신경 쓰고, 외국에서 위험을 맞닥뜨리는 대신 우리 해안가의 비상경보에 놀라서 깰 때까지 안락하게 잠만 자려는" 휘그당의 성향을 비난했다. 그는 영국이 프랑스에 대항하는 세력으로서 합스부르크 왕가를 지지하는 게 항상 이익이 된다는 현실을 직시해야 한다고 말했다. "만약 어느 날 프랑스 국왕이 유럽 대륙에서 더 이상 경쟁할 맞수가 없는 상황에 놓이게 된다면, 그는 점령지들을 보유한 채로 안전하게 앉아 있을 것이고, 그러고 나서 주둔군을 축소하고, 요새를 버리고, 병력을 해산할지도 모릅니다. 하지만 지금 전쟁터를 군인들로 채우는 데 쓰인 재물은 얼마 안 가서 우리나라에 더 위험한 계획들에 사용될 것입니다. … 따라서 우리는 당연히 부르봉 가문의 군주들에 맞서 균형을 잡을 수 있는 유일한 강대국인 오스트리아 가문을 지지해야 합니다."[25]

휘그당과 토리당 간 외교정책 전략상의 차이는 철학적이지 않고 실용적이었고, 전략적이지 않고 전술적이었다. 그리고 이런 차이는 각 정당이 영국의 취약성을 어떤 식으로 평가하는지를 반영했다. 휘그당의 관망 정책은 영국의 안보에 실제로 충분히 여유가 있다는 확신을 반영했다. 보수당은 영국의 위치가 더 불확실하다고 보았다. 거의 정확하게 똑같은 견해의 차이가 20세기 미국의 고립주의자와 개입주의자를 갈라놓았다. 18세기와 19세기의 영국도, 20세기의 미국도 자국민들에게 자국의 안전을 위해 고립이 아니라 항구적 개입이 필요하다고 설득하기가 쉽지 않았다.

주기적으로 양국에서는 국민에게 항구적 개입의 필요성을 제기하는 지도자가 등장하곤 했다. 윌슨은 국제연맹을 만들었다. 카터렛은 유럽 대륙에 항구적으로 관여하는 방안을 검토했다. 1812년부터 1821년까지 외교장관이었던 캐슬레이(Castlereagh)는 유럽회의(European Congress) 체제를 옹호했다. 그리고 19세기 후반 총리였던 글래드스턴(Gladstone)은 초기 형태의 집단안보를 제안했다. 결국 그들의 호소는 실패했는데, 제2차 세계대전 종식 이후까지 영국인이나 미국인이나 자신들이 치명적인 도전에 직면했는지를 그것이 명백해지기 전까지는 확신하지 못했기 때문이다.

이런 방식으로 영국이 유럽의 균형자가 되었다. 처음에는 자연스럽게 균형자가 되었지만, 이후에는 의식적으로 전략을 수립한 결과 균형자가 되었다. 영국이 균형자 역할에 대해 집요할 정도로 전념하지 않았다면 아마도 프랑스가 18세기나 19세기에 거의 확실하게 유럽의 패권을 장악했을 것이며, 독일이 근대에 똑같이 그렇게 되었을 것이다. 이런 의미에서 2세기가 지난 후, 처칠이 영국이 "유럽의 자유를 보존했다."[26]라고 당당하게 주장할 수 있었다.

19세기 초 임시방편 수단이었던 영국의 세력균형 수호가 의식적인 계획으로 바뀌었다. 그때까지 영국은 자신의 정책을 영국인의 특성답게 실용적으로 구사했으며, 균형상태를 위협하는 어떤 국가에도 저항했다. 18세기에 위협이 되었던 국가는 변함없이 프랑스였다. 전쟁들은 타협으로 종식되었고 프랑스의 위상을 대체로 약간 제고시켰지만 프랑스가 실제 목표로 삼았던 패권을 박탈했다.

불가피하게 프랑스는 영국이 세력균형을 어떻게 이해했는지에 대해 최초로 상세하게 표명할 계기를 제공했다. 국가이성이라는 이름으로 150년 동안 유럽을 지배하려 했던 프랑스는 대혁명을 겪은 후에 보편성이라는 초창기 개념으로 되돌아갔다. 프랑스는 자신의 팽창주의를 정당화하기 위해서 국가이성을 더 이상 원용하지 않았고, 하물며 죽은 왕들의 영광을 원용하지도 않았다. 대혁명을 겪은 후 프랑스는 혁명을 지속하고 유럽에 공화주의 이상을 전파하고자 유럽 전체와 맞서 싸웠다. 다시금 압도적으로 우세한 프랑스가 유럽을 지배하겠다고 위협했다. 징집된 군대[27]와 이념적 열정은 프랑스군이 자유, 평등, 박애라는 보편적 원칙을 위해 유럽 전역을 누비게 만들었다. 나폴레옹의 지휘 하에서 이들은 프랑스 중심의 유럽공동체(European commonwealth)를 거의 수립해가고 있었다. 1807년이 되자 프랑스군이 라인강 주변과 이탈리아, 스페인에 위성 왕국을 설립했고, 프로이센을 2류 국가로 격하시켰으며, 오스트리아를 심각하게 약화시켰다. 러시아만이 나폴레옹과 프랑스의 유럽 지배 사이에서 버티고 있었다.

하지만 러시아는 이미 희망과 두려움이라는 양면적인 반응을 불러일으켰고, 이는 오늘날까지도 러시아의 운명이 되었다. 18세기 초 러시아의 국경은 드네프르강[28]을 따라 설정되었다. 100년이 지나자 800킬로미터 더 서쪽에 있는 비스툴라강[29]까지 확장되었다. 18세기 초 러시아는 오늘날 우크라이나의 깊숙한 곳에 있는 폴타바(Poltava)에서 자신의 존립을 위해 스웨덴과 싸우고 있었다. 18세기 중반이 되자 러시아는 7년전쟁에 참전했고, 러시아 병력이 베를린에 주둔했다. 18세기가 끝날 무렵, 러시아는 폴란드를 분할하는 과정에서 중요한 역할을 맡았다.[30]

러시아의 거친 물리적 힘은 국내 정치적으로 잔혹한 독재체제 때문에 한층 더 불길하게 다가왔다. 러시아의 절대주의는 서유럽에서 왕권신수설에 따른 군주의 통치 사례와는 달리 관습이나 적극적이고 독립적인 귀족층에 의해 완화되지 않았다. 러시아에서는 모든 것이 차르의 변덕에 달려 있었다. 옥좌에 있는 차르의 심기에 따라 러시아 외교정책이 자유주의에서 보수주의로 돌변하는 게 전적으로 가능했고, 실제로 차르 알렉산드르 1세의 재위 기간 중 그런 일이 발생했다. 하지만 물론 국내에서는 자유주의적 실험이 시도된 적이 전혀 없었다.

변덕스러운 러시아 차르였던 알렉산드르 1세는 1804년에 나폴레옹의 가장 무자비한 적이었던 윌리엄 소(小)피트 영국 총리에게 접근해서 제안을 했다. 계몽주의 철학자들의 영향을 강하게 받은 알렉산드르 1세는 스스로를 유럽의 도덕적 양심이라고 여겼으며, 또한 자유주의 정부에 잠시 심취했던 적이 있었다. 그는 이런 마음가짐으로 피트에게 보편적 평화에 관한 모호한 구상을 제안하면서, 모든 국가가 봉건주의를 종식하고 입헌주의를 채택하기 위해 각자의 헌법을 개혁할 것을 요구했다. 이렇게 개혁한 국가들은 그 후에 무력을 즉각 포기하고 서로 간의 분쟁을 중재에 맡긴다는 것이다. 그리하여 이 러시아의 전제군주는 전혀 그럴 것 같은 사람이 아니었지만, 자유주의적 제도가 평화를 위한 전제조건이라는 윌슨식 아이디어의 선구자가 되었다. 물론 알렉산드르 1세는 이런 원칙을 자국민들에게 적용하는 단계까지는 결코 가지 않았고, 몇 년도 안 돼서 정치적 스펙트럼의 정반대에 있는 극단적인 보수주의로 돌아섰다.

이제 피트의 알렉산드르 1세에 대한 입장은 약 150년 후 처칠의 스탈린에 대한 입장과 거의 동일했다. 피트는 나폴레옹에 맞서기 위해 러시아의 지원을 절실히 원하고 있었다. 다른 어떤 방식으로라도 나폴레옹을 격퇴할 수 있는 방법을 떠올리기가 도저히 불가능했기 때문이다. 반면, 피트는 처칠이 나중에 그랬던 것처럼 지배적인 한 국가를 또 다른 국가로 대체하거나 러시아를 유럽의 중재자로 승인하는 것에는 별로 관심이 없었다. 무엇보다도 영국은 어떤 총리도 유럽의 정치적, 사회적 개혁을 평화의 기초로 삼지 못하도록 국내적으로 금지되어 있었다. 영국인들은 유럽 대륙에서 발생하는 사회적, 정치적 격변에 따른 위협을 느끼지 않았고, 오로지 세력균형의 변화에만 위협을 느꼈기 때문에 영국은 이런 명분으로 전쟁을 한 적이 없었다.

알렉산드르 1세에 대한 피트의 대답은 이런 모든 요소를 담고 있었다. 피트는 유럽에서 정치적 개혁을 하자는 러시아의 요구를 무시하면서 평화를 유지하려면 구축되어야 하는 균형상태의 밑그림을 그렸다. 전반적인 유럽의 합의가 이제 150년 전의 베스트팔렌 평화 조약 이후 처음으로 밑그림이 그려지고 있었고, 처음으로 그러한 합의가 명시적으로 세력균형의 원칙에 기초하게 될 것이다.

피트는 중유럽이 허약한 것이 불안정의 근본적인 원인이며, 그래서 프랑스가 이 지역을 침략해서 지배하려는 유혹을 느낀다고 보았다. (피트는 중유럽이 프랑스의 압박에 충분히 버틸 수 있을 정도로 강력하다면 러시아의 팽창주의라는 유혹도 마찬가지로 좌절시킬 수 있을 것이라고 지적하기에는 너무나 예의가 발랐고, 러시아의 도움을 너무나 간절하게 바라고 있었다.)

따라서 유럽의 합의는 프랑스가 대혁명 이후 획득한 모든 것을 박탈하는 것부터 시작해야 하고, 이 과정에서 저지대 국가들의 독립이 회복되어야 하며, 그렇게 함으로써 영국의 주요 관심사를 합의의 원칙으로 만들 필요가 있었다.[31]

하지만, 만약 300여 개의 작은 독일 국가들의 존재로 인해 여전히 프랑스가 압박하거나 개입하려는 유혹을 느낀다면, 프랑스의 압도적 우위를 약화시킨들 별로 소용이 없을 것이다. 이런 야심을 꺾기 위해 피트는 독일 내 공국들을 더 큰 단위로 통합시켜 중유럽에 "거대한 집합체(great masses)"를 만들어야 한다고 생각했다. 프랑스에 합세했거나 불명예스럽게 붕괴한 일부 국가들은 프로이센이나 오스트리아에 병합될 것이다. 다른 국가들은 더 큰 단위로 묶일 것이다.

피트는 유럽 정부에 대해서는 언급을 회피했다. 대신 그는 이후 프랭클린 델러노 루스벨트(Franklin Delano Roosevelt)가 독일과 일본에 맞선 동맹을 토대로 제2차 세계대전 이후 질서를 다지려고 했던 것과 비슷하게 영국, 프로이센, 오스트리아, 그리고 러시아가 프랑스의 침략에 맞서는 항구적 동맹을 통해 유럽에서의 새롭게 조정된 영토적 합의를 보장해야 한다고 제안했다. 나폴레옹 시기의 영국이나 제2차 세계대전의 미국도 미래의 평화에 대한 가장 큰 위협은 아직 패망시키지 못한 적이 아니라 현재의 동맹국이 될수도 있다는 사실을 상상하지 못했다. 영국 총리가 그전까지 그렇게 반대를 받았던 유럽 대륙에 대한 지속적인 개입에 기꺼이 동의하게 되었고, 영원한 적이라는 가정에 기초해 정책을 설정함으로써 영국의 정책적 유연성을 훼손시켰다는 사실은 그만큼 나폴레옹에 대한 공포감이 컸다는 방증이었다.

18세기와 19세기 유럽 세력균형의 등장은 일부 특정한 측면에서 탈냉전기 세계와 유사한 측면도 있다. 지금처럼 그 당시에도 세계질서가 붕괴하면서 어떠한 지배적인 원칙에 구애받지 않고 자국의 국익을 추구하는 다양한 국가들이 대규모로 등장했다. 지금처럼 그 당시에도 국제질서를 형성하는 국가들이 자신들의 국제적인 역할이 무엇인지 규정하려 하고 있었다. 당시에는 다양한 국가들이 소위 보이지 않는 손을 신뢰하면서 자신들의 국익을 주장하는 데만 전념하기로 결정했다. 탈냉전기 세계에서는 권력과 이기적 이익을 내세우는 것을 제약하는 원칙을 찾아낼 수 있을지 여부가 중요하다. 물론, 몇몇 국가들끼리 서로 영향을 주고받다 보면 결국에는 사실상의 세력균형이 생겨나게 된다. 문제는 국제체제의 유지가 의식적인 계획에 따라 이루어질 것인지 아니면 일련의 힘의 시험을 거친 후에 이루어질 것인지 여부다.

나폴레옹전쟁이 끝나갈 무렵에 유럽은 세력균형이라는 원칙에 기반을 둔 국제질서를 설계할 준비가 되어 있었고, 이는 유럽 역사상 처음 있는 일이었다. 18세기와 19세기 초 전쟁의 모진 시련을 겪으면서 유럽은 세력균형이 유럽 국가 간 충돌의 잔여물로 남아 있을 수 없다는 사실을 깨닫게 되었다. 피트의 계획은 18세기 세계질서의 취약점을 보완하기 위해 영토적 합의에 대한 밑그림을 그렸다. 하지만 피트의 유럽 대륙 동맹국들은 추가적인 교훈을 얻었다.

권력은 평가하기가 너무 어려우며 그것을 정당화하려는 의지도 천차만별이어서 국제질서를 위한 믿을 만한 지침으로 삼기 어렵다. 균형상태(equilibrium)는 공통의 가치에 대한 합의에 의해 뒷받침될 때 가장 잘 작동한다. 세력균형은 국제질서를 전복하려는 역량을 억제한다. 공동의 가치에 대한 합의는 국제질서를 전복하려는 욕망을 억제한다. 정통성(legitimacy)이 없는 권력은 힘을 시험해보려는 유혹을 받는다. 권력이 없는 정통성은 공허한 가식적 행동을 부추긴다.

두 가지 요소를 결합하는 것이 빈 회의(the Congress of Vienna)의 과제이자 성공 요인이 되었다. 빈 회의는 이후 한 세기 동안 전면전으로 중단된 적이 없는 국제질서를 구축했다.

04

유럽협조체제:
영국, 오스트리아, 러시아

The Concert of Europe: Great Britain, Austria, and Russia

나폴레옹이 엘바섬에서 첫 번째 유배의 세월을 견디고 있을 때, 나폴레옹전쟁의 승전국들이 1814년 가을 오스트리아 빈에 모여서 전후 세계를 구상했다. 빈 회의는 나폴레옹이 엘바섬을 탈출해 워털루에서 최종적으로 패배하는 시점까지 계속 개최되었다. 그 사이에 국제질서를 재구축할 필요성이 한층 더 시급해졌다.

폰 메테르니히 후작[1]이 오스트리아의 협상 대표로 활동했지만, 회의가 빈에서 개최되었기 때문에 오스트리아 황제는 회의장으로부터 멀리 떨어져 있지 않았다. 프로이센 국왕은 폰 하르덴베르크 후작을 보냈으며, 새롭게 복위한 프랑스의 루이 18세는 탈레이

73

랑에 의존했다. 이로써 탈레이랑은 대혁명 이전부터 시작해서 프랑스의 모든 통치자 밑에서 봉직하는 기록을 세웠다. 차르 알렉산드르 1세는 러시아의 위상에 대한 자부심을 다른 사람에게 양보할 수 없다면서 자신이 직접 말하겠다고 빈에 왔다. 영국 외교장관인 캐슬레이 경이 영국을 대표해서 협상에 임했다.

이 다섯 명은 자신들이 원했던 바를 달성했다. 빈 회의 이후 유럽은 전례 없이 가장 긴 평화로운 기간을 보냈다. 이후 40년간 이 강대국들 사이에서 어떤 전쟁도 발발하지 않았고, 1854년 크림전쟁 이후에는 다시 60년간 전면전이 없었다. 빈 합의는 피트의 구상에 글자 그대로 너무나 부합했기 때문에 캐슬레이는 합의안을 의회에 제출할 때 영국의 당초 계획안도 같이 첨부해서 이 합의가 얼마나 영국 구상에 따라 형성되었는지 보여주었다.

역설적으로 이 국제질서는 그 전이나 그 후와 비교했을 때 훨씬 더 노골적으로 세력균형이라는 이름으로 수립되었음에도 불구하고, 세력균형을 유지하기 위해 가장 힘에 덜 의존했다. 균형상태가 너무나 잘 고안되었기 때문에 이렇게 특이한 상황이 발생했고, 그래서 이 체제를 전복하려면 시작조차 힘들 정도로 엄청난 공을 들여야 했다. 하지만 가장 중요한 이유는 유럽 대륙 국가들이 가치를 공유한다는 인식으로 서로 결합되어 있었다는 점이었다. 물리적 균형뿐 아니라 도덕적 균형도 있었다. 권력과 정의가 실제로 조화를 이루고 있었다. 세력균형으로 무력을 사용할 기회도 줄어들었다. 정의에 관한 인식도 공유하면서 무력을 사용하고 싶은 욕구도 줄어들었다. 정의롭지 못하다고 여겨지는 국제질서는 조만간 도전받기 마련이다. 하지만 특정한 세계질서가 공정한가에 대한 인식은 전술적인 외교 사안들에 관한 평가뿐만 아니라 국내 정치제도에 의해서도 결정된다. 그렇기 때문에 각국의 국내 정치제도가 서로 양립이 가능한지 여부에 따라서 평화가 더욱 공고해지기도 한다. 역설적으로 보일 수도 있지만, 메테르니히는 정의(justice)에 대한 개념을 공유하는 것이 국제질서를 위한 전제조건이 된다고 보았다는 점에서 윌슨의 전조가 되었다. 물론 윌슨이 20세기에 제도화하려고 했던 정의와 메테르니히가 생각했던 정의는 정반대였지만 말이다.

전반적인 세력균형을 창조하는 작업은 상대적으로 단순했던 것으로 확인되었다. 정치인들은 피트의 계획을 마치 건축가의 밑그림처럼 그대로 따라서 그림을 그렸다. 민족자결권이라는 개념이 아직 형성되지 않았기 때문에 나폴레옹으로부터 재탈환한 영토에서 민족적으로 동일한 지역을 떼어내서 국가를 만드는 데 전혀 관심이 없었다. 오스트리아는 이탈리아에서, 프로이센은 독일에서 각각 힘이 세졌다. 네덜란드 공화국은 오스트리아령 네덜란드(대부분 오늘날의 벨기에 지역)를 획득했다. 프랑스는 모든 점령지를 포기하고 대혁명 이전의 "옛날 국경"으로 돌아가야만 했다. 러시아는 폴란드의 심장부를 접수했다. (유럽 대륙에서 영토를 획득하지 않는다는 정책에 맞춰 영국은 자신의 영토 확장을 아프리카 대륙 남단의 희망봉에만 국한했다.)

영국의 세계질서 개념에 따르면, 세력균형의 시험대는 제2차 세계대전 이후의 시기에 미국이 자국의 동맹체제에 대해 생각했던 것처럼, 다양한 국가들이 전체적인 틀에서 그들에게 주어진 역할을 얼마나 잘 해낼 수 있는가에 달려 있었다. 영국은 이런 접근법을 구사하면서 유럽 대륙 국가들로부터 미국이 냉전기 때 직면했던 것과 똑같은 인식의 차이를 맞닥뜨렸다. 국가들은 자신들의 목적을 안보체제 내의 부속품으로 정의하지 않았기 때문이다. 안보체제로 인해 이 국가들이 존재할 수 있었지만 안보체제가 이들의 유일하거나 심지어 주요한 목표가 아니었다.

오스트리아와 프로이센은 훗날 프랑스가 NATO의 목적을 분업의 관점에서 바라보려 하지 않았던 것처럼 자신들을 "거대한 집합체(great masses)"로 생각하지 않았다. 오스트리아와 프로이센은 전반적인 세력균형이 그들 자신의 특별하고 복잡한 관계를 동시에 공정하게 대하지 않거나 두 나라의 역사적 역할을 고려하지 않는다면 별 의미가 없다고 보았다.

30년전쟁 후 합스부르크 왕가가 중유럽에서의 패권 장악에 실패하자 오스트리아는 독일 전역을 지배하려는 시도를 포기했다. 흔적만 남아 있던 신성로마제국은 1806년에 소멸했다. 하지만 오스트리아는 여전히 동급 국가 중에서 자신이 최고라고 여겼고 독일에 있는 다른 모든 국가들, 특히 프로이센이 오스트리아가 역사적으로 맡아왔던 주도적인 역할을 맡는 상황을 막겠다고 마음먹었다.

그리고 오스트리아가 경계해야 할 이유도 충분했다. 프리드리히 대제가 슐레지엔을 정복한 이래 프로이센은 독일 내 오스트리아의 주도권에 도전해왔다. 무자비한 외교, 군사기술에 대한 헌신, 고도화된 규율 덕택에 프로이센은 한 세기를 거치면서 북독일의 척박한 평지에 자리 잡았던 2류 공국에서 비록 강대국 중에 여전히 제일 작았지만 군사적으로 가장 무시무시한 왕국이 되었다. 프로이센의 국경 형태는 특이했다. 폴란드 동쪽 일부 지역부터 독일 북부를 가로질러 다소 라틴화된 라인란트(Rheinland)까지 뻗어 있었다. 그리고 라인란트 지역은 하노버 왕국이 중간에 있어서 프로이센의 원래 영토로부터 분리되어 있었기 때문에, 프로이센은 조각난 영토를 수호해야 한다는 압도적인 국가적 사명감이 생겼다.

독일에서 가장 큰 이 두 나라 간의 관계와 독일 내 다른 국가들과 이 두 나라 간의 관계가 유럽의 안정에서 핵심 요소였다. 실제로 30년전쟁 이래 독일 내부의 합의 결과로 유럽은 똑같은 딜레마에 직면했다. 독일이 약해지고 분열되면 이웃 국가들, 특히 프랑스가 팽창주의의 유혹을 받았다. 동시에 주변국들은 독일이 통일될 수도 있다고 두려워했으며, 우리 시대에도 이런 감정이 여전히 이어지고 있다. 통일된 독일이 유럽을 지배할 수도 있고 프랑스를 압도할 수도 있다는 리슐리외의 두려움을 영국의 한 관찰자가 예견했고, 1609년에 다음과 같이 서술했다. "독일과 관련해서, 만약 독일 전체를 한 명의 군주가 통치한다면 다른 모두에게 너무나 끔찍해질 것이다."[2] 역사적으로도 독일은 유럽의 평화를 위해서는 너무 약했거나 아니면 너무 강력했다.

빈 회의의 설계자들은 만약 중유럽이 평화롭고 안정되려면 1600년대에 리슐리외가 했던 조치와는 반대로 해야 한다는 점을 깨달았다. 리슐리외는 중유럽이 취약해지고 분열되도록 부추겼고, 이로 인해 프랑스는 이 지역을 침범해서 사실상 프랑스군의 놀이터로 만들어 놓고 싶다는 유혹을 받았다. 그리하여 빈에 모인 정치인들은 독일을 통일시키지는 않더라도 어느 정도 공고하게 하려고 했다. 오스트리아와 프로이센이 가장 중요한 국가였고, 이 두 국가 뒤에는 바이에른, 뷔르템베르크, 작센 등 많은 중견국들이 있었는데 이들의 덩치가 커지고 강력해졌다. 나폴레옹 이전에 있었던 300여 개의 국가들은 30여 개의 국가로 통합되었고, 독일 연방(German Confederation)이라고 일컬어지는 새로운 정치체로 합쳐졌다. 외부의 침략에 맞서 공동으로 방어하는 독일 연방은 독창적인 창조물이었다. 독일 연방은 프랑스가 공격하기에는 너무나 강력했지만, 주변국을 공격하기에는 너무 취약하고 분권화되어 있었다. 독일 연방은 프로이센의 우세한 군사력과 오스트리아의 위신과 정통성이 서로 균형을 이루었다. 독일 연방의 목적은 민족에 기초한 독일의 통일을 미연에 방지하고 독일 내 다양한 제후와 군주의 자리를 보전하며 프랑스의 침략도 예방하는 것이었다. 독일 연방은 모든 측면에서 볼 때 성공적이었다.

패전국을 처리하면서 평화를 구상하던 승전국들은 승리를 위해 필요한 비타협적 태도를 지양하고 항구적 평화를 위해 화해하겠다고 태도를 바꿔야 했다. 패전국을 응징하는 방식으로 평화를 구축하면, 전쟁을 겪으면서 지칠 대로 지친 승전국이 합의를 훼손하려는 패전국을 억눌러야 하는 부담이 생기기 때문에 국제질서가 저당을 잡힌다. 어떤 국가든지 불만이 있다면 반감을 품고 있는 패전국으로부터 거의 확실히 자동적으로 지원을 받을 수 있다. 바로 그렇기 때문에 훗날 베르사유 조약이 실패했던 것이다.

빈 회의의 승전국들은 제2차 세계대전 후 승전국들처럼 이런 실수를 하지 않으려고 했다. 하지만 프랑스에 대해 관대해지기가 상당히 쉽지 않았다. 프랑스는 150년 동안이나 유럽을 지배하려고 했고, 프랑스군이 25년 동안 주변국을 휩쓸었기 때문이다. 그럼에도 불구하고 빈 회의에 참석했던 정치인들은 프랑스가 분노하여 반감에 가득 차 있기보다 상대적으로 만족할 수 있다면 유럽이 더 안전해질 것이라는 결론을 내렸다. 프랑스는 점령지역을 박탈당했지만, 프랑스의 "옛날" 즉, 대혁명 이전의 영토를 보장받았다. 비록 이 영토가 리슐리외 시절 영토보다 훨씬 더 넓었음에도 불구하고 이 정도로 보장받은 것이다. 나폴레옹에 가장 완강하게 맞섰던 적국의 외교장관이었던 캐슬레이는 다음과 같이 주장했다.

> 프랑스가 계속해서 지나치게 행동한다면 의심할 여지없이 유럽은 프랑스를 분할하는 조치를 취할 수도 있다. … [하지만] 이번에는 동맹국들이 유럽의 모든 강대국이 그토록 원하는 휴식기를 확보할 기회를 잡도록 해야 한다. 만일 동맹국들이 실망하게 된다면 … 그들이 수중에 있는 압도적인 입지뿐만 아니라 그러한 연합을 단결시킬 수 있는 도덕적 힘까지 갖춘 상태에서 다시 무기를 집어들 것이라는 보장과 함께 말이다.[3]

1818년이 되자 프랑스는 정례적으로 개최되었던 유럽 회의인 빈 회의 체제에 참석을 허용 받았다. 이 체제는 이후 50년간 실질적으로 유럽 정부에 거의 근접하는 수준까지 발전했다.

영국은 만약 도전을 받을 경우 다양한 국가들이 자신들이 보호해야 할 이익이 무엇인지 충분히 알고 있다고 확신했기 때문에, 아마도 이 정도 수준에서 사안을 관리해도 된다고 만족했다. 영국인들은 공식적인 안전보장이 필요하지 않고, 보장을 하더라도 상식적으로 분석해보면 그다지 도움이 되지도 않는다고 믿었다. 하지만 지난 150년간 전쟁의 희생자였던 중유럽국들은 뭔가 손에 잡히는 보장책을 요구했다.

특히 오스트리아가 영국이 상상하기 힘든 위험에 직면했다. 봉건시대의 잔재인 오스트리아는 독일과 북부 이탈리아 지역 내 자신의 역사적 근거지와 그 주변 다뉴브강 분지에 거주하는 다양한 민족들로 구성된 다언어 제국이었다. 오스트리아는 자신의 생존을 위협하면서 불협화음을 내고 있는 자유주의와 민족주의라는 거센 물결을 인식했고, 힘을 시험받는 상황을 사전에 차단하고자 도덕적 제약(moral restraint)이라는 그물망을 치려고 했다. 메테르니히의 노련한 수완 덕택에 주요국들은 상반되는 이견에도 불구하고 상호 공유하는 가치에 복속되었다. 탈레이랑은 절제라는 원칙이 중요하다는 점을 다음과 같이 표현했다.

> 만약 저항하는 국가의 최소 국력이 … 공격하는 국가의 최대 국력과 일치하다면 … 진정한 균형상태가 있을 것이다. 하지만 … 실제 상황에서는 오로지 인위적이고 불안정한 균형상태만 허용되며, 이는 특정 강대국들이 자제와 정의의 정신에 충만한 동안에만 지속될 수 있다.[4]

빈 회의 이후 정통성에 대한 공통의 인식과 세력균형 간의 관계는 두 가지 문서로 표현되었다. 바로 영국, 프로이센, 오스트리아, 러시아로 구성된 4국동맹(Quadruple Alliance)과 소위 동방의 3대 왕실이라는 프로이센, 오스트리아, 러시아에 국한된 신성동맹(Holy Alliance)이다. 19세기 초 프랑스는 20세기의 독일처럼 만성적으로 공격적이며 태생적으로 불안을 야기하는 국가로서 공포의 대상으로 여겨졌다. 그래서 빈 회의에 모였던 정치인들은 압도적인 힘으로 프랑스의 공격적 성향을 미연에 방지하고자 4국동맹을 체결했다. 만약 1918년에 베르사유에 모인 승전국들도 비슷한 동맹을 체결했더라면 제2차 세계대전을 겪지 않을 수 있었을지도 모른다.

신성동맹은 완전히 달랐다. 유럽은 거의 2세기 전에 페르디난트 2세가 신성로마제국의 옥좌에서 물러난 이후 그런 합의서를 접해본 적이 없었다. 이 동맹은 러시아 차르가 제안했다. 러시아 차르는 국제체제를 재편하고 국제체제의 참여자들을 교화한다는 제멋대로 정한 사명을 도저히 포기하지 못했다. 피트는 1804년에 자유주의 제도를 위한 성전(聖戰)이라는 러시아 차르의 제안에 김을 빼놓았다. 1815년이 되자 알렉산드르 1세는 자신이 주장하는 성전이 11년 전에 주장했던 내용과 정반대라는 사실과 상관없이 너무나 승리감에 고취되었기 때문에 거부할 수가 없었다. 이제 알렉산드르 1세는 종교와 보수주의 가치에 사로잡혀 있었으며, 그야말로 "강대국 간 상호관계에 대해 예전에 공식적으로 채택했던 방침을 근본적으로 바꿔야 하며," "그러한 방침을 우리 구세주의 영원한 종교의 고귀한 진리에 기초한 만물의 질서로 대체하는 것이 시급하다."라는 명제에 기반해서 국제체제를 완전히 개혁하자고 제안했다.[5]

오스트리아 황제는 이런 생각을 도대체 각료회의에서 논의해야 할지, 아니면 고해성사 때 해야 할지 난처하다고 농담을 했다. 하지만 그는 차르의 성전에 동참할 수도 없었지만 동시에 이 제안에 퇴짜를 놓아서 알렉산드르 1세가 혼자 제멋대로 처리할 구실을 주고, 오스트리아가 동맹국도 없이 자유주의와 민족주의의 흐름에 맞서도록 내버려둘 수 없다는 점도 잘 알고 있었다. 그래서 메테르니히는 차르의 초안을 신성동맹이라는 것으로 알려진 협의체로 변형시켰다. 신성동맹은 종교적 책무를 체결국들이 유럽에서 국내적 현상(status quo)을 유지해야 한다는 의무로 해석했다. 근대 역사상 최초로 유럽 강대국들에 공통의 임무가 부과되었다.

어떤 영국 정치인도 타국의 국내문제에 개입할 일반적인 권리—실제로는 의무—를 설정하는 구상에 동참할 수가 없었다. 캐슬레이는 신성동맹을 "황당한 신비주의이자 넌센스"라고 불렀다.[6] 그러나 메테르니히는 신성동맹에서 차르가 정통성 있는 통치를 떠받치겠다고 약속하게 만들고, 동시에 차르가 자제하지 않고 선교사와 같은 충동을 실험해보는 것을 막을 수 있는 기회를 포착했다. 신성동맹은 보수적 성향의 군주를 묶어서 혁명에 맞서 싸우게 했지만, 뜻을 같이할 때만 행동하도록 되어 있었기 때문에 실제로는 숨막히는 러시아라는 동맹국이 모험을 감행할 경우, 이론적으로 오스트리아가 거부권을 행사할 수 있게 되어 있었다. 소위 유럽의 협조(Concert of Europe)는 어떤 면에서는 경쟁 관계에 있는 국가들이 유럽의 전반적인 안정에 영향을 미치는 문제를 컨센서스로 해결해야 한다는 사실을 내포하고 있었다.

신성동맹은 빈 합의체제에서 가장 독창적인 측면이었다. 신성동맹은 강대국 간의 관계에 도덕적 제약이라는 요소를 도입했다는 운영상의 의의를 가졌음에도 고상한 이름 때문에 그러한 점이 덜 주목받았다. 유럽 대륙의 국가들은 국내체제의 존속이라는 기득권이 있었기 때문에 이전 세기였다면 당연히 밀어붙였을 만한 무력충돌을 회피하게 되었다.

하지만 각국의 국내체제가 양립만 가능하다면 평화적인 세력균형이 저절로 보장될 것이라는 주장은 너무나 단순했다. 18세기에 유럽 대륙에 있었던 모든 국가의 통치자들은 왕권신수설에 따라 지배했다. 즉, 그들 간의 국내체제는 현저하게 양립이 가능했다. 하지만 바로 이 똑같은 통치자들은 영속감을 갖고 통치했고, 국내체제가 난공불락이라고 믿었기 때문에 서로 끝없이 전쟁을 했던 것이다.

우드로우 윌슨은 국내체제가 국제사회에서 국가의 행동을 결정한다고 믿었던 최초의 인물이 아니었다. 메테르니히도 마찬가지로 똑같이 믿었지만, 전혀 다른 전제에 근거해서 그렇게 믿었다. 윌슨은 민주주의 국가들이 평화를 사랑하며 천성적으로 이성적이라 믿었던 반면, 메테르니히는 민주주의 국가가 위험하고 예측 불가능하다고 여겼다. 공화정인 프랑스가 유럽에 끼친 피해를 지켜보면서 메테르니히는 평화를 정통성 있는 통치와 동일시했다. 그는 오래된 왕조의 군주들이 평화를 보존하지는 않을지언정 적어도 국제질서의 기본 구조를 보존할 것으로 기대했다. 이런 식으로 정통성은 국제질서를 견고하게 유지하는 접합제가 되었다.

국내적 정의와 국제질서에 관한 윌슨과 메테르니히 접근법의 차이는 미국과 유럽의 상반되는 시각을 이해하는 데 핵심적이다. 윌슨은 자신이 혁명적이고 새롭다고 인식했던 원칙을 위해서 성전을 펼쳐나갔다. 메테르니히는 자신이 오래되었다고 생각하는 가치들을 제도화하려고 했다. 인간을 자유롭게 하기 위해 의식적으로 창조된 국가를 이끄는 윌슨은 민주적 가치가 법으로 제정될 수 있으며, 완전히 새로운 세계적인 제도를 통해 구현될 수 있다고 믿었다. 제도가 거의 감지하기 어려울 정도로 점진적으로 발전해온 오래된 국가를 대표하는 메테르니히는 권리가 입법을 통해 창조될 수 없다고 믿었다. 메테르니히에 따르면, "권리"는 만물이 그렇듯이 단순히 존재하는 것이었다. 권리가 법이나 헌법을 통해 확인될 수 있는지 여부는 본질적으로 기술적인 문제이며, 자유를 가져오는 것과는 전혀 무관했다. 메테르니히는 권리의 보장이 모순적이라고 보았다. "당연하다고 여겨져야 하는 것들이 자의적인 선언의 형태로 등장하면 오히려 힘을 잃게 된다. … 어떤 사안이 실수로 입법이 된다면, 당초 이를 통해 보호하려고 했던 것이 완전히 실효되지는 않더라도 제약을 받게 된다."7

메테르니히의 격언 중 일부는 새롭게 등장하는 세계에 적응하지 못하는 오스트리아 제국의 관행에 대한 자기 위주의 합리화였다. 하지만 메테르니히는 또한 법과 권리는 자연적으로 존재하는 것이지 어떤 명령에 의한 게 아니라는 합리주의적 신념을 반영했다. 그는 성장기에 인권선언으로 시작했지만 공포정치로 끝났던 프랑스대혁명을 체험했다. 윌슨은 훨씬 더 자애로운 국가적 경험으로부터 등장했고, 근대적 전체주의가 대두되기 15년 전에 활동했기 때문에 대중 의지의 일탈이 일어날 수 있다는 것을 상상하지 못했다.

빈 회의 이후의 시대에서 메테르니히는 국제체제를 관리하고 신성동맹의 요건을 해석하는 데 있어 결정적인 역할을 맡았다. 오스트리아는 폭풍우가 휘몰아쳐 오는 방향에 놓여 있었고, 오스트리아의 국내 제도는 19세기의 민족적이고 자유주의적인 추세와 갈수록 양립할 수 없기 때문에 메테르니히가 이런 역할을 맡을 수밖에 없었다. 프로이센이 독일에서 오스트리아의 위상에 도전해오고 있었고, 러시아도 발칸반도에 있는 오스트리아의 슬라브족을 향해 손을 뻗치고 있었다. 그리고 중유럽에 있는 리슐리외의 유산을 되찾기를 갈망하는 프랑스가 항상 존재했다. 만약 이런 위험들이 힘을 시험하는 단계로

들어가게 된다면 그 충돌의 결과가 무엇이든 간에 오스트리아가 피폐해질 것이라는 사실을 메테르니히는 너무나 잘 알고 있었다. 따라서 도덕적 합의를 형성해서 위기를 모면하되, 모면할 수 없는 위기는 그러한 대결을 마다하지 않는 어느 나라든지 뒤에서 은밀하게 지원해 피해가겠다는 게 메테르니히의 정책이었다. 가령, 저지대 국가들에서 프랑스에 맞서 영국을, 발칸반도에서 러시아에 맞서 영국-프랑스를, 독일에서 프로이센에 맞서 소국들을 지원하는 식이었다.

메테르니히의 탁월한 외교적 수완 덕택에 익숙한 외교적 진리(verities)가 외교정책의 운영 원칙이 되었다. 그는 오스트리아 제국에 지정학적으로 위협이 되는 가장 인접한 두 동맹국을 상대로 혁명에 따른 이념적 위험이 그들의 전략적 기회보다 더 중요하다고 설득할 수 있었다. 만약 프로이센이 독일 민족주의를 활용하려 했다면 비스마르크가 등장하기 한 세대 전에 벌써 독일에서 오스트리아의 우위에 도전할 수도 있었다. 알렉산드르 1세와 니콜라이 1세가 러시아의 지정학적 기회만 따졌다면 오스만 제국의 해체를 오스트리아에 더욱 결정적으로 위협이 되도록 활용했을 것이고, 실제로 그들의 후계자들이 19세기 말에 그렇게 했다. 그러나 현상 유지라는 대원칙에 위배되었기 때문에 프로이센과 러시아 둘 다 상황을 자신에 유리하게 만드는 행동을 자제했다. 나폴레옹의 맹공격으로 겉보기에 다 죽어가고 있었던 오스트리아는 메테르니히 체제 덕택에 새롭게 연명할 수 있게 되었고, 100년간 더 존속했다.

이런 시대착오적인 제국을 구해냈고, 이 제국의 외교정책을 거의 50년간 이끌었던 인물은 13세가 될 때까지 오스트리아를 방문한 적도 없었고 17세가 될 때까지 오스트리아에 살지도 않았다.[8] 클레멘스 폰 메테르니히 후작의 아버지는 당시 합스부르크 왕가가 점유하고 있었던 라인란트의 총독이었다. 국제주의적 인물인 메테르니히는 독일어보다 프랑스어로 말하는 게 늘 편했다. 메테르니히는 1824년 웰링턴에게 서한을 다음과 같이 써서 보냈다. "오랫동안 유럽은 나에게 하나의 조국처럼 느껴졌습니다."[9] 당시 반대파들은 메테르니히의 지당한 격언과 세련된 경구들을 비웃었다. 하지만 볼테르와 칸트가 메테르니히를 봤더라면 그의 입장을 이해했을 것이다. 계몽주의 시대의 합리주의자였던 그는 자신이 본인의 기질과 안 맞는 이질적인 혁명적 투쟁에 내던져졌으며, 바꿀 수 없는 구조에 포위된 국가의 재상이 되었다고 생각했다.

냉철한 정신과 온건한 목표가 메테르니히의 스타일이었다. "만약 우리가 추상적인 관념에 빠지지 않는다면 사물을 있는 그 자체로 받아들이게 되며, 현실에 대한 망상으로부터 스스로를 보호하려고 능력을 최대한 발휘하게 된다."[10] 그리고 "문명의 수호처럼,

유심히 들여다보면 허공 속으로 흩어지는 문구 따위로는 아무런 실체적인 것을 정의할 수가 없다."[11]

메테르니히는 이런 태도로 순간의 감정에 휩쓸리지 않으려고 애를 썼다. 나폴레옹이 러시아에서 패배하자마자, 러시아군이 중유럽에 도달하기도 전에 메테르니히는 러시아가 장기적으로 위협이 될 수 있다고 파악했다. 오스트리아의 주변국들이 프랑스의 지배로부터 해방되는 데 집중하고 있을 때, 그는 오스트리아의 반(反)나폴레옹 동맹 참여를 허약한 오스트리아 제국의 생존과 양립 가능한 전쟁 목표 설정과 연계시켰다. 메테르니히의 태도는 제2차 세계대전 당시 자신들이 소련과 관련하여 비슷한 처지에 있다는 것을 알게 된 민주주의 국가들이 취했던 입장과 정반대였다. 캐슬레이와 피트처럼 메테르니히는 유럽의 안정을 위해서는 중유럽이 강력해져야 한다고 믿었다. 힘을 실제로 시험해보게 되는 상황을 가능한 한 피하기 위해 메테르니히는 원초적 힘을 축적하는 것만큼이나 온건한 방식을 구축하는 데 관심을 가졌다.

> 유럽 국가들의 사고방식은 그들이 처한 지정학적 상황에 따라 제각기 다르다. 프랑스와 러시아는 국경이 단순하고 그다지 취약하지 않다. 삼중 요새 라인이 있는 라인강 덕에 … 프랑스의 안보가 보장받는다. 혹독한 기후로 인해 … 네만강[12]은 러시아의 가장 안전한 국경이 된다. 오스트리아와 프로이센은 동서 양쪽에서 주변국으로부터 공격을 받을 수 있는 위험에 노출되어 있다. 압도적으로 우월한 두 강대국으로부터 지속적으로 위협받고 있는 오스트리아와 프로이센은 상호 간에 그리고 다른 주변국과 우호적인 관계를 맺고 현명하고 신중한 정책을 펼쳐야만 안정을 찾을 수 있다.[13]

오스트리아는 프랑스에 맞서려면 러시아가 필요했지만, 동맹국인 러시아가 충동적이었기 때문에 경계했고, 특히 성전을 추구하는 차르의 경향도 신경이 쓰였다. 탈레이랑은 차르 알렉산드르 1세가 미친 황제로 알려졌던 파벨 1세의 아들이 될 만한 이유가 충분히 있다고 말했다. 메테르니히는 알렉산드르 1세를 "남성적인 미덕과 여성적인 취약함이 기괴하게 결합되어 있다. 진정으로 야심을 추구하기에는 너무나 취약하고, 순수하게 허영심만 품기에는 너무나 강력하다."라고 묘사했다.[14]

메테르니히로서는 러시아 문제는 러시아의 공격성을 어떻게 억누를 것인지보다—이렇게 했더라면 오스트리아의 국력이 소진되었을 것이다—러시아의 야심을 어떻게 누그러뜨릴 것인지가 관건이었다. "알렉산드르 1세는 세계의 평화를 열망한다."라고 오스트리아 외교관이 보고했다. "하지만 평화 자체와 평화의 축복을 위해서가 아니다. 그보다는 자기 자신을 위해서다. 무조건적이 아니라 심중에 담아둔 게 있다. 즉 자신이 평화의 중재자가 되어야 하며, 자신으로부터 세계의 안녕과 행복이 발산되어야 하고, 유럽 전체가 이런 평화가 그의 노작이며, 그의 선의에 달려 있고 그의 변덕에 따라 교란될 수 있다는 점을 인정해야 한다."[15]

캐슬레이와 메테르니히는 변덕스럽고 오지랖 넓은 러시아를 어떻게 억제할 것인가를 놓고 갈라섰다. 충돌 가능성이 있는 지역으로부터 지리적으로 멀리 떨어진 섬나라의 외교장관으로서 캐슬레이는 명백한 공격에 대해서만 대항할 준비가 되어 있었고, 심지어 이런 공격이 세력균형을 위협해야만 그렇게 할 수 있었다. 반면에 메테르니히의 나라인 오스트리아는 유럽 대륙 한복판에 있었고 그런 식으로 운에 맡길 만한 여유가 없었다. 메테르니히는 알렉산드르를 불신했기 때문에 알렉산드르와 가깝게 지내야 한다고 주장하면서 알렉산드르로부터 위협이 제기되지 않도록 하는 데 집중했다. 그는 이렇게 기술했다. "만약 대포 한 발이 발사된다면, 알렉산드르는 그의 수행단 맨 앞에 있는 우리로부터 달아날 것이고, 그러고 나면 알렉산드르가 신성하게 정해진 법이라고 간주하게 될 것에 대한 어떤 제한도 더 이상 없을 것이다."[16]

알렉산드르의 열정을 누그러뜨리려고 메테르니히는 두 갈래의 전략을 추진했다. 메테르니히는 오스트리아가 일방주의적 행동에 너무 노출되거나 그런 행동에 나서도록 허용하지 않겠다는 입장이었지만, 오스트리아는 메테르니히의 지도하에 민족주의에 맞서는 투쟁의 선봉에 섰다. 특히 그는 선교사와 같은 러시아의 열정이 팽창주의로 변질될 수도 있다고 두려워했기 때문에 다른 국가가 독자적인 행동에 나서도록 격려하기를 꺼렸다. 메테르니히로서는 온건함이 철학적 차원에서 미덕이자 현실적 차원에서 필수였다. 그는 오스트리아 대사에게 내린 지시에서 다음과 같이 적시했다. "우리가 우리 주장을 강하게 압박하기보다 상대방의 주장을 제거하는 게 더 중요합니다. … 우리가 적게 요구하는 것에 비례해서 우리는 많은 것을 얻어낼 것입니다."[17] 메테르니히는 언제든지 가능하다면 성전을 추진하려는 차르의 구상을 시간을 많이 잡아먹는 협의 과정에 붙잡아두거나 유럽 내 의견이 일치된 범위 내로 제한하는 식으로 그를 누그러뜨렸다.

메테르니히의 전략 중 두 번째 갈래는 보수주의 세력의 단결이었다. 불가피하게 행동에 나서야 할 때마다 메테르니히는 스스로 이렇게 묘사한 곡예 행위에 의존했다. "오스트리아는 모든 것을 본질(substance)과 연관지어 고려한다. 러시아는 무엇보다도 형식

(form)을 원한다. 영국은 형식 없는 본질을 원한다. … 영국의 불가능성(impossibilities)과 러시아의 양식(modes)을 결합하는 것이 우리의 과제이다."[18] 메테르니히의 기민함에 힘입어 오스트리아는 한 세대 동안 사건의 전개 속도를 통제할 수 있게 되었다. 메테르니히가 두려워했던 러시아를 보수주의 세력의 이익 단결에 기초해서 파트너로 만들었고, 메테르니히가 신뢰하는 나라였던 영국을 세력균형에 대한 도전을 저지하는 최후의 수단으로 만들어 놓음으로써 이렇게 할 수 있었다. 물론 궁극적인 결말이 단지 늦춰졌을 뿐이었다. 그럼에도 불구하고 당시 오스트리아를 둘러싼 지역의 지배적인 추세와 맞지 않던 가치에 기초한 오래된 국가를 한 세기 동안 존속시켰다는 점은 대단한 업적이다.

차르에게 더 가까이 다가갈수록 영국과의 관계가 더 위태로워진다는 게 메테르니히의 딜레마였다. 그는 그런 위험을 더욱 무릅쓸수록 고립을 막기 위해 차르에게 더 가까이 다가가야만 했다. 메테르니히로서는 영국이 영토적 균형을 유지하기 위해서 지원을 해주고 러시아가 국내적 격변을 진압해주는 것이 이상적인 조합이었다. 즉, 지정학적 안정을 위해서는 4국동맹이, 국내적 안정을 위해서는 신성동맹이 필요했다.

하지만 시간이 흐를수록, 그리고 나폴레옹에 대한 기억이 옅어질수록 이런 조합을 지속하기가 갈수록 어려워졌다. 동맹체제가 점점 집단안보체제와 유럽 정부가 되어가면서 영국은 갈수록 이런 체제에서 발을 빼야 한다고 느꼈다. 그리고 영국이 거리를 둘수록 오스트리아는 더욱 러시아에 의존하게 되었고, 러시아에 의존할수록 더욱 경직적으로 보수적인 가치를 수호하게 되었다. 이러한 악순환을 타파할 수가 없었다.

캐슬레이는 오스트리아의 문제에 동정심이 있었을지도 모르지만, 영국을 설득해 실질적 위험이 아닌 잠재적 위험을 다루게 할 수는 없었다. "유럽의 영토적 균형이 무너진다면 영국이 실질적으로 개입할 수 있다. 하지만 영국은 어떤 추상적 성격의 문제에 관여하기 위해 위험을 무릅쓸 수 있거나, 무릅쓸 것이라고 기대하기가 가장 어려운 국가다. … 우리는 실질적인 위험이 유럽체제를 위협할 때 우리의 입장이 어떠한지 알 수 있을 것이다. 하지만 이 나라는 추상적이고 추측에 근거한 예방 원칙에 따라 행동할 수 없으며, 행동하지도 않을 것이다."라고 캐슬레이는 인정했다.[19] 하지만 영국이 보기에 추상적이고 추측적인 일들을 메테르니히로서는 실질적인 일로 대해야만 한다는 필요성이 그가 직면했던 문제의 핵심이었다. 국내적 격변이 오스트리아로서는 가장 다루기 어려운 위험이었다.

원칙에 대한 이견을 완화하고자 캐슬레이는 유럽의 상황을 검토하기 위한 정기적인 외교장관 회담, 혹은 회의를 갖자고 제안했다. 회의체제(Congress system)로 알려진 이 체제는 유럽이 당면 과제에 대한 의견일치를 도출하고 다자주의적 토대에서 문제를 다루려고 하였다. 하지만 영국은 유럽정부체제가 영국이 일관되게 반대해왔던 통일된 유럽과 너무나 비슷했기 때문에 이런 체제를 불편하게 여겼다. 어떤 영국 정부도 영국의 전통적 정책에서 벗어나서, 특정한 위협에 직면하지 않았는데도 불구하고 사건이 발생할 때마다 이를 검토하겠다는 항구적인 약속을 한 적이 없었다. 유럽 정부 참여에 대한 영국의 여론은 100년 후 미국의 국제연맹에 대한 여론처럼 똑같은 이유로 인기가 없었다.

영국 내각은 자신의 유보적인 입장을 일찍이 1818년에 엑스-라-샤펠(Aix-La-Chapelle) 회의에서 이미 명확하게 밝혔다. 캐슬레이는 이러한 내키지 않는 훈령을 갖고 파견되었다. "우리는 [일반 선언]을 정기적인 회담이 … 한 가지 주제에만 … 또는 한 강대국인 프랑스에만 … 한정되고, 국제법상 정당화되지 않는 어떠한 방식으로 어떠한 개입도 하지 않는다고 [2류 국가들]에게 보장하는 이런 경우에, 그리고 어렵게 승인한다. … 심각한 비상 상황이 아니면 개입하지 않고, 만약 하게 되더라도 압도적으로 우세한 힘을 동원해서 개입한다는 게 항상 우리의 진정한 정책이었다."[20] 영국은 프랑스가 견제받기를 원했지만, 그 이면에는 "유럽 대륙 문제에 연루되는 것과 통일된 유럽이라는 두 가지 공포가 런던에 만연하고 있었다.

영국이 회의체제 외교가 자신의 목표와 양립 가능하다고 느꼈던 계기가 딱 한 번 있었다. 1821년 그리스 혁명 당시, 영국은 붕괴하는 오스만 제국에 있던 기독교도들을 보호하겠다는 차르의 욕망을 러시아가 이집트를 정복하기 위한 첫 번째 수순으로 해석했다. 영국은 지금까지 프랑스를 억누르는 상황에만 국한해서 동맹의 단결을 중시했지만, 영국의 전략적 이익이 위태로워지자 캐슬레이는 주저하지 않고 바로 동맹의 단결이라는 이름으로 차르에게 호소했다. 캐슬레이는 과연 그답게 이론적 이슈와 실제적 이슈 간의 차이점을 상세히 제시했다. "터키 문제는 성격이 완전히 다르며, 그에 대해 영국에서 우리는 이론적이 아닌 실제적인 고려사항으로 간주한다."[21]

하지만 캐슬레이가 4국동맹을 호소함에 따라 무엇보다 이 동맹이 태생적으로 취약하다는 사실이 드러났다. 만약 동맹체제에서 한 당사국이 자국의 전략적 이익만을 오로지 유일한 실질적인 이슈로 간주한다면, 다른 동맹국들은 추가적인 안보를 얻지 못한다. 이런 체제에서는 국가들이 국가 이익의 고려에 따라 해야만 하는 의무 외에는 부담을 짊어지려고 하지 않기 때문이다. 메테르니히는 캐슬레이가 자신의 정책과 심지어 회의체제에 대해 명백하게 개인적인 공감을 보인 데 대해 의심의 여지없이 위안을 느꼈다. 한 오스트리아 외교관은 캐슬레이에 대해 이렇게 말했다. "마치 교회에 있는 음악 애호가와 같다. 박수갈채를 보내고 싶지만 감히 그러지 못한다."[22] 하지만 가장 유럽식 사고방식을 가진 영국 정치인조차도 자신이 믿었던 바에 대해 감히 박수갈채를 보낼 수 없었음에도 불구하고, 유럽협조체제에서 영국의 역할은 일시적이고 쓸모가 없을 운명이었다.

한 세기 후의 윌슨과 국제연맹과 나름 비슷하게 캐슬레이는 영국이 유럽회의체제에 참여해야 한다고 설득하려고 했다. 하지만 이런 요청은 영국 의회에서 철학적이거나 전략적 이유로 용인할 수 있는 수준을 넘어섰다. 캐슬레이는 나중에 윌슨이 그랬던 것처럼, 위협이 위기가 되기 전에 이런 위협을 미리 다룰 수 있는 항구적인 유럽 회의체에 영국이 참여해야 새로운 침략 위험을 가장 잘 피할 수 있다고 확신했다. 그는 동시대 대부분의 영국인보다 유럽을 더 잘 이해했고, 새롭게 형성된 균형상태를 관심을 갖고 돌봐야 한다는 점도 잘 알고 있었다. 그는 이 회의체가 승전국 4국 외교장관 간의 일련의 회담에 불과할 뿐, 의무를 부과하지도 않았기 때문에 영국이 지지할 수 있는 해결책을 고안해냈다고 생각했다.

하지만 영국 내각이 보기에는 논의를 위한 회담조차도 유럽 정부의 느낌이 너무 많이 났다. 실제로 회의체제는 초기의 난관조차 해소하지 못했다. 캐슬레이가 1818년 엑스-라-샤펠에서 개최된 제1차 회의에 참석했을 때, 프랑스가 이 회의체에 가입하도록 허용받자 영국이 탈퇴했다. 영국 내각은 캐슬레이의 유럽 회의 참석을 더 이상 허용하지 않았다. 이후 1820년 트로파우(Troppau), 1821년 라이바흐(Laibach), 그리고 1822년 베로나(Verona)에서 회의가 열렸다. 1세기 후 미국 대통령이 제안했던 국제연맹으로부터 미국이 거리를 두었던 것처럼, 영국은 영국 외교장관이 고안한 회의체제로부터 초연하게 거리를 두었다. 각각의 경우 가장 강력한 나라의 지도자가 일반적인 집단안보체제를 창설하려는 시도가 내부적 반대와 역사적 전통으로 말미암아 물거품이 된 것이다.

윌슨과 캐슬레이는 대재앙과 같은 전쟁을 겪고 나서 형성된 국제질서는 자국을 비롯한 국제 공동체의 모든 핵심 구성원이 적극적으로 참여할 때에만 수호할 수 있다고 믿었다. 캐슬레이와 윌슨에게 안보는 집단적이었다. 만약 어떤 국가라도 희생자가 된다면 궁극적으로 모든 국가가 희생자가 된다는 주장이었다. 그리하여 안보가 한결같이 다 연결되어 있다고 인식된다면 모든 국가가 어떠한 침략에도 맞서 저항하는 게 이익이 되며, 침략을 예방하는 게 이익이 훨씬 더 크다는 것이다. 캐슬레이는 영국이 특정한 이슈에서 어떤 입장을 취하건 간에 전반적인 평화와 세력균형을 유지하는 게 결국 이익이 된다고 보았다. 윌슨과 마찬가지로 캐슬레이는 이익을 수호하는 최선의 방안은 국제질서에 영향을 미치는 결정에 관여하고, 평화 위반에 맞서 저항을 조직하는 것이라고 생각했다.

집단안보의 약점은 이익이 균질한 경우가 거의 드물며, 안보가 한결같은 경우도 드물다는 점이다. 따라서 일반적인 집단안보체제에서 구성원들이 공동 행동에 나서기보다 아무런 행동에 나서지 않기로 합의할 가능성이 크다. 이들은 번지르르한 일반론으로 단결하거나, 가장 강력한 구성원이 자신이 가장 안전하다고 느껴서 이런 체제를 필요로 하지 않기 때문에 변절하는 상황을 목도하게 된다. 윌슨이나 캐슬레이 둘 다 자국 국민이 예측 가능한 위험으로부터 위협받고 있다고 느끼지 않았으며, 위험이 닥쳐도 혼자 해결할 수 있다고 생각했고, 아니면 필요할 경우 마지막 순간에 동맹을 구할 수 있다고 생각했기 때문에 미국과 영국을 집단안보체제에 동참시키지 못했다.

하지만 이 두 명의 앵글로-색슨 정치인 간에는 아주 큰 차이점이 있었다. 캐슬레이는 동시대 인물뿐만 아니라 근대 영국 외교정책의 큰 틀과도 엇박자를 내고 있었다. 결국 아무런 유산을 남기지 못했고, 어떤 영국 정치인도 캐슬레이를 모델로 삼지 않았다. 윌슨은 미국인들이 갖고 있는 동기부여의 원천에 잘 대응했을 뿐만 아니라 이를 새롭고 더 고차원적인 수준으로 승화시켰다. 윌슨 이후 모든 후임 대통령들이 어느 정도는 윌슨주의자였고, 이후 미국 외교정책은 그의 격언에 따라 형성되었다.

캐슬레이의 이복형제인 스튜어트 경은 영국의 "옵서버"로서 다양한 유럽 회의에 참석하도록 허가를 받았고, 회의에서 유럽의 의견일치에 기여하기보다는 영국의 개입을 제한하는 데 자신의 힘을 대부분 쏟아부었다. 트로파우에서 그는 자위권을 인정하는 각서를 제출했지만, 영국이 "전반적인 유럽 경찰을 관리하는 도덕적 책임을 지닌 동맹의 일원으로서의 임무를 떠맡지 않겠다."라고 주장했다.[23] 라이바흐 회의에서 스튜어트 경은 영국이 "추측에 근거한" 위험에 결코 관여하지 않을 것이라는 점을 의무적으로 반복해야 했다. 캐슬레이 본인도 1820년 5월 5일 정부 문서를 통해 영국의 입장을 제시했다. 그는 4국동맹의 목적이 "프랑스의 군사적 지배로부터 유럽 대륙의 상당 부분을 해방시키는 것이었으나, … 세계정부를 위한 연합체나 다른 국가들의 국내문제 감독기관이 되려는 의도는 결코 없었다."라고 단언했다.[24]

결국 캐슬레이는 자신의 확신과 국내적 필요성 사이에서 곤란한 처지에 놓였다. 캐슬레이는 이렇게 불안정한 처지에서 출구를 찾지 못했다. "폐하," 캐슬레이는 왕을 마지막으로 예방한 계기에 이렇게 말했다. "유럽에 작별을 고할 때가 되었습니다. 오직 폐하와 저만 유럽을 알고 있으며, 유럽을 구해왔습니다. 저 이후에는 아무도 유럽 대륙의 문제를 이해하지 못할 것입니다."[25] 나흘 후 그는 자살했다.

오스트리아가 갈수록 러시아에 의존함에 따라 메테르니히가 가장 곤혹스러워했던 질문은 러시아 차르에게 보수주의 원칙을 호소해서 얼마나 오랫동안 러시아가 발칸반도나 유럽 주변부에서 러시아에 주어진 기회를 이용하지 못하게 자제시킬 수 있는가였다. 이에 대한 답은 거의 30년이었던 것으로 밝혀졌다. 이 기간 동안 메테르니히는 유럽의 컨센서스를 효율적으로 관리하면서 러시아의 발칸반도 개입을 막았고, 나폴리, 스페인 그리스에서의 혁명도 처리했다.

하지만 동방문제(Eastern Question)[26]는 사라지지 않았다. 본질적으로 동방문제는 다양한 민족이 터키의 지배에서 벗어나려는 독립투쟁의 산물이었다. 동방문제는 현상을 유지해야 한다는 메테르니히 체제의 책무와 충돌했으며, 비록 오늘은 이 독립운동이 터키를 겨냥하고 있지만 내일은 오스트리아도 공격할 수 있다는 곤혹스러운 문제를 메테르니히 체제에 던지고 있었다. 더욱이 정통성(legitimacy)에 대한 의지가 가장 확고했던 러시아 차르 또한 가장 개입을 원했지만, 아무도—당연히 영국이나 오스트리아도—차르가 자신의 군대를 진격시키고 나서 다시 현상을 유지할 것이라고 믿지 않았다.

오스만 제국 붕괴의 충격을 완화하는 게 영국과 오스트리아로서는 이익이었기 때문에 양국 간에는 한동안 우호적인 관계가 지속되었다. 영국이 발칸반도의 특정한 이슈에 관심이 거의 없다고 하더라도 러시아의 터키 해협 진출은 지중해 지역에서 영국의 이익을 위협한다고 간주되었기 때문에 완강한 저항에 직면했다. 메테르니히는 러시아의 팽창주의에 맞서는 영국의 노력을 환영하기는 했지만 절대로 직접 동참하지는 않았다. 메테르니히의 신중하면서도 밖으로 드러나지 않는 외교—유럽의 단결을 강조하고, 러시아에 아첨하며, 영국을 감언이설로 설득하는—덕택에 다른 나라들이 러시아의 팽창주의를 저지하기 위해 정면에서 맞서 싸우는 동안에도 오스트리아는 러시아라는 옵션을 유지할 수 있었다.

메테르니히가 1848년에 외교무대에서 퇴장함에 따라 그간 빈 회의의 합의를 지속하고자 보수주의 세력의 단결을 활용했던 오스트리아의 아슬아슬한 줄타기 외교가 끝나기 시작했다. 분명히 정통성은 오스트리아의 지정학적 위상이 쇠퇴하거나 오스트리아의 국내체제와 당시 지배적이었던 민족주의 성향 간의 부조화가 현저하게 커지는 상황을 무한정 상쇄하지는 못했다. 하지만 미묘한 뉘앙스가 정치적 수완의 본질이다. 메테르니히는 동방문제를 교묘하게 처리했지만, 오스트리아의 국내체제를 시대에 적응시킬 수 없었던 그의 후임자들은 오스트리아의 외교가 정통성의 개념에 구애받지 않는, 새롭게 등장하는 권력정치라는 추세를 따르게 함으로써 상쇄하려고 했다. 결국 이게 국제질서 붕괴의 원인이 되었다.

그리하여 유럽협조체제는 동방문제로 인해 결국 산산조각이 났다. 1854년에 강대국들이 나폴레옹전쟁 이후 처음으로 전쟁을 하게 되었다. 역설적으로 크림전쟁은 전혀 의미도 없고 철저하게 피할 수 있었던 전쟁이라고 역사학자들로부터 오랫동안 비판을 받아왔으나, 동방문제에 이해관계가 컸던 나라들인 러시아나 영국, 오스트리아가 아닌 프랑스가 이 전쟁을 촉발했다.

1852년 프랑스 황제 나폴레옹 3세는 쿠데타로 집권한 지 얼마 안 되어서 터키 술탄을 설득해 오스만 제국 내 기독교도들의 보호자라는 호칭을 자신에게 부여하도록 했다.[27] 하지만 이 역할은 러시아 차르가 전통적으로 맡아오고 있었다. 니콜라이 1세는 자신이 보기에 서자 출신의 벼락출세한 인간인 나폴레옹 3세가 발칸반도의 슬라브족을 보호하겠다고 러시아를 대신해서 나섰다는 데 분노했고, 프랑스와 동일한 지위를 요구했다. 술탄이 러시아 특사를 퇴짜놓자 러시아가 외교 관계를 단절했다. 19세기 중반에 영국의 외교정책을 구상했던 파머스턴 경은 병적으로 러시아를 의심했고 영국 해군을 다다넬즈 해협 외곽에 있는 베시카만(Besika Bay)으로 파병해야 한다고 촉구했다. 러시아 차르는 여전히 메테르니히 체제의 정신을 계속 견지했다. "너희들 넷이" 그는 다른 강대국들을 지칭하며 말했다. "나에게 이래라저래라 할 수도 있겠지만, 그런 일은 절대 발생하지 않을 것이다. 나는 베를린과 빈을 믿을 수 있다."[28] 니콜라이는 자신이 개의치 않는다는 걸 보여주려고 몰다비아와 왈라키아 공국(오늘날의 루마니아) 점령을 명령했다.

전쟁이 발생하면 가장 잃을 게 많았던 오스트리아는 프랑스와 러시아가 공동으로 오스만 제국 내 기독교도들의 보호자가 되게 하자는 속이 훤히 보이는 제안을 했다. 파머스턴은 어떤 결과도 나오지 않기를 원했다. 영국의 협상력을 높이기 위해 그는 영국 해군을 흑해 입구에 배치했다. 이에 고무되어 터키는 러시아에 선전포고를 했다. 영국과 프랑스가 터키를 지지했다.

하지만 이 전쟁의 원인은 더 깊었다. 종교적 주장은 단지 정치적, 전략적 구상의 구실에 불과했다. 니콜라이 1세는 콘스탄티노플과 터키 해협을 획득한다는 오래된 러시아의 꿈을 추구하고 있었다. 나폴레옹 3세는 영국의 고립을 종식시키고 러시아를 약화시켜서 신성동맹을 해체시킬 기회를 보았다. 파머스턴은 터키 해협으로 향하는 러시아의 진격을 최종적으로 끝장낼 구실을 찾았다. 전쟁이 발발하자 영국 군함들이 흑해에 진입해서 러시아 흑해함대를 궤멸시키기 시작했다. 세바스토폴에 있는 러시아 해군 기지를 점령하고자 영-불 연합군이 크림반도에 상륙했다.

이런 사건들은 오스트리아의 지도자들에게 복잡한 결과만 낳았다. 이들은 러시아와의 전통적 우호 관계가 중요하다고 보았지만, 러시아가 발칸반도로 진출하면 오스트리아 내의 슬라브족이 동요할 가능성이 있다고 두려워했다. 하지만 이들은 크림반도에서 오래된 친구인 러시아 편을 들면 프랑스에게 오스트리아의 이탈리아 내 영토를 공격할 구실을 줄 수 있다고 두려워했다.

오스트리아는 처음에 중립을 선언했고, 이는 현명한 조치였다. 하지만 새로운 외교장관인 부올 백작은 아무것도 하지 못하는 데 대해 너무나 안절부절못했고 오스트리아의 이탈리아 지역 영토에 대한 프랑스의 위협도 너무나 불안하게 여겼다. 영국과 프랑스 군이 세바스토폴을 포위하자, 오스트리아는 차르에게 러시아가 몰다비아와 왈라키아로부터 철수하라고 최후통첩을 보냈다. 이게 크림전쟁을 종결시킨 결정적 요인이 되었고, 적어도 러시아 지도자들은 이후에 그렇게 생각했다.

오스트리아는 니콜라이 1세와 나폴레옹전쟁까지 거슬러 올라가는 러시아와의 확고한 우호 관계를 버렸다. 메테르니히의 후임자들은 경솔했을 뿐만 아니라 공황까지 겹치는 바람에 아주 신중하면서도 때로는 고통스럽게 한 세대 이상 축적된 보수주의 세력의 단결이라는 유산을 날려버렸다. 오스트리아가 그동안 공유해왔던 가치의 족쇄를 스스로 끊어버림에 따라 러시아도 엄격하게 지정학적 이해관계에 따라 자신의 정책을 추진할 수 있는 자유를 얻었다. 이런 노선을 추구하면서 러시아는 발칸반도의 미래를 둘러싸고 오스트리아와 충돌할 수밖에 없었고, 얼마 안 가서 오스트리아 제국을 약화시키고자 했다.

빈 합의가 50년간 지속되었던 이유는 동방 3국인 프로이센, 러시아, 오스트리아가 그들의 단결이 혁명의 혼돈과 프랑스의 유럽 지배를 막는 핵심적인 장벽이라고 보았기 때문이다. 하지만 크림전쟁 당시 오스트리아(탈레이랑의 말에 따르면 "유럽의 귀족원")는 이탈리아에서 오스트리아를 약화시키길 원하는 나폴레옹 3세와, 그리고 유럽의 명분에 동참하기를 꺼리던 영국과 불편한 동맹을 맺으려고 했다. 오스트리아가 이런 노선을 택함에 따라 이제까지 신성동맹의 파트너였던 러시아와 프로이센이 각자 자신들의 국익을 노골적으로 추구할 수 있게 되었다. 프로이센은 오스트리아에 독일에서 물러나라고 강요하면서 대가를 챙겼고, 러시아의 발칸반도에 대한 적개심도 증가하여 제1차 세계대전의 도화선이 되었다. 이는 결국 오스트리아의 궁극적인 붕괴로 이어졌다.

권력정치의 현실에 직면했을 때, 오스트리아는 자신을 구원해줬던 것이 정통성을 수호하겠다는 유럽의 군건한 의지였다는 사실을 깨닫지 못했다. 보수주의 세력들의 이익을 위해 단결한다는 개념은 국경을 초월했고, 그리하여 권력정치의 대립을 누그러뜨리는 경향이 있었다. 반면에 민족주의는 이와 정반대의 효과가 있었다. 국익을 찬양하고, 경쟁의식을 고조시키며, 모든 당사자들의 위험을 높였다. 오스트리아는 여러모로 취약했음에도 불구하고 이길 수 없는 경쟁에 스스로 뛰어들었다.

크림전쟁이 끝난 지 5년이 못 되어 이탈리아의 민족주의 지도자 카밀로 카부르 (Camillo Cavour)가 오스트리아와의 전쟁을 도발함으로써 이탈리아에서 오스트리아를 축출하기 시작했다. 카부르는 이때 동맹으로서 프랑스의 지원을 받았고, 러시아도 이를 묵인해줬다. 예전에는 상상조차 못 할 일이었다. 다시 5년이 지나가기도 전에 비스마르크가 독일에서의 우위를 놓고 전쟁을 했고, 오스트리아가 패배했다. 또다시 러시아는 초연해했고, 프랑스도 비록 내키지 않았지만 똑같이 대했다. 메테르니히 시절이었더라면 유럽협조체제를 통해 협의했을 것이고 이런 격변을 통제했을 것이다. 이제부터 외교는 공유하는 가치보다 노골적인 권력에 의존했다. 평화가 다시 50년간 유지되었다. 하지만 매 10년이 지날 때마다 긴장이 고조되었고 군비경쟁이 심화되었다.

영국은 권력정치로 치닫는 국제체제에서 전혀 다르게 행동했다. 일단 영국은 자국의 안보를 회의체제에 의존한 적이 전혀 없었다. 영국으로서는 이러한 새로운 형태의 국제관계가 평상시의 형태였다. 19세기가 흘러가면서 영국이 유럽에서 지배적인 국가가 되었다. 확실히 영국은 홀로 설 수 있을 정도로 충분히 강력했으며, 지리적 고립이라는 이점을 활용했고, 유럽 대륙의 국내적 격변에 휘둘리지 않았다. 하지만 영국은 감정을 배제한 채 국익에 전념하면서 국익을 추구하는 안정적인 지도자들이 있었기 때문에 그에 따른 이득을 누렸다.

캐슬레이의 후임자들은 캐슬레이만큼 유럽 대륙을 잘 이해하지는 못했다. 하지만 이들은 영국의 본질적인 국익이 무엇인지 더 확실히 파악하고 있었으며, 탁월한 수완과 집요함을 발휘하면서 국익을 추구했다. 캐슬레이의 바로 다음 후임자였던 조지 캐닝 (George Canning)은 캐슬레이가 미약하나마 유럽회의체제에 영향력을 유지해왔던 수단인 마지막 남은 유대 관계들을 즉각 단절했다. 캐슬레이를 계승하기 1년 전인 1821년에 캐닝은 "말과 행동에 있어서의 중립" 정책을 촉구했다.[29] "어리석은 낭만적 정신 때문에 우리 혼자서 유럽을 갱생시킬 수 있다고 상상하지 맙시다."라고 말했다.[30] 그러고 나서 외교장관이 된 후에 캐닝은 자신의 지도 원칙은 국익이라는 점을 전혀 의심하지 않았다. 그의 시각에서 볼 때 유럽에 상시적으로 관여하는 게 국익과 양립할 수가 없었다.

우리가 유럽의 체제와 긴밀히 연계되어 있기는 하지만 그렇다고 해서 우리가 매번

우리를 둘러싸고 있는 국가들의 관심사에 대해 안절부절못하고 참견하면서 뒤엉켜야 하는 것은 아닙니다.[31]

다시 말하자면 영국은 개별 사안의 이해관계에 따라서 그리고 영국의 국익에 따라서 노선을 정할 권리를 보유하겠다는 것이다. 이런 정책에 따르면 동맹은 보조수단이 되거나 적실성이 없어진다.

파머스턴은 1856년에 영국의 국익에 대한 정의를 다음과 같이 설명했다. "사람들이 나에게 … 정책이라 불리는 게 무엇인지 물어보면, 유일한 대답은 매번 상황이 대두될 때마다 최선으로 보이는 것을 하겠다는 의미이며, 우리의 국익을 지도 원칙으로 삼겠다는 것이다."[32] 반세기 후 영국의 외교정책에 대한 공식적인 기술은 외교장관인 에드워드 그레이 경(Sir Edward Grey)의 설명에 반영된 내용을 볼 때 그다지 정교해지지 않았다. "영국의 외교장관들은 미래에 대한 정교한 계산 없이 이 나라에 당장 이익이 된다고 보이는 것들에 인도되어 왔다."[33]

만약 "우리는 최선인 것들을 한다. 왜냐하면 우리가 그게 최선이라고 생각하니까." 같은 발언이 다른 나라에서 나왔더라면 동어반복이라고 조롱받았을 것이다. 영국에서는 이런 발언이 명확하다고 여겨졌다. 자주 쓰이는 문구인 "국익"을 정의해달라는 요청이 거의 없었다. "우리는 영원한 동맹도 영원한 적도 없다."라고 파머스턴이 말했다. 영국 지도자들은 영국의 이익을 너무나 뼛속 깊이 잘 알고 있어서 매번 상황이 발생할 때마다 즉각 행동에 나설 수 있었고, 대중들이 이를 따를 것이라고 확신했기 때문에 공식적인 전략이 필요하지 않았다. 파머스턴의 말을 빌리자면 "우리의 이익은 영원하며, 이런 이익을 추구하는 게 우리의 의무다."[34]

영국 지도자들은 사전에 전쟁 명분(casus belli)이 무엇인지 파악하기보다 무엇을 보호할 준비가 되어 있지 않은지를 더 확실히 알고 있을 가능성이 컸다. 아마도 이들은 현상 유지를 그런대로 선호했기 때문에 적극적인 목표를 제시하려고도 하지 않았다. 영국의 국익이 무엇인지는 일단 보면 알 수 있을 것이라고 확신했기 때문에, 영국 지도자들은 사전에 상세히 설명할 필요가 없다고 생각했다. 이들은 실제 상황이 발생할 때까지 기다렸다. 유럽 대륙 국가들은 이런 방식을 채택할 수가 없었다. 바로 자신들이 이런 실제 상황이었기 때문이다.

안보에 관한 영국식 시각은 영국이 대규모 격변만 아니면 영향을 안 받는다고 느꼈다는 점에서 미국 내 고립주의자들의 시각과 다르지 않았다. 하지만 미국과 영국은 평화와 국내체제 간의 관계에 대해서는 입장이 달랐다. 미국 지도자들의 일반적인 생각과 달리, 영국 지도자들은 대의 민주주의 제도의 전파가 평화를 위한 열쇠라고 전혀 생각하지 않았다. 그리고 자신들의 정치제도와 다른 정치제도에 대해서 별로 우려하지 않았다.

그리하여 파머스턴은 1841년 주러시아 대사에게 영국이 어떤 경우에 군사력을 동원해 저항할 것인지, 그리고 왜 영국이 순전히 국내적 변화에는 저항하지 않는지에 대해 이렇게 설명했다.

> 영국 정부가 영국과 다른 국가와의 관계에서 지침으로 삼고자 하는 일반 원칙 중 하나는 외국이 자신의 헌법이나 정부 형태를 구성하고자 선택하는 변화는 영국이 군사력으로 개입할 사안으로 간주되지 않는다는 점입니다. … 하지만 어떤 국가가 다른 국가에 속하는 영토를 점령하거나 독차지하려 한다면 이는 다른 문제입니다. 그런 시도를 한다면 기존 세력균형을 교란하고 국가 간의 상대적 국력을 변화시켜서 다른 국가에 위험을 초래할 수 있기 때문입니다. 따라서 그런 시도에 대해서 영국 정부는 저항할 완전한 자유가 있습니다.[35]

예외 없이 영국 장관들은 영국이 행동의 자유를 유지하는 데 관심이 컸다. 1841년에 파머스턴은 영국이 추상적 사례를 싫어한다는 사실을 되풀이했다.

> 실제로 발생하지도 않았거나 당장 발생할 가망이 없는 사건에 관여하는 경우는 영국으로서는 흔한 일이 아닙니다.[36]

거의 30년 후에 글래드스턴은 빅토리아 여왕에게 똑같은 원칙을 상기시켰다.

> 영국은 다양한 사태가 발생할 경우 어떤 의무를 부담하게 되는지를 평가할 수 있는 수단을 완전히 손에 쥐고 있어야 합니다. 영국이 다른 강대국들을 상대로 자신의 진정한, 혹은 가정하고 있는 이익이 무엇인지 미리 선언해서 선택의 자유를 배제하거나 좁혀서는 안 됩니다. 그렇게 하면 이들이 우리의 선언에 대해 적어도 같이 해석해보자고 주장할 수도 있기 때문입니다.[37]

행동의 자유를 주장하면서 영국 정치인들은 일반적으로 집단안보라는 주제의 모든 변형을 거부했다. 이후에 "영예로운 고립(splendid isolation)"으로 알려진 정책은 영국이 동맹을 통해서 얻을 것보다는 잃을 것이 많다는 확신을 보여줬다. 이토록 초연한 접근법은 홀로서기를 할 수 있을 정도로 충분히 강력하며, 동맹의 도움을 받아야 할 만한 위험이 특별히 예상되지도 않고, 자국을 위협하는 어떤 극단적인 상황이라도 잠재적 동맹국들을 더 크게 위협할 것이라고 생각하는 국가만이 마음에 품을 수 있었다. 영국의 역할은 유럽의 균형상태를 유지하는 것이었기 때문에 영국 지도자들은 자신들이 원하거나 필요로 하는 모든 옵션을 가질 수 있었다. 영국은 유럽에서 아무런 영토 획득도 추구하지 않았기 때문에 이런 정책이 지속 가능했다. 영국은 해외 식민지를 획득하려고 할 때는 탐욕스러웠지만, 유럽에 대한 이익은 단지 균형상태뿐이었기 때문에 유럽의 어떤 분쟁에 개입할지를 까다롭게 고를 수가 있었다.

"영예로운 고립"에도 불구하고 영국은 특별한 상황에 대처하기 위해 다른 국가들과의 임시적인 협의에는 참여해야 했다. 대규모 상비 육군이 없는 해양 강국인 영국은 때때로 유럽 대륙 내 동맹국과 협력해야만 했고, 항상 필요할 때마다 동맹국을 선택하는 방식을 선호했다. 이런 상황에서 영국 지도자들이 두드러질 정도로 과거의 적개심에 무감각하다는 점이 드러났다. 벨기에가 1830년에 네덜란드로부터 분리 독립하는 과정에서 파머스턴은 프랑스에 이 신생국가를 지배하려고 한다면 전쟁을 각오하라고 위협했으나, 몇 년이 지나자 벨기에의 독립을 위해 프랑스와의 동맹을 추진했다. "영국은 유럽 대륙에서 홀로 목적을 관철할 수 없다. 함께 일할 동맹국이 반드시 있어야 한다."[38]

물론 영국의 다양한 임시 동맹국들은 그들 나름대로의 목표가 있었고, 대개 유럽에서의 영향력 확대나 영토와 관련이 있었다. 영국이 생각하기에 동맹국들이 적절한 수준을 넘어서면 영국은 균형상태를 수호하기 위해 진영을 바꾸거나 새로운 동맹을 체결해서 과거의 동맹국에 맞서기도 했다. 영국은 감상적이지 않고 집요했으며, 자기중심적인 결정을 내렸기 때문에 "신의 없는 알비온(Perfidious Albion)"이라는 별명을 얻었다.[39] 이런 외교 행태는 그다지 고상하지 못했지만 메테르니히 체제가 해체되기 시작한 후에도 유럽의 평화를 유지했다.

19세기에 영국의 영향력이 정점을 찍었다. 영국은 자신만만했고 그럴 만했다. 영국은 최대의 산업국이었으며 영국 해군이 바다를 지배했다. 국내적 격변이 들끓던 시대에 영국의 국내정치는 두드러질 정도로 평온했다. 19세기의 큰 이슈들—개입 혹은 불개입, 현상 유지의 수호 혹은 변화에 협력하기—과 관련해서 영국 지도자들은 독단적인 원칙에 얽매이기를 거부했다. 1820년대 그리스 독립전쟁에서 영국은 러시아의 영향력 확대를 초래해 동지중해에서 영국의 전략적 입지를 위협하지 않는 한, 오스만 제국의 지배로부터 벗어나려는 그리스의 독립을 동정했다. 하지만 1840년이 되자 영국은 러시아를 봉쇄하고자 개입했고 오스만 제국의 현상 유지를 지지했다. 1848년 헝가리 혁명 당시에 영국은 공식적으로는 불개입주의를 표방했지만, 실제로는 러시아의 현상(status quo) 회복을 환영했다. 이탈리아가 1850년대에 합스부르크 왕가에 맞서 반란을 일으켰을 때, 영국은 동정적이었지만 개입하지 않았다. 세력균형을 지키기 위해서 영국은 무조건적인 개입주의나 무조건적인 불개입주의를 추구하지 않았으며, 빈 회의 체제의 보루 역할을 맡지도 않았고 수정주의 세력이 되지도 않았다. 영국의 행태는 철저하게 실용적이었으나 영국 국민은 영국이 그럭저럭 난관을 헤쳐 나가는 데 대해 자부심을 느꼈다.

하지만 아무리 실용적인 정책이라도, 아니 특히 실용적인 정책일 경우 전술적 수단을 구사하면서 갈팡질팡하는 상황을 막기 위해서는 확고한 원칙에 근거를 두어야 했다. 영국 외교정책의 확고한 원칙은 영국이 스스로 인정했는지 여부와 무관하게 세력균형의 수호자라는 영국의 역할이었으며, 이는 일반적으로 강한 편에 맞서 약한 편을 지지한다는 의미였다. 파머스턴이 활동하던 시기에 세력균형은 영국 정책의 불변의 원칙으로 발전해서 이론적으로 옹호할 필요도 없을 정도였다. 어느 때라도 어떠한 정책이건 간에 일단 그 정책을 추구하게 되면 세력균형의 수호라는 측면에서 불가피하게 설명이 되었다. 다수의 확고하고 실용적인 목표들에 비범할 정도의 유연성이 결합되었다. 가령, 저지대 국가들(벨기에, 네덜란드, 룩셈부르크)을 주요 강대국의 손아귀로부터 보호하겠다는 결정은 윌리엄 3세 때부터 제1차 세계대전이 발발할 때까지 바뀌지 않았다. 1870년에 디즈레일리(Disraeli)는 이런 원칙을 재확인하였다.

> 이 나라의 정부는 덩케르크와 오스텐드로부터 북해의 섬에 이르는 유럽 연안의 국가들이 평화의 정책을 실행하고 자유의 권리를 누리면서 그리고 인류 문명에 이바지하는 상업을 추구하는 자유롭고 번영하는 공동체들에 의해 소유되도록 하며, 군사강국의 수중에 들어가지 않도록 하는 게 영국의 이익이라는 점을 항상 견지해왔습니다.[40]

1914년 독일이 벨기에를 침공했을 때 영국이 선전포고로 맞서자, 독일 지도자들이 진정으로 놀랐다는 사실은 이들이 얼마나 고립되어 있었는지를 여실하게 보여준다.

19세기까지 줄곧 오스트리아의 보전이 영국의 중요한 목표로 간주되었다. 18세기에 말보로(Marlborough), 카터렛(Carteret), 피트(Pitt)는 프랑스가 오스트리아를 약화시키지 못하게 여러 차례 전쟁을 치렀다. 오스트리아는 19세기 들어서 프랑스의 침략을 덜두려워하게 되었지만, 영국은 여전히 오스트리아를 러시아의 터키 해협 진출을 견제하는데 유용한 세력으로 보았다. 1848년 혁명이 오스트리아의 해체를 야기할 조짐을 보이자,파머스턴은 다음과 같이 말했다.

> 오스트리아는 유럽의 중심에 자리 잡고 있으며, 어느 한쪽으로부터의 침입과 다른쪽으로부터의 침략을 막는 장벽 역할을 하고 있습니다. 제가 보기에 유럽의 정치적독립과 자유는 오스트리아가 유럽의 강대국 지위를 유지하고 일체성을 보전할 수있는지 여부와 밀접하게 연관되어 있습니다. 따라서 오스트리아를 약화시키고 불구로 만들거나, 더 나아가서 직접적이건, 심지어 동떨어졌건 간에 오스트리아를 1류 강대국에서 2류 국가로 격하시킬 수 있는 우발적인 사건은 어떠한 것이라도 유럽에 큰 재앙이 될 것이 분명합니다. 모든 영국인이 반대하고 막아야만 합니다.[41]

1848년 혁명 후에 오스트리아는 점차 약해졌고, 외교정책도 갈수록 변덕스러워졌으며, 영국의 동지중해 정책상 핵심 요소로서의 가치도 점점 축소되었다.

영국의 정책은 러시아가 다다넬즈 해협을 점령하지 못하게 막는 데 초점을 두었다. 오스트리아—러시아 간의 경쟁 관계는 대체로 오스트리아의 슬라브족 지역에 대한 러시아의 구상과 관련이 있었다. 이 문제에 대해서는 영국이 별로 관심이 없었던 반면, 다다넬즈 해협의 통제는 오스트리아의 핵심 이익이 아니었다. 따라서 영국은 오스트리아가러시아에 맞서기에는 적절한 대항세력이 못 된다고 판단했다. 그래서 영국은 오스트리아가 이탈리아에서 피에몬테(Piemonte)에 패배했을 때, 그리고 독일에서의 우위를 둘러싼경쟁에서 프로이센에 패배했을 때 방관했다. 만약 한 세대 전이었더라면 이와 같은 무관심은 상상조차 할 수 없었다. 19세기가 끝나갈 때 독일에 대한 두려움이 영국의 외교정책을 지배했으며, 독일의 동맹국인 오스트리아가 처음으로 영국의 계산에 따라 적으로간주되었다.

19세기에는 누구도 영국이 언젠가 러시아와 동맹을 체결할 것이라고 생각하지 못했다. 파머스턴의 견해에 따르면 러시아는 "모든 면에서 보편적인 침략 체제를 추구하고있었는데, 일부는 [니콜라이] 황제의 개인적 성격에 기인했고, 일부는 영구적인 정부체제에 기인"했다.[42] 25년 후에 이러한 시각을 클래런던 경(Lord Clarendon)이 그대로 따라

했는데, 그는 크림전쟁을 "야만주의에 맞선 문명의 전투"라고 주장했다.[43] 영국은 러시아가 페르시아로 팽창하고 콘스탄티노플과 인도로 접근하지 못하게 견제하면서 19세기의 대부분을 보냈다. 영국이 주요 안보 우려 국가를 러시아로부터 독일로 바꾸기까지 독일의 호전적이고 둔감한 태도가 수십 년간 지속되어야 했고, 그러한 변화는 세기가 바뀌고 나서야 비로소 일어났다.

영국 정부는 소위 동방의 강대국들보다 훨씬 더 자주 바뀌었다. 파머스턴, 글래드스턴, 디즈레일리와 같은 영국의 정치 거물 중 아무도 메테르니히와 니콜라이, 비스마르크처럼 길게 임기를 누리지 못했다. 그럼에도 영국의 정책은 탁월할 정도로 일관성이 있었다. 일단 특정 노선으로 가기 시작하면 끊임없이 집요하고 완강할 정도로, 그리고 믿음직스럽게 그 노선을 추구했다. 그랬기 때문에 영국은 유럽의 안정을 위해 결정적인 영향력을 행사할 수 있었다.

위기 상황에서 영국이 하나의 목표에 매진할 수 있었던 한 가지 원인은 대의제라는 영국 정치제도의 성격에 있었다. 1700년부터 영국 외교정책에서 여론이 중요한 역할을 해왔다. 18세기 유럽에서 어떤 다른 국가도 외교정책과 관련하여 "반대" 여론이란 것이 없었다. 영국에서는 그것이 제도에 내재되어 있었다. 18세기에 원칙적으로 토리당은 왕의 외교정책을 대변했고 유럽 대륙의 분쟁에 관여하는 데 적극적이었다. 휘그당은 로버트 월폴 경(Sir Robert Walpole)처럼 유럽 대륙의 불화에 무관심한 태도를 유지하면서 해외 식민지 확장을 강력하게 주장했다. 19세기가 되자 이들의 역할이 뒤바뀌었다. 휘그당은 파머스턴처럼 적극적인 정책을 주장했고, 반면 토리당은 더비(Derby)나 솔즈베리(Salisbury)처럼 외국문제에 연루되는 상황을 경계했다. 리처드 콥든(Richard Cobden)과 같은 급진주의자들은 보수주의자들과 합세해서 영국의 불간섭 노선을 주창했다.

영국 외교정책이 공개 토론을 통해 성장해왔기 때문에 영국 국민은 전시에는 놀라울 정도로 단결력을 보여주었다. 반면에 외교정책이 공공연히 정파성을 띠게 되면서 비록 상당히 이례적이지만 총리가 교체되면 외교정책이 뒤집어지는 일도 가능해졌다. 가령 1870년대에 터키를 지지했던 영국의 정책은 터키인들이 도덕적으로 비난받아야 한다고 생각했던 글래드스턴이 디즈레일리를 1880년의 선거에서 꺾으면서 끝나버렸다.

영국은 언제나 자신의 대의 민주주의를 영국만의 독특한 제도로 간주했다. 영국의 유럽 대륙에 대한 정책은 이념이 아니라 영국의 국익이라는 관점에서 늘 정당화되었다. 영국이 1848년에 이탈리아에 대해 그랬듯이, 혁명에 대한 동정심을 표현할 때는 항상 두드러지게 실용적인 이유에서 그렇게 했다. 그리하여 파머스턴은 캐닝의 실용적인 격언을 만족스러운 듯이 인용했다. "향상이 혁신이라는 이유로 반대했던 사람들은 언젠가 혁신이 향상이 아니게 될 때 혁신을 받아들일 수밖에 없을 것입니다."[44] 하지만 이는 경험에 근거한 충고였지 영국의 가치나 제도를 퍼뜨리자는 주장은 아니었다. 19세기를 통틀어서 영국은 다른 국가를 그 나라의 외교정책에 따라 평가했으며, 글래드스턴이 집권했던 짧은 기간을 제외하면 국내 정치체제에는 관심이 없었다.

비록 영국과 미국이 매일매일 진행되는 국제문제로부터 어느 정도 무관심한 태도를 공유하기는 했지만, 영국은 자신의 고립주의를 매우 다른 이유로 정당화했다.

미국은 자신의 민주적 제도가 전 세계 다른 나라들에게 모범이라고 주장했다. 영국은 자신의 의회제도가 다른 국가에는 적절하지 않다고 여겼다. 미국은 민주주의의 확산이 평화를 보장할 것이라고 믿게 되었다. 실제로 신뢰할 수 있는 평화는 다른 식으로는 달성이 불가능하다고 믿었다. 영국은 특정한 국내 정치제도를 선호했을지는 모르지만 그런 정치제도를 위해서 위험을 무릅쓰려고 하지는 않았다.

1848년에 프랑스 왕정이 타도되고 새로운 보나파르트(나폴레옹 3세)가 등장하면서 영국이 역사적으로 오래된 불안감을 품게 되자, 파머스턴은 영국 국정운영상의 실용주의 원칙을 환기시키면서 이런 불안감을 잠재웠다. "영국의 행동을 규율하는 불변의 원칙은 어떤 국가건 간에 그 국가가 의도적으로 선택한 정부기관을 그 나라의 정부기관으로 인정하는 것이다."[45]

파머스턴은 거의 30년간 영국 외교정책의 주요 설계자였다. 1841년에 메테르니히는 그의 실용적인 스타일을 냉소적으로 찬양하면서 이렇게 분석했다.

> 파머스턴 경은 무엇을 원하는가? 그는 이집트 문제가 오로지 자신이 원하는 방식에 따라, 그리고 프랑스가 관여할 어떠한 권리도 배제한 채 종결될 것이라는 점을 증명함으로써 프랑스가 영국의 힘을 느끼게 되기를 원한다. 그는 독일의 두 강대국(프로이센과 오스트리아)에 자신은 이 두 나라가 필요하지 않으며, 러시아가 도와주는 정도면 충분하다고 입증하려 한다. 그는 러시아를 견제하면서 영국이 프랑스에 가까이 다가가는 것에 대한 러시아의 영원한 불안감을 이용해서 러시아를 자기편에 묶어두길 원한다.[46]

이는 영국이 세력균형을 어떻게 이해했는지에 대한 부정확한 묘사가 아니다. 결국 이런 방식으로 영국은 한 세기 동안 또 다른 주요 강대국과의 비교적 짧은 한 번의 전쟁, 즉 크림전쟁을 치렀을 뿐이었다. 비록 아무도 이 전쟁을 일으키려고 의도하지 않았지만, 크림전쟁으로 인해 빈 회의에서 그토록 애써서 만들어냈던 메테르니히의 질서가 무너졌다. 동방 3개국 군주의 단결이 와해됨에 따라 유럽외교에서 절제라는 도덕적 요소가 제거되었다. 새롭고 훨씬 더 위태로운 안정이 자리를 잡기까지 15년의 혼란이 뒤따랐다.

05

두 혁명가:
비스마르크와 나폴레옹 3세

Two Revolutionaries: Napoleon III and Bismarck

크림전쟁의 여파로 메테르니히 체제가 붕괴하자 20년간 충돌이 이어졌다. 1859년
에 피에몬테와 프랑스가 오스트리아를 상대로 전쟁을 했고, 슐레스비히-홀슈타인
(Schleswig-Holstein)을 둘러싼 전쟁이 1864년, 보-오 전쟁이 1866년, 그리고 보-불 전
쟁이 1870년에 있었다. 이런 혼란으로부터 새로운 세력균형이 유럽에 형성되었다. 이 전
쟁들 중 세 차례의 전쟁에 참여했고 다른 전쟁도 부추겼던 프랑스는 우월한 지위를 독일
에 뺏겼다. 더 중요한 사실로서, 메테르니히 체제의 도덕적 제약이 사라졌다. 이런 격변
은 절제되지 않은 세력균형 정책을 일컫는 새로운 용어의 사용으로 상징되었다. 독일어

인 현실정치(Realpolitik)가 프랑스 용어인 국가이성(raison d'état)을 대체했으나, 실제 의미가 바뀌지는 않았다.

새로운 유럽 질서는 그다지 안 어울리는 두 사람이 사실상 공동으로 협력해서 만들어낸 작품이었고, 이 두 사람은 결국 철천지원수가 되었다. 바로 나폴레옹 3세 황제(Emperor Napoleon III)와 오토 폰 비스마르크(Otto von Bismarck)였다. 이 두 사람은 메테르니히의 오래된 충언, 즉 안정이라는 이익을 위해서는 정통성이 있는 유럽의 군주들을 보전해야 하며, 민족주의나 자유주의 운동을 탄압해야 하고, 무엇보다 국가 간 관계를 서로 마음이 맞는 군주들이 의견일치를 통해 결정해야 한다는 원칙을 무시했다. 나폴레옹 3세와 비스마르크는 국가 간 관계는 노골적인 힘에 따라 결정되며 강한 자가 지배한다는 현실정치에 정책의 기반을 두었다.

나폴레옹 3세는 유럽을 유린했던 위대한 보나파르트(나폴레옹)의 조카로서 젊은 시절에는 오스트리아의 이탈리아 지배에 저항하는 이탈리아 내 비밀결사대의 일원으로 활동했다. 나폴레옹 3세는 1848년 대통령에 당선된 후 쿠데타를 거쳐 1852년에 스스로 황제로 선언했다. 오토 폰 비스마르크는 저명한 프로이센 가문의 자손이었으며, 1848년 프로이센에서 있었던 자유주의 혁명을 강력하게 반대했다. 프로이센 왕은 군비지출을 둘러싸고 까다로운 의회와의 교착상태를 극복할 만한 다른 해결책이 없었기 때문에, 별로 내키지 않았지만 비스마르크를 1862년에 재상에 임명했다.

나폴레옹 3세와 비스마르크 두 사람 사이에서 결국 빈 합의체제가 뒤엎어졌다. 빈 합의체제는 주요 강대국들이 보수주의 가치를 공유한다는 신념 때문에 서로 자제해야 한다는 의식이 있었으나, 이런 자제의식이 없어졌다는 게 가장 중요했다. 비스마르크와 나폴레옹 3세만큼 성격상 공통점이 전혀 없는 두 사람을 상상하기도 힘들 것이다. 철혈재상(Iron Chancellor)과 튈르리의 스핑크스(Sphinx of the Tuileries)는 빈 체제에 대한 혐오감으로 일치단결했다. 두 사람은 1815년 빈에서 메테르니히에 의해 형성된 질서를 골칫거리로 여겼다. 나폴레옹 3세는 빈 체제가 노골적으로 프랑스를 포위하도록 되어 있었기 때문에 싫어했다. 비록 나폴레옹 3세는 삼촌만큼 과대망상적인 야심은 없었지만, 이 불가사의한 지도자는 프랑스가 간간이 영토적 이득을 얻을 권리가 있다고 믿었고, 자신을 가로막는 통합된 유럽을 원하지 않았다. 더 나아가 그는 세계가 민족주의와 자유주의라는 가치를 프랑스와 동일시하고 있다고 생각했으며, 빈 체제가 이런 가치를 억압하고 있기 때문에 자신의 야심에 족쇄를 채우고 있다고 보았다. 비스마르크는 메테르니히의 작품이 프로이센을 독일 변방에서 오스트리아의 주니어 파트너로 고정시켰다고 보았기 때문에 불만이었고, 독일 연방(German Confederation)이 수많은 소규모 주권국가들로 구성되어 있었기 때문에 프로이센에 족쇄가 된다고 보았다. 만약 프로이센이 자신의 운명을 실현하고 독일을 통일하려 한다면 빈 체제를 파괴해야 했다.

이 두 혁명가는 기존 질서를 경멸한다는 정서를 공유했지만 그 결과는 정반대였다. 나폴레옹 3세는 자신이 달성하겠다고 마음먹었던 것과 정반대의 결과를 초래했다. 나폴레옹 3세는 스스로를 빈 체제의 파괴자이자 유럽 민족주의를 고취시키는 인물이라고 상상하면서 유럽외교를 혼란 상태에 빠뜨렸지만, 그런 혼란으로 프랑스가 얻은 것은 아무것도 없었고 다른 나라들만 이익을 보았다. 나폴레옹 3세는 이탈리아의 통일을 가능하게 해주었고, 의도치 않게 독일의 통일을 부추겼다. 이 두 사건으로 말미암아 프랑스는 지정학적으로 취약해졌고, 중유럽에서 우월했던 프랑스의 영향력을 뒷받침해 온 역사적 기반이 무너졌다. 프랑스의 역량만으로는 둘 중 어느 하나도 막을 수가 없었지만, 나폴레옹의 변덕스러운 정책 때문에 이런 과정이 앞당겨졌고, 이와 더불어 프랑스의 장기적 이익에 맞춰서 새로운 국제질서를 형성하는 역량까지 소진되었다. 나폴레옹 3세는 빈 체제가 프랑스를 고립시킨다고 생각했기 때문에—물론 실제로 어느 정도는 사실이었다—이 체제를 파괴하려 했지만, 1870년에 그의 통치가 끝났을 때 프랑스는 메테르니히 시대보다 훨씬 더 고립되었다.

비스마르크의 유산은 정반대였다. 비스마르크만큼 역사의 방향을 바꾼 정치인은 아주 드물다. 비스마르크가 취임하기 전에 독일의 통일은 1848년 혁명의 추동력이었던 입헌의회정부와 같은 형태를 통해 이루어질 것이라는 기대감이 있었다. 5년이 지나서 비스마르크는 독일인들이 3세대에 걸쳐서 좌절을 겪었던 통일이라는 과제를 자신만의 방식대로 풀어나가고 있었다. 하지만 비스마르크는 독일 통일을 민주적 입헌주의라는 절차가 아니라 프로이센 국력의 우위에 기초해서 추진하고 있었다. 비스마르크의 해결책은 주요 지지층 중 어느 세력으로부터도 전혀 지지를 못 받았다. 새롭게 등장한 독일은 보수주의자에게는 너무 민주적이었고, 자유주의자에게는 너무 권위주의적이었으며, 정통주의자에게는 너무 권력 지향적이었다. 오로지 한 명의 천재에게만 맞춰져 있었다. 이 천재는 국내외 세력들을 굴레로부터 해방시켰고, 다시 이 세력들 간의 적대감을 교묘히 조작해서 관리해 나가겠다고 제안했다. 이 천재는 이런 임무를 능숙하게 해냈지만, 이후 후임자들은 도저히 감당해낼 수 없었던 것으로 판명되었다.

나폴레옹 3세는 살아 있는 동안 "튈르리의 스핑크스"라고 불렸다. 사람들은 그가 원대하고 훌륭한 구상을 품고 있었고, 아무도 그 구상이 서서히 펼쳐질 때까지 그 본질을 깨닫지 못할 것이라고 믿었기 때문이다. 나폴레옹 3세는 빈 체제하에서의 프랑스의 외교적 고립을 종결시켰고, 크림전쟁을 통해 신성동맹의 와해를 촉발했기 때문에 불가사의할 정도로 현명하게 보였다. 유럽 지도자 중 유일하게 비스마르크만이 그를 꿰뚫어 보았다. 1850년대 나폴레옹 3세에 대한 그의 냉소적인 묘사는 다음과 같았다. "그의 지성은 그의 감상적 측면을 무시한 채 과대평가되어 있다."

나폴레옹 3세는 삼촌 보나파르트 나폴레옹처럼 정통성이 없다는 강박감이 있었다. 나폴레옹 3세는 비록 스스로를 혁명가로 생각했지만, 유럽의 정통성이 있는 왕들이 자신을 받아주기를 갈망했다. 물론 신성동맹이 여전히 본래의 가치를 그대로 유지하고 있었다면, 1848년에 프랑스의 왕정체제를 대체한 공화제를 타도하려고 했을 것이다. 프랑스 대혁명이라는 대규모 유혈사태는 여전히 기억 속에 남아 있었지만, 마찬가지로 프랑스에 외세가 개입함으로써 역으로 1792년에 프랑스 혁명군이 유럽을 휩쓸었다는 기억도 생생했다. 동시에 프랑스 공화국도 외세의 개입을 똑같이 두려워했기 때문에 혁명을 수출하기를 꺼렸다. 이처럼 억제에 따른 교착상태가 발생하자 보수주의 세력이 마지못해 프랑스 공화정을 승인했다. 프랑스 공화정은 처음에는 시인이자 정치인인 알퐁스 드 라마르틴(Alphonse de Lamartine)이 통치했고 이후 나폴레옹이 대통령에 당선되었으며, 종국에는 황제인 나폴레옹 "3세"가 1852년에 군림하게 되었다. 나폴레옹은 그 전년도 12월에 자신의 재선을 금지하는 헌법을 뒤엎는 쿠데타를 감행했고, 이듬해에 황제가 되었다.

나폴레옹 3세가 제2제국을 선포하자마자 승인 문제가 대두되었다. 이번에는 나폴레옹을 황제로 승인할지 여부가 문제가 되었다. 빈 합의에 따르면 보나파르트 가문의 프랑스 왕위 즉위가 금지되었기 때문이다. 오스트리아는 바꿀 수 없는 것을 받아들인 첫 번째 국가가 되었다. 주프랑스 대사인 휴프너 남작은 1851년 12월 31일에 자신의 상사인 슈바르첸베르크 후작 특유의 냉소적 언급을 인용해서 메테르니히 시대의 종언을 강조하는 보고서를 보냈다. "원칙의 시대가 끝났습니다."[1]

나폴레옹 3세의 그다음 큰 근심거리는 다른 군주들이 자신을 "형제"로 불러줄지 여부였다. 당시 군주들은 서로 형제라고 부르거나 아니면 좀 더 간략한 애칭으로 불렀다. 결국 오스트리아와 프로이센의 군주들은 나폴레옹이 원하는 대로 해줬으나 차르 니콜라이 1세는 "친구"라고 부르는 것 이상은 해줄 수 없다며 완강히 버텼다. 혁명가에 대한 차르의 시각을 고려한다면, 의심할 바 없이 차르는 이미 적절한 수준 이상으로 나폴레옹을 대우해준 셈이다. 휴프너는 튈르리 궁전에 감도는 상처감을 이렇게 기록했다.

오래된 유럽 대륙의 왕실로부터 냉대를 받은 기분이다. 이런 기분은 나폴레옹 황제
의 마음을 갉아먹는 벌레와 같다.[2]

이런 냉대는 진짜였건 상상이었건 상관없이 나폴레옹 3세와 다른 유럽 군주들 간의
간극을 드러냈고, 나폴레옹이 기존의 유럽외교를 무모하고 혹독하게 공격한 심리적 원인
중 하나였다.

나폴레옹 3세의 삶에서 역설적인 점은, 그가 외교 분야보다 국내정책에 훨씬 더 적
합했지만 막상 본인은 국내정책을 따분하게 여겼고, 외교적으로 모험을 감행했지만 대담
무쌍하지도 않았고 통찰력도 없었다는 사실이다. 나폴레옹 3세는 스스로에게 부여했던
혁명적 사명을 잠시 멈추고 한숨을 돌릴 때마다 프랑스의 발전에 많은 기여를 했다. 그는
프랑스에 산업혁명을 도입했다. 그리고 대형 신용기관을 장려함으로써 프랑스의 경제 개
발에도 결정적인 도움을 주었다. 또한 파리를 웅장한 현대적인 도시로 변모시켰다. 19세
기 초만 하더라도 파리는 여전히 좁고 구불구불한 길을 지닌 중세시대 도시였다. 나폴레
옹 3세는 자신의 측근이자 보좌관인 오스만 남작에게 넓은 길과 웅장한 공공건물, 기가
막힌 경치가 있는 현대적 도시를 창조하도록 권한을 주고 재정을 지원했다. 넓은 길을 만
든 이유 중 하나는 혁명을 저지하기 위해 사격하기 쉬운 공간을 마련한다는 것이기는 했
지만, 그럼에도 불구하고 이렇게 장엄하고 영속적인 파리의 발전이라는 의의가 퇴색되지
않는다.

하지만 나폴레옹 3세에게 외교정책은 열정의 대상이었고, 그는 모순된 감정으로 인
해 괴로워하는 처지가 되었다. 한편으로 나폴레옹 3세는 군주의 정통성은 타고난 것이지
그냥 부여될 수 있는 게 아니기 때문에 자신이 아무리 정통성을 추구하더라도 결코 인정
받지 못한다는 사실을 알고 있었다. 다른 한편으로 나폴레옹 3세는 자신이 정통주의자로
역사에 기록되기를 원하지 않았다. 그는 이탈리아의 카르보나리(Carbonari, 독립투사)였
으며, 스스로를 민족자결주의의 수호자로 간주했다. 그러면서도 동시에 큰 위험을 부담
하기를 꺼렸다. 나폴레옹 3세의 궁극적 목표는 빈 체제의 영토 조항을 철폐하고 이에 근
거해서 국가체제를 바꾸는 것이었다. 그러나 나폴레옹 3세는 자신이 원하는 목표가 달성
된다면, 마찬가지로 결과적으로 독일의 통일도 달성되기 때문에 중유럽을 지배하려는 프
랑스의 열망도 영원히 끝난다는 사실을 이해하지 못했다.

따라서 나폴레옹 3세의 정책이 변덕스럽다는 점은 그가 지닌 상반되는 감정이 반영
된 결과였다. 나폴레옹 3세는 "형제" 군주들을 불신하면서 여론에 의존하게 되었고, 그

의 정책은 그의 인기를 유지하기 위해 요구되는 것이 무엇인지에 대한 판단에 따라 요동쳤다. 1857년에 여기저기에서 모습을 드러내던 휴프너 남작은 오스트리아 황제에게 다음과 같이 서한을 보냈다.

> 그의[나폴레옹 3세의] 눈에 외교정책은 단지 프랑스에서 그의 지배를 확고히 하고, 그의 왕좌에 정당성을 부여하며, 그의 왕조를 세우기 위해 사용하는 도구에 불과합니다. … 나폴레옹 3세는 국내에서 인기를 끌기에 적합하기만 하다면 어떤 수단이건 어떤 조합이건 간에 사용하기를 주저하지 않을 것입니다.[3]

그 과정에서 나폴레옹 3세는 방향성을 유지하는 내면의 나침반이 없었기 때문에 스스로 초래한 위기의 포로가 되어버렸다. 그는 처음에는 이탈리아와 폴란드에서, 그리고 나중에는 독일에서 몇 번이고 반복해서 위기를 조장했으며, 결국 최종 결말이 나오기 전에 뒷걸음쳤다. 그는 삼촌처럼 야심이 있었지만 삼촌의 담력이나 천재성이 없었고, 원초적인 힘도 마찬가지로 없었다. 그는 이탈리아의 민족주의가 북부 이탈리아에만 국한되는 한 지지했으며, 전쟁 위험을 야기하지 않는 한 폴란드의 독립을 옹호했다. 독일과 관련해서 나폴레옹 3세는 한마디로 말해 어느 편에 줄을 서야 할지 몰랐다. 나폴레옹 3세는 오스트리아와 프로이센 간의 투쟁이 오랫동안 지속될 것이라고 기대하고, 전쟁에서 누가 승리했는지 알아보지도 못하고 승전국인 프로이센에 보상을 해달라고 요구함으로써 웃음거리가 되었다.

나폴레옹 3세의 이런 스타일에는 유럽의 지도를 다시 그리는 유럽 회의가 가장 어울렸다. 이런 회의라면 적어도 최소한의 위험으로 스스로를 빛낼 수 있었기 때문이다. 나폴레옹 3세는 국경을 어떻게 바꾸고 싶은지에 대해 특별한 생각이 없었다. 아무튼 다른 어떤 강대국도 그의 국내적 필요성을 충족시켜주려고 이런 회의체를 마련해줄 의사가 없었다. 어떤 국가도 국경을 다시 획정해야 할 만큼 큰 필요성을 느끼지 않는 이상 국경을 새로 획정하는 데 동의할 수 없었고, 특히 국경 재획정으로 자신이 불리해진다면 더욱 그랬다. 나중에 알게 된 사실이지만, 나폴레옹 3세가 유일하게 주재해서 크림전쟁을 종결했던 파리 회의에서는 유럽의 지도가 다시 그려지지 않았다. 이 회의는 단지 이미 전쟁을 거쳐 달성된 결과를 비준만 해주었을 뿐이었다. 러시아가 흑해에서 해군을 보유하는 게 금지되었고, 그럼으로써 영국이 다시 공격할 경우 방어할 수 있는 능력을 상실했다. 또한 러시아는 흑해 동부의 베사라비아(Bessarabia)와 카르스(Kars) 영토를 터키에 반환해야 했다. 이에 덧붙여서 크림전쟁의 직접적인 원인이 되었던 오스만 제국 내 기독교도들의 보호자라는 주장도 러시아 차르가 포기해야 했다. 파리회의는 신성동맹의 균열을 상징했지만, 어떤 참석국도 유럽의 지도를 다시 그리겠다고 나설 준비가 되어 있지 않았다.

그 이후 나폴레옹 3세는 유럽의 지도를 다시 그리자는 회의를 두 번 다시 소집하지 못했다. 그렇게 된 근본적인 이유는 영국 대사였던 클래런던 경(Lord Clarendon)이 그에게 지적했던 것처럼, 큰 변화를 추구하면서도 막상 큰 위험을 기꺼이 무릅쓰겠다는 의향이 없는 국가는 허무해지는 운명을 겪게 되기 때문이다.

> 나는 유럽 회의라는 구상이 황제의 머릿속에서 싹트고 있다는 것을 안다. 그와 함께 프랑스 국경에 있는 지역, 쓸모없는 조약의 폐기, 그리고 다른 필요한 개정 작업도 같이 싹트고 있을 것이다. 이런 회의가 만장일치로 결정되지 않을 경우 필연적으로 수반되는 위험과 어려움이 무엇인지 긴 목록을 즉석에서 만들어보았다. 만장일치로 결정될 가능성은 낮을 것이며, 그렇지 않을 경우 가장 강력한 한두 나라가 자신들이 원하는 것을 달성하기 위해 전쟁을 하게 될 것이다.[4]

파머스턴은 나폴레옹의 정치적 식견에 대해서 한때 이렇게 요약했다 "아이디어들이 마치 토끼 사육장의 토끼들처럼 그의 머릿속에서 증식했다."[5] 다만 이런 아이디어가 어떠한 최우선 개념과도 연관되지 않았다는 게 문제였다. 메테르니히 체제가 붕괴하는 혼란스러운 상황 속에서 프랑스는 두 가지 전략적 옵션이 있었다. 프랑스는 리슐리외의 정책을 추구하면서 중유럽을 계속 분열시켜 놓을 수 있었다. 이 옵션을 택하려면 나폴레옹 3세는 혁명에 대한 본인의 신념을 최소한 독일 내에서는 일단 접어두고, 중유럽이 계속 분열되어 있기를 간절히 원했던 기존의 정통성이 있는 군주들의 편에 서야 했다. 아니면 나폴레옹 3세는 삼촌이 했던 것처럼 공화주의 성전(聖戰)의 선봉에 서서 민족주의자들의 감사는 물론이고 심지어 유럽의 정치적 리더십까지 획득하는 방향을 택할 수도 있었다.

프랑스로서는 불행하게도 나폴레옹 3세는 두 가지 전략을 동시에 추구했다. 그는 민족자결주의를 옹호하면서도 그로 인해 중유럽에서 프랑스에 초래될 수 있는 지정학적 위험은 안중에 없는 것처럼 보였다. 그는 폴란드의 혁명을 지지했지만 그 후과에 직면하자 뒷걸음쳤다. 빈 합의체제를 프랑스에 대한 모욕으로 여기고 반대했지만 빈 합의체제 세계질서가 프랑스의 안보를 가능한 한 최대한 보장해준다는 사실을 알지 못했고, 막상 깨달았을 때는 이미 너무 늦었다.

독일 연방은 외부로부터의 압도적인 위험에 직면했을 때만 단결해서 대응할 수 있었기 때문이었다. 독일 연방 구성국들은 타국을 공격하려는 목적으로는 단결하지 못하도록 명시적으로 금지되었고, 공격적인 전략에도 동의할 수 없었다. 이는 공격적인 전략이 독일 연방이 존속했던 반세기 동안 한 번도 논의조차 되지 못했다는 사실에서 드러난다. 프랑스의 라인강 국경은 빈 체제가 존속하는 한 침범할 수 없었지만, 독일 연방이 붕괴된 후 한 세기 동안 안전하지 못하다는 사실이 드러났다. 사실 나폴레옹 3세가 그렇게 만들었다.[6]

나폴레옹 3세는 프랑스 안보의 핵심 요소가 뭔지 전혀 파악하지 못했다. 1866년에 독일 연방을 종결시킨 보-오 전쟁이 발발할 때까지 그는 오스트리아 황제에게 이렇게 편지를 썼다.

주로 프랑스에 맞서고자 조직되었던 독일 연방이 해체되는 상황을 지켜보면서 어느 정도 만족감이 없었던 건 아니라는 점을 고백해야겠습니다.[7]

합스부르크 왕가는 더 명민하게 이렇게 답했다. "순수하게 방어적인 목적으로 조직되었던 독일 연방은 지난 반세기 동안 존재하면서 주변 국가에 경계의 대상이 되었던 적이 전혀 없었습니다."[8] 독일 연방의 대안은 리슐리외가 만들어낸 파편화된 중유럽이 아니라, 프랑스보다 인구도 많고 산업능력 측면에서도 곧 프랑스를 무색하게 만들어버릴 통일된 독일이었다. 나폴레옹 3세는 빈 합의를 공격함으로써 방어적인 수준의 걸림돌을 프랑스 안보를 잠재적으로 공격할 수 있는 위협으로 변모시켜 버렸다.

정치인은 전술적 결정들의 소용돌이와 진정한 장기적 국익을 구분할 수 있는지 여부와 장기적 국익을 달성하기 위해 적절한 전략을 고안할 수 있는지 여부를 놓고 시험을 받는다. 나폴레옹 3세는 크림전쟁 기간 동안 보여줬던 현명한 전술로 칭송받았고(오스트리아의 근시안적 태도 덕택이기도 했다.) 외교적으로 가용한 더 많은 옵션을 얻게 되는 행복한 처지에 놓일 수도 있었다. 프랑스의 이익이 오스트리아와 영국과 합치할 수도 있었다. 실제로 이 두 나라가 중유럽의 영토에 관한 합의사항을 지속해줄 가능성이 가장 큰 나라였다.

하지만 나폴레옹 3세의 정책은 상당히 기이했고 변덕스러운 성향에 따라 추진되었다. 그는 보나파르트 가문의 일원으로서, 국가이성에 따르면 어쨌든 간에 오스트리아와 협력해야 했지만, 그게 결코 편하지 않았다. 1858년에 그는 피에몬테 출신 외교관에게 이렇게 말했다. "오스트리아는 예전에도 그랬고 지금도 여전히 가장 혐오스럽다."9 나폴레옹 3세는 혁명 과업을 애호했기 때문에 이탈리아를 둘러싸고 1859년에 오스트리아와 전쟁을 했다. 전쟁이 끝난 후에 유럽 국경을 재설정하기 위해 유럽 회의를 개최하자고 여러 번 제안했고, 그러면서 사보이와 니스를 병합함으로써 영국과도 소원해졌다. 마치 자신의 고립을 완성하려는 듯이 나폴레옹 3세는 1863년에 폴란드의 혁명을 지지함으로써 러시아와의 동맹이라는 옵션도 희생했다. 유럽외교가 민족자결주의에 휘말리게 만들어 놓은 후, 나폴레옹 3세는 이제 갑자기 외톨이가 되었다. 그리고 자신이 그토록 초래했던 이런 혼란으로부터 통일된 국가인 독일이 현실로 등장하자 유럽에서 프랑스의 우위가 종결되었다.

나폴레옹 3세 황제는 파리 회의로부터 3년이 지난 1859년에 이탈리아에서 크림전쟁 이후 처음으로 외교적 조치를 단행했다. 아무도 나폴레옹 3세가 이탈리아 북부를 오스트리아의 지배로부터 해방시키겠다는 젊은 시절의 포부로 되돌아오리라고 예상하지 못했다. 프랑스는 이런 모험을 하더라도 얻을 것이 거의 없었다. 만약 이런 시도가 성공한다면 프랑스는 자신의 전통적인 침략 루트를 봉쇄하기에 훨씬 더 강력한 입지에 있는 국가를 만들어내게 되며, 만약 실패한다면 그 애매모호한 목적 때문에 더 큰 굴욕을 겪게 될 것이다. 성공하건 실패하건 간에 이탈리아에서 프랑스군은 유럽을 들썩거리게 만들 것이다.

이런 이유에도 불구하고 주프랑스 영국 대사였던 헨리 카울리 경(Lord Henry Cowley)은 이탈리아에서 프랑스의 전쟁이 발발할 가능성이 아주 낮다고 보았다. "전쟁을 하는 게 나폴레옹 3세에게 이익이 되지 않는다." 휴프너는 카울리가 이렇게 말했다고 보고했다. "영국과의 동맹은 잠시 흔들린 적이 있고, 여전히 휴지 상태에 있을지라도, 나폴레옹 3세 정책의 근간으로 남아 있다."10 약 30년이 지난 후에 휴프너는 이렇게 회고했다.

> 이 사람이 명예가 최고점을 찍은 상황에서 미쳤거나 도박꾼의 광기에 빠진 게 아닌 한 납득할 만한 동기가 없기 때문에, 또 다른 모험에 뛰어드는 것을 진지하게 고려할 수도 있다는 사실을 우리로서는 거의 이해할 수가 없었다.11

하지만 나폴레옹 3세는 숙적인 비스마르크를 제외하고 모든 외교관을 놀라게 했다. 비스마르크는 프랑스가 오스트리아와 전쟁을 하리라고 예견했고, 실제로도 독일에서 오스트리아의 지위를 약화시키는 수단으로써 이 전쟁을 희망했다.

1858년 7월에 나폴레옹 3세는 오스트리아를 상대로 한 전쟁에서 협력하기로 이탈리아에서 가장 강력한 국가인 피에몬테[12]의 총리 카밀로 벤소 디 카부르(Camillo Benso di Cavour)와 비밀리에 양해를 체결했다. 카부르는 북부 이탈리아를 획득하고 나폴레옹은 보상으로서 피에몬테로부터 니스와 사보이를 얻는 순수한 마키아벨리식 조치였다. 1859년 5월이 되자 적절한 구실을 찾을 수 있었다. 정신적으로 항상 불안정한 상태에 있던 오스트리아는 피에몬테가 괴롭히자 도발에 말려들어 전쟁을 선포했다. 나폴레옹 3세는 이것이 프랑스에 대한 선전포고나 다름없다고 밝히고 프랑스군을 이탈리아로 진격시켰다.

아주 묘하게도 나폴레옹 3세 시대의 프랑스인들은 국민국가로의 통합이 미래의 물결이라고 이야기할 때, 주로 이탈리아에 대해서만 이야기했지 더 강력한 독일에 대해서는 말하지 않았다. 프랑스인들은 이탈리아에 동정심을 느꼈고 문화적으로도 호감이 있었지만, 동쪽의 불길한 이웃 나라에 대해서는 이런 감정이 없었다. 더욱이 독일을 유럽의 강대국 중에서도 선두주자로 만들어줄 강력한 경제 호황이 이제 막 시작하던 찰나였다. 그래서 이탈리아가 독일보다 강력해지지 못할 것이라는 게 아직 명백하지 않았다. 크림전쟁 당시 프로이센은 신중한 태도를 보였기 때문에 나폴레옹 3세는 강대국 중에서 프로이센이 최약체이며, 러시아의 지지 없이는 강력한 행동에 나서지 못할 것이라는 자신의 견해를 한층 더 굳혔다. 그래서 나폴레옹 3세는 머릿속으로 이탈리아 전쟁으로 오스트리아가 약해지면 프랑스에 가장 위협이 되는 독일 국가가 위축될 것이고, 이탈리아에서 프랑스의 중요성이 한층 더 커질 것이라고 계산했다. 둘 다 터무니없는 오판이었다.

나폴레옹 3세는 두 가지 상충되는 옵션에 대해 여전히 열린 입장이었다. 상황이 더 좋아진다면 유럽 정치인들을 쥐락펴락할 것이다. 북부 이탈리아는 오스트리아의 멍에로부터 벗어날 것이고, 유럽의 강대국들은 나폴레옹 3세의 후원을 받아 회의를 소집해서 파리 회의에서 달성하지 못했던 대규모 영토 재조정에 동의할 것이다. 상황이 나빠진다면 전쟁이 교착상태에 빠질 것이고, 나폴레옹 3세가 국가이성을 마키아벨리식으로 이용해서, 전쟁을 끝내는 대가로 피에몬테를 희생시키고 오스트리아로부터 이익을 얻어내면 된다는 것이다.

나폴레옹 3세는 이 두 가지 옵션을 동시에 추구했다. 프랑스군이 마젠타(Magenta)와 솔페리노(Solferino)에서 승리했지만 독일에서 거센 반불 감정을 촉발했다. 한때는 독일의 소국들이 나폴레옹 시절의 학살이 반복될까 두려워서 프로이센이 오스트리아 편에 서서 참전하도록 압박하기도 했다. 나폴레옹은 최초의 독일 민족주의 움직임에 충격을 받은 데다 솔페리노 전쟁터를 방문하고 마음이 흔들리자 동맹국인 피에몬테에 알려주지도 않은 채 1859년 7월 11일에 빌라프랑카(Villafranca)에서 오스트리아와 휴전에 합의했다.

나폴레옹은 위의 두 가지 목적 중 어느 하나도 달성하지 못했을 뿐만 아니라 국제무대에서 프랑스의 위상을 심각하게 약화시켰다. 이탈리아의 민족주의자들은 나폴레옹이 지지했던 원칙들을 그가 상상한 적이 없던 수준까지 끌고 갔다. 5개국 정도로 분열된 중견국 수준의 위성국가를 이탈리아에 수립하겠다는 나폴레옹의 목표에 대해 민족적 소명을 포기할 생각이 없었던 피에몬테가 격분했다. 나폴레옹이 베네치아를 이탈리아에 반환하려고 했으나 오스트리아는 이를 완강히 거부했고 이로 인해 프랑스로서는 이익이 없으면서 해결할 수도 없는 또 다른 분쟁이 발생했다. 영국은 프랑스가 사보이와 니스를 병합하는 모습을 보고 나폴레옹식 정복시대가 다시 도래했다고 해석하고, 나폴레옹 3세가 가장 원하고 집착했던 유럽 회의 개최안을 모두 거부했다. 그러는 동안 독일 민족주의자들에게는 유럽의 혼란 속에서 민족 통일이라는 자신들의 희망을 진전시킬 수 있는 기회의 창이 생겼다.

1863년 폴란드 봉기 당시 보여준 행동으로 말미암아 나폴레옹 3세는 한층 더 고립되었다. 나폴레옹 3세는 폴란드와의 우정이라는 보나파르트 가문의 전통을 되살리면서, 먼저 러시아가 반란을 일으킨 신민들에게 아량을 베풀도록 설득하려고 했다. 하지만 차르는 이런 제안을 논의조차 하지 않으려고 했다. 이어서 나폴레옹 3세는 영국과의 공동 노력을 시도했지만 파머스턴은 변덕스러운 프랑스 황제를 너무나 경계했다. 결국 나폴레옹 3세는 오스트리아에게로 되돌아갔다. 아직 건국되지도 않은 폴란드 국가를 위해 오스트리아가 보유한 폴란드 지역을 포기하고 베네치아를 이탈리아에 넘기는 대신 슐레지엔과 발칸반도에서 보상을 얻는 방안을 제안했다. 이런 구상은 오스트리아로서는 명백하게 매력이 없었다. 오스트리아 국경 지역에 프랑스의 위성국가가 등장하는 것을 보는 대가로 러시아 및 프로이센과의 전쟁 위협을 감수하라고 요청받은 셈이었기 때문이다.

경솔함이란 정치인에게 값비싼 탐닉이며, 그 대가를 언젠가는 지불해야만 한다. 순간의 감정에 맞춰지고 전반적인 전략과 전혀 무관한 행동은 영원히 지속될 수 없다. 나폴레옹 3세 하에서 프랑스는 리슐리외 이래 프랑스 정책의 중추였던 독일의 내부 합의에 대한 영향력을 상실했다. 리슐리외는 프랑스의 안보를 위해 중유럽이 약해져야 한다는 사실을 잘 이해했던 반면, 대중의 관심을 얻는 데만 신경이 팔려 있었던 나폴레옹 3세의 정책은 최소한의 위험만 감수하면서 이익을 확보할 수 있는 유럽의 변두리 지역에 집중했다. 유럽 정책의 무게중심이 독일로 옮겨가면서 프랑스가 고립되었다.

불길한 사건이 1864년에 발생했다. 빈 회의 이후 오스트리아와 프로이센이 공동으로 비(非)독일 국가를 상대로 전쟁을 개시하면서 처음으로 중유럽의 안정을 뒤흔들었다. 쟁점은 슐레스비히-홀슈타인이라는 엘베강 공국의 미래와 관련이 있었다. 이 공국은 왕조만 놓고 보면 덴마크 왕가와 연계되어 있지만, 독일 연방의 일원이었다. 덴마크 통치자가 사망하면서 정치적, 민족적 그리고 왕가와 관련된 이슈가 복잡하게 얽힌 문제가 야기되었다. 파머스턴은 이 문제를 세 사람만이 이해했었는데, 그 세 사람 중에 한 명은 죽었고, 한 명은 정신병원에 있었으며, 그리고 남은 한 명은 자기 자신인데 까먹었다고 농담했다.

이 분쟁의 본질만 놓고 본다면 덴마크 왕가와 연계된 과거의 두 독일 지방을 포기하도록 강요하기 위해 가장 중요한 두 독일 국가가 연합해서 소국인 덴마크를 상대로 전쟁을 할 정도로 중요하지 않았다. 무엇보다 독일이 공격할 역량이 있고, 독일 연방이라는 체제가 너무 부담이 된다고 판단될 경우 독일의 두 강대국이 단순히 그 체제를 무시할 수도 있다는 사실이 입증되었다.

빈 체제의 전통에 따른다면, 이런 상황에서 강대국들이 회의를 소집해서 전쟁 전 상황(status quo ante bellum)을 어떻게든 비슷하게라도 복원했어야만 했다. 하지만 유럽은 프랑스 황제의 행동으로 인해 전반적으로 혼란스러운 상태에 빠져 있었다. 러시아는 자신이 폴란드에서 반란을 진압할 때 방관했던 두 나라를 적으로 돌릴 준비가 되어 있지 않았다. 영국은 덴마크가 공격당한 데 대해 불안해하면서, 개입하기 위해 유럽 대륙 내 동맹국을 찾았지만 유일하게 적합한 파트너였던 프랑스는 거의 신뢰할 수가 없었다.

역사와 이념, 그리고 국가이성은 나폴레옹 3세에게 사건들이 스스로 여세를 이어가게 될 것이라는 사실을 경고했어야 했다. 하지만 그는 독일을 분열된 상태로 놔둔다는 전통적인 프랑스의 외교정책 원칙을 고수해야 한다는 사실과 젊은 시절 고취되었던 민족주의의 원칙을 지지한다는 태도 사이에서 흔들렸다. 드루엥 드 뤼(Drouyn De Lhuys) 외교장관은 라 투르 도베르뉴(La Tour d'Auvergne) 주영국 프랑스 대사에게 이렇게 서한을 보냈다.

> 우리가 오랫동안 동정해왔던 국가의 권리와 우리가 똑같이 고려해야 하는 독일인들의 염원 사이에서 우리는 영국보다 훨씬 더 신중하게 행동해야 합니다.[13]

하지만 정치인의 책무는 복잡한 문제를 심사숙고하는 게 아니라 해결하는 것이다.

대안 중에서 어느 것을 택할지 결정하지 못하는 지도자에게 있어 신중함은 아무것도 하지 않은 데 대한 변명거리가 된다. 나폴레옹 3세는 아무것도 하지 않는 게 지혜롭다고 확신했고, 프로이센과 오스트리아가 엘베강 공국의 미래를 결정하도록 방치했다. 이 두 나라가 슐레스비히-홀슈타인을 덴마크로부터 떼어내서 공동으로 점령했을 때, 유럽의 다른 나라들은 방관하고 있었다. 이런 상황은 메테르니히 체제였다면 생각조차 할 수도 없었다. 프랑스에 악몽과 같은 독일의 통일이 다가오고 있었다. 바로 나폴레옹이 10년간 회피해왔던 상황이었다.

비스마르크는 독일의 주도권을 공유할 생각이 없었다. 그는 슐레스비히-홀슈타인을 둘러싼 공동 전쟁을 오스트리아의 끝이 없어 보이는 일련의 실책들 중 하나로 바꾸어 놓았다. 오스트리아는 10년간 계속 실책을 범하면서 강대국으로서의 지위가 점차 위축되고 있었다. 이런 실수를 저지른 이유는 항상 똑같았다. 오스트리아는 자국의 적이라고 스스로 공언한 세력에게 같이 협력하자고 제안하는 등 유화정책을 펼쳐왔다. 유화 전략은 10년 전 크림전쟁 당시 프랑스를 상대로 했던 것보다 프로이센을 상대로 효과가 더 좋지 못했다. 이런 전략은 프로이센의 오스트리아 압박을 완화시키지 못했고, 덴마크를 상대로 거둔 공동의 승리로 인해서 새롭게 불리한 상황이 조성되었다. 이후 오스트리아는 계속 시달리게 되었다. 오스트리아는 엘베강 공국을 동맹국인 프로이센과 같이 관리하게 되었고, 이 동맹국의 재상인 비스마르크는 오스트리아의 영토에서 수백 킬로미터 떨어져 있고 프로이센의 주요 영토에 붙어 있는 지역에서 오랫동안 기다렸던 대결을 할 기회로 활용하기로 마음먹었다.

긴장이 고조되면서 나폴레옹 3세의 양면적인 태도가 훨씬 더 뚜렷해졌다. 그는 독일의 통일을 두려워했으나 독일 민족주의에는 동정심을 느꼈으며, 이처럼 해결할 수 없는 딜레마를 해결하기를 망설였다. 그는 프로이센이 가장 진정으로 독일 민족을 위한 국가라고 여겼으며, 1860년에는 이렇게 썼다.

> 프로이센은 독일 민족, 종교 개혁, 상업적 발전, 자유주의적 입헌주의를 상징한다. 진정한 독일 군주국 중에 제일 크다. 다른 독일 국가들보다도 더 많은 양심의 자유를 갖고 있고, 더 계몽되어 있으며, 더 많은 정치적 권리를 허용한다.[14]

비스마르크가 이 말을 들었더라면 모든 단어에 동의했을 것이다. 하지만 비스마르크로서는 프로이센이 독특한 위치에 있다는 나폴레옹 3세의 확언이 프로이센의 궁극적 승리를 위한 열쇠였다. 결국 나폴레옹 3세의 프로이센에 대한 공개적인 찬양이 아무 행동도 하지 않은 것에 대한 또 다른 변명거리가 되었다. 우유부단한 입장을 영리한 책략으로 합리화하면서, 나폴레옹 3세는 부분적으로는 프로이센이 전쟁에서 질 것이라고 확신했기 때문에 실제로 보-오 전쟁을 부추겼다. 그는 자신의 전직 외교장관이었던 알렉상드르 발레프스키(Alexandre Walewski)에게 1865년 12월에 이렇게 말했다. "나를 믿어보시오, 친애하는 친구여. 오스트리아와 프로이센 간의 전쟁은 예기치 않은 우발적 사건 중 하나이고, 우리에게 더 유리해질 겁니다."[15] 희한하게 나폴레옹 3세는 전쟁을 부추기면서도, 프로이센이 패배할 가능성이 그토록 크다면 왜 비스마르크가 전쟁을 하려고 굳게 결심했는지 스스로 반문하지 않았다.

보-오 전쟁이 시작되기 4개월 전에 나폴레옹은 암묵적인 태도를 버리고 노골적인 입장을 취했다. 사실상 전쟁을 촉구하면서 그는 1866년 2월에 주프랑스 프로이센 대사인 폰 데어 골츠 백작(Count von der Goltz)에게 이렇게 말했다.

> 프로이센 왕에게 나의 호의에 언제라도 의지해도 좋다고 전해주길 당부하오. 프로이센과 오스트리아가 충돌한다면 나는 절대적으로 중립을 유지하겠소. [슐레스비히-홀슈타인] 공국이 프로이센과 재통합하기를 바라오. … 전쟁이 미처 예상하지 못했던 차원에서 전개된다면, 나는 항상 프로이센과 합의에 도달할 수 있다고 확신하오. 많은 문제에서 프로이센의 이익은 프랑스의 이익과 일치하는 반면, 나는 오스트리아와 동의할 수 있는 영역을 알지 못하오.[16]

나폴레옹 3세가 진정으로 원했던 것이 무엇인가? 자신의 협상력을 높일 수 있는 교착상태가 될 가능성이 크다고 확신했던 것인가? 그는 중립을 지키는 대가로 프로이센이 좀 양보해주기를 분명히 희망하고 있었다. 비스마르크는 이 게임을 이해하고 있었다. 비스마르크는 만약 나폴레옹 3세가 중립을 유지한다면 프랑스가 벨기에를 점령하더라도 호의적 입장을 취하겠다고 제시했으며, 이렇게 한다면 프랑스와 영국을 서로 다투게 하는 추가적인 이익도 얻을 것이다. 나폴레옹은 프로이센이 패배할 것이라고 생각했기 때문에 이런 제안을 어쩌면 그다지 진지하게 생각하지 않았다. 그의 행보는 이익을 위한 흥정보다 프로이센을 전쟁으로 끌고 가는 데 초점이 맞춰졌다. 몇 년 후 프랑스 외교장관의 선임 보좌관인 아르망 백작(Count Armand)은 이렇게 실토했다.

> 우리 외교부가 유일하게 우려했던 상황은 프로이센이 너무나 심각하게 패배하고 굴
> 욕을 당하는 경우였다. 그래서 우리는 이런 일이 발생하지 않도록 적절한 순간에 개
> 입하기로 결심했다. 황제께서는 프로이센이 패배하도록 내버려둔 다음에 개입해서
> 독일을 자신의 공상에 따라 구축하고 싶어 하셨다.[17]

나폴레옹 3세는 머릿속으로 리슐리외의 책략을 새롭게 다시 쓰겠다고 구상하고 있
었다. 프로이센은 패배에서 벗어나려고 프랑스에 서부에서 보상을 제공할 것이고, 베네
치아는 이탈리아에 넘어갈 것이며, 독일에 대한 새로운 합의가 이루어져 결과적으로 프
로이센의 후원하에 북독일 연방이 창설되고, 남독일이 프랑스와 오스트리아의 지지를 받
아 형성될 것이다. 이런 구상에서 유일하게 잘못된 점은, 리슐리외 추기경은 여러 세력
간의 관계를 판단할 수 있었고 자신이 내린 판단을 위해 기꺼이 싸우려고 했던 반면, 나
폴레옹 3세는 둘 중 어느 것도 할 각오가 되어 있지 않았다는 사실이었다.

나폴레옹 3세는 아무런 위험도 부담하지 않은 채 자신이 가장 원했던 것을 얻게 되
는 전환적인 사건이 발생하기를 바라면서 시간을 끌었다. 그가 사용했던 수단은 전쟁의
위협을 회피하기 위해 유럽 회의를 촉구하는 전형적인 술책이었다. 이제 이에 대한 반응
도 전형적이었다. 다른 강대국들은 나폴레옹 3세의 구상을 두려워하며 참석을 거부했다.
나폴레옹 3세는 입장을 바꿀 때마다 딜레마에 봉착했다. 민족주의 원칙에 대한 지지를
포기하면 현상(status quo)을 유지할 수 있었다. 아니면 수정주의와 민족주의를 조장할
수도 있었고 그 과정에서 역사적으로 여겨왔던 프랑스의 국익을 위태롭게 만들 수도 있
었다. 나폴레옹 3세는 프로이센에 "보상"이 구체적으로 무엇인지 알려주지 않고 힌트만
주면서 회피하려 했고, 이로 인해 비스마르크는 프랑스의 중립이 원칙의 문제가 아닌 대
가의 문제라고 확신하게 되었다. 골츠(Goltz)는 비스마르크에게 이렇게 서한을 보냈다.

> 프랑스 황제가 회의에서 프로이센과 프랑스, 이탈리아가 공통된 입장을 취하기 어
> 렵다고 느끼는 유일한 이유는 프랑스가 받을 수 있는 보상이 없기 때문입니다. 우리
> 가 무엇을 원하는지, 이탈리아가 무엇을 원하는지 알고 있습니다. 하지만 황제는 프
> 랑스가 무엇을 원하는지 말할 수 없고, 이와 관련해서 우리가 아무것도 제안할 수 없
> 습니다.[18]

영국은 프랑스가 현상 유지에 미리 동의한다는 조건부로 회의에 참석했다. 프랑스

의 리더십에 상당 부분 달려 있고 프랑스의 안보도 보장하는 독일 합의에 대한 이러한 축성(祝聖)의 기회를 잡았어야 함에도 불구하고, 나폴레옹 3세는 오히려 "평화를 유지하기 위해 민족적 열정과 요구에 대한 고려가 필요하다."라고 주장하면서 물러섰다.[19] 요컨대 나폴레옹은 이탈리아에서 모호한 이득을 얻으려고 보-오 전쟁과 통일된 독일이라는 위험을 기꺼이 감수하려고 했던 것이다. 이런 이득은 프랑스의 실질적인 국익이나 나폴레옹이 구체적으로 밝히기를 꺼렸던 서유럽에서의 이득에 아무런 영향을 미치지 않았다. 하지만 나폴레옹 3세는 현실의 권력을 강조하면서, 나폴레옹 3세가 특출나게 구사했던 겉만 번지르르한 책략을 자신의 목적을 위해 교묘히 활용했던 비스마르크라는 거인을 맞닥뜨리게 되었다.

나폴레옹 3세가 무릅쓰고 있는 위험과 그가 노리고 있는 소위 보상이라는 것이 프랑스의 기본적인 이익과 무관하다는 사실을 깨달은 프랑스 지도자도 있었다. 나폴레옹에게 강하게 맞선 공화주의자이자 훗날 대통령이 된 아돌프 티에르(Adolphe Thiers)는 1866년 5월 3일 훌륭한 연설을 통해, 프로이센이 독일에서 주도적인 세력으로 등장할 가능성이 높다고 정확하게 예견했다.

> 옛날에는 빈에 있었지만 이제는 베를린에 상주하면서 우리 국경과도 가까워지고 그리고 우리를 압박할 카를 5세 제국의 귀환을 보게 될 것입니다. … 여러분들께서는 프랑스의 이익이라는 이름으로 이 정책에 저항할 권리가 있습니다. 프랑스는 너무나 중요한 나라여서 이 같은 혁명은 프랑스를 심각하게 위협하지 않을 수 없기 때문입니다. 프랑스는 2세기에 걸쳐서 … 이 거인을 파괴하려고 애써왔습니다. 프랑스는 이 거인이 프랑스의 눈앞에서 되살아나는 것을 바라볼 준비가 되어 있습니까?[20]

티에르는 나폴레옹 3세가 모호한 사색 대신 프로이센을 반대한다는 명확한 정책을 채택해야 하며, 예전에 리슐리외가 했던 대로 독일 내 국가들의 독립을 수호한다는 구실을 원용해야 한다고 주장했다. 그는 프랑스가 "첫 번째, 독일 국가들의 독립이라는 명분으로, … 두 번째, 프랑스 자신의 독립이라는 명분으로, 그리고 마지막으로, 모두의 이익이 되고 보편적 사회의 이익이 되는 유럽의 균형이라는 명분으로 독일의 통일을 반대할 권리가 있습니다."라고 주장했다. "오늘날 사람들은 '유럽의 균형'이라는 명분에 조롱을 퍼붓고 있지만, … 유럽의 균형이란 과연 무엇입니까? 바로 유럽의 독립입니다."[21]

유럽의 균형을 돌이킬 수 없을 정도로 바꿔버린 프로이센과 오스트리아 간의 전쟁을 저지하기에는 이미 너무 늦었다. 분석적으로 들여다보면 티에르가 옳았지만 그러한 정책의 전제는 10년 전에 수립되어야 했다. 지금이라도 만약 오스트리아가 패배하거나 하노버 왕국과 같은 전통적인 공국이 소멸할 경우 프랑스가 이를 허용하지 않겠다고 강력하게 경고했다면, 비스마르크를 멈출 수 있었을지도 모른다. 하지만 나폴레옹 3세는 오스트리아가 승리할 것으로 예상했고, 또한 빈 체제의 와해와 프랑스의 역사적 국익에 대한 어떤 분석보다도 보나파르트 전통의 실현을 더 중시하는 것처럼 보였기 때문에 이런 입장을 거부했다. 나폴레옹 3세는 사흘 후 티에르에게 이렇게 답변했다. "나는 오늘날 사람들이 우리 정책의 유일한 토대로 삼기 원하는 1815년의 조약이 너무나도 싫소."[22]

티에르가 연설을 한 지 약 한 달 후, 프로이센과 오스트리아가 전쟁에 돌입했다. 나폴레옹 3세의 기대에도 불구하고 프로이센이 결정적이고 신속하게 승리했다. 만약 리슐리외식 외교를 따른다면 나폴레옹 3세는 패전국을 지원하면서 프로이센이 완벽하게 승리하지 못하도록 막아야 했다. 하지만 라인강에 군단 규모의 "참관" 부대를 배치했음에도 불구하고 망설였다. 비스마르크는 나폴레옹 3세에게 평화를 중재해달라고 해서 그의 환심을 샀다. 물론 이런 공허한 제스처로도 독일의 합의에 관해서 프랑스가 갈수록 무의미해지고 있다는 사실을 숨길 수가 없었다. 1866년 8월의 프라하 조약에 따라 오스트리아는 독일 지역으로부터 물러나라고 강요받았다. 전쟁 당시 오스트리아 편을 들었던 두 국가인 하노버(Hannover)와 헤센-카셀(Hessen-Kassel)은 슐레스비히-홀슈타인과 프랑크푸르트 자유시(Free City of Frankfurt)와 함께 프로이센에 병합되었다. 이 나라들의 통치자를 제거함으로써 비스마르크는 한때 신성동맹의 주축이었던 프로이센이 국제질서의 지도 원리로서 정통성을 폐기했음을 분명히 했다.

독립을 유지했던 독일 북부의 국가들은 비스마르크가 새롭게 설립한 북독일 연방(North German Confederation)에 편입되었으며, 무역 관련 입법부터 외교정책에 이르기까지 프로이센의 지휘를 받게 되었다. 독일 남부의 국가인 바이에른, 바덴, 뷔르템베르크는 계속 독립을 유지할 수 있었지만 대신 외부 세력과 전쟁을 할 경우 군대를 프로이센 군대의 통제하에 둔다는 조약을 프로이센과 체결했다. 독일의 통일을 위해서는 이제 위기가 한 번만 더 발생하면 되었다.

나폴레옹 3세의 책략 때문에 프랑스는 빠져나올 수 없는 골목으로 몰렸다. 그는 군사적 행동으로 오스트리아를 이탈리아에서 축출했고, 중립을 유지함으로써 다시 독일로부터도 축출했던 오스트리아와 동맹을 체결해보려고 했으나 너무 늦었다. 이미 오스트리아는 두 지역에서의 지위 회복에 흥미를 잃은 상태였다. 대신에 빈과 부다페스트를 기반으로 하는 이중군주(Dual Monarchy) 제국을 재건하는 데 우선 집중하려고 했고, 이후 발칸반도에 있는 속국들을 챙기려고 했다. 영국은 프랑스의 룩셈부르크와 벨기에에 대한 구상 때문에 회담을 미뤘다. 러시아는 폴란드에 대한 나폴레옹 3세의 행위를 용서할 수가 없었다.

프랑스는 이제 유럽에서 역사적으로 가장 우월했던 지위가 저절로 무너지는 상황을 지켜봐야 했다. 상황이 절망적으로 갈수록 나폴레옹 3세는 매번 돈을 잃고 나서도 판돈을 두 배로 올리는 도박꾼처럼 화려한 조치로 손실을 만회하려고 했다. 비스마르크는 나폴레옹 3세의 눈앞에서 처음에는 벨기에, 그다음에는 룩셈부르크를 제시하면서 영토를 획득할 가능성을 흔들어 보여주면서 보-오 전쟁에서 중립을 유지하도록 유도했다. 이런 가능성은 "보상"을 받아내고 싶었던 나폴레옹 3세가 손에 쥐려고 시도할 때마다 사라졌다. 비스마르크는 이미 나폴레옹의 우유부단함을 통해 성과를 거둔 마당에 굳이 위험을 무릅쓸 이유가 없었기 때문이다.

무기력하다는 사실이 드러나서 망신당하고, 무엇보다도 유럽의 세력균형이 프랑스에 갈수록 명백하게 불리해지고 있다는 사실에도 굴욕감을 느낀 나폴레옹 3세는 오스트리아가 보-오 전쟁에서 승리할 것이라는 자신의 오판을 벌충하고자 현재 공석인 스페인 왕위 계승에 관해 문제를 제기했다. 그는 프로이센 왕에게 프로이센 왕가인 호엔촐레른(Hohenzollern) 가문의 왕자가 이 자리를 노리지 않겠다고 보장해달라고 요구했다. 이 문제는 중유럽의 권력 관계와 아무런 관련이 없었고, 잘해봐야 위신상의 성공만 가져다주는 또 다른 공허한 제스처에 불과했다.

유연한 외교 측면에서 아무도 비스마르크를 능가하지 못했다. 비스마르크는 아주 기민한 방식으로 나폴레옹 3세의 과시적인 태도를 이용해서 1870년 프로이센에 전쟁을 선포하도록 유도했다. 프로이센 왕이 자기 가문에서 아무도 스페인 국왕 자리를 노리지 않도록 포기해달라는 프랑스의 요구는 실로 도발적이었다. 하지만 품위 있고 노회한 빌헬름 1세는 이런 약속을 받아내려고 파견된 프랑스 대사에게 화내지 않고 인내심을 갖고 정확하게 거부 의사를 밝혔다. 프로이센 왕은 이 사건을 비스마르크에게 설명해줬고, 비스마르크는 다시 이 사건을 프로이센 왕이 프랑스 대사를 접견하면서 보여주었던 인내심과 정중한 태도를 다 삭제하는 식으로 전보를 편집했다.[23] 그런 다음 시대를 앞서갔던 비스마르크는 후대 정치인들이 예술의 형태로 발전시킨 기술을 활용했다. 그는 소위 엠스 전보(Ems Dispatch)를 언론에 유출했다. 프로이센 왕의 편집된 전보는 마치 프랑스를 프로이센 왕이 꾸짖은 것처럼 보였다. 분노한 프랑스 대중은 전쟁을 요구했고, 나폴레옹 3

세는 이를 승인했다.

프로이센은 다른 모든 독일 국가들의 도움을 받아 신속하고 결정적으로 승리했다. 이제 독일 통일의 완성으로 가는 길이 분명해졌다. 프로이센 지도부는 다소 눈치 없이 1871년 1월 18일에 베르사유 궁전에 있는 거울의 방(The Hall of Mirrors)에서 독일 통일을 선포했다.

나폴레옹 3세는 비록 자신이 의도했던 바와 정반대의 결과가 나왔지만 결국 자신이 추구했던 혁명을 달성하기는 했다. 실제로 유럽 지도가 다시 그려졌지만, 프랑스의 영향력을 돌이킬 수 없을 정도로 약화시키는 새로운 합의가 나왔고, 나폴레옹 3세 본인도 그토록 갈망했던 명성을 얻지 못했다.

나폴레옹 3세는 어떤 결과가 나올지 충분히 이해하지 못한 상태에서 혁명을 고취했다. 여러 세력 간 관계와 이 관계를 동원해서 자신의 장기적 목표를 달성하는 방법을 평가할 능력이 없었기 때문에 나폴레옹 3세는 실패했다. 그의 외교정책은 아이디어가 부족해서가 아니라 그가 갖고 있던 수많은 열망 사이에서 갈피를 못 잡고, 꿈꾸던 이상과 대두되는 현실 간의 관계도 정리하지 못했기 때문에 붕괴했다. 나폴레옹 3세는 대중적 인기를 좇으면서 막상 자기 자신을 인도할 정책 지침이 전혀 없었다. 그 대신 다양한 목적들에 이끌렸으며, 이 중 일부는 서로 모순되는 경우도 있었다. 나폴레옹 3세가 그의 정치 경력에서 결정적인 고비를 맞았을 때 다양한 충동들이 서로를 상쇄시켜 버렸다.

나폴레옹 3세는 메테르니히 체제가 프랑스에 굴욕적이며 프랑스의 야심을 옭아매고 있다고 간주했다. 그는 크림전쟁에서 오스트리아와 러시아를 이간시켜 신성동맹을 교란시키는 데 성공했지만, 이런 성과를 갖고 무엇을 해야 할지 몰랐다. 1853년부터 1871년까지 유럽의 질서가 재편되면서 상대적인 혼란이 유럽 전역을 지배했다. 이 시기가 끝나자 독일이 유럽 대륙에서 최강자로 등장했다. 메테르니히 시기 동안 세력균형 체제의 가혹함을 완화해준 보수주의적 군주들의 단결 원칙인 정통성은 공허한 구호가 되어버렸다. 상황이 이렇게 전개된 것은 전적으로 나폴레옹 3세의 책임이었다. 그는 프랑스의 국력을 과대평가하면서 모든 격변을 부추겼고, 프랑스에 이익이 되도록 이런 격변을 바꿔 놓을 수 있다고 확신했다.

결국 국제정치가 원초적 권력에 기반을 두게 되었다. 이런 세계에서 유럽에서 우월하고 지배적인 국가라고 프랑스가 스스로 상상하는 모습과 이에 부합하는 역량 간에는 근본적인 격차가 있었다. 이 격차는 오늘날까지도 프랑스의 정책을 어렵게 만들고 있다. 이런 현실은 나폴레옹 3세의 통치 기간 중 유럽의 지도를 다시 그리기 위해서 유럽 회의를 개최하자고 여러 번 제안했지만 실행하지 못했던 프랑스 황제의 무능력으로 입증되었다. 나폴레옹 3세는 크림전쟁이 끝난 1856년, 이탈리아 전쟁 전인 1859년, 폴란드 봉기가 진행 중이던 1863년, 덴마크 전쟁 중이던 1864년, 그리고 1866년 보-오 전쟁 전에 이런 회의를 하자고 촉구했다. 그러면서 항상 회의 테이블에서 국경을 재조정해 이득을 챙기려고 했지만, 어떻게 재조정할지 입장을 명확히 밝히지도 않았고 국경선을 다시 긋기 위해서 전쟁을 감행할 각오도 되어 있지 않았다. 나폴레옹 3세의 문제는 끝까지 고집하기에는 충분히 강하지 못했고, 의견일치를 이끌어내기에는 그의 계획이 너무 급진적이었다는 것이었다.

프랑스의 주도권을 받아들일 준비가 된 나라들하고만 어울리려는 프랑스의 성향은 크림전쟁 이후 프랑스의 외교정책에서 일종의 상수가 되었다. 영국이나 독일, 러시아, 미국과의 동맹에서 우위를 점할 수 없었고, 주니어 파트너라는 지위가 국가적 위엄에 대한 인식과 세계 속에서 자신의 메시아적 역할과 양립할 수 없다고 생각하면서, 프랑스는 상대적으로 약한 국가들과의 협정을 통해 주도권을 추구했다. 즉 사르데냐, 루마니아, 19세기 중유럽의 중견급 독일 국가들, 그리고 전간기(제1차 세계대전과 제2차 세계대전 사이의 시기)에는 체코슬로바키아, 유고슬라비아, 루마니아 등과 협력했다.

똑같은 태도는 드골 이후 프랑스의 외교정책에서도 찾아볼 수 있었다. 보-불 전쟁으로부터 한 세기가 지난 후에도 독일이 더 강력하다는 현실이 프랑스로서는 악몽이었다. 그럼에도 불구하고 프랑스가 자신의 옵션을 늘리고 싶다면 지정학적인 논리를 따라 미국과 긴밀히 연계하는 방안을 모색했어야 했다. 하지만 프랑스는 자존심이 강해서 이렇게 하지 못했고, 미국에 대해 균형을 잡으려고 때때로 돈키호테식으로, 연대를 모색했고, 가끔씩은 거의 어떤 연대라도 모색했다. 심지어 궁극적으로 독일이 우위를 점하게 되는 결과에도 불구하고 유럽 연합체를 꾀했다. 현대에 들어서 프랑스는 이따금씩 미국의 주도권에 반발하는 일종의 야당으로서 행동하면서 유럽공동체를 대안적 세계 리더로 만들려고 노력했고, 자신이 지배할 수 있거나 지배할 수 있다고 생각하는 나라들과의 관계에 공을 들였다.

나폴레옹 3세 통치 이후, 프랑스는 프랑스대혁명의 유산인 보편주의적 열망을 강요하기에는 힘이 부족했고 자신이 품고 있었던 선교사와 같은 열정을 분출하기에 적절한 활동무대가 없었다. 한 세기가 넘는 동안 프랑스는 리슐리외가 조성해 놓았던 프랑스의 우월한 지위가 유럽에서 민족적인 통합이 이루어지자 사라졌다는 객관적인 현실을 받아들이기가 힘들었다. 프랑스 외교의 과민한 측면은 프랑스 지도자들이 프랑스의 역할을 유럽 정책의 핵심 요소로서 영구화하려고 시도했지만, 갈수록 주어진 상황이 이런 열망에 맞지 않게 되면서 나온 결과이기도 하다. 국가이성이라는 개념을 만들어낸 국가가 한 세기의 대부분을 자신의 열망을 자신의 역량에 맞추는 데 몰두했어야 했다는 점이 역설적이다.

나폴레옹이 시작한 빈 체제의 파멸은 비스마르크에 의해 완성되었다. 비스마르크는 1848년 자유주의 혁명을 반대한 초보수주의적 인물로서 정치적으로 두각을 드러냈다. 또한 그는 유럽에서 최초로 모든 남성들에게 선거권을 부여했고 사회보장제도를 도입했다. 사회보장제도는 이후 세계 곳곳에서 도입하는 데 60년이 걸렸다. 국민의회는 1848년 독일 황제 작위를 프로이센 왕에게 제의하였으나 비스마르크가 적극적으로 이를 막았다. 하지만 20년 남짓 지난 후, 비스마르크는 그 자신이 자유주의 원칙에 대한 반대와 자국의 의지를 강제할 수 있는 프로이센의 역량에 기초해 독일 민족의 통일을 마무리하면서 황제 작위를 프로이센 왕에게 바쳤다. 이렇게 놀라운 성과로 국제질서는 18세기처럼 아무런 제약이 없는 무한경쟁 상황으로 되돌아갔고, 이제는 산업기술과 국가의 방대한 자원을 동원할 수 있는 역량으로 말미암아 한층 더 위험해졌다. 군주들 간의 단결이나 유럽의 구체제 국가들 사이의 화합에 대한 이야기는 더 이상 들리지 않았다. 비스마르크의 현실정치(Realpolitik) 하에서 외교정책은 힘의 경쟁이 되었다.

비스마르크의 업적은 그의 성격만큼이나 예상 밖이었다. "철과 피"의 사나이인 비스마르크는 자신의 일기장에 극도로 단출하고 아름다운 운문과 사랑이 넘치는 시를 썼고 바이런의 문구도 베꼈다. 현실정치를 칭송하던 정치인은 비상한 균형감각을 보유하고 있었고, 이는 권력을 자기 절제의 수단으로 바꾸어놓았다.

혁명가란 무엇인가? 만약 이 질문에 대한 답이 명료했다면 성공한 혁명가는 거의 없었을 것이다. 혁명가들은 거의 항상 자신들의 힘이 열등한 상황에서 시작하기 때문이다. 기존 질서는 그 질서에 내재한 취약점을 파악하지 못하기 때문에 혁명가들이 승리한다. 이는 혁명가들의 도전이 바스티유 감옥을 향한 진격이 아니라 보수주의자의 외투를 입은 채로 시작될 때 더욱 그렇다. 어떤 제도를 수호할 것이라는 기대감을 준 사람들로부터 막상 도전을 받았을 때 버틸 수 있었던 제도는 거의 없었다.

비스마르크의 사례도 그랬다. 그의 삶은 메테르니히 체제가 번창하고 있을 때 시작했고,[24] 이 당시 세계는 유럽의 세력균형, 오스트리아와 프로이센 간의 독일 내부 균형, 그리고 보수주의 가치의 단결에 기초한 동맹체제라는 세 가지 주요 요소로 구성되었다.

빈 합의가 한 세대 동안 지속하면서 국제적으로 긴장 수위가 낮아졌다. 주요국들은 상호 생존에 이해관계가 있다고 인식했고 소위 동방의 왕실인 프로이센, 오스트리아, 러시아 간에 서로의 가치를 수호하겠다는 의지가 확고했기 때문이다.

비스마르크는 이런 전제에 하나씩 도전했다.[25] 그는 프로이센이 가장 강력한 독일 국가가 될 것이라고 확신했으며, 러시아와의 연결고리로서 신성동맹이 필요하다고 보지 않았다. 그의 관점에서, 공통의 국익이 충분한 유대감을 제공할 것이고, 프로이센의 현실 정치가 보수주의적 단결을 대체할 수 있었다. 비스마르크는 오스트리아가 프로이센이 독일에서 사명을 수행하는 데 있어 걸림돌에 불과할 뿐 파트너가 아니라고 간주했다. 아마도 피에몬테 총리였던 카부르를 제외하고는, 비스마르크는 같은 시대에 살았던 대부분의 사람들과 달리, 나폴레옹 3세의 호들갑스러운 외교를 위협이 아니라 오히려 전략적 기회로 보았다.

비스마르크가 1850년에 독일의 통일을 위해 의회제도 설립이 필요하다는 기존의 관념을 공격하는 연설을 했을 때, 그를 지지하던 보수 세력은 처음에는 자신들이 듣는 비스마르크의 메시지가 무엇보다도 메테르니히 체제의 기반이 되는 보수주의의 전제에 도전하고 있다는 사실을 인식하지 못했다.

> 프로이센의 명예는 자신들의 지역 헌법이 위협받고 있다고 여기는, 분개한 의회의
> 저명인사들을 위해 우리가 독일 전역에서 돈키호테 같은 행동을 벌이는 데 있지 않
> 습니다. 저는 프로이센이 민주주의와의 어떤 불명예스운 연계로부터 멀어지게 하
> 고, 프로이센의 승인 없이 어떠한 일도 독일에서 일어나지 못하게 하면서 프로이센
> 의 명예를 추구하고자 합니다.[26]

비스마르크는 겉으로는 메테르니히의 철학을 이용해서 자유주의를 공격했다. 하지만 강조하는 부분이 확연히 달랐다. 메테르니히 체제는 프로이센과 오스트리아가 보수주의 제도에 대한 수호 의지를 공유하며, 자유민주주의적 풍조를 막기 위해 서로가 필요하다는 전제에 기초했다. 비스마르크는 프로이센이 선호하는 조건을 일방적으로 강요할 수 있고, 오스트리아나 다른 보수주의 국가와 외교정책 차원에서 연대할 필요 없이 국내적으로 보수주의를 유지할 수 있으며, 국내적 불안을 잠재우기 위해서 동맹이 필요하지도 않다는 점을 시사했다. 합스부르크 왕가는 옛날 옛적 리슐리외가 제기했던 것과 똑같은 도전—국가의 영광을 제외하고는 어떠한 가치 체계와도 결별한다는 정책—을 비스마르

크에게서 받았다. 그리고 리슐리외의 경우와 마찬가지로 합스부르크 왕가는 이를 어떻게 다루어야 할지 몰랐고, 심지어 이런 도전의 성격조차도 잘 이해하지 못했다.

하지만 유럽 대륙의 중심에서 프로이센이 어떻게 현실정치를 홀로 지속할 수 있었는가? 1815년 이래 프로이센의 대답은 어떤 대가를 치르더라도 신성동맹을 고수한다는 것이었다. 비스마르크의 답은 이와 정반대였다. 모든 방향으로 동맹을 맺고 관계를 구축해서 서로 대립하고 있는 국가들이 프로이센과 더 가까이 지내고, 그들끼리 서로 가까이 지내지 못하게 하는 것이었다. 이런 방식으로 겉으로는 고립된 것처럼 보이는 지위를 이용해 프로이센은 다른 강대국들로부터 약속을 받아낼 수 있으며 가장 높은 값을 부르는 국가에 협조를 제공할 수 있을 것이다.

비스마르크의 견해에 따르면, 프로이센은 이런 정책을 실행할 수 있는 강력한 위치에 있었다. 독일 내부에서 자신의 위상을 강화하는 것 외에는 외교정책상의 이익이 거의 없었기 때문이다. 다른 강대국들은 더 복잡하게 얽혀 있었다. 영국은 자신뿐 아니라 전반적인 세력균형도 신경을 써야 했다. 러시아는 동유럽, 아시아, 오스만 제국을 동시에 압박하고 있었다. 프랑스는 새롭게 제국을 수립했고 이탈리아에 대해 야심이 있었으며 멕시코에서 모험을 벌이고 있었다.[27] 그리고 오스트리아는 이탈리아와 발칸반도에 정신이 팔려 있었으며 독일 연방에서의 주도권 문제에도 골몰하고 있었다. 프로이센의 정책이 이렇게 독일에 집중되었기 때문에 프로이센은 오스트리아를 제외하면 다른 강대국과 심각한 의견충돌이 없었고, 이 상황에서 비스마르크는 오스트리아와의 불화를 가장 염두에 두고 있었다. 판매자 위주의 시장으로 비스마르크가 간주했던 상황에서 프로이센의 협조를 다른 국가들에게 판매하는 비스마르크의 정책은 오늘날 용어로 말하자면 비동맹 정책(Non-alignment)과 기능적으로 동일했다.

> 현재의 상황에서 우리는 다른 강대국들보다 앞서 약속하지 말아야 한다. 우리는 강대국들 서로간의 관계를 우리가 원하는 대로 형성할 수는 없지만 현재 나타나고 있는 이런 관계를 유리하게 활용하기 위해 행동의 자유를 유지할 수는 있다. … 우리와 오스트리아, 영국 그리고 러시아와의 관계가 이들 중 어느 국가와 화해하는 데 걸림돌이 되지 않는다. 다만 프랑스와의 관계는 세심한 주의가 요구되며, 다른 강대국들과 협력하는 것만큼 수월하게 프랑스와도 협력하는 선택지를 열어두어야 한다.[28]

나폴레옹 3세의 프랑스와도 화해 가능성을 내비친 것은 프로이센이 이념을 버리고 자국의 이익을 증진시킬 수 있는 어떤 나라와도 (국내 정치제도가 어떻더라도 상관없이) 동맹을 체결할 준비가 되어 있다는 점을 시사했다. 비스마르크의 정책은 가톨릭교회의 추기경이었을지라도 프랑스의 이익이 요구할 때는 가톨릭교도인 신성로마제국 황제에 맞섰던 리슐리외의 원칙으로 복귀한다는 것을 의미했다. 이와 유사하게 비스마르크는 개인적 신념으로는 보수주의자였지만, 보수주의 조언자들의 정통주의 원칙이 프로이센의 행동의 자유를 제약하는 것처럼 보이는 경우에는 그들과도 결별했다.

이러한 암묵적인 불화는 비스마르크가 독일 연방에 파견된 프로이센 대사 시절이었던 1856년에 프로이센이 나폴레옹 3세에 대해 보다 적극적으로 다가가야 한다는 그의 관점을 밝혔을 때 정점에 이르렀다. 당시 프로이센의 보수주의자들이 보기에 나폴레옹 3세는 정통성이 있는 왕의 대권을 찬탈한 사람이었기 때문이다.

나폴레옹 3세를 프로이센의 잠재적 대화 상대로 삼는다는 것은 비스마르크가 외교관 직업을 시작하게 하고 육성해줬던 보수주의 지지층으로서는 용납할 수 없는 일이었다. 비스마르크의 새로운 철학은 비스마르크를 예전에 지지했던 사람들의 분노와 불신에 직면했다. 이런 반발은 비스마르크보다 2세기 앞서서 리슐리외가 국가이성이 종교보다 앞서야 한다는, 당시로서는 혁명적이었던 이론을 내세웠을 때와 우리 시대에 리처드 닉슨이 소련과의 데탕트를 추진했을 때 직면했던 것과 동일했다. 보수주의자들에게 나폴레옹 3세는 프랑스의 팽창주의가 또다시 시작된 것으로 보였으며, 더 중요한 점으로 그토록 싫어했던 프랑스대혁명의 원칙에 대한 재확인을 상징했다.

비스마르크는 닉슨이 공산주의의 동기에 관한 보수주의적 해석에 도전하지 않았던 것처럼 나폴레옹 3세에 관한 보수주의적 분석을 놓고 논쟁하지 않았다. 비스마르크는 닉슨이 노쇠한 소련 지도부를 보았던 것처럼(제28장 참고) 침착하지 못한 프랑스 통치자로부터 기회와 위험을 동시에 보았다. 그는 프로이센이 오스트리아보다 프랑스의 팽창주의나 혁명에 덜 취약하다고 보았다. 비스마르크는 나폴레옹 3세가 교활하다는 세간의 평가에 대해 다른 사람들을 찬양하는 게 본인의 가장 뛰어난 특성이 아니라고 비꼬듯이 말하면서 받아들이지 않았다. 오스트리아가 나폴레옹 3세를 더욱 두려워할수록, 오스트리아는 프로이센에 더 많이 양보할 것이며 프로이센의 외교적 유연성이 더 커질 것이다.

비스마르크가 프로이센의 보수주의자들과 결별했던 이유는 리슐리외가 자신에게 비판적인 성직자들과 논쟁을 벌였던 것과 동일하다. 다만, 가장 큰 차이점은 프로이센의 보수주의자들은 보편적인 종교 원칙이 아니라 보편적인 정치 원칙을 주장했을 뿐이었다. 비스마르크는 권력이 그 자체의 정통성을 제공한다고 주장했다. 보수주의자들은 정통성이 권력의 계산을 넘어서는 가치를 대변한다고 주장했다. 비스마르크는 권력에 대한 정확한 평가가 자기제한(self-limitation)이라는 원칙을 내포한다고 믿었다. 보수주의자들은 도덕적 원칙만이 궁극적으로 권력을 내세우는 것을 제한할 수 있다고 주장했다.

이런 갈등으로 1850년대 후반, 비스마르크와 그의 스승이었고 프로이센 왕의 군사 보좌관이었던 레오폴트 폰 게를라흐(Leopold von Gerlach)와의 신랄한 서신이 오가게 되었다. 비스마르크는 최초의 외교관 임명, 왕실 출입 권한, 공직자로서의 경력 전부를 게를라흐에게 신세지고 있었다.

두 사람 사이의 서신 교환은 비스마르크가 게를라흐에게 프로이센이 프랑스에 대한 외교적 옵션을 개발해야 한다는 권고를 자신이 이념보다 실리를 중시한다는 내용의 동봉 편지와 함께 보내면서 시작되었다.

> 저는 오늘날의 오스트리아가 우리의 친구가 될 수 없다는 사실의 수학적 논리에서
> 벗어날 수가 없습니다. 오스트리아가 독일에서의 세력권 범위 설정에 동의하지 않
> 는 한, 우리는 평시에는 외교와 거짓말이라는 수단을 동원하고, 최후의 일격을 날릴
> 수 있는 모든 기회를 활용해서 오스트리아와의 승부에 대비해야 합니다.[29]

하지만 게를라흐는 전략적으로 유리해질 수 있다면 원칙을 내팽개칠 수 있다는 제안을 도저히 받아들일 수 없었다. 특히 보나파르트 가문과 연계된 경우에는 더욱 그랬다. 그는 프랑스의 고립을 심화시키기 위해 프로이센이 오스트리아 및 러시아와 함께 더 가까워지고 신성동맹을 회복해야 한다는 메테르니히식 해결책을 촉구했다.[30]

게를라흐가 더욱 이해하기 힘들었던 것은 비스마르크가 "프랑스와 관계가 좋은 것으로 입증된다면 … 모든 외교 관계에서 우리의 영향력이 커질 것"이기 때문에 나폴레옹 3세를 프로이센군 군단의 기동훈련을 참관하도록 초대하자는 취지의 또 다른 제안을 한 것이었다.[31]

보나파르트 가문의 일원을 프로이센의 기동훈련에 참여하도록 하자는 제안에 대해서 게를라흐는 진정으로 분노했다. "자네같이 지적인 사람이 도대체 어떻게 나폴레옹 3세와 같은 인간에 대한 원칙을 희생한다는 말인가. 나폴레옹 3세는 우리의 천적일세."[32] 만약 게를라흐가 "그래서 어쩌라고?"라고 비스마르크가 편지 귀퉁이에 냉소적으로 끄적거린 것을 보았더라면 더 이상 편지를 쓰지도 않았을 것이다. 실제로 게를라흐는 다음 편지에서 그가 신성동맹을 지지하고 비스마르크의 초창기 시절을 후원하도록 이끌었던 평

생의 신념인 반혁명 원칙을 반복했다.

> 나의 정치적 원칙은 혁명에 맞서는 전쟁이며 여전히 변함이 없네. 자네는 보나파르
> 트가 혁명주의자의 편에 서지 않도록 설득하지 못할 것일세. 그리고 혁명주의자의
> 편에 서면 이익이 된다는 사실 때문에 그 인간은 다른 어떤 편에는 못 설 것일세. …
> 그래서 혁명을 반대하는 내 원칙이 옳다면 … 실행에 있어서도 이 원칙을 견지해야
> 하네.33

하지만 비스마르크는 게를라흐가 생각했던 것처럼 게를라흐를 이해하지 못해서가
아니라 너무나 잘 알았기 때문에 의견이 달랐다. 비스마르크에게 현실정치는 이념에 구
속되지 않은 채 모든 가능한 옵션들을 활용할 수 있는 유연성과 능력에 달려 있었다. 리
슐리외를 옹호하던 사람들이 그랬던 것처럼 비스마르크가 이 논쟁을 자신과 게를라흐가
공유했던 한 가지 원칙으로 치환시키자, 게를라흐의 입장이 확실히 불리해졌다. 바로 프
로이센에 대한 애국심이 가장 중요하다는 주장이었다. 비스마르크에 따르면 보수주의자
들의 이익 단결을 강조하는 게를라흐의 주장은 국가에 대한 충성과 양립될 수 없었다.

> 프랑스가 우리나라의 상황에 영향을 끼치는 한 저는 프랑스에 관심이 있으며, 우리
> 는 실제로 존재하는 프랑스에 대해 정책을 수립할 수 있을 뿐입니다. … 낭만주의자
> 로서 저는 앙리 5세(부르봉 왕위를 요구했던 사람)의 운명에 대해 눈물을 흘릴 수 있
> 습니다. 외교관으로서 제가 프랑스 사람이었더라면 그 사람의 종이 되었을 것입니
> 다. 하지만, 현 상황에서 프랑스는 누가 이끄는지와 무관하게 저에게는 외교의 체스
> 판 위에 있는 피할 수 없는 졸입니다. 이 체스판에서 저는 **저의** 왕과 **저의** 나라에[비
> 스마르크가 강조] 봉사하는 것 외에는 다른 의무가 없습니다. 저는 다른 나라에 대한
> 개인적인 동정심과 반감을 외교에서의 제 의무감과 양립시킬 수 없습니다. 실제로
> 그렇게 한다면, 제가 봉사하는 왕과 국가에 대한 불충의 싹이 자라게 될 겁니다.34

프로이센인의 애국심이 정통성의 원칙보다 우선하며, 만약 그런 상황이 요구된다면
보수주의 가치의 단결에 대한 한 세대에 걸친 신념이 불충이 될 수 있다는 주장에 전통적
인 프로이센인이 어떻게 대응하겠는가? 비스마르크는 지적인 퇴로를 무자비하게 끊어버
렸고, 정통성이 프로이센의 국익이고, 그렇기 때문에 나폴레옹이 프로이센의 영원한 적

이라는 게를라흐의 주장을 미리 차단해버렸다.

> 제가 이것을 부인할 수 있습니다. 하지만 스승님께서 옳다손 치더라도 다른 나라들
> 이 평시에 우리가 느끼는 두려움에 대해 알게 하는 게 정치적으로 현명하지 않다고
> 봅니다. 스승님께서 예견하신 단절이 발생할 때까지 저는 프랑스와의 긴장이 우리
> 본성의 근본적인 결함이 아니라고 … 믿도록 하는 게 유용하다고 봅니다.[35]

다시 말하자면 현실정치는 전술적 유연성을 요구했고, 프로이센의 국익을 위해서라
면 프랑스와의 거래 가능성을 열어놓아야 했다. 한 나라의 협상에서의 입지는 자신이 갖
고 있다고 생각하는 옵션에 달려 있다. 만약 이런 옵션을 닫아버리면 상대방의 계산이 간
단해지며, 현실정치를 실행하는 사람들의 계산이 제약을 받는다.

게를라흐와 비스마르크 간의 절교는 1860년에 이탈리아를 놓고 프랑스가 오스트리
아와 벌인 전쟁에 관한 프로이센의 입장 문제를 둘러싸고 돌이킬 수 없게 되었다. 게를라
흐는 이 전쟁으로 말미암아 나폴레옹 3세의 진정한 목적이 나폴레옹 1세가 했던 식으로
침략의 무대를 마련하는 것이라는 확신을 갖게 되었다. 따라서 게를라흐는 프로이센이
오스트리아를 지지해야 한다고 촉구했다. 하지만 비스마르크는 오히려 기회를 포착했
다. 만약 오스트리아가 이탈리아로부터 후퇴해야만 한다면, 궁극적으로 독일로부터도
마찬가지로 축출되어야 한다는 전조가 될 수도 있었다. 비스마르크에게 메테르니히 세대
의 확신이 위험한 걸림돌이 되었다.

> 저는 저의 주권자와 운명을 같이할 것입니다. 비록 제가 생각하기에 폐하께서 어리
> 석게 스스로 파멸하더라도 말입니다. 하지만 저에게 프랑스는 나폴레옹이 지배하
> 건 성왕(聖王) 루이(루이 9세)가 지배하건 간에 프랑스일 뿐이며, 저에게 오스트리아
> 는 외국입니다. … 저는 스승님께서 사실과 권리는 분리될 수 없으며, 프로이센의
> 정책을 올바르게 인식한다면, 유용성의 측면에서 보더라도 외교에 있어 고결함을
> 유지해야 한다고 답할 것임을 알고 있습니다. 스승님과 유용성의 측면에 대해 논의
> 할 준비가 되어 있습니다. 하지만 스승님께서 권리와 혁명 간, 기독교와 무신 간, 신
> 과 악마 간의 이율배반을 제기한다면 저는 더 이상 논쟁할 수 없으며, 단지 "저는 스
> 승님의 견해에 동의하지 않으며, 스승님께서는 판단할 수 없는 요소로 저를 판단하
> 고 있습니다."라고 말할 수밖에 없습니다.[36]

이러한 신랄한 신념의 선언은 영혼은 불멸이기 때문에 인간은 신에게 심판을 받아야 하지만, 국가는 불멸이 아니어서 업적만으로 평가받을 수 있다는 리슐리외의 주장과 기능적으로 동일했다. 리슐리외와 마찬가지로 비스마르크는 개인적 신념으로서 게를라흐의 도덕적 관점을 거부하지 않았다. 오히려 아마도 게를라흐의 개인적 신념을 거의 다 공유했을 것이다. 하지만 그는 개인적 신념과 현실정치의 차이를 명확히 하면서 개인적 신념이 정치인의 의무와 무관하다고 보았다.

> 저는 왕을 섬기려고 하지 않았습니다. … 예상치 못하게 제가 왕을 섬기도록 만든 하느님은 아마도 제 영혼이 소멸되기 전에 출구를 마련해줄 것입니다. 저 또는 저의 조국이 유럽에서 이룩한 정치적 성공이 30년 후에 저와 무관할 것이라고 확신하지 않는 이상 … 저는 이러한 삶의 가치를 이상할 정도로 과대평가할 것입니다. 저는 심지어 언젠가 "신앙심 없는 예수이트 교도들(Jesuits)"이 보나파르트 절대주의와 함께 마르크 브란덴부르크(Mark Brandenburg, 프로이센의 본산—옮긴이)를 지배할 것이라는 생각마저도 해낼 수 있습니다. … 저는 스승님과 다른 시대의 아이지만 스승님 시대의 아이들만큼이나 정직한 아이입니다.[37]

비스마르크는 프로이센이 한 세기 후 접하게 될 운명에 관해 이토록 섬뜩하게 예감을 했지만, 자신이 출세하는 데 신세졌던 사람으로부터는 아무런 답변을 듣지 못했다.

비스마르크는 옛 스승과는 다른 시대의 아이였다. 비스마르크는 현실정치의 시대에 속했다. 게를라흐는 메테르니히 시대에 성장했다. 메테르니히 체제는 우주가 부품들이 서로 얽혀 있어서 하나가 고장이 나면 다른 부품의 작동에도 영향을 미치는 거대한 시계와 같다는 18세기의 관념을 반영하고 있었다. 비스마르크는 과학과 정치학 모두에서 새로운 시대를 대변했다. 그는 우주가 기계적 균형을 이루고 있는 게 아니라 움직이는 입자들로 이루어져 있고, 그 입자들이 서로 충돌하면서 현실로 여겨지는 것을 만들어낸다고 인식했다. 이와 유사한 생물학적 철학은 적자생존에 기초한 다윈의 진화론이었다.

이러한 확신을 갖고 비스마르크는 모든 신념의 상대성을 주장했으며, 심지어 조국이 영원할 것이라는 믿음도 마찬가지였다. 현실정치의 세계에서는 결정을 내리는 데 관련된 모든 다른 힘들과 비교하여 힘으로서 아이디어를 평가하는 것이 정치인의 의무였다. 그리고 다양한 요소들은 선입관이 전제되어 있는 이념에 의해서가 아니라 국익에 얼마나 도움이 될 수 있는가에 의해 평가되어야 했다.

하지만 아무리 비스마르크의 철학이 견고해 보일지라도 이 또한 게를라흐의 전제처럼 증명할 수 없는 신념체계에 기반하고 있었다. 다시 말하자면, 비스마르크의 철학에 따르면 주어진 환경을 신중하게 분석할 경우 모든 정치인들이 같은 결론에 도달하게 된다는 것이다. 정통성의 원칙이 한 가지 이상의 해석을 야기할 수 있다는 점을 게를라흐는 상상조차 할 수 없었듯이, 비스마르크는 정치인들이 국익을 평가하는 방법이 다를 수 있다는 점을 이해하지 못했다. 비스마르크는 권력의 미묘한 차이(nuances)와 그 여파를 기막히게 잘 파악했기 때문에 자신이 살아 있는 동안 메테르니히 체제의 철학적 제약을 자기절제(self-restraint)의 정책으로 대체할 수 있었다. 이러한 미묘한 차이가 비스마르크의 후임자나 비스마르크를 흉내냈던 이들에게는 자명하지 않았기 때문에, 이들은 현실정치를 글자 그대로 적용하면서 군사력에 과도하게 의존하게 되었고, 군비경쟁과 두 차례의 세계대전으로 이어졌다.

성공은 때로는 손에 잡기가 너무나 어려워서, 성공을 추구하는 정치인들은 성공의 대가로 불이익을 받을 수도 있다는 사실을 거의 고려하지 않는다. 그리하여 비스마르크는 자신의 경력 초창기에, 메테르니히 원칙이 여전히 지배하고 있던 세계를 현실정치를 적용해 파괴하는 데 몰두했다. 이를 위해 독일 내에서 오스트리아의 주도권이 프로이센의 안보와 보수주의 가치의 수호에 긴요하다는 생각을 프로이센이 떨쳐버려야 했다. 빈회의 시대에 이런 생각이 얼마나 옳았던 간에 19세기 중반에 프로이센은 국내적 안정이나 유럽의 평화를 유지하기 위해 오스트리아와의 동맹이 더 이상 필요하지 않았다. 실제로 비스마르크에 따르면, 오스트리아와의 동맹이 필요하다는 환상은 무엇보다도 독일을 통일하겠다는 프로이센의 궁극적인 목적에 방해가 되었다.

비스마르크가 직시했듯이, 프로이센의 역사에는 프로이센이 독일에서 우위에 설 수 있고 홀로서기를 할 수 있다는 비스마르크의 주장을 뒷받침해줄 증거가 놀랍도록 많았다. 프로이센은 수많은 독일 내 국가 중 그냥 한 나라가 아니었다. 국내 정책이 아무리 보수적일지라도, 그것이 프로이센이 나폴레옹으로부터의 해방 전쟁에서 치른 엄청난 희생으로 쌓아 올린 민족적 명성을 퇴색시키지는 못했다. 프로이센의 국경은 특이하게 북독일 평야의 비스툴라강으로부터 서쪽으로 라인강까지 길게 뻗어 있었고 주변국에 둘러싸여 있었기 때문에 마치 프로이센이 독일 통일이라는 대업을 이끌 운명인 것처럼 보였고, 심지어 자유주의자들의 눈에도 그렇게 보였다.

하지만 비스마르크는 더 나아갔다. 그는 민족주의를 자유주의나, 혹은 적어도 독일 통일이 자유주의 제도를 통해서만 실현될 수 있다는 주장과 동일시하는 일반적 통념에 도전했다.

> 프로이센은 자유주의와 자유로운 사고가 아니라 강력하고 결단력이 있으며 현명한
> 통치자들이 계속 이어진 덕택에 위대해졌다. 이들은 국가의 군사적, 재정적 자원을
> 신중하게 관리했고, 그것들을 유리한 기회가 조성되는 즉시 유럽 정치의 저울에 무
> 자비할 정도로 과감하게 투입하기 위해 손에 쥐고 있었다.[38]

비스마르크는 보수주의 원칙이 아닌 프로이센 제도의 독특한 특성에 의존했다. 그
는 독일 내에서 프로이센이 주도권을 쥐어야 한다는 주장을 보편적 가치가 아닌 프로이
센의 힘에 기반을 두었다. 비스마르크는 프로이센의 제도가 외부의 영향에 휘둘리지 않
기 때문에 프로이센이 국내에서 더 큰 표현의 자유를 촉진하겠다고 위협함으로써 민주주
의라는 당대의 흐름을 외교정책 수단으로 활용할 수 있다고 보았다. 물론, 프로이센 왕
중에 그런 정책을 실시한 사람은 40년 동안 아무도 없었다는 점은 신경 쓸 바가 아니지
만 말이다.

> 군대를 전부 다 외국에 보내더라도 왕이 여전히 국가의 주인이라는 프로이센의 안
> 보의식은 유럽 대륙의 어떤 다른 국가들, 특히 어떤 다른 독일 국가에서도 찾아볼 수
> 없다. 이 덕택에 현재의 요구사항에 훨씬 더 순응하는 방향으로 사회 문제의 발전을
> 수용할 수 있는 기회가 마련되었다. … 프로이센 왕실의 권위는 아주 견고하기 때문
> 에 정부가 위험을 짊어지지 않고도 활발한 의회 활동을 권장할 수 있고, 그럼으로써
> 독일 내의 상황들에 압력을 행사할 수 있다.[39]

비스마르크는 그들의 국내적 취약성에 대한 인식 때문에 동방 3국의 왕실이 긴밀하
게 협력해야 한다는 메테르니히의 인식을 공유하지 않았다. 오히려 실제로는 정반대가
사실이었다. 프로이센은 국내적 격변이라는 위협이 없었기 때문에 프로이센의 내부적 단
결은 특히 오스트리아를 비롯한 다른 강대국들의 국내 불안을 조장하는 위협적인 무기가
될 수 있었고, 빈 체제의 합의를 뒤흔들 수도 있었다. 비스마르크로서는 프로이센의 탄탄
한 정부, 군대, 그리고 금융 제도가 독일에서 프로이센이 우위를 차지할 수 있는 길을 열
었다.

독일 연방의 국민의회 대사로 1852년에 임명되고 다시 1858년에 주러시아 대사로

임명되어 상트페테르부르크로 부임했을 때, 비스마르크는 자신의 정책을 주장할 수 있는 위치에 오르게 되었다. 명료하게 작성되고 놀랍도록 일관된 그의 보고서는 감정이나 정통성이 아니라 권력에 대한 정확한 평가에 기반을 둔 외교정책을 촉구했다. 이런 방식으로 비스마르크는 루이 14세나 프리드리히 대제와 같은 18세기 군주들의 전통으로 복귀했다. 국가의 영향력 강화는 유일한 목표는 아니더라도 주요 목표가 되었고, 이에 대항하여 세력들이 단결함으로써만 제어될 수 있었다.

> 감상적인 정책은 상호주의를 알지 못한다. 상호주의는 오로지 프로이센만의 특성이다.[40]

> 선한 행동을 했다는 생각만이 우리의 희생에 대한 유일한 보상이 되는 감상적인 동맹은 절대로 체결하지 말아야 한다.[41]

> 정책은 가능성의 예술이며, 상대성의 과학이다.[42]

> 왕이라 할지라도 국가의 이익을 개인적인 동정심이나 반감에 복속시킬 권리는 없다.[43]

비스마르크는 외교정책이 거의 과학적 근거가 있으며 객관적 준거 측면에서 국익을 분석할 수가 있다고 평가했다. 이런 계산에 따르면 오스트리아는 형제국가가 아닌 외국이었고, 무엇보다도 독일 내 프로이센의 정당한 위상에 걸림돌이 되었다. "우리의 정책에서 독일 이외에 다른 연병장은 없으며, 오스트리아도 자신을 위해서 독일이 꼭 필요하다고 믿고 있다. … 우리는 숨쉬기 위해 필요한 공기를 서로 빼앗고 있다. … 아무리 달갑지 않더라도 이 사실은 무시할 수가 없다."[44]

비스마르크가 대사로서 최초로 섬겼던 프로이센 왕인 프리드리히 빌헬름 4세는 게를라흐의 정통주의적 보수주의와 비스마르크의 현실정치에 내재하고 있는 기회 사이에서 망설이고 있었다. 비스마르크는 전통적으로 우월한 독일 국가인 오스트리아에 대한 프로이센 왕의 개인적 호감이 프로이센의 정책에 제약을 가하지 말아야 한다고 주장했다. 오스트리아는 결코 프로이센의 독일 내 패권을 받아들이지 않을 것이기 때문에, 비스마르크의 전략은 언제 어디서든 오스트리아를 약화시키는 것이었다. 1854년 크림전쟁 기간 중에 비스마르크는 오스트리아가 러시아와 단절된 틈을 타서, 신성동맹에서 여전히 파트너이지만 좋은 기회가 왔다는 이유만으로 프로이센이 오스트리아를 공격해야 한다고 촉구했다.

> 프로이센이 오스트리아를 공격할 가능성이 전혀 없는 게 아니라고 오스트리아가 간주하도록 상황을 몰아갈 수만 있다면, 얼마 안 가서 오스트리아로부터 보다 분별 있는 말을 듣게 될 것입니다.[45]

1859년 오스트리아가 프랑스와 피에몬테에 맞서 전쟁을 하고 있을 때, 비스마르크는 똑같은 주제를 반복했다.

> 현재 상황에서 우리가 오스트리아와 프랑스 간의 전쟁을 고착시키고, 우리 군대가 남쪽으로 진격해서 보덴 호수(독일과 스위스, 오스트리아 접경지역에 있다.—옮긴이)나 적어도 프로테스탄트 교도가 다수가 아닌 지역에 도달할 때까지 국경 검문소들을 완전히 접수해 다시 공격할 일이 없도록 만든다면, 우리는 또다시 큰 성과를 거둘 수 있습니다.[46]

메테르니히였더라면 이러한 주장을 이단이라고 간주했겠지만, 프리드리히 대제였다면 슐레지엔을 정복할 때 내세웠던 자신의 논거를 영리하게 각색했다고 박수를 쳤을 것이다.

비스마르크는 유럽의 세력균형을 독일 내부 상황을 분석할 때와 마찬가지로 냉철하고 상대론적으로 분석하였다. 크림전쟁이 절정에 달했을 때, 비스마르크는 프로이센의 주요 옵션을 다음과 같이 제시했다.

> 우리는 세 가지 위협을 활용할 수 있다. (1) 러시아와의 동맹. 우리가 러시아와 절대로 손잡지 않을 것이라고 즉각 맹세하는 건 항상 터무니없는 짓이다. 설령 이게 사실일지라도, 우리는 러시아와의 동맹을 위협수단으로 사용하는 옵션을 보유하고 있어야 한다. (2) 우리가 전적으로 오스트리아 군대의 편에 서는 대신 딴 마음을 품은 독일 연방 내 국가들을 희생시켜서 보상을 받는 정책. (3) 좌파 성향으로 내각을 교체함으로써 오스트리아를 완전히 압도할 정도로 우리가 곧 "서방화" 되는 것.[47]

동일한 보고서에 마찬가지로 타당한 프로이센의 옵션들이 있었다. 프랑스에 맞서는(짐작건대 보수주의 이익 공동체에 근거한) 러시아와의 동맹, 다른 독일 국가들(그리고 아마도 러시아)에 맞서기 위한 오스트리아와의 제휴, 그리고 국내적으로 자유주의 노선으로 선회하여 오스트리아와 러시아에 맞서는(아마도 프랑스와 연합해서) 방안 등이었다. 리슐리외처럼 비스마르크도 파트너를 택하는 데 아무런 거리낌이 없었다. 러시아, 오스트리아, 혹은 프랑스와도 동맹을 맺을 준비가 되어 있었다. 누구를 선택할지는 전적으로 어떤 경우가 프로이센의 국익에 최선인가에 달려 있었다. 비록 오스트리아를 강력하게 반대했지만, 비스마르크는 독일에서 적절한 보상을 받을 수만 있다면 오스트리아와도 협력을 모색할 준비가 되어 있었다. 그리고 국내정치적으로 극도로 보수적이었지만, 비스마르크는 외교정책상의 목적을 달성하는 데 도움이 된다면 프로이센의 국내정책을 좌파 성향으로 바꾸는 데도 거리낌이 없었다. 국내정책 또한 현실정치의 도구이기 때문이었다.

물론 세력균형을 기울이려는 시도는 메테르니히 체제의 전성기 때도 있었다. 하지만 그런 다음에는 유럽의 컨센서스라는 수단을 통해 세력균형의 변화를 정당화하려는 모든 노력이 수반되었을 것이다. 메테르니히 체제는 위협과 대응위협이라는 외교정책이 아니라 유럽 회의를 통한 조정을 추구했다. 비스마르크는 도덕적 합의가 효력이 있다고 절대로 믿지 않았다. 그에게 이런 합의는 수많은 권력 요소 중 한 가지에 불과했다. 국제질서의 안정은 바로 이러한 미묘한 차이에 달려 있었다. 기존 조약 관계, 가치의 공유, 혹은 유럽협조체제에 대해 입에 발린 말조차 하지 않고 변화를 압박하는 것은 외교적 혁명이나 다름없었다. 시간이 지나면서 권력이 유일한 척도로 간주되면서, 모든 국가들이 군비를 강화하고 대결주의적인 외교정책을 추구하게 되었다.

비스마르크의 시각은 빈 체제의 핵심 요소, 즉 보수주의적인 프로이센, 오스트리아, 러시아 왕실의 단결이 여전히 유효하고, 프로이센이 이런 단결을 감히 파열시키지 않는 이상 탁상공론에 머물러 있었다. 메테르니히의 능수능란하고 무색무취한 외교 덕택에 무너질 것 같았던 오스트리아 제국은 위기를 비껴갔으나, 오스트리아가 마침내 그러한 외교를 포기하고 많은 좌고우면 끝에 러시아의 적들의 편에 섬으로써 신성동맹은 크림전쟁 이후 예상치 못하게 그리고 급속하게 와해되었다. 비스마르크는 크림전쟁이 외교적 혁명을 초래했음을 즉각 이해했다. 그는 말했다. "심판의 날이 분명 오고 있다. 비록 몇 년이 걸릴지라도 말이다."[48]

실제로, 아마도 크림전쟁과 관련하여 가장 중요한 문서는 1856년에 전쟁이 마무리

된 상황을 분석한 비스마르크의 전보 보고서였다. 이 보고서는 외교 수단에서의 완벽한 유연성과 기회 추구에 있어 도덕적 양심의 부재를 전제로 삼았다는 특징이 있었다. 독일 사료편찬학(史料編纂學)은 비스마르크의 보고서를 "걸작 보고서(Prachtbericht)"라고 적절히 명명했다. 비록 수신인인 오토 폰 만토이펠(Otto von Manteuffel) 프로이센 총리로서는 너무나 대담한 내용이었고, 보고서 주변에 적어둔 수많은 지적사항을 볼 때 그가 전혀 설득되지 않은 것처럼 보였지만, 이 보고서에는 현실정치(Realpolitik)의 정수가 담겨 있었기 때문이다.

비스마르크의 보고서는 크림전쟁이 종료된 후 나폴레옹 3세의 입장이 너무나 유리해졌다고 상세히 설명하면서 시작되었다. 이제부터 유럽의 모든 국가가 프랑스와 우호관계를 추구할 것이며 그중에서 러시아가 성공할 전망이 가장 크다고 보았다.

> 프랑스와 러시아 간의 동맹은 너무나 자연스럽기 때문에 일어나지 않아야 합니다. … 지금까지는 신성동맹이 아주 공고했기 때문에 두 국가가 서로 떨어져 있었습니다. 하지만 차르 니콜라이가 별세했고 오스트리아가 신성동맹을 와해시켰기 때문에, 서로 상충하는 이해관계가 하나도 없는 이 두 국가의 자연스러운 화해를 막을 수 있는 게 아무것도 남아 있지 않습니다.[49]

비스마르크는 오스트리아가 프랑스와 가까워지려고 러시아 차르와 경쟁을 벌이다가 스스로 빠져나올 수 없는 덫에 걸릴 것이라고 예견했다. 나폴레옹 3세는 프랑스군으로부터 계속 지지를 받기 위해 "너무 자의적이거나 부당하지 않은 개입 구실"을 당장 제공해줄 수 있는 사안을 필요로 할 것이기 때문이다. "이탈리아가 이런 역할에 이상적으로 적합합니다. 보나파르트와 뮈라(Joachim Murat, 나폴레옹의 기병 대장으로서 한때 나폴리의 왕이었다.—옮긴이)에 대한 기억이 있는 사르데냐의 야심은 충분한 구실을 제공하고, 오스트리아에 대한 증오가 이를 한결 순조롭게 해줄 것입니다."[50] 3년 후, 바로 정확히 그와 같은 일이 발생했다.

프랑스와 러시아가 암묵적으로 협력하고, 프랑스와 오스트리아 간에 충돌이 불가피해 보이는 상황에서 프로이센이 어떤 입장을 취해야 하는가? 메테르니히 체제에 따르면, 프로이센은 보수주의적인 오스트리아와 동맹을 굳건히 하고 독일 연방을 강화하며 영국과 긴밀한 관계를 구축하는 한편, 나폴레옹을 러시아로부터 떼어놓기 위해 노력해야 했다.

비스마르크는 이러한 각각의 옵션을 차례로 폐기했다. 영국 육군은 불—러 동맹에 대항해서 사용하기에는 너무나 보잘것없었다. 오스트리아와 프로이센은 결국 정면으로 맞붙게 될 것이다. 그리고 독일 연방도 실질적인 힘을 보태지 못할 것이다.

독일 연방은 러시아, 프로이센, 그리고 오스트리아의 도움을 받으면 아마도 단결하게 될 겁니다. 자신의 지원 없이도 승리할 거라고 믿기 때문입니다. 하지만 동쪽과 서쪽에서 양면전쟁이 발발하는 경우, 우리 총검의 통제하에 있지 않는 제후들은 만약 우리와 맞서 싸우기 위해 전장에 나타나지 않는다면 중립을 선포해서 살아남으려고 할 것입니다.[51]

비록 오스트리아는 한 세대가 넘게 프로이센의 주된 동맹국이었지만 비스마르크의 눈에는 이제 오히려 어울리지 않는 파트너가 되었다. 오스트리아는 프로이센이 성장하는 데 가장 큰 걸림돌이 되었다. "독일은 우리 둘에게 너무나 작다. … 우리 둘이 같은 고랑에서 쟁기질을 하는 이상, 오스트리아는 우리가 영원히 이득을 얻거나 영원히 손해를 입을 수 있는 유일한 국가이다."[52]

국제관계의 어떤 측면을 고려하든 간에, 비스마르크는 프로이센이 오스트리아에 대한 연방 차원의 유대를 단절하고 기회가 있을 때마다 예전의 동맹국인 오스트리아를 약화시키기 위해 메테르니히 시절의 정책을 뒤집어놓아야 한다고 굳게 다짐했다. "오스트리아가 앞에서 말에 올라타면 우리는 뒤에서 올라탄다."[53]

안정적인 국제체제가 파멸하는 이유는 치명적인 도전을 거의 전혀 상상하지 못하기 때문이다. 혁명가들의 맹점은 자신들이 목적을 달성해 얻는 모든 이익과 자신들이 타도하려는 체제의 장점을 결합할 수 있다고 믿는 것이다. 하지만 혁명으로 일단 폭력이 고삐가 풀리면 그 자체로 가속도가 붙기 마련이고, 어느 방향으로 가게 될지는 혁명을 옹호하는 사람들의 주장만으로 반드시 가늠할 수 있는 것은 아니다.

비스마르크의 경우도 마찬가지였다. 1862년 권력을 잡고 나서 5년 이내에 그는 독일 통일에 걸림돌이 되던 오스트리아를 10년 전 자신이 조언했던 방식으로 제거했다. 이 장의 앞부분에서 설명한 세 번의 전쟁을 통해 그는 오스트리아를 독일에서 추방했고 프랑스에 남아 있던 리슐리외의 환상을 분쇄했다.

새롭게 통일된 독일은 반세기 동안 독일인들이 염원했던 입헌민주주의 국가의 수립이라는 이상을 구현하지 않았다. 실제로 독일제국은 과거 독일인들이 중요하게 생각했던 요소를 반영하지 않았고, 대중들의 의지 표현이 아닌 독일 군주들 간의 외교적 합의로서 탄생하게 되었다. 독일제국의 정통성은 민족자결의 원칙이 아닌 프로이센의 힘에서 나왔다. 비스마르크는 자신이 착수했던 과업을 달성하기는 했지만, 엄청나게 큰 과업을 달성했기 때문에 독일의 미래, 그리고 실제로 유럽의 세계질서가 담보로 잡혔다. 확실히 그는 무자비하게 전쟁을 준비했던 만큼 전쟁을 온건하게 마무리 지었다. 독일이 안보에 필수적이라고 생각하는 국경을 쟁취하자마자 비스마르크는 신중하고 안정을 추구하는 외교 정책을 구사했다. 20년 동안 그는 현실정치에 기초해 그리고 유럽의 평화를 위해 능수능란하게 유럽의 관심사와 이해관계를 조종했다.

그러나 권력의 정신이 일단 소환되면 현란하고 절제된 곡예로도 다시 없앨 수가 없다. 독일은 무한한 융통성을 전제로 하는 외교의 결과로 통일을 이뤄냈다. 하지만 이런 정책이 성공함에 따라 국제체제의 모든 유연성이 사라져버렸다. 이제 참여국 숫자가 더 적어졌다. 그리고 행위자의 숫자가 줄어들면 조정을 할 수 있는 여지가 작아진다. 새로운 국제체제는 구성 요소가 적어진 반면 덩치는 커져서 일반적으로 수용 가능한 균형을 협상으로 도출해내기가 어려워졌고, 끊임없는 힘의 시험 없이는 균형을 유지하기도 힘들어졌다.

이러한 구조적 문제는 프로이센이 보-불 전쟁에서 거둔 승리의 범위와 이 전쟁을 마무리 지은 평화의 성격으로 한층 더 가중되었다. 독일이 알자스-로렌을 병합하면서 프랑스로부터 돌이킬 수 없는 반감을 샀으며, 프랑스에 대해 시도해볼 수 있는 독일의 어떠한 외교적 옵션도 모두 제거되었다.

1850년대에 비스마르크는 프랑스라는 옵션이 매우 필수적이라고 간주해서 이를 적극적으로 주장하다가 게를라흐와의 우정까지 희생시켰다. 알자스-로렌을 병합하고 나자 프랑스의 반감은 비스마르크가 예전에 그토록 경고했던 "우리 본성의 근본적인 결함"으로 변해갔다. 그리고 알자스-로렌 병합은 그의 "걸작 보고서"에서 밝힌 바와 같이 다른 강대국들이 먼저 약속할 때까지 냉담하게 있다가 가장 많은 것을 제시하는 국가한테 프로이센의 지원을 제공한다는 정책을 불가능하게 만들었다.

독일 연방은 내부적으로 다양한 국가들 간의 경쟁을 없애버릴 정도로 압도적인 위협에 직면할 때에만 한 몸으로 행동했었다. 공동 공격은 구조적으로 불가능했다. 이처럼 합의가 미약했던 것이 비스마르크가 독일의 통일이 프로이센의 주도하에 조직되어야 한다고 주장한 이유 중 하나였다. 하지만 그는 또한 새로운 합의에 대해서 대가를 지불했다. 일단 독일이 잠재적 침략의 희생자에서 유럽의 균형상태에 대한 위협 세력으로 변함에 따라, 독일을 상대로 다른 유럽 국가들이 단결하는 뜻밖의 사태는 예전에는 현실과 동떨어진 이야기였지만 이제는 현실적인 가능성이 되었다. 그리고 그런 악몽이 차례로 독일 정책을 몰아붙여서 유럽은 얼마 안 가 두 개의 적대적인 진영으로 갈라지게 되었다.

독일의 통일이라는 충격을 가장 빨리 파악했던 유럽 정치인은 영국 총리로 막 취임하려는 참이었던 벤저민 디즈레일리(Benjamin Disraeli)였다. 1871년에 그는 보-불 전쟁에 대해서 이렇게 말했다.

> 이 전쟁은 독일혁명에 해당하며, 지난 세기의 프랑스대혁명보다 더 큰 정치적 사건이다. … 모든 외교적 전통이 남김없이 일소되었다. 새로운 세계가 생겼다. … 세력 균형이 완전히 파괴되었다.[54]

비스마르크가 집권하던 동안에는 이런 딜레마를 비스마르크만의 복잡하고도 미묘한 외교로 감출 수 있었지만, 장기적으로 비스마르크가 구축했던 이렇게 복잡한 합의는 불행한 운명을 맞을 수밖에 없었다. 디즈레일리의 지적이 정확하게 들어맞았다. 비스마르크는 유럽의 지도와 국제관계의 패턴을 재구성했지만, 결국 후임자들이 따라 할 수 있는 구상을 만들어놓지는 못했다. 비스마르크 전술의 참신함이 사라지자, 비스마르크의 후임자들과 경쟁자들은 이해하기 힘든 무형적인 외교에 대한 의존을 줄이는 방법으로써 군비 증강을 통해 안전을 추구했다. 철혈재상이 자신의 정책을 제도화하지 못함에 따라 독일은 처음에는 군비경쟁, 그다음엔 전쟁에 의해서만 벗어날 수 있는 외교적 쳇바퀴에 어쩔 수 없이 올라타게 되었다.

국내 정책에 있어서도 비스마르크는 후임자들이 따라 할 수 있는 구조를 수립하지 못했다. 평생 고독한 인물이었던 비스마르크가 무대에서 사라지고 신화적 존재가 되자 사람들은 그를 더욱 이해하지 못하게 되었다. 비스마르크의 독일 동포들은 독일의 통일을 달성한 세 번의 전쟁을 기억했으나 이런 전쟁을 가능하게 했던 힘든 준비와 전쟁의 결실을 얻기 위해 필요했던 절제를 망각했다. 그들은 힘의 과시만 보았지 그러한 과시의 기반이 되었던 미묘한 분석은 알아채지 못했다.

비스마르크가 설계한 독일 헌법이 이러한 경향을 한층 더 가중시켰다. 유럽에서 최초로 모든 남성에게 주어진 참정권에 기초했지만 제국의회(Reichstag)는 정부를 통제하지 않았다. 정부는 황제에 의해서 임명되었고 황제에 의해서만 해고될 수 있었다. 황제와 의회 사이보다 재상과 황제, 재상과 의회 사이가 모두 더 가까웠다. 따라서 비스마르크는 자신의 외교정책에서 다른 나라들을 상대로 그랬듯이, 어느 정도까지는 독일의 국내 기관들이 서로 대립하도록 조종할 수 있었다. 비스마르크의 후임자 중 아무도 이렇게 할 수 있는 기량이나 대담성이 없었다. 그 결과 민주주의에 의해 숙성되지 않은 민족주의는 갈수록 광신적인 애국주의가 되었고, 반면 책임을 지지 않는 민주주의는 무익해졌다. 비스마르크 인생의 정수는 당시에는 아직 미래의 아내였던 여성에게 철혈재상이 직접 썼던 편지에서 가장 잘 표현되었다.

> 이 세상에서 장엄한 것은 … 타락한 천사의 특성과 같은 것을 항상 가지고 있지요. 그 천사는 아름답지만 평화롭지 않고, 그의 구상과 노력은 위대하지만 성공적이지 않고, 자부심이 강하고 외롭답니다.[55]

현대 유럽 국가체제의 초창기를 대표했던 두 명의 혁명가는 근대 시기의 많은 딜레마들을 몸소 보여주었다. 주저하는 혁명가였던 나폴레옹 3세는 정책을 대중 관계(public relations)에 맞추려는 추세를 대변했고, 보수주의 혁명가인 비스마르크는 정책을 권력의 분석과 동일시하는 추세를 반영했다.

나폴레옹 3세의 발상은 혁명적이었지만, 이로 인해 야기될 수 있는 결과 앞에서 주춤했다. 20세기였다면 항의시위라고 부를 수 있는 활동을 하면서 청년기를 보냈던 그는 아이디어의 구상과 실행 사이의 간격을 결코 메우지 못했다. 자신의 목적과 정통성에 자신감이 없었던 나폴레옹 3세는 여론에 기대면서 이런 간격을 메우려고 했다. 나폴레옹 3세는 저녁 뉴스방송의 반응으로 성공 여부를 판단하는 현대 정치인들처럼 외교정책을 구사했다. 그들처럼 나폴레옹 3세는 단기적 목표와 당장의 결과에만 초점을 두고 자신이 창출하려는 압박을 과장해 대중에게 큰 인상을 심어주려고 하면서 전적으로 전술적인 문제의 포로가 되었다. 이 과정에서 그는 외교정책을 마술사의 손놀림과 혼동했다. 결국 지도자가 성과를 내게 될지를 결정하는 것은 대중 홍보가 아니라 현실이기 때문이다.

대중은 자신들의 불안을 반영하거나 혹은 장기적인 추세보다 위기의 징후만 바라보는 지도자를 결국에는 존경하지 않는다. 지도자의 역할은 사건이 어느 방향으로 전개될 것인지, 그리고 그 사건에 어떻게 영향을 줄 수 있을지에 관해 자신이 내린 평가를 확신하고 자신이 취한 행동에 따른 부담을 짊어지는 것이다. 이런 과제를 제대로 해내지 못한다면 위기가 증폭될 것이다. 즉, 다른 말로 표현하자면 지도자가 상황을 통제하지 못한다는 뜻이다. 나폴레옹 3세는 기이한 현대적 현상의 전조였던 것으로 밝혀졌다. 즉, 대중이 무엇을 원하는지 알아내려고 필사적으로 노력하지만 결국 대중으로부터 거부당하고 심지어 경멸받는 정치인 말이다.

비스마르크는 자신의 판단에 따라 행동하기에 자신감이 부족하지 않았다. 그는 근본적인 현실과 프로이센의 기회를 훌륭하게 분석했다. 비스마르크가 기반을 너무나 잘 다져놓았기 때문에 그가 창조한 독일은 두 차례나 세계대전에서 패배하고, 두 번이나 외국에 점령당하고, 두 세대에 걸쳐서 분단되었음에도 결국 살아남았다. 비스마르크는 독일이 매 세대마다 위대한 인물이 등장해서 이끌 때만 실현할 수 있는 정책 스타일을 갖도록 했다는 점에서 실패했다. 그렇게 될 가능성은 상당히 드물며, 독일제국의 정치제도가 그 가능성을 막고 있었다. 이런 점에서 비스마르크는 독일의 성취뿐 아니라 그 나라의 20세기 비극의 씨앗도 뿌렸다. "아무도 불멸의 나무 열매를 따 먹고 무사한 경우는 없다."[56,57]라고 비스마르크의 친구인 폰 론(von Roon)은 그에 대해 썼다

능력보다 야심이 더 컸다는 게 나폴레옹 3세의 비극이었다. 국가가 받아들일 수 있는 수준 이상으로 능력이 더 컸다는 게 비스마르크의 비극이었다. 나폴레옹 3세는 전략적으로 마비된 상황을 프랑스에 유산으로 남겼다. 비스마르크는 완전히 이해할 수 없는 정도의 위대함을 독일에 유산으로 남겼다.

06

자승자박의 현실정치

Realpolitik Turns on Itself

힘과 국익의 계산에 기반한 외교정책인 현실정치(Realpolitik)로 독일이 통일되었다. 독일이 통일된 뒤 성취하려고 했던 것과 정반대 결과가 나오면서 현실정치의 역효과가 드러났다. 국제체제의 주요 행위자들이 변화하는 환경에 따라 자유롭게 관계를 조정할 수 있거나, 아니면 이들이 가치를 공유하는 체제에 의해 억제되거나, 또는 이 두 가지 모두가 가능할 때에만 현실정치를 구사해도 군비경쟁과 전쟁을 피할 수 있기 때문이다.

통일된 독일은 유럽 대륙에서 가장 강력한 국가가 되었다. 그리고 10년이 지날 때마다 더욱 강력해졌고, 유럽 외교도 이에 따라 혁명적으로 바뀌었다. 리슐리외 시절 근대국가 체제가 등장한 이래 영국, 프랑스, 러시아 등 유럽의 가장자리에 있던 강대국들이 중심부를 압박해왔다. 이제 역사상 최초로 유럽의 중심부가 주변부를 충분히 압박할 수 있을 정도로 강력해졌다. 이제 유럽은 가운데에 자리 잡은 이 새로운 거인을 어떻게 상대할 것인가?

지리적 요인 때문에 해결하기가 불가능한 딜레마가 있었다. 현실정치의 전통에 따르면 국력이 계속 커지고 유럽을 지배할 잠재력을 가진 독일을 억제하기 위해 유럽에서 연합체가 형성될 가능성이 있었다. 독일은 유럽 대륙의 중심부에 있었기 때문에 항상 비스마르크가 일컬었던 "연합체라는 악몽(le cauchemar des coalitions)", 즉 자신을 포위하는 적대적 연합체에 직면할 위험이 있었다. 하지만 만약 독일이 동쪽과 서쪽에 있는 모든 주변국들의 연합체에 맞서 스스로를 동시에 방어하려고 했다면, 독일은 분명히 그들을 개별적으로 위협하게 될 것이고, 이로 인해 연합체가 더 빨리 형성될 것이다. 자기실현적 예언이 국제체제의 일부가 되었다. 유럽협조라고 여전히 지칭되었던 체제가 사실상 두 개의 적대적 체제로 갈라졌다. 즉, 프랑스와 독일 간에는 원한이, 그리고 오스트리아-헝가리 제국과 러시아 제국 간에는 갈수록 적개심이 커졌다.

프랑스와 독일의 경우에는 프로이센이 1870년 보-불 전쟁에서 너무나 크게 승리해서 프랑스가 보복하겠다는 앙심을 영원히 품게 되었고, 특히 독일이 알자스-로렌 지역을 병합한 것에 분노가 집중되었다. 프랑스 지도자들이 1870년부터 1871년까지 있었던 전쟁이 프랑스 우위의 시대가 끝나고 양국 간 국력 관계가 돌이킬 수 없게 변했다는 사실을 상징한다는 것을 깨닫기 시작하면서 분노감이 얼마 안 가서 두려움과 뒤섞였다. 중유럽을 분열된 상태로 두고 독일의 다양한 국가들이 서로 대립하게 한다는 리슐리외 체제가 더 이상 적용되지 않았다. 과거의 기억과 야심 사이에서 갈피를 못 잡은 채 프랑스는 거의 50년 가까이 알자스-로렌 회복에 외곬으로 매달리면서 자신의 좌절감을 승화시켰다. 하지만 이런 노력이 성공하더라도 프랑스의 자존심만 달랠 뿐 근본적인 전략적 현실이 바뀔 수 없다는 사실은 전혀 고려하지 않았다. 프랑스는 홀로 독일을 억누를 수 있을 만큼 더 이상 충분히 강하지 못했다. 이제부터 프랑스는 자신을 방어하기 위해 항상 동맹이 필요한 신세가 되었다. 같은 이유로 프랑스는 독일의 어떤 적과도 잠재적 동맹이 될 수 있는 길을 열어놓았고, 그리하여 독일 외교의 유연성을 제한했고, 독일을 둘러싼 어떤 위기라도 심화시켰다.

두 번째 유럽의 균열인 오스트리아-헝가리 제국과 러시아 간의 갈등 또한 독일 통일에서 비롯되었다. 1862년 재상이 된 비스마르크는 오스트리아 대사에게 놀라운 제안을 오스트리아 황제에게 전해달라고 요청했다. 즉 과거 신성로마제국의 중심지였던 오스트리아가 무게중심을 빈에서 부다페스트로 옮겨달라는 것이다. 대사는 이 아이디어가 너무나 터무니없다고 여겼고, 빈에 보고하면서 이런 제안을 비스마르크의 신경쇠약 탓으로 돌렸다. 하지만 독일에서의 우위를 둘러싼 전쟁에서 패배한 뒤, 오스트리아는 어쩔 수 없이 비스마르크의 제안대로 해야 했다. 새로 창설된 이중군주 제국(Dual Monarchy)에서 헝가리(부다페스트)는 동등한 파트너가 되었고, 때로는 더 우세해졌다.

독일에서 축출된 뒤 새롭게 등장한 오스트리아-헝가리 제국은 발칸반도를 제외하면 뻗어나갈 곳이 없었다. 오스트리아는 해외 식민지 활동에 참여한 적이 없었기 때문에, 오스트리아 지도자들은 다른 강대국과 보조를 맞추기 위해 슬라브족이 있는 발칸반도를 오스트리아의 지정학적 야심을 위한 공간으로 자연스럽게 간주했다. 이런 정책에는 러시아와의 충돌이 내재해 있었다.

오스트리아 지도자들에게 상식이 있었다면 발칸반도의 민족주의를 자극하거나 러시아를 영원히 적으로 돌리지 않도록 조심했을 것이다. 하지만 빈(오스트리아)은 그다지 상식적이지 않았으며, 부다페스트(헝가리)의 경우는 더 심했다. 대외 강경론 위주의 민족주의가 팽배했다. 빈의 내각은 국내적으로는 타성에 젖어 있었고 외교정책에서는 히스테리 같은 발작 증세를 자주 보였다. 이로 인해 오스트리아는 메테르니히 시대 이후 점차 고립되었다.

독일제국은 발칸반도가 국익과 무관하다고 보았지만, 오스트리아-헝가리 제국의 보전이 국가이익에 중요하다고 인식했다. 이 이중군주국이 붕괴하면 비스마르크의 독일 정책 전반이 원상태로 돌아갈 위험이 있었기 때문이다. 오스트리아-헝가리 제국에서 독일어를 구사하는 가톨릭교도 중 일부가 독일에 합류하기를 원하게 될 것이고, 이렇게 되면 비스마르크가 그토록 집요하게 쟁취해왔던 프로테스탄트 프로이센의 주도권이 위태로워질 것이다. 그리고 오스트리아 제국이 해체된다면 독일제국은 의지할 만한 동맹국이 하나도 없게 될 것이다. 반면에 비스마르크는 비록 오스트리아를 보전하고 싶었지만 러시아에 도전할 생각은 없었다. 바로 이 점이 비스마르크가 수십 년간 모호하게 숨길 수는 있었지만 결코 극복할 수 없었던 난제였다.

설상가상으로 오스만 제국도 천천히 해체되면서 극도로 힘든 시기를 보내고 있었고, 오스만 제국의 해체에 따른 전리품 배분을 둘러싸고 강대국 간 충돌이 빈번했다. 비스마르크는 다섯 나라가 두 패로 갈린다면, 항상 세 나라 편에 서는 게 좋다고 예전에 말한 적이 있었다. 하지만 5대 강대국인 영국, 프랑스, 러시아, 오스트리아 중에서 프랑스는 적대적이었고, 영국은 "영예로운 고립(splendid isolation)"이라는 정책 때문에 한편이 될 수 없었으며, 러시아는 오스트리아와의 갈등으로 양면적인 태도를 보였기 때문에 독일은 세 나라를 모으려면 러시아와 오스트리아 두 나라와 동맹을 맺어야 했다. 비스마르크 정도의 의지력과 기량을 갖춘 정치인만이 이렇게 위태로운 균형잡기식 외교를 상상해 볼 수 있었다. 그리하여 독일과 러시아 간의 관계가 유럽의 평화를 위한 열쇠가 되었다.

러시아는 국제무대에 참여하자마자 엄청난 속도로 우위를 구축해왔다. 1648년 베스트팔렌 평화 조약이 체결되었을 당시만 하더라도 러시아는 아직 회의에 참석해야 할 정도로 충분히 중요하게 여겨지지 않았다. 하지만 1750년 이후 계속해서 러시아는 유럽 내 모든 중요한 전쟁에 적극적으로 참여했다. 18세기 중엽이 되자 러시아는 이미 서방 측 관찰자들에게 막연하나마 불안감을 조성하고 있었다. 1762년에 주러시아 프랑스 대사대리가 이렇게 보고했다.

> 만약 러시아의 야심을 견제하지 못한다면, 그 후과가 주변국들에 치명적일 수 있습니다. … 나는 러시아의 국력 수준을 러시아의 광활한 영토로 판단해서는 안 되며, 러시아가 점령한 동부 지역이 실질적인 힘의 원천이기보다는 위압적인 유령에 가깝다는 점을 잘 압니다. 하지만 풍토적 속성 때문에 다른 어떤 국민보다도 무자비한 계절을 버틸 수 있고, 노예처럼 순종하고 사는 데 익숙해져 있으며, 살아가는 데 많은 것을 필요로 하지 않고, 그래서 적은 비용으로 전쟁을 벌일 수 있는 국민, … 그런 국민은 정복에 나설 가능성이 크다고 생각합니다.[1]

빈 회의가 개최되었던 시기에 러시아는 거의 확실히 유럽 대륙에서 가장 강력한 국가였다. 20세기 중반이 되자 러시아는 전 세계 양대 초강대국 중 하나의 지위까지 올라갔으며, 그로부터 40년이 다시 지나자 내부적으로 파열하면서 지난 2세기 동안 축적한 방대한 이득의 상당 부분을 몇 개월 만에 상실했다.

차르의 권력이 절대적이었기 때문에 러시아 통치자들은 외교정책을 제멋대로 그리고 특이하게 실행할 수 있었다. 1756년과 1762년간 6년 사이에 러시아는 오스트리아 편에 서서 7년전쟁에 참전했고, 프로이센을 침공했다가 1762년 1월 엘리자베타 여제가 사망하고 나서 프로이센 쪽으로 편을 바꾸었으며, 1762년 6월 예카테리나 여제가 남편을 축출하고 난 뒤에는 중립으로 돌아섰다. 50년이 지난 뒤, 메테르니히는 차르 알렉산드르 1세가 한 가지 신념을 5년 이상 지속했던 적이 결코 없었다고 지적했다. 메테르니히의 보좌관인 프리드리히 폰 겐츠(Friedrich von Gentz)는 차르의 입장을 이렇게 묘사했다.

"러시아 황제에게는 권력의 분할, 입헌적 형식, 여론 등 다른 군주를 제약하고 좌절시켰던 장애물이 없었다. 차르는 밤에 꿈꿨던 내용을 다음 날 아침에 실행할 수 있었다."[2]

러시아의 가장 독특한 특징을 꼽으라면 모순이었다. 러시아는 항상 전쟁을 하고 모든 방향으로 뻗어나가면서도 자신이 항상 위협받고 있다고 여겼다. 러시아 제국이 다언어 국가가 될수록 다양한 민족들을 주변국들로부터 고립시켜야 했기 때문에 오히려 더 취약해졌다고 느꼈다. 러시아의 모든 통치자들은 통치를 지속하고 제국 내 다양한 민족 간의 갈등을 극복하기 위해 거대한 외세의 위협이라는 신화를 들먹였고, 때로는 이런 위협이 자기실현적 예언이 되어서 유럽이 불안정해지는 운명을 맞았다.

러시아가 모스크바 주변 지역로부터 유럽 중심부와 태평양 연안, 중앙아시아로 확대해가면서, 자신의 안보를 추구하는 행위가 영토 팽창 그 자체로 변질되었다. 러시아 역사학자 바실리 클류체프스키는 이 과정을 다음과 같이 묘사했다. "당초 방어적 성격이 짙었던 이 전쟁들은 모스크바의 정치인들 입장에서는 어느 사이엔가 의도치 않은 침략 전쟁이 되었다. 이는 예전 (로마노프 이전) 왕조의 통합 정책, 즉 모스크바 대공국에 속한 적이 없었던 러시아 영토를 위한 투쟁을 직접 계승한 것이었다."[3]

러시아는 방대한 주변 지역에 있는 이웃 국가들의 주권을 위협했던 것처럼 점차 유럽의 세력균형도 위협했다. 영토가 아무리 넓어도 러시아는 멈추지 않고 국경을 확장하기 위해 밀어붙였다. 포템킨 대공(예카테리나 여제가 드네프르강을 따라 시찰할 때, 낙후된 모습을 은폐하려고 가짜 마을—포템킨 마을—을 세운 일로 잘 알려진 인물)이 1776년 터키 영토인 크림반도를 점령하면 러시아가 자국 영역을 더 잘 보호할 수 있을 것이라는 합리적 근거를 내세우면서 이 지역을 점령하자고 주장했던 것처럼, 본질적으로 방어적인 동기에서 시작했다.[4] 하지만 1864년이 되자 안보라는 단어가 지속적인 팽창과 동의어가 되었다. 알렉산드르 고르차코프 재상은 러시아는 강력한 추진력으로 주변 지역을 평정해야 할 영원한 의무가 있다고 규정하면서 러시아가 중앙아시아에서 팽창해야 한다고 주장했다.

중앙아시아에서 러시아의 상황은 확고한 사회조직이 없는 반(半)야만 유목민족을 맞닥뜨리게 된 모든 문명국의 상황과 똑같다. 이런 경우 국경 안보와 무역 관계의 이익을 위해서는 더 문명화된 국가가 주변국들에 대해 확실한 권위를 가져야 한다. …
따라서 국가는 이런 끊임없는 노력을 포기하고 국경이 항상 불안정해지는 상황에 처하든지, … 아니면 야만인이 거주하는 지역의 중심부까지 점점 더 멀리 진출하든지 선택을 해야 하고, … 그곳에서 가장 큰 난관은 멈출 수 있는가에 있다.[5]

1979년 소련이 아프가니스탄을 침략했을 때, 많은 역사학자들은 이 구절을 상기했다.

역설적으로 지난 200년간 유럽의 세력균형이 몇몇 경우에는 러시아의 노력과 영웅적 헌신으로 유지되었던 것도 사실이다. 러시아가 없었더라면 나폴레옹과 히틀러가 거의 틀림없이 보편적인 제국을 수립할 수 있었을 것이다. 야누스처럼 양면적인 러시아는 세력균형에 대한 위협인 동시에 세력균형의 주요 구성 요소 중 하나가 되었다. 러시아는 유럽의 균형상태에 필수적인 존재였으나 완전한 일부는 아니었다. 러시아는 역사의 대부분을 통틀어 외부 세계가 강요했을 때만 마지못해 한계를 받아들였다. 그럼에도 불구하고 특히 나폴레옹전쟁 이후 40년 동안, 러시아는 자신의 강력한 힘을 휘두르지 않고 오히려 서유럽과 중유럽에서 보수주의 가치를 수호하는 역할을 했다.

러시아가 정통성을 추구할 때조차도, 러시아의 태도는 다른 보수주의 왕실보다 훨씬 더 메시아적이었고, 그리고 그 때문에 제국주의적이었다. 서유럽의 보수주의자들이 자기절제의 철학으로 스스로를 한정했던 반면, 러시아 지도자들은 자신들이 성전(聖戰)을 위해 복무해야 한다고 보았다. 차르는 실제로 자신의 정통성이 전혀 도전받지 않았기 때문에 공화주의 운동을 거의 이해하지 못했고 그저 부도덕하다고 여기는 정도였다. 보수주의 가치의 단결을 주창했던 사람들 역시 적어도 크림전쟁까지는 자신들의 영향력을 확대하기 위해 정통성을 이용하려 했고, 니콜라이 1세는 "유럽의 헌병대"라는 별명을 얻었다. 신성동맹의 전성기에 프리드리히 폰 겐츠(Friedrich von Gentz)는 알렉산드르 1세에 대해 이렇게 기술했다.

> 알렉산드르 황제가 대동맹(Grand Alliance)에 대해 일관되게 보여준 모든 열정과 열의에도 불구하고, 그는 대동맹이 없어도 가장 문제될 게 없는 군주다. … 알렉산드르 황제에게 대동맹은 단지 통상적 사안들에서 그의 야심의 주요 목표 중 하나인 영향력을 행사하는 도구이기 때문이다. … 체제 유지에 대한 그의 관심은 오스트리아나 프로이센, 영국의 경우처럼 어떤 필요나 공포에 기반한 관심이 아니다. 그것은 자유롭고 계산된 관심이고, 다른 체제에서 더 큰 이득을 제공하는 순간 그는 그것을 쉽게 포기할 수 있는 위치에 있다.[6]

미국인들처럼 러시아인들도 자신을 예외적인 나라라고 간주했다. 러시아의 중앙아시아로의 팽창은 유목민이나 봉건적 사회만 맞닥뜨렸다는 점에서 미국의 서부 확장과 많은 부분에서 겹치는 특성이 있었고, 팽창을 정당화하는 논리도 고르차코프의 앞선 언급에서 보여지듯이, 미국인들이 자신들의 "명백한 운명(manifest destiny)"을 설명하는 방식과 유사했다. 하지만 러시아가 인도에 가깝게 접근할수록 영국의 의구심을 자극했고, 19세기 후반이 되자 러시아의 중앙아시아로의 팽창은 미국의 서부 진출과 달리 외교적 문제가 되었다.

국경이 열려 있다는 사실은 미국과 러시아 예외주의의 얼마 안 되는 공통된 특성 중 하나였다. 미국이 스스로가 특별하다고 느끼는 인식은 자유라는 관념에 근거했다. 러시아는 다 같이 괴로움을 겪었다는 데서 그런 인식이 자라났다. 모든 사람은 미국의 가치를 공유할 수 있었다. 하지만 러시아의 가치는 러시아 민족에게만 한정되었으며 대부분의 비러시아계 국민은 제외되었다. 미국식 예외주의는 고립주의로 이어졌고, 때로는 도덕적 성전으로 전환되기도 했다. 러시아의 예외주의는 사명감을 불러일으켰고, 이는 때로는 군사적 모험주의로 이어졌다.

민족주의 성향의 정치평론가인 미하일 카트코프는 서방과 러시아 가치 간의 차이를 다음과 같이 정의했다.

> 서방에서는 모든 것이 계약 관계에 기초하지만 러시아에서는 모든 것이 신앙에 기초한다. 이런 차이는 서방과 동방에서 교회가 택한 위상에 의해 애초에 결정되었다. 서방에는 기본적으로 이중 권위가 존재하는 반면, 러시아에는 단일 권위가 존재한다.[7,8]

민족주의적인 러시아 저술가와 범슬라브주의 저술가, 그리고 지식인들은 한결같이 러시아 민족의 이른바 이타주의를 동방정교 신앙 탓으로 돌렸다. 위대한 소설가이자 열정적 민족주의자인 도스토예프스키는 러시아의 이타주의를 외세의 지배로부터 슬라브인들을 해방시켜야 하는 의무로 해석했고, 필요하다면 서유럽 전체의 반대에 맞서서라도 해방시켜야 한다고 보았다. 1877년 러시아가 발칸반도에서 군사작전을 펼칠 때, 도스토예프스키는 이렇게 썼다.

> 인민에게 물어보고, 군인에게 물어보라. 왜 그들이 들고 일어났는가? 왜 그들이 전쟁에 나섰고, 전쟁을 통해 무엇을 기대하는가? 그들은 당신에게 한 인간으로서 예수 그리스도를 섬기고 박해받는 형제들을 해방시키려 한다고 말할 것이다. … (우리는) 그들의 화합을 지켜줄 것이며 그들의 자유와 독립을 보호할 것이다. 비록 유럽 전체

에 맞서는 한이 있더라도 말이다.[9]

러시아가 찬양하면서도 경멸했고 부러워했던 서유럽국들과 달리, 러시아는 스스로를 국가가 아닌 대의명분으로 인식했다. 지정학을 초월하고, 신념에서 추진력을 얻으며, 무력으로 결속되어 있다고 보았다. 도스토예프스키는 러시아의 역할을 슬라브인들의 해방에만 국한하지 않았고 이들이 조화롭게 살도록 지켜주는 것까지 포함된다고 보았다. 이러한 사회적 과업은 지배해야 한다는 논리로까지 쉽게 이어졌다. 카트코프에게 러시아는 제3의 로마 제국이었다.

> 러시아 차르는 그들 선조들의 계승자 그 이상이다. 동로마 제국 황제의 계승자이자 교회 설립자들의 계승자이고 기독교 신앙의 교리를 만든 공의회의 계승자다. 비잔틴 제국이 붕괴하면서 모스크바가 일어섰고 러시아의 위대함도 시작되었다.[10]

이런 열정적 사명감은 러시아 혁명 후 국제공산주의로 전이되었다.

러시아 역사의 모순은 메시아적 충동과 널리 퍼져 있는 안보적 불안감 사이에서 계속되는 양면적 태도에 있다. 극단적으로 일탈하게 되면 이러한 양면적 태도는 제국이 팽창하지 않으면 내부적으로 파열할 것이라는 두려움을 만들어냈다. 그리하여 러시아가 폴란드 분할을 주도했을 때 부분적으로는 안보적인 이유로 그렇게 했지만, 부분적으로는 18세기식의 국력 강화라는 이유도 있었다. 한 세기가 지나고 나서 그러한 정복은 자율적인 중요성을 갖게 되었다. 1869년 범세르비아주의 성향의 군인인 로스티슬라프 안드레예비치 파데예프는 〈동방문제에 대한 견해〉라는 유력한 기고문에서, 러시아가 기존에 정복한 지역을 보호하기 위해 서방으로의 진군을 계속해야 한다고 다음과 같이 주장했다.

> 드네프르강으로부터 비스툴라강으로의 러시아의 역사적 이동(폴란드 분할)은 유럽에 대한 선전포고였고, 러시아에 속하지 않았던 유럽 대륙의 일부에 침입한 셈이었다. 러시아는 이제 적들의 전선 한복판에 서게 되었다. 하지만 어디까지나 잠시 그런 것이다. 적을 몰아내거나 아니면 지금의 위치를 포기해야 한다. … 러시아는 아드리아해까지 영향력을 확장하거나 아니면 드네프르강 너머로 다시 후퇴해야 한다.[11]

파데예프의 분석은 조지 케넌(George Kennan)의 분석과 크게 다르지 않았다. 케넌은 경계선 반대편에서 바라보았을 뿐이다. 케넌은 〈소련 행동의 기원(the Sources of Soviet Conduct)〉"이라는 중요한 글에서 이 문제를 다루었는데, 그는 만약 소련이 팽창하지 못한다면 내부에서 파열하고 붕괴할 것으로 예견했다.[12]

러시아는 스스로를 고매하다고 여겼지만 이런 인식은 외부 세계에서 거의 공감대를 얻지 못했다. 문화와 음악 분야에서의 탁월한 업적에도 불구하고 다른 식민주의 제국들이 종주국으로서 문화적 매력을 발산했던 것과 달리, 러시아는 피정복 민족들에게 매력을 발산하지 못했다. 러시아 제국은 피정복 민족이나 다른 나라로부터 좋은 본보기로 인식되지도 않았다. 외부 세계에 러시아는 원초적 힘이었다. 포섭 또는 대결을 통해 두려워하고 봉쇄해야 하는 신비하고 팽창주의적인 존재였다.

메테르니히는 포섭이라는 노선을 택했으며, 한 세대 동안 대체로 성공을 거뒀다. 하지만 독일과 이탈리아가 통일되고 나서 19세기 초반의 위대한 이념적 대의명분은 통합력을 잃었다. 민족주의와 혁명적 공화주의는 더 이상 유럽 질서에 대한 위협으로 인식되지 않았다. 민족주의가 국가를 구성하는 지배적인 원칙이 되면서 러시아, 프로이센, 오스트리아 군주는 공동으로 정통성을 수호하기 위해 함께 협력해야 한다는 감정이 열어졌다.

메테르니히는 유럽 정부와 유사한 체제를 수립할 수 있었다. 유럽의 통치자들이 자신들의 이념적 단결을 혁명에 맞서는 필수불가결한 방파제로 여겼기 때문이다. 하지만 1870년대가 되자 혁명에 대한 공포가 줄어들었고, 아니면 많은 국가들이 외부의 도움 없이 혼자 혁명을 격퇴할 수 있다고 생각하게 되었다. 프랑스의 루이 16세가 처형당한 지 두 세대가 흘렀고, 1848년의 자유주의 혁명도 제압되었으며, 비록 프랑스가 여전히 공화국이었지만 세상을 교화하겠다는 열의를 상실했다. 이제 발칸반도를 둘러싼 러시아와 오스트리아, 그리고 알자스-로렌을 둘러싼 프랑스와 독일 간의 첨예해지는 갈등을 억누를 수 있는 공통된 이념적 결속이 전혀 없었다. 강대국이 서로를 더 이상 공동의 대의명분을 위한 파트너가 아니라 위험하고 심지어 생사가 걸린 경쟁자로 간주했다. 대결이 외교활동의 표준 방식으로 자리 잡았다.

영국은 예전에 유럽 내 세력균형의 조정자로 행동하면서 충돌을 억제하는 데 많은 기여를 했었다. 지금도 주요 유럽국 중에서 오로지 영국만 여전히 어떤 다른 나라에 대해서 돌이킬 수 없는 적대감에 얽매이지 않은 채 세력균형 외교를 할 수 있었다. 하지만 영국은 핵심적인 위협이 무엇인지에 대해 점점 혼란스러워했으며, 수십 년간 자신의 방향성을 되찾지 못했다.

영국이 익숙하게 여겼던 빈 체제의 세력균형이 급격하게 변했다. 통일된 독일제국의 국력은 혼자서 유럽을 지배할 수 있는 수준에 이르렀다. 만약 이런 상황이 독일제국의 정복 활동에 따른 결과였다면 영국이 예전부터 저항을 했을 것이다. 하지만 디즈레일리를 제외한 대부분의 영국 지도자들은 중유럽에서 민족적 통합이 진행되는 과정을 반대할 명분을 못 찾았고, 오히려 영국 정치인들은 수십 년간 이를 환영해왔다. 특히, 기술적 측면에서 프랑스가 침략자였던 전쟁의 결과로 이런 상황이 정점에 달하자 더욱 환영했다.

캐닝이 40년 전에 영국을 메테르니히 체제로부터 떨어뜨려 놓은 이래, 영국은 영예로운 고립 정책 덕택에 세력균형의 수호자 역할을 할 수 있었다. 특히 어떤 국가도 유럽 대륙을 홀로 지배할 수 없었기 때문에 이런 역할을 할 수 있었다. 독일은 통일되고 나서 점차 유럽 대륙을 홀로 지배할 정도의 역량을 갖추게 되었다. 그리고 혼란스럽게도 독일제국은 타국 정복이 아닌 자국 영토 개발이라는 수단으로 그런 역량을 축적했다. 세력균형이 실제로 공격받을 때 비로소 개입하는 게 영국 방식이었기 때문에 공격받을 조짐이 있다고 해서 영국이 바로 개입하지는 않았다. 독일제국이 노골적으로 유럽의 균형상태를 위협하기까지 수십 년이 걸렸기 때문에 이후 19세기 영국의 외교정책은 식민지 획득의 야심이 특히 이집트에서 영국의 야심과 충돌했던 프랑스에, 그리고 터키 해협, 페르시아, 인도, 나중에는 중국으로까지 진출하려는 러시아에 초점이 맞춰졌다. 모두 다 식민지 이슈였다. 20세기의 위기와 전쟁을 초래하게 되는 유럽 외교에 대해서는 영국은 영예로운 고립 정책을 계속 이어나갔다.

그래서 비스마르크는 1890년 해임될 때까지 유럽 외교를 지배했다. 그는 신생 독일 제국을 위해 평화를 원했고 다른 어떤 나라와도 대립을 추구하지 않았다. 하지만 유럽 국가들 간의 도덕적 결속이 없는 상황에서 이렇게 하기가 매우 어려웠다. 러시아와 오스트리아 둘 다 프랑스 편에 서지 않게 붙들어두어야 했다. 이렇게 하려면 오스트리아가 러시아의 정당한 목표에 도전하지 못하게 막아야 했고, 또한 러시아가 오스트리아-헝가리 제국을 약화시키지 못하게 막아야 했다. 비스마르크는 콘스탄티노플과 인도를 노리는 러시아에 대해 눈을 치켜뜨고 있는 영국의 반감을 사지 않으면서도 러시아와 좋은 관계를 유지해야 했다. 비스마르크와 같은 천재도 이렇게 위태로운 균형을 영원히 잡을 수 없었을 것이다. 국제체제의 긴장이 고조되자 갈수록 관리하기가 힘들어졌다. 그럼에도 불구하고 비스마르크가 독일을 이끌었던 근 20년 동안, 그는 자신이 설파했던 현실정치를 절제력을 가지고 절묘하게 운용했고, 그 덕택에 세력균형이 붕괴하지 않았다.

비스마르크의 목표는 화해가 불가능한 프랑스를 제외하고 다른 어떤 강대국도 독일을 직접 겨냥하는 동맹에 가입할 구실을 주지 않는 것이었다. 비스마르크는 통일된 독일 제국이 "포만감을 느껴서" 영토 야욕이 더는 없다는 점을 밝히면서 발칸반도에 관심이 없다고 러시아를 안심시켰다. 그는 발칸반도가 포메른(Pommern, 발트해에 인접한 오늘날 독일과 폴란드 지역—옮긴이) 출신 척탄병 한 명의 뼈만큼의 가치도 없다고 말했다. 영국을 염두에 둔 비스마르크는 영국이 균형상태를 우려하지 않도록 유럽 대륙에서 어떤 도전도 제기하지 않았고, 독일이 식민지 경쟁에 나서지 못하게 했다. 독일도 식민지를 추구해야 한다는 주장에 대해 비스마르크는 "여기 러시아가 있고 여기 프랑스가 있다. 우리는 여기 중간에 있다. 이게 나의 아프리카 지도다."라고 답했다.[13] 그는 이렇게 조언했지만, 국내정치적으로 압박을 받아 나중에는 입장을 바꿔야 했다.

하지만 충분히 안심할 상황은 아니었다. 독일은 러시아와 오스트리아 둘 다와의 동맹이 필요했고, 처음에 거론되었을 때는 가능해 보이지 않았다. 하지만 비스마르크는 1873년에 그런 동맹을 실제로 체결했다. 소위 제1차 3제동맹(League of the Three Emperors)이 구축되었다. 보수주의 3국 왕실의 단결을 주창하는 이 동맹은 메테르니히의 신성동맹과 상당히 유사해 보였다. 비스마르크가 파괴하려고 그렇게 공을 많이 들였던 메테르니히 체제에 갑자기 애정이 생겼던 것인가? 비스마르크가 성공을 거둔 결과로 시대가 크게 바뀌었다. 비록 독일, 러시아, 오스트리아가 메테르니히 방식대로 서로 상대방의 영역에서 일어나는 체제전복 움직임을 억압하는 데 협력한다고 약속했지만, 정치적 급진주의에 대한 혐오만으로 동방의 왕실들이 단결할 수는 없었다. 무엇보다도 각자 국내적 격변을 외부 도움 없이 진압할 수 있다고 확신했기 때문이다.

더욱이 비스마르크는 확고한 정통주의자라는 신임을 받지 못했다. 게를라흐와의 서신 교환(제5장 참고) 내용이 공개되지 않았지만, 그의 기본 태도는 널리 알려져 있었다. 그가 정치인으로 활동하는 동안 줄곧 현실정치를 옹호해왔기 때문에, 갑자기 정통성에 헌신한다고 해서 신뢰를 얻을 수는 없었다. 러시아와 오스트리아 간의 심각해지는 지정학적 경쟁을 보수주의적 군주들이 단결한다고 해서 막을 수 없었다. 두 나라 모두 쇠퇴하는 오스만 제국의 발칸반도에서 전리품을 챙기려고 했다. 범슬라브주의와 구식의 팽창주의로 인해 발칸 지역에서 러시아의 정책이 모험주의적 성향을 띠게 되었다. 오스트리아-헝가리 제국도 비슷한 태도를 보이면서 분명한 공포가 만들어지고 있었다. 그리하여 문서상으로 독일 황제는 러시아와 오스트리아의 보수주의 군주들과 동맹 관계에 있었지만, 이 두 형제 군주들은 실제로 서로의 목을 겨누고 있었다. 서로를 치명적인 위협으로 간주하는 두 파트너를 어떻게 다룰 것인가의 문제가 비스마르크가 공직에 남아있는 동안 비스마르크의 동맹체제를 괴롭힐 운명이었다.

비스마르크는 오스트리아와 러시아의 국내적 원칙에 호소하는 방식으로는 자신이 풀어놓았던 힘들을 더 이상 통제할 수 없다는 사실을 제1차 삼제동맹을 통해 깨닫게 되었다. 비스마르크는 이제부터 권력과 이기심을 강조하는 방식으로 이들을 조종하려고 했다.

무엇보다 현실정치가 이 시대의 지배적 추세라는 사실이 두 가지 사건에서 분명하게 드러났다. 첫 번째 사건은 1875년에 이른바 조작된 위기(pseudo-crisis)의 형태로 나타났다. 유력한 독일 신문이 "전쟁이 임박했는가?"라는 제목의 사설을 게재하면서 전쟁에 대한 공포를 자극했다. 프랑스의 군비지출 증가와 프랑스군의 대규모 병마(兵馬) 구매에 대한 반응으로 이 사설이 신문에 실린 것이다. 비스마르크는 사태를 더 진전시킬 의도 없이 전쟁의 공포를 불러일으키려 했을 것이다. 독일군 부분 동원령을 선포하지도 않았고 병력을 이동하겠다는 위협도 없었기 때문이다.

실존하지도 않은 위협을 제압하는 게 국가의 위상을 강화하는 쉬운 방책이다. 프랑스 외교는 독일이 선제공격을 계획하고 있다는 인상을 교묘하게 만들어냈다. 프랑스 외교부는 러시아 차르가 프랑스 대사와 대화하면서 프랑스와 독일 간에 충돌이 발생하면 프랑스를 지원할 의향이 있다고 밝힌 사실을 알렸다. 단일 강대국이 유럽 전체를 지배하는 위협에 민감하게 반응해왔던 영국이 동요하기 시작했다. 디즈레일리 총리는 외교장관인 더비 경(Lord Derby)에게 독일을 겁주는 구상을 갖고 고르차코프 러시아 재상에게 접근하라고 지시했다.

> 저는 파머스턴 경이 프랑스를 당황하게 만들고 이집트인들을 시리아에서 축출했을 때 했던 것처럼 우리가 유럽의 평화를 유지하기 위해 행동을 조율해야 한다는 생각을 지니고 있습니다. 이런 특별한 목표를 위해 우리와 러시아 간에 동맹이 있을 수도 있습니다. 그리고 다른 강대국, 가령 오스트리아와 어쩌면 이탈리아도 동참하도록 초대받을 수 있습니다.[14]

러시아의 제국주의적 야심을 극도로 불신했던 디즈레일리가 급기야 영-러 동맹을 체결할 수 있다는 가능성을 내비쳤다는 점은 독일이 서유럽을 지배할 가능성을 얼마나 심각하게 보고 있었는지를 보여준다. 하지만 전쟁에 대한 공포가 불거졌을 때처럼 공포가 빠르게 사그라졌기 때문에 디즈레일리의 구상은 시험해볼 겨를이 없었다. 비록 비스마르크가 디즈레일리의 계략을 상세히 알지는 못했지만, 영국의 기저에 있는 우려를 눈치 채지 못하기에는 너무나 영악했다.

조지 케넌이 설명했던 것처럼,[15] 여론의 관심으로 불거졌던 이 위기는 실제로 그만큼 크지 않았다. 비스마르크는 너무 심하게 압박받으면 전쟁을 할 수도 있다는 인상을 프랑스에 심어주는 데는 반대하지 않았지만, 프랑스에 굴욕감을 준 지 얼마 되지도 않은 시점에서 전쟁을 하겠다는 의도는 없었다. 차르 알렉산드르 2세는 프랑스 공화국의 안보를 보장해줄 생각이 없었다. 물론 그런 옵션이 존재한다는 사실을 비스마르크가 알게 되더라도 개의치 않았다.[16] 그리하여 디즈레일리는 여전히 터무니없는 망상에 반응하고 있었다. 하지만 영국의 불안감, 프랑스의 계략, 그리고 러시아의 양면성으로 인해 비스마르크는 적극적인 정책만이 연합체가 형성되는 상황을 막을 수 있다고 확신하게 되었다. 이런 연합체는 실제로 한 세대 후에 독일을 겨냥해서 삼국협상(Triple Entente)으로 발전하게 되었다.

두 번째 위기는 충분히 현실적이었다. 이 위기는 발칸반도에서 다른 방식으로 등장했고 근본적인 국익이 충돌할 경우 철학이나 이념적 유대만으로 삼제동맹을 결속할 수가 없다는 사실이 드러났다. 이번 위기로 말미암아 비스마르크의 유럽 질서가 궁극적으로 불행한 운명을 맞게 되고 유럽이 제1차 세계대전으로 치닫게 되는 갈등이 드러났기 때문에 좀 더 상세히 다루고자 한다.

크림전쟁 이후 잠잠했던 동방문제는 매우 복잡한 줄거리의 첫 번째 단계에서 국제적 의제를 다시 지배하게 되었고, 19세기가 흘러가면서 마치 일본 가부키극처럼 판에 박힌 듯이 전개되었다. 거의 우연한 몇몇 사건이 위기를 촉발하게 된다. 러시아가 위협을 가하고 영국이 해군을 파견한다. 그러면 러시아는 오스만 제국의 발칸반도 지역 일부를 볼모로 삼기 위해 점령한다. 영국은 전쟁을 하겠다고 위협한다. 모든 것이 터져버릴 그 정확한 시점에 협상이 시작되고, 이 과정에서 러시아는 자신의 요구를 축소한다.

1876년에 수 세기 동안 터키의 지배를 받으며 살았던 불가리아인들이 반란을 일으켰고, 발칸반도 내 민족들도 여기에 합세했다. 터키는 놀라울 정도로 잔인하게 진압했고, 범슬라브주의 정서에 휩쓸린 러시아가 개입하겠다고 위협했다.

런던에서는 러시아가 보인 반응 때문에 러시아가 터키 해협[17]을 통제하려 한다는 너무나 익숙한 두려움이 촉발되었다. 캐닝 이래 영국 정치인들은 러시아가 터키 해협을 통제하면 동지중해와 근동 지역[18]을 지배할 것이며, 그러면서 이집트에서의 영국의 입지를 위협할 것이라는 격언을 지켜왔다. 따라서 영국의 통념에 따르면 비록 오스만 제국이 노쇠하고 잔혹했지만, 러시아와의 전쟁을 감수하고라도 존속시켜야 했다.

이런 상황으로 비스마르크는 심각한 딜레마에 빠졌다. 러시아가 진출한다면 영국의 군사적 반발을 초래할 뿐만 아니라 오스트리아도 마찬가지로 전쟁에 가담하도록 자극할 수 있었다. 그리고 만약 독일이 러시아와 오스트리아 사이에서 한쪽을 택하라고 강요받는다면, 비스마르크의 외교정책이 삼제동맹과 더불어 좌초하게 될 것이다. 어떤 상황이 발생하건 간에 비스마르크는 러시아나 오스트리아 어느 한쪽을 적대시하는 위험에 직면할 수도 있으며, 그렇다고 해서 만약 중립을 유지한다면 모두로부터 분노를 살 가능성도 농후했다. 비스마르크는 1878년 제국의회에서 "우리는 오스트리아와 러시아 간에 이견이 생길 경우 어느 한쪽 편을 들어서 2 대 1로 다수를 만드는 상황을 항상 피해왔습니다."라고 말했다.[19]

비스마르크의 전형적인 방식은 절제(moderation)였다. 그렇지만 이런 방식은 위기가 진행되면서 딜레마가 커질 수밖에 없었다. 비스마르크의 첫 번째 조치는 공통의 입장을 발전시킴으로써 삼제동맹의 결속을 강화하는 것이었다. 1876년 초, 삼제동맹은 탄압을 계속 자행하는 터키에 대한 경고를 담은 소위 베를린 각서(Berlin Memorandum)를 작성했다. 이 각서는 마치 베로나, 라이바흐, 트로파우에서 개최되었던 메테르니히의 회의를 통해 자신들의 결정을 실행할 특정 유럽 국가를 지정했던 것처럼, 특정한 조건을 달아서 러시아가 유럽의 협조(Concert of Europe)를 위해 발칸반도에 개입할 수도 있다고 암시하는 것처럼 보였다.

하지만 그 당시에 그런 행동을 취하는 것과 지금 그런 행동을 하는 것 간에는 엄청나게 큰 차이점이 하나 있었다. 메테르니히 시절, 캐슬레이 영국 외교장관은 비록 영국이 신성동맹에 참여하기를 거부했지만 그래도 신성동맹의 개입에 대해 동정적이었다. 하지만 이제 디즈레일리가 총리였고, 그는 베를린 각서를 영국이 배제된 채 오스만 제국을 해체하는 첫 번째 수순으로 해석했다. 이는 영국이 수 세기 동안 반대해왔던 유럽의 패권에 아주 가까이 다가간 조치였다. 주영국 러시아 대사인 표트르 슈발로프에게 불평하면서 디즈레일리는 이렇게 말했다. "우리가 마치 몬테네그로나 보스니아인 것처럼, 영국을 대했군요."[20] 디즈레일리는 자주 편지를 주고받았던 브래드포드 여사에게는 이렇게 썼다.

> 균형이 이루어져 있지 않습니다. 우리가 북방의 세 강대국과 함께 행동하기 위해 비
> 상한 노력을 하지 않는다면 이들은 우리 없이 행동할 수 있고, 이는 영국 같은 국가
> 로서는 받아들일 수 없는 일입니다.[21]

상트페테르부르크, 베를린, 빈이 과시했던 단결을 고려할 때, 영국으로서는 그들이 무엇을 합의하건 간에 대항하기가 매우 어려울 것이다. 디즈레일리는 러시아가 터키를 공격할 때 북방 왕실들과 손을 잡을 수밖에 없어 보였다.

하지만 파머스턴의 전통[22]에 따라 디즈레일리는 영국의 실력을 보여주기로 결정했다. 디즈레일리는 해군을 동지중해로 급파했다. 터키가 완강하다는 것을 입증하도록 보장하고 삼제동맹에 존재하는 어떤 잠재적인 차이라도 드러나도록 압박하면서 자신의 친(親)터키 감정을 표출했다. 절대 겸손하다고 알려진 적이 없었던 디즈레일리는 빅토리아 여왕에게 자신이 삼제동맹을 끝장내버렸다고 선언했다. 그는 삼제동맹이 "로마의 삼두정치가 소멸했듯이 사실상 소멸했다."고 믿었다.[23]

벤저민 디즈레일리는 영국 정부를 이끌었던 가장 특이하고 가장 비범한 인물 중 한 명이었다. 1868년 자신이 총리로 임명될 것이라는 사실을 알게 된 그는 크게 기뻐했다. "만세! 만세! 내가 마침내 기름 장대의 꼭대기까지 올라갔다!" 이와 대조적으로 디즈레일리의 영원한 맞수였던 윌리엄 글래드스턴(William Gladstone)은 같은 해에 디즈레일리를 계승하게 되자 권력의 책임과 신에 대한 신성한 의무에 관해 장황한 글을 쓰면서 전능하신 하느님께서 총리라는 막중한 책임을 수행하는 데 필요한 용기를 불어넣어 달라고 기도했다.

19세기 후반 영국 정치를 지배했던 위대한 이 두 인물의 선언은 상극과 같은 두 사람의 성격을 정확히 포착하고 있다. 디즈레일리는 겉만 번지르르하고, 화려하며, 변덕스러웠다. 글래드스턴은 박식하고, 신실하며, 진지했다. 지방 대지주와 신실한 성공회교도 귀족 가문으로 이루어진 빅토리아 시대의 토리당이 자신들의 지도자로 명석한 유대인 모험가를 내세웠고, 전형적인 인사이더들의 정당이 세계무대의 전면에 전형적인 아웃사이더를 내세웠다는 점이 매우 아이러니하다. 어떤 유대인도 영국 정계에서 그 전까지 이 정도 고위직에 오른 적이 없었다. 100년이 지난 뒤, 청과물 가게 딸 출신의 또 다른 대단한 지도자이자 영국 최초의 여성 총리가 되는 마거릿 대처를 공직에 앉힌 것도 또다시 자의식적으로 진보적인 노동당이 아니라 겉보기에 완고한 토리당(보수당)이었다.[24]

디즈레일리는 경력만 놓고 보면 총리가 될 법한 인물이 아니었다. 젊은 시절 소설가였던 그는 정책 입안자이기보다 문학을 즐기는 지식인이었으며, 19세기 영국 정계의 거물로서보다는 재치가 번득이는 저술가이자 대담가로서 삶을 마칠 가능성이 더 컸다. 비스마르크처럼 디즈레일리는 영국의 중산층이 보수당을 찍을 것이라고 확신했기 때문에 평민들에게 투표권을 확대해야 한다고 믿었다.

디즈레일리는 토리당 당수로서 17세기부터 영국이 구사해왔던 본질적으로 상업적인 팽창—그래서 영국이 부지불식간에 제국을 구축했다는 말도 나왔다—과는 다른 새로운 형태의 제국주의를 명확히 제시했다. 디즈레일리에게 제국은 경제적 필수품이 아닌 영혼의 필수품이었고, 조국의 위대함을 위한 전제조건이었기 때문이다. 그는 1872년 수정궁(Crystal Palace)[25]에서 한 유명한 연설에서 이렇게 말했다. "이 사안은 하찮은 문제가 아닙니다. 여러분이 유럽 대륙의 원칙을 따르고 영향을 받는, 언젠가 불가피한 운명을 맞이할 편안한 영국이 되는 것에 만족할 것인지, 아니면 여러분의 자제들이 성장해서 가장 높은 지위에 올랐을 때 영국 국민뿐만 아니라 전 세계의 존경까지 받는 위대한 나라, 즉 제국인 나라가 되는 것에 만족할 것인지의 문제입니다."[26]

이러한 신념을 견지했던 디즈레일리는 러시아가 오스만 제국을 위협했을 때 반대하기로 마음먹었다. 디즈레일리는 유럽의 균형이라는 이름으로 제시되었던 삼제동맹의 해결책을 받아들이지 않았으며, 콘스탄티노플(오스만 제국)에 대한 유럽의 컨센서스를 집행하겠다는 러시아를 대영제국의 이름으로 반대했다. 19세기 동안 영국의 전 세계적 구상에 러시아가 가장 큰 위협이 된다는 인식이 공고하게 뿌리내렸기 때문이다. 영국은 러시아의 집게발 전략(pincer movement)에 의해 영국의 해외 이익이 위협당하고 있다고 보았다. 집게발의 한쪽은 콘스탄티노플을 향하고 있었고, 다른 한쪽은 중앙아시아를 거쳐서 인도를 향하고 있었다. 러시아는 19세기 후반에 중앙아시아를 가로질러 팽창하면서 러시아의 정형화된 정복 방식을 고안해냈다. 희생자들이 항상 세계문제의 중심에서 너무 멀리 떨어져 있어서 대부분의 서방인들은 무슨 일이 벌어지고 있는지 정확히 알지 못했다. 그렇기 때문에 서방인들은 차르가 실제로는 자애로우며, 오히려 차르에게 복속된 민족들이 호전적이라는 선입견을 갖게 되었다. 그리고 멀리 떨어져 있고 혼란스럽다는 점도 러시아 외교의 도구가 되었다.

유럽 강대국 중에 영국만 중앙아시아에 관심이 있었다. 러시아가 인도를 향해 남쪽으로 팽창할 때마다 영국은 반발했고, 러시아 재상인 알렉산드르 고르차코프 후작은 이리저리 둘러댔는데, 막상 그는 러시아군이 무엇을 하고 있는지 때로는 모를 때도 있었다. 주러시아 영국 대사인 오거스터스 로프터스 경(Lord Augustus Loftus)은 러시아의 인도에 대한 압박이 "절대 군주제임에도 불구하고 왕으로부터 나온 게 아니라 군 당국이 주로 주도했다."라고 추측했다. "대규모 상비군이 존재한다면, 군대를 위한 일거리가 절대적으로 필요하다. … 중앙아시아 같은 곳에서 정복 시스템이 가동되었을 때 영토 획득은 또 다른 영토 획득으로 이어지는데, 문제는 어디에서 멈추느냐다."[27] 이런 식의 관찰은 물론 고르차코프의 언급을 그대로 되풀이한 것이었다. 한편, 영국 내각은 인도에 대한 러시아의 위협이 팽창하다보니 그렇게 된 건지, 아니면 의도적인 제국주의에서 비롯된 것인지에 대해서는 별로 개의치 않았다.

동일한 패턴이 여러 번 반복되었다. 매년 러시아 군대가 중앙아시아의 심장부 깊숙이 침투했다. 영국은 해명을 요구했고, 러시아로부터 차르가 1제곱미터의 땅도 병합할 의도가 없다는 온갖 종류의 보장을 받았다. 처음에는 이런 식의 달래는 말로 문제를 잠재울 수 있었다. 하지만 불가피하게 러시아가 또다시 진출하면서 문제가 다시 야기되었다. 가령 러시아 군대가 사마르칸트(Samarkand, 오늘날 우즈베키스탄에 소재한 도시—옮긴이)를 1868년 5월에 점령했을 때, 고르차코프는 주러시아 영국 대사인 앤드류 뷰캐넌 경에게 "러시아 정부는 이 도시의 점령을 원하지 않았습니다. 그뿐만 아니라 이 점령을 매우 유감스럽게 생각하며, 이 도시를 영구히 보유하지 않을 것입니다."라고 장담했다.[28] 물론 사마르칸트는 1세기가 지나 소련이 붕괴할 때까지 러시아의 주권하에 있었다.[29]

1872년에 똑같은 속임수가 동남쪽으로 몇백 킬로미터 떨어져 있고 오늘날 아프가니스탄과의 접경지역에 있는 히바 공국[30]을 놓고 반복되었다. 차르의 부관인 슈발로프 백작은 러시아가 중앙아시아에서 영토를 추가로 병합하려는 의도가 없다고 영국인들을 안심시키기 위해 런던에 급파되었다.

> 히바를 취하는 게 황제 폐하의 의도가 전혀 아니었을 뿐만 아니라, 이를 막기 위한
> 지시를 내릴 준비가 되어 있습니다. 그리고 주어진 여건을 감안할 때 히바에 대한
> 장기적인 점령으로 이어질 수가 없을 것입니다.[31]

콘스탄틴 카우프만 장군이 히바를 전멸시키고 슈발로프의 주장과 완전히 상반되는 조약을 강요했다는 소식이 들리자 이런 설명은 거의 말을 꺼내기도 어려웠다.

1875년에 이런 방식이 아프가니스탄 접경지역에 있는 또 다른 공국인 코칸트(Kokand)[32]에도 적용되었다. 이번 경우에 고르차코프 재상은 러시아의 보장과 실제 행동 간의 차이를 정당화할 필요가 있다고 생각했다. 그는 교묘하게 일방적인 보장(그의 정의에 따르면 구속력이 없는)과 공식적인 양자 합의 간의 전례 없는 차이를 궁리해냈다. 그는 편지에 이렇게 썼다. "런던의 내각은 우리가 몇 차례나 자발적이고 우호적으로 중앙아시아에 관한 우리의 입장, 특히 정복이나 병합을 하지 않겠다는 우리의 확고한 결심을 전달해주었다는 사실로부터 마치 이 문제와 관련해서 우리가 그들에게 정식으로 명확한 약속

을 해줬다는 확신을 도출해낸 것처럼 보인다."[33] 다시 말하자면 러시아는 중앙아시아에서 자신의 자유 재량권을 주장하고, 스스로 한계를 정할 것이며, 심지어 스스로 밝혔던 보장에도 구애받지 않으려고 했다.

디즈레일리는 이런 행태가 오스만 제국 문제에 대응할 때 반복되지 않게 하려고 했다. 그는 오스만 제국에게 베를린 각서를 거부하고 발칸반도에서 약탈 행위를 계속하라고 부추겼다. 영국의 단호한 모습을 보였지만 디즈레일리는 국내적으로 상당한 압박을 받았다. 터키의 잔혹 행위 때문에 영국 여론은 반(反)터키 정서로 돌아섰고, 글래드스턴은 디즈레일리의 외교정책이 도덕을 전혀 고려하지 않는다고 비난했다. 그리하여 디즈레일리는 1877년 런던 의정서에 가입하라는 압박을 받았고, 의정서를 통해 3개 북방 왕실과 함께 터키가 발칸반도에서 살상행위를 중단하고 발칸반도 지역에서 행정제도를 개혁하도록 촉구했다. 하지만 터키 술탄은 공식적인 요구가 무엇이건 간에 디즈레일리가 자기편이라는 점을 확신하고 이 문서조차도 거부했다. 이에 대해 러시아는 선전포고로 대응했다.

잠깐이나마 러시아가 외교적 게임에서 승리한 것처럼 보였다. 두 북방 왕실의 지지를 받았을 뿐만 아니라 프랑스의 지지도 받았고, 게다가 영국 여론의 상당한 지지를 받고 있었다. 디즈레일리의 손이 묶였다. 터키를 돕기 위해 전쟁을 한다면 내각이 붕괴할 수도 있었다.

하지만 예전의 많은 위기 때처럼 러시아 지도자들은 자신의 힘을 과신해서 무리수를 두었다. 총명하지만 무모한 성격의 장군이자 외교관인 니콜라이 이그나티예프(Nicholas Ignatyev)가 이끄는 러시아 병력이 콘스탄티노플 입구에 도착했다. 오스트리아는 러시아의 군사 활동에 대한 자신의 지지를 재검토하기 시작했다. 디즈레일리는 영국의 군함을 다다넬즈 해협으로 이동시켰다. 이 상황에서 이그나티예프는 터키를 거세하고 "대불가리아(Big Bulgaria)"를 창설하는 산스테파노 조약(Treaty of San Stefano)의 조건을 발표하면서 모든 유럽을 놀라게 했다. 지중해까지 뻗은 거대해진 이 나라가 러시아의 지배를 받게 될 것이라고 대체로 여겨졌다.

오스만 제국의 운명은 전체로서 유럽의 협조(Concert of Europe)에 의해서만 결정될 수 있지, 어느 한 나라에 의해 결정될 수 없고 적어도 러시아는 아니라는 게 1815년 이래 형성된 유럽의 일반적인 통념이었다. 이그나티예프의 산스테파노 조약은 러시아가 터키 해협을 통제할 가능성을 제기했는데, 이는 영국이 받아들일 수가 없었고, 러시아의 발칸반도 내 슬라브족에 대한 통제는 오스트리아가 용납할 수 없었다. 따라서 영국과 오스트리아-헝가리 둘 다 이 조약을 수용할 수 없다고 선언했다.

갑자기 디즈레일리는 더 이상 혼자가 아니었다. 러시아 지도자들에게는 그의 행보가 크림전쟁 당시 동맹의 귀환을 알리는 불길한 징조로 보였다. 외교장관인 솔즈베리 경(Lord Salisbury)이 유명한 1878년 4월의 각서를 통해 왜 산스테파노 조약이 개정되어야 하는지를 개괄적으로 설명하자, 주영국 러시아 대사이자 이그나티예프의 오랜 경쟁자인 슈발로프조차도 여기에 동의했다. 영국은 러시아가 콘스탄티노플로 진격한다면 전쟁할 것이라 위협했고, 오스트리아도 발칸반도에서의 전리품 분배를 놓고 전쟁하겠다고 위협했다.

비스마르크가 소중히 여겨왔던 삼제동맹이 붕괴할 것처럼 비틀거렸다. 이때까지만 해도 비스마르크는 대단히 신중했다. 러시아군이 "동방정교와 슬라브 왕국이라는 대의 명분을 위해" 터키로 진격하기 1년 전인 1876년 8월, 고르차코프는 비스마르크에게 독일이 발칸반도의 위기를 해결하기 위한 회의를 주재해 달라고 제안했다. 메테르니히나 나폴레옹 3세였다면 이 기회에 편승해서 유럽 협조의 핵심 중재자 역할을 하려고 했겠지만, 비스마르크는 이런 회의가 삼제동맹 내부의 이견을 두드러지게 만들 뿐이라고 믿었기 때문에 반대했다. 그는 이런 회의에서 영국을 포함해 모든 참석국이 "아무도 우리한테 기대하는 지지를 받지 못할 것이기 때문에 다들 우리에게 비우호적으로 나올 것이다."[34]라고 사석에서 속내를 털어놓았다. 아울러 비스마르크는 디즈레일리와 고르차코프를 같은 자리에 모이게 하는 것이 현명하지 못하다고 생각했다. 그는 두 사람을 "똑같이 위험한 허영심에 빠진 장관"이라고 묘사했다.

그럼에도 불구하고 발칸반도가 대규모 유럽전쟁을 일으킬 도화선이 될 가능성이 점점 커지는 것처럼 보이자, 비스마르크는 마지못해 베를린에서 회의를 개최했다. 베를린이 러시아 지도자들이 기꺼이 방문할 의향이 있는 유일한 수도였기 때문이다. 하지만 그는 일상적인 외교에서 거리를 두고자 했고 오스트리아-헝가리의 외교장관인 안드라시가 초청장을 발송하도록 설득했다.

이 회의는 1878년 6월 13일에 열릴 예정이었다. 하지만 회의가 열리기 전 영국과 러시아는 솔즈베리 경과 새로운 러시아 외교장관인 슈발로프 간에 주요 사안에 관해 이미 합의한 상태였고, 5월 30일 협정에 서명하였다. 산스테파노 조약에 의해 창설된 "대불가리아"는 세 국가로 대체되었다. 우선 상당히 축소된 독립국인 불가리아가 있었다. 그리고 동루멜리아(Estern Rumelia)는 기술적으로 터키 총독의 지배를 받는 자치국이었으나 실제 관리는 유럽 위원회(20세기 유엔 평화유지 활동의 전신)가 감시하도록 했다. 불가리아의 나머지 지역은 터키의 지배를 받는 상황으로 되돌아갔다. 아르메니아에서 러시아의 이익은 축소되었다. 이와 별도의 비밀 합의를 통해 영국은 오스트리아에 오스트리아의 보스니아–헤르체고비나 점령을 지지하겠다고 약속했으며, 터키 술탄에는 아시아 지역의 터키를 보장하겠다고 안심시켰다. 그 대가로 술탄은 해군기지로 사용하도록 사이프러스를 영국에 넘겨주었다.

베를린 회의가 열릴 시점이 되자 비스마르크가 이 회의를 주최하게 만들었던 전쟁 위험이 대부분 사라졌다. 이미 협상을 통해 타결된 사항을 유럽이 축복해주는 것이 이 회의의 주된 기능이었다. 비스마르크가 이런 결과를 예견할 수 있었다면 이렇게 본질적으로 불확실한 중재자 역할을 맡는 위험을 무릅썼을지 궁금하다. 물론 회의가 임박했다는 사실로 인해 러시아와 영국이 별도의 직접 협상을 통해 재빨리 합의했을 가능성도 있다. 직접 협상하면 상대방으로부터 더 많은 이익을 얻어낼 수 있고, 그런 이익이 유럽 회의에서의 예상치 못한 상황에 노출되지 않기를 바랐기 때문이다.

이미 결정된 합의에 대한 세부사항을 처리하는 일은 그다지 영웅적인 일이 못 된다. 영국을 제외한 모든 주요 국가들은 외교장관이 참석했다. 영국 역사상 처음으로 총리와 외교장관이 둘 다 영국 제도(諸島) 밖에서 개최된 국제회의에 참석했다. 이미 대부분 확정된 중요한 외교적 성과를 디즈레일리는 솔즈베리에게 위임하고 싶지 않았기 때문이다. 반세기도 넘는 과거에 라이바흐(1821년)와 베로나(1822년)에서 개최되었던 회의에서 메테르니히와 협상했던 적이 있었던, 허영심 많고 나이든 고르차코프는 베를린 회의를 자신의 마지막 국제무대로 택했다. "나는 연기가 나는 램프처럼 꺼지고 싶지 않다. 나는 내가 별이었던 것처럼 사라지고 싶다."라고 그는 베를린에 도착하자마자 선언했다.[35]

이 회의의 무게중심에 대해 어떻게 생각하는지에 대해 질문을 받자, 비스마르크는 디즈레일리를 지목했다. "저 나이든 유대인, 저 사람이 진짜 남자다(Der alte Jude, das ist der Mann)."[36] 이 두 사람은 배경이 매우 달랐지만 서로를 존경하게 되었다. 두 사람 다 현실정치를 지지했고 자신들이 도덕주의적 공염불로 여기는 것들을 싫어했다. 종교적 색채가 있는 글래드스턴의 발언(디즈레일리와 비스마르크 모두 글래드스턴을 몹시 싫어했다)이 그들에게는 순전히 기만적으로 보였다. 비스마르크건 디즈레일리건 발칸반도의 슬라브족에 대해 아무런 동정심이 없었고, 만성적이고 폭력적인 사고뭉치로 간주했다. 두 사람 다 통렬하고도 냉소적인 빈정거림, 사소한 문제는 무시하는 대범함, 그리고 가시 돋친 말을 신랄하게 하는 습관이 있었다. 골치 아픈 세부 문제들에 지쳐서 비스마르크와 디즈레일리는 대담하고 극적인 방식으로 정책에 접근하는 것을 선호했다.

디즈레일리가 비스마르크를 능가하는 유일한 정치인이었다는 주장이 있을 수도 있다. 디즈레일리는 이미 자신의 목적을 달성한 확고부동한 위치에서 회의에 참석했다. 캐슬레이도 빈 회의 시절에 이와 비슷한 입장이었고, 제2차 세계대전 이후 스탈린도 그랬다. 남은 쟁점으로 영국과 러시아 간의 앞선 합의를 이행하기 위한 세부 사항과 함께 터키와 신생국 불가리아 중 누가 발칸반도를 관통하는 통로(Balkan pass)를 통제해야 하는지에 대한 본질적으로 기술적인 군사 문제 등이 있었다. 디즈레일리로서는 이 회의에서의 전략적 문제는 정복했던 영토를 일부 포기해야 하는 러시아의 좌절감으로부터 영국이 최대한 비켜나게 하는 것이었다.

비스마르크는 입장이 너무나 복잡했기 때문에 디즈레일리가 성공을 거두었다. 비스마르크는 발칸반도에 독일의 이익이 전혀 없다고 보았으며, 기본적으로 러시아와 오스트리아 간의 전쟁을 무슨 수를 써서라도 막아야 한다는 것 외에는 당면 이슈와 관련해 선호가 없었다. 그는 이 회의에서 자신의 역할을 "정직한 중개자(honest broker)"로 소개했다. 거의 모든 발언에서 "동방문제에서 어떠한 종류의 직접적인 이해관계도 없는 독일은 ···"이라는 문구를 언급했다.[37]

비스마르크는 이 게임이 어떻게 전개되는지 너무나 잘 이해했지만, 그럼에도 그는 위험이 다가오는 게 보이지만 피하지 못하는 악몽 속에 있는 사람처럼 느껴졌다. 독일 제국의회가 더 강력한 입장을 취하라고 촉구하자, 비스마르크는 자신은 비켜서 있으려고 한다고 받아쳤다. 비스마르크는 차르 니콜라이 1세가 1851년 오스트리아와 프로이센 사이에 개입했다가 사실상 오스트리아 편을 들게 되었던 사례를 언급하면서, 중재의 위험성을 지적했다.

그 당시 차르 니콜라이가 [나의 반대자가] 지금 감히 독일에 주려고 하는 역할을 맡았습니다. 차르가 와서 "먼저 쏘는 사람을 내가 쏴버리겠소." 라고 말했고, 그 결과 평화가 유지되었습니다. 이게 누구에게 유리하고 누구에게 불리할지는 역사에 속하는 일이고, 제가 여기에서 논하고 싶지 않습니다. 저는 단지 이런 질문을 해보고자 합니다. 실제로 어느 한쪽 편을 들었던 차르 니콜라이의 역할이 감사하다고 보답을 받은 적이 있었습니까? 우리 프로이센은 분명히 그렇게 한 적이 없습니다! ··· 차르 니콜라이가 오스트리아로부터 고맙다는 말을 들었습니까? 3년 후 크림전쟁이 발발했고, 저는 더 이상 말할 필요가 없습니다.[38]

비스마르크는 차르 니콜라이의 개입 때문에 프로이센이 북부 독일을 통일하지 못했던 1851년의 실제 이슈도 덧붙일 수 있었지만, 그렇게까지 하지는 않았다.

비스마르크는 자신이 해왔던 역할을 가능한 한 잘 수행했다. 그는 발칸반도의 동부 지역 문제와 관련해서 대체로 러시아를 도와주고(베사라비아 병합과 같은), 서부 지역과 관련된 문제(보스니아–헤르체고비나의 점령과 같은)에서는 오스트리아를 지지하는 식으로 문제를 처리했다. 단지 한 가지 사안에서만 러시아를 반대했다. 디즈레일리가 만약 불가리아와 마주 보는 통로를 터키가 통제하게 하지 않는다면 회의장을 떠나겠다고 위협했을 때, 비스마르크는 러시아 측 협상대표인 슈발로프가 입장을 번복하게 해달라고 차르에게 좋은 말로 요청했다.

이런 방식으로 비스마르크는 크림전쟁 이후 오스트리아에 닥쳤던 상황과 달리 러시아와의 관계가 악화하는 것을 피했다. 하지만 비스마르크도 무사했던 것은 아니었다. 러시아의 많은 유력 인사들이 자신들의 승리가 속임수로 빼앗겼다고 느꼈다. 러시아는 정통성을 위해 영토 획득을 늦췄을지 모르지만(알렉산드르 1세가 1820년대 그리스에서 봉기가 있었을 때 그랬고, 니콜라이 1세가 1848년 혁명 당시에 그랬듯이), 궁극적인 목적을 결코 포기하지 않았고, 타협안이 정당하다고 수용하지도 않았다. 러시아는 자신의 팽창주의가 견제당하자 대체로 언짢은 감정을 드러냈다.

그리하여 베를린 회의 이후 러시아는 자신이 추구했던 목표를 모두 달성하지 못한 게 자신의 지나친 야심 때문이 아니라 유럽의 협조 때문이라고 비난했다. 그리고 러시아를 상대로 하는 연합체를 구상했고 전쟁하겠다고 위협했던 디즈레일리가 아니라 유럽의 전쟁을 막으려고 회의를 운영했던 비스마르크가 비난받았다. 러시아는 영국의 반대에 익숙해져 있었다. 하지만 정직한 중재자 역할을 전통적 동맹국인 독일이 맡았다는 사실을 범슬라브주의자들은 모욕으로 여겼다. 러시아의 민족주의 성향의 신문은 이 회의를 "비스마르크의 주도하에 러시아에 반대하는 유럽 연합체"라고 불렀고,[39] 비스마르크는 러시아가 자신의 터무니없는 목적을 달성하지 못한 데 대한 희생양이 되었다.

베를린 회의에서 러시아의 수석 협상대표였던 슈발로프는 현장에 있었기 때문에 당시 상황을 정확히 파악하고 있었으며, 회의 여파에 따른 러시아의 맹목적 애국주의 정서를 이렇게 요약했다.

사람들은 러시아의 이익이 특정한 외국의 조치로 중대하게 침해되었다는 터무니없는 환상을 국민에게 심어주기를 좋아하고, 이런 식으로 가장 파괴적인 선동이 지속

되게 만든다. 모든 사람이 평화를 원한다. 이 나라의 상황은 평화를 매우 절박하게
필요로 하지만, 동시에 사람들은 사실상 우리 자신의 실책으로 빚어진 불만의 결과
를 외부세계 탓으로 돌리려고 한다.[40]

하지만 슈발로프의 견해는 러시아의 여론을 반영한 것이 아니었다. 차르는 맹목적
인 애국심에 물든 언론이나 급진적인 범슬라브주의만큼 나서지는 않았지만 베를린 회의
의 결과를 전적으로 받아들일 수는 없었다. 이후 수십 년 동안 베를린 회의에서의 독일의
배신행위가 많은 러시아 정책 문서에서 두고두고 거론되었고, 제1차 세계대전 직전의 문
서에서도 지적되었다. 보수주의 군주들의 단결에 근거한 삼제동맹이 더 이상 지속될 수
없었다. 이제부터는 국제문제에서 응집하도록 하는 어떤 힘이 있다면, 이는 현실정치 그
자체여야만 했다.

1850년대에 비스마르크는 유럽 대륙 차원에서 영국의 "영예로운 고립"과 같은 정책
을 옹호했다. 그는 프로이센이 외교문제에 연루되지 않고 초연하게 있다가, 어느 주어진
시점에 어느 편이든 프로이센의 국익에 가장 기여하는 것처럼 보이는 쪽에 프로이센의
힘을 실어줘야 한다고 주장했다. 이런 접근법을 취하면서 프로이센은 행동의 자유를 제
약하는 동맹을 회피했으며, 무엇보다도 어떤 잠재적 경쟁국보다 더 많은 옵션을 갖게 되
었다. 1870년대에 비스마르크는 러시아 및 오스트리아와의 전통적인 동맹 관계로 되돌
아가서 독일의 통일을 공고화했다. 하지만 1880년대가 되자 전례 없는 상황이 발생했다.
독일이 홀로 초연하기에는 너무나 강력했고, 유럽 전체가 독일을 상대로 단결하게 될 수
도 있었다. 또한 독일은 역사적이고 거의 반사적인 러시아의 지지에 더 이상 의존할 수도
없었다. 독일은 친구가 필요한 거인이었다.

비스마르크는 이런 딜레마를 외교정책에 대한 이전의 접근법을 완전히 뒤집는 방식
으로 해결했다. 만약 어떤 잠재적 적국보다 더 적게 약속하는 방식으로 세력균형을 더 이
상 가동할 수 없다면, 차라리 상상 가능한 어떠한 적국보다도 더 많은 국가들과 관계를
구축해서 상황에 따라 동맹들 중에서 선택을 하기로 했다. 비스마르크는 이전 20년간 자
신의 외교를 특징지었던 행동의 자유를 포기하면서, 한편으로는 독일의 잠재적 적국들이
서로 뭉치는 상황을 차단하고 다른 한편으로는 독일 파트너들의 행동을 억제하도록 설계
된 동맹 체제를 구축하기 시작했다. 때로는 상호 모순적인 각각의 연합체들에서 독일은
항상 다양한 파트너들이 그들끼리보다 독일과 더 가깝도록 관리했다. 그리하여 비스마르
크는 독자적 행동이라는 옵션뿐만 아니라 공동 행동에 관한 거부권도 항상 가졌다. 10년

동안 비스마르크는 동맹국의 적국과도 조약을 유지하는 데 성공했고, 그럼으로써 모든 면에서 긴장을 억제할 수 있었다.

비스마르크는 오스트리아와 비밀 동맹을 체결하면서 1879년에 새로운 정책을 시작했다. 그는 베를린 회의 이후 러시아가 분개하고 있다는 사실을 의식하면서 이제 러시아의 팽창을 막기 위한 장벽을 구축하려고 했다. 하지만 비스마르크는 오스트리아가 러시아에 도전하기 위해 독일의 지지를 이용하도록 허용하고 싶지 않았기 때문에 발칸반도에서의 오스트리아 정책에 대한 거부권을 확보했다. 독-오 동맹에 대해 솔즈베리가 대단히 "기쁜 소식(tidings of good joy)"이라면서 따뜻하게 환영하자, 비스마르크는 러시아의 팽창주의를 견제하고 싶은 사람이 혼자가 아니라며 안도했다. 솔즈베리는 의심할 바 없이 이제부터 독일의 지원을 받은 오스트리아가 터키 해협을 향해 팽창하려는 러시아를 막고, 영국의 부담을 덜어줄 것으로 희망했다. 다른 나라의 국익을 위해서 싸워준다는 게 비스마르크의 주특기가 아니었다. 그는 이 지역에서의 분쟁을 너무나 경멸했기 때문에 특히 발칸반도에서 그렇게 하는 것을 싫어했다. 비스마르크는 일찍이 "누군가는 이 양떼 도둑들(sheep-stealers)에게 유럽 정부들이 이들의 욕망과 경쟁에 얽매일 필요가 전혀 없다는 점을 확실히 이해시켜야 한다."[41, 42]라며 발칸반도에 대해 투덜댄 적이 있었다. 그의 후임자들이 이런 주의사항을 망각했다는 사실이 유럽의 평화 측면에서 볼 때 불행한 일이었다.

비스마르크는 대결보다는 동맹으로 발칸반도에서 러시아를 억제하자고 제안했다. 차르는 고립될 수도 있다는 생각이 들자, 해오던 일을 갑자기 멈췄다. 영국이 러시아의 최대 적수이고, 프랑스가 여전히 약하며 무엇보다 믿음직한 동맹이 되기에는 공화국이라는 점이 거슬리기 때문에 차르는 삼제동맹의 부활에 동의했다. 이번에는 현실정치에 기반한 삼제동맹이었다.

가장 큰 반대 세력과 동맹을 체결할 경우 어떤 이익을 얻어낼 수 있는지가 오스트리아 황제에게는 당장 와 닿지 않았다. 오스트리아 황제라면 터키 해협으로 진출하려는 러시아를 막는 데 공동된 이익을 가진 영국과 손잡기를 선호했을지도 모른다. 하지만 디즈레일리가 1880년 선거에서 패배하고 글래드스턴이 집권하면서 그럴 가능성이 사라졌다. 친터키 반러시아 동맹에 간접적으로나마 영국이 참여한다는 옵션이 더 이상 가능하지 않았다.

제2차 삼제동맹은 도덕적 관심사라는 겉치레가 전혀 없었다. 정확히 현실정치라는 조건에 따른 것이라고 명시된 제2차 삼제동맹은 체약국 중 어느 한 나라가 제4의 국가와 전쟁할 경우—가령 영국이 러시아와 전쟁하거나 프랑스가 독일제국과 전쟁할 경우—우호적 중립을 유지할 책무가 있다고 되어 있었다. 그리하여 독일은 양면 전쟁(two-front war)[43]의 위험으로부터 보호받았고, 러시아는 크림전쟁 당시의 동맹(영국, 프랑스, 오스트리아)이 재현되는 위험으로부터 보호받았다. 한편, 오스트리아가 공격받으면 보호해준다는 독일의 약속은 그대로 남아 있었다. 발칸반도에서 러시아의 팽창주의에 맞서는 의무는 러시아를 겨냥한 동맹에 오스트리아가 가담하지 못하게 되면서, 적어도 서류상으로는 영국에게 넘어갔다. 부분적으로 상쇄하는 동맹 간 균형을 유지함으로써 비스마르크는 외교적 초연함을 유지했던 이전 단계(제1차 삼제동맹)에서 누렸던 것과 거의 동일한 행동의 자유를 성취할 수 있었다. 무엇보다도 그는 국지적 위기가 전면전으로 비화될 수 있는 유인을 제거했다.

제2차 삼제동맹이 체결된 이듬해인 1882년, 비스마르크는 이탈리아를 설득해 자신의 그물망을 더 넓게 펼쳤고 독일과 오스트리아의 이중동맹(dual alliance)을 이탈리아를 포함한 삼국동맹(triple alliance)으로 발전시켰다. 이탈리아는 대체로 중유럽의 외교에 대해서는 초연했지만, 프랑스의 튀니지 정복에 분노했다. 이탈리아의 북아프리카 구상에 프랑스가 선수를 쳤기 때문이다. 마찬가지로 지위가 불안정한 이탈리아 왕실은 강대국 외교를 과시한다면 거세지는 공화주의 물결을 더 잘 막을 수 있을 거라고 생각했다. 오스트리아 입장에서는 삼국동맹이 러시아를 억제하지 못할 경우를 대비해 추가적인 보장을 추구했다. 삼국동맹을 구성하면서 독일과 이탈리아는 프랑스의 공격에 대해 상호 원조를 약속했으며, 이탈리아는 오스트리아-헝가리에 러시아와 전쟁하면 중립을 지키겠다고 약속하여 양면 전쟁에 대한 오스트리아의 우려를 완화시켰다. 마지막으로 1887년에 비스마르크는 두 동맹국 오스트리아와 이탈리아에 지중해에서의 현상을 공동으로 유지하겠다는 소위 지중해 협정(Mediterranean Agreements)을 영국과 체결하도록 권유했다.

비스마르크의 외교는 서로 맞물리는 일련의 동맹들을 만들어냈으며, 이 동맹들은 부분적으로는 중첩되었고 부분적으로는 경쟁적이었다. 러시아의 공격으로부터 오스트리아를 보장하고, 오스트리아의 모험주의로부터 러시아를 보장하며, 독일 포위를 막는 한편 러시아의 지중해로의 팽창을 저지하는 데 영국을 끌어들였다. 그의 복잡한 체제에 도전하지 못하도록 비스마르크는 최선을 다해 알자스-로렌을 제외한 모든 곳에서 프랑스의 야심을 충족시켜주려고 했다. 그는 프랑스에 식민지를 확대하라고 권유했다. 이는 부분적으로는 프랑스의 에너지를 중유럽으로부터 다른 곳으로 돌리려는 것이었으나 식민지 개척의 경쟁자들, 특히 영국과 얽히게 하려는 목적이 더 컸다.

10년 이상 이런 계산이 정확하게 들어맞았다. 프랑스와 영국은 이집트에서 거의 충돌할 뻔했으며, 프랑스는 튀니지를 두고 이탈리아와 사이가 틀어졌다. 영국은 러시아를 중앙아시아에서, 그리고 콘스탄티노플로 향하는 접근로에서 계속해서 반대했다. 영국과의 충돌을 간절히 회피하고 싶었던 비스마르크는 1880년대 중반까지 식민지 확대를 자제했고, 독일의 외교정책을 유럽 대륙에만 한정시켰다. 유럽 대륙에서는 현상 유지를 목표로 했다.

하지만 결국 현실정치를 위한 요구조건이 너무나 복잡해서 지속하기가 불가능해졌다. 시간이 지날수록 발칸반도에서 오스트리아와 러시아의 충돌을 관리할 수 없는 지경이 되었다. 만약 세력균형을 가장 순수한 방식으로 적용했다면 발칸반도가 러시아와 오스트리아의 세력권으로 분할되었을 것이다. 하지만 가장 독재적인 국가에서도 그런 정책을 추진하기에는 내부적으로 여론이 이미 활활 타오르고 있었다. 러시아는 슬라브인들을 오스트리아의 지배 하에 두는 세력권에 동의할 수 없었고, 오스트리아는 자신이 발칸반도에 있는 러시아의 슬라브 속국으로 간주하는 나라들을 강화하는 데 동의하지 않을 것이다.

비스마르크의 18세기식 내각 외교는 대중여론의 시대와 갈수록 양립하기가 어려워지고 있었다. 대의제 민주주의 국가인 영국과 프랑스 정부는 여론에 반응하는 것을 당연한 일로 여겼다. 프랑스에서 이는 알자스-로렌 수복에 대한 압력이 고조되고 있다는 의미였다. 하지만 여론의 역할이 새롭게 중요해진 가장 놀라운 사례는 바로 영국이었다. 글래드스턴이 디즈레일리를 꺾은 1880년 선거는 외교정책이 주요 쟁점이었던 유일한 선거였고, 선거 이후 디즈레일리의 발칸반도 정책이 뒤집혔다.

19세기 영국 정계에서 가장 거물이었던 글래드스턴은 외교정책을 윌슨 이후 미국인들이 바라보았던 것과 상당히 똑같은 방식으로 바라보았다. 지정학적 기준 대신 도덕적 기준으로 외교정책을 판단했던 그는 불가리아인들의 민족적 열망이 실제로 정당하며, 같은 기독교 국가로서 영국이 무슬림 터키에 맞서 불가리아를 지원해야 할 의무가 있다고 주장했다. 글래드스턴은 강대국들이 연합해서 터키가 올바르게 행동하도록 만들어야 하며, 그런 다음 그러한 연합체가 불가리아의 관리를 책임질 것이라고 주장했다. 글래드스턴은 윌슨 대통령 시기에 "집단안보(collective security)"로 알려지게 된 것과 동일한 개념을 제시했다. 즉, 유럽은 공동으로 행동해야 하며, 그렇지 않으면 영국은 아예 행동에 나서지 말아야 한다고 보았다.

유럽 강대국들의 일치된 행동에 의해서 이루어져야 하고, 그래야만 안전하게 이루어질 수 있습니다. 여러분의 힘은 대단하지만, 무엇보다도 이 사안에 있어 유럽의 정신과 마음이 하나가 되어야 한다는 게 극히 중요합니다. 나는 우리가 강대국이라고 일컫는 러시아, 독일, 오스트리아, 프랑스, 영국, 이탈리아, 이 6개국만을 거론하고자 합니다. 이들 모두의 단결은 중요할 뿐만 아니라 완전한 성공과 만족을 위해 거의 필수불가결합니다.[44]

지정학을 강조한 디즈레일리에게 감정이 상한 글래드스턴은 1880년에 그의 획기적 정책인 미들로시언 캠페인(Midlothian Campaign)에 나섰다. 여러 지역을 방문하면서 외교정책 사안을 직접 국민에게 설명한 역사상 최초의 활동이었다. 고령의 글래드스턴은 갑자기 대중 연설가로서 진가를 발휘했다. 도덕만이 건전한 외교정책을 위한 유일한 기반이라고 역설하면서, 세력균형이나 국익이 아니라 기독교적 품위와 인권 존중이 영국 외교정책의 지침이 되어야 한다고 주장했다. 한 방문지에서 그는 이렇게 선언했다.

아프가니스탄 고지대 사람들의 생명의 신성함은 전지전능한 하느님께서 보시기에 여러분 자신의 생명의 신성함만큼이나 침해될 수 없다는 사실을 기억하십시오. 똑같은 육신과 피를 가진 인류로서 여러분이 하나가 되게 한 그분께서 서로 사랑하라는 율법으로 여러분을 묶어놓았다는 사실을 기억하십시오. … 이는 기독교 문명의 범위에 국한되지 않습니다.[45]

글래드스턴은 훗날 윌슨이 개인의 도덕과 국가의 도덕 간에 차이가 있을 수 없다고 주장하면서 뒤따르게 될 길을 개척하였다. 한 세대 후의 윌슨처럼 글래드스턴은 자신이 세계 여론이 감시하는 평화로운 변화를 향한 세계적인 추세를 발견했다고 생각했다.

국가들의 새로운 법이 점차 사람들의 인식에 자리 잡고 있으며, 세계의 관행을 흔들고 있다는 점이 확실하다. 이 법은 독립을 승인하고, 침략에 반대하고, 분쟁의 폭력적 해결이 아닌 평화적 해결을 선호하며, 일시적이 아닌 항구적인 해결을 목표로 한다. 무엇보다도 이 법은 최고의 권위를 지닌 재판소로서 문명화된 인류의 일반적인 판단을 인정한다.[46]

이 문구의 모든 단어는 윌슨이 말했을 법한 것들이고, 이 문구의 함의 또한 윌슨이 제안한 국제연맹과 매우 유사했다. 글래드스턴은 1879년 자신의 정책과 디즈레일리의 정책에 분명한 선을 그으면서, 세력균형을 실천하기보다 "유럽 강대국들을 하나로 단결시키기 위해 노력하겠다."라고 강조했다. "왜냐고? 모두가 단결하게 하면 각자의 이기적 목표들이 무력화되고 속박되고 억제되기 때문입니다. … 공동 행동은 이기적 목표에 치명적입니다."[47] 물론, 유럽 전체를 단합시키지 못하는 상황이 긴장이 고조되는 바로 그 원인이었다. 프랑스와 독일 간 혹은 오스트리아와 러시아 간 불화를 해소할 수 있는 어떤 원인도 예견되지 않았고, 불가리아의 미래는 확실히 아니었다.

글래드스턴 이전에는 어떤 영국 총리도 이런 수사법을 사용하지 않았다. 캐슬레이는 유럽의 협조를 빈 합의를 집행하기 위한 장치로 간주했다. 파머스턴은 세력균형을 유지하는 도구로 보았다. 글래드스턴은 유럽의 협조를 현상 유지의 집행자로 보기는커녕 완전히 새로운 세계질서를 초래하는 혁명적 역할을 부여했다. 이러한 아이디어는 한 세대 이후 윌슨이 국제무대에 등장할 때까지 동면 상태로 있었다.

비스마르크는 이런 시각을 완전히 혐오했다. 이 두 거물이 진정으로 서로를 싫어했다는 사실이 놀랍지 않다. 글래드스턴에 대한 비스마르크의 태도는 시어도어 루스벨트의 윌슨에 대한 태도에 필적했다. 비스마르크는 빅토리아 시대의 이 위대한 인물을 부분적으로는 사기꾼으로, 부분적으로는 위협적으로 간주했다. 이 철혈재상은 1883년 독일 황제에게 이렇게 편지를 썼다.

> 만약 영국에서 유럽의 정치를 이해했던 이전 시대의 위대한 정치인들이 완전히 자취를 감추지 않았더라면 우리의 임무가 훨씬 수월했을 것입니다. 연설만 잘하는 글래드스턴과 같은 무능한 정치인들로는 영국의 위상에 걸맞는 정책을 추구하기가 불가능합니다.[48]

자신의 맞수에 대한 글래드스턴의 인식은 훨씬 더 직설적이었다. 가령, 그는 비스마르크를 "악의 화신"이라고 불렀다.[49]

외교정책에 관한 글래드스턴의 아이디어는 윌슨의 아이디어와 똑같은 운명을 겪었다. 그러한 아이디어로 국민들이 자극을 받아 세계문제에 더 참여하기보다는 오히려 손을 떼고 물러났기 때문이다. 통상적인 외교의 차원에서, 1880년 글래드스턴의 집권은 이집트와 수에즈 운하 동편(East of Suez)[50]에 대한 영국의 제국주의 정책에 별다른 변화를 가져오지 않았다. 하지만 글래드스턴의 집권으로 인해 영국은 발칸반도와 전반적인 유럽의 균형상태에서 주요한 요인이 되지 못했다.

글래드스턴의 두 번째 임기(1880년부터 1885년)는 그리하여 마치 캐닝이 유럽에서 후퇴하면서 메테르니히가 차르에게 더 가까워진 것처럼, 유럽 대륙에서 가장 온건한 정치인인 비스마르크가 설치해둔 안전망이 제거되는 역설적인 결과를 낳았다. 파머스턴과 디즈레일리의 시각이 영국의 외교정책을 지배하는 한 영국은 러시아가 발칸반도에서나 콘스탄티노플 접근에 있어 도를 넘을 때마다 최후의 수단으로서 역할을 할 수 있었다. 글래드스턴이 집권하고 나서 이런 보장책이 끝났고, 비스마르크는 갈수록 시대착오적인 러시아와 오스트리아와의 삼각 협력에 더욱 의지하게 되었다.

여태까지 보수주의의 보루였던 동방 왕실들이 어떤 면에서 대의민주주의 정부보다 민족주의적 여론에 더 민감하다는 사실이 드러났다. 독일의 국내 정치구조는 비스마르크가 세력균형 외교를 실행할 수 있도록 설계되었지만, 동시에 대중 선동을 야기하는 경향이 강했다. 제국의회는 당시 유럽에서 가장 보편적인 선거로 선출되었지만, 독일 정부는 황제에 의해 임명되었고 제국의회가 아닌 황제의 지시를 받았다.

이런 식으로 책임을 박탈당한 제국의회 의원들은 극단적인 언사에 얼마든지 자유롭게 도취되었다. 한 번에 5년의 국방예산이 표결에 부쳐지기 때문에 정부는 국방정책이 표결되는 중요한 해에 위기를 조장하려는 유혹을 받았다. 만약 충분한 시간이 주어졌다면 이런 제도가 정부가 의회에 책임을 지는 입헌군주제로 점차 발전해 나갔을지도 모른다. 하지만 신생 독일이 형성되던 중대한 이 시기에 정부는 민족주의적인 선동에 쉽게 휘둘렸고, 유권자들의 지지를 얻기 위해 외세의 위험을 만들어내려는 경향이 있었다.

러시아 외교정책도 또한 광적인 범슬라브주의의 선동에 시달렸다. 이런 선동의 기본적인 주제는 발칸반도에서의 공격적인 정책과 독일과의 대결을 촉구하는 것이었다. 한 러시아 관리는 오스트리아 대사에게 알렉산드르 2세의 통치가 끝나갈 무렵인 1879년에 이렇게 설명했다.

> 여기 사람들은 솔직히 민족주의적 언론들을 두려워합니다. … 이런 언론들은 그들을 보호하고 강력한 지지를 보장하는 민족주의 깃발을 스스로에게 꽂아두고 있습니다. 민족주의 성향이 전면에 등장한 이래, 특히 [터키에 맞서] 전쟁을 할 것인지의 문제에서 그것이 더 나은 모든 조언들을 압도한 이후부터, 소위 "민족(national)" 당이… 진정한 권력이 되었습니다. 특히, 그것이 군 전체를 사로잡았기 때문입니다.[51]

다른 다언어 제국인 오스트리아도 비슷한 상황이었다.

이런 여건에서 비스마르크로서는 불안정한 균형정책을 지속하기가 갈수록 어려워졌다. 1881년 새로운 차르 알렉산드르 3세가 상트페테르부르크에서 등극했다. 그는 할아버지 니콜라이 1세처럼 보수주의 이념의 제약을 받지 않았고, 아버지 알렉산드르 2세처럼 늙은 독일 황제에 대한 개인적 애정도 없었다. 나태하고 독재적인 알렉산드르 3세는 비스마르크를 불신했는데, 이는 부분적으로 비스마르크의 정책이 너무나 복잡해서 이해하기 어려웠기 때문이었다. 한번은 전보 보고서를 읽으면서 비스마르크의 이름이 나올 때마다 이름 옆에 X자를 그었다고 말해진다. 차르의 의구심은 덴마크 출신 황후로 말미암아 한층 더 심해졌다. 황후로서는 모국으로부터 슐레스비히-홀슈타인을 빼앗아간 비스마르크를 용서할 수 없었기 때문이다.

1885년 불가리아 위기가 이 모든 충동을 막다른 골목으로 몰아넣었다. 또 다른 봉기로 말미암아 10년 전 러시아가 그토록 원했고 영국과 오스트리아가 두려워했던 대불가리아가 탄생했다. 역사가 어떻게 가장 굳건하게 믿어왔던 기대를 저버리는지 보여주듯이, 신생 불가리아는 러시아의 지배를 받기는커녕 독일계 군주(페르디난트 1세—옮긴이)의 주도하에 통일되었다. 상트페테르부르크 황실은 비스마르크가 실제로 너무도 피하고 싶어 했을 상황에 대해 그를 비난했다. 러시아 황실은 격분했고, 비스툴라강 서안 곳곳에 음모가 있다고 보았던 범슬라브주의자들은 악마와 같은 반(反)러시아 계략의 배후에 비스마르크가 있다고 소문을 퍼뜨렸다. 이런 환경에서 알렉산드르 황제는 1887년에 삼제동맹을 연장하지 않겠다고 거부했다.

하지만 비스마르크는 아직 러시아 옵션을 포기할 준비가 되어 있지 않았다. 그는 러시아를 자기 뜻대로 하게 내버려둔다면, 조만간 프랑스와 동맹을 체결하게 되리라는 것을 알고 있었다. 하지만 러시아와 영국이 늘 전쟁 위기에 놓여 있었던 1880년대의 상황에서 그 같은 전개는 독일에 대한 러시아의 위험성을 증대시키지만 영국의 적대감을 줄이지는 못했다. 더욱이 독일은 여전히 영국이라는 옵션이 있었으며, 특히 글래드스턴이 총리직에서 물러나서 더욱 그랬다. 아무튼 알렉산드르 차르는 프랑스가 과연 발칸반도를 놓고 전쟁의 위험을 무릅쓸지에 대해 의심하는 게 당연했다. 다시 말하자면 러시아와 독일의 유대관계는 비록 축소되고 있을지라도 매우 실질적인 국익의 수렴을 여전히 반영했다. 단순히 비스마르크의 편애를 반영한 게 아니었다. 물론 그의 외교적 수완이 없었더라면 이러한 공통 이익이 공식적으로 표현되지 않았을 것이다.

항상 기발했던 비스마르크는 이제 그의 마지막 구상인 소위 재보장 조약(Reassurance

Treaty)을 제시했다. 독일과 러시아는 독일이 프랑스를 공격하거나 러시아가 오스트리아를 공격하는 경우를 제외하면 제3국과의 전쟁에서 중립을 유지하기로 약속했다. 이론적으로 러시아와 독일은 각자 방어적인 입장에 있다면 양면전쟁을 막을 수 있다는 보장을 받았다. 그러나 침략자를 어떻게 정의할지에 따라 많은 것이 달려 있었다. 특히 동원령이 갈수록 선전포고와 동일시되고 있었기 때문이었다(제8장 참고). 이 문제가 결코 제기되지 않았기 때문에 재보장 조약에는 명백한 한계가 있었다. 차르가 이 조약을 비밀에 부치자고 주장하면서 조약의 효용성이 한층 더 떨어졌다.

합의사항을 비밀에 부치기로 한 것은 내각 외교의 필요조건과 점점 더 외교를 민주적으로 해야 한다는 요구 사이의 갈등을 극명하게 보여줬다. 사안이 너무나 복잡해져서 비밀 재보장 조약 내에 두 단계의 비밀사항이 존재했다. 특히 은밀하게 추가된 두 번째 단계에서 비스마르크는 러시아가 콘스탄티노플을 점령하려 할 때 방해하지 않을 것이고, 불가리아에서 러시아의 영향력 확대를 돕겠다고 약속했다. 이 두 가지 보장 중 어느 것도 독일의 동맹국인 오스트리아의 환심을 사지 못할 것이고, 당연히 영국은 말할 나위도 없었다. 물론 영국과 러시아가 터키 해협의 미래를 둘러싸고 맞붙는 상황이 발생한다면 비스마르크는 더할 바 없이 기뻐했을 것이다.

이렇게 복잡했음에도 불구하고 재보장 조약은 러시아와 독일 사이의 긴요한 연계를 유지시켰다. 그리고 비록 독일이 오스트리아–헝가리 제국의 일체성을 보호하겠지만 러시아를 희생시키면서 오스트리아–헝가리 제국의 팽창을 지원하는 일은 없을 것이라고 러시아를 안심시켰다. 독일은 그렇게 함으로써 적어도 불–러 동맹을 지연시킬 수 있었다.

비스마르크가 절제와 평화 유지를 위해 복잡한 외교정책을 구사했다는 사실은 1887년 삼제동맹이 종결되었을 때 러시아에 대한 선제전쟁을 촉구하는 독일 군부 지도자들의 압박에 대해 그가 보여준 반응에서 드러났다. 비스마르크는 제국의회 연설을 통해 그러한 모든 억측들을 일소했고, 불–러 동맹을 저지하는 방편으로써 러시아에 평판을 부여하려고 노력했다.

> 러시아와의 평화를 우리 쪽이 불안하게 만드는 일은 없을 것입니다. 저는 러시아가 우리를 공격할 것이라고 믿지 않습니다. 또한 러시아인들이 다른 나라와 손잡고 우리를 공격하려고 동맹을 찾거나, 혹은 우리를 쉽게 공격하기 위해 우리가 또 다른 쪽에서 직면할 수도 있는 곤란한 상황을 이용하려 한다고 믿지 않습니다.[52]

비스마르크의 균형외교는 능수능란했고 절제를 중시했지만, 결국 이런 외교는 곧 끝날 수밖에 없었다. 계략은 지속하기에는 갈수록 너무나 복잡해졌고, 심지어 외교의 거장인 비스마르크에게조차도 그랬다. 서로를 억제하기 위해 고안된 중첩된 동맹관계는 오히려 불신을 야기했고, 여론의 중요성이 커지면서 유연성이 줄어들었다.

비스마르크의 외교가 아무리 뛰어났어도 고도의 조작이 필요했다는 사실은 강력하고 통일된 독일이 유럽의 세력균형에 큰 부담이 되었다는 증거였다. 심지어 비스마르크가 여전히 실권을 쥐고 있는 동안에도 독일제국은 불안을 조장했다. 실제로, 안심을 제공할 의도였던 비스마르크의 책략들은 그의 동시대인들이 갈수록 복잡해지는 그 속성을 이해할 수 없었기 때문에 희한하게도 시간이 가면서 불안정을 초래하는 결과를 낳았다. 허를 찔리는 것이 두려워서 이들은 대비책을 강구하는 경향이 있었다. 하지만 이러한 행동들은 충돌을 대체하는 수단으로서 현실정치의 핵심 요소인 유연성을 제한했다.

비스마르크식 외교는 비록 비스마르크가 정계에서 물러나면서 종말을 맞이할 운명이었을지라도, 전통적인 세력균형보다 훗날의 냉전과 더 비슷한 무분별한 군비경쟁과 경직된 동맹 체제로 불가피하게 대체되어야 했던 것은 결코 아니었다. 거의 20년간 비스마르크는 절제와 유연함을 발휘해 평화를 보존하고 국제적 긴장을 완화했다. 하지만 그는 제대로 이해되지 못한 위대함에 대한 대가를 치렀다. 후임자들과 그를 흉내 내려고 했던 이들이 그의 전례로부터 군비를 증강하고 유럽 문명의 자멸을 초래할 전쟁을 벌이는 것보다 더 나은 교훈을 끌어낼 수 없었기 때문이다.

1890년이 되자 세력균형이라는 개념은 그 잠재력이 종말에 다다랐다. 세력균형은 보편적 제국에 대한 중세시대의 열망의 잿더미에서 수많은 국가들이 등장함에 따라 처음으로 필요해진 개념이었다. 18세기에 국가이성의 필연적인 결과는 지배적인 국가의 등장과 유럽 제국의 부활을 막는 게 주된 기능인 빈번한 전쟁으로 이어졌다. 세력균형이 보존한 것은 국가들의 자유였지 유럽의 평화가 아니었다.

07

정치적 인류파멸 장치:
제1차 세계대전 전의 유럽 외교

A Political Doomsday Machine:
European Diplomacy Before the First World War

1910년대가 되자 한 세기 동안 평화를 유지해왔던 유럽협조체제는 그 실용적인 목적에도 불구하고 소멸했다. 강대국들은 맹목적이고 경솔하게 양극화된 투쟁에 뛰어들었고, 마치 50년 후에 있을 냉전을 예견하듯 두 개의 강대국 진영이 고착되었다. 하지만 냉전기와는 큰 차이가 있었다. 핵무기 시대에는 전쟁을 예방하는 것이 아주 중요했고 어쩌면 외교정책에서 가장 중요한 목표였다. 반면 20세기 초에는 조금만 경솔해도 전쟁이 촉발될 수 있었다. 실제로 유럽의 일부 사상가들은 주기적으로 겪는 전쟁이 카타르시스를 느낄 수 있는 기회가 된다고까지 보았지만, 이런 순진한 가설은 제1차 세계대전을 거치면서 혹독한 비판을 받고 사라졌다.

수십 년 동안 역사학자들은 제1차 세계대전의 발발 책임이 누구에게 있는지를 놓고 토론해왔다. 하지만 이런 대규모 재난으로 폭주하게 된 책임을 놓고 특정 단일 국가를 지목하지는 않았다. 개개의 주요국들은 근시안적이고 무책임했기 때문에 각자 어느 정도이 대재난에 기여한 부분이 있었다. 이들은 안이하게 생각하고 행동했지만, 제1차 세계대전이라는 대재난이 그들의 머릿속에 집단 기억으로 각인되자 다시는 그럴 수 없게 되었다. 이들은 파스칼이 『팡세』에서 "우리는 우리 자신이 심연을 보지 못하게 그 앞에 무언가를 놔두고 경솔하게 그 심연으로 뛰어든다."라고 했던 경고를 완전히 망각했었다.

아찔할 정도로 많은 비난이 쏟아졌다. 유럽 국가들은 현대적 기술과 대규모 징집제도로 말미암아 전면전이 그들의 안보와 유럽 문명 전체에 가장 큰 위협이 되었다는 사실을 알지 못한 채 세력균형을 군비경쟁으로 바꾸어놓았다. 모든 유럽 국가들이 각자의 정책으로 이 대재앙에 어느 정도 기여하기는 했지만, 그중에서도 본질적으로 절제력을 상실한 나라는 독일과 러시아였다.

독일은 통일이라는 과정을 거치면서 자신이 통일되면 세력균형에 어떻게 영향을 줄지에 대해 거의 관심이 없었다. 200년간 독일은 유럽 전쟁의 희생자였지 주동자가 아니었다. 30년전쟁 당시 독일인 전체의 30퍼센트가 죽은 것으로 추정될 정도로 큰 피해를 입었으며, 18세기 왕조 전쟁과 나폴레옹전쟁 당시 대부분의 결정적인 전투가 독일에서 전개되었다.

따라서 통일된 독일은 거의 필연적으로 이런 비극이 되풀이되지 않도록 방지해야 했다. 하지만 신생국 독일이 이런 과제를 대체로 군사적 문제로 접근하거나 비스마르크 이후의 독일 외교관들이 그토록 강압적인 태도로 외교정책을 구사한 것은 불가피한 일이 아니었다. 프리드리히 대제 시절 프로이센은 강대국 중에서 최약체였던 반면, 독일은 통일된 후 최강대국이 되었기 때문에 그 자체로 주변국에 불안감을 주었다. 따라서 유럽협조체제에 참여하려면 독일은 외교에서 특별히 자제하는 모습을 보여야 했다.[1] 불행히도 비스마르크가 물러난 이후 독일에 가장 부족했던 덕목이 절제였다.

독일 정치인들이 적나라한 권력에 집착했던 이유는 독일이 다른 국민국가와 달리 국민을 통합하는 철학적 체계가 전혀 없었기 때문이었다. 유럽 다른 지역에서 근대 민족국가를 형성했던 그러한 이상이 비스마르크가 수립한 독일에는 존재하지 않았다. 가령 전통적인 자유에 대한 영국의 강조, 보편적 자유에 대한 프랑스의 호소, 심지어 오스트리아의 온건한 보편적 제국주의와 같은 이상이 독일에는 없었다. 엄격히 말하자면 비스마르크의 독일은 비스마르크가 의도적으로 오스트리아계 독일인을 배제했기 때문에 국민 국가의 열망을 구현한 것도 아니었다. 비스마르크의 제국은 무엇보다, 국력 강화가 제1의 목표인 더 강대한 프로이센이 되기 위한 계략이었다.

지적 기반의 부재가 독일 외교정책에서 목적성이 없었던 가장 큰 이유였다. 너무나 오랫동안 유럽의 주된 전쟁터로 시달렸다는 기억 때문에 독일인들에게 불안감이 뿌리 깊게 박혀 있었다. 비스마르크의 제국이 이제 유럽 대륙에서 가장 강력해졌음에도 독일 지도자들이 호전적 언사와 군사적 준비 태세에 집착하는 태도에서 드러났듯이 독일인들은 항상 위협받고 있다고 막연히 느끼고 있었다. 독일의 군사정책을 입안했던 사람들은 주변국이 모두 단결하더라도 동시에 물리칠 수 있어야 한다고 생각했다. 이들은 최악의 상황에 스스로 대비하면서 그러한 최악의 상황을 현실로 만들었다. 모든 주변국이 동맹을 맺어도 물리칠 수 있을 정도로 충분히 강력해진 독일은 분명히 그들 중 어느 국가라도 개별적으로 압도할 수 있기 때문이다. 독일 주변국들은 국경 너머에 있는 강력한 군사대국을 보면서 상호 보호를 위해 단결했고, 결국 안보를 추구하는 독일의 활동은 독일 자신의 안보를 불안하게 하는 요인이 되고 말았다.

만약 현명하고 절제된 정책을 구사했더라면 이처럼 닥쳐오는 위험을 지연시키거나 심지어 모면할 수 있었을지도 모른다. 하지만 비스마르크의 후임자들은 비스마르크의 신중함을 버리고 갈수록 순전히 힘에만 의존했다. 이런 태도는 이들이 좋아했던 표현인 독일이 유럽 외교의 모루가 아니라 망치가 되겠다는 말에 담겨 있었다.[2] 마치 독일은 국가 건설에 너무 많은 에너지를 소진해서 새로운 국가가 어떤 목적을 위해 존재해야 하는지 숙고할 시간을 갖지 못한 듯했다. 독일제국은 국익에 대한 그들만의 개념을 개발해내지 않았다. 비스마르크 이후의 독일 지도자들은 순간의 감정에 휩쓸렸으며, 외국의 심리에 놀라울 정도로 둔감했고, 호전적 성향과 우유부단함이 결합되어 독일을 처음에는 고립에 빠뜨렸고, 그러고 나서는 전쟁으로 내던졌다.

비스마르크는 독일이 힘을 내세우는 것을 억누르려고 많은 애를 썼다. 복잡한 동맹 체제를 이용해서 파트너들을 억제했고, 잠재적으로 양립 불가능한 체제가 전쟁으로 비화하지 못하게 막았다. 비스마르크의 후임자들은 이런 복잡한 구조를 다루기에는 인내심과 섬세함이 부족했다. 빌헬름 1세가 1888년에 사망한 뒤 아들인 프리드리히(비스마르크는 그의 자유주의 성향을 극도로 우려했다)는 고작 98일간 통치하다가 식도암으로 사망했다. 그의 아들인 빌헬름 2세는 연극하는 듯한 과장된 태도를 보였기 때문에 유럽의 가장 강력한 국가의 군주가 미숙하고 괴팍하다는 불안감을 사람들에게 심어주었다. 심리학자들은 안절부절못하고 남을 괴롭히는 빌헬름의 태도가 기형적인 팔을 갖고 태어난 것에 대해 보상 심리에서 비롯되었다고 보았다.[3] 이러한 신체적 결함은 고상한 군사적 전통이 있는 프로이센 왕가의 일원으로서 치명적이었다. 1890년에 자신만만한 젊은 황제는 위대한 거물의 그늘 아래에서 통치하기를 거부했고 비스마르크를 해임했다. 이제부터는 카이저(Kaiser)[4]의 외교가 유럽의 평화에서 아주 중요해졌다. 윈스턴 처칠은 빌헬름의 본질을 냉소적으로 묘사했다.

> 그냥 점잔 빼듯이 걸어 다니면서 폼을 잡고 뽑지도 않은 칼을 소리가 나게 흔든다. 나폴레옹처럼 느끼고, 나폴레옹처럼 되고 싶지만, 전쟁을 해야 할 필요는 없는 게 그가 바라는 전부였다. 분명 이보다 못한 것은 받아들여지지 않을 것이다. 만약 당신이 화산 봉우리라면 적어도 연기를 피울 수 있다. 그래서 그는 연기를 피웠고, 멀리 있는 모든 사람에게 낮에는 연기 기둥이, 밤에는 어슴푸레한 불빛이 보였다. 천천히 그러면서도 확실히, 이처럼 동요하며 지켜보던 이들이 모여들었고 상호 보호를 위해 단결했다. … 그러나 이 모든 행세와 술수의 기저에는 매우 평범하고 공허하지만, 스스로를 제2의 프리드리히 대제처럼 보이고 싶어 하는, 전체적으로 보면 선한 의도를 가진 사람이 있었다.[5]

카이저가 가장 원했던 것은 독일이 중요한 국가라는 점과 무엇보다도 독일의 권력을 국제적으로 인정받는 것이었다. 그는 자신과 측근들이 세계정책(Weltpolitik), 즉 글로벌한 정책을 추진하려고 했는데, 심지어 이 용어가 무엇을 의미하는지 혹은 이 정책이 독일 국익과 어떤 관계가 있는지 규정조차 하지 않고 밀어붙였다. 이 구호의 이면을 들여다보면 지적으로 공허했다. 공격적 수사가 내부의 공허함을 가렸다. 방대한 구호가 두려움과 방향성의 부족을 덮었다. 허풍스럽고 우유부단한 행동이 합쳐진 모습은 지난 2세기에 걸친 독일의 편협함이라는 유산을 드러냈다. 설령 독일이 현명하고 책임감 있는 정책을 펼쳤더라도 독일이라는 거인을 기존 국제질서의 틀에 통합시키기가 매우 벅찼을 것이다. 하지만 통치자 개인의 성격과 국내 정치제도가 폭발적으로 결합하면서 그런 방향으로 나가지 못했고, 그 대신 독일이 항상 두려워해왔던 모든 일이 일어나게 하는 데 열중하는 무분별한 외교정책으로 이어졌다.

비스마르크가 해임되고 나서 20년 만에 독일은 동맹 체제를 놀랄 만큼 정반대로 뒤바꿔놓았다. 1898년에 프랑스와 영국은 이집트를 둘러싸고 거의 전쟁을 할 뻔했다.[6] 19

세기 대부분의 기간에 영국과 러시아 간의 적대감은 국제관계에서 고정 상수였다. 다양한 시기에 영국은 러시아에 맞설 수 있는 동맹국을 찾았다. 독일과 동맹을 맺으려 시도했다가 일본과 동맹을 맺었다. 영국, 프랑스, 러시아가 아마도 같은 편에 서게 되리라고는 아무도 생각하지 못했다. 하지만 10년이 지나자 고집불통에 위협적인 독일 외교의 여파로 바로 정확하게 저런 상황이 발생했다.

비스마르크는 복잡한 책략을 구사했지만, 그럼에도 불구하고 세력균형의 전통을 넘어서는 행동을 추구하지 않았다. 하지만 후임자들은 세력균형이 확실히 마음에 들지 않았고, 자신들이 힘을 키우면 키울수록 유럽의 균형을 맞추려는 시스템이 작동해 그에 상응하는 연합체 결성과 군비증강을 초래한다는 사실을 전혀 이해하지 못하는 것처럼 보였다.

독일 지도자들은 다른 나라들이 유럽에서 이미 가장 강력한 나라와 동맹을 체결하기를 꺼린다는 사실에 분개했고, 독일의 국력 때문에 독일의 패권에 대한 두려움이 커지고 있었다. 독일 지도자들은 주변국들을 괴롭히는 전술이 주변국이 자신의 힘의 한계를 실감할 수 있게 해주는 최선의 방책이며, 아마도 독일과 우호 관계를 유지하는 게 이익이 된다고 느끼게 해줄 것이라고 보았다. 이렇게 황당한 정책은 오히려 정반대의 결과를 낳았다. 비스마르크가 퇴임한 후 독일 지도자들은 자국의 안보를 절대적으로 확보하려고 모든 유럽 국가들을 절대적인 안보불안으로 위협했으나, 오히려 저절로 독일에 맞서는 동맹을 구축하는 결과만 낳았다. 유럽을 지배하기 위한 외교적 지름길은 없었다. 비스마르크 퇴임 후 편협한 독일 지도자들이 이렇게 할 수 있는 유일한 길이 전쟁이라는 교훈을 깨달았을 때는 이미 늦었고, 전 세계적인 대재앙을 피할 수 없었다.

역설적으로 독일제국이 존속했던 대부분의 시기 동안 독일이 아니라 러시아가 평화를 주로 위협하는 국가라고 간주되었다. 처음에는 파머스턴이, 그리고 나중에 디즈레일리는 러시아가 이집트와 인도로 침투하려는 의도가 있다고 확신했다. 1913년이 되자 독일이 러시아로부터 급습당할 순간이 임박했다는 독일 지도자들의 공포감도 정점에 달했다. 그리하여 이런 공포감이 1년 후 유럽이 운명적인 파국으로 치닫는 데 결정적인 요인이 되었다.

실제로 러시아가 유럽 제국을 추구할지 모른다는 공포를 뒷받침해줄 만한 구체적인 증거는 거의 없었다. 독일 군사 정보기관은 러시아가 실제로 이런 전쟁을 준비 중이라는 증거를 갖고 있다고 주장했지만, 사실과 전혀 무관했다. 양쪽 동맹 진영에 속했던 모든 국가들이 철도라는 신기술과 대규모 군 동원 일정에 도취된 채 당시 분쟁 사안들에 비해

지나칠 정도의 군사적 대비 태세를 항시적으로 갖추고 있었다. 하지만 바로 이런 열정적인 전쟁 준비가 어떤 규정 가능한 목적과 연관될 수 없었기 때문에 모호할지라도 방대한 야심의 전조로 해석되었다. 1900년부터 1909년까지 독일의 재상을 맡았던 베른하르트 폰 뷜로 후작은 "프로이센의 모든 주변국 중에 러시아 제국이 힘과 위치 면에서 가장 위험하다."라는 프리드리히 대제의 인식을 신봉했다.[7]

유럽은 시종일관 러시아의 방대함과 집요함이 뭔가 확실히 섬뜩하다고 느꼈다. 모든 유럽 국가들은 위협과 대항 위협이라는 수단으로 세력 확대(aggrandizement)를 도모했다. 하지만 러시아는 자신만의 리듬에 따라 팽창해야만 하는 것처럼 보였고, 더 강력한 힘, 즉 일반적으로 전쟁에 의해서만 제어될 수 있는 것처럼 여겨졌다. 수많은 위기를 통해 합리적인 합의 결과가 종종 러시아의 손이 충분히 닿는 곳에 있는 것처럼 보였고, 실제로 이런 내용은 최종 결과보다 훨씬 더 괜찮았다. 하지만 러시아는 항상 타협보다는 패배할 위험을 무릅쓰는 쪽을 선호했다. 1854년의 크림전쟁이나 1875년부터 1878년까지의 발칸반도 전쟁, 그리고 1904년 러-일 전쟁 직전의 경우가 그랬다.

왜 이런 성향이 있는지에 대해 러시아가 일부는 유럽, 일부는 아시아에 속했기 때문이라는 설명이 있다. 서방에서 러시아는 유럽협조체제의 일부였으며 세력균형의 정교한 규칙에 참여했다. 하지만 거기에서도 러시아 지도자들은 대체로 균형상태에 호소하기에는 인내심이 부족했고, 요구사항이 충족되지 않으면 전쟁에 의지하려는 성향이 있었다. 가령 1854년 크림전쟁의 서막과 다시 발칸반도 전쟁 직전, 그리고 1885년 불가리아와 거의 전쟁을 할 뻔했던 상황에서 이런 태도가 드러났다. 중앙아시아에서 러시아는 세력균형의 원칙이 적용되지 않았던 약한 공국들을 상대하고 있었으며, 시베리아에서는 인구가 별로 없는 대륙을 가로질러 팽창했던 미국처럼 일본과 맞닿을 때까지 팽창해나갔다.

유럽 회의체에서 러시아는 세력균형의 관점에서 제기되었던 주장에 귀를 기울이기는 했지만, 세력균형의 원칙을 항상 준수하지는 않았다. 유럽 국가들이 터키와 발칸반도의 운명이 유럽의 협조를 통해 해결되어야 한다고 항상 주장했던 반면, 러시아는 변함없이 이 문제를 일방적으로 그리고 힘으로 해결하려고 했다. 1829년 아드리아노플 조약(Treaty of Adrianople), 1833년 운키아르 스켈레시 조약(Treaty of Unkiar Skelessi), 1853년 터키와의 충돌, 1875년부터 1878년까지 그리고 1885년의 발칸반도 전쟁 등이 그 예이다. 러시아는 유럽이 못 본 척해주기를 원했고, 그렇게 해주지 않으면 감정이 상했다. 똑같은 문제가 제2차 세계대전 이후에도 되풀이되었다. 서방 동맹국들이 동유럽의 운명

176

이 전체 유럽과 연관되어 있다고 주장할 때, 스탈린은 동유럽, 특히 폴란드는 소련의 세력권에 속하며 이 지역의 미래는 서방 민주주의 국가들과의 협의 없이 결정되어야 한다고 주장했다. 스탈린은 예전의 전제 군주들처럼 일방적으로 밀어붙였다. 하지만 필연적으로 서방 진영에서 어떤 연합체가 결성되어 러시아의 군사적 진격에 맞섰고 주변국을 지배하려는 러시아의 시도를 좌절시켰다. 제2차 세계대전 이후에 이런 역사적인 패턴이 다시 등장하기까지 한 세대가 걸렸다.[8]

진격하는 러시아는 어떤 한계의식을 거의 보여주지 않았다. 러시아는 좌절을 겪으면 분노를 삭이며 복수할 기회를 노렸다. 19세기 대부분 기간에 분노의 대상은 영국이었다가 크림전쟁 이후에는 오스트리아가 되었고, 베를린 회의 이후에는 독일을 겨냥했고, 냉전기에는 미국을 향했다. 러시아가 소련 해체에 따른 충격을 극복하고 회복한 이후, 자신의 역사적인 제국과 위성 체제가 붕괴된 데 대해 어떻게 나올지 지켜봐야 할 일이다.

아시아에서 러시아의 사명감은 정치적 혹은 지정학적 제약을 훨씬 적게 받았다. 18세기 내내 그리고 19세기 대부분 동안 러시아는 극동에서 홀로 있었다. 러시아는 일본을 처음으로 상대하고[9] 중국과 최초로 협정을 체결한[10] 유럽 강대국이었다. 동쪽으로 팽창하는 과정에서 이 지역에는 사람도 별로 정착하지 않았고 군사적 모험도 거의 없었으며 유럽 국가와 충돌하지도 않았다. 러시아와 중국 간의 산발적인 충돌은 그다지 중요한 의미가 없었다. 러시아는 전쟁 중인 부족들의 반대편에 서서 중국을 지원했고, 그 대신 중국으로부터 18세기와 19세기에 방대한 영토를 할양받음으로써 일련의 "불평등 조약"이 생겨났다. 이후 모든 중국 정부들, 특히 공산당 정부가 이를 비판했다.

러시아답게 아시아 영토에 대한 러시아의 욕망은 새로운 땅을 얻을 때마다 더 커지는 것처럼 보였다. 러시아 재무장관이자 차르의 측근인 세르게이 비테는 1903년 니콜라이 2세에게 이렇게 서한을 보냈다. "우리와 중국 간의 방대한 국경과 이례적으로 유리한 우리 입장을 감안할 때, 중국 제국의 상당 부분을 러시아가 흡수하는 것은 시간문제일 뿐입니다."[11] 오스만 제국과의 사례에서 보듯이 러시아의 지도자들은 극동 지역이 러시아만의 관심사일 뿐 다른 나라가 관여할 권리가 없다는 입장이었다. 러시아는 모든 전선으로 동시에 진출했다. 러시아는 가장 위험이 적어 보이는 지역을 따라 전진과 후퇴를 자주 반복했다.

제정 러시아의 정책결정 기관은 러시아의 이중적 속성을 반영했다. 러시아 외교부는 황제 직속 재상 사무국(His Imperial Majesty's Own Chancellery) 소속이었으며, 본질적으로 서방 지향적인 독립적인 관리들로 채워져 있었다.[12] 발트계 독일인이 다수인 이 부서 관리들은 러시아를 유럽 국가로 간주했고, 유럽협조체제의 맥락에서 정책을 실행해야 한다고 보았다. 하지만 외교부의 역할은 아시아부(Asiatic Department)와 경쟁 관계에 있었고, 아시아부도 마찬가지로 독립적이었고 오스만 제국, 발칸반도, 극동 지역에 대한 정책을 담당하고 있었다. 즉, 러시아가 실제로 뻗어 나가는 모든 영역을 맡고 있었다.[13]

외교부 역할을 하는 재상 사무국과 달리 아시아부는 스스로를 유럽협조체제의 일원으로 간주하지 않았다. 아시아부는 유럽 국가들을 자신들의 구상에 대한 걸림돌로 여기면서 자신들과 아무 관련이 없는 것처럼 대했고, 언제든 가능하다면 일방적으로 조약을 체결하거나 유럽을 전혀 고려하지 않고 전쟁을 개시해 러시아의 목표를 달성하려고 했다. 유럽은 발칸반도나 오스만 제국과 관련된 사안은 자신들과 협의해서 해결해야 한다고 주장했기 때문에 빈번한 충돌이 불가피했던 반면, 러시아는 훼방꾼으로 여기는 세력들에 의해 좌절당한 데 대해 분노가 고조되었다.

부분적으로는 수세적이고, 부분적으로는 공세적인 러시아의 팽창은 항상 어딘가 애매모호했다. 이러한 애매모호함 때문에 러시아의 진정한 의도를 둘러싸고 서방에서 논쟁이 생겼고, 이 논쟁이 소련 시대까지 이어졌다. 러시아의 의도를 이해하기가 지속적으로 어려웠던 이유 중 하나는 러시아 정부가 공산당 정권 시기에도 항상 20세기 초강대국보다는 18세기 전제 군주제와 더 유사했기 때문이다. 제정 러시아건 공산주의 소련이건 위대한 외교장관이 배출된 적이 없었다. 카를 네셀로데, 알렉산드르 고르차코프, 니콜라이 기르스, 블라디미르 람스도르프, 그리고 심지어 안드레이 그로미코까지도 러시아 외교장관들은 다들 기량이 뛰어났지만 장기적인 정책을 구상하는 권한이 없었다. 이들은 변덕스럽고 쉽게 산만해지는 독재자들의 신하에 불과했고, 독재자의 환심을 사기 위해 우선시되는 많은 국내 이슈와도 경쟁해야 했다. 제정 러시아는 비스마르크도 없었고, 솔즈베리도 없었으며, 루스벨트도 없었다. 요컨대, 외교정책의 모든 측면에 대해 집행 권한을 갖고 직접 실행하는 장관이 없었다.

심지어 통치자인 차르가 유력한 인물이었을 때도 러시아의 독재적인 정책 결정 시스템 때문에 외교정책이 일관되게 발전하지 못했다. 차르가 일단 외교장관이 데리고 쓰기에 편한 사람이라고 생각하면 노망이 들 때까지 계속 데리고 있었다. 네셀로데, 고르차코프, 기르스의 경우가 그랬다. 여러 외교장관 중에 이 세 사람이 19세기의 대부분 기간을 차지했다. 이들이 아주 나이가 많이 들었지만, 외국 정치인들은 이 사람들만이 차르를 직접 뵐 수 있는 유일한 관료였기 때문에 상트페테르부르크에서 만날 가치가 있는 아주 중요한 인물로 간주했다. 의전상의 이유로 실질적으로 다른 누구도 차르를 예방할 수 없었기 때문이다.

차르의 집행권은 왕족의 생활방식을 원하는 귀족적 관념과 자주 충돌했기 때문에 정책 결정이 한층 더 복잡해졌다. 예를 들자면 알렉산드르 3세는 재보장 조약에 서명한 직후, 러시아 외교에서 중요한 시기임에도 불구하고 1887년 7월부터 10월까지 내리 4개월을 상트페테르부르크를 비운 채 요트를 탔고, 기동훈련을 참관했으며, 황후의 친정인 덴마크를 방문했다. 유일한 정책결정자가 부재하자 러시아의 외교정책이 허우적거렸다. 차르의 정책은 당시의 감정에 따라 충동적으로 밀어붙여졌을 뿐만 아니라 군부가 부채질한 민족주의적 선동에도 크게 영향을 받았다. 중앙아시아에 있던 카우프만 장군과 같은 군사적 모험주의자들은 외교장관을 거의 신경 쓰지 않았다. 고르차코프는 앞 장에서 설명했던 영국 대사와의 대화에서 자신이 중앙아시아 상황에 얼마나 무지했는지에 대해 어쩌면 진실을 말한 것일지도 모른다.

1894년부터 1917년까지 통치했던 니콜라이 2세 재위 기간에 러시아는 자신의 독단적인 체제에 대한 대가를 치러야 했다. 니콜라이 2세는 러시아가 일본을 상대로 재난에 가까운 전쟁을 하게 했으며, 그리고 나서 자신의 나라가 독일과 사실상 필연적으로 전쟁을 할 수밖에 없는 동맹 체제에 얽매이게 했다. 러시아의 에너지는 팽창에 맞춰져 있었고 그에 따른 외국과의 충돌에 의해 소진되면서 러시아의 사회적, 정치적 구조가 취약해졌다. 1905년 러-일 전쟁의 패배는 위대한 개혁가인 표트르 스톨리핀이 주장했던 것처럼 내부적으로 공고해질 시간이 부족해지고 있다는 경고로 받아들였어야 했다. 러시아는 휴식이 필요했지만 또다시 해외 활동에 나섰다. 아시아에서 좌절을 겪자 러시아는 범슬라브주의라는 꿈과 오스만 제국을 향한 압박으로 되돌아갔고, 이번에는 걷잡을 수가 없게 되었다.

역설적으로 일정한 선을 넘어버린 팽창주의는 더 이상 러시아의 국력을 증강시키지 못했고 오히려 쇠퇴를 초래했다. 1849년 당시 러시아는 유럽에서 가장 강력한 국가로 여겨졌다. 70년이 지나자 러시아 왕조가 붕괴했고, 러시아는 잠시 세계열강의 지위에서 사라졌다. 1848년부터 1914년까지 러시아는 식민지 전쟁을 빼고도 여섯 번 이상의 전쟁에 참여했는데, 이는 다른 어떤 강대국보다도 많은 것이었다. 1849년의 헝가리 개입을 제외하면, 러시아가 치른 재정적, 정치적 비용은 승리했을 때 얻을 수 있는 이득을 훨씬 초과했다. 러시아는 개별 전쟁으로부터 타격을 입었지만 영토 확대를 강대국 지위와 동일시했다. 더 많은 땅을 갈망했지만 실제로 필요하지도 않았고 소화할 수도 없었다. 차르 니콜라이 2세의 측근이자 보좌관인 세르게이 비테는 그에게 "태평양 연안과 히말라야의 고원에서 러시아는 아시아 문제뿐만 아니라 유럽 문제까지 지배하게 될 것입니다."라고 약속했다.[14] 만약 러시아가 산업화 시대에 불가리아를 위성국으로 만들거나 한국을 보호국으로 삼으려 하기보다 경제적, 사회적, 정치적 발전을 이루었다면 강대국 지위를 유지하는 데 훨씬 더 도움이 되었을 것이다.

고르차코프와 같은 일부 소수 지도자들은 "러시아가 영토를 확대할수록 약점도 커진다."[15]라는 사실을 깨달았을 만큼 충분히 현명했지만, 새롭게 정복에 나서려는 러시아의 광기를 누그러뜨릴 수 없었다. 결국, 소련 공산주의 제국도 본질적으로 차르 제정 러시아와 똑같은 이유로 붕괴했다. 만약 소련이 제2차 세계대전 이후의 국경 내부에 머물렀고 위성국들과의 관계를 핀란드와의 관계 정도로만 유지했더라면 소련의 사정이 훨씬 더 좋았을 것이다.

강력하고도 충동적인 독일과 거대하고 잔인한 러시아라는 두 거인이 유럽 대륙에서 서로 갈등을 빚는다면, 비록 독일이 러시아와 전쟁해도 얻을 이익이 없고, 러시아가 독일과 전쟁하면 모든 것을 다 잃을 수밖에 없게 되더라도 결국 서로 충돌할 개연성이 높아진다. 따라서 유럽의 평화는 19세기 내내 균형자 역할을 아주 능숙하면서도 절제된 방식으로 구사해왔던 나라에 달려 있었다.

1890년에 "영예로운 고립"이라는 용어는 여전히 영국의 외교정책을 정확하게 묘사하고 있었다. 영국 국민은 자랑스럽게 그들의 나라를 유럽의 "평형추"라고 불렀다. 영국은 강력했기 때문에 유럽 대륙의 다양한 연합체 중 어느 하나가 유럽을 지배하지 못하게 막을 수 있었다. 영국 정치인들은 전통적으로 동맹에 연루되는 상황을 미국의 고립주의자들만큼 불쾌하게 여겼다. 하지만 불과 25년이 지나자 영국은 프랑스와 동맹국이 되어 있었고 수십만 명의 영국인들이 적국인 독일에 맞서서 플랑드르의 진창에서 죽어가고 있었다.

1890년에서 1914년 사이에 영국 외교정책에서 두드러진 변화가 발생했다. 이러한 전환의 초반부에 영국을 이끌었던 사람이 영국과 영국 외교정책의 모든 전통적 요소를 대표했다는 사실이 상당히 역설적이다. 솔즈베리 후작(Marquis of Salisbury)은 철저하게 주류 계층이면서 인사이더였기 때문이다. 그는 유서 깊은 세실 가문의 자손이었으며, 조상 중에는 엘리자베스 1세 여왕 이래 최고위직 각료를 역임한 사람들도 있었다. 1901년부터 1910년까지 통치했으며 세실 가문과 비교해 벼락출세한 가문 출신인 국왕 에드워드 7세는 솔즈베리가 자신에게 거들먹거리는 말투로 대한다며 가끔씩 불평했다고 알려졌다.[16]

솔즈베리의 정계 출세는 미리 정해졌기 때문에 그다지 힘들지 않았다. 젊은 시절 솔즈베리는 옥스퍼드 대학교 크라이스트처치 칼리지에서 수학했고, 그 이후 대영제국을 여행했다. 프랑스어를 완벽하게 공부했으며, 국가원수들을 만났다. 인도 담당 장관을 역임한 뒤, 솔즈베리는 48세 때 디즈레일리 내각 외교장관이 되었고, 베를린 회의에서 매일매일 진행되던 협상의 세부사항을 대부분 조율하며 중요한 역할을 맡았다. 디즈레일리가 사망한 후 토리당 당수 자리를 물려받았으며, 1892년부터 1894년까지 글래드스턴의 마지막 내각을 제외하면 19세기의 마지막 15년간 영국 정치에서 핵심 인물로 활동했다.

어떤 측면에서 솔즈베리의 입장은 조지 W. H. 부시 대통령과 별반 다르지 않았다. 물론 솔즈베리가 최고위직을 더 오래 역임했지만 말이다. 두 사람 다 자신들이 집권할 당시에 막을 내리고 있던 세계를 주름잡았다. 물론 당시에는 그러한 사실이 두 사람에게는 명확하지 않았다. 두 사람 다 자신이 물려받은 것을 어떻게 관리할지 알고 있었기 때문에 큰 영향을 남겼다. 부시의 세계관은 냉전에 의해 형성되었고, 냉전 기간에 본인의 두각을 드러냈으며, 정치적 경력이 절정에 있을 때 냉전 종식을 주도해야 했다. 젊은 시절 솔즈베리가 성장하면서 겪었던 경험은 파머스턴 시대에 해외에서 비견할 나라가 없을 정도로 막강했던 영국의 힘과 영국과 러시아 간의 매우 다루기 어려운 대립이었다. 이 두 상황 모두 다 그가 총리직에 있는 동안 끝나가고 있었다.

솔즈베리 정부는 영국의 상대적 지위 쇠퇴를 붙들고 씨름해야 했다. 이미 독일이 영국의 강력한 경제력에 필적하고 있었다. 러시아와 프랑스는 자신들의 제국주의적 활동을 넓히고 있었으며 거의 모든 곳에서 대영제국에 도전하고 있었다. 여전히 영국이 우위를 점하고 있었지만, 19세기 중반에 영국이 누리던 우위가 점차 미끄러지고 있었다. 영국이 예전에도 예견하지 못했던 상황에 능숙하게 적응했듯이, 1890년대가 되자 영국 지도자들은 전통적인 정책을 예상하지 못했던 현실에 합치시켜야 한다는 사실을 깨달았다.

비만에 주름투성이였던 솔즈베리 경은 변화보다 현상 유지에 만족하는 영국을 구현하기에 더 잘 어울리는 외모의 소유자였다. "영예로운 고립"이라는 용어의 창시자로서, 솔즈베리는 겉으로는 해외에서 다른 제국주의 열강들을 상대로 단호한 입장을 취하고, 유럽에서는 침략국 때문에 유럽의 세력균형이 전복되는 상황을 막기 위한 최후의 수단으로써 필요할 때만 유럽 대륙의 동맹에 참여하는 영국의 전통적인 정책을 유지하겠다고 약속했다. 솔즈베리로서는 섬나라라는 영국의 입장 때문에 공해(公海)에서 적극적으로 행동하고 유럽 대륙의 관례적 동맹에는 연루되지 않는 게 영국의 이상적인 정책이었다. 그는 일찍이 "우리는 물고기요."라고 퉁명스럽게 주장했다.

궁극적으로 솔즈베리는 대영제국이 과도하게 팽창했기 때문에 극동과 근동에서는 러시아와, 아프리카에서는 프랑스와 긴장을 빚고 있다는 사실을 인식할 수밖에 없었다. 심지어 독일도 식민지 경쟁에 뛰어들고 있었다. 비록 프랑스, 독일, 러시아가 유럽 대륙에서 자주 서로 충돌하고 있었지만, 이들은 해외에서는 항상 영국과 충돌했다. 영국은 인도, 캐나다, 아프리카의 상당 부분을 소유하고 있을 뿐만 아니라 방대한 영토를 지배하겠다고 주장했다. 비록 이 영토를 직접 통제하지 않더라도 전략적인 이유 때문에 다른 강대국의 손에 넘어가면 안 된다고 보았기 때문이다. 솔즈베리는 이러한 요구를 "그 영토에 대한 일종의 꼬리표이며, 만약 이게 떨어져나가도 영국으로서는 다른 강대국의 손에 들어가는 것을 원하지 않았다."라고 말했다.[17] 페르시아만, 중국, 터키, 모로코 등이 이런 지역에 해당되었다. 1890년대에 영국은 아프가니스탄, 터키 해협, 중국 북부 등지에서 러시아와, 그리고 이집트와 모로코에서 프랑스와 지속적으로 충돌하면서 시달렸다.

영국은 1887년의 지중해 협정(Mediterranean Agreements)을 통해 독일, 오스트리아–헝가리, 이탈리아가 체결한 삼국동맹에 간접적으로 연계되었다. 영국은 이탈리아와 오스트리아가 북아프리카에서 프랑스를 상대하고, 발칸반도에서 러시아를 상대하는 데 있어 힘을 보태줄 것이라 희망했다. 하지만 지중해 협정은 미봉책에 불과했던 것으로 밝혀졌다.

신생 독일제국은 위대한 전략가를 잃고 나서는 자신에게 주어진 기회를 갖고 무엇을 해야 할지 몰랐다. 비록 전통주의자들이 절망하면서 손을 부들부들 떨었지만, 지정학적 현실에 따라 영국은 점차 영예로운 고립으로부터 탈피하고 있었다. 유럽 대륙에 보다 적극적으로 개입하기 위한 첫 번째 조치는 독일제국과의 관계 개선을 도모하는 것이었다. 독일의 정책입안자들은 러시아와 영국이 필사적으로 독일을 원하고 있다고 확신했고, 자신들이 원하는 구체적 조건을 제시하지 않은 채 두 나라를 상대로 동시에 유리하게 협상을 밀어붙일 수 있다고 생각했다. 반면에 이런 식으로 행동하면 러시아와 영국이 서로 가까워질 수 있다는 상상은 전혀 하지 못했다. 전부 아니면 전무 방식의 제안이 거부되자 독일 지도자들은 심기가 불편해졌고 호전적으로 돌변했다. 이런 식의 접근법은 느리면서도 점진적인 절차를 거쳐 합의를 받아들였던 프랑스와 현저하게 대조되었다. 프랑스는 러시아를 20년 동안 기다렸고, 또다시 영국을 15년 동안 기다리면서 합의를 제안했다. 비스마르크 이후 독일은 자신이 초래한 소란에도 불구하고 외교정책이 상당히 아마추어처럼 서툴렀고, 근시안적이었으며, 심지어 자신이 야기한 대결 구도에 막상 직면하면 소심한 모습을 보이기까지 했다.

운명적인 과정으로 접어들게 되는 빌헬름 2세의 첫 번째 외교적 조치가 비스마르크의 해임 직후인 1890년에 시작되었다. 러시아 차르는 재보장 조약을 다시 3년 동안 연장하자고 제안했으나, 빌헬름 2세는 거부했다. 빌헬름 2세와 보좌관들은 빌헬름 2세 통치가 막 시작된 시점에 러시아의 제안을 거부함으로써 비스마르크의 복잡하고 중첩되는 동맹 그물망에서 아마도 가장 중요한 실 한 가닥을 잡아당겼다. 이런 결정을 내린 배경에는 세 가지 고려요소가 있었다. 첫 번째로 자신들의 정책을 가능한 한 "단순하고 투명하게" 하고 싶었다. (새롭게 재상에 임명된 카프리비는 자신이 비스마르크처럼 여덟 개의 공을 저글링할 수 없다고 고백한 바 있다.) 두 번째로 그들은 독일-오스트리아 동맹을 최우선 순위로 삼고 있다며 오스트리아를 안심시켜주려고 했다. 마지막으로 그들은 재보장 조약이 자신들이 희망하는 영국과의 동맹에 걸림돌이 된다고 보았다.

이런 개별 고려사항에서 빌헬름 2세의 독일은 지정학적 현실을 제대로 이해하지 못하고 있다는 사실이 드러났고 점차 고립되었다. 지리적 위치와 역사를 감안할 때 독일은 태생적으로 복잡한 상황에 놓여 있었다. 독일의 수많은 복잡한 측면을 고려해줄 수 있는 "단순한" 정책이란 있을 수가 없었다. 러시아와 조약을 체결하고 동시에 오스트리아와 동맹을 체결했던 바로 이 애매모호한 외교정책 덕에 비스마르크는 오스트리아의 공포와 러시아의 야심 사이에서 거의 20년 동안 균형자로 활동할 수 있었고, 어느 한쪽과 관계를 끊지 않으면서도 발칸반도의 고질적인 위기를 고조시키지도 않았다. 재보장 조약이 종결되자 정반대의 상황이 초래되었다. 독일의 옵션이 제한되면서 오스트리아의 모험주의가 조장되었다. 니콜라이 기르스 러시아 외교장관은 이런 상황을 즉각 눈치채고 이렇게 언급했다. "우리 조약(재보장 조약)이 해체되면서 현명하고 호의적이었지만 엄격했던 비스마르크의 통제로부터 오스트리아가 해방되었다."[18]

독일은 재보장 조약을 포기함으로써 오스트리아에 대한 지렛대를 상실했을 뿐만 아니라, 무엇보다도 러시아의 불안감을 증폭시켰다. 독일이 오스트리아에 의존하자, 러시아는 이를 독일이 발칸반도에서 오스트리아를 지지하게 될 것이라고 해석했다. 독일이 그 전에는 자신의 핵심 이익을 표방한 적이 없었던 지역에서 러시아의 목표를 방해하려 들자, 러시아는 독일에 맞설 수 있는 견제세력을 찾는 게 당연했다. 프랑스가 너무나 협조하기를 원했다.

프랑스를 향해 다가가려는 러시아의 마음은 독일이 재보장 조약 연장을 거부하고 영국과 식민지 문제를 신속하게 합의하면서 한층 더 강해졌다. 영국은 독일로부터 나일강 발원지와 잔지바르섬을 포함한 동아프리카 지역을 획득했다. 주고받기 식으로 독일은 상대적으로 덜 중요한 남서아프리카에서 잠베지강까지 연결되는 소위 카프리비 띠 (Caprivi Strip)라는 길고 가느다란 땅과 북해에 있는 헬골란트섬을 받았다.[19] 헬골란트섬은 해군 공격으로부터 독일 해안을 방어할 수 있는 전략적 가치가 있다고 간주되었다.[20]

이 거래는 일련의 오해 중 첫 번째가 되고 말았지만, 두 나라 입장에서는 그다지 나쁜 거래가 아니었다. 영국은 아프리카 식민지 문제를 해결하는 수단으로서 이 합의에 동의했다. 독일은 이 거래를 영–독 동맹의 서막으로 보았다. 그리고 러시아는 더 나아가 영국이 삼국동맹에 참여하는 첫걸음으로 해석했다. 그리하여 주독일 러시아 대사인 예고르 스탈 남작은 러시아의 역사적 우방인 독일과 전통적 적국인 영국 간의 조약을 근심스럽게 보고했다.

> 지구상 어느 지점에서 여러 이해관계와 긍정적인 관여에 의해 결속이 이루어지면, 그러한 관계는 국제무대에서 생길 수 있는 모든 큰 문제와 관련해서도 협조하는 방향으로 나아갈 게 거의 확실합니다. … 사실상 독일과의 앙탕트(Entente)가 이루어졌습니다.[21] 이는 영국과 삼국동맹의 다른 회원국들의 관계에도 작용을 할 수밖에 없습니다.[22]

비스마르크가 악몽처럼 생각했던 연합체가 이제 채비를 갖추기 시작했다. 재보장 조약이 종결되면서 불–러 동맹을 위한 상황이 조성되었기 때문이다.

독일은 러시아가 알자스–로렌을 위해 전쟁을 하는 데 이해관계가 없고, 프랑스는 발칸반도의 슬라브족을 위해 전쟁을 하는 데 이해관계가 없기 때문에 프랑스와 러시아가 결코 동맹을 형성하지 못할 것이라고 계산했다. 이런 계산은 비스마르크의 해임 이후 독일제국 지휘부가 내렸던 터무니없는 오판 중 하나로 밝혀졌다. 일단 독일이 오스트리아 편에 서겠다고 전적으로 약속함에 따라 프랑스와 러시아는 각자 지향하는 목표가 달랐지만 실제로 서로를 필요로 했다. 프랑스와 러시아 어느 쪽도 일단 독일을 패배시키거나 최소한 약화시키지 않고서는 자신의 전략적 목표를 달성할 수 없었기 때문이다. 프랑스는 독일이 전쟁 없이 결코 알자스–로렌을 포기하지 않을 것이고, 러시아도 오스트리아를 패배시키지 않고서는 오스트리아 제국 내의 슬라브족 지역을 물려받을 수 없다는 점을 알고 있었다. 독일은 재보장 조약 갱신을 거부함으로써 오스트리아가 패하지 않게 싸워줄 것이라는 입장을 명확히 밝혔다. 한편, 러시아는 프랑스의 지원 없이 독일과 맞붙을 경우 승산이 없었다.

독일이 재보장 조약 갱신을 거부한 지 일 년도 안 되어서 프랑스와 러시아는 서로를 외교적으로 지지한다는 불-러 협상을 체결했다. 신망이 높았던 기르스 러시아 외교장관은 이 합의가 러시아의 주적이 독일이 아닌 영국이라는 근본적인 문제를 해결하지 못할 것이라고 경고했다. 비스마르크가 쳐놓은 외교적 고립에서 필사적으로 벗어나려고 했던 프랑스는 만약 러시아가 영국과 식민지 문제로 충돌한다면 프랑스가 외교적으로 러시아를 지지한다는 의무를 부과하는 조항을 추가하는 데 동의했다.

프랑스 지도자들에게 이러한 반(反)영국 조항은 반(反)독일 동맹으로 바뀔 수밖에 없는 동맹을 체결하기 위한 일종의 소액 입장료처럼 보였다. 그 이후 프랑스는 불-러 합의를 군사 동맹으로 확대하려고 노력했다. 러시아 민족주의자들은 오스트리아의 해체를 가속하는 군사 조약을 지지했지만, 러시아 전통주의자들은 불안해했다. 기르스가 자리를 물려준 후임 외교장관인 블라디미르 람스도르프 백작은 1892년 2월 초, 자신의 일기장에 이렇게 적었다.

> 그들(프랑스인들)은 아울러 제3국에 공격받을 경우에 대비한 공동 군사행동에도 합의하자고 제안을 하면서 우리를 몰아붙일 준비를 하고 있다. … 하지만 좋은 일을 왜 지나치게 하는가? 참담한 기근, 만족스럽지 못한 우리의 재정 상태, 아직 완료되지 않은 군비 계획, 절망적인 우리의 교통 체계, 그리고 마지막으로 허무주의 세력이 활동을 재개했다는 사실 등을 감안할 때 우리에게는 평화와 안식이 필요하다.[23]

결국 프랑스 지도자들이 람스도르프의 의구심을 극복했거나, 아니면 차르가 람스도르프의 생각을 뒤엎었다. 1894년에 군사 조약이 체결되었고, 프랑스는 러시아가 독일로부터 공격받거나 독일과 연합한 오스트리아로부터 공격받을 경우 러시아를 지원하기로 합의했다. 러시아는 프랑스가 독일에 의해 공격받거나 독일과 연합한 이탈리아에 의해 공격받을 경우 프랑스를 지원하기로 했다. 1891년의 불-러 합의는 외교적 수단이며 독일뿐만 아니라 영국을 겨냥한 것이라고 그럴듯하게 주장할 수 있었던 반면, 이 군사 조약에서 예견된 유일한 적국은 독일이었다. 훗날 조지 케넌이 "숙명적 동맹"(프랑스와 러시아 간의 1891년 협상과 이어서 1894년에 체결된 군사 조약)이라고 불렀던 이 동맹은 유럽이 전쟁으로 치닫는 분수령이 되었다.

이 동맹은 세력균형의 작동이 끝나가는 첫 조짐이었다. 세력균형은 다음 사항 중 적어도 하나가 존재할 때 가장 잘 작동한다. 첫째, 각 국가가 당시 상황에 따라 어떤 다른 국가와도 자유롭게 제휴할 수 있어야 한다. 18세기 대부분을 통틀어볼 때 국가 간 협력 관계가 지속적으로 바뀌면서 균형상태가 지속했다. 비스마르크의 시대를 보아도 1890년까지 마찬가지였다. 둘째, 동맹관계가 고정되어 있더라도 균형자가 기존 연합체들 중에 어느 한쪽이 압도적이 되지 않도록 관리하는 경우다. 불-러 조약 이후, 영국이 균형자로 행동하면서 양쪽으로부터 구애를 받는 상황이 바로 이랬다. 셋째, 동맹 체제가 경직적이고 균형자도 없지만 동맹의 결속이 상대적으로 낮은 편이어서, 특정 이슈에서는 타협이 이루어지거나 협력 관계가 바뀌는 경우다.

이런 조건이 하나도 충족되지 않으면 외교가 경직된다. 어느 한쪽의 이득이 다른 쪽의 손실로 인식되면 제로섬 게임이 되며, 군비경쟁과 긴장 고조로 불가피하게 이어진다. 냉전 시기와 불-러 동맹에 영국이 참여하여 삼국협상(Triple Entente)이 형성되었던 1908년 상황이 이랬다.

냉전기와 달리 1891년 이후 국제질서는 한 번의 도전만으로 경직되지 않았다. 유연성과 관련된 세 가지 요인이 각각 순차적으로 파괴되기까지 15년이 걸렸다. 삼국협상이 형성되자 세력균형이 작동하지 않았다. 힘의 시험이 예외가 아닌 원칙이 되었다. 타협의 기술로서 외교가 끝났다. 어떤 위기로 인해 상황이 통제 불능으로 치닫는 것은 단지 시간 문제였다.

하지만 1891년 프랑스와 러시아가 독일에 맞서서 손을 잡음에 따라, 독일은 여전히 영국과의 동맹을 통해 상쇄할 수 있기를 희망했다. 빌헬름 2세도 영국과의 동맹을 갈망했지만 그의 충동적 성향 때문에 동맹을 체결하지 못했다. 독일은 1890년에 식민지 합의를 했지만, 그럼에도 러시아 대사가 두려워했던 동맹까지 이어지지 않았다. 동맹을 체결하지 못한 이유 중 일부는 영국의 국내 정치적 사정도 있었다. 나이가 든 글래드스턴이 1892년에 마지막으로 총리가 되고 난 뒤, 전제군주 국가인 독일과 오스트리아와의 어떠한 협력도 거부함에 따라 카이저의 여린 자존심이 상처를 받았기 때문이다.

하지만 영-독 동맹을 체결하려고 여러 번 시도했음에도 실패했던 근본적인 이유는 독일 지도부가 영국의 전통적 외교정책뿐만 아니라 독일의 안보를 위해 진정으로 무엇이 필요한지도 끈질기게 이해하지 못했기 때문이다. 한 세기 반 동안 영국은 무제한적인 군사동맹 체결을 거부했다. 영국은 오로지 두 종류의 동맹만 체결하려고 했다. 규정 가능하고 명확히 특정된 위험에 대응하는 제한적인 군사적 합의거나, 아니면 또 다른 나라와 이해관계가 충돌하지 않는 이슈에 대해 외교적으로 협력하는 협상(entente) 형태의 협정이었다. 어떤 면에서 협상에 대한 영국식 정의는 동어반복이었다. 영국이 협력하고 싶을 때 협력하겠다는 것이었다. 하지만 협상은 또한 도덕적이고 심리적인 유대와, 법적 의무까지는 아니더라도 위기가 발생하면 공동으로 행동할 것이라는 추정을 만들어내는 효과도 있었다. 그리고 그러한 협상은 영국을 프랑스와 러시아로부터 떼어놓게 되며, 아니면 적어도 이들 간의 화해를 복잡하게 만들어 놓을 수 있었다.

독일은 이러한 비공식적인 절차를 거부했다. 빌헬름 2세는 소위 대륙 방식 동맹이라고 불렸던 방식을 고집했다. 그는 1895년에 "만약 영국이 동맹이나 조력을 원한다면 어정쩡한 정책을 버리고 대륙 방식의 보장이나 조약을 제공해야 한다."라고 말했다.[24] 그러나 카이저가 말한 대륙 방식의 보장이 어떤 뜻이었을까? 거의 한 세기 동안 영예로운 고립을 해왔던 영국은 유럽 대륙에 항구적으로 개입할 준비가 전혀 되어 있지 않았다. 영국은 지난 150년 동안 그토록 일관되게 이를 회피해왔고, 특히 유럽 대륙에서 급속도로 가장 강력해지고 있었던 독일을 위해 해줄 생각은 더더욱 없었다.

공식적으로 안전을 보장해달라는 독일의 압박이 자멸적이었던 이유는 독일이 이런 안전보장을 진정으로 원하지 않았기 때문이었다. 독일은 유럽 대륙에서 영국이 편들지 않는 한 어떤 잠재적 적국이나 적국들의 연합체와 맞서 싸워도 이길 수 있었기 때문이다. 독일은 영국에 동맹이 아니라 유럽 대륙에 전쟁이 일어날 경우 호의적으로 중립을 유지해달라고 요청했어야 했다. 이를 위해서라면 협상 형태의 합의로도 충분했을 것이다. 필요하지도 않은 것을 요구하고, 원하지도 않는 것(대영제국을 보호하겠다는 광범위한 약속)을 제시하면서 독일은 영국으로부터 실제로 세계 지배를 추구하고 있다는 의심을 샀다.

구애하는 나라를 영국이 강하게 의심하고 유보적인 태도를 보임에 따라 독일은 더욱 조급해졌다. "나는 내 독일인 친구들의 분명한 우려를 무시하는 것을 좋아하지 않는다."라고 솔즈베리가 적었다. "하지만 그들의 충고대로 너무 따라가는 게 지금은 현명하지 않다. 그들의 아히도벨(Achitophel)[25]은 사라졌다. 이들은 유쾌하고 상대하기가 훨씬 쉽지만, 영감[비스마르크]의 비범한 통찰력에 미치지 못한다."[26]

독일 지도부가 충동적으로 동맹을 추구했던 반면, 독일 대중은 더욱 공격적인 외교 정책을 요구했다. 유일하게 사회민주주의자들만 이에 반발했지만, 얼마 버티지 못하고 결국 여론에 굴복해 1914년 독일의 선전포고를 지지했다. 독일의 지도층은 유럽 외교에 대한 경험이 없었고 그렇게 목청 높여 주장하던 세계정책(Weltpolitik)에 대해서도 마찬가지였다. 프로이센이 독일을 지배하도록 이끌었던 융커들(Junkers)[27]은 두 차례의 세계 대전 이후 신랄한 비난을 받았으며, 특히 미국으로부터 많은 비난을 받았다. 하지만 사실이들은 외교 문제에 있어 도를 넘은 것에 대해 가장 잘못이 작은 사회계층이었다. 이들은 기본적으로 유럽 대륙 정책에만 초점을 두었고 유럽 외부 문제에는 거의 관심이 없었기 때문이다. 오히려 신흥 산업가들과 성장세에 있었던 전문가 계층이 민족주의적 선동의 핵심이 되었고, 이런 선동은 영국과 프랑스에서 수 세기를 거치면서 진화해온 의회라는 일종의 정치적 완충장치를 거치지도 않았다. 서구 민주주의 국가에서는 강력한 민족주의적 흐름이 의회 제도를 통해서 표출되었다. 독일에서는 이런 정서가 의회 외부의 압력단체를 통해 표출되었다.

비록 독일이 독재체제였지만, 독일 지도자들은 여론에 극도로 민감했으며 민족주의 성향의 압력단체들로부터 영향을 강하게 받았다. 이 단체들은 외교와 국제관계를 스포츠 시합처럼 간주했으며, 항상 정부에 더 강경한 노선과 더 많은 영토 확장, 더 많은 식민지, 더 강력한 군대, 더 방대한 해군을 추진하라고 압력을 넣었다. 이들은 정상적인 주고받기 식의 외교를 했거나 약간이라도 독일 외교가 양보했다는 인상을 받으면 이를 심각한 굴욕으로 받아들였다. 선전포고 당시 테오발트 폰 베트만-홀베크 독일 재상의 정무 비서관이었던 쿠르트 리츨러가 이에 대해 적절하게 언급했다. "우리 시대의 전쟁 위협은 … 허약한 정부가 강력한 민족주의 운동에 직면한 국가들의 국내 정치에 있다."[28]

이처럼 감정적이고 정치적인 풍토에서 독일의 결정적인 외교 실수가 발생했다. 소위 크루거 전보(Kruger Telegram) 사건 때문에 독일 황제는 영국과 동맹을 맺을 수 있다는 가능성을 19세기가 끝날 때까지 놓쳐버렸다. 1895년에 영국의 식민지 이해관계자들, 특히 세실 로즈(Cecile Rhodes)의 지지를 받았던 제임슨 대령이 남아프리카 트란스발 지역의 보어(Boer) 독립국을 급습했다. 이 공격은 완전히 실패로 돌아갔고, 솔즈베리 정부는 크게 당황하며 이 사건과 직접적인 연관이 없다고 주장했다. 민족주의적 성향의 독일 언론은 이를 흡족해하면서 영국이 더 철저하게 굴욕을 겪어야 한다고 촉구했다.

독일 외교부 내 수석 자문관이자 막후 실력자인 프리드리히 폰 홀슈타인(Friedrich von Holstein)은 이 처참한 급습을 독일이 얼마나 까다로운 적이 될 수 있는지를 보여줌으로써 우호적인 독일의 이점을 영국에 가르쳐줄 수 있는 기회로 여겼다. 카이저 빌헬름 2세로서는 으스댈 수 있는 기회를 거부할 이유가 없었다. 1896년 신년을 맞이한 지 얼마 안 되어, 카이저는 트란스발 지역에 있는 파울 크루거(Paul Kruger) 대통령에게 "외부로부터의 공격"을 격퇴한 것을 치하한다는 전보를 보냈다. 이는 영국을 직접적으로 모욕하는 셈이었고, 영국이 자신의 이익 구역이라 생각하는 지역의 심장부에 독일이 보호국을 수립하려는 것이 아닌가 하는 두려움을 불러일으켰다. 실제로 크루거 전보는 독일의 식민지 야심이나 외교정책이 반영된 것도 아니었고 순전히 홍보용 술책에 불과했으며, 그 목표 자체는 달성했다. 자유주의 성향의 〈알게마이네차이퉁〉은 1월 5일자 신문에서 "정부가 수년 동안 해온 어느 것도 완전히 만족스럽지 않았다. … 그 전보는 독일 국민의 영혼으로 쓰여진 것이다."라고 보도했다.[29]

독일의 근시안적 태도와 둔감성 때문에 이런 추세가 가속되었다. 카이저와 측근들은 영국을 구슬려서 동맹을 체결하려던 시도가 실패했으니, 독일을 불쾌하게 할 경우 영국이 치를 대가를 보여주는 게 더 설득력이 있으리라고 스스로 확신했다. 불행히도 독일은 영국이 협박 앞에 취약했던 사례가 없다는 역사적 기록을 도외시했다.

독일과 우호적 관계를 맺는 게 매우 유용하다는 점을 보여주고자 시작되었던 일종의 괴롭힘이 점차 진정한 전략적 도전으로 변질되었다. 영국의 제해권을 위협하면 영국을 확실히 적으로 돌려버릴 수 있었는데, 독일은 바로 이런 전략을 택했고, 돌이킬 수 없는 도전을 시작했다는 사실도 깨닫지 못한 것처럼 보였다. 1890년대 중반부터 대규모 해군을 건설하라는 국내적 압력이 "해군주의자들"의 주도로 급증했다. 해군주의자들은 기업인들과 해군 장교들로 구성된 압력단체로서 그 위세가 증가일로에 있었다. 이들은 해군 예산 책정을 정당화하려고 영국과의 긴장을 고조하는 데 큰 관심을 가졌기 때문에 크루거 전보를 뜻밖의 선물로 받아들였다. 이들은 사모아의 법적 지위에서부터 수단의 경계, 포르투갈 식민지의 미래에 이르기까지, 지구상의 저 멀리 떨어진 곳에서 영국과의 충돌 가능성을 보여주는 다른 이슈를 대했던 것처럼 이 전보 사건을 대했다.

그리하여 악순환이 시작되었고 결국 대결에 이르렀다. 독일은 해군을 강화했지만 이후 세계대전에서 유틀란트(Jutland) 해전에서 영국 함대와 겨우 단 한 번 마주쳤고, 이 해전에서 결정적인 결과가 나오지도 않았다. 하지만 독일은 해군 구축이라는 특권의 대가로 이미 많아지던 적국 명단에 영국을 추가하게 되었다. 유럽 대륙에서 이미 가장 강력한 육군을 보유한 국가가 바다에서 영국과 맞먹겠다고 한다면, 영국이 이에 반발하리라는 것은 의문의 여지가 없었기 때문이다.

하지만 카이저는 자신의 정책이 초래한 결과를 알아차리지 못한 것처럼 보였다. 영국은 처음에는 독일의 엄포와 해군 증강에 짜증을 냈으나, 이집트에서 프랑스가 영국을 압박하고 있고 중앙아시아에서 러시아가 영국에 도전하고 있는 현실은 그대로였다. 만약 러시아와 프랑스가 협력하기로 결정하고 아프리카, 아프가니스탄, 중국에서 동시에 압박해온다면 어떻게 할 것인가? 만약 독일이 여기에 가담해서 남아프리카에서 대영제국을 공격한다면 어떻게 할 것인가? 영국 지도자들은 영예로운 고립이 여전히 적절한 외교정책인지에 대해 의심하기 시작했다.

이런 생각을 했던 사람 중에 가장 중요하고 적극적으로 목소리를 높였던 사람이 식민지 장관인 조지프 체임벌린(Joseph Chamberlain)이었다. 솔즈베리의 자식뻘 되는 나이에 준수한 외모의 체임벌린이 동맹—이왕이면 독일과의 동맹—을 촉구했다는 점에서 20세기를 상징하는 것처럼 보였고, 반면 더 나이 많은 귀족적인 정치인인 솔즈베리는 이전 세기의 고립주의 성향을 엄격히 견지했다. 1899년 11월의 중요한 연설에서 체임벌린은 영국, 독일, 미국으로 구성된 "튜턴" 동맹을 촉구했다.[30,31] 체임벌린은 동맹이 너무나 필요하다고 느꼈기 때문에 솔즈베리의 승인도 받지 않고 독일에 자신의 구상을 전달했다. 하지만 독일 지도자들은 공식적인 보장을 요구하며 버텼다. 그러한 조건은 그다지 의미가 없고 유럽 대륙에서 전쟁이 발발하면 영국이 중립을 지키는 게 가장 중요하다는 현실을 인식하지 못했다.

건강이 악화된 솔즈베리는 1900년 10월에 총리직은 유지했지만 겸직하고 있던 외교장관직을 내려놓아야만 했다. 후임 외교장관은 랜스다운 경(Lord Landsdowne)이었다. 그는 영국이 더 이상 영예로운 고립으로 안보를 누릴 수 없다는 점에서 체임벌린과 의견이 일치했다. 하지만 랜스다운은 독일과의 전면적인 공식 동맹을 체결하기 위해 필요한 컨센서스를 모으지 못했다. 내각이 협상(entente) 형태의 협정, 즉 "그들이(영국과 독일 정부) 다 같이 관심이 있는 특정 사안이나 세계의 특정 지역과 관련해서 추구할 수도 있는 정책에 대한 양해" 이상의 것을 원하지 않았기 때문이다.[32] 몇 년 후에 프랑스와 사실상 이와 동일한 방식으로 영불협상을 체결했지만, 이 정도로만 합의해도 제1차 세계대전에서 영국을 프랑스 편으로 끌어들이기에 충분했던 것으로 이후에 확인되었다.

하지만 독일은 또다시 표면상으로는 달성 불가능한 것을 위해서 달성 가능한 합의를 거부했다. 새로운 독일 재상 뷜로는 지정학적 고려보다 여론을 더 신경 썼기 때문에 영국과 협상 형태로 합의하기를 거부했다. 특히, 독일 해군을 대폭 증강하기 위해 의회 설득을 우선순위로 삼고 있었기 때문에 더욱 그랬다. 뷜로는 독일, 오스트리아, 이탈리아로 구성된 삼국동맹에 영국이 참여해야만 해군 증강 프로그램을 축소하겠다고 했다. 솔즈베리는 전부 아니면 전무라는 뷜로의 책략을 거부했고, 결국 10년 사이에 세 번이나 영-독 합의가 좌초했다.

영국과 독일이 외교정책에 관한 인식에 있어 본질적으로 일치하지 않았다는 사실은 양국 지도자들이 왜 합의할 수 없었는지를 설명하는 방식에서도 엿볼 수 있었다. 뷜로는 편협하다는 이유로 영국을 비난하면서 완전히 감정적이었고, 독일이 통일되기 한 세기 전부터 영국이 전 세계적인 외교정책을 구사해왔던 사실을 무시했다.

> 영국 정치인들은 유럽 대륙을 거의 모른다. 유럽 대륙의 시각에서 볼 때 그들은 우
> 리가 페루나 시암(태국)에 대해 아는 만큼 알고 있을 뿐이다. 그들은 의식적인 자기
> 중심주의와 어떤 맹목적 자신감에 빠져 순진하다. 그들은 다른 사람들이 진정으로
> 악의가 있다고 믿기를 힘들어한다. 그들은 매우 조용하고 아주 침착하며 너무나 낙
> 관적이다.[33]

솔즈베리는 안절부절못하고 다소 모호한 상대방을 위해 세련되고 전략적인 분석이
담긴 교훈의 형태로 답변하였다. 그는 영국이 위험한 고립을 모면하기 위해서 독일과의
동맹을 필요로 한다는 주영국 독일 대사의 분별없는 발언을 인용하면서 이렇게 썼다.

> 러시아에 맞서 독일과 오스트리아의 국경을 보호해야 한다는 부담은 프랑스에 맞서
> 영국 제도를 보호해야 하는 부담보다 더 무겁다. … 하츠펠트(Hatzfeldt) 백작(독일
> 대사)은 우리가 "고립"을 추구하고 있기 때문에 우리가 심각하게 위험해졌다고 말
> 한다. 우리가 그런 위험을 실질적으로 느낀 적이 있었던가? 만약 우리가 혁명전쟁
> (나폴레옹전쟁)에 무릎을 꿇었더라도 고립이 패배의 원인은 아니었을 것이다. 우리
> 는 수많은 동맹국들이 있었지만[34] 프랑스 황제가 영국 해협을 장악했더라면 동맹국
> 들이 우리를 구해주지 못했을 것이다. 그[나폴레옹]가 통치했던 기간을 제외하면 우
> 리는 한 번도 위험에 빠진 적이 없었다. 따라서 "고립" 때문에 괴로움을 겪게 되어
> 있다고 하는데, 고립 그 자체가 어떤 위험한 요소를 담고 있는지, 담고 있지 않은지
> 판단할 수 없다. 실제로 존재한다고 믿을 만한 역사적 이유가 없는 위험에 대비하려
> 고 새롭고 대단히 부담스러운 의무를 짊어지는 것이 현명하다고 보기 어렵다.[35]

독일이 갈망했던 공식적인 전 세계적 동맹을 정당화할 만큼 영국과 독일 양국의 이
익은 충분히 겹치지 않았다. 영국인들은 만약 독일에 힘을 더 보태준다면 장차 동맹국이
되려는 이 나라가 영국이 항상 역사적으로 저항했던 유럽을 지배하는 국가가 될 것이라
고 두려워했다. 동시에 독일로서는 인도에 대한 위협처럼 독일의 이익에 전통적으로 지
엽적이라고 간주되어 온 이슈들에서 영국의 보조자 역할을 하는 게 마음에 들지 않았다.
그리고 독일은 너무나 거만해서 영국이 중립만 유지해도 이익이 될 수 있다는 사실을 이

해하지 못했다.

독일 지도자들은 자국이 영국에 필수불가결한 존재라고 확신했지만, 랜스다운 외교장관이 이어서 바로 취했던 조치를 통해 이런 확신이 얼마나 스스로를 과대평가한 것인지가 드러났다. 랜스다운이 1902년에 일본과 동맹을 체결하자 유럽이 깜짝 놀랐다. 영국과 일본의 동맹은 리슐리외가 오스만 제국과 협력한 이래 유럽 국가가 유럽협조체제 외부에서 도움을 구한 최초의 사례였다. 영국과 일본은 만약 어느 쪽이라도 중국이나 한국과 관련하여 어떤 다른 한 나라와 전쟁을 할 경우 다른 쪽이 중립을 유지하기로 합의했다. 그러나 만약 어느 한 동맹 체결국이 두 개의 적대국으로부터 공격받을 경우, 다른 체결국이 동맹국을 도와줄 의무가 있었다. 이 동맹은 일본이 적대적인 두 나라와 전쟁할 경우에만 작동하기 때문에 영국으로서는 자신과 무관한 사항에 엮이지 않으면서도 기꺼이 러시아를 봉쇄하기를 갈망하는 동맹국을 마침내 찾아냈다. 더욱이 극동에 있는 일본은 영국으로서는 러-독 국경보다 전략적으로 더 중요했다. 그리고 일본은 프랑스로부터 보호를 받게 되었다. 만약 영-일 동맹이 없었더라면, 프랑스는 러시아의 지원에 대한 자신의 권리를 강화하려고 일본과의 전쟁을 이용하려 했을지도 모른다. 이때부터 영국은 전략적 파트너로서 독일에 대한 관심을 잃게 된다. 실제로 시간이 지나면서 영국은 독일을 지정학적 위협으로 간주했다.

1912년이 될 때까지 영-독 갈등을 해소할 수 있는 기회가 있었다. 육군장관[36] 홀데인 경(Lord Haldane)은 긴장 완화를 논의하고자 베를린을 방문했다. 홀데인은 다음과 같은 영국의 중립 조건을 전제로 한 해군 협정에 기초해 독일과의 화해를 추진해보라는 훈령을 받았다. "만약 체결국 중 어느 한쪽, 즉 영국이나 독일이 침략국이라고 간주될 수 없는 전쟁에 휘말릴 경우, 다른 쪽은 적어도 전쟁에 휘말린 강대국을 상대로 호의적인 중립을 표명하도록 한다."[37] 하지만 카이저는 "독일이 전쟁을 강요받을 경우"[38]에도 영국이 중립을 약속해야 한다고 주장했다. 이는 마치 독일이 러시아나 프랑스를 상대로 선제 전쟁을 개시하더라도 방관해야 한다고 영국에 요구하는 것처럼 들렸다. 영국이 카이저가 제시한 문안을 거부하자, 카이저도 영국 측의 제안을 거부했다. 독일의 해군 법안이 추진되었고, 홀데인은 빈손으로 귀국했다.

카이저는 영국이 묵시적 합의 이상의 협력은 하지 않으려는 태도를 이해하지 못했다. 실제로 독일로서는 이 정도의 합의만 필요했음에도 불구하고 말이다. "만약 우리의 함대를 제한해야 한다는 조건에만 영국이 손을 내밀 의향이 있다면, 이는 독일 국민과 황제를 욕보이는 매우 몰염치한 행동이다. 이런 제안은 즉각 거부해야 한다."라고 카이저는 글을 남겼다.[39] 카이저는 영국을 위협해 공식적인 동맹을 체결할 수 있다고 여전히 확신하면서 이렇게 자랑했다. "내가 영국인들에게 그들이 우리의 군비에 간섭하는 건 헛수고라는 사실을 보여주었다. 이렇게 함으로써 나는 그들의 증오감을 북돋웠을지 모르지만 그들의 존경을 얻었으며, 결국 그들은 적절한 때에 다시 협상에 나설 것이다. 더 겸손한 태도와 더 다행스러운 결과가 있기를 기대한다."[40]

카이저가 충동적이고 고압적으로 동맹을 체결하려고 하자 영국의 의구심이 더 커졌다. 1899년부터 1902년까지 있었던 보어전쟁 기간에 독일이 영국을 괴롭혔고, 독일이 해군을 증강하려는 계획을 세우자 영국은 자신의 외교정책을 철저하게 재평가했다. 한 세기 반 동안 영국은 프랑스가 유럽의 균형상태에 가장 큰 위협이 된다고 간주했고, 주로 오스트리아, 때로는 프로이센 등 일부 독일 국가의 도움을 받아 프랑스를 저지해야 했다. 그리고 영국은 러시아가 영국에 가장 심각한 위험이 된다고 보았다. 하지만 일본과의 동맹을 확보한 뒤에 영국은 역사적 우선순위를 재검토하기 시작했다. 1903년에 영국은 프랑스와 식민지 관련 주요 쟁점을 해결하고자 체계적인 노력을 시작했고, 1904년에 소위 영불협상(Entente Cordiale)에 도달했다. 이는 정확히 독일이 일관되게 거부했던 비공식적인 협력을 위한 합의였다. 거의 바로 이어서 영국은 러시아와도 비슷한 합의를 즉각 모색하기 시작했다.

영불협상은 공식적으로는 식민지와 관련된 합의였기 때문에, 전통적 영국 정책인 "영예로운 고립"을 기술적으로 포기한 것이 아니었다. 하지만 실질적으로는 영국이 균형자 입장을 버리고 서로 대립하는 두 동맹체 중 어느 한편에 붙는 결과를 낳았다. 1903년 7월에 영불협상이 협의 중일 때, 런던에 있는 프랑스 측 대표가 랜스다운에게 보상(quid pro quo)으로서 프랑스는 다른 지역에서 러시아의 영국에 대한 압박을 덜어주고자 최선의 노력을 다하겠다고 말했다.

> 유럽 평화에 가장 심각한 위협은 독일이고, 프랑스와 영국 간의 훌륭한 양해가 독일의 구상을 저지할 수 있는 유일한 수단입니다. 만약 그런 양해가 이루어질 수 있다면 영국은 프랑스가 러시아에 대해 유익한 영향력을 발휘할 수 있다는 점을 알게 될 것이고, 그렇게 함으로써 우리는 러시아와의 문제 중 많은 부분을 덜어낼 수 있을 것입니다.[41]

10년이 지나기도 전에 재보장 조약으로 독일과 손잡고 있던 러시아가 프랑스와 군사 동맹국이 되었고, 독일이 수시로 구애했던 영국은 프랑스의 외교 진영에 합류했다. 독일은 스스로를 고립시키는 동시에 과거에 서로 적대적이던 세 국가가 독일에 맞서 연합하게 하는 대단한 위업을 달성했다.

다가오는 위험을 인식한 정치인은 기본적인 결정을 내려야 한다. 만약 시간이 갈수록 위협이 커지리라고 믿는다면 이 위협을 미연에 방지해야 한다. 하지만 어렴풋이 보이는 위험이 돌발적일지라도 상황들이 우연히 합쳐진 결과라면, 시간이 지나면서 위험이 줄어들도록 놔두고 기다리는 것이 바람직하다. 200년 전 리슐리외는 프랑스가 적대적 세력들에게 포위당할 수 있다고 보았고, 실제로 이런 포위를 막는 게 그의 핵심 정책이었다. 하지만 리슐리외는 이런 잠재적 위험에 다양한 요소가 있다는 사실 또한 이해했다. 만약 성급하게 행동에 나서면 프랑스를 포위한 국가들이 단결하리라고 보았다. 그리하여 리슐리외는 시간을 자신의 동맹으로 삼고, 프랑스의 적국 간에 이견이 불거질 때까지 기다렸다. 그리고 나서 이견이 굳어졌을 때, 프랑스를 이 다툼에 뛰어들게 했다.

독일이 위험을 느꼈던 국가들은 결코 자연스러운 동맹국들이 못 되었지만, 카이저와 보좌진은 리슐리외가 했던 대로 정책을 구사하기에는 인내심도 없었고 명민하지도 못했다. 점차 다가오는 포위망에 맞서 독일은 애당초 이런 위험을 초래했던 외교정책과 똑같은 방식으로 대응했다. 독일은 프랑스를 제압하기 위한 구실을 찾음으로써 체결된 지 얼마 안 된 영불협상을 분열시키려 했고, 그럼으로써 영국이 프랑스를 지원하는 게 환상에 불과하거나 효과가 없다는 것을 보여주려 했다.

독일이 영불협상이 얼마나 강한지 시험해볼 기회가 모로코에서 생겼다. 프랑스의 모로코에 대한 구상이 모로코의 독립을 확약하는 조약에 위배되었다. 독일은 마침 모로코에 상당한 상업적 이해관계가 있었다. 1905년 3월, 카이저는 유람선 여행을 하는 동안 이 문제를 자신이 직접 제기하기로 했다. 탕헤르(Tangier)에 도착하자마자 카이저는 모로코의 독립을 지지한다는 결의를 선포했다. 독일 지도자들은 첫 번째로 미국, 이탈리아, 오스트리아가 자신들의 문호개방 정책을 지지할 것이며, 두 번째로 러일전쟁 직후라 러시아가 개입하지 못할 것이고, 세 번째로 영국이 국제회의에서 프랑스에 대한 의무를 덜게 되어 아주 기쁘게 생각할 것이라고 보고 도박을 했다.

하지만 독일에 대한 두려움이 다른 모든 고려사항을 압도했기 때문에 이런 가정이 전부 다 틀린 것으로 밝혀졌다. 영불협상이 최초로 도전받자 영국은 프랑스를 최대한도로 지지했고, 프랑스가 수용할 때까지 회의를 하자는 독일의 요구에 동조하지 않았다. 오스트리아와 이탈리아는 전쟁 직전까지 갈지도 모르는 모험을 꺼렸다. 그럼에도 불구하고 독일 지도자들은 영불협상이 무의미하다는 것을 보여줄 수 있는 외교적 승리를 거두지 못하면 재앙일 것이라고 지레짐작하면서, 이렇게 불거지는 분쟁에 위신을 상당한 정도로 걸었다.

카이저는 재위 기간 내내 위기를 마무리하기보다 불러오는 데 소질이 뛰어났다. 그는 극적인 충돌이 짜릿하다고 느꼈지만, 지속되는 대립을 감당할 수 있는 용기는 없었다. 빌헬름 2세와 보좌진은 프랑스가 전쟁할 준비가 되어 있지 않다고 정확하게 판단했다. 하지만 나중에 알려진 사실이지만 독일도 마찬가지였다. 독일이 실제로 얻어낸 것은 테오필 델카세 프랑스 외교장관의 경질에 불과했다. 하지만 델카세는 얼마 안 가서 다른 자리로 옮겼고 프랑스 정계에서 계속 중요한 역할을 맡았기 때문에 상징적인 승리에 불과했다. 분쟁의 실질적 사안과 관련해서 독일 지도자들은 허세 넘치는 수사에도 불구하고 용기가 부족했기 때문에 6개월 후 스페인의 알헤시라스(Algeciras)에서 예정된 회의를 통해 얼렁뚱땅 넘어가려고 했다. 한 나라가 전쟁 위협을 했다가 얼마 안 가서 회의를 개최하자고 물러선다면, 이런 위협의 신뢰성이 저절로 떨어진다. (이 방식으로 서방 민주주의 국가들도 반세기 후 흐루쇼프의 베를린 최후통첩을 해소시켰다.)

독일이 스스로를 얼마나 고립시켰는지는 1906년 1월 알헤시라스 회의 개막식에서 적나라하게 드러났다. 영국의 새로운 민주당 정부 외교장관 에드워드 그레이(Edward Grey)는 주영국 독일 대사에게 전쟁이 발발하면 영국은 프랑스 편을 들겠다고 경고했다.

> 우리의 모로코 협정으로 말미암아 독일이 프랑스를 공격한다면, 영국 내 국민 정서
> 가 너무 강해서 어떤 영국 정부건 간에 중립으로 남아 있지 못할 것입니다.[42]

독일 지도자들이 지나치게 감정적이었던 반면 장기적인 목표를 갖지 못했기 때문에 독일은 알헤시라스 회의에서 외교적으로 완패했다. 미국, 이탈리아, 러시아, 그리고 영국 모두 독일 편을 들기를 거부했다. 제1차 모로코 위기로 인해 독일 지도자들이 달성하려고 했던 것과 정반대의 결과가 나왔다. 영불협상을 분쇄하기는커녕 제1차 모로코 위기는 영불 군사협력으로 귀결되었고, 1907년 영러협상(Anglo-Russian Entente)이 마련되는 추동력을 제공했다.

알헤시라스 회의 이후 영국은 아주 오랫동안 기피해왔던 유럽 대륙 강대국과의 군사적 협력에 동의했다. 영국과 프랑스 해군 지도부 간 협의가 개시되었다. 영국 내각은 이런 새로운 시도가 불편했다. 그레이 외교장관은 주영국 프랑스 대사 폴 캉봉(Paul

Cambon)에게 자신의 도박에 따른 위험을 분산하고자 이렇게 서한을 보냈다.

> 우리는 전문가들 사이의 협의는, 아직 대두되지도 않았고 전혀 대두되지 않을 수도 있는 우발 상황에서 각각의 정부가 행동에 나서기로 약속하는 합의로 간주하지 않으며, 간주하여서도 안 된다는 데 동의했습니다.[43]

이는 영국이 군사적으로 행동해야 하는 의무를 부담하는 특정한 상황에서 법적 약속을 하지 않겠다는 영국의 전통적인 도피 조항이었다. 프랑스는 법적 의무가 어떻든 간에 군 참모진들 간의 대화가 실제 현실을 지배할 것이라고 확신하면서, 영국 의회가 통제권을 가질 수 있게 하는 이런 작은 선물을 수락했다. 15년 동안 독일 지도자들은 영국에 이 정도의 재량도 주지 않으려고 했다. 프랑스는 영국의 모호함을 수용할 정도로 정무적 감각이 있었고, 위기 상황에서 승리를 가져올 도덕적 의무가 점차 커지고 있다고 확신했다.

1907년 영-불-러 진영이 등장하면서 유럽 외교는 삼국협상과 독일과 오스트리아 간 동맹이라는 두 세력으로 갈라졌다. 대독일 포위망이 완성되었다. 영불협상처럼 영국과 러시아 간 합의는 식민지 관련 합의부터 시작되었다. 몇 년에 걸쳐 영국과 러시아는 식민지 분쟁을 천천히 잠재웠다. 1905년 일본이 러시아를 상대로 승리함으로써 극동을 향한 러시아의 야심이 실질적으로 무너졌다. 1907년 여름이 되자 영국으로서는 아프가니스탄과 페르시아에서 러시아에 좀 관대한 제안을 하더라도 괜찮은 상황이 되었다. 페르시아를 세 영향권으로 분할해 북부 지역은 러시아에 넘겼고, 중부 지역은 중립지역으로 선포했으며, 영국은 남부 지역의 통제권을 주장했다. 아프가니스탄은 영국의 세력권이 되었다. 콘스탄티노플부터 한국에 이르기까지 전 지구의 3분의 1에 걸친 분쟁으로 10년 전에 망가졌던 영-러 관계가 마침내 평화로워졌다. 러시아의 협력을 얻기 위해 러시아를 다다넬즈 해협으로부터 몰아내겠다는 결심을 포기할 각오가 되어 있을 정도로 영국의 독일에 대한 집착이 극명하게 드러났다. 그레이 외교장관은 이렇게 언급했다. "러시아와의 좋은 관계란 러시아에 맞서 터키 해협을 봉쇄하고 강대국이 참석하는 모든 회의에서 혼신을 다해 러시아에 반대해온 우리의 오래된 정책을 버려야 한다는 것을 의미했다."[44]

일부 역사학자들[45]은 삼국협상이 실제로는 두 가지 식민지 합의가 예측에서 벗어난 결과일 뿐이며, 영국은 독일을 포위하려 했던 것이 아니라 대영제국을 보호하기를 원했다고 주장해왔다. 하지만 세계를 정복하려는 독일의 충동이 두려워서 이를 막으려고 영국이 삼국협상에 참여했다는 사실에 합리적 의심의 여지를 전혀 남기지 않는 소위 크로우 각서(Crowe Memorandum)라는 아주 탁월한 문서가 있다. 1907년 1월 1일, 영국 외교부의 저명한 분석관인 에어 크로우 경(Sir Eyre Crowe)은 왜 독일과의 협조가 불가능하고 프랑스와의 협상이 유일한 옵션인지에 관한 견해를 밝혔다. 크로우 각서는 비스마르크 이후 독일 문서에서는 절대로 찾아볼 수 없었던 높은 수준의 분석 보고서였다. 전략과 난폭한 권력이 충돌하는 상황이 되었고, 힘의 격차가 아주 크지 않은 이상, 전략가는 자신의 행동을 계획할 수 있는 반면 상대방은 즉흥적으로 나올 수밖에 없기 때문에 전략가가 유리해진다. 바로 지금이 그런 상황이었다. 영국이 프랑스와 러시아 두 나라와 이견이 크다는 점을 인정했지만, 크로우는 이 두 나라의 목표는 분명하고 한정적이었기 때문에 타협의 여지가 있다고 보았다. 독일 외교정책이 위협적이었던 이유는 독일이 남아프리카, 모로코, 근동과 같이 머나먼 지역들에까지 팽창하는 끊임없는 세계적 도전의 이면에는 어떤 파악 가능한 근거가 없었기 때문이다. 더욱이 독일의 해군력 증강은 "대영제국의 생존과 양립이 불가능"했다.

크로우에 따르면, 독일의 거리낌 없는 행동 때문에 틀림없이 대립이 불가피했다. "어떤 한 나라가 가장 강력한 육군에다 강력한 해군까지 갖춘다면, 전 세계가 그런 악몽 같은 상황을 제거하려고 뭉칠 수밖에 없을 것이다."[46]

현실정치의 교리에 충실하게 크로우는 동기가 아닌 구조가 안정성을 결정한다고 주장했다. 독일의 의도는 본질적으로 무관했다. 중요한 것은 독일의 역량이었다. 그는 두 가지 가설을 제시했다.

독일은 전반적인 정치적 패권과 해상 지배권을 분명히 노리면서 독일 주변국들의 독립과 궁극적으로 영국의 존재까지 위협하고 있다. 그게 아니라면 독일은 그런 명백한 야심이 없는 상태에서 현재로서는 단순히 국제사회의 주요 강대국 중 하나로서 자신의 정당한 지위와 영향력을 이용할 생각을 하면서, 대외 무역을 증진하고 독일 문화의 장점을 확산하며 독일의 국가적 에너지가 미치는 범위를 확대하고 평화로운 기회가 주어질 때마다 전 세계 어디에서나 독일의 새로운 이익을 창출하기 위해 노력하고 있다.[47]

크로우는 결국 독일의 국력이 커지면 독일이 태생적인 유혹에 휩싸이게 될 것이기 때문에 이런 구분이 무의미해질 것이라고 주장했다.

> 두 번째 계책(국가운영술의 도움을 전적으로 받지 않는 건 아닌, 반독립적인 점진적 발전)은 어느 단계에서라도 첫 번째 계책 또는 의식적으로 설계된 계책과 합쳐질 게 명백하다. 더욱이 점진적 발전 계책이 실현된다면 그로 인해 독일이 얻는 지위는 '계획적인 의도'를 갖고 유사한 입지를 의도적으로 확보했을 때만큼이나 전 세계를 무시무시하게 위협할 것이다.[48]

비록 크로우 각서가 실제로는 독일과의 양해에 반대하는 것 이상으로 나아가지는 않았지만, 그 취지는 분명했다. 만약 독일이 해양에서의 우위 추구를 포기하고 자신의 소위 세계정책(Weltpolitik)을 완화하지 않으면, 영국은 독일을 막기 위해 러시아와 프랑스 편에 확실히 동참하겠다는 것이다. 이전 세기에서 프랑스와 스페인의 야망을 확실히 꺾어놓았던 영국의 무자비한 집요함을 보여주겠다는 것이었다.

영국은 더 이상 독일의 국력이 커지는 상황을 지지하지 않겠다는 입장을 분명히 밝혔다. 1909년 그레이 외교장관은 만약 독일이 프랑스와 러시아와 전쟁을 할 때 영국이 중립을 유지하기로 동의한다면 독일이 해군 증강을 늦추겠다는(끝내겠다가 아니라) 제안에 대해 답변하면서 이런 입장을 분명하게 밝혔다. 그레이는 이렇게 주장했다.

> 독일이 제안한 합의는 유럽 내 독일의 패권 구축에 도움이 될 것이며, 그 합의는 패권 구축이라는 목표에 기여한 후에는 오래 지속되지 않을 것이다. 이 제안은 사실상 독일이 자신들이 적절한 시점에 우리를 겨냥할 수 있는 통일된 유럽을 만들 수 있게 도와달라고 요청하는 것이나 다름없다. … 만약 우리가 독일을 위해 다른 강대국들을 희생시킨다면 우리도 결국 공격받게 될 것이다.[49]

삼국협상이 형성되고 나서, 1890년대에 전개되었던 독일과 영국 간의 쫓고 쫓기는 게임이 더욱 심각해졌고, 현상(status quo)을 유지하려는 강대국과 세력균형의 변화를 요구하는 강대국 간의 투쟁으로 변질되었다. 더 이상 외교적 유연성을 발휘하기가 불가능해지자, 균형상태를 바꾸려면 군비를 증강하거나 전쟁에서 승리해야 했다.

두 동맹은 갈수록 커지는 상호 불신의 간극 너머에 있는 상대를 마주하고 있었다. 냉전기와 달리 두 그룹은 전쟁을 두려워하지도 않았다. 실제로 이들은 대결을 회피하기보다 자신들의 결속력 유지에 더 관심이 컸다. 대결이 외교의 표준 방식이 되었다.

그럼에도 불구하고 두 동맹 진영 간의 전쟁을 정당화할 만한 사안이 실제로 별로 없었기 때문에 대재난을 피할 수 있는 가능성이 여전히 있었다. 삼국협상의 다른 국가들은 프랑스의 알자스-로렌 수복을 위한 전쟁에 참여하려 하지 않았다. 독일은 매우 의기양양해 하기는 했지만, 오스트리아가 발칸반도에서 침략 전쟁을 일으킬 경우 지지할 가능성이 높지 않았다. 만약 절제하는 정책을 택했더라면 전쟁이 늦춰졌을지도 모르며, 자연스럽지 못한 동맹이 점진적으로 해체되었을지도 모른다. 무엇보다 애당초 삼국협상이 독일에 대한 두려움으로 형성되었기 때문이다.

1910년이 가까워질 무렵, 세력균형은 적대적인 연합체들로 변질되었다. 이런 연합체들은 경직되어 있었을 뿐만 아니라, 이에 못지않게 연합체 구축에 따른 후과를 무모할 정도로 무시했다. 러시아는 민족주의자, 심지어 테러주의자, 잃을 게 아무것도 없어서 전면전 위험을 전혀 걱정하지 않는 분파주의자들로 득실거리는 세르비아와 손을 잡았다. 프랑스는 러일전쟁 이후 자존심 회복을 간절히 바라는 러시아에 백지수표를 제공했다. 독일은 세르비아의 선동에 맞서 자국 영토 내 슬라브족 지역을 필사적으로 수호하려는 오스트리아에 비슷한 약속을 해주었는데, 러시아는 결국 세르비아의 그런 선동을 지지했다. 유럽 국가들이 무모하기 짝이 없는 발칸반도 소국들의 포로가 되게끔 스스로 허락한 셈이었다. 유럽 국가들은 열정만 넘쳤고 국제적 책임의식은 희박했던 국가들을 억제하기는커녕 무모한 동맹국들이 원하는 대로 못하게 하면 그들이 동맹을 갈아탈지 모른다는 편집증 때문에 끌려다닐 수밖에 없었다. 매번 새로운 위기가 대두될 때마다 불가피한 결전에 점점 가까워졌지만, 그래도 몇 년 동안 여전히 몇 번의 위기를 넘길 수 있었다. 독일은 삼국협상에 대응할 때마다 똑같은 실수를 반복할 정도로 고집불통의 투지를 드러내곤 했다. 모든 문제가 독일은 결단력이 있고 강력하지만 상대방은 결기와 힘이 없다는 것을 증명하려는 남성다움의 시험으로 변질되었다. 하지만 매번 독일이 새롭게 도전할 때마다 삼국협상의 결속력만 한층 더 견고해졌다.

1908년에 보스니아-헤르체고비나를 둘러싼 국제 위기가 발생했다. 이 위기는 역사가 반복되는 경향이 있다는 점을 분명히 보여주기 때문에 다시 말할 가치가 있다. 보스니아-헤르체고비나는 유럽의 오지였으며, 아무도 이곳의 운명을 어떻게 해야 할지 몰랐기 때문에 베를린 회의에서 애매모호한 상황에 놓여 있었다. 로마 가톨릭과 동방정교, 이슬람 종교가 자리잡고 있고, 크로아티아인, 세르비아인, 무슬림 인구가 살고 있던, 오스만 제국과 합스부르크 제국 사이의 중간지대인 보스니아-헤르체고비나는 국가였던 적도 없었고 심지어 자치 정부가 있었던 적도 없었다. 이 집단 중 아무도 다른 집단에 종속되도록 요구받지 않을 때만 이 지역이 통치가 가능해 보였다. 30년간 보스니아-헤르체고비나는 터키가 종주권을 가졌고 오스트리아가 행정권을 행사했으며, 지방자치 상태로 있었다. 비록 궁극적인 주권 문제가 해결되지 못한 채 남아 있었지만 이러한 다민족 체제가 심각한 도전을 받지는 않았다. 오스트리아는 혼란 속에서도 오랫동안 행정 통치를 해온 경험이 있었음에도, 이 다언어 지역의 감정적 격동이 워낙 복잡해서 대처하기가 어려웠기 때문에 이 지역을 완전히 병합하기 위해 30년을 기다렸다. 오스트리아는 어떤 일관된 정치적 목적을 달성하기 위해서라기보다 세르비아를 상대로 한 방 먹이려고(그리고 간접적으로 러시아까지) 마침내 보스니아-헤르체고비나를 병합했다. 결과적으로 오스트리아는 서로 상쇄해왔던 증오의 민감한 균형을 뒤엎었다.

3세대가 지난 후인 1992년, 똑같은 근본적인 갈등이 비슷한 사안을 둘러싸고 분출되면서 이와 직접 연관된 열성분자들을 제외한 모든 이들과 이 지역의 불안정한 역사에 익숙한 사람들을 당혹하게 했다. 다시 한 번 정부가 급작스럽게 바뀌면서 보스니아-헤르체고비나가 가마솥처럼 달궈졌다. 보스니아가 독립을 선포하자마자 모든 민족이 우위를 점하려고 서로에게 달려들었으며, 세르비아는 원한을 해소하고자 특히 잔인한 방식을 동원했다.

러일전쟁의 여파로 러시아가 약해진 틈을 타서, 오스트리아는 경솔하게 30년간 비밀로 유지되었던, 강대국들이 오스트리아의 보스니아-헤르체고비나 병합에 동의하기로 한 베를린 회의의 추가 조항을 실행에 옮겼다. 이때까지 오스트리아는 슬라브족 국민을 더 이상 원하지 않았기 때문에 사실상의 통제에 만족하고 있었다. 하지만 1908년 오스트리아는 세르비아의 선동 여파로 제국이 해체되기 직전이라고 두려워했고, 발칸반도에서 자신의 우위가 지속하고 있다는 사실을 과시할 몇 가지 성공 사례가 필요하다고 생각했기 때문에 기존의 결정을 뒤집었다. 그사이 30년 동안, 러시아는 불가리아에서의 우월한 지위를 상실했고 삼제동맹도 만료되었다. 러시아로서는 오스트리아가 거의 잊혀졌던 합의 사항을 원용해 러시아가 전쟁을 해서 해방시킨 지역을 집어삼키자 당연히 분노했다.

하지만 분노한다고 해서 성공이 보장되지는 않는다. 특히 그 분노의 대상이 이미 전리품을 소유하고 있다면 더욱 그렇다. 처음으로 독일이 오스트리아 편에 명확하게 섰으며, 만약 러시아가 이 병합에 도전한다면 유럽 전쟁을 무릅쓸 각오가 되어 있다는 신호를 보내는 셈이었다. 그런 가운데 독일이 러시아와 세르비아에게 오스트리아의 조치를 공식적으로 승인하라고 요구하면서 긴장을 한층 더 고조시켰다. 영국과 프랑스가 발칸반도 문제를 놓고 전쟁에 들어갈 준비가 아직 되어 있지 않았고, 러시아도 러일전쟁 패전 직후 홀로 전쟁에 뛰어들 위치에 있지 않았기 때문에 이 굴욕을 받아들였다.

그리하여 독일은 러시아의 행로를 가로막았다. 그것도 그전까지 한 번도 핵심 이익으로 주장해본 적이 없는 지역에서 그렇게 했다. 실제로 이 지역에서 러시아는 그때까지 오스트리아의 야심을 누그러뜨리기 위해 독일에 의지해왔다. 독일은 자신의 무모함뿐만 아니라 역사적 기억에 대한 심각한 망각까지 드러냈다. 비스마르크는 불과 반세기 전 러시아가 크림전쟁에서 겪었던 굴욕 때문에 오스트리아를 결코 용서하지 않으리라고 정확하게 예언했다. 이제 독일이 똑같은 실수를 하고 있었다. 독일은 베를린 회의에서 촉발된 러시아와의 소원해진 관계를 한층 더 복잡하게 만들었다.

강대국을 약화시키지도 않으면서 굴욕만 안겨주는 것은 항상 위험한 게임이다. 비록 독일은 러시아에 독일의 호의가 얼마나 중요한지 가르쳐주고 있다고 생각했지만, 러시아는 다시는 무방비 상태로 당하지 않겠다고 다짐했다. 그리하여 유럽 대륙의 두 강대국이 미국 속어로 "치킨"게임을 시작했다. 이 게임에서 두 운전자는 각자 차를 몰고 상대방을 향해 돌진해간다. 자신이 더 확고하게 대담하다고 믿으면서 상대방이 마지막 순간에 먼저 핸들을 틀어서 회피하길 바란다. 불행히도 제1차 세계대전 이전에 유럽에서 이런 게임이 여러 차례 있었다. 매번 충돌이 회피될 때마다 이 게임이 궁극적으로는 안전하다는 자신감이 단체로 강해졌으며, 한 번의 실수만으로도 돌이킬 수 없는 재앙을 초래할 수 있다는 사실을 모두가 망각했다.

독일은 마치 자신이 어떠한 잠재적 적국들이건 괴롭히는 데 소홀하지 않다는 점을 아주 확실히 하거나, 아니면 그들 모두에게 자기 방어를 위해 서로에 대한 결속을 강화할 충분한 이유를 제공하길 원했던 것처럼 이번에는 프랑스에 도전했다. 모로코에서 실효적으로 민정 통치를 하고 있던 프랑스는 1911년 일부 지방에서의 소요를 통제하려고 페즈(Fez)에 병력을 투입했는데, 이는 알헤시라스(Algeciras) 조약을 명백하게 위반하는 조치였다. 카이저는 군함인 판터(Panther)함을 모로코의 아가디르(Agadir) 항에 급파했고, 민족주의 성향의 독일 언론이 이를 열렬히 지지했다. 〈라이니슈-베스트팰리셰 차이퉁〉 지는 "만세! 행동이다!"라고 1911년 7월 2일에 보도했다. "마침내 행동이다. 모든 곳에 만연한 비관주의라는 구름을 확실하게 걷어내야 하는 해방 행동이다."[50] 〈뮌헤너 노이에스테 나흐리히텐〉 지는 "만약 그런 정책 때문에 우리가 오늘날 예견하지 못하는 상황이 발생하더라도" 정부가 모든 에너지를 쏟아부어서 밀어붙여야 한다고 조언했다.[51] 독일 언론 중에서 미묘하기로 유명한 이 언론사조차 독일에게 모로코를 둘러싼 전쟁 위험을 감수하라고 촉구했다.

"판터 도약(Panther Leap)"이란 거창한 이름이 붙은 이 사건은 독일이 자초했던 독일 포위를 분쇄하려는 예전의 시도와 똑같은 결과를 낳았다. 또다시 독일과 프랑스는 전쟁을 각오한 것처럼 보였고, 독일은 자신의 목표를 제대로 잡지 못한 것처럼 보였다. 이번에는 어떤 보상을 원하고 있었는가? 모로코의 항구인가? 모로코 대서양 해안의 일부인가? 다른 지역에서의 식민지 획득인가? 독일은 프랑스를 겁주고 싶었지만 이런 목적을 위한 어떤 군사적 표현 방식도 찾지 못했다.

지속적으로 발전하는 관계에 맞춰 영국은 1906년 알헤시라스 사건 당시보다 훨씬 확고하게 프랑스를 지지했다. 영국의 여론 변화는 당시 재무장관이었던 데이비드 로이드 조지(David Lloyd George)의 태도에서 드러났다. 조지 재무장관은 평화주의를 지지하며 독일과의 우호적 관계를 옹호한다는 평판이 있었다. 하지만 이런 그조차도 이번 경우와 관련해서 중요한 연설을 통해 경고했다.

> 만약 … 우리가 수 세기 동안의 영웅적 행위와 성취를 통해 이룩해온 위대하고 유익한 입장을 포기해야만 평화를 유지할 수 있는 상황을 강요받는다면 … 그런 대가를 치러야 하는 평화는 우리나라와 같이 위대한 나라로서는 견디기 힘든 굴욕이라는 점을 저는 분명히 강조해서 말하고자 합니다.[52]

심지어 오스트리아조차도 북아프리카에서의 모험에 자신의 생존을 내거는 것이 무의미하다고 보고 강력한 동맹국인 독일에 냉담한 태도를 보였다. 독일은 중앙아프리카의 넓지만 영양가는 별로 없는 땅을 받아들이는 선에서 물러섰고, 이런 거래는 독일 내 민족주의 성향 언론들의 불만을 자아냈다. "콩고 지역의 늪 몇 개를 얻어내려고 사실상 전쟁의 위험을 무릅썼다."라고 〈베를리너 타게블라트(Berliner Tageblatt)〉지가 1911년 11월 3일에 기사를 썼다.[53] 하지만 새롭게 취득한 영토의 가치가 아니라 의미 있는 목적이 무엇인지 규정하지도 못한 채 몇 년마다 한 번씩 다른 나라를 위협하고, 그러면서 매번 공포감을 키워서 적대적 동맹만 만들었다는 점이 오히려 비난받아 마땅했다.

독일의 전술이 판에 박힌 듯 답습되었다면 영국과 프랑스의 대응도 마찬가지였다. 1912년 영국, 프랑스, 러시아는 군 참모부 간 대화가 시작되었는데, 이 대화가 법적 구속력이 없다는 통상적인 영국의 부인으로만 그 중요성이 공식적으로 제한될 뿐이었다. 하지만 이런 제약조차도 프랑스 함대가 지중해로 이동하고 영국이 프랑스의 대서양 연안을 보호한다는 1912년 영불 해군 조약을 통해 실제로는 그렇지 않다는 사실이 드러났다. 2년 후 이 합의에 따라 프랑스가 영국의 지원에 의지해 자신의 영국 해협 해안을 무방비 상태로 두었기 때문에 영국이 제1차 세계대전에 참전해야만 하는 도의적 의무가 생겼다. (28년 후인 1940년, 미국과 영국은 영국이 자국의 태평양 함대를 대서양으로 이동시키기로 한 비슷한 합의를 하게 되는데, 이는 미국이 일본의 공격에 거의 무방비 상태에 놓이게 된 아시아 내 영국 영토를 보호해야 할 도의적 의무를 지게 된 것을 의미했다.)

1913년 독일 지도자들이 또다시 변덕스럽고 무의미한 조치를 취함에 따라 러시아와의 소원한 관계가 정점을 찍었다. 이번에는 독일이 터키군을 재조직하고 독일 장군을 파견해 콘스탄티노플에 대한 지휘권을 행사하기로 합의했다. 빌헬름 2세는 훈련단을 파견하면서 "독일 국기가 곧 보스포러스 요새에서 펄럭거릴 것"이라는 자신의 희망을 피력하는 등 특유의 거창한 허세를 부림으로써 그러한 도전을 극적으로 포장했다.[54]

유럽이 한 세기 동안 터키 해협 지위에 대한 러시아의 주장을 인정하지 않았는데 독일이 주장하고 나서자 러시아는 격분하지 않을 수 없었다. 러시아는 오스만 터키 같은 약체 국가가 터키 해협을 통제한다는 사실을 받아들이기도 어려웠지만, 다다넬즈 해협을 다른 강대국이 장악하는 상황은 결코 묵인할 수 없었다. 1913년 12월, 세르게이 사조노프 러시아 외교장관은 차르에게 이렇게 서한을 보냈다. "터키 해협이 다른 강대국에게 넘어가도록 두는 것은 러시아 남부의 경제개발 전체를 그 나라에 복속시키는 것이나 다름없습니다."[55] 니콜라이 2세는 영국 대사에게 "독일은 콘스탄티노플에서 러시아를 전적으로 흑해에 가둘 수 있는 입지 획득을 노리고 있습니다. 독일이 이런 정책을 시도한다면, 러시아는 전쟁만이 유일한 대안일지라도 모든 힘을 동원해서 막아야만 할 것입니다."라고 말했다.[56]

비록 독일이 체면을 살리면서 콘스탄티노플에서 독일 지휘관을 없애는 방안(지휘관을 육군 원수로 승진시켜서 독일 전통에 따라 야전에서 직접 지휘를 하지 못하게 했다)을 고안해냈지만, 회복할 수 없는 손상이 발생했다. 러시아는 독일이 보스니아-헤르체고비나 문제에서 오스트리아를 지원했던 일이 예외적 일탈이 아니었다고 이해했다. 카이저는 상황이 이렇게 전개되는 것을 자신의 남성다움에 대한 시험으로 여기면서, 1914년 2월 25일 재상에게 이렇게 말했다. "러시아-프로이센 관계는 최종적으로 끝났다! 우리는 적이 되었다!"[57] 6개월 후, 제1차 세계대전이 발발했다.

국제체제가 경직성과 대결 구도 면에서 이후 냉전기에 비견할 만한 수준으로 발전했다. 하지만 실제로는 제1차 세계대전 이전의 국제질서가 냉전기 세계보다 훨씬 더 휘발성이 강했다. 핵무기 시대에는 미국과 소련만 전면전을 개시할 수 있는 기술적 수단이 있었으며, 전쟁에 따른 위험이 너무나 컸기 때문에 양 초강대국 중 어느 쪽도 이렇게 무시무시한 힘을 아무리 가까운 동맹국이라 하더라도 절대로 위임하지 않았다. 이와 대조적으로 제1차 세계대전 이전에는 양대 연합체 진영의 각 회원국은 전쟁을 개시할 수 있을 뿐만 아니라, 오히려 동맹국들에게 전쟁 개시를 지지해달라고 협박할 수 있는 위치에 있었다.

한동안은 동맹 체제가 일종의 억제 수단이 되었다. 프랑스는 주로 오스트리아와 관련된 갈등에서 러시아를 억제했다. 독일은 러시아와 대립하고 있는 오스트리아에 대해 비슷한 역할을 했다. 1908년 보스니아 위기 때, 프랑스는 발칸반도 문제로 전쟁을 하지 않겠다는 점을 분명히 밝혔다. 1911년 모로코 위기 상황에서 조세프 카요(Joseph Caillaux) 프랑스 총리는 프랑스가 식민지 위기를 무력으로 해결하려고 시도한다면 러시아로부터 절대 지지를 받지 못할 거라는 말을 들었다. 1912년 발칸반도 전쟁 때까지만 하더라도 독일의 지지에는 한계가 있다고 오스트리아에 경고했으며, 영국도 세르비아가 주도하는 휘발성 크고 예측 불가능한 발칸동맹을 대신해서 신중하게 행동하라고 러시아에 압력을 넣었다. 1913년 런던 회의에서 영국은 오스트리아로서는 받아들일 수 없는 세르비아의 알바니아 병합을 저지하는 데 도움을 주었다.

그러나 1913년 런던 회의는 제1차 세계대전 이전의 국제체제가 갈등을 완화시킬 수 있는 마지막 기회였다. 세르비아는 러시아의 미온적인 지지가 불만이었고, 러시아는 영국이 불편부당한 중재자 같은 태도를 취하고 프랑스가 전쟁할 의향이 없다고 명확히 밝힌 것에 대해 분개했다. 러시아와 남슬라브 민족들의 압박으로 해체될 지경에 이르렀던 오스트리아는 독일이 더 단호하게 지지해주지 않아서 속이 상했다. 세르비아, 러시아, 오스트리아 모두 동맹국들로부터 더 많은 지지를 기대하고 있었다. 프랑스, 영국, 독일은 다음 번 위기에 더 강력하게 지지하지 않으면 동맹국들을 잃을지도 모른다고 두려워했다.

그 후 개별 강대국은 유화적 태도를 취하면 허약하고 신뢰할 수 없어 보이기 때문에 동맹국들이 이탈해버리고, 홀로 적대적인 동맹을 직면하게 될지도 모른다는 공포에 갑자기 휘말렸다. 국가들이 자신들의 역사적 국익이나 어떤 합리적인 장기적, 전략적 목적에 부합하지 않는 수준으로 위험을 떠맡기 시작했다. 수단이 목적에 부합해야 한다는 리슐리외의 격언을 거의 매일 위반했다. 독일은 아무런 이익이 되지 않는 오스트리아의 남슬라브 정책을 지지하는 것처럼 보이기 위해 세계 전쟁의 위험을 감수했다. 러시아는 세르비아의 확고한 동맹으로 보이기 위해 독일과 죽을 때까지 싸우는 위험을 기꺼이 짊어지려고 했다. 독일과 러시아 간에는 중요한 갈등이 없었고, 대리인들 사이의 대립이었다.

1912년 신임 프랑스 대통령 레몽 푸앵카레(Raymond Poincare)는 발칸반도 문제와 관련해 러시아 대사에게 "만약 러시아가 전쟁을 한다면, 이 문제에서 독일이 오스트리아의 배후에 있다는 것을 알기 때문에 프랑스도 동참하겠다."라고 통보했다.[58] 신이 난 러시아 대사는 "오스트리아의 영토 장악은 유럽의 전반적인 세력균형에 영향을 미치고, 따라서 프랑스의 이익에도 영향을 미친다."라는 "완전히 새로운 프랑스의 견해"를 보고했다.[59] 같은 해 영국 외교부 사무차관 아서 니컬슨 경(Sir Arthur Nicholson)은 주러시아 영국 대사에게 이렇게 서한을 보냈다. "우리가 팽팽한 외줄 위에서 춤추는 현재의 정책을 얼마나 더 오래 지속할 수 있을지, 어떤 분명한 방침이나 다른 방침을 취하도록 강요받지 않을 수 있을지 모르겠습니다. 러시아가 우리에게 지쳐서 독일과 타협을 하지 않을지, 저도 대사님과 똑같은 공포에 시달리고 있습니다."[60]

무모함 측면에서 뒤처지지 않으려고, 1913년 카이저는 다음번 위기에는 필요하다면 독일이 전쟁에 함께 뛰어들겠다고 오스트리아에 약속했다. 1914년 7월 7일, 독일 재상은 자신의 정책을 설명했고, 그 정책은 이후 4주도 안 되어서 실제로 전쟁으로 이어졌다. "만약 우리가 그들(오스트리아인들)더러 앞으로 나아가라고 격려한다면, 그들은 우리가 등을 떠밀었다고 말할 것이다. 만약 우리가 그들을 설득해서 단념시킨다면, 그들을 곤경에 빠뜨리는 셈이 된다. 그러면 그들이 서방 강대국 편으로 돌아설 것이고, 서방 강대국들은 두 손 들고 환영할 것이다. 이렇게 된다면, 비록 대단하지는 않아도 마지막 동맹국을 잃는 셈이다."[61] 오스트리아가 삼국협상에 동맹으로 참여하면 얻을 수 있는 이익이 정확히 무엇인지는 확실하지 않았다. 그렇다고 해서 오스트리아가 발칸반도에서 자신의 입지를 약화시키려 했던 러시아를 봉쇄하는 동맹에 가입할 수 있을 것 같지도 않았다. 역사적으로 동맹이란 전쟁을 할 때 한 국가의 힘을 증강시키기 위해 형성되었다. 제1차 세계대전이 다가오면서 전쟁을 하려는 가장 큰 동기는 동맹 강화였다.

모든 주요국 지도자들은 자신들이 사용할 수 있게 된 기술이나 자신들이 열정적으로 구축하고 있는 동맹이 어떤 함의를 가지는지 전혀 이해하지 못했다. 비교적 최근에 있었던 미국의 남북전쟁에서 엄청나게 많은 사상자가 있었다는 사실을 망각한 것처럼 보였고, 단기적이고 결정적인 충돌을 예상했다. 동맹을 합리적인 정치적 목표에 부합하게 만들지 못하면 자신들이 알고 있던 문명의 파괴를 초래할 수 있다는 사실이 그들에게는 떠오르지 않았다. 각각의 동맹은 전통적인 유럽 협조 외교가 작동하게 하기에는 너무나 많은 위험을 안고 있었다. 그 대신에 강대국들은 자신들이 무슨 짓을 했는지 알지 못한 채 외교적 인류파멸 장치를 만들어냈다.

08

소용돌이 속으로:
군사적 인류파멸 장치

Into the Vortex: The Military Doomsday Machine

이미 극복했던 수많은 위기보다 더 단순한 위기가 결국 전 세계적인 대재앙을 촉발했다는 사실보다, 제1차 세계대전이 발발하기까지 너무나 오랜 시일이 걸렸다는 점이 놀라웠다. 1914년이 되자 독일과 오스트리아-헝가리를 한편으로 하고, 삼국협상을 다른 한편으로 하는 두 진영 간 대립이 극도로 심각해졌다. 모든 주요국 정치인들이 위기가 계속 불거질수록 해결하기가 어려운 외교적 인류파멸 장치를 만드는 데 기여했다. 군사 지휘관들이 의사 결정을 위해 가용한 시간을 압축하는 전략 계획들을 추가함에 따라 위험이 한층 더 커졌다. 군사 계획이 신속성에 달린 반면, 외교적 수단은 전통적인 느긋한 속도에 맞춰져 있기 때문에 시간문제로 극심한 압박을 받으면 위기를 타개하기가 불가능했다. 설상가상으로 군사 계획가들은 자신들이 벌인 일이 어떤 함의가 있을지를 정치 지도자들에게 충분히 설명해주지도 않았다.

군사 계획이 사실상 독자적으로 돌아갔다. 이러한 방향으로 가는 첫 번째 조치가 1892년 불─러 군사동맹 협상 과정에서 발생했다. 그때까지 동맹 협상은 전쟁 명분(casus belli), 또는 적국이 어떤 특정한 행동을 취할 때 동맹국이 전쟁에 들어가야 하는지에 대한 논의였다. 거의 변함없이 전쟁을 개시할 명분은 누가 적대행위를 먼저 개시했다고 볼 것인지에 달려 있었다.

1892년 5월, 러시아 협상가 니콜라이 오브루체프 부관감은 니콜라이 기르스 외교장관에게 보낸 서한에서, 왜 현대 기술이 전쟁 명분을 규정하던 전통적인 방식보다 앞서 나가는지를 설명했다. 오브루체프는 누가 먼저 군대를 동원하는지가 중요하지, 누가 먼저 쏘았냐가 중요하지 않다고 주장했다. "동원령 개시는 더 이상 평화적 행위로 간주할 수 없습니다. 오히려 가장 결정적인 전쟁 행위에 해당합니다."[1]

군 동원을 지체한 쪽은 동맹의 이점을 놓치고, 적이 상대국을 각각 개별적으로 돌아가면서 격파할 수 있게 된다. 모든 동맹국이 동시에 군을 동원해야 한다는 사실이 유럽 지도자들의 머릿속에서 너무나 시급하게 여겨졌고, 이런 조치가 외교적 약속을 얼마나 엄중히 여기는지 시금석이 되었다. 동맹의 목적도 더 이상 전쟁이 개시된 후에 지지를 보장하는 데 있는 게 아니라 개별 동맹국이 최대한 신속하게 군을 동원한다는 것을 보장하는 데 있었고, 어느 적국보다도 더 먼저 군을 동원해주기를 원했다. 이렇게 구성된 동맹들이 서로 대적하자 동원령에 따른 위협은 돌이킬 수 없게 되었다. 군을 동원하다가 중간에 멈추면 애당초 아예 시작하지 않았을 때보다 더 재앙적이기 때문이다. 만약 상대방이 계속 군대를 동원하고 있는데 우리 쪽에서 누군가 동원령을 중단해버리면, 시간이 갈수록 더욱 불리해진다. 양측이 동시에 동원령을 멈추기가 기술적으로 매우 어렵기 때문에 외교관들이 어떻게 중단할지 합의하기도 전에 전쟁 준비가 거의 확실히 완료된다.

이처럼 최후의 심판일 같은 절차로 인해 전쟁 명분이 실질적으로 정치적 통제로부터 벗어났다. 어떤 위기라도 전쟁으로 치닫게 하는 요인─군을 동원하는 결정─을 내재하고 있었고, 모든 전쟁은 전면전이 될 게 확실했다.

오브루체프는 긴장이 저절로 확전으로 이어질 가능성이 커졌다고 개탄하기는커녕 열렬히 환영했다. 그가 가장 원하지 않았던 상황은 국지적 충돌이었다. 만약 독일이 러시아와 오스트리아 간의 전쟁에 끼어들지 않는다면 나중에 종전협상에서 평화에 관한 조건, 즉 강화조건(講和條件)을 지시할 수 있는 위치에 서게 될 것이기 때문이다. 오브루체프의 상상 속에서는 바로 이런 조치를 비스마르크가 베를린 회의에서 취했었다.

> 우리 외교는 러시아가 가령 독일, 오스트리아, 또는 터키와만 고립적으로 충돌하는
> 상황을 기대할 수 없다. 베를린 회의는 이와 관련하여 우리에게 충분한 교훈을 주었
> 고, 우리가 누구를 가장 위험한 적으로 간주해야 하는지 가르쳐줬다. 우리와 직접
> 싸우는 쪽인가, 아니면 우리가 약해지기를 기다리고 있다가 강화조건을 우리에게
> 강요하는 쪽인가?[2]

오브루체프에 따르면, 모든 전쟁이 확실히 전면전이 되도록 하는 것이 러시아에 이
득이 되었다. 프랑스와의 잘 설계된 동맹을 통해 러시아가 얻을 수 있는 이득은 전쟁이
국지화될 가능성을 막는 것이었다.

> 유럽에서 전쟁이 발발하는 모든 경우 외교관들은 초기 단계에서 충돌을 국지화하고
> 전쟁으로 인한 효과를 최대한 제한하려는 유혹을 늘 강하게 느끼기 마련이다. 하지
> 만 오늘날처럼 유럽 대륙이 무장한 채 불안해하는 상황에서 러시아는 특히 전쟁이
> 어떤 식이든 국지화되는 상황을 회의적으로 바라보아야 한다. 만약 그렇게 될 경우
> 적들 중에서 망설이거나 공개적으로 나서지 않은 나라들뿐만 아니라, 마음을 못 정
> 하고 동요하는 동맹국들도 그렇게 나올 가능성이 크기 때문이다.[3]

다시 말하자면 목표가 제한된 방어적 전쟁은 러시아의 국익에 어긋났다. 어떤 전쟁
이건 전면전이 되어야 했고, 러시아 군사 계획가들은 다른 옵션을 정치 지도자들에게 제
시하지 않았다.

> 일단 우리가 전쟁에 휘말린다면, 우리 군을 총동원하지 않거나 두 이웃 국가를 다 상
> 대하지 않는 방식으로는 싸울 수 없다. 무장한 전 국민이 전쟁에 들어갈 채비를 갖
> 춘 상황에서, 결정적인 전쟁이 아닌 다른 방식의 전쟁은 상상할 수 없다. 이 전쟁은
> 앞으로 오랫동안 유럽 강대국 간, 특히 러시아와 독일의 상대적인 정치적 위상을 결
> 정해줄 것이다.[4]

원인이 얼마나 사소하든 간에 일단 전쟁이 발발하면 전면전이 될 것이다. 만약 전쟁

의 시작 단계에 한 이웃 나라만 참전한다면, 러시아는 다른 나라도 끌어들여야 했다. 거의 기이할 정도로 러시아 총참모부는 독일과 오스트리아-헝가리를 각개격파하기보다 두 나라와 동시에 전쟁하는 것을 선호했다. 오브루체프의 구상을 실행하기 위한 군사 협약이 1894년 1월 4일에 서명되었다. 프랑스와 러시아는 삼국동맹 중 어떤 국가가 어떤 이유로든 동원령을 선포할 경우, 같이 동원령을 선포하기로 합의했다. 인류파멸 장치가 완성되었다. 독일의 동맹국인 이탈리아가 사보이를 놓고 프랑스를 상대로 동원령을 발동할 경우, 러시아는 독일을 상대로 동원령을 발동할 것이다. 만약 오스트리아가 세르비아를 상대로 군을 동원하면, 이제 프랑스는 독일을 상대로 군을 동원해야 했다. 어느 순간이라도 어떤 국가가 어떤 원인이건 간에 군을 동원할 것이 거의 확실했기 때문에 전면전 발발은 시간문제였다. 인류파멸 장치를 가동하기 위해서는 강대국 중에서 누구든지 단한 번만 동원령을 선포하면 되기 때문이다.

적어도 차르 알렉산드르 3세는 지금 전개되는 게임에 엄청난 판돈이 걸려 있다는 사실을 이해했다. 기르스 외교장관이 차르에게 "프랑스가 독일을 파멸시키는 것을 도와준다면 우리는 무엇을 기대할 수 있을까요?"라고 묻자, 차르는 "우리가 얻는 것은 독일 그 자체의 소멸입니다. 독일이 과거처럼 수많은 작고 약한 국가들로 쪼개질 것입니다."라고 말했다.5 독일의 전쟁 목표도 마찬가지로 광범위하고 불투명했다. 빈번하게 원용되었던 유럽의 균형상태는 죽을 때까지 싸우는 전투로 바뀌었지만, 관련된 정치인 중에 아무도 어떤 명분이 이런 허무주의를 정당화하는지, 또는 이런 대규모 전란으로 어떤 정치적 목적이 달성되는지 설명하지 못했다.

오브루체프가 불-러 군사동맹을 협상하고 있던 거의 그 시점에 독일 총참모부는 러시아 계획자들이 이론으로만 제기하던 내용을 작전 계획으로 전환했다. 독일제국의 장군들은 독일식 철두철미함으로 군 동원 개념을 아주 극단적인 수준으로 밀어붙였다. 알프레트 폰 슐리펜(Alfred von Schlieffen) 독일 총참모장은 러시아와 프랑스의 총사령관만큼이나 군 동원 일정에 사로잡혀 있었다. 하지만, 프랑스와 러시아의 군사 지휘관들은 군을 동원할 의무를 규정하는 데 관심이 있었던 반면, 슐리펜은 군 동원 개념을 실행하는데 초점을 맞췄다.

슐리펜은 변덕스러운 정치적 환경으로부터 전혀 영향을 받지 않고 독일이 두려워하는 포위망을 벗어나기 위한 절대 실패하지 않을 계획을 고안하려고 했다. 비스마르크의 후임자들이 비스마르크의 복잡한 외교를 포기했듯이, 슐리펜도 1864년부터 1870년까지 세 차례나 신속한 승리를 이끌었던 비스마르크의 군사참모 헬무트 폰 몰트케(Helmuth von Moltke)의 전략 개념을 폐기했다.

몰트케는 적대적 연합체라는 비스마르크의 악몽에 대한 정치적 해결의 옵션을 남겨둔 전략을 고안했었다. 양면전쟁이 발발할 경우 독일군을 대충 절반씩 균등하게 동부와 서부에 배치해 양쪽 전선에서 방어태세를 취하도록 계획해뒀다. 프랑스의 최우선 목표는 알자스-로렌의 수복이었기 때문에 프랑스는 공격해올 게 확실했다. 만약 독일이 프랑스의 공세를 물리친다면 프랑스는 평화적 타협을 고려할 수밖에 없을 것이다. 몰트케는 보-불 전쟁 당시 적의 수도를 포위하면서 강화(講和)협상을 체결하기가 얼마나 어려운지 깨달았기 때문에 군사작전을 파리까지 확대하지 말라고 경고했다.

몰트케는 동부전선에 대해서도 똑같은 전략을 제안했다. 즉, 러시아의 공격을 격퇴하고 이어서 러시아군을 전략적으로 의미 있는 지점까지 멀리 밀어붙인 다음에 타협적 평화를 제안하라는 것이다. 어느 방면의 군이건 먼저 승리를 쟁취하는 쪽이 다른 전선의 군을 도울 수 있었다. 이런 방식으로 전쟁의 규모와 희생, 그리고 정치적 해결이 일종의 균형을 유지하게 했다.[6]

그러나 비스마르크의 후임자들이 비스마르크의 중첩되는 동맹체제의 모호성을 불편하게 여겼던 것처럼, 슐리펜도 몰트케의 계획이 적에게 군사적 주도권을 넘겨주기 때문에 거부했다. 슐리펜은 완전한 승리 대신 정치적 타협을 선호하는 몰트케 방식을 승인하지도 않았다. 사실상 무조건 항복이나 다름없는 조건을 강요하기로 결심한 슐리펜은 한쪽 전선에서 신속하고 결정적인 승리를 거둔 다음 모든 독일군을 다른 적을 상대하는데 투입함으로써 양쪽 전선에서 명백한 승리를 달성한다는 계획을 수립했다. 러시아의 군 동원이 6주에 걸쳐 느리게 진행될 것으로 예상되고 러시아의 영토도 방대해서 동부전선에서 신속하게 일격을 가하는 게 불가능했기 때문에 슐리펜은 러시아군이 완전히 동원되기 전에 프랑스군을 먼저 궤멸시키기로 결정했다. 슐리펜은 독일과의 국경지대에 설치된 견고한 프랑스 요새를 피하기 위해 독일군을 벨기에 영토로 우회시켜 벨기에의 중립을 침범한다는 아이디어를 제시했다. 파리를 장악하고 국경을 따라 설치된 프랑스 요새의 후방에서 프랑스군을 궁지에 몰아넣는다는 구상이었다. 그러는 동안에 독일은 동부전선에서 방어 태세를 유지한다는 것이다.

이 계획은 무모한 만큼이나 기발했다. 역사를 조금이라도 아는 사람이라면 벨기에가 침략당할 경우 영국이 반드시 참전하리라는 사실을 지적했을 것이다. 하지만 카이저와 독일 총참모부는 이런 사실을 전혀 이해하지 못한 듯했다. 1892년 슐리펜 계획이 입안된 후 20년 동안, 독일 지도자들은 유럽에서 전쟁이 발발할 경우 지지해주거나 적어도 중립을 지켜달라고 영국에 수도 없이 요청했지만, 이 모든 게 독일의 군사계획 때문에 허사가 되었다. 영국으로서는 저지대 국가들(벨기에, 네덜란드, 룩셈부르크)의 독립만큼 일관되고 무자비하게 싸웠던 다른 명분은 없었다. 그리고 루이 14세와 나폴레옹에 맞서 싸운 전쟁에서 영국은 아주 집요한 면모를 보여줬다. 일단 참전하면 프랑스가 패배하더라도 영국은 끝까지 싸울 것이다. 슐리펜 계획은 실패 가능성을 전혀 고려하지 않았다. 프랑스는 파리로부터 뻗어 나오는 내부 도로와 철도가 있던 반면, 독일군은 황폐해진 시골 지역을 지나 호를 그리면서[7] 도보로 행군해야 했기 때문에 독일이 프랑스군을 궤멸시키지 못할 수도 있었다. 이렇게 되면 독일은 벨기에를 점령해 정치적 타협에 의한 평화의 가능성을 없애버렸기 때문에 어쩔 수 없이 양쪽 전선에서 몰트케의 방어 전략을 수행하게 될 것이다. 비스마르크의 외교정책이 양면전쟁을 피하는 것이었고, 몰트케의 군사전략이 양면전쟁을 제한하는 것이었던 반면, 슐리펜은 전면적인 방식으로 양면전쟁을 수행할 것을 주장했다.

무력 충돌의 가장 가능성 높은 근원이 동유럽에 있음에도 불구하고, 독일 군병력은 프랑스에 초점을 두고 배치되었다. 이런 상황에서 "만약 양면전이 발발하면 어떻게 할 것인가?"라는 비스마르크에게 악몽과 같았던 질문은 "만약 양면전이 발발하지 않으면 어떻게 할 것인가?"라는 슐리펜에게 악몽과 같은 질문으로 바뀌었다. 만약 프랑스가 발칸반도 전쟁에서 중립을 선언한다면, 독일은 러시아가 군 동원을 완료한 후 프랑스가 선전포고를 하는 위험에 직면할 수도 있었다. 이 점은 오브루체프가 반대편의 시각에서 이미 설명했던 내용이다.[8] 만약 반대로 독일이 프랑스의 중립 선언을 무시한다면, 독일은 슐리펜 계획에 따라 비교전국인 프랑스로 진격하기 위해 비교전국인 벨기에를 공격해야 하는 불편한 입장에 놓인다. 따라서 슐리펜은 프랑스가 전쟁에 대해 방관적 태도를 취한다면 프랑스를 공격할 이유를 만들어내야 했다. 그는 독일이 프랑스의 중립을 인정하게 될 불가능한 기준을 제시했다. 즉, 독일은 프랑스가 자신의 주요 요새 중 하나를 독일에 넘기기로 동의할 때만 프랑스를 중립국으로 간주하겠다는 것이다. 다시 말하자면 프랑스가 자신을 독일의 처분에 맡기고, 강대국으로서의 지위를 포기할 때에만 인정하겠다는 것이다.

전면적인 정치적 동맹과 일촉즉발의 군사전략이 위험하게 결합됨에 따라 엄청난 유혈사태가 발생하리라는 것이 확실해졌다. 세력균형은 18세기와 19세기 동안에 가졌던 유연성과 같은 것을 잃어버렸다. 슐리펜 계획에 따르면 전쟁이 어디서 발발하건 간에(그리고 그 장소는 거의 확실하게 발칸반도일 것이다) 당면한 위기에 이해관계가 거의 없는 나라들 간에 서부전선에서 최초의 전투가 벌어져야 했다. 외교정책이 군사전략에 주도권을 내줬고, 군사전략은 이제 단 한 번의 주사위 던지기 도박으로 이루어졌다. 이보다 더 전쟁에 대해 경솔하고 기술 관료적인 접근은 상상하기 어려울 것이다.

양 진영의 군사 지휘관들은 가장 파괴적인 종류의 전쟁을 주장했지만, 자신들이 추구하는 군사 기술을 감안한 정치적 결과에 대해서는 불길할 정도로 침묵했다. 자신들이 계획했던 수준의 전쟁이 끝난 후 유럽은 어떤 모습일 것인가? 어떤 변화들이 이들이 준비하고 있던 대량살상행위를 정당화할 수 있을까? 전면전은 고사하고 국지전을 벌일 만한 러시아의 독일에 대한 단 하나의 구체적인 요구나 독일의 러시아에 대한 단 하나의 구체적인 요구가 없었다.

양측 외교관들도 마찬가지로 침묵을 지켰다. 이들도 자국이 안고 있는 시한폭탄이 지닌 정치적 함의를 이해하지 못했고, 각국에서 질주하는 민족주의적 정치 상황으로 인해 군부 기득권층에 도전하는 게 두려웠기 때문이다. 이렇게 침묵하기로 공모함에 따라 모든 주요국의 정치 지도자들은 군사적 목표가 정치적 목표에 상응하도록 군사계획을 세워달라고 요청하지 못했다.

이들이 빚어내고 있던 대재난을 고려할 때, 이런 재난을 향해 나아가는 유럽 지도자들의 태평스러운 모습은 섬뜩하게 느껴질 정도였다. 놀랍게도 경고하는 목소리가 거의 없었다. 전직 러시아 내무장관이자 국무위원인 표트르 두르노보만이 명예롭게도 예외적이었다. 전쟁이 발발하기 6개월 전인 1914년 2월, 두르노보는 차르를 위한 예언서 같은 보고서를 작성했다.

> 의심할 바 없이 우리가 전쟁에서 주된 부담을 짊어질 것입니다. 왜냐하면 영국은 유럽 대륙에서 큰 역할을 수행할 능력이 없고, 프랑스는 병력이 부족한 상황이라 현재의 군사기술 여건에서 전쟁을 한다면 엄청난 손실이 뒤따른다는 점을 고려해 아마도 방어적인 전술을 엄격히 고수할 것이기 때문입니다. 두터운 독일의 방어막을 돌파해야 하는 공성 망치와 같은 역할은 결국 우리 몫이 될 것입니다.[9]

두르노보의 판단에 따르면 러시아가 전통적인 지정학 측면에서 적국인 영국의 편을 들어 싸우더라도 항구적인 영토적 이득을 획득할 수 없기 때문에 이런 희생은 헛된 일이었다. 비록 영국이 중유럽에서 이득을 러시아에 양보하겠지만, 폴란드 땅을 추가로 한 조각 더 얻은들 이미 러시아 제국 내부에서 감지된 강력한 분열 성향만 더 심화시킬 뿐이다. 두르노보는 우크라이니아 주민들을 추가로 얻어봤자 우크라이나의 독립 요구만 더 자극할 뿐이라고 말했다. 따라서 승리하면 역설적으로 민족 분규만 부추기는 결과를 야기해서 차르의 제국이 꼬마 러시아로 축소될 수도 있다고 보았다.

두르노보는 비록 러시아가 수 세기 동안 추구해왔던 다다넬즈 해협 획득을 실현하더라도 그런 성과조차도 전략적으로 공허한 것으로 판명될 것이라고 지적했다.

> 하지만 다다넬즈 해협을 획득한다고 해도 외해(外海)로의 출구를 확보하지 못할 것입니다. 반대편에 있는 바다는 거의 전체가 영해(領海)이고, 수많은 섬들이 촘촘히 있기 때문에, 예를 들자면 영국 해군이 터키 해협과 무관하게 모든 입구와 출구에서 어렵지 않게 어떻게든 우리를 막을 것입니다.[10]

이렇게 단순한 지정학적 사실에도 불구하고 왜 러시아가 3세대에 걸쳐 콘스탄티노플을 정복하려 시도했고, 왜 영국이 이를 끝까지 저지하려 했는지는 수수께끼로 남아 있다.

두르노보는 더 나아가 전쟁을 하더라도 러시아의 경제적 이익이 오히려 줄어들 것이라고 주장했다. 아무리 계산을 해봐도 받을 수 있는 보상보다 지불해야 하는 비용이 훨씬 더 크기 때문이다. 독일이 승리하면 러시아 경제가 파멸할 것이고, 반면 러시아가 승리한다면 독일 경제가 고갈되어 어느 쪽이 승리하더라도 배상금을 받을 수 있는 여지가 없기 때문이다.

> 전쟁을 한다면 러시아는 필연적으로 제한된 재정 범위를 넘어서는 지출을 해야 한다는 데 의심의 여지가 없습니다. 동맹국과 중립국으로부터 자금을 확보해야겠지만, 공짜로 받아낼 수 있는 게 아닙니다. 만약 우리가 비참해진 상태로 전쟁이 끝난다면, 우리가 어떻게 될지에 대해서는 논의하고 싶지 않습니다. 패배에 따른 재정적, 경제적 후과는 계산할 수 없고, 심지어 예견할 수도 없으며, 의심의 여지없이 우리 국가경제 전체가 초토화될 것입니다. 하지만, 심지어 승리한들 재정적으로는 극도로 불리해질 것이 확실합니다. 독일이 완전히 초토화되어 그간 발생한 비용을 보상해줄 형편이 안 될 것입니다. 만약 강화조약에 영국의 이해관계가 고스란히 반영된다면, 먼 훗날에도 독일이 우리의 전쟁비용을 충당해줄 만큼 충분히 경제를 회복할 기회를 얻지 못할 것입니다.[11]

하지만 두르노보가 전쟁을 반대했던 가장 큰 이유는 전쟁이 발발하게 되면 불가피하게 사회혁명이 야기될 것이며, 사회혁명은 패전국에서 시작해서 승전국으로 퍼져나가게 된다는 것이다.

> 오늘날의 모든 체제전복적 경향에 대한 장기적이고 면밀한 분석에 기초해서 볼 때,
> 패전국에서 사회혁명이 불가피하게 발생할 수밖에 없으며, 그 속성으로 인해 결국
> 승전국까지 전파될 것이라고 우리는 확신하고 있습니다.[12]

차르가 자신의 왕조를 살려줄 수도 있었던 이 보고서를 보았다는 증거는 없다.[13] 다른 유럽 국가들에서도 이에 비견할 만한 수준의 분석이 있었다는 기록도 없다. 두르노보의 시각에 가장 가까운 사람은 독일을 전쟁으로 끌고 갔던 베트만-홀베크(Bethmann-Hollweg) 재상의 경구적인 언급뿐이다. 이미 한참 때가 늦었던 1913년에 베트만-홀베크는 왜 독일의 외교정책이 유럽 전체를 그토록 동요시켰는지를 상당히 정확하게 짚었다.

> 모든 이에게 도전하고, 모든 이의 길을 가로막았고 실제로는 이런 식으로 누구도 약
> 하게 만들지 못했다. 이유를 들자면, 이렇다 할 목적이 없이 위신을 좀 떨치려 했고,
> 모든 여론의 흐름에 전전긍긍했기 때문이다.[14]

같은 해에 베트만-홀베크는 또 다른 격언을 제시했다. 만약 이 격언이 20년 전에 실천되었더라면 독일을 구할 수도 있었을 것이다.

> 우리는 러시아와 영국을 상대로 신중한 정책을 펼쳐서 프랑스를 견제해야 한다. 당
> 연히 국수주의자들은 이런 정책을 만족스럽게 여기지 않을 것이고, 이 정책이 인기
> 도 없을 것이다. 하지만 가까운 미래에 독일을 위해서는 다른 대안이 보이지 않는
> 다.[15]

이런 문구가 작성되었을 때 유럽은 이미 소용돌이 속으로 휘말려 들어가고 있었다. 제1차 세계대전을 촉발했던 위기의 현장은 유럽의 세력균형과 무관했고, 전쟁 명분(casus belli)도 앞선 외교가 무모했던 만큼이나 우발적이었다.

합스부르크 황가의 황위 계승자인 프란츠 페르디난트(Franz Ferdinand)는 1914년 6

월 28일 오스트리아가 보스니아-헤르체고비나를 1908년에 경솔하게 병합했던 대가를 자신의 목숨으로 지불했다. 그가 암살당하는 방식조차 오스트리아의 해체 과정에서 특징처럼 두드러졌던 비극과 어리석음의 기묘한 조합을 피할 수 없었다. 젊은 세르비아 테러리스트가 프란츠 페르디난트를 암살하려 했지만 첫 번째 시도는 실패했고, 대신 페르디난트 대공의 차량 운전사가 부상당했다. 프란츠 페르디난트는 총독 관저에 도착해서 오스트리아 관리들의 태만을 질책한 다음, 아내를 동행하고 부상자가 있는 병원을 방문하기로 했다. 새로운 운전사가 황족 부부를 태우고 가다가 길을 잘못 들었고, 그 길에서 후진하는 와중에 마침 노천카페에서 독주를 마시면서 분노를 삭이던 암살자 앞에 차가 멈춰 섰다. 암살자는 깜짝 놀랐다. 그의 희생물이 너무나 천우신조처럼 스스로 자신 앞에 등장했고, 이 암살자는 두 번째 기회를 놓치지 않았다.

거의 돌발적인 사고로 시작된 사건은 마치 그리스 비극의 필연성처럼 대전란으로 변모했다. 대공의 부인이 왕실 핏줄이 아니었기 때문에 유럽 각국의 왕들 중 아무도 장례식에 참석하지 않았다.[16] 만약 국가원수인 군주들이 함께 모여 의견을 교환할 기회가 있었더라면, 그들은 어찌 되었던 간에 테러리스트의 음모였던 사건을 놓고 몇 주 후 전쟁에 들어가는 것을 좀 더 주저했을지도 모른다.

십중팔구 왕족들이 정상회의를 했다고 하더라도 독일 카이저가 경솔하게 건네준 도화선에 오스트리아가 불을 붙이는 상황을 막지는 못했을 것이다. 이다음에 위기가 발생하면 오스트리아를 지지하겠다는 약속을 기억하면서, 카이저는 7월 5일 오스트리아 대사를 오찬에 초대해 세르비아에 대해 신속한 조치를 취하라고 촉구했다. 7월 6일 베트만-홀베크는 카이저의 서약을 재확인했다. "오스트리아는 세르비아와의 관계를 해결하기 위해 무엇을 해야 할지 판단해야 할 것입니다. 하지만 오스트리아가 어떤 결정을 내리든 독일이 동맹국으로서 오스트리아의 뒤에 있을 거라고 확실히 기대해도 좋습니다."[17]

오스트리아는 마침내 그토록 오랫동안 원하던 백지수표를 받아냈고, 갚아야 할 진정한 원한도 생겼다. 자신이 부린 허세의 완전한 함의에 대해 변함없이 둔감했던 빌헬름 2세는 노르웨이 피요르드로 유람을 떠나버렸다(아직 무선 전신이 나오기 전이었다). 그가 머릿속으로 정확하게 무엇을 생각하고 있었는지는 확실치 않지만, 명백하게 유럽 전쟁을 예상한 것은 아니었다. 카이저와 그의 재상은 러시아가 아직 전쟁할 준비가 되어 있지 않으며, 1908년에 그랬듯이 세르비아가 굴욕을 당할 때 방관하리라고 분명하게 계산했다. 어찌 되었건 간에 그들은 몇 년 후보다는 차라리 지금이 러시아와 대결하기가 더 유리하다고 믿었다.

독일 지도자들은 잠재적 적국들의 심리를 계속 오판해왔다. 해군 증강을 통해 영국을 압박해서 동맹을 체결하려고 했을 때나 모로코를 둘러싸고 전쟁을 하겠다고 위협해서 프랑스를 고립시키려고 했을 때처럼, 이제 자신들의 기회가 커졌다고 확신했다. 이들은 만약 오스트리아가 성공한다면 러시아가 삼국협상에 대해 품은 환상이 깨지기 때문에 독일을 옥죄는 포위망을 분쇄할 수 있다고 가정했다. 이런 가정에 기초해서 프랑스는 화해할 수 없는 존재이기 때문에 무시해버렸고, 영국의 중재도 자신들의 성공을 훼방 놓을 수 있다면서 회피했다. 독일 지도부는 이런 모든 예상에도 불구하고 전쟁이 실제로 발발한다면 영국이 중립으로 남거나 아니면 너무 늦게 전쟁에 개입할 것이라고 확신했다. 하지만 세르게이 사조노프 러시아 외교장관은 전쟁이 발발한다면 이번에는 러시아가 물러서지 않을 이유에 대해 이렇게 설명했다.

> 크림전쟁 이래 우리는 오스트리아가 우리에게 어떤 감정을 갖고 있는지에 대해 아무런 환상이 없다. 오스트리아가 발칸반도에서 약탈적 정책을 개시하고, 그렇게 함으로써 비틀거리는 자신의 지배 구조를 지탱할 수 있으리라고 희망했던 바로 그날, 우리와 오스트리아의 관계가 더욱더 비우호적으로 되었다. 하지만 우리는 이런 불편함을 감내할 수 있었다. 오스트리아의 발칸반도 정책이 독일의 공감과 격려를 받는다는 사실이 명확해질 때까지 말이다.[18]

러시아는 독일의 조치를 발칸반도에서 가장 믿음직한 동맹국인 세르비아를 욕보이는 방식으로 슬라브족 사이에서 러시아의 지위를 파괴하려는 계략이라고 해석했고, 이에 맞서야 한다고 느꼈다. 사조노프는 이렇게 적었다. "근시안적인 장관이 스스로 위험을 무릅쓰고 자기 책임하에 취한 경솔한 결정이 아니라 세심하게 준비되고 독일 정부의 지원을 받아 정교해진 계획이며, 독일의 동의와 지지 약속 없이는 오스트리아-헝가리가 그러한 조치를 결코 감행할 수 없었을 것이라고 해석해야 하는 게 확실했다."[19]

또 다른 러시아 외교관은 향수에 젖어 비스마르크의 독일과 카이저의 독일 간의 차이에 대해서 다음과 같이 글을 썼다.

> 대전쟁(The Great War)은 발칸반도로 침투하려는 오스트리아-헝가리의 정책을 독일이 조장한 데 따른 불가피한 결과였다. 그리고 이는 독일화된 "중유럽"이라는 거창한 범게르만 구상과 결합되었다. 만약 비스마르크 시절이었더라면 이런 일은

절대로 일어나지 않았을 것이다. 실제로 벌어진 일은 비스마르크의 과제보다 더 엄청난 과제를 비스마르크 없이 해결하려고 했던 독일의 새로운 야심이 빚어낸 결과였다.[20]*

러시아 외교관들은 독일인들을 지나치게 높게 평가하고 있었다. 카이저와 그의 보좌진은 1914년 당시에 그 이전 위기 때 가졌던 것 이상의 장기 계획이 없었기 때문이다. 오스트리아-헝가리 제국 대공의 암살이라는 위기로부터 어떤 지도자도 물러설 준비가 되어 있지 않았고, 모든 국가가 장기적인 공통의 이익이라는 전반적인 개념보다 조약상의 공식 의무를 이행하는 데 관심이 더 컸기 때문에 상황이 걷잡을 수 없게 되었다. 메테르니히 체제 시절에 존재했던 모든 국가들을 하나로 묶어주는 포괄적인 가치 체계나 혹은 비스마르크 현실정치(Realpolitik)의 냉정한 외교적 유연성이 이 당시 유럽에는 없었다. 제1차 세계대전은 국가들이 조약을 파기해서가 아니라 조약을 문자 그대로 이행했기 때문에 발발했다.

제1차 세계대전으로 향하는 서막의 많은 흥미로운 측면 중 가장 이상한 점은 처음에는 아무 일도 발생하지 않았다는 사실이다. 오스트리아는 평소 자신의 행동 양식에 걸맞게 시간을 질질 끌었다. 부분적으로는 제국을 위태롭게 하는 상황을 꺼리던 이슈트반 티사[21] 헝가리 총리를 설득해야 했기 때문이다. 그가 결국 양보하자, 오스트리아는 7월 23일 세르비아가 반드시 거부해야 하는 부담스러운 조건을 제시하며 48시간 시한부로 최후통첩을 통보했다. 하지만 이렇게 시간을 지연함으로써 대공 암살에 대해 유럽 내에서 초기에 만연했던 분노의 감정이라는 이점을 잃어버렸다.

만약 메테르니히 시절의 유럽이었더라면 정통성(legitimacy)에 대한 공동의 책무가 있었기 때문에, 오스트리아 왕위를 계승할 황태자의 암살에 대해 오스트리아가 세르비아를 응징하는 것을 러시아가 거의 의심할 여지 없이 승인했을 것이다. 하지만 1914년이 되자 정통성이 더 이상 공동의 유대 요인이 되지 못했다. 동맹국 세르비아에 대한 러시아의 동정심이 프란츠 페르디난트의 암살에 대한 분노보다 더 컸다.

암살이 있고 나서 그달 내내 오스트리아의 외교가 미적거렸다. 그리고 나서 일주일도 안 되어 미친 듯이 대재앙을 향해 내달렸다. 오스트리아가 최후통첩을 선언하면서 상

---

* 러시아가 전쟁의 모든 책임을 독일에 떠넘기려고 했기 때문에 러시아 측 비망록은 적절히 가감해서 보아야 한다. 특히 사조노프의 경우, 비록 그의 전반적인 분석은 평가받을 만하지만 군대 총동원을 추진했던 주전파에 속했기 때문에 이 전쟁에 대해 어느 정도 비난을 받아야 한다.

황이 각국 정치 지도자들의 통제에서 벗어났다. 일단 최후통첩이 발표되고 나면 주요 강대국 중 어느 나라든지 돌이킬 수 없는 동원령 경쟁을 촉발할 수 있는 위치에 있었다. 역설적으로 동원령 괴물이 막상 동원 일정이 본질적으로 의미가 없는 나라에 의해 촉발되었다. 주요 강대국 중에서도 유일하게 오스트리아의 군사계획이 여전히 구식이어서 속도에 의존하지 않았기 때문이다. 오스트리아군이 세르비아를 상대로 조만간 전쟁을 할 수만 있다면, 어느 주에 전쟁을 개시할지는 오스트리아의 전쟁 계획에서 별로 중요하지 않았다. 오스트리아는 중재를 방지하고자 최후통첩을 전달한 것이지 군사작전을 서두르려고 그런 것은 아니었다. 오스트리아가 군 동원을 완료하기까지 한 달이 걸리기 때문에 다른 주요국에 위협이 되지는 않았다.

그리하여 전쟁을 불가피하게 만든 군 동원 일정이 서부전선에서 주요 전투가 끝난 뒤에도 사실상 전투를 개시하지 않았던 국가에 의해 시동이 걸렸다. 반면, 오스트리아의 준비태세가 어찌 되었건 간에 러시아가 오스트리아를 위협하고자 한다면 러시아는 부분적으로라도 군을 동원해야 했고, 이는 독일의 돌이킬 수 없는 조치를 촉발하게 된다. (정치 지도자들 중 아무도 이런 위험을 파악하지 못한 것처럼 보였다.) 1914년 7월 당시에 전쟁을 일으킬 정치적 이유가 있었던 국가들은 경직된 군 동원 일정에 매어 있지 않았던 반면, 군 동원 일정이 경직된 독일이나 러시아 같은 국가들은 전쟁을 일으킬 정치적 이유가 없었다는 사실이 역설적이었다.

이와 같은 일련의 사건을 저지하기에 가장 유리한 입장이었던 영국이 망설였다. 영국은 삼국협상을 수호하는 데는 이해관계가 컸지만, 발칸반도에는 거의 이해관계가 없었다. 영국은 전쟁이 몹시 두려웠지만, 독일의 승리를 한층 더 두려워했다. 만약 영국이 자신의 의도를 분명하게 밝히고 전면전에 들어갈 것임을 독일이 이해하게 했더라면, 카이저가 대결을 회피했을지도 모른다. 사조노프는 이후에 당시 상황을 이렇게 보았다.

> 1914년에 내가 에드워드 그레이 경에게 끈질기게 요구했던 대로, 나는 그가 영국이 프랑스 및 러시아와 연대하겠다는 입장을 시의적절하고 확실하게 밝혔더라면, 유럽 문명의 존재 자체를 위험에 빠뜨리는 결과를 낳았던 끔찍한 대재앙으로부터 인류를 구원할 수도 있었을 것이라는 의견을 밝히는 것을 자제할 수가 없다.[22]

영국 지도자들은 동맹국을 지지하는 데 망설인다는 인상을 주어서 삼국협상을 위태롭게 하는 상황을 꺼렸으며, 그러면서도 다소 모순적으로 적절한 순간에 중재할 수 있는 옵션을 남겨두고자 독일을 위협하길 원하지 않았다. 그 결과로 영국은 이도저도 아니게 되었다. 대공이 암살당하기 2주 남짓 전인 1914년 6월 11일, 그레이 외교장관이 영국 하원에 확약했던 바와 같이, 영국은 프랑스 및 러시아 편에 서서 전쟁을 해야 할 아무런 법적 의무가 없었다.

> 만약 유럽 강대국들 간에 전쟁이 발발한다면, 영국이 전쟁에 참여해야 할지 여부를 결정할 정부나 의회의 자유를 제한하거나 방해하게 될 미공개 합의는 전혀 없습니다.[23]

이는 법적으로 분명히 사실이었다. 하지만 정확히 설명하기 힘든 도덕적 차원도 관련되어 있었다. 프랑스 해군은 영국과의 합의에 따라 지중해에 있었다. 그 결과 프랑스 북부 해안은 영국이 참전하지 않으면 독일 해군에게 완전 개방된 상태였다. 위기가 전개되면서 베트만-홀베크는 영국이 중립을 유지한다면 프랑스를 상대로 독일 해군을 사용하지 않겠다고 약속했다. 하지만 그레이 외교장관은 유럽에서 전쟁이 발발했을 때 영국이 중립을 지킨다면 독일이 해군 증강을 늦추겠다고 한 1909년의 제안을 거부했을 때와 똑같은 이유로 이런 제안을 거부했다. 프랑스가 패배하면 영국의 운명이 독일의 손에 달려 있게 될 거라고 의심했기 때문이다.

> 우리는 그와 같은 조건으로 우리가 중립을 유지해야 한다는 독일 재상의 제안을 현재로서는 수용 불가함을 그에게 통보하기 바랍니다.
> 　우리로서는 프랑스의 희생을 대가로 독일과 이러한 합의를 하는 것은 불명예가 될 것이며, 이 나라의 명성은 결코 회복되지 못할 것입니다.
> 　아울러, 독일 재상은 벨기에의 중립과 관련한 우리의 모든 이익이나 의무를 헐값에 넘기라고 사실상 요청했는바, 이런 거래 역시 수용 불가합니다.[24]

영국이 여론의 압박과 외교정책의 전통 사이에 갇힌 게 그레이로서는 딜레마였다. 한편으로는 발칸반도 문제를 둘러싼 전쟁 참여를 지지하는 여론이 없었다는 점을 볼 때 중재에 나서는 게 적절했다. 다른 한편으로는 프랑스가 패배하거나 영국과의 동맹에 대한 신뢰를 상실한다면, 영국이 그동안 항상 맞서왔던 독일이 지배적 위치를 차지하는 상황이 발생할 것이다. 따라서 독일이 비록 벨기에를 침공하지 않더라도 프랑스군의 붕괴를 막기 위해 영국이 결국 참전하게 될 가능성이 매우 컸다. 그렇지만 영국 국민의 참전 지지여론이 확고해지기까지 다소 시간이 소요될 수 있었다. 그사이 영국은 중재를 시도해 볼 수도 있었다. 하지만 저지대 국가들이 절대로 강대국의 손에 넘어가서는 안 된다는 영국 외교정책에서 가장 확립된 원칙에 독일이 도전하기로 결정함에 따라 영국의 의구심도 사라졌고, 이번 전쟁이 타협으로 끝나지 않으리라는 점도 확실해졌다.

그레이는 위기 초기 단계에서 어느 쪽도 편들지 않음으로써 영국이 해결책을 중개할 수 있는 공평무사한 입장을 유지하게 될 것이라고 판단했다. 그리고 과거의 경험에 비추어도 이런 전략은 지지를 받았다. 지난 20년간 고조되었던 국제 위기는 매번 변함없이 결국 국제회의로 귀결되었다. 하지만 과거에는 위기 상황에서 군 동원이 실행된 적이 전혀 없었다. 이제는 모든 강대국들이 군을 동원할 준비가 되어 있었기 때문에 전통적 외교로 풀어나갈 수 있는 시간적 여유가 사라졌다. 그리하여 군 동원 일정이 정치적 조율을 위한 기회를 없애버린 결정적인 96시간 동안, 영국 내각은 사실상 사태를 수수방관했다.

러시아가 자신이 심하게 부당한 대우를 받아왔다고 이미 믿었던 순간에 전달된 오스트리아의 최후통첩은 러시아를 막다른 골목으로 밀어붙였다. 여러 번의 전쟁에서 러시아의 도움을 받아 터키의 지배로부터 해방된 불가리아는 독일 편으로 기울고 있었다. 보스니아-헤르체고비나를 병합한 오스트리아는 발칸반도에서 러시아의 마지막 남은 중요한 동맹국인 세르비아를 보호국으로 삼으려 했다. 마지막으로 콘스탄티노플에서 세력을 구축하는 독일을 보면서 러시아는 한 세기 동안 자신이 갈망해온 모든 것을 튜튼족이 지배하면서 범슬라브주의 시대가 끝나는 것이 아닌가 하는 의문을 품을 수밖에 없었다.

그럼에도 불구하고 차르 니콜라이 2세는 독일과의 대결을 꼭 바란 것은 아니었다. 7월 24일 각료 회의에서 차르는 러시아가 택할 수 있는 옵션이 무엇인지 검토했다. 표트르 바르크 재무장관은 차르에게 이렇게 보고했다. "전쟁은 전 세계에 대재앙을 불러올 것이며, 일단 전쟁이 시작되면 중단하기 힘들 것입니다." 바르크는 추가로 덧붙였다. "독일 황제는 폐하에게 유럽의 평화를 수호하겠다는 진정한 열망을 수시로 확인해줬습니다." 그리고 다른 장관들에게 "러-일 전쟁 당시에, 그리고 그 이후 러시아가 내부적으로 어려움을 겪던 시기에 독일 황제가 보여주었던 충실한 태도"를 상기시켰다.[25]

이에 대한 반박이 실세 장관이었던 알렉산드르 크리보셰인 농무장관으로부터 나왔다. 사소한 것도 잊지 않으려는 러시아의 고질적인 태도를 보여주면서 그는 사촌인 차르 니콜라이에게 보낸 카이저의 친근한 서한에도 불구하고,[26] 독일이 1908년 보스니아 위기 당시 러시아를 괴롭혔다고 주장했다. 따라서 "여론과 의회는 러시아의 핵심 이익과 관련한 중차대한 이 순간에 왜 제국 정부가 대담한 행동에 나서기를 꺼리는지 이해하지 못하는 분위기입니다. … 우리가 지나칠 정도로 신중한 태도를 보였지만 불행히도 중유럽에 있는 강대국들을 달래지 못했습니다."[27]

크리보셰인의 주장은 주불가리아 러시아 대사가 발송한 전보를 통해 지지를 받았다. 이 전보는 만약 러시아가 물러선다면 "슬라브족 세계와 발칸반도에서 우리의 위신이 사라질 것이고 다시는 회복되지 않을 것"이라는 취지로 보고했다.[28] 정부 수반들은 자신들의 용기를 의문시하는 주장에 취약하기로 악명 높다. 결국 차르는 대재앙이 될 수도 있다는 자신의 불길한 예감을 억눌렀다. 비록 동원령을 지시하지는 않았지만, 전쟁의 위험을 무릅쓰더라도 세르비아를 지지하는 쪽을 택했다.

세르비아는 7월 25일에 예상치 않게 유화적인 방식으로 오스트리아의 최후통첩에 응답했다. 세르비아는 한 가지 조건만 빼고 오스트리아의 요구를 전부 수용했고,[29] 막 유람선 여행을 마치고 돌아온 카이저는 위기가 끝났다고 생각했다. 하지만 그는 자신이 너무나 경솔하게 약속해준 독일의 지지를 오스트리아가 활용하기로 결심했다는 사실을 고려하지 않았다. 무엇보다도 빌헬름 2세는 강대국들의 경우 전쟁이 임박하게 되면 군 동원 계획이 외교보다 앞서 나간다는 사실을 잊고 있었다.

오스트리아는 7월 28일 세르비아를 상대로 전쟁을 선포했지만, 8월 12일까지 군사 행동에 나설 준비가 되어 있지 않았다. 같은 날 차르 니콜라이 2세는 오스트리아를 상대로 부분 동원령을 발동했다. 그리고 그는 지난 50년간 오스트리아가 발칸반도에서 러시아의 야심을 가로막았고, 오스트리아와 러시아 간 국지전이 이 기간 내내 군사참모학교의 주요 주제였음에도 불구하고 러시아 총참모부가 준비해온 유일한 계획이 독일과 오스트리아를 동시에 상대하는 전면적인 군 동원이라는 사실을 알고 깜짝 놀랐다. 러시아 외교장관은 자신이 헛된 환상 속에 살고 있다는 사실을 알지 못한 채, 7월 28일 독일을 안심시키려고 했다. "오스트리아 선전포고의 결과로 우리가 취한 군사조치 중에서 … 독일을 겨냥한 조치는 하나도 없습니다."[30]

예외 없이 오브루체프의 이론을 신봉하고 있던 러시아 군사 지휘관들은 차르의 미온적인 태도에 경악했다. 그들은 총동원령을 내려서 독일과 전쟁하고 싶었지만, 독일은 아직 아무런 군사적 조치를 취하지 않았다. 당시 핵심 장군 중 한 명은 사조노프에게 "전쟁이 불가피해졌고, 우리가 칼을 뽑을 시간을 갖기도 전에 패할 수도 있는 위험한 상황에 놓였다."라고 말했다.[31]

차르는 장군들이 보기에는 너무나 머뭇거렸던 반면, 독일이 보기에는 너무나 결정적이었다. 독일의 모든 전쟁 계획은 프랑스를 6주일 이내에 제압하고, 그러고 나서 짐작 건대 아직 병력이 완전히 동원되지 않은 러시아를 향해 돌아서는 것이었다. 설령 부분 동원일지라도 러시아의 동원은 독일의 이러한 일정계획에 끼어들게 되고, 이미 위험한 독일의 도박이 성공할 가능성을 낮추는 셈이 된다. 따라서 독일은 7월 29일 러시아에 동원령을 중단해달라고 요구했고, 그렇게 하지 않으면 독일도 똑같이 할 것이라고 했다. 모든 사람들이 독일의 군 동원이 전쟁과 다름없다는 점을 알고 있었다.

차르는 물러서기에 너무 약했다. 부분 동원령을 중단하면 러시아 군사계획 전체를 흩트려 놓을 것이고 장군들이 반발할 것이기 때문에 차르는 주사위가 이미 던져졌다고 확신했다. 니콜라이 2세는 7월 30일 전면 동원령을 지시했다. 7월 31일 독일은 다시 한 번 러시아에 동원령을 중단해달라고 요구했다. 이 요구가 무시되자 독일은 러시아를 상대로 전쟁을 선포했다. 이런 선전포고는 이 위기의 본질에 관한 상트페테르부르크와 베를린 간의 진지한 정치적 논의가 단 한번도 없이, 그리고 독일과 러시아 간의 구체적 분쟁이 전혀 없는 상태에서 이루어졌다.

독일은 이제 자신의 전쟁 계획상 프랑스를 당장 공격해야 하는 문제에 직면했다. 프랑스는 러시아에 대한 무조건 지지를 약속하면서 타협하지 말라고 부추긴 것을 제외하면 이번 위기 내내 조용히 있었다. 마침내 20년간 허세 넘치는 행동을 해온 결과로 자신이 어떤 상황에 놓였는지 깨달은 카이저는 독일의 동원령을 프랑스로부터 러시아로 돌리려고 시도했다. 카이저는 앞서 차르가 러시아의 동원 범위를 제한하려고 했던 것과 비슷하게 군부의 고삐를 쥐려고 시도했지만 허사로 돌아갔다. 독일 총참모부는 러시아 군부 못지않게 20년간 준비해온 계획을 포기할 생각이 없었다. 비록 차르도 카이저도 벼랑 끝에서 물러서고 싶었지만, 둘 다 어떻게 해야 할지 몰랐다. 차르는 부분 동원을 이행하려고 했지만 그러지 못했고, 카이저는 러시아만을 상대로 동원하고 싶었지만 그러지 못했다. 두 사람 다 자신들이 설립을 지원한 군사 기관들에 의해 좌절을 겪었고, 군부는 일단 발동이 걸리자 돌이킬 수 없었다.

독일은 8월 1일 프랑스에 중립으로 남을 의향이 있는지를 문의했다. 만약 프랑스가 긍정적으로 답변했다면 독일은 베르덩(Verdun)과 툴(Toul) 요새를 선의의 표시로 요구했을 것이다. 오히려 프랑스는 자신의 국익에 따라 행동하겠다고 애매모호하게 답했다. 물론 독일은 발칸반도 위기에서 방관자였던 프랑스와의 전쟁을 정당화할 만한 구체적인 이슈가 없었다. 다시금 동원 일정이 추동력이 되었다. 그리하여 독일은 프랑스의 국경 침입이 있었다고 날조했고, 8월 3일 전쟁을 선포했다. 같은 날 독일군은 슐리펜 계획을 실행하면서 벨기에를 침공했다. 다음 날인 8월 4일, 영국은 독일에 전쟁을 선포했다. 독일 지도자를 제외하고 아무도 이에 대해 놀라지 않았다.

강대국들은 두 번째 발칸반도 위기를 세계대전으로 바꾸어놓았다. 보스니아와 세르비아를 둘러싼 분쟁이 유럽의 반대편에서 벨기에 침공으로 이어졌고, 이로 인해 영국의 참전이 불가피해졌다. 얄궂게도 서부전선에서 결정적인 전투가 벌어지는 동안, 오스트리아 병력은 아직 세르비아를 상대로 공세를 취하지 않고 있었다.

독일은 전쟁에서 확실한 것은 없으며, 신속하고 결정적인 승리에 집착한 결과 자신이 피말리는 소모전에 빠져들었다는 사실을 너무 뒤늦게 깨달았다. 독일은 슐리펜 계획을 실행하면서, 애당초 이런 위험을 무릅쓴 목적이었던 프랑스군 궤멸에 성공하지 못한 채 영국이 중립을 유지해주리라는 희망도 모두 날려버렸다. 역설적으로 독일은 서부전선의 공세적인 전투에서 패배하고 동부전선의 수세적인 전투에서 승리했다. 이는 몰트케가 예견한 대로였다. 결국 독일은 몰트케 전략의 기반이었던 정치적 타협에 의한 평화를 배제하는 정책에 전념하고 난 뒤에, 서부전선에서도 몰트케의 방어적 전략을 채택할 수밖에 없었다.

유럽의 협조(the Concert of Europe)는 정치적 리더십이 사라졌기 때문에 참담하게 실패했다. 그 결과 19세기 대부분 기간 동안 냉각기를 마련해주거나 실질적인 해결책을 도출해냈던 유럽 회의와 같은 것은 시도조차 되지 않았다. 유럽 지도자들은 외교적 조정(conciliation)을 위해 필요한 시간을 제외하고는 모든 만일의 사태에 대비하고 있었다. 그리고 이들은 "전쟁을 시작할 때 내세운 주장이 전쟁이 끝날 때에도 그만큼 타당하지 않다면, 그런 주장을 한 지도자들에게 화가 미칠지어다."라는 비스마르크의 격언을 잊어버렸다.

이 사건이 끝났을 때 2,000만 명이 사망했다. 오스트리아–헝가리 제국은 소멸했다. 전쟁에 참가했던 4개 왕조 중에서 3개 왕조—독일, 오스트리아, 러시아—가 타도되었다.[32] 영국 왕실만 명맥을 지속했다. 이후 정확하게 무엇이 이런 대재앙을 촉발했는지 기억해내기가 어려워졌다. 역사에 남을 어리석은 짓으로 인해 야기된 잿더미로부터 새로운 유럽체제가 구축되어야 한다는 점만은 모두가 알고 있었다. 비록 대학살로 인해 겹겹이 쌓인 격정과 탈진 속에서 그 본질을 파악하기란 어려운 일이지만 말이다.

09

외교의 새로운 얼굴: 윌슨과 베르사유 조약

The New Face of Diplomacy:
Wilson and the Treaty of Versailles

1918년 11월 11일, 데이비드 로이드 조지(David Lloyd George) 영국 총리는 독일과 연합국 간에 휴전협정이 서명되었다고 선언하면서 이렇게 말했다. "그리하여 모든 전쟁을 끝내기 위해 이 운명적인 아침이 왔다고 우리가 말할 수 있기를 희망합니다."[1] 하지만 실제로 유럽은 훨씬 더 재앙적인 전쟁으로부터 불과 20여 년을 남겨두고 있었다.

제1차 세계대전에 관한 어느 것도 계획대로 진행되지 않았기 때문에, 평화의 추구도 국가들이 그 대재앙을 향해 출발하면서 가졌던 기대만큼이나 부질없는 일로 드러나는 게 필연적이었다. 모든 참전국은 전쟁이 금방 끝날 것이라고 예상했고, 이전 세기 동안 유럽의 무력충돌들을 종식시켰던 외교적 회의에 강화조건의 결정을 맡겼다. 하지만 사상자 수가 끔찍할 정도로 증가하면서, 충돌의 서막이 되었던 정치적 분쟁들—발칸반도에 대한 영향력을 둘러싼 경쟁, 알자스-로렌의 영유권, 해군 경쟁—이 기억에서 지워졌다. 유럽 국가들은 자신들의 고난을 적들의 선천적인 사악함 탓으로 돌렸고, 타협을 통해서는 진정한 평화가 불가능하다고 확신했다. 적들을 완전히 패망시키거나 그렇지 않으면 완전히 지쳐서 소진될 때까지 전쟁을 계속해야 했다.

만약 유럽 지도자들이 전쟁 이전의 국제질서 관행을 따랐더라면 1915년 봄 즈음에는 타협을 통해 평화가 도출되었을 것이다. 하지만 각자 피비린내 나는 공세를 지속했고 모든 전선이 교착상태에 이르렀다. 전쟁이 발발하기 일주일 전의 기간 동안 군 동원 일정이 외교를 압도했던 것처럼 희생자 규모가 너무나 커지자 합리적인 타협을 끌어내는 데 걸림돌이 되었다. 오히려 유럽 지도자들은 요구조건을 계속 높이고 있었다. 이로 인해 전쟁에 빠져들게 했던 무능함과 무책임이 한층 더 가중되었을 뿐만 아니라 거의 한 세기 동안 국가들이 공존할 수 있게 해줬던 기존 세계질서까지 파괴되었다.

1914년 말에서 1915년 초의 겨울 기간에 군사전략과 외교정책 간의 연결이 끊어졌다. 교전국 중 아무도 타협으로 평화를 모색해볼 엄두를 내지 못했다. 프랑스는 알자스-로렌을 되찾지 못하면 합의하려 하지 않았고, 독일은 자신이 점령한 영토를 포기하라고 요구하는 평화를 고려하려 하지 않았다. 일단 전쟁에 빠져들자 유럽 지도자들은 동족살해에 몰두하게 되었고, 청년세대 전체가 점차 몰살당하자 너무나 화가 나서 나중에 잿더미 위에서 승리하는 한이 있더라도 승리 그 자체로 보상받으려 했다. 잔인한 공세로 군사적 교착상태가 굳어졌고, 현대 기술의 도래 이전에는 상상할 수 없을 정도로 사상자가 속출했다. 새로운 동맹을 규합하려는 노력이 정치적 교착상태로 이어졌다. 연합국 측의 이탈리아와 루마니아, 중유럽 동맹국 측의 불가리아와 같은 새로운 동맹국들이 예상되는 전리품에서 자신의 지분을 요구했다. 이로 인해 외교적 차원에서 그나마 남아 있던 유연성마저 파괴되었다.

강화조건이 점차 허무주의적 특성을 띠게 되었다. 귀족적이면서 뭔가 모의하는 듯한 19세기식 외교는 대중동원 시대에는 부적절한 것으로 확인되었다. 연합국 측은 "모든 전쟁을 끝내기 위한 전쟁(the war to end all wars)" 혹은 "민주주의에 안전한 세상을 만들기(making the world safe for Democracy)" 같은 도덕적 구호로 전쟁을 표현하기 시작했고, 미국이 참전한 후 특히 더 그랬다. 이 두 가지 목표 중 첫 번째 구호는 천 년 동안 다양한 연합을 통해 서로 전쟁을 해왔던 국가들로서는, 그다지 희망적이지는 않았지만 이해할 만했다. 이 말은 실질적으로 독일의 완전한 무장해제로 해석되었다. 두 번째 구호인 민주주의의 확산은 독일과 오스트리아 국내 정치체제의 전복을 요구했다. 따라서 연합국이 내세웠던 구호 둘 다 끝까지 싸우겠다는 것을 시사했다.

나폴레옹전쟁 당시 피트 계획(Pitt Plan)으로 유럽의 균형상태에 관한 청사진을 작성했던 영국은 완전한 승리를 받아내기 위한 압박을 지지했다. 1914년 12월에 독일이 벨기에령 콩고를 받는 대신 벨기에로부터 철수하겠다는 타협안을 타진했지만, 그레이 영국 외교장관은 연합국이 "미래에 있을 수도 있는 독일의 공격으로부터 안보"를 분명히 보장받아야 한다고 주장하며 거부 의사를 밝혔다.[2]

그레이의 발언에서 영국의 태도가 변했다는 사실이 드러났다. 전쟁이 발발하기 얼마 전까지만 하더라도 영국은 세력균형을 자신의 안보와 동일시했으며, 강한 세력을 상대로 약한 세력을 지지하는 방식으로 세력균형을 유지했다. 1914년이 되자 영국은 이런 역할을 갈수록 불편하게 여겼다. 영국은 독일이 다른 유럽 국가들 전체를 합친 것보다 더 강력하다고 인식했고, 더 이상 유럽의 경쟁에서 초연하게 남아 전통적인 역할을 수행하는 게 불가능해졌다고 느꼈다. 영국은 독일을 유럽 내 패권세력으로 인식했기 때문에 설령 전쟁 전 상황(status quo ante bellum)으로 돌아가더라도 근본적인 문제를 완화하는 데 아무런 도움이 되지 않는다고 보았기 때문이다. 그리하여 영국도 마찬가지로 더 이상 타협을 받아들이려 하지 않았고 자신만의 "보장"을 요구했다. 이러한 보장은 다름 아닌 독일의 영구적 약화와 특히 독일 대양함대(Hochseeflotte)의 대폭 축소였다. 독일로서는 이런 조건을 완전히 패배하지 않는 이상 절대로 받아들일 수 없었다.

독일의 요구조건은 훨씬 더 까다롭고 훨씬 더 지정학적이었다. 하지만 독일답게 균형감각이 없었기 때문에 독일 지도자들도 무조건 항복이나 다름없는 조건을 요구했다. 이들은 서부에서 프랑스 북부 지역 탄전(炭田)의 병합을 요구했고, 이와 더불어 앤트워프 항구를 포함한 벨기에에 대한 군사적 통제권을 요구했기 때문에 영국으로서는 확고한 적개심을 가질 수밖에 없었다. 동부에서 독일은 폴란드와 관련해서는 공식적인 조건만 거론했다. 1916년 11월 5일에 독일은 "독립된 세습 입헌 군주국"을 창설하겠다고 약속했고, 이에 따라 러시아와 타협을 통해서 평화를 구축할 가능성이 완전히 사라졌다.[3] 독일은 폴란드의 독립을 약속함으로써 5개 사단 충원이 가능한 폴란드 지원병을 얻어낼 수 있을 것이라고 희망했다. 하지만 나중에 알게 된 사실이지만, 신병은 실제로 3,000명에 불과했다.[4] 독일은 러시아를 패배시킨 후 브레스트-리토프스크(Brest-Litovsk) 조약을 1918년 3월 3일에 강요했다. 이를 통해 러시아의 유럽 영토 중 3분의 1을 병합했고, 우크라이나 지역에 보호국을 수립했다. 세계정책(Weltpolitik)이 의미하는 바를 최종적으로 규정하면서 독일은 적어도 유럽의 지배를 노리고 있었다.

제1차 세계대전은 전형적인 왕실 간 전쟁으로 시작했다. 서류가 대사관에서 대사관으로 전달되었고, 실제 전투로 이어지는 모든 중요한 단계마다 전보가 각국 군주들에게 배포되었다. 하지만 일단 전쟁이 선포되자 유럽 각국 수도의 길거리가 환호하는 군중들로 뒤덮이면서 전쟁은 더 이상 각국 대사관 간의 충돌이 아니라 군중들의 투쟁으로 바뀌었다. 전쟁이 발발한 지 2년이 지나자 각국은 균형상태라는 관념과 전혀 양립할 수 없는 조건을 내세우고 있었다.

모든 사람들의 상상을 뛰어넘어 양측이 이기면서 동시에 지게 되는 것으로 밝혀졌다. 독일은 러시아를 패배시키고 프랑스와 영국을 둘 다 심각하게 약화시켰다. 하지만 결국 서방 연합국들은 미국의 필수불가결한 지원을 받아 승전국이 되었다. 나폴레옹전쟁의 여파로 세력균형에 기반을 두고 공통의 가치에 의해 지탱되는 평화가 한 세기 동안 이어졌었다. 반면, 제1차 세계대전의 여파는 사회적 격변, 이념적 갈등, 그리고 또 다른 세계대전이었다.

이 전쟁의 초기에 두드러졌던 열정은 유럽 대중들이 그들의 정부가 대학살을 초래하기만 했지 평화나 승리를 달성할 능력은 없다는 사실을 깨달으면서 사그라졌다. 그 결과로 신성동맹 시절에 단결하면서 유럽의 평화를 유지했던 동방의 왕실이 혼란의 소용돌이 속에서 타도되었다. 오스트리아–헝가리 제국이 완전히 사라졌다. 러시아 제국도 볼셰비키들에게 접수되었고 소련 혁명 이후 20년간 유럽의 변방으로 밀려났다. 독일은 패전, 혁명, 인플레이션, 경제 공황, 그리고 독재정치를 잇달아 겪으면서 뒤틀렸다. 프랑스와 영국은 적국들이 약화되었지만 별다른 이득을 보지 못했다. 이들은 전쟁 이전보다 오히려 적국을 지정학적으로 더 강하게 만든 평화의 대가로 자신들의 청년 세대에서 가장 우수한 인재들을 희생시켰다.

유럽이 자초했던 엄청난 대실패가 전모를 완전히 드러내기도 전에, 그때까지 유럽의 협조로 불렸던 체제를 최종적으로 완전히 끝내고자 새로운 참가자가 무대에 등장했다. 폐허와 3년 동안 지속했던 살육에 대한 환멸 속에서 미국이 자신감과 권력, 그리고 완전히 지쳐버린 유럽 동맹국들로서는 상상조차 할 수 없는 이상주의를 들고 국제무대에 등장했다.

미국의 참전 덕에 완전한 승리가 기술적으로 가능해졌지만, 미국의 참전 목표는 유럽이 지난 3세기 동안 알고 있었던 세계질서나 유럽이 전쟁을 개시했던 이유와 거의 관련이 없었다. 미국은 세력균형이라는 개념을 경멸했고 현실정치 관행을 비도덕적이라고 보았다. 미국이 보는 국제질서의 기준은 민주주의, 집단안보, 그리고 민족자결주의였고, 이 중에 어느 것도 유럽의 이전 합의사항을 뒷받침해주지 않았다.

미국인들에게는 미국식 철학과 유럽식 사고방식 간의 부조화가 자신들이 지닌 사고의 우수성을 분명히 드러낸 것으로 인식되었다. 구세계의 규범과 경험으로부터의 급진적 결별을 선언하면서, 세계질서에 대한 윌슨의 구상은 인간 본성은 본질적으로 평화적이고 세계는 근본적으로 조화롭다는 미국인들의 신념에서 도출되었다. 민주주의 국가들은 정의상 평화적이고, 자결권이 부여된 민족은 전쟁을 하거나 다른 민족을 억압할 이유가 더 이상 없게 된다. 세계 모든 민족이 평화와 민주주의라는 축복을 맛본다면, 자신들이 얻은 이익을 수호하기 위해 틀림없이 일어선다는 것이다.

유럽 지도자들로서는 이런 시각을 포용할 사고의 범주가 없었다. 유럽식 국내 정치 제도와 국제질서 둘 다 인간이 본질적으로 선하다고 가정하는 정치 이론에 기초하지 않았다. 오히려 겉으로 드러난 인간의 이기심이 더 좋은 선을 위해 봉사한다고 보았다. 유럽식 외교는 평화를 사랑하는 국가의 특성보다 국가가 전쟁을 하려는 성향이 있다는 전제에 기초했고, 따라서 이를 저지하거나 견제해야 했다. 동맹은 추상적인 평화를 보호하기 위해서가 아니라 구체적이고 정의 가능한 목적을 추구하기 위해 형성되었다.

윌슨의 자결권과 집단안보 독트린으로 인해 유럽 외교관들이 완전히 새로운 환경에 놓이게 되었다. 모든 유럽의 합의는 그 이면에 세력균형을 위해 국경이 조정될 수 있다는 가정이 있었고, 이에 따른 필요성이 국경 조정으로 영향을 받는 민족들의 희망보다 우선시되었다. 바로 이것이 피트(Pitt)가 나폴레옹전쟁 말기에 프랑스를 억제하기 위해 "거대한 집합체(great masses)"를 구상했던 방식이었다.

가령 19세기 내내 영국과 오스트리아는 오스만 제국이 해체되면 소국들이 등장해서 국제질서를 약화시킬 것이라고 확신했기 때문에 해체를 반대했다. 이들의 사고방식에 따르면, 이런 소국들은 경험이 없어서 고질적인 민족적 대립을 확대하고, 동시에 상대적으로 국력이 약하다 보니 강대국의 침입을 부추기게 된다는 것이다. 영국과 오스트리아의 관점에서 소국들은 그들의 민족적 열망을 평화라는 더 큰 이익에 복속시켜야 했다. 균형 상태라는 이름으로 프랑스는 주민들이 프랑스어를 구사하는 벨기에의 왈롱 지역을 병합하지 못했고, 독일도 오스트리아와의 통일을 단념하게 되었다(물론 비스마르크는 오스트리아와의 통일을 추구하지 않은 자신만의 이유가 따로 있었다).[5]

윌슨은 이런 식의 처리방식을 완전히 거부했고, 그 이후에도 미국의 입장은 일관되었다. 미국은 자결권 때문이 아니라 자결권이 없었기 때문에 전쟁이 발생했고, 세력균형이 없었기 때문이 아니라 세력균형을 추구했기 때문에 불안정해졌다고 보았다. 윌슨은 집단안보 원칙에 기초해 평화를 수립하자고 제안했다. 윌슨과 윌슨을 신봉하는 사람들의 시각에 따르면, 세계의 안보는 국익의 보호가 아닌 법적 개념으로서 평화의 보호를 필요로 했다. 평화의 침해가 일어났는지 여부를 결정하기 위해 국제기구가 필요했고, 윌슨은 이 국제기구를 국제연맹(The League of Nations)이라고 정의했다.

기이하게도 이런 기구와 같은 아이디어는 여태까지 세력균형 외교의 본산이었던 런던에서 먼저 등장했다. 이런 기구를 설립한 동기는 새로운 세계질서를 창출하려는 시도가 아니라, 영국이 미국이 구질서의 전쟁에 참여해야 하는 적절한 이유를 찾는 데서 나왔다. 1915년 9월에 영국의 기존 관행으로부터 혁명적으로 탈피하면서, 그레이 외교장관은 자신이 이상주의적인 미국 대통령이 거부하지 못할 것이라고 믿는 제안을 담은 서한을 윌슨의 막역한 친구인 하우스(House) 대령에게 보냈다.

그레이는 윌슨 대통령이 군비축소와 분쟁의 평화적 해결을 강제하는 데 전념하는 국제연맹에 대해 어느 정도 관심이 있는지 문의했다.

> 윌슨 대통령은 조약을 파기하거나, … 또는 분쟁 상황에서 전쟁이 아닌 다른 방식으로 해결하기를 거부하는 어떤 강대국의 반대편에 서도록 그들 자신을 구속하는 국제연맹이 있어야 한다고 제안하시겠습니까?[6]

제한 조건이 없는 동맹에 대해 200년 동안 거리를 두어왔던 영국이 갑자기 전 세계적 차원에서 아무런 제한 조건 없이 개입하겠다는 취향을 갖게 된 것 같지는 않았다. 그러나 독일의 당면한 위협에 맞서서 승리하겠다는 영국의 다짐이 너무나 확고했기 때문에 마침내 영국 외교장관은 집단안보 독트린, 즉 상상 가능한 가장 무제한적인 공약을 제시할 수 있었다. 그가 제안한 세계기구의 모든 회원국은 어디에서건 어느 영역에서건 침략이 발생하면 저항해야 하고, 분쟁의 평화적 해결을 거부하는 국가를 응징해야 할 의무를 지게 된다.

그레이는 윌슨이 어떤 사람인지 알았다. 윌슨은 청년 시기부터 미국식 연방제도가 궁극적으로 "인류의 의회" 모델이 되어야 한다고 믿었다. 대통령 임기 초부터 윌슨은 이미 서반구에서 범미주 지역 조약을 검토하고 있었다. 그레이는 돌이켜보면 뻔히 들여다보이는 그의 조언에 즉각적으로 동의하는 답변을 들었을 때 비록 분명 흐뭇해했겠지만 놀라지는 않았을 것이다.

이와 같은 의견교환은 어쩌면 미국과 영국 간의 "특별한 관계(special relationship)"를 처음으로 과시한 사례였을지도 모른다. 이런 특별한 관계 덕택에 영국은 제2차 세계대전의 여파로 국력이 쇠퇴한 후에도 오래도록 미국에 대한 특별한 영향력을 유지할 수 있었다. 공통의 언어와 문화적 유산에다가 기막힐 정도의 기민함을 갖추었기 때문에 영국 지도자들은 자신들의 구상을 미국의 정책결정 과정에 어느 사이엔가 미국 자신의 구상의 일부인 것처럼 보이게 하는 방식으로 주입할 수 있었다. 그리하여 1916년 5월 월슨이 세계기구에 관한 구상을 최초로 제시했을 때, 월슨은 그것이 자신의 아이디어라는 사실을 전혀 의심하지 않았다. 그리고 어느 정도는 월슨 자신의 아이디어였다. 월슨의 확신이 어떤지 완전히 인지하고서 그레이가 제안했었기 때문이다.

국제연맹은 누가 아이디어를 처음 제시했는지에 상관없이 전형적인 미국식 개념이었다. 월슨이 상상했던 것은 "세계의 모든 국가들이 방해 받지 않고 공동으로 사용하도록 바닷길에 대한 불가침의 안보를 유지하고, 그리고 조약에 위배해서 또는 경고나 세계여론을 상대로 한 전쟁 명분의 완전한 설명 없이 어떤 전쟁이 시작되는 것을 막기 위한—영토보전과 정치적 독립을 사실상 보장하는—국가들의 보편적인 연합체"였다.[7]

하지만 처음에 월슨은 미국이 이 "보편적 연합체"에 참여해야 한다고 제안하지 않고 자제했다. 결국 1917년 1월에 그는 한 단계 도약해서 미국의 참여를 주장했고, 놀랍게도 먼로 독트린을 모델로 삼았다.

> 저는, 말하자면 국가들이 합심해서 먼로 대통령의 독트린을 세계의 독트린으로 채택해야 한다고 제안합니다. 어떤 국가도 다른 국가나 민족에게 자신의 정책을 확대하려 하지 말아야 하며, … 이제부터 모든 국가는 그들을 권력 경쟁으로 끌어들이는 동맹에 얽히지 않도록 해야 합니다.[8]

만약 멕시코가 19세기에 자기 영토의 3분의 1을 강탈해갔고 그 전년도에는 멕시코에 군대까지 파병했던 나라의 대통령이 이제 와서 먼로 독트린을 다른 나라들의 영토보전을 보장하는 장치이자 국제 협력의 대표적 사례로 제시하고 있다는 사실을 알았다면 아마도 대경실색했을 것이다.[9]

월슨은 자신의 이상주의가 근본적으로 우수하기 때문에 유럽에서도 널리 퍼질 것이라고 믿지는 않았다. 월슨은 압박을 통해 주장을 보완할 각오가 되어 있음을 보여주었다.

1917년 4월 미국이 참전한 지 얼마 안 되어서 윌슨은 하우스 대령에게 편지를 썼다. "전쟁이 끝나면 우리의 사고방식을 그들에게 강요할 수 있을 겁니다. 그때쯤이면 무엇보다도 그들이 재정적으로 우리 손아귀에 있을 테니까요."[10] 연합국 중 일부는 윌슨의 구상에 어떻게 답해야 할지 몰라 한동안 우물쭈물했다. 이들은 자신들의 전통과 너무나 배치되는 견해에 동의할 수 없었지만, 자신들의 의구심을 말로 표현하기에는 미국이 너무나 절실히 필요했다.

1917년 10월 하순에 윌슨은 영토병합이나 금전적 배상 없이 세계기구에 의해 보호받는 평화라는 자신이 선언한 목표를 반영하는 전쟁 목표를 유럽인들이 공식화해달라고 요청하기 위해 하우스 대령을 급파했다. 몇 개월 동안 윌슨은 입장 표명을 자제했다. 하우스 대령에게 설명했던 대로, 만약 미국이 프랑스와 이탈리아의 영토적 열망이 정당한지에 대해 의구심을 표명한다면 이 두 나라가 윌슨의 구상에 반대할 수도 있었기 때문이었다.[11]

윌슨은 마침내 1918년 1월 8일에 자신의 구상대로 나아갔다. 윌슨은 미국의 참전 목적을 의회 양원 합동연설에서 14개 조항(the Fourteen Points)의 형태로 제시했다. 이 14개 조항은 두 부분으로 구성되었다. 윌슨은 8개의 조항은 이들이 "반드시" 이행되어야 한다는 점에서 의무적이라고 설명했다. 여기에는 공개 외교, 항행의 자유, 전반적인 군비 축소, 무역장벽 철폐, 식민 통치 주장에 대한 공평한 해결, 벨기에의 주권 회복, 러시아 영토 내 외국군의 철수, 그리고 가장 중요한 국제연맹 창설이 포함되었다.

윌슨은 보다 구체적인 나머지 6개 조항을 소개하면서, 아마도 이 조항들은 절대적으로 필수불가결한 요소로 보이지 않았기 때문에 "반드시 달성해야 한다"가 아니라 "달성하도록 해야 한다" 정도로 언급했다. 놀랍게도 알자스-로렌의 프랑스 반환은 이 비의무 조항에 포함되었다. 이 지역을 수복하겠다는 결의가 프랑스의 정책에서 반세기 동안 지속되었고 이번 전쟁에서 전례 없을 정도의 희생을 치렀음에도 불구하고 말이다. 다른 "바람직한" 목표로서 오스트리아-헝가리 제국과 오스만 제국 내 소수민족의 자치, 이탈리아 국경의 재조정, 발칸반도 내 외국군의 철수, 다다넬즈 해협의 국제화, 해양으로 진출이 가능하도록 해안 영토가 포함된 독립국 폴란드의 창설이 있었다. 윌슨은 이 여섯 가지 조건이 타협이 가능한 대상이라고 암시하려고 했던 것일까? 폴란드가 해안을 끼게 하고 이탈리아 국경을 재조정한다는 것은 자결권 원칙과 일치시키기가 틀림없이 어려울 것이며, 이 때문에 윌슨 구상의 도덕적 균형에 있어 첫 번째 흠결이었다.

윌슨은 화해의 정신이라는 이름으로 독일에 호소하면서 자신의 발표를 마무리했다.

미국은 이러한 화해의 정신으로 새로운 국제질서를 수립하려고 했으며, 이는 역사적인 전쟁 목적을 배제하겠다는 태도였다.

> 우리는 독일의 성취나 학문적 탁월함, 혹은 독일의 이력을 아주 빛나게 하고 선망의 대상이 되게 하는 평화적 활동에 대해서는 아무런 원한이 없습니다. 우리는 독일에 상처를 주고 싶지도 않고, 독일의 정당한 영향력이나 권력을 어떤 식으로든 막고 싶지도 않습니다. 독일이 우리와 세계의 다른 평화애호국들과 정의와 법, 공정한 거래라는 규약을 지키면서 어울리고자 한다면 우리는 무력이나 적대적인 무역협정으로 독일과 싸우고 싶지 않습니다. 우리는 단지 독일이 세계의 사람들 사이에서 평등한 위치를 받아들이기를 바랄 뿐입니다.[12]

이처럼 혁명적인 목표가 제시되었으면서도 그것을 이행할 방안에 대한 지침이 이렇게 적었던 경우가 이전에는 없었다. 윌슨이 상상했던 세계는 승전국과 패전국 모두에게 있어 권력이 아닌 원칙, 이익이 아닌 법에 기초하게 된다. 다시 말하자면 강대국들의 역사적 경험이나 운영 방식을 완전히 뒤집어 놓은 것이다. 이 중에서도 전쟁에서 자신과 미국의 역할이 무엇인지를 묘사하는 윌슨의 방식이 특히 상징적이었다. 미국은 역사상 가장 잔혹한 전쟁 중 하나에, 윌슨이 "동맹국(ally)"이라는 단어를 혐오했기 때문에 그가 좋아하는 표현대로 "어느 한쪽(one side)" 편을 들어 참전했고, 윌슨은 마치 자신이 주요 중재자인 것처럼 행동했다. 그는 마치 어떤 특정한 조건을 달성하기 위해서가 아니라 독일이 특정한 태도를 갖도록 만들고자 전쟁했다고 말하는 것처럼 보였다. 그리하여 전쟁은 지정학이 아닌 개종(改宗)에 관한 문제가 되었다.

정전이 있고 난 뒤 1918년 12월 28일, 런던의 길드홀(Guildhall)에서 있었던 연설에서 윌슨은 세력균형은 불안정한 것이며, "시기하는 경계심과 이익의 대립(antagonism of interest)"에 기초하고 있다고 대놓고 비난했다.

> 그들[연합국 장병들]은 구질서를 없애고 신질서를 구축하기 위해 싸웠으며, 구질서의 핵심과 특징은 우리가 "세력균형"이라고 부르곤 하는 불안정한 것이었습니다. 세력균형에서 균형은 어느 한쪽으로 투입되는 무력에 의해 결정되었습니다. 그리고 서로 경합하는 이익들의 불안정한 균형상태에 의해 결정되었습니다. … 이 전쟁에서 싸운 이들은 자유로운 국가에서 온 사람들이며, 그와 같은 것이 이제 그리고 영

원히 끝나야 한다고 결심했습니다.[13]

윌슨은 유럽 국가들이 일을 그르쳤다는 점에서는 틀림없이 옳았다. 하지만 유럽이 제1차 세계대전이라는 큰 실패를 겪었던 이유는 세력균형 때문이 아니었다. 제1차 세계대전 직전의 유럽 지도자들은 역사적인 세력균형을 무시했고, 최종적 대결을 회피하기 위한 주기적인 조정을 포기했다. 그 대신 미래의 냉전 세계보다 유연성이 훨씬 떨어지는 양극적 세계로 바꾸어놓았다. 이런 체제는 핵무기 시대처럼 대재앙을 억제할 수 있는 수단도 없었다. 유럽 지도자들은 말로는 균형상태를 유지하겠다고 하면서 국내 여론 중에서 가장 민족주의적인 부류에 영합했다. 정치적 합의건 군사적 합의건 어느 것도 유연성을 발휘할 여지가 없었다. 현상 유지와 대전란 사이에 안전장치가 전혀 없었다. 이는 해결될 수 없는 위기들과 결국 후퇴를 용납하지 않는 공공연한 태도로 이어졌다.

윌슨은 20세기의 주요 도전, 특히 평화를 위해 힘을 어떻게 써야 하는지를 정확히 이해했다. 하지만 그의 해결책은 너무나 자주 그가 이해했던 문제들을 더 복잡하게 만들었다. 국가 간의 경쟁을 주로 자결권의 부재와 경제적 동기 탓으로 돌렸기 때문이다. 하지만 역사를 보면 더 빈번한 다른 경쟁의 원인이 있었고, 그중에서도 국가적 확장, 통치자나 지배계급의 지위 신장이 두드러진 원인이었다. 윌슨은 이런 충동을 경멸했다. 민주주의가 확산되면 이런 충동을 억제할 수 있고 자결권이 이런 문제를 없애버릴 것이라고 확신했다.

집단안보라는 윌슨의 해결책은 전 세계 국가들이 침략, 불의, 그리고 과도한 이기주의에 맞서 단결하게 된다는 것을 전제로 했다. 윌슨은 1917년 초에 상원에서 국가들 간에 동등한 권리가 부여된다면 개별 국가의 힘이 어떻든 간에 상관없이 집단안보를 통한 평화 유지의 전제조건이 마련될 것이라고 주장했다.

> 권리는 국가들의 개별적인 힘이 아니라 공동의 힘에 기반을 두어야 하며, 그러한 국가들의 협조에 평화가 의존하게 될 것입니다. 물론 영토와 자원의 평등이 있을 수 없습니다. 국민들 스스로의 평화롭고 정당한 발전을 통해 얻은 게 아닌 어떤 다른 종류의 평등도 있을 수 없습니다. 하지만 어느 누구도 권리의 평등 이상의 것을 요구하거나 기대하지 않습니다. 인류는 이제 삶의 자유를 추구하고 있지 힘의 균형을 추구하고 있지 않습니다.[14]

월슨은 침략에 대한 저항이 지정학적 판단이 아니라 도덕적 판단에 기초하는 세계질서를 제안하고 있었다. 국가들은 어떤 행동이 위협이 되는지 여부보다 그 행동이 부당했는지 여부를 스스로에게 묻게 된다. 미국의 동맹국들은 이러한 새로운 체제가 별로 신뢰가 가지 않았지만 이런 시각에 도전하기에는 너무나 힘이 약했다. 미국의 동맹국들은 힘에 근거한 균형상태를 어떻게 계산해야 하는지 알고 있었거나 알고 있다고 생각했다. 하지만 그들은 자신이나 다른 국가가 도덕적 규범에 근거해서 균형상태를 평가하는 방법을 안다고 자신할 수 없었다.

미국이 참전하기 전에 유럽 민주주의 국가들은 월슨의 구상에 감히 공개적으로 의구심을 표명하지 못했다. 실제로 월슨의 비위를 맞춰가며 미국을 끌어들이려고 모든 시도를 했다. 미국이 연합군 편에 가담했을 때 그들은 이미 절박한 상황이었다. 영국, 프랑스, 러시아 연합군은 독일을 꺾기에 충분하지 못했으며, 러시아 혁명의 여파로 미국이 참전하더라도 러시아의 붕괴를 상쇄하지 못할 수도 있다고 두려워했다. 러시아와의 브레스트-리토프스크(Brest-Litovsk) 조약은 독일이 패전국의 운명에 대해 어떤 생각을 하고 있는지를 보여줬다. 독일이 승리할 수도 있다는 두려움 때문에 영국과 프랑스는 이상주의적인 미국 파트너와 전쟁 목적을 놓고 논쟁할 여유가 없었다.

휴전 후에야 연합국들은 유보적인 입장을 밝힐 수 있는 처지가 되었다. 전쟁에서 승리한 후에 유럽의 동맹이 껄끄러워지거나 붕괴하는 것은 처음 있는 일이 아니었다. (예를 들어 빈 회의의 경우, 승전국들이 서로 전쟁하겠다고 위협하는 국면을 거치기도 했다.) 하지만 제1차 세계대전의 승전국들은 너무나 많은 희생을 치러서 완전히 소진된 상태였고, 여전히 미국이라는 거인에 의존하고 있었기 때문에 미국을 짜증나게 하는 대화나 미국의 평화합의 탈퇴라는 위험을 무릅쓸 수 없었다.

특히, 정말로 비극적인 상황에 놓인 프랑스의 경우 더욱 그랬다. 프랑스는 2세기 동안 유럽에 대한 지배권을 놓고 싸워왔으나, 제1차 세계대전의 여파로 이제는 패배한 적국으로부터 자신의 국경을 지킬 수 있을지조차 더 이상 확신하지 못했다. 프랑스 지도자들은 황폐해진 그들 사회의 능력으로는 독일을 억누를 수 없다고 본능적으로 느꼈다. 프랑스는 전쟁으로 인해 완전히 탈진했고 평화는 더 큰 재앙을 예고하는 것처럼 보였다. 자신의 생존을 위해 싸웠던 프랑스는 이제 자신의 정체성을 위해 투쟁했다. 프랑스는 홀로서기를 할 엄두조차 나지 않았지만, 프랑스의 가장 강력한 동맹국인 미국은 안보를 사법적 절차로 전환하는 원칙들에 기초해 평화를 구축하자고 제안하고 있었다.

전쟁에서 승리하면서 프랑스는 독일에 대한 복수(revanche)의 대가가 너무 크고 거의 한 세기 동안 자본을 까먹으며 지냈다는 사실을 절실히 깨달았다. 프랑스는 자신이 독일과 비교했을 때 얼마나 약해졌는지 스스로는 잘 알고 있었다. 비록 다른 누구도, 특히 미국조차도 이런 사실을 받아들일 준비가 되어 있지 않았지만 말이다. 그리하여 승리하기 전날 밤 프랑스와 미국 간 대화가 시작되었을 때, 프랑스는 급속도로 의기소침해졌다. 오늘날의 이스라엘처럼 프랑스는 자신의 취약성을 가시 돋친 태도로, 초기 공황상태를 비타협적인 태도로 숨겼다. 그리고 오늘날의 이스라엘처럼 항상 고립의 위험에 처해 있었다.

비록 프랑스의 동맹국들은 프랑스의 두려움이 과장된 것이라고 주장했지만, 프랑스 지도자들은 현실을 잘 알고 있었다. 1880년에 프랑스의 인구는 유럽 전체에서 15.7퍼센트를 차지했다. 1900년이 되자 이 수치가 9.7퍼센트로 감소했다. 1920년에 프랑스의 인구는 4,100만 명이었던 반면, 독일은 6,500만 명이었다. 이로 인해 프랑스 정치인인 아리스티드 브리앙(Aristide Briand)은 자신의 정책이 독일에 유화적이라고 비판받자, 자신은 프랑스의 출생률에 따른 외교정책을 구사하고 있다고 주장했다.

프랑스의 상대적인 경제적 쇠퇴가 훨씬 더 두드러졌다. 1850년에 프랑스는 유럽 대륙에서 가장 큰 산업국이었다. 1880년이 되자 독일의 강철, 석탄, 철 생산량이 프랑스를 추월했다. 1913년에 프랑스는 4,100만 톤의 석탄을 생산했던 반면, 독일은 2억 7,900만 톤을 생산했다. 1930년대 후반이 되자, 프랑스와 독일이 각각 4,700만 톤과 3억 5,100만 톤을 생산하면서 격차가 더욱 벌어졌다.[15]

빈 회의와 베르사유 조약 국제질서의 핵심적 차이점은 패배한 적의 잔존 국력이었다. 이토록 차이가 있었던 이유는 베르사유 조약 이후 승전국 내부에서 분열이 있었기 때문이다. 주요 국가들이 동맹을 구축해 나폴레옹을 패배시켰고, 독일제국(imperial Germany)을 꺾기 위해서도 동맹을 맺어야 했다. 패전 후에도 두 패전국, 즉 1815년의 프랑스와 1918년의 독일은 승전한 동맹국들 중 어느 한 나라를 단독으로 또는 심지어 어쩌면 두 나라가 손잡더라도 이길 수 있을 정도로 여전히 강력했다. 하지만 1815년 빈 회의에서 평화를 논의했던 승전국들은 단결을 유지했고 4국동맹(Quadruple Alliance)을 형성했다는 게 큰 차이점이었다. 4국동맹은 어떠한 수정주의적 몽상도 분쇄할 수 있을 정도로 압도적인 4대 강국들의 연합이었다. 베르사유 조약 이후 승전국들은 동맹을 유지하지도 않았고, 미국과 소련이 다 같이 철수했으며, 영국은 프랑스에 관한 한 아주 상반된 감정을 갖고 있었다.

베르사유 조약이 체결되고 나서야 프랑스는 1871년 독일에 패배했던 게 일시적이

236

고 이례적인 상황이 아니었다는 사실을 혹독하게 깨달았다. 프랑스가 독일을 상대로 균형상태를 유지하는 유일한 방법은 어쩌면 19세기 독일 연방(German Federation)을 재구축해서라도 독일을 여러 개 국가로 쪼개는 것이었다. 실제로 프랑스는 라인란트 지역의 분리주의를 부추기고 자르(Saar) 지역의 탄광 지대를 점령하면서 이런 목표를 간헐적으로 추구했다.

하지만 독일을 쪼개자니 두 가지 걸림돌이 있었다. 일단 비스마르크가 독일을 너무나 견고하게 구축했다. 비스마르크가 창조한 독일은 두 번이나 세계대전에서 패배하고, 1923년 프랑스에 루르(Ruhr) 지역을 점령당하고, 그러고 나서 다시 소련이 제2차 세계대전 이후 동독이라는 위성국가를 한 세대에 걸쳐 만들어 놓아도 일체감을 유지했다. 1989년 베를린 장벽이 무너졌을 때 미테랑(Mitterrand) 프랑스 대통령은 고르바초프와 협력해서 독일의 통일을 막는 방안을 잠시 생각해본 적이 있었다. 하지만 고르바초프는 그런 모험을 하기에는 너무나 국내문제에 몰두해 있었고, 프랑스도 혼자 감행할 수 있을 만큼 충분히 강력하지 못했다. 프랑스는 1918년에도 비슷하게 약했기 때문에 독일을 분할하지 못했다. 설령 프랑스가 분할을 할 수 있었다 할지라도 프랑스의 동맹국들, 특히 미국이 자결권 원칙에 심각하게 위배되는 상황을 용납하지 않았을 것이다. 하지만 윌슨도 마찬가지로 화해를 통한 평화를 고집할 준비가 되어 있지 않았다. 결국 그는 14개 조항에서 약속한 동등한 대우에 배치되는 몇 가지 징벌 조항에 동의했다.

미국의 이상주의와 프랑스의 악몽을 조화시키려는 시도는 결국 인간의 창의성을 뛰어넘는 일로 판명되었다. 윌슨은 국제연맹 설립과 14개 조항의 개정을 맞바꿨으며, 이를 통해 평화 조약에도 불구하고 여전히 남아 있던 정당한 불만을 해소하려고 했다. 프랑스는 미국으로부터 자신의 장기적 안보 공약을 얻겠다는 희망 하에 자신의 희생 수준에 훨씬 부합하지 못하는 징벌적 조치에 동의했다. 결국 어떤 국가도 자신의 목적을 달성하지 못했다. 독일과는 화해가 이루어지지 못했고 프랑스의 안보가 확보되지 못했으며 미국은 합의에서 탈퇴했다.

윌슨은 1919년 1월부터 6월까지 파리에서 개최되었던 강화회의에서 스타였다. 유럽을 선박으로 방문하는 데 일주일이 걸리던 시절에 많은 보좌관들은 미국 대통령이 워싱턴을 몇 달 동안 비울 여유가 없다고 경고했다. 실제로 윌슨이 부재하면서 의회 장악력이 약해졌고, 특히 강화조약(講和條約)을 비준 받는 과정에서 워싱턴을 오래 비워둔 대가가 컸다는 사실이 드러났다. 윌슨이 워싱턴을 비웠다는 점은 차치하더라도, 국가원수가 협상의 세부 사항을 직접 챙기는 건 거의 항상 잘못된 일이다. 이렇게 되면 국가원수는 외교부가 통상적으로 처리하는 세부 사항에 대해 잘 알아야 하고 하급자들에게 더 적합한 주제에 매달리게 되는 반면, 국가원수만이 해결할 수 있는 사안은 소홀히 하게 된다. 자아가 확고하지 못한 사람치고 최고위직에 오른 사람은 아무도 없기 때문에, 최고위 인사가 세부 사항을 챙기면 타협하기가 어려워지고 교착상태에 빠질 위험이 있다. 교섭 대표의 국내정치적 입지는 평화 협상에서 뭔가 성공한 것처럼 보일 수 있는지 여부에 달려 있기 때문에 협상은 종종 문제의 본질을 다루기보다 차이를 모호하게 하는 데 집중하기 마련이다.

파리에서 윌슨의 운명도 마찬가지였던 것으로 드러났다. 달이 지날수록 그전까지 전혀 관심이 없었던 세부 사항을 놓고 실랑이를 벌이는 데 점점 더 끌려 들어갔다. 파리에 오래 머물수록 사안을 빨리 매듭지으려는 감정이 국제질서를 완전히 새롭게 수립하겠다는 열망보다 앞섰다. 최종 결론이 강화조약을 협상하기 위해 사용된 절차에 의해 불가피하게 내려졌다. 영토 문제 조정에 지나치게 많은 시간이 투입되었기 때문에, 국제연맹이 윌슨의 도덕적 주장과 실제 합의 조건 간의 계속 벌어지는 간극을 해결하기 위한 일종의 "데우스 엑스 마키나(deus ex machina, '기계장치에 의한 신'을 뜻하는 라틴어. 절대적 힘을 가진 존재가 갑자기 출현해 도저히 해결될 것 같지 않은 난관을 해결하는 경우를 지칭한다.—옮긴이)"로 등장했다.

영국을 대표했던 변덕스러운 웨일즈인 데이비드 로이드 조지(David Lloyd George)는 파리 강화회의 직전에 있었던 선거에서, 독일이 모든 전쟁비용을 치르게 하겠으며 "비용을 충당하기 위해 그들의 주머니를 뒤져보겠다."라고 단언했다. 하지만 불안정한 독일과 초조해 하는 프랑스를 마주하게 된 그는 클레망소와 윌슨 사이에서 묘책을 찾는 데 초점을 맞췄다. 결국 그는 국제연맹이 어떤 불평등이든 간에 나중에 시정할 수 있는 기구임을 들어 징벌 조항에 동의했다.

프랑스의 입장을 대변했던 사람은 전쟁의 상흔을 입은 노회한 조르주 클레망소(George Clemenceau)였다. "호랑이"라는 별명이 있었던 그는 나폴레옹 3세의 퇴위에서부터 드레퓌스 대위의 옹호에 이르기까지 수십 년간 국내적으로 산전수전을 다 겪은 노련한 인물이었다. 하지만 파리 강화회의에서 본인의 맹렬한 추진력으로도 감당할 수 없는 임무를 스스로 떠맡았다. 비스마르크가 이루어낸 결과물을 어떻게든 원상태로 되돌려놓고 유럽 대륙에 대한 리슐리외 방식의 우위를 재주장할 수 있는 평화를 얻어내려고 시도하면서, 클레망소는 국제체제가 용납할 수 있는 범위를 넘어섰고 실제로 프랑스의 역량마저 넘어섰다. 시계를 단순히 150년 전 이전으로 되돌릴 수는 없었다. 어떤 국가도 프랑스의 목표를 공유하지 않았고 완전히 이해하지도 못했다. 클레망소는 운명적으로 좌절감을 겪었고, 프랑스의 미래에 대해서도 점차 의기소침해졌다.

비토리오 오를란도(Vittorio Orlando) 이탈리아 총리는 "4대 강대국"의 마지막 국가인 이탈리아를 대표했다. 오를란도 총리는 나름 두각을 드러냈지만, 그의 열정적인 외교장관 시드니 소니노(Sidney Sonnino)의 그늘에 가려졌다. 이탈리아 대표단은 새로운 세계질서를 구상하기보다는 자신들의 전리품을 챙기려고 파리에 온 것으로 밝혀졌다. 연합국은 남티롤 지역과 달마시아 해안지역을 주겠다고 1915년 런던 조약에서 약속하면서 이탈리아를 전쟁에 끌어들였다. 남티롤 지역은 오스트리아–독일계 주민들이 대다수였고, 달마시아 해안지역은 슬라브족들이 대다수였기 때문에 이탈리아의 주장은 자결권 원칙에 정면으로 배치되었다. 하지만 오를란도와 소니노는 회의를 교착상태에 빠뜨렸고, 극도로 분노한 상황에서 남티롤 지역(비록 달마시아는 아니더라도)이 이탈리아에 할양될 때까지 교착상태를 풀지 않았다. 이러한 "타협"은 14개 조항이 만고불변이 아니라는 사실을 보여주었고, 다양한 다른 조정 사항들이 봇물 터지듯이 쇄도했다. 이들은 대체로 자결권이라는 대원칙에 위배되었고, 그렇다고 해서 과거의 세력균형을 개선하거나 새로운 세력균형을 창출하는 것도 아니었다.

빈 회의와 달리 파리 강화회의에는 패전국들이 참여하지 못했다. 그 결과로 회의가 몇 달에 걸쳐 진행되자 독일은 불확실성이라는 먹구름 아래 놓이게 되었고, 망상이 부추겨졌다. 독일인들은 윌슨의 14개 조항을 마치 외운 듯이 줄줄 말했고, 스스로 착각에 빠져서 비록 그들 자신의 평화 프로그램이 혹독하겠지만 연합국의 최종합의 결과는 상대적으로 온건할 것이라고 믿었다. 따라서 강화 협상에 참여했던 사람들이 1919년 6월에 결과물을 공개하자 독일인들은 충격에 빠졌고, 이후 20년 동안 이 합의사항을 체계적으로 훼손하기 위해 노력했다.

레닌이 이끌던 러시아도 초대받지 못했지만, 러시아는 궁극적으로 러시아 내전에 개입하려는 목표를 가진 국가들에 의해 조직된 자본주의자들의 잔치라는 이유로 이 합의사항 전반을 공격했다. 그리하여 모든 전쟁을 끝내기 위한 전쟁을 종결짓는 평화합의에 유럽에서 가장 강력한 두 나라인 독일과 러시아가 포함되지 않았다. 이 두 나라의 인구는 유럽 인구의 절반 이상을 차지하고 있었고, 군사력도 잠재적으로 가장 강력했다. 이 사실만으로도 베르사유 합의는 이미 불행해질 운명이었다.

회의 절차 또한 포괄적인 접근을 모색하는 데 도움이 되지 않았다. 4명의 거물—윌슨, 클레망소, 로이드 조지, 오를란도—은 100년 전에 빈 회의를 지배했던 당시 강대국들의 장관처럼 회의 절차를 장악하지 못했다. 빈 회의에서 협상대표들은 무엇보다도 새로운 세력균형을 구축하는 데 초점을 두었고, 피트 계획이 전반적인 청사진 역할을 했다. 파리 강화회의에 참석했던 지도자들은 끝없는 일련의 지엽적인 문제들로 인해 계속 관심이 분산되었다.

27개 국가가 회의에 초대받았다. 파리 강화회의가 전 세계 모든 국민을 위한 토론장으로 여겨지면서 결국 무질서한 상황이 초래되고 말았다. 영국, 프랑스, 이탈리아, 미국의 정부 수반들로 구성된 최고 이사회(The Supreme Council)는 파리 강화회의를 구성하는 수많은 위원회와 분과 중에서 최상위 회의체였다. 덧붙여서 최고 이사회와 일본 정부의 수반이 참여하는 5인 이사회(Council of Five)가 있었다. 그리고 10인 이사회(Council of Ten)가 있었으며, 여기에는 5인 이사회 참여국의 정부 수반과 외교장관이 참여했다. 소국 출신 대표단은 자신들의 다양한 관심사에 대해 상위 그룹들에게 자유롭게 의사를 개진할 수 있었다. 이는 파리 강화회의의 민주적 속성을 분명히 보여주었지만, 시간이 많이 소요되었다.

회의 전에 합의된 의제가 없었기 때문에 대표단들은 어떤 특정한 순서로 이슈가 논의될지 모르는 상태로 회의에 참석했다. 그리하여 파리 회의에는 58개의 상이한 위원회가 생겨났다. 대부분의 위원회는 영토 문제를 다루었다. 국가별로 별도의 위원회가 설치되었다. 추가적으로 전쟁 책임, 전범, 배상, 항구, 수로와 철도, 노동, 그리고 최종적으로 국제연맹을 위한 위원회도 발족되었다. 모두 합쳐서 파리 강화회의 위원회 참석자들은 1,646번의 회의를 했다.

지엽적인 주제에 관한 논의가 끝없이 이어지면서 안정적인 평화를 위해서는 합의가 모든 것을 포괄하는 개념—특히, 독일의 미래 역할에 관한 장기적 견해—을 가지고 있어야 한다는 중심적인 사실이 가려졌다. 이론적으로는 집단안보와 자결권이라는 미국식 원칙이 이 역할을 맡게 되어 있었다. 하지만 실제로는 회의에서 국제질서에 관한 미국식 개념과 유럽식 개념, 특히 프랑스식 개념 간의 차이를 해소할 수 없다는 현실적인 문제가 대두되었다. 윌슨은 국제 충돌이 구조적 원인 때문이라는 발상을 배격했다. 윌슨은 국가 간 조화가 자연스럽다고 여기면서, 상충하는 이익이라는 환상을 일소하고 세계 공동체에 대한 기본 인식을 확고히 해줄 기구를 출범시키기 위해 노력했다.

많은 유럽 전쟁의 무대였고 더 많은 전쟁의 참여자였던 프랑스는 상충하는 국익이 환상이라든지, 혹은 여태까지 인류가 알지 못한 다소 모호하고 근본적인 조화가 있다는 주장을 납득할 수가 없었다. 50년 사이에 독일에 두 번이나 점령당했던 프랑스는 또다시 정복당할 가능성이 있다고 집착에 가깝게 두려워했다. 프랑스는 자신의 안보를 위해 뭔가 실체가 있는 보장을 갈망했고 인류의 도덕적 발전은 다른 나라가 알아서 하도록 맡기려고 했다. 하지만 실체가 있는 보장은 독일이 약해지거나 아니면 전쟁이 또다시 발발할 경우 다른 국가들, 특히 미국과 영국이 프랑스 편을 들어주겠다고 하는 것을 의미했다.

독일 해체는 미국이 반대했고, 집단안보는 프랑스 입장에서 너무 모호했기 때문에 프랑스의 문제를 풀 수 있는 유일한 해결책은 프랑스를 방어하겠다는 미국과 영국의 약속이었다. 두 앵글로–색슨 국가는 바로 정확하게 이런 약속을 해주기를 극도로 꺼렸다. 그런 보장책이 전혀 없자 프랑스는 다른 방편들을 마련해달라고 애원했다. 미국은 지리에 의해 보호받았고, 제해권에 대한 영국의 우려는 독일 대양함대(Hochseeflotte)의 해체로 해소되었다. 승전국 중에 프랑스만이 자신의 안보를 세계 여론에 의지하도록 요구받고 있었다. 프랑스 측 수석 협상대표인 앙드레 타르디외(André Tardieu)는 이렇게 주장했다.

> 프랑스로서는 영국과 미국처럼 안전지대를 만들 필요가 있습니다. … 해양 강국들은 각자의 함대로, 그리고 독일 함대의 해체로 이런 안전지대를 만듭니다. 대양으로 보호를 받지 못하는 프랑스는 전쟁 훈련을 받은 수백만 명의 독일인을 제거할 수는 없으므로 라인강으로, 라인강 지역에 대한 연합국의 점령으로 안전지대를 만들어야 합니다.[16]

하지만 라인란트(Rheinland)를 독일로부터 분리하자는 프랑스의 요구는 "그런 평화는 우리가 옹호해왔던 모든 것과 배치된다."라는 미국의 신념과 충돌했다.[17] 미국 대표단은 라인란트를 독일로부터 분리하고 연합군이 주둔하면 독일로부터 영원히 원한을 살 수 있다고 주장했다. 영국 대표인 필립 커(Philip Kerr)는 타르디외에게, 영국은 독립적인 라인란트국을 "복잡한 문제와 약점의 원천"으로 간주한다고 말했다. "만약 국지적 충돌이 발생한다면 이게 어떤 방향으로 전개될까요? 이런 충돌로 인해 전쟁이 발발하면 영국이나 영연방 자치령이나 지난 전쟁에서 그들을 고무했던 프랑스와의 깊은 연대의 감정을 갖지 못할 겁니다."[18]

프랑스 지도자들은 독일의 원한보다 독일의 궁극적인 국력을 훨씬 더 우려했다. 타르디외는 자신의 입장을 고수했다.

영국은 영국 병력이 본국으로부터 떨어진 곳에 투입되는 것을 좋아하지 않는다고 말하고 있습니다. 이건 사실의 문제입니다. 영국은 항상 인도와 이집트에 병력을 주둔하고 있습니다. 왜 그럴까요? 영국은 자신의 국경이 도버해협이 아니라는 점을 알고 있기 때문입니다. … 우리더러 점령을 포기하라고 요청하는 것은 영국과 미국더러 각자 자신의 전함들을 침몰시키라고 요청하는 것과 같습니다.[19]

만약 프랑스가 요구했던 완충 지역이 거부된다면 다른 방식의 보장이 필요할 것이고, 가급적 영국과 미국과의 동맹을 원할 것이다. 만약 필요하다면, 프랑스는 전통적인 동맹과 같은 결과를 성취하기 위해 집단안보의 개념에 대한 해석을 수용할 각오도 되어 있었다.

월슨은 국제연맹의 창설을 너무나 갈망했기 때문에 이따금 프랑스의 희망을 부추기는 이론들을 제시했다. 여러 차례 월슨은 분쟁을 심판하고, 국경을 변경하며, 국제관계에 아주 필요한 탄력성을 불어넣는 일종의 국제법원으로서 국제연맹을 묘사했다. 월슨의 보좌관 중 한 명인 이사야 보먼 박사(Dr. Isaiah Bowman)는 1918년 12월 파리 강화회의로 향하는 배에서 작성된 각서 초안에서 월슨의 구상을 요약했다.

국제연맹은 영토보전뿐만 아니라, 불의가 있었거나 사정이 바뀌었다는 사실이 제시될 수 있다면 차후의 합의 조건의 변경과 국경의 변경도 제공할 것입니다. 시간이 지나 열정이 가라앉고, 오랜 전쟁이 종결되는 시점에 열리는 강화회의의 관점이 아니라 정의의 관점에서 사안들을 바라볼 수 있게 되면 그러한 변경은 훨씬 수월해질 것입니다. … 이와 정반대되는 방식은 강대국과 세력균형에 대한 아이디어를 고집하는 것이며, 그런 아이디어는 항상 "침략과 이기심, 전쟁"만을 초래했습니다.[20]

월슨은 1919년 2월 14일 총회에서 국제연맹 규약을 공개하고 나서 거의 동일한 관점에서 아내에게 말했다. "이게 우리의 진정한 첫걸음이야. 왜냐하면, 국제연맹이 일단 창설되면, 이번에 우리가 체결하려고 하는 조약에서 필연적인 실수들을 중재하고 바로잡을 수 있다는 사실을 내가 그 어느 때보다 잘 알고 있거든."[21]

월슨이 상상했던 바와 같이 국제연맹은 평화를 집행하고 그에 따른 불공평을 시정하는 이중의 권한을 갖게 되었다. 그런데도 월슨은 심각하게 상반된 감정에 깊이 사로잡혔다. 정의나 순수한 법적 절차에 호소하는 방식으로 유럽의 국경이 변경된 역사적 사례를 찾아본다면 한 건도 찾지 못할 것이다. 거의 모든 경우에 국경은 국익이라는 이름으로 변경되거나 수호되었다. 하지만 윌슨은 미국 국민이 베르사유 조약의 조항을 수호하고자 군사적으로 개입할 준비가 전혀 안 되어 있다는 점을 잘 알고 있었다. 본질적으로 윌슨의 아이디어는 세계정부나 다름없는 기구로 해석되었고, 미국인들은 이를 세계경찰보다 받아들일 준비가 훨씬 되어 있지 않았다.

윌슨은 침략에 대한 최종적 제재 수단으로서 세계정부나 군사력보다 세계 여론에 호소함으로써 이 문제를 회피하려고 했다. 그는 1919년 2월 강화회의에서 이런 구상을 다음과 같이 묘사했다.

> 이 기구국제연맹를 통해 우리는 하나의 강력한 힘에 주로 의존할 것입니다. 바로
> 세계 여론이라는 도덕적 힘입니다.[22]

그리고 나서 세계 여론이 해결하지 못하는 부분은 경제적 압박으로 확실히 완수한다는 것이다. 보먼의 각서에 따르면 다음과 같다.

> 제재를 요하는 경우, 보이콧이라는 전쟁의 대안이 있었습니다. 잘못된 행동을 범한
> 국가를 상대로 우편과 통신 시설을 포함해 교역이 거부될 수 있었습니다.[23]

이런 메커니즘이 작동한 경우를 봤거나 실행 가능하리라고 믿었던 유럽 국가는 아무도 없었다. 어쨌든, 살아남기 위해 너무 많은 피와 너무 많은 재산을 쏟아부었지만 진공상태에 처한 동유럽과 자신보다 훨씬 더 강한 독일을 마주하게 된 프랑스에 너무 지나친 기대를 하는 셈이었다.

따라서 프랑스의 입장에서 국제연맹은 단 한 가지 목적을 가졌으며, 그것은 필요하다면 독일에 맞서 군사 원조를 가동하는 것이었다. 오랜 역사를 자랑하지만 이제는 힘과 자원이 고갈된 프랑스는 모든 국가가 위협을 똑같은 방식으로 평가할 것이라거나, 만약 그랬다면 어떻게 저항할지를 놓고 똑같은 결론에 도달할 것이라는 집단안보의 기본 전제를 도저히 신뢰할 수 없었다. 만약 집단안보가 실패한다면 미국, 그리고 아마도 영국은 언제라도 최후의 수단으로 스스로 방어할 수 있을 것이다. 하지만 프랑스로서는 최후의 수단이 없었다. 자신의 판단이 처음부터 옳아야 했다. 만약 집단안보의 기본 전제가 틀린 것으로 드러난다면, 프랑스는 미국과 달리 전통적인 전쟁을 수행하지 못하고 소멸할 것

이다. 따라서 프랑스는 일반적인 보장이 아니라 프랑스의 특정한 상황에 적합한 보장을 모색했다. 미국 대표단은 바로 이런 보장을 제공하기를 단호하게 거부했다.

국내적 압박을 감안할 때 윌슨이 원칙을 선포하는 것 이상으로 확약해주기를 꺼렸다는 사실은 이해할 만했지만, 미국의 이런 태도는 프랑스의 불길한 예감을 확대시켰다. 미국은 먼로 독트린을 뒷받침하기 위해 무력행사를 주저한 적이 한 번도 없었으며, 윌슨도 먼로 독트린을 자신이 구상하는 새로운 국제질서 모델로 거듭 원용했다. 하지만 미국은 독일이 유럽의 세력균형을 위협한다는 이슈가 제기되면 과묵해졌다. 이게 미국에 있어서 유럽의 균형상태가 서반구의 상황보다 안보이익 차원에서 덜 중요하다는 것을 의미하는가? 이런 차별을 없애려고 해당 위원회에 참석했던 프랑스 대표 레옹 부르주아(Léon Bourgeois)는 독일이 베르사유 합의를 파기—프랑스가 유일하게 관심을 가진 전쟁 원인—하는 경우에 국제군이나 국제연맹에 자동적인 집행 기구를 부여하는 어떤 다른 메커니즘을 계속 요구했다.

윌슨은 제안된 규약이 "세계의 영토 소유권들(land titles of the world)"을 보장해준다고 잠시 언급함으로써 그와 같은 개념을 승인하는 듯했다.[24] 하지만 윌슨의 수행원들은 소름이 돋았다. 미 의회 상원이 국제상비군이나 항구적 군사 개입을 절대로 비준하지 않으리라는 것을 잘 알고 있었기 때문이다. 윌슨의 보좌관 중 한 명은 침략에 저항하기 위해 무력을 사용하도록 규정하는 조항이 심지어 위헌이라고 주장했다.

> 헌법에 의해 의회가 선전포고 권한을 보유하기 때문에, 만약 그런 조항이 미국의 조약에 담긴다면 조약이 무효가 된다는 게 해당 조항에 대한 실체적인 반대 이유입니다. 조약의 조항에 의거한 후속 조건에 따라 자동적으로 발발하는 전쟁은 의회에 의해 선포된 전쟁이 아닙니다.[25, 26]

글자 그대로 받아들이면, 미국과의 어떤 동맹도 구속력을 가질 수 없다는 의미다.

윌슨은 원래의 약화된 집단안보 독트린으로 황급히 입장을 굳혔다. 프랑스의 제안을 거부하면서, 윌슨은 국제연맹 자체가 전 세계에 압도적인 확신(confidence)을 불어넣을 것이기 때문에 상시적인 집행기관이 불필요하다고 설명했다. 그는 "유일한 수단은 … 우리가 국제연맹에 소속된 국가들의 선의에 대한 확신을 갖는 데 있습니다. … 위험이 오면 우리도 오겠지만, 여러분은 우리를 신뢰해야 합니다."[27]

신뢰라는 것은 외교관들 사이에서 그다지 풍족한 일용품이 아니다. 국가의 존망이기로에 서 있을 때 정치인은 보다 구체적인 보장책을 찾기 마련이며, 특히 프랑스처럼 불확실한 상황에 놓여 있을 때는 더욱 그렇다. 미국의 주장의 설득력은 다른 대안이 없다는 데 있었다. 비록 국제연맹의 의무가 애매모호했지만, 아무것도 없는 상황보다는 나았다. 영국 대표단의 일원이었던 세실 경(Lord Cecil)은 규약에 집행기구가 포함되지 않으면 국제연맹에 가입하지 않겠다고 위협하는 레옹 부르주아를 타박하면서 이렇게 말했다. "미국은 국제연맹을 통해 얻을 수 있는 게 아무것도 없습니다. … 미국은 유럽 문제가 알아서 굴러가고 처리되도록 방치할 수도 있습니다. 미국이 지지해달라고 내놓은 제안은 실질적으로 프랑스에 선물이나 다름없습니다."[28]

비록 많은 의구심과 불길한 예감에 둘러싸였지만 프랑스는 결국 영국이 주장했던 뼈아픈 논리에 넘어갔으며, 국제연맹 규약 10조의 동어반복에 동의했다. "연맹 이사회는 이러한 의무[영토보전의 수호]를 이행할 수단에 대해 조언해야 한다."[29] 즉, 비상 상황에서 국제연맹은 동의할 수 있는 그것에 동의하겠다는 말이다. 국제연맹 규약이 없었더라도 전 세계 국가들은 통상적으로 이렇게 행동했을 것이다. 바로 전통적인 동맹은 구체적으로 규정된 상황에 대해 공식적인 상호원조 의무를 원용하여 해결하도록 되어 있었다.

프랑스가 제시한 각서는 제안된 국제연맹의 안보 합의가 불충분하다는 점을 직설적으로 강조했다.

> 1914년에 영국과 프랑스 간에 발효되었던 방어적 성격의 군사적 양해, 그것도 아주 제한적인 양해 대신에, 국제연맹 규약에 포함된 일반적인 합의 말고는 두 나라 사이에 아무런 유대가 없었다고 가정해보시기 바랍니다. 그랬다면 영국이 즉각적으로 개입하지 않았을 것이고 이로 인해 독일이 확실히 승리했을 것입니다. 그렇기 때문에 우리는 현재의 조건에서 국제연맹 규약에 따른 지원은 너무 늦을 것이라고 믿고 있습니다.[30]

일단 미국이 어떠한 구체적인 안보 조항도 국제연맹 규약에 반영하기를 거부한다는 사실이 확실해진 만큼 프랑스는 독일을 해체하기 위한 압박을 재개했다. 프랑스는 비무장 완충지역으로서 라인강 유역에 독립된 공화국을 수립하자고 제안했으며, 이 국가에는 전쟁 배상을 면제하는 인센티브를 부여하려 했다. 미국과 영국이 망설이자 프랑스는 최소한도로, 국제연맹의 제도들이 발전할 기회를 갖고 그 집행기구들이 검증을 받을 때까지 라인란트를 독일로부터 분리시키자고 제안했다.

프랑스를 달래려는 노력으로 윌슨과 영국 지도자들은 독일 해체의 대안으로서 새로운 합의를 보장하는 조약을 제시했다. 만약 독일이 합의를 위반하면 미국과 영국이 전쟁에 참여한다는 내용이었다. 이는 빈 회의 당시 동맹국들이 프랑스의 위협에 맞서 확실히 보장하기로 합의했던 사례와 아주 유사했다. 하지만 한 가지 중요한 차이점이 있었다. 나폴레옹전쟁 이후 동맹국들은 프랑스의 위협이 실제로 존재한다고 믿었으며 이에 맞서 안보를 제공하려고 했다. 제1차 세계대전 이후 영국과 미국은 독일의 위협을 그다지 믿지 않았다. 두 나라는 자신들이 안전을 보장하겠다고 했지만 그럴 필요가 있는지 확신이 없었고, 특별히 이행하겠다는 결의도 없었다.

프랑스 측 수석 협상대표는 영국의 보장이 "전례가 없다."라며 환호했다. 그는 영국이 때때로 한시적인 협정을 체결하기는 했지만 예전에 결코 영속적으로 의무를 부담하겠다고 제시한 적이 없었다고 주장했다. "영국은 때로 조력을 제공했지만, 사전에 조력을 제공하겠다고 스스로 맹세한 적이 없었다."[31] 타르디외는 미국이 제안한 공약도 미국이 역사적인 고립주의 경향으로부터 탈피한 것으로서 마찬가지로 중요하다고 보았다.[32]

공식적인 안전보장을 너무나 갈망했기 때문에 프랑스 지도자들은 "전례가 없는" 앵글로-색슨의 결정이 실제로는 독일을 해체해야 한다는 프랑스의 요구를 단념시키려는 전술이라는 중대한 사실을 간과했다. 외교정책에서 "전례가 없다."라는 용어는 항상 어딘가 의심스럽기 마련이다. 혁신이 실제 어느 정도로 적용될지는 역사와 국내 제도, 지리적 여건에 의해 제약을 받기 때문이다.

타르디외가 미국 대표단의 반응을 은밀히 알았더라면 그 보장이 얼마나 보잘것없는지 이해했을 것이다. 윌슨의 보좌관들은 한목소리로 자신들이 모시는 상관에 반대했다. 새로운 외교는 분명히 이런 식의 국가적 약속을 없애려고 창조된 것이 아니었던가? 미국은 결국 전통적인 동맹을 맺으려고 이 전쟁을 했던 것인가? 하우스는 자신의 일기에 이렇게 적었다.

> 나는 그런 조약의 위험성에 대해 대통령의 주의를 환기해야 한다고 생각했다. 무엇보다도 이는 국제연맹에 대한 직격탄으로 여겨질 것이다. 국제연맹은 바로 이 조약이 제안하고 있는 것을 하도록 되어 있고, 국가들이 그런 조약을 체결하는 게 필요하다면 왜 굳이 국제연맹이 있어야 하는가?[33]

이는 정당한 질문이었다. 만약 국제연맹이 알려진 대로 작동된다면 이런 보장책은 불필요했기 때문이다. 그리고 만약 보장책이 필요하다면 국제연맹은 원래의 구상에 부합하지 못하는 셈이며, 모든 전후 구상이 의심을 받게 될 것이다. 미 상원의 고립주의자들은 그들 나름대로 불안해하고 있었다. 그들은 이러한 보장이 국제연맹에 상충된다는 사실보다 교활한 유럽인들이 그들의 타락하고 오래된 갈등의 그물에 미국을 끌어들이려 하고 있다고 우려했다. 보장책은 오래가지 못했다. 상원이 베르사유 조약의 비준을 거부함에 따라 국제연맹은 고려할 가치가 없어졌다. 영국은 이를 구실 삼아 자신의 안보 공약을 포기해버렸다. 프랑스가 자신의 요구를 포기한 것은 영원히 굳어진 반면, 미국과 영국이 제시했던 보장책은 단명했다.

이런 모든 상반되는 흐름 속에서 베르사유 조약이 결국 등장했다. 베르사유 조약이라는 명칭은 이 조약이 서명되었던 베르사유 궁전에 있는 거울의 방(The Hall of Mirrors) 이름을 따서 명명되었다. 행사 장소가 불필요하게 굴욕을 자초하는 것처럼 보였다. 50년 전에 비스마르크는 통일된 독일을 눈치 없이 여기에서 선포했다. 이제 승전국들이 모욕을 주었다. 승전국들이 만들어낸 작품도 국제환경을 안정시킬 것 같지 않았다. 화해하기에는 너무나 징벌적이었고, 독일의 회복을 막기에는 너무나 관대했던 베르사유 조약 때문에 이미 진이 다 빠져버린 민주주의 국가들은 수정주의적 독일을 끊임없이 경계하고 영구히 억눌러야 하는 상황에 빠졌다.

14개 조항에도 불구하고 베르사유 조약은 영토, 경제, 군사 분야에서 징벌적 성격이 짙었다. 독일은 전쟁 전 영토에서 13퍼센트를 포기해야 했다. 경제적으로 중요한 오버슐레지엔(Oberschilesien) 지역은 신생국인 폴란드에 할양되었다. 폴란드는 또한 발트해로 진출할 수 있는 출구와 포젠(Posen) 주변 지역도 할양받았으며, 그에 따라 동프로이센과 독일 나머지 지역을 분리하는 "폴란드 회랑(Polish Corridor)"이 만들어졌다. 작은 영토인 외펜-에-말메디는 벨기에가 가져갔고, 알자스-로렌은 프랑스에 반환되었다

독일은 식민지를 상실했으나, 식민지의 법적 지위를 놓고 윌슨을 한편으로 하고 프랑스와, 영국, 일본을 다른 편으로 하는 분쟁이 발생했다. 이 세 나라는 각자 독일 식민지를 병합해서 자신들의 전리품 몫을 챙기려고 했다. 윌슨은 그러한 직접적인 이양이 자결권 원칙에 위배된다고 주장했다. 연합국은 마침내 기발하면서도 위선적인 소위 위임통치 원칙(Mandate Principle)에 합의했다. 오스만 제국의 중동 내 영토와 독일의 식민지가 다양한 승전국들에게 "위임통치" 지역으로 할당되었고, 국제연맹의 감독하에 독립을 촉진하기로 했다. 이것이 무엇을 의미하는지는 구체적으로 정의되지 않았고 궁극적으로 위임통치 지역이 다른 식민지보다 더 일찍 독립하지도 않았다.

베르사유 조약의 군사적 제약에 따라 독일 육군은 10만 명의 지원병 규모로 축소되었고 독일 해군도 순양함 6척과 소형함 몇 척만 보유할 수 있게 줄어들었다. 독일은 잠수함, 항공기, 전차, 중포병과 같은 공격형 무기의 보유가 금지되었고, 총참모부도 해체되었다. 독일의 군축을 감시하고자 연합군 군사 통제 위원회(Allied Military Control Commission)가 설립되었다. 나중에 알려진 사실이지만 이 위원회는 극히 애매모호하고 비효율적인 권한을 부여받았다.

로이드 조지가 선거운동 기간 중 독일을 "쥐어짜겠다."라고 약속했지만, 연합국은 독일이 경제적으로 기진맥진한 상태가 되면 자신들에게도 영향이 미치는 세계적인 경제 위기를 초래할 수 있다는 점을 인식하기 시작했다. 하지만 승전국 국민들은 이론 경제학자들의 경고를 귀담아듣지 않았다. 영국인들과 프랑스인들은 독일이 영국과 프랑스 국민들에게 모든 손해액을 배상해야 한다고 요구했다. 윌슨은 마지못해 결국 독일이 전쟁 희생자들의 연금과 유족들에 대한 일부 보상을 지불하게 하는 조항에 동의했다. 이런 조항은 들어본 적이 없었다. 유럽에서 있었던 예전의 어떠한 강화조약에도 이런 조항이 있었던 적이 없었다. 구체적인 청구액도 확정되지 않았고 나중에 정하기로 해서 끝없는 논쟁의 근원이 되었다.

또 다른 경제적 처벌로 50억 달러 규모의 즉각적인 현금 혹은 현물 지급도 포함되었다. 프랑스는 독일이 전쟁 중에 프랑스 동부 지역을 점령하면서 광산을 파괴한 것에 대한 보상으로 대량의 석탄을 받도록 되어 있었다. 독일 잠수함이 격침한 선박에 대한 보상으로 영국은 독일 상선함대의 상당 부분을 받기로 했다. 70억 달러에 달하는 독일의 해외자산은 독일 특허와 더불어 압류되었다. (베르사유 조약 덕택에 바이엘 아스피린은 독일이 아닌 미국 제품이다.) 독일의 주요 하천은 국제화되었으며, 독일의 관세 인상권도 제한되었다.

이러한 조건은 새로운 국제질서를 창출하는 데 도움이 되지 않았고 오히려 걸림돌이 되었다. 승전국 대표들이 파리에 모였을 때 이들은 역사의 새 시대를 선언했다. 이들은 빈 회의의 실수라 간주되었던 것들을 너무나 회피하고 싶었기 때문에 영국 대표단은 저명한 역사학자인 찰스 웹스터(Sir Charles Webster) 경에게 이 주제에 관한 논문을 작성해달라고 의뢰했다.[34] 하지만 승전국들이 만들어낸 최종 결과물은 미국의 유토피아적 이상주의와 유럽의 피해망상증 사이의 허술한 타협이었다. 전자의 꿈을 실현하기에는 조건이 너무 많았고, 후자의 두려움을 경감하기에는 너무 실험적이었다. 오로지 힘을 통해서만 보전될 수 있는 국제질서는 불안정했고, 특히 집행의 주된 부담을 져야 하는 국가들이 서로 사이가 좋지 않을 때는 더욱 그랬다. 이 경우에는 영국과 프랑스가 그랬다.

현실적 문제로서 자결권은 특히 오스트리아-헝가리 제국 계승국의 경우 14개 조항이 구상한 명쾌한 방식으로 현실에서 적용할 수 없다는 점이 금방 명백해졌다. 체코슬로바키아는 1,500만 명의 인구 중 독일인이 3백만 명, 헝가리인이 1백만 명, 폴란드인이 50만 명이었다. 전체 인구의 거의 3분의 1이 체코인도 아니고 슬로바키아인도 아니었다. 그리고 슬로바키아는 체코인이 지배하는 국가의 일부로 된다는 것에 그다지 적극적이지도 않았고, 이런 태도는 1939년에 그리고 다시 1992년에 분리 독립됨으로써 나타난다.

신생 유고슬라비아는 남슬라브 지식인들의 열망을 실현해줬다. 하지만 이 나라를 창설하려면 유럽 역사의 단층선을 가로질러야 했다. 이 단층선을 따라 동서 로마 제국, 가톨릭과 동방정교회라는 종교, 라틴 문자와 키릴 문자가 구분되었다. 이 단층선은 그들의 복잡한 역사에서 결코 동일한 정치체에 속했던 적이 한 번도 없었던 크로아티아와 세르비아 간의 대략적인 경계선이었다. 이 두 나라를 통합한 것에 대한 청구서가 1941년 이후에, 1991년에 다시 한번 시작된 잔혹한 내전으로 돌아왔다.

루마니아는 수백만 명의 헝가리인을 손에 넣었고, 폴란드는 수백만 명의 독일인을 비롯해 동프로이센과 독일 나머지 지역을 갈라놓는 폴란드 회랑(Polish Corridor)도 얻었다. 자결권이라는 이름으로 진행되었던 이런 절차가 끝난 후 오스트리아-헝가리 제국 시절과 거의 비슷한 수의 사람들이 타민족의 지배하에 살게 되었다. 단지 이제는 그들이 더 많은 수의, 훨씬 더 약한 국민국가들에 나뉘어져 있는 것일 뿐이었다. 그리고 이러한 국민국가들은 안정성을 훨씬 더 훼손할 정도로 서로 충돌하고 있었다.

승전국들이 스스로 빠져든 이 딜레마를 로이드 조지가 깨달았을 때는 너무 늦었다. 1919년 3월 25일 윌슨에게 보낸 각서에서 로이드 조지는 이렇게 썼다.

> 확실히 세계에서 가장 원기왕성하고 강력한 인종 중 하나임을 입증해온 독일인들이 수많은 소국들로 둘러싸여 있습니다. 이 소국들 중 많은 나라들은 이전에 스스로 안정적인 정부를 구성해본 경험이 없는 민족들로 이루어져 있을 뿐만 아니라, 모국과의 재결합을 갈망하는 수많은 독일인들을 포함하고 있는 상황입니다. 만약 미래에 전쟁이 발발한다면 이보다 더 큰 전쟁 원인을 상상할 수가 없습니다.[35]

하지만 이미 그때는 회의가 종결일인 6월을 향해 너무 많이 진전된 상태에 있었다. 세력균형이 폐기되었기 때문에 세계질서를 구성하기 위한 다른 대안적 원칙도 없었다.

이후에 많은 독일 지도자들은 윌슨의 14개 조항에 속아서 휴전 협정을 체결했고, 나중에 이 조항이 체계적으로 위반되었다고 주장했다. 이런 주장은 너무나 자기 연민적이고 말이 안 되었다. 독일은 전쟁에서 승리할 가능성이 있다고 생각했기 때문에 14개 조항을 무시했고, 카르타고식 평화(Carthaginian Peace, 패전국에게 가혹한 평화—옮긴이)를 브레스트-리토프스크(Brest-Litovsk) 조약으로 러시아에 강요하면서 윌슨의 원칙을 전부 위반했다. 독일이 전쟁을 끝냈던 유일한 이유는 순전히 힘의 계산에 따른 것이었다. 미군이 개입하면 독일의 궁극적인 패배가 단지 시간문제가 되었기 때문이다. 휴전을 제의했을 때 독일은 이미 지쳐 있었고, 방어시설은 붕괴되고 있었으며, 연합군이 독일 영토로 진격하기 직전이었다. 윌슨의 원칙 덕택에 독일은 실제로 훨씬 더 가혹할 뻔했던 보복을 모면했다.

역사학자들은 더 나은 이유로, 미국이 국제연맹 가입을 거부했기 때문에 베르사유 조약이 불운한 운명을 맞았다고 주장했다. 미국이 베르사유 조약을 비준하지 않았다는 점이나 프랑스의 국경을 보장해주지 않았다는 사실이 프랑스를 의기소침하게 만드는 데 틀림없이 크게 기여했다. 하지만 미국의 고립주의 정서를 고려할 때, 미국이 국제연맹에 가입했거나 프랑스에 대한 보장을 비준했더라도 별반 큰 차이가 없었을 것이다. 두 경우 다 미국은 침략에 맞서 무력을 사용하려 하지 않았을 것이고, 아니면 영국이 1930년대에 했던 방식과 상당히 비슷하게 동유럽 상황에는 적용되지 않는 조건으로 침략을 규정했을 것이다.

베르사유 조약의 대실패는 구조적이었다. 빈 회의가 만들어낸 평화의 세기는 세력 균형, 정통성에 대한 공동 인식, 그리고 프랑스와의 비교적 유화적인 평화라는 필수불가결한 세 가지 기둥으로 지지되었다. 만약 당시 승전국들이 프랑스를 나름 회유하는 방식으로 평화를 구축했더라도 그 자체만으로 프랑스의 수정주의를 막지는 못했을 것이다. 하지만 4국동맹과 신성동맹이 언제라도 더 강력한 세력을 규합할 수 있었기 때문에 프랑스는 팽창주의를 추구할 경우 위험해질 수 있다는 사실을 잘 알고 있었다. 동시에 주기적으로 유럽에서 회의가 개최되어 프랑스가 유럽협조체제에 평등한 회원국으로서 참여할 기회가 주어졌다. 무엇보다도 주요국들은 기존의 불만들이 하나로 모아져서 국제질서를 뒤집으려는 시도로 이어지면 안 된다는 공통의 가치를 공유하고 있었다.

베르사유 조약은 이런 조건을 하나도 충족하지 못했다. 이 조약의 조건은 화해하기에는 너무나 부담되었던 반면, 영구히 억누르기에는 충분히 가혹하지 못했다. 실제로 독일을 만족시키는 것과 복종시키는 것 사이에서 균형을 잡기가 쉽지 않았다. 독일은 전쟁

전 세계질서가 자신을 너무 제약하고 있다고 여겼기 때문에 패배 후 가용한 어떤 조건을 제시하더라도 만족할 가능성이 낮았다.

프랑스는 세 가지 전략적 선택을 할 수 있었다. 반(反)독일 연합체를 형성하거나 독일의 분할을 꾀하거나 아니면 독일과의 화해를 시도해볼 수 있었다. 동맹을 체결해보려고 했지만 모든 시도가 영국과 미국의 반대에 막혔고, 러시아가 더 이상 유럽 균형의 일원이 아니었기 때문에[36] 실패했다. 독일의 분할은 동맹 체결을 거부했던 바로 그 국가들이 반발했다. 그럼에도 프랑스는 비상상황이 발생하면 이들에게 의존해야 했다. 그리고 독일과 화해를 하자니 너무 시기상조이면서도 너무 늦은 측면이 있었다. 화해하자니 베르사유 조약 조건과 양립할 수 없어서 이미 늦었고, 프랑스 여론이 아직 받아들일 준비가 되어 있지 않아서 시기상조였다.

징벌적 조항에도 불구하고 베르사유 조약 때문에 역설적으로 프랑스의 취약성과 독일의 전략적 우위가 더 커졌다. 전쟁 이전에 독일은 동쪽과 서쪽 양면에 강력한 국가가 있었다. 어느 쪽으로 진격하건 간에 독일은 프랑스, 오스트리아-헝가리, 러시아와 같은 주요국들과 마주칠 수밖에 없었다. 하지만 베르사유 조약 이후에는 동쪽에 독일에 맞설 수 있는 견제세력이 더 이상 존재하지 않았다. 프랑스는 약해졌고, 오스트리아-헝가리는 해체되었으며, 러시아는 한동안 무대에서 사라졌기 때문에 간단히 말해 예전처럼 세력균형을 구축할 방안이 없었다. 특히 앵글로-색슨 국가들이 베르사유 조약의 합의사항을 보장하기를 거부했기 때문에 더욱 상황이 안 좋았다.

일찍이 1916년 당시 영국 외교장관이었던 밸퍼 경(Lord Balfour)은 적어도 유럽의 앞날에 놓여 있었던 위험의 일부를 예견했다. 전쟁이 또다시 발발한다면 독립된 폴란드 때문에 프랑스가 무방비 상태에 놓이게 될 수 있다고 경고했다. 만약 "폴란드가 독립 왕국이 되고 러시아와 독일 사이의 완충 국가가 된다면, 러시아가 폴란드의 중립을 해치지 않고는 프랑스를 도와주러 갈 수가 없기 때문에 프랑스는 다음 전쟁에서 독일에 속수무책이 될 것이다."라는 점이다.[37] 이게 바로 정확하게 1939년에 있었던 딜레마였다. 프랑스는 독일을 견제하려면 독일이 양면 전쟁을 하게 만들 동맹국이 동쪽에 필요했다. 이런 역할을 맡을 수 있을 정도로 충분히 강력한 국가는 러시아밖에 없었다. 하지만 폴란드가 독일과 러시아를 떼어 놓으면서 러시아는 폴란드를 침공해야만 독일을 압박할 수 있었다. 그리고 폴란드가 러시아의 역할을 맡기에는 너무나 약했다. 베르사유 조약은 독일과 러시아에 폴란드를 분할하도록 유인을 제공했고, 두 나라가 정확히 20년 후에 그대로 그렇게 했다.

동쪽에 동맹을 맺을 강대국이 없어지자 프랑스는 독일에 양쪽으로부터 도전받는다는 환상을 심어주려고 신생국들을 강화하려고 했다. 프랑스는 독일이나 헝가리로부터 영토를 더 떼어내서 동유럽의 신생국들을 뒷받침해주려고 했다. 명백하게 이 신생국들은 자신들이 독일에 맞서는 견제세력이 될 수도 있다는 프랑스의 망상을 조장할 동기가 있었다. 하지만 이들은 여태까지 오스트리아나 러시아가 해왔던 역할을 도저히 맡을 수가 없었다. 이 나라들은 너무 허약했고, 국내적 갈등과 상호 반목에 시달리고 있었다. 그리고 동쪽에는 복원된 러시아가 상실한 영토들을 넘보면서 점점 무시무시한 모습을 드러내고 있었다. 예전의 힘을 되찾는다면 러시아는 독일 못지않게 소국들의 독립에 큰 위협이 될 것이다.

그리하여 유럽 대륙의 안정은 프랑스에 의존했다. 독일을 제압하기 위해 미국, 영국, 프랑스, 그리고 러시아가 힘을 합쳐야 했다. 이들 중에서 미국은 다시 고립주의로 돌아섰고, 러시아는 혁명 드라마와 더불어 프랑스에 대한 직접적인 지원을 가로막는 동유럽 소국들로 구성된 소위 방역선(cordon sanitaire)에 의해 유럽으로부터 단절되었다.[38] 평화를 유지하기 위해 프랑스는 유럽 전역의 경찰관 역할을 맡아야만 했다. 하지만 프랑스는 그러한 개입주의적인 정책을 펼칠 의욕과 힘을 상실했을 뿐만 아니라, 만약 실제로 그런 정책을 시도했더라면 미국과 영국 양쪽으로부터 버림을 받고 외톨이가 되었을 것이다.

하지만 베르사유 합의의 가장 위험한 약점은 심리적인 것이었다. 빈 회의에서 수립된 세계질서는 보수주의적 단결의 원칙이 세력균형에 대한 요구와 맞물리면서 공고해졌다. 실제로 빈 합의를 유지하는 데 가장 필수적인 강대국들이 이 질서가 공정하다고 여겼다. 베르사유 합의는 그 합의가 칭송했던 가치가 합의를 집행하기 위해 필요한 동기와 충돌했기 때문에 무산되었다. 그 합의를 지키기 위해 필요했던 대부분의 국가가 이런저런 이유로 합의가 부당하다고 여겼다.

제1차 세계대전의 역설은 독일의 힘과 점점 다가오는 독일의 지배를 억제하기 위해 전쟁이 치러졌고, 그로 인해 화해를 통한 평화의 구축을 막을 정도로 여론이 격앙되었다는 점이다. 그러나 결국, 윌슨의 원칙들은 독일의 힘을 억제하는 평화를 금지했고, 정의에 대한 공통의 인식도 없었다. 추상적인 원칙에 기초해 외교정책을 수행하는 것의 대가는 개별 사례들을 구별지을 수 없다는 점이다. 베르사유 조약 지도자들은 승전국의 암묵적인 권리나 세력균형의 계산을 통해 독일의 힘을 축소시키기를 꺼렸기 때문에, 독일의 군축을 전반적인 군축 계획의 첫 단계로, 그리고 독일의 배상을 전쟁 그 자체라는 죄악에 대한 속죄 차원에서 정당화할 수밖에 없었다.

연합국은 독일의 군축을 이런 식으로 정당화하면서 자신들의 합의를 지탱하기 위해 필요한 심리적 준비태세를 훼손시켰다. 처음부터 독일은 자신이 차별받고 있다고 주장할 수 있었고, 실제로 그렇게 주장했다. 독일은 재무장을 허용받던지 아니면 다른 국가도 똑같은 수준으로 군축을 해야 한다고 요구했다. 이 과정에서 베르사유 조약의 군축조항 때문에 결국 승전국들이 의기소침해졌다. 모든 군축회의마다 독일은 도덕적 우위를 점유했고 주로 영국으로부터 지지를 받았다. 하지만 만약 프랑스가 독일이 평등하게 재무장하도록 승낙한다면 동유럽국들의 독립을 보장할 수 없게 될 것이다. 따라서 군축조항은 결국 프랑스의 군축이나 독일의 재무장 둘 중 하나로 귀결될 수밖에 없었다. 두 경우 다 프랑스는 동유럽을, 그리고 궁극적으로는 프랑스 자신을 방어하기에 충분히 강해지지 못할 것이다.

마찬가지로 독일과 오스트리아의 통합 금지도 자결권 원칙에 위배되었고, 소수민족으로서 체코슬로바키아에 거주하는 많은 독일인과 이보다 적지만 폴란드에 거주하는 독일인의 경우도 마찬가지로 그랬다. 그리하여 독일의 실지(失地) 회복주의는 베르사유 조약의 구성 원칙에 의해 지지를 받았고 민주주의 국가들의 죄책감을 더욱 가중시켰다.

베르사유 조약에 심리적으로 가장 어두운 그림자를 드리운 것은 제231조, 소위 전쟁 유죄 조항(War Guilt clause)이었다. 이 조항은 제1차 세계대전 발발의 책임이 오직 독일에 있다고 적시하고 혹독한 도덕적 비난을 가했다.[39] 이 조약에서 독일에 대한 대부분의 경제적, 군사적, 정치적 징벌 조치는 모든 대전란이 전적으로 독일의 잘못이라는 주장에 근거했다.

18세기의 강화회의 중재자들은 "전쟁 유죄 조항"을 터무니없다고 여겼을 것이다. 그들에게 전쟁은 이익의 충돌에 따른 필연적인 결과일 뿐 도덕과는 전혀 무관했기 때문이다. 18세기에 전쟁을 매듭지었던 조약들에서 패전국들은 대가를 치렀지만 그것이 도덕적 이유로 정당화되지는 않았다. 하지만 윌슨과 베르사유 강화회의 참석자들은 1914년부터 1918년까지의 전쟁 원인을 처벌받아야만 하는 어떤 악의 탓으로 돌려야만 했다.

하지만 증오가 잦아들고 나서 예리한 관찰자들은 전쟁 발발에 대한 책임이 훨씬 더 복잡하다는 사실을 파악하기 시작했다. 확실히 독일의 책임이 크기는 하지만 독일만 따로 떼어내서 징벌적인 조치를 취하는 게 공정한 것인가? 제231조가 정말로 적절한가? 이런 질문이 특히 1920년대 영국에서 일단 제기되자 베르사유 조약에 담긴 독일에 대한 징벌적인 조치를 집행하려는 의지가 흔들리기 시작했다. 강화조약을 주도했던 사람들은 양심의 가책을 느끼며 자신들이 만들어낸 결과물이 정당한지 의문시했고, 이에 따라 조약을 준수하려는 결의도 약해졌다. 물론 독일은 이 사안에 대해 무책임했다. 독일 내 공개 담론에서 제231조는 "전쟁 유죄 거짓말(war guilt lie)"로 알려졌다. 세력균형을 구축하기가 물리적으로 어려워진 만큼이나 도덕적 균형상태를 창출하기도 심리적으로 어려워졌다.

그리하여 베르사유 합의의 설계자들은 자신들이 추구했던 것과 정반대의 결과를 달성했다. 그들은 독일을 물리적으로 약하게 만들려고 노력했지만 오히려 지정학적으로 강하게 만들었다. 장기적인 시각에서 볼 때 독일은 제1차 세계대전 전보다 베르사유 조약 이후 유럽을 지배하기에 더 유리해졌다. 독일이 군축이라는 족쇄를 벗어던지자마자 예전보다 훨씬 더 강력해질 수밖에 없었다. 족쇄를 벗어던지는 것은 시간문제에 불과했다. 해럴드 니컬슨(Harold Nicolson)은 이렇게 요약했다. "우리는 새로운 질서가 막 구축되려 한다고 확신하며 파리에 도착했다. 우리는 새로운 질서가 단지 구질서를 망가뜨렸을 뿐이라고 확신하며 파리를 떠났다."[40]

10

승자들의 딜레마

The Dilemmas of the Victors

베르사유 합의에 대한 감시는 두 가지 일반적인 개념에 기반했지만 이 둘은 서로를 상쇄하는 효과가 있었다. 첫 번째 개념은 너무 포괄적이어서 실패했고, 두 번째 개념은 너무 내키지 않아서 실패했다. 집단안보 개념은 너무나 일반적이어서 평화를 교란할 가능성이 가장 큰 상황에는 적용될 수 없었던 것으로 드러났다. 집단안보를 대체했던 비공식적인 불—영 협력은 독일의 도전에 맞서기에는 너무나 보잘것없었고 서로 입장이 엇갈렸다. 그리고 5년이 지나기도 전에 전쟁에서 완패했던 두 강대국이 라팔로(Rapallo)에 함께 등장했다. 독일과 소련이 갈수록 협력함에 따라 베르사유체제가 결정타를 맞았고, 민주주의 국가들이 너무나 의기소침해져 있어서 이를 즉각 간파하지 못했다.

제1차 세계대전이 끝났을 때 국제문제에 관한 도덕과 이익의 상대적 역할을 둘러싼 해묵은 논쟁은 법과 윤리가 지배하는 방향으로 해결된 것처럼 보였다. 대재앙의 충격을 겪으면서 많은 사람들이 현실정치(Realpolitik)와 같은 것으로부터 가능한 한 자유로운 더 나아진 세상을 바랬다. 이들이 보기에 현실정치가 청년세대를 몰살시켰기 때문이다. 비록 고립주의에 빠져 물러나고 있었지만 미국이 이 과정에서 촉매로 등장해 역할을 했다. 윌슨의 유산은 유럽이 미국이 없더라도 전통적인 유럽식 동맹과 세력균형식 접근이 아닌 집단안보를 통해 안정을 유지하려는 윌슨식 노선으로 나아가기 시작했다는 사실이다.

이후에도 미국식 어법에서, 미국이 참여했던 동맹(가령 NATO)은 대체로 집단안보의 도구로 묘사되었다. 하지만 이는 집단안보라는 용어가 애초에 구상되었던 방식이 아니었다. 집단안보와 동맹은 본질적으로 정반대되는 개념이기 때문이다. 전통적인 동맹은 구체적인 위협에 맞서도록 되어 있으며, 국익이나 공통의 안보 우려를 공유하는 특정한 국가군을 대상으로 명확한 의무를 규정하고 있다. 집단안보는 특정한 위협을 규정하지 않으며, 개별 국가의 안전을 보장해주지도 않고, 아무도 차별하지 않는다. 집단안보는 이론적으로 누가 위협하는지와 누가 위협의 대상이 되는지를 불문하고 평화에 대한 어떠한 위협이건 간에 대항하도록 구상되어 있다. 동맹은 항상 구체적인 잠재적 적국을 가정한다. 집단안보는 사법체계가 국내 형사법을 지탱하는 것과 상당히 동일한 방식으로 국제법을 추상적으로 수호한다. 집단안보는 국내 형사법처럼 특정한 범죄자를 미리 상정하지 않는다. 동맹에서는 동맹 구성원의 이익이나 안보가 공격받을 때 전쟁 명분(casus belli)이 생긴다. 집단안보에서 전쟁 명분은 세계 모든 사람들의 공통 이익이 걸려 있다고 간주되는 분쟁의 "평화적" 해결이라는 원칙에 위배될 때 생긴다. 따라서 사례별로 "평화유지"에 공동의 이해관계가 있는 국가들의 그룹을 매번 바꿔가면서 힘을 모아야 한다.

동맹의 목적은 국익의 분석보다는 더 예측 가능하고 정확한 의무를 만들어내는 데 있다. 집단안보는 정반대로 작동한다. 특정한 상황이 발생할 경우 집단안보는 그 원칙의 적용을 그 상황에 대한 해석에 맡긴다. 이로 인해 의도하지 않게 당시의 분위기와 국가의 의지가 중요해진다.

집단안보는 모든 국가 혹은 적어도 집단방위와 관련된 모든 국가가 특정한 도전의 성격을 거의 동일하게 인식하고, 이와 관련된 특정한 국익과 상관없이 사안의 "옳고 그름"을 따져 힘을 사용하고 제재를 부과할 준비가 되어 있을 때만 안보에 기여한다. 이런 조건이 충족될 때만 세계기구가 제재를 가하거나 국제문제의 중재자로서 역할을 할 수 있다. 이것이 1918년 9월 전쟁이 끝나갈 무렵 윌슨이 구상했던 집단안보의 역할이었다.

국가적 목적이 갈수록 뒤로 밀려나고 있으며, 계몽된 인류의 공통된 목적이 그 자리를 차지하고 있습니다. 평범한 사람들의 조언이 전문 실무자들의 조언보다 모든 면에서 더 간단하고 더 솔직하고 더 한결같습니다. 후자의 경우 여전히 자신들이 권력 게임을 하면서 큰 도박을 하고 있다는 인상을 풍깁니다.[1]

국제분쟁의 원인에 관한 윌슨식 해석과 유럽식 해석의 근본적인 차이가 이 말에 반영되어 있었다. 유럽식 외교는 국익이 서로 충돌하는 성향이 있다고 여기며, 외교를 이런 충돌을 조화시키는 수단으로 보았다. 반면 윌슨은 국제적 불화를 "혼탁한 사고(clouded thinking)"의 결과이지 진정한 이익 충돌의 표현으로 보지 않았다. 현실정치를 실천하는 정치인들은 유인책과 처벌의 균형을 통해 특정한 이익을 일반적인 이익과 연결시키는 과제를 짊어진다. 윌슨식 관점에서는, 정치인들은 보편적 원칙을 특정한 사례에 적용하도록 요구받는다. 더욱이 정치인들은 대체로 갈등의 원인으로 간주된다. 조화를 지향하는 인간의 타고난 성향을 난해하고 이기적인 계산으로 왜곡하는 존재로 여겨지기 때문이다.

베르사유 조약을 체결할 때 대부분의 정치인이 보였던 행동에서 윌슨의 기대가 허망하다는 사실이 드러났다. 이들은 예외 없이 자국의 이익을 강조했고, 공통의 목적을 수호하는 임무를 윌슨에게 떠넘겼다. 하지만 막상 윌슨이 이끄는 미국은 실제로 (유럽적 관점에서 볼 때) 영토 문제의 합의와 관련해서 아무런 국익이 없었다. 선지자들은 다루기 힘든 현실에 직면했을 때 포기하기보다는 노력을 배가하기 마련이다. 베르사유에서 윌슨은 장애물에 직면했지만 자신이 제안한 새로운 체제의 실현 가능성에 대해 전혀 의문을 품지 않았다. 오히려 윌슨은 새로운 체제가 필요하다는 신념을 한층 더 굳혔다. 그리고 그는 국제연맹과 세계 여론의 힘이 그의 원칙에서 벗어난 베르사유 조약의 많은 조항들을 바로잡아줄 것이라고 확신했다.

실제로 윌슨의 이상이 지닌 힘은 세력균형 정책의 본산인 영국에서 영향력을 발휘하면서 입증되었다. 국제연맹 규약에 관한 영국의 공식 논평은 "궁극적이며 가장 효과적인 제재는 문명 세계의 여론이어야 한다."였다.[2] 그렇지 않다면 세실 경(Lord Cecil)이 영국 하원에서 말했듯이 "우리가 의존하는 것은 여론이며, … 만약 우리가 여론에 대해 잘못 알고 있다면 모든 것이 잘못된 셈"이었다.[3]

피트, 캐닝, 파머스턴, 디즈레일리가 펼쳤던 정책의 후예들이 스스로 이런 결론에 이르렀다는 게 사실 같지 않아 보인다. 이들은 처음에는 전쟁 당시 미국의 지지를 확보하기 위해 윌슨의 정책에 동조했다. 시간이 지나면서 윌슨식 원칙이 영국의 여론을 사로잡는 데 성공했다. 1920년대와 1930년대가 되자 영국의 집단안보에 대한 옹호는 더 이상 전술적인 수준에 머무르지 않았다. 윌슨주의가 진정한 전향자를 만들어냈다.

결국 집단안보는 모든 국가가 특정한 침략행위에 대항해야 한다는 공통의 이익이 있어야 하고, 이에 대항하기 위해 동일한 위험을 무릅쓸 각오가 되어 있어야 한다는 취약한 핵심 전제의 희생물이 되었다. 경험을 짚어보면 이런 전제가 거짓이었다는 게 드러난다. 강대국과 관련된 어떠한 침략행위도 집단안보 원칙을 적용해서 격퇴했던 경우가 없었다. 세계 공동체는 침략에 해당하는 행위를 침략이라고 판단하기를 거부했거나 아니면 적절한 제재 수준을 놓고 이견을 드러냈다. 그리고 제재가 부과되더라도 불가피하게 이런 제재는 최소한의 공통분모만 반영되었고, 효과도 너무나 미미해서 도움이 되기보다 해가 되는 경우가 흔했다.

일본이 1932년에 만주를 점령했을 때, 국제연맹은 제재를 가하는 메커니즘이 없었다. 국제연맹이 이런 결함을 바로잡았지만, 이탈리아의 아비시니아(Abyssinia, 에티오피아의 옛 이름) 침략에 직면하자 "전쟁을 제외한 모든 제재(all sanctions short of war)"라는 구호를 내걸었음에도 결국 석유금수에도 못 미치는 제재를 표결로 통과시켰다. 오스트리아가 강제로 독일에 통합되고 체코슬로바키아의 자유가 없어졌을 때, 국제연맹은 아무런 반응을 보이지 않았다. 독일과 일본, 이탈리아가 이미 탈퇴하고 없었던 국제연맹이 마지막으로 취했던 행동은 1939년에 핀란드를 공격한 소련을 국제연맹에서 축출한 것이었다.[4] 이런 조치는 소련의 행동에 아무런 영향을 주지 못했다.

냉전기에 유엔도 강대국의 침략과 관련한 모든 사례에서 마찬가지로 효과가 없었던 것으로 밝혀졌다. 안보리에서 공산주의 국가들이 거부권을 행사했거나 소국들의 경우 자신들과 별로 연관이 없다고 생각되는 사안을 위해 위험을 무릅쓰기를 꺼렸기 때문이다. 유엔은 베를린 위기나 소련의 헝가리, 체코, 아프가니스탄 개입 당시 무기력했거나 방관했다. 쿠바 미사일 위기에서도 유엔은 두 초강대국이 합의할 때까지 무의미한 존재였다. 미국은 1950년에 북한의 침략에 대해 유엔의 권능을 원용할 수 있었다. 소련 대표가 안보리를 보이콧하고 있었고[5] 유럽에서 소련의 침략위협에 맞서 미국의 지원을 간절히 원했던 국가들이 총회를 장악하고 있었기에 가능했다. 분명히 유엔은 외교관들이 만나기 편리한 장소와 의견을 교환하기에 유용한 토론장을 제공했다. 유엔은 또한 중요한 기술적인 역할도 수행했다. 그러나 유엔은 전쟁 예방과 침략에 대한 집단저항이라는 집단안보의 기본 전제를 실행하는 데 실패했다.

유엔은 심지어 탈냉전기에도 마찬가지였다. 1991년 걸프전 당시 유엔은 미국의 행동을 추인했지만, 이라크의 침략에 대한 저항은 집단안보 독트린을 적용시킨 것이라고 거의 볼 수가 없었다. 미국은 국제적 컨센서스를 기다리지 않고 일방적으로 대규모 원정 군을 파병했다. 다른 나라들은 미국이 주도하는 프로젝트에 동참함으로써만 미국의 행동에 대한 영향력을 얻을 수 있었다. 미국의 행동에 거부권을 행사하면 미국과 갈등을 빚을 수밖에 없었다. 게다가 소련과 중국 내부의 격변으로 유엔 안보리 상임이사국들은 미국의 선의를 유지해야 할 유인이 있었다.[6] 걸프전에서 집단안보가 미국의 리더십을 정당화하는 데 원용되었지만, 미국의 리더십을 대체하지는 못했다.

물론 이런 교훈은 집단안보 개념이 최초로 외교에 도입되었던 순진무구했던 시절에는 알 수 없었다. 베르사유 조약 이후의 정치인들은 군비증강이 긴장의 원인이지 긴장의 결과가 아니라는 사실에 반신반의했으며, 선의가 전통적 외교의 의심스러운 태도를 대체한다면 국제적 충돌이 근절될 수 있을지에 대해서도 반신반의했다. 전쟁 때문에 감정적으로 진이 빠졌지만, 유럽 지도자들은 집단안보가 직면한 다른 모든 장애물을 극복했다 하더라도 세계에서 가장 강력한 세 나라인 미국, 독일, 소련이 배제된다면 집단안보라는 일반적인 독트린이 결코 작동하지 못한다는 사실을 깨달았어야 했다. 미국은 국제연맹 가입을 거부했고, 독일은 가입이 금지되어 있었으며, 당시 따돌림 받던 소련은 국제연맹을 경멸했다.[7]

전후질서로 가장 심각하게 괴로움을 겪게 된 국가는 "승전국"인 프랑스였다. 프랑스 지도자들은 베르사유 조약의 조항들이 독일을 영원히 약하게 만들지 못할 것이라고 알고 있었다. 그전에 있었던 마지막 유럽 전쟁으로 1854년부터 1856년까지 있었던 크림전쟁이 끝난 후, 승전국인 프랑스와 영국은 20년 가까이 군사적 대비를 그럭저럭 유지해왔다. 프랑스는 나폴레옹전쟁 이후 불과 3년 만에 유럽협조체제의 완전한 회원국 자격을 얻었다. 베르사유 조약 이후 독일에 대한 프랑스의 상대적 국력 쇠퇴는 프랑스가 유럽을 군사적으로 압도하는 것처럼 보였음에도 불구하고 갈수록 완연해졌다. 프랑스의 승리를 이끌었던 총사령관인 페르디낭 포슈(Ferdinand Foch) 원수는 베르사유 조약에 관해 "이것은 평화가 아니라 20년간의 휴전이다."라고 정확히 말했다.[8]

1924년이 되자 영국 육군 참모부는 "우리를 지난 전쟁에 끌어들였던 상황의 그저 반복"일 뿐인 사안들을 놓고 독일이 영국과 전쟁을 다시 하게 될 것이라고 예견하면서 동일한 결론에 도달했다.[9] 육군 참모부는 베르사유 조약이 부과한 제약은 일단 독일이 베르사유의 족쇄를 벗어던지기에 정치적으로 충분히 강력하다고 느낀다면 독일의 재무장을 기껏해야 9개월 정도 늦추게 될 것이라고 주장했고, 총참모부는 10년 내로 독일이 이렇게 할 개연성이 있다고 정확하게 평가했다. 프랑스의 분석에 동의하면서 영국 총참모부는 아울러 프랑스가 그사이에 "1류 강대국들"과 군사동맹을 체결하지 못하면 속수무책일 것이라고 예견했다.

하지만 당시 유일하게 가용했던 1류 강대국은 영국이었지만, 영국의 정치 지도자들은 군사 보좌관들의 견해를 받아들이지 않았다. 오히려 이들의 정책은 프랑스가 이미 너무나 강력해서 영국과의 동맹을 절대로 원하지 않는다는 그릇된 믿음에 기초하고 있었다. 영국 지도자들은 의기소침해진 프랑스가 잠재적으로 우월한 강대국이 될 수 있기 때문에 프랑스에 맞서 세력균형을 유지해야 한다고 여겼던 반면, 수정주의 성향의 독일과는 화해가 필요하며 독일이 피해 당사국이라고 여겼다. 프랑스가 군사적으로 우세하며 독일은 가혹한 처우를 받았다는 가정은 둘 다 단기적으로는 옳았다. 하지만 이런 인식이 영국 정책의 전제가 되는 것은 장기적으로 재앙이었다. 정치인들은 추세를 어떻게 인식하는지에 따라 자신의 운명이 결정된다. 그리고 제1차 세계대전 후의 영국 지도자들은 자신들 앞에 놓여 있는 장기적 위험을 인식하지 못했다.

미 상원이 베르사유 조약 비준을 거부함으로써 안전보장이 소멸되자, 프랑스는 영국과의 군사동맹을 필사적으로 원했다. 영국 지도자들은 유럽에서 가장 강력하다고 생각되는 국가와 군사동맹을 체결해본 적이 없었기 때문에 프랑스가 이제 유럽 대륙을 지배하겠다는 역사적 위협에 다시 불을 붙이려 한다고 인식했다. 1924년에 영국 외교부의 중유럽 담당부서는 프랑스의 라인란트 점령을 "중유럽 침입의 도약판"[10]이라고 서술했지만, 이런 판단은 당시 프랑스의 정서와 전혀 맞지 않았다. 더욱 어리석게도 영국 외교부 보고서는 라인란트 점령을 벨기에 포위로 간주했으며, "스헬트강(Scheldt)과 자이더해(Zuider Zee)를 직접적으로 위협하며 이에 따라 영국에도 간접적으로 위협이 된다."라고 적시했다.[11] 프랑스에 대한 의구심을 조장하는 데 뒤처지지 않으려고 해군부도 스페인 왕위계승 전쟁이나 나폴레옹전쟁 당시의 주장을 그대로 끌어와서 무게를 실어줬다. 즉, 라인란트가 네덜란드와 벨기에 항구들을 지배하며, 이처럼 항구들이 장악되면 프랑스를 상대로 전쟁을 할 때 영국 해군의 계획에 심각한 차질이 생길 수도 있다는 것이다.[12]

거의 공황상태에 빠진 채 독일의 또 다른 공격을 막아내는 데 모든 외교정책의 초점을 맞추고 있는 국가를 영국이 주된 위협국으로 간주하는 한, 유럽에서 세력균형 유지가 가능하리라고 전혀 희망할 수가 없었다. 실제로 일종의 역사적 반사 작용으로서 영국 내 많은 사람들이 독일을 프랑스에 맞서 세력균형을 할 수 있는 대상으로 보기 시작했다. 예를 들면 주독일 영국 대사인 대버논 자작(Viscound d'Abernon)은 프랑스의 견제세력으로서 독일을 유지하는 게 영국에 이익이 된다고 보고했다. 그는 1923년 "독일이 일체성을 유지하는 한 유럽에 어느 정도 세력균형이 있습니다."라고 썼다. 만약 독일이 해체된다면 프랑스가 "프랑스군과 자신의 동맹에 기초해 논란의 여지없이 군사적, 정치적으로 통제하게 될 것입니다."[13] 이는 충분히 사실이기는 했지만 영국 외교가 향후 수십 년 동안 직면할 가능성이 있을 법한 시나리오는 절대 아니었다.

영국은 항상 그래왔듯이, 일단 승리하고 나서 국제질서를 재건하려면 과거의 적을 국제사회로 복귀시켜야 한다고 주장했고, 그 주장이 옳았다. 하지만 독일의 불만을 달래주는 것은 세력균형이 돌이킬 수 없게 독일 쪽으로 계속 기울어지는 상황에서 안정을 회복할 수 없을 것이다. 프랑스와 영국이 단결해야 유럽 세력균형이 조금이라도 유지될 수 있었지만, 두 나라는 서로를 이해하지 못하고 좌절감을 느끼며 노려보았다. 반면에 균형 상태에 진정으로 위협이 되었던 독일과 소련은 분노를 삭이면서 옆에서 지켜보고 있었다. 영국은 프랑스의 힘을 너무 과장하고 있었다. 프랑스는 독일에 비해 갈수록 힘이 약해지는 상황을 만회하기 위해 베르사유 조약을 활용할 수 있는 자신의 능력을 엄청나게 과대평가했다. 프랑스가 유럽 대륙에서 패권을 장악할 수도 있다는 영국의 두려움은 어리석었다. 독일이 계속 납작 엎드리게 하면서 자신의 외교정책을 구사할 수 있다는 프랑스의 믿음은 절망이 깃든 망상이었다.

어쩌면 영국이 프랑스와의 동맹을 거부했던 가장 중요한 이유는 영국 지도자들이 내심으로는 베르사유 조약이 정당하지 않다고 여겼고, 특히 적어도 동유럽에 관한 합의에 대해서는 그렇게 여겼기 때문이었을 수도 있다. 영국 지도자들은 동유럽국들과 조약을 체결한 프랑스와 동맹을 맺으면 엉뚱한 국가들을 보호하기 위해 엉뚱한 이슈로 분쟁에 휘말릴 수 있다고 두려워했다. 로이드 조지는 당시의 일반적 통념을 이렇게 표현했다.

> 영국인들은 … 폴란드나 단치히(Danzig), 오버슐레지엔(Oberschlesien)과 관련하여 야기될 수 있는 분쟁에 연루될 준비가 되어 있지 않다. … 영국인들은 그 지역 사람들이 불안정하고 쉽게 흥분한다고 느끼고 있다. 이들은 언제라도 싸움을 시작할 수 있으며, 분쟁의 시비를 가리기가 상당히 어려울지도 모른다.[14]

이와 같은 태도를 견지하면서 영국 지도자들은 국제안보에 대한 진지한 기여 방안이 아니라, 주로 프랑스의 독일에 대한 압박을 완화하는 전술적 수단으로서 프랑스와의 동맹 가능성을 논의했다.

그리하여 프랑스는 독일을 약한 상태로 유지하려는 가망 없는 시도를 계속했다. 영국은 자신이 책임을 지지 않으면서 프랑스의 두려움을 진정시킬 수 있는 안보 체제를 고안하려고 했다. 영국으로서는 프랑스가 독일에 대해 더 차분하고 화해적인 외교정책을 구사하게 해줄 수 있는 보장 즉, 완전한 군사 동맹을 도저히 제공할 수가 없었기 때문에 이는 해결이 불가능한 난제였다.

영국 의회가 절대로 공식적인 군사개입을 지지하지 않을 것이라는 사실을 인식한 브리앙(Briand) 프랑스 총리는 1922년에 1904년 영불협상(Entente Cordiale), 즉 영—불 간에 군사적 조항 없이 외교적으로 협력하는 구상으로 되돌아갔다. 하지만 영국은 1904년 당시 독일이 해군력을 증강하고 지속적으로 영국을 괴롭혔기 때문에 위협을 느꼈다. 1920년대가 되자 영국은 프랑스보다 독일을 덜 두려워했고, 프랑스가 극심한 공포가 아니라 오만하기 때문에 이렇게 행동하고 있다고 잘못 짚었다. 영국은 마지못해 브리앙의 제안을 받아들였지만, 내각 보고서에는 이런 제안을 받아들인 진정한 동기가 영국과 독일 간의 관계를 강화하기 위한 것이라고 냉소적으로 적시되어 있었다.

> 독일은 우리의 교역 측면에서뿐만 아니라 러시아의 상황과 관련해서도 핵심 국가이기 때문에 유럽에서 우리에게 가장 중요한 국가다. 독일을 도와줌으로써 우리는 현 상태에서 프랑스를 저버린다는 비난을 받을지도 모른다. 하지만, 만약 프랑스가 우리의 동맹이라면 그런 비난이 있을 수가 없다.[15]

알렉상드르 밀랑(Alexandre Millerand) 프랑스 대통령은 영국의 회피를 감지했기 때문인지 아니면 단지 이 합의 결과가 너무 확실한 게 없다고 여겼기 때문인지, 여하튼 브리앙의 계획을 거부했다. 이로 인해 브리앙 총리가 사퇴했다.

전통적인 영국식 동맹을 이끌어내려고 시도했으나 좌절을 겪은 후 프랑스는 차선책으로 침략에 대한 정확한 정의를 정교화해서 국제연맹을 통해 동일한 결과를 얻어내려고 했다. 이렇게 될 수 있다면 국제연맹이라는 틀 내에서의 정확한 의무가 만들어질 것이고, 그럼으로써 국제연맹이 전 세계적인 동맹으로 변모될 것이다. 1923년 9월 프랑스와 영국이 촉구한 대로 국제연맹 이사회는 상호원조에 관한 보편적인 조약을 고안해냈다. 충돌이 있을 경우 이사회는 어떤 국가가 침략국이고, 어떤 국가가 피해국인지 지정할 수 있는 권한을 부여받는다. 그렇게 되면 국제연맹의 모든 회원국은 피해국을 지원해야 하고, 조약 체약국이 위치한 대륙에서는 필요하다면 무력으로 지원해야 할 의무가 생긴다. (식민지 충돌을 놓고 국제연맹의 의무에 따라 지원해야 하는 경우를 피하기 위해 이러한 명확화가 추가되었다.) 집단안보 독트린에 따른 의무는 국익이 아니라 일반적인 대의명분에서 비롯되기 때문에, 이 조약은 피해국이 지원을 받을 자격이 되려면 국제연맹이 승인한 군축 협정에 미리 서명해야 하고 합의된 일정에 따라 군비를 축소해야 한다고 명시했다.

피해국은 주로 힘이 약한 쪽이기 때문에 국제연맹의 상호원조 조약(Treaty of Mutual Assistance)은 더 취약한 측에게 자신의 어려움을 가중시키도록 요구한 셈이 되어 실제로는 침략의 유인을 제공하는 꼴이었다. 국제질서가 이제부터는 핵심 국익을 위해서가 아니라 훌륭한 군축국을 위해서 수호될 것이라는 명제에는 어딘가 황당무계한 구석이 있었다. 더욱이 전반적인 군축 계획을 협상하는 데에만 몇 년이 걸리기 때문에 보편적인 상호원조 조약은 엄청난 공백을 만들어냈다. 침략에 맞서는 국제연맹의 의무가 멀고도 모호한 미래에 놓여 있는 가운데 프랑스와 위협을 받는 다른 국가들은 자신들의 위험을 홀로 직면해야 했다.

예외 조항에도 불구하고 상호원조 조약은 지지를 받지 못했다. 미국과 소련은 이 조약을 검토조차 하지 않으려고 했다. 독일은 여론의 지지를 얻어내려고 하지도 않았다. 이 조약 초안에 따르면 모든 대륙에 식민지가 있는 영국이 어디에서라도 침략의 피해국을 도와줘야 한다는 의무를 짊어져야 한다는 사실이 명백해지자, 노동당 출신 램지 맥도널드(Ramsay MacDonald) 총리도 비록 초안 작성에 영국이 관여하기는 했지만 이 조약을 받아들일 수 없다고 발표해야 했다.

이제 안보를 확보하려는 프랑스의 노력은 강박적인 수준이 되었다. 프랑스는 자신이 헛수고를 하고 있다는 사실을 받아들이기는커녕 집단안보와 양립이 가능한 기준을 찾으려는 노력을 포기하지 않았다. 특히, 램지 맥도널드의 영국 정부가 국제연맹으로 대표되는 소위 진보적 대의명분인 집단안보와 군축을 그토록 강하게 지지했기 때문이다. 결국 맥도널드 총리와 에두아르 에리오(Edouard Herriot) 신임 프랑스 총리는 기존 제안의 변형안을 제시했다. 1924년 제네바 의정서(Geneva Protocol of 1924)는 국제연맹이 모든 국제적 충돌을 중재하도록 요구했고, 침략의 피해국을 지원해야 하는 보편적 의무를 위한 세 가지 기준을 설정했다. 즉, 침략국이 이사회가 조정을 통해 분쟁을 해결하도록 허락하지 않아야 하고, 침략국이 사법적 해결이나 중재에 해당 사안을 회부하지 않아야 하며, 그리고 물론 피해국이 일반적인 군축 계획에 가입해야 했다. 각각의 체약국은 이렇게 규정된 침략국에 맞서 가용한 모든 수단으로 피해국을 도와야 할 의무가 있었다.[16]

하지만 제네바 의정서는 상호원조 조약과 1920년대 집단안보와 관련된 모든 구상안과 똑같은 이유로 실패했다. 영국에는 너무나 과도했고, 프랑스에는 턱없이 미흡했기 때문이다. 영국은 프랑스를 군축으로 끌어들이려고 이를 제안했을 뿐, 추가적인 방어의무를 만들어내려던 것은 아니었다. 프랑스는 무엇보다도 상호원조 의무로써 이 의정서를 추구했고, 군축은 설령 관심이 있었더라도 어디까지나 부차적이었다. 이러한 활동이 부질없다는 사실을 강조하듯이 미국은 제네바 의정서를 존중하지 않을 것이며, 이 의정서상의 조항에 따라 미국의 교역활동이 간섭 받는다면 용납하지 않겠다고 선언했다. 대영제국 국방참모총장이 이 의정서로 인해 영국군이 위험할 정도로 과도한 부담을 질 것이라고 경고하자, 영국 내각은 1925년 초에 제네바 의정서를 철회했다.

이는 터무니없는 상황이었다. 침략에 맞서서 행동으로 나설지 여부가 피해국이 사전에 군축을 했는지에 좌우된다는 말이었다. 지정학적 고려와 해당 지역의 전략적 중요성 등 국가들이 수 세기 동안 전쟁을 일으켰던 이유들이 정당성을 박탈당했다. 이런 방식에 따르면 영국이 벨기에를 보호하는 이유는 벨기에가 전략적으로 중요해서가 아니라 군축을 했기 때문인 셈이다. 몇 달 동안의 협상 끝에 민주주의 국가들은 군축도 안보도 진전시키지 못했다. 침략을 추상적이고 법적인 문제로 변형시키고 어떠한 구체적 위협이나 개입을 고려하기를 거부하는 집단안보의 성향 때문에 불안감을 없애기보다 의기소침하게 만드는 결과를 초래했다.

영국은 이런 개념을 말로는 열정적으로 성원했지만, 집단안보에 따른 의무가 전통적 동맹에 따른 의무보다 구속력이 약하다는 점을 틀림없이 고려했다. 영국 내각이 15년 뒤 제2차 세계대전이 발발하기 전날 밤까지도 프랑스와의 공식적인 동맹 체결을 요지부동으로 거부했던 반면, 집단안보를 위한 다양한 방식을 고안해내고자 상당히 노력했던 것으로 밝혀졌기 때문이다. 만약 집단안보에 따른 의무가 동맹에 따른 의무보다 이행될 가능성이 더 낮거나 회피하기가 더 쉽다고 보지 않았다면, 영국은 틀림없이 그렇게 차별하지 않았을 것이다.

연합국이 취할 수 있었던 가장 현명한 방침은 베르사유 조약의 가장 부담되는 조항으로부터 독일을 자발적으로 풀어주고 그 대신 견고하게 불−영 동맹을 체결하는 것이었다. 처칠이 "만약 프랑스가 독일을 완전히 다르게 대우하고, 독일을 지원하고 우호적으로 대하려는 영국의 정책을 충실히 받아들인다면 (오직 이럴 때만)" 프랑스와 동맹을 체결해야 한다고 주장했을 때 바로 이런 내용을 염두에 두고 있었다.[17] 하지만 그런 정책은 절대로 일관되게 추진될 수가 없었다. 프랑스 지도자들은 독일과 독일에 깊이 적대적인 국내 여론을 너무 두려워했고, 영국 지도자들은 프랑스의 구상을 너무나 미심쩍게 봤기 때문이다.

베르사유 조약의 군축조항은 영–불 간 균열을 키웠다. 역설적으로 이 조항은 독일이 군사적 측면에서 동등해지는 것을 용이하게 해주었다. 동유럽이 취약하다는 점을 감안할 때 이는 장기적 측면에서 독일이 지정학적으로 우세해진다는 것을 의미했다. 일단 연합국은 군축조항과 관련하여 어떤 검증 메커니즘을 수립하는 것조차 소홀히 할 정도로 무능했기 때문에 한층 더 격차가 벌어졌다. 베르사유 조약과 관련해 프랑스 측 수석 협상 대표였던 앙드레 타르디외는 1919년 하우스(House) 대령에게 보낸 서한에서, 만약 검증 메커니즘을 마련하지 못한다면 베르사유 조약의 군축조항이 제대로 작동하지 못할 것이라고 예견했다.

> 무기력한 수단이 구상되고 있는데, 위험하면서도 어리석습니다. … 국제연맹이 독일에 '내가 갖고 있는 정보가 거짓임을 입증하시오.' 아니면 '우리가 검증하고 싶소.' 라고 말할 건가요? 하지만 이럴 경우 국제연맹은 감시할 권리를 주장하는 셈인데, 독일이 이렇게 답할 겁니다. '무슨 권리로요?'
> 바로 이렇게 독일이 답할 것이며, 만약 독일이 조약에 의해 검증할 권리를 승인하도록 강요받지 않는다면 저렇게 답하는 게 당연할 것입니다.[18]

군비통제 연구가 학문적 주제가 되기 전의 순진했던 시절에는 아무도 독일이 스스로 해놓은 군축을 독일더러 검증하라고 요청하는 것이 이상하다고 생각하지 않았다. 분명히 연합국 간 군사 통제 위원회(Inter-Allied Military Control Commission)가 설립되어 있었지만, 이 위원회는 사찰할 권리가 없었다. 단지 독일 정부에 독일의 위반에 관한 정보만 요구할 수 있었으며, 이 절차 또한 실패할 우려가 없지 않았다. 이 위원회는 1926년에 해체되었고 독일의 준수 여부에 대한 검증은 연합군의 정보기관에 맡겨졌다. 히틀러가 이행을 거부하기 오래 전부터 군축조항이 극도로 위반되고 있었다는 사실은 놀랄 일이 아니었다.

정치적 차원에서 독일 지도자들은 교묘하게 베르사유 조약에서 약속된 일반적인 군축을 주장했으나, 실제로는 독일의 군축이 그 첫 단계가 되어야 했다. 시간이 경과함에 따라 독일 지도자들은 영국으로부터 자신들의 제안에 대한 지지를 받아냈고, 다시 이것을 베르사유 조약의 다른 조항도 불이행하겠다는 주장을 정당화하는 데 활용했다. 영국은 프랑스를 압박하기 위해 자신의 육군 병력(자신의 안보를 육군에 의존했던 적이 없었다)을 극적으로 감축하겠다고 선언했다. 물론 해군(물론 안보를 해군에 크게 의존해왔다)은 손대지 않았다. 반면에 독일의 산업적 잠재력과 인구가 훨씬 우월했기 때문에 프랑스의 안보는 독일 육군보다 월등하게 큰 프랑스의 상비 육군에 의존하고 있었다. 독일의 재무장이나 프랑스의 군축을 통해 이러한 균형을 바꾸라는 압박은 전쟁 결과를 실질적으로 뒤집는 결과를 초래했다. 히틀러가 집권했을 때 베르사유 조약의 군축조항이 금방 누더기가 될 것이라는 게 자명해졌고, 독일의 지정학적 우위는 누가 봐도 알 수 있었다.

배상문제도 프랑스와 영국 간 불화를 야기했던 또 다른 요소였다. 베르사유 조약 이전까지 패전국이 배상금을 지불하는 것이 자명했다. 1870년 보-불 전쟁 이후 독일은 독일이 프랑스에 배상금을 부과하는 것에 대해 자신의 승리 외에 다른 어떤 원칙을 원용해야 한다고 압박을 느끼지 않았다. 독일은 1918년 브레스트-리토프스크 조약에서 러시아에 제시한 휘청거릴 수준의 배상금 청구서와 관련해서도 마찬가지였다.

하지만 베르사유라는 새로운 세계질서에서 연합국은 배상문제도 도덕적인 정당화가 필요하다고 믿었다. 이들은 앞 장에서 설명한 제231조, 전쟁 유죄 조항(The war guilt clause)에서 정당화의 근거를 찾았다. 이 조항은 독일에서 격렬하게 공격을 받았고 독일에서는 안 그래도 미온적이었던 평화 합의에 대한 협력 의사가 완전히 사라졌다.

베르사유 조약의 놀라운 측면 중 하나는 이 조약의 초안을 작성한 사람들이 이토록 전쟁 유죄라는 지극히 불편하고도 명확한 조항을 조약에 포함시키면서도 막상 배상금 총액을 명시하지 않았다는 점이다. 배상금 규모를 결정하는 임무는 향후 전문가 위원회에 맡겨졌다. 연합국이 대중들에게 기대하도록 한 금액이 너무 과도했고, 윌슨이 꼼꼼히 들여다보거나 진지한 재정 전문가들이 분석한다면 결코 통과되지 못했을 것이기 때문이었다.

이런 식으로 배상도 군축처럼 독일 수정주의자들의 무기가 되었다. 전문가들은 갈수록 청구금액의 도덕성뿐만 아니라 실현 가능성 또한 문제 삼았다. 존 메이너드 케인즈(John Maynard Keynes)의 〈평화의 경제적 결과에 관한 논문(Treatise on the Economic Consequences of the Peace)〉이 가장 적절한 예였다.[19] 마지막으로 승전국들은 협상에서의 입지가 시간이 지날수록 항상 약해지기 마련이다. 무엇이건 간에 패배의 충격이 있던 기간 중에 못 받아내면 나중에 받아내기가 갈수록 어려워진다. 이는 1991년 걸프전이 끝났을 때 미국이 이라크와 관련해서 배워야만 했던 교훈이었다.

베르사유 조약에 서명한 지 2년이 지난 1921년이 되어서야 배상금 규모가 최종적으로 산정되었다. 터무니없이 컸다. 배상액은 1,320억 골드마르크(약 400억 달러, 1994년 가치로 3,230억 달러)였으며,[20] 이 정도 금액이면 독일이 20세기가 끝날 때까지 지불할 수밖에 없었다. 예상대로 독일은 지급불능을 선언했다. 설사 국제금융체제가 그 정도의 막대한 재원의 이전을 수용할 수 있다 해도, 어떤 민주적인 독일 정부도 그에 동의하고 살아남을 수 없었다.

1921년 여름에 독일은 배상금 청구서의 분할 납부금 1차분을 지불하면서 10억 마르크(2.5억 달러)를 이전했다. 하지만 독일은 마르크 화폐를 찍어내서 공개 시장에서 외환을 매입함으로써 이전했다. 즉, 재원의 중대한 이전이 발생하지 않는 지점까지는 통화를 팽창시키는 방식으로 이전한 것이다. 1922년 말이 되자 독일은 배상과 관련하여 4년 동안의 지불유예를 제안했다.

베르사유 국제질서와 그러한 질서에서 유럽의 주요 기둥이었던 프랑스의 심리적 위축이 한층 더 심각해졌다. 배상을 집행할 수 있는 메커니즘도 존재하지 않았으며, 군축을 위한 검증 메커니즘도 마찬가지로 없었다. 프랑스와 영국이 두 이슈를 놓고 이견을 표출했고, 독일은 불만을 품었으며, 미국과 소련은 관련이 없었기 때문에 베르사유는 사실상 세계질서라기보다 일종의 국제적 게릴라전이 되었다. 연합국이 승리한 지 4년이 지나자 협상에서 독일의 입지가 프랑스보다 강해졌다. 이런 분위기에서 로이드 조지 영국 총리는 배상과 전쟁 부채, 유럽 재건을 하나의 패키지로 논의하려는 현명한 시도로 1922년 4월 이탈리아 제노바(Genova)에서 국제회의를 개최하자고 제안했다. 이런 시도는 한 세대 후에 마셜 플랜(Marshall Plan)과 상당히 비슷했다. 유럽 대륙에서 가장 큰 두 나라(공교롭게도 주요 채무국들이었다)를 빼놓고 유럽의 경제회복을 상상하기가 불가능했기 때문에 유럽 외교에서 버림받았던 독일과 소련이 전후 처음으로 국제회의에 초대받았다. 결과적으로 국제회의는 로이드 조지가 희망했던 국제질서에 기여한 게 아니라 따돌림받던 두 나라가 뭉치는 계기가 되고 말았다.

프랑스대혁명 이래 소련과 조금이라도 비슷한 존재가 유럽 외교의 지평에 등장했던 사례는 전혀 없었다. 한 세기 만에 처음으로 한 국가가 공식적으로 기존질서를 타도하는 데 전념했다. 프랑스 혁명가들은 국가의 성격을 바꾸려고 분투했다. 볼셰비키들은 한 걸음 더 나아가 국가를 전부 폐지하자고 제안했다. 레닌의 표현대로 일단 국가가 시들어 죽어버린다면 외교나 외교정책이 불필요해질 것이다.

처음에는 이런 태도는 볼셰비키들과 이들을 상대해야 하는 사람들 둘 다 동요시켰다. 초기 볼셰비키들은 계급투쟁 이론과 제국주의가 전쟁의 원인이라는 이론을 개발했다. 하지만 그들은 주권국 사이에서 외교정책을 어떻게 해야 할 것인가라는 문제를 전혀 다루지 않았다. 이들은 러시아에서의 승리를 따라 몇 개월 내로 세계혁명이 뒤따를 것이라고 확신했다. 극단적인 비관론자들은 이렇게 되기까지 몇 년이 걸릴 수도 있다고 생각했다. 소련의 초대 외교장관인 레온 트로츠키는 자신의 임무를 자본주의자들에 대한 신뢰를 실추시키기 위해 전쟁의 전리품을 자신들끼리 배분하는 비밀조약을 일반에 공개하는 사무원 정도에 불과하다고 보았다. 그는 자신의 역할을 "혁명적 선언을 세계 인민들에게 발표하고 나서 업무를 접는 것"이라고 규정했다.[21, 22] 초기 공산주의 지도자 중에 아무도 공산주의 국가가 자본주의 국가들과 수십 년 동안 공존하는 게 가능하다고 생각하지 않았다. 몇 개월 아니면 몇 년 후에 국가가 다 같이 소멸할 것이라고 예상했기 때문에, 소련의 초기 외교정책은 세계혁명을 조장하는 것이었지 국가 간의 관계를 관리하는 게 아니었다.

이런 환경에서 소련이 베르사유 평화 협상에서 배제된 것이 이해할 만했다. 이미 독일과 별도로 강화조약을 체결했고 연합국 정부를 타도하려는 구성원들로 구성된 국가를 연합국이 협의 과정에 참여시킬 이유가 없었다. 레닌과 레닌의 동지들도 자신들이 파괴하려는 국제질서에 참여하기를 바라지 않았다.

초창기 볼셰비키들은 끝없고 난해한 내부 토론을 했지만, 그들은 러시아 제국으로부터 사실상 물려받은 전쟁 상태에 대해 아무런 준비가 되어 있지 않았다. 그들은 그들의 나라를 국가(state)라고 여기지 않았고, 단지 (전쟁의) 원인으로 생각했기 때문에 구체적인 평화 계획이 없었다.[23] 따라서 그들은 전쟁 종식과 유럽 내 혁명 촉진이 마치 동일한 절차인 것처럼 행동했다. 실제로 1917년 혁명 다음 날 발표되었던 그들의 첫 번째 외교정책 강령은 세계의 정부와 인민들에게 자신들이 민주적 평화라고 부르는 것을 호소하는 소위 평화에 관한 포고(Decree on Peace)였다.[24]

볼셰비키들의 환상은 금방 허물어졌다. 독일제국 육군 최고사령부는 브레스트-리토프스크(Brest-Litovsk)에서 강화조약을 위한 협상을 하고 협상이 진행되는 동안 휴전하는 데 동의했다. 처음에 트로츠키는 자신이 세계혁명이라는 위협을 협상무기로 사용하고 프롤레타리아를 위한 일종의 변호인으로서 행동할 수 있을 것이라고 상상했다. 트로츠키로서는 불행하게도 독일 협상가는 철학가가 아닌 승리한 장군이었다. 동부전선 참모총장인 막스 호프만(Carl Adolf Maximilian Hoffmann)은 힘의 균형을 이해했으며 1918년 1월에 가혹한 조건을 제시했다. 그는 발트해 지역 전체와 벨라루스 일부분, 독립된 우크라이나의 사실상 보호국화, 그리고 엄청난 배상금을 요구했다. 트로츠키가 꾸물거리는 태도에 질려버린 호프만은 결국 독일의 요구사항이 반영된 넓은 청색 선이 그어진 지도를 들이밀었고, 독일은 러시아가 동원령을 해제할 때까지, 즉 러시아가 무방비 상태가 될 때까지 이 선 뒤로 물러서지 않겠다고 명확히 밝혔다.

호프만의 최후통첩에 따라 공산주의자들은 1918년 1월 외교정책에 관한 중대한 토론을 처음으로 시작했다. 이오시프 스탈린의 지지를 받은 블라디미르 레닌은 유화정책을 촉구했다. 니콜라이 부하린은 혁명전을 옹호했다. 레닌은 만약 독일에서 혁명이 발생하지 않거나 실패한다면 러시아는 "패배해서 박살날 것"이고, 이로 인해 더욱 불리한 평화, 즉 "더욱이 사회주의 정부가 아닌 어떤 다른 정부에 의해 강화조약이 체결될 것이고 … 만약 그렇게 된다면 근시일 내에 독일에서 혁명이 발발할지도 모른다는 가능성에 의존해 러시아에서 막 시작된 사회주의혁명의 운명을 거는 것은 절대로 용납할 수 없는 전술이 될 것이다."라고 주장했다.[25]

본질적으로 이념적인 외교정책을 주장하면서 트로츠키는 "전쟁도 없고 평화도 없다(no war, no peace)"라는 정책을 옹호했다.[26] 하지만 힘이 약한 측은 협상이 자신의 내부 논리에 따라 작동한다고 여기는 적을 상대할 때만 시간을 버는 옵션을 구사할 수 있다. 실제로 미국이 협상할 때 특히 이런 착각에 빠졌다. 독일인들은 전혀 이런 관점이 없었다. 트로츠키가 평화도 전쟁도 없다라는 정책을 선언하는 지침을 갖고 돌아와서는 일방적으로 전쟁이 끝났다고 발표하자 독일은 군사 작전을 재개했다. 완전한 패배에 직면하자 레닌과 그의 동지들은 호프만의 조건에 동의했고 브레스트-리토프스크 조약에 서명했으며, 독일제국과의 공존을 받아들였다.

소련은 공존 원칙을 향후 60년간 몇 번이고 되풀이해서 원용하게 되며, 그 주장자에 대한 반응은 항상 똑같았다. 민주주의 국가들은 매번 소련이 평화적 공존 선언을 할 때마다 항구적 평화정책으로 전향하려는 조짐이라고 환호했다. 하지만 공산주의자들은 그들 입장에서는 힘의 관계(relation of forces)가 대결에 도움이 되지 않는다는 이유로 평화적 공존 기간을 항상 정당화했다. 힘의 관계가 변한다면 평화적 공존에 대한 볼셰비키들의 열의 또한 변할 것이라고 분명하게 추론할 수 있었다. 레닌에 따르면, 현실 때문에 자본주의자라는 적과 공존할 수밖에 없었다.

> 단독 강화조약을 체결함으로써 우리는 전쟁을 벌이고 있는 양 제국주의 세력들로부터 우리 스스로를 현 시점에서 가능한 한 최대로 해방시키고 있다. 우리는 그들의 상호 적개심을 활용함으로써 전쟁을 활용하고 있으며, 이는 우리를 상대로 한 그들 간의 흥정을 어렵게 만들 것이다.[27]

이 정책의 정점은 물론 1939년 히틀러-스탈린 조약이었다. 잠재적 모순은 쉽게 합리화되었다. 공산주의 성명은 이렇게 언급했다. "우리는 가장 일관된 사회주의 정책이 가장 엄중한 현실주의 및 가장 냉철한 실용주의와 융화될 수 있다고 확신했다."[28]

1920년 게오르기 치체린 외교장관(외무인민위원—옮긴이)은 다음과 같이 발언함으로써 소련 외교가 서방을 상대할 때 보다 전통적인 정책이 필요하다는 사실을 시인하는 최종 조치를 취했다.

> 자본주의 체제의 지속 기간에 대해 이견이 있을 수 있지만, 현재로서는 자본주의 체제가 존재하고 있고, 그렇기 때문에 평화적 공존을 위한 잠정적인 합의(modus vivendi)를 모색해야 한다.[29]

혁명적인 수사적 표현에도 불구하고, 결국 국익이 소련의 주요한 목표로 등장했고, 자본주의 국가들 정책의 핵심에 그토록 오랫동안 자리 잡고 있었던 것처럼 사회주의의 기본 가치로 격상되었다. 생존이 이제 당면 목표였고 공존은 전술이었다.

하지만 이 사회주의 국가는 곧 또 다른 군사적 위협에 직면했다. 1920년 4월, 소련은 폴란드로부터 공격받았다. 폴란드군이 키이우(Kyiv) 인근까지 진격했다가 패퇴했다. 붉은 군대(the Red Army)가 반격해서 바르샤바까지 접근하자 서방 연합국이 개입해 공세를 끝내고 강화조약을 체결하라고 요구했다. 영국 외교장관인 커즌 경(Lord Curzon)은 폴란드와 러시아를 가르는 선(Curzon Line)을 제안했고 소련은 이를 받아들일 준비가 되어 있었다. 하지만 폴란드가 거부했고, 결국 전쟁 전의 군사 경계선을 따라 최종합의가 이루어졌다. 커즌이 제안했던 것보다 훨씬 동쪽에 국경이 그어졌다.

그리하여 폴란드는 역사적 적이었던 두 나라에 대한 강한 적개심을 품게 되었다. 결국, 폴란드는 독일로부터는 오버슐레지엔과 폴란드 회랑을 획득했고, 소련으로부터는 커즌 라인으로 알려진 경계선의 동쪽 지역 영토를 차지했다. 연기가 걷히자 소련은 전쟁과 혁명으로부터 마침내 자유로워졌다는 사실을 깨달았지만, 그 대신에 차르 시절 정복했던 발트해 지역, 핀란드, 폴란드, 베사라비아, 터키 국경 지역 대부분을 상실하는 대가를 치렀다. 1923년이 되자 모스크바는 러시아 제국이 혼란한 상황에 빠져 있을 때 분리독립했던 우크라이나와 조지아를 되찾았다. 현대의 많은 러시아 지도자들도 두 나라가 분리독립했던 사건을 잊지 않고 있다.[30]

국내적 통제력을 회복하기 위해 소련은 혁명적 성전과 현실정치(realpolitik) 사이에서, 그리고 세계혁명의 선포와 평화적 공존의 실천 사이에서 실용적 타협을 모색해야 했다. 소련은 세계혁명을 연기하는 쪽을 선택했지만 기존 질서를 결코 지지하지 않았다. 소련은 평화 속에서 자본주의자들 간에 서로 싸움을 붙일 수 있는 기회를 엿보았다. 소련의 각별한 표적은 소련의 사고와 러시아인들의 정서 속에서 항상 중요한 역할을 하고 있던 독일이었다. 1920년 12월에 레닌은 소련의 전략을 이렇게 설명했다.

> 우리의 존속은 첫째로 제국주의 강대국들 진영 내에서의 급진적인 분열의 존재에 달려 있으며, 둘째로 협상국들(the Entente)의 승리와 베르사유 강화조약이 대다수 독일민족을 그들이 살 수 없는 처지로 내던졌다는 사실에 달려 있다. … 독일 부르주아 정부는 볼셰비키를 미친 듯이 증오하지만, 국제적 상황에 따른 이해관계로 인해 독일은 자신의 의지와는 반대로 소비에트 러시아와의 평화를 추진하는 방향으로 떠밀리고 있다.[31]

독일도 똑같은 결론에 이르고 있었다. 전후 독일 육군의 설계자였던 한스 폰 젝트(Hans von Seeckt) 장군은 러시아—폴란드 전쟁 당시 다음과 같이 적었다.

> 현재의 폴란드 국가는 협상국들의 창조물이다. 폴란드는 독일의 동부전선에서 이전의 러시아가 했던 압박을 대신할 것이다. 소비에트 러시아와 폴란드가 싸운다면 폴란드뿐만 아니라 무엇보다 모든 협상국들—프랑스와 영국—이 타격을 입을 것이다. 만약 폴란드가 붕괴한다면 베르사유 조약의 전체 구조가 흔들리게 된다. 이러한 사실로부터 독일이 러시아와 싸우는 폴란드를 지원해봐야 아무런 이익이 되지 않는다는 결론이 명쾌하게 나온다.[32]

폰 젝트의 관점은 수년 전 밸퍼 경(Lord Balfour)이 환기시켰던 두려움, 즉 폴란드가 러시아와 독일의 공통의 적이 되면서 19세기 내내 유지되었던 그들의 상호 균형을 제거해버렸다는 사실을 확인해줬다. 베르사유체제에서 독일은 삼국협상이 아니라 다양한 차원에서 입장이 서로 충돌하는 다수의 나라들을 마주보게 되었다. 소련도 독일과 아주 유사한 영토적 불만을 품은 채 이 국가들 모두와 대립했다. 따돌림 받던 두 나라가 공통의 분노로 가까워지는 것은 시간문제였다.

1922년에 로이드 조지가 제안한 국제회의 장소인 이탈리아 제노바 근처 해안가 마을 라팔로(Rapallo)에서 기회가 생겼다. 역설적으로 이 회의는 베르사유 조약 체결 이래 계속 이어진 배상문제를 둘러싼 실랑이로 인해 개최가 가능해졌다. 배상문제는 연합국 측이 배상금 청구서를 제시하고 독일이 지불할 수 없다고 주장하면서 더욱 격렬해졌다.

이 회의의 성공을 가로막은 주된 장애물은 로이드 조지에게 훗날 조지 마셜 국무장관이 자신의 재건 프로그램을 성공으로 이끌었던 그런 힘과 지혜가 없었다는 점이었다. 프랑스는 배상금 총액을 삭감하라는 압박을 받을 것으로 우려했기 때문에 배상문제를 회의 의제에 포함하는 것을 마지막 순간에 거부했다. 실제로 이런 우려는 상당히 정확했다. 프랑스는 어느 정도 달성 가능한 타협보다 비록 국제적으로 승인받았지만 실현 불가능한 자신의 청구권을 무엇보다 중시하는 것처럼 보였다. 독일은 배상금을 지불유예하는 방안을 모색했다. 소련은 연합국이 소련더러 차르 시절의 채무를 인정하고 독일 배상금으로 변제하라고 요구하는 식으로 차르 시절의 채무와 독일의 배상과 연계시킴으로써 교착상태를 끝내려 할지도 모른다고 의심했다. 베르사유 조약 제116조는 이런 가능성을 정확하게 열어두었다.[33]

소련 정부는 영국이나 프랑스의 재정 청구권을 인정할 의사가 없었던 만큼이나 차르 시절의 채무를 인정할 의사가 없었다. 아울러 소련은 쳇바퀴를 도는 배상 관련 논쟁에 참여해서 안 그래도 이미 방대한 적국 목록에 독일을 추가하고 싶지 않았다. 제노바 회의에서 소련에 불리한 방식으로 배상문제가 해결되지 않게 하려고 소련 정부는 회의가 개최되기 전에 따돌림 당한 두 나라가 외교 관계를 수립하고 상호 간의 모든 청구권을 포기하자고 제안했다. 독일은 소련과 외교 관계를 수립한 최초의 유럽 국가가 되고 싶지 않았고, 이렇게 할 경우 배상금 부담을 완화할 기회를 놓칠 가능성도 있다고 보고 이 제안을 회피했다. 이 제안은 제노바 회의 상황으로 인해 입장이 바뀌게 될 때까지 협상 테이블에 놓여 있었다.

귀족 태생으로 볼셰비키 대의명분의 열정적 신봉자가 되었던 게오르기 치체린 소련 외교장관은 제노바 회의에서 혁명적 신념을 현실정치에 활용할 기회를 갖게 되어 매우 기뻤다. 그는 이념상의 필요보다는 현실적인 협력을 중시하는 차원에서 "평화적 공존"을 선포했다.

> 러시아 대표단은 구사회 질서와 지금 태어나고 있는 신질서가 병존하도록 허용하는 역사의 현 시기에, 이러한 두 체제의 특성을 대표하는 국가 간 경제적 협력이 전반적인 경제 재건을 위해 단연코 필수적이라는 사실을 인식하고 있다.[34]

동시에 치체린은 협력하자는 호소와 민주주의 국가들의 혼란을 한층 가중시키기 위해 계획한 제안을 연계했다. 그는 너무나 포괄적이어서 민주주의 국가들이 실행할 수도 무시할 수도 없는 회의 의제를 제시했다. 이런 전술은 훗날 소련 외교의 전형적인 수법이 되었다. 대량살상무기 폐기, 세계경제회의, 모든 수로의 국제적 관리 등이 의제에 포함되었다. 이는 서방의 여론을 동원하고 평화적 국제주의라는 평판을 소련에 안겨주어 크렘린으로서는 악몽이나 다름없는 민주주의 국가들의 반(反)공산주의 성전(聖戰)을 조직하는 것을 어렵게 하려는 목적이 있었다.

치체린은 비록 독일 대표단보다 덜하기는 했지만 제노바 회의에서 자신이 아웃사이더라는 사실을 깨달았다. 서방 연합국은 유럽 대륙에서 가장 강력한 두 국가인 독일과 소련을 그냥 무시해도 되는 것처럼 행동함으로써 이 두 나라가 유혹 받고 있다는 사실을 인식하지 못했다. 독일 총리와 외교장관은 로이드 조지와의 회담을 세 번이나 요청했지만 거절당했다. 동시에 프랑스는 독일을 배제한 채 영국 및 소련과의 비밀 협의를 제안했다. 이런 회담들은 독일의 배상금과 차르 시절의 채무를 맞교환하자는 해묵은 제안을 되살리려는 목적이 있었다. 소련 대표단보다 의심이 많지 않은 외교관조차도 이런 제안을 들었다면 독일과 소련 간의 관계 개선 가능성을 훼손시키려는 함정으로 인식했을 것이다.

회의가 시작된 지 첫 주가 끝나갈 때, 독일과 소련은 서로 대립하게 되는 상황을 우려했다. 치체린의 보좌관이 1922년 4월 16일 미묘한 시간대인 새벽 1시 15분에 독일 대표단에게 전화를 걸어 이날 라팔로에서 따로 회담을 하자고 제안하자 독일 측이 선뜻 수락했다. 소련 측이 독일에 대한 채권자가 되는 수상쩍은 특권을 회피하고 싶었던 만큼이나 독일 측도 고립을 끝내기를 원했다. 양국 외교장관들은 시간을 허비하지 않았다. 독일과 소련이 외교 관계를 완전하게 수립하고 상호 청구권을 포기하며 서로 최혜국 대우를 부여한다는 합의 초안을 작성했다. 이런 회의가 있었다는 정보를 늦게 입수한 로이드 조지는 그전까지 반복해서 거부했던 면담에 독일 대표단을 초대하고자 미친 듯이 접촉하려고 했다. 독일 측 협상가인 발터 라테나우(Walther Rathenau)는 독—소 합의에 서명하려고 막 떠나려는 참에 영국 측으로부터 메시지를 받았다. 그는 잠시 망설였지만, "와인이 따라졌으니 마셔야겠죠."라고 중얼거렸다.[35]

이런 합의가 있고 나서 1년이 지나기도 전에 독일과 소련은 군사와 경제 협력에 관한 비밀협정을 협상하고 있었다. 비록 라팔로 회의는 나중에 소련과 독일 간 화해의 위험성을 보여주는 상징이 되었지만, 실제로는 돌이켜보면 불가피해 보이는 운명적인 우연한 사건들 중 하나였다. 어느 쪽도 실제로 그 사건이 일어났을 때 일어날 것을 계획하지 않앉다는 점에서 우연적이었다. 서방 연합국이 유럽 대륙에서 가장 큰 두 나라를 배척했고, 이 두 나라 사이에 둘 다에 적대적인 다수의 약소국들이 창설되었으며, 그리고 독일과 소련 둘 다 영토 분할을 당하는 등 사건의 무대가 마련되었다는 점에서 불가피했다. 이 모든 상황으로 인해 독일과 소련이 서로의 이념적 적대감을 극복하고 베르사유체제를 훼손하기 위해 협력하도록 하는 최대한의 유인이 만들어졌다.

라팔로 회의만으로 이런 결과가 나온 것은 아니었다. 하지만 이 회의는 소련과 독일 지도자들을 전간기(제1차 세계대전과 제2차 세계대전 사이의 기간)의 남은 기간 동안 계속해서 서로 가깝게 만들어준 압도적인 공통 이익을 상징했다. 조지 케넌은 이 합의를 부분적으로는 소련의 고집 탓으로, 부분적으로는 서방의 분열과 자만심 탓으로 돌렸다.[36] 분명히 서방 민주주의 국가들은 근시안적이었고 어리석었다. 하지만 일단 베르사유 조약안을 작성하면서 실수를 범했기에 극단적으로 무시무시한 선택만이 그들에게 남겨졌다. 결국 독—소 협력은 영국과 프랑스가 독일이나 소련 중 어느 한쪽과 거래를 했어야만 미연에 방지할 수 있었다. 하지만 독일과 그런 거래를 했다면 적어도 그 대가로 폴란드 국경을 재조정해야 했을 것이고, 폴란드 회랑을 폐지해야 했을 것이다. 만약 유럽이 그렇게 된다면 프랑스는 영국과의 강력한 동맹을 통해서만 독일이 지배하는 상황을 막을 수 있었지만, 영국은 당연히 프랑스와의 동맹을 고려조차 하지 않으려고 했다. 마찬가지로 소련과 어떤 거래라도 하려 한다면 현실적으로 커즌 라인(Curzon Line)을 복원해야 했을 것이다. 하지만 폴란드가 이를 거부했을 것이고, 프랑스도 고려하지 않았을 것이다. 민주주의 국가들은 어느 한쪽의 대가도 지불할 준비가 되어 있지 않았고, 심지어 독일이나 소련이 중요한 역할을 맡도록 허용하지 않으면서 어떻게 베르사유 합의를 지켜낼지에 대한 딜레마를 인정할 준비도 되어 있지 않았다.

이런 상황에서 유럽 대륙의 두 거인이 상대방을 겨냥한 연합체에 참여하기보다 자기들끼리 동유럽을 분할하는 방안을 선택할 가능성이 항상 있었다. 그리하여 호의적이고 평화를 사랑하며 본질적으로 소심했던 전간기의 정치인들이 만든 엉성한 체제를 허물어뜨리는 일은 과거에 묶이지 않고 권력을 향한 욕망에 사로잡힌 히틀러와 스탈린의 몫으로 남겨졌다.

11

슈트레제만과
패배자들의 재등장

Stresemann and the Re-emergence of the Vanquished

만약 영국과 프랑스가 윌리엄 3세 이래 유럽에서 실천해온 세력균형 외교의 모든 원칙을 따랐다면 불안정한 이웃나라인 독일의 수정주의적 충동을 억제하기 위해 반(反)독일 동맹을 구축했을 것이다. 궁극적으로 영국과 프랑스는 각자 놓고 보면 독일보다 약했고, 심지어 패전한 독일보다도 약했기 때문에 서로 연합해야만 가까스로 견제가 가능하다고 희망할 수 있었다. 하지만 이런 연합체는 전혀 형성되지 않았다. 영국은 지난 3세기 동안 지속되어온 일편단심으로 균형상태를 추구하는 영국 특유의 정책을 포기했다. 영국은 프랑스를 겨냥해서 피상적으로 세력균형을 적용하려고 했다가 집단안보라는 새로운 원칙에 점차 전념하게 되었지만, 막상 집단안보를 집행해야 하자 뒷걸음치는 등 갈팡질팡했다. 프랑스는 베르사유 조약을 이용해 독일의 회복을 늦추려 하다가도 뭔가 불길한 이 이웃나라와 마지못해 화해를 시도하는 등 자포자기한 것 같은 외교를 추구했다. 그리하여 운명적으로 1920년대의 외교 지형에 가장 크게 영향을 주게 되는 정치인—구스타프 슈트레제만(Gustav Stresemann)—이 공교롭게도 승전국이 아닌 패전국 독일에서 등장했다.

하지만 슈트레제만이 등장하기 전에 프랑스가 한 번 더 자국의 안보를 확보하려고 시도했으나, 결국 불운한 결과를 맞았다. 1922년 말 당시 배상문제는 난관에 봉착해 있었고, 군축은 논란이 많았으며, 영국이 의미 있는 안전보장을 제공하지 않았던 반면, 독일과 소련이 화해하고 있었다. 이런 상황에서 프랑스는 감정적으로 거의 한계에 달했다. 전시 대통령이었던 레몽 푸앵카레(Raymond Poincare)가 총리로 취임했고 베르사유 조약의 전쟁배상 관련 조항을 일방적으로 집행하기로 결정했다. 1923년 1월에 프랑스와 벨기에 병력이 다른 연합국과 협의 없이 독일 산업의 심장부인 루르(Ruhr) 지역을 점령했다.

로이드 조지는 몇 년 후에 "라팔로 회의가 없었더라면 루르 점령도 없었을 것이다."라고 언급했다.[1] 하지만 영국이 프랑스의 안전보장을 부담할 각오가 되어 있었다면 프랑스가 독일 산업의 심장부를 점령하는 식의 그토록 절박한 조치를 취하지는 않았을 것이라는 점 또한 사실이다. 그리고 만약 프랑스가 배상문제에 대해 (그리고 군축 이슈에 대해서도) 좀 더 타협할 준비가 되어 있었더라면 영국이 동맹 체결에 대해 좀 더 전향적인 태도를 보였을지도 모른다. 물론 당시 영국 여론에서 평화주의가 대세였다는 점을 감안할 때 이런 동맹이 얼마나 의미가 있었을지는 별개의 문제였다.

프랑스가 독자적으로 일방적인 군사 행동에 나섬에 따라 역설적으로 프랑스가 실제로는 홀로 행동할 수 있는 능력을 상실했다는 사실이 드러났다. 프랑스는 독일이 지불을 거부한 배상금 대신에 루르 지역의 철강과 석탄을 이용하고자 이 지역의 산업시설을 점령했다. 독일 정부는 수동적으로 저항하라고 명령을 내렸고, 석탄 및 철강 노동자들에게 임금을 주면서 일을 하지 말라고 했다. 이 정책으로 독일 정부가 파산했고 초인플레이션(hyperinflation)이 촉발되었지만, 프랑스는 목적을 달성하지 못했다. 그 결과 프랑스의 루르 지역 점령은 참담한 실패로 끝났다.

프랑스는 이제 완전히 고립되었다. 미국은 라인란트를 점령하고 있던 미군 병력을 철수시킴으로써 불쾌감을 표시했다. 영국은 불쾌하게 노려보았다. 독일은 이처럼 연합국들 간에 균열이 발생하자 영국과 화해할 수 있는 계기로 보았다. 프랑스의 점령에 맞서는 민족적인 저항 분위기로 인해 일부 독일 지도자들은 오래된 영-독 동맹 구상을 다시 떠올리게 되었고, 자신의 옵션을 과대평가하는 독일의 뿌리 깊은 성향을 또다시 드러냈다. 주독일 영국 대사인 대버논 경(Lord D'Avernon)은 유력 독일 정치인과의 대화 과정에서 예전에 독일제국이 영국과의 동맹을 체결해야 한다고 주장했던 사례가 재등장했다고 보고했다. 이 유력 독일 정치인은 "1914년의 상황은 오늘날과 정반대다. 1914년에 영국이 독일의 유럽 지배를 저지하고자 독일과 전쟁을 했다면, 마찬가지로 몇 년 후에 영국이 똑같은 이유로 프랑스와 전쟁을 할지도 모른다. 영국이 홀로 그 전쟁을 수행할지, 아니면 동맹이 있을지가 관건이다."라고 주장했다.2

책임감 있는 영국 지도자라면 아무도 영국이 독일과 동맹을 체결하는 상황까지 갈 거라고 생각하지 않았을 것이다. 그럼에도 불구하고 1923년 8월 11일에 커즌(Curzon) 외교장관과 외교부의 에어 크로우(1907년 크로우 각서의 저자)는 훗날 독일과의 위기 상황이 발생할 경우 영국으로부터 지지를 못 받을 수도 있기 때문에 프랑스가 루르 지역에 대한 정책 노선을 재고해야 한다고 요구했다. 푸앵카레는 별로 감명받지 않았다. 그는 영국의 지지를 프랑스에 대한 호의가 아니라 오히려 영국 국익 차원에서 필요한 것으로 보았다. "1914년과 비슷한 상황이 전개된다면 … 영국은 자신의 이익을 위해 그 당시에 취했던 것과 똑같은 조치를 취해야만 할 것이다."3

푸앵카레는 1914년과 유사한 상황에 직면하면 영국이 궁극적으로 어떤 선택을 할지 정확히 예견했던 것으로 밝혀졌다. 하지만 영국이 실제로 유사한 위기에 봉착하고 있다고 인식하기까지 걸리는 시간과 그사이에 휘청거리고 있는 베르사유체제가 엉망이 될 것이라는 사실은 오판했다.

루르 지역의 점령은 1923년 가을에 종식되었다. 프랑스는 루르 지역이나 라인란트 지역에서 뭔가 의미 있는 분리주의 운동을 촉발하지도 못했다. 심지어 라인란트 지역은 베르사유 조약에 따라 독일군의 진입이 금지되어서 분리주의 운동을 진압할 수 없었는데도 큰 성과를 거두지 못했다. 점령 기간 동안 채굴했던 석탄은 이 지역을 관리하는 비용조차 거의 충당하지 못했다. 한편 독일은 작센(Sachsen)과 바이에른(Bayern)에서 일어난 폭동에 시달리고 있었다. 인플레이션이 치솟았고 독일 정부가 의무를 이행할 수 있는 능력이 위협받았다. 완전한 배상을 하라는 프랑스의 요구는 프랑스가 취한 행동 때문에 실현 불가능해졌다.

프랑스와 영국은 서로 장군멍군을 주고받았다. 프랑스는 일방적 행동으로 독일을 약화시켜야 한다고 주장하면서 영국의 지지를 잃었다. 영국은 세력균형에 미칠 수 있는 충격을 고려하지 않은 채 화해를 주장해 프랑스의 안보를 위험에 빠뜨렸다. 심지어 독일은 무장해제된 상황에서도 프랑스의 일방적인 조치를 꺾을 수 있을 만큼 충분히 강력했던 것으로 드러났다. 독일이 베르사유의 족쇄를 벗어던지면 앞으로 어떤 일이 벌어질지가 미리 드러났다.

1920년대에 민주주의 국가들은 막다른 지경에 이를 때마다 지정학적 현실을 직시하기보다 국제연맹을 원용하려고 했다. 심지어 영국 총참모부조차도 이런 함정에 빠졌다. 독일을 가장 큰 위협적인 존재로 간주하면서 프랑스가 이에 효과적으로 맞설 능력이 없다고 확인했던 앞 장에서 인용된 바로 그 각서는 당시 만연했던 정설을 받아들였다. 이 각서는 총참모부가 국제연맹을 "강화"하고(그게 무엇을 의미했든 간에), "독일이 미쳐 날뛰는 … 것과 같은 상황에서는 임시 동맹(ad hoc alliance)"을 맺는 것보다 더 나은 방안을 갖고 있지 않다고 결론을 내렸다.[4]

이런 권고는 실패할 가능성이 매우 농후했다. 국제연맹이 너무나 분열되어 있었고, 독일이 미쳐서 날뛸 때는 동맹을 구축하기에 이미 너무 늦었을 것이다. 이제 독일이 제1차 세계대전 이전보다 장기적으로 훨씬 더 유리해지기 위해서는 선견지명이 있으면서도 베르사유 조약의 차별적 조항을 허물어뜨릴 수 있을 정도로 인내심이 강한 정치인만 있으면 됐다.

그런 지도자가 등장했다. 구스타프 슈트레제만(Gustav Stresemann)은 1923년에 외교장관이 되었고 이후 총리가 되었다. 독일의 국력을 부활시키는 그의 방식은 소위 "이행정책(fulfillment policy)"이었다. 이 정책은 기존의 정책을 완전히 뒤집는 방침으로서 베르사유 조약의 조항에 맞서 싸워왔던 전임자들의 게릴라전을 포기하는 것이었다. "이행정책"은 영국과 프랑스가 자신들의 원칙과 베르사유 조약 사이의 간극에 대해 분명히 느끼고 있는 불편한 감정을 이용했다. 슈트레제만은 독일이 경감된 배상 명세서를 충족하려고 노력하는 대가로 연합국으로부터 부과된 베르사유 조약에서 가장 부담스러운 정치적, 군사적 조항으로부터 벗어나려고 노력했다.

전쟁에서 패하고 영토 일부가 외국군에게 점령된 국가에는 기본적으로 두 가지 선택이 있다. 평화를 강요하는 게 너무나 고통스러워지기를 바라면서 승자에게 도전하거나 아니면 훗날 맞설 수 있도록 힘을 되찾는 동안 승전국과 협력하는 방안이 있다. 두 전략 다 위험을 내포하고 있다. 군사적으로 패배한 뒤에 저항한다는 것은 가장 약해졌을 때 자신의 힘을 시험해보는 꼴이 된다. 협력할 경우 국민들이 의기소침해진다는 위험을 감수해야 한다. 승전국에게 간청하는 정책을 펼친다면 패전국의 여론도 혼란에 빠지는 경향이 있기 때문이다.

슈트레제만이 등장하기 전까지 독일은 저항하는 정책을 추구했다. 독일은 대립각을 세우는 방식으로 루르 지역 위기에서 승리할 수 있었으나, 프랑스의 철수에도 불구하고 독일의 불만이 거의 누그러지지 않았다. 희한하게도 알자스-로렌의 프랑스 반환은 논쟁거리가 아니었다. 하지만 독일 영토의 큰 부분을 폴란드에 제공하면서 독일의 국경을 재조정하는 것은 강력한 민족주의적 반대에 부딪혔다. 마지막으로, 독일의 군사력에 대한 제약을 떨쳐버리려는 광범위한 압박이 있었다. 그리고 독일 내부 여론은 거의 만장일치에 가까울 정도로 연합국의 배상 요구가 터무니없다고 보았다.

민족주의자들과 달리 슈트레제만은 아무리 베르사유 조약이 인기가 없고 본인도 실제로 아주 싫어했음에도 불구하고, 독일에 가장 부담이 되는 조항에서 벗어나려면 영국이 협조해줘야 하고 어느 정도는 프랑스로부터도 도움을 받아야 한다는 사실을 알고 있었다. 라팔로에서 있었던 독일과 소련 간의 양해는 서방 민주주의 국가들을 불안하게 만들기에 유용한 전술이었다. 하지만 소련은 독일의 경제적 회복을 도와주기에는 너무나 곤궁했고 외교적으로 대립하는 사안들을 지지해주기에는 너무나 고립되어 있었기 때문에, 양국 간 양해에 따른 실제 충격은 독일이 충분히 강력해져서 베르사유 조약의 합의에 노골적으로 도전하면서부터 비로소 감지되었다. 무엇보다도 경제력을 되찾으려면 외국 차관이 필요했지만 대립적인 분위기에서는 차관을 얻어내기가 어려웠다. 그리하여 슈트레제만의 이행정책은 무엇보다도 독일의 정치적, 경제적 회복을 위한 필요조건에 대한 현실적 평가를 반영한 것이었다. 그는 "독일이 기본적으로 군사력이 약하다는 사실이 독일 외교정책의 제약과 성격, 방법을 규정한다."라고 적었다.[5]

비록 이행정책이 현실주의에 입각하기는 했지만, 전후 독일에서 현실주의는 보수주의적 정책이 제1차 세계대전 발발에 크게 기여했던 시절보다도 (특히 보수주의 세력들 사이에서) 찾아보기가 쉽지 않았다. 독일군이 여전히 연합국 영토에 머무르고 있을 때 전쟁이 종결되었기 때문에 독일을 전쟁에 빠뜨린 책임이 있는 사람들은 자신들의 어리석음이 초래한 결과로부터 도망치고 더 온건한 그들의 후임자들에게 그 비난을 돌릴 수 있었다. 로이드 조지는 1918년 10월 26일에 독일이 최초로 평화를 제안했을 때 전시 내각에서 다음과 같이 언급하면서 이런 결과를 예견했다.

산업이 발달한 프랑스는 초토화되었고 독일은 피해를 모면했다고 총리가 말했습니다. 우리가 독일의 등에 채찍질할 수 있게 된 바로 첫 순간에 독일이 "포기할게요."라고 말했습니다. 독일이 프랑스를 채찍질했던 것처럼 우리가 독일한테 계속 채찍질하면 안 되는지에 대한 질문이 대두되었습니다.[6]

하지만 로이드 조지의 동료 정치인들은 이러한 노선을 추구하기에는 영국이 너무 지쳤다고 생각했다. 오스틴 체임벌린(Austen Chamberlain) 외교장관은 지친 목소리로 "요즘에는 앙갚음을 하려면 비용이 너무 많이 듭니다."라고 답했다.[7]

신생 바이마르 공화국은 군 최고사령부가 전쟁으로 얻어낼 수 있었던 조건보다 훨씬 더 관대한 종전조건을 받아냈지만, 그럼에도 불구하고 로이드 조지가 예견했던 대로 처음부터 민족주의 선동가들에 의해 포위당했다. 독일의 새로운 민주적 지도자들은 가장 힘든 상황에서도 독일의 핵심을 지켜낸 성과를 인정받지 못했다. 정치에서는 피해를 줄였다고 해서 좋게 평가해주는 경우가 거의 없다. 더 나쁜 결과가 실제로 나왔을 것이라고 증명하는 게 거의 불가능하기 때문이다.

마치 두 세대가 지난 뒤에 미국이 중국을 상대로 개방 정책을 추진하기 위해 보수 성향의 미국 대통령이 필요했던 것처럼, 흠잡힐 구석이 없는 보수주의자로서 신망이 높았던 슈트레제만과 같은 정치인이 등장하고 나서야 그토록 증오했던 베르사유 합의에 협력하는 방식에 기반한 독일 외교정책을 생각해볼 수 있었다. 슈트레제만은 1878년 베를린에서 맥주 도매상의 아들로 태어났고, 보수적이고 친기업적인 부르주아 국민자유당(Die Nationalliberale Partei)의 입장을 지지하면서 자신의 정치적 경력을 쌓았다. 그는 1917년에 국민자유당 당수가 되었다. 아주 명랑한 성격의 소유자였던 슈트레제만은 문학과 역사를 좋아했고, 그와 대화하다 보면 독일의 고전작품을 암시하는 내용이 자주 여기저기에서 등장했다. 그러나 외교정책에 대한 그의 초기 시각에서는 전통적인 보수적 시각이 드러났다. 가령 슈트레제만은 시기심이 많은 영국이 자신의 우위를 너무나 유지하고 싶었기 때문에 독일을 유혹해서 전쟁에 빠져들게 했다고 확신했다.

1917년까지만 하더라도 슈트레제만은 아시아와 아프리카에 있는 프랑스와 영국 식민지들을 병합해야 할 뿐만 아니라 독일의 동부와 서부 양쪽 지역을 많이 정복해야 한다고 주장했다. 아울러 그는 미국의 참전을 초래했던 재앙적인 결정인 무제한 잠수함 작전도 지지했다. 베르사유 조약을 "역사상 가장 큰 사기"[8]라고 불렀던 사람이 이행정책을 개시했다는 사실은 현실정치(Realpolitik)가 절제(moderation)의 장점을 가르칠 수 없다고 믿는 사람들에게는 이례적인 사건으로 보일 것이다.

슈트레제만은 베르사유 합의로 독일이 얻게 된 지정학적 이점을 활용했던 전후 최초의 독일 지도자이자 유일한 민주적 인사였다. 그는 불–영 관계가 본질적으로 매우 허약하다는 사실을 간파했고, 전시 동맹이었던 두 나라를 이간질하려고 그 점을 활용했다. 프랑스와 소련을 양쪽에서 상대하는 독일이 붕괴하는 상황을 영국이 두려워하고 있다는 사실도 영리하게 활용했다. 영국 정부 소속의 한 분석가는 독일이 볼셰비즘의 확산을 막아주는 결정적 보루라고 묘사하면서 "이행정책"이 진전되고 있음을 보여주는 논거들을 사용했다. 독일 정부는 "의회 다수파의 지지를 받고 있고, 진정으로 민주적이며, 최선을 다해 강화조약을 실천하고자 하며, 솔직하게 연합국으로부터 지지를 받을 자격이 있다." 만약 영국이 독일을 지지하지 않으면 독일은 "이제 필연적으로 볼셰비즘에 빨려 들어갈 것이며, 어쩌면 결국 절대 군주제로 복귀할 것이다."[9]

독일을 지원해주자는 영국의 주장은 옐친 시기에 러시아를 지원해야 한다는 미국의 제안과 어느 정도 유사하다. 두 경우 다 옹호되었던 정책이 "성공"할 경우 그 결과에 대한 평가가 없었다. 만약 이행정책이 성공했다면 독일은 점점 더 강력해져서 유럽의 균형 상태를 위협할 수 있는 위치에 서게 되었을 것이다. 이와 유사하게 탈냉전기 러시아에 대한 국제원조 프로그램이 그 목적을 달성했다면 러시아의 힘이 강력해져서 구(舊)러시아 제국의 방대한 주변부에 지정학적 결과를 만들어낼 것이다.

두 경우 다 화해를 주장했던 사람들은 긍정적이고 심지어 장기적인 목표가 있었다. 서방 민주주의 국가들은 슈트레제만의 이행정책을 찬성할 만큼 현명했다. 하지만 민주주의 국가들은 그들 간의 결속을 강화하지 않은 실수를 범했다. 이행정책은 폰젝트(von Seeckt) 장군이 묘사했던 소위 그날을 더 앞당기게 될 것이다. "우리가 힘을 되찾아야 하며, 그렇게 되면 즉각 잃어버렸던 모든 것을 당연히 되찾을 것이다."[10] 미국은 장기적 안목을 가지고 탈냉전기 러시아에 원조를 제공했지만, 일단 러시아는 경제적으로 힘을 회복하면 틀림없이 주변국들을 한층 더 압박할 것이다. 과연 이게 지불할 만한 가치가 있는 비용인지 모르겠지만, 이런 대가가 있다는 사실조차 인식하지 못한다면 실수하는 것이다.[11]

이행정책 초기 단계에서는 슈트레제만의 최종 목표가 무엇이든 상관이 없었다. 항구적 화해를 추구하고 있었든, 기존질서의 전복을 추구하고 있었든, 아니면 가장 가능성이 컸던 경우로서 두 가지 옵션을 모두 갖고 있었던 간에, 그는 먼저 독일을 배상문제를 둘러싼 논란에서 해방시켜야 했다. 프랑스를 제외한 연합국들은 모두가 배상문제를 뒤로 미루고 마침내 일부라도 배상금을 받기를 원했다. 프랑스의 경우, 루르 지역 점령이라는 자충수에서 벗어나기를 원했다.

슈트레제만은 국제적인 토론장에서 논의된다면 프랑스가 단독으로 요구하는 조건보다 덜 가혹할 것이라고 기대하면서 새로운 배상 계획안에 관한 국제중재를 해달라고 영리하게 제안했다. 1923년 11월에 프랑스는 미국 은행가인 찰스 G. 도스(Charles G. Dowes)를 프랑스의 배상 청구액을 감액하는 "공평한 중재자"로 선임하는 데 동의했다. 이와 같은 중재인 선임은 전시동맹의 와해를 상징하는 분통 터지는 사건이었다. 도스 위원회의 권고대로 향후 5년에 걸쳐 감액된 배상금을 지불하는 일정이 1924년 4월에 수용되었다.

이후 5년간 독일은 약 10억 달러를 배상금으로 지급했고, 약 20억 달러의 차관을 받았다. 미국이 차관의 대부분을 제공했다. 실제로 미국이 독일의 배상금을 지급하고 있던 반면 독일은 미국으로부터 공여받은 차관에서 남는 돈을 산업 현대화에 투입했다. 프랑스는 예전에는 독일이 계속 허약한 상태로 남아 있게 하려고 배상금을 요구했다. 이제 허약한 독일과 배상금을 지급할 수 있는 독일 중에서 택일해야 했던 프랑스는 후자를 선택했지만, 막상 그렇게 되자 독일이 배상을 하면서도 경제력과 궁극적으로 군사력까지도 재건하는 상황을 지켜봐야 했다.

1923년이 끝나갈 즈음, 슈트레제만은 어느 정도 성공을 거두었다고 주장할 수 있었다.

> 우리의 모든 정치적, 외교적 조치들이 합쳐져서 프랑스가 장기적으로 버틸 수 없는 상황이 조성되었다. 두 앵글로-색슨 강대국이 우리와 의도적으로 협력하고 있고, 이탈리아는 이웃국가프랑스와 소원해졌으며, 벨기에는 동요하고 있다.[12]

슈트레제만은 정확하게 평가했다. 이행정책으로 프랑스와 유럽의 전체 질서가 해결 불가능한 딜레마에 봉착했다. 프랑스의 안보를 위해서는 군사 분야에서 어느 정도 독일이 불가피하게 차별받아야 했다. 안 그러면 인력과 자원 측면에서 잠재적으로 우세한 독일이 우위를 점할 수밖에 없었다. 그러나 불평등하다면, 즉 다른 유럽국들처럼 군비를 증강할 권리를 인정받지 못한다면 독일은 결코 베르사유체제를 수용하지 않을 것이며, 이행정책도 중단될 것이다.

이행정책으로 영국 외교관들도 난처한 처지에 빠졌다. 만약 영국이 독일이 배상금을 지급하는 것에 대한 보상(quid pro quo)으로서 독일에 군사적으로 동등한 지위를 부여하지 않는다면, 독일이 예전의 비타협적인 태도로 돌아갈 수도 있었다. 하지만 만약 독일이 군사적으로 동등해진다면 프랑스가 위험해질 것이다. 영국이 독일을 견제하기 위해서 프랑스와 동맹을 체결할 수도 있었지만, 영국은 프랑스가 동맹을 체결해놓은 동유럽 국들과 얽히거나 폴란드나 체코의 영토 일부를 놓고 독일과 전쟁하고 싶지는 않았다. 오스틴 체임벌린(Austen Chamberlain)은 1925년에 발칸반도에 관한 비스마르크의 언급을 인용해서 이렇게 말했다. "폴란드 회랑과 관련해서 어떤 영국 정부도 영국군 척탄병 한 명의 뼈라도 다치게 하는 위험을 무릅쓰지 않을 것이며, 그렇게 할 수도 없습니다."[13] 비스마르크의 예견처럼 그의 예견도 틀렸던 것으로 판명되었다. 독일이 20세기 초 전쟁을 했듯이 영국도 실제로 전쟁을 치렀고, 그것도 자신이 일관되게 경멸했던 원인 때문에 참전했다.

이런 딜레마를 피하려고 오스틴 체임벌린은 1925년에 영국, 프랑스, 벨기에 간의 제한적 동맹(limited alliance)을 구축해서 이 나라들과 독일 간의 국경만 보장하자는 아이디어를 개발했다. 이는 본질적으로 서부에서 독일의 침략에 저항하기 위한 군사 동맹이었다. 하지만 이런 논의가 나왔을 때 이미 이행정책이 상당히 진전되어 있었기 때문에 슈트레제만은 연합국의 구상에 대해 거의 거부권에 가까운 영향력을 행사할 수 있었다. 독일이 잠재적 침략국으로 간주되는 상황을 막기 위해 슈트레제만은 독일이 빠진 조약은 독일을 겨냥한 조약이라고 선언했다.

체임벌린은 포위당하는 것에 대한 독일의 두려움이 전쟁 전 호전적인 정책을 낳았다고 어느 정도 확신했기 때문에 전통적인 동맹과 집단안보라는 새로운 원칙을 뒤섞어 놓은 특이한 혼성 합의로 후퇴했다. 애초에 제안된 동맹 개념에 따라 스위스 로카르노에서 서명된 새로운 조약은 프랑스, 벨기에, 독일의 국경을 침략으로부터 보장했다. 집단안보 원칙에 충실한 이 초안은 침략국이나 피해국을 상정하지 않았고, 침략이 어느 쪽에서 어느 방향으로 향하건 간에 그에 맞서기로 약속했다. 전쟁 명분(Casus Belli)은 더 이상 특정 국가에 의한 침략행위가 아니었다. 어떤 국가라도 법적 규범을 위배할 경우 전쟁 명분이 생겼다.

1920년대 중반이 되자, 패전한 독일의 장관인 슈트레제만이 승전국의 대표였던 브리앙이나 체임벌린보다 훨씬 더 주도적인 위치에 있게 되었다. 슈트레제만은 유럽 서부에서의 수정주의를 포기하는 대가로 베르사유 조약에서 유럽 동부와 관련된 조항의 개정이 필요하다는 데 대해 브리앙과 체임벌린으로부터 암묵적으로 승인을 받아냈다. 독일은 프랑스 및 벨기에와의 서부 국경, 그리고 라인란트의 항구적 비무장화를 수용했다. 영국과 이탈리아는 어느 쪽에서 어느 방향으로 시작되건 간에 국경을 넘거나 비무장화된 라인란트로 진입하는 침공을 격퇴하도록 지원하겠다고 약속하면서 이 합의를 보장했다. 동시에 슈트레제만은 독일과 폴란드 간의 국경을 받아들일 수 없다고 밝혔고, 다른 조약 체결국들도 이 국경의 보장을 거부했다. 독일은 동쪽에 있는 주변국들과의 중재 협정을 체결하였으며, 모든 분쟁의 평화적 해결을 약속했다. 하지만 영국은 이런 약속까지 보장해줄 수는 없다고 거부했다. 마침내 독일은 국제연맹에 가입하기로 동의했고 그에 따라 모든 분쟁을 평화적 수단으로 해결한다는 일반적인 의무를 지게 되었다. 이론상 여기에는 독일이 승인하지 않은 동부 국경도 포함되었다.

로카르노 조약(Locarno Pact)은 새로운 세계질서의 여명이라며 열렬한 안도감과 함께 환영받았다. 프랑스의 아리스티드 브리앙, 영국의 오스틴 체임벌린, 그리고 독일의 구스타프 슈트레제만, 이 세 명의 외교장관은 노벨평화상을 받았다. 하지만 이런 환호 속에서도 이 정치인들이 실제 문제를 회피했다는 사실을 아무도 간파하지 못했다. 로카르노 조약은 유럽에 평화를 가져다준 게 아니라 다음 전쟁터가 어디인지를 규정했을 뿐이었다.[14]

독일이 서부 국경을 공식 승인해서 민주주의 국가들이 안도감을 느꼈다는 사실은 국제문제에 관한 신구 관점이 뒤섞인 결과로 초래된 의기소침과 혼란이 어느 정도였는지를 보여줬다. 그러한 승인에는 승리한 전쟁을 종결지은 베르사유 조약이 승자의 강화조건을 따르라고 명령하지도 못했고, 독일로서는 자신이 인정하기로 한 조항만 준수할 수 있는 선택권을 가졌다는 사실이 내포되어 있었기 때문이다. 이런 의미에서 볼 때 슈트레제만이 독일의 동부 국경을 승인하기를 꺼렸다는 사실이 불길했다. 영국이 중재 조약조차도 보장해주지 않겠다고 거부함에 따라 독일이 인정하고 다른 강대국들도 보장하는 국경과 독일도 인정하려 하지 않고 다른 강대국들도 보장해주지 않는 두 가지 등급의 국경이 국제적으로 재가를 받았다.

세 가지 차원의 공약이 이제 유럽에 만연하게 되면서 문제가 한층 더 혼란스러워졌다. 첫 번째 차원은 참모진 대화와 정치적 협의라는 전통적 수단으로 뒷받침되는 전통적인 동맹들로 이루어졌다. 유행이 지난 이런 동맹은 동유럽의 신생 약소국들과 프랑스의 안보 협정에만 국한되었고, 영국은 이런 동맹에 동참하기를 거부했다. 독일이 동유럽을 침략할 경우 프랑스는 바람직하지 않은 대안 중에서 한 가지를 선택해야 했다. 즉, 폴란드와 체코슬로바키아를 포기하거나, 아니면 1870년대 이후 되풀이되는 악몽으로서 독일에 맞서 홀로 싸워야 했다. 프랑스가 홀로 싸우려고 할 가능성은 크지 않았다. 두 번째 차원은 로카르노 조약과 같은 특별한 보장들로 이루어졌다. 이러한 보장들은 공식 동맹보다 명백하게 구속력이 약해 보였고, 그래서 영국 하원은 제지하지 않았다. 마지막 차원으로는, 집단안보에 대한 국제연맹 자신의 공약이 있었는데, 로카르노 조약 때문에 사실상 그 가치가 떨어졌다. 만약 집단안보가 실제로 믿을 만했다면 로카르노 조약이 불필요했을 것이기 때문이다. 그리고 만약 로카르노 조약이 필요했다면, 그런 사실 자체가 당연히 국제연맹이 국제연맹의 주요 창설국의 안보조차도 제대로 보장하지 못한다는 의미가 되었다.

로카르노 조약 형태의 보장이나 집단안보의 일반 개념은 잠재적 침략국을 미리 정해놓지 않았기 때문에 사전에 군사계획을 수립할 수 없었다. 만약 조율된 군사행동이 가능했다고 하더라도—실제로 국제연맹 시기에 그런 사례는 없었다—관료주의로 인해 진상 조사와 다양한 연맹의 조정 절차가 끝없이 늦춰질 게 뻔했다.

전례가 없는 이러한 모든 외교적 규정들은 스스로 가장 크게 위협받고 있다고 여기는 국가들의 불안감을 한층 가중시켰다. 이탈리아가 라인강 지역의 국경을 결국 보장하기로 되었지만, 이탈리아는 역사적으로 이 지역이 자신의 안보와 연관이 있다고 생각했던 적이 전혀 없었다. 로카르노 조약에서 이탈리아의 주된 관심사는 강대국으로서 인정받는 것이었다. 이탈리아는 목적을 달성했기 때문에 굳이 실제로 위험을 감수할 이유가 없었고, 10년 후 라인강 지역의 국경이 도전받자 이런 태도를 여실히 드러냈다. 영국에게 로카르노 조약은 한 강대국이 이전의 동맹국과 그리고 최근에 패배한 적국의 안보를 동시에 보장해주면서 둘 사이에서 공평무사한 척하는 최초의 합의를 의미했다.

로카르노 조약은 프랑스와 독일 간의 화해라기보다 최근 있었던 전쟁의 군사적 결과를 인정한다는 사실을 반영했다. 독일은 서부에서 패했지만 동부에서 러시아를 꺾었다. 로카르노 조약은 사실상 양쪽 전선의 결과를 다 확인해주었고 독일이 궁극적으로 동부 지역에서의 합의를 공격하기 위한 토대를 마련해주었다.

항구적 평화로 나아가는 데 있어 중요한 고비를 넘겼다고 1925년 당시 환호를 받았던 로카르노 조약은 실제로는 베르사유 국제질서 종말의 시작을 상징했다. 그때부터 승전국과 패전국의 구분이 갈수록 애매모호해졌다. 이런 상황은 승전국이 자신의 안보가 강화되었다고 느끼거나 혹은 패전국이 조정된 합의사항을 감수하기로 마음먹었다면 유용할 수도 있었다. 그러나 둘 다 없었다. 프랑스의 좌절감과 무기력감이 해가 갈수록 커졌다. 독일 내 민족주의 선동도 마찬가지로 커졌다. 전시 연합국 모두가 자신의 의무를 방기했다. 미국은 평화를 설계하는 데 있어 자신의 역할을 기피했고, 영국은 균형자라는 역사적 역할을 방기했으며, 프랑스는 베르사유 합의의 수호자라는 책임을 저버렸다. 오직 패전한 독일의 지도자였던 슈트레제만이 장기적인 정책을 갖고 있었고 독일을 거침없이 국제무대의 중심으로 옮겨놓았다.

평화로운 신세계질서를 위해 남아 있던 유일한 희망은 로카르노 합의 자체에 대한 감정적 고양과 "로카르노 정신(the spirit of Locarno)"이라는 구호로 대변되듯이 그 합의가 만들어낸 기대가 구조적 결함을 극복할지도 모른다는 것뿐이었다. 윌슨의 가르침과 달리, 이러한 새로운 분위기를 조장한 사람들은 일반 대중들이 아니라, 의심과 대립으로 전쟁을 초래하고 평화가 공고해지는 것을 가로막은 나라들의 외교장관인 체임벌린, 브리앙, 슈트레제만이었다.

베르사유 질서를 위한 지정학적 기반이 없었기 때문에 정치인들은 개인적 친분관계에 호소해서 질서를 유지하려고 했다. 이런 조치를 전임자들은 취해본 적이 전혀 없었다. 19세기에 외교정책을 실행했던 귀족들은 무형적 요소들을 동일한 방식으로 이해했던 세계에 속해 있었다. 이들 대부분은 서로를 편안하게 여겼다. 그럼에도 불구하고 이들은 개인적 친분관계가 자신들의 국익을 판단하는 데 영향을 준다고 믿지 않았다. 합의는 이들이 조성한 "분위기"에 의해 절대로 정당화되지 않았고, 개별 지도자가 자신의 직위를 유지하려고 양보하는 일도 전혀 없었다. 지도자들은 여론을 위해 그들 간의 좋은 관계를 부각시키는 방법으로서 서로의 이름(first name)을 부르는 것도 하지 않았다.

이러한 방식의 외교는 제1차 세계대전 이후 바뀌었다. 그때부터 개인적 관계를 강조하는 추세가 가속되었다. 브리앙은 독일의 국제연맹 가입을 환영하면서 슈트레제만의 인품을 강조했고, 슈트레제만도 비슷하게 대응했다. 마찬가지로 오스틴 체임벌린이 개인적으로 프랑스를 애호한다는 소문이 있었기 때문에 체임벌린이 친독 성향의 커즌 경을 대신해서 1924년에 외교장관이 되자 슈트레제만은 이행정책과 독일의 서부 국경 승인을 조속하게 추진했다.

오스틴 체임벌린은 명문가 출신 자제였다. 20세기 초 독일과의 동맹을 주장했던 조지프 체임벌린의 아들인 오스틴 체임벌린은 나중에 뮌헨 합의를 체결한 네빌 체임벌린(Neville Chamberlain)의 이복형제였다. 아버지처럼 오스틴은 영국 연립정부에서 엄청난 권력을 행사했다. 하지만 또한 아버지처럼 결국 최고위직에 오르지 못했다. 실제로 오스틴은 20세기에 유일하게 총리직에 오르지 못한 보수당 당수였다. 일각에서 비꼬듯이 지적한 대로 오스틴은 "항상 게임을 했지만, 항상 졌다." 해럴드 맥밀런(Harold Macmillan)은 오스틴 체임벌린에 대해 이렇게 말했다. "말은 잘했지만 장엄하지는 않았다. 명확했지만 날카롭지는 않았다. … 존경받았지만 결코 두려움의 대상은 아니었다."15

오스틴 체임벌린의 주요한 외교적 성과는 로카르노 조약이 체결될 당시 맡았던 역할이었다. 체임벌린이 친불파로 알려져 있었고 한때 그가 "프랑스를 여자처럼 사랑했다."라고 말했기 때문에 슈트레제만은 불-영 동맹이 형성될 수도 있다고 두려워했다. 이런 두려움으로 인해 슈트레제만이 로카르노 조약을 체결하게 되었다.

돌이켜 볼 때, 두 가지 등급의 국경을 유럽에 설정해놓은 데 따른 취약점이 너무나 명백해졌다. 하지만 체임벌린은 영국이 전략적 공약을 중대하게 확장했고 영국 대중이 지지해줄 수 있는 최대한도까지 갔다고 보았다. 18세기 초가 될 때까지 영국의 안보적 국경은 영국 해협이었다. 19세기 내내 영국의 안보적 국경은 저지대 국가들(벨기에, 네덜란드, 룩셈부르크)이었다. 오스틴 체임벌린은 이를 라인강까지 연장하려고 했지만, 결국 독일이 1936년에 이에 도전했을 때 영국 대중의 지지를 받지 못했다.16 폴란드에 대한 안전보장은 1925년 당시 영국 정치인들의 시야 밖에 있었다.

아리스티드 브리앙(Aristide Briand)은 프랑스 제3공화국의 전형적인 정치지도자였다. 좌익 선동가로서 정치경력을 시작한 브리앙은 프랑스 내각의 붙박이 인사가 되었다. 가끔 총리를 역임하기도 했지만, 더 자주 외교장관을 맡았다(14개의 정부에서 외교장관직을 역임했다). 그는 일찍이 독일과 비교해서 프랑스의 상대적 위상이 쇠퇴하고 있고, 독일과 화해하는 게 프랑스의 장기적 안보를 위한 최선의 희망이라고 인식했다. 쾌활한 성격에 의지하던 그는 독일을 베르사유 조약의 가장 부담스러운 조항으로부터 풀어주길 희망했다.

브리앙의 정책은 독일군에 의해 초토화된 나라에서 인기가 있을 수가 없었다. 브리앙의 정책이 어느 정도까지 한 세기 묵은 적대감을 종식하려는 시도였는지 혹은 내키지 않았지만 현실정치를 구사한 것이었는지 판단하기는 상당히 어렵다. 프랑스인들은 위기상황에서는 베르사유 조약을 엄격하게 집행해야 한다고 주장했던 강경하고 근엄한 푸앵카레를 선호했다. 루르 지역 점령 이후처럼 위기를 지속하는 게 너무 고통스러워질 때 브리앙이 재등장하곤 했다. 이처럼 인사가 수시로 교체됨에 따라 프랑스는 대척점에 서 있는 두 인물 중 어느 누구도 자신의 정책을 논리적으로 끝까지 밀어붙이지 못했다. 프랑스는 푸앵카레의 정책을 실천할 만큼 충분히 강력하지도 못했고, 브리앙이 독일과 항구적으로 화해하자고 제안하기에는 프랑스 여론의 지지가 너무나 미약했다.

궁극적인 동기가 무엇이었건 간에 브리앙은 프랑스가 독일과 화해를 추구하지 않는다면 앵글로-색슨 국가들의 압박과 독일 국력의 신장으로 인해 화해를 강요받게 될 것이라고 보았다. 슈트레제만은 비록 베르사유 조약을 열렬히 반대했지만 프랑스와 긴장완화를 해야 군축조항을 신속하게 수정할 수 있고 독일의 동부 국경을 조정하기 위한 기반이 마련될 수 있다고 믿었다.

1926년 9월 27일에 브리앙과 슈트레제만은 제네바 근처에 있는 프랑스 쥐라산맥 (Jura Mountains)의 고풍스러운 마을인 트와리(Thoiry)에서 회동했다. 독일은 국제연맹에 가입한 지 얼마 안 된 상황이었고 브리앙은 따듯하면서도 유창한 개인적인 연설로 환영했다. 이렇게 들뜬 분위기에서 두 정치인은 전쟁을 완전히 매듭짓는 패키지 딜에 합의했다. 프랑스는 베르사유 조약에 명시된 국민투표도 하지 않고 자르 지역을 반환하기로 했다. 프랑스군은 1년 이내 라인란트 지역에서 철군하며, 연합국간 군사통제위원회(Inter-Allied Military Control Commission)도 독일로부터 철수하기로 했다. 그 대신 독일은 자르 광산의 대가로 3억 마르크를 지급하고, 프랑스에 대한 배상에 속도를 내며, 도스 계획 (Dawes Plan)을 이행하기로 했다. 브리앙은 사실상 베르사유 조약의 가장 부당한 조항과 프랑스의 경제회복을 위한 지원을 맞바꿨다. 이 합의는 협상에서의 양측의 입지가 동등하지 않다는 것을 보여주었다. 독일의 이득은 영구적이고 되돌릴 수 없었던 반면, 프랑스의 이익은 일회적이고 일시적인 재정적 기여였으며, 일부는 독일이 예전에 약속했던 내용의 재탕에 불과했다.

이 합의는 양국 수도에서 문제에 봉착했다. 독일 민족주의자들은 특정한 조건이 아무리 유리하더라도 베르사유 조약과 관련된 어떤 형태의 협력도 격렬하게 반대했고, 브리앙도 라인란트라는 완충지대를 포기한 것에 대해 비난을 받았다. 독일의 추가지출을 위한 재원 마련 방안으로서 채권 발행도 어려움이 있었다. 11월 11일에 브리앙은 갑자기 협상을 중단했고 "트와리 구상의 즉각적인 이행이 기술적 난관으로 인해 좌초되었습니다."라고 선언했다.[17]

이 합의는 전간기에 프랑스와 독일이 마지막으로 시도했던 포괄적인 전후 합의였다. 물론, 만약 이 합의가 이행되었더라도 상황이 크게 달라졌을지는 확실하지 않다. 로카르노 외교에서 드러났던 기본적인 문제, 즉 프랑스와 독일의 화해가 독일로 하여금 베르사유 국제질서를 받아들이게 만들지, 아니면 베르사유 질서를 위협할 수 있는 독일의 능력을 가속화할지 여부가 그대로 남아 있었기 때문이다.

로카르노 조약 이후 이 문제는 점점 더 거론할 가치가 없어졌다. 영국은 화해만이 유일하게 실질적인 방안이라고 확신했다. 미국은 로카르노 조약이 도덕적 책무라고 믿었다. 전략적 혹은 지정학적 분석이 인기가 없어짐에 따라 국가들은 정의에 대한 입장이 격렬하게 엇갈릴 때조차도 정의를 이야기했다. 부분적으로는 확신했기 때문에, 부분적으로는 지쳤기 때문에, 그리고 부분적으로는 고통스러운 지정학적 현실을 피하려는 열망이 강했기 때문에 일반 원칙을 확인하는 일련의 조약들과 국제연맹에 대한 호소가 뒤따랐다.

로카르노 조약 이후 시기에 프랑스는 영국(과 미국)으로부터 전향적인 태도를 보이라는 압력을 받으면서 점진적으로 베르사유 합의로부터 후퇴했다. 자신의 더 나은 판단과는 반대로 움직인 것이다. 로카르노 조약 이후 독일에 자본이 투입되어 독일 산업의 현대화를 가속했고, 이런 자본은 특히 미국으로부터 조달되었다. 독일의 군축을 감시하고자 창설되었던 연합국간 군사통제위원회는 1927년에 해체되었고 그 기능이 국제연맹에 인계되었으나, 국제연맹은 독일의 이행을 검증할 수 있는 수단이 없었다.

독일의 비밀 재무장이 가속화되었다. 이미 1920년에 당시 산업장관이었던 발터 라테나우(Walther Rathenau)는 독일만이 군비를 가혹하게 해체하도록 되어 있는 베르사유 조약 조항들이 어차피 곧 무용지물이 될 무기에만 영향을 줄 것이라고 독일 군부를 안심시켰다. 그리고 아무것도 현대적인 무기를 연구개발하거나 신속하게 생산해낼 수 있는 산업역량의 구축을 막지 못할 것이라고 주장했다. 로카르노 조약이 비준되고 브리앙과 슈트레제만이 트와리에서 회동한 직후였던 1926년, 제1차 세계대전의 마지막 3년 동안 육군 참모총장을 역임했고 얼마 전 독일 대통령으로 선출된 파울 폰 힌덴부르크(Paul von Hindenburg) 원수는 육군 기동훈련을 참관하면서 이렇게 말했다. "나는 오늘 독일군의 기백과 실력이 전통적인 수준을 유지하고 있음을 보았다."[18] 만약 이 말이 사실이라면 독일군 규모에 대한 제약이 해제되는 순간 프랑스의 안보가 바로 위험에 처하게 될 것이다.

군축 이슈가 국제외교의 전면에 등장하자 이런 위협이 한층 더 불길하게 가까이 다가왔다. 독일은 정치적 평등을 요구하면서 나중에 군사적으로도 동등해져야 한다고 주장하기 위한 심리적 토대를 조심스레 마련하고 있었다. 프랑스는 추가로 안전보장을 받지 못한다면 군비를 축소하지 않겠다고 했다. 이런 안전보장을 제공할 수 있었던 유일한 국가인 영국은 동유럽의 합의를 보장하지 않겠다고 거부했고, 서유럽의 합의에 대해서도 로카르노 조약 이상으로 해줄 수 없다고 밝힘으로써 로카르노 조약이 동맹이라기보다 공약에 불과하다고 강조했다.

프랑스는 독일이 공식적으로 동등해지는 날이 못 오게 막거나 적어도 늦추려고 국제연맹의 군축 전문가들이 선호하는 대로 군비축소 기준을 개발하는 게임을 하기 시작했다. 프랑스는 잠재적 국력 대비 실질적 국력, 인구 추세 대비 훈련된 예비군 병력, 그리고 기술변화 속도 대비 현존무기 등에 대한 분석 보고서를 국제연맹준비위원회(The League of Nations Preparatory Commission)에 제출했다. 하지만 정교하게 짜여진 이론들 중 어떤 것도 아무리 낮은 단계일지라도 일단 군비 수준이 동등해지면 독일의 우월한 잠재적 동원력 때문에 프랑스의 안보가 위협받을 것이라는 핵심 문제를 짚어내지 못했다. 프랑스가 준비위원회의 전제를 더 많이 수용하는 것처럼 보일수록 프랑스는 스스로를 더욱 압박하는 꼴이 되었다. 결국 프랑스의 다양한 계책은 프랑스가 군축에서 가장 큰 걸림돌이 되며, 결국 평화에도 걸림돌이 된다는 앵글로–색슨 국가들의 확신을 한층 더 강화시켰다.

로카르노 조약 이후 프랑스가 더 이상 자신의 확신대로 밀어붙일 처지가 못 되고 두려움을 완화하는 정도로 만족해야 했다는 점이 통렬한 프랑스의 딜레마였다. 프랑스의 정책은 갈수록 소극적이고 수세적으로 되었다. 이렇게 불안한 프랑스의 심리상태는 로카르노 조약을 체결한 지 2년도 채 안 되어 마지노선(La Ligne Maginot)을 건설하기 시작했다는 데에서 상징적으로 드러났다. 독일이 여전히 무장해제 상태였고, 동유럽 신생국들의 독립이 그들을 지원하러 올 프랑스의 능력에 따라 달려 있었던 시절에 이렇게 행동했던 것이다. 독일이 동유럽을 침략한다면 프랑스가 비무장화된 라인란트를 인질로 붙잡는 공세적 전략으로 나올 때만 동유럽을 보호할 수 있었다. 하지만 마지노선 건설로 인해 프랑스가 자신의 국경 안에서 방어 태세를 취하려 하고 있고, 이로 인해 독일이 동부에서 원하는 대로 행동할 수 있게 되었다는 게 드러났다. 프랑스의 정치적, 군사적 전략이 더 이상 손발이 맞지 않았다.

혼란스러운 지도자들은 방향 감각을 대중홍보술로 대체하는 경향이 있다. 뭔가 하고 있는 것처럼 보이고 싶은 열망에서 브리앙은 미국의 참전 10주년을 맞아 1927년 6월에 워싱턴에 조약 초안을 송부했다. 이 초안에 따르면 두 정부는 상호 관계에서 전쟁을 포기하며 모든 분쟁을 평화적 수단으로 해결하기로 합의하도록 되어 있었다. 프랭크 B. 켈로그(Frank B. Kellogg) 미 국무장관은 아무도 걱정하지 않는 것을 포기하고 모든 사람들이 당연하게 여기는 것을 제안해온 이 문서에 대해 어떻게 답해야 할지 잘 몰랐다. 선거가 실시되는 1928년이 다가오면서 켈로그의 생각이 명확해졌다. "평화"는 인기가 있었고, 브리앙의 초안은 실질적인 결과를 수반하지 않는다는 장점이 있었다.

1928년 초에 켈로그 장관은 침묵을 중단하고 조약 초안을 수용했다. 하지만 그는 브리앙에게 한술 더 떠서 가능한 한 많은 국가가 전쟁을 포기하는 데 동참하게 하자고 제안했다. 이 제안은 무의미했던 만큼이나 매력적이었던 것으로 밝혀졌다. 1928년 7월 27일에 국가정책의 수단으로서 전쟁을 포기하는 파리 조약(Pact of Paris, 켈로그-브리앙 조약으로 더 잘 알려졌다)이 큰 환호를 받는 가운데 15개 국가에 의해 서명되었다. 그리고 이 조약은 빠르게 사실상 세계 모든 국가로부터 비준을 받았고, 여기에는 독일, 일본, 이탈리아처럼 10년 후 세계를 침략하고 유린했던 국가도 포함되었다.

조약이 서명되자마자 다른 생각들이 세계 정치인들의 머리를 사로잡기 시작했다. 프랑스는 자위적 전쟁과 국제연맹 규약, 로카르노 조약, 그리고 프랑스의 모든 동맹에 따른 의무를 준수하는 전쟁을 합법화하는 조항을 삽입함으로써 자신의 원래 제안을 완화했다. 이로 인해 문제들이 원점으로 되돌아왔다. 이런 예외 사항들이 실질적으로 상상 가능한 모든 사례를 포괄했기 때문이다. 이어서 영국은 자신의 제국 수호를 위한 행동의 자유를 주장했다. 미국의 유보는 가장 광범위했다. 미국은 먼로 독트린, 자위권, 그리고 개별 국가가 자위의 요건을 스스로 판단할 수 있어야 한다는 조건을 거론했다. 미국은 가능한 모든 빠져나갈 구멍을 만들어놓은 것도 모자라 어떠한 집행 조치에도 참여하지 않겠다고 했다.

켈로그는 몇 달 후 상원 외교위원회에서 증언하면서 미국이 이 조약에 따라 침략행위의 피해국을 도와줘야 할 의무가 전혀 없다는 기발한 이론을 제시했다. 그런 침략 자체가 이 조약이 이미 폐기되었다는 것을 입증하기 때문이다. "어떤 다른 국가가 조약을 파기했다고 가정해봅시다. 왜 우리가 이 조약에 관심을 가져야 합니까?"라고 몬태나주 출신 월시(Walsh) 상원의원이 질의했다. "전혀 그럴 이유가 없습니다."라고 국무장관이 답변했다.[19]

켈로그는 이 조약을 평화가 유지되는 동안 파리 조약은 평화를 유지할 것이라는 동어반복으로 바꾸어놓았다. 전쟁은 그것이 예상되는 상황을 제외한 모든 상황에서 금지되었다. D. W. 브로건(D. W. Brogan)이 켈로그-브리앙 조약에 관해 이렇게 말했다는 게 놀랍지 않다. "수정헌법 18조로 음주라는 악을 폐지한 미국이 전 세계에 서약을 함으로써 전쟁을 폐기해달라고 요청했다. 전 세계가 감히 믿거나 의심할 엄두를 내지 못하고 순응했다."[20]

이 과정에서 브리앙이 당초에 계획했던 구상은 프랑스의 예전 동맹국들이 프랑스를 압박하는 새로운 수단으로 둔갑했다. 이제부터 전쟁이 불법이 된 이상 프랑스도 군축을 가속해야 할 의무가 있다는 주장이 폭넓게 제기되었다. 선의의 시대를 상징하고자 연합국은 예정보다 5년 일찍 1928년 라인란트 점령을 종식했다.

동시에 오스틴 체임벌린은 영국으로서는 독일인들이 독일과 폴란드 간 국경 문제에 대해 점잖고 세련되게 대응한다면, 그 국경이 변경될 수 있고 실제로 변경되어야 한다는 입장이라고 밝혔다.

> 만약 독일이 국제연맹에 가입해서 우호와 화해의 정신에 입각하여 자신의 역할을 맡는다면, 저 자신은 합리적으로 몇 년 이내로 독일의 경제적, 상업적 지원이 폴란드로서는 너무나 필요할 것이고 정치적 우호관계도 너무나 바람직해질 것이기 때문에 국제연맹에 의탁하지 않고 독일이 스스로 폴란드와 직접 우호적인 협의를 할 수 있으리라고 믿습니다. … 만약 독일 대중과 언론이 동부 국경에 대한 과도한 언급을 자제할 수 있다면 독일이 더 빨리 해결책을 찾을 수도 있을 것입니다.[21]

슈트레제만은 소련에 대한 옵션을 늘리고 군비에 있어 프랑스와 동등해야 한다는 압박을 강화하기 위해 독일의 국제연맹 가입을 교묘하게 활용했다. 가령 슈트레제만은 무장해제된 독일은 제재를 가할 수 있는 처지에 있지 않다는 이유로, 국제연맹 규약의 집행 조항(제16조)에 대한 독일의 참여 면제를 요구해서 인정받았다. 이어서 비스마르크가 했던 방식대로 슈트레제만은 독일이 면제를 요구한 것은 독일이 반(反)소련 연합체에 동참하기를 꺼렸기 때문이라고 소련에 통보했다.

소련은 이 힌트를 알아챘다. 로카르노 조약을 체결한 지 1년도 안 된 1926년 4월에 소련과 독일 간의 중립 조약이 베를린에서 서명되었다. 양측은 각각 상대방이 공격받을 경우 중립을 유지하고, 아마도 어떤 사안이건 관계없이 상대방을 대상으로 하는 어떠한 정치적 연합이나 경제적 보이콧에 동참하지 않기로 합의했다. 이는 실제로 양국이 상대방에 대한 집단안보가 적용되지 않게 배제한다는 사실을 의미했다. 그리고 독일은 이미 다른 어떤 국가를 상대로 하건 간에 제재 조치를 취할 의무를 면제받았다. 베를린과 모스크바는 폴란드에 대한 적대감으로 단결했다. 요제프 비르트(Joseph Wirth) 독일 총리는 주소련 독일 대사인 울리히 폰 브록도르프-란트차우(Ulrich von Brockdorff-Rantzau)에게 이렇게 말했다. "제가 대사님께 한 가지 솔직하게 말씀드리자면, 폴란드는 제거되어야 합니다. … 저는 폴란드를 강하게 만들어줄 수 있는 어떠한 조약도 체결하지 않을 겁니다."[22]

그럼에도 불구하고 특히 브리앙과 같은 프랑스 지도자들은 이행정책이 여전히 프랑스로서는 유일하게 현실적인 선택이라고 결론을 내렸다. 만약 프랑스가 가장 두려워하는 상황이 발생하고 독일이 호전적인 정책을 다시 추진했을 때 프랑스가 화해정책을 훼손했다고 비난받게 된다면, 궁극적으로 영국의 지지를 얻어내고 미국의 호의를 계속 유지한다는 희망이 분명히 위태로워질 것이다.

점차 유럽의 무게중심이 베를린으로 이동했다. 적어도 돌이켜봤을 때, 놀랍게도 슈트레제만의 국내적 입지가 계속 허물어지고 있었다. 당시 팽배했던 민족주의적 분위기는 1929년 도스 계획(Dawes Plan)을 위한 5년의 기간이 종료되자 연합국이 제안한 소위 영 계획(Young Plan)에 대한 반응에서 알 수 있었다. 영 계획은 독일의 배상금액을 한층 더 감액했고, 심지어 먼 미래이기는 하지만 종료 시점까지도 설정했다. 도스 계획은 1924년에 독일 보수주의자들로부터 지지를 받으면서 채택되었다. 1929년에 영 계획은 훨씬 더 유리한 조건을 제시했지만, 득세하던 나치당의 지지를 받고 있던 독일 보수주의자들과 공산주의자들로부터 강하게 비난을 받았다. 이 계획은 독일 의회(Reichstag)에서 불과 20표 차이로 최종 승인되었다.

몇 년 동안 소위 로카르노 정신은 과거 제1차 세계대전 당시 적대국들 간의 선의를 향한 열망을 상징했다. 하지만 독일어로 "정신"은 "유령"과 동의어이며 1920년대가 끝나갈 무렵에는 로카르노의 "유령"23에 대해 농담하는 게 민족주의자 진영에서 유행처럼 되었다. 베르사유 국제질서의 핵심에 대한 이와 같은 냉소적 태도는 대공황으로 독일 정치가 손쓸 수 없을 정도로 과격해지기 전 독일 경제가 화려하게 부활하던 시기에도 이미 존재하고 있었다.

슈트레제만은 1929년 10월 3일에 사망했다. 독일에 슈트레제만과 비견할 정도로 유능하거나 명민했던 다른 지도자가 없었기 때문에 슈트레제만은 대체가 불가능한 인물이었던 것으로 밝혀졌다. 무엇보다도 독일의 부흥과 유럽의 화해는 서방 강대국들의 슈트레제만 개인의 인격에 대한 신뢰에 상당 부분 기대고 있었기 때문이다. 상당히 오랫동안 슈트레제만이 "선한 유럽인(good European)"으로서 모든 자질이 구현된 사람이라는 시각이 지배적이었다. 이런 점에서 슈트레제만은 프랑스와 독일이 역사적 경쟁관계라는 간극을 넘어 사실상 공동운명을 공유하고 있다고 인식했던 위대한 콘라트 아데나워(Konrad Adenauer)의 선구자로 간주되었다.

하지만 슈트레제만의 문서가 공개되자 실상은 이처럼 따뜻한 평가와 배치된 것처럼 보였다. 이 문서에서 독일의 국익을 무자비하고 집요하게 추구하는 현실정치의 실행자라는 그의 모습이 드러났다. 슈트레제만에게 독일의 국익은 명백했다. 독일의 위상을 1914년 이전으로 되돌리고, 배상으로 인한 재정적 부담을 제거하며, 프랑스와 영국과 군사적으로 동등해지고, 독일의 동부 국경을 재조정하는 한편, 오스트리아와 독일의 병합(Anschluss, 안슐루스)을 달성하는 것이었다. 슈트레제만의 보좌관인 에드가 슈테른-루바르트(Edgar Stern-Rubarth)는 자신이 모셨던 상사의 목표를 이렇게 정리했다.

> 슈트레제만은 한때 나에게 자신의 궁극적 희망을 털어놓은 적이 있었다. 라인란트를 해방하고, 외펜-말메디와 자르 지역을 수복하며, 오스트리아와의 병합(Anschluss)을 완수하고, 그리고 필수적인 열대지역 원자재를 확보하고 청년세대의 잉여 에너지를 위한 분출구로 삼을 수 있는 아프리카 식민지를 위임통치나 다른 방식으로 보유하는 것이다.[24]

따라서 슈트레제만은 제2차 세계대전 이후의 관점에서 보면 분명히 "좋은 유럽인"이 아니었다. 물론 당시에는 그런 기준이 존재하지도 않았다. 대부분의 서방 정치인들은 베르사유체제가 특히 동유럽과 관련된 부분은 개정이 필요하며, 로카르노 조약이 이 과정의 한 단계에 불과하다는 슈트레제만의 인식을 공유했다. 물론 자신이 가진 모든 것을 쏟아부은 전쟁을 치른 프랑스로서는 전쟁 이후 부활하는 독일을 다시 상대해야 한다는 것이 견딜 수 없을 정도로 고통스러웠다. 하지만 이런 현실은 새로운 힘의 배분 상태를 정확하게 반영했다. 슈트레제만은 비록 독일이 베르사유 조약으로 제약받고 있었지만 유럽에서 잠재적으로 가장 강력한 국가라는 사실을 알고 있었다. 이런 평가로부터 그는 독일을 적어도 1914년 이전 수준이나 어쩌면 그 이상으로 재건할 수 있는 기회가 자신에게 주어졌다는 현실정치적인 결론을 내렸다.

하지만 슈트레제만을 비판했던 독일 내 민족주의적 성향의 인사들과 달리—특히 나치당원들과는 아주 반대로—슈트레제만은 자신의 목표를 달성하기 위해 인내와 타협, 그리고 유럽의 컨센서스라는 축복에 의존했다. 정신적으로 명민했던 덕택에 슈트레제만은 특히 배상이라는 민감하고 상징적인 사안들을 문서상으로만 양보했고, 그 대신 독일에 대한 군사점령의 종식과 독일이 점점 더 중추적 위치에 놓일 수밖에 없는 장기적 변화의 가능성을 얻어냈다. 하지만 독일 민족주의자들과 달리 슈트레제만은 베르사유체제를 과격하게 수정할 필요가 없다고 보았다.

자신의 정책을 추구하기 위한 슈트레제만의 기회는 독일의 자원과 잠재력에 이미 내재되어 있었다. 전쟁을 했지만 독일은 불구가 되지 않았고, 베르사유체제로 독일의 지정학적 입지가 오히려 향상되었다. 심지어 더 큰 규모의 재앙인 제2차 세계대전에서 패배하고서도 독일의 유럽 내 영향력은 약화되지 않았다. 슈트레제만을 서방의 가치를 공격했던 나치의 전조로 간주하기보다는 나치의 과도한 행각이 독일이 유럽에서 결정적인 역할을 맡게 하려는 점진적이면서 거의 틀림없이 평화적인 슈트레제만의 노력을 잠시 중단시킨 상황으로 보는 게 오히려 정확할 것이다.

시간이 지나면서 슈트레제만의 전술이 전략으로, 임시적 방책이 확신으로 변한 것일지도 모른다. 우리 시대에 안와르 사다트 이집트 대통령은 처음에는 거의 틀림없이 아랍이 호전적이라는 서방세계의 인식을 약화시키고 이스라엘을 심리적으로 수세에 몰아넣으려는 의도에서 이스라엘과 화해를 모색했다. 슈트레제만처럼 사다트는 적과 그 적의 친구들을 이간시키려고 했다. 그는 이스라엘의 합리적 요구를 들어줌으로써 이스라엘이 아랍, 특히 이집트의 영토 반환을 끝까지 거부하는 입장을 약화시키려고 했다. 하지만 시간이 지날수록 사다트는 실제로 평화의 사도이자 국제적 분열을 치유한 인물이 되었다. 어쩌면 이게 처음에는 그냥 겉치레였을지도 모른다. 결국 평화와 화해추구는 더 이상 사다트가 국익을 추구하면서 사용했던 도구가 아니었으며 저절로 가치 그 자체가 되었다. 슈트레제만도 비슷한 길을 걸었던 것이 아니었을까? 그가 일찍 사망함으로써 그 가능성은 역사의 풀리지 않은 수수께끼로 남겨졌다.

슈트레제만이 사망했을 당시에 배상문제가 거의 해결되기 직전이었고, 독일의 서부 국경도 이미 합의되었다. 독일은 동부 국경 및 베르사유 조약의 무장해제 조항에 대해서는 여전히 수정주의적 입장이었다. 독일 영토를 점령해서 독일을 압박하려고 했던 시도는 실패로 끝났고, 집단안보에 대한 로카르노 조약의 수정된 접근법은 동등하게 대우해달라는 독일의 요구를 잠재우지 못했다. 유럽의 정치인들은 이제 평화를 위한 최선의 희망으로서 군축에 전적으로 전념하면서 위안을 구했다.

독일이 동등하게 대우받을 권리가 있다는 인식이 이제 영국인들의 사고에 고착되었다. 노동당 출신 램지 맥도널드(Ramsay MacDonald) 총리는 자신의 첫 번째 임기였던 1924년에 이미 군축이 자신의 최우선순위라고 선언했다. 1929년에 시작된 두 번째 임기에서 그는 싱가포르에서의 해군기지 건설과 신형 순양함 및 잠수함 건조를 중단했다. 1932년에 맥도널드 정부는 항공기 제조의 일시적 중단을 발표했다. 이 사안과 관련된 맥도널드의 수석 보좌관 필립 노엘-베이커(Philip Noel-Baker)는 군축만이 또 다른 전쟁을 예방할 수 있다고 선언했다.

하지만 독일에 대한 동등한 지위 부여와 프랑스에 대한 안보 제공이 기본적으로 모순된다는 사실은 어쩌면 해결이 불가능했기 때문에 미결상태로 남았다. 히틀러가 집권하기 1년 전인 1932년에 에두아르 에리오(Edouard Herriot) 프랑스 총리는 이렇게 예언했다. "나는 환상이 없습니다. 독일이 재무장을 원한다고 확신합니다. … 우리는 역사의 전환점에 있습니다. 여태까지 독일은 복종하는 정책을 구사해왔습니다. … 지금 독일은 적극적인 정책을 시작했습니다. 내일에는 그것이 영토를 요구하는 정책일 것입니다."[25] 이 발언에서 수동적이고 체념적인 어조가 가장 인상적인 부분이었다. 에리오 총리는 그 당시 여전히 유럽에서 최대 규모였던 프랑스군과 로카르노 조약에 따라 비무장지대가 된 라인란트, 여전히 무장해제된 상태였던 독일, 혹은 동유럽의 안보를 위한 프랑스의 의무는 전혀 언급하지 않았다. 확신을 갖고 싸우기를 주저하면서 프랑스는 이제 단지 자신의 운명을 기다릴 뿐이었다.

영국은 유럽 대륙에서 벌어지는 사건들을 상당히 다른 관점에서 바라보았다. 영국은 독일과 화해를 원하면서 군비 측면에서 독일이 동등해지는 것을 수용하라고 프랑스를 강하게 압박했다. 군축 전문가들은 안보 문제의 실질적 측면은 건드리지 않으면서 형식적인 측면을 충족시키는 방안을 매우 독창적으로 고안해냈다. 영국의 전문가들은 이론상으로는 독일에 동등한 지위를 부여하면서도 징병제는 허용하지 않는 방식으로 더 많은 훈련된 예비군 병력을 보유하고 있던 프랑스가 군사적 우위를 차지할 수 있게 했다. (마치 독일이 여태까지 그래왔듯이 상대적으로 중요하지 않은 이 마지막 제약을 회피할 방법을 찾지 못할 것처럼 말이다.)

히틀러가 집권하기 전 바로 그 운명적인 해에 민주적인 독일 정부는 소위 프랑스의 차별에 항의하는 차원에서 군축 회의를 박차고 나갈 정도로 자신감이 충만해 있었다. 독일은 "모든 국가들에게 안보를 제공하는 체제 내에서의 동등한 권리"를 약속하겠으니 되돌아오라는 간청을 받았다.[26] 이 교묘한 문구는 "안보"가 제공되는 이론적으로 동등한 권리를 암시했는데, 성취하기가 너무나 어려운 일이었다. 대중적 분위기는 그런 미묘한 부분에 대해서는 개의치 않았다. 좌파 성향의 〈뉴스테이츠맨(New Statesman)〉은 이런 방식을 "국가 간 평등 원칙을 전폭적으로 승인"한 방식이라며 환영했다. 영국의 정치 스펙트럼에서 정반대에 있는 〈타임스(the Times)〉는 "불평등을 시의적절하게 시정했다."라면서 긍정적으로 평가했다.[27]

하지만 "안보 체제 [내에서의] 평등"이라는 방식은 용어적으로 모순이었다. 프랑스는 독일에 맞서 스스로를 방어할 수 있을 정도로 더 이상 강력하지 않았고, 영국은 지정학적 측면에서 프랑스가 대략이나마 대등해지기 위한 군사 동맹 체결을 계속 거부했다. (하지만 나중에 전쟁을 경험해본 결과, 그렇게 했더라도 대등했을지 의심스러웠다.) 영국은 독일에 대한 차별적 조치를 끝낸다는 순전히 형식주의적 측면에서 평등을 규정해야 한다고 주장했지만, 막상 이런 평등이 유럽의 균형상태에 어떤 영향을 줄 수 있는가에 대해서는 침묵을 지켰다. 1932년에 화가 난 맥도널드 총리는 조세프 폴—봉쿠르(Joseph Paul-Boncour) 프랑스 외교장관에게 이렇게 말했다. "프랑스는 영국이 더 많이 책임을 져야 한다고 요구하면서 항상 곤란한 상황을 만들었습니다. 이제 그런 태도는 더 이상 고려할 여지가 없습니다."28 이처럼 의기소침하게 만드는 교착상태가 히틀러가 1933년 10월 군축 협상을 박차고 나갈 때까지 이어졌다.

유럽에 외교의 초점이 모아졌던 10년이 지나자 예상치 못하게 일본이 집단안보와 국제연맹 그 자체가 공허하다는 사실을 보여줬고, 1930년대를 폭력이 고조되는 시대로 인도했다.

일본군은 1931년에 법적으로 중국의 일부지만 중국 중앙정부가 다년간 영향력을 행사하지 못하고 있었던 만주(滿洲) 지역을 점령했다. 국제연맹이 창설된 이래 이 정도 규모의 무력 간섭은 시도된 적이 없었다. 하지만 국제연맹은 규약 제16조에서 검토된 경제제재조차도 집행할 수 있는 메커니즘이 없었다. 머뭇거리는 국제연맹의 태도에서 집단안보의 기본적인 딜레마가 드러났다. 어떤 국가도 일본에 대해 전쟁할 각오가 되어 있지 않았다. (혹은 일본 해군이 아시아 지역의 대양을 지배하고 있었기 때문에 미국의 참전 없이는 전쟁할 여건이 되지 않았다.) 비록 경제제재 수단이 있다고 하더라도 어떤 국가도 대공황 상황에서 일본과의 교역을 기꺼이 줄이려고 하지 않았다. 반대로 어떤 국가도 만주 점령을 기꺼이 승인하려고도 하지 않았다. 국제연맹 회원국 누구도 이처럼 자초한 모순을 어떻게 극복해야 할지 몰랐다.

마침내 아무런 조치도 취하지 않기 위한 방안이 고안되었다. 진상조사단이라는 형식을 띠고 있었던 이 방안은 아무 일도 하지 않는 게 바람직하다는 신호를 보내는 외교관들의 일반적인 수단이었다. 이런 위원회는 소집되고 조사에 착수하고 컨센서스에 이르기까지 시간이 걸렸다. 컨센서스에 도달할 때쯤 운이 좋다면 문제가 사라졌을 수도 있었다. 일본은 이런 방식에 너무나 자신이 있었기 때문에 그런 조사를 해보자고 권고하는 데 앞장을 섰다. 리튼 위원회(Lytton Commission)로 알려진 조사단은 일본의 불만이 타당하기는 하지만 이를 시정하기 위해 우선 평화적 수단을 다 시도해보지 않은 실수를 했다고 보고했다. 일본 본토보다 더 넓은 영토를 점령한 데 대해 이 정도로 최대한 온건하게 비난했지만, 이것조차도 일본 입장에서는 너무 심했던 것으로 밝혀졌다. 일본은 국제연맹 탈퇴로 대응했다. 이는 국제연맹 제도 전체가 와해로 나아가는 첫 단계가 되었다.

유럽에서는 이 사건 전체가 멀리 떨어진 대륙들에서나 일어나는 일종의 일탈로 간주되었다. 군축 회담은 마치 만주 위기가 없었던 것처럼 계속 진행되었고, 안보냐 동등성(parity)이냐에 대한 토론은 대체로 의례적인 행위가 되었다. 그런 다음 1933년 1월 30일에 히틀러가 독일에서 권좌에 올랐고, 베르사유체제가 실제로 엉성한 체제(house of cards)였다는 사실을 몸소 보여주었다.

12

환상의 종말:
히틀러와 베르사유체제의 파멸

The End of Illusion: Hitler and the Destruction of Versailles

히틀러의 권력 장악은 세계 역사상 최악의 재앙으로 기록되었다. 히틀러가 없었더라면 베르사유 국제질서로 대변되는 엉성한 체제가 평화적으로 붕괴했을지도 모르고, 적어도 대참사를 겪을 필요는 없었을지도 모른다. 독일이 이 과정에서 유럽 대륙에서 가장 강력한 국가로 등장할 것이라는 사실 자체는 불가피했다. 하지만 그것이 초래한 대량학살과 초토화는 악마 같은 인간성을 지닌 사람이 만들어낸 결과물이었다.

히틀러는 웅변술을 통해 명성을 얻었다. 다른 혁명 지도자와 달리 히틀러는 어떠한 주류 정치사상 학파에도 속하지 않았던 고독한 정치적 모험가였다. 『나의 투쟁(Mein

299

Kampf)』에서 표현된 그의 철학은 진부한 내용으로부터 기상천외함까지 경계를 드나들었고 우익적, 급진적, 일반적 통념이 대중화된 형태로 재포장되었다. 이런 철학은 그 자체만으로는 마르크스의 『자본론(Das Kapital)』이나 18세기 철학가들의 저작이 그랬던 것처럼 결코 혁명까지 이어지는 지적 흐름을 만들어내지 못했을 것이다.

대중선동 능력에 힘입어 히틀러는 독일의 최고위직에 오를 수 있었고, 정치경력 내내 대중선동을 주무기로 활용했다. 히틀러는 낙오자의 본능과 심리적 약점을 정확하게 꿰뚫어 보는 안목으로 상대방의 기를 철저하게 꺾어서 자신의 지배를 묵인할 때까지 계속 불리한 입장으로 몰아넣었다. 국제적으로 히틀러는 민주주의 국가들의 베르사유 조약에 대한 죄책감을 무자비하게 활용했다.

정부 수반으로서 히틀러는 분석이 아닌 본능에 따라 움직였다. 스스로를 예술가라고 상상하면서 가만히 앉아 있지 못하고 끊임없이 그리고 쉴 새 없이 움직였다. 그는 베를린을 싫어했고 바이에른 지역의 휴양지에서 위안을 찾았다. 바이에른 휴양지에 가면 한 번에 몇 달간 머물렀지만, 심지어 그곳에서도 금방 싫증을 냈다. 히틀러는 질서정연한 일처리를 싫어했고 장관들이 히틀러를 만나기가 힘들었기 때문에 정책결정이 간헐적으로 이루어졌다. 히틀러의 번뜩이는 광적인 활동과 잘 맞는 일은 무엇이든 활발하게 진행되었다. 지속적인 노력이 필요한 일은 무엇이든 시들어갔다.

대중선동의 핵심은 감정과 좌절을 찰나에 정제해낼 수 있는 능력에 달려 있다. 그런 순간을 흐뭇하게 충족시키고, 수행원과 일반 대중의 넋을 빼놓고 거의 감각적인 관계를 유지하는 것이 히틀러의 주특기가 되었다. 전 세계가 히틀러를 정상적이고 한정된 목표를 추구하는 사람으로 인식했을 때 히틀러는 외국에서 가장 크게 성공을 거두었다. 그의 모든 위대한 외교적 성과는 집권 초기 5년 동안, 즉 1933년부터 1938년 사이에 달성되었다. 이런 성과는 히틀러의 목표가 베르사유체제와 그 체제의 원칙으로 알려진 것을 조화시키는 것이라는 히틀러 희생자들의 가정에 기반한 것이었다.

일단 히틀러가 불의를 시정하겠다는 가식을 벗어던지자 그에 대한 신뢰도 사라졌다. 자신의 이익을 좇으며 정복하겠다는 민낯을 보이기 시작하면서 그의 현실 감각도 사라졌다. 가령 1940년에 프랑스에 대한 그의 작전 구상이나 1941년에 모스크바 전선으로부터의 후퇴 요청 거부처럼 이따금 직관이 여전히 번뜩일 때도 있었다. 그대로 후퇴했더라면 거의 틀림없이 독일군이 붕괴했을 것이다. 하지만 히틀러의 결정적인 경험은 제1차 세계대전의 패배였던 것처럼 보인다. 히틀러는 겨자 가스(mustard gas)로 인해 일시적으로 실명한 상태로 군병원에 누워 있을 때 독일이 패전했다는 소식을 들었던 경험을 계속해서 떠올렸다. 히틀러는 독일의 붕괴를 배신, 유대인의 음모, 의지의 부족 탓으로 돌리면서 독일은 외국이 아니라 스스로에 의해서만 패할 수 있을 것이라고 남은 평생 동안 주장하게 된다. 이런 사고방식은 1918년의 패배를 반역으로 바꾸어 놓았고 독일 지도자들이 끝까지 싸우려 하지 않았던 사실은 히틀러의 강박적 수사와 너무나 지루한 독백의 주요 주제가 되었다.

히틀러는 항상 이상하게 자신의 승리들로는 성취감을 못 느끼는 것처럼 보였다. 그는 결국 순수한 의지력으로 임박한 붕괴를 극복함으로써만 자신에 대한 이미지를 실현할 수 있는 것처럼 보였다. 이 점에서 심리학자들은 히틀러가 전략적이거나 정치적인 근거가 없어 보이는 방식으로, 독일의 자원이 소진될 때까지 그리고 거의 완전히 점령된 나라의 포위된 수도의 방공호 안에서 끝까지 굴하지 않고 세계와 맞섬으로써 마침내 자아를 실현할 수 있었을 때까지 전쟁을 수행한 것에 대한 한 가지 설명을 찾아낼지도 모른다.

대중선동 능력과 병적인 자기중심주의는 동일한 동전의 양면이다. 히틀러는 정상적인 대화가 불가능했다. 홀로 긴 독백에 빠지거나, 아니면 다른 사람이 어떻게 해서든 발언권을 얻어서 말을 하게 되면 지루한 침묵에 빠져들었고 가끔씩 깜빡 잠이 들기도 했다.[1] 히틀러는 오스트리아 빈의 밑바닥 세계에서 출발해 독일 전체를 무소불위로 지배하게 된 거의 기적과 같은 자신의 출세를 어떤 동시대인도 따라올 수 없는 개인적 특성 덕택으로 돌리는 버릇이 있었다. 그리하여 본인의 집권 이야기를 줄줄 읊는 히틀러의 지루한 "탁자 담화" 예배가 시작되면 그의 제자들이 이를 받아 적었다.[2]

히틀러의 병적인 자기중심주의는 더욱 치명적인 결과도 낳았다. 히틀러는 본인의 능력이 너무나 유일무이하기 때문에 자신의 목표를 자신이 살아있는 동안 달성해야 한다고 확신했고, 보다 더 중요한 사실로서 그의 측근도 그렇게 믿었다. 그의 가족사를 볼 때 히틀러는 자신의 삶이 상대적으로 짧을 것이라고 예측했으며,[3] 그 때문에 자신의 성공이 무르익게 놔둘 수가 없었고 그의 육체적 기력에 대한 자신의 진단에 기초해 수립된 일정표대로 계속 나아갔다. 이처럼 의학적 추정에 기초해서 시작된 주요한 전쟁 사례는 역사적으로 찾아보기가 어렵다.

모든 것을 감안했을 때 히틀러가 초기에 거두었던 경이로운 성공은 결국, 슈트레제만을 비롯해서 그가 경멸했던 전임자들의 정책이 만들어낸 기회들을 더 빠르게 수확한 것이라 할 수 있다. 베스트팔렌 평화 조약과 마찬가지로, 베르사유 조약은 자신의 동쪽 국경에서 훨씬 더 작고 보호도 못 받는 국가 무리를 마주하는 한 강력한 국가를 남겼다.[4] 하지만 베스트팔렌 조약에서는 이것이 의도적이었던 반면, 베르사유 조약은 그와는 정반대였다는 차이가 있었다. 베르사유 조약과 로카르노 조약은 독일이 동유럽으로 향하는 길을 매끄럽게 닦아놓았다. 만약 독일 지도부가 인내심이 있었다면 결국 평화적 수단으로 우위를 차지하거나 어쩌면 서방으로부터 우위를 넘겨받았을 것이다. 하지만 히틀러의 무모한 과대망상으로 인해 평화적으로 전개될 뻔했던 역사적 흐름이 전쟁으로 바뀌었다.

처음에는 히틀러의 진정한 실체가 겉으로 보이는 평범함에 가려져 있었다. 독일이나 서유럽의 기득권층은 그가 정말로 기존질서를 뒤엎으려 할 것이라고 믿지 않았다. 비록 히틀러가 자신의 의도를 그런 취지로 충분히 밝혔음에도 말이다. 계속 세를 확장하는 나치당의 공격에 시달리고, 대공황과 정치적 혼돈에 의기소침해진 보수주의 성향의 독일 지도부는 히틀러를 총리에 임명했고 히틀러 주변에 존경할 만한 보수파 인물들을 포진시킴으로써 스스로 안심하려고 했다. (1933년 1월 30일에 히틀러의 첫 내각에는 나치 당원이 불과 세 명에 불과했다.) 하지만 히틀러는 의회의 계략에 놀아나려고 여기까지 온 게 아니었다. 몇 번의 무자비한 조치를 거쳐서 (그리고 1934년 6월 30일 많은 경쟁자와 반대파를 암살하는 숙청을 통해) 히틀러는 집권한 지 18개월 만에 독일의 독재자가 되었다.

히틀러의 득세에 대한 서유럽 민주주의 국가들의 대응은 처음에는 군축 노력을 가속화하는 것이었다. 이제 독일 정부는 베르사유 합의를 뒤집고 재무장을 한 다음 팽창 정책을 추구하겠다고 선언한 총리가 이끌게 되었다. 그런데도 민주주의 국가들은 특별히 주의해야 한다고 느끼지 못했다. 오히려 히틀러의 집권으로 인해 군축을 추진해야 한다는 영국의 결의만 강해졌다. 심지어 일부 영국 외교관은 히틀러가 이전의 덜 안정적인 정부보다 더 나은 희망을 줄 수도 있다고까지 생각했다. "히틀러의 서명이 과거 다른 어떤 독일인들의 서명보다도 더 확실히 독일을 구속할 것이다."라고 핍스(Phipps) 주독일 대사는 활기차게 외교부에 보고했다.[5] 램지 맥도널드에 따르면, 독일이 군축합의를 파기할 경우 "독일을 반대하는 세계의 힘은 과장할 수 없을 정도로 크기 때문에" 프랑스에 대한 영국의 안전보장은 불필요했다.[6]

물론 프랑스는 이처럼 마음을 달래주는 발표에도 불구하고 안심할 수 없었다. 프랑스의 가장 큰 문제는 여전히 만약 독일이 재무장하고 영국이 보장을 거부한다면 어떻게 안보를 확보할 것인가였다. 만약 세계 여론이 위반국을 상대하는 데 있어 정말로 그토록 결정적이라면 영국은 왜 그런 보장을 제공하기를 그토록 꺼리는가? "영국 여론이 지지하지 않기 때문이다."라고 외교장관인 존 사이먼 경(Sir John Simon)이 답했고, 그럼으로써 영국이 보장하지 않으려는 것을 지켜줄 것이라고 의지할 수 없다는 프랑스의 악몽이 분명해졌다.[7] 하지만 왜 영국 여론은 프랑스에 대한 보장을 지지하지 않으려고 하는가? 영국 여론은 그런 공격이 일어날 가능성이 낮다고 보기 때문이라고 보수당 당수이자 영국 정부의 실질적인 수반인 스탠리 볼드윈(Stanley Baldwin)이 답변했다.

> 만약 독일이 재무장하고 있다는 사실이 입증될 수 있다면 새로운 상황이 즉각 대두 될 것이고, 유럽은 직시해야만 할 것입니다. … 만약 그런 상황이 대두되었다면 영 국정부는 아주 심각하게 고려해야 하겠지만, 아직 그런 상황이 대두되지 않았습니 다.8

이런 주장은 끝없는 순환 논리였고 끝없이 상충됐다. 보장이 너무 위험하고 불필요 하다. 동등한 입장이 되면 독일이 만족할 것이다. 하지만 세계 여론의 비난이 위반자를 멈추게 할지라도, 독일이 하지도 않을 것으로 짐작되는 도전에 대비해서 보장을 제공한 다는 것은 너무나 위험하다. 마침내 히틀러는 교묘한 회피와 위선을 끝냈다. 1933년 10 월 14일에 독일은 군축회의를 영원히 떠났다. 동등하게 대우해달라는 독일의 요구가 퇴 짜를 받았기 때문이 아니라 실제로 수용된다면 무제한으로 재무장하려는 열망이 차질을 빚을 수 있다고 두려워했기 때문이다. 일주일 후에 히틀러는 국제연맹에서 탈퇴했다. 1934년 초에는 독일의 재무장을 선언했다. 독일은 세계 공동체로부터 떨어져 나가는 과 정에서 아무런 가시적인 손해도 입지 않았다.

히틀러가 도전하겠다는 의사를 분명히 내비쳤지만, 민주주의 국가들은 그게 무엇을 의미하는지 확신하지 못했다. 재무장을 함으로써 히틀러는 실제로 대부분의 국제연맹 회 원국들이 이미 원칙적으로 양해했던 것을 이행하고 있는 것이 아닌가? 명확하게 규정할 수 있는 침략행위를 히틀러가 감행하기도 전에 왜 먼저 대응해야 하는가? 결국 그것은 집단안보에 관한 게 아니지 않는가? 서방 민주주의 지도자들은 이런 식으로 확실치 않은 선택을 해야 하는 고통을 피했다. 히틀러의 나쁜 신념이 실체를 드러내지 않는 한 단호한 조치를 취하기 위해 필요한 여론의 지지를 기대하기도 어렵고, 또는 민주주의 국가의 지 도자들이 그렇게 생각했기 때문에 기다리는 게 훨씬 쉬웠다. 물론 히틀러는 서방 민주주 의 지도자들이 효과적으로 대항하기에 너무 늦을 때까지 자신의 진정한 의도를 숨기는 게 모든 면에서 유리했다. 어찌됐건 민주주의 국가의 정치인들은 전간기에 전쟁을 세력 균형의 약화보다 더 두려워했다. 램지 맥도널드(Ramsay MacDonald)는 안보를 "군사적 수단이 아닌 도덕적 수단으로" 추구해야 한다고 주장했다.

히틀러는 잠재적 희생자들의 환상에 맞춰 주기적으로 평화공세를 펼치면서 그런 태도들을 교묘하게 활용했다. 군축회담에서 탈퇴했을 때 히틀러는 독일 육군을 30만 명 수준으로, 그리고 독일 공군을 프랑스 공군의 절반까지 제한하겠다고 제안했다. 이런 제안은 베르사유 조약에 따라 10만 명으로 제한되어 있었던 육군 병력수를 독일이 이미 파기했다는 사실로부터 관심을 분산시켰고, 다른 한편으로 얼핏 보기에 향후 몇 년 동안 달성이 불가능해 보이는 상한선을 설정하고 이에 합의하려는 시도였다. 그때가 되면 물론 이 상한선도 의심할 나위도 없이 파기되었을 것이다.

프랑스는 이 제안을 거부했고 자신의 안보를 직접 챙기겠다고 선언했다. 프랑스가 오만하게 응답하기는 했지만 그렇다고 해서 독일이 군사적으로 동등해졌다는(혹은 그 이상이라는) 악몽이 프랑스를 덮쳤다는 현실을 감출 수 없었다. 영국은 군축이 그 어느 때보다 더욱 중요해졌다고 결론을 내렸다. 영국 내각은 "국제연맹 규약상 의무이자 군비경쟁을 예방하는 유일한 수단으로서 전 세계적인 군비 제한과 축소를 국제 협력을 통해 추구하는 게 여전히 우리의 정책이다."라고 발표했다.[9] 실제로 영국 내각은 불리한 입장이 되고 있다고 스스로 판단했고 그런 상황에서 협상을 하는 게 최선책이라는 기이한 결론을 내렸다. 히틀러가 독일 대표단에게 군축회담을 떠나라고 명령한 지 6주가 지난 1933년 11월 29일, 볼드윈(Baldwin)은 내각에 이렇게 말했다.

> 만약 우리가 군비와 관련해서 어떤 제한도 달성하지 못할 것이라고 예상된다면 공군뿐 아니라 육군과 해군과 관련해서도 불안해지는 게 당연합니다. [영국은] 독일을 포함하는 군축 계획을 만들어내기 위해 모든 노력을 기울이고 있었습니다.[10]

독일이 재무장하고 있었고, 영국의 방위 상황이 볼드윈의 말 그대로 불안했기 때문에 영국으로서는 국방력을 강화하는 게 적절해 보였다. 하지만 볼드윈은 정반대 노선을 택했다. 그는 1932년에 제정된 규정에 따라 군용기 생산 동결을 지속했다. "군축 회의의 추진에 힘을 실으려는 영국 정부의 열의에 한층 더 진정성을 부여하려는" 의도에서 이런 조치가 나왔다.[11] 볼드윈은 영국만 일방적으로 군축을 할 경우 히틀러가 군축 협상에 나설 어떤 유인이 있을지 설명하지 못했다. (영국이 새로운 형태의 비행기를 개발하고 있었다는 게 볼드윈의 행동을 그나마 너그럽게 설명해줄 수 있다. 이 비행기들이 준비될 때까지 아무것도 만들어낼 게 없기 때문에 볼드윈이 부득이하게 호의를 베푼 셈이었다.)

프랑스로서는 희망적인 사고를 하며 위안을 찾았다. 주프랑스 영국 대사는 이렇게 보고했다. "프랑스는 실제로 극단적으로 조심하는 수준까지 후퇴했고 군사적 모험주의를 자극할 수 있는 어떠한 강제적인 조치도 반대하고 있습니다."[12] 당시 육군장관이었던 에두아르 달라디에(Edouard Daladier)에게 제출된 보고서를 보면 프랑스조차 국제연맹의 통설로 기울어지기 시작했다는 게 드러났다. 주독일 프랑스 국방무관은 히틀러보다 더 위험한 광신도들이 히틀러의 주변에 있다고 확신했고, 히틀러를 억제할 수 있는 가장 효과적인 수단이 군축이라고 선언했다.

> 적어도 잠시만이라도 독일의 군사적 발전을 … 억누를 수 있는 합의에 이르는 것 이 외의 다른 수단이 우리에게 없어 보입니다. … 만약 평화를 열망한다는 히틀러의 주 장이 진심이라면 우리는 이런 합의를 달성했다고 자축할 수 있을 것입니다. 만약 그 가 다른 꿍꿍이가 있거나 혹은 어느 날 다른 광신도들에게 굴복하게 되더라도 우리 는 최소한 전쟁의 발발을 미뤄놓은 셈이 되며 이 또한 이익이 되는 셈입니다.[13]

영국과 프랑스는 그야말로 어떤 다른 일을 해야 할지 몰랐기 때문에 독일의 재무장이 진행되게 놔두는 방안을 택했다. 영국은 집단안보와 국제연맹을 아직 포기할 각오가 되어 있지 않았고, 프랑스는 너무나 의기소침해져서 자신의 불길한 예감에 맞서 행동으로 나설 수가 없었다. 프랑스는 홀로 행동할 엄두가 나지 않았고, 영국은 같이 행동하기를 거부했다.

돌이켜보면 히틀러와 같은 시대에 살았던 사람들이 그의 동기를 어리석게 평가했다고 비웃기는 쉬운 법이다. 하지만 히틀러의 야심은 그의 범죄성은 차치하고라도 처음에는 그렇게 명확히 드러나지 않았다. 히틀러는 집권 후 첫 2년 동안 자신의 집권을 공고히 하는 데 주로 관심이 있었다. 하지만 영국과 프랑스의 많은 지도자들이 보기에도 히틀러의 호전적인 외교정책 스타일은 그의 강력한 반공주의와 독일경제 회복으로 상쇄되기에는 너무 지나쳤다.

정치인들은 자신들이 취할 수 있는 행동 범위가 가장 클 때 그들이 가진 정보가 최소라는 딜레마에 항상 직면한다. 충분한 정보를 갖게 되었을 때는 결정적 행동이 가능한 범위가 사라졌을 수도 있다. 1930년대에 영국 지도자들은 히틀러의 목표가 무엇이었는지에 대해 너무나 불확실했고, 프랑스 지도자들은 자신들이 증명할 수도 없는 판단에 근거해서 행동에 나서기에는 너무나 자신감이 없었다. 히틀러의 진정한 속성에 관한 학습비용은 유럽의 한쪽 끝에서 다른 쪽 끝까지 이어진 수천만 명의 무덤이었다. 반면에 민주주의 국가들이 히틀러의 집권 초에 정면대결을 억지로 했더라면 후대의 역사학자들이 히틀러가 오해를 받았던 민족주의자였는지 아니면 세계를 지배하려고 혈안이 되어 있던 미치광이였는지를 놓고 여전히 논쟁하고 있을 것이다.

물론 서방이 히틀러의 동기에 집착한 게 애당초 잘못된 것이었다. 세력균형 교리에 따라 강대국 독일이 동부에 약소국들과 국경을 맞대고 있는 게 위험한 위협이라는 사실을 분명히 했어야 했다. 현실정치(Realpolitik)에 따르면 히틀러의 의도와 무관하게 독일의 주변국과의 관계는 그들의 상대적인 힘에 의해 결정된다. 서방은 히틀러의 의도를 판단하기보다 독일의 신장하는 힘에 맞서 균형을 잡는 데 시간을 더 보냈어야 했다.

서방 연합국이 히틀러와 대결하기를 주저함으로써 발생한 결과를 가장 잘 설명한 사람은 히틀러의 악마와 같은 선전선동 장관이었던 요제프 괴벨스(Joseph Goebbels)였다. 1940년 4월에 나치가 노르웨이를 침공하기 전날 밤, 괴벨스는 비밀 브리핑을 했다.

> 1932년 이전에 국내의 적들이 우리가 어디로 갈지, 혹은 우리가 합법적으로 행동하겠다고 서약했던 게 속임수였다는 것을 전혀 몰랐던 것처럼, 우리는 현재까지 적들이 독일의 진정한 목표를 전혀 눈치채지 못하게 하는 데 성공했다. … 그들은 우리를 진압했을 수도 있었다. 우리 중 일부를 1925년에 체포했을 수도 있었고, 그랬다면 끝장이 났을 것이다. 그러나 그들은 우리가 위험 지대를 통과하게 해줬다. 외교정책에서도 그와 똑같은 일이 벌어졌다. … 1933년에 프랑스 총리는 이렇게 말했어야 했다. (그리고 내가 프랑스 총리였더라도 이렇게 말했을 것이다.) "새로운 제국 총리는 『나의 투쟁』을 쓴 사람이고 거기에는 이런저런 말이 있다. 이런 자가 우리 근처에 있도록 용인되어서는 안 된다. 그가 사라지든가 아니면 우리가 진격해야 한다." 하지만 그들은 그러지 않았다. 적들은 우리를 내버려두었고 위험 지대를 빠져나가게 해주었다. 우리는 모든 위험한 암초들을 돌아서 항해할 수 있었다. 그리고 우리가 준비를 마쳤을 때 그들보다 더 잘 무장했을 때, 그들이 전쟁을 개시했다! [14]

민주주의 국가의 지도자들은 독일이 일단 어느 정도 수준으로 군비를 갖추게 된다면 히틀러의 진정한 의도가 무의미해진다는 사실을 직시하지 않으려고 했다. 독일 군사력이 급속도로 성장한다면 중단시키거나 거기에 맞춰서 균형을 잡지 않는 한 균형상태가 뒤집힐 수밖에 없었다.

이것은 사실상 윈스턴 처칠(Winston Churchill)이 홀로 주장했던 메시지였다. 하지만 1930년대에 선지자를 알아보기까지는 더 많은 시간이 필요했다. 그리하여 영국 지도자들은 이례적으로 보기 드물게 모든 정파가 만장일치로 처칠의 경고를 거부했다. 이들은 준비태세가 아니라 군축이 평화를 위한 열쇠라는 전제에서 출발해서 히틀러를 전략적 위험이 아닌 심리적 문제라고 간주했다.

1934년에 처칠이 독일의 재무장에 맞서 영국 공군을 강화하라고 촉구하자, 정부 지도자와 야당 지도자가 일치단결해서 그를 무시했다. 자유당을 대표해 허버트 새뮤얼 (Herbert Samuel)이 이렇게 말했다. "그는 마치 … 무모한 브리지 게임에서 … 건전하고 정상적인 조언을 하는 데 관심이 없는 것처럼 보입니다. … 이 모든 방식들이 다 위험합니다."15 스태포드 크립스 경(Sir Stafford Cripps)도 거만하고 비꼬는 말투로 노동당의 주장을 제시했다.

> 처칠을 중세시대의 늙은 남작 정도로 상상해볼 수 있습니다. 이 나라의 남작 영지 (領地)들에서의 군축이 가능하다는 아이디어를 비웃으며 그와 그의 봉건적 추종자들이 그들의 안전과 소폐를 유지할 수 있는 유일한 방법은 가능한 한 강력한 무장을 하는 것이라고 말하고 있는 남작 말입니다.16

보수파 총리인 볼드윈은 "아직 모종의 무기를 제한하거나 제약하는 방안에 대한 희망을 버리지 않았다."라고 하원에 통보하면서 만장일치로 처칠을 거부했다. 볼드윈에 따르면 독일 공군력에 관한 정확한 정보를 획득하기가 "너무나 어려웠다." 하지만 왜 그렇게 어려워야만 했는지는 밝히지 않았다.17 그런데도 볼드윈은 "독일이 급속도로 우리와 동등한 수준이 되고 있지는 않다."라고 확신했다.18 볼드윈은 "현재 지나치게 경계할 이유가 없고, 더구나 겁에 질릴 이유도 없다."라고 느꼈다. 처칠의 판단이 "과장되었다."라고 질책하면서 볼드윈은 "지금으로서는 우리나 유럽에서 아무도 당장 위협적인 존재에 직면하고 있지 않으며, 실제 비상상황이 아니다."라고 강조했다.19

프랑스는 1920년대에 체코슬로바키아와 폴란드, 루마니아에 제시했던 일방적인 안전보장을 상호방위 조약으로 바꾸면서 어중간한 동맹들을 끌어모아 대비책을 마련하려고 했다. 이는 이제 독일이 동쪽으로 진격하기 전에 프랑스를 상대로 앙갚음을 하기로 한다면 동유럽국들이 프랑스를 지원해야 한다는 의미였다.

이는 공허하고 게다가 애처로운 제스처였다. 프랑스가 동유럽의 신생 약소국들에 안보를 보장한다는 차원에서 볼 때 이 동맹은 충분히 논리적이었다. 하지만 독일이 양면전쟁의 위험에 직면하게 만드는 일종의 상호원조 조약이 되기에는 어울리지 않았다. 이

나라들은 독일을 동쪽에서 억제하기에는 너무나 힘이 약했다. 프랑스를 구해주기 위해서 독일을 공격한다는 작전은 불가능했다. 이러한 조약이 무의미하다는 사실을 강조하면서 폴란드는 독일과 불가침 조약을 체결하여 자신의 프랑스에 대한 공약과 균형을 맞췄다. 그리하여 프랑스가 공격받으면 폴란드의 공식적인 의무들이 서로 상쇄되거나, 보다 정확하게 말하자면 폴란드로서는 위기의 순간에 가장 큰 이익을 약속하는 쪽에 자유롭게 줄을 설 수 있게 되었다.

1935년에 서명되었던 새로운 불—소 합의는 심리적, 정치적으로 위축된 프랑스의 상황을 여실히 보여줬다. 제1차 세계대전 이전에 프랑스는 러시아와 정치적 동맹을 너무나 갈망했으며, 이러한 정치적 양해가 군사 조약으로 전환될 때까지 마음을 놓지 않았다. 1935년에 프랑스의 입장은 전략적으로 훨씬 더 취약해졌고 소련의 군사적 지원을 더욱 간절하게 원하고 있었다. 그런데도 프랑스는 마지못해 소련과의 정치적 동맹을 체결했을 뿐 군사참모진 간 대화는 요지부동 거부하였다. 1937년이 되어서도 프랑스는 프랑스의 연례 군사 기동훈련에 소련 참관단의 입회를 허용하지 않았다.

프랑스 지도부가 이처럼 초연하게 행동했던 데에는 세 가지 이유가 있었고, 전부 다 스탈린의 서방 민주주의 국가에 대한 타고난 불신을 확실히 증폭시켰다. 첫 번째로 소련과 너무 가까워지면 프랑스로서는 필수불가결한 영국과의 연계가 약해질 수도 있다는 두려움이 있었다. 두 번째로 소련과 독일 사이에 있는 프랑스의 동유럽 동맹국들로서는 소련군이 자국 영토로 진입하는 상황을 허용할 준비가 되어 있지 않았고, 따라서 불—소 군사참모진 간의 대화에서 의미 있는 주제를 찾기가 어려웠다. 마지막으로 일찍이 1938년에 프랑스 지도자들은 독일에 너무나 겁을 먹고 있었기 때문에 소련과 군사참모진 간에 대화를 할 경우, 카미유 쇼탕(Camille Chautemps) 총리의 말을 빌리자면 "독일의 선전포고를 유발할 수도 있다."라고 보았다.[20]

그리하여 프랑스는 결국 도움을 받기에는 너무나 허약한 국가들과 군사동맹을 맺었고, 군사적으로 협력하기에는 엄두가 안 나는 소련과는 정치적 동맹을 체결했으며, 그리고 어떠한 군사개입도 고려하기를 단호히 거부하는 영국에 전략적으로 의존하는 처지에 놓였다. 이러한 대책은 어떤 거대한 전략이라기보다 신경쇠약을 치료하기 위한 처방이었다.

독일의 국력신장에 맞서 프랑스가 진지하게 취한 유일한 조치는 이탈리아를 향한 것이었다. 무솔리니는 집단안보를 그다지 추종하지 않았지만 이탈리아의 한계를 명확히 알고 있었고, 특히 독일과 관련해서는 더욱 그랬다. 무솔리니는 독일이 오스트리아를 병합하면 인종적으로 독일인들이 거주하는 남티롤 지역의 반환을 요구할 것이라고 두려워했다. 1935년 1월 당시 외교장관이었던 피에르 라발(Pierre Laval)은 거의 군사동맹이 될 뻔했던 합의를 체결했다. 오스트리아의 독립이 어떤 식으로라도 위협받을 경우 서로 협의하기로 합의하면서, 프랑스와 이탈리아는 군사참모진 간의 대화를 개시했다. 이 회담에서 양국은 이탈리아의 병력을 라인강을 따라 주둔시키고 프랑스 병력을 오스트리아와의 국경에 배치하는 방안을 논의하는 수준까지 나아갔다.

3개월 후 히틀러가 징병제를 재도입한 후에 영국, 프랑스, 이탈리아가 동맹과 비슷한 수준으로 관계를 발전시키고 있는 것처럼 보였다. 세 나라의 정부수반이 이탈리아의 휴양지인 스트레자(Stresa)에서 회동했고, 독일이 베르사유 조약을 무력으로 변경하려는 시도에 저항하기로 동의했다. 베르사유 조약이 이탈리아를 부당하게 대우했다면서 오랫동안 비판해왔던 무솔리니가 이런 회의를 개최했다는 점이 사소하기는 하지만 역사적 관점에서 역설적이다.[21]

스트레자는 제1차 세계대전 승전국이 공동 행동을 검토해본 마지막 계기가 되었다. 이 회의가 개최된 지 2개월이 지난 후, 영국은 독일과 해군 조약을 체결했다. 이 조약을 체결함으로써 영국은 자국의 안보와 관련해서는 스트레자 파트너들보다는 적국과의 양자 거래에 의존하길 원한다는 사실을 보여주었다. 독일은 향후 10년간 영국 해군의 35퍼센트로 독일 해군 규모를 제한하기로 합의했다. 그러나 독일은 영국과 동일한 수의 잠수함을 유지할 권리를 부여받았다.

해군 조약의 조건보다 이 조약을 통해 민주주의 국가들의 정신상태가 드러났다는 점이 더 의미심장했다. 영국 내각은 이 해군 합의가 실제로 독일이 베르사유 조약의 해군 조항을 파기하는 것을 묵인하는 셈이며, 그럼으로써 적어도 스트레자 전선의 정신을 위반하게 된다는 사실을 틀림없이 인식했다. 이 합의에 따라 양자 차원에서 새로운 상한선이 설정되는 실질적인 결과가 나왔다. 이 상한선은 독일의 건조 능력을 상회하는 수준이었고, 이런 방식의 군비통제는 이후 냉전기에 갈수록 인기를 얻었다. 이 해군 합의는 아울러 영국이 스트레자 전선의 파트너들에 의존하기보다 적국을 달래는 방식을 선호했다는 사실을 상징했다. 이는 이후 유화정책(appeasement policy)으로 알려진 정책의 심리적 토대가 되었다.

그 이후 얼마 안 가서 스트레자 전선이 완전히 붕괴했다. 현실정치를 고수하던 무솔리니는 제1차 세계대전 이전에는 일상적이었던 식민지 팽창에 대해 자유재량권이 당연히 있다고 여겼다. 그래서 무솔리니는 아프리카의 마지막 독립국인 아비시니아(에티오피아의 옛 이름—옮긴이)를 점령함으로써 아프리카 제국을 구축하려 했고, 그 과정에서 세기가 바뀔 무렵 이탈리아가 아비니시아군으로부터 겪었던 수모를 되갚으려고 했다.22

하지만 무솔리니의 침략은 제1차 세계대전 이전이었더라면 용인되었겠지만, 이제 전 세계가 집단안보와 국제연맹에 얽매여 있는 상황에서 추진되었다. 국제연맹이 일본의 만주 점령을 저지하는 데 "실패했다."라고 비판하는 여론이 이미 거셌고, 특히 영국에서 강했다. 그 사이에 경제제재를 실행하기 위한 메커니즘도 마련되었다. 이탈리아가 1935년에 아비시니아를 침략했을 때, 국제연맹은 이미 그런 침략에 대한 공식적인 해결책을 갖고 있었다. 더욱이 아비시니아는 다소 특이한 상황 반전의 결과이기는 했지만, 국제연맹 회원국이었다. 이탈리아는 1925년에 영국이 아비시니아에 어떤 꿍꿍이가 있다고 추정하고, 이를 견제하고자 아비시니아의 국제연맹 가입을 후원했다. 영국은 아비시니아가 국제공동체의 완전한 일원이 되기에는 너무나 야만적이라고 주장한 다음에 마지못해 묵인했다.

이제 두 나라 다 제 손으로 판 함정에 빠졌다. 이탈리아는 어떤 기준으로 보더라도 정당한 이유 없이 국제연맹 회원국을 침략했다. 영국은 집단안보에 대한 도전에 직면했고, 여느 아프리카 식민지 문제의 차원이 아니었다. 스트레자 회의에서 영국과 프랑스는 아비시니아가 이탈리아의 세력권에 포함된다고 이미 인정한 상황이어서 상황이 한층 더 복잡해졌다. 라발(Laval)은 모로코에서 프랑스의 역할과 비슷한 이탈리아의 역할을 염두에 두었다고 나중에 말했다. 즉, 간접 통제를 의미했던 것이다. 그러나 무솔리니가 프랑스와 영국이 이 정도로 많이 양보한 상태에서 아비시니아에 대한 병합이냐 아니면 간접 통제냐를 놓고 독일에 맞서는 거의 동맹에 가까운 관계를 희생할 것임을 이해할 거라고 기대할 수가 없었다.

프랑스와 영국은 상호 배타적인 두 가지 옵션에 직면하고 있는 현실을 결코 이해하지 못했다. 만약 오스트리아를 보호하기 위해서 이탈리아가 필수적이고 어쩌면 로카르노 조약을 통해 보장된 라인란트의 비무장화를 간접적으로 유지하기 위해서도 이탈리아가 반드시 필요하다고 결론을 내렸다면, 프랑스와 영국은 아프리카에서 이탈리아의 체면을 살려주고 스트레자 전선을 온전히 유지하기 위해 약간의 타협안을 제시해야 했다. 그렇지 않으면 실제로 독일을 봉쇄하고 침략에 대한 서방의 여론을 결집하는 두 가지 측면에서 국제연맹이 정말로 최선의 수단이었다면, 침략행위가 이득이 안 된다는 것이 입증될 때까지 제재를 추진해야 했다. 절충안은 없었다.

하지만 민주주의 국가들은 더 이상 명확하게 선택할 자신이 없었기 때문에 절충안을 모색했다. 영국의 주도하에 국제연맹의 경제제재 조치가 발동되었다. 동시에 라발은 은밀히 무솔리니에게 이탈리아가 석유를 획득하지 못하게 차단되지 않을 것이라고 안심시켜줬다. 영국은 정중하게 이탈리아에 석유 제재가 전쟁으로 이어질지 여부를 문의하면서 본질적으로 똑같은 노선을 추구했다. 예상 가능하듯이 무솔리니가 불성실하게 그렇다고 답변하자, 영국 내각은 국제연맹에 대한 자신의 지지와 전쟁에 대한 만연해 있는 두려움에 대한 호소를 결합할 수 있는 구실을 찾았다. 이 정책은 "전쟁을 제외한 모든 제재(all sanctions short of war)"라는 구호로 표현되었다.

이후에 스탠리 볼드윈(Stanley Baldwin) 총리는 효과가 있을 법한 어떤 제재라도 전쟁까지 갈 가능성이 있었을 것이라고 다소 애석한 듯이 말했다. 어쨌든 경제제재가 침략에 저항하는 데 있어 무력의 대안이 된다는 관념은 그다지 효과적이지 못했다. 이런 주장은 50년 정도 지난 후에 이라크의 쿠웨이트 병합에 대한 대응방식을 두고 미국에서 반복되었다. 물론 이 경우에는 더 행복한 결과가 나왔지만 말이다.

새뮤얼 호어(Samuel Hoare) 외교장관은 영국이 자신의 전략에서 일탈했다는 사실을 이해했다. 영국 지도자들은 독일의 임박한 위협에 저항하려면 히틀러에 맞서고 무솔리니와는 화해했어야 했다. 이들은 정반대로 했다. 독일에 유화적으로 나갔고 이탈리아와 대립했다. 이런 상황이 터무니없다는 점을 깨닫고 호어와 라발은 1935년 12월에 타협안을 고안해냈다. 이탈리아는 아비시니아의 비옥한 지역을 할양받고, 하일레 셀라시에(Haile Selassie) 아비시니아 황제는 아비시니아 왕국의 역사적 발원지였던 산악요새 지역을 계속 통치한다는 것이다. 영국은 내륙국이 된 아비시니아에 영국령 소말리아를 통해 바다로 접근할 수 있도록 함으로써 이 타협안에 기여하기로 하였다. 무솔리니가 이 구상을 수락할 것이라고 전적으로 기대되었고, 호어는 국제연맹의 승인을 받기 위해 이 제안을 제출하기로 했다.

호어-라발 계획은 국제연맹에 제출되기 전에 언론에 유출되어 허사로 돌아갔다. 이와 같은 언론 유출은 그 당시에는 매우 드문 일이었다. 비난 여론이 들끓으면서 호어는 사임하라는 압박을 받았고, 격앙된 여론에도 불구하고 실용적인 타협을 추구한 데 따른 희생자가 되었다. 그의 후임자인 앤서니 이든(Anthony Eden)은 집단안보와 경제제재라는 보호막 속으로 잽싸게 되돌아갔지만, 무력에 호소할 의향은 없었다.

연이은 위기에서 반복적으로 민주주의 국가들은 적국의 군사력을 너무 과대평가하면서 무력사용을 기피하는 태도를 정당화했다. 영국 정부는 프랑스의 지원 없이 이탈리아 함대를 상대할 수 없다고 확신했다. 프랑스는 내키지 않았지만 자국 함대를 지중해로 이동시켰고, 이로 인해 로카르노 조약의 보호자이자 스트레자 합의의 파트너였던 이탈리아와의 관계를 악화시켰다. 심지어 이처럼 압도적인 무력을 모았으면서도 석유 제재가 발동되지도 않았다. 그리고 아비시니아의 패배를 막기 위한 통상적인 제재도 신속하게 작동하지 않았다. 물론, 만약 제재가 발동되었다 하더라도 실제로 효과가 있었을지는 알 수 없었다.

이탈리아의 아비시니아 점령은 1936년 5월에 완료되었고, 무솔리니는 비토리오 에마누엘레 3세(Vittorio Emanuele III)를 에티오피아라고 국명이 새롭게 명명된 나라의 황제로 선포했다. 2개월도 지나지 않은 6월 30일에 국제연맹이 이 기정사실을 검토하고자 소집되었다. 하일레 셀라시에는 쓸쓸한 개인적 호소를 통해 집단안보의 종말을 고했다.

> 이것은 단순히 이탈리아 침략이라는 사안의 해결에 관한 문제가 아닙니다. 집단안보에 관한 문제입니다. 국제연맹의 존재 그 자체와 관련된 문제이자, 국가들이 국제 조약에 부여한 신뢰 그 자체에 관한 문제입니다. 그리고 소국들의 보전과 독립이 존중되고 보장될 것이라고 약속해준 가치관에 관한 문제입니다. 이는 국가 평등의 원칙과 소국들에 대한 종속적 지위 강요 사이의 선택입니다.[23]

7월 15일에 국제연맹은 이탈리아에 대한 모든 제재를 해제했다. 2년 후에 뮌헨 합의의 여파로 영국과 프랑스는 아비시니아 정복을 승인함으로써 도덕적 반대를 독일에 대한 두려움에 예속시켰다. 호어-라발 구상에 따라 현실정치가 작동되었더라면 하일레 셀라시에는 나라의 절반만 잃었겠지만 집단안보 하에서 전부 다 잃어버렸다.

군사력 측면에서 이탈리아는 영국이나 프랑스, 독일과 전혀 비교할 수준이 못 되었다. 하지만 소련의 냉담한 태도로 인해 공백이 발생하면서 이탈리아가 오스트리아의 독립 유지를 위해 유용한 보조 전력이 되었고, 비무장화된 라인란트의 보호에도 다소나마 유용해졌다. 영국과 프랑스가 유럽에서 가장 강력한 국가로 보이는 한 무솔리니는 베르사유 합의를 지지했다. 무솔리니는 특히 독일을 극도로 불신했고 처음에는 히틀러의 성격을 경멸했기 때문이다. 에티오피아 문제로 인한 분한 감정과 실제 권력관계에 대한 분석 결과가 합쳐져서, 무솔리니는 스트레자 전선을 고집한다면 이탈리아가 독일의 공격을 정면에서 맞게 될 것이라고 확신하게 되었다. 따라서 에티오피아 문제는 이탈리아가 독일 쪽으로 거침없이 돌아서는 계기가 되었고, 이 과정에서 욕심과 두려움이 비슷하게 작용했다.

하지만 에티오피아를 둘러싼 낭패가 가장 오랫동안 영향을 남긴 곳은 독일이었다. 주독일 영국 대사는 이렇게 보고했다. "이탈리아의 승리가 새로운 장을 열었습니다. 권력이 숭배되는 나라에서 영국의 위신이 침몰하는 게 불가피했습니다."24 이탈리아가 스트레자 전선에서 이탈하면서 독일이 오스트리아와 중유럽으로 진격하는 길목을 유일하게 막고 있었던 걸림돌은 비무장화된 라인란트로 인해 열려 있는 문이었다. 그리고 히틀러는 시간을 허비하지 않고 그 문을 세게 닫았다.

1936년 3월 7일 일요일에 히틀러는 독일군에게 비무장지역인 라인란트로 진격하라고 명령을 내렸고, 그리하여 베르사유 합의에서 남겨진 마지막 보호 장치를 뒤엎었다. 베르사유 조약에 따르면 독일군은 라인란트와 라인란트 동부 50킬로미터 이내로 진입이 금지되어 있었다. 독일은 이 조항을 로카르노 조약에서 재확인했다. 국제연맹은 로카르노 조약을 승인했고 영국, 프랑스, 벨기에, 이탈리아가 이를 보장했다.

만약 히틀러가 라인란트에서 승리할 수 있다면 동유럽은 독일 앞에서 속수무책이 될 것이다. 동유럽 신생국 중 어느 나라도 수정주의 성향의 독일에 맞서서 홀로건, 서로 합세해서건 자신을 방어할 수가 없었다. 이들의 유일한 희망은 프랑스가 라인란트로 진격하겠다고 위협해서 독일의 침략을 억지하는 것이었다.

서방 민주주의 국가들은 히틀러의 의도가 불확실했기 때문에 또다시 분열되었다. 기술적으로 볼 때 히틀러는 단지 독일 영토를 재점령하는 것이었다. 동시에 히틀러는 프랑스와의 불가침 조약을 제안하는 등 모든 종류의 보장책을 제안했다. 독일이 자신의 국경을 방어할 권리만 보장된다면 만족할 것이라는 주장이 또다시 나왔고, 다른 모든 유럽 국가들이 이를 당연하다고 생각했다. 영국과 프랑스 지도자들이 그토록 노골적으로 차별적인 상황을 유지하기 위해 자국민들의 목숨을 위험에 빠뜨릴 도덕적 권리가 있는가? 반면 독일이 아직 완전히 무장하지 않았을 때 히틀러와 정면으로 맞서고, 그렇게 해서 무수한 생명을 구하는 것이 그들의 도덕적 임무가 아니었는가?

역사가 그에 대한 답을 제시했다. 하지만 당시에 살던 사람들은 의구심으로 괴로움을 겪었다. 1936년에 히틀러는 정신병적인 직관력과 악마와 같은 의지력이 독특하게 합쳐져서 계속 이득을 보고 있었기 때문이다. 민주주의 국가들은 여전히 좀 과도한 측면도 있지만 자국을 유럽에서 동등한 위치로 복원하려는 정상적인 국가 지도자를 상대하고 있다고 믿었다. 영국과 프랑스는 히틀러가 무슨 생각을 하는지 알아내려고 몰두하고 있었다. 그가 진실했는가? 그가 정말로 평화를 원했는가? 이런 질문은 확실히 타당하기는 했지만, 외교정책이 실제 힘의 관계를 무시하고 상대방 의도를 예측해서 거기에 의존한다면 모래 위에 성을 쌓는 것이나 다름없다.

적의 약점을 이용하는 묘한 능력 덕택에 히틀러는 라인란트를 정확히 적절한 순간에 재점령했다. 이탈리아에 대한 제재로 수렁에 빠져서 꼼짝도 못 하던 국제연맹은 또 다른 주요 강대국과의 대립에 나서기를 원하지 않았다. 아비시니아에서의 전쟁으로 인해 서방 강대국들과 로카르노 조약 보장국의 일원이었던 이탈리아 간에 균열이 발생했다. 또 다른 보장국인 영국은 자신이 우위를 점하고 있던 해상에서 이탈리아에 대한 석유 제재를 부과하는 것으로부터 방금 전에 뒷걸음쳤기 때문에 국경 침범과 관련이 없는 명분을 위해 지상전을 감수할 의사가 분명히 훨씬 더 적었다.

프랑스만큼 라인란트의 비무장화에 대한 이해관계가 큰 나라가 없었지만, 프랑스만큼 독일의 위반에 맞서는 것에 대해 상반된 태도를 보였던 나라도 없었다. 마지노선(La Ligne Maginot)은 전략적 방어에 집착하는 프랑스의 요구에 맞춰 설계되었으며, 프랑스군의 장비와 훈련을 보면 제1차 세계대전으로 인해 프랑스의 전통적인 공격정신이 소멸했다는 사실이 거의 의심할 여지없이 드러났다. 프랑스는 마지노선 뒤에서 체념한 채 자신의 운명을 기다리면서 국경 너머로 아무런 위험을 감수하려 하지 않는 것처럼 보였다. 동유럽은 말할 것도 없었고 라인란트에 대해서도 마찬가지였다.

그럼에도 불구하고 라인란트의 재점령은 히틀러 입장에서 볼 때 대담한 도박이었다. 징집령이 발효된 지 일 년이 채 안 되었고 독일군은 전쟁할 준비가 전혀 안 되어 있었다. 실제로 비무장지대에 진입했던 소규모 선봉대는 프랑스가 개입할 조짐이 보이면 교전하면서 후퇴하라는 명령을 받았다. 그러나 히틀러는 부족한 군사력을 상당한 심리적 대담함으로 보완했다. 그는 민주주의 국가들을 상대로 라인란트에서의 병력 규모 제한을 논의하고 독일이 국제연맹에 복귀할 의향을 내비치는 등의 제안들을 쏟아냈다. 자신의 조치가 1935년 불—소 조약에 대한 대응이라고 주장하는 등 소련에 대해 만연해 있던 불신에 호소했다. 히틀러는 독일 국경으로부터 양쪽으로 50킬로미터를 비무장지대로 하고 25년간의 불가침 조약을 체결하자고 제안했다. 비무장화 제안은 항구적 평화란 단지 펜 놀림에 불과한 것임을 암시하면서도 독일 국경을 맞대고 있는 마지노선을 깔끔하게 무력화한다는 이중의 장점이 있었다.

히틀러를 상대하는 사람들은 알아서 수동적인 입장을 취했다. 저마다 아무런 조치도 취하지 않은 것에 대한 편리한 변명거리가 있었다. 로카르노 조약 이후 영국과 동맹을 맺은 경우를 제외하고 독일과 전쟁을 무릅쓰지 않는다는 게 프랑스 정책의 대원칙이었다. 독일이 무장해제되어 있는 한 영국의 지원이 기술적으로 불필요했음에도 불구하고 말이다. 프랑스 지도자들은 이 목표를 일편단심으로 추구하면서 수많은 좌절을 겪었고, 마음속으로 잘못되었다고 생각했음에도 불구하고 수많은 군축 구상안들을 지지했다.

영국에 대한 프랑스의 압도적인 심리적 의존은 주독일 프랑스 대사인 앙드레 프랑수아-퐁세가 심지어 독일이 라인란트로 실제로 진격하기 석 달 반 전인 1935년 11월 21일에 라인란트 진격이 임박했다고 경고했음에도 불구하고, 왜 프랑스가 군사적 대응을 준비하지 않았는지에 대한 설명이 될 수 있다.[25] 하지만 프랑스는 자신이 두려워하던 상황을 자초했다는 비난을 받지 않으려고 동원령을 선포하거나 사전예방 차원의 군사적 조치를 취하지도 않았다. 프랑스는 또한 독일과 협상하면서 독일이 프랑스의 경고를 무시하거나 혹은 자신의 의도를 선언해버린다면 어떻게 대응해야 할지 몰랐기 때문에 이 문제를 제기조차 하지 않았다.

하지만 프랑스가 1935년에 취했던 행동 중 왜 프랑수아-퐁세가 경고한 이후에도 프랑스 총참모부가 내부적으로도 아무런 대비책을 세우지 않았는지는 거의 설명이 불가능했다. 프랑스 총참모부는 프랑스 외교관을 믿지 않았던 것인가? 프랑스는 비무장화된 라인란트로 대표되는 긴요한 완충지대를 보호하기 위해서조차도 자신의 요새를 떠날 수 없었기 때문인가? 아니면 프랑스는 이미 불길한 운명을 피할 수 없다고 느꼈기 때문에 뭔가 예측하지 못한 유리한 반전 상황이 생기기를 희망하면서 일단 전쟁을 미루는 것을 최우선 과제로 삼았는가? 설령 자신의 행동으로 그런 변화를 더 이상 끌어낼 수 없을지라도 그렇게 했던 것인가?

물론 이런 심리 상태를 가장 두드러지게 상징하는 것은 프랑스가 10년에 걸쳐서 엄청난 비용을 들여 구축한 마지노선이었다. 프랑스는 마지노선을 구축함으로써 폴란드와 체코슬로바키아의 독립을 보장하겠다고 했던 바로 그 해에 전략적 방어에 전념했다. 프랑스가 벨기에 국경 쪽으로는 마지노선 건설을 중단하기로 결정한 점 또한 마찬가지로 혼란스러웠고, 제1차 세계대전에서 겪었던 경험과도 어긋났다. 만약 프랑스와 독일 간의 전쟁이 실제로 가능하다면, 왜 독일이 벨기에를 가로질러서 공격하려고 하지 않겠는가? 만약 프랑스가 자신의 주방어선이 벨기에를 제외한다고 밝힐 경우 벨기에가 붕괴하는 것이 두려웠다면, 벨기에와 독일 간의 국경을 따라 마지노선을 연장하는 데 동의하는 선택권을 벨기에에 줄 수도 있었을 것이다. 만약 이 제안이 거절된다면 프랑스와 벨기에 간의 국경을 따라 마지노선을 해안까지 연장할 수 있었을 것이다. 프랑스는 둘 중 아무것도 택하지 않았다.

정보당국은 정치 지도자들이 내린 결정을 정당화하려는 경향이 있다. 대중 문학이나 영화에서는 정책입안자들이 정보 전문가들에게 조종당하는 것처럼 정반대로 묘사되곤 한다. 현실 세계에서 정보 평가는 대개 정책 결정을 위한 지침을 제공하기보다는 정책 결정을 따른다. 이런 점은 독일의 국력을 터무니없이 과장해서 프랑스의 군사력 평가를 엉망으로 만든 이유를 설명할지도 모른다. 독일이 라인란트를 재무장했을 때, 프랑스군 총사령관이었던 모리스 가믈랭(Maurice Gamelin) 장군은 민간인 정치 지도자들에게 훈련받은 독일군 병력 자원이 이미 프랑스 수준과 동등하고, 독일이 프랑스보다도 장비가 더 많았다고 말했다. 이런 평가는 독일이 재무장한 지 불과 이제 2년차에 접어들었다는 점을 생각하면 터무니없었다. 독일 군사력에 대한 잘못된 전제에서 정책 제안이 나왔다. 가믈랭은 총동원령 없이는 프랑스가 어떠한 군사적 대응조치도 취해서는 안 된다고 결론 내렸고, 정치 지도자들은 영국의 지지 없이 이런 조치를 감히 취하려 하지 않았다. 심지어 라인란트에 진주한 독일군 병력이 약 2만 명에 불과했던 반면, 프랑스의 상비군이 동원령을 선포하지 않고도 50만 명에 육박했음에도 불구하고 이런 태도를 보였다.

이제 모든 것들이 20년 동안 민주주의 국가들을 지독하게 괴롭혔던 딜레마로 되돌아왔다. 영국은 유럽의 세력균형에 대한 단 한 가지 위협, 즉 프랑스 국경에 대한 침범만 인정하려고 했다. 영국은 동유럽을 위해서는 절대로 싸우지 않겠다고 마음먹었고, 서방에서 일종의 인질 역할을 하는 비무장화된 라인란트는 영국의 핵심 이익이 아니라고 보았다. 영국은 자신이 로카르노 조약에서 보장한 것을 지키기 위해 전쟁할 의사가 없었다. 앤서니 이든(Anthony Eden)은 라인란트가 재무장되기 한 달 전에 이 점을 분명하게 밝혔다. 1936년 2월에 프랑스 정부는 마침내 정신을 차리고, 만약 히틀러가 프랑수아-퐁세가 보고했던 것을 행동에 옮긴다면 영국이 어떤 입장을 취할 것인지 영국에 물어보았다. 베르사유 조약과 로카르노 조약을 둘 다 잠재적으로 위배하는 행위에 대한 이든의 대응 방식은 마치 상업적 흥정을 개시하자는 것처럼 들렸다.

> 이 지역은 주로 프랑스와 벨기에에 안보를 제공하려는 목적으로 설정되었기 때문에 이 지역에 얼마나 가치를 부여하는지, 그리고 이 지역을 유지하기 위해 어느 정도의 비용을 지불할 준비가 되어 있는지는 일단 두 정부에 달려 있습니다. … 영국과 프랑스는 늦기 전에 그 지역에 대해 우리가 가진 권리 조건의 포기와 관련해, 그런 포기가 협상 수단으로서 여전히 가치가 있을 때 독일 정부와 협상을 개시하는 게 바람직합니다.[26]

이든은 사실상 희망할 수 있는 최선이 협상이라는 입장을 취했으나, 그러한 협상에서 연합국이 승인된 기득권을 포기하는 대신에 (그리고 영국은 자신이 제시했던 보장 약속을 지키기를 거부하면서) 정확히 무엇을 받아내겠다는 것인가? 시간인가? 다른 보장인가? 영국은 보상으로 무엇을 받을지에 관한 답을 프랑스에 넘겼으나, 라인란트에서의 엄중한 의무를 위해 전쟁을 하는 게 영국의 전략의 일부가 아니라는 점을 행동으로 전했다.

히틀러가 라인란트로 진격하고 나서 영국의 태도가 더욱 노골적으로 드러났다. 독일이 진주한 다음 날, 영국 육군장관은 독일 대사에게 이렇게 말했다.

> 비록 영국 국민은 독일이 프랑스 영토로 침입할 경우 프랑스를 위해 싸울 각오가 되어 있지만, 최근 라인란트의 점령에 대해서는 무력수단에 의존하지 않을 것입니다. … 영국 국민 대부분은 아마도 독일이 자신의 영토를 재점령한 데 대해 "전혀 개의치 않는다."라는 입장입니다.[27]

영국의 의구심은 곧 전쟁에 못 미치는 대응조치에까지 확대되었다. 영국 외교부는 미국 대사대리에게 "영국은 독일에 대해 군사적, 경제적 제재 둘 다, 또는 어느 하나라도 부과되는 것을 막기 위해 모든 노력을 기울일 것입니다."라고 말해줬다.[28]

피에르 플랑댕(Pierre Flandin) 외교장관이 프랑스의 입장을 호소했지만 허사였다. 플랑댕 장관은 선견지명이 있었다. 독일이 일단 라인란트를 재무장하면 체코슬로바키아가 사라질 것이고, 이어서 전면전이 불가피해질 것이라고 영국에 말했다. 비록 그의 말이 옳았던 것으로 입증되었지만, 플랑댕이 프랑스의 군사 조치를 위한 영국의 지지를 원했던 것인지, 프랑스가 아무런 조치도 취하지 않는 데 대한 알리바이를 만들려는 것이었는지는 확실치 않았다. 처칠은 분명히 후자라고 생각했고, "용감한 말이지만, 말보다 행동이 훨씬 더 중요하겠지."라고 무미건조하게 언급했다.[29]

영국은 플랑댕의 간청에 귀 기울이지 않았다. 대부분의 영국 지도부 인사들은 여전히 평화가 군축에 달려 있고, 새로운 국제질서가 독일과의 화해에 기반해야 한다고 믿고 있었다. 영국인들은 로카르노 조약의 약속을 옹호하는 것보다 베르사유 조약의 실수를 바로잡는 게 더 중요하다고 느꼈다. 히틀러가 행동에 나선 지 열흘이 지난 3월 17일의 내각 의사록은 "우리의 태도는 영구적 해결책을 얻어내기 위해 히틀러의 제안을 활용하려는 열망에 압도되었다."라고 기록하고 있다.[30]

내각이 목소리를 낮춰서 말해야 했던 내용을 야당은 아무런 거리낌 없이 자유롭게 개진했다. 같은 달 하원에서 있었던 방위 문제에 관한 토론 과정에서 아서 그린우드 (Arthur Greenwood) 노동당 의원은 이렇게 선언했다.

> 히틀러는 한 손으로는 죄를 범하면서 다른 손으로는 평화의 가능성을 내비치는 성
> 명을 발표했습니다. 우리는 이를 액면 그대로 받아들여야 합니다. 여태까지 나온 제
> 스처 중 가장 중요한 것일지도 모릅니다. ⋯ 이 성명이 진실되지 못하다고 말하는
> 건 한가한 소립니다. ⋯ 문제는 평화지 방위가 아닙니다.[31]

다시 말해 야당은 베르사유 조약을 개정하고 로카르노 조약을 포기하자고 분명하게 주장했다. 이들은 영국이 뒤로 물러서서 히틀러의 목적이 더 명확해질 때까지 기다리기를 원했다. 만약 이런 정책을 주장하는 사람들이 그 정책이 실패할 경우 해가 갈수록 궁극적으로 치러야 하는 저항의 비용이 기하급수적으로 증가하게 된다는 사실을 이해했다면 그 정책은 나름 합리적이었다.

프랑스와 영국이 전략적으로 하찮은 것을 정치적으로 귀중한 것으로, 혹은 격변 상황을 유화정책의 기회로 바꾸려고 시도했던 과정을 일일이 되짚어볼 필요는 없다. 중요한 점은 이런 과정이 끝났을 때 라인란트는 요새가 되었고, 동유럽은 프랑스의 군사적 지원이 닿지 못할 정도로 멀어졌으며, 이탈리아가 히틀러의 독일의 첫 번째 동맹국이 되는 방향으로 점점 나아가고 있었다는 사실이었다. 프랑스가 영국의 애매모호한 보장— 영국의 입장에서는 로카르노 조약이 동맹에 미치지 못한다는 것이 그 조약의 장점이었다—을 받고 로카르노 조약을 받아들였던 것처럼, 로카르노 조약이 폐기되자 프랑스 국경이 침공당한다면 프랑스를 방어하기 위해 두 개 사단을 파병하겠다는 훨씬 더 애매모호한 영국의 약속이 제시되었다.

또다시 영국은 프랑스를 지켜주겠다고 완전히 약속하지 않고 교묘히 피했다. 하지만 이렇게 해서 정확히 얻은 게 무엇이었는가? 물론 프랑스는 영국이 회피하는 태도를 간파했지만, 이런 태도를 오랫동안 프랑스가 추구해온 공식적인 동맹을 영국이 마지못해 받아들이는 조치로 받아들였다. 영국은 두 개 사단을 보내겠다는 자신의 공약을 프랑스가 동유럽에서 방어에 나서지 못하게 억제하는 수단으로 보았다. 만약 프랑스군이 체코슬로바키아나 폴란드를 보호하기 위해 독일을 공격할 경우, 영국의 공약이 적용되지 않기 때문이다. 반면에 영국 육군 두 개 사단은 독일의 프랑스에 대한 공격을 억제하는 데에는 전혀 적절치 못했다. 세력균형 정책의 종주국인 영국은 자신의 운영 원칙에서 완전

히 벗어났다.

히틀러로서는 라인란트를 다시 점령함으로써 중유럽으로 가는 길이 심리적으로 그리고 군사적으로 열리게 되었다. 민주주의 국가들이 그러한 점령을 기정사실로 받아들이자 동유럽에서 히틀러에게 맞서기 위한 전략적 기반이 사라졌다. "만약 3월 7일(독일군의 라인란트 점령일)에 프랑스가 스스로를 지키지 못했다면, 어떻게 침략국에 맞서서 우리를 지켜줄 건가요?"라고 니콜라에 티툴레스쿠(Nicolae Titulescu) 루마니아 외교장관이 프랑스 외교장관에게 물어봤다.[32] 이 질문은 라인란트가 요새화되면서 갈수록 대답하기가 어려워졌다.

심리적으로는 민주주의 국가들의 수동적 태도가 더 충격적이었다. 유화정책이 이제 공식정책이 되었으며, 베르사유 조약의 불평등을 시정해야 한다는 인식은 일반 통념이 되었다. 서방에서는 더 이상 시정해야 할 어떤 것도 남아 있지 않았다. 하지만 만약 프랑스와 영국이 보장하겠다고 한 로카르노 조약을 수호하려 하지 않는다면 동유럽과 관련된 베르사유 합의를 이 두 나라가 계속 지지할 가능성은 없었다. 특히 영국은 처음부터 베르사유 합의를 의문시했고 프랑스에 두 개 사단을 보내겠다고 약속한 한 가지 경우를 제외하고는 보장을 제공하기를 명시적으로 거부했다.

프랑스는 이제 리슐리외의 전통을 버렸다. 프랑스는 더 이상 자립적이지 않았으며, 독일의 선의에 기대어 자신의 위험으로부터 벗어나길 원했다. 독일이 라인란트를 재점령한 지 5개월이 지난 1936년 8월에 독일 경제장관인 할마르 샤흐트(Hjalmar Schacht)가 예전에 사회당 당수였고 지금은 프랑스 인민전선 정부의 총리인 레옹 블룸(Leon Blum)을 예방했다. 블룸은 "나는 마르크스주의자이자 유대인이오. 하지만 우리가 이념적 장벽을 극복할 수 없는 문제로 여긴다면 아무것도 달성할 수 없습니다."라고 말했다.[33] 블룸의 외교장관인 이봉 들보(Yvon Delbos)는 이게 실제로 무슨 의미인지 몰라 당황해서 "전쟁을 막기 위해 독일에 조금씩 양보하는 것"이라고 설명할 수밖에 없었다.[34] 그는 이 과정이 종착점이 있는지에 대해서도 설명하지 않았다. 자신의 운명을 통제하려고 200년 동안 중유럽에서 수없이 싸웠던 프랑스는 시간을 벌기 위해 조금씩 양보해주면서 어떤 안보라도 움켜쥐려는 상황으로까지 물러났고, 이 과정에서 독일의 탐욕이 충족되거나 어떤 다른 예기치 못한 급작스러운 사건으로 위험이 한번에 해소되기를 바랐다.

프랑스가 유화정책을 조심스럽게 실행했던 반면, 영국은 간절하게 추구했다. 라인란트가 재무장한 이듬해인 1937년에 당시 추밀원 원장(Lord President)이었던 핼리팩스 경(Lord Halifax)은 베르히테스가덴(Berchtesgaden)[35]에 있는 히틀러의 성채를 방문했다. 이 방문은 민주주의 국가들이 도덕적으로 퇴보했다는 사실을 상징적으로 보여줬다. 그는 나치 독일을 "볼셰비즘에 맞서는 유럽의 보루"라고 추켜세웠고 "시간이 지나면서 운명적으로 변경될 수 있는" 다양한 사안들을 열거했다. 특히 단치히(Danzig), 오스트리아, 그리고 체코슬로바키아가 거론되었다. 핼리팩스는 이런 변화를 달성하는 방식에 대해서만 유일하게 경고했다. "영국은 어떤 변화건 간에 평화적 진화의 과정을 통해 진행되어야 하고 광범위한 혼란을 초래할 수도 있는 방법은 지양되어야 한다는 데 관심이 있습니다."[36]

히틀러보다 덜 단호한 지도자였다면, 영국이 오스트리아, 체코슬로바키아, 폴란드 회랑에서의 조정을 용인할 준비가 되어 있음에도 불구하고 왜 독일이 이런 조정을 하기 위해 사용하는 방법을 문제 삼는지 이해하기가 훨씬 힘들었을 것이다. 실질적 사안에서 양보했는데, 왜 영국이 절차적 사안에서 선을 그으려 하는가? 핼리팩스는 어떤 평화적인 논거로 피해국들에게 자살하는 게 이득이 된다고 설득할 수 있을 것이라고 기대했는가? 국제연맹의 통설과 집단안보의 교리에 따르면 저항해야 할 대상은 변화의 방법(method)이라고 명확하게 나와 있다. 하지만 역사는 국가들이 변화라는 사실(fact)에 저항하려고 전쟁을 한다고 가르친다.

핼리팩스가 히틀러를 방문했을 때 프랑스의 전략적 상황이 한층 더 악화됐다. 1936년 7월에 프란시스코 프랑코(Francisco Franco) 장군이 이끄는 군사 쿠데타로 스페인 내전이 발발했다. 프랑코는 독일과 이탈리아로부터 대량으로 물자를 공급받으면서 두 나라로부터 공개적으로 지지를 받았다. 그러고 나서 독일과 이탈리아의 "의용군"이 파견되었고, 파시즘은 무력으로 자신의 이념을 전파할 태세가 갖춰진 것처럼 보였다. 프랑스는 이제 리슐리외가 300년 전에 맞섰던 똑같은 도전에 직면하게 되었다. 모든 국경에서 적대적 정부와 마주할 가능성이 생긴 것이다. 하지만 리슐리외와 같은 위대한 전임자와 달리 1930년대의 프랑스 정부는 자신들이 직면하고 있는 위험과 그 위험을 바로잡기 위해 필요한 수단 중에 어느 쪽이 더 무서운지 결정을 내리지 못한 채 망설였다.

영국은 18세기 초 스페인 왕위 계승 전쟁에 참여했었고, 그로부터 한 세기 후에 나폴레옹에 맞서 스페인에서 전쟁을 했다. 각각의 경우 영국은 유럽에서 가장 공격적인 국가가 스페인을 자신의 영향권으로 끌어들이려는 시도에 맞서 저항했다. 이제 영국은 스페인에서 파시스트가 승리하더라도 세력균형에 위협이 되지 않는다고 인식했거나 혹은 스페인이 소련과 연계된 급진적인 좌파 국가가 될(많은 사람들은 이럴 가능성이 가장 크다고 보았다) 바에는 차라리 파시즘이 덜 위협적이라고 인식했다. 하지만 무엇보다도 영국은 전쟁을 회피하고 싶었다. 영국 내각은 만약 프랑스가 스페인 내 공화주의자들에게 무기를 제공해서 전쟁이 발발할 경우, 영국이 중립국으로 남을 권리가 있다고 프랑스에 경고했다. 비록 국제법상 프랑스가 정통성이 있는 스페인 정부에 무기를 판매할 권리가 있었음에도 불구하고 영국은 이런 입장을 취했다. 프랑스는 미적거리다가 결국 무기 제공을 금지한다고 선언했다. 물론 주기적으로 이 조치에 위배되는 사례를 묵인하기는 했다. 하지만 이런 정책으로 말미암아 프랑스 우방국들의 사기가 꺾였고, 프랑스의 적국들에서 프랑스의 위신이 실추되었다.

이런 분위기에서 프랑스와 영국 지도자는 보조를 맞추고자 1937년 11월 29일부터 30일까지 런던에서 회동했다. 볼드윈을 대신해서 총리가 되었던 네빌 체임벌린(Neville Chamberlain)은 단도직입적으로 나왔다. 프랑스와 체코슬로바키아 간의 동맹에 따른 의무에 대해 논의하자고 한 것이다. 이런 종류의 제의는 외교관들이 자신들의 약속을 이행하지 않고 빠져나갈 구멍을 찾으려고 할 때 주로 제기하기 마련이다. 짐작건대 오스트리아의 독립은 언급할 가치조차도 없었을 것이다.

들보(Delbos) 프랑스 외교장관은 이 제의가 어떤 함의가 있는지 실제로 잘 이해했음을 전달하는 방식으로 응답했다. 들보 외교장관은 체코 문제를 정치적 혹은 전략적 고려가 아닌 법적 측면에서 다루면서 스스로를 프랑스의 의무에 대한 법적 해석에 엄격하게 국한했다.

> 이 조약은 체코슬로바키아가 침략행위의 희생국이 되는 경우에 프랑스가 관여하도록 되어 있습니다. 만약 독일계 주민들 사이에서 봉기가 발생하고 독일이 무력 개입을 통해 지원을 한다면, 이 조약은 프랑스가 사실 관계의 심각성에 따라 결정하도록 되어 있습니다.[37]

들보는 체코슬로바키아의 지정학적 중요성을 논의하지도 않았고, 프랑스가 동맹국을 버릴 경우 동유럽 내 다른 국가들의 독립 유지에 있어 프랑스의 신뢰성에 어떤 파장을 줄지도 논의하지 않았다. 그 대신 그는 한 가지 현실적이고 실존하는 위협, 즉 체코슬로바키아 내 독일계 소수민족의 소요 사태를 독일군이 지원할 경우, 프랑스의 의무가 적용될 수도 있고 적용되지 않을 수도 있다고 강조했다. 체임벌린은 이렇게 제시된 허점을 이해했고, 이를 유화정책의 근거로 바꿔놓았다.

독일의 목표가 무엇이건 간에, 심지어 독일이 주변국 중 일부를 흡수하기를 원하더라도 중유럽에 관해 독일과 어느 정도 합의를 시도해보는 게 바람직해 보입니다. 실제로 독일의 계획이 실행되는 것을 늦출 수 있다고 기대해볼 수 있으며, 심지어 장기적으로 그런 계획이 실현 불가능해지는 시점까지 독일 제3제국을 억제할 수도 있다고 기대해볼 수 있을 것입니다.[38]

하지만 만약 시간끌기가 먹히지 않는다면 영국은 무엇을 할 것인가? 독일이 자신의 동부 국경을 재조정할 수 있도록 영국이 양보했는데 일정표를 놓고 전쟁이라도 하겠다는 것인가? 답은 자명했다. 국가들은 이미 양보해준 것들이 달성되는 변화의 속도를 문제 삼아서 전쟁을 하지는 않는다. 체코슬로바키아는 뮌헨이 아닌 거의 일 년 전 런던에서 그 운명이 이미 결정되었다.

공교롭게도 히틀러는 같은 시간대에 자신의 장기적 전략의 밑그림을 그리기로 결정했다. 1937년 11월 5일에 그는 육군장관(전쟁장관), 각 군 총사령관, 외교장관과의 회의를 소집하여 자신의 전략적 시각을 솔직하게 드러냈다. 히틀러의 부관인 호스바흐(Hossbach)는 당시 상황을 상세하게 기록했다.[39] 당시 참석했던 사람들은 누구든 나중에 히틀러가 어떤 방향으로 향하고 있었는지 몰랐다고 불평할 구실이 없었다. 히틀러는 자신의 목표가 제1차 세계대전 이전의 독일 위상을 회복하는 수준을 훨씬 넘어선다고 분명히 밝혔기 때문이다. 히틀러는 『나의 투쟁』에서 동유럽과 소련의 넓은 땅을 점령해서 식민지로 삼겠다는 프로그램을 제시한 바 있다. 히틀러는 이런 구상이 저항에 직면하리라는 점도 아주 잘 알고 있었다. "독일의 정책은 영국과 프랑스라는 혐오스러운 두 적대국을 감안해야 할 것이다."[40] 그는 독일이 재무장을 하는 과정에서 영국과 프랑스에 선수를 쳤지만, 그런 유리함은 일시적일 뿐이며 1943년이 지나면 급속도로 줄어들 것이라고 강조했다. 따라서 전쟁이 그 전에 시작되어야 했다.

히틀러의 장군들은 그의 계획이 거대하면서도 실행이 임박했다는 사실에 불안해했다. 하지만 이들은 마지못해 히틀러의 구상을 받아들였다. 일부 군부 지도자들은 히틀러가 전쟁을 개시하라고 명령하는 즉시 쿠데타를 할 생각도 잠시나마 생각해봤다. 하지만 히틀러는 항상 빨리 움직였다. 히틀러가 초기에 놀라울 정도로 성공을 거두었기 때문에 그런 조치를 도덕적으로 (그들이 보기에) 정당화하기가 어려워졌다. 선출된 권력을 상대로 쿠데타를 하는 것도 독일 장군들의 주특기가 아니었다.

서방 민주주의 국가들은 자신들과 독일 독재자 사이의 이념적 간극을 간파하지 못했다. 이들은 평화가 목표라고 믿었고 전쟁을 피하려고 필사적으로 노력했다. 반면 히틀러는 평화를 두려워했고 전쟁을 갈망했다. "인류는 영원한 투쟁 속에서 강력해졌다. 그리고 인류는 영원한 평화를 통해서만 소멸할 것이다."라고 히틀러는『나의 투쟁』에서 밝혔다.[41]

1938년이 되자 히틀러는 베르사유 조약이 설정한 국경을 넘어서기에 충분히 강력해졌다고 느꼈다. 그의 첫 번째 목표는 자신의 출생지인 오스트리아였다. 오스트리아는 1919년 생제르맹-앙-레 조약(Treaty of Saint-Germain-en-Laye)과 1920년 트리아농 조약(Treaty of Trianon, 오스트리아-헝가리 제국의 베르사유 조약에 해당된다)으로 기묘한 상황에 놓여 있었다. 1806년까지 오스트리아는 신성로마제국의 중심이었다. 1866년까지 오스트리아는 독일민족 국가들 중에서 선도국 중 하나였고, 일부 사람들에게는 최선도국이었다. 비스마르크에 의해 독일에서의 역사적 역할에서 축출당한 후, 오스트리아는 발칸반도와 중유럽의 속국들로 무게중심을 옮겼고 제1차 세계대전을 거치면서 이를 상실했다. 한때 제국이었다가 독일어를 구사하는 핵심지역으로 줄어든 오스트리아는 베르사유 조약에 의해 독일과의 병합이 금지되었다. 이 조항은 자결권의 원칙을 노골적으로 무시하고 있었다. 비록 오스트리아와 독일 간의 국경 양측에 있는 많은 사람들이(슈트레제만을 포함해서) 독일과의 병합(Anschluss: 안슐루스)을 목표로 삼고 있었지만, 1930년에 다시 연합국이 이를 저지했다.

그리하여 독일과 오스트리아의 통일은 히틀러의 초기 도전이 성공하는 데 있어 너무나도 핵심적인 애매모호한 구석을 갖고 있었다. 독일과 오스트리아의 통합은 세력균형을 훼손하면서 자결권이라는 원칙을 실현했고, 정치인들은 무력사용을 정당화하는 수단으로서 세력균형을 원용하기를 갈수록 꺼렸다. 한 달 간의 나치의 위협과 오스트리아의 양보와 재고가 있고 나서 1938년 3월 12일에 독일군이 오스트리아로 진입했다. 아무런 저항이 없었고, 대부분의 오스트리아 국민이 열광적으로 기뻐했다. 제국을 상실하고 중유럽에 무력하게 남겨져 있던 이들은 중유럽 무대에서 소국으로 남기보다 독일의 한 지역으로서의 미래를 선호하는 것처럼 보였다.

민주주의 국가들은 독일의 오스트리아 병합에 마지못해 항의했을 뿐 도덕적 우려를 거의 표명하지 않았고 구체적 조치도 외면했다. 집단안보의 종말을 알리는 경고음이 울려 퍼졌지만, 국제연맹은 한 회원국이 다른 강력한 이웃국가에게 삼켜지는 상황을 보면서도 침묵을 지켰다. 민주주의 국가들은 히틀러가 이제 모든 독일 민족들을 독일에 복귀시키고 나면 진격을 멈출 것이라 희망하면서 한층 더 유화정책에 매진했다.

운명적으로 체코슬로바키아가 이런 실험의 대상물로 선정되었다. 오스트리아-헝가리 제국의 다른 계승국처럼 체코슬로바키아도 오스트리아-헝가리 제국 못지않게 다민족 국가였다. 약 1,500만 명의 인구 중에 거의 3분의 1은 체코인도 슬로바키아인도 아니었다. 슬로바키아인들도 이 국가에 잔류하겠다는 의지가 약했다. 350만 명의 독일인과 100만 명에 달하는 헝가리인, 그리고 약 50만 명의 폴란드인이 이 신생국에 통합되었다. 이 소수민족들이 모국인 국가들과 인접한 지역에 거주하고 있었기 때문에 상황이 한층 더 복잡해졌다. 이들이 모국과 재결합해야 한다는 주장은 자결권이라는 베르사유 조약의 지배적 통설에서 볼 때 훨씬 더 무게감이 있었다.

동시에 체코슬로바키아는 오스트리아-헝가리 제국을 계승한 국가들 중에서 정치적으로나 경제적으로 가장 발전한 선진국이었다. 이 나라는 진정한 민주주의 국가였으며 생활수준도 스위스에 필적했다. 체코는 상당한 규모의 군대를 보유하고 있었고 체코군의 훌륭한 장비 중 대부분이 체코에서 설계되고 제조되었다. 체코슬로바키아는 프랑스 및 소련과 군사동맹을 유지하고 있었다. 따라서 전통적 외교의 측면에서 보면 체코슬로바키아를 버리기가 쉽지 않았다. 한편 민족자결권의 측면에서 보면 체코슬로바키아를 보호하기가 마찬가지로 어려웠다. 라인란트 재무장으로 간이 커진 히틀러는 독일 민족을 위한다는 명목으로 1937년에 체코슬로바키아를 위협하기 시작했다. 처음에 이런 위협은 표면적으로는 독일의 선전선동 차원에서 이름 붙여진 지명인 "주데텐란트(Sudetenland)"에 거주하는 소수민족인 독일인들에게 특별한 권리를 부여하도록 체코슬로바키아를 압박하는 것이었다. 하지만 1938년이 되자 히틀러는 무력으로 주데텐란트를 독일 제3제국에 병합해버리겠다고 겁을 주면서 발언 수위를 높였다. 프랑스는 체코슬로바키아를 보호하기로 공약했고, 소련도 마찬가지였다. 다만 소련으로서는 체코슬로바키아를 돕기 위해서는 프랑스가 먼저 나서야 한다는 단서를 달았고, 더욱이 폴란드와 루마니아가 소련군이 체코슬로바키아 보호를 위해 자국 영토를 횡단하도록 허용할지 여부도 상당히 의심스러웠다.

처음부터 영국은 유화정책을 택했다. 오스트리아가 병합된 직후인 3월 22일에 핼리팩스는 프랑스 지도부에 로카르노 조약상의 보장은 프랑스 국경에만 적용되며, 만약 프랑스가 중유럽국들에 대한 자신의 조약 의무를 이행한다면 소멸된다는 사실을 상기시켰다. 영국 외교부 각서는 이렇게 경고했다. "이러한 공약[로카르노 조약상의 보장]은 그들의 관점에서 볼 때 유럽의 평화 유지에 인색하게 기여하고 있는 게 아니다. 비록 그들이 이 공약에서 탈퇴하려는 의도는 없지만, 이 공약에 무엇인가를 추가할 여지도 없다."[42] 영국으로서는 유일한 안보 국경이 프랑스의 국경이었으며, 만약 프랑스의 안보적 관심사가 더 멀리 확대될 경우, 특히 프랑스가 체코슬로바키아를 보호하려 할 경우 프랑스는 혼자 알아서 해결해야 했다.

몇 달 후에 영국 내각은 런시먼 경(Lord Runciman)을 대표로 하는 진상조사단을 프라하에 보내서 가능한 조정 방안을 모색하도록 했다. 이 임무의 실제적 결과는 영국이 체코슬로바키아를 보호하기를 꺼린다는 사실을 알린 것이었다. 사실 관계는 이미 잘 알려져 있었다. 상상할 수 있는 어떤 조정 방안을 동원하더라도 체코슬로바키아가 일부 분할되어야 했다. 따라서 뮌헨 합의는 항복이 아니라 민주주의 국가들이 지정학적으로 결함이 있는 합의를 집단안보와 자결권이라는 수사로 지탱하려는 노력에서 나온 거의 필연적인 결과물이자 정신상태였다.

심지어 체코슬로바키아의 창설에 가장 공감했던 미국조차도 위기 초기단계부터 거리를 두었다. 루스벨트 대통령은 9월에 중립적인 입장에서 협상을 해보자고 제안했다.[43] 하지만 만약 해외의 미국 대사관들이 정확히 보고하고 있었다면, 루스벨트 대통령은 프랑스와 특히 영국이 어떤 태도로 이 회의에 임할 것인지에 대해 어떤 환상도 가질 수 없었다. 실제로 루스벨트는 "미국 정부는 … 현재의 협상 행위에 대해 아무런 의무를 지지 않을 것이다."라는 성명을 발표하면서 이런 태도를 강조했다.[44]

상황이 마치 심리전을 벌이는 히틀러의 재능에 맞추어진 것 같았다. 여름 내내 히틀러는 전혀 구체적으로 위협하지 않으면서도 전쟁이 임박한 것처럼 히스테리를 부리며 과장했다. 결국 히틀러가 1938년 9월 초에 뉘른베르크에서 열린 연례 나치 전당대회에서 체코슬로바키아 지도부를 대상으로 악랄하게 인신공격을 하자 체임벌린의 기가 한순간에 꺾였다. 공식 요청도 없었고 실질적인 외교 교섭도 없었지만 체임벌린은 9월 15일에 히틀러를 찾아가서 긴장을 끝내기로 마음먹었다. 히틀러는 회담 장소로 런던으로부터 가장 멀리 떨어져 있고 가장 찾아가기 힘든 독일 지역인 베르히테스가덴(Berchtesgaden)을 택함으로써 노골적으로 무시하는 태도를 보였다. 당시에 런던에서 베르히테스가덴까지 이동하려면 비행기로 5시간이 걸렸고, 체임벌린은 69세의 나이에 이때 처음으로 비행기를 탔다.

히틀러는 몇 시간에 걸쳐서 주데텐란트에 거주하는 독일인들이 학대받았다는 근거 없는 주장으로 핏대를 올렸다. 체임벌린은 이야기를 다 들어주고 나서 체코슬로바키아를 분할하기로 합의했다. 독일인이 50퍼센트 이상인 체코슬로바키아의 모든 행정구역은 독일에 반환되기로 했다. 세부사항은 며칠 뒤 라인란트에 소재한 바트 고데스베르크(Bad

Godesberg)에서 개최되는 2차 회담에서 해결하기로 하였다. 히틀러가 후속 회담장소를 정하면서 "양보"라고 일컬은 태도에서 히틀러의 협상 스타일이 드러났다. 첫 번째 회담장소보다 훨씬 더 런던에 가까웠지만, 여전히 회담장소가 독일 내에 있었기 때문이다. 그 사이에 체코슬로바키아 지도자들의 말을 빌리자면, "슬프게도" 체임벌린은 체코슬로바키아 정부에 자신의 제안을 받아들여달라고 "설득했다."[45]

9월 22일에 바트 고데스베르크에서 히틀러는 판돈을 높였고 체코슬로바키아에 비참한 굴욕을 안겨주겠다는 자신의 의도를 명확히 밝혔다. 히틀러는 행정구역별 국민투표와 국경 재획정처럼 시간이 오래 걸리는 절차에 합의하지 않을 것이며, 대신에 주데텐란트 전체를 즉각 비우되, 이 절차가 나흘 후인 9월 26일에 개시되어야 하며, 48시간 이내로 완료하라고 요구했다. 체코슬로바키아의 군사 시설물은 손상되지 않은 채로 독일군에게 넘겨져야 했다. 이미 분할되고 남은 국가를 한층 더 허약하게 만들려고 히틀러는 헝가리와 폴란드와도 체코슬로바키아 내 그들 소수민족을 위해 국경을 재조정해야 한다고 요구했다. 체임벌린이 최후통첩과 같이 제시된 이 안에 반대하자, 히틀러는 비열하게 자신의 발표문 상단에 적혀 있는 "제안서(memorandum)"라는 단어를 가리켰다. 몇 시간 동안 신랄한 논쟁이 있고 나서 히틀러는 한 번 더 "양보"했다. 그는 9월 28일 오후 2시까지 답변할 시간을 체코에 주겠으며, 10월 1일까지 주데텐란트로부터 철수를 시작해야 한다고 했다.

체임벌린은 이 같은 전면적인 굴욕을 체코슬로바키아에 도저히 줄 수가 없었고, 달라디에(Daladier) 프랑스 총리는 한층 더 분명히 선을 그었다. 며칠 동안 마치 전쟁이 임박한 것처럼 보였다. 영국에서는 공원에 참호가 파였다. 바로 이 시기에 체임벌린은 영국이 전혀 알지도 못하는 멀리 떨어진 나라를 위해 전쟁을 하도록 요구받고 있다는 감상에 젖은 언급을 했다. 인도로 향하는 길을 내기 위해서 눈 하나도 꿈쩍하지 않고 수 세기 동안 전쟁을 해왔던 나라의 지도자에게서 이런 말이 나온 것이다.

하지만 전쟁 명분(Casus Belli)이 무엇이었는가? 영국은 이미 주데텐란트 내 독일인들의 자결권을 위해 체코슬로바키아가 분할되어야 한다는 원칙을 이미 받아들였다. 영국과 프랑스는 동맹국을 지원하기 위해서가 아니라 동맹국이 몇 주의 차이를 놓고 분할될 것인지에 관해서, 그리고 이미 양보한 사안에 비해 사소한 사안에 불과한 일부 영토 조정을 둘러싸고 전쟁하겠다는 결정에 가까워지고 있었다. 어쩌면 무솔리니가 시한 직전에 이미 독일과 이탈리아 외교장관 간에 예정된 회담을 확대해서 프랑스(달라디에), 영국(체임벌린), 독일(히틀러), 이탈리아(무솔리니) 정부 수반이 참석하는 회담을 제안함으로써 모든 사람을 곤경에서 풀어준 것이 오히려 다행이었는지도 모른다.

네 명의 지도자가 9월 29일에 나치당이 창설된 장소였던 뮌헨에 모였다. 이 장소는 승리자들이 자신들을 위해 아껴두었던 일종의 상징이었다. 협상에 많은 시간이 소요되지 않았다. 체임벌린과 달라디에는 자신들의 원래 제안으로 복귀하려고 미온적인 시도를 했다. 무솔리니는 히틀러의 바트 고데스베르크 제안이 포함된 문서를 작성했다. 히틀러는 이 사안을 냉소적인 최후통첩의 형태로 규정했다. 자신이 제시했던 10월 1일이라는 시한 때문에 폭력적인 분위기 속에서 밀어붙인다는 비난을 받은 히틀러는 당면한 과제는 "그와 같은 성격의 행동에 면죄부를 주는 것"이라고 말했다.[46] 다시 말하자면 히틀러가 바트 고데스베르크 구상을 전쟁을 통해 강요하기 전에 평화적으로 받아들이라는 게 이 회의의 유일한 목적이었다.

체임벌린과 달라디에는 지난 몇 달 동안 자신들이 취한 행동으로 인해 무솔리니의 초안을 받아들이는 것 외에는 별다른 방도가 없었다. 체코슬로바키아 대표단은 자국이 분할되는 동안 대기실에서 기다리면서 괴로워했다. 소련은 아예 초대도 못 받았다. 영국과 프랑스는 분할되고 남은 비무장 상태의 체코슬로바키아를 보장하겠다고 제안하면서 스스로 죄책감을 누그러뜨리려고 했다. 이는 온전하고 잘 무장되어 있던 동료 민주주의 국가에 대한 보장 약속을 지키기를 거부했던 국가들로부터 나온 터무니없는 제스처였다. 이런 보장이 결코 이행되지 않았다는 점은 말할 나위도 없다.

뮌헨 협정은 우리의 어휘사전에 특정한 일탈행위로서 추가되었다. 즉, 협박에 굴복한 데 대한 처벌이 되었다. 하지만 뮌헨 협정은 단 한 번의 행동이 아니라 1920년대부터 시작되었고 매번 새롭게 양보하면서 가속된 태도가 누적된 결과였다. 10년 넘게 독일은 베르사유 조약의 제약을 하나씩 떨쳐버렸다. 바이마르 공화국은 배상문제와 연합국간 군사통제위원회, 그리고 연합국의 라인란트 점령을 제거했다. 히틀러는 독일 군비에 대한 제한과 징병제 금지, 로카르노 조약의 비무장화 조항을 맹비난했다. 심지어 1920년대에도 독일은 결코 동부 지역의 국경을 전혀 인정한 적이 없었고, 연합국은 독일더러 이를 수용하라고 주장하지도 않았다. 결국 종종 일어나는 일이지만, 결정들이 누적되면서 그 자체로 탄력이 붙었다.

승전국들은 베르사유 합의가 대단히 부당했다고 인정함으로써 이 합의를 수호하려는 심리적 기반을 약화시켰다. 나폴레옹전쟁의 승전국들은 관대하게 행동하며 평화를 구축했지만, 동시에 4국동맹을 형성함으로써 평화를 수호하겠다는 자신들의 결의에 있어서 모호한 구석을 전혀 남기지 않았다. 제1차 세계대전의 승전들은 징벌적인 강화조약을 만들었고 패전국이 수정주의를 추구하도록 최대의 동기를 제공한 뒤에 그들 자신의 합의를 해체하는 데 협력했다.

20년 동안 세력균형은 거부당하거나 비웃음을 샀다. 민주주의 국가들의 지도자들은 자국민들에게 이제부터는 세계질서가 보다 높은 도덕성에 기반을 둘 것이라고 말했다. 그런 다음 새로운 세계질서가 도전을 받자 민주주의 국가들—영국은 확신을 갖고, 프랑스는 절망이 뒤섞인 의구심을 지닌 채—은 자국민들에게 히틀러가 사실상 달랠 수가 없는 인물이라는 사실을 보여주기 위해 유화정책이라는 잔을 끝까지 들이키는 것 외에 다른 방법이 없었다.

이렇기 때문에 왜 뮌헨 협정이 이 시대를 살았던 대다수의 사람으로부터 격렬하게 칭송받았는지 설명이 가능하다. 프랭클린 루스벨트는 체임벌린을 축하하던 사람 중 한 명이었다. "좋은 사람이야."라고 그는 말했다.[47] 영연방 지도자들은 한층 더 야단법석이었다. 캐나다 총리는 이렇게 적었다.

> 캐나다 국민들의 따뜻한 축하와 감사를 전하고자 합니다. 이러한 감정은 캐나다의 한쪽 끝부터 다른 쪽 끝까지 느껴지고 있습니다. 제 동료들과 정부도 저와 함께 각하의 인류에 대한 이바지에 대해 무한한 존경을 보냅니다.[48]

이에 지지 않으려고 호주 총리도 이렇게 말했다.

> 동료들과 저는 뮌헨에서의 협상 결과에 대해 가장 따뜻한 축하를 표하고자 합니다. 대영제국의 다른 국민들과 더불어 호주 국민은 평화를 유지하기 위한 각하의 끝없는 노력에 대해 큰 감사의 빚을 지고 있습니다.[49]

기이하게도 뮌헨 회의를 목격했던 모든 사람들이 히틀러가 의기양양하기는커녕 시무룩했다는 데 동의했다. 히틀러는 자신의 야심을 실현하기 위해 전쟁이 필수불가결하다고 생각했기 때문에 전쟁을 원했다. 아울러 그는 아마도 심리적 이유 때문에 전쟁이 필요했을지도 모른다. 자신의 공적 생활에서 가장 중요한 요소라고 간주했던 거의 대부분의 공개 발언에서 히틀러는 이런저런 방식으로 자신의 전쟁 당시 경험을 설명했다. 심지어 히틀러의 장군들이 전쟁을 강력하게 반대했음에도—히틀러가 공격하기로 최종 결정을 내릴 경우 그를 타도할 계획도 변덕스럽게 세울 정도였다—히틀러는 속았다는 심정을 지니고 뮌헨을 떠났다. 그리고 히틀러의 입장에서 거꾸로 추론해본다면 히틀러가 옳았을지도 모른다. 그는 체코슬로바키아를 상대로 어떻게든 전쟁을 일으켰다면, 민주주의 국가들이 전쟁에서 승리하기 위해 필요한 희생을 감수할 수 있을지 의문스러웠기 때문이다. 이 사안은 자결권 원칙과 너무나 양립이 불가능했고, 여론도 그런 전쟁을 초기에 거의 확실히 뒤집기에 충분히 준비되어 있지 않았다.

역설적으로 뮌헨 협정은 히틀러 전략의 심리적 종착점으로 바뀌었다. 히틀러는 그 전까지 항상 베르사유 조약이 불평등하다는 민주주의 국가들의 죄책감에 호소할 수 있었다. 이후부터 히틀러의 유일한 무기는 야만적인 폭력이었으며, 전쟁을 가장 두려워하는 사람들조차 당당히 맞서기 전에 수용할 수 있는 협박의 정도에는 한계가 있었다.

특히 영국이 그랬다. 바트 고데스베르크와 뮌헨에서의 행동을 통해 히틀러는 영국에 남아 있던 호의를 다 써버렸다. 런던에 돌아왔을 때 "우리 시대를 위한 평화"를 가져왔다는 얼빠진 성명에도 불구하고 체임벌린은 다시는 협박받지 않겠다고 다짐했고 대규모 재무장 프로그램을 개시했다.

실제로 뮌헨 위기 당시 체임벌린의 행동은 후대에 묘사되었던 것보다 훨씬 복잡했다. 뮌헨 협정의 여파로 인기가 극도로 높았지만, 체임벌린은 이후 굴복이라는 단어와 연관되었다. 민주주의 국가의 대중은 그 당시 당장 원했던 것을 실현해주더라도 그 결과 때문에 크나큰 실패에 직면하면 용서하지 않는다. 체임벌린이 "우리 시대를 위한 평화"를 달성하지 못했다는 사실이 명백해지자 그의 평판이 주저앉았다. 얼마 안 가서 히틀러는 전쟁을 개시하기 위한 또 다른 구실을 찾아냈고, 이제 체임벌린은 영국이 온 국민이 일치단결해서 그리고 복원된 공군력으로 어려운 고비를 넘길 수 있게 하는 과정을 이끌었음에도 불구하고 좋은 평가를 받을 수 없었다.

돌이켜 생각해볼 때, 유화주의자들이 종종 제시했던 순진한 선언들을 폄하하기는 쉽다. 하지만 대부분의 유화주의자들은 전통적 유럽 외교에 대한 일반적인 환멸감이라는 구름 아래에서, 그리고 영혼과 육체의 만연한 피로감 속에서 윌슨식 이상주의가 고안해냈던 새로운 제도를 진지하게 실행하려고 했던 품위 있는 사람들이었다. 그 이전 어느 시기를 통틀어 봐도 체임벌린이 뮌헨에서 했던 식으로, 영국 총리가 마치 외교정책이 심리학에 속하기라도 한 것처럼 "그토록 오랫동안 분위기를 해쳐왔던 의구심과 적대감의 해소"라면서 어떤 합의를 정당화했던 적은 없었다.[50] 그렇지만 이러한 시각은 모두 다 이성과 정의에 호소함으로써 현실정치와 유럽 역사의 유산을 초월하려는 이상주의적 노력에서 비롯되었다.

히틀러가 유화주의자들의 환상을 깨뜨리기까지 오랜 시간이 걸리지 않았고 이로 인해 궁극적으로 자신의 몰락도 재촉했다. 뮌헨 협정 후 6개월이 지난 1939년 3월에 히틀러는 체코슬로바키아의 잔여 지역을 점령했다. 체코가 독일의 보호국이 되었고, 슬로바키아는 비록 독일의 위성국이지만 기술적으로는 독립국으로 지정되었다. 영국과 프랑스가 뮌헨 회의에서 체코슬로바키아의 안보를 보장하겠다고 제안했지만, 이런 서약은 결코 공식화되지 않았고 공식화될 수도 없었다.

체코슬로바키아의 파멸은 지정학적으로 아무런 의미가 없었다. 다만 히틀러가 합리적인 계산이 불가능한 사람이며 전쟁을 작심하고 있다는 사실이 드러났다. 체코슬로바키아는 자체 방위력과 프랑스 및 소련과의 동맹을 박탈당하고 나서 독일의 영향권으로 빨려 들어갈 수밖에 없었고, 동유럽도 분명히 새로운 힘의 현실에 적응할 게 확실했다. 소련은 내부적으로 정치 및 군사 분야 지도부를 깡그리 숙청한 지 얼마 안 되었고 당분간 고려 요소가 되기 어려웠다. 히틀러는 오로지 기다리기만 하면 되었다. 프랑스가 사실상 무력화되면 독일은 궁극적으로 동유럽에서 지배적인 강대국으로 등장할 것이기 때문이다. 하지만 기다린다는 것은 물론 히틀러가 감정적으로 가장 하기 어려운 일이었다.

영국과 프랑스가 보여줬던(영국이 선도했다) 선을 긋는 방식의 대응은 전통적인 권력정치의 측면에서 마찬가지로 의미가 거의 없었다. 히틀러의 프라하 점령은 세력균형이나 예측 가능한 사건의 전개를 바꾸지 않았다. 하지만 베르사유 원칙의 측면에서, 체코슬로바키아 점령은 히틀러가 자결권이나 평등이 아니라 유럽의 지배를 추구한다는 것을 보여주었기 때문에 분수령이 되었다.

히틀러의 큰 실수는 균형상태(equilibrium)라는 역사적 원칙을 어긴 게 아니라 영국의 전후 외교정책의 도덕적 전제를 위반한 것이었다. 히틀러의 위반행위는 독일인이 아닌 다른 민족을 독일 제3제국에 편입시킨 것이었고, 그럼으로써 자결권 원칙을 침해한 것이었다. 여태까지 자결권 원칙을 위해 히틀러의 모든 부당한 요구가 다 용납되었다. 영국의 인내심은 무한하지도 않았고 나약한 국민성의 결과도 아니었다. 그리고 히틀러가 마침내 영국 정부가 보기에는 아직은 아니었지만, 영국 대중이 도덕적으로 정의했던 침략에 부합하게 행동했다. 체임벌린은 며칠 동안 망설이다가 자신의 정책을 영국의 여론에 맞췄다. 그때부터 영국은 히틀러에 맞서기로 했다. 역사적인 균형 이론에 따르기 위해서가 아니라 단순히 히틀러를 더 이상 신뢰할 수 없었기 때문이었다.

역설적으로 국제관계에 관한 윌슨식 접근방식 때문에 히틀러는 기존 유럽체제에서 수용 가능한 선을 훨씬 넘어갈 수 있었지만, 일단 일정한 선을 넘으면 마찬가지로 이런 접근방식 때문에 영국도 현실정치에 기초한 세계에서 했던 것보다 훨씬 더 단호하게 선을 그을 수 있었다. 비록 윌슨주의 때문에 처음에는 히틀러에 대항할 수 없었지만, 일단 도덕적 기준이 확실하게 침해되자 이 원칙은 히틀러를 확고하게 반대할 수 있는 토대가 되었다.

히틀러가 1939년 단치히에 대한 영유권을 주장하고 폴란드 회랑의 지위를 변경하려고 했을 때, 사안 자체는 1년 전과 별반 다르지 않았다. 단치히는 철저히 독일인들의 도시였고 자유시라는 지위는 주데텐란트를 체코슬로바키아에 귀속시킨 결정만큼이나 자결권 원칙에 위배되는 것이었다. 폴란드 회랑의 주민은 비록 더 다양한 민족들로 구성되어 있었지만, 적어도 이론상으로는 자결권 원칙에 한층 더 부합하도록 국경을 조정하는 게 가능했다. 하지만 일단 도덕적으로 용인할 수 있는 선을 넘는 순간, 이전까지는 민주주의 국가들이 유연성을 발휘할 수 있게 해줬던 동일한 도덕적 완벽주의가 전례 없을 정도의 비타협적 태도로 돌변했다는 점을 히틀러는 이해할 수가 없었다. 독일이 체코슬로바키아를 점령한 뒤에는 영국 여론이 더 이상 양보를 용납하지 않으려 했다. 그때부터는 제2차 세계대전의 발발은 히틀러가 가만히 있지 않는 한 단지 시간문제였으나, 히틀러로서는 그렇게 하는 게 심리적으로 불가능했던 것으로 드러났다.

하지만 그러한 중대한 사건이 발생하기 전에 국제체제는 한 번 더 큰 충격을 받았다. 이번에 그 충격은 혼란했던 1930년대 내내 국제체제가 무시해왔던 또 다른 거대한 수정주의 성향의 강대국으로부터 왔다. 바로 스탈린의 소련이었다.

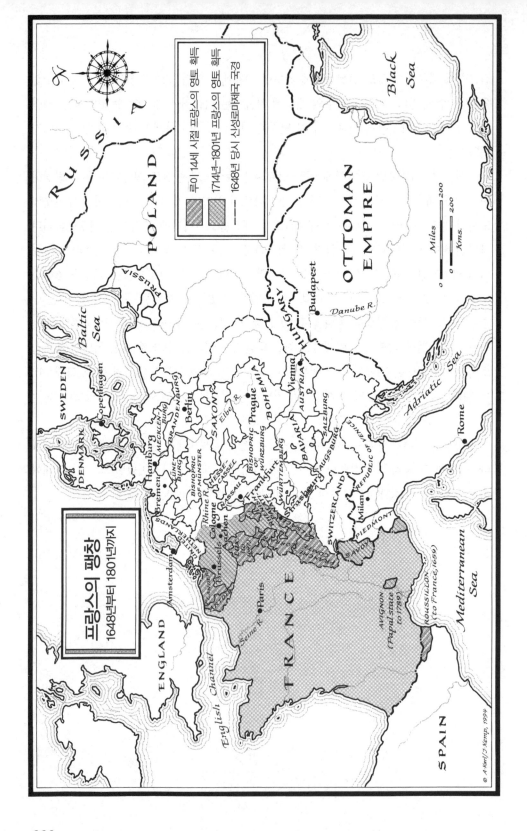

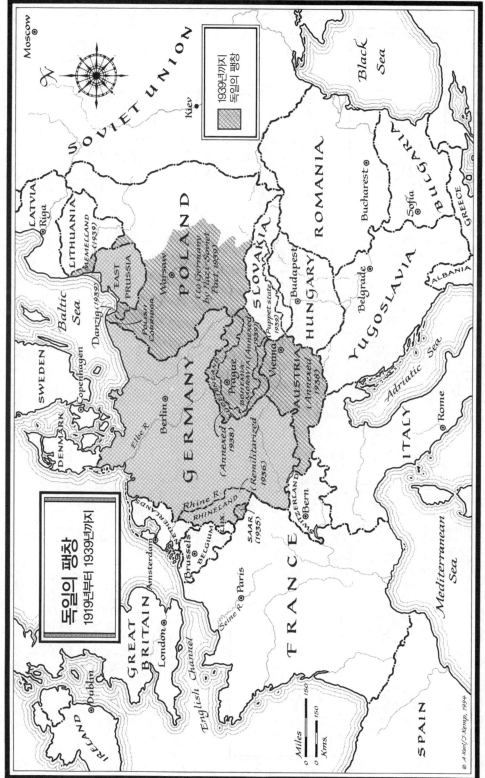

힘의 공백: 베스트팔렌 평화 조약(1648년)과 베르사유 조약(1919년) 둘 다 군사강국의 인접 지역에 힘의 공백을 만들어냈다. 루이 14세의 프랑스와 히틀러의 독일과 같은 강대국은 주변의 약소국을 희생시키고 팽창하려는 유혹을 느꼈다.

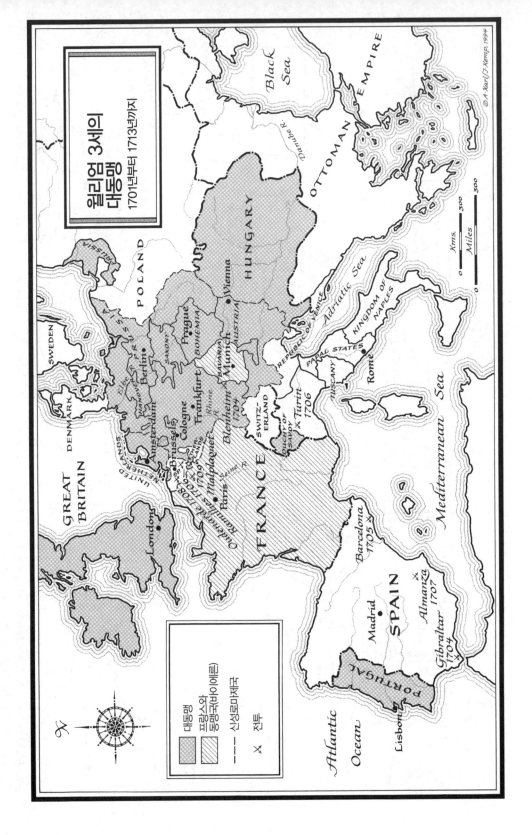

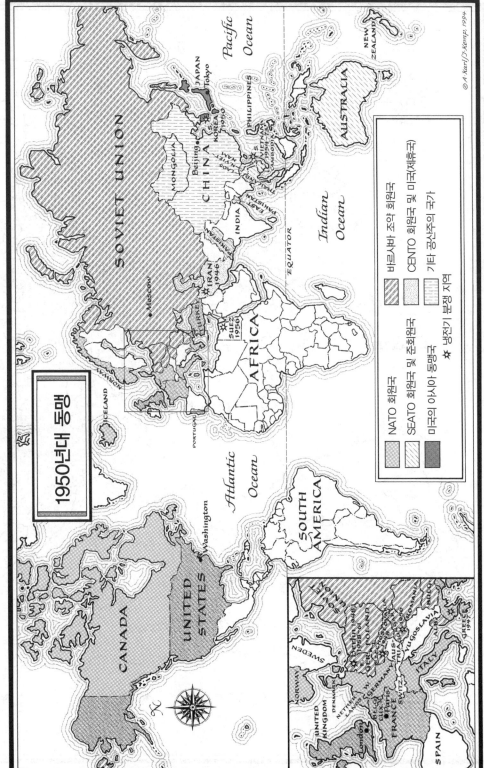

© A. Karl/J. Kemp, 1994

1950년대 동맹

범례

- NATO 회원국
- SEATO 회원국 및 준회원국
- 미국의 아시아 동맹국
- 바르샤바 조약 회원국
- CENTO 회원국 및 미국(제휴국)
- 기타 공산주의 국가
- ☆ 냉전기 분쟁 지역

이전의 봉쇄와 새로운 봉쇄 고질적으로 팽창주의 성향이 있는 국가를 통제하기 위해 영국의 윌리엄 3세는 프랑스의 외부 팽창을 "봉쇄" 하려고 "대동맹(Grand Alliance)"을 구축했다. 마찬가지로 미국은 1950년대에 소련을 봉쇄하려고 동맹체제를 구축했다.

335

세력균형과 회의체제: 빈에서 강화조약을 협상했던 사람들은 중유럽을 공고하게 만들어서 독일 연방을 형성함으로써 프랑스의 팽창주의를 유혹했던 권력의 공백을 없애버렸다.

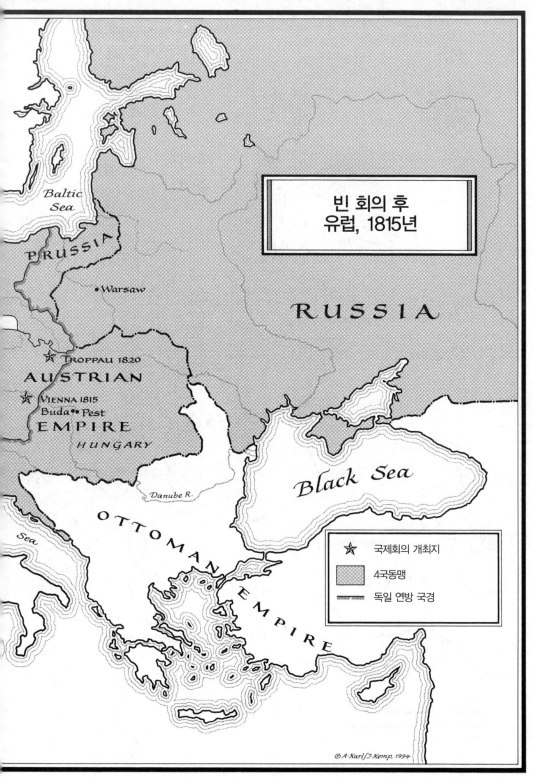

Baltic
Sea

PRUSSIA

• Warsaw

RUSSIA

☆ TROPPAU 1820

AUSTRIAN

☆ VIENNA 1815
Buda •• Pest

EMPIRE

HUNGARY

Danube R.

Black Sea

OTTOMAN EMPIRE

Sea

빈 회의 후
유럽, 1815년

☆   국제회의 개최지

     4국동맹

     독일 연방 국경

© A·Karl/J·Kemp, 1994

프랑스의 침략을 막고자 4국동맹(Quadruple Alliance)이 형성되었다. 유럽회의는 1878년 베를린 회의까지 이어졌고, 유럽 내
주요한 충돌을 해결하기 위해 주기적으로 개최가 되었다.

경직된 세력균형: 1914년에 전쟁이 발발했을 때 프랑스–러시아 동맹은 23년, 독일–오스트리아 동맹은 35년째 지속되고 있었다. 유럽 대륙 동맹에 새롭게 참여한 영국은 1904년과 1907년의 합의를 통해 프–러 블록에 가담했다.

제1차 세계대전 직전
유럽, 1914년

Stockholm

Baltic
Sea

Moscow

Warsaw

RUSSIA

AUSTRIA-
HUNGARY

Vienna

Budapest

ROMANIA

Black Sea

BOSNIA-
HERZE-
GOVINA

Belgrade

Danube R.

Sarajevo

SERBIA
(Allied with Russia)

BULGARIA

Sofia

MONTE-
NEGRO

Constantinople

Sea

ALBANIA

GREECE

3국 협상국

3국 동맹국

OTTOMAN EMPIRE

Athens

© A·Karl/J·Kemp, 1994

두 동맹체는 유럽의 충돌지역에 휘말렸고, 그중에서 가장 운명적으로 발칸반도에서 휘말렸다. 그리하여 사소한 충돌이 모든 강대국을 전쟁으로 끌어들일 가능성이 있었다.

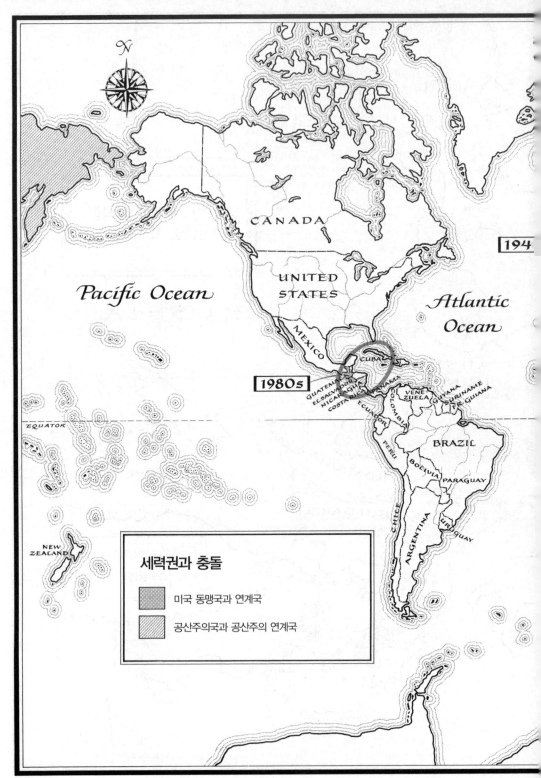

냉전과 세력권: 1945년 이후 미국과 소련은 유럽에서 세력권을 형성했다. 1950년대에 세력권이 동북아시아에서도 공고해졌다. 1960년대에는 경쟁지역이 동남아시아로 옮겨갔고, 이 지역도 궁극적으로 세력권이 고착되었다.

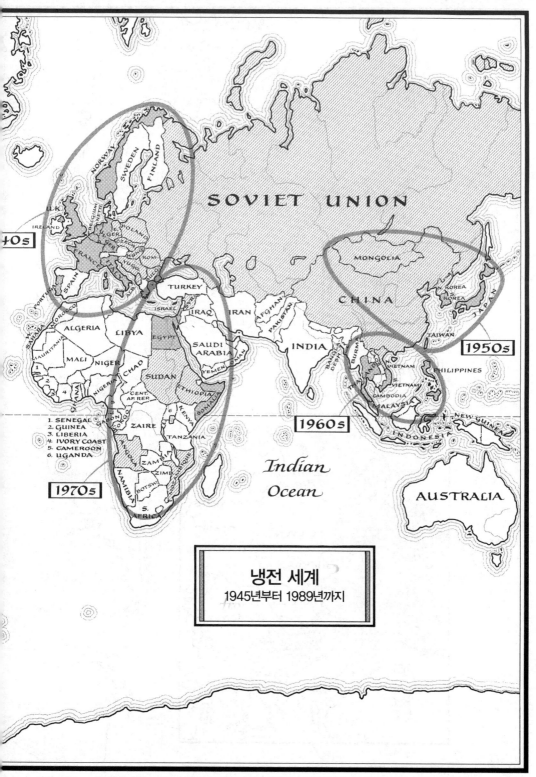

냉전 세계
1945년부터 1989년까지

1970년대에는 양대 초강대국이 중동과 아프리카에서, 1980년대에는 중앙아메리카에서 영향력을 놓고 싸웠다.

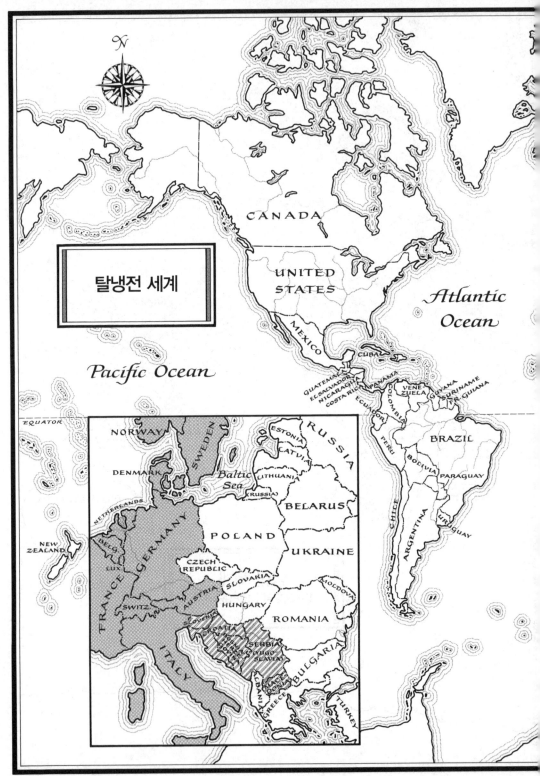

탈냉전 세계: 소련의 세력권이 1989년에 붕괴하면서 중앙아시아, 코카서스, 페르시아만, 아프리카의 뿔, 발칸반도가 새롭게 불안해졌다.

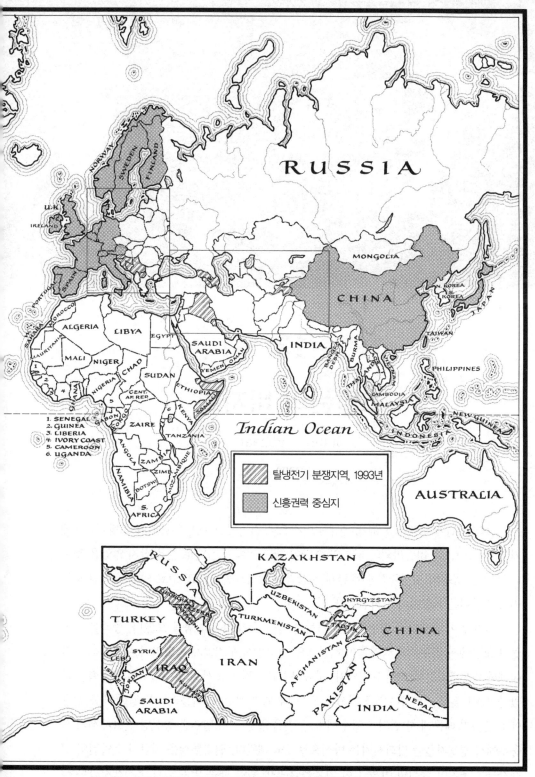

탈냉전기 분쟁지역, 1993년

신흥권력 중심지

한편, 일본, 중국, 서유럽이 새롭게 권력중심지로 발전했고 다극화된 세상이 만들어졌다.

343

13

스탈린의 바자회

Stalin's Bazaar

만약 이념에 따라서 외교정책이 필연적으로 결정되었다면, 히틀러와 스탈린은 3세기 전에 프랑스의 리슐리외와 터키의 술탄이 했던 것처럼 절대로 손을 잡지 않았을 것이다. 하지만 공통의 지정학적 이해관계는 강력한 결합요인이었고, 그로 인해 숙적인 히틀러와 스탈린은 거침없이 가까워졌다.

이런 일이 발생하자 민주주의 국가들은 믿을 수 없다는 반응을 보였다. 충격을 받고 놀란 모습에서 민주주의 국가들이 히틀러의 사고방식 못지않게 스탈린의 사고방식도 잘 이해하지 못했다는 사실이 드러났다. 히틀러처럼 스탈린도 사회의 주변부에서 경력을 쌓았다. 다만 절대 권력을 획득하기까지 훨씬 더 오래 걸렸다. 히틀러는 탁월한 대중 선동에 의존했기 때문에 한 번의 승부수에 모든 것을 걸었다. 스탈린은 공산당 관료체제의 심층부에서 경쟁자들을 약화시키는 방식으로 승리해왔다. 권력투쟁을 해왔던 스탈린의 경쟁자들은 조지아 출신의 이 불길한 인물을 처음에 봤을 때는 별로 심각한 경쟁자라는 생각이 들지 않아서 스탈린을 무시했다. 히틀러는 원초적이고 외골수적인 방식으로 동료들을 압도하면서 출세했다. 스탈린은 확고하게 익명성을 유지하면서 권력을 축적했다.

히틀러의 보헤미안식 업무 습관과 변덕스러운 성격이 정책결정에 영향을 미침에 따라 히틀러 정부는 발작적이고 때때로 어설픈 모습을 보였다. 스탈린은 어릴 때 종교교육을 받으면서 익혔던 엄격한 교리문답 방식으로 볼셰비키 세계관을 무자비하게 해석했고 이념을 정치적 통제의 수단으로 변질시켰다. 히틀러는 일반 대중의 숭배에 힘입어 승승장구했다. 스탈린은 그렇게 인간적인 접근법에 의존하기에는 너무나 편집증적인 성향이 강했다. 그는 당장 인정을 받기보다 궁극적인 승리를 훨씬 더 갈망했으며, 자신의 모든 잠재적 경쟁자들을 하나씩 파멸시키는 방식을 선호했다.

히틀러의 야심은 그가 살아 있는 동안 실현되어야 했다. 히틀러는 자신의 성명에서 오로지 히틀러 본인만 내세웠다. 스탈린도 마찬가지로 과대망상증이 있었지만 스스로를 역사적 진실을 위한 종복으로 생각했다. 히틀러와 달리 스탈린은 믿기 어려울 정도로 인내심이 강했다. 민주주의 국가의 지도자들과 달리 스탈린은 항상 권력관계를 꼼꼼하게 연구할 준비가 되어 있었다. 스탈린은 다른 무엇보다도 자신의 이념이 역사적 진실을 구현할 것이라고 확신했기 때문에 위선적인 도덕적 인습이나 감성적 애착이라고 생각되는 것들에 구애받지 않고 소련의 국익을 무자비하게 추구했다.

스탈린은 정말로 괴물이었다. 하지만 국제문제를 다룰 때는 최고의 현실주의자였다. 인내심이 많았고 기민했으며 무자비했던 당대의 리슐리외 같은 인물이었다. 서방 민주주의 국가들은 이런 점을 알지 못한 채 스탈린과 히틀러 간의 극복할 수 없는 이념적 대립에 의존해서 운명을 시험해보려고 했다. 스탈린에게 프랑스와 조약을 체결하도록 꼬드겨서 군사적 협력을 포기하게 하려 했으며, 소련을 뮌헨 회의에서 배제시켰고, 그러다가 다소 상반된 감정을 지니고 스탈린과 군사 협상을 개시했으나, 스탈린이 히틀러와 조약을 체결하는 상황을 막기에는 이미 늦었다. 민주주의 국가의 지도자들은 스탈린의 지루하고도 온화하게 늘어놓는 이론적 연설을 사상 및 정책의 경직성과 혼동했다. 하지만 스탈린의 경직성은 공산주의 이념까지만 해당됐다. 스탈린은 공산주의를 확신했기 때문에 전술적으로 아주 유연할 수 있었다.

이런 심리적 측면을 넘어서서 스탈린의 성격에는 서방 지도자들이 거의 이해할 수 없는 철학적 핵심이 자리 잡고 있었다. 노장파 볼셰비키였던 스탈린은 권력을 잡기 전 수십 년 동안 자신의 신념을 위해서 투옥과 유배, 궁핍을 겪었다. 역사의 동인에 대한 통찰력이 우월하다고 자부했던 볼셰비키들은 객관적인 역사적 과정을 촉진하는 것이 자신들의 역할이라고 생각했다. 그들의 시각에 따르면 자신들과 비공산주의자 간의 차이는 과학자와 문외한의 차이와 유사했다. 과학자는 물리적 현상을 분석하면서 그런 물리적 현상을 실제로 야기하지는 않는다. 왜 그런 상황이 발생하는지 이해할 수 있기 때문에 과학자가 때로는 그 과정을 조작할 수는 있지만, 그런 현상의 내재된 법칙을 따라서만 그렇게 할 뿐이다. 마찬가지로 볼셰비키들은 자신들을 역사의 과학자로 보았다. 역사의 동인이 분명해지도록 도움을 주고, 어쩌면 이를 가속시킬 뿐 결코 불변의 방향을 바꾸려는 것이 아니었다.

공산주의 지도자들은 스스로를 무자비하고, 동정심을 초월한다고 여겼고, 특히 이념적 믿음이 없는 사람들에게서 나온 기존 통념에 휘둘리지 않는 만큼 역사적 임무에 대해 확고부동한 태도를 보였다. 공산주의자들은 외교활동에서 자신들이 유리하다고 믿었다. 상대방이 스스로를 이해하는 것보다 본인들이 상대방을 더 잘 안다고 생각했기 때문이다. 공산주의자들의 사고방식에서는 설령 양보라는 것을 하게 된다고 해도 "객관적 현실(objective reality)"에 양보하는 것이지 결코 협상하는 상대 외교관들에 설득되어 넘어간 것이 아니었다. 그리하여 외교는 기존 질서가 궁극적으로 타도되는 과정에 귀속되었다. 기존 질서가 평화적 공존이라는 외교에 의해 타도될 것인지, 혹은 군사적 충돌에 의해 타도될 것인지 여부는 힘의 관계(relations of forces)에 대한 평가에 달려 있었다.

하지만 비인간적이고 냉정한 계산이라는 스탈린의 세계에 자리 잡았던 한 가지 원칙만큼은 불변이었다. 미심쩍은 명분을 위해 가망 없는 투쟁을 하는 행위는 무엇으로도 정당화될 수 없었다. 스탈린의 경우 철학적으로 볼 때 나치 독일과의 이념적 충돌은 프랑스와 영국을 포함한 자본주의자들과의 총체적 충돌의 일부였다. 어떤 국가가 소련의 적대행위를 정면에서 마주칠지는 어떤 시점이 되었건 간에 소련이 누구를 더 위협적이라고 판단하느냐에 달려 있었다.

스탈린은 도덕적으로 다양한 자본주의 국가를 구분하지 않았다. 보편적인 평화의 미덕을 찬양하는 국가들에 관한 그의 진솔한 의견은 1928년 켈로그-브리앙 조약의 서명에 대한 반응에서 분명히 드러났다.

그들은 평화주의에 대해 이야기한다. 그들은 유럽 국가들 간의 평화에 대해 말한다. 브리앙과 [오스틴] 체임벌린은 서로를 부둥켜안고 있다. … 다 허튼 수작이다. 우리는 유럽의 역사로부터, 새로운 전쟁을 위한 세력들의 새로운 합의를 예견하는 조약들이 서명될 때마다 이 조약이 평화 조약이라고 불렸던 점을 알고 있다. … [비록 이

조약이 다가오는 전쟁의 새로운 요소를 보여줄 목적으로 서명되었지만 말이다.[1]

스탈린의 악몽은 물론 모든 자본주의 국가들이 연합해서 한꺼번에 소련을 공격해오는 상황이었다. 1927년에 스탈린은 레닌이 10년 전에 말했던 것과 똑같은 방식으로 소련의 전략을 묘사했다. "자본주의자들이 서로 싸우는 그날까지 … 자본주의 세계와의 불가피한 전쟁을 연기할 수 있는지 여부에 … 상당히 많은 것들이 달려 있다."[2] 이런 가능성을 높이고자 소련은 독일과 1922년에 라팔로 조약을 체결했고, 1926년에 베를린에서 중립 조약을 체결했으며, 다시 1931년에 갱신함으로써 자본주의자들의 전쟁에서 거리를 두겠다는 의사를 노골적으로 밝혔다.

히틀러의 반공주의적 독설은 스탈린에게 독일과의 좋은 관계를 유지하는 데 있어서 극복할 수 없는 장애물이 되지 못했다. 히틀러가 집권하자 스탈린은 주저하지 않고 유화적인 제스처를 보였다. "우리는 독일 내 파시즘에 전혀 열광하지 않습니다."라고 스탈린은 1934년 제17차 공산당대회에서 언급했다. "여기서는 파시즘은 문제가 안 됩니다. 그런 이유였다면, 가령 이탈리아에도 파시즘이 있지만, 소련이 이 나라와 최선의 관계를 구축하는 데 걸림돌이 되지 않았습니다. … 과거 우리의 지향점과 현재 우리의 지향점은 소련이며, 소련뿐입니다. 그리고 소련의 이익 차원에서 평화를 해치는 데 관심이 없는 국가와의 화해가 필요하다면, 상대가 이 나라든 저 나라든 우리는 주저하지 않고 그러한 방침을 채택할 것입니다."[3]

위대한 이념가였던 스탈린은 사실상 자신의 이념을 현실정치(Realpolitik)를 위해 이용했다. 리슐리외나 비스마르크였다면 스탈린의 전략을 이해하는 데 어려움이 없었을 것이다. 이념이라는 눈가리개 가죽(blinker)을 착용하고 있던 사람들은 민주주의 국가들을 대표하는 정치인들이었다. 이들은 권력정치를 거부했기 때문에 국가 간의 우호적인 관계를 위해서는 집단안보라는 전제에 대한 일반적인 신뢰가 있어야 한다고 생각했다. 그래서 파시스트와 공산주의자는 이념적으로 상극이기 때문에 두 진영 간의 실용적인 협력이 전혀 불가능할 것으로 생각했다.

민주주의 국가들은 두 가지 계산이 다 틀렸다. 스탈린은 적절한 때에 실제로 반(反)히틀러 진영에 동참하기는 했지만, 나치 독일에 접근했다가 퇴짜를 맞고 나서야 마지못해서 동참했다. 마침내 히틀러의 반(反)볼셰비키적인 수사가 진심일 수 있다고 확신이 들자 스탈린은 히틀러를 봉쇄하기 위한 가능한 한 가장 포괄적인 연합체 구성에 착수했다. 그의 새로운 전략이 1935년 7월과 8월에 개최된 제7차(그리고 최후의) 공산주의 인터내

셔널 회의에서 등장했다.[4] 이 전략은 평화를 애호하는 인민들의 통일전선을 촉구하면서 1920년대식 공산주의 전술을 포기한다는 신호를 보냈다. 실제로 공산당은 1920년대에는 유럽 의회제도를 마비시키려고 지속적으로 파시스트를 포함한 반민주적인 단체에 표를 주었다.

소련의 새로운 외교정책 수석 대변인은 막심 리트비노프였다. 그는 이런 역할을 하고자 외교장관에 임명되었다. 세련되고 영어가 유창하며 유대인인 리트비노프는 부르주아 출신이었고 영국 역사학자의 딸과 결혼했다. 공식 배경만 보면 리트비노프는 소련 외교에서 경력을 쌓을 운명이기보다는 적대계급에 더 잘 어울렸다. 리트비노프의 주도하에 소련은 국제연맹에 가입했고 이후 집단안보를 가장 적극적으로 옹호했다. 스탈린은 히틀러가 『나의 투쟁』에 적었던 내용을 실제로 실행하고 소련을 주요 공격대상으로 삼을 가능성에 대비해 보험 차원에서 윌슨식 수사에 호소할 준비가 충분히 되어 있었다. 정치학자 로버트 레그볼드(Robert Legvold)가 지적한 대로, 스탈린의 목적은 자본주의 세계로부터 최대한의 지원을 끌어내는 것이지 이들과 화해하려는 게 아니었다.[5]

민주주의 국가들과 소련 간의 관계에 서로 깊은 불신이 만연했다. 스탈린은 1935년에 프랑스와, 그리고 이듬해에 체코슬로바키아와 상호원조조약을 체결했다. 하지만 1930년대에 프랑스 지도자들은 그와 반대되는 입장을 취했고, 군사 참모진 간의 대화를 거부했다. 불가피하게 스탈린은 이런 태도를 히틀러더러 소련을 먼저 침공해달라는 신호로 해석했다. 보다 확실한 보장수단으로서 스탈린은 소련이 체코슬로바키아를 지원하기 위해서는 프랑스의 체코슬로바키아에 대한 의무가 먼저 이행되어야 한다는 조건을 내걸었다. 물론 이에 따라 스탈린은 제국주의자들이 먼저 서로 싸우게 내버려두는 옵션을 얻은 셈이 되었다. 불–소 조약은 결코 천생연분과 같은 관계가 아니었다.

소련과의 정치적 연계를 추구하려 하면서도 동시에 군사동맹 체결을 거부하는 프랑스의 태도는 민주주의 국가들의 외교정책이 전간기 동안 떠돌던 망상의 세계를 잘 보여준다. 민주주의 국가들은 집단안보라는 수사적 표현을 높이 평가했지만 실제 운영 측면에서는 뒤로 물러섰다. 제1차 세계대전을 겪으며 영국과 프랑스는 서로 동맹을 맺더라도 독일에 맞서 이기는 게 상당히 불확실하다는 교훈을 배워야 했지만 그러지 못했다. 결국 미국이 연합국에 동참했음에도 독일은 1918년에 거의 승리할 뻔했다. 소련이나 미국의 지원 없이 독일과 전쟁을 치른다는 생각을 하려다 보니 자신들의 국력에 대한 중대한 과대평가와 마지노선을 맹신하는 정신상태가 결합되었다.

민주주의 국가들의 지도자들로서는 극도로 희망적인 사고를 해야만 원조 볼셰비키이자 소위 객관적이고 유물론적인 요인을 신봉하는 스탈린이 집단안보라는 법적, 도덕적 독트린으로 돌아설 것이라는 당시 만연했던 믿음에 도달할 수 있었을 것이다. 스탈린과 그의 동지들이 이념 말고도 기성 국제질서에 냉담했던 다른 이유가 있었다. 어쨌든 소련은 폴란드와의 국경선을 수용하라고 강요받았고, 자기 땅이라 생각했던 베사라비아 (Bessarabia)를 루마니아가 장악했기 때문이다.

독일의 잠재적 피해국이 될 수도 있는 동유럽국들도 소련의 협조를 원하지 않았다. 베르사유 합의와 러시아의 혁명이라는 상황이 합쳐지자 동유럽에서 어떤 집단안보 체제도 해결할 수 없는 문제가 발생했다. 소련이 없으면 군사적 해결이 불가능했고, 소련이 있으면 정치적 해결이 불가능했다.

서방 민주주의 국가들은 자본주의 반(反)소련 세력에 대한 스탈린의 편집증을 누그러뜨리려는 외교적 시도를 거의 하지 않았다. 소련은 로카르노 조약 폐기에 관한 외교적 협의에 참여하지 못했고, 뮌헨 회의에서도 완전히 배제되었다. 비록 동유럽의 안보체제를 협의할 때 초대받기는 했지만, 이 또한 1939년 체코슬로바키아가 점령되고 나서 마지못해 초대받은 것이었다.

그렇지만 히틀러와 스탈린이 조약을 체결한 이유가 대체로 서방의 정책 때문이라고 비난하는 것도 스탈린의 심리를 오해하는 것이다. 국내적으로 잠재적인 경쟁자를 모두 제거하고 단지 자신의 망상 속에서 자신을 반대한다는 이유로 수백만 명의 사람들을 살해하거나 추방시킨 데서 스탈린의 편집증이 명백하게 드러났다. 그럼에도 스탈린은 외교 정책에 관한 한 자신이 극도로 냉철한 계산가임을 입증했고, 자극을 받는다고 해서 경솔하게 행동하지 않는다는 데 대해 자부심이 매우 컸다. 특히 힘의 상관관계에 대한 이해 수준이 자신보다 훨씬 떨어진다고 보았던 자본주의 지도자들의 도발에 대해서는 더욱 그러했다.

뮌헨 회의 당시 스탈린이 무엇을 의도하고 있었는지에 대해서는 단지 추측만이 가능하다. 하지만 스탈린이 국내적으로 대숙청을 단행하면서 나라를 뒤흔들던 당시 상황에서 상호원조 조약이 자동으로 실행되어 자멸적인 상황으로 가는 방안을 택했을 가능성은 가장 낮았다. 체코슬로바키아와의 조약에 따를 경우 소련은 프랑스가 전쟁을 개시한 후에야 개입하도록 되어 있기 때문에 스탈린으로서는 옵션이 상당히 많았다. 가령 스탈린이 폴란드와 루마니아를 통과해야 한다고 요구한다면 이 두 나라는 틀림없이 거부할 것이기 때문에 이를 핑계로 중유럽과 서유럽에서 벌어지는 전쟁의 결과가 나올 때까지 기다릴 수도 있었다. 아니면 스탈린은 일단 전쟁의 결과를 보고 나서 러시아 혁명 이후 폴란드와 루마니아에 상실된 러시아의 영토를 탈환할 수도 있었고, 실제로 1년 후에 그렇게 했다. 소련이 베르사유의 영토적 합의를 집단안보의 이름으로 최후까지 수호하겠다고 나서는 경우가 가장 가능성이 낮은 시나리오였다.

의심의 여지없이 뮌헨 회의 결과로 민주주의에 대한 스탈린의 의구심이 한층 더 확실하게 굳어졌다. 하지만 그 어떤 것도 스탈린이 볼셰비키의 의무라고 여겼고 어떤 대가를 치르더라도 완수하려고 했던 것을 근본적으로 막지는 못했다. 바로 자본주의 국가들끼리 서로 싸우게 하되 소련이 그런 전쟁에서 피해를 입지 않게 하는 것이었다. 따라서 뮌헨 회의 결과로 스탈린은 우선 전술을 변경했다. 이제 그는 소련과의 조약 체결을 위한 입찰 바자회를 열었다. 만약 히틀러가 진지하게 입찰에 응한다면 민주주의 국가들이 이길 가망이 없었다. 1938년 10월 4일에 주소련 프랑스 대사가 뮌헨 협정 결과를 설명하고자 소련 외교부를 방문했을 때, 외교차관(외무인민위원회 제1부위원)인 블라디미르 포템킨이 그를 접견하면서 위협적인 언사로 말했다. "불쌍한 친구여, 무슨 짓을 한 겁니까? 우리로서는 제4차 폴란드 분할 말고는 다른 결과가 안 보이네요."[6]

이런 경구에서 외교정책에 관한 스탈린 특유의 냉담한 접근법이 살짝 드러났다. 뮌헨 회의 이후 폴란드가 독일의 다음 목표가 될 것이 확실했다. 스탈린은 기존 소련 국경에서 독일군과 마주치고 싶지도 않았고 히틀러와 맞서 싸우고 싶지도 않았기 때문에 유일한 대안은 제4차 폴란드 분할이었다. (실제로 비슷한 이유로 예카테리나 대제가 1772년에 프로이센과 오스트리아와 함께 제1차 폴란드 분할을 추진했다.) 히틀러가 먼저 움직이도록 스탈린이 1년간 기다렸다는 사실에서 스탈린이 외교정책을 수행하는 데 있어 강인한 배짱이 있다는 게 입증되었다.

자신의 목표가 확고해지자 스탈린은 이어서 소련을 신속하게 전선에서 후퇴시켰다. 1939년 1월 27일 런던의 〈뉴스크로니클(News Chronicle)〉이 외교 통신원(소련 대사인 이반 마이스키와 가까운 사람으로 알려졌다)이 작성한 소련과 독일 간의 거래 가능성을 보여주는 기고문을 실었다. 이 기고자는 서방 민주주의 국가들과 파시스트 독재자들 간에 큰 차이가 없다는 스탈린의 일반적인 논지를 반복했고, 이런 논지를 활용해서 소련이 집단안보의 의무를 자동으로 떠맡는 일이 없게 하려고 했다.

> 현재로서는 만약 프랑스가 독일과 이탈리아와 충돌할 경우 소련 정부가 영국이나
> 프랑스에 어떤 도움을 제공할 의도가 분명히 없다. … 소련 정부의 시각에서 볼 때
> 영국과 프랑스 정부를 한편으로 하는 입장과 독일과 이탈리아 정부를 다른 한편으

로 하는 입장 간에 큰 차이가 없으며, 그렇기 때문에 서방의 민주주의를 수호하기 위해 엄청난 희생을 하는 것은 정당화될 수 없다.[7]

소련은 이념에 근거해서 다양한 자본주의 국가들 중에서 어느 한 나라를 선택할 필요가 없다고 보았기 때문에 모스크바와 베를린 간의 이견이 실용적인 수준에서 해결될 수 있었다. 이런 점을 놓치지 않게 하려고 스탈린은 이 논설을 공산당 기관지인 〈프라우다〉에 그대로 다시 게재하게 하는 이례적인 조치를 취했다.

히틀러가 프라하를 점령하기 5일 전인 1939년 3월 10일, 스탈린은 소련의 새로운 전략에 관한 자신의 성명을 내놓았다. 스탈린이 5년 전에 집단안보와 "통일전선(united fronts)"을 승인한 이후 처음으로 개최된 제18차 공산당대회를 계기로 이 성명이 발표되었다. 당대회에 참석한 대의원들은 틀림없이 아직 살아있는 사실에 안도감을 느꼈을 것이다. 숙청으로 수많은 당원이 죽었기 때문이다. 5년 전 2,000명의 대의원 중 불과 35명이 이번 당대회에 참석했다. 나머지 사람들 중 1,100명이 반혁명 활동으로 체포되었고, 중앙위원회 위원 131명 중 93명이 제거되었다. 붉은 군대의 원수 5명 중 3명, 국방부정치지도원 11명 전원, 군구 사령관 전원, 그리고 최고군사위원 80명 중 75명이 숙청당했다.[8] 제18차 공산당대회는 연속성을 경축하는 자리가 아니었다. 참석자들은 이해할 수 없는 미묘한 외교정책 내용보다 자신이 살아남기 위해 뭐가 필요한지에 대해 관심이 더 많았다.

1934년에도 그랬듯이 공포에 떨고 있는 청중 앞에 선 스탈린은 기본 논제로 적대적 국제환경에서 소련의 의도가 평화적이라는 점을 내세웠다. 하지만 그가 내린 결론은 지난번 당대회의 집단안보 개념과 근본적으로 달랐다. 사실상 자본주의 국가들 간의 전쟁에서 중립을 선언했기 때문이다.

> 소련의 외교정책은 명확하고 분명합니다. 우리는 평화, 그리고 모든 국가와 협력관계를 강화하는 데 찬성합니다. 이게 우리의 입장입니다. 그리고 우리는 다른 국가들이 소련과 이와 유사한 관계를 유지하고, 우리나라의 이익을 침해하려 하지 않는 이상 이런 입장을 고수할 것입니다.[9]

스탈린은 자본주의 국가들의 둔감한 지도자들이 자신이 한 말이 무슨 뜻인지 확실히 이해할 수 있도록 〈뉴스크로니클〉 기고문의 핵심 논지를 거의 그대로 반복했다. 즉,

민주주의 국가들과 독일의 사회구조가 비슷하기 때문에 소련과 독일 간의 차이를 극복하는 게 소련과 다른 자본주의 국가 간의 차이를 극복하는 것보다 더 어렵지 않다는 것이다. 간단히 말하자면 스탈린은 행동의 자유를 유지할 것이며 어떤 전쟁이 임박했건 간에 소련에 가장 좋은 조건을 제시하는 국가에게 소련이 호의를 제공할 것이라는 자신의 결의를 드러냈다. 스탈린은 "자신을 위해 다른 사람이 위험을 무릅쓰게 하는 데 익숙한 전쟁광들의 싸움에 우리나라가 끌려 들어가지 않도록 유의하겠다."라고 불길한 말로 다짐했다.[10] 실제로 스탈린은 나치에게 좋은 조건을 제시하라고 요청하고 있었다.

무엇보다 스탈린의 새로운 정책은 예전 정책과는 강조점에서 차이가 있었다. 자신이 한창 집단안보와 "통일전선"을 지지하던 시기에도 스탈린은 전쟁이 발발한 후에 별도로 합의할 수 있는 옵션을 확보해 공약을 회피할 수 있는 여지를 만들어놓았다. 하지만 이제는, 1939년 봄 체코슬로바키아의 남은 지역들이 아직 독일에 점령되지 않았을 때 스탈린은 한 걸음 더 전진해갔다. 스탈린은 전쟁 전에 단독으로 거래를 할 기회를 노리기 시작했다. 스탈린이 이런 의도를 숨겼던 것에 대해 누구도 불평해서는 안 된다. 민주주의 국가들이 충격을 받은 것은 스탈린이 열정적인 혁명가이면서 무엇보다 냉혈한 전략가라는 사실을 이해하지 못했기 때문이다.

영국은 프라하가 점령된 후에 독일에 대한 유화정책을 포기했다. 영국 내각은 예전에 나치의 위협을 과소평가했던 것만큼 이제는 나치의 위협이 임박했다고 과장했다. 영국 내각은 히틀러가 체코슬로바키아를 파멸한 후 또 다른 공격을 할 것이라고 확신했다. 일부 각료는 벨기에를, 다른 각료는 폴란드를 떠올렸다. 1939년 3월 하순에는 심지어 독일과 국경을 접하지도 않는 루마니아가 목표물이 되었다는 소문이 돌았다. 하지만 부차적이고 관련도 없는 목표물을 이렇게 빨리 공격한다는 것은 너무나 히틀러답지 않았다. 히틀러의 전형적인 전술은 한 번의 타격으로 충격을 주어서 다음 목표물을 공격하기 전에 기선을 제압하는 방식이었다. 어찌됐건 돌이켜 볼 때 당시 영국 지도자들이 믿었던 것보다는 영국이 전략을 수립할 시간이 훨씬 많았다. 더욱이 영국 내각이 제18차 공산당대회에서 스탈린이 발표했던 내용을 꼼꼼히 분석했더라면, 영국이 히틀러에 대한 저항을 간절히 조직하려고 하면 할수록 스탈린이 양측에 대한 영향력을 키우려고 더 냉담한 태도를 보이리라는 점을 인식할 수 있었을 것이다.

영국 내각은 이제 근본적인 전략적 선택에 직면했다. 물론 이런 상황을 인지하고 있었다는 증거는 없지만 말이다. 영국은 히틀러에 집단안보 체제를 구축해서 맞설지, 아니면 전통적인 동맹 방식으로 맞설지를 결정해야 했다. 만약 전자를 택한다면 광범위한 국가들을 규합하여 반(反)나치 대항세력을 구축해야 했다. 후자를 택한다면 영국은 소련과 같은 잠재적 동맹국들과 이익을 조화시키기 위해 타협해야 했다.

영국 내각은 집단안보를 택했다. 3월 17일에 그리스, 유고슬라비아, 프랑스, 터키, 폴란드, 그리고 소련에 이른바 루마니아에 대한 위협에 어떻게 대응할 것인지를 문의하는 공식 서한이 전달되었다. 집단안보를 위해서는 모든 국가들이 동일한 이해관계를 공유하고 단일한 입장을 취해야 했기 때문이다. 영국이 1918년 이후 철회했던 모든 동유럽국들에 대한 영토 보장을 갑자기 제공하고 있는 것처럼 보였다.

다양한 국가들의 답변을 통해 집단안보 독트린이 본질적으로 얼마나 취약한지가 또다시 확인되었다. 집단안보는 모든 국가들, 최소한 잠재적 피해 가능성이 있는 모든 국가들이 침략에 맞서는 데 있어서 이해관계가 동일하다고 가정한다. 모든 동유럽국들은 각자 자신의 문제가 특별한 경우라고 설명했고 집단적 관심사가 아니라 국가적 관심사를 강조했다. 그리스는 자신의 대응이 유고슬라비아가 어떻게 대응할지에 달려 있다고 밝혔다. 유고슬라비아는 영국의 의도가 무엇인지 되물으면서 문제를 원점으로 되돌렸다. 폴란드는 영국과 독일 사이에서 어느 편을 들지, 혹은 루마니아를 방어하는 데 참여할지 아직 준비가 안 되었다고 밝혔다. 폴란드와 루마니아는 그들의 나라를 보호하기 위해 소련이 참여하는 데 동의할 수 없다고 했다. 그리고 소련은 답변으로 영국의 문의에 응답한 모든 국가들이 참여하는 회의를 부쿠레슈티에서 개최하자고 제안했다.

이는 현명한 계략이었다. 만약 회의가 개최된다면 독일만큼 소련을 무서워하는 나라들을 보호하기 위해 소련이 참여한다는 원칙이 수립되게 된다. 만약 이 제안이 거절당한다면 소련은 거리를 두면서 독일과의 합의 모색이라는 자신이 선호하는 방안을 추구할 수 있는 구실을 얻게 된다. 소련은 동유럽국들에게 독일이 가장 크게 생존을 위협하는 존재임을 인정하고, 소련 자신이 의도를 분명히 밝히기 전에 먼저 독일에 맞서달라고 사실상 요청하고 있었다. 어떤 동유럽국도 이렇게 할 준비가 되어 있지 않았기 때문에 부쿠레슈티 회의는 개최되지 않았다.

반응이 냉담하자 네빌 체임벌린은 다른 방안을 추구했다. 그는 3월 20일에 어떠한 유럽 국가라도 독립이 위협받을 경우 영국, 프랑스, 폴란드, 소련이 "공동의 행동을 취할 목적으로" 협의할 의사가 있음을 선언하자고 제안했다. 제1차 세계대전 이전의 삼국협상 부활과 같은 이 제안은 위협을 억제하지 못할 경우 어떤 군사적 전략을 취할지에 대해 아무런 언급이 없었고, 마치 당연하게 간주되었던 폴란드와 소련 간의 협력 가능성에 대해서도 전혀 언급이 없었다.

자신의 군사력을 낭만적으로 과대평가했던(영국도 이에 공감하는 것처럼 보였다) 폴란드는 소련과의 공동행동을 거부했고, 영국에 폴란드와 소련 둘 중에 하나를 택하라고 맞섰다. 만약 영국이 폴란드의 안전을 보장한다면, 스탈린으로서는 공동방위에 참여할 동기가 줄어들 것이다. 폴란드가 독일과 소련 사이에 있기 때문에 영국은 스탈린이 어떤 결정을 내리기도 전에 전쟁을 해야 할 의무를 떠안게 된다. 반대로, 만약 영국이 소련과의 조약에 집중한다면 스탈린은 틀림없이 폴란드를 도와준 대가로 소련의 국경을 커즌 라인(Curzon Line) 너머 서쪽으로 밀어붙이겠다고 터무니없는 요구를 할 것이다.

영국 내각은 여론의 분노에 자극을 받았고, 더 후퇴하면 영국의 입장이 더 약해질 것이라고 확신했기 때문에 지정학적 상황이 어떻든 간에 더 이상 다른 국가를 희생시킬 수 없다고 거부했다. 동시에 영국 지도자들은 폴란드가 여하튼 소련보다 군사적으로 더 강력하며, 붉은 군대가 공격력 측면에서 아무런 가치가 없다는 착각에 빠져 있었다. 물론 소련군 지도부가 대규모로 숙청당한 지 얼마 되지 않았기 때문에 충분히 이런 평가를 내릴 법했다. 무엇보다도 영국 지도자들이 소련을 극도로 불신했다. 체임벌린은 이렇게 적었다. "내가 고백해야 할 게 있다. 나는 소련을 극도로 불신한다. 설령 소련이 원한다고 한들, 소련이 효과적으로 공세를 유지할 수 있을지에 대해 일말의 믿음도 없다. 그리고 소련의 동기도 믿을 수가 없다. 내 눈에는 자유라는 우리의 이상과 관련이 거의 없고, 다른 모든 사람들의 사이가 틀어지게 하는 데만 관심이 있는 것처럼 보이기 때문이다."[11]

영국은 시간적 제약을 엄청나게 받고 있다고 믿으면서 베르사유 조약 이후 일관되게 거부해왔던 유럽 대륙에 대한 일종의 평시 보장을 제공하기로 결정했다. 체임벌린은 폴란드에 대한 독일의 공격이 임박했다는 보고들에 대해 우려하면서 폴란드와의 양자 동맹을 협상하는 척조차 하지 않았다. 대신 폴란드에 대한 일방적인 보장안을 1939년 3월 30일에 친필로 작성해서 다음 날 의회에 제출했다. 이 보장은 나치의 침략을 저지하기 위한 임시방편적 수단이었지만, 그런 위협은 거짓된 정보에 기초했던 것으로 밝혀졌다. 이러한 보장에 이어서 포괄적인 집단안보 체제를 구축하기 위한 시도들이 보다 여유 있게 진행되었다. 얼마 안 가서 똑같은 논리에 근거한 일방적인 보장이 그리스와 루마니아에까지 확대되었다.

영국은 도덕적 분노와 전략적 혼돈에 사로잡힌 채 제1차 세계대전 이후 모든 총리들이 보호할 수도 없고, 보호하지도 않겠다고 주장했던 국가들에게 보장을 제공하는 방향으로 끌려 들어갔다. 베르사유체제 이후 동유럽의 현실이 영국의 경험과 너무나 동떨어졌기 때문에 영국 내각은 자신들의 선택으로 인해 독일에 대한 스탈린의 옵션이 늘어났고 스탈린이 공동전선으로부터 쉽게 물러날 수 있게 되었다는 사실을 간파하지 못했다.

영국 지도자들은 자신들의 전략에 스탈린이 참여할 거라고 너무나 당연하게 여겼기 때문에 그 타이밍과 범위도 통제 가능하다고 믿었다. 외교장관인 핼리팩스 경(Lord Halifax)은 소련이 일단 대기하고 있다가 "특정한 상황에서 가장 편리한 형식으로 협조해 달라."라고 촉구했다.[12] 핼리팩스가 염두에 둔 것은 소련이 군대를 국경 너머로 이동시키는 게 아니라 군수물자를 공급하는 역할을 맡는 것이었다. 소련이 그런 보조적인 역할을 하도록 어떤 유인책을 줄 수 있을지에 대해서는 설명하지 않았다.

실제로 폴란드와 루마니아에 영국이 보장을 제공함으로써 소련은 서방 민주주의 국가들과의 동맹 체결을 진지하게 협상해야 할 동기가 모두 사라졌다. 무엇보다 이런 보장으로 발트해 국가들(에스토니아, 라트비아, 리투아니아)을 제외한 모든 유럽 국가들과 소련 간의 국경이 보장되어버렸기 때문이다. 적어도 문서상으로는 독일의 야심만큼 소련의 야심도 좌절되었다. (영국이 이런 현실을 안중에 두지 않았다는 사실은 "평화 애호국들의 공동 전선"이라는 개념이 얼마나 서방 국가들의 머리에 고착화되었는지 보여주는 척도였다.) 하지만 영국의 일방적인 보장이 스탈린에게 선물이었다는 점이 더 중요하다. 보통 백지상태에서 시작하기 마련인 어떤 협상에서 스탈린이 요구할 수 있는 최대치를 그냥 제공한 셈이었기 때문이다. 만약 히틀러가 동쪽으로 진격한다면 스탈린은 이제 독일군이 소련 국경에 도달하기 전에 영국이 참전한다는 약속을 보장받은 셈이었다. 그리하여 스탈린은 어떠한 보상을 제공할 필요도 없이 영국과의 사실상의 동맹이라는 이익을 얻게 되었다.

영국의 폴란드에 대한 보장은 네 가지 가정에 기반을 두고 있었다. 1) 폴란드는 상당한 군사 강국이며, 어쩌면 소련보다 더 강력할 수도 있다. 2) 프랑스와 영국은 다른 동맹국의 도움 없이 독일을 억제할 수 있을 정도로 충분히 강력하다. 3) 소련은 동유럽에서 현상을 유지하는 데 관심을 가지고 있다. 4) 독일과 소련의 이념적 골은 도저히 메울 수가 없어서 결국 소련이 조만간 반(反)히틀러 연합체에 가담할 것이다. 이 네 가지 가정이 전부 다 틀린 것으로 판명되었다.

폴란드는 영웅적이었지만 의미 있는 군사 강국은 아니었다. 프랑스 총참모부가 마치 프랑스가 모종의 공격을 할 가능성이 있는 것처럼 암시하면서 프랑스의 실제 의도를 오해하게 만들었고, 이 때문에 폴란드의 임무가 더욱 감당할 수 없게 되었다. 프랑스가 실제로 방어 전략에 치중하고 있었기 때문에 폴란드는 독일의 맹렬한 공격을 혼자 다 받아내야 했다. 폴란드가 이런 역할을 감당할 수 없다는 사실을 서방 지도자들이 알았어야 했다. 동시에 폴란드는 소련의 지원을 수용하도록 설득될 수가 없었다. 폴란드 지도자들은 어떠한 소련 "해방군"도 점령군이 될 거라고 확신했기 때문이었다. 나중에 이런 판단이 정확했던 것으로 확인되었다. 그리고 민주주의 국가들은 비록 폴란드가 패배하더라도 자신들 스스로의 힘으로 독일과의 전쟁에서 승리할 수 있다고 평가했다.

소련이 동유럽에서의 현상 유지에 설령 관심이 있었을지라도 그런 관심은 제18차 공산당대회를 끝으로 사라졌다. 결정적으로 스탈린으로서는 히틀러에게 돌아서는 옵션이 있었고, 영국이 폴란드에 보장을 제공한 뒤에는 나치 카드를 아주 안전하게 활용할 수 있었다. 서방 민주주의 국가들이 스탈린의 전략을 이해하려 하지 않았기 때문에 스탈린의 과제가 쉬워졌다. 만약 리슐리외, 메테르니히, 파머스턴, 혹은 비스마르크였다면 스탈린의 전략을 명료하게 이해했을 것이다. 아주 단순하게 말하자면, 스탈린의 전략은 소련이 항상 마지막에 약속하는 주요 국가가 되어야 한다는 것이다. 그래야 가장 높은 가격을 제시하는 입찰자에게 소련의 협력이나 중립이 제공되는 바자회를 위한 행동의 자유를 확보할 수 있기 때문이다.

스탈린은 영국이 폴란드에 보장을 제공하기 전까지는 신중하게 행동해야 했다. 소련이 독일에 접근할 경우 민주주의 국가들이 동유럽에서 손을 떼게 되고 스탈린이 홀로 히틀러를 상대해야 하는 상황이 발생할 수도 있기 때문이었다. 영국의 보장 이후에는, 스탈린은 영국이 소련의 서부 국경을 위해 싸워줄 뿐만 아니라 전쟁이 서쪽으로 약 1,000 킬로미터 떨어진 독일과 폴란드 간의 국경에서 시작된다고 확인받은 셈이었다.

스탈린에게는 이제 두 가지 우려 사항만 남았다. 첫 번째로 영국이 폴란드에 보장을 확실히 제공하도록 해야 했다. 두 번째로 독일이라는 옵션이 실제로 존재하는지 파악해야 했다. 히틀러를 저지하기 위해 영국이 폴란드에 더 많은 선의를 보일수록 역설적으로 스탈린에게 히틀러를 상대로 움직일 수 있는 공간이 더 넓어졌다. 영국은 동유럽의 현상을 유지하려고 했다. 스탈린은 자신의 선택권을 최대한 넓히고 베르사유 합의를 뒤집으려고 했다. 체임벌린은 전쟁을 예방하고 싶었다. 스탈린은 전쟁이 불가피하다고 생각했지만, 전쟁에 참여하지 않으면서 이득만 챙기려고 했다.

스탈린은 양측 사이를 점잖게 선회했다. 하지만 결국 경쟁은 없었다. 오직 히틀러만 스탈린이 원했던 동유럽에서의 영토 획득을 제안할 수 있는 위치에 있었고, 이를 위해 소련이 빠진 유럽 전쟁이라는 대가를 지불할 의향이 상당히 있었다. 4월 14일에 영국은 소련에 "소련의 주변국 중 어떤 국가라도 침략당하면 소련 정부가 원조를 제공해줄 수 있다."라고 일방적으로 선언해달라고 제안했다.[13] 스탈린은 덫에 걸려들기를 거부했고, 일방적이고 순진한 이 제안을 거절했다. 4월 17일에 스탈린은 세 부분으로 구성된 역제안을 제시했다. 소련, 프랑스, 영국 사이의 동맹과 이 동맹을 실효적으로 만들 군사협약, 그리고 발트해와 흑해 사이에 있는 모든 나라들에 대한 보장이었다.

스탈린은 이런 제안이 결코 받아들여지지 않을 것임을 알았어야 했다. 무엇보다 동유럽국들이 원하지 않았다. 두 번째로 상세한 군사협약을 놓고 협상한다면 현재 주어진 시간보다 더 오래 걸릴 것이다. 그리고 마지막으로 지난 15년 동안 영국은 군수물자 공급자 정도의 가치밖에 없다고 생각되는 나라와 동맹을 맺기 위해 프랑스와의 동맹을 철회한 적이 없었다. "동유럽 소국들이 군수물자를 보급받도록 하기 위해 그런 동맹이 필요한 척할 수는 없습니다."라고 체임벌린은 말했다.[14]

영국 지도자들은 자신들의 의구심을 극복하면서 한 주 두 주 지나갈수록 조금씩 스탈린의 조건에 맞추려고 다가갔으나, 스탈린은 계속 요구조건을 높여갔다. 스탈린이 신뢰하는 측근인 뱌체슬라프 몰로토프가 5월에 리트비노프를 대신해서 외교장관(외무인민위원)이 되었다. 이는 스탈린이 협상을 개인적으로 챙기고 있으며, 협상가들 간의 우호적 인간관계가 더 이상 소련의 우선순위가 아니라는 점을 시사했다. 짜증날 정도로 현학적인 태도를 보이며 몰로토프는 소련의 서부 국경에 있는 모든 국가들이 양측으로부터 보장을 받아야 하고 그 대상이 구체적으로 열거되어야 한다고 주장했다. (적어도 그중 몇몇 나라로부터는 공식적으로 거부 의사를 받아내려는 속셈이 있었다.) 몰로토프는 또한 "침략"이라는 단어가 비록 무력이 실제로 사용되지 않더라도 독일의 위협에 대한 어떤 양보로 규정되는 "간접 침략"까지 포함하도록 확대되어야 한다고 고집을 부렸다. "양보"가 무엇을 의미하는지는 소련이 규정할 수 있었기 때문에 스탈린은 소련의 모든 주변국의 국내문제에 무제한으로 개입할 수 있는 권리를 사실상 요구한 셈이었다.

7월이 되자 스탈린은 충분히 깨닫게 되었다. 영국 지도자들이 내키지 않더라도 자신이 내건 조건에 맞춰 동맹을 체결하리라는 것을 알았다. 7월 23일에 소련과 서방 협상대표단들은 겉보기에는 양측에 다 만족스러운 초안에 합의했다. 스탈린은 이제 히틀러가 정확히 무엇을 제시해야 할지를 결정하기 위한 안전망을 갖게 되었다.

봄과 여름 내내 스탈린은 조심스럽게 독일의 제안을 받을 준비가 되었다는 신호를 보냈다. 하지만 히틀러는 자신이 먼저 움직일 경우 스탈린이 그것을 이용해서 영국과 프랑스로부터 더 유리한 조건을 끌어내는 상황을 경계했다. 스탈린도 역으로 똑같이 우려했고, 마찬가지로 먼저 움직이기를 꺼렸다. 만약 그 사실이 공개되면 영국이 동유럽에 대한 안보 공약을 포기할 수도 있고, 스탈린이 홀로 히틀러에 맞서야 할 수도 있기 때문이었다. 히틀러와 달리 스탈린은 서두르지 않았다. 스탈린은 시한이 없었고 대담했다. 그래서 스탈린은 기다렸고, 히틀러는 초조해졌다.

7월 26일에 히틀러가 먼저 움직였다. 가을비가 내리기 전에 폴란드를 공격하려면 늦어도 9월 1일까지는 스탈린의 의도가 무엇인지 알아야만 했다. 소련과 새로운 무역협정 협상을 벌이던 독일 측 협상대표인 카를 슈누레(Karl Schnurre)는 정치적 주제를 거론하라는 지침을 받았다. 슈누레는 서방 자본주의 국가들에 대한 공동의 적개심을 연결고리로 삼아 "발트해부터 흑해까지, 혹은 극동에서 두 나라 사이에는 해결될 수 없는 문제가 없다."라고 소련 측 대표를 안심시켰다.[15] 슈누레는 이 협의를 소련 측과 고위급 정치회담 차원에서 지속하자고 제의했다.

열의를 보인다고 해서 협상이 더 빠르게 진행되는 경우는 거의 없다. 노련한 정치인은 상대방이 절박해한다고 해서 합의해주지 않는다. 오히려 이런 초조함을 이용해 훨씬 더 유리한 조건을 끌어낼 가능성이 크다. 어쨌든 스탈린을 몰아붙일 수는 없었다. 8월 중순이 되어서야 몰로토프는 슈누레가 무엇을 제안할지를 정확히 결정할 질문 리스트를 가지고 주소련 독일 대사인 폰 데어 슐렌부르크(von der Schulenburg)를 접견하라는 지침을 받았다. 시베리아를 위협하지 않도록 일본을 압박할 것인가? 불가침 조약인가? 발트해 국가들에 관한 협정인가? 폴란드에 관한 거래인가?

이때가 되자 히틀러는 너무나 급한 나머지, 싫기는 했지만 모든 사안에서 양보할 준비가 되어 있었다. 8월 11일에 히틀러는 단치히 고등판무관에게 이렇게 말했다.[16]

> 내가 취하는 모든 조치는 러시아를 겨냥한 것이오. 서방이 너무 멍청하고 너무 눈이 멀어서 그걸 알아채지 못한다면, 나는 어쩔 수 없이 서방 국가들을 박살내기 위해 러시아인들과 합의해야만 할 것입니다. 그런 다음 서방을 패배시키고 난 후, 병력을 끌어 모아 소련을 향해 돌아설 것입니다.[17]

이 언급은 분명히 히틀러의 우선순위를 정확하게 밝혔다. 영국에 대해서는 유럽 대륙 불간섭을 원했고, 소련에 대해서는 레벤스라움(Lebensraum), 즉 생활권(生活圈)을 원했다. 일시적일지라도 히틀러의 우선순위를 뒤집어버린 것은 스탈린이 대단한 일을 해냈다는 방증이었다.

폰 데어 슐렌부르크는 몰로토프의 질의에 응답하면서 히틀러가 요아힘 폰 리벤트로프(Joachim von Ribbentrop) 외교장관에게 전권을 부여하고 모든 남은 쟁점을 타결하고자 모스크바를 즉각 방문하도록 지시할 준비가 되어 있다고 통보했다. 스탈린은 히틀러가 영국이 일관되게 회피했던 수준에서 협상할 준비가 되어 있다는 사실을 눈치챌 수밖에 없었다. 왜냐하면 협상이 진행되는 여러 달 동안 영국은 일부 장관이 바르샤바까지 방문하기는 했지만 어떤 장관도 모스크바를 방문하는 게 적절치 않다고 보았기 때문이다.

스탈린은 상대방이 무엇을 제시할지 정확히 알기 전에 자신의 카드를 보여주기를 꺼리면서 히틀러를 한층 더 압박했다. 몰로토프는 리벤트로프의 열의에 사의를 표하되, 방문이 유용한지 결정하기 전에 원칙적 합의가 필요하다는 뜻을 전달하라는 지시를 받았다. 히틀러는 구체적 영토 문제를 다루는 비밀 의정서를 포함해서 정확한 제안을 제시해달라는 요청을 받았다. 우둔한 리벤트로프조차 몰로토프가 한 요청의 목적을 틀림없이 이해했다. 제안이 조금이라도 유출된다면 이런 내용은 독일 측이 제시한 초안인 반면 스탈린은 결백한 상태로 남게 되며, 협상에 실패하면 독일의 팽창주의에 소련이 동참하기를 거부했기 때문이라고 둘러댈 수 있었다.

이제 히틀러의 초조함이 엄청난 흥분 상태에 이르렀다. 폴란드 공격 여부를 며칠 내로 결정해야 했기 때문이었다. 8월 20일에 히틀러는 스탈린에게 직접 서한을 보냈다. 이 서한 자체가 독일의 의전 담당관들로서는 좀 문제가 되었다. 스탈린의 유일한 직위가 "소련 공산당 서기장"이었고 정부와 관련된 직책이 없었기 때문에 의전 담당관들은 스탈린을 어떻게 호칭해야 할지 몰랐다. 결국 이 서한은 단순하게 "모스크바의 스탈린 씨" 앞으로 발송되었다. 이 서한에는 이렇게 적혀 있었다. "본인은 책임 있는 독일 정치인이 모스크바를 방문해서 직접 협상할 수 있다면 소련 측이 희망하는 추가 의정서의 실제 내용이 가능한 최대한 단시일 내에 해결할 수 있다고 확신합니다."[18]

스탈린은 마지막 순간까지 소련 측의 옵션을 열어둔다는 자신의 도박에서 승리했다. 영국과 프랑스와 어떤 식으로 동맹을 맺건 간에 독일과의 피비린내 나는 전쟁을 거쳐야만 스탈린이 받아낼 수 있었던 것을 히틀러가 공짜로 제공하려고 했기 때문이다. 8월 21일에 스탈린은 "독–소 불가침 조약이 우리 양국 간의 정치적 관계가 한층 개선되는 결정적인 전환점이 되기를 …" 희망한다는 의사를 밝히며 답신을 보냈다.[19] 리벤트로프는 48시간 뒤인 8월 23일에 모스크바를 방문해달라고 초대받았다.

리벤트로프는 모스크바를 방문한 지 한 시간도 안 되어서 스탈린을 예방하도록 안내받았다. 소련 지도자는 불가침 조약에 거의 관심을 보이지 않았고, 우호적 관계에 대한 리벤트로프의 공언에도 더욱 관심이 없었다. 그는 동유럽을 분할하는 비밀 의정서에 관심이 꽂혀 있었다. 리벤트로프는 폴란드를 1914년 당시 국경을 따라 세력권을 나누자고 제안했고, 가장 큰 이견은 바르샤바가 독일 측에 남아 있어야 한다는 것이었다. 폴란드가 독립과 비슷한 상태를 유지할지, 아니면 소련과 독일이 각각 점령 지역을 병합할지 여부는 미결 상태로 남겨졌다. 발트해 지역과 관련해서 리벤트로프는 핀란드와 에스토니아가 러시아의 영역에 포함되고(스탈린이 오랫동안 원했던 레닌그라드 주변의 완충 지역을 주었다),[20] 리투아니아는 독일에 주며, 라트비아는 분할하자고 제안했다. 스탈린이 라트비아 전체를 요구하자 리벤트로프는 히틀러에게 전보로 문의했다. 히틀러는 양보했고, 루마니아로부터 베사라비아(Bessarabia)를 가져가겠다는 스탈린의 요구도 수락했다. 리벤트로프가 의기양양한 모습으로 베를린으로 돌아왔고, 히틀러는 크게 기뻐하며 리벤트로프를 "제2의 비스마르크"라며 맞이했다.[21] 히틀러의 최초 메시지가 스탈린에게 전달되고 나서 외교적 혁명이 완성되기까지 불과 사흘이 걸렸다.

그 후 이런 충격적인 사건의 전환에 누가 책임이 있는지를 놓고 통상적인 사후검토가 있었다. 몇몇 사람들은 영국의 소극적인(grudging) 협상 스타일을 비난했다. 역사학자인 A. J. P. 테일러(A. J. P. Taylor)는 영국과 소련의 대화에서 소련이 오히려 소련답지 않게 영국이 소련의 메시지에 응답했던 것보다 더 빨리 영국의 제안에 응답했다는 사실을 보여줬다. 이런 사실로부터 테일러는 소련이 영국보다 동맹을 더 갈망하고 있었다고 결론을 내렸지만,[22] 나는 이런 결론이 틀렸다고 본다. 나는 스탈린이 이랬던 이유가 적어도 히틀러의 의도를 파악하기 전까지는 영국을 협상 게임에 계속 붙잡아두면서 너무 성급하게 영국을 당황시키지 않으려 했기 때문이라고 생각한다.

영국 내각은 명백히 중대한 심리적 실수를 수도 없이 범했다. 모스크바를 방문한 장관이 한 명도 없었을 뿐만 아니라 8월 초까지 공동 군사계획에 관해 합의하기를 미뤘다. 심지어 그때마저도 지상전이 소련이 생각하기에 유일하지는 않더라도 주된 주제였지만, 막상 영국 측 수석대표는 해군 제독이었다. 더욱이 영국 대표단이 소련까지 배를 타고 이동해서 도착하는 데 닷새가 걸렸고, 이 점에서 절박감이 드러나지도 않았다. 마지막으로, 아무리 도덕적 고려의 여지가 있다 해도, 영국이 발트해 국가들에 대한 보장을 꺼린 것은 모스크바의 피해망상적인 지도자에게는 히틀러가 폴란드를 우회해서 소련을 공격하도록 유도한 것으로 해석될 수밖에 없었다.

하지만 나치와 소련 간에 조약이 체결된 것이 영국의 서투른 외교 때문은 아니었다. 영국이 제1차 세계대전 종결 후 견지해왔던 모든 원칙을 포기하지 않고서는 스탈린의 조건을 충족할 수 없었다는 게 진정한 문제였다. 소국들이 독일에 유린당하는 상황에 대해선 긋는 것이 만약 그게 소련에 똑같은 특혜를 줘야 한다는 것임을 시사했다면 아무런 의미가 없었다. 만약 영국 지도부가 좀 더 냉소적이었다면 폴란드 국경이 아닌 소련 국경에 선을 그었을 것이고, 그렇게 함으로써 영국은 훨씬 유리한 입장에서 소련과 협상하면서 폴란드의 보호에 관해 스탈린에게 진지하게 유인책을 제시할 수 있었을 것이다. 민주주의 국가들은 자신들의 도덕적 평판 때문에라도 또 다른 침략을 도저히 인정해줄 수 없었고, 설령 자신들의 안보를 위해서조차도 그럴 수 없었다. 만약 영국이 현실정치를 따랐다면 폴란드에 대한 보장이 어떤 전략적 함의가 있는지 분석했을 것이다. 반면 베르사유 체제의 국제질서는 영국의 노선이 본질적으로 도덕적이고 법적인 고려를 따를 것을 요구했다. 스탈린은 전략이 있었지만 원칙은 없었다. 민주주의 국가들은 전략은 전혀 개발하지 않고 원칙만을 옹호했다.

마지노선 뒤에 있던 무기력한 프랑스군이나 소련 국경 안에서 대기하고 있던 소련군이 폴란드를 보호할 수 없었다. 1914년에 유럽 국가들은 군사 계획과 정치 계획이 서로 전혀 연계되지 않았기 때문에 전쟁으로 치달았다. 총참모부가 자신들의 계획을 개발하는 동안, 정치 지도자들은 이 계획을 이해하지도 못했고 총참모부가 구상하고 있던 군사적 조치의 규모에 상응하는 정치적 목표도 없었다.

1939년에 군사적 계획과 정치적 계획이 또다시 연계가 끊어졌고, 이번에는 정반대의 이유로 그렇게 되었다. 서방 강대국들은 히틀러를 저지해야 한다는 상당히 합리적이고 도덕적인 정치적 목표가 있었다. 하지만 이들은 이런 목표를 달성하기 위한 군사 전략을 개발하지 못했다. 1914년에는 군사 전략가들이 너무나 무모했다. 1939년에는 이들이 너무나 스스로를 낮췄다. 1914년에는 모든 나라의 군부가 전쟁을 갈망했다. 1939년에는 군부가 너무나 불안해하며 자신들의 판단을 정치인들에게 떠넘겼다. (심지어 독일에서도 그랬다.) 1914년에는 전략만 있었고 정책이 없었다. 1939년에는 정책만 있었고 전략이 없었다.

러시아는 양차대전 모두 전쟁이 발발하는 과정에서 결정적인 역할을 했다. 1914년에 러시아는 세르비아와의 동맹과 유연하지 못한 군 동원 일정을 엄격히 고수함으로써 전쟁이 발발하는 데 기여했다. 1939년에는 스탈린이 히틀러를 양면전쟁의 공포로부터 구원해주었을 때, 스탈린은 필연적으로 전면전으로 향하는 길을 열어놓았다는 사실을 분명히 알았어야 했다. 1914년에는 러시아가 자신의 명예를 지키려고 전쟁을 개시했다. 1939년에는 러시아가 히틀러의 정복에 따른 전리품을 나눠 가지려고 전쟁을 부추겼다.

하지만 독일은 두 번의 세계대전이 발발하기 직전에 정확히 똑같이 행동했다. 즉, 조급했고 균형감도 없었다. 1914년에 독일은 동맹체(삼국협상—옮긴이)를 깨려고 전쟁했지만, 실제로는 독일이 괴롭히고 위협하지 않았다면 이 동맹체는 틀림없이 계속 유지되지 못했을 것이다. 1939년에 독일은 유럽에서 가장 강력한 국가로 필연적으로 진화하고 있었지만, 인내심을 갖고 기다릴 의향이 없었다. 만약 그렇게 하려고 했다면 히틀러의 전략과는 정반대의 조치를 취해야 했다. 즉, 뮌헨 회의 이후 지정학적 현실이 받아들여지도록 잠시 휴식 기간이 필요했을 것이다. 1914년에는 독일 황제가 감정적으로 불안정했고 국익 개념이 명확하지 않았기 때문에 기다리지 못했다. 1939년에는 독특한 정신병자가 자신이 체력적으로 정점에 있는 동안 전쟁을 하겠다고 마음먹었기 때문에 모든 합리적 계산을 완전히 무시했다. 두 경우 다 독일이 전쟁할 필요가 없었다는 점은 두 번이나 패전하고 제1차 세계대전 이전 영토의 3분의 1을 상실하고 나서도 독일이 여전히 유럽에서 가장 강력하고 가장 영향력이 큰 국가라는 사실에서 잘 드러나고 있다.

1939년 당시 소련은 곧 발발하려고 하는 전투를 치를 준비가 안 된 상태였다. 하지만, 제2차 세계대전이 끝나자 소련은 세계적인 초강대국으로 손꼽히게 되었다. 17세기의 리슐리외가 그랬듯이, 20세기의 스탈린은 중유럽의 분열을 활용했다. 미국은 자신의 산업능력 덕택에 초강대국 지위에 등극하도록 미리 운명지워져 있었다. 소련의 초강대국으로의 부상은 스탈린의 바자회라는 무자비한 계략에 그 기원을 두었다.

14

나치-소련 조약

The Nazi-Soviet Pact

　　1941년까지 히틀러와 스탈린은 전통적인 수단을 사용해 비전통적인 목표를 추구해 왔다. 스탈린은 크렘린 내부에서 공산주의 세계를 조종할 수 있게 되는 날을 고대했다. 히틀러는 자신의 저서인 『나의 투쟁(Mein Kampf)』에서 독일계 지배 인종이 통치하는 인종적으로 순수한 제국이라는 광기 넘치는 비전을 제시했다. 이 둘보다 더 혁명적인 비전을 상상하기란 거의 불가능했다. 하지만, 1939년의 조약으로 정점에 이른 히틀러와 스탈린이 구사한 수단은 18세기 국가운영술에 관한 논문에서 가져온 것일 수도 있다. 어떤 면에서는 나치와 소련 간의 조약은 프리드리히 대제(프로이센)와 예카테리나 여제(러시아), 마리아 테레지아 여제(오스트리아) 간에 있었던 1772년 폴란드 분할의 반복이었다. 하지만 이 세 군주와 달리 히틀러와 스탈린은 이념적으로 상극이었다. 한동안 폴란드를 제거해야 한다는 이들의 공통된 국익이 이념적 차이를 압도했다. 이 조약이 마침내 1941년에 와해되자 인류 역사상 최대 규모의 지상전이 사실상 한 사람의 의지에 따라 펼쳐졌다. 20세기가 민중들의 의지와 비인격적인 힘의 시대라고 일컬어졌지만, 이처럼 얼마 안 되는 몇몇 사람에 의해서 20세기가 형성되었고, 만약 한 사람만 제거되었더라면 가장 큰 재난을 피할 수 있었다는 점이 매우 역설적이다.

　독일군이 한 달도 안 되서 폴란드를 박살내고 있을 때, 완전히 편제되지도 않은 독일군 사단과 대치하던 프랑스군은 마지노선 뒤에서 수동적으로 상황을 주시하고 있었다. "가짜 전쟁(phony war)"이라는 적절한 별명이 붙은 기간이 뒤따랐고, 이 기간 동안 프랑스의 사기가 완전히 바닥을 쳤다. 수백 년 동안 프랑스는 특정한 정치적 목적을 갖고 전쟁을 해왔다. 중유럽을 분할된 상태로 유지하거나 혹은 제1차 세계대전처럼 알자스-로렌을 탈환한다는 등의 목적이 있었다. 이제 프랑스는 이미 정복된 나라를 위해 싸워야 했지만 실제로는 이 나라를 지키기 위해 손가락 하나 까딱하지 않았었다. 낙담한 프랑스 국민은 실제로 (폴란드의 점령이라는) 또 다른 기정사실에 직면했고, 근본적인 전략이 없는 전쟁에 직면했다.

　지난번 전쟁에서 러시아와 미국이 연합국에 합세했음에도 불구하고 연합국을 거의 제압할 뻔했던 나라를 상대로 어떻게 영국과 프랑스는 전쟁을 해서 승리하려고 작정했던 것인가? 영국과 프랑스는 마치 마지노선 뒤에서 영국의 독일 봉쇄가 히틀러를 압박해 항복하게 만들 때까지 기다리기만 하면 되는 것처럼 행동했다. 하지만 독일이 이렇게 천천히 목이 조여 오는데 왜 가만히 있겠는가? 그리고 벨기에를 통한 진격로가 열려 있고, 이번에는 동부전선도 없어서 독일군이 전부 다 서쪽으로 진격할 수 있는데 왜 굳이 마지노선을 공격하겠는가? 그리고 만약 프랑스 총참모부가 믿었던 대로, 전쟁에서 방어가 실제로 중요하다면―폴란드 작전에서는 정반대였다는 교훈에도 불구하고―제1차 세계대전에서 회복되기도 전에 한 세대 만에 제2의 소모전을 겪어야 한다는 점 외에는 어떤 운명을 프랑스가 기대할 수 있겠는가?

　프랑스가 기다리는 동안 스탈린은 전략적 기회를 잡았다. 하지만 스탈린은 동유럽의 분할에 관한 비밀 의정서가 실행되기도 전에 이 의정서를 개정하고 싶었다. 마치 자결권에 대해 최소한의 경의조차 표하지 않고 영토를 처분해버리는 18세기의 군주처럼 스탈린은 나치-소련 간의 조약이 체결된 지 한 달도 채 안 되었을 때 독일에 새로운 안을 제시했다. 비밀 의정서에 따르면 바르샤바로부터 커즌 라인에 이르는 지역과 리투아니아가 각각 소련과 독일에 할양되기로 되어 있었지만, 이를 맞바꾸자는 것이다. 물론 스탈린은 레닌그라드를 방어하기 위한 완충 지역을 추가로 설치하려는 목적이 있었다. 스탈린은 소련의 안보를 위해 필요하다는 사실 외에는 지정학적 계략을 어떻게든 정당화하려고 가식적인 행동을 할 필요가 없는 것처럼 보였다. 히틀러는 스탈린의 제안을 받아들였다.

스탈린은 시간을 허비하지 않고 비밀 의정서에 따른 자신의 목표를 챙겼다. 폴란드에서 전쟁이 여전히 진행되는 동안 소련은 발트해의 작은 세 나라들에게 군사 동맹을 제안했고, 이들의 영토에 군기지를 설치할 수 있는 권리도 요구했다. 서방으로부터의 도움을 거절당한 발트해 소국들은 독립을 상실하게 되는 이 첫 번째 조치를 받아들일 수밖에 없었다. 전쟁이 발발한 지 3주일도 안 된 1939년 9월 17일에 붉은 군대가 폴란드 영토에서 소련의 영향권으로 설정된 지역을 접수했다.

11월이 되자 핀란드 차례가 되었다. 스탈린은 핀란드 영토에 소련군 기지를 설치하고 레닌그라드 인근의 카렐리아 지협(Karelian Isthmus)을 할양해줄 것을 요구했다. 하지만 핀란드는 훨씬 더 강인한 상대였던 것으로 밝혀졌다. 핀란드는 소련의 요구를 거절했고, 소련이 전쟁을 개시하자 맞서 싸웠다. 핀란드군은 스탈린의 대숙청으로 여전히 휘청거리던 붉은 군대에 심각한 피해를 주었지만 결국 수적으로 밀렸다. 몇 달 동안의 영웅적인 저항 끝에 핀란드는 소련의 압도적 우위에 굴복했다.

제2차 세계대전의 대전략 측면에서 소련과 핀란드 간의 전쟁은 부차적 사건이었다. 하지만 이 전쟁은 프랑스와 영국이 얼마나 전략적인 현실감각이 떨어졌는지를 드러내는 계기가 되었다. 영국과 프랑스는 중과부적으로 밀렸던 핀란드가 잠시 교착상태를 유지하는 전과를 올린 데 눈이 멀어 소련이 추축국 중에 가장 취약할 수도 있다는(물론 소련은 추축국에 속하지도 않았다) 자멸적인 추측까지 하게 되었다. 3만 명의 병력을 스웨덴과 노르웨이 북부를 통해 핀란드에 투입하려는 준비가 이루어졌다. 이 병력이 이동하면서 독일을 노르웨이 북부와 스웨덴의 철광석 광산으로부터 차단하기로 되어 있었다. 당시 노르웨이 북부의 나르비크(Narvik) 항을 통해서 철광석이 독일로 공급되고 있었다. 북유럽의 두 나라 중 어느 쪽도 병력 통행을 허용할 준비가 되어 있지 않았지만, 열정적인 프랑스와 영국 입안자들은 이에 아랑곳하지 않았다.

연합국이 개입하겠다고 위협했던 덕택에 핀란드는 소련이 원래 요구했던 조건보다 더 좋은 조건으로 합의할 수 있었지만, 결국 레닌그라드로 접근하는 길목으로부터 더 먼

곳으로 방어선을 밀어놓으려는 스탈린의 계획을 막지는 못했다. 역사학자들에게는 어떻게 영국과 프랑스가 소련과 나치 독일을 상대로 동시에 전쟁하려는 위기 직전까지 치달을 수 있었는지가 수수께끼로 남아 있다. 이런 구상 자체가 불과 3개월 후에 프랑스가 함락됨으로써 몽상에 불과했던 것으로 밝혀졌기 때문이다.

1940년 5월에 마침내 "가짜 전쟁"이 끝났다. 독일군은 1914년의 기동전술을 반복하면서 벨기에로 우회했다. 제1차 세계대전 당시와의 가장 큰 차이점은 주공이 우익이 아니라 전선의 중심부에 있었다는 점이다. 프랑스는 15년 동안 의심하고 회피해왔던 대가를 치르면서 무너졌다. 독일군 체계가 효율적이라는 믿음은 이미 확립되어 있었지만, 관찰자들은 프랑스가 패주하는 속도에 오히려 더 큰 충격을 받았다. 제1차 세계대전 당시 독일군은 4년 동안 파리로 진격하려고 했지만 허사로 돌아갔다. 1킬로미터를 전진할 때마다 엄청난 인적 손실이 뒤따랐다. 1940년에 독일은 전격전(Blitzkrieg)으로 프랑스 내부로 진격해 들어갔다. 6월 말이 되자 독일 장병들이 파리 샹젤리제를 따라 행진하고 있었다. 히틀러가 유럽 대륙의 정복자처럼 보였다.

하지만 히틀러 이전의 정복자들처럼 히틀러도 무모하게 개시한 전쟁을 어떻게 끝내야 할지 몰랐다. 그에게는 세 가지 선택이 있었다. 영국을 무릎 꿇리는 시도를 해볼 수 있었고, 영국과 평화를 체결할 수도 있었으며, 아니면 소련을 점령한 뒤에 소련의 방대한 자원을 이용해 전 병력을 다시 서쪽으로 진격시켜 영국을 끝장낼 수도 있었다.

1940년 여름에 히틀러는 첫 두 가지 접근법을 시도했다. 7월 19일 히틀러는 자신만만한 연설을 통해 영국과 평화를 타협할 준비가 되어 있음을 넌지시 밝혔다. 그는 실제로 영국에 전쟁 전의 독일 식민지를 내주고 유럽 대륙 문제에 대한 개입을 포기하라고 요구했다. 그 대신 대영제국을 보장해주겠다고 했다.[1]

히틀러의 제안은 제1차 세계대전 이전에 독일제국이 영국에 20년 동안 제시했던 제안과 유사했다. 물론 그때는 좀 더 회유적인 언어로 포장되어 있었고 영국의 전략적 상황도 훨씬 더 유리했다. 만약 히틀러가 독일이 재편한 유럽이 어떤 모습일지에 대해 보다 구체적이었다면, 어쩌면 핼리팩스 경처럼 독일과의 협상을 잠시나마 생각해봤던 일부 영국 지도자들이 유혹을 느꼈을지도 모른다. 물론 처칠은 전혀 그러지 않았다. 사실상 독일이 영국에 유럽 대륙에서 완전한 행동의 자유를 갖게 해달라고 요구함으로써 히틀러는 영국의 전통적인 반응을 촉발했다. 1909년 당시 히틀러보다 훨씬 더 합리적이었던 독일 지도자들(이때는 프랑스가 여전히 강대국이었다)이 제안했던 유사한 요구에 대해서도 에드워드 그레이 경(Sir Edward Grey)은 영국이 유럽 대륙을 독일에 넘겨준다면 영국 본토가 조만간 공격받을 것이라고 언급했던 적이 있었다(제7장 참고). 영국은 대영제국을 "보장" 해주겠다는 약속도 진지하게 받아들이려고 하지 않았다. 에어 크로우 경(Sir Eyre Crowe)이 이미 1907년에 작성했던 유명한 각서에서 지적한 바와 같이(제7장 참고), 대영제국을 보호해줄 능력이 있는 나라라면 마찬가지로 대영제국을 정복할 능력도 있다는 영국의 시각을 어떤 독일 지도자도 파악하지 못했다.

물론 처칠은 너무나 안목이 높았고 역사를 깊이 공부했기 때문에 전쟁이 끝났을 때 영국이 여전히 세계에서 가장 중요한 강대국으로서, 아니 심지어 선두 주자로라도 남아 있을 것이라는 몽상을 할 수가 없었다. 독일이나 미국이 그런 지위를 주장하게 되리라 보았다. 따라서 1940년 여름 당시 처칠이 독일에 보여줬던 비타협적인 태도는 독일보다 차라리 미국의 패권을 택했던 것으로 해석될 수도 있다. 미국이 우위를 차지하는 것도 가끔은 불편할 수도 있겠지만, 적어도 미국의 문화와 언어는 익숙했고 겉으로 보기에는 상충하는 이해관계가 없었다. 결국, 영국과 미국 간에는 나치 독일과는 상상조차 할 수 없는 "특별한" 관계(special relationship)가 형성될 가능성이 항상 있었다. 1940년 여름이 되자 히틀러는 히틀러 본인 때문에 전쟁할 명분이 생겼다고 할 정도로 사태를 몰아갔다.

히틀러는 이제 영국 공군을 궤멸시키고 필요할 경우 영국 본토를 침공한다는 두 번째 옵션으로 돌아섰다. 하지만 그는 이 구상을 잠시 생각해보는 수준 이상으로 추진하지는 않았다. 상륙작전이 독일의 전쟁 전 계획에 포함되었던 적이 없었고, 상륙 선박이 부족했으며, 독일 공군이 영국 공군을 궤멸시키지 못했기 때문에 이 계획은 폐기되었다. 그해 여름이 끝나갈 무렵, 독일은 다시 제1차 세계대전 때와 크게 다르지 않은 상황에 놓여 있었다. 큰 성과를 거두었지만 이를 최종 승리로 이끌지 못했다.

물론 히틀러는 전략적으로 수세적 입장을 취하기에는 아주 유리한 위치에 있었다. 영국은 독일군에 홀로 맞서기에는 충분히 강하지 못했고, 미국은 참전이 거의 불가능한 상황이었으며, 스탈린은 아무리 개입할 여지를 내비쳐도 결국 어떻게든 개입을 연기할 구실을 찾아냈을 것이다. 하지만 다른 사람들이 주도권을 쥐도록 기다린다는 것은 히틀러의 천성에 어긋났다. 그래서 히틀러는 필연적으로 소련을 공격하기로 생각을 바꿨다.

이미 1940년 7월에 히틀러는 대소련 작전에 관해 참모부에 예비 계획을 하달했다. 그는 장군들에게 일단 소련이 패배하면 일본이 전군을 동원해서 미국을 공격할 수 있게 될 것이고, 그렇게 되면 미국이 태평양으로 관심을 돌릴 것이라고 말했다. 미국으로부터 지원받을 가능성이 사라져서 고립된 영국은 전쟁을 포기할 수밖에 없게 될 것이다. "영국의 희망은 러시아와 미국에 달려 있다."라고 히틀러는 정확하게 지적했다. "만약 러시아에 걸었던 희망이 사라진다면 미국도 싸울 엄두를 내지 못할 것이다. 러시아가 제거되면 극동에서 일본의 힘이 엄청나게 강해질 테니까."2 하지만 히틀러는 공격명령을 내릴 준비가 되어 있지 않았다. 일단 동쪽으로 진격하기 전에 소련에게 대영제국을 공동으로 공격해서 제거하자고 꾀어낼 수 있는지 알아보려고 했다.

스탈린은 자신이 힘든 처지라는 사실을 너무나 잘 알고 있었다. 스탈린은 이번 전쟁이 제1차 세계대전과 똑같이 기나긴 소모전의 양상을 띨 것이라고 서방 군사 전문가들과 똑같이 생각했지만, 프랑스가 무너지면서 이런 기대감이 사라졌다. 독일과 서방 민주주의 국가들을 서로 지치게 한다는 스탈린이 가장 원했던 희망이 사라졌다. 만약 영국마저 함락된다면 독일군이 동쪽으로 자유롭게 진격할 수 있을 것이고, 히틀러가 『나의 투쟁』에서 밝혔던 대로 유럽의 자원을 전적으로 활용할 수 있게 될 것이다.

스탈린은 거의 판에 박힌 방식으로 대응했다. 스탈린은 정치활동을 하는 동안 두려움을 드러내면서 반응한 적이 없었고, 심지어 틀림없이 두려움을 느꼈던 순간조차도 그러지 않았다. 약한 모습을 보이면 상대방이 조건을 더 높이고 싶어질 것이라고 확신했기 때문에 스탈린은 항상 자신의 전략적 딜레마를 비타협적인 태도로 감추려고 했다. 만약 히틀러가 소련을 압박해서 서방에서의 승리를 만들어내려고 시도했다면, 스탈린은 자신으로부터 양보를 받아낼 가능성을 가능한 한 최대한 매력 없고 고통스럽게 만들었을 것이다. 하지만 극도로 신중하고 계산적이었던 스탈린조차 히틀러의 신경질적인 성격을 감안하지 못했기 때문에 히틀러가 아무리 무모할지라도 양면전쟁으로 도전에 대응할 수도 있다는 가능성을 배제했다.

스탈린은 두 갈래의 전략을 선택했다. 스탈린은 비밀 의정서에 약속된 나머지 전리품을 서둘러서 챙겼다. 히틀러가 여전히 프랑스에 골몰하고 있었던 1940년 6월, 스탈린은 루마니아에 베사라비아(Bessarabia)를 양보하라고 최후통첩을 보냈고, 또한 북부 부코비나(northern Bukovina)도 요구했다. 후자는 비밀 합의 내용이 아니었고, 만약 소련이 이 지역을 소유한다면 소련군이 다뉴브강 유역에 걸쳐 있는 루마니아 지역 전체에 주둔할 수 있게 될 것이다. 같은 달에 스탈린은 발트해 국가들에게 강제로 가짜 국민투표를 실시하게 했고, 그 선거 결과를 통해 이 나라들을 소련에 병합시켰다. 당시 투표율은 20퍼센트가 채 안 되었다. 이런 절차를 통해 스탈린은 제1차 세계대전 종료 당시 상실했던 영토를 전부 되찾았다. 연합국이 마침내 1919년 강화회의에 독일과 소련을 배제시켰던 대가의 마지막 잔금을 다 지불했다.3

스탈린은 자신의 전략적 지위를 강화하면서도 동시에 히틀러의 군대에 원자재를 제공함으로써 이 불길한 이웃국가를 계속 회유하려고 했다. 이미 독일이 프랑스를 상대로 승리하기 전인 1940년 2월에 소련이 독일에 원자재를 대규모로 제공하기로 한다는 무역 협정이 스탈린이 임석한 가운데 서명되었다. 독일도 소련에 석탄과 공산품을 제공했다. 소련은 협정을 조항에 따라 꼼꼼히 준수했고, 심지어 대체로 그 이상으로 이행했다. 실제로 독일이 결국 공격하는 그 순간까지 소련 기차가 독일에 원자재를 제공하려고 국경을 넘고 있었다.

하지만 스탈린이 취했던 조치 중 어느 것도 독일이 중유럽에서 지배적인 강대국이 되었다는 지정학적 현실을 바꾸지 못했다. 히틀러는 비밀 의정서 내용 이상으로 소련이 팽창하는 상황을 용납하지 않겠다고 분명히 밝혔다. 1940년 8월에 독일과 이탈리아는 당시에 스탈린이 소련의 세력권이라고 여겼던 루마니아를 상대로 추축국의 준동맹국인 헝가리에게 트란실바니아(Transylvania)의 3분의 2를 되돌려주라고 강요했다. 히틀러는 루마니아의 석유공급을 보호하기로 마음먹었고, 9월에 루마니아에게 안보를 보장하고 이를 위해 기계화 사단과 공군을 루마니아에 배치하도록 명령함으로써 보다 명시적으로 선을 그었다.

같은 달에 유럽의 다른 쪽 끝에서도 긴장이 점점 고조되었다. 비밀 의정서에 따르면 핀란드는 소련의 세력권으로 설정되어 있었으나, 의정서를 거스르면서 핀란드는 독일군 병력이 노르웨이 북부로 이동할 때 자국 영토를 통과하도록 동의해줬다. 더욱이 상당한 분량의 독일 무기도 핀란드에 전달되었다. 소련의 압박에 맞서는 핀란드를 강화시키는 게 유일하게 상상할 수 있는 목적이었다. 몰로토프는 독일 정부에 보다 구체적인 정보를 요청했지만 둘러대기만 하는 답변만 들었다. 소련군과 독일군이 유럽의 전 영역에서 서로 부딪히기 시작했다.

하지만 스탈린에게 가장 불길한 상황이 1940년 9월 27일에 새롭게 전개되었다. 독일과 이탈리아, 일본이 삼국조약(Tripartite Pact)을 체결했고, 이 조약에 따라 어떤 다른 국가가 추가로 영국 편을 든다면 그 국가를 상대로 하는 전쟁에 참여한다는 상호 의무가 부과되었다. 이 조약에 따라 개별 체결국과 소련과의 관계가 확실히 배제되었다. 일본은 누가 먼저 시작하건 간에 상관없이 독-소 전쟁에 참여할 의무를 부담하지 않지만, 만약 미국이 독일과 전쟁을 할 경우 미국에 맞서 전쟁을 해야 한다는 뜻이었다. 비록 삼국조약이 겉으로는 미국을 겨냥하고 있지만 스탈린으로서는 안심할 이유가 없었다. 법적 조항이 어떻든 간에 스탈린은 조약을 체결한 세 나라가 언젠가는 자신을 겨눌 것이라고 예상해야 했다. 이 조약이 체결될 때까지 협상에 대해 전혀 통보를 못 받았다는 점에서 스탈린이 따돌림을 받았다는 사실이 명백했다.

1940년 가을이 되자 긴장이 너무나 급속도로 고조되었고, 결국 두 독재자는 서로를 기만하는 마지막 외교적 시도를 하게 되었다. 일단 독일의 배후가 안전해진 후에 보다 확실하게 스탈린을 파멸시키기 위해 대영제국을 공동으로 공격하도록 스탈린을 꾀어내는 게 히틀러의 목표였다. 스탈린은 시간을 벌면서 히틀러가 그 사이에 무리수를 두기를 바랐고, 또한 자신이 그 과정에서 무엇을 챙길 수 있는지 파악하려고 했다. 삼국조약의 여파로 히틀러와 스탈린 간의 대면회동을 주선하려는 노력이 전혀 없었다. 두 지도자는 각자 나라를 떠날 수 없다고 주장하면서 대면회동을 최대한 피하려고 했다. 국경지역인 브레스트-리토프스크(Brest-Litovsk)에서 회담하는 게 타당했지만 이 장소는 역사적 부담이 너무나 컸다.[4]

1940년 10월 13일에 리벤트로프는 작년에 모스크바를 방문한 이래 전개된 상황에 관한 본인의 해석을 담은 장문의 서한을 스탈린에게 보냈다. 외교장관이 대화 상대인 타국 외교장관이 아니라 정부 내 공식 직책도 없는 지도자에게(스탈린의 유일한 직책은 여전히 공산당 서기장이었다) 서한을 보낸다는 게 외교 의전상 이례적인 결례였다.

리벤트로프의 서한은 외교적 수완의 부족을 온갖 호언장담으로 메꾸려 했다. 그는 핀란드와 루마니아를 둘러싼 소련과 독일 간의 이견을 영국의 계략 때문이라고 비난하면서도 영국이 어떻게 그런 성과를 거둘 수 있었는지에 대해서는 설명하지 않았다. 그리고 삼국조약이 소련을 겨냥한 것이 아니라고 주장하면서 실제로 전쟁이 끝나고 유럽의 독재자들과 일본이 전리품을 나눌 때 소련이 참여한다면 환영받을 것이라고 했다. 리벤트로프는 서한 말미에 몰로토프가 베를린을 답방해달라고 적시했다. 그 계기에 리벤트로프는 소련의 삼국조약 참여도 논의될 가능성이 있다고 단언했다.[5]

스탈린은 아직 정복되지도 않은 전리품을 나누거나 다른 나라들이 설계한 대결구도의 전선에 참여하기에는 너무나 신중했다. 그러면서도 스탈린은 영국이 그냥 붕괴할 경우 히틀러와 전리품을 나눠 가진다는 옵션도 계속 유지하고 싶었다. 이는 마치 1945년에 큰 대가를 받으려고 마지막 순간에 일본을 상대로 참전한 사례와 똑같았다. 10월 22일에 스탈린은 리벤트로프의 서한에 비꼬는 듯한 어조로 민첩하게 답신했다. 스탈린은 리벤트로프가 "최근의 사건들을 유익하게 분석해준 데" 대해 사의를 표하면서 그 사건들에 관한 개인적인 평가는 자제했다. 어쩌면 두 사람이 비밀 의정서를 확대할 수 있을 거라고 생각하면서 스탈린은 몰로토프의 베를린 방문 초청을 수락했고, 일방적으로 매우 이른 날짜인 11월 10일을 방문 날짜로 잡았다. 방문까지 3주일도 남지 않았다.[6]

히틀러는 이 제안을 즉각 수락했고, 이로 인해 또 다른 오해가 생겼다. 스탈린은 히틀러의 신속한 수락 속도가 독일에 소련과의 관계가 작년만큼이나 여전히 중요하다는 것을 의미하며, 그래서 자신의 거친 전술이 먹혀들고 있는 증거라고 해석했다. 하지만, 히틀러의 열의는 1941년 봄에 소련을 실제로 공격하려면 자신의 계획을 밀어붙여야 한다는 필요성에서 나온 것이었다.

파트너가 되려고 했던 양측 간의 깊은 불신은 심지어 회담을 시작하기도 전부터 눈에 띄었다. 몰로토프는 자신을 베를린으로 모시고 가려고 보내온 독일 열차에 탑승하기를 거부했다. 소련 대표단은 우아한 독일 열차 차량에 틀림없이 엄청나게 많은 도청장치가 있을 거라고 우려했다. (결국, 독일 열차는 소련 기차 위에 얹혀서 갔고, 소련 기차의 차대는 국경에서 좁은 유럽식 철도 폭에 조정될 수 있도록 특수하게 설계되었다.)[7]

협상이 마침내 11월 12일에 시작되었다. 히틀러보다 성품이 훨씬 더 안정적인 사람도 화를 돋게 만드는 능력이 있었던 몰로토프는 나치 지도부 앞에서 맹렬한 기세로 상대를 불쾌하게 만드는 전술을 구사했다. 몰로토프의 타고난 호전적인 태도는 스탈린에 대한 두려움으로 한층 더 강해졌다. 그는 히틀러보다 스탈린을 훨씬 더 두려워했다. 강박적으로 국내 상황을 신경썼던 몰로토프는 소련 시기 내내 볼 수 있었던 소련 외교관들의 전형적인 모습이었다. 물론 이런 모습은 스탈린이 집권하는 동안 특히 극심했다. 소련 협상가들은 국제무대에서의 제약조건보다 국내적 제약조건을 항상 더 의식하는 것처럼 보였다.

외교장관이 공산당 정치국원이었던 경우가 드물었기 때문에(그로미코가 외교장관으로 16년을 역임한 후에 1973년에 유일하게 정치국원이 되었다) 이들은 국내 기반이 취약했고, 협상이 잘못될 경우 희생양이 될 위험에 항상 노출되어 있었다. 더욱이 소련인들은 역사가 궁극적으로는 자기들 편이라고 가정했기 때문에 폭넓게 해결책을 모색하기보다 논의를 방해하는 경향이 있었다. 소련 외교관들과의 모든 협상이 인내심의 시험장이 되었다. 상대방의 유연성으로부터 최후의 한 방울까지 다 쥐어짜냈다고 소련 협상가들, 특히 모스크바에서 외교전문(外交電文) 보고서를 읽는 사람들이 확신할 때까지 소련으로부터는 아무런 양보도 나오지 않았다. 이런 종류의 외교적 게릴라전을 수행하면서 소련 외교관들은 집요함과 압박을 통해 얻어낼 수 있는 것이라면 무엇이든지 다 받아냈지만, 대체로 진정한 돌파구를 마련할 기회는 놓치곤 했다. 소련 협상가들은 선입견에 짓눌린 채 협상을 타결하려고 초조해하는 상대방을 지치게 하는 데 극도로 능숙했고, 그로미코가 이런 게임의 대가였다. 반면에 이들은 나무만 보고 숲을 보지 못하는 경향이 있었다. 그리하여

1971년에 이들은 본질적으로 무의미한 전제조건을 놓고 몇 달 동안 협상을 하느라 닉슨과 정상회담을 개최할 기회를 놓쳤다. 만약 정상회담을 했더라면 닉슨이 미국을 중국에 개방하는 상황을 늦출 수도 있었을 것이다. 실제로 미국이 중국이라는 옵션을 갖자마자 소련은 모든 전제조건을 없애버렸다.

어떤 두 사람이 대화를 했더라도 히틀러와 몰로토프 간에 했던 것보다 의사소통이 더 안 되는 경우를 상상하는 게 불가능해 보였다. 히틀러는 협상에 전혀 어울리지 않았다. 늘어지는 독백으로 상대방을 압도하기를 선호했고, 설령 상대방에게 대답할 시간을 주더라도 답변을 경청하려는 기색조차 보이지 않았다. 히틀러는 외국 지도자를 상대할 때 대체로 일반적인 원칙을 열정적으로 늘어놓기만 했다. 쿠르트 폰 슈슈니크(Kurt von Schuschinigg) 오스트리아 총리나 네빌 체임벌린(Neville Chamberlain) 영국 총리와의 협상처럼 실제로 직접 참여했던 얼마 되지도 않는 협상에서 히틀러는 상대방을 괴롭히는 방식을 택했고, 독단적인 요구사항을 제시하면서 자신의 입장을 거의 수정하지 않았다. 반면에 몰로토프는 원칙보다 원칙의 적용에 관심이 있었다. 그리고 그에게는 타협의 여지가 없었다.

1940년 11월 몰로토프는 정말로 어려운 상황에 있었다. 스탈린은 성미가 까다로웠고, 독일의 승리에 기여하기는 싫으면서도 독일이 소련의 지원 없이도 영국을 패배시킬 경우 히틀러의 정복 결과를 나눠 갖는 기회를 놓칠 수도 있다고 걱정하면서 갈피를 잡지 못했다. 어떤 일이 발생하건 간에 스탈린은 베르사유체제로 다시는 돌아가지 않겠다고 마음먹었고, 모든 수에서 위험 가능성을 줄이면서 자신의 입장을 고수하려고 했다. 비밀의정서와 이후 사건을 통해 그가 생각하는 적절한 합의사항이 독일 측에 훤히 드러났고, 어쩌면 너무나 뚜렷했다. 이런 의미에서, 몰로토프의 베를린 방문은 합의사항을 정교하게 다듬을 기회로 보였다. 민주주의 국가들에 대해서는, 스탈린은 1940년 7월에 신임 영국 대사인 스태포드 크립스 경(Sir Stafford Cripps)을 접견하면서 베르사유 질서로 복귀할 어떤 가능성도 거부한다는 자신의 입장을 분명히 밝혔다. 프랑스가 무너졌기 때문에 소련이 세력균형을 복원하는 데 관심을 가져야 한다고 크립스가 주장하자 스탈린은 냉담하게 대응했다.

소위 유럽의 세력균형은 현재까지 독일뿐만 아니라 소련도 억압해왔소. 따라서 소련은 유럽에서 과거의 세력균형이 재구축되는 것을 막기 위해 모든 조치를 취할 것이오.[8]

외교적 언어에서 "모든 조치"는 일반적으로 전쟁 위협도 포함한다.

몰로토프로서는 이해관계가 가장 컸다. 히틀러의 이력을 보면 의심의 여지없이 히틀러가 일종의 중대한 군사작전을 개시하지 않고 1941년을 그냥 보내지 않을 것이기 때문에 만약 히틀러가 대영제국을 공격할 때 스탈린이 동참하지 않는다면 히틀러가 소련을 공격할 개연성이 상당히 있었다. 따라서 몰로토프는 유혹으로 가장한 사실상의 최후통첩에 직면했다. 비록 스탈린이 그 시한이 실제로 얼마나 짧은지에 대해서는 과소평가하고 있었지만 말이다.

리벤트로프는 왜 독일이 필연적으로 승리할 수밖에 없는지를 개괄적으로 설명하면서 대화를 시작했다. 그는 당초 삼국조약이 반코민테른 조약(Anti-Comintern Pact, 국제방공협정)에서 발전한 형태였음에도 불구하고 몰로토프에게 삼국조약에 가입해달라고 촉구했다. 이에 근거해서 리벤트로프는 "아주 개괄적으로 러시아와 독일, 이탈리아, 일본 간에 세력권을 형성"할 수 있을 것이라고 주장했다.[9] 리벤트로프에 따르면 이 조약에 참여가 예상되는 국가들이 무엇보다 남쪽으로 팽창하는 데 관심이 있기 때문에 충돌로 이어지지 않는다는 것이다. 일본은 동남아로 진출하고, 이탈리아는 북아프리카로 나아가며, 독일은 아프리카에 있었던 예전 식민지들을 되찾을 것이다. 본인이 똑똑하다는 점을 강조하려고 한참 에둘러 말하고 나서, 리벤트로프는 마지막으로 소련을 위해 남겨둔 전리품이 무엇인지 밝혔다. "소련도 결국, 소련에 너무나 중요한 외해(外海)로 진출할 수 있는 자연스러운 출구를 찾아 남쪽으로 방향을 돌리게 될 텐데…"[10]

히틀러의 공개발언에 조금이라도 익숙한 사람이었다면 이게 말도 안 되는 소리라고 눈치를 챘을 것이다. 아프리카는 나치의 우선순위에서 항상 낮았다. 히틀러가 아프리카에 전혀 관심이 없었을 뿐만 아니라, 몰로토프는 히틀러가 진정으로 추구하는 것이 러시아에서의 레벤스라움(Lebensraum, 생활권)임을 『나의 투쟁』을 읽어서 충분히 알고 있었다. 리벤트로프가 설명하는 내내 침묵한 채 앉아 있던 몰로토프는 이제 다소 건방지면서도 무미건조하게 소련이 어떤 바다에서 이런 출구를 찾게 되는지 물어보았다. 또 한 번 신중하게 에둘러 답하면서 리벤트로프는 이미 독일 것이어서 줄 수 있는 것마냥 마침내 페르시아만을 거론했다.

> 이제 문제는 그들이 미래에도 계속 함께 일을 도모할 수 있을지 … 장기적으로 소련
> 에 가장 유리한 해양 접근로가 페르시아만이나 아라비아해에서 발견될 수 있을지,
> 그리고 동시에 아시아의 이 지역, 그러니까 독일이 전혀 관심 없는 이 지역에서 소련

이 추구하는 어떤 다른 열망들이 실현될 수 있을지 입니다.[11]

몰로토프는 이렇게 허풍스러운 제안에 관심이 없었다. 독일이 제공할 것이라고 주장하는 지역이 아직 확보된 것도 아니었고, 소련은 이 영토를 정복하기 위해 독일이 필요하지도 않았다. 원론적으로 삼국동맹에 참여할 의향이 있다고 밝히면서 몰로토프는 "꽤나 장기간에 걸친 세력권을 설정하려면 정확해야 합니다."라고 주장하며 확답을 주지 않았다.[12] 물론 이런 것은 베를린을 한 번 방문해서 해결될 일이 아니었다. 리벤트로프의 모스크바 답방을 포함하여 오랜 협의가 필요했다.

그날 오후 몰로토프는 대리석으로 신축된 총통관저에서 히틀러를 만났다. 모든 게 모스크바에서 온 프롤레타리아 장관의 경외심을 자아내도록 설정되어 있었다. 몰로토프는 거대한 복도로 안내되었고, 양측에는 몇 미터 간격으로 검은 제복을 입은 장신의 친위대 병사들이 차렷 자세를 취하다가 팔을 들어 나치식 경례를 했다. 히틀러의 집무실 문은 천장 높이까지 닿아 있었고, 유달리 키가 큰 두 명의 친위대 병사가 집무실 문을 열어젖혔다. 몰로토프는 친위대 병사들이 팔을 들어 만든 아치 밑을 지나 히틀러에게 안내되었다. 아주 넓은 집무실에서 멀리 떨어진 벽을 등지고 책상에 앉아 있던 히틀러는 아무 말 없이 잠시 방문객을 응시하다가 벌떡 일어나서 여전히 아무 말도 하지 않은 채 소련 대표단과 일일이 악수했다. 히틀러가 대표단을 좌석에 앉히자, 일부 커튼이 젖혀지고 리벤트로프와 몇몇 보좌관이 동석했다.[13]

방문객에게 나치식으로 장엄한 인상을 주고 나서 히틀러는 이 회담의 목적에 관한 자신의 의견을 제시했다. 그는 독일과 소련이 둘 다 "명확한 방향으로 국가를 발전시키기에 권한이 충분한 사람들이 지도자로 있기 때문에" 공동의 장기 전략에 대해 합의하자고 제안했다.[14] 히틀러는 유럽과 아프리카 전역에 대해 소련과 일종의 공동 먼로 독트린을 설정하고 두 나라 사이에 식민지 영토를 나눠 갖는 방안을 염두에 두고 있었다.

빈 오페레타 식으로 웅장함을 표현한 듯한 히틀러의 영접방식에 전혀 위축되지 않았음을 과시하면서 몰로토프는 일련의 구체적인 질문들을 던졌다. 삼국조약의 궁극적인 목적이 무엇입니까? 히틀러 본인이 표방한 신질서의 정의는 무엇입니까? 대아시아 영역이란 무엇입니까? 발칸반도에 대한 독일의 의중은 무엇입니까? 핀란드가 소련의 세력권이라는 양해사항은 여전히 유효합니까?

아무도 히틀러와 이런 방식으로 대화를 하거나 히틀러를 상대로 반대 심문을 해본 적이 없었다. 여하튼 히틀러는 독일군이 도달할 수 있는 어느 지역에서든 독일의 행동의 자유를 제한하는 것에 관심이 없었고, 하물며 유럽에서는 특히 그랬다.

다음 날에 이어진 히틀러와의 회담은 소박한 오찬부터 시작되었고 아무런 진전이 없었다. 특유의 성격대로 히틀러는 기나긴 독백을 시작했고, 독백을 하면서 스탈린과 세계를 어떻게 나누자고 제안할지를 설명했다.

> 영국을 정복하면 대영제국이 마치 파산해버린 전 세계적 규모의 거대한 부동산처럼 분할될 것이오. … 이렇게 파산한 부동산에서 러시아가 결빙되지 않고 진정한 외해(外海)로 나갈 수 있는 해양 접근로를 갖게 될 것이오. 지금까지 4,500만 명의 소수민족에 불과한 영국인들이 6억 명에 달하는 대영제국의 주민들을 통치해왔소. 내가 이 소수민족을 막 분쇄하려던 참이었소….
>
> 이런 상황에서는 전 세계적인 관점이 대두되오. … 이러한 문제들을 해결하는 데 러시아가 동참하는 방안이 마련되어야 하오. 이 파산한 부동산에 이해관계가 있는 모든 국가들은 모든 논쟁을 중단하고 오로지 대영제국을 나눠 갖는 데만 관심을 가져야 하오.[15]

몰로토프는 자신이 이해한 사항에 대해서는 동의한다고 냉소적으로 답변하면서 나머지 사항은 모스크바에 보고하겠다고 약속했다. 소련과 독일이 서로 상충하는 이익이 없다는 히틀러의 발언에 원론적으로 동의하면서 몰로토프는 즉각 그 제의를 실질적으로 시험해보는 질문을 던졌다. 만약 독일이 루마니아에 대해 제공한 것처럼 소련이 불가리아에 안전보장을 제공하겠다고 하면(실질적으로 독일의 발칸반도에 대한 추가적인 확장을 막아버리는 효과가 있다) 독일이 어떻게 반응할지를 문의했다. 그리고 소련이 핀란드를 병합하면 어떨지도 물어봤다. 분명히 자결권은 소련 외교정책상의 원칙이 아니었다. 스탈린은 독일의 간섭을 안 받고 할 수 있다면 서슴없이 비러시아계 주민도 병합하려고 했다. 베르사유 합의의 영토 합의뿐 아니라 도덕적 원칙도 죽었다.

히틀러는 퉁명스럽게 불가리아가 소련과의 동맹을 요청한 것으로 보이지 않는다고 지적했지만, 긴장된 회의 분위기가 부드러워지지 않았다. 그리고 히틀러는 핀란드 병합 문제가 비밀 의정서의 범위를 넘어서기 때문에 반대한다면서, 의정서를 넘어서는 게 몰로토프가 베를린을 방문한 중요한 이유라는 사실을 회피했다. 회담이 안 좋은 분위기로 끝나가고 있었다. 히틀러가 일어나서 영국의 공습 가능성에 대해서 뭔가 중얼거릴 때, 몰로토프는 자신의 기본 메시지를 되풀이했다. "강대국으로서 소련은 유럽과 아시아에서 벌어지는 중대한 사안에 초연하게 있을 수가 없습니다."[16] 몰로토프는 히틀러가 소련의 희망사항을 들어줄 경우 소련이 어떻게 화답할지에 대해서는 구체적으로 밝히지 않은 채, 스탈린에게 보고하고 나서 적절한 세력권에 대한 자기 상관의 생각을 히틀러에게 전달하겠다고만 약속했다.

히틀러는 너무 화가 치밀어서 주독일 소련대사관에서 몰로토프가 주최하는 만찬에 참석하지 않았다. 물론 다른 나치 지도자들은 대부분 참석했다. 이 만찬은 영국의 공습으로 중단되었고, 소련대사관에 방공호가 없어서 참석자들이 여러 방향으로 흩어졌다. 나치 지도자들은 리무진 차량으로 이동했고, 소련 대표단은 벨뷰 궁전(Schloss Bellevue, 현재 독일 대통령이 베를린에 머물 때 주거하는 공간으로 사용되고 있다)으로 대피했다. 리벤트로프는 몰로토프를 근처에 있는 자신의 개인 방공호로 안내했다. 그곳에서 리벤트로프는 소련이 삼국조약에 합류한다는 내용이 담긴 독일 측 초안을 쥐고 흔들었고, 몰로토프가 히틀러에게 말한 것 이상으로 할 의향도 권한도 없다는 사실을 모르는 것처럼 보였다. 몰로토프는 그 초안을 무시하면서 히틀러가 회피했던 사안들을 계속 제기했고, 소련이 어떠한 유럽 문제에서도 배제될 수 없다고 반복했다. 그리고 나서 몰로토프는 구체적으로 유고슬라비아, 폴란드, 그리스, 스웨덴, 터키를 열거했고, 리벤트로프와 히틀러가 앞서 제시했던 인도양을 따라 펼쳐지는 거대한 구상은 의도적으로 회피했다.[17]

거만하고 비타협적인 몰로토프의 스타일 이면에는 스탈린이 거의 해결 불가능한 진퇴양난의 상황을 타개할 시간을 벌려는 의도가 있었다. 히틀러는 그에게 영국을 패망시킬 파트너십을 제안하고 있었다. 하지만 소련의 파트너가 될 수도 있는 삼국조약 국가들이 전부 다 예전의 반(反)코민테른 조약 가맹국들이고, 나중에 이 국가들 앞에 소련이 벌거벗은 채 서게 될 거라는 사실을 깨닫는 데에는 많은 상상력이 필요하지 않았다. 반면 만약 영국이 소련의 지원 없이 붕괴한다면, 소련으로서는 히틀러와의 불가피한 대결에 대비해서 전략적 입지를 개선하는 게 바람직할 수도 있었다.

결국 스탈린은 어떤 방침을 추구할지 결정하지 않았다. 11월 25일에 몰로토프는 리벤트로프에게 삼국조약에 참여하기 위한 스탈린의 조건을 제시했다. 독일은 핀란드에서 철군해야 하며 핀란드에 대한 소련의 자유재량을 부여해야 한다. 불가리아는 소련과의 군사 동맹에 동참해야 하며, 소련군 기지를 허용해야 한다. 터키는 다다넬즈(Dardanelles) 해협을 비롯하여 자국 영토에 소련군 기지를 허용하도록 요구받는다. 만약 소련이 발칸반도와 다다넬즈 해협에서 무력으로 소련의 전략적 목표를 추구한다면 독일은 이를 방관하도록 한다. 바투미(Batumi)와 바쿠(Baku) 이남 지역[18]이 소련의 이익권(利益圈)으로 승인된다는 히틀러의 제안을 보다 상세하게 명시하는 차원에서 스탈린은 이 영역에 이란과 페르시아만이 포함된다고 규정했다. 일본은 사할린 섬에서의 광물채굴권 주장을 모두 포기해야 한다.[19] 스탈린은 이런 조건이 절대 수용될 수 없다는 사실을 깨달았어야 했다. 이런 조건들은 독일이 더 이상 동쪽으로 팽창하지 못하게 막는 반면, 스탈린이 이에 상응하는 소련의 행동을 전혀 제시하지 않았기 때문이다.

따라서 히틀러에 대한 소련의 답신은 스탈린이 간주하는 소련의 이익권이 무엇인지를 주로 알려주고, 이 이익권이 침해될 경우 최소한 외교적으로라도 저항할 것이라고 경고하는 역할만 한 셈이었다. 이후 10년에 걸쳐 스탈린은 과거에 차르가 구사했던 전술을 활용하면서 언제라도 가능하면 합의를 통해서, 그리고 필요하면 무력을 통해서 그 이익권을 구축해나갔다. 스탈린은 처음에는 히틀러와 제휴해서, 이후에는 히틀러에 맞서는 민주주의 국가들의 편에 서서, 그리고 최종적으로는 민주주의 국가들과 대결하면서 11월 25일의 각서에서 개괄적으로 밝혔던 목표를 추구했다. 그리고 나서 스탈린은 자신의 삶이 끝나가는 시점에, 소련의 세력권으로 계속 간주했던 것을 수호하고자 민주주의 국가들과의 대타협을 모색하려는 것처럼 보였다(제20장 참고).

히틀러로서는 주사위가 이미 던져졌다. 몰로토프가 베를린을 방문했을 무렵, 히틀러는 이미 소련에 대한 모든 공격 준비를 계속하라고 명령했고, 작전 계획이 승인될 때까지 최종 결정이 연기되었다.[20] 히틀러의 머릿속에서는 대(對)소련 공격을 영국을 패망시키기 전에 할지, 아니면 이후에 할지에 대한 결정만 남아 있었다. 몰로토프의 방문이 그 문제를 해결해줬다. 몰로토프가 베를린을 떠난 날인 11월 14일, 히틀러는 참모진에게 여름의 계획을 1941년 여름까지 소련을 공격하는 작전 개념으로 바꾸라고 지시했다. 히틀러는 11월 25일에 스탈린의 제안을 접수받자 답변하지 말라고 명령했다. 스탈린도 답변을 요청하지 않았다. 독일의 러시아와의 전쟁 준비가 이제 한층 더 기세가 올랐다.

스탈린이 히틀러 같은 인물에게 자신의 전술이 통할 것이라고 생각하고 있었는지를 놓고 상당한 논쟁이 있었다. 스탈린은 십중팔구 자신의 적수가 지독하게 인내심이 없다는 사실을 과소평가했다. 스탈린은 히틀러가 자신처럼 냉정하고 침착하게 계산해서 서쪽에서 전쟁을 매듭짓기 전에 방대한 소련 영토에 군을 기꺼이 투입하지는 않으리라고 추정했던 것처럼 보였기 때문이다. 만약 이렇게 가정했다면 스탈린이 잘못 짚은 셈이었다. 히틀러는 의지력으로 모든 장애물을 극복할 수 있다고 믿었다. 저항에 대한 히틀러의 전형적인 반응은 저항을 개인적 대결로 바꾸는 것이었다. 히틀러는 기다리는 행동이 마치 상황이 그의 의지를 능가할 수도 있다고 암시한다는 이유로 상황이 완전히 무르익을 때까지 결코 기다리지 않았다.

스탈린은 인내심이 더 강했을 뿐만 아니라 공산주의자로서 역사의 힘을 한층 더 존중했다. 그는 30년 가까이 통치하면서 단 한 번의 도박에 모든 것을 걸어본 적이 전혀 없었고, 히틀러도 마찬가지로 그렇게 하지 않을 것이라고 오판했다. 그동안 스탈린은 소련이 성급하게 병력을 배치하면 독일의 선제공격을 촉발할 수도 있다고 병적으로 우려했다. 그리고 소련의 삼국조약 참여를 갈망했던 히틀러의 태도를 나치가 영국을 파멸시키려고 1941년 내내 궁리하고 있다는 증거로 잘못 해석했다. 언뜻 보기에 스탈린은 이듬해인 1942년이 독일과의 전쟁 여부를 결정하는 해가 될 것이라고 믿었다. 스탈린의 전기를 쓴 드미트리 볼코고노프는 스탈린이 그해 독일에 대한 선제전쟁이라는 옵션을 열어놓고 있었다고 나에게 말했다. 그렇다면 소련군이 1941년에 왜 그토록 전방에 배치되어 있었는지 설명이 가능했다. 히틀러가 공격하기 전에 중요한 요구 조건을 밝힐 거라고 예상했던 스탈린은 적어도 1941년에는 이를 충족하려고 상당히 애를 썼을 것이다.

이런 모든 계산이 다 틀렸다. 히틀러가 이성적으로 계산할 것이라고 기본적으로 가정했기 때문이다. 히틀러는 자신이 보통의 위험 계산법에 구애받지 않는다고 생각했다. 히틀러는 집권 기간 중 어느 한 해도 측근들이 너무나 위험하다고 경고했던 행동을 저지르지 않고 지나간 적이 없었다. 1934년과 1935년에는 재무장을 했고, 1936년에는 라인란트를 재점령했으며, 1938년에는 오스트리아와 체코슬로바키아를 점령했고, 1939년에는 폴란드를 공격했다. 그리고 1940년에는 프랑스를 공격했다. 히틀러는 1941년을 예외로 둘 의도가 없었다. 히틀러의 성격을 감안할 때, 그는 소련이 최소한의 조건으로 삼국조약에 가입하기로 결정하고 중동에서 영국을 상대로 하는 군사작전에 참여했을 때만 매수될 수 있었다. 그리고 나서 영국이 패배하고 소련이 고립되면 히틀러는 동부 지역을 정복한다는, 평생 집착해왔던 망상을 반드시 실현하려고 했을 것이다.

스탈린으로서는 아무리 영리하게 계략을 구사해도 결국 소련이 1년 전의 폴란드와 같은 상황에 놓이는 운명을 피할 수 없었다. 폴란드 정부가 폴란드 회랑과 단치히를 양보하는 데 동의하고 나치의 소련 공격에 동참했다면 1939년에는 독일의 공격을 일단 피할수 있었겠지만, 모든 게 끝나면 여전히 히틀러에게 휘둘렸을 것이다. 1년이 지난 지금, 소련도 나치의 제안에 복종하더라도(완전한 고립과 영국에 대한 위험한 전쟁 동참이라는 대가를 지불하고) 독일의 침략을 잠시만 유예할 수 있을 것처럼 보였다. 하지만, 결국 독일의 공격에 직면할 것이다.

강철 같은 의지의 화신인 스탈린은 전쟁물자를 제공함으로써 독일과 협력하면서도 지정학적으로 독일에 맞서는 투 트랙(two-track) 정책을 유지하면서 마치 아무런 위험이 없는 것처럼 행동했다. 스탈린은 비록 삼국조약에 가입할 의향은 없었지만, 아시아에서 모험적 정책을 펼치는 일본의 배후를 자유롭게 해줌으로써 소련이 삼국조약의 편에 섰을 때 일본이 얻게 될 유일한 이득을 일본에 주어버렸다.

소련에 대한 공격은 일본이 공공연하게 미국에 도전할 수 있게 해준다고 히틀러가 장군들에게 브리핑해줬던 사실을 스탈린은 물론 전혀 알지 못했지만, 그럼에도 독자적으로 똑같은 결론을 내렸고 그런 유인을 제거하려고 했다. 1941년 4월 13일에 스탈린은 모스크바에서 일본과 불가침 조약을 체결했다. 스탈린은 아시아 지역에서 긴장이 고조하는 상황에 직면하자 18개월 전 폴란드 위기 당시 택한 것과 본질적으로 동일한 전술을 따른 것이었다. 각각의 경우 스탈린은 침략국이 양면전쟁에 직면하게 되는 위험을 제거해주었고, 자본주의 국가들 간의 내전으로 간주했던 전쟁을 다른 곳에서 하도록 부추김으로써 전쟁이 소련 영토를 비껴가게 했다. 히틀러와의 조약으로 스탈린은 2년이라는 유예기간을 벌 수 있었고, 일본과의 불가침 조약으로 스탈린은 6개월 후에 소련의 극동군을 모스크바 전쟁에 투입할 수 있게 되어 이 전쟁을 유리한 방향으로 이끌어갔다.

불가침 조약을 체결하고 나서 스탈린은 마쓰오카 요스케 일본 외무대신을 철도역에서 영송하는 등 전례 없는 제스처를 보여줬다. 이처럼 이 조약을 매우 중시하고 있음을 상징하는 행동을 모든 외교단 앞에서 보여줌으로써 스탈린은 본인의 협상력이 커졌다는 점을 과시했고, 동시에 독일과의 협상을 촉구하는 기회로 삼았다. "만약 일본과 소련이 협력한다면 유럽 문제가 자연스럽게 해결될 수 있습니다."라고 스탈린은 일본 외무대신에게 모든 사람들이 들을 수 있을 정도의 큰 소리로 말했다. 아마도 소련의 동부 국경이 안전해졌으니 유럽에서 자신의 협상력이 커졌고, 아울러 일본이 미국과 전쟁할 때 일본의 배후를 자유롭게 해주기 위해 독일이 소련과 전쟁을 할 필요가 없다는 점을 어쩌면 암시하려고 그랬을 수도 있다.

마쓰오카 일본 외무대신은 "유럽 문제뿐만이 아니지요."라고 답변했다. 스탈린은 "전 세계 문제가 해결될 수 있어요!"라고 단언했다. 스탈린은 다른 나라들이 전쟁을 하고 소련이 그들의 성공으로부터 보상을 받는 한 그러리라고 틀림없이 생각했을 것이다.

스탈린은 그러고 나서 자신의 메시지를 베를린에 전달하고자 폰 데어 슐렌부르크(von der Schulenburg) 대사에게 걸어가서 그의 팔을 붙잡고 이렇게 선언했다. "우리는 친구로 남아 있어야 하며, 이제 대사께서 이를 위해 모든 것을 다 하셔야 합니다." 군부를 포함하여 모든 소통 채널을 확실히 다 이용하고자, 스탈린은 이어서 독일 무관 대리에게 다가가서 큰 소리로 말했다. "무슨 일이 일어나더라도 우리는 독일과 친구로 남아 있을 것이오."21

스탈린이 독일의 태도에 대해 우려할 만한 충분한 이유가 있었다. 몰로토프가 베를린에서 암시했듯이, 스탈린은 불가리아에 소련의 보장(guarantee)을 수락하라고 압박하고 있었다. 스탈린은 또한 1941년 4월에 유고슬라비아와 우호 및 불가침 조약을 협상하고 있었고, 정확히 바로 그 순간에 독일이 그리스를 공격하기 위해 유고슬라비아를 통과할 수 있는 권리를 얻어내려고 했다. 이러한 일련의 행위로 인해 분명 유고슬라비아는 독일의 압박에 저항하도록 고무되었다. 나중에 밝혀진 사실이지만, 소련과 유고슬라비아 간의 조약은 독일 육군이 유고슬라비아 국경을 통과하기 불과 몇 시간 전에 서명되었다.

정치인으로서 스탈린의 가장 큰 약점은 냉정하게 계산하는 자신의 능력—여기에 대해 자부심이 매우 강했다—을 적들도 똑같이 갖고 있을 것이라고 간주하는 그의 성향이었다. 결과적으로 스탈린은 자신의 비타협적인 태도가 야기할 수 있는 영향을 과소평가했고, 비록 드물기는 했지만 자신의 화해 노력이 통할 수 있는 범위를 과대평가했다. 이런 태도로 인해 전쟁이 끝난 후에도 스탈린은 민주주의 국가들과의 관계를 그르쳤다. 스탈린은 1941년 독일군이 소련 국경을 통과하는 마지막 순간까지도 협상을 통해 공격을 모면할 수 있다고 확신했고, 이 기간 동안 스탈린은 양보를 상당히 많이 할 각오가 되어 있었다는 징후가 곳곳에서 드러났다.

스탈린이 노력이 부족해서 독일의 공격을 모면하지 못한 것은 분명히 아니었다. 1941년 5월 6일에 소련 인민은 스탈린이 몰로토프로부터 인민평의회 총리직을 넘겨받았으며, 몰로토프는 부총리 겸 외교장관(외무인민위원)으로 남는다는 발표를 들었다. 스탈린은 처음으로 공산당의 후미진 곳에서 등장해서 일상 업무를 다루는 책임이 분명한 직위를 맡았다.22

극도로 위험한 상황이 되어야만 스탈린은 자신이 선호하는 통치 방식인 신비하면서도 위협적인 존재라는 아우라를 벗어던질 수 있었다. 당시 외교차관(외무인민위원회 제1부위원)이었던 안드레이 비신스키는 비시 프랑스 정부 대사에게 스탈린이 공식 직책을 맡은 게 "소련이 탄생한 이래 가장 역사적인 사건"이라고 말했다.23 폰 데어 슐렌부르크는 자신이 스탈린의 목적을 간파했다고 생각했다. "제 생각에는" 폰 데어 슐렌부르크는 리벤트로프에게 말했다. "스탈린은 소련에게 압도적으로 중요한 외교적 목표를 스스로 설정했고, 개인적 노력으로 이런 목표를 달성하기를 원한다고 확신합니다. 스탈린이 심각하다고 여기는 국제적 상황에서 독일과의 충돌로부터 소련을 보전하겠다는 목표를 스스로 설정했다고 저는 확고히 믿고 있습니다."[24]

그 이후 몇 주 동안 독일 대사의 예상이 정확했다는 사실이 입증되었다. 독일을 안심시키는 메시지를 전달하려고 타스통신은 5월 8일 소련군 병력이 서부 국경을 따라 비정상적으로 집결해 있다는 소문이 사실이 아니라고 부인했다. 이후 몇 주에 걸쳐 스탈린은 런던에 소재한 모든 유럽 망명정부와 외교관계를 단절했고, 이제부터 이들의 업무를 독일대사관이 담당할 것이라는 설명을 덧붙였다. 스탈린은 동시에 독일이 점령한 일부 영토에 수립된 괴뢰정부를 승인했다. 요컨대, 스탈린은 독일의 모든 기존 점령을 승인하면서 독일을 안심시키려고 상당히 노력했다.

스탈린은 침략의 구실이 될 만한 요인을 모두 제거하기 위해 전방에 배치된 소련 군 부대의 경계태세 강화조차 허용하지 않았다. 그리고 독일의 공격이 임박했다는 영국과 미국의 경고도 무시했다. 부분적으로는 앵글로-색슨 국가들이 소련을 독일과의 전쟁에 휘말리게 하려고 한다고 의심했기 때문이다. 비록 스탈린은 독일 정찰기가 영공을 침범하는 사례가 증가하고 있음에도 사격을 금지하기는 했지만, 전방으로부터 멀리 떨어진 후방에서는 민방위 훈련과 예비군 소집을 허용했다. 분명히 스탈린은 어떤 합의건 마지막 순간까지 타결 가능성을 최대한으로 높이려면 독일 측이 자신의 의도에 대해 안심하게 해야 한다고 판단했다. 특히 가용한 대항조치 중에 결정적으로 상황을 달라지게 할 만한 게 아무것도 없었기 때문이다.

독일이 공격하기 9일 전인 6월 13일에 타스통신은 전쟁이 임박했다는 소문을 부인하는 공식성명을 또다시 발표했다. 이 성명은 소련이 독일과의 모든 기존 합의를 준수하고자 계획 중이라고 밝혔다. 이 성명을 통해 소련은 또한 모든 분쟁사항을 개선하는 합의를 도출하는 새로운 협상을 할 의향이 있다고 분명히 밝혔다. 스탈린이 실제로 중대한 양보를 할 각오가 되어 있다는 사실은 6월 22일 폰 데어 슐렌부르크가 몰로토프에게 선전포고를 통보했을 때 몰로토프가 보였던 반응으로부터도 알 수 있었다. 몰로토프는 소련이 독일을 안심시키는 차원에서 국경으로부터 모든 병력을 철수시킬 준비가 되어 있었다고 애처롭게 항변했다. 다른 모든 요구도 협상이 가능했다. 몰로토프는 평소답지 않게 수세적으로 "확실히 우리가 그럴 자격이 없었군요."라고 말했다.[25]

스탈린은 겉보기에 분명히 독일의 선전포고에 너무나 충격을 받아서 열흘가량 우울한 상태에 빠져 있었다. 하지만 7월 3일에 다시 지시를 내렸고, 중요한 라디오 연설을 했다. 히틀러와 달리 스탈린은 타고난 연설가가 아니었다. 스탈린은 공개석상에서 말을 한 적이 거의 없었으며, 말을 할 때는 극도로 고지식했다. 이 연설에서도 그는 러시아 인민들 앞에 놓인 엄청난 과업을 건조하게 낭독했을 뿐이었다. 하지만 있는 그대로 말하는 바로 그 태도에서 확실한 결의와 그 과업이 아무리 엄청나더라도 감당할 수 있다는 느낌이 전달되었다.

스탈린은 이렇게 말했다. "역사는 무적의 군대가 없었다는 사실을 보여주고 있습니다." 모든 기계류와 철도차량을 파괴하고 독일의 전선 뒤에서 게릴라 부대를 편성하라는 명령을 발표하면서, 스탈린은 마치 회계사처럼 한 뭉치의 숫자를 읽어나갔다. 그가 수사적 표현에 빠져든 순간은 이 연설의 처음 부분이 유일했다. 이전에도 스탈린은 인민에게 개인적 차원에서 호소한 적이 전혀 없었고, 그 이후에도 다시는 그러지 않았다. "동무들이여, 시민들이여, 형제자매들이여, 우리 육군과 해군의 전사들이여. 내가 여러분들께 말하고 있습니다, 내 친구들이여!"[26]

히틀러는 마침내 자신이 항상 원했던 전쟁을 하게 되었다. 그리고 그는 항상 원했던 대로 자신의 운명을 결정지었다. 독일 지도자들은 이제 두 개의 전선에서 전쟁을 벌이면서 한 세대 만에 또다시 무리수를 두었다. 약 7,000만 명의 독일인들은 히틀러가 1941년 12월에 미국까지 전쟁에 끌어들이면서 약 7억 명의 적과 전투에 돌입하게 되었다. 외견상으로는 심지어 히틀러조차도 자기가 저지른 일에 위압당한 듯했다. 공격하기 불과 몇 시간 전에 그는 자신의 참모들에게 이렇게 말했다. "마치 내가 전에 본 적이 없는 깜깜한 방으로 들어가는 문을 열어젖힌 것 같은 기분이 들어. 그 문 뒤에 뭐가 있는지 모르면서도 말이지."[27]

스탈린은 히틀러가 합리적이라고 믿고 도박을 했고 실패했다. 히틀러는 스탈린이 빨리 붕괴할 것이라고 믿고 도박을 했고 마찬가지로 실패했다. 하지만 스탈린의 실수는 만회가 가능했던 반면, 히틀러의 실수는 그렇지 않았다.

15

무대에 재등장한 미국:
프랭클린 루스벨트

America Re-enters the Arena: Franklin Delano Roosevelt

고립주의 성향의 국민을 참전으로 이끌고 갔던 루스벨트의 역할은 여론조사에 따라 국정을 운영하는 현대 정치인들에게 민주주의 체제에서 리더십의 범위가 어디까지인지에 대한 좋은 본보기가 된다. 유럽의 세력균형이 위협을 받았기 때문에 미국은 세계지배를 향해 폭주하는 독일을 막기 위해 어쩔 수 없이 조만간 개입해야 했을 것이다. 그리고 미국의 국력이 가파르게 증가함에 따라 미국은 궁극적으로 국제무대의 중심으로 나아갈 수밖에 없었을 것이다. 이런 일이 이런 속도로 그리고 이렇게 결정적으로 일어났다는 것이 프랭클린 루스벨트의 업적이다.

모든 위대한 지도자는 홀로 걷는다. 동시대의 다른 사람들에게는 아직 분명하지 않았던 도전을 간파해낼 수 있는 능력에서 이들의 비범함이 드러난다. 루스벨트는 고립주의 성향의 국민을 이끌고 불과 몇 년 전까지만 하더라도 미국의 가치와 모순되며 대체로 미국의 안보와 무관하다고 간주되었던 국가들 간의 전쟁에 동참했다. 루스벨트는 1940년 이후 불과 몇 년 전에 압도적 표차로 일련의 중립법(Neutrality Acts)을 통과시켰던 의회를 상대로 계속 증가하고 있었던 대 영국 지원을 정식으로 승인하도록 설득했고, 전면적인 교전상태 직전까지 갔으며, 때로는 심지어 그 선을 넘기도 했다. 결국 일본이 진주만을 공습하자 미국이 마지막까지 붙들고 있었던 망설임이 사라졌다. 루스벨트는 2세기에 걸쳐 스스로 난공불락이며 안전하다고 믿어 왔던 사회를 상대로 만약 추축국이 승리한다면 심각한 위험에 직면할 것이라고 설득할 수 있었다. 그리고 루스벨트는 이번에는 미국의 개입이 항구적인 국제적 관여로 나아가는 첫걸음이 되게 했다. 전쟁 기간 동안 루스벨트의 리더십 덕택에 동맹이 단결했고 오늘날까지도 국제공동체에 계속 기여하는 다자적 제도가 형성되었다.

아마도 에이브러헴 링컨(Abraham Lincoln)의 경우를 제외하고 어떤 대통령도 미국 역사에서 루스벨트보다 더 큰 변화를 불러오지 못했다. 루스벨트는 국가적으로 불확실성이 높았던 시기에 취임했다. 대공황으로 말미암아 미국이라는 신세계가 무한히 발전할 수 있다는 믿음이 심각하게 흔들리고 있었다. 주변의 모든 민주주의 국가가 비틀거리는 것처럼 보였고, 반민주적인 정부들이 좌우 양 진영에서 득세하고 있었다.

국내에서 희망을 회복하고 난 후에 세계의 민주주의를 수호하라는 의무가 루스벨트에게 운명적으로 주어졌다. 루스벨트가 기여한 이런 측면을 이사야 벌린(Isaiah Berlin)보다 더 잘 설명했던 사람은 없었다.

[루스벨트는] 마치 "무엇이든 올 테면 오라지. 뭐가 됐건 간에, 모두 우리에게 쓸모가 있을 것이고, 우리의 이익으로 다 바꿔놓을 거야."라고 말하듯이 미래를 차분한 눈빛으로 바라보았다. … 파멸을 향해 나아가는 사악하고 치명적으로 효율적인 미치광이들, 당황한 채 도주하는 사람들, 그리고 자신들이 정의할 수 없는 명분에 대한 열정을 잃은 순교자들로 분열되어 보이는 실의에 빠진 세계에서, 루스벨트는 자신의 능력을 믿었고, 자신이 통제하는 한 이런 끔찍한 흐름을 막을 수 있다고 여겼다. 그에게는 독재자로서의 기질과 에너지, 기량 등 모든 게 다 있었다. 그리고 그는 우리 편이었다.[1]

루스벨트는 이미 윌슨 행정부 시절 해군 차관보(Assistant Secretary of Navy)를 역임했고, 1920년 선거 당시 민주당 부통령 후보였다. 많은 지도자들, 그중에서도 드골과 처칠, 아데나워는 공직에서 물러나는 시기까지 위대함을 향해 나아가는 여정에서 불가피한 고독을 받아들여야만 했다. 루스벨트에게는 1921년 소마마비에 걸려 쓰러졌을 때 이런 고독이 엄습했다. 루스벨트는 비범한 의지력을 과시하며 장애를 극복했고, 보조기에 의지해 일어서고 심지어 몇 걸음 걷는 법까지 익혀서 대중 앞에서는 마치 마비가 없는 것처럼 보일 수 있었다. 1945년에 의회에서 얄타 회담에 대해 보고할 때까지 루스벨트는 중요한 연설을 할 때마다 서서 했다. 언론도 루스벨트가 품위 있게 대통령직을 수행할 수 있도록 협조했기 때문에 미국인 대다수는 루스벨트의 장애가 어느 정도로 심각한지 몰랐고, 루스벨트를 측은하게 바라보지도 않았다.

자신의 초연함을 유지하고자 매력을 활용했던 루스벨트는 패기 넘치는 지도자였고, 정치적 책략가이면서 선견지명도 갖춘 인물이었다. 그는 종종 분석보다 본능에 따라 통치했으며 강렬하게 상반되는 감정을 불러일으켰다.[2] 이사야 벌린이 요약한 대로 루스벨트는 부도덕하고, 무자비하며, 냉소적이어서 성격상 심각한 단점이 있었다. 하지만 벌린은 루스벨트의 긍정적 속성이 결국 이런 단점을 훨씬 더 극적으로 능가했다고 결론지었다.

> 루스벨트의 추종자들을 매료시켰던 것은 단점을 상쇄하는 희귀하고 영감을 불러일으키는 그의 자질이었다. 그는 호탕했고, 정치적 시야가 넓었으며, 상상력이 풍부했다. 그는 자신이 사는 시대를, 그리고 20세기에 작동하는 거대한 새로운 힘이 나아가는 방향을 잘 이해하고 있었다.[3]

바로 이 사람이 미국이 국제적 리더십 역할을 맡도록 이끌어 간 대통령이었으며, 이런 환경에서 전쟁이냐 평화냐의 문제, 전 세계적인 진보냐 정체냐의 문제가 그의 비전과 헌신에 달려 있게 되었다.

미국이 제1차 세계대전에 참전한 이후 다시 제2차 세계대전에 적극적으로 참전하게 되기까지 그 여정은 길었던 것으로 드러났다. 미국인들이 중간에 고립주의로 돌아섰기 때문이다. 미국이 국제문제를 얼마나 깊게 혐오했는지가 역설적으로 루스벨트의 업적이 얼마나 위대했는지를 보여준다. 따라서 루스벨트가 자신의 정책을 추구하던 당시의 역사적 배경에 대한 간략한 설명이 필요하다.

1920년대 미국의 정서에는 상반된 측면이 있었다. 보편적으로 적용 가능한 원칙을 내세우려는 열의와 고립주의적 외교정책을 위해 이런 원칙을 정당화해야 할 필요성 사이에서 오락가락했다.[4] 미국인들은 미국 외교정책의 전통적 주제들을 한층 더 강조해서 언급했다. 자유의 모범으로서 미국의 사명은 특별하며, 민주적인 외교정책이 도덕적으로 우월하고, 개인적 도덕과 국제적 도덕은 하나로 이어져 있으며, 공개 외교가 중요하고, 국제연맹을 통해 표출된 국제적 합의가 세력균형을 대체해야 한다고 보았다.

이처럼 보편적이라고 생각되는 모든 원칙은 미국이 고립주의를 내세울 때도 원용되었다. 미국인들은 서반구 바깥의 어떤 사건이라도 미국의 안보에 영향을 미칠 수 있다는 사실을 여전히 믿지 못했다. 1920년대와 1930년대에 미국은 멀리 떨어져 있는 호전적인 국가들 간의 전쟁에 휘말리지 않으려고 자신이 구상했던 집단안보 원칙조차 거부했다. 베르사유 조약의 조항은 징벌적이고 배상은 자멸적이라고 해석했다. 프랑스가 루르 지역을 점령하자 미국은 이를 라인란트를 점령하고 있던 잔류 미군 병력을 철수하는 계기로 삼았다. 윌슨식 예외주의는 어떤 국제질서도 충족할 수 없을 정도로 기준을 높게 잡았기 때문에 본질적으로 환멸을 동반할 수밖에 없었다.

전쟁 결과에 환멸을 느끼면서 국제주의자와 고립주의자 간의 경계가 상당히 허물어졌다. 가장 자유주의적인 국제주의자조차도 결함이 있는 전후 합의를 지속하는 게 미국에 이익이 된다고 더 이상 인식하지 않았다. 중요한 어떤 단체도 세력균형을 긍정적으로 언급하지 않았다. 국제주의는 국제 외교에 일상적으로 참여한다는 의미라기보다 국제연맹 회원 자격과 동일시되었다. 심지어 가장 헌신적인 국제주의자들조차 먼로 독트린이 국제연맹을 대체했다고 주장했고, 국제연맹의 집행 조치나 심지어 경제제재에 미국이 동참한다는 아이디어 앞에서는 뒷걸음쳤다.

고립주의자들은 이런 태도를 그들의 극단적인 결론으로까지 끌고 갔다. 이들은 먼로 독트린과 고립주의라는 미국 외교의 역사적인 두 기둥을 위태롭게 한다는 이유로 원칙적인 측면에서 국제연맹을 공격했다. 국제연맹은 집단안보로 인해 서반구 내부의 분쟁에도 개입할 수 있는 권리를 얻었고, 실제로 개입해야 했기 때문에 먼로 독트린과 양립 불가능하다고 여겨졌다. 그리고 국제연맹이 서반구 외부의 분쟁에도 개입해야 한다는 의무를 미국에 부과했기 때문에 고립주의에도 부합하지 않았다.

고립주의자들의 주장은 일리가 있었다. 만약 서반구 전체가 어쨌든 집단안보 활동으로부터 배제되는 경우, 전 세계 다른 국가들이 자신들만의 지역기구를 수립하고 국제연맹의 활동을 배제하려고 한다면 어떻게 막을 것인가? 이렇게 된다면 국제연맹은 비록 지역적 차원이기는 하지만 세력균형 체제의 복원으로 귀결될 것이다. 실제로 국제주의자와 고립주의자는 초당파적인 외교정책으로 수렴되었다. 양측 다 외세의 서반구 개입을 반대했고, 서반구 밖에서의 어떠한 국제연맹 집행 메커니즘도 거부했다. 이들은 군비가 전쟁을 초래하고 군비 축소가 평화에 기여한다는 데 분명하게 동의했기 때문에 군축회의를 지지했다. 이들은 켈로그-브리앙 조약처럼, 그 합의가 강제 집행을 수반하지 않는 한 평화적 해결이라는 국제적으로 승인된 일반 원칙을 호의적으로 보았다. 마지막으로 미국은 합의된 배상 계획을 이행하는 것처럼 즉각적인 정치적 후과가 없는 기술적이고 대체로 재정적인 문제는 항상 도와주려고 했다.

원칙을 승인한다는 것과 그 원칙의 집행에 동참한다는 것 사이에 존재하는 미국식 사고의 간극이 1921년부터 1922년까지 있었던 워싱턴 해군회의(Washington Naval Conference)에서 극명하게 드러났다. 이 회의는 두 가지 측면에서 중요했다. 첫 번째로 미국, 영국, 일본의 해군 군비 상한선이 설정되었다. 미 해군은 영국 해군 규모와 동등한 수준까지 허용되었으며, 일본 해군은 미국 해군 규모의 5분의 3 수준까지 허용되었다. 이 조항은 일본과 더불어 태평양 지역에서 지배적인 강대국이 된 미국의 새로운 역할을 재확인했다. 아 전구(戰區)에서 이제부터 영국은 부차적 역할을 맡게 되었다.[5] 두 번째로 가장 중요한 사실로서, 분쟁을 평화적으로 해결하기로 한 일본, 미국, 영국, 프랑스 간 소위 제2차 4개국 조약(Four-Power Treaty)이 1902년에 체결된 오래된 영-일 동맹을 대체했고, 태평양에서 협력의 시대가 열렸다. 하지만 만약 조약을 체결한 4국 중에 어느 한 나라라도 조약의 조항을 무시한다면 다른 국가들이 그 나라에 맞서 행동을 취하는 것인가? "4개국 조약은 전쟁과 관련된 의무 조항이 없습니다. … 무력에 대한 약속, 동맹에 대한 약속, 방위에 참여한다는 서면상 혹은 도덕적인 약속이 전혀 없습니다."라고 워런 하딩(Warren Harding) 대통령은 회의적이던 미 상원에 설명했다.[6]

찰스 에반스 휴즈(Charles Evans Hughes) 국무장관은 어떤 경우에도 미국이 집행조치에 동참하지 않을 것이라고 모든 조약 체결국에 통보함으로써 하딩 대통령의 말을 뒷받침했다. 하지만 상원은 여전히 흡족하지 않았다. 상원은 4개국 조약을 비준하면서도 이 조약으로 인해 미국이 침략 격퇴에 무력을 사용하기로 약속하는 게 아니라는 유보 단서를 붙였다.[7] 다시 말하자면 이 합의는 그 자체로서만 가치가 있었다. 조약을 준수하지 않아도 아무런 후과가 없었다. 미국은 마치 합의가 없었던 것처럼 매번 상황이 발생할 때마다 입장을 정한다는 것이었다.

수 세기 동안 일상적으로 실행되어 온 외교 방식에서 볼 때 정식 조약에 집행 권리를 부여하지 않고 매번 사안별로 의회와 집행 여부를 협상해야 한다는 제안은 상당히 희한했다. 이는 1973년 1월의 베트남 평화 협정 이후 닉슨 행정부와 의회 간에 있었던 논쟁의 맛보기였다. 이 논쟁에서 의회는 미국이 양당의 세 행정부 내내 싸우고 나서 체결한 협정이 어떤 집행 권리도 부여하지 않는다고 주장했다. 이 이론에 따르면 미국과의 협정은 그 시점의 워싱턴 분위기를 반영해야 하고, 협정을 통해 어떤 결과가 나올지는 다른 시점의 워싱턴의 분위기에 달려 있다는 것이다. 이런 태도는 미국의 약속에 대한 낮은 신뢰감을 초래할 가능성이 있었다.

상원이 유보 조항을 붙였음에도 불구하고 4개국 조약에 대한 하딩 대통령의 열정은 꺾이지 않았다. 그는 서명식에서 이 조약이 필리핀을 보호할 것이며 "인류의 발전에서 새롭고 더 좋은 시대의 시작"을 상징한다며 찬양했다. 집행 조항도 없는 조약이 필리핀 같은 값어치 있는 전리품을 어떻게 보호한다는 것인가? 정치적 스펙트럼에서 볼 때 하딩은 윌슨과 반대 정파에 속했지만 윌슨식 어법을 사용했다. 그는 전 세계가 "배신이나 오명의 추악함(the odiousness of perfidy or infamy)"을 선언함으로써 위반자를 응징할 것이라고 말했다.[8] 하지만 하딩은 미국이 국제연맹 가입도 거부하는 상황에서 무슨 명분으로 세계 여론을 결집할지는 고사하고 세계 여론이 어떻게 결정될 것인지도 설명하지 못했다.

켈로그-브리앙 조약은 원칙이 저절로 이행될 것이라고 여기는 미국의 성향이 드러난 또 다른 사례였다. 이 조약이 유럽에 미친 영향은 이미 제11장에서 설명되었다. 미국 지도자들은 62개국이 국가정책 수단으로서 전쟁을 포기했기 때문에 이 조약이 역사적이라고 열정적으로 선언했지만, 막상 이 조약의 집행은 고사하고 이 조약을 적용할 어떠한 기구의 승인도 완강하게 거부했다. 캘빈 쿨리지(Calvin Coolidge) 대통령은 1928년 12월에 상원에서 다소 과장스럽게 이렇게 주장했다. "이 조약의 준수는 … 국가들 간에 협상되었던 다른 어떤 합의보다 세계평화를 위해 더 많은 것을 약속합니다."[9]

하지만 어떻게 이런 유토피아를 달성하겠다는 말인가? 쿨리지가 열정적으로 켈로그-브리앙 조약을 옹호함에 따라, 이에 자극받은 국제주의자들과 국제연맹을 지지하던 사람들은 전쟁이 법으로 금지되었기 때문에 중립개념이 완전히 의미가 없어졌다고 나름 합리적으로 주장했다. 이들의 시각에 따르면 국제연맹이 누가 침략국인지 확인하도록 되어 있기 때문에 국제공동체는 침략국을 적절히 처벌할 의무가 있었다. 이런 시각의 지지자 중 한 사람이 물었다. "무솔리니의 공격 계획이 단지 이탈리아 국민의 선의와 여론의 힘만으로 제지될 수 있다고 믿는 사람이 있습니까?"[10]

이 질문은 선견지명이 있었지만 이 질문이 받아들여질 수 있는 분위기가 아니었다.

심지어 자신의 이름을 딴 조약에 대한 토론이 진행 중인 과정에서도 켈로그 국무장관은 외교협회(Council on Foreign Relations) 연설에서 이 조약을 준수하기 위해 무력을 사용하는 경우가 결코 없을 것이라고 강조했다. 그는 만약 무력에 의존한다면, 평화를 향한 큰 걸음이 될 것으로 의도되었던 조약이 그토록 폐기하려고 했던 군사동맹 체제로 변질되는 셈이라고 주장했다. 이 조약은 침략에 관한 정의도 없었다. 어떤 식으로든 정의를 내리면 뭔가 누락되기 마련이고, 그로 인해 이 조약의 문구에 담긴 고결함이 약해지기 때문이었다.[11] 켈로그에게 그 문구는 단지 출발점이 아니라 목표였다.

> 자위적 행동을 하겠다고 주장하는 국가는 조약 체결국들 앞에서만 아니라 세계 여론이라는 법정 앞에서도 자신을 정당화해야 합니다. 그렇기 때문에 저는 침략국이나 자위적 방어에 대한 정의를 이 조약에 넣는 것을 반대했습니다. 어떤 포괄적인 법적 정의도 미리 정해놓을 수 없다고 믿었기 때문입니다. … 이렇게 해놓으면 침략국이 자신이 무죄라고 입증하기가 수월해지기보다는 더 힘들어질 것입니다.[12]

켈로그의 설명에 대해 상원은 6년 전에 4개국 조약이 어떻게 그 내용과 실제 의미가 다른지에 대해 하딩 대통령이 설명했을 때와 마찬가지로 그다지 감동받지 않았다. 이제 상원은 세 가지 "양해사항"을 추가했다. 상원의 시각에 따르면, 이 조약은 자위적 방어권도, 먼로 독트린상의 권리도 제약하지 않으며, 침략을 받은 피해국을 도와야 하는 어떠한 의무도 발생시키지 않았다. 이는 모든 예견 가능한 만일의 사태가 그 조항들의 적용을 받지 않는다는 뜻이었다. 상원은 켈로그-브리앙 조약을 원칙의 성명으로서 승인하면서 그 조약이 실질적인 함의가 전혀 없다고 주장했다. 그러면서 원칙 선언에 미국이 동참하게 하는 데 필연적인 조건인 유보를 굳이 표명할 가치가 있는지 의문을 제기했다.

만약 미국이 동맹 체제를 거부하고 국제연맹의 효용성에 의문을 제기한다면, 베르사유체제는 어떻게 유지될 수 있을 것인가? 켈로그의 대답은 그가 구태의연한 대용품이라고 비판했던 여론의 힘보다도 훨씬 더 창의적이지 못했다.

> 만약 이 조약에 따라 모든 국가가 국제분쟁을 해결하는 수단으로서 전쟁을 반대한다고 엄숙히 선언한다면, 세계는 한 걸음 진일보할 것이고, 여론을 형성할 것이고, 이 조약의 준수를 위한 전 세계의 거대한 도덕적 힘을 결집할 것이고, 그리고 세계가 또 다른 큰 충돌로 뛰어드는 것을 훨씬 더 어렵게 만들 신성한 의무에 적극 참여하게

될 것입니다.[13]

4년 후, 켈로그의 후임인 헨리 스팀슨(Henry Stimson)은 미국이 전간기에 배출했던 출중한 공직자였지만, 여전히 침략에 대한 해결책으로서 여론의 힘에 의지하는 켈로그-브리앙 조약 이상의 것을 제시하지 못했다.

> 켈로그-브리앙 조약은 아무런 무력 제재를 제공하지 않습니다. … 대신 이 조약은
> 세상에서 가장 강력한 제재 중 하나가 될 수 있는 여론의 제재에 의존합니다. … 이
> 를 비웃는 비판자들은 대전쟁(제1차 세계대전) 이후 세계 여론의 진화를 제대로 살
> 펴보지 않았습니다.[14]

유럽과 아시아로부터 멀리 떨어진 섬나라 같은 존재였던 미국에게 필연적으로 유럽의 분쟁은 난해하고 때로는 무의미해 보였다. 미국은 미국의 안보에 영향을 끼치지 않으면서 유럽 국가들을 위협하는 도전들을 차단할 수 있는 넓은 안전 범위(margin of safty)를 가졌기 때문에 유럽 국가들이 사실상 미국의 안전판 역할을 하고 있었다. 이와 비슷한 논리로 영국은 "영예로운 고립(splendid isolation)" 기간 동안 유럽의 일상적인 정치 상황으로부터 초연할 수 있었다.

하지만 19세기 영국의 "영예로운 고립"과 20세기 미국의 고립주의 사이에는 근본적인 차이가 있었다. 물론 영국도 유럽의 일상적인 분쟁과 거리를 두려고 했지만, 영국은 자신의 안보가 세력균형에 달려 있다고 인식했고, 전통적인 유럽식 외교 방식으로 세력균형을 수호할 각오가 상당히 되어 있었다. 이와 대조적으로 미국은 세력균형이나 유럽식 외교가 중요하다고 전혀 인식하지 않았다. 미국은 스스로 특별하고, 궁극적으로 엄청난 시혜를 통해 축복을 받았다고 믿으면서 개입하지 않았다. 그리고 설령 개입하더라도 오로지 일반적인 대의명분을 위해서만 그렇게 했고, 그것도 자신만의 독특한 외교방식으로 했다. 유럽식 외교보다 훨씬 더 공개적이고 법리적이며 이념적이었다.

그랬기 때문에 전간기에는 유럽식 외교와 미국식 외교가 서로 엮이면서 최악의 조합이 나오는 경향이 있었다. 위협을 느끼던 유럽 국가들, 특히 프랑스와 동유럽 신생국들은 집단안보와 국제중재라는 미국의 유산이나 전쟁과 평화에 관한 미국의 법률적 정의를 받아들이지 않았다. 대표적으로 영국을 비롯하여 미국 방식으로 돌아선 국가들은 막상 그런 방식에 기초해 외교를 해본 경험이 없었다. 하지만 이 국가들 모두 미국의 도움 없

이 독일을 물리칠 수 없다는 사실을 아주 잘 알고 있었다. 제1차 세계대전이 끝난 이래 세력균형이 전쟁 당시보다 연합국에 훨씬 더 불리해졌다. 독일과 새로운 전쟁을 하게 된다면 미국의 도움이 훨씬 더 급하게 필요할 것이고, 특히 소련이 더 이상 참여하지 않기 때문에 어쩌면 지난번보다도 더 빨리 필요할 것이다.

이러한 공포와 희망이 뒤섞인 실질적인 결과로 유럽 외교는 전통적 토대로부터 계속 멀리 벗어나서 미국에 더욱 감정적으로 의존하게 되었고, 이로 인해 이중 거부권이 생겨났다. 프랑스는 영국 없이 행동하지 않으려고 했고, 영국은 미국이 확고히 견지하는 입장에 반하여 행동하지 않으려고 했다. 정작 그 미국 지도자들이 어떤 상황에서도 유럽 문제 때문에 전쟁을 감수하지 않겠다고 줄기차게 주장하고 있다는 사실은 개의치 않았다.

베르사유체제를 수호하겠다는 약속을 1920년대에 일관되게 거부했던 미국은 1930년대 국제적으로 긴장이 불거지는 상황에 심리적으로 전혀 준비되지 않았던 것으로 드러났다. 어떤 일이 일어날지를 미리 보여주는 사건이 1931년에 발생했다. 일본이 만주를 침공했고, 중국으로부터 만주를 떼어내 위성국으로 만들었다. 미국은 일본의 행위를 규탄했지만, 집단적 집행에는 동참을 거부했다. 일본을 응징하는 차원에서 미국은 독자 제재를 도입했다. 당시에는 이런 조치가 마치 회피하는 행동처럼 보였지만, 10년 후 루스벨트의 손에서 일본과의 대결을 강요하는 무기로 바뀌었다. 이 제재는 무력에 의한 영토 변경의 승인을 거부하는 정책이었다. 스팀슨이 1932년에 고안한 이 제재는 일본이 만주와 다른 모든 정복지에서 철수하도록 요구하기 위해 1941년 가을에 루스벨트가 발동했다.[15]

1933년 1월 30일 히틀러가 독일 총리에 취임함에 따라 전 세계적 위기가 본격적으로 시작되었다. 그리고 운명적으로, 이로부터 4주일 남짓 후에 다른 누구보다도 히틀러를 쓰러뜨리는 데 큰 역할을 하게 될 프랭클린 델러노 루스벨트(Franklin Delano Roosevelt)가 취임 선서를 했다. 하지만 루스벨트의 첫 번째 임기 동안은 향후 이런 결과가 나올 것 같은 조짐이 전혀 없었다. 루스벨트는 전간기 시기의 일반적인 수사법에서 거의 벗어나지 않았고, 전임자들로부터 물려받은 고립주의를 반복했다. 1933년 12월 28일, 우드로우 윌슨 재단에서 실시한 연설에서 루스벨트는 1920년대에 체결된 해군조약의 종료 시점이 임박했음을 거론했다. 루스벨트는 모든 공격 무기의 폐기를 촉구함으로써 그리고—켈로그를 떠올리면서—모든 국가가 자국군이 또다른 국가의 영토에 진입하는 것을 불허한다고 약속함으로써 이 합의를 확대할 것을 제안했다.[16]

이 주제는 루스벨트가 제안하는 구상을 위반하는 경우에 대한 루스벨트의 해결책만큼이나 익숙했다. 또다시 여론의 비난이 유일하게 가용한 해결책으로 원용되었다.

> 침략을 제거하거나 공격용 무기를 제거하기 위한 어떤 합의건 간에 모든 국가가 예
> 외 없이 엄숙한 의무감을 갖고 동참하지 않는다면, 그런 합의는 이 세상에서 아무런
> 가치가 없을 것입니다. … 친구 여러분, 그렇게 되면 양을 염소들로부터 갈라놓기가
> 상대적으로 수월해질 것입니다.[17] … 이 새로운 세대의 우리가 이제부터는 정부에
> 의한 전쟁이 국민들에 의한 평화로 바뀌어야 한다고 제안하는 것은 우드로우 윌슨
> 이 제기했던 도전의 연장일 뿐입니다.[18]

일단 염소들이 양과 분리되면 염소들에게 무슨 일이 생길지에 대해서는 아무런 단
서가 없었다.[19]

루스벨트의 제안은 제시된 당시에는 고려할 가치가 없었다. 독일이 두 달 전에 군축
회의를 박차고 나갔고 복귀를 거부했기 때문이다. 아무튼 공격용 무기의 금지는 히틀러
의 계획에 없었다. 나중에 밝혀진 바와 같이 히틀러가 재무장을 선택했지만 전 세계로부
터 비난을 받지도 않았다.

루스벨트의 첫 번째 임기는 제1차 세계대전에 관한 수정주의의 전성기와 겹쳤다.
1935년에 노스다코다 출신 상원의원인 제럴드 나이(Gerald Nye)가 주도했던 상원 특별
위원회는 군수업체 때문에 미국이 전쟁에 참여했다고 비난하는 1,400페이지의 보고서를
발표했다. 그 이후 얼마 안 되어서 월터 밀리스(Walter Millis)의 베스트셀러인『전쟁으로
가는 길(The Road to War)』을 통해 일반 대중이 이 주제에 익숙해졌다.[20] 이런 시각들의
영향 하에서 미국의 참전은 근본적이거나 항구적인 이익보다 부정한 행위, 음모, 배신 등
으로 설명되었다.

미국이 또다시 전쟁의 유혹에 빠져드는 상황을 막기 위해 의회는 1935년부터 1937
년 사이에 소위 중립법(Neutrality Acts)을 세 건이나 통과시켰다. 나이 상원의원이 발간
한 보고서로 촉발된 이 법은 교전당사국(전쟁의 원인이 뭐가 됐건 간에)에 대한 차관 제공이
나 다른 재정적 원조를 금지했고, 모든 당사국(누가 피해국인지를 막론하고)에 무기 금수조
치를 부과했다. 현금을 통한 비군수물자의 구매는 미국 선적이 아닌 선박으로 운송될 때
에만 허용되었다.[21] 의회는 위험을 거부했지만 이윤을 포기하지는 않았다. 침략국들이
유럽을 주름잡고 있을 때 미국은 침략국과 피해국 양쪽 다 똑같이 제약하는 법안들을 제
정함으로써 침략국과 피해국 간의 구분을 없애버렸다.

국익이 지정학적 측면보다 법률적 측면에서 정의되었다. 1936년 3월에 코델 헐(Cordell Hull) 국무장관은 루스벨트 대통령에게 유럽의 군사적 균형을 무너뜨리고 동유럽국들을 무방비 상태에 빠뜨린 라인란트 재무장의 중요성을 순전히 법률적 측면에서 조언했다. "간략히 분석해보면 독일 정부의 행위가 베르사유 조약 및 로카르노 조약을 둘 다 위반한 것으로 보이나, 미국과 관련해서는 1921년 8월 25일에 독일과 체결한 우리의 조약을[22] 위반한 것으로 보이지 않습니다."[23]

1936년 선거에서 압승한 이후 루스벨트는 기존의 접근방식에서 훨씬 더 나아갔다. 비록 여전히 대공황 문제에 몰두하고 있었지만, 루스벨트는 처칠을 제외하고 독재자들이 제기하는 도전의 본질을 다른 어떤 유럽 지도자들보다 더 잘 파악하고 있다는 사실을 실제로 보여주었다. 처음에 루스벨트는 단지 민주주의 국가들의 대의명분에 대한 미국의 도덕적 책무를 표명하려고 했다. 루스벨트는 1937년 10월 5일 시카고에서 했던 소위 격리연설(Quarantine Speech)을 통해 이런 교육적 과정을 시작했다. 이 연설은 점차 다가오는 위험을 미국에 알리는 첫 번째 경고였고, 이와 관련하여 미국이 어느 정도 책임을 져야 할지도 모른다는 최초의 공개적 발언이었다. 일본의 중국에 대한 군사적 공격 재개와 전년도에 발표된 베를린−로마 간 추축(Axis) 수립이 그 배경이 되었다. 루스벨트의 우려는 전 세계적인 차원이 되었다.

> 세계 인구의 90퍼센트에 해당하는 사람들의 평화와 자유, 안보가 모든 국제질서와 법을 허물어뜨리겠다고 위협하는 나머지 10퍼센트에 의해 위태로워지고 있습니다. … 전 세계적인 무법상태라는 전염병이 확산되고 있다는 게 불행히도 진실처럼 보입니다. 전염병이라는 질환이 퍼지기 시작하면, 질병의 확산에 맞서 공동체의 건강을 지키고자 공동체는 환자를 격리하는 데 찬성하고 동참하기 마련입니다.[24]

루스벨트는 "격리(quarantine)"라는 표현으로 무엇을 의미하려고 했는지, 그리고 만약 어떤 구체적인 조치를 염두에 두고 있다면 그것이 무엇인지 상세히 언급하지 않으려고 애썼다. 만약 이 연설이 어떠한 종류의 행동을 암시했다면, 의회에서 압도적인 찬성표를 받아 인준되고 대통령 자신이 최근에 서명했던 중립법과 모순되었을 것이다.

놀랍지 않게도 격리연설은 고립주의자들로부터 공격받았다. 이들은 대통령의 의도를 명확히 밝히라고 요구했다. 이들은 "평화애호국"과 "호전적 국가"의 구분은 결국 루스벨트와 의회가 서약했던 불간섭주의 정책의 포기로 이어지게 될 미국의 가치 판단을 암시하는 것이라고 열정적으로 주장했다. 2년이 지난 뒤 루스벨트는 이 연설로 인한 대소동을 이렇게 묘사했다. "불행히도 이 제안은 씨알도 안 먹혔다. 심지어 적의와 분노를 샀다. … 전쟁을 도발한다고 여겨졌다. 외국 문제에 개입하려 한다고 규탄 받았다. 심지어 존재하지도 않는 전쟁 위험을 찾아 '침대 밑까지' 초조하게 들추고 있다는 비웃음까지 받았다."[25]

루스벨트는 자신에게 어떤 의도가 있는 게 아니냐는 의문을 그냥 부인했더라면 이런 논쟁을 끝낼 수도 있었다. 하지만 마구 쏟아지는 비판에도 불구하고 일종의 집단방위 (collective defense)라는 옵션을 남겨두고자 기자회견에서 아주 애매모호하게 이야기했다. 당시의 취재 관행에 따르면 대통령은 항상 기자단들과 오프더레코드(비보도 전제)로 만났다. 즉, 대통령은 인용되거나 취재원으로 명시될 수 없었고 이런 원칙은 준수되었다.

몇 년 후 역사학자인 찰스 비어드(Charles Beard)는 루스벨트가 이리저리 빠져나갔지만 격리연설이 새로운 접근법에 해당한다는 점을 결코 부인하지 않으면서 그 새로운 접근법이 무엇인지는 말해주기를 거부했다는 사실을 담은 녹취록을 출간했다.[26] 루스벨트는 그의 발언이 침략에 대한 도덕적 규탄 이상의 행동을 암시한다고 주장했다. "아직까지 시도해보지 않은 방법이 세상에 많이 있죠."[27] 그 말이 계획이 있다는 의미인지 질문받자 루스벨트는 이렇게 답했다. "그것에 대해 기자님께 아무런 실마리를 드릴 수가 없네요. 기자님께서 하나 만들어내야 할 겁니다. 나는 한 가지가 있어요."[28] 그는 그 계획이 무엇인지 절대로 설명하지 않았다.

경륜 있는 정치가로서 루스벨트는 임박했던 위험을 경고했던 것일지도 모른다. 정치 지도자로서 루스벨트는 미국 여론의 세 가지 물줄기를 따라 항해해야 했다. 모든 "평화애호국"을 확실히 지지하는 소수 그룹, 전쟁까지 가지 않는 한 지지하겠다는 좀 더 큰 그룹, 그리고 중립법상의 문구와 정신을 지지하는 압도적인 다수였다. 숙련된 정치 지도자는 항상 가능한 한 많은 옵션을 유지하려고 한다. 그리고 궁극적으로 택한 노선이 상황에 따른 결과가 아니라 자신의 최적 선택인 것처럼 보여주려고 한다. 그리고 현대 미국 대통령 중에서 루스벨트보다 이 같은 전술적 관리에 더 능했던 사람은 아무도 없었다.

격리연설 후 일주일이 지난 1937년 10월 12일에 했던 노변담화(爐邊談話)에서 루스벨트는 주로 국내문제를 이야기했고, 이 세 그룹을 모두 다 만족시키려고 노력했다. 루스벨트는 평화에 전념할 것임을 강조하면서, 조만간 예정된 1922년 워싱턴 해군조약의 체결국 회의에 대해 긍정적으로 언급하고 미국의 참석이 "중국과 일본을 비롯한 다른 체결국들과 협력하겠다는 미국의 목표"를 보여주는 것이라고 설명했다.[29] 이와 같은 회유적

언어는 심지어 일본과도 평화를 열망하고 있음을 암시했다. 동시에 회의 참석은 설령 일본과 협력이 불가능하다고 밝혀진다 해도 선의를 보이는 것이었다. 루스벨트는 미국의 국제적 역할에 대해서도 마찬가지로 애매모호했다. 그는 청취자들에게 해군 차관보를 역임했던 당시의 전쟁 경험을 상기시켰다. "1913년부터 1921년까지의 기간을 기억해보면, 저는 개인적으로 세계적 사건들에 상당히 근접해 있었습니다. 그리고 그 당시에 무엇을 해야 할지 많이 배웠지만, 또한 무엇을 하지 말아야 할지도 많이 배웠습니다."[30]

만약 청취자들이 이 애매모호한 발언을 루스벨트가 개인적 전시 경험을 통해 전쟁에 연루되지 말아야 한다는 사실을 말하고자 했던 것으로 해석했다면 루스벨트는 분명 이의를 제기하지 않았을 것이다. 반면, 그것이 실제로 루스벨트가 의미했던 것이라면, 그냥 그렇게 말해서 훨씬 더 많은 호응을 얻어냈을 것이다. 이후의 행동으로 미루어 볼 때 루스벨트는 보다 현실주의적 수단을 통해 윌슨식 전통을 추구하겠다는 것을 제시하려 했을 가능성이 더 크다.

발표 내용에 대한 적대적 반응에도 불구하고 루스벨트는 과거 윌슨의 측근이었던 에드워드 하우스(Edward House) 대령에게 1937년 10월에 "우리가 폭동을 억제하기 위해 길거리로 나가 우리의 영향력을 행사하기보다 문과 창문을 걸어 잠근다면 전쟁이 우리에게 훨씬 더 위험해질 것임을 국민들이 깨닫게 하는 데" 시간이 걸릴 것이라고 말했다.[31] 이는 미국이 침략 행위를 진압하는 것을 돕기 위해 국제문제에 관여해야 한다고 말하는 또 다른 방식이었다.

루스벨트가 직면한 시급한 과제는 분출하는 친고립주의 정서였다. 1938년 1월에 미 하원은 미국이 침략당하는 경우를 제외하고 선전포고를 하려면 국민투표를 거쳐야 한다는 개헌안을 거의 통과시킬 뻔했다. 루스벨트는 이 개헌안이 통과되는 상황을 막기 위해 개인적 호소에 의지해야 했다. 이런 여건에서 루스벨트는 대담하기보다 신중한 게 더 낫다고 보았다. 1938년 3월에 미국 정부는 독일의 오스트리아 병합(Anschluss)에 별 반응을 보이지 않았다. 형식적 항의에만 그친 유럽 민주주의 국가들을 따른 것이다. 뮌헨 회의로 이어지는 위기 동안 루스벨트는 미국이 히틀러에 대항하는 공동전선에 참여하지 않겠다고 반복적으로 강조해야 한다고 느꼈다. 그리고 이런 가능성을 조금이라도 내비치는 부하나 심지어 가까운 친구조차 부인해야 했다.

1938년 9월 초에 미−불 관계를 축하하는 만찬에서 주프랑스 미국 대사인 윌리엄 C. 벌릿(William C. Bullitt)은 프랑스와 미국이 "전시에나 평시에나 결속되어" 있다는 상투적인 발언을 반복했다.[32] 하지만 이 발언은 고립주의자들이 난리 나게 하기에 충분했다. 이런 종류의 판에 박힌 말은 대사의 재량에 맡겨졌기 때문에 벌릿이 무슨 말을 할지 사전에 알 도리가 없었던 루스벨트는 미국이 민주주의 국가들과 공동전선을 구축하고 있다는 암시가 "100퍼센트 틀린 내용"이라고 애써 부인해야 했다.33 그달 말, 전쟁이 임박해 보였을 때 그리고 체임벌린과 히틀러가 이미 두 차례 회동하고 난 뒤에, 루스벨트는 체임벌린에게 당사국 간 회의를 촉구하는 메시지를 9월 26일과 28일에 두 번 보냈다. 당시 상황에서 이 회의가 열렸더라면 체코슬로바키아가 더 많이 양보하라는 압박만 가중되었을 것이다.

뮌헨 회의는 루스벨트가 유럽의 민주주의 국가들과 처음에는 정치적으로, 하지만 점차 실질적으로 공동전선을 펼치겠다고 마음먹게 한 전환점이 되었던 것처럼 보인다. 그때부터 독재자를 좌절시키겠다는 그의 강한 의지는 거침 없었고, 3년 후 미국의 제2차 세계대전 참전으로 정점에 달했다. 민주주의 국가에서 지도자와 대중 간의 상호작용은 항상 복잡하다. 격변기에 스스로를 대중의 경험에만 국한하는 지도자는 잠시 반짝이는 인기를 사는 대신 후대의 요구를 도외시함으로써 후대로부터 비판받는 대가를 치르게 된다. 자신이 속한 사회보다 너무 앞서가는 지도자는 동떨어지게 된다. 위대한 지도자는 자신의 비전과 익숙한 것과의 간격을 메워주는 교육자여야 한다. 하지만 위대한 지도자는 아울러 자신이 선택한 길을 자신이 속한 사회가 따라오도록 기꺼이 홀로 걸어갈 의향이 있어야 한다.

모든 위대한 지도자는 주어진 임무를 놓고 때로는 그 목적을, 때로는 그 중요성을 단순화하는 간교한 속성이 불가피하게 있기 마련이다. 하지만 자신이 속한 사회가 갖고 있는 가치의 진실과 그 사회가 직면한 도전의 본질을 구현하는지 여부가 위대한 지도자의 궁극적 시험대가 된다. 루스벨트는 이런 자질이 비범할 정도로 탁월했다. 그는 미국을 깊이 신뢰했다. 나치즘이 사악하면서 동시에 미국의 안보에 위협이 된다고 확신했다. 또한 그는 동시에 이례적으로 간교했다. 그리고 루스벨트는 고독한 결정이라는 부담을 짊어질 각오가 되어 있었다. 그는 익숙한 돌출곶보다 먼 해안이 실제로 더 안전하다는 점을 증명하려고 외줄타기 곡예사처럼 조심스럽게 고뇌하면서 발을 내딛었고, 자신이 속한 사회의 현실과 자신의 목표 사이의 깊은 골을 건너가야 했다.

1938년 10월 26일의 뮌헨 협정이 발표된 지 4주도 안 되어서 루스벨트는 격리연설이라는 주제로 돌아갔다. 헤럴드-트리뷴 포럼(Herald-Tribune Forum)에 보내는 라디오 연설에서 루스벨트는 국명을 거명하지는 않았지만 누구나 쉽게 눈치챌 수 있는 침략국들에 대해 이 나라들의 "국가정책이 전쟁 위협을 고의적 수단으로 채택하고 있다."라고 경고했다.[34] 이어서 루스벨트는 군축을 원론적으로 옹호하면서도 아울러 미국의 국방력을 강화해야 한다고 촉구했다.

> 우리는 주변국들이 완전히 무장한 이상, 우리나라건 어떤 나라건 군축을 받아들이
> 지 않을 것이라고 일관되게 지적해왔습니다. 만약 전반적인 군축이 없다면, 우리 스
> 스로도 계속 무장을 해야 합니다. 물론 우리가 좋아하지도 않고 원하지도 않는 조치
> 입니다. 하지만, 침략을 할 수 있는 무기가 전면 폐기될 때까지 국가의 신중성, 그리
> 고 상식이라는 일반적인 원칙에서 볼 때 우리는 준비되어 있어야 할 것입니다.[35]

루스벨트는 비밀리에 훨씬 더 많이 나갔다. 루스벨트는 1938년 10월 말에 영국 공군장관 및 네빌 체임벌린 총리의 개인적인 친구와 별도의 회담을 하면서 중립법을 우회하는 계획안을 제시했다. 자신이 최근에 서명한 중립법을 노골적으로 회피하는 방안을 제시하면서 미국 국경과 가까운 캐나다에 영국과 프랑스 비행기 조립 공장을 설치하자고 제안했다. 미국이 모든 부품을 공급하고 최종 조립만 영국과 프랑스에 맡기겠다는 것이었다. 이러한 조치는 짐작건대 부품들이 민수물자라는 이유로 기술적으로 중립법의 규정에 위배되지 않을 것이다. 루스벨트는 체임벌린의 특사에게 "만약 독재자와 전쟁을 하게 된다면, 체임벌린은 미국의 산업 자원을 배후에 확보하게 될 것입니다."라고 말했다.[36]

민주주의 국가들의 붕괴된 공군력 복구를 도와주려고 했던 루스벨트의 계획은 그 정도 규모의 사업을 비밀리에 착수하는 게 순전히 물류 측면에서 불가능했기 때문에 결국 실패할 수밖에 없었다. 하지만 그때부터 루스벨트의 영국과 프랑스에 대한 지원은 의회와 여론을 피해가거나 극복할 수 없었을 때만 제한되었다.

1939년 초 의회 상하원 합동연설에서 루스벨트는 이탈리아, 독일, 일본을 침략국으로 지목했다. 격리연설의 주제를 내비치면서 루스벨트는 "침략국 정부가 우리 국민의 총체적 감정을 절실히 느끼게 할 수 있는, 단순한 말보다 더 강력하고 더 효과적인, 전쟁 이외의 수단이 많이 있습니다."라고 언급했다.[37]

나치가 프라하를 점령한 지 한 달도 안 된 1939년 4월에 루스벨트는 처음으로 약소국들에 대한 침략이 미국의 안보에 위협이 된다고 지적했다. 1939년 4월 8일 기자회견에서 루스벨트는 기자들에게 "세계의 모든 약소국들이 정치적, 경제적, 사회적으로 독립을 유지하는 게 분명히 우리나라의 안전과 번영에도 영향을 줍니다. 약소국들이 하나씩 사라질수록 우리나라의 안전과 번영도 취약해집니다."라고 말했다.[38] 4월 14일 범미연

맹(Pan American Union)³⁹에서 했던 연설에서 그는 한 걸음 더 나아가 미국의 안보 이익이 더 이상 먼로 독트린의 제약을 받을 수 없다고 주장했다.

> 의심할 여지도 없이 앞으로 몇 년 내로 항공기들이 오늘날 유럽의 내해(內海)를 가로지르듯이 대양을 쉽게 횡단하게 될 것입니다. 따라서 세계는 경제적 기능 측면에서 반드시 하나의 단위가 될 것입니다. 미래에는 어디에서라도 교란이 발생하면 모든 곳에서의 경제 활동이 지장을 받을 것입니다.
> 범미주지역 문제와 관련해서 과거 세대는 서반구가 다 함께 협력하는 원칙과 방법을 구축하는 데 관심이 있었습니다. 하지만 다음 세대는 신세계가 구세계와 평화롭게 같이 살 수 있는 방법에 관심을 가질 것입니다.⁴⁰

1939년 4월에 루스벨트는 히틀러와 무솔리니에게 메시지를 직접 전달했다. 비록 독재자들의 비웃음을 사기는 했지만, 이 메시지는 추축국이 실제로 침략하려는 의도가 있다는 사실을 미국 국민에게 보여주려고 교묘하게 고안된 것이었다. 확실히 미국 대통령 중 가장 미묘하면서도 가장 기만적인 사람 중 한 명이었던 루스벨트는 영국과 프랑스가 아니라 독재자들에게 앞으로 10년 동안 유럽과 아시아 31개국을 공격하지 않겠다는 보장을 해달라고 요청했다.⁴¹ 그리고 나서 루스벨트는 이 31개국으로부터 독일과 이탈리아를 공격하지 않겠다는 유사한 안전보장을 받으려고 나섰다. 마지막으로 긴장완화의 결과로 개최되는 어떠한 군축회의에도 미국이 참여할 것이라고 제안했다.

루스벨트의 편지는 외교사에서 참모진들이 꼼꼼하게 검토한 문서로 기록되지는 않을 것이다. 가령, 각각 프랑스와 영국의 위임통치령인 시리아와 팔레스타인이 독립국으로 등재되어 있었다.⁴² 히틀러는 제국의회(Reichstag)에서 연설하면서 루스벨트의 메시지를 흥미를 돋우는 소재로 활용했다. 히틀러는 루스벨트가 히틀러에게 그대로 두라고 간청했던 국가들의 명단을 천천히 읽어 나갔다. 독일 총통이 우스꽝스러운 어조로 국명을 하나씩 발음하자 제국의회에서 웃음이 터져 나왔다. 히틀러는 더 나아가 루스벨트의 편지에 적힌 각각의 국가들에게 그들이 실제로 위협을 느꼈는지 물어봤다. 그중에 많은 나라들이 히틀러 앞에서 떨고 있었지만, 전혀 그렇지 않다고 강하게 부인했다.

히틀러가 연설 측면에서는 점수를 땄지만, 루스벨트는 자신의 정치적 목적을 달성했다. 히틀러와 무솔리니에게만 보장을 요청함으로써 루스벨트는 당시 루스벨트에게 중요했던 유일한 청중인 미국 국민 앞에서 이들을 침략자로 낙인찍었다. 민주주의 국가들을 지원하기 위해 미국 여론을 동원해야 했던 루스벨트는 이 문제를 세력균형을 넘어서는 측면에서 틀을 짜야 했고, 사악한 침략자에 맞서 무고한 피해자들을 수호하는 투쟁으로 그려야 했다. 루스벨트의 편지와 히틀러의 반응 둘 다 루스벨트가 이런 목표를 달성하는 데 도움이 되었다.

루스벨트는 미국의 새로운 심리적 문턱을 잽싸게 전략적 자산으로 바꿔놓았다. 같은 달인 1939년 4월에 그는 영국과 사실상의 군사협력을 할 수 있도록 미국을 조금씩 이동시켰다. 양국 간의 합의로 영국 해군은 모든 전력을 대서양에 집중할 수 있게 되었고, 미국은 미국 해군 함대의 상당 부분을 태평양으로 배치했다. 이런 역할 분담은 미국이 일본에 맞서 아시아의 영국령들을 방어할 책임을 진다는 점을 암시했다. 제1차 세계대전 이전에 영국과 프랑스 간에 유사한 합의가 있었고(이로 인해 프랑스 함대는 지중해에 집중하게 되었다), 영국이 프랑스의 대서양 해안을 보호하기 위해 제1차 세계대전에 참전해야 할 도덕적 의무가 있다는 주장의 근거로 원용되었다.

루스벨트의 행동을 지켜보던 고립주의자들은 매우 불안해했다. 제2차 세계대전이 발발하기 전인 1939년 2월에 아서 반덴버그(Arthur Vandenberg) 상원의원은 고립주의자들의 주장을 유창하게 제시했다.

> 우리가 워싱턴의 시대와 비교했을 때 시공간이 상대적으로 사라져버린 축소된 세계에 살고 있다는 게 사실입니다. 하지만 저는 여전히 하느님께서 외부와 단절시키는 두 대양을 주신 데 대해 감사하고 있습니다. 비록 이 두 대양도 결국 축소되겠지만, 현명하고 신중하게 사용한다면 여전히 우리에게 최고의 축복이 될 것입니다. …
>
>   우리 모두 지구 곳곳에서 벌어지는 국가적 혹은 국제적 불법행위의 피해자들에 대한 동정심과 자연스러운 감정이 있습니다. 하지만 우리는 전 세계의 수호자나 경찰관이 아니며, 될 수도 없습니다.[43]

독일의 폴란드 침공에 대한 대응 차원에서 영국이 1939년 9월 3일에 선전포고를 했을 때, 루스벨트는 중립법을 발동할 수밖에 없었다. 동시에 루스벨트는 영국과 프랑스가 미국 무기를 구매할 수 있도록 신속하게 법을 개정하려고 했다.

루스벨트는 일본과 중국 간의 전쟁에는 표면적으로는 전쟁이 선포되지 않기 때문에 중립법 발동을 회피해왔다. 실제로는 무기금수 조치가 일본보다 중국에 더 많은 피해를 줄 것이라고 믿었기 때문이었다. 하지만 만약 전쟁이 유럽에서 발발한다면 전쟁이 공식적으로 선포될 것이고, 루스벨트는 중립법을 우회하는 속임수에 의존하지 못할 것이다. 따라서 1939년 초에 루스벨트는 중립법이 "불균형하고 불공평하게 적용될지도 모르며, 실제로 침략국에 원조를 제공하면서 막상 피해국에는 원조를 거부하게 될 수도 있다."라는 이유로 개정을 촉구했다.[44] 의회는 유럽에서 전쟁이 실제로 발발할 때까지 움직이지 않았다. 고립주의 정서가 강하다는 사실을 보여주듯이 루스벨트의 제안은 그해 초 의회에서 세 번 부결되었다.

루스벨트는 영국이 선전포고를 한 당일인 9월 21일에 의회에 특별 회기를 요청했다. 이번에는 그가 승리했다. 소위 1939년 11월 4일의 제4차 중립법은 교전당사국들이 현금으로 지불하고 구매품을 자국 선적이나 중립국 선적 선박으로 운송하면 미국으로부터 무기와 탄약을 구매할 수 있게 허용했다. 영국의 해상봉쇄로 인해 영국과 프랑스만 구매하고 운송할 수 있었기 때문에 "중립국"은 갈수록 기술적인 용어가 되었다. 중립법은 중립적이어야 할 게 아무것도 없는 동안만 지속되었다.

소위 가짜 전쟁(phony war) 동안에 미국 지도자들은 그들이 물질적 지원만을 요구받고 있다고 계속 믿었다. 일반 통념에 따르면 마지노선 뒤에서 버티면서 영국 해군의 지원을 받는 프랑스군이 수세적 지상전과 해상 봉쇄를 통해서 독일의 목을 조를 것처럼 보였다.

1940년 2월에 루스벨트는 섬너 웰즈(Sumner Welles) 국무차관을 "가짜 전쟁" 동안 평화적 합의가 얼마나 가능한지 탐색해보도록 유럽에 보냈다. 달라디에(Daladier) 프랑스 총리는 웰즈가 독일이 중유럽을 장악하게 두는 타협에 의한 평화를 촉구하고 있다고 추론했다. 비록 웰즈와 이야기를 나눴던 대부분의 사람들은 웰즈의 발언을 이런 식으로 해석하지 않았지만, 달라디에가 그런 생각을 한 것은 본인의 바람 때문이었을지 모른다.[45] 루스벨트가 웰즈를 유럽에 보낸 목적은 중재가 아니라 고립주의적인 미국인들에게 평화에 대한 자신의 의지가 확고하다는 점을 보여주기 위한 것이었다. 또한 "가짜 전쟁"이 평화적 합의로 종결되더라도 미국도 참여할 권리를 확보하고 싶었다. 몇 주 후 독일이 노르웨이를 공격하자 이런 특별 임무도 끝이 났다.

1940년 6월 10일에 프랑스가 나치 침략자들에 의해 쓰러지고 있을 때, 루스벨트는 공식적으로 중립을 포기하고 수려한 달변으로 영국 편에 섰다. 루스벨트는 버지니아주 샬러츠빌(Charlottesville)에서 했던 강력한 연설을 통해 이탈리아군이 이날 프랑스를 공격한 데 대해 무솔리니를 통렬하게 비난했고, 독일의 침략에 저항하는 모든 국가에 전면적으로 물질적 원조를 하겠다는 미국의 의지를 밝혔다. 동시에 루스벨트는 미국의 방위력을 증강하겠다고 선언했다.

> 1940년 6월 10일 이날, 민주주의를 최초로 가르쳐준 위대한 미국인이 설립한 이 대
> 학교[46]에서 우리는 바다 건너 저편에서 자유를 위해 용맹하게 싸우고 있는 분들을
> 위해 우리의 기도와 희망을 전합니다.
> 　우리 미국은 단결하여 두 가지 명백한 노선을 동시에 추구할 것입니다. 우리는 강
> 압적인 힘에 반대하는 사람들에게 이 나라의 물질적 자원을 제공할 것입니다. 그리
> 고 동시에 우리는 미주 지역에서 우리 스스로가 어떠한 비상 상황과 어떠한 방어라
> 도 감당할 수 있는 장비와 훈련을 갖추기 위해 이러한 자원의 활용에 박차를 가할 것
> 입니다.[47]

　루스벨트의 샬러츠빌 연설은 분수령이 되었다. 영국의 패배가 임박한 상황에 직면
하게 되면, 어떤 미국 대통령이라도 서반구의 안보를 위해 영국 해군이 긴요하다는 사실
을 깨달았을 것이다. 하지만 이런 위기를 인식할 정도로 용기와 통찰력이 있으면서, 고립
주의적인 국민을 한 걸음씩 이끌어 나치 독일을 물리치기 위해 무엇이라도 할 수 있게 만
들 강인한 의지력의 소유자가 루스벨트와 동시대를 살았던 인물 중 과연 누가 있을지 상
상하기 어렵다.

　그리하여 미국이 조만간 영국의 동맹국이 될 것이라는 기대가 처칠이 홀로 계속 싸
우겠다는 결정을 확실히 견지하는 데 가장 결정적인 요소가 되었다.

> 우리는 끝까지 갈 것입니다. … 그리고 잠시라도 믿지 않겠지만, 우리 영국 본토나
> 본토의 많은 부분이 정복되거나 굶주리게 된다면, 바다 너머에 있는 우리의 제국이
> 영국 함대의 무장과 보호 하에 투쟁을 계속할 것입니다. 언젠가 신세계(미국)가 강
> 력한 힘과 무력으로 구세계(유럽)를 구원하고 해방할 때까지 싸울 것입니다.[48]

　루스벨트의 방식은 복잡했다. 목표를 발표할 때는 고상했고, 전술은 기만적이었으
며, 이슈를 규정할 때는 노골적이었고, 특정 사건의 복잡한 속성을 설명할 때는 덜 진솔
했다. 루스벨트의 많은 행동은 합헌성(合憲性)의 경계를 아슬아슬하게 넘나들었다. 만약
오늘날 어떤 대통령이더라도 루스벨트가 했던 방식대로 했더라면 대통령직을 계속 유지
하지 못했을 것이다. 하지만 루스벨트는 미국의 안보적 여유가 줄어들고 있으며, 추축국

이 승리한다면 아예 사라질 것이라고 정확히 꿰뚫어 보았다. 무엇보다 그는 히틀러가 미국이 역사적으로 옹호해왔던 모든 가치를 극도로 저주한다고 보았다.

프랑스가 무너지자 루스벨트는 미국의 안보가 위협받을 시기가 임박했다고 한층 더 강조했다. 루스벨트에게 대서양이 주는 의미는 영국 해협이 영국 정치인에게 주는 의미와 똑같았다. 그는 대서양이 히틀러에게 지배되지 않는 게 미국의 국익에서 필수적이라고 보았다. 그리하여 1941년 1월 6일 의회 상하원 합동연설에서 루스벨트는 미국의 안보를 영국 해군의 생존과 연계시켰다.

> 저는 최근에 만약 독재자가 이끄는 나라가 전쟁에서 승리할 경우, 우리가 궁극적으로 예상해야만 하는 물리적 공격이 현대전의 속도상 얼마나 빨리 우리에게 닥칠 수 있는지에 대해 지적했던 적이 있습니다.
>
> 바다 너머에 있는 즉각적이고 직접적인 침공으로부터 우리가 영향을 안 받을 것이라는 부정확한 이야기가 많이 있습니다. 명백하게 영국 해군이 제해권을 유지하는 한 그런 위험은 존재하지 않습니다.[49]

물론 저 말이 사실이라면 미국은 영국이 패배하는 상황을 막기 위해 어쩔 수 없이 모든 노력을 다해야 하고, 심지어 극단적인 경우에는 참전까지 해야 할 것이다.

루스벨트는 몇 달 동안 미국이 참전해야 할지도 모른다는 전제하에 행동했다. 1940년 9월에 루스벨트는 사용 연한이 지났다고 알려진 구축함 50척을 영국에 양도하고 그 대가로 뉴펀들랜드로부터 남미 본토에 이르는 8곳의 영국령에 미군 기지를 설치할 권한을 획득하는 기발한 합의안을 고안했다. 윈스턴 처칠은 나중에 이 방안을 "결정적으로 비중립적인 행위"라고 불렀다. 기지들이 미국에게 중요했던 것보다 구축함이 영국에게 훨씬 더 중요했기 때문이다. 기지들 중 대부분은 상상 가능한 작전 구역으로부터 상당히 멀리 떨어져 있었으며, 심지어 일부 기지는 기존 미군 기지와도 겹쳤다. 무엇보다 구축함-기지 거래는 루스벨트 자신이 임명한 프랜시스 비들(France Biddle) 법무장관의 법적 견해에 근거한 위장 행위였다. 물론 비들 장관의 견해는 거의 객관적이지 않았다.

루스벨트는 이 구축함-기지 교환 거래를 추진하면서 의회의 승인을 받거나 중립법을 개정하려고 하지 않았다. 오늘날 관행에서 본다면 이런 행동은 상상조차도 할 수 없지만, 루스벨트는 아무런 문제 제기를 받지 않았다. 이 정도로 루스벨트는 나치가 승리할 가능성을 크게 우려했고, 동시에 영국의 사기를 높이려는 의지가 확고했기 때문에 대통령 선거 운동을 막 시작한 시점에 이런 조치를 취했다. (루스벨트의 경쟁 후보인 웬델 윌키가 지닌 외교정책 시각도 루스벨트와 크게 다르지 않았다는 점은 미국의 단결이라는 대의명분과 영국에게 있어서 다행스러운 일이었다.)

동시에 루스벨트는 미국 국방예산을 대폭 증액했고, 1940년에는 의회를 설득해서 평시 징병제를 도입했다.[50] 고립주의 정서가 사라지지 않고 여전히 강했기 때문에 하원 표결에서 이 법안은 전쟁 발발로부터 4개월도 남지 않은 1941년 여름에 불과 한 표 차이로 갱신되었다.

루스벨트는 재선되자마자 즉각 미국의 군수물자를 현금으로만 구매 가능하다는 제4차 중립법의 요건을 삭제하자고 제안했다. 루스벨트는 노변담화에서 윌슨의 용어를 빌려, 미국이 "민주주의의 병기창(arsenal of democracy)"이 되어야 한다고 말했다.[51] 이를 위한 법적 장치가 렌드-리스법(Lend Lease Act, 무기대여법)이었다. 이 법에 따르면 대통령은 "어느 나라건 간에 그 나라를 방어하는 것이 미국의 방어를 위해 필수적이라고 대통령이 판단할 경우, 그 나라의 정부에" 대통령이 적절하다고 판단하는 어떤 조건에 따라 어떤 군수물자라도 대여, 리스, 판매, 혹은 물물교환을 할 수 있는 재량권을 부여받았다. 원래 열정적인 윌슨주의자였고 집단안보의 옹호자였던 헐 국무장관은 평소답지 않게 전략적인 이유로 렌드-리스법을 정당화했다. 그는 미국의 대규모 지원이 없으면 영국이 함락될 것이고, 대서양의 제해권이 적대세력에 넘어가서 서반구의 안보가 위태로워질 것이라고 주장했다.[52]

하지만 이 주장이 사실이라면 미국은 영국이 스스로 히틀러를 물리칠 수 있을 때만 참전을 피할 수 있게 되는데, 처칠조차 이게 가능하다고 생각하지 않았다. 태프트(Taft) 상원의원은 렌드-리스법을 반대하면서 이 점을 강조했다. 고립주의자들은 소위 미국우선주의위원회(America First Committee)를 조직했다. 시어스 로벅 앤드 컴퍼니 회장인 로버트 E. 우드(Robert E. Wood) 장군이 위원장을 맡았고, 많은 분야의 저명한 인사들이 지지했다. 이 중에는 캐슬린 노리스(Kathleen norris), 어빈 S. 콥(Irvin S. Cobb), 찰스 A. 린드버그(Charles A. Lindbergh), 헨리 포드(Henry Ford), 휴 S. 존슨(Hugh S. Johnson) 장군, 체스터 볼스(Chester Bowles), 그리고 시어도어 루스벨트의 딸인 니콜라스 롱워스 여사(Mrs. Nicholas Longworth)가 있었다.

렌드-리스법을 반대하는 고립주의자들의 격한 감정은 이들을 가장 사려 깊게 대변했던 아서 반덴버그(Arthur Vandenberg) 상원의원이 1941년 3월 11일에 한 발언에 잘 담겨 있다. "우리는 조지 워싱턴의 이임사를 쓰레기통에 집어던졌습니다. 우리는 우리

스스로를 권력정치와 유럽, 아시아, 아프리카의 강대국 전쟁에 그대로 내던졌습니다. 이제 다시는 후퇴할 수 없는 방향으로 첫걸음을 뗐습니다."[53] 반덴버그의 분석은 정확했지만, 그렇게 만든 것은 세계였다. 바로 이 사실을 인식하게 된 것은 루스벨트의 공이었다.

렌드-리스법을 제안한 뒤에 루스벨트는 갈수록 나치를 패망시키겠다는 의지를 더욱 노골적으로 드러냈다. 심지어 이 법이 통과되기도 전에 영국과 미국의 참모총장들은 이 법이 통과될 것으로 예상하고 곧 가용해질 자원들을 조직화하기 위해 만났다. 또한 미국이 전쟁에 적극적으로 참전하게 되는 시점도 계획하기 시작했다. 이 기획자들로서는 미국의 참전 시기만 아직 결정되지 않았다. 루스벨트는 전쟁이 발발할 경우 독일과의 전쟁에 최우선순위를 부여한다는 소위 ABC-1 협정(ABC-1 Agreement, 미국, 영국, 캐나다군 참모부 간 비밀회의에서 유래했다.—옮긴이)에 가서명하지 않았다. 그 이유는 순전히 국내적 필요와 헌법적 제약 때문이었지 루스벨트의 목표가 애매모호했기 때문이 아니었다.

나치의 잔학행위 때문에 미국의 가치를 증진하려는 투쟁과 미국의 안보를 수호하려는 투쟁 간의 구분이 갈수록 허물어졌다. 히틀러가 용인할 수 있는 도덕 규범의 선을 너무도 지나치게 넘었기 때문에 그에 맞서 싸우는 전투는 악에 대한 선의 승리이자 생존 그 자체를 위한 투쟁이 되었다. 그리하여 1941년 1월에 루스벨트는 미국의 목적을 자신이 말한 네 가지 자유로 요약했다. 언론의 자유, 신앙의 자유, 결핍으로부터의 자유, 그리고 공포로부터의 자유였다. 이 목표는 이전의 모든 유럽전쟁의 목표를 훨씬 넘어서는 것이었다. 윌슨조차도 결핍으로부터의 자유와 같은 사회적 문제를 전쟁의 목표로 선포하지 않았다.

1941년 4월에 루스벨트는 미군이 그린란드(그린란드는 덴마크령이다.—옮긴이)를 점령하는 것을 허용하기로 한 워싱턴 주재 덴마크 대표(그의 직급은 공사였다)와의 합의를 재가함으로써 전쟁을 향해 한 걸음 더 내디뎠다. 덴마크가 독일의 점령하에 있었고 덴마크 망명정부가 구성되지 않았기 때문에, 나라가 없던 이 외교관은 덴마크 영토에 있는 미군기지를 "승인"한다고 독자적으로 결정을 내렸다. 동시에 루스벨트는 앞으로 미국 군함이 북대서양 전체의 3분의 2에 해당하는 아이슬란드 서부의 북대서양을 초계(哨戒)할 것이며, "미국의 초계 해역에 있는 침략국의 선박이나 항공기의 추정 가능한 위치를 공표"하겠다고 처칠에게 개인적으로 통보했다.[54] 3개월 후에 현지 정부의 초청을 받은 미군 병력이 영국군 병력을 대체하고자 또 다른 덴마크 소유령인 아이슬란드에 상륙했다. 그리고 나서 루스벨트는 의회의 승인 없이 덴마크령과 북아메리카 사이의 모든 구역이 서반구 방어 체제에 속한다고 선언했다.

루스벨트는 1941년 5월 27일에 긴 라디오 연설을 하면서 비상사태를 선포하고 사회적, 경제적 진보를 위해 미국이 전념하겠다고 다시 말했다.

> 우리는 히틀러가 지배하는 세계를 받아들이지 않을 것입니다. 그리고 우리는 1920년대 전후 세계처럼 히틀러주의의 씨앗이 다시 심어지고 자랄 수 있게 허용되는 세계를 받아들이지 않을 것입니다.
>
> 우리는 언론과 표현의 자유, 모든 사람이 자신의 방식대로 신을 섬길 수 있는 자유, 결핍으로부터의 자유, 그리고 공포로부터의 자유를 위해 헌신하는 세계만을 받아들일 것입니다.[55]

"받아들이지 않을 것입니다."라는 문구는 루스벨트가 네 가지 자유를 다른 방식으로 달성할 수 없다면 이 자유들을 위해 미국이 참전하겠다고 사실상 약속하고 있다는 것을 의미했다.

국민의 심리상태를 파악하는 데 있어서 프랭클린 루스벨트만큼 예민하고 명민했던 대통령은 거의 없었다. 루스벨트는 미국인들이 오로지 그들의 안보가 위협받을 때만 군사적 대비태세를 지지하도록 동기 부여될 수 있다는 점을 이해했다. 하지만 이들을 전쟁으로 끌고 가려면 윌슨이 했던 것과 똑같이 미국인들의 이상주의에 호소해야 한다는 점도 알고 있었다. 루스벨트의 시각에 따르면 미국의 안보적 필요성은 대서양 제해권 장악으로 충족될 수도 있겠지만, 미국의 전쟁 목표는 새로운 세계질서에 대한 비전이 필요했다. 그리하여 루스벨트의 발표문에서 "세력균형"이라는 용어는 폄하 차원에서 언급된 경우를 제외하면 전혀 찾아볼 수가 없었다. 루스벨트가 추구했던 것은 평화를 위한 최선의 보장으로서 미국의 민주적, 사회적 이상과 양립 가능한 세계 공동체였다.

이런 분위기에서 기술적으로 중립국인 미국의 대통령과 영국의 전형적인 전시 지도자인 윈스턴 처칠(Winston Churchill)이 1941년 8월에 뉴펀들랜드 앞바다의 순양함에서 만났다. 히틀러가 6월에 소련을 침공함에 따라 영국의 처지가 좀 나아졌지만, 영국은 여전히 승리를 전혀 확신할 수 없었다. 그런데도 이 두 지도자가 발표한 공동성명은 전통적인 전쟁의 목표에 관한 성명이 아니라 미국의 승인을 받은 완전히 새로운 세계에 대한 구상이었다. 대서양 헌장(The Atlantic Charter)은 미국 대통령과 영국 총리가 "세계를 위한 더 나은 미래에 대한 자신들의 희망"이 기초할 일련의 "공동 원칙(common principles)"

을 선언했다.[56] 이 원칙들은 원자재에 대한 평등한 접근과 전 세계의 사회적 조건을 개선하기 위한 공동 노력을 포함함으로써 루스벨트가 제시했던 최초의 네 가지 자유를 확대했다.

대서양 헌장은 전후 안보 문제를 전적으로 윌슨적 관점에서 제시했고 지정학적 요소를 전혀 포함하지 않았다. "나치의 압제가 최종적으로 파멸된 후에" 자유로운 국가들은 무력 사용을 포기할 것이고 "침략 위협을 하는" 국가들에게 항구적인 군축을 부과할 것이다. 이에 따라 "평화를 애호하는 국민들을 위해 군비증강이라는 무거운 부담을 경감시킬 다른 모든 실행 가능한 조치들"이 권장될 것이다.[57] 두 부류의 국가가 상상되었다. 영구히 무장해제가 되는 침략국들(특히 독일, 일본, 이탈리아)과 군대 보유가 허용되는 "평화애호국들"이었다. 물론 이 경우에도 군대 규모가 상당히 축소될 것으로 희망했다. 민족 자결권이 이 새로운 세계질서의 초석이 될 것이다.

대서양 헌장과 나폴레옹전쟁을 종식하고자 영국이 제안했던 피트 계획(Pitt Plan) 간의 차이는 영-미 관계에서 영국이 어느 정도로 주니어 파트너가 되었는지를 보여줬다. 대서양 헌장은 새로운 세력균형을 전혀 거론하지 않았던 반면, 피트 계획에서는 세력균형 외에는 다른 목적이 전혀 없었다. 영국이 영국의 기나긴 역사를 통틀어 가장 필사적인 전쟁을 막 치른 후였기 때문에 세력균형을 망각한 것이 아니었다. 오히려 처칠은 미국의 참전으로 세력균형이 영국에 유리하게 바뀔 것이라고 인식했다. 그동안 처칠은 영국의 장기적 목표를 당면한 필요성에 복속시켜야 했다. 나폴레옹전쟁 기간에 영국은 이렇게 해야 한다고 전혀 느끼지 않았다.

대서양 헌장이 발표되었을 때 독일군은 모스크바로 진격하고 있었고, 일본군은 동남아시아로 진격할 채비를 갖추고 있었다. 처칠은 무엇보다 미국의 참전에 걸림돌이 되는 요소를 없애는 데 관심이 있었다. 소련이 참전하고 미국이 물자를 지원하더라도 영국이 홀로 결정적인 승리를 쟁취하지 못할 것이라는 사실을 너무나 잘 알고 있었기 때문이다. 더욱이 소련이 붕괴할 수도 있었고, 히틀러와 스탈린 간의 모종의 타협이 언제라도 가능했다. 이렇게 된다면 영국이 다시 고립될 수도 있을 것이다. 처칠은 전후 체제가 있을지 확신할 수 없는 상황에서 이런 체제를 놓고 토론하는 게 아무런 의미가 없다고 보았다.

1941년 9월에 미국은 선을 넘어 교전당사국이 되었다. 루스벨트가 독일 잠수함의 위치를 영국 해군에 보고하라고 명령했기 때문에 조만간 충돌이 불가피하게 일어날 수밖에 없었다. 1941년 9월 4일에 미국 구축함인 그리어호(USS Greer)가 독일 잠수함의 위치를 영국 항공기에 알려주다가 어뢰 공격을 받았다. 루스벨트는 9월 11일에 상황에 대한 설명도 없이 독일의 "해적행위"를 비난했다. 루스벨트는 독일 잠수함을 공격하려고 똬리를 튼 방울뱀에 비유하면서 아이슬란드까지 확장된 기존 미국의 방어 구역에서 발견되는 어떤 독일 잠수함이나 이탈리아 잠수함이라도 "현장에서" 격침하라는 명령을 미 해군에 내렸다. 사실상 미국은 바다에서 추축국과 전쟁상태에 있었다.[58]

동시에 루스벨트는 일본의 도전에도 응했다. 루스벨트는 일본이 1941년 7월에 인도차이나를 점령한 것에 대한 대응으로 일본과의 통상조약을 폐기했고, 일본에 대한 고철 판매를 금지했으며, 네덜란드 망명정부에 동인도(오늘날 인도네시아)로부터 일본으로의 석유 수출을 중단하라고 권유했다. 이런 압박으로 인해 일본과 협상이 이루어졌고, 1941년 10월에 협상이 개시되었다. 루스벨트는 미국 협상단에게 미국이 이전에 일본의 점령행위를 "승인"하기를 거부했음을 상기시키고 만주를 포함한 모든 점령지를 포기하도록 요구하라는 훈령을 하달했다.[59]

루스벨트는 일본이 이를 받아들일 가능성이 없다고 틀림없이 알고 있었다. 일본은 1941년 12월 7일에 러-일 전쟁의 방식을 따라 진주만을 기습 공격했고[60] 미 태평양 함대 전력의 상당 부분을 파괴했다. 12월 11일, 일본과 이탈리아와의 삼국조약에 가담했던 히틀러는 미국에 선전포고를 했다. 왜 히틀러가 루스벨트가 항상 주적으로 여겨왔던 국가를 상대로 자유롭게 미국의 전쟁 노력을 집중할 수 있게 해줬는지에 대해서는 아직 만족스럽게 설명된 적이 없다.

미국이 참전함에 따라 위대하고 대담한 지도자가 추진해왔던 비범한 외교적 노력이 그 정점을 찍었다. 3년도 안 되어서 루스벨트는 확고하게 고립주의적이었던 국민을 전 세계적인 전쟁으로 끌고 갔다. 1940년 5월까지만 하더라도 미국인 중 64퍼센트가 나치의 격퇴보다 평화의 보전이 더 중요하다고 여겼다. 18개월 후인 1941년 12월의 진주만 공격 직전에는 이 비율이 역전되어서 불과 32퍼센트만이 나치의 승리 저지보다 평화를 원했다.[61]

루스벨트는 미국 국민들 앞에 놓인 불가피한 상황에 관해 한 번에 한 걸음씩 그들을 교육하면서 인내심을 갖고 가차없이 자신의 목표를 달성했다. 루스벨트의 청중들은 루스벨트의 말을 각자 자신들의 선입견을 통해 여과해서 들었다. 이들은 루스벨트의 궁극적 목표가 대결이라는 것을 의심할 수 없었지만, 그것이 전쟁이라는 사실을 항상 이해했던 것은 아니었다. 실제로 루스벨트는 나치를 패망시키려고 그토록 전쟁을 결심했던 건 아니었다. 단지 시간이 지나면서 미국이 참전해야만 나치를 패망시킬 수 있었던 것이다.

미국의 참전이 미국인들에게 너무나 급작스럽게 보였다는 점은 세 가지 요인에 기인한다. 미국인들은 서반구 외부의 안보를 우려해서 참전했던 경험이 없었고, 많은 사람들이 유럽의 민주주의 국가들이 스스로 승리할 수 있을 것이라고 믿었던 반면, 일본의 진주만 공격이나 미국을 상대로 한 히틀러의 성급한 선전포고가 있기 전에 전개되었던 외교의 본질을 이해한 사람이 거의 없었기 때문이다. 진주만이 폭격당하고 나서야 미국은 태평양에서 전쟁에 들어갔고, 유럽에서 최종적으로 미국에 선전포고를 한 건 히틀러였지 그 반대가 아니었다는 사실은 미국의 고립주의가 얼마나 뿌리 깊었는지를 보여준다.

추축국이 전쟁을 개시함으로써 어떻게 하면 미국 국민을 전쟁으로 끌고 갈 수 있을 것인가에 대한 루스벨트의 해묵은 딜레마가 해결되었다. 만약 일본이 동남아시아를 공격하는 데만 집중하고 히틀러가 미국에 선전포고를 하지 않았더라면, 미국인들을 자신이 생각하는 방향으로 이끌어야 하는 루스벨트의 임무가 한층 더 복잡해졌을 것이다. 루스벨트가 선언했던 도덕적, 전략적 확신에 비추어볼 때, 의심의 여지없이 루스벨트는 결국에는 자신이 자유의 미래와 미국의 안보 모두에 결정적이라고 여겼던 전쟁에 어떻게든 미국을 참전시켰을 것이다.

이후의 미국 세대는 최고 지도자의 완전한 정직성에 훨씬 더 큰 중요성을 부여했다. 하지만, 링컨과 마찬가지로 루스벨트는 미국의 생존과 가치가 위기에 처해 있고, 결국 역사는 자신이 내린 고독한 결정의 결과에 대해 책임을 물을 것이라고 느꼈다. 그리고 링컨의 경우처럼, 프랭클린 루스벨트가 고독하게 지나온 길이 오늘날 아주 당연하게 받아들여지는 것 자체가 자유로운 국민들이 루스벨트에게 얼마나 큰 빚을 지고 있는지를 보여준다.

16

평화를 향한 세 가지 접근법:
제2차 세계대전 당시의 루스벨트, 스탈린, 처칠

Three Approaches to Peace:
Roosevelt, Stalin, and Churchill in World War II

히틀러가 소련을 공격했을 때 인류역사상 가장 방대한 지상전이 개시되었다. 이 전쟁의 공포는 과거 유럽전쟁에서 볼 수 있었던 야만성과 비교하더라도 전례가 없는 수준이었다. 이 전쟁은 끝장을 보는 집단학살의 투쟁이었다. 독일군이 러시아로 깊숙이 진격하면서 히틀러는 미국에도 선전포고를 했고 그전까지는 유럽 내 전쟁이었던 무력충돌을 전 세계적인 전쟁으로 바꿔놓았다. 독일군이 러시아를 유린했지만 결정타를 날리지 못했다. 1941년 겨울에 독일군이 모스크바 외곽에서 저지되었다. 그리고 나서 1942년부터 1943년 사이 동계 기간에 이번에는 남부 러시아를 겨냥했던 독일군의 공세가 서서히 멈

쳤섰다. 얼어붙은 스탈린그라드(오늘날의 볼가그라드)를 둘러싼 잔혹한 전투에서 히틀러는 독일 국방군(Wehrmacht) 제6군[1]을 전부 상실했다. 독일 전쟁 수행력의 주축이 꺾였다. 연합국 지도자들인 처칠, 루스벨트, 스탈린은 이제 승리와 세계의 미래 모습에 대해 생각할 수 있게 되었다.

이 세 명의 승리자들은 각자 자신의 역사적 경험에 근거해서 이야기했다. 처칠은 전통적인 유럽의 세력균형을 복원하고 싶었다. 영국, 프랑스, 그리고 심지어 패배한 독일까지 재건해서 미국과 함께 이 국가들이 동쪽에 있는 거대한 소련을 상대로 세력균형을 유지하자는 생각이었다. 루스벨트는 승전국인 세 나라와 중국이 세계 이사회를 구성해서 어떤 잠재적 범법국에 대해 평화를 집행하는 전후질서를 상상했고, 독일이 이런 잠재적 범법국이 될 가능성이 가장 크다고 보았다. 이 전후질서 비전은 이후 "네 명의 경찰관(Four Policemen)" 구상으로 알려지게 되었다. 스탈린의 접근법에는 그의 공산주의 이념과 러시아의 전통적 외교정책이 반영되어 있었다. 그는 소련이 승리해서 소련의 영향력을 중유럽으로 확장해 이익을 챙기려고 했다. 그리고 미래에 독일이 침략하더라도 소련이 보호받을 수 있도록 소련군이 점령한 국가들을 완충지대로 만들어 놓으려는 의도도 있었다.

루스벨트는 히틀러가 승리하면 미국의 안보가 위태로워진다는 사실을 미국인들보다 훨씬 먼저 눈치챘다. 하지만 전통적인 유럽외교의 세계를 거부한다는 데 있어서는 미국인들과 함께했다. 루스벨트는 나치가 승리하면 미국이 위협받을 것이라고 주장했을 때에도 유럽식 세력균형을 복원하려고 미국을 참전시킨 게 아니었다. 루스벨트에게 이 전쟁의 목적은 균형상태가 아닌 화합에 기반을 둔 협력적인 국제질서에 걸림돌이 되는 히틀러를 제거하는 것이었다.

그래서 루스벨트는 역사의 교훈을 구현하겠다는 뻔한 말에 짜증이 났다. 그는 독일이 완전히 패망하면 공백이 발생할 수 있고, 승리를 거둔 소련이 이 공백을 채울지도 모른다는 생각을 거부했다. 승전국들이 전후에 서로 경쟁할 수도 있다는 가능성에 대비하는 안전장치를 용인하는 것조차도 거부했다. 이런 조치는 세력균형의 재건을 암시했지만, 사실 루스벨트는 오히려 세력균형을 없애고 싶었기 때문이다. 평화는 전시 연합국들의 협조로 유지되는 집단안보 체제를 통해 유지될 것이며 상호 선의와 감시를 통해 지속되어야 했다.

유지해야 할 균형상태가 없을 것이고 보편적 평화의 상태만 있을 것이기 때문에 루스벨트는 나치 독일이 패망하면 미군 장병들을 귀국시키기로 마음먹었다. 루스벨트는 유럽에 미군을 영구히 주둔시킬 의도가 없었고, 하물며 소련에 맞서 균형을 잡으려고 주둔 시킬 의도는 더욱 없었다. 루스벨트는 미국 여론이 이를 절대 지지하지 않을 것이라고 보았다. 1944년 2월 29일 미군 장병들이 프랑스에 발을 디디기도 전에 그는 처칠에게 서한을 보냈다.

> 제발 나에게 프랑스에 미군을 주둔시켜달라고 요구하지 말아 주십시오. 나는 정말로 그렇게 할 수가 없습니다! 우리 장병들을 다 귀국시켜야 합니다. 예전에 언질 드렸던 대로 나는 벨기에, 프랑스, 이탈리아의 아비 역할을 맡을 생각이 전혀 없습니다. 총리님께서 정말로 총리님 자제들을 키우고 훈육하셔야 합니다. 이들이 미래에 총리님의 보루가 될 수 있다는 사실에 비춰볼 때, 적어도 지금 그들의 학비는 대주셔야 합니다![2]

다시 말하자면 영국이 미국으로부터 아무런 도움도 안 받고 유럽을 보호해야 한다는 것이다. 똑같은 생각으로 루스벨트는 유럽의 경제재건을 위해서도 미국이 아무런 책임을 지지 않겠다고 거부했다.

> 프랑스, 이탈리아, 발칸반도를 재건하는 전후 부담을 미국이 짊어지게 하고 싶지 않습니다. 5,600킬로미터 혹은 그 이상 떨어져 있는 우리가 당연히 해야 할 일이 아닙니다. 분명히 영국이 해야 할 일이고, 우리보다 영국인들에게 훨씬 더 사활이 걸린 관심사입니다.[3]

루스벨트는 영국에 유럽의 방어와 재건을 동시에 맡아달라고 요청함으로써 영국의 전후 역량을 상당히 과대평가했다. 루스벨트가 프랑스를 너무 업신여겼기 때문에 이런 구상에서 영국의 위상이 한층 더 지나치게 부풀려졌다. 승전국 간의 가장 중요한 회담이었던 1945년 2월 얄타 회담에서 루스벨트는 스탈린이 보는 앞에서 프랑스를 "인위적으로" 강대국으로 키우려고 한다고 처칠을 꾸짖었다. 처칠은 자신의 의도가 프랑스의 동부국경을 따라 방어선을 구축하려는 것이며, 그런 다음 그 뒤에 영국이 영국군을 집결시킬 수 있을 것이라고 설명했지만, 루스벨트는 그런 멍청한 노력은 설명할 필요도 없다는 듯이 비웃었다.[4] 하지만 당시에는 이런 방안이 소련의 팽창주의를 막을 수 있는 유일하게 상상 가능한 수단이었다.

미국이 항구적 역할을 떠맡을 준비도 안 된 상태에서 루스벨트는 승리한 연합국이 독일의 무장해제와 분할을 감시하고 다른 여러 나라들도 그들의 통제하에 두기를 원했다. (놀랍게도 루스벨트는 프랑스도 연합국의 통제를 받는 나라 범주에 포함시켰다.) 일찍이 1942년 봄에 몰로토프 소련 외교장관(외무인민위원)이 워싱턴을 방문한 계기에 루스벨트는 전후 세계의 평화를 집행하기 위한 "네 명의 경찰관"에 관한 개괄적인 구상을 제시했다. 해리 홉킨스(Harry Hopkins)는 처칠에게 보낸 서한에서 대통령의 생각을 이렇게 전했다.

> 루스벨트 대통령은 몰로토프에게 영국, 미국, 소련, 그리고 아마도 중국이라는 강대국만이 무장이 허용되는 체제를 언급했습니다. 이 "경찰관"들은 평화를 보전하기 위해 함께 협력할 것입니다.[5]

마지막으로 루스벨트는 영국과 프랑스의 식민제국을 끝내겠다고 결심했다.

> 우리가 전쟁에서 승리하고 나면, 나는 미국이 감언이설에 넘어가서 프랑스의 제국주의적 야심을 조장하거나 혹은 제국주의적 야심을 지닌 대영제국을 지원하거나 사주하는 어떤 계획을 받아들이는 상황에 빠지지 않도록 혼신의 힘을 다할 것이다.[6]

루스벨트의 정책은 미국의 전통적 예외주의와 윌슨식 이상주의, 그리고 루스벨트만의 노련한 통찰력을 보상과 처벌의 계산보다 보편적 대의명분에 늘 맞춰져 있는 미국인들의 정서와 영리하게 혼합해놓은 것이었다. 처칠은 영국이 여전히 소련의 팽창에 홀로 대항할 만한 능력이 있는 강대국이라는 환상을 루스벨트에게 너무나 성공적으로 심어놓았다. 그런 확신만이 해외에 파병된 미군의 철수, 무장 해제된 독일, 2류 국가로 주저앉은 프랑스, 거대한 힘의 공백 앞에 놓인 소련 등과 같은 상황에 기초한 세계질서를 루스벨트가 지지했다는 사실을 설명할 수 있었기 때문이다. 그리하여 전후 시기는 새로운 세력균형이 얼마나 필수불가결한지를 미국에 가르쳐주는 연습 기간이 되었다.

세계평화를 구축하고 보장하는 네 명의 경찰관이라는 루스벨트의 구상은 처칠의 전통적 세력균형 방식과 코델 헐 국무장관으로 대표되는 루스벨트 보좌진의 무제한적 윌슨주의 간의 타협에 해당했다. 루스벨트는 제1차 세계대전의 여파로 설립된 국제연맹과 그체제의 실패를 피하겠다고 결심했다. 그는 일종의 세력균형 방식을 원했지만 1920년대의 경험으로부터 집단안보는 집행관이 필요하다는 점을 깨달았고, 네 명의 경찰관이 그 역할을 맡기로 했다.

네 명의 경찰관이라는 루스벨트의 개념은 미국의 자유주의자들에게는 끔찍하다고 생각될 수도 있겠지만, 실제로 메테르니히의 신성동맹과 구조적으로 유사했다. 두 체제 다 공통의 가치를 지지하는 승전국들이 연합해서 평화를 유지하려는 시도에 해당했다. 메테르니히 체제는 제대로 작동했다. 진정한 세력균형을 보호했고, 핵심국들이 실제로 공통된 가치를 공유했으며, 심지어 이따금 훼방하기도 했지만 러시아도 그럭저럭 협력했기 때문이었다. 루스벨트의 구상은 전후에 실질적인 세력균형이 등장하지도 않았고, 승전국 간의 이념적 골이 깊었으며, 이제 독일의 위협으로부터 자유로워진 스탈린이 지금까지 손을 잡았던 연합국과의 대립을 불사하면서까지 거리낌 없이 소련의 이념적, 정치적 이익을 추구했기 때문에 실행 불가능했다.

루스벨트는 제안을 받은 네 명의 경찰관 중 한 명이 자신이 맡기로 한 역할을 거부하면 어떤 일이 생길지, 특히 그 경찰관이 소련일 경우에 대비하지 못했다. 이런 경우에는 경멸했던 세력균형이 결국 복원되어야 했기 때문이다. 그리고 전통적인 균형상태의 요소를 철저하게 폐기할수록 새로운 세력균형을 창출하는 과제가 엄청나게 힘들어졌다.

전 세계를 다 뒤져보더라도 루스벨트는 스탈린만큼 자신과 확연히 다른 대화 상대를 찾지 못했을 것이다. 루스벨트는 윌슨식 개념인 국제사회의 화합을 실천하고 싶었던 반면, 외교정책에 관한 스탈린의 생각은 철저히 구세계의 현실정치(Realpolitik) 방식이었다. 한 미국 장군이 포츠담 회담에서 스탈린을 띄워주려고 러시아군을 베를린에서 보는 게 얼마나 흐뭇한지 모르겠다고 말하자, 스탈린은 신랄하게 "차르 알렉산드르 1세는 파리까지 갔는데요."라고 대답했다.

스탈린은 러시아 정치인들이 지난 몇 세기 동안 해온 것과 똑같은 방식으로 평화를 위한 요구조건을 규정했다. 바로 소련의 방대한 주변부에 안보 벨트를 가능한 최대한 넓게 잡아놓겠다는 것이다. 스탈린은 루스벨트가 무조건 항복을 강조한 것을 환영했다. 그렇게 된다면 평화 합의에서 추축국을 고려할 필요가 없어지고, 독일의 탈레이랑 같은 존재가 강화회의에 등장하지 못하게 막을 수 있기 때문이다.[7]

이념이 전통을 한층 더 강화했다. 공산주의자로서 스탈린은 민주주의 국가들과 파시스트 국가를 구별하지 않으려고 했다. 물론 의심할 바 없이 민주주의 국가들이 덜 잔인하고 아마도 좀 더 만만하다고 간주했지만 말이다. 스탈린은 선의나 당시 분위기라는 "객관적" 현실을 위해서 영토를 포기한다는 개념 자체가 없었다. 따라서 스탈린은 민주주의 연합국에 대해서도 1년 전에 히틀러에게 했던 것과 똑같은 합의를 제안하려고 했다. 스탈린은 히틀러와 협력한다고 해서 나치주의에 동조한 게 아니었던 것처럼, 이후에 민주주의 국가들과 동맹을 체결했지만 자유로운 정치제도의 장점을 인정해야 한다고 느끼지도 않았다. 그는 각각의 일시적인 파트너로부터 외교를 통해서 가능한 무엇이건 얻어내려고 했고, 공짜로 주어지지 않는 건 전쟁의 위험을 감수하지 않는 범위 내에서 힘으로 얻어내려고 했다. 그의 행동지침은 공산주의 이념이라는 프리즘으로 굴절된 소련의 국익이었다. 파머스턴의 표현을 빌리자면, 그는 친구가 없었고 이익만 있을 뿐이었다.

스탈린은 군사적으로 가장 궁지에 몰렸을 때 협상할 용의가 가장 컸던 것으로 드러났다. 글자 그대로 칼날이 그의 목을 겨누고 있을 때인 1941년 12월에 앤서니 이든(Anthony Eden) 영국 외교장관이 모스크바를 방문하자 스탈린은 협상하려고 했고, 다시 1942년 5월에 스탈린은 몰로토프를 런던과 워싱턴에 보냈다. 하지만 루스벨트가 평화를 되찾은 후의 목표에 대해 구체적으로 논의하기를 강력하게 반대했기 때문에 이런 시도가 좌절되었다. 스탈린그라드 전투 이후 스탈린은 소련이 분쟁 가능성이 있는 영토의 대부분을 차지한 채 전쟁이 끝나게 될 것이라고 점차 확신했다. 협상으로 얻어낼 수 있는 게 점차 적어지자 스탈린은 전후 세계가 어떤 모습이 될지는 소련군이 뻗어 나갈 수 있는 범위에 맡겨놓기로 했다.

처칠은 스탈린이 언젠가 전리품을 챙길 수 있는 위치에 있기 전에 스탈린과 전후 유럽질서에 관해 협상에 들어갈 준비가 꽤 되어 있었을 것이다. 어쨌든 영국은 역사를 통틀어 스탈린과 같은 팽창주의 성향의 동맹국을 과거에 대면하고 극복했던 적이 몇 번 있었다. 캐슬레이가 나폴레옹전쟁이 끝나기도 전에 동맹국들로부터 저지대 국가들(벨기에, 네덜란드, 룩셈부르크)의 자유에 관한 약속을 얻어냈듯이, 영국이 더 강력했더라면 처칠도 틀림없이 스탈린이 여전히 지원을 필요로 하는 처지일 때 실리적으로 합의를 이끌어내려고 했을 것이다.

처칠은 두 파트너보다 더 오래 전쟁을 치르고 있었다. 영국은 1940년 6월에 프랑스가 함락된 이래 거의 1년 동안 홀로 히틀러에 맞서 싸워왔고, 전후 목표를 심사숙고할 입장이 못 되었다. 순전히 생존의 문제가 모든 에너지를 빨아들이고 있었고, 전쟁이 어떻게 될지 상당히 불투명했다. 미국의 막대한 물질적 지원에도 불구하고 영국은 승리할 수 있다는 희망을 품을 수 없었다. 만약 미국과 소련이 실제로 참전했던 시기에 참전하지 않았더라면, 영국은 궁극적으로 타협하거나 패배로 내몰렸을 것이다.

히틀러가 1941년 6월 22일에 소련을 공격하고, 일본이 1941년 12월 7일에 진주만을 공습하고, 다시 며칠 후에 히틀러가 희한하게 대미국 선전포고를 함에 따라 영국은 전쟁이 아무리 길어지고 고통스러울지라도 결국 자신이 승자의 편에 설 것이라는 확신이 들었다. 그때 이후에야 처칠은 비로소 전쟁 목표를 현실적으로 다루기 시작할 수 있었다. 처칠은 영국으로서는 전례가 없던 맥락에서 그 문제를 다뤄야 했다. 전쟁이 계속되면서 유럽에서의 세력균형 유지라는 영국의 전통적 목표를 달성하기가 점점 힘들어졌다. 독일에 무조건 항복을 강요하고 나면 소련이 유럽에서 지배적인 국가로 등장할 것이고, 특히 미국이 철수하면 그렇게 되리라는 게 갈수록 명백해졌다.

따라서 처칠의 전시 외교는 두 거인 사이에서 교묘하게 계책을 구사하는 것이었다. 이 두 거인은 물론 서로 정반대의 노선을 지향했지만 둘 다 영국의 지위를 위협했다. 루스벨트는 전 세계적인 민족자결권을 옹호함으로써 대영제국에 도전했고, 스탈린은 유럽의 중심으로 소련을 진출시키려고 하면서 영국의 안보를 위협했다.

윌슨식 이상주의와 러시아식 팽창주의 사이에 갇힌 채, 상대적으로 열세인 처지에서 처칠은 영국의 전통 정책이 정당하다는 점을 입증하려고 최선을 다했다. 즉, 세계가 가장 강력하고 잔인한 국가의 손아귀에 들어가지 않게 하려면 평화가 일종의 균형상태에 기반해야 한다는 것이었다. 처칠은 전쟁이 끝나면 영국이 세력균형을 관리하기는커녕 더 이상 스스로 자신의 사활적 이익조차 수호하지 못할 것이라고 분명히 이해했다. 처칠은 겉으로야 자신감이 넘쳤지만 이 전시 역할이 영국이 진정으로 독자적인 강대국으로서 수행하는 마지막 기회임을 분명하게 알고 있었다. 반면 미국인들은 영국이 여전히 홀로 유럽의 세력균형을 유지할 수 있다고 믿었다. 따라서 처칠로서는 연합국 외교의 어떤 측면보다도 미국과의 우호적 연대를 아주 견고하게 형성해서 영국이 홀로 전후 세계를 직면할 필요가 없도록 하는 게 가장 중요했다. 그렇기 때문에 처칠은 비록 미국의 전략적 이익이 영국의 전략적 이익과 밀접하게 일치한다고 미국 측 파트너를 납득시키는 데 성공하기는 했지만, 결국에는 대체로 미국이 원하는 대로 양보했다.

이는 매우 엄청난 과제였던 것으로 드러났다. 루스벨트와 미 행정부 관계자들은 영국의 동기를 상당히 의심했고, 특히 처칠이 영국의 국익과 제국적 이익을 증진하고 세계질서에 대한 미국식 접근보다는 세력균형을 강화하는 데 관심이 더 클지도 모른다고 의심했기 때문이다.

대부분의 다른 국가였다면 영국의 국익추구를 당연한 일로 치부했을 것이다. 하지만 미국 지도자에게 이는 영국 성격 특유의 근본적인 결함에 해당했다. 진주만 공습 직후 있었던 사적 만찬에서 루스벨트는 영국의 행태에 대해 이렇게 언급했다.

그런 역할에 관한 우리 국민의 일반적인 견해가 완전히 객관적이지 않을 수도 있고, 영국 시각에서 본다면 100퍼센트 사실이 아닐 수도 있지만 그런 게 있어. 그리고 내가 그 사람[처칠]에게 그 점을 고려해야 한다고 말하려고 했지. 영국에 대한 불신, 반감, 심지어 증오 이런 게 미국에 전통적으로 있다고 말이야. 8

루스벨트는 스탈린그라드 전투 이전에는 전쟁 목표를 논하고 싶지 않았고 스탈린도 전황에 따라 향후 정치적 결과가 결정되도록 놔두고 싶었기 때문에 전쟁 기간 중 전후질서에 관한 대부분의 아이디어는 처칠의 작품이었다. 이 아이디어에 대한 미국의 반응은 1943년 11월에 헐 국무장관의 전통적인 영국식 진리를 강하게 폄하하는 어투에서 적절히 포착되었다.

불행했던 과거에 국가들이 자신의 안보를 수호하거나 이익을 증진하기 위해 사용했던 세력권, 동맹, 세력균형, 혹은 다른 어떤 특별한 합의는 더 이상 필요가 없을 것입니다. 9

전쟁 내내 루스벨트는 인간적 차원에서 다른 어떤 미국인보다도 처칠 총리와 더 가까웠다. 하지만 구체적 사안에서 그는 또한 스탈린보다 처칠 총리에게 더 신랄하기도 했다. 루스벨트에게 처칠은 전시 전우와 같은 존재였고, 스탈린은 전후 평화를 보전하는 파트너로 보였다.

영국에 대한 미국의 양면적인 태도는 미국 자신의 반(反)식민지 전통, 전시 전략의 성격, 전후 유럽의 형태라는 세 가지 사안에 집중되었다. 분명히 러시아(소련) 역시 거대한 제국이었지만 식민지가 러시아의 영토에 인접해 있었고, 러시아의 제국주의는 영국의 식민주의처럼 미국인들의 의식을 자극하지 않았다. 처칠은 루스벨트가 13개 식민지(독립 이전의 미국—옮긴이)와 20세기 영국의 식민지를 비교한 데 대해 "거의 모든 주요 사실관계가 달랐던 다른 세기와 다른 배경의 상황을 비교한다는 게 어려운 일"임을 보여주는 것이라고 불만을 토로했을지 모른다. 10 하지만 루스벨트는 역사적 비유를 세련되게 말하는 것보다 미국의 근본 원칙을 규정하는 데 관심이 더 컸다. 처칠과의 바로 이 첫 번째 회동에서 루스벨트는 대서양 헌장이 유럽뿐만 아니라 식민지 지역을 포함한 모든 곳에 적용된다고 주장했다.

저는 우리가 안정적인 평화에 이르려고 한다면 후진국의 발전도 포함해야 한다고 굳게 믿습니다. … 우리가 파시스트 노예제도에 맞서 싸우면서, 동시에 후진적인 식민정책으로부터 전 세계의 민족들을 해방시키기 위해 노력하지 않을 수 있다고 믿지 않습니다.[11]

영국 전시내각은 그런 해석을 전면 거부했다.

대서양 헌장(The Atlantic Charter)은 … 우리가 나치의 압제로부터 해방해주겠다고 희망했던 유럽 국가들을 대상으로 했던 것이지 대영제국의 국내문제나 혹은 예를 들어 미국과 필리핀 간의 관계를 다루려는 의도가 있었던 게 아니었습니다.[12]

필리핀을 거론한 이유는 미국 지도자들이 지나치게 자신들의 주장을 밀어붙일 경우 그들이 무엇을 잃을 수 있는지를 깨닫게 해줌으로써 영국이 보기에 과도한 미국의 열정을 억제하려 했기 때문이다. 하지만 미국은 자신들이 설파했던 것들을 실천하고 있었고, 전쟁이 끝나자마자 갖고 있던 유일한 식민지를 독립시켜주기로 이미 결정했기 때문에 이런 지적은 결국 정곡을 빗나간 꼴이 되었다.[13]

식민주의를 둘러싼 영국과 미국 간의 논쟁은 끝날 조짐이 안 보였다. 1942년 전몰장병 추모일 연설에서 루스벨트의 막역한 친구인 섬너 웰스 국무부 차관은 미국이 식민주의를 역사적으로 반대하고 있다는 입장을 되풀이했다.

만약 이 전쟁이 실제로 민족들의 해방을 위한 전쟁이라면 미주지역뿐 아니라 전 세계 민족의 주권 평등을 보장해야 합니다. 우리의 승리는 결과적으로 모든 민족의 해방이 되어야 합니다. … 제국주의 시대는 끝났습니다.[14]

루스벨트는 이어서 코델 헐(Cordell Hull) 국무부 장관에게 웰스의 성명이 권위가 있다고 문서로 통보했다. 이런 종류의 제스처는 국무부 2인자가 대통령과 더 돈독한 관계라는 점을 암시하기 때문에 국무부 장관과 국무부 차관 간의 관계 강화에 전혀 도움이 되지 않았다.[15] 헐 장관은 결국 웰스 차관이 해임되게 손을 썼다.

식민주의에 관한 루스벨트의 견해는 선견지명이 있었다.[16] 루스벨트는 그가 찰스 타우식(Charles Taussig) 보좌관에게 털어놓은 바와 같이, 자결권 추구가 인종 간의 투쟁으로 변질되지 않도록 미국이 불가피한 식민지 해방을 주도하기를 원했다.

> 대통령은 동방의 갈색 인종[17]에 대해 우려하고 있다고 말했다. 그는 갈색 인종이 11
> 억 명이나 있다고 말했다. 많은 동방 국가에서 이들이 한 줌에 불과한 백인에게 지
> 배받고 있고, 이들이 이에 대해 분개하고 있다. 이들이 독립을 쟁취하도록 도와주는
> 게 우리의 목표가 되어야 한다. 11억 명의 잠재적 적이 생기면 위험하다.[18]

식민주의에 관한 논쟁은 전쟁이 끝날 때까지 실질적으로 결론이 나지 않았고, 전쟁
이 끝났을 때 루스벨트는 더 이상 이 세상 사람이 아니었다. 하지만 전략을 둘러싼 논란은
즉각적인 함의가 있었고, 전쟁과 평화에 관한 국가들 간의 인식 차이를 폭넓게 반영하고
있었다. 미국 지도자들은 군사적 승리를 목표 그 자체로 생각하는 경향이 있었던 반면, 영
국 지도자들은 군사작전을 전후 세계를 위한 정교한 외교적 구상과 연계하려고 했다.

미국이 겪었던 가장 중요한 군사적 경험은 끝장을 볼 때까지 싸웠던 남북전쟁, 그리
고 제1차 세계대전이었다. 두 전쟁 다 완전한 승리로 끝났다. 미국식 사고에 따르면 외교
정책과 전쟁전략은 국가정책의 연속적인 단계로 구분되어 있었다. 미국이 그리는 이상적
세계에서 외교관은 전쟁전략에 관여하지 않으며, 군인이 임무를 마칠 때 외교관이 활동
을 개시하게 된다. 이런 시각 때문에 한국전쟁과 베트남전쟁에서 미국은 엄청난 대가를
치렀다.

이와 대조적으로 처칠이 보기에 전쟁전략과 외교정책은 서로 긴밀하게 연계되어 있
었다. 영국의 자원이 미국보다 훨씬 한정되어 있었기 때문에 영국의 전략가들은 항상 목
적만큼이나 수단에도 초점을 두어야 했다. 그리고 제1차 세계대전 당시 출혈이 너무 심
했기 때문에 영국 지도자들은 이와 유사한 대학살을 피하겠다고 마음먹었다. 사상자를
최소화하겠다고 약속하는 전략이면 어떤 것이든 관심을 끌었다.

따라서 처칠은 미국이 참전하자마자 자신이 추축국의 급소라고 일컬었던 남유럽을
공격하자고 제안했다. 전쟁이 끝났을 때 처칠은 아이젠하워에게 베를린과 프라하, 빈을
소련군보다 먼저 점령하자고 고집스럽게 촉구했지만 결국 허사로 돌아갔다. 처칠이 이런
목표물을 매력적으로 여겼던 이유는 발칸반도가 취약하거나(사실은 극도로 험준한 지형이
었다) 중유럽 수도가 군사적 잠재력이 있었기 때문이 아니라 전후 소련의 영향력을 제한
하는 차원에서 효용성이 컸기 때문이다.

미국의 군 지휘관들은 처칠의 제안에 대해 격분에 가까울 정도로 짜증을 내며 반발

했다. 미군 지휘관들은 급소 전략을 자국 이익을 추구하려고 미국을 동원하는 영국의 성향이 드러난 또 다른 사례로 간주했고 그따위 부차적 목표를 위해 목숨을 걸기 싫다는 이유로 묵살했다. 합동 계획을 시작할 때부터 미군 사령관들은 프랑스에 제2전선(Second Front)을 구축하기를 강력히 원했다.[19] 미군 사령관들은 전쟁이 완전한 승리로 끝나는 한 전선이 어디냐에 대해서는 무관심했기 때문에 이런 방식으로만 독일군 주력부대를 전투로 끌어낼 수 있다고 주장했다. 1942년 3월이 되자 미 육군 참모총장인 조지 마셜(George Marshall) 대장은 제2전선과 관련된 자신의 계획에 영국이 저항하는 것에 노발대발했고, 1년 전에 맺었던 유럽 전구(戰區)에 우선순위를 둔다는 소위 ABC-1 결정을 뒤집고 미국의 핵심전력을 태평양으로 돌리겠다고 위협했다.

루스벨트는 이제 본인이 미국을 참전으로 이끌었을 때처럼 전시에도 강력한 지도자라는 사실을 과시했다. 마셜을 누르면서 루스벨트는 서로 티격태격하고 있던 장군들에게 독일의 패망에 우선순위를 두기로 한 결정은 공동의 이익 때문이지 영국에 호의를 베푸는 차원이 아님을 상기시켰다.

> 일본이 패배한다고 독일이 패배하는 게 아니며, 미국이 올해나 1943년에 일본에 집중한다면 독일이 유럽과 아프리카를 완전히 지배할 가능성이 커진다는 사실을 우리가 제대로 인식하는 게 매우 중요합니다. … 독일의 패배는 일본의 패배를 의미하며, 어쩌면 총 한 방 안 쏘고 한 명도 희생하지 않고 그렇게 될지도 모릅니다.[20]

루스벨트는 처칠의 전략에 상당 부분 동조하기는 했지만 발칸반도 상륙에 대해서는 선을 그었다. 루스벨트는 1942년 11월 북아프리카 상륙작전(Operation Torch)을 지지했고, 지중해 북쪽 연안을 점령한 후에는 1943년 봄 이탈리아 상륙작전(Italian Campaign)을 지지했다. 이 작전으로 이탈리아가 타격을 받아 전쟁에서 물러났다. 노르망디에서의 제2전선은 1944년 6월에야 형성되었고, 이미 이때는 독일이 너무 약해져서 연합국 사상자가 대폭 줄어들었고 결정적 승리를 손에 쥘 수 있었다.[21]

스탈린은 미군 지휘관들만큼이나 제2전선을 열렬히 주장했지만, 그 동기는 군사적이기보다는 지정학적이었다. 의심의 여지없이 스탈린은 1941년에 독일군을 러시아 전선으로부터 떼어내고 싶었다. 실제로 너무나 절박하게 군사적 지원을 원했기 때문에 영국에 원정군을 캅카스 지역으로 보내달라고 요청할 정도였다.[22] 1942년에 독일이 러시아 남부로 전진하고 있을 때, 스탈린은 더 이상 연합국 원정군을 거론하지 않았지만, 계속해서 제2전선을 만들어달라고 집요하게 요구했다.

　제2전선을 만들어달라고 요구하던 스탈린의 태도는 심지어 1942년 하반기 스탈린 그라드 전투가 끝나고 전황이 독일에 불리하게 바뀐 뒤에도 계속되었다. 스탈린이 제2전선이 매력적이라고 보았던 이유는 무엇보다도 서방과 소련의 이익이 상충할 가능성이 가장 높은 동유럽과 중유럽, 발칸반도로부터 제2전선이 멀리 떨어져 있기 때문이었다. 그리고 제2전선이 구축되면 자본주의 국가들이 전쟁의 피해를 모면할 수 없기 때문이었다. 스탈린은 특유의 성격대로 자신이 서부전선에 관한 연합국의 계획 수립에서 발언권이 있어야 한다고 주장하면서도, 민주주의 국가들이 조금이라도 소련의 계획을 들여다보려고 하거나 군사배치에 관한 최소한도 이상의 정보를 요구할 경우에는 거부했다.

　나중에 드러난 일이지만, 연합국은 이탈리아 방면으로 무려 독일 육군 33개 사단을 끌어냈고, 이는 스탈린이 프랑스에서의 제2전선을 요구하면서 요청했던 수와 거의 같았다. (스탈린은 30개에서 40개 사단 정도를 계속 요구했다.)[23] 하지만 스탈린은 남부 전략에 대해 계속해서 항의했다. 그의 시각에서 볼 때, 소련이 지배하려고 야심을 품고 있는 국가들과 지리적으로 가까웠다는 게 이 전략의 가장 큰 결함이었다. 스탈린은 1942년과 1943년에 처칠이 늦추려고 했던 이유와 똑같은 이유로 제2전선을 만들어달라고 압박했다. 제2전선이 정치적으로 분쟁이 되는 지역으로부터 연합국을 떼어놓기 때문이었다.

　냉전의 기원에 관한 토론에서 일부 저명한 비판가들은 제2전선을 더 일찍 구축하지 않았기 때문에 스탈린이 동유럽에서 비타협적인 태도로 나왔다고 주장했다. 이런 추론에 따르면 제2전선 구축 지연이 다른 어떤 요인보다도 소련의 분노와 냉소주의를 초래했다는 것이다.[24] 그러나 히틀러와 조약을 체결한 지 얼마 안 되었고, 세계를 나치 지도자와 나눠 갖기로 협상했던 노회한 볼셰비키가 현실정치로 인해 "환멸"을 느꼈다는 이런 주장은 신빙성이 없다. 설령 제2전선 구축을 늦춘 게 실제로 연합국의 정책 때문이었다고 하더라도 말이다. 대숙청[25]과 카틴 학살(Katyn massacre)[26]을 주도했던 사람이 군사적 목표를 정치적 목표에 연계하기로 한 전략적 결정 때문에 냉소주의에 빠졌다고 상상하기는 어렵다. 다른 모든 경우에서 그랬듯이 스탈린은 제2전선을 냉정하고 계산적이며 현실적인 하나의 수로 활용했다.

　미 합동참모본부는 아무튼 단지 승리를 쟁취할 때까지는 전후 세계에 대한 어떠한 논의도 하지 않고 연기해야 한다는 미국 정치 지도부의 신념을 따랐다. 바로 이런 운명적인 결정이 전후 세계를 형성했고 냉전을 불가피하게 만들었다.

　일반적으로는 안정과 균형상태를 위해 분투하는 국가들은 아직 전쟁 중일 때 기본적인 평화의 조건을 달성하기 위해 그들이 할 수 있는 모든 것을 해야만 한다. 적이 전장에 있는 한 전쟁에 힘을 쏟기 때문에, 더 평화로운 쪽의 힘이 간접적으로 강해진다. 만약 이런 원칙이 무시되고 핵심 사안이 강화회의 때까지 미결상태로 남아 있게 된다면 가장 단호한 입장을 취하는 나라가 결국 중요한 전리품을 차지하게 되고 대규모 대결을 통해서만 몰아낼 수 있다.

1943년 1월 카사블랑카에서 루스벨트와 처칠이 무조건 항복이라는 정책을 발표했기 때문에 전후 목표에 관한 연합국 간의 합의나 혹은 적어도 이와 관련된 논의가 특히 제2차 세계대전 중에 필요했다. 루스벨트가 무조건 항복 정책을 제안한 것은 여러 가지 이유가 있었다. 그는 독일과 강화조건(講和條件)을 논의하다 보면 연합국이 분열할지도 모른다고 두려워했고, 연합국이 모든 에너지를 전쟁에서 승리하는 데 집중하기를 원했다. 그리고 또한 당시 스탈린그라드 전투로 극심한 고통을 겪고 있던 스탈린에게 미국이 독일과 강화조약을 따로 체결하는 일이 없을 것이라고 보장해주고 싶었기 때문이다. 하지만 무엇보다도 루스벨트는 훗날 어떻게 독일이 실현되지 못할 약속에 속아 넘어가 전쟁을 끝냈는지를 놓고 독일 수정주의자들이 또다시 문제를 제기하는 상황을 막고 싶었다.

하지만 루스벨트가 전쟁이 진행되는 동안 전후 세계를 어떻게 형성할지를 논의하지 않겠다고 거부함에 따라 막상 전쟁이 끝난 후에는 세력균형이나 정치적 해결의 기준 등과 같은 핵심요소가 전혀 없었고, 이로 인해 미국의 영향력이 막강해졌다. 근본적 조화라는 윌슨식 가정과 관련 있는 모든 사안에서 루스벨트는 전후 세계를 형성하면서 주도적 역할을 맡았다. 루스벨트의 후원하에 일련의 국제 회의가 개최되어 전후 세계질서의 협력에 관한 청사진을 제시했다. 유엔과 관련한 덤바튼 옥스(Dumbarton Oaks) 회의, 세계 금융과 관련한 브레튼우즈(Bretton Woods) 회의, 식량 및 농업과 관련한 핫 스프링스(Hot Springs) 회의, 구호 및 재건과 관련한 워싱턴(Washington) 회의, 민간항공과 관련한 시카고(Chicago) 회의 등이다.[27] 하지만 루스벨트는 전쟁 목표를 논의하거나 이 주제를 놓고 소련과의 이견을 표출하는 것을 완강하게 거부했다.

스탈린은 처음에 루스벨트가 지정학적 차원의 전후 합의에 대한 논의를 회피하는 것을 보고 소련이 겪고 있는 군사적 난관을 이용하려는 전술적 술수라고 생각했다. 스탈린에게 이번 전쟁의 목표는 임박한 추축국 세력의 해체에 따른 공백을 활용해서 새롭고 보다 유리한 세력균형을 만들어내는 것이었다. 스탈린은 서방이 최종적인 평화 조건을 군사작전의 결과에 맡겨둘 것이라고 기대하기에는 너무나 전통적 사고에 젖어 있었기 때문에, 1941년 12월에 독일군이 모스크바 근교까지 접근하던 상황에서도 전후 합의에 이든(Anthony Eden)을 포함시키려고 했다. 이 회의에서 스탈린은 인사말을 통해 자신이 대서양 헌장을 이야기하는 게 아니라고 분명히 밝혔다. 원칙선언은 대수학(代數學) 같은 것이며, 본인은 실용적인 산수를 선호한다고 말했다. 스탈린은 추상적인 내용에 시간을 낭비하고 싶지 않았다. 가급적 영토 교환 형태로 상호적 양보를 원했다.

스탈린이 염두에 두었던 것은 단순한 구식 현실정치였다. 독일은 분할되어야 하고 폴란드는 서쪽으로 이동해야 했다. 소련은 1941년의 국경으로 복귀하겠다는 것이다. 이는 구체적으로 폴란드와의 국경은 커즌 라인(Curzon Line)으로 하고 발트해 국가들을 차지하겠다는 의미이며, 대서양 헌장에 명시된 자결권 원칙을 명백하게 위반하는 것이었다. 그 대신 소련은 영국이 프랑스, 벨기에, 네덜란드, 노르웨이, 덴마크에 군사기지를 설치하기 위해서 어떤 요구를 하든 지지하겠다는 입장이었는데, 이 나라들은 전부 다 영국의 동맹국이었다.[28] 스탈린은 이 상황을 18세기 군주의 시각으로 바라보았다. 전리품이 승전국 소유물이라는 것이다.

반면에 스탈린은 동유럽국들의 정치적 미래에 관해서는 아직 아무런 요구도 하지 않았고, 폴란드와의 국경에 대해서는 구체적으로 밝히지는 않았지만 다소 유연한 입장임을 시사했다. 하지만 영국은 발표된 지 3개월밖에 안 된 대서양 헌장을 완전히 위반할 수 없었다. 그리고 미국 지도자들은 제1차 세계대전 외교를 그토록 병들게 했던 밀실 합의로 되돌아가는 듯한 내용을 고려조차도 하지 않을 것이다. 그럼에도 불구하고 스탈린이 제시했던 조건은 악랄하기는 했지만, 전쟁 후의 실제 결과와 비교하면 오히려 훨씬 괜찮았다. 그리고 만약 협상했더라면 더 나아졌을지 모른다. 이든은 스탈린과의 협의 내용을 처칠과 루스벨트에게 보고하겠다고 약속함으로써 교착상태를 모면했고 이후에도 대화를 지속했다.

군사적으로 극단적인 상황에도 불구하고—어쩌면 오히려 극단적인 상황 때문에—스탈린은 1942년 봄에 이 사안을 재차 거론했다. 처칠은 1941년의 국경을 승인하는 대가로 소련식 주고받기가 어떤 것인지 알아볼 의향이 충분히 있었다. 하지만 루스벨트와 보좌진은 조금이라도 세력균형식 합의와 유사해 보이는 것은 어떤 것이라도 회피하겠다고 마음먹었고 전후 문제에 대한 논의를 거부했다. 헐은 루스벨트를 대신해서 처칠에게 서한을 보냈다.

정책과 원칙, 관행에 관한 우리의 포괄적인 기본 선언을 포기하는 것은 불확실한 방침이 될 것입니다. 만약 총리님께서 제안하신 대로 한두 가지 중요한 사례에서 이러한 원칙을 저버린다면, 그런 행동에 대해 두 나라 중 어떤 나라도 앞으로 자신의 입장에서 준거로 삼을 만한 선례가 없어질 것이고, 상대방 정부에게 통치의 지침으로 삼으라고 요구할 수 있는 안정적인 규칙도 없어질 것입니다.[29]

스탈린은 이어서 1942년 5월에 몰로토프를 런던에 보내서 이 문제를 명확하게 하려고 했다. 몰로토프의 방문에 앞서 1942년 4월에 열린 예비회담에서 이반 마이스키 소련 대사는 4개월 전 스탈린이 제시했던 조건을 상기시켰다.[30] 이제 소련은 전쟁이 끝난 후 루마니아 및 핀란드와의 상호원조 조약을 요구했다. 독일군이 여전히 소련 영토 깊숙이 침공하고 있었다는 점을 고려할 때, 이는 스탈린의 장기적 목표를 극명하게 드러낸 사례로 볼 수 있다. 물론 전쟁이 끝났을 때 합의가 부재한 채 실제로 등장했던 위성국가 체제에는 그 도달 범위와 본질 면에서 훨씬 못 미쳤지만 말이다.

처칠이 이런 대화를 추진하자 미국의 강력한 반대에 직면했다. 헐은 영-소 간 의견 교환이 무력을 동원한 영토 교환을 역사적으로 반대해온 미국을 무시하는 행동이자 과거의 불명예스러운 권력정치로의 퇴행이기 때문에 대서양 헌장에 어긋난다고 보았다.[31] 루스벨트는 똑같은 입장을 스탈린에게 의기양양하게 제시했다. 스탈린은 루스벨트의 메시지를 접수했다고 퉁명스럽게 문서로 답신하며 아무런 논평도 달지 않음으로써 호의적으로 받아들이지 않는다는 점을 분명히 했다. 스탈린은 처칠에게 동시에 문서를 발송하면서 "미국의 간섭"을 무시하라고 촉구했다.[32]

전쟁 초기에 스탈린은 1941년의 국경에 대한 합의를 분명히 원했다. 그리고 그는 너무나 이익을 따지는 사람이었기에 일종의 주고받기식 요청이 없을 것이라고 기대하지 않았다. 역사적으로 있었을 뻔한 일보다 더 허무한 것은 없다. 루스벨트가 몰로토프를 워싱턴에 초대함으로써 영-소 간 대화를 갑자기 끝내버렸기 때문에 스탈린이 어느 정도를 양보할 용의가 있었는지는 전혀 알 수가 없게 되었다.

이든이 1941년 12월에 모스크바를 방문한 계기에 스탈린은 폴란드 국경을 "미결 문제"라고 부르면서 유연성을 발휘할 여지가 있다고 내비쳤다.[33] 소 잃고 외양간 고치는 격이지만, 만약 협의했더라면 스탈린은 1941년의 국경을 인정받는 대가로 동유럽 망명정부(스탈린은 아직 정통성에 문제를 제기하지 않았다)를 받아들이고, 발트해 국가들이 자국 영토에 소련군 기지를 허용한다는 수준의 부대조건을 달아 1940년 당시의 독립된 지위로 돌아갔을지도 모른다. 만약 이렇게 되었더라면 동유럽이 소련의 안보를 존중하되, 민주적이면서 비동맹 외교를 자유롭게 추구하는 핀란드 모델처럼 되었을지도 모른다. 그리고 이런 식으로 처리되었더라면 제2차 세계대전 종결 후 실제 상황보다 동유럽 국민들, 그리고 궁극적으로는 소련의 안녕을 위해서도 더 바람직했을지도 모른다.

이 같은 모든 전망은 몰로토프가 1942년 5월 말에 워싱턴을 방문하고, 미국이 소련에 정치적 합의가 아닌 세계질서에 대한 새로운 접근법을 요청하면서 사라졌다. 루스벨트는 몰로토프에게 스탈린의(그리고 처칠의) 세력권 구상에 관한 미국식 대안을 제시했다. 아주 간단히 말해서, 네 명의 경찰관이라는 아이디어로 다소 수정된 윌슨식 집단안보 구상으로 되돌아가자는 것이다. 루스벨트는 이런 방식이 전통적인 세력균형보다 소련에 더 나은 안보환경을 제공할 것이라고 주장했다.[34]

처칠에게 그토록 마키아벨리식 제안을 했던 스탈린이 어떻게 세계정부에 관심을 보일 것이라고 루스벨트가 믿었는지는 분명하지 않다. 어쩌면 루스벨트는 만약 상황이 최악으로 치닫고 스탈린이 소련군이 점령한 영토를 계속 유지하겠다고 고집한다면, 군사적 결과가 여전히 불확실한 상황에서 소련의 요구에 동의하기보다 기정사실로 보고 묵인하는 게 국내적으로 더 용이할 것이라고 생각했을지도 모른다.

루스벨트는 식민지 문제에 관해서는 보다 구체적이었다. 그는 "우리 자신의 안전을 위해 약한 국가들(루스벨트는 이 범주에 프랑스도 포함했다)로부터 벗어나야" 하는 모든 이전 식민지들에 대한 국제 신탁통치(international trusteeship)를 제안했다.[35] 그리고 소련도 신탁통치이사회의 창설 회원국이 되어 달라고 요청했다.

만약 몰로토프가 철학자 같은 사람이었더라면 지난 18개월 사이에 두 가지 상이하고 상충하는 동맹에 가입해달라는 요청을 받았다는 역사의 순환성에 대해 성찰해보았을지도 모른다. 그는 히틀러와 리벤트로프로부터 독일과 이탈리아, 일본으로 구성된 삼국조약에 가입해달라고 요청받았고, 루스벨트로부터는 미국, 영국, 중국을 포함하는 연합체에 동참해달라는 부탁을 받았다. 각각의 경우 구애자들은 남쪽에 있는 이국적인 땅에 대한 가능성을 제시하면서 몰로토프를 꾀려고 했다. 베를린은 중동을 제시했고, 워싱턴은 식민지 신탁통치를 제안했다. 몰로토프는 두 경우 다 소련군이 닿을 수 있는 범위 내의 근접한 목표물만을 추구한다는 입장에서 전혀 벗어나지 않았다.

그리고 몰로토프는 지금의 대화 상대에 맞춰 전술을 조정할 필요도 없다고 보았다. 몰로토프는 워싱턴에서 예전에 베를린에서 했던 것처럼, 제안받은 협의에 참여하는 것에 대해 원론적으로 동의했다. 18개월 전에도 동참 제안을 받고 기꺼이 수락했던 그는 네 명의 경찰관에 참여해 과거의 숙적들과 한편이 되는 상황이 불편하지 않은 것처럼 보였다. 베를린에서 그랬듯이, 몰로토프의 원론적인 동의는 그가 유럽에 대한 스탈린의 영토적 야심을 포기하겠다는 어떤 의도를 암시한 것이 전혀 아니었다. 몰로토프는 베를린에서 했던 것처럼 워싱턴에서도 1941년의 국경에 대해 완고한 입장이었고, 불가리아와 루마니아, 핀란드에 대한 소련의 지배적 영향력과 터키 해협에 대한 특별한 권리를 요구했다. 베를린에서도, 워싱턴에서도 몰로토프는 식민지 문제는 차후에 논의하자고 미뤘다.

십중팔구 스탈린은 전쟁이 진행되는 동안 정치적 합의를 논의하지 않겠다는 미국의 입장을 몰로토프로부터 보고받았을 때, 이런 행운을 거의 믿지 못했을 것이다. 독일 군대가 전장에 있는 한 스탈린이 아무것도 양보할 필요가 없다는 뜻이기 때문이다. 무엇보다도 스탈린은 일단 미국이 정치적 합의를 전쟁 후로 미뤘다는 사실을 알게 되자 집요하고 위협적으로 행동했던 예전의 태도를 버렸고, 이 주제를 두 번 다시 거론하지 않았다. 연합국이 한 걸음씩 승리에 가까워질 때마다 스탈린의 협상력이 계속 커졌고 스탈린은 정치적 논의를 미루고 가능한 한 최대한의 전리품을 챙김으로써 가장 큰 이득을 보았다. 설령 이런 이익을 나중에 강화회의에서 협상 카드로 사용하게 되더라도 말이다. 아무도 먼저 가진 사람이 임자라는 오래된 격언을 스탈린보다 더 잘 알아채지 못했다.

조급하게 전쟁 목표를 논의해서 소련과의 전후 협력을 그르치지 않으려고 했던 루스벨트의 소극적 입장에는 윌슨식 논거뿐만 아니라 전략적 이유가 있었을 수 있다. 루스벨트는 소련이 전쟁이 끝난 후 팽창할 가능성을 인지했을 수도 있지만, 미국인들의 신념과 점점 다가오는 전략적 위험 사이에 본인이 갇혔다고 느꼈을지도 모른다. 전쟁에 계속 집중하기 위해 루스벨트는 무엇보다 세력권이나 세력균형을 개탄스럽게 여기는 미국적 이상에 호소해야만 했다. 어쨌든 의회가 열정적으로 중립법을 통과시킨 지 몇 년이 지나지도 않았고, 이런 법을 통과시켰던 기저에 있는 인식이 아직 사라지지 않았다. 루스벨트는 소련의 의도가 어떻든 간에 자신의 최적의 전략은 스탈린이 좋은 평판을 얻고 유지하게 하는 것이라고 결론을 내렸을지도 모른다. 그런 배경이 있어야만 소련의 팽창주의가 현실로 드러났을 때 이에 맞서기 위해 미국을 동원할 수 있기 때문이다.

이러한 논리는 아서 슐레진저 2세(Arthur Schlesinger Jr.)의 견해로서, 그는 루스벨트가 미-소 관계가 악화될 경우에 대한 대비책을 준비했다고 주장했다. "강력한 군대, 해외 기지 네트워크, 평시의 보편적인 군사훈련 계획, 그리고 영국과 미국의 핵무기 독점"이 여기에 해당되었다.[36]

정말로 루스벨트는 이 모든 수단을 자기 마음대로 쓸 수 있도록 해놓았다. 하지만 이런 것들은 소련의 팽창주의에 맞서기보다 전쟁에 총력을 기울이려는 동기가 있었다.

해외 기지는 영국에 구축함을 제공하는 과정에서 확보되었다. 핵무기는 나치와 일본을 겨냥했다. 모든 정황을 볼 때 루스벨트는 군을 즉각 해산해서 귀국시키려고 했고, 실제로 여러 계기에 그렇게 말했다. 의심할 바 없이, 일단 루스벨트가 스탈린이 부정직하다고 확신하게 되었다면 그는 소련의 팽창주의에 능숙하고도 단호하게 맞서는 적수가 되었을 것이고, 이런 수단을 마음대로 썼을 것이다. 하지만 그가 이렇게 판단했다거나 혹은 미군의 역량을 소련과의 잠재적 충돌이라는 측면에서 보았다는 증거가 거의 없다.

전쟁이 끝나갈 즈음 루스벨트는 스탈린의 전술에 짜증을 냈다. 하지만 전쟁 기간 내내 루스벨트는 미-소 협력에 대한 의지가 놀라울 정도로 일관되게 확고했고, 심지어 유려한 말로 이런 입장을 드러냈으며 스탈린의 불신을 극복하는 일보다 더 중요한 임무는 없다고 보았다. "루스벨트는 모든 사람을 불신했다. 그는 자신이 스탈린보다 한 수 앞설 수 있다고 생각했는데, 이건 전혀 다른 이야기다."[37]라고 한 월터 리프먼이 말이 맞았을지도 모른다. 만약 그것이 루스벨트의 의도였다면 그는 성공하지 못한 셈이다.

루스벨트는 처칠이라면 절대 하지 않았을 방식으로 스탈린과의 개인적 관계에 의존했다. 히틀러가 소련을 침략했을 때, 처칠은 스탈린을 지지하기로 한 영국의 결정을 설명하면서 개인적 지지나 도덕적 지지를 포함하지 않는다는 말을 덧붙였다. "만약 히틀러가 지옥을 침공했다면, 그는[처칠은] 적어도 악마에 대해 우호적인 언급을 했을 것이다!"[38] 루스벨트에게는 그와 같은 신중함이 없었다. 루스벨트는 미국이 참전한 직후 처칠을 배제한 채 베링해협에서 스탈린과 회담을 하려고 했다. "의견 일치"를 위해 "며칠간 둘만의 비공식적이고 아주 간소한 만남"을 가지려는 것이었다. 루스벨트는 해리 홉킨스와 통역, 속기사만 대동하려고 했다. 회동이 이루어졌다면 물개와 갈매기만 이 회담을 목격했을 것이다.[39]

베링해협 회담은 성사되지 못했지만, 그 대신 두 차례의 정상회담이 개최되었다. 1943년 11월 28일부터 12월 1일까지 테헤란에서, 그리고 1945년 2월 4일부터 11일까지 얄타에서 정상회담이 있었다. 두 회담에서 스탈린은 루스벨트와 처칠에게 자신보다 두 사람이 더 정상회담을 원한다는 것을 과시하려고 상당히 애를 썼다. 심지어 회담 장소조차도 영국과 미국이 스탈린으로부터 양보를 얻어낼 수 있다는 자신감을 위축시키도록 고안되었다. 테헤란은 소련 국경으로부터 불과 몇 백 킬로미터 정도 떨어져 있고, 얄타는 물론 소련 영토 안에 있었다. 매번 회담할 때마다 서방 지도자들은 수천 킬로미터를 여행해야 했고, 이는 몸이 불편한 루스벨트에게는 테헤란 회담 당시에도 몹시 고된 일이었다. 얄타 회담 무렵에는 루스벨트 대통령의 건강상태가 극도로 나빠졌다.[40]

얄타 회담은 전후 세계의 양상에 대해 엄청난 비난을 받아왔다. 하지만 얄타 회담이 개최되었을 때 소련군은 이미 1941년 당시 국경을 전부 돌파했고 동유럽의 다른 지역에 대한 일방적인 정치적 통제를 강요할 수 있게 된 상황이었다. 만약 전후 합의를 어떤 정상회담에서건 협상하기로 했다면, 차라리 15개월 전의 테헤란이 시간상 더 적절했을 것이다. 그전까지는 소련이 패배를 모면하려고 싸우고 있었기 때문이다. 테헤란 정상회담 시기가 되자 소련이 스탈린그라드 전투에서 승리했다. 승리가 확실해졌고, 소련과 나치가 별도로 협상할 가능성은 거의 없었다.

테헤란에서 루스벨트는 처음에는 서로 붙어 있던 소련과 영국 두 대사관으로부터 약간 떨어진 미국공사관에 머무르려고 했다.[41] 루스벨트가 소련대사관이나 영국대사관으로 이동하는 길에 추축국 지지자의 폭탄 투척 공격을 받을 수 있다는 우려가 계속 있었다. 그래서 미국공사관에서 개최된 첫 번째 전체회의에서 루스벨트는 소련대사관 단지 내 빌라에 머물러 달라는 스탈린의 제안을 수락했다. 이 빌라는 고위 인사를 위한 요란하고 허세 가득한 소련식 스타일로 꾸며져 있었고, 의심의 여지없이 이번 회담을 위해 도청 장치도 적절히 달려 있었다.

루스벨트는 소련 숙소에 머물러 달라는 스탈린의 제안을 수락함으로써 최대한의 신뢰와 호의를 보여줬다. 하지만 이런 제스처도 제2전선 구축을 지체했다고 루스벨트와 처칠을 책망하려는 스탈린의 전략에 그다지 큰 영향을 주지 못했다. 스탈린은 대화 상대를 수세에 몰아넣기를 좋아했다. 이번에는 그러면서 조만간 다툼의 대상이 될 지역으로부터 멀리 떨어진 다른 지역에 관심을 집중시키는 추가적인 이득을 얻어냈다. 스탈린은 1944년 봄까지 프랑스에 제2전선을 열겠다는 공식 약속을 받아냈다. 연합국 3개국은 또한 독일의 완전한 비무장화와 각자의 점령지역에 관해 합의했다. 한때 스탈린이 독일군 장교 5만 명을 처형하자고 주장하자 처칠은 회담장을 박차고 나갔고, 스탈린이 따라와서 농담이라고 안심시키자 그제야 되돌아왔다. 폴란드 장교들을 집단 처형한 카틴 학살에 관해 오늘날 드러난 사실에 비추어볼 때, 농담이라는 스탈린의 발언은 어쩌면 사실이 아니었을지도 모른다.[42] 당시 사적 회담에서 루스벨트는 네 명의 경찰관이라는 자신의 아이디어를 회의적인 스탈린에게 개괄적으로 설명했다.

이 모든 사안이 전후 합의와 관련된 논의를 지연시켰고, 회담 마지막 날까지 남겨졌다. 루스벨트는 폴란드 국경을 서쪽으로 옮기자는 스탈린의 계획에 동의했고, 발트해 국가 문제로 스탈린을 압박하지 않을 것이라고 암시했다. 루스벨트는 소련군이 발트해 국가들을 점령한다면 국민투표를 실시하라고 권유는 하겠지만, 미국이나 영국이 "소련을 쫓아내지는" 않겠다고 말했다. 사실 루스벨트는 몰로토프가 18개월 전 워싱턴을 방문했을 때만큼이나 전후 세계에 관한 본격적인 논의를 시작하기를 꺼렸다. 그래서 그는 스탈린의 전후 동유럽 계획에 대해 미안해하는 듯한 어투로 자신의 의견을 제시했다. 루스벨트는 600만 명에 이르는 폴란드 출신 유권자들이 이듬해 자신의 재선에 영향을 줄 수 있다는 사실을 스탈린에게 상기시켰다. "비록 루스벨트는 개인적으로 폴란드 국가의 복원 필요성에 대한 스탈린 대원수의 견해에 동의했지만, (그는) 폴란드 동부 국경을 훨씬 더 서쪽으로, 서부 국경을 오데르강(Oder)까지 이동시키고 싶어했다. 하지만 그는 앞에서 설명한 정치적 이유로 인해 이번 테헤란 회담이나 다음 겨울로 예정된 차기 회담에서 이 주제에 대한 어떤 결정에도 참여할 수 없고, 현 시점에서 그와 같은 어떤 합의에도 공개적으로 참여할 수 없다는 점을 스탈린 대원수가 이해해주기를 바랐다."[43] 이런 식으로 말해서는 스탈린이 일방적으로 일을 처리함으로써 큰 위험을 무릅쓰고 있다는 사실을 스탈린에게 거의 전달할 수가 없었다. 실제로 이는 미국이 선거 후에 하겠다는 동의가 대체로 요식행위임을 암시했다.

루스벨트가 미국의 정치적 목표를 그토록 마지 못해 제시했던 이유는 테헤란 회담의 목표를 네 명의 경찰관 개념을 구축하는 것으로 보았기 때문이었다. 스탈린으로부터 신뢰를 얻기 위해 루스벨트가 사용한 수단 중 하나는, 자신의 오랜 친구이자 노동장관인 프랜시스 퍼킨스(Frances Perkins)에게 이야기했던 것처럼 공개적으로 처칠과 거리를 두는 것이었다.

> 윈스턴이 얼굴을 붉히고 찌푸렸어. 그럴수록 스탈린은 더 미소를 짓더라고. 결국 스탈린이 크고 쾌활하게 웃음을 터뜨렸고, 사흘 만에 처음으로 내게 빛이 보였어. 나는 스탈린이 나와 함께 웃을 때까지 그걸 계속 붙들고 있었지. 바로 내가 그를 "엉클 조(Uncle Joe)"라고 불렀을 때였어. 그전에는 나를 풋내기라고 생각했겠지만, 그날 그가 웃으면서 내게 다가와 악수를 하더라고.
> 그때부터 우리는 개인적인 사이가 되었어. … 어색한 분위기가 사라졌고 형제처럼 이야기를 나눴지.[44]

대숙청을 자행했고 최근까지 히틀러와 공모했던 스탈린을 온건함의 전형인 "엉클 조"로 재창조한 것은 분명 희망이 경험을 압도한 경우라고 볼 수 있다. 하지만 루스벨트가 스탈린의 선의를 강조했던 것은 루스벨트가 개인적으로 특이해서가 아니라 지정학적

428

분석보다 인간의 타고난 선량함을 더 신뢰하는 국민의 태도가 발현된 결과였다. 그들은 스탈린을 전체주의 독재자보다 삼촌 같은 친구로 보기를 원했다. 1943년 5월에 스탈린은 세계혁명을 위한 공산당 공식 기관인 코민테른을 해체했다. 이 결정은 세계혁명이 소련의 최우선순위가 될 수 없었고 소련이 그것을 실천할 마땅한 역량도 없던 시점에 내려졌다. 하지만 상원 외교위원회의 핵심 위원이자 곧 외교위원장이 될 텍사스 출신 톰 코널리(Tom Connally) 상원의원은 스탈린의 이런 조치가 서방의 가치로의 근본적인 전환이라고 환영했다. "러시아인들은 몇 년 동안 자신들의 경제체제를 바꿔왔고 공산주의 폐기에 다가가고 있습니다. 모든 서방 세계가 그동안 기울여온 노력이 행복한 정점에 도달한 것에 대해 흐뭇해할 것입니다."[45] 심지어 미국 자본주의의 보루라고 할 수 있는 〈포춘(Fortune)〉 지조차 유사한 논조로 기사를 썼다.[46]

그래서 미국인들은 테헤란 회담이 끝났을 때, 루스벨트 대통령이 소련 독재자에 대한 개인적 평가로 정상회담의 성과를 요약한 게 뭔가 이상하다고 여기지 못했다.

> 저는 스탈린 대원수와 "좋은 만남을 가졌다"라고 말할 수 있습니다. 그는 굉장하고
> 단호한 결단력과 호탕한 유머감각을 겸비한 사람입니다. 저는 그가 진정으로 러시
> 아의 마음과 영혼을 상징한다고 봅니다. 그리고 저는 우리가 그와 그리고 러시아인
> 들과 아주 잘 지낼 것이라고 믿습니다. 정말로 아주 잘 지낼 겁니다.[47]

1944년 6월에 연합군이 노르망디에 상륙해서 서쪽으로부터 진격해옴에 따라 독일의 불운한 운명이 확정되었다. 돌이킬 수 없을 정도로 군사적 상황이 유리해지자 스탈린은 점차 자신의 요구조건을 높였다. 1941년에 스탈린은 1941년 당시의 국경을 받아들여 달라고 요청했고(조정할 수도 있다고 했다), 런던에 기반을 둔 자유 폴란드 망명정부를 승인할 의향도 내비쳤다. 1942년이 되자 폴란드 망명정부의 인적구성을 놓고 불평하기 시작했다. 1943년에 스탈린은 폴란드 망명정부의 대안으로 소위 자유 루블린 위원회(free Lublin Committee)를 만들었다. 1944년 후반기가 되자 스탈린은 공산주의자들이 장악한 루블린 그룹을 임시정부로 승인했고, 런던에 있는 폴란드 망명정부를 금지했다. 1941년 당시 스탈린의 주된 관심사는 국경이었다. 1945년이 되자 그러한 국경 너머에 있는 영토들에 대한 정치적 통제가 주된 관심사가 되었다.

처칠은 무슨 일이 일어나고 있는지 알았다. 하지만 영국은 독자적 구상을 지속하기에는 미국에 너무 의존하고 있었다. 또한 영국은 스탈린이 갈수록 대담하게 동유럽에 소

련의 영향권을 창설하는 것을 홀로 반대할 수 있을 정도로 충분히 강력하지도 못했다. 1944년 10월에 처칠은 스탈린과 직접 동유럽의 미래를 담판 짓겠다는 거의 돈키호테 같은 행동을 벌였다. 처칠은 8일 동안 모스크바에 체류하면서 세력권에 대한 합의안을 손으로 써서 스탈린에게 주었다. 이 안에 따르면 처칠은 백분율로 세력권을 정리하는 방안을 구상했다. 영국은 그리스의 90퍼센트를 차지하며, 소련은 루마니아의 90퍼센트와 불가리아의 75퍼센트를 획득한다. 헝가리와 유고슬라비아는 50 대 50 기준에 따라 나뉜다. 스탈린은 즉석에서 수용했다. 물론 몰로토프는 교섭에 관한 빈틈없는 소련식 전통의 정수를 보여주면서 이든과의 협상을 통해 영국의 퍼센트를 깎으려 했고, 결국 헝가리를 제외한 모든 동유럽국들에서 소련에 유리한 결과를 끌어냈다.[48]

영국의 노력에는 나름 애환이 있었다. 예전에는 세력권을 백분율로 규정한 적이 전혀 없었다. 준수 여부를 따질 기준도 없었고, 강제로 집행할 수단도 없었다. 영향력은 군대의 주둔에 의해 결정될 것이다. 이런 합의가 있었건 없었건 간에 이런 방식으로 그리스는 영국의 영향권으로 떨어졌고, 반면 유고슬라비아를 제외한 다른 모든 국가는 양국에 부여된 비율과 무관하게 소련의 위성국가가 되었다. 심지어 유고슬라비아가 행동의 자유를 얻게 된 것조차도 처칠과 스탈린 간의 합의 때문이 아니라 유고슬라비아가 아주 짧은 기간 동안만 소련에 점령되었고, 주로 독자적인 게릴라 활동으로 독일의 군사적 점령에서 해방되었기 때문에 가능했다.

1945년 2월에 얄타 회담을 할 때가 되자, 처칠과 스탈린 간의 합의사항 중 아무것도 남아 있는 게 없었다. 소련군이 모든 분쟁 지역을 이미 접수했고, 국경 문제는 대체로 논의할 가치가 없어졌다. 더욱이 소련은 점령된 모든 국가의 국내문제에도 깊이 간섭하고 있었다.

이미 건강이 심각하게 악화된 루스벨트는 말타(Malta)에서 비행기를 타고 크림반도에 있는 눈 덮인 사키 공항까지 이동해야 했고, 그곳으로부터 145킬로미터 정도 떨어진 얄타까지 힘든 눈길을 차를 타고 약 5시간에 걸쳐 이동했다. 숙소는 리바디아(Livadia) 궁전에 있는 방이 세 개 딸린 스위트였다. (리바디아 궁전은 19세기 러시아 차르들이 가장 좋아하는 겨울 휴양지였다. 1877년 알렉산드르 2세는 발칸반도 침공 계획을 이 궁전에서 세웠다. 1911년 니콜라이 2세는 흑해가 내려다보이는 절벽에 흰색 화강암 궁전을 지었고, 이곳에서 '3거두 회담'이 열렸다.)

회담 참석자들의 전술은 새로운 환경에서도 변하지 않았다. 처칠은 전후 정치적 합의를 논의하기를 갈망했지만 다른 두 명이 이를 뒤집었고, 이들은 각각 자신만의 독특한 의제를 추구했다. 루스벨트는 유엔의 투표절차에 대한 합의를 추구했고 소련의 대일본전 참전을 확정하려고 했다. 스탈린은 두 주제를 논의하는 것에 대해 아주 기분이 좋았다. 이 주제로 시간을 보내면 동유럽을 논의할 여유가 없을 것이고, 스탈린으로서도 대일본전 참전을 갈망했기(일부 미국인들이 생각했던 것처럼 꺼리지 않았다) 때문이다. 그리고 일본과 전쟁함으로써 승전 후 전리품도 나눠 가질 수 있었다.

처칠은 무엇보다도 유럽의 세력균형에 관심이 있었다. 그는 프랑스를 강대국 지위로 회복시키고 독일의 해체를 막고 소련의 과도한 배상 요구를 줄이길 원했다. 비록 처칠은 이 세 가지 사안과 관련하여 성공을 거두기는 했지만, 결국 이 사안들은 동유럽에 관한 합의와 비교할 때 본질적으로 부차적이었고, 동유럽은 그 순간에도 매일 붉은 군대에 의해 장악되고 있었다. 스탈린은 루스벨트 자신이 미국 내 반대파들의 분노를 피하려면 소련이 양보해야 한다는 루스벨트의 계책에도 응수할 준비를 해뒀다. 루스벨트가 미국 내 폴란드계 국민들의 비판 여론을 달래려면 리비우(Lviv)[49]가 폴란드에 남아 있어야 한다고 요청하자, 스탈린 자신은 너무나 그렇게 하고 싶지만, 자신의 우크라이나 주민들이 그로서는 대처하기 힘든 국내적 문제를 초래할 것이라고 대답했다.[50]

결국 처칠과 루스벨트는 러시아의 1941년 국경을 받아들였다. 처칠로서는 고통스러운 조치였다. 영국이 폴란드의 영토를 보전하기 위해 참전했기 때문이다. 이들은 아울러 폴란드의 서부 국경을 오데르강과 나이세강까지 옮기는 데 동의했다. 하지만 나이세강이 두 개였기 때문에 최종적인 국경선 획정은 미결상태로 남았다. 처칠과 루스벨트는 소련이 수립한 루블린 정부를 인정하면서 이 정부를 확대해 런던에 근거지를 둔 폴란드 망명정부의 일부 민주적 인사들을 포함시킨다는 단서를 달았다.

스탈린이 자신의 동맹국들에게 양보한 것은 해방된 유럽에 대한 공동 선언(Joint Declaration on Liberated Europe)이었다. 이 선언은 동유럽의 자유선거와 민주정부 수립을 약속했다. 스탈린은 분명히 소련식 자유선거를 약속하고 있다고 생각했다. 특히 붉은 군대가 해당 국가들을 이미 점령했을 것이기 때문이었다. 비록 스탈린이 미국인들이 전통적으로 법적 문서를 진지하게 다루었다는 사실을 아주 과소평가했지만, 이는 사실상 벌어진 일이었다. 나중에 미국이 소련의 팽창주의에 맞서기로 결정했을 때, 스탈린의 약속 불이행을 근거로 삼았다. 얄타에서 약속한 대로, 그리고 미국 지도자들과 대중들이 이해한 방식으로 약속을 지키지 않았기 때문이었다.

대일본전에 참전해달라는 루스벨트의 호소에 대한 스탈린의 반응은 연합(coalition)이라는 게임에 관한 그의 규칙이 루스벨트와 얼마나 달랐는지를 극명하게 보여주었다.

처칠을 배제한 채 개최된 회담에서—영국이 일본에 침략 당한 초기 희생자였음에도 불구하고[51]—연합국의 단결 자체가 보상이라거나 네 명의 경찰관 체제에 유리한 환경을 조성하기 위해 정치적 사안은 논의하지 말자는 말은 전혀 들리지 않았다. 스탈린은 전쟁이 여전히 진행되는 동안, 특별한 혜택을 주장하거나 감정적 전리품이 아닌 전략적 전리품을 받아내는 데 전혀 거리낌이 없었다. 그가 요구한 주고받기식 보상에서 차르 시절의 행태가 뻔뻔하게 되살아났다.

사할린섬 남부와 쿠릴열도에 관한 스탈린의 영유권 요구는 좀 모호하기는 해도 소련의 안보와 러시아의 역사와 어느 정도 연관이 있었다. 하지만 스탈린이 다롄과 뤼순[52] 내 자유무역항과 만주철도 관리권을 요구한 것은 20세기 초 차르 제국주의자들의 교과서에서 바로 베껴온 내용이었다.(러시아는 의화단의 난 진압 후 병력을 철수하지 않고 만주에 주둔하면서 똑같은 요구를 했고 러일전쟁으로 이어졌다.—옮긴이) 루스벨트는 얄타 회담에서 도저히 이해할 수 없는 결정을 내렸다. 비밀 회담에서 이런 요구를 승인함으로써 소련이 러일전쟁 이후 상실했던 만주에서의 우월한 역할을 되찾게 해준 것이다. 소련은 1949년 중국 공산당이 베이징을 점령할 때까지 이 역할을 절대 놓치지 않으려고 했다.

얄타 회담 이후 다들 환호하는 분위기였다. 루스벨트는 의회에 보고하면서 유엔과 관련된 합의가 도출되었지만 유럽이나 아시아의 정치적 미래와 관련해서는 아직 결정된 게 없다는 점을 강조했다. 한 세대 만에 미국 대통령이 유럽에서 돌아와 또다시 역사의 종언을 선언했다. 루스벨트는 이렇게 단언했다.

> 얄타 회담은 … 일방주의적 행동 체제, 배타적 동맹, 세력권, 세력균형, 그리고 수 세기 동안 시도되었지만 항상 실패로 돌아간 다른 모든 수단의 종언을 고해야 합니다. 우리는 이 모든 것에 대한 대체품, 즉 모든 평화 애호국이 최종적으로 참여할 기회를 갖는 보편적 기구를 제안합니다. 저는 의회와 미국 국민이 항구적 평화 체제의 출발점으로서 이 회의 결과를 받아들일 것이라고 확신합니다.[53]

다시 말하자면 루스벨트는 스탈린에게 세력권이 무의미해지는 세계질서에 동참하도록 권유하고자 중국 북부에 대한 세력권을 승인해준 것이다.

얄타 회담이 끝났을 때, 전시 동맹의 단결만이 축하를 받았다. 나중에 이런 단결을 원상태로 되돌려놓은 균열은 아직 폭넓게 감지되지 않았다. 여전히 희망적인 분위기가 압도적이었고, "엉클 조"는 속셈이 복잡하지 않은 파트너로 여겨졌다. 얄타 회담을 회고하면서, 해리 홉킨스는 온건파로 추정되는 스탈린이 크렘린 강경파의 압박에 못 이겨 굴복할지도 모른다고 우려를 드러냈다.

> 러시아인들은 자신들이 합리적이고 멀리 내다본다는 점을 증명했고, 대통령이나 우리 중 누구도 상상할 수 있는 먼 미래까지 그들과 서로 평화롭게 잘 지낼 수 있으리라는 점을 의심하지 않았다. 하지만 이와 관련해서 한 가지 정정해야 할 것이 있다. 내 생각에, 아니 우리 모두의 마음속에는 스탈린에게 무슨 일이 생기면 어떤 결과가 발생할지 예측할 수 없다는 의구심이 있었다. 우리는 그가 합리적이고 분별력과 이해심이 있어서 믿을 수 있다고 확신했지만, 크렘린에서 그의 뒤에 누가 혹은 무엇이 있을지는 전혀 확신할 수가 없었다.[54]

크렘린에 있는 권력자가 마음속에 평화로운 온건주의를 품고 있으며 고집스러운 동료들을 극복하기 위해 도움이 필요하다는 식의 이야기는 훗날에도 소련 지도자가 누구든 간에 미국인들 사이에서 늘 회자되었다. 실제로 이런 평가는 심지어 공산주의가 붕괴한 이후에도 계속되었으며, 처음에는 미하일 고르바초프, 그리고 나서 보리스 옐친까지 이렇게 평가받았다.

전쟁이 종결에 다다르면서 미국은 지도자들 간 개인적 관계가 중요하고 국가들 간에 근본적인 조화가 존재한다는 게 중요하다는 점을 계속해서 강조했다. 1945년 1월 20일, 루스벨트는 네 번째 대통령 취임 연설을 하면서, 에머슨(Emerson)을 인용하여 자신의 접근법을 설명했다. "친구를 갖는 유일한 방법은 친구가 되는 것입니다."[55] 얄타 회담 직후, 루스벨트는 각료들에게 스탈린이 "혁명주의적 볼셰비키 말고 뭔가 다른 것이 있다."라고 특징지었다. 루스벨트는 이런 특성을 스탈린이 어린 시절에 성직자 교육을 받았기 때문이라고 돌렸다. "무언가 기독교적인 신사로 행동해야 하는 방식이 그의 본성에 들어간 게 아닌가 생각된다."[56]

하지만 스탈린은 현실정치의 대가이지 기독교적인 신사가 아니었다. 소련군이 진격할 때, 스탈린은 당시 유고슬라비아 공산당 지도자 밀로반 질라스에게 개인적으로 말해 준 사실을 실천하고 있었다.

> 이 전쟁은 예전과 같지 않습니다. 누가 영토를 점령하든 자신의 사회 체제를 강요합니다. 누구나 자신의 군대가 도달할 수 있는 데까지 자신의 체제를 강요합니다. 다

른 식일 수가 없습니다.[57]

　스탈린의 게임의 규칙은 전쟁 막판에 극적으로 드러났다. 1945년 4월에 처칠은 드와이트 아이젠하워(Dwight Eisenhower) 연합군 총사령관에게 진격해오는 소련군보다 먼저 베를린과 프라하, 빈을 접수해달라고 압박했다. 미국의 참모총장들은 이 요청을 검토하지 않으려고 했고, 정치적 고려가 군사계획에 영향을 끼쳐서는 안 된다는 사실을 동맹국인 영국에 가르칠 수 있는 마지막 기회로 삼았다. "러시아보다 먼저 베를린을 점령한 결과로 나올 수 있는 그런 심리적, 정치적 이득이 필수적인 군사적 고려사항보다 우선시될 수 없습니다. 우리가 보기에는 독일군의 궤멸과 해체가 가장 중요합니다."[58]

　해체하거나 궤멸시킬 상당한 규모의 독일군이 남아 있지도 않았기 때문에 처칠의 호소를 거부한 것은 분명히 미국의 참모총장들로서는 원칙과 관련된 문제였다. 실제로 미국의 참모총장들이 자신들의 입장을 아주 강하게 견지했기 때문에 아이젠하워 장군은 직접 나서서 1945년 3월 28일 스탈린에게 직접 서한을 보냈다. 자신이 베를린까지 전진하지 않을 것이라고 통보하고, 미군과 소련군이 드레스덴 근처에서 만나자고 제안했다.

　어떤 주제에 대해 일개 장군이 국가원수에게 서신을 보냈다는 것에 대해—그와 같이 정치적으로 중요한 문제라는 점은 차치하더라도—틀림없이 놀랐겠지만 스탈린은 공짜로 받은 정치적 선물을 사양하는 법이 없었다. 그는 4월 1일 아이젠하워의 판단에 동의한다고 답신을 보냈다. 스탈린도 마찬가지로 베를린을 부차적 전략적 관심사로 간주하며, 단지 베를린을 점령하기 위해 소규모 소련군 병력만 투입하겠다고 밝혔다. 아울러 드레스덴 지역에 있는 엘베강을 따라서 만나자는 제안에도 동의했다. 선물을 받은 스탈린은 적어도 자신의 정치적 우선순위가 분명하다는 점을 보여주려고 했다. 스탈린은 아이젠하워에게 해줬던 약속을 어기고 소련 지상군의 주요 공세 목표를 베를린으로 잡으라고 명령했다. 아이젠하워에게는 5월 하반기까지는 공격하지 않겠다고 했지만, 게오르기 주코프 원수와 이반 코네프 원수에게 2주일을 주면서 공격을 개시하라고 했다.[59]

　얄타 회담으로부터 2개월이 지난 1945년 4월이 되자 해방된 유럽에 관한 얄타 선언을 스탈린이 노골적으로 위반하는 모습이 드러났고, 특히 폴란드와 관련해서 두드러졌다. 처칠은 "나의 친구 스탈린"에게 호소하는 애처로운 서한을 보내는 신세로 전락했다. 처칠은 소련에 적대적인 인사는 아무도 신생 폴란드 정부에서 일할 수 없다는 스탈린의 제안을 받아들이면서, 그 조건에 부합하는 런던 주재 폴란드 임시정부의 일부 인사라도 포함시켜 달라고 호소했다. 이때가 되자 단순히 적대감이 없는 인사 정도로는 스탈린에게 충분하지 않았다. 완전히 우호적인 인사만 적절했다. 1945년 5월 5일 스탈린은 이렇게 답신을 보냈다.

우리는 향후 폴란드 정부 수립에, 총리님께서 말씀하신 대로 "근본적으로 반(反)소련 성향이 아닌 사람들"이 관여해야 한다거나, 혹은 총리님께서 보시기에 "극도로 러시아에 비우호적인" 사람만 참여가 배제되어야 한다는 데 만족할 수 없습니다. 우리는 두 기준 다 만족스럽지 않습니다. 우리는 폴란드 정부 수립에 관한 협의에 소련에 적극적으로 우호적인 태도를 보여온 사람들과 진심으로 소련과 협력할 준비가 되어 있는 사람들만 참여해야 한다고 주장하고자 하며, 앞으로도 그렇게 주장할 것입니다.[60]

"적극적"과 "우호적"이라는 형용사는 물론 폴란드 공산당 당원만 해당되었으며, 이 중에서도 완전히 소련에 굴종하는 당원만 적용되었다. 심지어 4년 후에는 평생 공산당원이었지만 민족적 감정이 있다고 의심받은 사람들조차도 숙청당했다.

하지만 다른 실현 가능한 전략이 있었는가? 혹은 당시의 지리적, 군사적 현실을 감안할 때, 민주주의 국가들은 자신들이 할 수 있는 최선을 다하고 있었는가? 이런 질문이 뇌리를 떠나지 않고 끊임없이 괴롭히고 있다. 돌이켜보면, 일어났던 모든 일들이 불가피해 보이기 때문이다. 지나온 시간이 길어질수록 다른 대안을 상상하거나 그 대안의 실현 가능성을 증명하기가 어려워진다. 그리고 역사는 새로운 결말이 마음대로 이어붙여지는 영화 필름처럼 재생될 수 없다.

1941년 당시의 소련 국경으로 되돌아가는 상황을 막는 거의 불가능했다. 만약 서방의 정책이 더 적극적이었더라면 약간의 조정은 가능했을지도 모른다. 심지어 발트해 국가들이 소련과 상호원조 조약을 체결하고 소련군 기지를 인정하는 형식으로 소련과 연계된 일종의 독립 상태를 유지할 수 있었을지도 모른다. 만약 이 정도라도 달성하려고 했다면 소련이 대재앙의 위기에 처해 있던 1941년이나 1942년에 시도했어야만 했다. 미국이 아직 참전조차 하지 않고 있었고 임박한 소련의 붕괴가 가장 두려웠던 시점에 루스벨트가 소련의 정책 결정자들에게 그와 같은 불쾌한 선택의 부담을 주기 싫어했을 것이라는 점도 이해할 만하다.

하지만 스탈린그라드 전투 이후, 동유럽의 미래 문제는 소련의 붕괴나 히틀러와의 단독 강화라는 위험 부담 없이 제기될 수 있었다. 소련 국경 너머에 있는 지역의 정치 구조에 대해 합의하고 이 국가들이 핀란드와 유사한 지위를 확보하도록 하기 위한 노력이 있었어야 했다.

만약 민주주의 국가들이 더 끈질기게 요구했다면 스탈린이 히틀러와 단독 강화조약을 맺었을까? 비록 스탈린은 그럴 가능성이 항상 있다는 인상을 어떻게든 주었지만, 한 번도 그렇게 위협한 적은 없었다. 스탈린이 그런 단독 합의를 고려했을 수도 있었다는 점을 시사한 일화는 딱 두 가지를 꼽을 수 있다. 첫 번째는 극심한 공황이 만연해 있던 전쟁 초기로 거슬러 올라간다. 소문에 따르면 스탈린과 몰로토프, 카가노비치는 불가리아 대사에게 히틀러가 발트해 국가들, 베사라비아, 그리고 벨라루스와 우크라이나 일부—본질적으로 1938년 소련 국경—정도로 합의할 가능성이 있는지 알아봐달라고 요청했지만, 이 대사가 메시지 전달을 아마 거부했던 것으로 보인다.[61] 히틀러는 독일군이 모스크바와 키이우, 레닌그라드로 향하고 있었고, 이미 "평화 제안"—만약 그게 그런 것이었다면—에서 제시했던 선을 훨씬 넘어선 상황이었기 때문에 합의를 거부했을 것이다. 나치는 모스크바보다 훨씬 동쪽에 있는 아르한겔스크(Arkhangelsk)와 아스트라한(Astrakhan)을 잇는 선까지 소련 주민들을 몰아내고, 그 지역에서 말살되지 않고 남은 주민들을 노예로 삼는다는 계획이 있었다.[62]

두 번째 일화는 더 모호하다. 이번에는 공격해오던 독일군 기갑부대를 대부분 궤멸시킨 스탈린그라드 전투로부터 8개월 후, 쿠르스크(Kursk) 전투로부터 2개월 후인 1943년 9월에 발생했다. 리벤트로프는 히틀러에게 정말로 이상한 이야기를 전했다. 한때 주독일 대사를 역임했던 소련 외교차관(외무인민위원회 제1부위원)이 스톡홀름을 방문 중이었고, 리벤트로프는 이를 1941년의 국경을 따라 단독 강화를 모색할 회담 기회로 해석했다. 하지만 이미 이때는 소련군이 혼자 힘으로 1941년의 국경까지 접근해오고 있었기 때문에 리벤트로프의 생각은 분명히 희망사항에 불과했다.

히틀러는 의심스러운 기회를 거부하며 리벤트로프에게 "장관, 만약 내가 오늘 러시아와 합의를 하게 되더라도 내일 다시 공격할 것이라는 점을 알지 않소. 난 어쩔 수가 없소."라고 말했다. 히틀러는 같은 맥락으로 괴벨스에게도 말했다. 시기가 "완전히 부적절" 했다. 협상에 앞서 군사적으로 결정적인 승리를 거두어야 했다.[63] 1944년까지도 히틀러는 제2전선을 격퇴한 후에 러시아를 정복할 수 있다고 여전히 믿었다.

무엇보다 단독 강화조약을 설사 1941년의 국경을 따라서 체결하더라도 히틀러나 스탈린으로서는 아무것도 해결되는 게 없었다. 이렇게 된다면 스탈린은 강력한 독일을 마주봐야 할 것이고, 전쟁이 다시 발발하다면 민주주의 국가들이 중간에 배신했던 파트너를 버릴 것이기 때문이다. 그리고 그러한 합의는 히틀러 입장에서도 소련군이 조만간 전쟁을 재개하지 않는다는 아무런 보장도 없이 그들을 독일 쪽으로 전진시키는 것으로 해석되었을 것이다.

루스벨트의 네 명의 경찰관 구상은 윌슨의 보다 일반적 구상인 집단안보가 그랬던 것과 똑같은 장애물에 좌초되었다. 간단히 말해 이 네 명의 경찰관들은 그들의 전 세계적 목표를 똑같은 방식으로 인식하지 않았다. 스탈린의 과대망상, 공산주의 이념, 러시아의 제국주의가 치명적으로 합쳐지면서 보편적인 공통의 가치에 근거하여 세계평화를 공평무사하게 집행한다는 네 명의 경찰관 구상은 소련의 기회 혹은 자본주의자의 덫으로 바뀌었다. 스탈린은 영국이 혼자서 소련을 견제하지 못할 것이며, 이는 소련 앞에 커다란 공백을 만들어내거나 훗날 미국과의 대결의 서막이 될 것이라는 사실을 알았다. (1세대 볼셰비키였던 스탈린은 후자의 가능성을 더 높게 보았다.) 둘 중 어느 가설에 근거하더라도 스탈린의 행동 방침은 명확했다. 소련의 힘을 가능한 한 멀리 서쪽으로 밀어붙여서 전리품을 챙기거나, 추후에 있을 외교적 대결을 앞두고 가장 유리한 협상 입지를 차지하는 것이었다.

이 점에 있어서, 미국은 루스벨트 대통령이 제안한 네 명의 경찰관 구상의 결과를 받아들일 준비가 되어 있지 않았다. 만약 이런 구상이 작동하려면 어디에서든 평화가 위협받을 경우 미국이 기꺼이 개입해야 했다. 하지만 루스벨트는 연합국 동맹국들에게 유럽의 회복을 위해 가용한 미군 병력이나 미국 물자는 없을 것이고, 평화의 보전은 영국과 러시아가 해야 할 일이라고 질리도록 말했다. 얄타 회담에서 루스벨트는 자신의 동료들에게 미군이 점령군 역할을 2년 이상 하지 않을 것이라고 말했다.[64]

만약 그 말이 사실이었다면, 소련이 필연적으로 중유럽을 지배했을 것이고 영국은 극복할 수 없는 곤경에 처했을 것이다. 한편으로, 영국은 더 이상 혼자서 소련에 맞서 세력균형을 유지할 수 있을 만큼 강하지 않았다. 다른 한편으로, 영국이 모종의 독자적 구상을 추진했을 경우 미국의 전통적 반대에 직면했을 가능성이 있었다. 가령, 1945년 1월에 〈뉴욕타임스〉는 그리스에 비공산주의 정부를 유지하려는 영국의 시도와 관련해서 루스벨트가 처칠에게 비밀리에 전달한 내용을 보도했다. 이 보도에 따르면, 루스벨트는 전후 영-미 협력에 관한 미국 대중의 호의적 분위기가 쉽게 부서질 수 있다고 분명히 밝혔다. "만약 미국인들이 이 전쟁이 … 경쟁 관계에 있는 제국주의 국가들 간의 또 다른 투쟁에 불과하다고 생각하게 된다면, 미국 여론이 영국 날씨만큼 변덕스럽게 바뀔 수도 있다는 점을 영국은 강력하고 엄중하게 통보받았다."[65]

하지만 미국이 유럽을 방어하기를 거부하면서도 영국이 독자적 행동에 나서는 것조차도 제국주의적이라고 딱지를 붙인다면, 네 명의 경찰관 구상은 1930년대 집단안보 개념이 그랬던 것처럼 똑같은 공백 상태에 이르게 될 것이다. 미국의 인식이 바뀔 때까지 소련의 팽창주의에 대한 저항은 불가능해질 것이다. 미국이 위험을 깨닫고 다시 대결에 가담한다면 그 결과는 미국이 전쟁 기간 동안 그토록 피하려고 했던 세력권일 것이고, 그 경계선이 훨씬 더 불리하게 그어져 있을 것이다. 결국 지정학은 부인될 수 없었다. 미국이 다시 유럽으로 돌아왔고, 일본과 독일은 균형상태를 재구축하기 위해 되살아났다. 그리고 소련은 45년에 걸친 긴장 상태와 전략적 과잉 팽창을 시작했으며, 최종적으로 붕괴했다.

아시아에서는 또 다른 어려운 문제가 야기되었다. 루스벨트는 예양 차원에서 그리고 부분적으로는 자신의 전 세계적 구상에서 아시아의 거점으로 삼기 위해 중국을 4대 강국에 포함시켰다. 하지만 중국은 루스벨트가 부여한 임무를 수행하기에 영국보다도 역량이 부족했다. 전쟁이 끝났을 때, 중국은 한창 내전을 겪고 있던 저개발 국가였다. 이런 나라가 어떻게 세계 경찰 노릇을 할 수 있겠는가? 루스벨트가 자신의 네 명의 경찰관 구상을 테헤란 회담에서 논의하자, 스탈린은 만약 중국이 유럽의 분쟁을 해결하려고 든다면 유럽인들이 어떤 반응을 보이겠냐고 합리적인 질문을 제기했다. 스탈린은 자신이 보기에 중국이 그 같은 전 세계적 역할을 맡기에는 충분히 강력하지 못하다고 덧붙이면서, 그 대신 평화를 유지하기 위해 지역 위원회를 창설하자고 제안했다.[66] 루스벨트는 이런 제안이 세력권이 될 수도 있다면서 거부했다. 평화는 전 세계적 차원에서 수호되어야지, 그게 아니면 안 된다는 것이었다.

하지만 루스벨트를 둘러싼 이런 애매모호한 점들이 모두 검토되었을 때 과연 어떤 다른 접근이 미국인들의 지지를 끌어낼 수 있었을지에 대한 의문은 그대로 남아 있다. 어쨌든 미국인들은 과거의 평화 합의들로부터 무엇인가 배우려고 하기보다—현실 세계에서는 어떤 평화 합의도 균형상태 없이 성공을 거두거나 도덕적 컨센서스 없이 오랫동안 지속되지 못했다—민주주의 원칙에 대한 명시적 거부에 기반한 체제가 갑자기 경로를 바꿀 수 있다고 항상 믿을 준비가 되어 있었다.

처칠의 지정학적 분석이 루스벨트보다 훨씬 더 정확했던 것으로 입증되었다. 하지만 세계를 지정학적 관점으로 바라보는 게 내키지 않았던 루스벨트의 태도는 미국이 전쟁에 뛰어들게 만들고 자유라는 대의명분을 수호할 수 있게 해줬던 똑같은 이상주의의 다른 한 면이었다. 만약 루스벨트가 처칠의 방안을 따랐더라면 미국의 협상력이 더 강해질 수는 있었겠지만, 그 대신 이후에 전개될 냉전기의 대립 상태를 버텨낼 수 있는 역량을 희생시켰을지도 모른다.

루스벨트가 전쟁 기간 중에 흔히 말하는 최선을 다하는 것 이상의 노력을 했다는 사실이 미국이 전 세계적 균형상태를 복원하게 되는 위대한 정책의 전제조건이었다. 비록 미국은 자신이 사실상 전 세계적 균형상태를 복원하고 있다는 사실을 시종일관 부인했지만 말이다. 루스벨트의 전후 세계에 대한 인식이 너무 낙관적이었는지도 모른다. 하지만 미국 역사에 비추어볼 때, 이런 입장은 미국이 앞으로 닥쳐오는 위기를 극복하려고 한다면 반드시 거쳐야 하는 필수적인 단계에 해당했다. 결국 루스벨트는 미국 역사상 가장 큰 두 번의 위기(대공황과 제2차 세계대전—옮긴이)를 미국 사회가 헤쳐 나갈 수 있도록 이끌었다. 만약 루스벨트가 역사적 상대성의 관념에 물들어 있었다면, 그의 노력이 틀림없이 성공을 거두지 못했을 것이다.

하지만 불가피하게 전쟁은 지정학적 공백을 남긴 채 끝났다. 세력균형이 파괴되었고 포괄적인 강화조약은 여전히 손에 잡히지 않았다. 세계는 이제 이념적 진영들로 나누어졌다. 전후 시기는 전쟁이 끝나기 전에 지도자들이 좀처럼 이뤄내지 못했던 합의에 도달하기 위한 길고도 고통스러운 투쟁으로 바뀌었다.

17

냉전의 시작

The Beginning of the Cold War

모세처럼 프랭클린 루스벨트는 약속된 땅을 보았지만, 그 땅은 루스벨트가 도달할 수 있도록 주어지지 않았다. 루스벨트가 사망했을 때 연합군은 독일 내부 깊숙이 진주해 있었고, 연합군이 계획한 일본 본토 침공의 서막인 오키나와 전투가 막 개시되었다.

루스벨트는 1945년 4월 12일에 사망했지만 예상치 못한 일은 아니었다. 루스벨트 대통령 주치의는 1월에 루스벨트의 급격히 요동치는 혈압에 놀라면서, 긴장을 피해야만 살 수 있다고 결론지었다. 대통령이 받는 압박을 고려할 때, 이 말은 사형 선고나 다름없었다.[1] 포위된 베를린에 갇혀 있던 히틀러와 괴벨스는 잠시 정신이 나간 채 브란덴부르크 가문의 기적(Das Mirakel des Hauses Brandenburg)이라는 독일 역사 교과서에 적혀 있는 사건이 재현되는 상황을 곧 볼 것이라는 착각에 빠졌다. 7년전쟁 당시 러시아군이 베를린 입구까지 진격했을 때, 러시아 차르(엘리자베타 여제)가 갑자기 사망하고 우호적인 차르(표트르 3세)가 계승함에 따라 프리드리히 대제가 살아남았던 적이 있었다. 하지만 1945년에는 역사가 반복되지 않았다. 나치의 범죄로 인해 연합국들은 나치즘이라는 재앙을 제거하자는 확고부동한 공동 목표로 똘똘 뭉쳐 있었다.

나치 독일의 붕괴와 이에 따른 힘의 공백을 채워야 할 필요성 때문에 전시에 맺어졌던 파트너십이 와해되었다. 연합국들의 목표가 너무나 제각각이었다. 처칠은 소련이 중유럽을 지배하는 것을 막으려고 했다. 스탈린은 소련군의 승리와 러시아 인민의 영웅적 고난의 대가로 영토라는 전리품을 원했다. 새로운 대통령인 해리 S. 트루먼(Harry S. Truman)은 처음에는 동맹의 단결이라는 루스벨트의 유산을 지속하고자 노력했다. 하지만 트루먼의 첫 번째 임기가 끝나갈 무렵에는 전쟁 당시의 화합이 흔적도 없이 모두 사라졌다. 주변부에 있었던 두 거인인 미국과 소련은 이제 유럽의 심장부에서 서로 대결하고 있었다.

해리 S. 트루먼의 출신 배경은 그의 위대한 전임자와는 상당히 달랐다. 루스벨트는 코즈모폴리턴적인 미국 동북부 기득권층의 요건을 모두 갖춘 가문의 일원이었다. 트루먼은 중서부 시골 중산층 출신이었다. 루스벨트는 최고 사립 고등학교와 대학교를 나왔다. 비록 딘 애치슨은 애정과 존경을 담아 가장 좋은 의미로 트루먼을 예일 출신이라고 말했지만, 실제로 트루먼은 중등 교육 이상 받은 적이 없었다.[2] 루스벨트의 전 생애가 최고위직을 맡기 위한 준비과정이었다면, 트루먼은 캔자스시 정당 정치의 산물이었다.

루스벨트가 당초 지목했던 부통령 후보 제임스 번즈(James Byrnes)가 노동계의 반대로 낙마한 결과 부통령이 된 해리 트루먼은 이전의 정치 경력을 볼 때 대단한 대통령이 될 것이라는 조짐이 거의 보이지 않았다. 실제로 외교정책 경험이 전무했고, 루스벨트로부터 아주 모호한 로드맵만 넘겨받은 트루먼은 테헤란과 얄타에서 수립된 구상이 흐트러지는 상황에서 전쟁을 마무리하고 새로운 국제질서를 구축하는 임무를 떠안았다.

나중에 밝혀졌지만 트루먼은 냉전의 시작을 주도했고 궁극적으로 냉전의 승리를 가져오게 될 봉쇄정책의 확대를 이끌었다. 그는 미국이 최초로 평시에도 군사동맹을 체결하도록 했다. 그의 지침에 따라 네 명의 경찰관이라는 루스벨트의 구상은 전례가 없던 동맹체제로 대체되어 이후 40년간 미국 외교정책의 핵심으로 자리 잡았다. 보편적 가치에 대한 미국의 신념을 신봉하는 중서부 출신의 이 평범한 사나이는 기진맥진해 있던 적들이 민주주의 국가들의 공동체에 다시 합류하도록 격려했다. 그는 마셜 플랜(Marshall Plan)과 포인트 포 프로그램(Point Four Program, 개도국 기술 원조 프로그램)을 후원했으며, 이런 프로그램을 통해 미국은 멀리 떨어져 있는 국가들이 회복하고 발전할 수 있도록 자원과 기술을 헌신적으로 제공했다.

나는 1961년 초 하버드 대학교의 젊은 교수 시절에 트루먼을 딱 한 번 만난 적이 있다. 캔자스시에서 강연할 일정이 있어서 인근 미주리주 인디펜던스시에 있는 트루먼 대통령 도서관에서 트루먼 전 대통령을 예방할 기회가 생겼다. 여러 해가 지났지만 트루먼 전 대통령의 쾌활한 성격은 여전히 그대로였다. 도서관을 같이 둘러본 후, 트루먼은 자신의 대통령 시절 백악관 집무실을 똑같이 베낀 집무실로 나를 안내했다. 내가 케네디 행정부의 백악관에서 비상근 자문역을 맡고 있다는 것을 알고 있었던 트루먼은 나에게 무엇을 배웠는지 물어보았다. 워싱턴 칵테일파티에서 써먹을 수준의 지식을 동원해 나는 관료제가 정부의 제4부 기능을 하고 있고 대통령의 행동의 자유를 상당히 억누르는 것 같다고 답변했다. 트루먼은 이런 발언이 재미있지도 유익하지도 않다고 보았다. 트루먼은 "교수님 말씀"이라고 비꼬듯 대답하고는 대통령의 역할에 관한 자신의 견해를 밝혔다. "만약 대통령이 자신이 뭘 원하는지 안다면, 어떤 관료도 대통령을 막을 수가 없어요. 대통령은 언제 조언을 그만 들어야 할지를 알아야 해요."

좀 더 익숙한 학문 분야로 잽싸게 화제를 돌리면서, 나는 트루먼에게 어떤 외교적 결정을 내린 인물로 기억되고 싶은지 물어봤다. 그는 망설이지 않았다. "우리가 적들을 완전히 패배시켰고 항복시켰어요." 그리고 이렇게 말했다. "그리고 나서 우리가 그들이 회복하고 민주주의 국가가 되어 국제공동체에 다시 참여하게 도와줬죠. 오로지 미국만 그렇게 할 수 있었어요." 그러고 나서 트루먼은 인디펜던스시 거리를 걸어서 자신이 살고 있는 단출한 집으로 나를 데려갔고, 부인인 베스를 만나도록 해주었다.

나는 이 간단한 대화가 트루먼의 전형적인 미국식 특성을 너무나 완전하게 담고 있었기 때문에 여기에서 거론한 것이다. 대통령 직위의 위엄과 대통령의 책임에 관한 그의 의식, 미국의 힘에 관한 그의 자부심, 그리고 무엇보다도 미국의 궁극적 소명이 모든 인류의 자유와 진보를 위한 원천이 되어야 한다는 그의 신념이 잘 드러나 있다.

트루먼은 사망 당시 거의 신화적 존재였던 루스벨트의 깊은 그늘 속에서 대통령직을 시작했다. 트루먼은 진심으로 루스벨트를 경외하기는 했지만, 결국 모든 새로운 대통령이 그래야 하는 것처럼, 그는 물려받은 대통령직을 자신만의 경험과 가치의 관점에서 대통령직을 수행했다.

대통령이 된 트루먼은 루스벨트에 비해 연합국의 단결에 그다지 감정적으로 헌신적이지 않았다. 중서부 고립주의자의 아들인 그에게 연합국의 단결은 감정적인 혹은 도덕적인 필요성이 아니라 실용적인 선호를 의미했다. 트루먼은 소련과의 전시 파트너십에 대한 고양감을 느껴본 적도 없었고, 어찌됐건 항상 소련을 경계의 눈초리로 바라보았다. 히틀러가 소련을 공격했을 때, 당시 상원의원이었던 트루먼은 두 독재정권이 도덕적 측면에서 오십보백보라고 보았고, 미국이 이 둘을 서로 죽을 때까지 싸우도록 부추겨야 한다고 권고했다. "만약 독일이 이기고 있는 것처럼 보이면 우리가 러시아를 도와줘야 하고, 러시아가 이기고 있다면 우리가 독일을 도와줘야 합니다. 그런 식으로 둘이 서로 최대한 많이 죽이게 해야 합니다. 비록 어떤 경우에도 히틀러가 이기는 꼴을 절대로 보고 싶지는 않지만 말이죠. 둘 다 자신들이 서약했던 말을 전혀 대수롭게 여기지 않습니다."[3]

루스벨트의 건강이 악화되고 있었지만 트루먼은 부통령으로 있는 3개월 동안 주요 외교정책 결정 과정에 한 번도 초대받지 못했다. 원자폭탄 개발 계획에 대해서도 브리핑을 받은 적이 없었다.

트루먼은 동쪽과 서쪽으로부터 진격해오는 군대의 위치에 근거해 경계선이 이제 막 그어지고 있던 국제적 환경을 물려받았다. 연합군에 의해 해방된 국가들의 정치적 운명이 아직 결정되지 않은 상황이었다. 대부분의 전통적 강대국들은 자신들의 변화된 역할에 여전히 적응해야 했다. 프랑스는 몸을 가누지 못하는 상태였고, 영국은 승리했지만 기진맥진해 있었으며, 독일은 네 개의 점령 구역으로 분할되어 있었다. 1871년 이래 독일의 위력이 유럽을 괴롭혔다면, 이제는 독일의 무기력과 혼란이 위협이 되었다. 스탈린은 소련의 국경을 엘베강으로부터 1,000킬로미터 가까이 서쪽으로 이동시켰고, 서유럽이 무기력했던 반면 미군의 철수가 예정되어 있었기 때문에 스탈린의 군대 앞에 힘의 공백이 펼쳐지고 있었다.

트루먼은 우선 스탈린과 친하게 지내야 한다고 본능적으로 느꼈다. 특히 미국 참모총장들이 대일본 전쟁에 소련이 참전하기를 갈망했기 때문이었다. 비록 트루먼은 1945년 4월에 몰로토프 소련 외교장관(외무인민위원)을 처음 조우했을 때 그의 비타협적 태도에 진절머리가 났지만, 이런 어려움을 역사적 경험이 다른 탓으로 돌렸다. "러시아인들에게 단호해져야겠어요." 트루먼은 말했다. 그들은 예의 바르게 행동하는 법을 모른단 말이에요. 고삐 풀린 망아지예요. 이제 고작 스물다섯 살이니까. 우리는 100살이 넘었고, 영국인들은 수백 살도 더 먹었죠. 우리가 얘들에게 예의 바르게 행동하는 법을 가르쳐줘야겠어요."[4]

이는 전형적인 미국식 언사였다. 근본적인 조화가 있을 것이라는 가정에서 출발한 트루먼은 소련인과의 이견을 지정학적 이익의 충돌 때문이 아니라 "버릇없음"과 "정치적 미숙함" 탓으로 돌렸다. 다시 말하자면, 그는 스탈린이 "정상적" 행동을 하도록 끌고 갈

수 있다고 믿었다. 소련과 미국 간의 긴장이 오해 때문에 빚어진 것이 아니라, 사실상 본질적인 요소라는 현실을 깨닫게 된 것이 냉전의 시작에 관한 이야기였다.

트루먼은 루스벨트의 고위 보좌진을 물려받았고, 네 명의 경찰관이라는 전임자의 구상을 추진하기로 마음먹고 대통령직을 시작했다. 취임한 지 나흘째인 1945년 4월 16일의 연설에서, 트루먼은 세계 공동체와 혼돈상황을 암울하게 대조해 보이며, 무정부 상태 말고는 전 세계적인 집단안보에 대한 다른 대안이 없다고 보았다. 트루먼은 새롭고 평화로운 국제질서를 수립하고 유지하기 위해서, 특히 무엇보다도 국제분쟁을 무력으로 해결해서는 안 된다는 원칙을 수호하기 위해서는 전쟁 당시의 연합국이 단결을 유지해야 한다는 특별한 의무가 있다는 루스벨트의 신념에 다시 전념했다.

> 세계를 지배하려던 추축국의 음모를 분쇄하기 위해 힘을 합쳐야 했던 국가들이 협력을 지속하는 것보다 세계의 평화로운 미래를 위해 더 핵심적인 것은 없습니다.
> 이 위대한 국가들은 평화를 집행해야 하는 특별한 책임이 있지만, 이들의 책임은 법을 수호하기 위한 경우를 제외하고는 국제관계에서 무력을 사용하지 말아야 한다는, 크든 작든 모든 국가에 부과된 의무에 토대를 두고 있습니다.[5]

트루먼의 연설문 작성자들은 트루먼의 연설문을 다양하게 써줘야 한다는 부담을 느끼지 않았거나 어쩌면 표준문안이 더 이상 개선할 여지가 없다고 여겼을지 모른다. 트루먼은 4월 25일 샌프란시스코에서 있었던 유엔 창설회의에서 거의 똑같은 내용을 반복했다.

거창한 수사에도 불구하고 냉정한 지정학적 사실이 현장 상황을 결정하고 있었다. 스탈린은 예전의 외교정책 방식으로 되돌아와서 승리의 대가로서 자신이 유일하게 중시하는 지불수단인 영토 지배권을 달라고 요구했다. 스탈린은 흥정이란 것을 이해했고 어느 정도 흥정할 의향이 있었을지도 모르지만, 세력권(spheres of interest), 혹은 대규모 경제원조 같은 구체적 혜택과 동유럽 내 공산주의 영향력 제한을 맞교환하는 것과 같이, 정확한 주고받기가 포함되는 경우에 한해서만 흥정이 가능했다. 강대국을 이끌었던 가장 부도덕한 지도자 중 한 명의 머리로 도저히 이해할 수 없었던 것은 외교정책을 집단적 선의나 국제법에 기반한다는 아이디어였다. 스탈린이 보기에 세계 지도자들이 서로 얼굴을 맞대고 만난다면 힘의 상관관계(correlation of forces)나 국익의 계산에 대한 입장을 표명할 수야 있겠지만, 그렇게 하더라도 달라질 것은 없었다. 따라서 그는 전시의 동지애로 돌아와 달라는 루스벨트나 처칠의 호소에 결코 응답하지 않았다.

루스벨트가 얻은 엄청난 신망 덕택에 스탈린이 좀 더 오랫동안 온건한 태도를 보였을 가능성도 있다. 결국 스탈린은 "객관적" 현실에 대해서만 양보하려 했다. 그에게 외교란 힘의 관계를 규정하는 더 폭넓고 피할 수 없는 측면에 불과했다. 스탈린은 미국 지도자들을 대할 때 그들이 외교정책에서 도덕성과 법률주의를 중시한다는 게 너무나 이해하기 힘들었다. 스탈린은 겉보기에 전략적 이익이 전혀 없는 동유럽국들의 국내 정치구조를 놓고 왜 미국 지도자들이 야단법석을 떠는지 솔직히 이해하지 못했다. 전통적으로 이해되어 온 어떤 구체적 이익과 아무런 관계가 없는 원칙을 고수하는 미국인들의 태도 때문에 스탈린은 숨은 동기를 찾아보려고 했다. 애버렐 해리먼(Averell Harriman)은 모스크바에서 대사로 근무하던 시절 이렇게 보고했다.

> 스탈린이 자유로운 폴란드에 관한 우리 측 관심이 원칙의 문제임을 이해하지 못하고 있고, 앞으로도 전혀 이해하지 못할 것 같아 걱정스럽습니다. … 스탈린은 현실주의자이고, … 추상적인 원칙에 대한 우리의 신념을 이해하는 데 어려움을 겪고 있습니다. 우리가 숨은 동기가 있지 않다면 소련의 안보에 긴요한 폴란드와 같은 나라에 관한 스탈린의 정책을 왜 우리가 간섭하고 싶어 하는지 이해하기 힘들어할 것입니다.[6]

현실정치의 대가인 스탈린은 유럽 대륙의 중심에 붉은 군대가 주둔함으로써 형성된 새로운 지정학적 균형에 미국이 틀림없이 저항할 것이라고 기대했다. 배짱이 두둑했던 스탈린은 선제적으로 양보를 하는 법이 없었다. 그는 획득한 전리품을 손에 쥐고 경계하는 자세로 앉아서 연합국이 다음 수를 두게 놔두고, 자신은 이미 확보한 협상카드를 굳히는 게 더 낫다고 분명히 판단했을 것이다. 그리고 스탈린은 위험과 보상의 차원에서 분석 가능한 결과가 뒤따를 조치만 심각하게 받아들였다. 연합국이 어떤 압박도 가하지 않으면 스탈린은 그냥 가만히 있었다.

스탈린은 1940년에 히틀러에게 했던 것과 똑같이 미국을 상대로 조롱하는 태도를 보였다. 1945년에 소련은 수천만 명이 죽거나 다쳤고 영토의 3분의 1을 유린당해 허약해진 상황에서 핵무기를 독점하고 있으면서 피해를 입지 않았던 미국을 마주했다. 1940년에 소련은 유럽 대륙의 대부분을 장악하고 있던 독일을 마주했다. 스탈린은 각각의 경우에 양보안을 제시하기보다 소련의 입지를 강화하면서 자신이 후퇴하지 않고 서쪽으로 진격할 가능성이 크다고 잠재적인 적들이 믿도록 허세를 부렸다. 그리고 스탈린은 각각의 경우에 상대방의 대응을 잘못 예상했다. 1940년 몰로토프 외교장관의 베를린 방문은 오히려 침공하겠다는 히틀러의 결정에 힘을 실어주었다. 1945년에도 동일한 외교장관이 미국의 호의를 냉전이라는 대결 구도로 바꾸어놓았다.

처칠은 스탈린의 외교적 계산을 알아차렸고 두 가지 조치로 맞서려고 했다. 처칠은 소련의 권역이 공고해지기 전에 이 문제를 명확히 하기 위해 전쟁 초기에 연합국 3국 정상회담을 촉구했다. 이 회담이 열릴 때까지 처칠은 연합국이 가능한 한 최대한 많은 협상 카드를 확보하기를 원했다. 연합군과 소련군이 예상보다 훨씬 더 동쪽에서 만났고, 그 결과 연합군이 대부분의 산업지역을 포함하여 독일 내 소련 점령지역으로 할당되었던 영역의 거의 3분의 1을 통제하고 있었기 때문에 실제로 기회가 생겼다고 보았다. 처칠은 1945년 5월 4일 워싱턴을 방문 중이며 곧 트루먼을 만날 예정이었던 이든 외교장관에게 이렇게 전보로 지시했다.

> 폴란드와 관련하여, 그리고 러시아의 독일 점령이 일시적이어야 한다는 점과 관련하여, 그리고 다뉴브강 유역 내 러시아에 편입되었거나 러시아의 통제하에 있는 국가들, 특히 오스트리아와 체코슬로바키아, 발칸 국가들에 설정해야 하는 조건과 관련하여 우리 측이 만족할 때까지 연합국은 현 위치에서 점령선으로 후퇴하지 말아야 합니다.[7]

하지만 새로운 미 행정부는 루스벨트 행정부만큼이나 영국의 현실정치에 호의적이지 않았다. 따라서 전시 외교의 행태가 반복되었다. 미국 지도자들은 7월 하반기에 베를린 근처 포츠담(Potsdam)에서 정상회담을 개최하는 데 아주 기쁜 마음으로 합의했다. 하지만 트루먼은 원하는 결과를 얻기 위해 보상과 처벌을 결합해서 스탈린을 상대해야 한다는 처칠의 제안을 받아들일 의향이 아직 없었다. 실제로 트루먼 행정부는 이전 행정부만큼 처칠에게 세력균형 외교의 시대는 돌이킬 수 없는 과거가 되었다는 사실을 가르쳐주고 싶었던 것으로 나중에 밝혀졌다.

예정된 정상회담이 한 달도 남지 않은 6월 말에 미군은 합의된 분계선까지 철수했고, 영국도 별수 없이 미국의 예를 따라야 했다. 더욱이 루스벨트가 영국의 역량을 상당히 과대평가했던 것처럼, 트루먼 행정부도 자신의 역할을 영국과 소련 간의 중재자로 상상했다. 패거리를 지어서 스탈린에게 맞선다는 인상을 주지 않으려고, 트루먼은 포츠담을 방문하는 길에 영-미의 승전을 축하하기 위해 영국을 방문해달라는 처칠의 요청을 거부했다.

트루먼은 처칠을 빼놓고 따로 스탈린을 만나는 데 거리낌이 없었다. 베링 해협 회담을 준비하면서 루스벨트가 내세웠던 구실─처칠과 달리 스탈린을 한 번도 만나본 적이 없었다─을 똑같이 들먹이며, 트루먼은 소련 지도자와의 별도 회담을 제안했다. 하지만 트루먼의 보좌진이 미국과 영국이 한편이라는 인상을 주는 데 대해 민감해했던 것 못지 않게, 처칠은 미-소 대화에서 배제되는 데 대해 민감해했던 것으로 드러났다. 트루먼의 회고록에 따르면, 처칠은 트루먼과 스탈린 간의 회의 연장선에 있는 회담에는 앞으로 참석하지 않겠다고 미국 정부에 퉁명스럽게 통보했다.[8] 자칭 중재자의 임무를 수행하고 연합국 지도자들과 직접 접촉하기 위해 트루먼은 런던과 모스크바에 특사를 파견하기로 했다.

루스벨트의 오랜 친구인 해리 홉킨스(Harry Hopkins)가 모스크바로 보내졌다. 하지만 처칠을 만나도록 보낸 특사는 희한하게도 영국 총리의 속내를 꿰뚫어 보는 재주보다는 스탈린을 안심시킬 수 있는 능력 때문에 발탁되었다. 그는 바로 조지프 E. 데이비스(Joseph E. Davis)였다. 전쟁 전에 주소련 대사를 지냈고 『모스크바 임무(Mission to Moscow)』라는 베스트셀러를 쓴 인물이다.

투자은행가인 데이비스는 비록 공산주의자들의 눈에 골수 자본가로 보였지만, 대부분의 미국 특사들─특히 직업 외교관 출신이 아닌 인물들─이 자주 보여준 자칭 주재국의 대변인 역할을 맡았다. 데이비스의 주소련 대사 경험에 관한 책은 상상 가능한 모든 주제에서 소련의 선전선동 내용을 앵무새처럼 반복했고, 심지어 대숙청에 따른 희생자들의 죄상까지도 열거했다. 전시에 임무를 수행하도록 루스벨트가 보냈지만, 터무니없을 정도로 잘못 고른 인물인 데이비스는 소련 최고위 지도부 인사들에게 미국대사관에서 자신의 베스트셀러를 토대로 만들어진 영화를 보여줄 정도로 감이 아주 많이 떨어졌다. 공식적인 보고서에는 초대받은 소련 측 인사들이 전직 동료들의 죄상이 화면에 나올 때 "침울한 호기심을 보이며" 영화를 봤다고 건조하게 기술되어 있었다.[9] (그럴 만했다. 이들이 그 내용을 더 잘 알고 있었을 뿐만 아니라, 그 영화가 자신들의 미래 모습이 될 가능성도 있었기 때문이다.) 그래서 트루먼으로서는 전후 세계에 관한 처칠의 시각을 간파하기 위해 다우닝가에 누구를 보냈더라도, 이 사람보다 더 감이 떨어지는 사람을 보낼 수는 없었을 것이다.

1945년 5월 말, 데이비스의 런던 방문은 전쟁 당시 모스크바에서 활동할 때만큼 초

현실적이었던 것으로 확인되었다. 데이비스는 영-미 관계 증진보다 미국과 소련 간의 파트너십 지속에 훨씬 더 관심이 있었다. 처칠은 이 미국 특사에게 스탈린이 중유럽을 집어삼키려고 해서 두렵다고 설명했고, 스탈린에게 맞서기 위해 영국과 미국의 단결된 전선이 필요하다고 강조했다. 처칠이 소련의 도전을 분석한 데 대해 데이비스는 "제가 이해하기로는, 총리님께서는 히틀러와 괴벨스가 연합국을 분열시키고 '분할해서 지배' 하려는 노력으로서 지난 4년 동안 선언하고 반복해왔던 독트린을 언급하시는 것 같은데, 혹시 총리님과 영국이 히틀러를 지지하지 않은 실수를 범한 것은 아닌지요?"라고 빈정대듯이 처칠에게 물어보았다.[10] 데이비스로서는 스탈린이 신의성실하다는 전제에 기초하지 않으면 동-서방 간의 외교란 아무런 성과가 없는 것이었다.

데이비스는 똑같은 맥락으로 트루먼에게 보고했다. 처칠이 아무리 위대할지라도 자신이 보기에는 "시종일관" 위대한 영국인이었으며, 평화 유지보다는 유럽에서의 영국의 위상 유지에 더 관심이 있었다.[11] 예전에 루스벨트의 비서실장이었고 지금은 트루먼의 비서실장인 윌리엄 레이히(William D. Leahy) 제독은 데이비스의 보고서를 지지하면서, 데이비스의 시각이 널리 지지받고 있다고 확인해주었다. "이 보고서는 전쟁 기간 내내 처칠의 태도에 관해 우리 참모들이 내렸던 평가와 일치합니다."[12]

현실정치에 대해 이보다 더 미국의 판에 박힌 대응을 잘 보여준 사례는 없었다. 데이비스와 레이히는 영국 총리가 영국의 국익에 주로 관심을 갖는 데 대해 대놓고 강한 불쾌감을 드러냈다. 만약 다른 나라 정치인들이라면 이 같은 태도를 세상에서 가장 당연한 일로 여겼을 것이다. 비록 유럽 대륙에서 세력균형을 유지하려는 처칠의 태도가 300년에 걸쳐 지속된 영국의 역사적 정책이었지만, 미국인들은 이런 태도가 뭔가 도리에 어긋난다고 보았고, 평화 추구와 세력균형을 유지하려는 노력을 대비시켰다. 마치 목적과 수단이 상호보완적이라기보다 양립 불가능한 것처럼 말이다.

전쟁 당시 특사로서 모스크바를 여러 번 방문한 적이 있었던 홉킨스는 예전과 유사한 임무를 수행하면서 이번 방문이 아주 맘에 들었다. 그럼에도 불구하고 홉킨스와 스탈린의 회동이 의도치 않게 동유럽에서의 교착상태를 심화시키고 냉전의 시작을 앞당겼을 수도 있다. 홉킨스가 소련과의 대결보다 화합을 강조하는 전쟁 시기의 태도를 견지했기 때문이다. 홉킨스로서는 스탈린의 노선이 흥분해 있는 미국 대중과 얼마나 심각한 갈등을 빚게 될지 스탈린에게 도저히 전달할 수 없었다. 홉킨스는 외교에 종사하는 동안 이해와 호의가 있는 분위기에서는 모든 이견이 해소될 수 있다고 여기면서 활동해왔다. 하지만 스탈린은 이런 범주의 사고를 거의 이해하지 못했다.

스탈린은 5월 말부터 6월 초까지 여섯 번에 걸쳐 홉킨스를 만났다. 대화 상대를 수세로 몰아넣는 평소의 기술을 활용해서 스탈린은 렌드-리스법이 종료되고 미-소 관계가 전체적으로 식어가고 있다고 불만을 늘어놓았다. 그는 소련이 압박에 절대로 굴복하지 않을 것이라고 경고했다. 물론 이런 태도는 협상가가 어떤 양보를 해야 하는지 알아보면서도 체면상 그런 요구를 받아들이겠다는 내색을 하지 않으려는 전형적인 외교적 술수였다. 스탈린은 미국이 왜 폴란드에서의 자유선거 실시에 관심이 있는지 이해할 수 없다고 주장했다. 어쨌든 소련은 아직 선거가 실시되지 않은 이탈리아와 벨기에에 대해 유사한 문제를 제기하지 않았다. 왜 서방 국가들이 소련 국경과 가까이 있는 폴란드와 다뉴브강 유역에 있는 국가들에 관심을 가져야 하는가?

홉킨스와 스탈린은 조심스럽게 논쟁을 했고 홉킨스는 미국인들이 동유럽의 자결권 문제에 대해 아주 진지하게 생각하고 있다는 메시지를 결국 전달하지 못했다. 실제로 홉킨스는 대부분의 미국 협상가들처럼 가장 강경한 입장을 취하면서도 비타협적이라는 인상을 주지 않으려고 했다. 미국 협상가들은 타협을 기대하면서 교섭 상대방에게 품위 있게 빠져나갈 수 있는 길을 제공하려고 노력한다. 이런 접근법의 이면으로, 미국 협상가들은 상대방의 선의에 대한 신뢰를 상실하는 순간, 완고하고 때로는 아주 경직적으로 변하는 경향이 있다.

홉킨스의 협상 스타일은 전시 동맹 덕택에 아직 스탈린과 소련에 호의적인 감정이 대단히 많이 있었기 때문에 약점이 더 커졌다. 1945년 6월이 되자 스탈린은 이미 폴란드 서부 국경뿐 아니라 동부 국경도 일방적으로 확정해버렸고, 폴란드 정부 내 소련의 꼭두각시들을 막무가내로 승진시켰으며, 자유선거를 실시하기로 한 얄타회담 당시의 약속을 노골적으로 위반했다. 그런데도 해리 홉킨스는 여전히 스탈린에게 미-소 간의 이견을 "개별적으로 보면 그다지 중요하지 않은 일련의 사건들이 폴란드 문제를 둘러싸고 불거져버린 탓"으로 돌릴 수 있다고 여겼다.[13] 홉킨스는 테헤란 정상회담과 얄타 정상회담 당시 루스벨트가 구사했던 전술에 의지했다. 트루먼 행정부가 받고 있는 국내적 압박을 완화하는 데 도움이 되도록 스탈린에게 동유럽에 관한 요구사항을 조정해달라고 요청했다.

스탈린은 미국의 원칙에 부합하도록 폴란드 신정부를 구성하는 방안에 관한 제안에 대해 열린 입장이라고 밝혔다. 그는 홉킨스에게 바르샤바 정부가 군사적 필요성 때문에 "어쩔 수 없이" 소련에 의해 창설되었다고 주장하면서, 이 정부에 추가할 민주적 인사 네댓 명을 추천해달라고 제안했다.[14] 물론 공산주의 정부에 상징적으로 참여하는 것은 본질적인 문제가 아니었다. 자유선거가 중요했다. 공산주의자들은 연립정부를 붕괴시키는 솜씨가 뛰어나다는 사실을 이미 과시했다. 어쨌든 홉킨스가 신정부를 위해 제안할 구체적 인사 명단을 갖고 있지 않다고 인정했을 때, 미국이 폴란드 상황에 관해 파악하고 있는 내용 정도로는 스탈린에게 별다른 인상을 심어줄 수 없었다.

스탈린은 주변국에 대한 재량을 주장하면서 전통적인 러시아의 관행을 따랐다. 러시아가 2세기 전 국제무대에 등장한 이래, 러시아 지도자들은 국제회의보다 주변국과의 양자 차원에서 분쟁을 해결하려고 했다. 1820년대 알렉산드르 1세도, 30년 후의 니콜라이 1세도, 1878년의 알렉산드르 2세도 러시아와 터키 사이에 왜 영국이 끼어들려고 하는지 이해하지 못했다. 이런 사례들과 이후 사례에서도 러시아 지도자들은 주변국을 상대할 때 자신들이 자유롭게 행동할 자격이 있다는 입장을 고수했다. 방해를 받게 되면 그들은 힘에 의지하려 했다. 그리고 일단 힘에 의지하면 전쟁 위협을 받지 않는 이상 절대로 물러서지 않았다.

트루먼 특사의 런던과 모스크바 방문에서 무엇보다 트루먼이 여전히, 평화유지 방식에 대한 루스벨트의 관점과 동유럽에서의 소련 행동에 대한 커지는 자신의 분노 사이에서 방향을 잡으려 한다는 사실이 드러났다. 루스벨트 방식대로 하자니 미국은 파트너가 없었고, 소련 행동에 화가 났지만 아직 아무런 정책이 없었다. 트루먼은 전쟁의 승리에 따른 지정학적 현실을 직시하거나, 또는 네 명의 경찰관이 통제하는 세계질서라는 루스벨트의 비전을 폐기할 준비가 아직 되어 있지 않았다. 그렇다고 해서 미국은 세력균형이 유럽식 외교의 일탈이 아니라 국제질서의 필수품이라는 사실을 인정하려고도 하지 않았다.

네 명의 경찰관이라는 루스벨트의 꿈은 1945년 7월 17일부터 8월 2일까지 지속된 포츠담 회담에서 끝났다. 세 명의 지도자는 독일의 마지막 황태자가 기거했던, 동굴 같은 영국식 시골 저택인 체칠리엔호프 궁전(Schloss Cecilienhof)에서 만났다. 포츠담이 회담 장소로 선정된 이유는 소련 점령지역 내에 있으며 철도를 이용해서 갈 수 있고(스탈린은 비행기를 타기 싫어했다) 소련 경비 병력의 보호를 받을 수 있었기 때문이다.

미국 대표단은 회담 장소에 도착했을 때에도, 전쟁 당시 생각했던 새로운 세계질서에 대한 의지가 여전히 확고했다. 미국 대표단의 협상 기준이 되었던 국무부 브리핑 자료에는 세력권이 형성되면 세계평화에 가장 큰 위협이 될 것이라는 주장이 담겨 있었다. 이 보고서는 윌슨식 통설을 언급하면서 세력권은 "다름 아닌 권력정치 그 자체이며, 온갖 폐해를 수반한다. … 우리의 주된 목적은 각 국가가 자신들의 안보를 위해 이런 세력권이 필요하다고 느끼는 원인을 없애는 것이지, 국가가 서로를 상대로 힘을 키우도록 도와주는 게 아니다."라고 주장했다.[15] 국무부는 권력정치가 없는 상황에서 어떻게 스탈린이 타협하도록 만들 것인지, 혹은 만약 갈등의 원인이 이익의 충돌이 아니라면, 과연 그것이 무엇인지 설명하지 않았다. 그런데도 어디든지 얼굴을 들이밀었던 조지프 데이비스는 소련 지도자 담당 대통령 보좌관으로서 정상회담에 동석했고, 스탈린의 요구를 다 받아주라는 것이나 다름없는 권고를 하면서 상당히 흡족해 했다. 회담장에서 한참 치열한 의견 교환이 오가고 난 뒤, 데이비스는 트루먼에게 "스탈린이 기분이 상한 것 같습니다. 좀 살살 해주십시오."라는 쪽지를 건넸다.[16]

트루먼으로서는 사람들, 특히 공산주의자들에게 상냥하게 대하는 게 자연스럽지 않았다. 그렇지만 큰맘 먹고 한 번 시도해보았다. 트루먼은 처음에 처칠의 달변보다 스탈린의 퉁명스러운 말투를 더 좋게 평가했다. 트루먼은 어머니에게 이렇게 편지를 썼다. "처칠은 쉴 새 없이 말을 하고 스탈린은 그저 투덜거리지만 그가 무슨 말을 하려는지 아실 겁니다."[17] 7월 21일의 사적인 만찬 자리에서 트루먼은 있는 힘을 다해 노력했고, 나중에 데이비스에게 속내를 털어놓았다. "나는 우리가 '정직하고', 평화와 품격 있는 세계에 관심이 있으며, 그들에게 적대적 의도가 없다는 걸 스탈린에게 이해시키려 했습니다. 우리 자신을 위해 원하는 건 없고, 단지 우리나라의 안보와, 우정과 친밀한 이웃 관계가 있는 평화를 원할 뿐이고, 이걸 위해 우리가 함께해야 한다는 점을 설득하고 싶었습니다. 나는 '아주 힘주어 말했고' 그가 나를 믿는다고 생각합니다. 내 말은 전부 다 진심이었습니다."[18] 불행히도 스탈린은 당면 이슈에 대해 사심이 없다고 주장하는 대화 상대를 판단할 준거가 없었다.

포츠담 회담에 참석했던 지도자들은 베르사유 회의 당시 골칫거리였던 조직구성 문제를 피하려고 했다. 트루먼과 처칠, 스탈린은 세부사항이라는 수렁에 빠지고 시간적 제약을 받으며 일하기보다 그들의 논의를 일반원칙에 한정하기로 했다. 외교장관들이 패망한 추축국 및 그들의 동맹국들과 평화 협정에 관한 세부사항을 논의하게 했다.

이렇게 제약을 두었지만, 이 회담은 배상문제, 독일의 미래, 그리고 이탈리아, 불가리아, 헝가리, 루마니아와 같은 독일의 동맹국이나 핀란드 같은 제휴국의 지위 등을 포함해 의제가 방대했다. 스탈린은 몰로토프가 1940년에 히틀러에게 제시했고, 1년 후 이든에게 다시 제시했던 요구 목록을 제출하며 의제를 더 넓혔다. 소련 측의 요구에는 소련의 터키 해협 통항방식 개선, 보스포러스 해협 내 소련군 기지 건설, 이탈리아 식민지 일부 할양 등이 포함되었다. 이미 시달리고 있던 정부수반들은 이 정도 범위의 의제를 2주일

만에 도저히 해결할 수 없었다.

포츠담 회담은 급속도로 귀머거리들 간의 대화로 변질되었다. 스탈린은 자신의 세력권을 굳히겠다고 고집했다. 트루먼과 (트루먼 정도는 아니지만) 처칠도 자신들의 원칙에 대한 정당화(vindication)를 요구했다. 스탈린은 소련이 이탈리아를 승인하는 대신 불가리아와 루마니아에 소련이 수립한 정부를 서방이 승인하는 식의 맞교환을 시도했다. 그러는 와중에 스탈린은 동유럽에서 자유선거를 실시하라는 민주주의 국가들의 요구를 완강하게 거부했다.

결국 각 측은 거부권을 행사할 수만 있다면 어떤 분야건 간에 거부권을 행사했다. 미국과 영국은 독일이 200억 달러(이 중 절반은 소련이 받기로 되어 있었다)를 배상금으로 내놓거나 아니면 각자 점령한 지역 내 자산을 배상 목적으로 사용할 수 있게 하자는 스탈린의 요구를 거부했다. 반면에 스탈린은 동유럽 전역에서 공산당의 입지를 계속 강화해 나갔다.

스탈린은 또한 폴란드의 국경을 서쪽으로 더 멀리 이동시키려고 오데르강과 나이세강과 관련된 얄타 회담의 합의사항에서 애매모호한 부분을 활용했다. 얄타 회담에서 이 강들을 폴란드와 독일을 구분하는 경계선으로 삼기로 했지만, 앞에서 지적한 대로 "나이세강"이 두 개가 있었다는 사실을 아무도 몰랐던 것처럼 보였다. 처칠은 동쪽에 있는 강이 국경이 된다고 이해하고 있었다. 하지만 포츠담 회담에서 스탈린은 자신이 동쪽에 있는 나이세강과 서쪽에 있는 나이세강 사이에 있는 지역을 폴란드에 양도했다고 밝혔다. 스탈린은 폴란드가 오래된 독일 도시인 브레슬라우(Breslau)[19]를 비롯해서 역사적으로 독일 영토인 지역을 획득하고 500만 명 이상의 독일인을 추방한다면, 폴란드와 독일 간의 적대감이 아주 다루기 어려워질 것이라고 분명히 미리 계산했다. 미국과 영국 지도자들은 강화회의가 있을 때까지 국경문제에 관한 최종 입장을 유보하겠다는 무의미한 단서를 붙인 채 스탈린이 내세운 기정사실을 묵인했다. 이런 유보적인 태도는 폴란드의 대소련 의존도만 심화시켰고, 독일 주민들이 추방되는 영토에 관한 것이었기 때문에 공허한 가식적 행동에 불과했다.

처칠은 포츠담에 도착했을 때 국내적 입지가 그다지 탄탄하지 못했다. 실제로 이 회담의 흐름이 그다지 순탄치 못했지만 1945년 7월 25일에 치명적으로 멈춰버렸다. 영국 대표단이 1935년 이후 처음으로 실시된 총선 결과를 기다리기 위해 귀국하겠다고 정회를 요청했기 때문이다. 처칠은 선거에서 참패한 뒤 다시 포츠담으로 돌아오지 못했다. 클레멘트 애틀리(Clement Atlee)가 새로운 총리에 취임해서 그 자리를 대신했고, 어네스트

베빈(Ernest Bevin)이 외교장관이 되어 포츠담에 돌아왔다.

포츠담 회담은 성과가 거의 없었다. 스탈린의 요구사항 중 많은 부분이 거절당했다. 보스포러스 해협 내 소련군 기지 설치, 이탈리아의 아프리카 식민지 일부에 대한 소련의 신탁통치 요구, 루르 지역을 4개국 통제하에 두려는 그의 바람, 소련이 수립한 루마니아와 불가리아 정부에 대한 서방의 승인 등이 거절당했다. 트루먼도 마찬가지로 자신이 제안했던 사안 일부가 좌절되었고, 특히 다뉴브강의 국제화 시도가 그랬다. 3국의 국가원수들은 일부 합의를 그럭저럭 도출해냈다. 독일 문제를 다루기 위한 4개국 협의체가 설립되었다. 트루먼은 배상 문제에 관해서는 자신의 접근법을 스탈린이 수용하게 하는 데 성공했다. 개별 국가가 독일 점령구역에서 각자 배상금을 받아내기로 했다. 폴란드의 서부 국경 문제는 회피했다. 미국과 영국은 스탈린의 오데르–나이세강 국경선을 묵인했지만, 나중에 개정을 검토할 권리를 남겨두었다. 마지막으로 스탈린은 대일본 전쟁에 협조하겠다고 약속했다. 많은 부분이 애매모호하고 미결인 상태로 남았다. 종종 있는 일이지만 국가원수들이 합의하지 못한 골치 아픈 문제는 추가 협의를 위해 외교장관들에게 떠넘겨졌다.

아마도 포츠담 회담에서 가장 의미 있는 사건은 공식 의제에 없었던 사항이었다. 트루먼은 회담 중 스탈린을 따로 불러 핵무기의 존재를 알려줬다. 물론 스탈린은 이미 소련 간첩을 통해 트루먼보다도 먼저 알고 있었다. 그의 피해망상증을 고려할 때, 스탈린은 트루먼이 알려준 사실을 의심의 여지없이 속이 뻔히 보이는 협박으로 여겼다. 그는 이 새로운 기술에 휘둘리지 않는 것처럼 행동하려 했고 별다른 호기심을 보이지 않으면서 평가 절하하기로 했다. 트루먼은 회고록에서 이에 관해 이렇게 적었다. "러시아 총리가 별다른 관심을 보이지 않았다. 그 이야기를 듣게 되어서 기쁘고 우리가 일본을 상대로 유용하게 사용하길 바란다고 말한 게 전부였다."[20] 자체적으로 핵무기를 개발할 때까지 소련은 핵무기에 대해 이런 식의 전술을 계속 구사했다.

나중에 처칠은 자신이 재선되었다면 포츠담에서 위기 상황까지 밀어붙여서 합의를 강요했을 것이라고 말했다.[21] 다만, 무엇을 염두에 두었는지는 구체적으로 말하지 않았다. 실제로 스탈린이 합의하게 만들려고 했다면 극도로 압박해야 했을 것이고, 그나마 마지막 순간에나 합의가 가능했을 것이다. 포괄적 합의를 원했던 처칠의 입장은 미국으로서는 딜레마가 되었다. 미국 정치인 중에 누구도 처칠이 상상했던 만큼, 그리고 스탈린의 심리상태를 고려해서 필요한 수준의 위협이나 압박을 할 각오가 되어 있지 않았다. 미국 지도자들은 스탈린이 동유럽에서 일당독재 국가들을 세울 기회를 더 많이 얻게 될수록 노선을 바꾸도록 만들기가 어려워진다는 점을 아직 직시하지 못했다. 전쟁이 끝났을 때 미국인들은 전쟁과 대립에 진절머리가 나 있었고, 무엇보다 장병들을 귀국시키고 싶었다. 미국인들은 동유럽의 정치적 다원성이나 국경을 놓고 더 심각한 대립을 하겠다고 위협할 각오가 되어 있지 않았고, 하물며 핵전쟁은 말할 나위도 없었다. 공산주의자들이 더 이상 전진하지 못하게 막아야 한다는 일치된 여론은 더 이상 군사적 위험을 감수하지 말아야 한다는 일치된 여론에 부딪혔다.

그리고 만약 스탈린과 대립했더라면 작은 소란 정도로 끝나지 않았을 것이다. 스탈린이 외교적으로 어느 정도까지 압박할 각오가 되어 있었는지는 안드레이 그로미코가 외교장관에서 물러난 뒤인[22] 1989년에 그와 이야기를 나누었을 때 알게 되었다. 나는 그에게 그토록 엄청난 피해를 초래한 전쟁을 겪은 지 얼마 되지도 않았고, 미국이 핵무기를 독점한 상황에서 왜 소련이 베를린 봉쇄라는 위험을 감수했는지 물어보았다. 그로미코에 의하면 몇몇 보좌관들이 스탈린에게 그런 우려를 전달했지만, 스탈린은 세 가지 논지에 기초해서 그것을 무시했다고 한다. 첫 번째로, 미국이 베를린 때문에 핵무기를 사용하는 일은 절대 없을 것이다. 두 번째로, 만약 미국이 아우토반을 통해 베를린까지 호송대를 보내면 붉은 군대로 막으면 된다. 마지막으로, 만약 미국이 모든 전선에서 공격할 것으로 보인다면, 스탈린 자신이 최종 결정을 내릴 것이다. 아마 이 정도가 되어야 스탈린이 합의하려 했을 것이다.

포츠담 회담 결과, 유럽을 두 세력권으로 나누는 절차가 실질적으로 개시되었다. 미국의 전시 지도자들이 가장 피하려고 마음먹었던 시나리오였다. 놀랍지 않게, 외교장관 회담은 정상회담보다도 더 생산적이지 못했다. 이들은 권한도 더 적었고, 덜 유연했다. 몰로토프의 정치적 생존뿐 아니라 물리적 생존도 스탈린의 지시사항을 최대한 경직적으로 고수하는 데 달려 있었다.

첫 번째 외교장관 회담이 1945년 9월과 10월 초에 런던에서 개최되었다. 이 회담의 목적은 독일 편에 서서 싸웠던 핀란드, 헝가리, 루마니아, 불가리아를 대상으로 한 강화조약의 초안을 작성하는 것이었다. 미국과 소련의 입장은 포츠담 회담 이후 전혀 변하지 않았다. 제임스 번즈(James Byrnes) 국무장관은 자유선거를 요구했다. 몰로토프는 이런 요구를 들으려고 하지 않았다. 번즈는 일본에서 보여준 핵무기 위력이 미국의 협상력을 높여줬을 것이라고 기대했다. 오히려 몰로토프는 여전히 막무가내로 행동했다. 회담이 끝나자, 미국이 핵무기가 있더라도 적어도 위협적인 외교를 하지 않는 이상 소련이 더 협조하지 않을 것이라는 게 분명해졌다. 번즈는 전임자인 에드워드 스테티니어스(Edward

R. Stettinius)에게 이렇게 말했다.

> 우리는 일 년 전에 상대했던 러시아와 완전히 다른 새로운 러시아와 맞서고 있었습니다. 전쟁 당시 우리를 필요로 했고, 우리가 보급품을 제공하는 한 이들과의 관계가 만족스러웠습니다. 하지만, 전쟁이 끝났기 때문에 이들은 공격적 태도를 취하고 옹호할 여지가 없는 정치적인 영토 문제들을 주장합니다.[23]

네 명의 경찰관이라는 꿈은 쉽게 사라지지 않았다. 외교장관 회담이 불발되고 몇 주가 지난 1945년 10월 27일에 트루먼은 해군의 날 기념식에서 미국 외교정책의 역사적 주제에 대해 연설하면서 미-소 협력을 호소했다. 그는 미국이 영토도 군사기지도 추구하지 않는다고 말했다. "다른 나라에 속하는 그 어떤 것도 추구하지 않습니다." 미국의 도덕적 가치를 반영하는 미국의 외교정책은 "의로움과 정의라는 근본 원칙"과 "악과의 타협 거부"에 확고히 기초하고 있다는 것이었다. 개인과 공공의 도덕을 동일시하는 미국의 전통을 원용하면서, 트루먼은 "이 황금률을 세계의 국제문제에 도입하려는 우리의 노력을 축소하지 않을 것"이라고 약속했다. 외교정책에서 도덕적 측면을 강조했던 트루먼의 태도는 미-소 간의 화해를 또다시 호소하는 서막이 되었다. 전시 연합국 간에 "절망적이거나 화해할 수 없는" 이견은 없다고 트루먼은 단언했다. "승전국 간에 해결할 수 없을 정도로 깊이 뿌리박힌 이익의 충돌은 없습니다."[24]

하지만 그렇지 않았다. 1945년 12월에 개최된 차기 외교장관 회담에서 보잘것없는 소련의 "양보"가 있었다. 스탈린은 12월 23일에 번즈 국무장관을 접견했고, 서방 민주주의 3개국이 위원단을 루마니아와 불가리아에 파견해서 이들 정부가 일부 민주주의 인사를 포함하도록 내각을 확대하는 방안에 대해 조언해달라고 제안했다. 이 냉소적 제안은 물론 스탈린이 민주적 기본 가치를 수용하겠다는 태도라기보다 공산주의자들이 그들의 위성국들을 장악하고 있다는 자신감을 과시한 것이었다. 조지 케넌도 이런 시각으로 보았으며, 스탈린의 양보를 "스탈린식 독재정치의 민낯을 감추기 위한 민주적 절차라는 눈속임"이라고 조롱했다.[25]

그러나 번즈 국무장관은 스탈린의 제안을 얄타 합의가 어떤 민주적인 조치를 필요로 한다는 점을 인정한 것으로 해석했고, 불가리아 및 루마니아와 강화조약을 매듭짓기 전에 두 나라를 승인해버렸다. 트루먼은 번즈가 자신과 상의도 없이 타협안을 받아들이자 불같이 화를 냈다. 비록 트루먼은 좀 망설인 후에 번즈에 동의하기는 했지만, 이 사건은 대통령과 국무장관 간의 관계가 소원해지는 첫 단추가 되었고 이듬해 번즈의 사임으로 이어졌다.

1946년에 외교장관 회담이 두 차례 더 파리와 뉴욕에서 개최되었다. 이 회담을 통해 부수적인 조약이 완성되었지만, 스탈린이 동유럽을 정치적, 경제적으로 소련의 부속물로 만들어버리면서 긴장이 한층 고조되었다.

미국과 소련 지도자 간의 문화적 차이도 냉전이 등장하는 데 기여했다. 미국 협상가들은 법적, 도덕적 권리만 옳으면 자신들이 원하는 결과를 만들어낼 수 있는 것처럼 행동했다. 하지만 스탈린의 방침을 바꾸려면 훨씬 더 설득력 있는 이유가 필요했다. 트루먼이 황금률[26]에 대해 말했을 때 미국인들은 그것을 글자 그대로 받아들였고, 법적 규범의 지배를 받는 세계가 존재한다고 진실로 믿었다. 스탈린은 트루먼의 말이 까다롭지는 않았지만 의미 없이 장황하다고 느꼈다. 스탈린이 염두에 두고 있었던 새로운 국제질서는 공산주의 이념으로 강화된 범슬라브주의였다. 유고슬라비아의 반체제 공산주의자였던 밀로반 질라스는 스탈린과의 대화 당시 스탈린이 했던 말을 이야기했다. "만약 슬라브족이 단결하고 연대를 유지한다면 미래에는 아무도 손가락을 까딱하지 못할 것이오. 손가락조차도 말이오!' 스탈린은 자신의 검지를 공중에 흔들어대면서 반복해서 자기 생각을 강조했다."[27]

역설적으로 스탈린이 소련이 실제로 얼마나 허약했는지를 깨닫게 됨에 따라 상황이 냉전으로 더 빨리 치달았다. 모스크바 서쪽의 소련 영토가 초토화된 상태였다. 군이 후퇴할 때 관행적으로 취하는 조치에 따라 처음에는 소련군이, 그리고 나중에는 독일군이 러시아의 가혹한 기후를 버틸 수 있게 하는 대피소를 추격해오는 적군이 사용하지 못하게 하려고 모든 굴뚝을 다 파괴해버렸기 때문이다. 민간인을 포함한 소련인 사망자 수가 2,000만 명이 넘었다. 여기에 더해서 스탈린의 숙청, 정치범 수용소, 강제 집단화, 그리고 의도적으로 조장한 기근으로 인한 추가 사망자 수가 2,000만 명 정도였던 것으로 추정되고 아마도 1,500만 명이 추가로 강제수용소인 굴라그(Gulag)에 감금되었던 것으로 보인다.[28]

이제 이 거덜난 국가는 미국의 핵무기라는 획기적 기술 발전의 산물에 갑자기 직면하게 되었다. 이는 스탈린이 오랫동안 두려워했던 순간이 마침내 왔으며 자본주의 세계가 자신의 의지를 강요할 수 있게 되었다는 의미인가? 지나치게 압제적인 러시아의 기준에서 보더라도 비인간적이었던 그간의 모든 고난과 분투에도 불구하고 고작 가져온 결과가 자본주의자들이 일방적으로 유리해진 상황이라는 것인가?

거의 무모할 정도로 허세를 부리며 스탈린은 마치 소련이 자신의 약점이 아니라 힘에 근거해서 행동하는 척하기로 했다. 스탈린은 자발적으로 양보하면 약하다는 점을 스스로 인정하는 꼴이 된다고 생각했고, 뭐가 됐건 간에 일단 수용하면 더 많은 요구와 압박을 받게 될 것이라고 보았다. 그래서 소련군을 유럽의 중심부에 주둔시키면서 점진적으로 소련 괴뢰정권을 수립하게 만들었다. 더 나아가서 스탈린은 자신이 너무나 무자비하고 흉폭하다는 이미지를 퍼뜨려서 그가 영국 해협까지 돌진할지도 모른다고 많은 사람들이 생각하게 만들었다. 후대에 와서는 이런 공포가 터무니없었던 것으로 널리 인식되고 있다.

스탈린은 소련의 힘과 호전성을 부풀리면서 미국의 힘, 특히 가장 강력한 무기인 원자폭탄을 폄하하는 체계적인 노력을 병행했다. 스탈린은 트루먼이 핵무기의 존재를 알려줬을 때 무관심한 척하며 분위기를 잡았다. 공산주의자들은 선전선동을 통해 핵무기의 도래에도 불구하고 군사전략의 규칙이 변하지 않았고 전략적 폭격이 효과가 없을 것이라고 주장했고, 이 주장은 선의로 공산주의를 신봉했던 전 세계 학계 인사들로부터 지지를 받았다. 1946년에 스탈린은 공식 독트린을 밝혔다. "핵무기는 소심한 사람들을 겁먹게 하려는 의도가 있지만, 전쟁 결과를 결정짓지는 못한다."[29] 소련의 공식 발표에서 스탈린의 성명은 전략의 "일시적" 요소와 "항구적" 요소를 구분하는 논지로 즉각 확대되었고, 핵무기는 일시적 현상으로 분류되었다. 항공군 상원수(Chief Marshal of Aviation)였던 콘스탄틴 버시닌은 1949년에 "전쟁광들은 소련과 인민민주주의 국가의 인민들이 소위 '핵' 전쟁 또는 '발사 버튼' 전쟁으로 겁먹을 것이라고 [계산하면서] … 공군의 역할을 말도 안 되게 과장한다."라고 말했다.[30]

정상적인 지도자라면 전쟁과 그전에 있었던 비인간적인 강요로 인해 지쳐버린 사회를 위해서라도 잠시나마 한숨을 돌리려고 했을 것이다. 하지만 악마 같은 소련 공산당 서기장은 인민들에게 쉴 틈을 전혀 허용하지 않았다. 실제로 그는 만약 소련 사회에 일시적으로 유예를 베푼다면 공산주의 통치의 근간을 겨냥하는 문제제기가 쏟아져 나오기 시작할 것이라고 계산했다. 아마도 이런 계산이 정확해 보였다. 1945년 5월 휴전 직후 승리를 거둔 붉은 군대 사령관들을 대상으로 한 연설에서, 스탈린은 전시의 감정적 수사를 마지막으로 사용했다. 스탈린은 사령관들을 "내 친구들, 내 동포들"이라고 부르면서 1941년부터 1942년까지의 후퇴를 이렇게 묘사했다.

다른 국민이었다면 정부에 이렇게 말했을지도 모릅니다. '우리의 기대에 부응하지 못했으니 당장 물러나시오. 독일과의 강화조약에 서명하고 우리를 쉬게 해줄 새로운 정부를 세우겠소.' 하지만 러시아 인민은 이런 길을 택하지 않았습니다. 정부의 정책을 신뢰했기 때문입니다. 정부를 신뢰해준 위대한 러시아 인민에게 감사드립니다.[31]

이 연설은 스탈린이 스스로 오류를 범할 수도 있다고 시인했던 마지막 사례였고, 정부수반으로서 인민에게 했던 마지막 연설이었다. (흥미롭게도 이 연설에서 스탈린은 러시아 인민에게만 공을 돌렸으며 소련 제국 내 다른 민족들은 언급하지 않았다.) 몇 달 안 가서 스탈린은 자신의 권력 기반으로서 공산당 서기장이라는 직위로 되돌아갔으며, 오로지 공산당에게만 소련의 승리에 대한 공을 돌리면서 소련 인민을 호칭하는 방식도 공산주의자들의 표준 호칭인 "동무"로 되돌아갔다.

1946년 2월 9일에 있었던 또 다른 중요한 연설에서 스탈린은 전후 기간을 위한 전진 명령을 확고히 했다.

이제 승리는 무엇보다도 우리 소련 사회체제가 승리했으며, 소련 사회체제가 전쟁의 포화 속에서 시험을 성공적으로 견뎌냈고, 완벽한 생명력을 입증했다는 사실을 의미합니다. … 소련 사회체제는 비소련 사회체제보다 더 생명력이 강하고 더 안정적이라고 입증되었습니다. … 소련 사회체제는 다른 어떤 비소련 사회체제보다 더 훌륭한 사회체제입니다.[32]

스탈린은 제2차 세계대전의 원인을 설명하면서 진정한 공산주의 신념을 언급했다. 그는 이 전쟁이 히틀러 때문이 아니라 자본주의 체제의 작동방식 때문에 발발했다고 말했다.

우리 마르크스주의자들은 자본주의 체제라는 세계 경제가 위기와 전쟁의 요소를 숨기고 있으며, 앞으로도 세계 자본주의가 안정적이고 순탄한 흐름을 따라 발전하지 않고 위기와 재앙을 겪을 것이라고 선언합니다. 자본주의 국가들의 불균등한 발전은 결국 그들 간의 관계에 심각한 지장을 초래할 것이고, 천연자원과 수출 시장을 불충분하게 제공받고 있다고 여기는 국가들은 대개 무력이라는 수단을 동원해서 이런 상황을 자신에게 유리하게 변화시키려고 할 것입니다.[33]

만약 스탈린의 분석이 옳았다면, 히틀러와 히틀러에 맞섰던 소련의 전시 동맹국 간에는 본질적으로 차이가 없었다. 새로운 전쟁이 조만간 불가피해질 것이며, 지금 소련이 겪고 있는 상황은 진정한 평화가 아닌 휴전일 뿐이다. 스탈린이 소련에 제시한 과제는 전쟁 전에 제시했던 것과 똑같았다. 필연적인 충돌이 자본주의자들 간의 내전으로 방향을 틀게 하고 공산주의 조국에 대한 공격으로 나아가지 않도록 하기 위해 충분히 강력해지는 것이었다. 평화가 왔기 때문에 소련 인민의 하루하루의 삶이 편안해질 것이라는 오랫동안 품어온 기대가 사라졌다. 중공업이 강조되었고, 농업 집단화가 지속되었으며, 내부 반발이 분쇄되었다.

스탈린은 전쟁 전에 했던 표준적인 방식으로 연설을 했다. 즉, 교리문답처럼 스탈린이 질문을 제기하고 다시 답하는 방식이었다. 얼어붙은 청중들에게 스탈린의 반복된 주장은 너무나 익숙했다. 아직 확인되지 않은 적들이 사회주의의 청사진을 훼방하려고 하기 때문에 절멸의 위협을 받고 있다는 것이었다. 거의 모든 소련 시민의 개인적 경험에 비추어볼 때 아무도 이런 발표를 공허한 협박이라고 여기지 못했다. 아울러 스탈린은 동시에 새로운 목표를 야심차게 설정했다. 선철 생산량을 10배 증가시키고 강철 생산량을 15배 늘리며 석유 생산량도 4배로 확대한다는 것이었다. "이 같은 조건 하에서만 우리나라가 어떤 사태에 대해서도 안심할 수 있을 것입니다. 이를 달성하기 위해 어쩌면 세 차례의 5개년 계획이 요구되겠지만 그 이상은 아닐 것입니다. 하지만 그것은 완수될 수 있으며, 우리는 반드시 해내야만 합니다."[34] 세 차례의 5개년 계획이라는 말은 숙청과 제2차 세계대전을 거쳐 살아남은 사람은 어느 누구도 정상적인 삶을 살지 못할 것이라는 뜻이었다.

스탈린이 이 연설을 하고 있을 때 승리를 거둔 연합국 외교장관들은 여전히 주기적으로 만나고 있었고, 미군은 유럽으로부터 신속히 철수하고 있었으며, 처칠은 아직 철의 장막 연설을 하지 않았다. 스탈린은 서방과의 대결이라는 정책을 재수립하고 있었다. 자신이 만들어냈던 공산당이 평화적 공존에 전념하는 국내외적 환경에서 버틸 수 없다는 점을 잘 알고 있었기 때문이다.

스탈린이 위성국 체제로 알려지게 된 것을 구축하기로 한 것은 불가피한 외교적 대결에 대비해 자신의 카드를 강화하려는 게 아니었을 수 있다. 실제로 나도 그게 아니었을 거라고 믿는다. 사실상 스탈린은 동유럽을 절대적으로 장악하고 있었고 민주주의 국가들은 말로만 문제를 제기할 뿐 스탈린이 심각하게 받아들일 정도의 위험을 수반하는 방식으로 도전하지는 않았다. 결과적으로 소련은 군사적 점령을 위성국 정권들의 네트워크로 전환할 수 있었다.

　서방 세계가 자신들의 핵무기 독점에 대해 보인 반응으로 말미암아 교착상태가 한층 더 심화되었다. 아이러니하게도 핵전쟁을 막으려고 헌신적으로 노력했던 과학자들이 놀라운 주장을 확산시키기 시작했다. 전략적 폭격이 결정적이지 못했다는 소위 제2차 세계대전의 교훈을 핵무기가 바꾸지 않았다고 주장한 것이다.[35] 동시에 전략적 환경도 안 바뀌었다는 크렘린의 선전선동도 널리 받아들여지고 있었다. 1940년대 말에 미군의 교리가 이런 시각에 빠져 있었던 이유는 미국 관료들 간의 역학관계와 관련이 있다. 미군 수뇌부 인사들은 특정한 무기가 결정적이라고 인정하지 않음으로써 기존 군 조직이 여전히 필수불가결한 것처럼 보이게 하려고 했다. 그래서 제2차 세계대전의 경험에 근거하여 핵무기를 전반적인 전략상 좀 더 효과적인 고성능 폭탄으로 간주하는 개념을 고안했다. 민주주의 국가들의 상대적 힘이 가장 강력했던 기간에 이런 개념은 소련이 보유한 재래식 군 규모가 더 크기 때문에 소련이 군사적으로 더 우세하다는 일반적인 오해를 불러일으켰다.

　1930년대에 그랬듯이 민주주의 국가에 무엇이 필요한지를 상기시켜준 사람은 이제는 야당 당수가 된 처칠이었다. 처칠은 1946년 3월 5일, 미주리주 풀턴에서 행한 연설에서 "슈체친(Szczecin)부터 아드리아해의 트리에스테(Trieste)까지" "철의 장막(Iron Curtain)"이 드리워졌다고 묘사하면서 소련의 팽창주의에 대한 경종을 울렸다.[36] 소련은 붉은 군대가 점령한 모든 국가들뿐만 아니라 독일 내 소련 점령지역에 친공산당 정부를 수립했다. 처칠은 가장 쓸모 있는 이 독일 지역을 미국이 소련에 넘겨줬다는 지적을 차마 자제하지 못했다. 결국 이렇게 함으로써 "패전한 독일인들이 소련과 서방 민주주의 국가들 간의 경매에 자신을 내걸고 몸값을 올릴 수 있게" 해줬다고 지적했다.

　처칠은 임박한 위협에 맞서기 위해 미국과 영연방 간에 동맹을 맺어야 한다고 결론을 내렸다. 하지만 장기적인 해결책은 유럽의 단결이었고 "어떤 국가도 영원히 배척되지 말아야 한다."라고 강조했다. 그리하여 1930년대에 독일을 가장 먼저 그리고 주도적으로 반대했던 처칠이 1940년대에는 독일과 제일 먼저 그리고 주도적으로 화해해야 한다고 주장했다. 하지만, 처칠의 핵심 논지는 시간이 민주주의 국가들의 편이 아니며, 전반적인 합의를 시급하게 추진해야 한다는 것이었다.

　　저는 소련이 전쟁을 바란다고 생각하지 않습니다. 그들은 전쟁의 결실을 원하며 자
　　신들의 권력과 교리가 무한하게 뻗어 나가기를 갈망하고 있습니다. 하지만 아직 시

간이 있을 때 우리가 지금 여기서 고려해야 하는 것은 모든 국가에서 가능한 한 조속하게 전쟁을 영원히 예방하는 것과 자유와 민주주의를 위한 여건을 조성하는 것입니다. 우리에게 닥친 어려움과 위험이 눈을 감는다고 해서 없어지지 않을 것입니다. 무슨 일이 있을지 막연히 기다려본들 없어지지 않을 것이고, 유화정책으로도 없어지지 않을 것입니다. 필요한 건 합의이며, 늦출수록 어려워질 것이고 위험도 더 커질 것입니다.[37]

선지자들이 자국에서 존중받는 경우가 드문 이유는 그들의 역할이 동시대인들의 경험과 상상의 한계를 초월하기 때문이다. 이들은 자신의 비전이 사람들의 경험으로 전환되었을 때 비로소 인정받는다. 간단히 말해, 그때는 이들이 자신의 선견지명으로부터 이득을 보기에 너무 늦다는 뜻이다. 영국이 풍전등화 상황이었던 짧은 기간을 제외하면 영국 국민으로부터 외면당하는 게 처칠의 운명이었다. 처칠은 1930년대에 그의 동시대 사람들이 협상을 추구하고 있을 때 영국이 무장해야 한다고 촉구했다. 1940년대와 1950년대에 그의 동시대 사람들이 영국이 약하다는 스스로 만들어낸 환상에 빠져 국력을 강화하는 데 관심이 더 컸을 때, 처칠은 외교적 결판을 주장했다.

결국 소련의 위성국 체제는 점진적으로, 그리고 부분적으로는 아무런 도전을 받지 않고 자연스럽게 등장했다. 세 차례의 5개년 계획을 촉구한 스탈린의 연설을 분석하면서, 조지 케넌은 그의 유명한 "긴 전보(Long Telegram)"에서 스탈린이 외부로부터의 심각한 압박을 어떻게 볼 것인지에 대해 서술했다. "소련에 대한 개입은, 개입을 한 자에게는 재난이나 다름없겠지만, 소련 사회주의의 발전을 다시금 지연시킬 것이고, 따라서 어떤 대가를 치르더라도[강조 부분 추가] 미리 조치를 강구해야 한다."[38] 스탈린은 소련을 재건하면서 동시에 미국과 대립하는 위험을 짊어질 수 없었을 것이다. 요란하게 선전되었던 소련의 서유럽 침공은 몽상에 불과했다. 미국과 심각하게 맞붙기 전에 스탈린이 뒤로 물러섰을 가능성이 컸을 것이다. 물론 그 전에 일단 서방의 결의가 만만치 않은지 시험해보려고 틀림없이 상황을 심각한 수준까지 끌고 갔을 것이다.

소련군이 이미 동유럽을 점령하고 있었기 때문에 스탈린은 지나친 위험을 감수하지 않고도 동유럽의 국경들을 강요할 수 있었다. 하지만, 이 지역에 소련식 정권을 강요하는 문제에 관해서는 훨씬 더 조심스러워졌다. 전쟁이 끝나고 첫 2년 동안에는 유고슬라비아와 알바니아만 공산주의 독재체제를 수립했다. 나중에 소련의 위성국이 된 나머지 다섯 나라인 불가리아, 체코슬로바키아, 헝가리, 폴란드, 루마니아는 연립정부 체제였고, 공산당이 가장 강력한 정당이었지만 아직은 아무런 도전도 안 받는 수준은 아니었다. 그중에서 두 나라인 체코슬로바키아와 헝가리는 전쟁이 끝난 첫해에 선거를 실시해서 진정한 복수정당 체제가 되었다. 비공산주의 정당들은 분명히 체계적으로 괴롭힘을 당하고 있었고, 특히 폴란드에서 이런 현상이 두드러졌다. 하지만 아직 소련이 노골적으로 이들을 탄압하지는 않았다.

1947년 9월 무렵, 한동안 스탈린의 가장 가까운 협력자라고 간주되었던 안드레이 즈다노프는 이른바 동유럽 내 "반(反)파시스트 전선"에 두 부류의 국가가 있다고 밝혔다. 코민테른을 계승하는, 전 세계 공산당들의 공식 협의체인 코민포름(Communist Information Bureau, 국제공산당 정보국)의 설립을 발표하는 연설에서 즈다노프는 유고슬라비아와 폴란드, 체코슬로바키아, 알바니아를 "새로운 민주주의 국가"라고 불렀다. (공산주의 쿠데타가 아직 발생하지 않았던 체코슬로바키아의 경우는 다소 이상했다.) 불가리아와 루마니아, 헝가리, 핀란드는 아직 명확한 이름이 붙여지지 않은 또 다른 부류에 포함되었다.[39]

이는 상황이 여의치 않을 경우 동유럽에 대한 스탈린의 후퇴안이 사실상 핀란드와 같은 지위라는 의미였을까? 즉, 민주적이고 민족적이지만 소련의 이익과 관심사를 존중하는 체제를 염두에 두었을까? 소련의 기록물이 공개될 때까지는 추측만 가능하다. 하지만 스탈린이 홉킨스에게 1945년 당시 자신은 폴란드에 우호적 정부가 수립되기를 원하지만 반드시 공산주의이어야 할 필요는 없다고 말했으나, 막상 점령군 책임자들은 정반대로 하고 있었다는 사실은 분명하다. 2년 후 미국이 그리스-터키 원조 프로그램을 지원하기로 약속하고, 서방 3개국이 자신들이 점령한 지역을 훗날 독일연방공화국(서독)으로 알려진 국가로 구성하고 있을 때(제18장 참고), 스탈린은 미 국무장관과 또 다른 회담을 가졌다. 18개월 동안 4국 외교장관 회담이 교착상태에 빠져 갈수록 분위기가 험악해지고 소련의 일련의 위협과 일방적 조치가 있고 나서 1947년 4월에 스탈린은 조지 마셜(George Marshall) 국무장관을 초대해 장시간 회담을 했고, 이 과정에서 스탈린은 자신이 미국과의 전반적 합의를 매우 중시한다는 점을 강조했다. 스탈린은 교착상태와 대립이 "정찰부대들 간의 최초의 소규모 접전이자 사소한 충돌에 불과"하다고 주장했다.[40] 스탈린은 "모든 [강조 부분 추가] 주요 문제"에서 타협이 가능하며 "인내심을 갖고 비관적이 되지 말아야" 한다고 주장했다.[41]

만약 스탈린이 진지했다면, 이 계산의 달인이 오판한 셈이었다. 일단 스탈린의 선의에 대한 미국인들의 신뢰가 산산조각 난 이상 스탈린으로서는 쉽게 돌아갈 수 있는 길이 사라졌기 때문이다. 스탈린은 민주주의 국가들, 그중에서도 미국의 심리를 잘 이해하지 못했기 때문에 자기 뜻을 너무나 세게 밀어붙였다. 그 결과로 마셜 플랜, 대서양 헌장, 서방의 군사력 증강 등과 같은 결과가 나왔으며, 이 중에 어느 것도 그가 구상했던 계획에 들어 있지 않았다.

정치적 합의를 할 수 있는 최선의 시간은 전쟁 직후라는 처칠의 말이 거의 정확했다. 그 당시에 스탈린이 의미 있는 양보를 했을지 여부는 제안과 그 제안을 거부할 경우 뒤따를 결과 모두가 적절한 타이밍에 진지하게 그에게 제시되었는가에 상당한 정도로 달려 있었을 것이다. 전쟁이 끝난 후 더 빨리 타협할수록 최소한의 비용으로 성공할 가능성이 더 컸을 것이다. 유럽으로부터 미국의 철수가 가속되었기 때문에 서방의 협상력도 약화되었다. 적어도 마셜 플랜과 NATO가 등장할 때까지는 그랬다.

스탈린은 마셜과 1947년에 회담할 때까지 자신의 역량을 과신했다. 스탈린은 예전에는 호의적인 인물이라고 미국으로부터 상당한 관심을 받았지만 이제는 그만큼 불신받게 되었다. 비록 미국이 순수한 호의에서 무분별할 정도의 의심으로 돌변한 것도 지나쳤지만, 그럼에도 이러한 미국의 태도 변화는 새로운 국제적 현실을 반영한 것이었다. 이론적으로는 소련과 전반적인 합의안에 관해 협상하면서도 동시에 민주주의 국가들과의 연합 전선을 공고히 하는 게 가능했을지도 모른다. 하지만 미국과 서유럽의 지도자들은 이런 병행전략의 애매모호한 상황을 견뎌내기에는 서방의 결속력과 사기가 너무 취약하다고 확신했다. 프랑스와 이탈리아에서 공산당은 두 번째로 큰 정당이었다. 당시 막 형성되고 있었던 독일연방공화국은 중립 노선을 통해 민족적 단결을 추구할지를 놓고 분열되어 있었다. 미국과 더불어 영국에서는 강성 평화주의 운동이 새롭게 시작된 봉쇄정책에 이의를 제기하고 있었다.

4월 28일 라디오 연설에서 마셜 국무장관은 서방의 대(對)소련 정책이 돌이킬 수 없게 되었다고 밝혔다. 스탈린이 타협을 시사한 데 대해 그는 "우리가 이와 관련된 시간이라는 요소를 무시할 수 없습니다. 유럽의 회복이 예상했던 것보다 훨씬 더뎌지고 있습니다. 분열하는 힘들이 갈수록 두드러지고 있습니다. 의사가 심사숙고하는 동안 환자의 상태가 나빠지고 있습니다. 그래서 저는 지쳐서 타협할 때까지 행동 없이 기다리면 안 된다고 믿습니다. … 이런 시급한 문제를 해결할 수 있는 행동이라면 무엇이든지 바로 실행해야 합니다."라는 이유로 거부했다.[42]

미국은 동─서방 간의 협상 대신 서방의 단결을 택했다. 미국은 정말로 다른 선택이 없었다. 미국으로서는 스탈린의 암시만을 계속 따르다가 막상 그가 미국이 구축하려고 했던 새로운 국제질서를 훼손하려고 협상을 이용했다는 사실을 깨닫게 되는 위험을 감수할 엄두가 안 났기 때문이다. 봉쇄가 서방 정책의 지도 원칙이 되었고, 이후 40년 동안 그대로 이어졌다.

18

봉쇄정책의 성공과 고통

The Success and the Pain of Containment

1945년 말 미국의 정책 입안자들은 어쩔 줄 몰라 당황하고 있었다. 포츠담 회담과 그 이후 이어진 외교장관 회담이 실패로 끝났다. 스탈린은 민주주의를 중시하는 미국을 무시하면서 동유럽을 자기 뜻대로 만들어가는 것처럼 보였다. 미국 외교관들은 폴란드와 불가리아, 루마니아에서 시종일관 소련의 비타협적인 태도에 봉착했다. 패전한 독일과 이탈리아에서 소련은 "파트너십"이라는 단어의 의미를 잊어버린 것처럼 보였다. 미국의 정책 입안자들은 이런 상황을 어떻게 받아들여야 했는가?

1946년 봄에 트루먼은 "단호한" 정책을 개시하면서 이 문제를 해결하기 시작했다. 트루먼은 소련에 아제르바이잔(이란 내 아제르바이잔 지역—옮긴이)으로부터 물러나라고 요구했고, 이 요구를 성공적으로 관철해냈다. 하지만, 트루먼은 윌슨식 틀 내에서 그런 결과를 얻어냈다. 트루먼은 루스벨트처럼 세력균형을 거부했고, 미국의 행동을 안보 측면에서 정당화하는 것을 경멸했으며, 가능한 한 언제든지 모든 인류에게 적용 가능하고 새로운 유엔 헌장에 부합하는 일반원칙에 갖다 붙이려고 노력했다. 트루먼은 미국과 소련 간에 대두되고 있는 투쟁을 선과 악의 대결로 인식했고 정치적 세력권과는 무관하다고 보았다.

하지만 미국 정치인들이 뭐라 부르든 간에 세력권(spheres of influence)이 실제로 등장하고 있었고 40년 후 공산주의가 붕괴할 때까지 존속했다. 미국의 리더십 하에 서방이 점령했던 독일 지역은 통합되고 있었고, 소련은 동유럽국들을 소련의 부속물로 바꿔놓고 있었다. 과거 추축국이었던 이탈리아와 일본, 그리고 1949년 이후 독일연방공화국(서독)은 점차 미국과 동맹을 구축하는 방향으로 이동했다. 비록 소련이 바르샤바 조약으로 동유럽에 대한 지배를 보다 공고히 해가고 있었지만, 이 명목적인 동맹은 명백하게 강압적인 수단을 동원해서 단결을 유지했다. 동시에 크렘린은 그리스에서 게릴라전을 지원하고, 특히 프랑스와 이탈리아를 비롯한 서유럽에서 공산당이 주동하는 대규모 시위를 조장함으로써 서방세력이 공고해지지 못하게 전력을 다했다.

미국 지도자들은 소련이 더 팽창하지 못하게 저항해야 한다는 것을 알고 있었다. 그러나 미국의 국가적 전통 때문에 전통적 세력균형이 아닌 다른 근거를 들어 이런 저항을 정당화해야 했다. 그래야만 미국 지도자들이 위선적이 되지 않았다. 네 명의 경찰관이라는 루스벨트의 구상이 실행 불가능하다고 최종적으로 깨달았을 때, 이들은 본질적으로 조화로운 세계질서를 향해 나아가는 도중에 잠시 차질이 생긴 것이라고 해석하고 싶었다. 여기서 미국 지도자들은 철학적 도전에 직면했다. 소련의 비타협적 태도가 미국이 끝까지 기다릴 수 있는 일시적 상황에 불과한 것인가? 헨리 월리스(Henry Wallace) 전 부통령과 그 지지자들이 제시했던 것처럼 미국인들이 스탈린에게 미국의 평화적 의도를 제대로 전달하지 못해서 부지불식간에 소련인들이 피해망상을 느끼게 된 것은 아닌가? 스탈린이 전 세계에서 가장 강력한 국가와 전후 협력을 정말로 거부했는가? 정말로 미국의 친구가 되기를 원하지 않는가?

워싱턴 내 최고위층 정책결정 집단이 이런 질문을 검토하고 있을 때, 주소련 미국대사관에서 상대적으로 주니어급 외교관에 속했던 러시아 전문가인 조지 케넌(George Kennan)이 작성한 보고서가 도착했다. 이 보고서는 스탈린의 외교정책을 이해하기 위한 철학적이고 개념적인 틀을 제공했다. 미국의 전 세계적 관점을 바꿔놓은 보기 드문 이 대사관 보고서는 "긴 전보(The Long Telegram)"로 알려졌다.[1] 케넌은 소련의 비타협적 태도에 대해 미국이 자책하지 말아야 한다고 주장했다. 소련 외교정책의 근원은 소련 체제 자체의 내부 깊은 곳에 있다는 것이다. 케넌은 소련 외교정책이 본질적으로 공산주의의 이념적 열정과 오래된 러시아 전제군주제의 팽창주의가 혼합된 결과라고 주장했다.

케넌에 따르면, 스탈린 세계관의 중심에는 공산주의 이념이 자리를 잡고 있었다. 스탈린은 서방 자본주의 국가들이 돌이킬 수 없을 정도로 적대적이라고 간주했다. 따라서 소련과 미국 간의 갈등은 워싱턴과 모스크바 간의 오해나 불완전한 소통의 산물이 아니라 소련이 외부세계를 바라보는 인식에 내재하고 있었다.

> 이런 [공산주의] 신조에 빠진 채, 그들은 기본적으로 이타주의적인 목적을 내세워 외부세계에 대한 본능적인 두려움, 독재정치,—그들은 독재정치를 하지 않고 어떻게 통치해야 할지 몰랐다—도저히 마다할 수 없는 잔혹성, 필연적으로 요구될 수밖에 없는 희생 등을 정당화할 수 있었다. 마르크시즘의 이름으로 이들은 자신들의 방식과 전술에서 모든 윤리적 가치를 희생시켰다. 오늘날 이들은 마르크시즘 없이 버틸 수 없다. 도덕적, 지적 존경을 받게 해주는 눈속임이기 때문이다. 이들은 마르크시즘이 없다면, 기껏해야 내부적으로 취약했던 정권의 외부 안보를 보장하려고 무자비하게 국가를 쥐어짜서 군사력을 끝없이 강화했던, 잔인하고 낭비벽 심한 러시아 군주들의 마지막 계승자로 역사 앞에 서게 될 것이다.[2]

케넌은 차르들이 까마득한 옛날부터 영토를 확대하려 했다고 주장했다. 그들은 폴란드를 예속하려 했고, 그런 다음 종속국으로 만들려고 했다. 불가리아가 러시아 세력권 내에 있다고 여겼다. 지중해에서 부동항을 추구했고, 흑해 해협에 대한 통제권을 요구했다.

> 세계문제에 관한 크렘린의 신경과민적 시각의 기저에는 전통적이고 본능적인 러시아 특유의 불안감이 깔려 있다. 원래 이런 정서는 잔인한 유목민을 이웃으로 두고 광활하게 개방된 평지에서 살아가는 평화적인 농경민의 불안감에서 비롯되었다. 여기에 러시아가 경제적으로 앞선 서방을 접촉하면서 더 유능하고 더 강력하면서 더 조직화된 사회에 대한 두려움이 가중되었다. 하지만 후자와 같은 불안감은 러시아 인민보다 러시아 통치자들을 더 괴롭혔다. 러시아 통치자들은 본인들의 통치가 상대적으로 구식이고, 심리적 기반이 취약하고 인위적이며, 서방 정치체제와 비교

되거나 접촉하게 되면 버틸 수 없다고 항상 느꼈기 때문이다. 그래서 그들은 항상 외세의 침입을 두려워했고 서방 세계와의 직접 접촉을 두려워했으며, 만약 러시아인들이 외부세계의 진실을 알게 되거나 외국인들이 러시아 내부세계의 진실을 알게 된다면 어떻게 될지 근심했다. 그리고 이들은 자신들의 안보를 추구하려면 경쟁국의 완전한 궤멸을 목표로 오로지 끈기를 갖고 지독하게 투쟁해야지, 절대로 합의나 타협을 하면 안 된다는 사실을 배웠다.[3]

케넌은 소련의 목적이 이와 같기 때문에 아무리 미국이 회유하더라도 소련을 바꿀 수 없다고 주장했다. 케넌은 미국이 기나긴 투쟁을 할 채비를 갖춰야 한다고 주장했다. 미국과 소련의 목적과 철학이 양립할 수 없다는 것이다.

1946년 4월 1일에 관계부처 위원회에 제출된 국무부 보고서에 처음으로 새로운 접근법에 관한 체계적인 설명이 등장했다. 국무부 관리인 H. 프리먼 매슈스(H. Freeman Matthews)가 초안을 작성한 이 보고서는 본질적으로 철학적인 케넌의 관찰을 운용 가능한 외교정책으로 전환하고자 했다. 미국의 정책 보고서가 처음으로 소련과의 분쟁을 소련 체제의 고질적인 특성으로 간주했다. "소련 외교정책이 현재의 노선을 지속한다면 소련에 재앙이 될 것임을 먼저 외교적 수단으로, 그리고 궁극적으로 필요하다면 군사력으로" 소련이 납득하게 해야 했다.[4]

제2차 세계대전이 끝난 지 1년도 안 지나서 제시된 이런 대담한 표현은 미국이 방대한 소련의 주변부에서 위협받는 모든 지역을 보호하겠다고 시사한 것인가? 매슈스는 자신의 대담한 입장에서 한 발짝 물러나서 두 가지 조건을 덧붙였다. 그는 미국이 해양과 하늘을 지배하고 있고 소련은 육상에서 압도적이라고 주장했다. "유라시아라는 방대한 땅덩어리 내부에서 우리의 군사력은 효과적이지 못하다."라고 주의를 환기하면서, 매슈스 보고서는 무력 사용을 "소련 육군의 힘을 미국과 미국의 잠재적 동맹국들의 해군, 수륙양용부대(해병대), 공군의 힘으로 방어적 차원에서 대응할 수 있는" 지역으로 한정했다.[5] 두 번째 조건으로 일방적 행동을 경고했다. "유엔 헌장은 미국이 소련의 물리적 팽창을 저지할 수 있는 최선이자 가장 논박의 여지가 없는 수단을 제공한다."[6]

하지만 어디에서 이런 두 가지 조건이 충족될 수 있는가? 매슈스의 보고서는 다음과 같은 국가나 지역이 위험에 처해 있다고 명시했다. "핀란드, 스칸디나비아, 동유럽, 중유럽, 동남유럽, 이란, 이라크, 터키, 아프가니스탄, 신장(新疆), 만주."[7] 이 중 미국의 군사력이 적절하게 닿을 수 있는 곳이 하나도 없다는 게 문제였다. 미국이 영국의 역량을 계속 과대평가하고 있음을 보여주면서, 이 보고서는 미국 지도자들이 몇 년 전까지만 해도 그토록 맹렬히 반대했던 바로 그 균형자라는 역할을 맡아달라고 영국에 호소했다(제16장 참고).

> 만약 소련이 유럽의 패권을 장악하지 못하게 막으려면 영국이 경제적, 군사적으로 서유럽에서 제1의 강대국으로 계속 남아 있어야 한다. 따라서 미국은 … 유엔의 틀 내에서 영국에 실행 가능한 모든 정치적, 경제적, 그리고 필요하다면 군사적 지원을 제공해야 한다.[8]

매슈스 보고서는 영국의 전략적 도달 범위가 어떻게 미국을 능가하는지는 설명하지 않았다.

두 번째 조건은 충족하기가 더 쉽지 않았다. 짧고 허무하게 존속하는 동안, 국제연 맹은 주요 강대국에 맞서 집단행동을 조직하기가 거의 불가능하다는 사실을 보여줬다. 하지만 매슈스의 보고서가 지목했던 가장 위협적인 국가는 유엔 회원국이었을 뿐만 아니 라 거부권도 갖고 있었다. 만약 유엔이 행동에 나서려고 하지 않고 미국도 행동하지 못한 다면, 영국이 맡을 것이라고 알려진 역할은 단지 미봉책에 불과했다.

대통령 보좌관으로서 오랫동안 화려한 경력을 쌓아왔던 클라크 클리포드(Clark Clifford)는 자신의 첫 번째 임무 중 하나로서 매슈스 보고서에 있었던 애매모호함과 한계 를 제거했다. 클리포드는 1946년 9월 24일자로 등재된 1급비밀 연구 보고서에서, 소련 의 힘이 견제를 받을 때만 크렘린의 정책이 뒤바뀔 수 있다는 견해를 받아들였다. "미국 을 향한 소련의 공격이나 전 세계에서 우리의 안보에 필수불가결한 지역을 향한 공격을 막을 수 있는 주된 억제수단은 미국의 군사력이 될 것이다."[9]

이제 이런 주장은 이미 일반통념이 되어 있었다. 하지만 클리포드는 이 주장을 "소 비에트 사회주의 공화국 연방(U.S.S.R.)에 의해 어떤 식으로든 위협받거나 위험에 처한 모 든 민주주의 국가"를 아우르는 미국의 전 세계적 안보 임무를 선언하는 출발점으로 삼았 다.[10] 여기에서 말하는 "민주주의"가 무엇을 뜻하는지는 명확하지 않았다. 이 자격요건 은 미국의 방어를 서유럽에 국한한다는 것인가? 아니면 위협을 받는 어느 지역이든 해당 되는 의례적 표현이고, 따라서 미국이 동남아시아의 정글, 중동의 사막, 그리고 인구가 밀집한 중유럽을 동시에 방어해야 한다는 것인가? 시간이 지나면서 후자의 해석이 우세 해졌다.

클리포드는 새롭게 등장하는 봉쇄정책과 전통적 외교 간의 유사성을 전면 배격했다. 그의 시각에 따르면 미-소 간 갈등은 국익의 충돌로 야기된 것이 아니라 소련 지도부가 도덕적으로 결함이 있기 때문에 나온 결과였다. 국익 충돌이 이유였다면 당연히 협상이 가능할 수도 있었다. 따라서 미국 정책의 목표는 세력균형의 회복이 아니라 소련 사회의 변화였다. 윌슨이 1917년에 선전포고를 해야 했던 이유는 독일이 미국의 안보를 위협해서가 아니라 카이저(Kaiser) 때문이라고 비난했던 것처럼 클리포드도 이제 미-소 간 갈등을 "소련 인민이 아닌 소수의 집권층" 탓으로 돌렸다.[11] 미국과 소련이 전면적인 합의를 할 수 있으려면 그 전에 소련이 생각을 상당히 바꿔야 하고, 아마도 새로운 소련 지도부가 들어서야 했다. 어느 극적인 순간에, 이 새로운 지도자들이 "미국이 패배시키기에는 너무 강력하고 겁을 주기에는 너무 단호하다는 사실을 깨달을 때 그들은 공정하고 공평한 합의를 이루기 위해 미국과 협력하게 될 것이다."[12]

클리포드나 이후 냉전 논의에 참여했던 어떤 미국 정치인도 대립을 종식하거나 대립 종식에 필요한 협상 절차를 개시하기 위한 구체 조건을 제시하지 않았다. 소련이 자신의 이념을 견지하는 동안 협상은 무의미하다고 간주되었다. 소련이 전향(轉向)한다면 합의가 거의 자동으로 이루어질 것이다. 둘 중 어떤 경우라도 미국이 합의 조건을 미리 제시한다면 미국으로서는 행동의 자유가 저해될 것으로 여겨졌다. 이는 제2차 세계대전 기간 중 전후 세계에 관한 논의를 회피하려고 사용했던 논리와 똑같았다.

이제 미국은 소련의 팽창주의에 대한 실질적인 저항을 정당화하는 개념적 틀을 갖췄다. 제2차 세계대전이 종전한 이래 소련은 러시아의 역사적 패턴을 답습하면서 압박해왔다. 소련은 발칸반도를 장악했고(유고슬라비아 제외), 그리스에서 번지고 있던 게릴라전을 공산화된 유고슬라비아와 위성국인 불가리아에 있는 기지들을 통해 지원했다. 소련은 터키에 대해 터키해협 내 소련 군기지 요구와 함께 영토 요구를 했고, 이는 스탈린이 1940년 11월 25일에 히틀러에게 했던 요구와 상당히 유사했다(제14장 참고).

제2차 세계대전이 끝난 이후부터 영국은 터키와 그리스 두 나라에 군사적, 경제적 지원을 제공해왔다. 1946년부터 1947년 사이의 겨울에 클레멘트 애틀리(Clement Atlee) 정부는 미국 정부에 영국이 부담을 더 이상 짊어질 수 없다고 통보했다. 트루먼은 지중해로 진출하려는 러시아를 저지해왔던 영국의 역사적 역할을 떠맡을 각오가 되어 있었지만, 미국 대중도 의회도 영국의 전통적인 지정학적 논거에 동의하지 않았다. 소련의 팽창주의에 맞서려면 외교정책에 대한 미국식 접근법에 엄격하게 토대를 둔 원칙에서 출발해야 했다.

이 같은 필요성은 1947년 2월 27일에 백악관 대통령 집무실에서 있었던 핵심 관계자 회의에서 뚜렷해졌다. 트루먼 대통령, 마셜 국무장관, 딘 애치슨(Dean Acheson) 국무차관은 미시간주 공화당 상원의원인 아서 반덴버그(Arthur Vandenberg)를 단장으로 하는 의회 대표단에게 그리스와 터키에 대한 지원의 중요성을 설득하려고 했다. 전통적으로 고립주의적이었던 공화당이 의회 상하원을 모두 장악하고 있었기 때문에 이는 매우 어려운 과제였다.

마셜은 이미 제안했던 원조 프로그램과 미국의 국익 관계를 냉철하게 분석한 자료를 발표하면서 회의를 시작했다. 그가 발표를 하자 "영국을 위해 위험을 무릅쓰는 일," 세력균형의 부당성, 대외원조에 따른 부담 등에 관한 틀에 박힌 불평이 제기되었다. 애치슨은 행정부의 패색이 짙어졌다고 인식하고, 마셜에게 귓속말로 이게 개인적인 싸움인지 아니면 다른 사람이 참여해도 되는 건지 물어봤다. 보좌관의 말에 따르면, 발언권을 얻은 애치슨은 "필사적으로 노력"하기 시작했다. 애치슨은 공산주의 세력이 우위를 점하는 우울한 미래의 모습을 대담하게 참석자들에게 보여줬다.

> 이 세상에 이제 두 강대국만 남았습니다. … 미국과 소련입니다. 우리는 고대 이래 전례가 없는 상황에 이르렀습니다. 로마와 카르타고 이래 지구에서 이 정도로 권력이 양극화된 적이 없었습니다. … 미국에게 있어 소련이 침략하려 하거나 공산주의자들이 전복하겠다고 위협하는 국가들을 강하게 만드는 조치를 취하는 것은 … 미국의 안보를 수호하는 것입니다. 자유 그 자체를 지키는 것입니다.[13]

애치슨이 의회 대표단의 마음을 움직였다는 게 분명해지자 행정부는 애치슨의 기본적인 접근방식을 고수했다. 그때부터 그리스와 터키에 대한 원조 프로그램은 민주주의와 독재정치 사이에서 벌어지는 전 세계적 투쟁의 일환으로 묘사되었다. 트루먼이 1947년 3월 12일에 이후 자신의 이름을 따서 명명된 독트린을 발표했을 때, 그는 애치슨의 분석에서 전략적 측면을 빼고 두 가지 삶의 방식 간의 투쟁이라는 전통적인 윌슨식 관점에서 이야기했다.

> 한 가지 삶의 방식은 대다수의 의지에 기반을 두고 있으며, 자유로운 정치제도, 대의정치, 자유선거, 개인의 자유 보장, 언론과 종교의 자유, 그리고 정치적 억압으로부터의 자유가 그 특징입니다. 두 번째 삶의 방식은 대다수에게 강요되는 소수의 의지에 기반을 두고 있습니다. 그리고 공포와 탄압, 언론과 라디오의 통제, 조작된 선거,

개인 자유에 대한 억압에 의존하고 있습니다.[14]

더욱이 소련이 거부권을 행사해 유엔의 공식적인 승인을 가로막을지라도, 미국은 독립된 국가들을 보호하면서 민주주의와 세계 공동체를 위해 활동하고 있었다. "미국은 자유롭고 독립된 국가들이 자신들의 자유를 유지하게끔 도와주면서 유엔 헌장의 원칙을 실행할 것입니다."[15]

만약 소련 지도자들이 미국의 역사를 더 잘 알았더라면 미국 대통령의 발언에서 드러난 불길한 조짐을 이해했을 것이다. 트루먼 행정부는 이제 분수령을 맞았다. 미국이 일단 도덕적 도전장을 던짐에 따라 스탈린이 가장 잘 이해했던 현실정치(Realpolitik)가 영원히 끝장났고 상호주의적 양보에 따른 흥정이 불가능해졌기 때문이다. 이제부터는 미-소 간 충돌은 소련의 목표가 바뀌거나 소련 체제가 붕괴하거나, 아니면 둘 다 발생할 때만 해결이 가능해졌다.

트루먼은 자신의 독트린을 "소수의 무장 세력이나 외세의 압력에 의한 예속 시도에 저항하는 자유로운 국민들을 지원하는 미국의 정책"이라고 선언했다.[16] 불가피하게 민주주의의 방어라는 목표를 놓고 지적 스펙트럼의 양극단으로부터 비판이 제기되었다. 일부 사람들은 비록 중요하기는 하지만 도덕적으로 자격 미달인 국가들을 미국이 보호하려 한다고 항의했다. 다른 사람들은 미국이 자유롭든, 자유롭지 않든 미국의 안보에 긴요하지도 않은 국가들을 보호하기로 약속하고 있다고 반대했다. 이런 비난에는 해결되기 어려운 애매모호한 측면이 있고, 거의 모든 위기가 발생할 때마다 미국의 목표에 관한 논쟁을 불러일으켰다. 그리고 이런 논란이 오늘날까지도 끝나지 않고 이어지고 있다. 그 이후부터 미국 외교정책은 도덕적 관념이 없다고 공격하는 사람들과 성전(聖戰)을 추구하는 도덕주의 때문에 국익을 넘어서게 된다고 비판하는 사람들 사이에서 길을 찾아야 했다.

일단 민주주의의 미래가 도전받고 있다고 규정한 이상 미국은 그리스에서 그랬던 것처럼 내전이 실제로 일어날 때까지 기다릴 수 없었다. 해결책을 시도하는 게 미국인들의 국민성이었다. 트루먼 독트린이 발표된 지 3개월도 안 된 6월 5일에 마셜 국무장관은 하버드 대학교 졸업식 연설에서 침략을 부추기는 사회적, 경제적 상황을 근절하는 임무에 미국이 전념하겠다고 공약함으로써 그런 태도를 보였다. 마셜은 미국이 "정치적 혼란"과 "절망"을 피하고, 세계 경제를 회복시키며, 자유로운 정치제도를 육성하기 위해 유럽의 회복을 지원하겠다고 발표했다. 따라서 "회복이라는 과제에 동참할 의향이 있는 어떤 정부라도 제가 확신컨대 미국 정부로부터 전폭적인 협조를 받을 것입니다."[17] 다시 말하자면, 마셜 플랜 참여는 소련의 위성국 정부에도 열려 있었다. 폴란드와 체코슬로바키아가 이런 암시를 금방 포착했지만, 스탈린이 잽싸게 억눌렀다.

사회적, 경제적 개혁이라는 기본 방침에 입각해 미국은 유럽의 회복 과정을 방해하는 어떤 정부나 어떤 단체라도 반대할 것이라고 발표했다. 마셜은 이들을 공산당과 공산당 전위조직, 즉 "인류의 빈곤을 영속화해서 그로부터 정치적 이득을 얻으려 하거나, 또는 그와 달리 미국의 반대에 직면하게 될 정부, 정당, 혹은 단체"로 규정했다.[18]

오로지 미국처럼 이상주의적이고 선구적이면서도 상대적으로 경험이 적은 국가만이 순전히 자신의 자원에만 기초한 전 세계적 경제 회복이라는 계획을 추진할 수 있었다. 그렇지만 바로 그와 같은 원대한 비전이 최종 승리에 이르기까지 냉전 세대가 버틸 수 있게 해준 국민적 헌신을 이끌어냈다. 마셜 장관은 경제 회복이라는 프로그램이 "어떤 국가나 독트린을 겨냥한 것이 아니라 기아와 빈곤, 자포자기, 혼돈을 겨냥한 것"이라고 말했다.[19] 대서양 헌장이 발표되었을 때처럼, 기아와 절망에 맞서는 전 세계적 성전이 당장의 이기적 이익이나 세력균형에 대한 호소보다 설득력이 더 컸다.

이런저런 구상들이 모두 제기되고 나서 한 세대 이상 동안 봉쇄정책의 정석이 되었던 문서가 등장했고, 실제로 봉쇄정책이라는 이름이 거기에서 나왔다. 전후 미국 사상의 모든 다양한 갈래가 1947년 7월 〈포린어페어스(Foreign Affairs)〉에 실린 한 탁월한 기고문에 통합되었다. 비록 이 기고문은 "X"라는 익명으로 게재되었지만, 나중에 이 저자는 조지 케넌(George F. Kennan)으로 밝혀졌고 당시 국무부 정책기획실장으로 근무하고 있었다. 제2차 세계대전 종전 후 작성된 수천 개의 글 중에서도 케넌의 "소련 행동의 기원(The Sources of Soviet Conduct)"은 타의 추종을 불허했다. "긴 전보(The Long Telegram)"의 번안이자 명료하게 작성되고 열정적인 주장이 담긴 이 글에서 케넌은 소련의 도전을 역사 철학의 차원으로 끌어올렸다.

케넌의 기고문이 등장했을 무렵에 소련의 비협조적 태도가 정책 보고서들의 주된 주제로 등장했다. 케넌은 민주주의 국가에 대한 적대감이 어떤 식으로 소련의 국내적 구조에 내재하고 있는지, 그리고 그런 구조는 왜 서방의 회유 정책이 먹히지 않는지를 설명했다는 점에서 특별한 기여를 했다.

외부세계와의 긴장이 공산주의 철학의 속성 자체와 무엇보다 소련 체제가 국내적으로 작동하는 방식에 본질적으로 내재하고 있었다. 내부적으로는 공산당이 유일하게 조직화된 단체였으며 다른 사회들은 아직 미성숙한 대중들로 파편화되어 있었다. 그리하여 소련의 외부세계에 대한 완강한 적대감은 국제문제를 소련의 내적 리듬에 맞추려는 시도였다.

> 소련 정책의 주요 관심사는 세계 권력의 분지에서 자신에게 가용한 모든 곳을 확실
> 히 차지하는 것이다. 하지만 소련은 전진하다가 도중에 난공불락의 장애물을 만나
> 게 되면 철학적으로 이를 받아들이고 순응한다. ⋯ 소련의 심리에서 이런 목표를 어
> 떤 정해진 시점에 달성해야 한다고 느꼈다는 흔적은 전혀 찾아볼 수 없다.[20]

소련의 전략을 꺾을 방법은 "평화롭고 안정된 세계의 이익을 침해하려는 조짐이 보
이는 모든 곳에서 불변의 대항력으로 러시아인들에게 맞서도록 계획된 단호한 봉쇄정
책"이었다.[21]

동시대의 거의 모든 다른 외교정책 문서처럼 케넌의 "X" 기고문도 외교적 목표를 정
확하게 밝히기를 거부했다. 비록 동시대의 다른 외교정책 문서보다 언어적으로 더 고상
하고 인식에 있어 훨씬 더 예리했지만, 그가 제시한 것은 결국 적을 개종시켜서 평화를
달성한다는 아주 오래된 미국식 꿈이었다. 그러나 케넌이 다른 전문가들과 달랐던 부분
은 조만간 이런저런 권력 투쟁을 통해 소련 체제가 근본적으로 변화할 것이라는 메커니
즘을 기술했다는 점이다. 소련 체제는 "정당한" 권력의 이양을 관리해본 적이 없기 때문
에 케넌은 이렇게 되리라고 봤다.

> 어느 순간에 권력을 차지하려는 다양한 경쟁자들이 자신들의 주장에 대한 지지를
> 구하기 위해 정치적으로 미숙하고 경험이 없는 대중들에게 손을 뻗칠 것이다. 만약
> 이런 일이 발생한다면 이상한 결과가 공산당에게 닥칠 수 있다. 대체로 공산당원들
> 은 강철 같은 규율과 복종의 관행을 실천했을 뿐이지 타협과 수용의 기술을 익히지
> 않았기 때문이다. ⋯ 만약 결과적으로, 정치적 도구인 당의 단결과 효율성을 뒤흔들
> 어떤 일이 발생한다면, 소련은 하룻밤 사이에 가장 강력한 국민사회 중 하나에서 가
> 장 나약하고 가장 가련한 국민사회 중 하나로 바뀔지도 모른다.[22]

다른 어떤 보고서도 실제로 미하일 고르바초프가 등장하고 나서 그 후에 어떻게 될
지에 대해 이렇게 정확히 예측하지 못했다. 그리고 소련이 그토록 완전히 붕괴했다는 사
실로 인해 케넌이 미국인들에게 제시했던 과제가 얼마나 등골이 빠질 정도로 고된 일이
었는지를 지적하는 게 사소한 트집 잡기로 보일지도 모른다. 실제로 케넌이 아시아, 중

동, 유럽의 문화권을 아우르는 방대한 주변부 전체에서 무기한으로 소련의 압력에 맞서 싸우라는 임무를 미국에 부과했기 때문이다. 더욱이 크렘린은 공격 지점을 자유롭게 고를 수 있었고, 짐작건대 소련에 가장 유리하다고 계산되는 지점을 골랐을 것이다. 그에 따른 위기들을 겪는 과정에서 미국의 정치적 목표는 현상 유지라고 여겨지게 되었고, 공산주의의 최종적인 붕괴를 가져오는 총체적인 노력은 장기간에 걸친, 겉보기에 결정적이지 않은 일련의 충돌 후에나 전개되었다. 조지 케넌과 같은 뛰어난 관찰가가 미국 사회에 그토록 전 세계적이고, 그토록 엄격하며, 동시에 그토록 반응적인 역할을 부여할 수 있었다는 사실은 미국인들의 낙관주의와 불굴의 자신감이 궁극적으로 표출된 사례라 볼 수 있다.

항구적 투쟁이라는 이처럼 냉혹하고, 심지어 영웅적인 독트린에 따라 미국인들은 적에게 주도권을 넘긴 채 이미 경계선 안에 있는 자기편 국가들을 강화하는 것으로 미국의 역할을 한정하는 규칙을 고수하며 끝없는 경쟁에 매진했다. 이는 바로 고전적인 세력권(sphere of influence) 정책이었다. 협상을 공식적으로 거부함으로써 봉쇄정책은 미국의 국력이 상대적으로 가장 강력했던 시기에—미국이 여전히 핵무기를 독점하고 있던 때였다—시간을 허비했다. 실제로, 우세한 입장(position of strength)이 아직 구축되지 않았다는 봉쇄정책의 전제를 고려해볼 때 냉전은 군사화되었고 서방이 상대적으로 취약하다는 부정확한 인상이 팽배했다.[23]

그리하여 소련을 구원하는 게 궁극적인 정책 목표가 되었다. 악이 퇴치된 후에야 안정이 등장할 수 있었다. 케넌의 기고문이 참을성이 없고 평화를 사랑하는 미국인들에게 인내의 미덕을 가르치고, 조국의 가치에 대한 시험대로서 미국의 국제적 역할을 설명하며 마무리를 지었다는 사실은 우연이 아니다.

> 미소 관계 문제는 본질적으로 여러 국가들 중 한 나라로서 미국이 전반적으로 얼마나 가치가 있는지에 대한 시험대다. … 미소 관계를 사려 깊게 관찰하는 사람이라면 크렘린이 미국 사회에 도전한다고 불평할 근거를 찾지 못할 것이다. 오히려 이런 도전을 신의 섭리라 여기고 고마운 마음이 들 것이다. 미국인들에게 이렇게 무자비한 도전을 안겨줌으로써 다 같이 일치단결할지, 그리고 역사가 명백히 미국인들이 떠맡도록 의도한 도덕적, 정치적 리더십이라는 책임을 수용할지에 국가로서 그들의 전체 안보가 달려 있게 만들었기 때문이다.[24]

이런 고상한 정서의 두드러진 특징 중 하나는 그 특유의 양면성이었다. 이런 정서는 미국이 전 세계적인 임무를 맡도록 고취했지만, 그런 임무를 너무나 복잡하게 만듦으로써 그것을 실행하는 과정에서 미국이 거의 분열될 뻔했다. 하지만 봉쇄정책의 바로 이런 양면적인 속성이 미국 정책에 놀라울 정도의 추동력을 마련해준 것처럼 보였다. 비록 대(對)소련 외교에 있어서는 본질적으로 수동적이었지만 봉쇄정책은 군사적, 경제적 분야에서 "우세한 입장(position of strength)"을 구축하는 것과 관련해서는 집요할 정도로 창의성을 이끌어냈다. 미국의 이전 세대가 겪었던 가장 중요한 두 가지 경험으로부터 도출된 교훈과 신념이 봉쇄정책에 합쳐졌기 때문이다. 뉴딜 정책으로부터 정치적 안정에 대한 위협은 주로 경제적, 사회적 기대와 현실 간의 차이에서 대두된다는 믿음이 나왔다. 그리하여 마셜 플랜이 나왔다. 그리고 제2차 세계대전으로부터 미국은 침략에 맞서는 최선의 방어책은 압도적인 힘과 이를 기꺼이 사용하겠다는 의지라는 교훈을 배웠다. 그리하여 대서양 동맹이 나왔다. 마셜 플랜은 유럽이 경제적으로 자립하도록 고안되었다. 유럽의 안보를 챙기기 위해 북대서양조약기구(NATO)가 발족되었다.

NATO는 미국 역사상 최초의 평시 군사동맹이었다. NATO를 수립한 직접적인 계기는 1948년 2월에 체코슬로바키아에서 일어난 공산주의 쿠데타였다. 마셜 플랜이 발표되자 스탈린은 동유럽에서 공산주의 통제를 가속했다. 소련에 대한 동유럽국들의 충성과 관련해서 스탈린은 편집증적이지는 않더라도 더욱 엄격해졌다. 평생 공산주의자였던 지도자들도 조금이라도 민족주의적 감정을 품고 있다고 의심받으면 숙청당했다. 체코슬로바키아에서 공산당이 자유선거를 거쳐 가장 강력한 정당으로 등장했고 정부를 통제했다. 그러나 이것조차도 스탈린으로서는 충분하지 못했다. 선출된 정부가 전복되었고, 체코슬로바키아 공화국 건국자의 아들이자 비공산주의자인 얀 마사리크(Jan Masaryk) 외교장관은 집무실 창문에서 떠밀려 사망했다. 공산주의 폭력배의 소행이 거의 분명했다. 공산주의 독재정권이 프라하에 수립되었다.[25]

프라하는 10년 안에 두 번째로 전체주의에 대한 저항이 조직되는 상징이 되었다. 나치의 1939년 프라하 점령이 영국이 선을 긋게 만든 최후의 결정타가 되었다면, 9년 후 공산주의 쿠데타는 미국과 서유럽 민주주의 국가들이 다른 어떠한 유럽 국가가 비슷한 운명을 강요당하는 것에 저항하기 위해 단결하는 계기가 되었다.

잔혹했던 체코슬로바키아 쿠데타는 소련이 유사한 다른 권력 찬탈을 후원할 수 있다는 두려움을 재차 일깨웠다. 가령 공산주의 쿠데타를 부추기고 새로운 공산주의 정부를 승인하고 군대를 동원해서 이 정부를 지지해줄 수도 있었다. 그리하여 1948년 4월에 일부 서유럽국들은 민주적 정부를 전복하려는 모든 강압적인 시도를 격퇴하기 위해 마련된 방어 조약인 브뤼셀 조약을 체결했다. 하지만 힘의 상대적 관계를 아무리 분석해도 서유럽이 소련의 공격을 격퇴할 만큼 충분히 강력하지 못하다는 지적이 나왔다. 그리하여 미국을 서유럽 방위에 묶어두는 수단으로서 북대서양조약기구(NATO)가 탄생했다. NATO는 미국 외교정책에서 전례가 없는 새로운 시도였다. 캐나다군과 더불어 미군이 NATO 국제사령부 밑으로 들어가 서유럽군에 합세했다. 그 결과로 중유럽의 분할선 전체를 따라서 두 개의 군사동맹, 그리고 두 개의 세력권이 대치하게 되었다.

하지만 미국에서는 이런 식으로 이 과정을 인식하지 않았다. 미국이 유럽에서 영토적 현상을 유지하는 체제를 동맹이라고 부르기에는 미국에서 윌슨주의가 너무나 강력했다. 따라서 트루먼 행정부 시절 모든 대변인은 NATO를 세력균형을 보호하는 전통적 연합체와 유사해 보이는 어떤 것들과도 차별화하려고 부단히 애를 썼다. 이들이 자주 반복했던 "우세한 입장(positions of strength)"의 창출이라는 목표를 고려할 때, 이는 상당한 정도의 창의성을 필요로 했다. 미 행정부의 대변인들은 이런 과제를 감당할 수 있었던 것으로 드러났다. 전직 상원의원이었고 주유엔 대사가 되었던 워런 오스틴(Warren Austin)이 상원 외교위원회에서 NATO를 위해 증언할 때, 세력균형이 죽었다고 선언하면서 이 문제를 조심스럽게 다루었다.

> 나이 많은 참전용사인 세력균형은 유엔이 결성되자 전역 통보를 받았습니다. 유엔의 국민들이 이 국제기구를 통해 국제 평화와 안보를 유지하고, 이런 목표를 위해 효과적으로 집단 조치를 취하기로 함에 따라 평화를 위한 압도적인 힘이라는 요소가 공식적으로 도입되었습니다. 그리고 세력균형이라는 노인은 떠나갔습니다.[26]

상원 외교위원회는 이런 비유를 흡족하게 받아들였다. 대서양 동맹을 옹호하기 위해 증언한 대부분의 사람들은 "북대서양 조약과 전통적인 군사동맹의 차이점"이라는 제목이 붙은 국무부 문서를 많이 차용해서 발언했다.[27] 이 비범한 문서는 19세기 초까지 거슬러 올라가 1815년의 신성동맹으로부터 1939년의 나치-소련 조약까지 7개의 동맹을 역사적으로 분석한 것으로 알려졌다. 이 문서는 북대서양 조약이 이 모든 조약과 "형식과 내용 면에서" 모두 다르다고 결론을 내렸다. "대부분의" 전통적 동맹은 "경건하게" "침략적이거나 팽창주의적인 의도"를 부인했지만 방어적인 목적 이외의 다른 목적이 흔히 있었다.

놀랍게도 이 국무부 문서는 NATO가 유럽에서 현상 유지를 수호하기 위해서 고안된 게 아니라고 주장했다. 틀림없이 미국의 동맹국들에게는 이런 주장이 생경하게 들렸을 것이다. 대서양 동맹은 영토가 아닌 원칙을 옹호한다고 설명되었다. 대서양 동맹은 변화에 반대하지 않으며, 단지 변화를 초래하기 위한 무력 사용에 반대할 뿐이다. 국무부 분석 보고서는 북대서양 조약이 "아무도 겨냥하지 않고 침략만 겨냥하고 있다. 북대서양 조약은 '세력균형'의 어떤 변화에도 영향을 주지 않으려고 하며, '원칙의 균형(balance of principle)'을 강화하려고 한다."라고 결론을 내렸다. 이 문서는 대서양 조약과 그와 동시대에 체결된 서반구의 방어를 위한 리우 조약(The Rio Pact)을 "집단안보 개념의 발전"이라고 환영했으며, 이 조약이 군사적 동맹이 아니라 "전쟁 그 자체에 맞서는 동맹"이라는 톰 코널리(Tom Connally) 위원장의 선언을 지지했다.[28,29]

만약 어떤 역사학 전공생이라도 시험을 볼 때 저렇게 분석했다면 합격점수를 받지 못했을 것이다. 역사적으로 동맹은 자신들이 대항하는 국가를 거명한 적이 거의 없었고, 그 대신 동맹을 발동할 수 있는 사유를 명시했다. 바로 북대서양조약기구가 그렇게 되어 있었다. 1949년 이래 소련이 유럽의 유일한 잠재적 침략국이었기 때문에 과거에 그랬던 것보다 더 굳이 이름을 댈 필요가 없었다.[30] 미국이 영토가 아닌 원칙을 지킨다는 주장은 비록 소련의 영토 팽창을 가장 두려워하던 국가들을 별로 안심시키지 못했지만, 정말로 미국다운 표현이었다. 미국이 무력으로 야기되는 변화에 저항할 뿐 변화 자체는 아니라는 주장은 상투적 표현이면서도 동시에 불안감을 줬다. 그러나 유럽의 긴 역사 전체를 보더라도 무력이 아닌 다른 수단에 의해 영토가 바뀌었던 사례는 설령 있었다고 치더라도 많이 열거하기는 어려웠다.

그런데도 평소에 경계심이 많은 상원 외교위원회에서 이 보고서처럼 전혀 거리낌 없이 승인을 받았던 국무부 문서는 거의 찾기가 어려웠다. 코널리 상원위원은 NATO의 의도가 어떤 특정 국가가 아니라 침략이라는 개념에 저항한다는 행정부의 주장을 열렬히 홍보했다. 딘 애치슨 국무장관의 증언을 발췌한 내용은 코널리의 지칠 줄 모르는 열정을 보여주고 있다.

> **위원장 [코널리 상원의원]:** 그러니까, 장관님. 장관님께서는 상당히 명확하게 밝혀주셨어요. 좀 반복한다고 해서 나쁠 건 없겠죠. 이 조약이 어떤 나라를 특별히 겨냥하고 있는 게 아니죠. 조약을 체결한 회원국을 상대로 무력 침략을 계획하거나 개시한 어떤 국가나 나라만 겨냥하고 있어요. 사실인가요?

애치슨 장관: 맞습니다, 코널리 의원님. 어떤 나라를 겨냥한 게 아닙니다. 오로지 무력 침략만 겨냥하고 있습니다.

위원장: 다시 말하자면, 만약 체결국이 아닌 어떤 나라가 다른 나라를 상대로 침략이나 무력 공격을 고려하지도, 꾀하지도, 그런 계획을 세우지도 않는다면, 그 나라는 이 조약을 두려워할 이유가 없다는 말이네요.

애치슨 장관: 맞습니다, 코널리 의원님. 그리고 저로서는 이 조약이 자국을 겨냥하고 있다고 주장하는 어떤 나라는 "악인은 쫓는 자가 없어도 달아난다."라고 훈계하는 성경 구절[31]을 상기해야 한다고 봅니다.[32]

일단 외교위원회가 이 주제에 공감하게 되자, 이 위원회는 실제로 다른 모든 증인들을 대신해서 증언을 했다. 가령 루이스 존슨(Louis Johnson) 국방장관과의 질의응답은 다음과 같았다.

위원장: 사실 이 조약은 어떤 의미에서도 일반적인 군사동맹이 아닙니다. 무력 공격에 맞선 방어로 국한되어 있습니다.

존슨 장관: 네, 맞습니다.

위원장: 이건 군사동맹과 정반대입니다.

타이딩스 상원의원: 전적으로 방어용입니다.

위원장: 전적으로 방어용입니다. 이건 평화의 동맹입니다. 장관님께서 이걸 동맹이라고 부르고 싶으시다면요.

존슨 장관: 위원장님의 표현이 맘에 듭니다.

위원장: 이것은 무력 공격에 맞서는 동맹이고, 전쟁에 맞서는 동맹이며, 우리가 군사동맹이라고 알고 있는 군사동맹의 주된 의무의 본질을 전혀 띠고 있지 않습니다. 사실인가요?

존슨 장관: 맞습니다, 위원장님.[33]

요컨대 대서양 동맹은 실제로 동맹이 아니기 때문에 도덕적 보편성을 주장할 만했다. 대서양 조약은 소수의 말썽꾼에 맞서는 세계의 다수를 대표했다. 어떤 의미에서는 대서양 동맹의 역할은 유엔 안보리가 "평화와 안보를 회복하는 데 필요한 조치를 취할 때"까지 행동하는 것이었다.[34,35]

딘 애치슨은 자신의 역사를 알았던 특출하게 지적인 국무장관이었다. 외교위원회 위원장이 그를 상대로 질의응답을 진행할 때, 그의 눈빛은 가소롭다는 듯이 반짝였을 것이다. 애치슨은 전략지정학적 사안에 대한 많은 미묘한 분석들에서 알 수 있듯이 세력균형의 요건을 분명하게 인식하고 있었다.[36] 그러나 애치슨은 유럽이 제멋대로 행동하도록 놔뒀기 때문에 세력균형이 엉망이 되었고, 균형상태라는 개념이 미국인에게 의미가 있으려면 보다 고상한 이상에 기반해야 한다고 확신했을 정도로 외교 문제에 관한 접근에서 충분히 미국적이었다. 북대서양 조약이 비준된 후 하버드 대학교 동문회 연설에서 애치슨은 여전히 대서양 동맹을 미국 특유의 방식으로 옹호했다. 국제 문제에 대한 신선한 접근법이었다.

> 대서양 동맹은 평화를 유지하고, 인권을 증진하며, 생활수준을 향상시키면서, 민족들의 동등한 권리와 자결권 원칙에 대한 존중을 촉진하기 위한 국제 협력을 진전시켜 왔습니다.[37]

요컨대 미국은 대서양 동맹을 위해 그것을 동맹이라고 부르는 것만 제외하고 무엇이든지 하겠다는 것이다. 미국은 연합(coalition)이라는 역사적 정책을 자신의 행동이 윌슨이 동맹체제의 대안으로 최초로 제시했던 집단안보 독트린으로 정당화될 수 있는 한 실행하려고 했다. 그리하여 유럽의 세력균형이 미국만의 독특한 수사적 표현으로 부활되었다.

대서양 동맹만큼 중요하기는 했지만, 미국 국민은 미국, 영국, 프랑스가 점령했던 지역을 통합한 독일연방공화국(German Federal Republic, 서독)의 수립에는 덜 주목했다. 한편으로 이 신생국은 비스마르크의 작품이 무위로 돌아갔다는 사실을 의미했다. 독일이 무기한으로 분단되었기 때문이다. 다른 한편으로는 독일연방공화국의 존재 자체가 소련의 중유럽 주둔에 지속적으로 도전한다는 함의가 있었다. 독일연방공화국이 소련이 점령지에 수립했던 공산주의 체제인 동독을 절대로 받아들이지 않을 것이기 때문이다. 20년 동안 독일연방공화국은 독일민주공화국(German Democratic Republic, 동독)으로 일컬어졌던 국가의 승인을 거부했고, 이 국가를 승인하는 어떤 국가와도 외교 관계를 단절하겠다고 위협했다. 1970년 이후에 독일연방공화국은 소위 할슈타인 독트린(Hallstein doctrine)을 포기했고 소련 위성국인 동독과 외교 관계를 수립했지만, 자신이 독일 국민 전체를 대표한다는 주장을 절대로 포기하지 않았다.

유럽 내 힘의 공백을 채우려고 미국이 단호하게 뛰어드는 모습에 봉쇄정책을 가장 열렬히 지지하는 사람들조차도 놀랐다. 처칠은 이후에 이렇게 회고했다. "1944년 말 당시에 국무부가 앞으로 불과 2년도 안 되어 미국 여론의 압도적 지지를 받으며 우리가 개시했던 방침을 채택하고 실행했을 뿐만 아니라, 결실까지 거두려고 열정적이고 큰 비용이 드는 노력, 심지어 군사적 노력까지 하리라고는 거의 생각조차 못했다."[38]

추축국이 무조건 항복한 지 4년이 지난 후의 국제질서는 제1차 세계대전 직전의 국제질서와 많이 유사했다. 이번에는 전 세계적인 차원이지만 외교적 수완을 발휘할 여지가 거의 없는 상황에서 서로 마주보는 경직된 두 동맹체제가 있었다. 하지만 적어도 한 가지 결정적인 차이가 있었다. 제1차 세계대전 이전의 동맹은 각 진영 내 동맹국 중에서 누군가 편을 바꾼다면 자신들의 안보와 동일시했던 조직이 무너질 수 있다는 두려움으로 인해 결속되었다. 사실상 가장 호전적인 파트너가 다른 동맹국을 심연으로 끌고 가도록 허용된 체제였다. 냉전기에는 각 진영에 압도적인 초강대국이 있었고, 이 초강대국은 각자의 진영에서 충분히 필수불가결했으며, 어떤 동맹국이라도 세계를 전쟁에 빠뜨리는 것을 막을 수 있을 정도로 충분히 위험 부담을 꺼렸다. 그리고 핵무기의 존재가 전쟁이 짧고 고통도 없을 것이라는 1914년 7월의 착각을 막아주었다.

대서양 동맹의 미국 지도부는 새로운 국제질서가 도덕적 측면뿐 아니라 때로는 심지어 메시아적 측면에서 정당화될 것이라고 장담했다. 미국 지도자들은 유럽 외교를 특징지었던 국가안보와 균형상태에 관한 계산 대신, 근본적인 가치와 포괄적인 해결책에 호소하기 위해서 평시 연합에서는 전례가 없는 노력을 기울이고 희생을 치렀다.

훗날 비판자들은 이런 도덕적 수사의 소위 냉소적 측면을 강조했다. 그러나 봉쇄정책을 고안했던 사람들을 아는 누구도 이들의 진실성을 의심하지 않았다. 아울러 이 정책에 미국의 가장 심오한 가치와 이상이 반영되지 않았더라면 미국이 40년 동안 그토록 혹독한 노력을 지속하기가 힘들었을 것이다. 심지어 기밀자료로 분류되었고 일반 대중에게 공개할 의도가 없었던 정부 문서도 도덕적 가치로 채워져 있었다는 사실에서 이런 시각이 충분히 많이 드러났다.

여기에 딱 들어맞는 사례가 1950년 4월에 작성된 국가안전보장회의 보고서(NSC-68)다. 이 문서는 냉전 전략에 대한 미국의 공식 성명 역할을 했다. NSC-68 보고서는 국가이익을 대체로 도덕적 측면에서 규정했다. 이런 시각에서 볼 때, 도덕적 좌절이 물질적 좌절보다 훨씬 더 위험했다.

어느 곳에서라도 자유로운 정치제도가 패배한다면 모든 곳에서 패배하는 셈이다.

체코슬로바키아의 붕괴로부터 우리가 받았던 충격은 체코슬로바키아가 지닌 물질적 중요성의 잣대로 잴 수 있는 게 아니었다. 물질적 측면에서 보자면, 체코슬로바키아의 역량은 이미 소련의 처분 하에 있었다. 하지만 체코슬로바키아 제도의 일체성(integrity)이 파괴되었을 때, 무형적 가치의 척도에서 우리가 받았던 피해는 우리가 이미 받았던 물질적 피해보다 훨씬 더 컸다.[39]

일단 사활적 이익이 도덕적 원칙과 동일시되자 미국의 전략적 목표는 힘보다는 가치의 차원에서 설정되었다. 즉, 전략적 목표는 "우리 국민이 삶을 영위함에 있어 그리고 우리의 정치적, 경제적 힘을 발전시킴에 있어 우리의 가치를 확인하는 방법으로 우리 자신을 강하게 만드는 것"[40]이었다. 미국이 모든 인류를 위한 자유의 등불이라고 미국 건국의 아버지들이 내세웠던 독트린이 미국의 냉전 철학에 스며들었다. NSC-68 보고서의 초안을 작성했던 사람들은 "무찌를 괴물을 찾아 해외로 나가는 행동"을 반대했던 존 퀸시 애덤스의 경고로 표현된 것과 같은 부류의 미국식 사고를 거부하면서, 성전에 나서는 미국이라는 대안적 비전을 택했다. "국내외 어디서나 우리의 핵심적 가치를 실질적으로 확인할 때만 우리 자신의 진실성을 보전할 수 있다. 크렘린의 계획을 진정으로 꺾을 수 있을지 여부도 여기에 달려 있다."[41]

이런 조건에서 냉전의 목적은 적의 개종, 즉 "소련 체제의 속성이 근본적으로 변화하도록 촉진하는 것"이었다. 이는 다시 "자유로운 정치제도가 번영하고 러시아 인민들이 자신들의 운명을 개척할 새로운 기회를 갖게 될 국제 환경에 필수적인 특정하고 제한된 조건을 소련이 수용하는 것"으로 규정되었다.[42]

비록 NSC-68 보고서는 더 나아가서 우세한 상황(situation of strength)을 구축하기 위해 필요한 다양한 군사적, 경제적인 조치도 설명했지만, 핵심 주제는 주고받기식의 전통적인 외교도 아니었고 종말론적인 최종 대결도 아니었다. 미국이 핵무기를 독점하는 동안 핵무기를 사용하거나 사용하겠다는 위협을 꺼리는 태도는 독특하게 미국다운 방식으로 합리화되었다. 그런 전쟁에서 이긴다고 한들 그 결과는 어디까지나 일시적이고, 그렇기 때문에 만족스럽지 못하다는 것이다. 협상을 통한 해결과 관련해서는 "일반적 합의를 위한 상상 가능한 유일한 토대는 세력권과 무(無)세력권일 것이며, 이런 '합의'는 크렘린에 의해 즉각 자신들에게 아주 유리하도록 활용될 수 있다."[43] 다시 말하자면 미국은 적을 개종시키지 못한 채 놔두는 전쟁의 승리나, 혹은 심지어 포괄적 해결조차 고려하지 않으려고 했다.

NSC-68 보고서는 겉으로는 매우 냉정한 현실주의처럼 보였지만, 민주주의에 관한 장황한 설명으로 시작해서 역사가 궁극적으로는 미국에 유리한 쪽으로 흘러갈 것이라는 주장으로 결론을 맺었다. 이 보고서는 보편성을 내세우면서도 동시에 무력을 포기한다는 점이 독특했다. 자신의 자원을 쏟아부어야 하는 벅찬 목표를 내세우면서도 막상 자신의 가치를 퍼뜨리겠다는 목표 외에는 어떠한 상호주의적 기대도 하지 않았던 강대국은 예전에 존재했던 적이 없었다. 그리고 이와 같은 목표는 성전(聖戰)을 추구하는 세력의 일반적 경로인 세계정복이 아닌 세계적 개혁을 통해서 달성하려고 했다. 비록 미국은 자신이 군사적으로 상대적 열세라고 확신했지만, 이런 목표를 달성하기 위한 미국의 힘은 우연히도 이 당시에 잠시나마 전례가 없을 정도로 최고조에 달해 있었다.

미국이 봉쇄정책을 향해 나아가던 초창기에는 아무도 미국인들이 얼마 안 가서 갈등에 대한 심리적 중압감을 느낄 것이라고 상상하지 못했다. 미국의 최우선 목표는 적의 내부적 변화였지만, 중간 단계마다 성공 여부를 판단할 수 있는 척도가 없었다. 자신만만한 모든 미국 지도자들이 공산주의가 붕괴하리라는 그들의 예견이 실현되기도 전에 미국이 20년 내에 혹독한 자기 회의감과 국내적 갈등의 길을 헤쳐나가야 한다는 사실을 믿을 수 없었을 것이다. 당분간 미국 지도자들은 미국이 새로운 국제적 역할에 전념하게 하면서 미국 외교정책의 혁명적 전환에 대한 비판을 막아내는 데 몰두했다.

봉쇄정책이 서서히 구체화하면서 세 부류의 학파로부터 비판이 제기되었다. 첫 번째 비판은 월터 리프먼(Walter Lippmann)으로 대표되는 "현실주의자들"로부터 나왔다. 이들은 봉쇄정책이 한편으로는 미국의 자원을 고갈시키면서 심리적, 지정학적으로 과도한 확장에 이르게 될 것이라고 주장했다. 두 번째 학파를 대변한 사람은 윈스턴 처칠이었다. 처칠은 우세한 입장을 확보할 때까지 협상을 연기하는 것을 반대했다. 처칠은 서방의 입지가 냉전으로 알려지게 된 시기의 초창기만큼 다시 강해지지 못할 것이며, 따라서 서방의 상대적 협상력이 약화될 수밖에 없다고 주장했다. 마지막으로 헨리 월리스(Henry Wallace)가 있었다. 그는 애초에 미국이 봉쇄정책을 취할 도덕적 권리가 있다는 사실을 부인했다. 양 진영이 본질적으로 도덕적으로 똑같다고 주장하면서 월리스는 중유럽에서 소련의 세력권이 정당하며, 미국이 이에 대항해봐야 긴장만 심화시킬 뿐이라고 주장했다. 그는 자신이 루스벨트의 정책이라고 생각했던 노선으로의 복귀를 촉구했다. 미국의 일방적인 결정으로 냉전을 끝내라는 것이었다.

현실주의자들을 가장 잘 설득력 있게 대변했던 월터 리프먼은 소련 사회가 스스로 몰락하는 씨앗을 품고 있다는 케넌의 논지를 거부했다. 그는 이 이론이 미국 정책의 토대가 되기에는 너무 추측에 근거하고 있다고 간주했다.

> X씨의 추정에는 곤란한 상황에 대비한 예비 계획이 없다. 운이 나쁘거나 잘못 관리
> 했거나 오류가 있거나, 아니면 예측하지 못한 경우에 대비한 안전상의 여유가 없다.
> 그는 우리더러 소련의 국력이 이미 기울고 있다고 가정하라고 요청하고 있다. 우리
> 자신을 위한 우리의 가장 큰 희망이 조만간 실현된다는 것을 믿으라고 권고하고 있
> 다.44

리프먼은 봉쇄정책 때문에 미국이 소련 제국의 확장된 주변부의 배후지로 끌려 들
어갈 것이라고 주장했다. 리프먼이 보기에 일단 이 지역의 많은 나라들은 근대적 의미의
국가가 아니었다. 미국으로부터 멀리 떨어진 곳에서 군사적으로 연루된다면 미국의 안보
를 강화하지 못하고 미국의 결의만 약화시킬 것이다. 리프먼에 의하면 봉쇄정책은 소련
이 외교적, 심지어 군사적 주도권을 유지하면서 미국이 가장 당황할 만한 지점을 택할 수
있게 한다는 것이다.

리프먼은 소련의 팽창에 맞서는 것이 미국에 사활적 이익이 되는 지역의 기준을 설
정하는 게 중요하다고 강조했다. 만약 그런 기준이 없다면 미국은 어쩔 수 없이 "위성국
과 후견국, 보호국, 괴뢰국 등으로 구성된 이질적인 집합체"를 조직하게 될 것이며, 이렇
게 되면 미국의 새로운 동맹국들이 자신들의 목적을 위해 봉쇄정책을 이용할 수 있게 될
것이다. 미국은 존립이 불가능한 정권을 지원해야 하는 덫에 빠지게 될 것이며, 워싱턴은
"유화주의와 패배, 체면손실, 아니면 … 헤아릴 수도 없는 비용을 치르면서 이들을[미국
동맹국들] 지원하는 상황" 사이에서 비참한 선택을 해야 하는 상황에 빠지게 될 것이라고
주장했다.45

이는 정말로 미국이 앞으로 닥칠 상황을 마치 예언자처럼 지적한 분석이었다. 다만,
리프먼이 제시했던 해결책은 보편주의적인 미국 전통과 전혀 맞지 않았고, 그러한 전통
은 오히려 종말론적 결과라는 케넌의 예상에 훨씬 더 가까웠다. 리프먼은 미국 외교정책
이 보편적으로 적용 가능하다고 여겨지는 일반원칙보다 미국의 이익에 대한 개별적 분석
을 따라야 한다고 요청했다. 그의 시각에 의하면 미국의 정책은 공산주의 체제의 타도보
다 전쟁으로 파괴되어버린 유럽의 세력균형 회복을 목표로 삼아야 했다. 미국의 진정한
이익은 유럽 대륙의 중심으로부터 소련 권력을 축출하는 것인 반면, 봉쇄정책은 유럽의
영원한 분열을 의미했다.

100년 넘게 모든 러시아 정부는 동유럽 너머로 팽창하려고 했다. 하지만 붉은 군대가 엘베강에 도달하고 나서야 비로소 러시아의 통치자들은 러시아 제국의 야심과 공산주의의 이념적 목적을 실현할 수 있었다. 따라서 진정한 정책은 유럽에서의 철군을 이끌어내는 합의를 최고의 목표로 삼아야 할 것이다. … 미국의 힘은 여러 지점에 흩어져 있는 러시아인들을 "봉쇄하기" 위해서가 아니라, 러시아군 전체를 견제하고, 철군을 의미하는 합의를 구체적 목표로 삼은 외교정책을 뒷받침하기 위해 압력을 행사하는 데 사용될 수 있어야 한다.[46]

운명적으로 전쟁 직후 시기에 미국에는 확실히 지나칠 정도로 많은 인재들이 있었다. 미국 정치 지도자들은 뛰어나고 경험도 많은 사람들이었다. 그리고 그들 뒤에는 존 맥클로이(John McCloy), 로버트 로벳(Robert Lovett), 데이비드 브루스(David Bruce), 엘즈워스 벙커(Ellsworth Bunker), 애버렐 해리먼(Averell Harriman), 존 포스터 덜레스(John Foster Dulles) 등과 같이 정부를 들락거리면서 초당파적인 기반에서 항상 대통령을 보필할 수 있는 걸출한 인물들이 있었다.

미국은 지식인들 중에서 리프먼과 케넌이 각각 자신들의 권력의 정점에 있을 때 이 두 사람의 생각을 활용할 수 있었다. 케넌은 공산주의의 기저에 있는 약점을 정확하게 파악했다. 리프먼은 봉쇄정책에 기반한 본질적으로 반응적인 외교정책으로 인해 앞으로 겪게 될 좌절을 정확하게 예견했다. 케넌은 역사가 그 필연적인 경향을 드러내게 하려면 인내심을 가지라고 요구했다. 리프먼은 미국이 여전히 압도적일 때 유럽의 합의를 이끌어내기 위한 외교적 노력을 촉구했다. 케넌은 미국 사회의 주된 동기에 대해 직관적으로 더 잘 이해했다. 반면 리프먼은 끝없어 보이는 교착상태를 견뎌야 하고 봉쇄정책으로 인해 미국이 애매모호한 명분을 지지해야 할 수도 있기 때문에 곧 중압감을 느끼게 될 것이라고 파악했다.

결국, 리프먼의 분석은 주로 소련과의 대결을 반대했던 사람들로부터 많은 지지를 받았다. 그들의 지지는 리프먼의 주장 중 어느 한 측면에만 기초한 것이었고, 리프먼의 비판은 강조하면서도 그가 제시했던 처방은 무시했다. 이들은 리프먼이 보다 제한된 목표를 요구했다는 점에는 주목했지만, 더욱 공세적인 외교를 권유했다는 사실은 간과했다. 그리하여 1940년대에 봉쇄 독트린을 대체하는 가장 설득력 있는 대안 전략은 다름 아닌 그 당시 영국 의회의 야당 당수였던 윈스턴 처칠에게서 나왔다.

처칠은 미주리주 풀턴(Fulton)에서 철의 장막 연설을 했을 때 냉전의 시작을 알린 것으로 널리 인정받고 있다. 제2차 세계대전의 모든 단계에서 처칠은 전후 민주주의 국가들의 협상력을 강화하기 위한 노력의 일환으로 소련의 팽창주의를 제한하려고 했다. 처칠은 봉쇄정책을 지지했지만, 처칠에게는 그게 결코 목적이 아니었다. 처칠은 소련의 붕괴를 수동적으로 기다리는 게 내키지 않았다. 그는 역사가 자신을 위해 일해주길 기다리기보다는 역사를 만들어나가려고 했다. 그는 협상을 통한 합의를 추구했다.

처칠은 풀턴 연설에서 협상을 단지 암시했을 뿐이었다. 1948년 10월 9일 웨일스의 란디드노(Llandudno)에서 연설했던 처칠은 향후 협상에서 서방의 입지가 지금보다 절대로 더 좋아지지 않을 것이라고 또다시 주장했다. 그다지 주목받지 않았던 한 연설에서 처칠은 이렇게 말했다.

> 질문이 제기됩니다. 그들이 핵무기를 갖게 되고 많이 비축한다면 어떤 일이 일어날까요? 여러분들은 지금 발생하는 일을 보면서 그때 무슨 일이 발생할지 판단하실 수 있습니다. 만약 이런 일들이 순탄한 상황에서 일어났는데, 어려운 상황이라면 어떻게 될까요? … 아무도 우리에게 시간이 무한정으로 주어졌다고 믿지 않습니다. 우리는 이 문제들을 해결해야 하고 최종적인 합의를 이뤄내야 합니다. 우리는 뭔일이 생기기를 기다리면서 앞날을 생각하지 않고 무능한 채로 있어서는 안 됩니다. 그러니까 뭔가 나쁜 일이 생기는 상황을 기다려서는 안 된다는 뜻입니다. 만약 서방 국가들이, 자신들이 핵무기를 보유하고 있는 동안에 그리고 러시아 공산주의자들도 핵무기를 갖기 전에 자신들의 정당한 요구사항을 제시한다면 유혈사태 없이 영속적인 합의에 도달할 가능성이 훨씬 더 클 것입니다.[47]

2년 후 처칠은 영국 하원에서 똑같이 호소했다. 민주주의 국가들이 협상을 할 수 있을 정도로 충분히 강력하며, 기다릴수록 약해질 뿐이라는 것이다. 1950년 11월 30일에 NATO의 재무장을 옹호하는 연설에서 처칠은 서방이 무장한들 그 자체만으로는 협상력이 변하지 않을 것이고, 결국 협상력은 미국의 핵무기 독점에 달려 있다고 경고했다.

> 우리의 군사력을 가능한 한 가장 신속하게 강화하는 게 옳겠지만, 제가 언급해왔던 그 기간에 이러한 과정의 어느 것도 소위 재래식 무기에서 러시아의 실질적 우위를 없애지 못할 것입니다. 그것이 할 수 있는 전부는 유럽의 단결을 강화하고 침략에 대한 억지력을 증대하는 것입니다. … 따라서 저는 적절한 기회가 마련되는 즉시 소

련과의 합의에 도달하기 위해 노력하고, 그리고 미국의 원자폭탄이 지닌 막대하고도 헤아릴 수 없는 우위가 다른 모든 군사적 측면에서 소련의 우위를 상쇄하는 동안 그러한 노력을 하는 것에 찬성합니다.[48]

처칠은 이미 우세한 입장에 있다고 보았다. 하지만 미국 지도자들이 보기에는 아직 그 상태에 이르지 않았다. 처칠은 협상을 권력과 외교를 연계시키는 수단으로 간주했다. 그리고 비록 절대로 구체적으로 밝히지는 않았지만, 그의 공개적 발언들은 그가 항상 서방 민주주의 국가들에 의한 모종의 외교적 최후통첩을 구상하고 있다는 점을 강하게 시사했다. 미국 지도자들은 자신들이 독점한 핵무기를 동원하거나 위협수단으로 사용하는 것조차 주춤거렸다. 처칠은 소련 세력권의 영역을 축소하기를 원했지만, 소련의 힘이 축소되고 제한된다면 공존할 준비도 되어 있었다. 미국 지도자들은 세력권을 거의 본능적으로 싫어했고, 적의 세력권을 축소하는 게 아니라 파괴하기를 원했다. 미국 지도자들은 세계질서 문제를 윌슨식으로 해결하기 위해 아무리 오래 걸린다 하더라도 완전한 승리를 거두고 공산주의가 붕괴할 때까지 기다리는 방안을 선호했다.

이런 이견은 영국과 미국의 역사적 경험의 차이로 설명될 수 있었다. 처칠이 속했던 사회는 불완전한 결과에 너무나 익숙했다. 트루먼과 보좌진은 일단 문제를 인식하면 대체로 엄청난 자원을 동원해서 극복해내는 전통이 있는 사회에서 살아왔다. 그리하여 미국은 최종적인 해결을 선호했고, 영국의 특기였던 일종의 타협을 불신했다. 처칠은 우세한 입장을 구축하면서 합의를 강요하는 적극적인 외교를 병행하는 데 개념적으로 어려움을 겪지 않았다. 미국 지도자들은 이러한 노력을 제1차 세계대전 당시에도 그랬고, 이후 한국과 베트남에서도 그랬던 것처럼 순차적인 단계로 보았다. 미국이 영국보다 강력했고, 처칠은 야당 당수여서 자신의 전략을 밀어붙일 수 있는 처지가 못 되었기 때문에 미국의 시각이 우세했다.

결국 미국 정책에 대한 가장 목소리가 크고 집요한 도전은 리프먼의 현실주의 학파나 처칠의 세력균형 사고가 아니라 미국의 급진적 사고에 깊게 뿌리내려 있는 전통으로부터 나왔다. 리프먼과 처칠은 소련의 팽창주의가 심각한 도전이라는 트루먼 행정부의 전제를 받아들이고 이에 대항하는 전략을 놓고 논쟁했던 반면, 급진적 비판자들은 봉쇄정책의 모든 측면을 거부했다. 제3기 루스벨트 행정부의 부통령이었고 전직 농무장관이었으며, 트루먼 행정부에서 상무장관이었던 헨리 월리스(Henry Wallace)는 이런 시각을 잘 대변했다.

미국 포퓰리스트 전통의 산물인 월리스는 영국에 대한 미국인들의 불신을 견지하고 있었다. 제퍼슨 이래 대부분의 미국 자유주의자들처럼 그는 "개인의 삶에 적용되는 도덕적 원칙이 국제문제에도 똑같이 적용되어야 한다."라고 주장했다.[49] 월리스가 보기에 미국은 자신의 도덕적 방향성을 상실했으며 "속임수와 폭력, 불신이라는 마키아벨리식 원칙"이라는 외교정책을 시행하고 있다고 1946년 9월 12일에 매디슨 스퀘어가든에서 청중들에게 말했다.[50] 편견과 증오, 공포가 국제분쟁의 근본 원인이기 때문에 미국은 이런 골칫거리를 미국 사회로부터 몰아내기 전까지는 해외에 개입할 도덕적 의무가 없다고 주장했다.

이 새로운 급진주의는 자유의 등불이라는 미국의 역사적 비전을 재확인했지만, 그 과정에서 그 자신을 부정하게 되었다. 미국과 소련의 행동을 도덕적으로 동등하다고 보는 가정이 냉전기 내내 급진적인 비판의 특징이 되었다. 미국이 국제적 책임을 부담해야 한다는 바로 그 아이디어가 월리스의 눈에는 오만한 권력의 사례로 비쳤다. 그는 영국인들이 남의 말을 잘 믿는 미국인들을 속여 그들이 시키는 대로 하게 만들었다고 주장했다. "확실히 영국의 정책은 미국과 러시아 간의 불신을 유발해서 제3차 세계대전을 위한 기반을 준비하게 하는 것입니다."[51]

민주주의와 독재체제 간 충돌이라는 트루먼의 설명은 월리스에게 순전히 허구였다. 소련의 전후 탄압이 갈수록 명백해지고 집단화의 잔인성이 널리 인식되던 1945년에 월리스는 "오늘날의 러시아인들은 예전 어느 때보다도 더 정치적으로 자유롭다."라고 선언했다. 그는 아울러 소련에서 "종교에 대한 관용이 커지는" 조짐을 보았으며, "미국과 소련 간에 기본적으로 충돌이 없다."라고 주장했다.[52]

월리스는 소련의 정책이 팽창주의가 아니라 두려움에 따른 결과라고 생각했다. 1946년 3월, 여전히 상무장관으로 재직할 당시에 월리스는 트루먼에게 이렇게 서한을 썼다.

> 지난 몇 달 동안의 사건들로 인해 소련인들은 1939년 이전의 "자본주의자들의 포위"라는 두려움을 다시 갖게 되었고, 미국을 포함한 서방 세계가 변함없이 그리고 한결같이 적대적이라는 그릇된 믿음을 갖게 되었습니다.[53]

6개월 후 매디슨 스퀘어가든에서 한 연설에서 월리스는 트루먼에게 직격타를 날리며 도전했고, 이 때문에 트루먼 대통령은 월리스의 사퇴를 요구했다.

러시아가 동유럽에서 하는 일이 우리의 마음에 안 들 수도 있습니다. 미국인 대부분은 러시아식 토지 개혁, 산업 몰수, 기본적인 자유의 억압을 불쾌하게 여깁니다. 하지만, 우리가 좋아하건 싫어하건 러시아인들은 우리가 우리 세력권을 민주주의화하려 하듯이 자신들의 세력권을 사회주의화하려고 할 것입니다. … 사회 경제적 정의에 관한 러시아의 관념이 세계의 거의 3분의 1을 지배하려 하고 있습니다. 자유로운 기업과 민주주의라는 우리의 관념이 나머지의 많은 부분을 지배할 것입니다. 이 두 가지 관념은 그들 각각의 정치적 지배 영역에서 어느 쪽이 평범한 사람들에게 가장 큰 만족을 제공할 수 있는지를 입증하려고 노력할 것입니다.[54]

외교정책에서 자칭 도덕의 수호자라는 사람은 동유럽에서 소련의 세력권을 실용적인 이유로 받아들인 반면, 냉소적인 권력정치를 하고 있다고 그가 비난했던 행정부는 도덕적 이유로 소련의 세력권을 거부하고 있었다. 양자의 역할이 기묘하게 뒤바뀐 것이다.

월리스에 따르면 미국은 전 세계에 일방적으로 개입할 권리가 없었다. 방어는 유엔의 승인을 받을 때만 정당하며(소련이 유엔 안보리에서 거부권이 있다는 사실과 상관없이), 경제적 원조는 국제기구를 통해서 배분되어야 했다. 마셜 플랜이 이런 시험을 통과하지 못했기 때문에 월리스는 마셜 플랜이 궁극적으로 미국에 대한 인류의 적개심을 초래하게 될 것이라고 예언했다.[55]

월리스의 도전은 체코슬로바키아에서의 공산주의 쿠데타, 베를린 봉쇄, 북한의 한국 침공 이후 무너졌다. 1948년 당시 대선 후보로서 월리스는 고작 100만 표를 얻었고, 대부분의 표가 뉴욕에서 나왔다. 반면 트루먼은 2,400만 표를 얻었다. 월리스는 딕시크랫(Dixiecrat)[56] 후보인 스트롬 써먼드(Strom Thurmond)에 이어 4위에 그쳤다.[57]

그렇지만 월리스는 냉전 기간 내내 미국 내 급진적 비판의 핵심요소가 될 주제들을 발전시켰고, 이 주제들이 베트남전쟁 당시에 논쟁의 중심에 서게 되었다. 이 주제들은 미국이 도덕적으로 불완전하고 미국이 지지하는 우방국들도 마찬가지라고 강조했다. 즉, 미국과 공산주의 도전 세력이 기본적으로 도덕적으로 동등하고, 미국은 대체로 상상에 불과한 위협에 맞서 세계의 어떤 지역이라도 방어할 의무가 없으며, 지정학적 개념보다 세계 여론이 외교정책에서 더 훌륭한 지침이라고 보았다. 그리스와 터키에 대한 원조가 최초로 제안되었을 때, 월리스는 트루먼 행정부에 이 문제를 유엔에 상정해야 한다고 촉구했다. 만약 "러시아인들이 거부권을 행사하면, 그들이 도덕적 부담을 짊어지게 된다. … 우리가 독자적으로 행동한다면 … 우리가 도덕적 부담을 짊어지게 된다."[58] 도덕적 우위를 확보하는 것이 미국의 지정학적 이익을 수호하는 것보다 더 중요하다고 보았다.

비록 미국의 전후 외교정책에 대한 월리스의 급진적 비판은 1940년대에 패배하기는 했지만, 그 기본 교리는 미국인들의 영혼을 계속 끌어당겼던 미국의 이상주의가 갖고 있던 깊은 중압감을 반영하고 있었다. 미국의 국제적 개입에 엄청난 에너지를 제공했던 동일한 도덕적 확신은 또한 외부세계에 대한 환멸이나 미국의 결함 때문에 내부를 향해 돌아서게 될 가능성이 있었다. 1920년대에 고립주의는 미국이 세계에 개입하기에는 너무 선하다는 이유로 물러나게 만들었다. 고립주의는 월리스의 정치 운동을 통해 미국이 세계에 개입하기에는 충분히 선하지 않기 때문에 물러나야 한다는 논지로 부활했다.

하지만 미국이 처음으로 평시에 항구적인 국제적 개입을 시작했을 때, 체계적인 자기 회의감은 여전히 먼 미래의 이야기였다. 뉴딜을 구축했고 제2차 세계대전에서 승리를 거둔 세대는 자기 자신과 미국의 방대한 진취성을 아주 강하게 확신했다. 그리고 미국인의 이상주의는 양극화된 세계를 관리하기에 아주 적합했던 반면, 전통적인 세력균형 외교의 미묘한 조합은 그 세계에 그다지 적절하지 않았다. 자신의 업적과 미래에 대해 엄청난 자신감을 지닌 사회만이 패배한 적들이 화해하고, 피폐해진 동맹국들이 회복되고, 적들이 개종하게 되는 세계질서를 구축하는 데 필요한 헌신과 자원을 끌어모을 수 있었다. 위대한 진취적 활동은 종종 순진함이 가미될 때 추동력을 얻는다.

봉쇄정책의 결과 중 하나는 미국이 자국 국력이 가장 강력했던 시기에 자신의 외교를 본질적으로 수동적인 외교로 격하시켰다는 것이다. 그래서 봉쇄정책은 잇달아 지지자들로부터 점점 더 도전을 받게 되었고, 그중에서도 존 포스터 덜레스(John Foster Dulles)가 가장 큰 목소리로 이런 주장을 대변했다. 이들은 봉쇄정책의 기본전제를 인정하는 보수주의자들이었지만 이 정책이 긴급성 없이 추진되고 있다는 점에 문제를 제기했다. 이들은 비록 봉쇄정책이 결국에는 성공적으로 소련 사회를 약화시킬 수 있겠지만 너무 오래 걸리고 대가가 너무 크다고 주장했다. 봉쇄정책이 무엇을 성취할지 모르지만, 해방 전략(strategy of liberation)이 분명히 가속화될 것이다. 트루먼의 대통령 임기가 끝날 무렵, 봉쇄정책은 그것이 너무 호전적이라고 보았던 사람들(월리스의 추종자들)과 너무 수동적이라고 생각했던 사람들(보수적인 공화당원들) 사이에서 십자포화를 맞았다.

이런 논쟁은 리프먼이 예견했던 대로, 국제 위기가 도덕적 쟁점이 혼란스럽고 미국에 직접 위협이 되는지 입증하기 어려운 세계의 주변부 지역으로 점점 더 옮겨가면서 가속화되었다. 미국은 동맹에 의해 보호받지 못하는 지역에서 애매모호한 명분을 위해 전쟁에 끌려 들어갔고 제대로 마무리 짓지도 못했다. 한국에서부터 베트남에 이르기까지 이런 대규모 활동으로 인해 급진적 비판이 살아남았고 봉쇄정책의 도덕적 타당성에 대해 계속해서 의문을 제기했다.

그리하여 미국식 예외주의의 새로운 변종이 부상했다. 19세기의 미국은 온갖 결점에도 불구하고 스스로를 자유의 등불(beacon of liberty)이라고 여겼다. 1960년대와 1970년대에는 그 등불이 계속 깜빡거렸고 미국이 자유라는 대의명분을 고취하는 역사적 역할로 되돌아올 수 있으려면 그 전에 다시 점화되어야 한다고 말해졌다. 봉쇄정책을 둘러싼 논쟁은 그야말로 미국의 영혼을 위한 투쟁으로 바뀌었다.

1957년 초 무렵에 조지 케넌조차 봉쇄정책을 이와 같은 견지에서 재해석하게 되었고 이렇게 글을 썼다.

> 소련의 위협에 맞서기 위해 어디에 손을 대는 게 최선인지 나에게 종종 질문했던 내 동포들에게 나는 이렇게 답해야 했다. 우리 미국의 결점, 우리 눈으로 보기에도 부끄럽거나 우려스러운 것들에 손을 대야 합니다. 즉, 인종 문제, 우리 대도시의 여건들, 우리나라 청년층의 교육과 환경, 갈수록 벌어지는 전문지식과 대중의 이해수준 간의 격차 같은 것들입니다.[59]

자신의 발명품이 군사화된 것에 환멸을 느끼기 전인 10년 전이었다면 조지 케넌은 그런 선택이 존재하지 않는다고 생각했을 것이다. 만약 어떤 국가가 자신의 외교정책에 대한 시험으로서 스스로에게 도덕적 완벽성을 요구한다면 그 국가는 완벽성도 안보도 성취하지 못할 것이다. 1957년이 되자 자유진영의 모든 전선이 방어태세를 갖추게 되었다는 점이 케넌이 이룩한 성취의 척도였으며, 그의 시각이 이런 노력에 결정적으로 기여했다. 실제로 너무나 효과적으로 방어태세가 구축되었기 때문에 미국은 심각한 자기비판 분위기에 빠져도 될 정도였다.

봉쇄정책은 비범한 이론이었다. 냉철하면서도 이상주의적이었고, 소련의 동기에 관한 진단은 심오했지만 그에 대한 처방은 특이하게도 추상적이었다. 유토피아주의라는 측면에서 철저하게 미국적이었던 이 이론은 전체주의 체제인 적의 붕괴를 본질적으로 온화한 방식으로 달성할 수 있다고 가정했다. 이 독트린은 비록 미국의 절대적 힘이 정점에 있을 때 만들어졌지만, 미국이 상대적인 열세에 있다고 설교했다. 봉쇄정책이 최고조에 달하는 순간에 거대한 외교적 대면이 있을 것이라고 가정하면서, 선인들이 악인들의 개종을 받아들이는 결정적인 최종 순간까지 외교에 아무런 역할도 부여하지 않았다.

이런 특성에도 불구하고, 봉쇄정책은 미국이 40년 이상의 건설과 투쟁을 거쳐 궁극적으로 승리를 거두기까지 견뎌낼 수 있게 해준 독트린이었다. 봉쇄정책의 애매모호함으로 인해 피해를 본 것은 미국이 지켜주겠다고 했던 나라의 국민들이 아니라—이들은 대체로 성공적으로 보호 받았다—미국의 양심이었던 것으로 드러났다. 미국은 도덕적 완벽성이라는 전통을 추구하느라 스스로를 학대하면서 한 세대 넘게 투쟁을 벌인 후, 자신이 수행한 활동과 논란들로 인해 상처 입은 채 등장하게 되지만 결국 자신이 하려고 했던 거의 모든 것을 성취해냈다.

19

봉쇄정책의 딜레마: 한국전쟁

The Dilemma of Containment: The Korean War

미국은 루스벨트가 상상했던 것과 달리 유럽으로부터 "장병들을 귀국시키지" 않았다. 그 대신 미국은 계속 깊이 관여한 채 남아 있었고, 소련의 침입에 대비해서 각종 제도와 프로그램을 설립했으며, 가능한 어디에서든 소련의 세력권을 압박했다.

3년 동안 봉쇄정책은 구상했던 대로 효과가 있었다. 대서양 동맹은 소련의 팽창에 맞서는 군사적 보루 역할을 했으며, 마셜 플랜은 서유럽을 경제적, 사회적으로 강하게 만들어줬다. 그리스-터키 원조 프로그램은 동지중해에서 소련의 위협을 격퇴했고, 베를린 공수작전(Berlin Airlift)[1]은 민주주의 국가들이 자신들의 확립된 권리가 위협받으면 저항하기 위해 전쟁도 감수할 각오도 되어 있음을 보여주었다. 개별 사례에서 소련은 미국과 정면으로 맞붙지 않고 뒤로 물러섰다.

하지만 봉쇄이론은 중대한 결함이 있었고, 이 때문에 미국 지도자들이 두 가지 그릇된 전제에 근거해서 행동하게 되었다. 즉, 첫 번째로 미국 지도자들은 앞으로도 제2차 세계대전 당시처럼 애매모호하지 않고 분명한 도전을 다양한 형태로 받을 것이라 예상했고, 두 번째로 봉쇄정책 이론이 가정한 바와 같이 공산주의자들이 자신들의 지배체제가 해체될 때까지 수동적으로 기다릴 것이라고 생각했다. 미국 지도자들은 공산주의자들이 어느 순간에 미국에게 정치적이거나 전략적으로 가장 복잡한 지역을 목표로 삼아 문제를 일으킬 가능성을 고려하지 못했다.

봉쇄정책을 주저하던 의회는 유럽을 위해서라는 명분으로 설득되었다. 소련이 지중해로 침입할 수 있다는 두려움 때문에 그리스-터키 원조 프로그램이 제시되었고, 소련이 서유럽을 공격할 수 있다는 위험 때문에 북대서양조약기구(NATO)가 설립되었다. 소련이 (유럽이 아닌) 다른 어딘가에서 밀고 들어올 가능성은 거의 없었고, 설령 있었다 하더라도 사후에 떠오른 생각이었다.

그러다가 미국은 1950년 6월 25일에 갑자기 봉쇄정책의 애매모호한 상황과 마주해야 했다. 미국 정부가 자국의 방어선 밖에 있다고 선언했고, 현지에 주둔하고 있던 미군을 1년 전에 전부 철수시킨 국가가 공산주의 대리국에 의해 군사적으로 침략당하는 상황에 직면하게 된 것이다. 침략국은 북한이었고, 피해국은 한국이었다. 둘 다 미국 전략의 초점인 유럽으로부터 아주 멀리 떨어진 곳에 있었다. 하지만 북한이 공격한 지 며칠 만에 트루먼은 미국이 계획을 수립하던 과정에서 한 번도 상상조차 하지 않았고 의회 청문회에서 제시된 적도 없었던 국지방어라는 전략을 실행하고자 당시 일본에 주둔 중이었고 훈련이 부실했던 점령군 병력을 끌어모아 급히 원정군을 조직했다. 미국의 전후 정치적, 전략적 독트린은 그야말로 이런 형태의 침략 가능성을 무시하고 있었다.

미국 지도자들은 그때까지 전쟁 원인으로서 소련이 미국을 기습 공격하거나 붉은 군대가 서유럽을 침공하는 두 가지 경우만 가능성이 있다고 규정해왔다. 육군 참모총장인 오마 N. 브래들리(Omar N. Bradley) 대장은 1948년에 의회에서 이렇게 증언했다.

> 국가안보계획은 미국이 초기에 공중에서 혹은 공수부대의 공격을 받을 수 있는 가능성을 반드시 고려해야 합니다. 이런 종류의 공격이 실현될 가능성이 매일 커지고 있습니다. … 우리는 [따라서] 공중으로부터 적의 공격을 받을 수 있는 기지를 즉각

적으로 안전하게 지켜야 합니다. 그다음에 우리는 즉각 반격을 개시해야 하며 … 주로 공중으로 해야 합니다. … 반격하기 위해서 우리에게 아직 없는 기지가 필요합니다. [이러한] 기지를 장악하고 유지하려면 … 육군 전투부대가 필요합니다.[2]

브래들리는 미국이 핵무기를 독점하고 있는 상황에서 참혹한 전쟁을 겪은 지 3년밖에 안 되었고 장거리 공군력도 없다고 알려진 소련이 어떻게 혹은 왜 그런 전략을 추구할 수 있는지에 대해 설명하지 못했다.

북한군이 38선을 넘었을 때 외교적 항의 이상의 반응이 나올 것이라고 모스크바나 평양의 정책결정자들이 예상하게 할 만한 미국의 행동은 아무것도 없었다. 미국이 1980년대 말에 회유적인 태도를 보이다가 1990년에 페르시아만에 대규모 병력을 배치하며 돌변했을 때 사담 후세인이 놀랐던 것처럼 이들도 틀림없이 놀랐을 것이다. 모스크바와 평양의 공산주의자들은 한국을 미국의 방어선 밖에 놓았다는 미국 주요 인사의 발표를 액면 그대로 받아들였다. 이들은 비교할 수 없을 정도로 더 중요한 대상이라 할 수 있는 중국에서의 공산주의자들의 승리를 미국이 묵인하고 난 뒤에 공산주의자들이 한반도의 나머지 절반을 차지하려는 것에 미국이 저항하지 않을 것이라고 가정했다. 공산주의 침략에 맞서는 것은 전략적 분석보다 도덕적 의무로서 미국 정책결정자들에게 의미가 더 크다고 미국이 여러 번 반복해서 선언했지만, 분명히 이들은 이 말을 이해하지 못했다.

그리하여 한국전쟁은 두 가지 오해로부터 자라났다. 공산주의자들은 이 지역을 미국의 이익이라는 측면에서 분석했고, 미국이 아시아 본토 대부분을 공산주의자에게 양보한 상황에서 굳이 반도의 끝자락을 놓고 저항하는 것이 타당하지 않다고 보았다. 반면에 미국은 원칙의 측면에서 이런 도전을 인식했고, 한국의 지정학적 중요성—미국 지도자들은 그간 공개적으로 낮게 평가했다—보다는 공산주의 세력의 침략이 아무런 저지 없이 허용된다는 상징성에 관심이 더 컸다.

한국 문제에 대해 확고히 맞서기로 한 트루먼의 용감한 결정은 미국 지도자들이 불과 1년 전에 발표했던 내용과 완전히 모순되었다. 1949년 3월에 미 태평양군 사령관 더글러스 맥아더(Douglas MacArthur) 대장은 신문 인터뷰에서 한국이 분명히 미국의 방어선 밖에 있다고 했다.

우리의 방어선은 아시아 연안의 가장자리에 있는 열도들을 관통합니다. 이 방어선은 필리핀에서 시작해서 주요 요새인 오키나와를 포함하는 류큐제도를 지난 다음,

뒤쪽으로 구부러져서 일본과 알류샨 열도를 거쳐서 알래스카까지 이어집니다.[3]

딘 애치슨(Dean Acheson) 국무장관은 1950년 1월 12일에 내셔널 프레스 클럽 (National Press Club)에서 연설하면서 한술 더 떴다. 그는 한국을 미국의 방어선 밖에 놓았을 뿐만 아니라 아시아 본토에 위치한 지역들의 안전을 보장하겠다는 의도를 구체적으로 포기했다.

> 태평양 내 다른 지역의 군사 안보에 관한 한, 어느 누구도 군사 공격으로부터 이 지역을 보장할 수 없다는 점을 분명히 해야 합니다. 하지만 그런 보장이 실질적 관계의 범주에서는 전혀 합리적이지도 필요하지도 않다는 점 또한 분명히 해야 합니다.[4]

1949년에 트루먼 대통령은 합동참모본부의 조언에 따라 모든 미군 병력을 한국으로부터 철수시켰다. 한국군은 치안유지 정도의 기능을 수행할 수 있을 정도로만 훈련 받았고 장비를 갖췄다. 미국 정부가 한국이 무력으로 통일할 수 있는 약간의 능력이라도 갖추게 된다면 그렇게 하려는 유혹을 느낄 것이라고 우려했기 때문이다.

흐루쇼프는 회고록에서 북한의 남침은 북한 독재자인 김일성의 독창적인 아이디어였다고 주장했다. 스탈린은 처음에는 신중했지만, 이 계획이 쉽게 성공을 거둘 것이라고 설득되었기 때문에 그 계획을 따랐다고 한다.[5] 소련과 북한 둘 다 국제관계에 대한 미국의 접근에서 가치가 어떤 역할을 하는지 이해하지 못했다. 맥아더와 애치슨이 미국의 전략에 관해 말했을 때, 이 두 사람은 소련과의 전면전을 염두에 두고 있었다. 미국 지도자들은 이런 종류의 전쟁만 체계적으로 심사숙고하고 있었다. 이와 같은 전쟁에서는 한국은 실제로 미국의 방어선 밖에 있었을 것이고, 결정적인 전투는 다른 곳에서 벌어졌을 것이다.

미국 지도자들은 한국이나 혹은 어떤 비슷한 지역에 국한된 침략에 어떻게 대응해야 할지 솔직히 전혀 생각해본 적이 없었다. 베를린 봉쇄, 체코슬로바키아 쿠데타, 중국에서 공산당의 승리 이후 너무나 빨리 이런 상황에 어쩔 수 없이 직면하게 되자 이들은 공산주의가 진격하고 있다는 증거로 해석했고, 전략에 근거하기보다 원칙에 따라 막아야만 했다.

한국에서 저항하기로 한 트루먼의 결정은 전통적 국익 관념에서 보더라도 근거가 탄탄했다. 팽창주의 성향의 공산주의는 제2차 세계대전이 끝난 후에 매년 해가 갈수록 도전의 수위를 높이고 있었다. 공산주의는 1945년 붉은 군대가 동유럽을 점령한 데 따른 부산물로 그 지역 내 발판을 확보했다. 1948년에는 내부 쿠데타로 체코슬로바키아에서 승리했다. 1949년에는 제2차 국공내전에서 승리하고 중국을 접수했다. 만약 공산군이 이제 국제적으로 승인된 국경들을 돌파할 수 있게 된다면 세계는 전쟁 이전의 시기로 되돌아갈 것이다. 뮌헨 협정 시기를 살아왔던 세대로서는 반드시 대응할 수밖에 없었다. 남침이 성공한다면 좁은 동해 너머에 있는 일본에도 재앙과 같은 충격이 닥칠 것이다. 일본은 항상 한국을 동북아시아에 대한 전략적 거점으로 여겼다. 공산주의자들이 아무런 저항을 받지 않고 장악하게 된다면 아시아 전체가 거대한 공산주의 블록이 될 것이라는 공포가 엄습하고 일본의 친서방 성향도 약화될 것이다.

전혀 예견하지 못했던 군사행동을 즉흥적으로 실행하는 것보다 더 힘든 외교정책 결정은 거의 없었다. 하지만 트루먼은 난국에 잘 대처했다. 북한군이 38선을 통과한 지 이틀이 지난 6월 27일에 트루먼은 미 공군과 해군에 행동을 개시하라고 명령했다. 6월 30일이 되자 일본에서 점령 임무를 맡고 있던 지상군 병력을 투입했다.

소련이 경직된 태도를 보였기 때문에 트루먼은 미국을 전쟁으로 끌고 가기가 수월해졌다. 유엔이 중국의 회원국 자격을 베이징의 공산당 정부에 넘기기를 거부했기 때문에 주유엔 소련 대사는 항의 차원에서 몇 달 동안 안보리와 다른 유엔 기관의 회의 참석을 거부하고 있었다. 만약 소련 대사가 스탈린을 덜 무서워했거나 지침을 더 빨리 받았더라면 북한이 적대행위를 중단하고 38선으로 되돌아가라고 미국이 제안했던 결의안에 틀림없이 거부권을 행사했을 것이다.[6] 하지만 회의에 참석하지 않아서 거부권을 행사하지 못했기 때문에 소련대사는 트루먼에게 세계 공동체의 결정에 따라 저항을 조직하고 자유 대 독재, 선과 악의 대결이라는 친숙한 윌슨식 방식으로 미국의 역할을 정당화할 수 있는 기회를 마련해줬다. 트루먼은 미국이 안보리의 명령을 준수하고자 전쟁을 한다고 말했다.[7] 따라서 이는 멀리 떨어진 국지적 충돌에 개입하는 게 아니라 자유진영 전체에 대한 공격에 맞서는 것이었다.

> 한국에 대한 공격은 공산주의가 독립 국가를 정복하기 위해 체제 전복을 사용하는
> 수준을 넘어섰고, 이제는 무력 침공과 전쟁을 사용할 것이라는 점을 의심할 바 없이
> 명확히 보여줍니다. 공산주의는 국제평화와 안보를 보전하기 위해 공표된 유엔 안
> 보리의 명령을 거역하고 있습니다.[8]

비록 트루먼은 한국 개입을 지지하는 강력한 지정학적 논거가 있었지만, 미국인들

에게 미국인들의 핵심 가치에 토대를 두고 호소했다. 한국전쟁 개입을 미국의 국익이 아닌 보편적 원칙의 수호로 설명했다. "국제문제에서 무력의 지배가 다시 시작된다면 그 여파가 광범위할 것입니다. 미국은 계속해서 법의 지배를 수호할 것입니다."9 미국이 이익이 아닌 원칙을, 그리고 권력이 아닌 법을 수호한다는 태도는 두 차례의 세계대전으로부터 개입 수준이 점점 올라갔던 1965년의 베트남전쟁과 1991년의 걸프전에 이르기까지 미국의 군사적 개입 논거에서 거의 신성불가침한 신조였다.

일단 이 문제가 권력정치를 넘어서는 차원에서 제기되자 실질적인 전쟁 목표를 규정하기가 상당히 어려워졌다. 미국의 전략적 독트린(doctrine)이 심사숙고해왔던 전면전의 경우, 제2차 세계대전에서 그랬듯이 목표는 완전한 승리와 적의 무조건 항복이었다. 그러나 제한전의 정치적 목표는 무엇인가? 가장 단순하고 가장 쉽게 이해할 수 있는 전쟁 목표는 안보리 결의를 글자 그대로 적용하는 것이었다. 즉, 북한군을 38선을 따라 그들의 출발 지점으로 격퇴하는 것이었다. 하지만 만약 침략행위를 처벌하지 않는다면 어떻게 미래의 침략 행위를 단념시키겠는가? 만약 잠재적 침략국이 침략하더라도 전쟁 이전 상황(status quo ante bellum)보다 더 나빠지지는 않을 것이라고 이해하게 된다면, 리프먼이 예측했던 대로 봉쇄정책이 미국의 힘을 소진시키는 제한전이 끊임없이 전개되는 상황으로 바뀔 수도 있었다.

반면에, 제한전을 하겠다고 밝히는 경우 어떤 종류의 처벌이 양립 가능했는가? 초강대국들이 직접적이건 간접적이건 관여하는 제한전의 전략에는 어느 쪽이든 판돈을 올릴 수 있는 물리적 능력이 전제되어 있다. 그렇기 때문에 초강대국인 것이다. 따라서 균형이 반드시 맞춰져야 한다. 어느 쪽이건 더 큰 위험을 감수할 의향이 있다고 상대방을 납득시키는 쪽이 더 유리한 위치에 서게 된다. 유럽에서 스탈린은 힘의 관계에 관한 어떤 합리적 분석과는 반대로, 자신이 유럽의 민주주의 국가들보다 더 확실하게 벼랑 끝까지 갈(그리고 벼랑에서 뛰어내릴) 각오가 되어 있다고 겁을 줘서 믿게 만들었다. 아시아에서는 중국의 위협이 점점 커지면서 공산진영이 강화되었다. 중국은 얼마 전에 공산주의자들에 의해 접수되었고, 소련의 직접 개입 없이도 판돈을 올릴 수 있는 잠재력이 있었다. 따라서 민주주의 국가들은 그들의 적들보다도 확전을 더 두려워했다. 또는 적어도 그렇다고 믿었다.

미국의 정책을 제약했던 또 다른 요소는 유엔을 통한 다자주의적 접근법을 준수하겠다는 공약이었다. 한국전쟁 초기에 미국은 영국과 터키와 같은 NATO 회원국들로부터 폭넓은 지지를 받았고, 이들이 상당한 규모의 병력을 파병했다. 이 나라들은 한국의 운명에는 관심이 없었지만, 나중에 자신들이 방어받기 위해 원용할 수도 있는 집단행동의 원칙을 지지했다. 일단 이 목적이 달성되자 유엔총회의 대다수 국가는 그 이상의 징벌에 수반되는 추가적 위험을 짊어지려는 열의가 확 줄어들었다. 미국은 이렇게 해서 독트린도 없이 제한전에 빠져들었고, 전략적 이익이 없다고 선언했던 멀리 떨어진 나라를 지키게 되었다. 미국은 상반된 감정에 사로잡힌 채 한반도에 미국의 전략적인 이익이 없다고 인식했다. 미국의 핵심 목적은 침략행위는 처벌받는다는 사실을 보여주는 것이었다. 확전을 유발하지 않으면서 북한이 대가를 치르게 하기 위해 미국은 확전 능력이 있는 국가들, 특히 소련과 중국에게 미국의 목적이 실제로 제한적이라는 점을 납득시켜야 했다.

미국은 봉쇄정책의 이름으로 자신을 관여시켰는데, 불행히도 봉쇄정책 이론은 정반대의 유혹을 만들어냈다. 봉쇄정책 이론은 트루먼과 그의 동료들이 정치적 논쟁을 확대하도록 유도했다. 트루먼 행정부의 주요 인사들은 예외 없이 공산주의자들이 전 세계적 차원의 구상을 갖고 있다고 믿었으며, 한국 침략이 중—소 간에 조율된 첫 번째 조치로서, 총공격의 서막일지도 모른다고 여겼다. 따라서 미군이 한국에 배치되었을 때, 이들은 태평양 전역에서 공산주의자들의 침략에 저항한다는 미국의 결의를 전달할 방안을 모색했다. 이들은 파병 발표와 연계해서 제7함대에 중공(Communist China)에 맞서 대만을 보호하라고 명령했다. "공산군이 포모사(Formosa, 대만섬)를 점령한다면 태평양 지역의 안보뿐만 아니라 이 지역에서 합법적이고 필요한 기능을 수행하고 있는 미군의 안보에도 직접 위협이 될 것이다."[10] 더욱이 트루먼은 공산당이 주도하는 베트남의 독립 투쟁을 저지하고 있는 프랑스군에도 군사원조를 늘렸다. (정부의 결정은 통상적으로 한 가지 이상의 동기가 있다. 이러한 행동은 트루먼의 시각에서 볼 때 미 상원 내 소위 차이나 로비China Lobby 세력을 끌어들이는 추가적인 이점도 있었다. 이들은 트루먼 행정부가 중국 본토를 "포기"했다고 상당히 비판적이었기 때문이다.)

국공내전에서 승리한 지 얼마 안 되었던 마오쩌둥에게 트루먼의 발표는 공산주의자들의 음모에 대한 미국의 공포가 거울에 비친 모습처럼 보일 수밖에 없었다. 마오는 트루먼의 발표를 공산주의자들의 국공내전 승리를 뒤집으려는 미국의 첫 번째 조치로 해석했다. 트루먼은 대만을 보호하면서 미국이 여전히 합법적인 중국정부라고 인식하고 있는 정권을 지지하고 있었다. 점차 증대되는 베트남에 대한 원조 프로그램은 베이징 정부에게 자본주의자들의 포위처럼 보였다. 이 모든 것이 베이징 정부가 미국이 바람직하다고 생각했던 것과 정반대로 행동하도록 유인을 제공했다. 마오로서는 만약 한국에서 미국을 막지 못한다면 미국과 중국에서 싸워야 할지도 모른다는 결론을 내릴 만한 충분한 이유가 있었다. 최소한 다르게 생각할 이유는 없었다. 〈인민일보〉는 이렇게 기사를 썼다. "미제국주의자들은 자신들이 대만을 무력으로 공격한다면 우리가 대만을 해방시키지 못할 것이라고 허황되게 희망하고 있다. 특히, 중국 주변에서 그들의 봉쇄 구상이 길게 뻗은 뱀과 같은 모양으로 구체화되고 있다. 한국에서 시작해서 일본과 류큐제도, 대만, 필리핀까지 뻗어나가고, 그런 다음 베트남에 도달하고 있다."[11]

미국의 군사 전략은 미국의 의도에 대한 중국의 오해를 가중시켰다. 앞에서 지적한 바와 같이 미국 지도자들은 전통적으로 외교와 군사 전략을 각각 별개의 행동으로 간주했다. 미국 군부의 전통적 시각에 따르면, 일단 군인이 성과를 달성하고 그다음에 외교관이 상황을 넘겨받는다. 어느 쪽도 다른 쪽에게 자신의 목표를 어떻게 추구할지 말해주지 않는다. 만약 제한전에서 군사적 목표와 정치적 목표가 처음부터 일치하지 않으면, 너무 지나치거나 너무 부족하게 행동할 위험이 항상 있다. 너무 지나치게 행동하고 군이 주도권을 쥐게 하면, 전면전으로 가는 경계선이 무너지고 적들이 더 강수를 두도록 자극하게 된다. 너무 부족하게 행동하고 외교 당국이 우위를 차지하게 하면, 전쟁 목적이 협상 전술에 종속되고 교착상태에 안주할 위험이 있다.

한국에서 미국은 두 가지 덫에 다 빠졌다. 전쟁 초기 단계에 미국 원정군은 한반도 최남단 항구도시인 부산 주변의 방어선에 갇혔다. 생존이 최우선 목표였다. 전쟁과 외교 간의 관계는 미국 지도자들의 생각에서 한참 멀리 떨어져 있었다. 20세기에 미국이 낳은 가장 유능한 장군인 더글러스 맥아더(Douglas MacArthur)가 사령관직을 맡았다. 대부분의 동료와 달리 맥아더는 미국이 선호하는 소모전 전략을 신봉하지 않았다. 제2차 세계대전 당시 유럽 전구(戰區)가 우선순위였음에도 불구하고, 맥아더는 "섬 건너뛰기(island hopping)" 전략을 개발해냈고 일본의 군사거점을 우회하여 방어가 취약한 섬에 집중함으로써 미군을 호주로부터 필리핀까지 2년에 걸쳐 진격시켰다.

맥아더는 이제 똑같은 전략을 한국에 적용했다. 워싱턴에 있는 정통 교리를 중시하는 상급자들의 조언을 거스르고, 맥아더는 미군을 북한군의 전선으로부터 320킬로미터 이상 떨어진 배후 지역인 서울 인근 항구도시인 인천에 상륙시켰고, 평양으로부터의 북한 보급선을 차단했다. 북한군이 무너졌고, 북으로 향하는 길이 열렸다.

승리는 어쩌면 한국전쟁에서 가장 운명적인 결정으로 이어졌다. 만약 미국이 군사적 목표를 정치적 목표에 연계하려고 했다면 바로 이때가 적기였다. 트루먼에게는 세 가지 선택이 있었다. 트루먼은 38선에서 중단을 명령하고 전쟁 이전 상황(status quo ante bellum)을 회복할 수 있었다. 침략에 대한 응징 차원에서 더 북진하도록 승인할 수도 있었다. 그는 맥아더에게 한국을 중국 국경까지 통일하도록 승인할 수도 있었다. 다시 말하자면 전쟁 결과를 전적으로 군사적 고려에 따라 결정하도록 하는 것이다. 최선의 결정은 중국 국경으로부터 160킬로미터 떨어진 한반도의 좁은 목과 같은 지역까지 전진하는 것이었을 것이다.(대략 평양 북쪽의 청천강과 함흥만을 잇는 선이다.―옮긴이) 이렇게 했더라면 북한의 수도인 평양과 한반도 인구의 90퍼센트를 포함하는 방어 가능한 선을 구축했을 것이다. 그리고 중국에 도전하지 않으면서도 중요한 정치적 성공을 달성했을 것이다.

비록 맥아더는 뛰어난 전략가였지만 정치적으로는 덜 명민하게 분석했다. 한국을 관통해서 똑같은 경로로 진격했던 일본의 만주 침공에 관한 중국의 역사적 기억을 무시한 채, 맥아더는 중국과의 접경 지역인 압록강까지의 전진을 요구했다. 인천에서 맥아더 사령관의 예상치 못한 승리에 눈이 먼 트루먼은 이를 묵인했다. 전쟁 이전 상황과 완전한 승리 사이의 절충안을 포기하면서 트루먼은 한반도의 좁은 지점에서 얻을 수 있는 지리적, 인구적 측면의 이익을 포기했다. 맥아더는 중국 국경으로부터 상당히 떨어진 160킬로미터의 방어선과 중국 공산주의 세력의 주요 집결지와 근접해 있는 640킬로미터의 방어선을 맞바꿨다.[12]

일본의 침략과 혹독한 국공내전에 따른 고난과 파괴, 인적 손실을 겪고 난 후에 세계 최강의 군사대국에 도전한다는 게 중국으로서는 쉬운 결정일 수가 없었다. 중국의 외교 기록이 공개될 때까지는, 미군의 북진이 얼마나 제한적인지 혹은 마오쩌둥이 미군의 북진을 어디까지 허용하려 했는지와는 무관하게, 미군이 38선을 돌파하는 순간 그가 개입하기로 결정했는지 여부는 알 수가 없다. 하지만 상대방의 계산에 영향을 주는 위험과 보상에 관한 계산을 만들어내는 게 정책의 묘다. 중국의 개입 결정에 영향을 미칠 한 가지 방법은 미군이 한반도의 좁은 목에서 진격을 중단한 다음, 나머지 지역 전체를 비무장화하고 일종의 국제적 통제하에 두자고 제안하는 것이었다.

미국은 맥아더에게 한국군이 아닌 다른 군이 압록강에 접근하지 못하게 하라고 명령을 내렸을 때 그런 식으로 생각하고 있었다. 하지만 그런 명령은 베이징 정부에게는 정치적 제안으로 해석되지 않았고, 공개되지도 않았다. 어찌 됐건 맥아더는 그런 지침을 "비현실적"이라고 무시했다. 그리고 미국 정부는 야전 사령관의 판단을 사후에 비판하지 않는 전통에 따라 끝까지 고집을 부리지 않았다. 맥아더가 인천상륙작전에서 예상치 못할 정도로 성공을 거두었기 때문에 미국 정치 지도자들은 그가 자신들보다 더 아시아를 잘 알고 있는 게 아닌지 반신반의했다.

중국인민군[13]이 공격하자 기습공격의 충격으로 미군은 거의 혼비백산해서 압록강으로부터 서울 이남까지 후퇴했고, 서울이 6개월 만에 두 번째로 포기되었다. 제한전에 관한 독트린이 없었기 때문에 트루먼 행정부는 이 위기로 말미암아 정치적 목표에 대한 통제력을 상실했다. 전황의 변동에 따라 정치적 목표는 침략 중단, 한국 통일, 유엔군의 안전 유지, 38선을 따라 휴전, 확전 방지 등으로 제시되었다.

미국 지상군 병력이 1950년 7월 초 전투에 참여했을 때 목표가 "침략 격퇴"로 명시되어 있었지만, 그 구체적 의미는 제시되지 않았다. 9월에 인천에 상륙하고 북한군이 붕괴하자 목표가 "통일"로 바뀌었다. 트루먼은 이 목표를 1950년 10월 17일에 발표했으나 중국을 상대하기 위한 정치적 틀을 제시하지는 않았다. 베이징을 염두에 둔 트루먼의 발표는 신의성실에 대한 의례적 주장을 반복하는 수준에 그쳤고, 마오쩌둥에게는 바로 이게 문제가 되었다. 트루먼은 북진을 명령하면서 다음과 같이 말했다.

> 한국에서 우리의 유일한 목표는 평화와 독립을 구축하는 것입니다. 우리 군은 이 목적을 위해 유엔이 필요로 하는 만큼만 머무를 것입니다. 우리는 한국이나 다른 어디에서도 영토나 특권을 추구하지 않습니다. 우리는 한국이나 극동의 다른 지역, 혹은 다른 곳에서도 침략할 의도가 없습니다.[14]

마오는 자본주의 세계의 주적이 보장해준다는 말을 신뢰할 수 없었다. 미국은 당시 대만에 있는 불구대천의 적을 보호하고 있었다. 트루먼도 자신이 포기한다고 밝혔던 "침략할 의도"를 구체적으로 규정하거나 북한으로부터의 미군 철수 시한을 설정하지도 못했다. 마오쩌둥이 개입하지 못하게 막을 수 있는 유일한 방법은, 만약 실제로 그것이 가능했다면, 미국이 중국 국경을 따라 일종의 완충지대를 창설하자고 제안하는 것이었다. 하지만 이런 제안은 전혀 시도되지 않았다.

이후 몇 달 동안 미군은 중국 지도자들이 얼마나 큰 위협을 감수하려 했었는지를 입증해 보였다. 압록강 근처에서 있었던 중국의 초기 승리는 기습공격과 미군의 패주에 따른 결과였다. 중공군은 견고해진 미군의 입지를 궤멸시킬 만큼 화력을 보유하지 못했으며, 기습공격이라는 요소를 쓸 수 없게 되자 가령 한반도의 목과 같은 지역처럼 잘 구축된 방어선을 돌파하지 못한다는 사실이 명백하게 드러났다. 일단 미군이 재편되자, 당시 중국이 처한 발전 단계에서는 중공군이 미군의 화력에 상대가 못 된다는 사실이 입증되었다.

중국이 참전하자마자 미국의 목표가 글자 그대로 며칠 만에 바뀌었다. 1950년 11월

26일에 중국은 반격을 개시했다. 11월 30일이 되자 트루먼은 전쟁 목표로서 통일을 포기했고 이를 "추후 협상"에 맡긴다고 성명을 발표했다. "침략 저지"라는 막연한 개념이 다시 미국의 최우선 목표가 되었다.

> 유엔군은 유엔의 전체 구조뿐만 아니라 평화와 정의라는 전 인류의 희망을 위협하는 침략을 제압하고자 한국에 있습니다. 만약 유엔이 침략군에 굴복한다면 어떤 국가도 안전하거나 안심할 수 없을 것입니다.[15]

1951년 초가 되자 전선이 38선 남쪽 80킬로미터 지점에 형성되었고 서울이 다시 공산주의자의 손에 들어갔다. 이때 중국은 맥아더가 3개월 전에 저질렀던 실수를 반복했다. 만약 중국이 38선을 따라서 합의하자고 제안했더라면 미국은 틀림없이 받아들였을 것이고, 중국은 국공내전 1년 만에 미군을 격퇴했다는 명성을 얻었을 것이다. 하지만 6개월 전의 트루먼처럼 마오쩌둥은 예상치 못했던 성공에 현혹되어서 미군을 한반도 전체에서 몰아내려고 했다. 마오쩌둥도 마찬가지로 큰 차질을 겪었다. 중국은 서울 남쪽에 견고하게 구축된 미국 진지를 공격하다가 극심한 피해를 입었다.

1951년 4월이 되자 전세가 또다시 역전되었고, 미군이 두 번째로 38선을 돌파했다. 하지만 이 전쟁에서 뒤집어진 것은 이 전투만이 아니었다. 트루먼 행정부는 중국의 개입에 따른 충격으로 극심한 정신적 트라우마가 생겼고, 이제는 위험 회피가 주된 목표가 되었다.

하지만 미국의 위험평가는 너무나 많은 오판에 기반을 두었다. 10년 후 베트남에서도 그랬듯이 미국은 세계 정복을 위해 중앙의 통제를 받는 공산주의자들의 음모에 직면하고 있다고 가정했다. 그리고 만약 소련의 통제하에 있다면 소련의 지원을 확실히 보장받지 않고서는 중국이나 북한이 전쟁에 뛰어들지 못했을 것이라는 결론에 이르렀다. 이제 미국은 크렘린이 패배를 받아들이지 않을 것이라고 믿었다. 소련은 후견국들이 곤경에 처할 때마다 지원 강도를 높일 것이다. 제한적인 승리를 노리다가 미국이 소련과 전면전을 일으킬 수도 있었다. 따라서 공산진영이 패배하지 않으려고 어떤 대가든 치르려 할 것이기 때문에 미국은 심지어 제한전조차도 승리할 형편이 못 되었다.

하지만 현실은 상당히 달랐다. 김일성이 스탈린에게 전쟁의 위험이 거의 없을 것이라고 장담한 후에야 스탈린은 북한의 공격에 동의했다. 스탈린이 중국의 개입을 권유한 것과 관련해서는 어쩌면 중국의 소련에 대한 의존을 증가시키려는 의도였을 것이다. 이 사안에서 진정한 광신자는 베이징과 평양에 있었다. 한국전쟁은 미국을 아시아에 끌어들인 다음 유럽을 공격하기 위한 크렘린의 계략이 아니었다. 소련의 유럽 공격에 대한 억제 수단은 전략공군사령부(Strategic Air Command)였고, 한국에 투입되지 않았다. 소련은 핵타격 능력이 없었고 설령 있었다 하더라도 얼마 되지도 않았다. 핵전력 수준 차이를 고려할 때, 스탈린이 전면전에 나섰더라면 미국보다 잃을 게 훨씬 더 많았다. 유럽에서 아무리 지상군 병력이 차이가 나더라도 스탈린이 한국 문제를 놓고 미국과의 전쟁 위험을 무릅쓰려고 했을 가능성은 상당히 낮았다. 그런 사정으로 스탈린은 마지못해 중국을 원조했고, 비용을 현금으로 지불하라고 요구하면서 추후 중—소 균열의 씨앗이 심어졌다.

미국 지도자들은 자신들이 확전의 위험을 깨달았다고 믿었지만, 교착상태에 따른 불이익을 고려하지는 못했다. 트루먼은 1951년 4월에 "우리는 한국에서 부당한 침략에 저항하기 위해 싸우고 있다."라고 말했다.

> 우리는 한국에서의 충돌이 다른 지역으로 확산되지 않게 하려고 노력하고 있습니다. 하지만 동시에 우리는 우리 군의 안전을 보장할 수 있도록 군사 활동을 전개해야 합니다. 적이 대한민국을 파멸시키려는 무자비한 시도를 포기할 때까지 우리 군이 전투를 지속하려 한다면 이 점이 극히 중요합니다.[16]

하지만 "우리 군의 안전"을 위해 전쟁을 한다는 말은 전략적으로 공허했다. 전쟁 자체가 군의 안전이 위험해지는 상황을 감수해야 하기 때문에 "우리 군의 안전"을 목표로 삼겠다는 것은 틀림없이 동어반복이었다. 트루먼은 적이 전쟁을 그만두게 하는 것—즉, 기껏해야 전쟁 이전 상황으로의 복귀—외에 어떤 전쟁 목표도 제시하지 않았기 때문에 그로 인한 좌절감으로 인해 승리해야 한다는 압박을 받게 되었다. 맥아더는 교착상태가 의미 있는 목표라고 생각하지 않았다. 그는 확전에 따른 위험은 애초에 개입하기로 결정했을 때 이미 내재되어 있으며, 군사작전 활동을 자제한다고 해서 완화되는 게 아니라고 강경하고 유창하게 주장했다. 오히려 교착상태가 전쟁을 질질 끌기 때문에 더 위험해질 수 있다고 했다. 맥아더는 1951년에 증언하면서 "당신이 전쟁을 책임지고 있다면 '내가 다른 어떤 전쟁에 대비하는 동안 이 전쟁은 그냥 무한정 가도록 내버려두자' 이렇게 말해서는 안 됩니다."라고 주장했다.[17] 맥아더는 소련에 전면 공격을 개시하는 빌미를 주지 않는 방식으로 한국전쟁을 수행해야 한다는 행정부의 시각을 받아들이려고 하지 않았기 때문에, 중공군을 적어도 한국에서라도 패배시키는 전략을 강하게 주장했다.

맥아더의 제안에는 "합리적 기간 내에 중국이 정전 조건에 관해서 대화하러 나오던지, 안 그러면 한국에서 중국의 행동은 한국전쟁에 참전하고 있는 국가들에 대한 선전포고로 간주될 것이고, 이 국가들이 전쟁을 마무리 짓는 데 필요하다고 여기는 조치를 취할 것이라는 최후통첩"도 포함되었다.[18] 다양한 계기에 맥아더는 만주 기지를 폭격하고, 중국을 해상봉쇄하며, 한국 내 미군을 증원하는 한편, 대만 국민군을 한국에 투입하자고 촉구했다. 이런 주장은 맥아더가 생각하는 "정상적인 방법"에 근거한 것이었다. 맥아더는 "우리의 모든 잠재력을 활용함으로써 최소한의 인명 피해로 가능한 가장 신속하게 정의롭고 명예로운 평화를 가져와야" 한다고 보았다.[19]

맥아더의 제안 중 일부는 전구(戰區) 사령관의 책임 범위를 훨씬 넘어섰다. 가령 대만 국민군의 한국 투입은 중화인민공화국에 대한 전면전 선포에 해당했다. 국공내전이 일단 한국까지 퍼지면 두 중국(중공과 대만) 중 어느 쪽도 완전한 승리를 달성하기 전에는 전쟁을 끝낼 수가 없었다. 그렇게 된다면 미국도 무제한 전쟁에 휘말렸을 것이다.

하지만 근본 쟁점은 맥아더의 구체적 제안이 적절했는지 여부가 아니라 그가 핵심 질문을 제기했다는 것이었다. 교착상태와 전면전 사이에 어떤 선택이 존재했는가? 1951년 4월 11일에 트루먼이 맥아더를 해임하자 이 논쟁이 표면화되었다. 특유의 배짱을 보이며 트루먼은 공공연히 반항하는 사령관을 해임하는 것 외에는 다른 방법이 없었다. 그러나 트루먼 또한 적의 손에 주도권을 맡기는 전략에 미국이 전념하게 했다. 트루먼이 발표를 하면서 미국의 목표를 또다시 수정했기 때문이다. 처음으로 "침략 격퇴"가 어디가 되었건 간에 현존하는 휴전선을 따라 합의를 도출하는 것으로 정의되었다. 그럼으로써 중국 측으로서는 가능한 최선의 휴전선을 확보하려고 군사적 활동을 확대해야 할 유인이 또 생겼다.

> 진정한 평화는 다음과 같은 사항들에 기초한 합의를 통해 달성될 수 있다.
> 첫째, 전투가 중단되어야 한다.
> 둘째, 전투가 재발하지 않도록 구체적인 조치가 취해져야 한다.
> 셋째, 침략이 종결되어야 한다.[20]

6개월 전에 무력을 통해 미국이 추진했던 한국의 통일은 미래로 미뤄졌다. "이런 사항들에 근거해서 합의한다면 한국의 통일과 모든 외국군의 철수로 이어지는 길이 열릴 것이다."[21]

맥아더는 영웅 대접을 받으며 귀환했고 일련의 상원 공개 청문회에 참석했다. 맥아더는 자신이 외교정책과 군사 전략 간 전통적 관계라고 설명했던 것에 기초하여 주장을 펼쳤다.

> 수십 년 동안 인정받아왔던 일반적인 정의에 따르면, 전쟁은 정치의 최종적 과정입니다. 즉, 모든 다른 정치적 수단이 실패한다면 무력에 기대게 되고, 그리고 그렇게 될 때는 통제의 균형, 개념의 균형, 관련된 주요 이익, 살상 단계에 이르는 순간을 군이 통제하게 됩니다. … 저는 의심할 나위 없이 병사들이 일단 전투에 돌입하게 되면 정치라는 이름으로 어떤 계략도 있어서는 절대로 안 된다고 분명히 말하고자 합니다. 병사들을 불리하게 만들고, 이들이 승리할 가능성을 낮추며, 사상자를 늘릴 것이기 때문입니다.[22]

교착상태를 국가 정책으로 삼은 데 대해 맥아더가 비난을 퍼부은 것은 일리가 있었다. 하지만 맥아더는 그 어떠한 정치적 목적을 제시하는 것도 반대함으로써 정치적 제약을 불가피하게 만들었다. 심지어 국지적 승리를 지원하기 위해 필요한 정치적 목표조차도 반대했다. 만약 외교가 전쟁 목표를 규정하지 못하게 된다면 모든 무력 충돌이 이해관계와 위험에 상관없이 자동적으로 전면전으로 비화될 것이다. 이는 핵무기 시대에서 무시할 수 없는 고려사항이다.

하지만 트루먼 행정부는 더 나갔다. 맥아더의 권고사항을 거부했을 뿐만 아니라 교착상태가 아닌 다른 대안은 도저히 효과가 없을 것이라고 주장했다. 이제 합참의장이 된 브래들리(Bradley) 대장은 세 가지 군사적 옵션을 규정했다.

> 남한을 포기하고 떠나버리거나, 엄청나게 많은 병력을 투입하지는 않되, 현 위치에서 대략 결판이 날 때까지 싸우거나, 또는 전면전에 돌입하고 충분한 병력을 투입해서 이 사람들을 한국에서 몰아내는 것이다. 현 상황에서 우리는 두 번째 방침을 따르고 있다.[23]

미국 정부에서 정책 옵션 건의서들은 거의 대부분 세 가지 방안 중 중간 방안을 택하도록 유도한다. 외교정책 담당자들은 아무것도 하지 않는 방침과 전면전으로 가는 방침 사이에 자신들의 권고안을 놓는 경향이 있기 때문에, 노련한 관료들은 중간노선을 택해야 부하직원들의 사기가 진작된다는 것을 알고 있다. 브래들리도 틀림없이 그랬을 것이다. 물론 "엄청나게 많은 병력을 투입하지는 않되 … 대략 결판이 날 때까지 싸운다."라는 표현이 그냥 명쾌한 목표가 없는 정책의 딜레마를 고쳐 말한 것이기는 하지만 말이다.

딘 애치슨은 외교적인 언어로 한국에서 미국의 목표가 실제로 교착상태라고 확인해주었다. 한국에서 미국의 목표는 "침략을 끝내고, 침략이 재개되지 않도록 보호하며, 평화를 회복하는 것"이었다.[24] 이런 조건들 중 어느 것도 규정하지 않은 채, 애치슨은 더 나가서 맥아더가 제안했던 조치의 실효성을 비난했다. 애치슨 국무장관은 "당초의 제한된 방식의 전쟁을 중국 본토까지 확대하는 방안의 불확실한 이점과 비교하여, 자유진영 연합의 단결에 미칠 영향뿐만 아니라 중국과의 전면전의 위험성, 소련 개입의 위험성, 제3차 세계대전의 위험성을 따져봐야 한다."라고 말했다. "중국 본토에 대한 직접적인 공격을 어떻게 소련이 무시할 수 있는지 알기 어렵다."[25]

만약 미국이 승리할 엄두가 안 나고 패배할 형편도 못 된다면 미국의 옵션이 뭐가 있었는가? 모든 일반적인 문구들은 빼버리고 구체적인 사항만 남기면 그 옵션은 전선에서의 교착상태와 이에 따른 협상 테이블에서의 교착상태였다. 자신의 회고록에서 트루먼은 군인이든 민간인이든 모든 부하들의 시각을 이렇게 요약했다.

> 한국전쟁과 관련해 내가 내린 모든 결정은 이 한 가지 목표를 염두에 두고 있었다.
> 즉, 제3차 세계대전과 그로 인한 문명세계의 끔찍한 파멸을 예방하는 것이었다. 이
> 는 우리가 소련에 구실을 주거나 자유진영 국가들을 전면적인 총력전에 빠뜨리는
> 어떤 행동도 하지 말아야 한다는 것을 의미했다.[26]

소련이 전면전에 나설 태세가 되어 있었다는 믿음에서 실제 힘의 관계에 대해 얼마나 감이 떨어져 있는지가 드러났다. 스탈린은 전면전을 개시할 구실을 찾고 있지 않았고 오히려 피하기를 매우 갈망하고 있었다. 만약 스탈린이 대결을 원했더라면 유럽이나 혹은 이미 군사행동이 취해지고 있던 한국에는 이용 가능한 구실들이 너무나 많이 있었다. 놀랍지 않게도 소련은 한국전쟁이 진행되는 동안 어떤 단계에서도 개입하거나 군사적 조치를 취하겠다고 위협하지 않았다. 신중하고 의심스러운 성격을 볼 때, 스탈린은 무모한 모험을 할 것 같지 않았다. 스탈린은 실제로 대결보다는 은밀하고 간접적인 행동을 항상 선호했고, 특히 미국과의 전쟁 위험을 무릅쓰지 않으려고 조심했으며, 그럴 만한 이유가 충분했다. 양측 간의 핵무기 역량의 차이를 고려할 때, 전면전을 할 경우 소련이 패배할

수밖에 없었다.

놀랍게도 모든 행정부의 증인들이 이와 반대되는 관점을 강조했다. 마셜은 미국이 전면전을 준비하려면 2~3년이 걸릴 것이라고 주장했다.[27] 브래들리는 "우리가 전 세계적인 전쟁에 맞설 수 있는 최선의 상태에 있지 않다."라고 주장했다.[28] 그리하여 한국을 놓고 전면전을 한다면 "우리는 잘못된 장소에서, 잘못된 시간에, 잘못된 적과 잘못된 전쟁에 빠지게 될 것"이라는 브래들리의 유명한 문구가 나왔다.[29] 애치슨 또한 "효과적인 억제력을 구축하려면" 시간이 더 필요하다고 생각했다.[30]

소련의 핵능력이 초보단계였다는 관점에서 볼 때 왜 미국 지도자들은 시간이 갈수록 미국의 억제력이 더 증대될 것이라고 믿었을까? 이런 태도는 봉쇄정책 이론의 이상한 전제를 또다시 드러낸 것이라고 봐야 설명이 가능하다. 즉, 미국이 핵무기를 실제로 독점하고 있을 때는 취약하고 소련이 핵무기를 증강하는 동안에 오히려 미국의 우세한 입장이 더 강화될 수 있다는 것이다. 스탈린은 이처럼 미국이 혼자 만들어낸 최면을 활용해서 특별히 위협할 필요도 없이 미국이 한국에서 제한적인 승리를 거두지 못하도록 억제하는 데 성공했다.

중국이 개입하고 나서 미국은 제한적 승리라는 옵션을 전혀 진지하게 검토하지 않았다. 트루먼 행정부는 교착상태 이상을 시도하는 게 불가능하거나 아니면 전면전 위험을 초래할 수도 있다고 기본적으로 가정했기 때문에 사실상 가능한 옵션을 소진해버렸다. 내가 앞에서 논의했던 것처럼 중간 단계의 방침—한반도에서 잘록한 목과 같은 지역을 따라서 분단하고 나머지 지역을 비무장화해서 국제적 통제를 받도록 하는 방식—은 시도해볼 수 있었고, 설령 거절당해도 일방적으로 강제할 수 있었다. 중국이 이런 방안을 막으려고 해도 막을 수 있는 수단이 아마도 없었을 것이다. 맥아더의 후임인 매슈 리지웨이(Matthew Ridgeway) 대장 또한 생각은 했지만 권고하지는 않았다.[31,32]

"우리에게 맞서서 중국이 최대한의 힘을 발휘하고 있다."라는 맥아더의 주장은 틀림없이 거의 맞는 말이었다.[33] 소련으로서는 미국의 엄청나게 우월한 핵무기와 소련의 경제적 취약성에 비추어볼 때 미국이 38선으로부터 한반도의 잘록한 목과 같은 지역까지 상대적으로 짧은 거리를 진격했다는 이유만으로 전면전의 위험을 감수한다는 게 정당한지 판단해야 했다. 물론 중국은 묵인하지도 싸우지도 않았을 수 있었겠지만 어디든 간에 일단 선이 그어지면 위협적인 태도를 유지했을 것이다. 하지만 그렇게 하더라도 최종적으로 38선 주변에서 휴전선이 그어졌던 상황과 별반 다르지 않았을 것이다. 일단 중국의 정책이 소련의 침략에 대한 두려움에 지배당하고, 미국 쪽으로 노선을 틀게 된다면 거의 틀림없이 위협을 중단했을 것이다. 만약 미국을 상대로 최초로 시도되었던 공산주의 세력의 군사적 도전이 보란 듯이 좌절되었다면 이후에 인도차이나와 같은 다른 지역에서 교전세력들이 더 조심스럽게 나왔을 것이다. 그리고 중—소 균열도 거의 확실하게 가속되었을 것이다.

1951년 봄에 리지웨이 대장의 지휘하에 미국의 공세가 새롭게 재개되었고, 미국의 전통적 전술인 소모전을 활용하면서 북쪽으로 서서히 밀고 올라갔다. 미국은 서울을 해방시켰고 38선을 돌파하자 공산주의자들은 1951년 6월에 휴전 협상을 제안했다. 그때 미국 정부가 공격행위 종료를 명령했다. 이제부터는 대대급 부대 이상의 모든 작전은 최고 사령관의 승인을 받아야 했다. 트루먼 행정부는 이런 제스처가 중국인들에게 미국이 승리를 목표로 하고 있지 않다고 보여줌으로써 협상을 위한 분위기를 개선할 것이라고 믿었다.

이는 미국의 고전적 제스처였다. 미국 지도자들은 평화가 정상적이고 호의가 당연하다고 확신했기 때문에 대체로 강압적인 요소를 제거하고 호의를 일방적으로 과시함으로써 협상을 촉진하려고 했다. 사실은 대부분의 협상에서 이와 같은 일방적인 제스처는 중요한 협상 카드를 없애버리기 마련이다. 대체로 외교관들은 이미 제공받은 서비스에 대가를 지불하는 경우가 아주 드물며, 특히 전시에는 더욱 그렇다. 일반적으로는 협상을 만들어내는 것은 전장에서의 압박이다. 이런 압박을 경감시키면 적은 진지하게 협상하려는 유인이 줄어들고 일방적인 제스처가 더 나올지 알아보려고 협상을 오래 끌려는 유혹을 받기 마련이다.

정확하게 바로 이런 상황이 한국에서 발생했다. 미국의 자제 덕택에 중국은 미국의 기술적, 물질적 우위로 중공군이 궤멸당하는 과정을 끝낼 수 있었다. 이제부터 중국 측은 심각한 위험 없이 군사작전을 활용하여 사상자들을 유발하고 미국의 좌절감과 전쟁을 끝내라는 국내적 압박을 확대할 수 있었다. 잠시 멈춘 사이에 공산주의자들은 험준한 산악 지형 너머 거의 난공불락의 위치에 참호를 팠고, 적대행위를 재개하려는 미국의 위협을 점진적으로 제거해 나갔다.[34] 이는 너무나 오래 끄는 소모전으로 이어졌고, 중국의 물리적 제약과 미국의 심리적 억제 간에 고통스러운 균형이 잡히자 비로소 중단되었다. 하지만 협상이 진행되는 동안 미국인 사상자 수가 전면전 당시 사상자 수보다 많았을 정도로 교착상태의 대가는 컸다.

미국이 추구했던 교착상태가 군사적, 외교적 전선 모두에 갑자기 찾아왔다. 군사적 교착상태가 병사들에게 미친 충격은 영국 측 공식 참관인이었던 A. K. 퍼거슨(A. K.

Ferguson) 준장에 의해 잘 묘사되었다.

> 한국에서 유엔군의 알려진 목표는 "침략을 격퇴하고 이 지역의 평화와 안보를 회복하는 것"인데, 이는 야전에 있는 최고사령관에게 적대행위 종식을 가져올 군사적 목표를 제공하기에는 현 상황에서 너무나 모호해 보인다. ⋯ 이미 많은 영국군과 미군의 장교와 장병들이 "한국에서 전쟁이 언제 끝납니까?" "유엔군이 언제 한국으로부터 철수할 수 있을 것으로 생각하십니까?" "한국에서 우리의 목표가 뭡니까?"와 같은 질문들을 하고 있다. 이런 질문들을 받으면서 나는 영국군과 미군이 추구해야 할 명확한 목표가 제시되지 않으면 야전 지휘관이 사기를 유지하기가 상당히 곤란해질 것이라는 생각이 든다.[35]

미국은 교착상태를 선택하면서 전후 최초로 외교정책에서 컨센서스를 끌어내는 데 진통을 겪었다. 맥아더와 그의 지지자들로서는 전쟁 수행이 제한적이어서 군사적, 정치적으로 교착상태가 불가피했기 때문에 한국전쟁이 불만이었다. 트루먼 행정부로서는 한국전쟁이 정치적 목표에 있어서는 너무 큰 전쟁이었고, 미국의 전략적 독트린에 있어서는 너무 작은 전쟁이었기 때문에 악몽이었다. 맥아더는 중국과 전쟁을 치르는 한이 있더라도 한국을 놓고 결판을 내려고 했던 반면, 트루먼 행정부는 봉쇄정책 이론이 상정하는 유럽에 대한 소련의 공세에 대항하기 위해 미국의 힘을 비축하려고 했다.

한국전쟁은 그리하여 봉쇄정책의 장점과 한계를 동시에 드러냈다. 전통적 국가운영술의 관점에서 한국은 당시 형성중에 있던 경합하는 두 세력권의 경계선을 결정하는 시험 사례였다. 하지만 미국인들은 이를 선과 악의 투쟁으로, 그리고 자유진영을 위한 투쟁으로 상당히 다르게 받아들였다. 그런 해석 덕택에 미국의 행동에 거대한 추진력과 헌신이 뒷받침되었다. 또한 이로 인해 봉쇄정책이 기술적 사안에서 종말론적 사안으로 바뀌었다. 유럽과 일본의 부활과 같은 위대한 건설 행위들은 미묘한 차이를 계속 알아채지 못한 채 소련의 역량을 놀라울 정도로 과대평가한 상태에서 이루어졌다. 도덕적이거나 법적인 방식으로 포장될 수 있는 사안들은 사려 깊게 잘 다뤄졌다. 그러나 목적보다 그 목적에 기여해야 하는 방식에 집중하는 경향도 있었다. 한국에서 이룬 미국의 성공을 평가하는 데 있어 애치슨은 전쟁터에서의 결과보다 집단안보라는 개념의 구축에 더 관심이 있었다. "집단안보라는 아이디어가 시험을 받아왔고 계속 지탱되었다. 집단안보를 믿는 국가들은 그들이 함께 뭉쳐서 싸울 수 있다는 사실을 보여주었다."[36] 집단행동의 원칙을 확립하는 것이 패배만 피할 수 있다면 어떠한 구체적 결과보다 더 중요했다.

봉쇄정책의 이러한 측면은 어쩌면 미국인들에게 과도한 부담을 안겨주었다. 미국인들은 그들의 정치 지도자들이 침략에 대한 저항과 전면전 회피 사이의 가장 좁은 길을 헤쳐나가려고 하는 동안—그중 어떤 용어에도 작전상의 의미를 부여하지 않은 채—엄청난 사상자가 발생하는 상황을 견뎌달라고 요구받았다. 이런 접근의 결과로 좌절감이 분출되고 희생양 찾기가 이어졌다. 마셜과 특히 애치슨이 비난받았다. 워싱턴에 공산주의자들이 침투했다는 근거 없는 주장이 조지프 매카시(Joseph McCarthy)와 같은 선동가들에 의해 체계적으로 악용되었다.

그럼에도 불구하고 결론이 나지 않는 전쟁에 대해 초조함이 아닌 인내심을 보였다는 게 한국전쟁에 관한 미국 대중의 반응 중에서 가장 의미심장했다. 그 모든 좌절에도 불구하고 미국은 엄청난 사상자를 유발하면서 명확한 결과가 나오지도 않고 끝날 것처럼 보이지도 않는 투쟁에서 전 세계적 책임이라는 부담을 계속 짊어졌다. 미국은 비록 필요 이상으로 더 많은 대가를 치르고 더 긴 시간이 걸리긴 했지만 결국 자신의 목적을 달성했다. 15년 뒤에 미국인들은 인도차이나에서의 충돌을 놓고 훨씬 더 깊은 괴로움을 다시 겪게 된다.

하지만 한국전쟁 당시의 국내적 도전과 이후 인도차이나 문제를 놓고 미국이 경험한 괴로움 사이에는 근본적인 차이가 있었다. 한국전쟁을 비판했던 사람들은 승리를 촉구했던 반면, 베트남전쟁을 비판했던 사람들은 패배를 받아들이거나 심지어는 패배하는 게 중요하다고 옹호했다. 한국전쟁을 둘러싼 논쟁으로 트루먼 행정부로서는 협상을 위한 지렛대가 생겼다. 트루먼과 보좌진은 북한과 중국을 상대로 국내적 반대를 위협수단으로 사용할 수 있었다. 더 적극적으로 전쟁을 밀어붙이는 게 대안이었기 때문이다. 인도차이나에서의 전쟁은 반대였다. 전쟁을 반대했던 사람들은 베트남으로부터 미군이 무조건 철수해야 한다고 주장했고, 미국의 협상력을 약화시켰다.

결국 한국전쟁의 모든 교전 당사국은 이 전쟁으로부터 중요한 교훈을 배웠다. 이 시기의 미국 정치인들은 불과 몇 달 전까지만 하더라도 미국의 안보와 무관하다고 선언했던 멀리 떨어진 나라에 군을 파병함으로써 보여준 비전으로 기억될 자격이 있다. 도전이 닥쳤을 때 그들은 자신들의 입장을 뒤집을 수 있는 용기가 있었다. 공산주의자들이 한국을 점령하는 상황을 묵인한다면 아시아에서 미국의 입지, 특히 미국과 일본의 중요한 관계가 훼손될 것이라고 이해했기 때문이다.

세계적 리더십을 발휘했던 세대의 초창기에 미국은 다소 고되기는 했지만 첫 번째 시험을 통과했다. 하지만 미국의 순진무구함이 헌신을 이끌어낸 탁월한 역량의 바로 그 이면에 자리잡고 있었으며, 이는 미국인들이 결정적인 결과가 없이 전쟁에서 15만 명에 달하는 미군 사상자가 나오는 상황을 견뎌낼 수 있게 했다.[37] 한국에서의 위기는 유럽에서 힘의 증강과 북대서양조약기구의 창설로 이어졌고, 이는 이제 분명히 기나긴 인내심의 경쟁이 될 냉전을 버틸 수 있게 했다.[38] 미국이 대가를 치렀던 곳은 대규모 지상전을 피하면서 초강대국의 결의를 허물어뜨릴 수 있는 전쟁 방식을 찾아낸 혁명적 지도자가 있는 동남아시아와 그 밖의 지역들이었다.

중국의 교훈은 더 복잡했다. 중국은 물질적으로는 상당히 열등했지만, 군사적, 외교적 책략을 조합해서 미국이라는 초강대국과의 교착상태를 어떻게든 만들어냈다. 그러나 동시에 중국은 미국 군사력에 정면으로 맞설 경우 얼마나 비용을 치러야 하는지 알게 되었다. 냉전기에 미-중 간의 군사적 충돌이 다시 일어나지는 않았다. 그리고 소련이 중국을 마지못해 인색하게 지지함에 따라 중-소 균열의 씨앗이 심어졌다.

한국전쟁의 가장 큰 패배자는 미국 지도자들이 이 전쟁 계획 전체를 배후에서 조종했다고 생각했던 나라인 소련으로 드러났다. 한국이 침공당하고 2년 안에 미국은 전 지구적 분할선의 자기 쪽 진영을 동원했다. 미국은 국방예산을 세 배로 늘렸고 대서양 동맹을 정치적 연합체로부터 미국 최고사령관이 이끄는 통합된 군사조직(유럽연합국최고사령부)으로 변화시켰다. 독일의 재무장이 가시권에 들어왔고 유럽군을 창설하려는 시도가 있었다. 중유럽의 소련군 앞에 존재했던 공백이 채워졌다.

비록 누군가가 미국이 한국에서 더 많은 것을 이뤄냈을 수도 있었다고 가정할지라도, 소련은 이제부터 손실을 줄이고, 특히 인도차이나와 같은 곳에서 훗날 공산주의 세력들의 모험을 부추기는 측면에서 자신들의 성공 여부를 판단할 수밖에 없게 되었다. 대신에 미국의 동맹국들이 재무장하고 단결을 강화했기 때문에 소련은 동원된 세력균형이 상당히 기울어진 상황에 직면하게 되었다.

소위 마르크스주의자들의 힘의 상관관계에서 발생한 이런 변화는 그런 분석을 정책의 기반으로 삼는 데 도가 텄던 지도자가 놓칠 리 없었다. 한국을 침공한 지 18개월 만에 스탈린은 소련 정책을 재평가하기 시작했고, 이는 결국 제2차 세계대전 종료 직후의 시기에 가장 의미심장한 소련의 외교적 접근으로 이어졌다.

20

공산주의자들과의 협상:
아데나워, 처칠, 아이젠하워

Negotiating with the Communists: Adenauer, Churchill, and Eisenhower

한국전쟁이 끝나기 전인 1952년 3월에 스탈린은 봉쇄정책의 아버지들이 예상했던 것과 정반대의 이유로 냉전을 해결하자는 외교적 제안을 했다. 이런 제안은 이들이 예언했던 것처럼 소련 체제의 변화에 기인한 게 아니었다. 오히려 철저한 이념가였던 스탈린은 공산주의 체제가 군비경쟁에서 절대로 이길 수 없다는 점을 분명히 알고 있었고, 이런 경쟁으로부터 공산주의 체제를 보호하려고 했다. 스탈린이 마르크스주의를 신봉하면서 피해망상증에 빠져 있었다는 점을 고려한다면, 스탈린은 미국이 주로 방어적 목적으로 그렇게 많은 힘을 동원할 것이라고 믿을 수 없었을 것이다.

스탈린의 제안에는 조화로운 세계질서 구축에 대해서는 일언반구도 없었다. 스탈린은 냉전을 초래했던 상황을 없애기보다 미국인들이 두렵게 생각하는 것, 즉 두 개의 세력권을 서로 승인하자고 제안했다. 서유럽에서는 미국의 세력권, 동유럽에서는 소련의 세력권을 인정하고, 그 중간에 통일되고 재무장한 중립국인 독일을 두자는 것이다.

그 이후로 역사학자와 정치 지도자들은 스탈린의 제안이 냉전을 해소할 기회였으나 놓친 것인지, 아니면 민주주의 국가들을 협상으로 끌어들이려는 영리한 계략이었고 협상이 개시되었다면 독일의 재무장을 막았을 것인지에 대해 줄곧 토론해왔다. 스탈린은 서방이 결속력을 약화시킬 행동을 하도록 유혹하려고 했던 것인가, 아니면 단지 갈수록 심화되는 동—서 대결을 뒤집으려고 했던 것인가?

정답은 스탈린 본인도 아마 서방과의 긴장을 완화하기 위해 어디까지 갈 준비가 되어 있었는지 결정을 못 내렸다는 것이다. 스탈린이 만약 4년 전에 이런 제안을 했더라면 민주주의 국가들이 열렬히 받아들였겠지만, 그사이 스탈린이 보인 행동 때문에 스탈린의 진정성을 시험해보는 게 거의 불가능해졌고, 사실상 거의 무의미해졌다. 스탈린의 궁극적인 의도가 무엇이었건 간에 그 의도를 시험해보려고 했다면, 대서양 동맹의 결속력이 크게 압박 받았을 것이기 때문에 처음부터 이런 시험을 할 유인이 없었다.

어찌 됐건 철저하게 계산적이었던 이 사람도 한 가지 결정적인 요소를 간과했다. 바로 본인의 사망이었다. 스탈린은 이런 제안을 제시한 지 1년 뒤에 사망했다. 그의 후임자들은 포괄적인 협상을 고집할 정도로 집요하지 못했고, 협상을 지속하기 위해 필요한 폭넓은 양보 권한도 없었다. 결국, 평화 제안은 무엇보다 냉전 시기에 양측 진영을 동기부여하는 전제들이 상당히 다르다는 사실을 드러낸 일화로 남았다.

법적 책무가 스스로 현실을 만들어낸다는 명제를 굳게 믿고 있던 미국은 스탈린이 얄타 정상회담과 포츠담 정상회담에서의 합의를 실천하기를 기다렸다. 합의가 힘의 균형을 반영할 때만 의무적이 된다고 생각했던 스탈린은 합의 이행에 따른 위험과 보상을 분석해 보기 위해 민주주의 국가들이 자신들의 권리를 주장할 때까지 기다렸다. 그때까지 스탈린은 민주주의 국가들이 구체적 행동—혹은 스탈린이 구체적 행동이라고 여겼던 조치—에 나설 경우에 대비해서 미리 협상카드를 가능한 한 많이 모으면서 시간을 벌려고 했다.

마치 그 순간이 1950년대 초에 온 것처럼 보였다. 미국은 마셜 플랜을 1947년에 개시했고 북대서양조약기구(NATO)를 1949년에 설립했다. 독일연방공화국(서독)이 서방의 후원하에 탄생했다. 스탈린은 특유의 성격대로 처음에 거칠게 반응했다. 그리하여 베를린 봉쇄, 체코슬로바키아에서의 쿠데타, 그리고 북한의 한국 침략에 대한 승인이 이루어졌다. 그럼에도 불구하고 미국은 차근차근 전 세계 모든 선진 공업국들을 아우르는 세력권을 성공적으로 창출해냈다.

스탈린은 동유럽에 안보벨트를 그럭저럭 구축했지만, 오히려 약점을 확장시킨 결과가 되었다. 권력 계산에 민감한 스탈린은 자신이 얻어낸 결과물이 실제로 힘을 강화해주지 못하고 오히려 위성국들이 소련의 자원을 소진할 것이라는 사실을 깨달아야 했으며, 어쩌면 민주주의 국가 지도자들보다 이런 사실을 더 잘 파악할 수도 있었을 것이다. 이와 대조적으로 NATO 회원국들과 일본은 산업 측면에서 잠재력이 엄청났다. 마르크스주의 분석가들이 그토록 애용했던 장기적 추세를 볼 때 미국의 세력권이 유리했다. 현실정치의 측면에서 볼 때, 스탈린의 제국은 심각한 난관에 처해 있었다.

미국이 주도하는 그룹은 이를테면 한국전쟁을 통해 군사적으로 경험을 쌓았고 군사적 잠재력을 방대하게 발전시켰다. 스탈린은 민주주의 국가들의 단결에 도전한 게 오히려 역효과를 낳았다는 사실을 깨달은 것처럼 보였다. 그의 흉폭함과 동유럽에서의 가혹한 정책으로 인해 서방의 단결이 촉진되었고 독일의 재무장이 가시화되었다.

미국이 전쟁 당시 상정했던 조화로운 세계는 각자의 두려움에 사로잡힌 두 개의 무장된 진영으로 변질되었으나, 이런 두려움은 나중에 근거가 없었던 것으로 밝혀졌다. 미국 지도자들은 한국전쟁을 머나먼 아시아의 무력충돌에 미국을 끌어들여서 유럽 동맹체제에 대한 공격을 용이하게 하려는 소련의 전술로 인식했다. 물론 이런 분석은 소련의 힘과 스탈린의 방식을 엄청나게 과대평가한 것이었다. 꼼꼼하고 약삭빠른 분석가였던 스탈린은 자신의 정치적 삶을 통틀어서 그렇게 한 번에 모든 승부수를 걸어본 적이 전혀 없었다. 또한 서방의 군사력 증강이 실제로는 방어적 조치였지만, 스탈린은 그렇게 보지 않았다. 오히려 자신이 항상 예상해왔으며 피하려고 했던 최종 대결을 위한 구실로 해석했다. 양측은 실제로 어느 쪽도 의도하지 않았던 것을 준비하고 있었다. 즉, 직접적이고 전면적인 도전을 준비하고 있었던 것이다.

스탈린은 자신의 악몽이 실제인지 여부를 시험해볼 의향이 없었다. 미국과 군사적으로 충돌할 가능성에 직면할 때마다 스탈린은 어김없이 물러섰다. 트루먼이 1946년 이란 내 아제르바이잔 지역에서 소련군의 철수를 요구했을 때 스탈린은 이에 따랐으며, 1948년부터 1949년까지의 베를린 봉쇄도 전쟁으로 치닫기 전에 종결지었다. 이제 스탈린은 자신이 초래했던 대립을 적극적으로 해소하려고 나섰고, 자신의 평소 스타일대로 모호하고 생략적인 선언을 통해 노선 변화가 임박했다는 신호를 보냈다.

이번 경우에, 스탈린의 접근법은 유난히 애매모호했다. 우세한 입장(position of strength)에 기초해 정책을 펼치려고 하는 적에게 조금이라도 약해 보이는 기색을 내비치고 싶지 않았기 때문이다. 대결을 피하고 싶으면서도 몸을 사리는 것처럼 보이지 않는 게 그의 목표였다. 스탈린이 내세웠던 구실은 몇 년 전에 경제학자인 예브게니이 바르가가 출간한 상당히 이론적인 책에서 제시된 견해였다.[1] 바르가는 자본주의 체제가 더욱 안정되고 있으며, 따라서 자본주의자들 간의 전쟁이 더 이상 필연적이지 않다고 주장했다. 만약 바르가가 옳았다면 스탈린이 1920년대부터 추구해왔던 자본주의자들 간의 투쟁을 부추기는 전략이 더 이상 효과적이지 않다는 말이 되었다. 자본주의자들이 서로 싸우기는커녕 심지어 사회주의 조국을 상대로 단결할지도 모르며, NATO와 미-일 동맹의 창설로 그럴 가능성의 조짐이 보였다.

스탈린은 "소비에트 사회주의 공화국 연방 내 사회주의의 경제적 문제"라는 제목이 붙은 글로 이런 주장을 반박했다. 이 글은 개최를 앞둔 공산당대회를 위한 지침서로서 1952년 10월에 발간되었다.[2] 이 글에서 스탈린은 본인이 1934년, 1939년, 1946년에 선포한 진정한 공산주의 신조를 재차 신성화했고, 그런 취지에서 자본주의가 더 안정되기는커녕 계속 가속되는 위기에 직면하고 있다고 보았다.

> 자본주의와 사회주의 간의 모순이 자본주의 국가들 간의 모순보다도 더 강하다는 말이 있다. 물론 이론적으로는 이 말이 진실이다. 이 말은 오늘날에만 진실인 것이 아니다. 제2차 세계대전 이전에도 진실이었다. 그리고 자본주의 국가 지도자들에 의해 어느 정도 실현되었다. 하지만 제2차 세계대전은 소련과의 전쟁이 아니라 자본주의 국가들 간의 전쟁으로 시작되었다.[3]

스탈린이 자본주의자들 간의 전쟁이 불가피하다는 익숙하고도 장황한 이야기를 다시 우려먹을 때마다 충성스러운 지지자들은 그가 안심을 시키려는 것이라고 이해했다. 스탈린의 난해한 추론에 따르면, 자본주의자들 간의 충돌 가능성이 있다는 말은 자본주의자들과 소련 간의 전쟁이 임박하지 않았다는 뜻이었다. 따라서 스탈린의 글은 자본주의자들이 내부적 충돌로 인해 충분히 약해질 때까지 최종 대결을 연기하라는 소련 외교에 대한 지침이었다.

1939년에도 비슷한 발표를 통해 스탈린은 히틀러와 협상을 할 의향이 있음을 시사했다. 이제 스탈린이 1952년에 주장했던 이 분석도 여전히 유효했다. 전쟁을 하려는 자본주의자들의 성향을 감안할 때, 이들은 소련과의 전쟁보다 자기들끼리 서로 싸우는 것을 덜 꺼렸기 때문이다. "자본주의 국가들 간의 전쟁은 어떤 자본주의 국가들의 다른 자본주의 국가들에 대한 우위에 의문을 제기하는 반면, 소련과의 전쟁은 필연적으로 자본주의의 존재 자체에 의문을 제기한다."[4]

이런 대단히 이론적인 야유는 자본주의자들, 특히 미국에 차분하게 메시지를 전달하는 스탈린 특유의 방식이었다. 실제로 그는 소련이 군사적으로 도전할 의도가 없기 때문에 자본주의자들이 선제적으로 전쟁할 필요가 없다고 말하고 있었다.

> 자본주의자들이 "선전선동" 목적으로 소련이 공격적이라 떠들어대지만, 이들은 실제로 소련이 공격적이라고 스스로 믿지 않는다. 소련의 평화적 정책을 인식하고 있고, 소련이 자본주의 국가들을 공격하지 않을 것이라고 알고 있기 때문이다.[5]

다시 말하자면 자본주의자들이 스탈린이 하고 있었던 게임의 법칙을 오해하지 말라는 것이다. 스탈린은 소련의 힘과 영향력을 키우고 싶었지만, 전쟁까지 가지 않는 수준에서 압박을 멈추려고 했다.

스탈린은 자신의 이념적 선언을 그의 동료들은 충분히 이해하겠지만, 자본주의 세계의 적들은 보다 확실한 설명이 필요하다는 점을 인지하고 있었다. 만약 긴장이 완화되고 자본주의자들끼리 맞서게 하는 예전의 게임으로 돌아갈 어떤 희망이 있으려면, 소련은 스탈린이 보기에 자본주의 진영 내의 인위적인 단결 의식을 야기했던 압박을 적어도 어느 정도 완화해야 했다.

스탈린은 외교적 차원에서 그렇게 노력했고, 1952년 3월 10일에 민주주의 국가들이 이해할 수 있는 언어로 소위 독일에 관한 평화 각서(Peace Note)를 제안했다. 몇 년 동안 대립하고 비협조적이던 소련이 갑자기 합의에 관심이 있는 것처럼 보였다. 스탈린은 독일과의 평화 조약이 없다는 점에 주의를 환기하면서, 독일을 점령하고 있던 다른 세 나라에 초안을 제시했다. 이 초안은 "모든 유관 정부가 참여하는 적절한 회의에서" 검토되고 "가장 가까운 미래에" 결론을 내려야 한다고 촉구했다.[6] 이 평화 각서의 요구 조건에 따르면 독일은 자유선거에 기초한 통일된 중립국이 되어야 하고, 모든 외국군이 1년 이내에 철수해야 하며, 독일이 자신의 군대를 보유하는 게 허용되었다.

그러나 서방이 독일의 중립이라는 원칙을 수락하더라도 이 평화 각서에는 합의를 무기한 미룰 수 있는 면책 조항이 충분히 있었다. 가령 이 초안은 "민주주의와 평화의 유지에 적대적인 단체"를 금지하고 있었는데, 소련식 용어에 따르면 모든 서방식 정당들도 여기에 포함될 수 있었다. 실제로 동유럽에서는 이미 그랬다. 그런 다음 일단 민주주의 국가들이 협상 테이블에 나오기로 합의하면 소련 측에서는 고집스러운 몰로토프나 아니면 그와 맞먹는 사람이 틀림없이 협상대표로 나올 것이고, 독일의 통일이라는 대가를 지불하지 않으면서 독일과 서방의 유대를 이완시키려고—중립 원칙이 수용된다면 소련에게 암묵적 이득이 된다—전력을 다할 것이다.

하지만 스탈린 각서의 어조나 꼼꼼함에서 그의 목적이 단순한 선전선동의 차원을 넘어선다는 게 드러났다. 오히려 전후 시기에 최초로 소련이 긴장 완화를 위해 상당한 대가를 지불할 의향이 있을 수도 있는 협상의 첫 번째 수를 둔 것처럼 보였다. 스탈린답지 않게 이 평화 각서는 약간의 유연성을 내비치는 조항도 있었다. "이 초안을 고려해줄 것을 제안하며 소련 정부는 … 이 문제에 관한 다른 가능한 제안을 고려할 준비도 되어 있다고 밝혔다."7

만약 스탈린이 4년 전에—베를린 봉쇄, 체코슬로바키아 쿠데타, 그리고 한국전쟁이 있기 전—소위 평화 각서를 발표했더라면 거의 틀림없이 독일의 NATO 가입 논의가 당장 중단되었을 것이다. 실제로 독일의 대서양 동맹 가입이 전혀 검토되지 않았을 가능성도 충분히 있다. 이 각서가 처칠이 전쟁 당시와 종전 후에 촉구했던 유럽의 미래와 관련된 그러한 협상을 암시하고 있었기 때문이다.

하지만 1948년 이후에는 대서양 동맹이 이미 결성되어 있었고, 독일이 재무장에 착수했던 상황이었다. 독일의 재무장을 위한 정치적 틀로 구상된 유럽방위공동체(EDC: European Defense Community)가 유럽의회에서 논의되고 있었다. 독일연방공화국(서독)에서는 아데나워가 의회 비밀투표에서 한 표 차이로(아마 본인의 표였을 것이다) 총리로 선출되었고, 야당인 사회민주당은 완전히 민주적인 정당임에도 불구하고 서방과의 동맹 대신 통일을 추진하라고 촉구했다.

서방 지도자들은 소련의 제안을 진지하게 검토한다면 이런 구상들이 틀림없이 중단될 것이고, 일단 중단되면 추동력을 되찾지 못할 것임을 깨달았다. 몇몇 유럽 의회, 특히 프랑스와 이탈리아에서는 공산당이 총 투표수의 3분의 1을 득표했고, 이는 쿠데타가 발생하기 전 체코슬로바키아에서 공산당이 차지하던 비중과 똑같았다. 그리고 서유럽 공산당은 대서양과 유럽통합에 관련된 모든 조치를 강력하게 반대하고 있었다. 더욱이 오스트리아의 미래를 결정하는 조약도 협상이 7년째 계속되었고, 한국의 휴전 협상도 이미 2년째에 접어들고 있었다. 모든 민주주의 국가들이 알았고, 이 책을 쓰고 있는 시점에 우리 모두가 아는 바로는, 스탈린이 공개 협상을 추구한 목적은 서방 동맹의 결속을 훼손하고 위성국 체제를 공고히 하려는 것이었을 수 있다.

이게 스탈린으로서는 틀림없이 최적의 목표였다. 하지만 많은 증거를 볼 때, 스탈린은 전면적인 합의를 탐색할 준비도 되어 있었다. 이런 옵션을 열어놓고 있었다는 징후 중 하나로 스탈린이 제안한 평화 각서에 대한 서방의 응답에 그가 보인 반응을 들 수 있다. 3월 25일에 독일을 점령하고 있었던 3개국인 프랑스, 영국, 미국은 협상 개시가 아니라 협상 논의의 종료가 목표라는 동일한 답변을 보냈다. 이들은 독일의 재통일이라는 원칙에는 동의했지만 독일을 중립국으로 만들자는 아이디어는 거부했고, 통일된 독일이 "유엔의 원칙과 목적에 부합하는 협의체에" 자유롭게 가입할 수 있어야 한다고 지적했다. 즉, NATO에 남아 있어야 한다는 것이었다. 서방은 자유선거라는 원칙은 받아들였지만, 그런 조건이 결사의 자유와 언론의 자유라는 밀접한 권리와 연계되어야 한다고 답했다. 이 두 가지 권리는 선거가 실시되기도 전에 동독 공산당에 대한 소련의 장악력을 약화시킬 수 있었다.[8] 서방측의 각서는 협상을 촉진하기보다 일단 기록으로 남겨두겠다는 의도가 있었다.

평소답지 않게 스탈린은 유화적인 어조로 즉각 응답했다. 더욱이 이후에 민주주의 국가들이 매번 퇴짜를 놓을 때마다 동일한 속도로 반응했다. 3월 25일의 서방 각서에 대한 응답은 4월 9일에 나왔다. 5월 13일의 답변에 대해서는 5월 24일에 응답했다. 7월 10일의 답변에 대해 8월 23일에 답신이 있었다. 소련은 매번 응답할 때마다 서방의 입장에 조금씩 다가갔다. 9월 23일의 각서에만 답신이 없었다.[9] 이때가 되자 스탈린은 조만간 개최될 예정인 제19차 공산당대회에 몰두했고, 의심할 바 없이 미국 대통령 선거 결과도 기다리고 있었다.

이미 건강이 악화된 스탈린은 공산당대회에서 평화적 공존이라는 독트린을 호전적인 이념적 언어로 포장해 간략하게 연설했다.[10] 공산당대회 직후인 1952년 12월에 스탈린은 드와이트 D. 아이젠하워(Dwight D. Eisenhower) 대통령 당선인을 만날 준비가 되었다고 발표했다. 스탈린은 예전에는 이런 정상회담 제안을 루스벨트나 트루먼, 처칠에게 먼저 제시한 적이 없었고, 교묘하게 이들이 각자 먼저 제안하도록 했다.

동시에 소련 내부에서 숙청이 재개되면서 정책 변화가 임박했다는 우울하고도 익숙한 분위기가 감돌았다. 스탈린은 새로운 정책을 추진할 때 예전에 다른 노선을 추진할 때 썼던 인사들을 다시 쓰는 게 전혀 편치 않았다. 비록 이 사람들이 노예처럼 스탈린의 지령을 따랐고, 특히 그 당시에는 더욱 그랬음에도 말이다. 스탈린은 다른 생각을 품는 것을 불충의 씨앗이라고 간주했고, 곧 수정될 기존 정책을 맡아왔던 사람들을 제거하는 확실한 해결책을 선호했다. 이런 방침에 따라 1952년에 무엇인가 준비되고 있었고, 왕년의 충성파들이 확실한 목표물이 되었다. 외교장관인 브야체슬라프 몰로토프, 정치국의 노장파 볼셰비키인 라자르 카가노비치, 비밀경찰 수장인 라브렌티 베리야 등이 거기에 포함되었다. 새로운 얼굴들이 스탈린의 외교 구상을 실행하기 위해 등장했다.

스탈린의 외교적 공세는 최소한 동독의 공산주의 정권을 포기하는 대신 무엇을 얻을 수 있는지를 파악해보려는 의도가 있었다. 스탈린은 동독을 결코 완전한 주권국으로 승인한 적이 없었고, 독일의 통일이 진지하게 논의될 경우 하나의 협상카드로 쥐고 있으려는 목적으로 다른 동유럽 위성국들과 구분되는 독특한 지위를 부여했다.

스탈린으로서는 이런 순간이 1952년에 왔던 것일지도 모른다. 스탈린은 자유선거에 기초한 통일을 제안함으로써 동독의 공산주의 정권을 포기할 수도 있다는 신호를 보냈다. 비록 서방 동맹국들이 두려워했던 대로 공산주의자들이 동독 선거에서 승리하더라도 인구가 훨씬 더 많은 독일연방공화국(서독)에서 친서방 성향의 민주적 정당이 확실하게 결정적인 승리를 거둘 것이기 때문이다. 그리고 오로지 스탈린만이 지친 인민들을 내몰아 민주주의 국가들과 맞서게 할 의지와 잔인함을 지녔듯이, 소련의 위성국을 없앨 수 있는 권한을 가진 유일한 공산주의 지도자도 스탈린이었다.

이 경우에도 그랬듯이, 스탈린이 매번 오판했던 이유는 상대방도 자신과 마찬가지로 현실정치에 따라 피도 눈물도 없이 행동한다고 가정했기 때문이었다. 제2차 세계대전이 끝난 직후 시기에 스탈린은 자신이 상대방을 겁줄 수 있거나, 적어도 소련으로부터 양보를 얻어내려는 시도가 아주 고통스럽고 시간이 걸릴 것임을 가르쳐줄 수 있다고 분명히 생각했다. 하지만 스탈린은 또한 합의할 때가 되면 미국이 그전에 있었던 일로부터 아무런 영향을 받지 않고 오로지 현재 상황에 대한 계산에 기초해서 협상에 나설 것처럼 생각하고 행동했다. 스탈린은 민주주의 국가를 모질게 대했던 것에 대해서는 아무런 대가를 치를 필요가 없다고 확신했던 것처럼 보였다.

이런 가정은 심각하게 잘못된 것으로 밝혀졌다. 미국은 적어도 스탈린이 이해했던 방식으로 현실정치를 하지는 않았다. 미국 지도자들에게는 도덕적 격언이 실질적인 것이었고, 법적 의무도 의미가 있었다. 스탈린은 베를린 봉쇄를 독일에 관한 협상에서 자신의 입지를 강화하거나 협상을 유도하는 수단으로 상상했을지도 모른다. 그리고 한국전쟁을 봉쇄정책의 경계선을 시험하는 방식으로 보았을지도 모른다. 하지만 미국은 이런 침략행위를 세력권 보호가 아닌 원칙이라는 이름으로 저항했다. 미국은 국지적 현상(status quo)에 대한 도전이 아니라 보편적 대의명분에 대한 모욕을 바로잡으려고 했던 것이다.

스탈린은 1945년 당시에 미국의 호의를 그다지 중요하지 않게 대했던 것처럼, 1952년에는 그간 자신의 행동이 얼마나 많은 환멸을 초래했는지를 과소평가했다. 미국 지도자들은 1945년부터 1948년까지의 기간 동안 소련과 합의하기를 갈망했지만, 스탈린이 진지하게 받아들일 정도로 압박할 의향이나 능력이 없었다. 1952년이 되자 스탈린은 미국의 압박을 충분히 진지하게 받아들였지만, 이미 미국 지도자들에게는 스탈린의 불성실이 너무나 깊게 각인되어 있었다. 이에 따라 이들은 스탈린의 제안을 승리 아니면 패배라는 냉전식 투쟁 전술에 불과하다고 해석했다. 스탈린과의 타협은 더 이상 그들의 논의 대상이 아니었다.

스탈린의 시기 선택도 너무나 안 좋았다. 그의 평화 각서는 현직 대통령인 트루먼이 불출마하는 미국 대선으로부터 8개월도 남지 않은 시점에 제시되었다. 트루먼과 애치슨이 스탈린과 협상할 의향이 있었을 가능성이 아주 낮았지만, 만약 협상했더라도 협상 절차를 마무리할 시간이 충분하지 않았을 것이다.

어찌 됐건 평화 각서는 트루먼 행정부의 관심을 거의 끌지 못했다. 문제는 조정할 수 있는 조건이 아니라 그 각서가 상상하는 세계였다. 각서에 따르면 독일이 무장 중립국이 되며, 1년 이내에 모든 외국군이 독일 영토로부터 철수하도록 되어 있었다. 하지만 이런 조건들이 정확하게 무엇을 의미하는가? "중립"을 어떻게 정의할 것이며, 누가 감시할 것인가? 각서에 따라 소련이 독일 문제에 대한 항구적 발언권과 독일의 중립국 지위를 감시한다는 명목으로 거부권을 갖는다는 것인가? 그리고 외국군이 어디로 철수해야 하는가? 서방 점령군으로서는 이에 대한 대답이 아주 분명했다. 실제로 지리적으로 유럽에 계속 주둔시킬 기지가 없었다. 1950년대에는 프랑스가 미군 병력의 상당 부분을 받아들일 채비가 되었을지 모르지만, 아무런 제약도 없이 너무 오래 주둔시킬 수는 없었다. 미군과 소련군 사이에 중립적인 완충지대가 형성되면, 미 의회도 이런 식의 미군 재배치를 승인하지 않았을 것이다. 미군은 미국으로 돌아와야 하겠지만, 소련군은 동쪽으로 약 160킬로미터 정도 폴란드 국경까지만 후퇴하면 되었다. 요컨대 스탈린의 제안을 글자 그대로 적용한다면, 이제 막 형성된 NATO의 해체와 소련군의 160킬로미터 후퇴를 맞바꾸는 셈이었다.

만약 철수 조항이 소련군이 소련 영토로 후퇴해야 한다는 것을 의미하는 것으로 해석되었더라도 새로운 복잡한 상황이 대두되었을 것이다. 동유럽 위성국 정권 중 일부는 봉기가 발생했을 때 소련군이 주둔하지 않거나 소련이 확실하게 개입하지 않으면 생존할 가능성이 낮았기 때문이다. 공산주의 정부가 해체되더라도 소련군이 동유럽에 다시 진입하지 못하도록 금지하는 데 스탈린이 동의했을까? 1952년 당시 팽배했던 분위기를 고려할 때, 이런 질문 자체가 답이었다. 노장파 볼셰비키인 스탈린이 그런 봉기 자체에 동의할 것이라는 생각은 민주주의 국가들의 지도자로서는 상상도 못 할 일이었고, 그럴 만도 했다.

그러나 트루먼과 애치슨이 스탈린의 제안을 쌀쌀맞게 대했던 가장 중요한 이유는 그 평화 각서가 상상하던 독일의 장기적 미래와 관련 있었기 때문이다. 영구적인 소련의 개입과 소련에 휘둘리지 않게 할 독일의 무장 수준을 미리 제한하는 것과 같은 방식으로 독일의 중립을 정의할 수 있다 해도, 그래봐야 1871년 독일이 통일된 이래 존재해온 소위 유럽의 딜레마로 되돌아오는 결과가 되기 때문이다. 유럽 대륙 중심에 자리 잡고 있으며, 순수하게 자국 중심 정책을 추구하는 강력하고 통일된 독일이 유럽의 평화와 양립 불가능하다는 사실은 이미 증명되었다. 만약 독일이 이렇게 된다면 서유럽 내 어떤 국가보다도 더 강력해질 것이며, 아마도 모든 서유럽국들이 힘을 합쳐도 당해내지 못할 것이다. 그리고 1950년대에, 독일은 대부분의 독일인들이 독일의 일부라고 생각했던 지역으로부터 쫓겨나 난민이 된 1,500만 명의 독일인들에 의해 자극받아 동부 지역에 대한 수정주의적 유혹을 느끼게 될 것이다. 전쟁이 끝난 지 얼마 되지도 않았는데 통일되고 중립적인 독일을 풀어놓는다는 것은 운명을 시험하는 것이었다. 무엇보다도, 만약 그렇게 된다면 비스마르크 이래 가장 위대한 독일 정치인의 신뢰가 실추되었을 것이다. 이 정치인은 독일이 비스마르크의 유산에서 벗어나도록 인도했다는 역사적 명성을 지닌 인물이었다.

콘라트 아데나워(Konrad Adenauer)는 1876년 가톨릭 지역인 라인란트에서 태어났다. 빈 회의 이후 프로이센의 일부가 된 이 지역은 역사적으로 베를린이 지배하는 중앙집권화된 독일제국을 불안해하는 정서가 있었다. 아데나워는 1917년부터 1933년 나치에 의해 해임될 때까지 쾰른시 시장이었다. 그는 히틀러가 집권하던 기간에는 정계에서 물러나 있었고, 수도원에서 잠시 시간을 보냈다. 1945년 3월 연합국에 의해 쾰른 시장으로 복권되었으나, 1945년 말 다시 해임되었다. 이번에는 그의 독자적 행보에 눈살을 찌푸린 영국 점령 당국에 의해 해임되었다.

로마 황제를 화강암으로 조각한 듯한 외모의 아데나워는 광대뼈도 튀어나오고 눈도 약간 치켜 올라간 탓에 천 년 전 라인란트를 지나갔을지도 모르는 훈족 정복자의 느낌을 자아냈다. 제1차 세계대전 이전의 젊은 시절에 몸에 밴 아데나워의 공손한 태도에서 차분한 모습이 드러났다. 이런 면모는 자부심을 느낄 만한 정치적 과거를 기억할 수 있는 성인이 드문 점령된 국가의 지도자로서는 놀라운 모습이었다.

빌헬름 황제 시절에 지어졌고 흰색으로 채색되어 장식이 화려한 샤움부르크 궁전(Das Palais Schaumburg)에 있는 아데나워의 집무실은 항상 커튼이 드리워져 있어서 사람들은 마치 시간이 멈춘 보호막 속에 들어온 듯한 느낌을 받았다. 자신의 과거를 당연히 의심해야 하는 국가에 불확실한 미래를 직면할 수 있는 용기를 불어넣어줄 임무가 있는 지도자에게는 침착함이라는 덕목이 가장 필요했다. 아데나워가 73세에 총리가 되었을 때, 마치 그의 삶 전체가 외국에 점령당하고 사기가 꺾이고 분열된 사회의 자존심을 회복시킬 책임을 지기 위한 준비 과정이었던 것 같았다.

아데나워의 내적 안정감은 분석보다는 믿음으로부터 유래했다. 그는 책을 많이 읽지도 않았고, 처칠이나 드골처럼 역사에 대해서 잘 알지도 못했다. 하지만 아데나워는 사색하면서 유배의 시간을 보냈다. 그는 조국의 격변을 겪으면서 배웠고, 자신이 살던 시기의 추세에 대해 놀라울 정도의 직관력이 있었다. 아울러 동시대인들의 심리, 특히 그들의 약점을 꿰뚫어 보듯이 이해했다. 일찍이 아데나워가 1950년대 독일에 강력한 지도자가 없다고 한탄했던 것이 기억난다. 이에 대해 내가 상당히 열정적이었던 인사 한 명을 언급하자, 아데나워는 단호하게 말했다. "혈기가 넘치는 것과 강력함을 절대로 혼동하지 마세요."

아데나워는 극단주의의 역사와 낭만주의 기질이 있는 독일에 신뢰할 수 있다는 평판을 만들어줌으로써 자국의 격동적인 열정을 극복하려고 애썼다. 아데나워는 재상으로 근무했던 비스마르크를 기억할 수 있을 정도로 충분히 나이가 많았다. 라인란트의 독실한 가톨릭 신자 집안의 자제였던 그는 심지어 독일이 통일되었을 때에도 현실정치를 전혀 좋아하지 않았다. 카이저의 원대한 세계정책(Weltpolitik)도 본인의 침착하고 사무적인 스타일에 거슬렸다. 독일제국을 창설한 융커(Junker, 프로이센의 지주 귀족 계층—옮긴이) 계층에도 친밀감이 없었다. 그는 동방과 서방 사이에서 교묘한 책략을 통해 독일 안보의 기반을 다져놓은 게 비스마르크의 큰 실수라고 믿었다. 그가 보기에 중유럽에서 강력하면서도 걷잡을 수 없는 독일은 자신의 안보를 희생하면서 모두에게 위협이 되었다.

전쟁 직후 세계의 혼란상에 맞서 아데나워는 역사적 뿌리로부터 단절된 국가가 분단되고 점령된 상태에서 자신의 미래를 어느 정도라도 통제할 수 있으려면 안정적인 정책이 필요하다고 보았다. 아데나워는 과거에 대한 향수 때문에 혹은 독일의 러시아에 대한 전통적인 애증관계 때문에 이런 노선을 바꾸려는 움직임을 거부했다. 그는 독일 통일을 미루는 대가를 치르더라도 무조건 서방을 택했다.

독일 내 아데나워의 반대세력인 독일사회민주당(SPD, 이하 사민당)은 한 점의 오점도 없이 나치를 반대했던 경력을 내세울 수 있었다. 사민당은 소련이 점령해서 강제로 공산화한 독일 지역을 역사적 지지 기반으로 두고 있었고, 이런 공산화 과정에 용감하게 저항했다. 민주주의에 충실했던 만큼이나 봉쇄정책을 의심했던 사민당은 대서양 관계보다 독일의 통일에 더 높은 우선순위를 두었다. 이들은 아데나워의 친서방 성향에 맞서 싸웠고 독일의 중립에 헌신함으로써 독일의 민족적 목표를 진전시키기 위한 비용을 기꺼이 지불하려고 했다. (1960년대 중반에 사민당은 노선을 전환했다. 비록 아데나워의 독일기독민주연합보다 전술적으로 유연한 동방 정책을 견지하기는 했지만, 대서양 동맹을 찬성했고 1966년에 기민련과 "대연정"을 수립했다.)

아데나워는 사민당이 추진하려 했던 독일의 중립에 관한 협상을 부분적으로는 철학적인 이유로, 그리고 부분적으로는 영리하게 현실적인 이유로 거부했다. 이 노회한 총리는 특히 이제 두 개의 독일 국가가 존재하고 있고, 처칠이 철의 장막 연설에서 경고한 바와 같이 이 두 나라가 그들 자신을 경매에 부칠 수도 있기 때문에 민족주의의 유혹을 다시 깨우고 싶지 않았다. 그리고 당시 역사적 조건에서 볼 때, 통일된 중립국 독일은 독일에 불리한 평화 합의를 통해서만 등장할 수 있다는 사실을 국내 반대세력보다 더 잘 이해하고 있었다. 이런 식으로 신생국이 수립된다면 극심한 제약이 부과될 것이고, 국제적 통제체제가 구축될 것이다. 강력한 주변국이 영원히 개입할 권리를 갖게 될 것이다. 아데나워는 이런 암묵적인 종속이 분단보다 독일에 더 심리적으로 위험하다고 간주했다. 그는 서방과의 평등과 통합, 그리고 조국이 존중받을 수 있는 길을 택했다.

스탈린이 아데나워와 다른 민주주의 국가의 지도자들이 품고 있던 의구심을 극복하고 중요한 외교적 회의를 추진할 수 있었을지, 혹은 만약 그가 양보를 한다면 정확히 어떤 양보를 그 회의에서 하려고 했는지는 결코 알 수 없을 것이다. 만약 그가 중요한 회의를 하자고 제안했다면 틀림없이 처칠로부터 지지를 받았을 것이다. 여하튼 스탈린이 사망함으로써 이와 같은 추측은 전부 다 고려할 가치가 없어졌다. 스탈린은 함께 영화를 봤던 동료들과 헤어진 1953년 3월 1일 새벽녘부터 자기 별장의 마루에 쓰러진 채 발견된 3월 2일 새벽 3시 사이에 심각한 뇌졸중이 발생했다. 경호원들이 약속된 시간 전에 스탈린의 방에 들어가기를 너무 두려워했기 때문에 그가 몇 시에 쓰러졌는지는 정확하지 않다. 그래서 아마도 발견되기 전까지 몇 시간 동안 바닥에 쓰러져 있었을 수도 있다. 스탈린의 동료들, 그중에서도 말렌코프와 베리야는 그가 사흘 반이 지나서 죽을 때까지 침대 곁에서 밤을 새웠다.[11] 의사들이 소환되었지만, 그들은 스탈린을 돌보면서 상반된 감정에서 벗어날 수가 없었다. 어쨌든 그들은 "크렘린 의사"로서 스탈린의 향후 숙청 대상으로 지정되어 있었기 때문이다.

　스탈린의 후임자들은 서방과의 긴장에서 벗어나 잠시 휴식시간을 갖기를 전임자보다 훨씬 더 간절하게 원했다. 하지만 이들은 이렇게 복잡한 노선을 추구하기 위해 요구되는 전임자의 권한이나 미묘함, 인내력, 그리고 무엇보다 중요한 정치적 단합이 없었다. 스탈린의 후계자들은 뒤이은 불가피한 권력 투쟁으로 인해 분열되었다. 경쟁자들이 각자 권위를 주장하고 지지를 받으려고 파벌에 줄을 대면서, 모두가 서로를 상대로 절박하게 투쟁하는 상황에서 아무도 자본주의자들에게 양보했다는 책임을 지려고 하지 않았다. 베리야의 숙청 사유 설명에서 이 점이 명확하게 드러났다. 사실은 그가 너무 많은 것을 알고 있었고 너무 많은 막강한 동료들을 위협한 게 그의 죄였다. 그럼에도 베리야는 정치국 회의에서 체포되었고 동독을 포기하려는 음모를 획책했다는 이유로 곧바로 처형당했다. 1년 전에 발표되었던 스탈린의 평화 각서의 요지와 이후 스탈린이 서방과 주고받은 모든 문서가 정확하게 그 방향을 향하고 있었는데도 불구하고 그런 죄목이 씌워진 것이다.

　흐루쇼프의 회고록에 따르면, 스탈린의 후계자들은 서방이 오랫동안 기다려왔던 공산주의 세계와의 최종 대결에 스탈린의 죽음을 이용할지도 모른다고 심각하게 우려하고 있었다. 아마도 쿠데타를 할 생각을 단념시키기 위해 이 독재자는 동료들에게 자신이 죽고 나면 서방이 그들의 목을 닭 모가지처럼 비틀 것이라고 자주 경고하곤 했다.[12] 동시에 스탈린 후계자들의 서방에 대한 의구심은 이들이 사활을 걸고 서로 권력투쟁을 하고 있었기 때문에 상쇄되었다. 비록 새로운 지도부는 냉전에서 잠시 벗어나 휴식을 원했지만, 권력을 좇는 모든 경쟁자는 절대 권력을 갖기 전까지는 외교적으로 유연한 모습을 보이면 치명상을 입을 수도 있다는 점을 알고 있었다. 하지만 이들은 긴장이 지속되는 상황도 불안하게 여겼다. 1946년에 처칠은 스탈린이 전쟁을 하지 않고 전쟁의 과실만 원한다고 언급한 적이 있었다. 1953년에 스탈린의 후계자들은 양보할 의사나 능력도 없이 긴장완화라는 과실만 원했다. 1945년에 스탈린은 서방에 대한 자신의 협상력을 유지하려고 외교적 교착상태를 만들었다. 1953년에 그의 후계자들은 서로에 대한 옵션을 유지하려고 외교적 교착상태 속에 숨어 있었다.

　정치인이 시간을 벌고 싶을 때는 대화를 제의하기 마련이다. 소련의 독재자가 사망한 지 일주일이 조금 지난 3월 16일에 당시 총리였던 말렌코프가 내용을 구체적으로 명시하지 않은 채 협상을 제의했다.

현재 관련 국가들 간의 상호 합의에 기초한 평화적 수단으로 해결될 수 없는 분쟁이나 미해결 문제는 없습니다. 이는 미국을 포함한 모든 국가와 우리의 관계에 관한 것입니다.[13]

그러나 말렌코프는 구체적인 제안을 하지 않았다. 새로운 소련 지도자들은 어떤 식으로 긴장완화를 달성해야 할지 확신이 없었고, 새로운 접근을 시도하자니 스탈린보다 훨씬 권한이 적었다. 동시에 아이젠하워 신행정부는 소련이 미국에 양보하기를 우려했던 만큼이나 소련에 협상을 제안하기를 두려워했다.

두 진영에서 우려했던 이유가 똑같았다. 소련과 미국 둘 다 미지의 영역에 들어가기를 두려워한 것이다. 양측은 각각 제2차 세계대전 종료 후에 일어난 국제환경의 변화를 받아들이는 데 어려움을 겪고 있었다. 크렘린은 동독을 버리면 동유럽 위성국 체제가 해체될 것이라고 우려했고, 물론 실제로 한 세대 후에 그렇게 되었다. 그리고 동독을 포기하지 않는 한 진정한 긴장완화가 가능해 보이지 않았다. 미국은 독일 문제를 협의하기 시작한다면 NATO가 좌초될 수도 있고 사실상 회의와 대서양 동맹을 맞바꾸게 될지도 모른다고 우려했다.

서방이 스탈린의 사망 직후 실제로 기회를 놓쳤는지를 판단하려면, 세 가지 질문에 대한 답이 있어야 한다. 대서양 동맹은 해체되는 일 없이 소련과 중요한 협상을 수행할 수 있었는가? 만약 소련이 압박을 받았다면 뭔가 의미 있는 제안을 내놓았을까? 소련 지도부가 실제로는 위성국인 동독을 포기하거나 동유럽에 대한 통제를 완화할 생각 없이 독일의 재무장과 서방의 통합을 막기 위한 수단으로 협상을 활용하려고 했는가?

미국 지도자들이 실질적으로 협상할 수 있는 여지가 너무나 좁았다고 평가한 것은 정확했다. 중립화된 독일은 위험을 야기하거나 협박을 받게 될 것이다. 외교에서는 실패할 경우 돌이킬 수 없는 위험을 초래하기 때문에 섣불리 해볼 수 없는 실험들이 있다. 대서양 동맹으로 구축된 모든 것이 붕괴할 수 있는 위험이 상당했다.

실제로 독일연방공화국이 통합된 서방 체제의 일부로 남아 있는 게 모두에게 이익이었고, 무엇보다 소련에도 이익이었다. 물론 입지가 불안정한 소련 지도자들 중 누구도 그 사실을 인정할 위치에 있지 않았다. 만약 독일이 대서양 동맹에 남는다면 새로운 분계선을 따라 배치하는 병력 규모를 제한하는 합의는 가능했다. (그렇게 함으로써 통일된 독일의 잠재적 군사력을 축소하게 된다.) 하지만 만약 독일 전체가 중립국 영토가 된다면 NATO가 거세되는 셈이며, 중유럽이 공백 상태가 되거나 잠재적 위협이 될 수 있었다.

민주주의 국가들이 군사적 결과나 최소한 냉전의 격화를 들먹이며 위협할 각오가 되어 있을 때만 스탈린의 후임자들이 통일된 독일이 NATO에 잔류하는 데(비록 군사적으로 제약을 받지만) 동의하도록 설득될 수 있었을 것이다. 바로 이것이 1951년에 다시 총리가 된 처칠이 심지어 스탈린이 아직 살아 있는 동안에 염두에 둔 입장이었다. 이와 관련해서 처칠의 비서관인 존 콜빌(John Colville)은 이렇게 기록을 남겼다.

> 윈스턴은 포츠담 회담이 재개되고 결론이 내려질 일종의 빈 회의(congress in Vienna)를 추진하면서, 스탈린에 대한 공동 접근을 희망한다고 나에게 여러 차례 말했다. 만약 러시아인들이 비협조적이면 우리가 냉전을 더 격렬하게 만들 것이다. 윈스턴은 나에게 "우리의 젊은이들이 진실을 위해 싸우다 죽게 될 것이다."라고 말했다.[14]

하지만 서방의 어떤 다른 지도자도 이와 같은 위험을 감수하거나 대서양 동맹에 비판적인 사람들로부터 너무나 일방적이라고 쉽게 공격받을 수 있는 제안을 하려고 하지도 않았다. 따라서 미국 지도자들은 어떤 중요한 구상이건 간에 다 방해했고, 그 과정에서 스탈린 사망 직후 소련의 혼란을 이용해보려는 진지한 시도까지 막았다. 대신에 이들은 대서양 동맹의 단결을 유지했다.

이런 교착상태로 인해 논쟁이 협상의 실제 내용에서 협상이 바람직한지 여부로 옮겨갔다. 그리고 이제 정치생명이 거의 끝나가고 있었던 처칠은 협상을 가장 옹호하고 나섰지만, 구체적 내용을 정확히 밝히지는 않았다. 평생 세력균형을 주창해왔던 팔순 노인인 처칠이 정상회담을 목적 그 자체로 추진했다는 사실에는 어느 정도 씁쓸함이 있었다.

미국 지도자들은 처칠이 협상을 갈망했던 이유가 치매가 온 탓이라고 부당하게 생각했다. 실제로 처칠은 봉쇄정책이 처음에 형성되던 시절뿐만 아니라 전쟁 기간과 종전 직후에도 협상을 진전시키자고 주장하면서 놀랄 만큼 일관성이 있었다(제17장, 제18장 참고). 단지 이런 제안이 제시되었던 상황이 바뀌었을 뿐이었다. 1950년대에 처칠은 자신이 촉구했던 전 세계적 합의의 구체적 내용을 제시하지 않았다. 전쟁 기간에 제안했던 처칠의 협상은 루스벨트가 되풀이해서 주장했던 것처럼 미국이 철수하거나 어쨌든 유럽에 주둔하지 않을 것이라는 가정에 근거한 듯했다. 그리고 나서 1945년부터 1951년까지 야당 당수로서 처칠은 소련과의 전반적 합의로서 중립적이고 통일된 독일, 독일-프랑스 간 국경을 따라 형성된 서방 동맹 체제, 소련군의 폴란드-소련 국경으로의 후퇴, 소련 접경 국가들에 핀란드 모델에 기초한 정부 수립—즉, 소련의 우려를 존중하되 본질적으로 독자적 외교정책을 자유롭게 추구할 수 있는 중립적이면서도 민주적인 정부 체제—과 같은 요소를 구상하고 있었던 것처럼 보였다.

만약 1948년 이전에 이런 조건에 따라서 합의했더라면 유럽은 과거의 역사적 상황으로 돌아갔을 것이다. 처칠은 전쟁 기간과 전후 몇 년 동안 자신의 시대보다 한참 앞서 있었다. 만약 처칠이 1945년 선거에서 패배하지 않았고 미국과 다른 동맹국들이 처칠이 선호하는 전략의 근간으로 보이는 대결의 위험을 무릅쓸 의향만 있었더라면, 새롭게 형성되고 있었던 냉전의 방향이 달라졌을 것이다.

하지만 1952년이 되자 처칠이 상상했던 식의 합의는 정치적 격변이 일어나지 않는 한 거의 불가능한 일이 되어버렸다. 아데나워가 만들어낸 독일연방공화국(서독)이 1949년 이전에는 거의 상상조차 할 수 없었다는 점에서 아데나워의 위대함을 평가할 수 있다. 3년이 지난 후, 처칠이 1944년 이후에 상상했던 대로 세계가 형성되려면 독일연방공화국이 서방과의 통합을 끝내고 예전처럼 어딘가에 얽매이지 않는 국가로 돌아갔어야 했다. 1945년 동유럽에서는 핀란드와 같은 방식의 정권들이 정상으로 돌아간 모습이었을 것이다. 1952년이 되자 더 이상 협상만으로는 이렇게 될 수 없었다. 소련이 붕괴하거나 심각하게 대결해야만 가능한 일이었다. 더욱이 이런 식으로 대결했다면 독일의 통일 문제를 놓고 전개되어야 했을 것이다. 전쟁이 끝난 지 얼마 되지도 않은 상황에서 패망한 적국을 위해 이 정도로 위험을 각오할 서유럽국은 하나도 없었다.

만약 대서양 동맹이 통일된 정책을 구사할 수 있는 단일한 국가였다면 처칠의 노선을 따라 포괄적 합의를 추구하는 외교정책을 채택했을지도 모른다. 하지만 1952년 당시의 대서양 동맹은 그런 식의 도박을 하기에는 너무나 취약했다. 민주, 공화 양당이 배출했던 미국 대통령들은 우세한 입장 뒤에 숨어서 소련의 태도가 변화할 때까지 기다린다는 고통스러운 노선을 추구하는 것 외에는 달리 방도가 없다고 인식했다.

아이젠하워의 새로운 국무장관인 존 포스터 덜레스(John Foster Dulles)는 동—서 양 진영 간의 충돌을 도덕적 이슈로 인식했고, 소련 체제가 근본적으로 변화하기 전까지 거의 어떤 주제건 간에 협상을 회피하려 했다. 그리고 그렇게 함으로써 오랫동안 확립된 영국의 관점에 도전했다. 영국은 자신의 역사를 통틀어서 우호적이거나 이념적으로 양립 가능한 국가들하고만 협상하는 호사를 누린 적이 별로 없었다. 영국은 국력이 최고조에 달했던 시절에도 미국만큼 안보 측면에서 여유가 많지 않았기 때문에 당연히 이념적으로 적대적인 국가들과도 공존에 대해 실용적으로 합의를 도출하려고 협상했다. 그러는 동안 항상 국익이 명확하고 실용적으로 정의되었기 때문에 영국 국민은 정치인들이 유능한지 판단할 수 있었다. 영국인들은 때로는 특정한 합의의 조건과 관련해서 내부적으로 논란을 겪기도 했지만, 협상하는 게 지혜롭다는 점에는 거의 이견이 없었다.

영국식 전통에 충실하게 처칠은 거의 영구적인 협상을 통해 보다 감내할 만한 소련과의 공존 방안을 추구했다. 반면에 미국 지도자들은 소련과의 협상보다 소련 체제의 변화를 원했다. 그리하여 영-미 간 논쟁이 갈수록 협상의 실제 내용보다 협상이 바람직한지에 대한 대화로 변질했다. 1950년 선거에서 패배하기는 했지만, 선거 운동 당시 처칠은 당시 냉전 상황에서 혁명적인 발상이었던 4국 정상회담을 제안했다.

> 저로서는 여전히 소련과 최고위급 대화를 다시 해야 한다는 아이디어로 되돌아올 수밖에 없습니다. 이 아이디어는 양 진영이 우호적이지는 않더라도 적어도 냉전이라는 증오 없이 각자의 삶을 살아갈 수 있도록 서로 간의 깊은 간극을 메우기 위한 최대한의 노력을 기울일 것을 저에게 호소하고 있습니다.[15]

딘 애치슨은 대서양 동맹을 창설한 지 얼마 안 된 시점에서 이런 구상이 시기상조라고 생각했다.

> 우리가 쓰라린 경험으로부터 깨달은 바에 따르면, 소련을 다룰 수 있는 유일한 방법은 우세한 상황을 창출해내는 것입니다. … 우리가 제거할 수 있는 취약한 분야를 모두 없앤다면, 우리는 러시아인들과 실무적인 합의를 발전시킬 수 있을 것입니다. … 현 상황에서 우리가 대화하자고 촉구하면서 주도권을 쥔들 좋을 게 없을 것입니다.[16]

처칠은 1951년 10월이 되어서 비로소 다시 총리를 맡게 되었고, 트루먼의 남은 임기 기간 동안에는 정상회담을 하자고 압박하지 않았다. 그 대신 옛 전우인 드와이트 D. 아이젠하워가 이끄는 새로운 행정부를 기다리기로 결심했다. 그러는 동안 처칠은 소련 지도자가 누구든 간에 고위급 합의를 잘 받아들일 것이라며, 정상회담을 정당화하는 당시의 팽배했던 성향에 빠져들었다. 1952년 당시 지도자는 스탈린이었다. 그해 6월 처칠은 존 콜빌(John Colville)에게 만약 아이젠하워가 당선된다면 "3거두(the Big Three) 회담을 통해 평화구축을 한 번 더 시도하겠다. … 스탈린이 죽고 부하들이 계승 문제를 놓고 다투기 시작할 때보다 스탈린이 살아 있을 때가 차라리 우리가 공격으로부터 더 안전하다."라고 말했다.[17]

아이젠하워가 대통령에 취임한 지 얼마 안 되어서 스탈린이 사망하자 처칠은 새로운 소련 지도자와 협상하자고 주장했다. 하지만 아이젠하워는 소련과 대화를 재개하자는 처칠의 아이디어에 대해 전임자인 트루먼 못지않게 부정적이었던 것으로 드러났다. 말렌코프의 1953년 3월 17일 제안에 대응하면서, 처칠은 4월 5일 아이젠하워에게 "전체적으로 긴장을 완화하기 위해 말렌코프가 어느 정도까지 갈 준비가 되어 있는지 알아볼" 기회를 놓치지 말라고 촉구했다.[18] 아이젠하워는 처칠에게 자신이 4월 16일에 미국 신문사 편집인 협회(the American Society of Newspaper Editors)에서 정책을 발표할 테니 기다려 달라고 답변했고, 처칠의 제안을 사실상 거부했다.[19] 아이젠하워는 긴장의 원인이 그 해결책들—한국전쟁 휴전, 오스트리아 국가조약 체결,[20] 그리고 "인도차이나와 말라야의 안보에 대한 직간접적 공격 종료"—만큼이나 익숙하다고 주장했다. 아이젠하워는 이런 식으로 중국과 소련을 한 덩어리로 묶었지만 이는 중-소 관계에 대한 잘못된 평가였다. 그 이후의 상황에서 드러났듯이 말라야와 인도차이나에서 전개되는 사건은 소련의 통제 밖이었기 때문에 실현 불가능한 조건을 제시한 셈이었다. 아이젠하워는 아무런 협상도 필요하지 않다고 말했다. 말이 아닌 행동을 해야 할 때라는 것이었다.

아이젠하워의 연설 초안을 미리 보면서 처칠은 "급작스러운 꽃샘추위가 봄이 오지 못하게 싹을 잘라버렸다."라고 걱정했다. 그리고 나서 처칠은 자신이 아이젠하워의 주장에 설득되지 않았다는 점을 보여주고자 포츠담 회담 참석국인 미국, 영국, 소련 간의 회담을 제안했고, 그 전에 본인과 최근에 외교장관으로 복권된 몰로토프 간에 예비회담을 갖자고 했다. 처칠은 아이젠하워 앞으로 보내는 서한에 도움이 되라고 회담 초청서 초안을 동봉하면서, 자신과 몰로토프 사이에 그다지 있을 것 같지 않은 우정과 유대를 강조했다.

> 우리는 전시에 맺은 우리의 관계를 되살릴 수 있으며, … 저는 말렌코프 총리와 다른 유력 인사들을 만날 수도 있습니다. 당연히 저는 우리가 가까운 장래에 세계에 닥칠 엄중한 이슈 중 어떤 것이라도 해결할 수 있다고 상상하지는 않습니다. … 물론 저는 이런 비공식적 회담에서 어떠한 중대한 결정이 있을 것이라고 예상하지는 않지만, 우리들 간의 편안하고 우호적인 토대를 회복하기를 바란다는 점을 분명히 밝히고자 합니다.[21]

하지만 아이젠하워로서는 정상회담이란 위험할 정도로 소련에 양보하겠다는 의미였다. 다소 퉁명스럽게 아이젠하워는 소련 측이 선결 조건을 좀 충족해야 한다는 자신의 요구를 반복했다.

> 4월 25일에 총리님께 보내드린 제 각서에서 저는 우리가 너무 많이 서둘러서는 안
> 되며, 국내 정서 때문에 국가원수나 정부수반 간의 회담을 급작스럽게 추진하도록
> 압박을 받아서는 안 된다고 밝힌 적이 있습니다.[22]

비록 처칠은 동의하지 않았을지라도, 그는 영국이 미국에 의존하고 있기 때문에 미국 정부가 그렇게 완강한 입장을 보이는 사안에 대해 자신이 자유롭게 주도권을 발휘하기 어렵다는 사실을 잘 알고 있었다. 처칠은 말렌코프와 직접 소통을 하지 않았고 대신에 차선책으로서 소련 총리를 만났다면 개인적으로 전달했을 내용을 의회 하원에서 밝혔다. 1953년 5월 11일에 처칠은 아이젠하워나 덜레스와 달리 자신이 상황을 어떻게 분석하고 있는지를 밝혔다. 미국 지도자들은 대서양 동맹의 단결과 독일의 재무장이 위태로워질 수 있다고 두려워했던 반면, 처칠은 무엇보다도 소련 내부의 보다 희망적인 변화를 위태롭게 만들고 싶지 않았다.

> 국제 정책의 포괄적 타결에 도달하려는 자연스러운 열망 때문에 러시아 내부에서
> 일어나고 있을지도 모르는 자발적이고 건전한 진화가 방해를 받는다면 애석한 일일
> 것입니다. 저는 외부에서 일어나는 일보다 내부적 발표나 명백한 분위기 변화가 더
> 중요하고 의미가 있다고 간주해왔습니다. 저는 NATO 강대국들이 어떤 외교정책
> 을 발표하더라도 그것이 러시아인들의 심오한 정서 변화일 수도 있는 상황의 중요
> 성을 대체하거나 깎아내지 않기를 바랍니다.[23]

스탈린이 사망하기 전에 처칠은 스탈린이 스스로 약속한 것을 이행하겠다고 가장 확실하게 보장할 수 있는 지도자라고 여겼기 때문에 협상을 종용했다. 이제 처칠은 그 독재자가 사망한 뒤 대두된 희망적인 전망을 유지하기 위해서 정상회담을 하자고 촉구하고 있었다. 다시 말하자면 소련 내부에서 무슨 일이 발생했건 간에, 혹은 누가 소련의 권력 체계를 장악하고 있건 간에 협상이 필요하다는 말이었다. 처칠은 최고위급 수준의 회담에서 추후 협상의 원칙과 방향을 합의할 수 있다고 주장했다.

이 회담이 무겁고 경직된 의제에 의해 짓눌리거나, 수많은 전문가들과 당국자들이 열광적으로 다투는 기술적 세부사항이라는 미로나 정글로 빠져들면 안 됩니다. 이 회담은 가능한 한 최소한의 강대국과 최소한의 인사만 참석하게 제한을 두어야 합니다. … 냉철한 합의가 도출되지는 않겠지만, 참석자들 사이에서 참석자들을 포함한 모든 인류를 파멸시키기보다는 그래도 무엇인가 좋은 일을 할 수 있다는 전반적인 분위기가 형성될지도 모릅니다.[24]

하지만 정확하게 처칠이 무엇을 염두에 두고 있었는가? 집단자살을 하지 않기로 했다는 결정을 지도자들이 어떻게 표현할 것인가? 처칠이 제시했던 유일한 구체적인 제안은 1925년 로카르노 조약과 유사한 협정이었으며, 이에 따르면 독일과 프랑스가 서로의 국경을 받아들이고, 영국이 어느 한 측이 다른 측을 공격하지 못하도록 보장한다고 되어 있었다(제11장 참고).

이게 좋은 사례는 아니었다. 로카르노 조약은 고작 10년 동안 지속됐고 위기를 단한 건도 해결하지 못했다. 영국이나 다른 어떤 나라가 동맹국과 주요 적국의 국경을 둘다 동시에 (그리고 똑같은 수단으로) 보장할 정도로 잠재적 논쟁 사안에 그토록 무관심할 수도 있다는 관념은 1925년에도 이미 충분히 기이했다. 제2차 세계대전의 불씨를 낳았던 이런 상황은 30년이 지나서 이념적 충돌이 만연했던 시대에도 그다지 개선되지 않았다. 누가 어떤 국경을 어떤 위험으로부터 보장할 것인가? 포츠담 회담에 참석했던 강대국들이 유럽에 있는 모든 국경을 모든 침략으로부터 보장하겠다는 것인가? 이런 식이면 네 명의 경찰관이라는 루스벨트가 구상했던 외교로 되돌아오는 상황이 되었다. 아니면 포츠담 회담에 참석했던 모든 국가가 동의하지 않으면 저항이 금지된다는 의미인가? 이런 식이면 이 아이디어는 소련에 백지수표를 주는 셈이었다. 미국과 소련이 서로를 가장 큰 안보 문제로 여기는 상황에서 어떻게 공동으로 안전을 보장한다고 해서 문제를 해결할 수 있는가? 로카르노 조약은 프랑스와 영국 간 군사동맹의 대안으로서 구상되었고, 그런 방식으로 의회와 대중에게 제시되었다. 로카르노 조약 방식을 따르는 새로운 합의가 기존 동맹을 해체할 것인가?

하지만 처칠의 주장은 어떤 특정 협상에서의 입장에 의존하고 있지 않았다. 1953년 7월 1일에 처칠은 크렘린의 정책이 절대 불변이며 소련이 역사의 침식에 영향을 받지 않는 최초의 사회라는 이론을 거부했다. 처칠에 따르면, 소련의 위성국 체제를 인정하기를 거부하면서도 막상 그런 체제를 원상태로 돌리기 위해 전쟁을 무릅쓸 의향이 없다는 게 서방의 딜레마였다. 유일한 출구는 소련의 새로운 현실이 어떤 함의가 있는지 파악하기 위해 "위력 수색"(reconnaissance in force, 일부러 적을 위협하여 대응하게 함으로써 그 역량이나 배치상황을 알아보는 작전—옮긴이)을 시도해보는 것이었다. 처칠은 아이젠하워에게 이렇게 서한을 보냈다.

> 저는 풀턴에서 혹은 러시아인들에게 우롱당한 1945년에 가졌던 것 이상의 의도는 없습니다. 하지만 세계적 균형의 변화가 있다고 생각합니다. 이는 대체로 미국의 행동과 재무장에 의해 야기된 것이지만, 또한 공산주의 철학의 쇠퇴에 의한 것이기도 합니다. 그렇기 때문에 자유진영 국가들이 단결하고 강한 힘을 유지하면서 냉철하고 사실적으로 상황을 파악하는 게 정당하다고 봅니다.[25]

처칠은 "10년 동안 긴장이 완화되고 거기에 생산적인 과학이 더해지면 세상이 달라질 수도 있습니다."라고 희망했다.[26] 처칠은 전 세계적인 차원의 합의를 더 이상 제안하지 않았고, 이후에 "데탕트(detente)"로 불렸던 정책을 제시했다. 처칠은 봉쇄정책의 최초 구상은 그것이 아무리 분석적으로 강력하더라도 실제로 실행하려면 소련 체제가 어떻게든 바뀌는 먼 훗날까지 견뎌야 하기 때문에 어려움이 있을 것이라고 보았다. 봉쇄정책은 인상적인 최종 목적지를 제시했을 수도 있지만, 거기까지 가는 긴 여정을 어떻게 버틸지에 대해서는 거의 아무것도 제시하지 않았다. 봉쇄정책의 대안으로 즉각적인 포괄적 합의가 있었다. 이 대안은 최종 목적지는 덜 매력적이나 상대적으로 수월한 여정을 의미했지만, 대서양 동맹의 단결이나 독일의 서방과의 통합이 위태로워질 수도 있었다. 어떠한 예측 가능한 주고받기식 거래를 하더라도 독일 지도자들이 막상 그것을 요구하지 않는 한 이런 대안은 그 대가가 터무니없이 컸다. 처칠은 절충안을 제시했다. 즉, 시간이 지나면서 적대 관계가 무뎌지게 하고 소련의 장기적 정책이 완화되도록 평화적 공존을 추구하는 것이었다.

성과 없이 대결만 하는 시대를 겪으면서 생긴 심리적 피로감은 조지 F. 케넌의 입장 변화에서도 잘 드러났다. 케넌은 소련에 대한 자신의 초기 접근법이 끝없는 군사적 대결을 합리화하는 근거가 되었다는 사실을 깨달았고, 처칠이 1944년부터 1945년까지 염두에 두었던 구상과 상당히 유사한 전반적 합의를 위한 협상 개념을 개발해냈다.

케넌의 소위 비관여(disengagement) 구상에서 가장 큰 목표는 소련군을 유럽의 중심부에서 제거하는 것이었다. 케넌은 이를 위해 상응하는 독일 내 미군 철수를 할 각오가 되어 있었다. 케넌은 독일이 예전에도 늘 그랬듯이 재래식 무기로 스스로를 방어할 수 있을 것이라고 강하게 주장했으며, 특히 소련군이 독일 국경에 닿기 전에 동유럽을 통과해야 한다면 더욱 그렇다고 지적했다. 케넌은 핵전략에 과도하게 의존하는 상황을 개탄했다. 그는 아담 라파츠키(Adam Rapacki) 폴란드 외교장관이 제안했던 독일, 폴란드, 체코슬로바키아로 구성된 중유럽 비핵지대안을 지지했다.[27]

케넌과 라파츠키의 구상 둘 다 스탈린의 평화 각서만큼이나 어려움이 있었다. 이 구상에 따르면 소련의 동독과 동유럽 일부 지역으로부터의 철수와 독일의 서방통합을 맞바꿔야 했다. 따라서 공산주의 정권을 보호하기 위해 소련이 개입하지 않겠다는 보장이 제시되지 않으면 이중 위기로 이어질 수 있었다. 하나는 동유럽에서의 위기였고, 다른 하나는 독일이 책임감 있는 국가적 역할을 찾는 과정에서 오는 위기였다. 특히 후자의 경우는 독일이 1871년 통일된 이래 계속된 난제였다.[28] 당시의 일반적인 통념에서 볼 때, 소련의 몇백 킬로미터 철수와 미국의 5,000킬로미터 철수를 맞교환한다는 라파츠키-케넌의 개념은 소련이 압도적으로 우세하다고 인식되는 무기 분야가 특별히 중요해지는 추가적인 위험을 무릅쓰는 것이었다. 반면, 핵무기에는 오명이 씌워져서 적어도 핵공격을 불확실하게 만들었다. 이게 그 당시 나의 견해였다.[29]

처칠은 비록 이번만큼은 적절한 해결책이 없었지만, 예전에 자주 그랬듯이 통찰력이 정확했다. 정부가 일단 의심할 여지 없이 갈등에 대한 대안을 모두 모색했다고 입증하지 않는 이상 민주주의 국가의 대중들은 무기한으로 대결하는 상황을 기꺼이 견디려고 하지 않을 것이다. 민주주의 국가들이 소련과의 긴장을 완화할 수 있는 구체적 방안을 마련하지 못한다면, 정부와 국민 둘 다 실제 내용이 아니라 단순히 말투가 바뀌었다는 이유만으로 그토록 고대해왔던 소련 사회의 변화가 일어났다고 선언해버리고 평화공세의 유혹에 넘어갈 위험이 있었다. 민주주의 국가들이 비타협적 태도와 화해의 양극단 사이에서 요동치지 않으려면, 양 진영의 핵무기 증가로 점점 더 숨 막히는 대결과 실질적 상황 개선 없이 냉전에 대한 국민 인식만 완화시키는 식의 외교 사이의 좁은 범위 내에서 외교를 수행해야 했다.

실제로는 민주주의 국가들이 이런 좁은 범위 내에서 활동하기에 유리했다. 이들의 세력권이 소련의 세력권보다 훨씬 강했고 두 초강대국의 경제적, 사회적 격차가 더 벌어질 가능성이 컸기 때문이다. 민주주의 국가들이 상상력과 규율을 겸비할 수 있다면 역사가 그들의 편에 있는 것처럼 보였다. 어찌 되었건 훗날 닉슨 시기 데탕트 정책의 배경에 이런 논리가 있었다(제28장 참고). 실제로 처칠이 1953년 7월 1일에 아이젠하워에게 보낸 서한에서 "10년 동안 긴장이 완화되고 거기에 생산적인 과학이 더해져서" 더 좋은 세상이 만들어질 것이라고 말했을 때, 처칠은 사실상 이런 대비책을 시사한 것이었다.

아데나워와 더불어 존 포스터 덜레스는 어렵게 얻어낸 서방의 결속을 유동적인 협상 과정에서 위태롭게 하는 것을 가장 단호하게 반대했던 서방 정치인이었다. 덜레스는 스탈린의 제안과 이후에 비관주의자들이 제시했던 구상에 내포된 위험을 기본적으로 정확하게 평가했다. 하지만 덜레스 또한 1953년 4월에 백악관 연설문 작성자에게 보낸 경고문에서 드러났듯이, 서방의 결속을 보전하는 최선책은 협상을 완전히 회피하는 것이라고 주장함으로써 심리적 취약성을 드러냈다.

소련의 이런 제안을 우리가 받아들일 것 같아 보이는 실제 위험이 좀 있습니다. 외부의 압박 때문에 소련이 이렇게 한다는 게 명백하며, 지금 당장 이런 압박을 지속하는 것보다 우리가 어떤 것을 더 잘할 수 있는지 모르겠습니다.[30]

이렇게 선언함으로써 덜레스는 봉쇄정책의 한계에 봉착했다. 민주주의 사회는 냉전을 정당화하기 위해 인내 이상의 어떤 목적이 필요했다. 비록 제시된 정치적 프로그램이 민주주의 국가들의 이익과 양립하지 못할지라도 중유럽의 평화적 변화에 관한 대안적인 정치적 구상─독일을 서방 체제에 붙잡아두면서 동시에 유럽의 경계선을 따라 긴장을 완화하는 조치가 담긴 프로그램─이 필요했다. 덜레스는 이 문제를 다루지 않고 회피했고, 대서양 동맹을 공고하게 만들고 독일을 재무장시키는 데 필요한 시간을 벌기 위해 익숙한 입장을 견지하면서 외교장관 회담을 답보상태에 빠뜨리는 방안을 선호했다. 덜레스로서는 그와 같은 정책으로 동맹국 간의 불화를 피할 수 있었다. 혼란 상태에 빠져 있는 스탈린 이후의 소련 지도부로서도 고통스러운 결정을 해야 하는 부담을 덜게 되었다.

민주주의 국가들이 중유럽 문제를 밀어붙이지 않을 것이라고 깨달은 소련 지도자들은 아이젠하워와 덜레스가 호의에 대한 시험대라고 규정했던 사안들에 집중함으로써 그토록 원했던 서방과의 휴식을 추구했다. 한국, 인도차이나, 오스트리아 국가 조약 등이 이런 시험대에 해당했다. 이런 합의는 처칠이 1953년에 추구했던 유럽에 관한 협상을 개시하기 위한 입장권 역할을 하기보다는, 그런 협상의 대체재가 되었다. 1954년 1월에 있었던 독일 문제에 관한 외교장관 회담은 금방 교착상태에 빠졌다. 덜레스와 몰로토프는 실제로 동일한 결론에 도달해 있었다. 어느 쪽도 유동적인 외교에 참여하고 싶지 않았다. 모험적인 외교정책보다는 각자 자신들의 세력권을 공고히 다지기를 선호했다.

하지만 양측의 입장이 대칭적이지는 않았다. 교착상태가 소련의 당면한 전술적, 내부적 목적에는 도움이 되었으나, 비록 모든 미국 지도자들이 완전히 이해했던 건 아니지만 이런 상황은 미국의 장기적 전략에 이익이 되었다. 미국과 동맹국들이 군비경쟁에서 승리할 수밖에 없었고 서방 세력권의 잠재적 경제력이 훨씬 더 컸기 때문에 소련이 장기적 목표를 적절히 구상했다면 진정으로 긴장을 완화하고 중유럽 문제를 현실적으로 해결해야 했다. 몰로토프는 양보를 회피했다. 양보했더라면, 비록 고통스러웠겠지만 소련이 지나치게 전략적으로 팽창해서 궁극적으로 붕괴해버리는 상황을 모면할 수 있었을지 모른다. 덜레스는 유연성을 발휘하지 않았다. 그 대가로 국내적으로 불필요한 논쟁이 유발되었고 소련의 허울뿐인 평화공세에 취약해졌다. 물론 그 덕택에 미국이 궁극적으로 전략적 승리를 거둘 수 있는 토대도 마련되었다.

덜레스는 이 휴식 기간을 이용해서 독일을 NATO에 통합시킨다는 자신의 목적을 추구했다. 독일연방공화국(서독)을 서방 군사체계에 어떻게 통합시킬지 골치가 아팠다. 프랑스는 완전히 재무장한 독일을 결코 원하지 않았고, 독일을 포함하는 통합된 서방 방위체제를 위해서 자신의 국방 역량을 희생시키고 싶지도 않았다. 프랑스로서는 자국의 방어를 불과 10년 전 자신을 짓밟았던 국가의 손에 일부 맡기는 셈이며, 식민지에서의 자신의 전쟁 능력이 제약을 받을 것이기 때문이었다. 그리하여 유럽방위공동체(European Defense Community) 계획이 프랑스의 반발로 좌초했다. 그래서 덜레스와 앤서니 이든(Anthony Eden)은 독일연방공화국을 NATO에 단순히 통합시킨다는 대안으로 돌아섰다. 압박을 받은 프랑스는 이에 따르면서도 영국군의 영구적인 독일 주둔을 약속해달라고 영국에 요구했다. 이든이 이 제안에 동의하자 프랑스는 제1차 세계대전 이후 영국이 그토록 일관되게 거부해왔던 구체적인 군사적 보장을 비로소 받게 되었다. 이제부터는 프랑스와 영국, 미국의 군 병력이 독일의 동맹국으로서 독일에 주둔하게 되었다. 독일의 분단을 종식시키고자 시작된 스탈린의 구상은 (잠시나마 애매모호하게 처칠의 지지를 받았지만) 결국 유럽의 분단을 확정 짓는 형태로 끝났다. 역설적으로 세력권을 신봉했던 처칠이 결국 세력권으로 인한 충격을 완화하고 어쩌면 세력권을 완전히 제거하려고까지 했던 반면, 세력권을 항상 지독하게 비판했던 나라의 국무장관인 덜레스는 세력권을 굳히는 정책을 가장 옹호하게 되었다.

자신의 세력권이 견고해졌다고 확신하게 된 미국은 이제 안심하고 소련에 말을 걸어도 된다고 느꼈다. 하지만 유럽에서 미국과 소련의 진영이 공고해짐에 따라 서로 대화할 내용이 갈수록 줄어들었다. 양측은 이제 충분히 자유롭게 정상회담을 해도 된다고 느껐다. 냉전을 해소하기 위해서가 아니라 정상회담을 하더라도 모든 근본적인 쟁점이 회피될 것임을 알았기 때문이다. 처칠은 은퇴했고, 독일연방공화국(서독)은 NATO에 안착했으며, 소련은 독일연방공화국이 서방과의 유대를 끊도록 유혹하기보다 동유럽에서 자신의 세력권을 보전하는 게 더 안전하다고 결정해버린 상황이었다.

그리하여 1955년 7월에 열린 제네바 정상회담은 처칠이 애초 제안했던 모습과 전혀 딴판이 되었다. 긴장의 원인을 검토하기는커녕 정상회담에 참석했던 지도자들은 냉전을 초래한 이슈를 거의 언급하지 않았다. 회담 의제가 선전선동 점수를 따려는 시도와 동—서방 문제를 아마추어 심리학으로 격하시키는 상황 사이를 오갔다. 상대방 영토의 공중 정찰을 위한 아이젠하워의 "오픈 스카이(open skies)" 제안은 별로 위험부담이 없었다. 왜냐하면 그렇게 된다면 소련은 자신들의 정보기관과 공개된 출처를 통해 파악했던 것 이상으로 더 알아낼 만한 것이 없었던 반면, 미국은 정찰 활동으로 소련 제국의 수수께끼를 밝혀낼 수 있기 때문이었다. 나는 개인적 경험을 통해, 이 제안이 받아들여진다면 아이젠하워 측근 중에서 이 정책을 구상했던 사람들—대부분 당시 대통령 특별보좌관인 넬슨 록펠러(Nelson Rockefeller)의 후원을 받고 있었다—이 매우 놀라리라는 것을 알고 있었다. 흐루쇼프가 이 제안을 거부한다고 해서 소련에 아무런 불이익도 따르지 않았다. 중유럽의 미래에 관한 문제는 특별한 지침도 없이 외교장관들에게 넘겨졌다.

10년 동안 대결을 겪은 후, 민주주의 국가들이 심리적 휴식이 필요하다는 게 이 정상회담의 중요한 결과로 드러났다. 민주주의 국가들은 앞서 스탈린이 제시했던 구체적 제안에 대해 단호한 태도를 보였지만, 이제 소련의 바뀐 말투에 무너졌다. 이들은 마치 결승선이 눈앞에 보이자 갑자기 지쳐서 주저앉아 경쟁자에게 따라잡힌 마라토너 같았다.

아이젠하워와 덜레스는 특정한 문제에 대해 똑같이 특정한 해결책을 고집하는 방식으로 스탈린의 평화 각서와 처칠의 호소력 있는 정상회담 요구의 남은 요소들을 능수능란하고 집요하게 해체했다. 하지만, 결국 이 두 사람은 소련 내부에서 변화가 일어날 때까지 기다린다는 것은 너무 가혹한 메시지를 전달하는 셈이며, 협상을 위한 대안적인 입장을 고안해내는 것은 불화를 일으킬 수 있다고 결론을 내렸다. 봉쇄정책은 미국 국민에게 냉전이 끝날 것이라는 희망을 조금씩 줄 때에만 유지될 수 있었다. 그러나 아이젠하워와 덜레스는 자신들의 정치적 프로그램을 제시하는 대신 여태까지 두려워했던 상황을 받아들였다. 즉, 상대적으로 덜 도발적인 흐루쇼프와 불가닌의 표현 방식을 놓고 소련의 태도가 근본적으로 변했다고 해석하는 경향이 점차 강해졌다. 대립적이지 않은 회담이 개최—아무리 실제 내용이 빈약했더라도—되었다는 사실만으로도 오랫동안 예측해왔던 소련의 변화가 진행되고 있다는 민주주의 국가들의 희망에 기름을 부었다.

심지어 정상회담이 개최되기도 전에 아이젠하워는 회담의 분위기를 잡았다. 아이젠하워는 구체적이고 상세한 진전을 고집했던 행정부의 기존 입장을 버리고 이번 동—서방 외교의 목표를 대체로 심리적인 측면에서 설정했다.

> 전후에 있었던 우리의 수많은 회담들은 문제에 접근하는 정신과 태도를 구축하기보다는 명백히 특정한 문제를 해결하기 위해 노력했고, 세부사항에 관심을 쏟아왔다는 특징이 있습니다.[31]

언론은 열광적으로 반응했고, 구체적인 내용이 알려지지 않았지만 뭔가 근본적인 변화가 정상회담에서 일어났다는 논조가 일반적이었다. "아이젠하워 대통령은 10년 전 자신의 임무였던 전투에서 적을 패배시키는 일보다 훨씬 더 잘 해냈다."라고 〈뉴욕타임스〉는 사설에서 논평했다. "아이젠하워 대통령은 충돌이 일어나지 않게 할 무언가를 해냈다. … 다른 사람이었다면 힘 대 힘으로 맞섰을지도 모른다. 다른 사람들을 자신의 호의의 영역으로 끌어들이고, 엘베강의 반대편에서 온 방문단의 정책까지는 아닐지라도 태도를 바꾸게 한 것은 아이젠하워 대통령의 타고난 재능이었다."[32]

심지어 덜레스조차도 제네바의 "정신"에 휩쓸렸다. 2개월 후 덜레스는 해럴드 맥밀런(Harold Macmillan) 영국 외교장관에게 이렇게 말했다. "제네바 회담이 열릴 때까지 소련의 정책은 소련 독트린의 기본 방침이었던 불관용에 토대를 두고 있었습니다. 이제 소련의 정책은 관용에 토대를 두고 있으며, 이런 관용에는 모든 사람들과의 좋은 관계도 포함됩니다."[33] 정상회담과 이를 둘러싼 분위기 자체가 성과물이 되었다.

이런 분위기에 빠져들면서 해럴드 맥밀런은 제네바 정상회담의 진정한 의의는 어떤 구체적 합의가 아니라 회담을 통해 지도자들 사이에 형성된 개인적 관계에 있다고 주장했다. 심지어 세력균형 외교의 종주국에서도 분위기가 외교정책의 핵심 요소로 높게 평가되고 있었다.

> 왜 이 회담이 전 세계가 희망과 기대라는 벅찬 감정을 느끼게 해주었습니까? 논의가 특별히 주목할 만했기 때문이 아닙니다. … 세계의 이목을 끌었던 이유는 세계를 양분하는 두 거대한 진영을 대표하는 정상들 간의 우호적인 회담이 있었기 때문입니다. 각자 엄청난 부담을 짊어지고 있는 이 사람들은 평범한 일반인처럼 만나서 같이

이야기하고 농담을 했습니다. … 저는 지난여름 제네바의 좋은 분위기가 결코 모호하거나 꾸며낸 일이 아니었다고 생각합니다.[34]

역사가 좀 더 너그러웠다면 얼마나 좋았을까. 냉전이 소련 행동의 결과이지 소련의 수사법이나 개인적 행동의 결과가 아니라고 보았던 미국 지도자들의 초창기 평가가 정확했다. 양 진영 지도자들이 모두 다 긴장의 원인을 다루기를 거부했기 때문에 긴장이 지속되고 곪을 수밖에 없었다. 단지 회담을 개최한 것만으로 서방의 여론에 그 정도로 영향을 미칠 수 있었다면, 소련 측으로부터 실질적인 양보를 받아내기 위해서는 어떤 유인책이 남아 있었을까? 실제로 그 이후 15년 동안 어떠한 정치적 사안도 등장하지 않았다.

독일의 분단선을 경계로 양 진영의 세력권이 결집되었다. NATO가 창설된 시점부터 1975년 헬싱키 협정(Helsinki Accords)으로 이어지는 협상이 민주주의 국가들과 소련 간에 개시될 때까지, 정치적 협상은 베를린을 둘러싼 소련의 최후통첩으로 촉발된 사례가 유일했다. 외교는 점점 더 소위 "우세한 입장(position of strength)" 접근법의 이면이나 다름없는 군비통제 영역으로 옮겨갔다. 군비통제를 옹호하는 사람들은 군비의 제한이나 통제로 정치적 대화를 대체하려 했다. 혹은 봉쇄정책의 언어로 말하자면, 우세한 입장을 억제력(deterrence)과 양립 가능한 가장 낮은 수준으로 제한하려고 했다.[35] 그러나 우세한 입장이 자동적으로 협상으로 전환되지 않는 것처럼 군비통제가 자동적으로 긴장 완화로 전환되지는 않는다.

비록 제네바 정상회담이 서방에서는 냉전 해빙의 시작으로 환영받았지만, 이 회담은 냉전에서 가장 위험한 국면을 불러오고 있었다. 소련 지도자들이 민주주의 국가 지도자들과 상당히 다른 결론을 내렸기 때문이다. 스탈린의 후계자들은 민주주의 국가들이 소련의 전후 점령 결과를 뒤엎으려고 총체적 혼돈을 이용할지 여부에 대한 전반적인 혼란과 불확실성 속에서 나름의 역량을 발휘했다. 이들은 스탈린이 사망한 지 불과 3개월 후인 1953년 6월에 동베를린의 봉기를 진압하는 데 성공했다. 이 도시는 기술적으로 4개국이 점령하고 있었음에도 당시 서방은 별다른 반응을 보이지 않았다. 스탈린의 후계자들은 독일의 통일 문제를 질질 끌어도 반발을 사지 않았고, 중유럽과 동유럽을 공산당이 정치적으로 통제했지만 고작 수사적 차원의 도전만 받았다. 마침내 이들은 제네바 정상회담에서 냉전을 초래했던 이슈 중에 아무것도 진지하게 다루지 않았는데도 선하게 행동했다고 평가받았다.

헌신적인 마르크스주의자였던 이들은 자신의 이념에 부합하는 유일한 결론을 도출했다. 즉, 힘의 상관관계가 자신들에게 유리하게 움직이고 있다는 것이었다. 의심할 바 없이 이런 믿음은 아직 상대적으로 적은 숫자지만 늘어나고 있는 소련의 핵무기 보유량과 수소폭탄 개발로 인해 한층 강화되었다. 흐루쇼프는 회고록에서 이 정상회담을 이렇게 요약했다. "우리의 적들이 우리가 그들의 압박에 저항할 수 있고 그들의 계략을 꿰뚫어 볼 수 있다는 사실을 비로소 깨달았다."[36] 정상회담 후 7개월이 지난 1956년 2월, 스탈린 격하가 이루어졌던 바로 그 공산당대회에서 흐루쇼프는 민주주의 국가들을 비하하는 식으로 국제적 환경을 평가했다.

> 자본주의의 전반적 위기가 계속해서 심해지고 있습니다. … 국제 사회주의 진영은
> 세계적 사건의 흐름에 갈수록 더 크게 영향력을 발휘하고 있습니다. … 제국주의 세
> 력의 입지가 갈수록 약해지고 있습니다.[37]

민주주의 국가의 지도자들과 소련의 지도자들이 서로 오해했던 근본 원인은 전자가 자신들의 국내적 경험에서 도출한 잣대를 소련의 노멘클라투라(공산당 간부 등 특권층—옮긴이)에 적용하겠다고 고집을 부렸기 때문이다. 이는 상당히 잘못된 생각이었다. 제2세대 소련 지도부는 민주주의 국가에서는 상상도 할 수 없는 과거를 통해 형성되었다. 스탈린 밑에서 도제식 경험을 쌓으면서 심리상태가 기형적으로 될 수밖에 없었다. 끝없는 야심으로 위안을 삼아야만 아주 사소한 실수나 또는 심지어 독재자 자신의 정책 전환으로 인해 평생 굴라그에서 썩거나 사형을 당할 수 있다는 만연한 공포감을 견딜 수 있었다.

스탈린 밑에서 성장한 세대는 지배자의 변덕에 굴종하고 동료를 체계적으로 비난함으로써 자신의 위험을 줄일 수 있었다. 이들은 사회생활을 하면서 몸담고 있는 체제를 열렬히 신봉함으로써 악몽과 같은 삶을 조금이라도 더 견딜 만하게 만들었다. 소련 지도자들은 다음 세대에 가서야 환멸이라는 충격을 받게 된다.

그로미코의 회고록에 있는 스탈린에 관한 내용에서 잘 드러났듯이, 스탈린의 부하들은 공산주의의 이름으로 자행되는 잔악성에 대해 인식하고 있었다.[38] 하지만 이들은 스탈린주의를 공산주의 체제의 실패가 아닌 한 개인의 일탈로 치부하면서 얼마 있지도 않은 양심의 가책을 덜어냈다. 게다가 스탈린이 최고 지도부 인사들을 계속 교체했기 때문에 이들이 체계적으로 성찰할 기회가 거의 없었다. 스탈린 정권에서 직책을 잃는 것은 "민간 분야"에서 정상적인 삶을 산다는 것을 의미하지 않았다. 용케 생존한 운이 좋은 소수의 사람들에게 그것은 공개적으로 망신을 당하고 예전 동료들과 완전히 관계가 단절된

다는 것을 의미했다.

소련 노멘클라투라의 삶의 방식이 되어버린 병적으로 의심하는 태도는 스탈린 사망 직후 시기에서도 그들 행동의 특색이 되었다. 스탈린 후계자들은 거의 5년 가까이 권력 계승을 놓고 투쟁했다. 1953년에 베리야가 처형되었다. 1955년에 말렌코프가 실각했다. 1957년에 흐루쇼프는 소위 반(反)당 그룹에 속한 몰로토프와 카가노비치, 셰필로프, 말 렌코프를 몰아냈고, 1958년에 주코프가 물러나고 나서 흐루쇼프가 비로소 절대 권력을 장악했다. 이런 혼란에도 불구하고 이집트에 대한 무기 판매나 헝가리 혁명에 대한 진압 이 중단되지는 않았지만, 크렘린 지도부로서는 서방과의 긴장완화가 필요해졌다.

소련 지도부의 말투가 변화했다고 해서 평화적 공존이라는 서방식 개념을 수용했다 는 의미가 아니었다. 1954년에 말렌코프가 핵전쟁의 위험을 이야기했을 때, 핵무기 시대 (Nuclear Age)라는 현실을 소련이 인식했다는 점을 처음으로 내비친 것인지도 모른다. 마찬가지로 그가 민주주의 국가들이 안보의 토대로 삼고 있었던 무기에 대한 자신감을 약화하려는 의도에서 그렇게 했을 가능성도 있다. 흐루쇼프는 스탈린을 격하함으로써 공 산주의를 누그러뜨린다는 신호를 보낸 것일지도 모르지만, 동시에 이를 활용해서 자신을 가장 반대하는 세력이었던 스탈린의 과거 동료들을 겨냥하고 공산당을 장악하는 수단으 로도 분명히 활용했다.

흐루쇼프가 베리야를 숙청할 정도로 용기가 있었거나, 적어도 자신이 살아남기 위 해 그렇게 해야 한다고 인식했던 것은 사실이다. 그리고 그는 지적 해빙(解氷)과 동유럽에 서의 탈(脫)스탈린화를 둘 다 오락가락 실험했다. 그는 변화의 과정을 시작했지만 그 함 의를 이해하지 못했고, 그 방향성을 알았다면 한탄했을 것이라는 점에서 고르바초프의 선구자와 같은 존재였다. 이런 관점에서 볼 때, 공산주의의 붕괴는 흐루쇼프로부터 시작 했다고 말할 수도 있다.

너무나 전면적으로 붕괴했기 때문에 사람들은 흐루쇼프가 얼마나 무모하게 국제 공 동체에 도전했는지 망각하게 된다. 흐루쇼프는 자신의 이념이 제국주의자라고 규정했던 국가들의 아픈 부분을 정확히 찾아내는 소작농과 같은 본능이 있었다. 그는 중동 위기를 조장했으며, 베를린을 놓고 일련의 최후통첩을 발표했고, 민족해방전쟁을 부추겼으며, 쿠바에 미사일을 배치했다. 그러나 흐루쇼프는 서방을 아주 쩔쩔매게 만들었지만, 위기 를 촉발하는 데 능숙했을 뿐 위기를 마무리하는 방법을 알지 못했기 때문에 소련을 위한 영구적인 이득을 얻어내지 못했다. 그리고 이 모든 혼란에도 불구하고 결국 서방이 맞섰 기 때문에 흐루쇼프의 공세적 행동은 영구적인 전략적 이익을 전혀 얻지 못한 채 소련의 자원을 엄청나게 소모시키는 결과만 초래했고, 쿠바 미사일 위기 동안에는 심각한 굴욕을 겪기까지 했다.

1955년 제네바 정상회담이 이 모든 모험의 출발점이었다. 제네바에서 귀국하는 길에 흐루쇼프는 동독 공산당 정권의 주권을 승인하기 위해 동베를린에 들렀다. 스탈린은 예전에 이런 행동을 피했다. 그 이후 냉전기 동안 독일 통일 문제는 소련이 동서독 양국 간의 협상에 맡겼기 때문에 국제회의 의제에서 사라졌다. 이 두 국가의 정치적 가치가 양립 불가능했고, 어느 국가도 자멸할 준비가 되어 있지 않았기 때문에 통일은 어느 한쪽이 정치적으로 붕괴할 때만 이루어질 수 있었다. 따라서 1958년부터 1962년까지의 베를린 위기는 그 기원이 제네바에 있었다.

루스벨트가 사망하고 10년이 지난 1955년 무렵, 제2차 세계대전 승전국 간의 협상에 의해서가 아니라 합의를 타결할 능력이 없었기 때문에 마침내 유럽에서 전후 합의가 등장하고 있었다. 루스벨트가 피하려고 노력했던 바로 그런 상황이었다. 무장한 두 진영이 유럽 대륙의 중심부에서 대치하게 되었고 엄청난 규모의 미군이 유럽에 투입되었다. 글자 그대로 모든 의미에서 세력권 체제였다. 하지만 이 체제는 어느 정도의 안정성을 제공했다. 비록 독일 문제는 해결되지 못했지만 적어도 보류 상태로 남아 있었다. 소련은 서독을 국가로 승인하지는 않더라도 받아들였고, 미국도 동독에 똑같은 입장을 취했다.

그러나 니키타 흐루쇼프는 미국 세력권이 도전받지 않고 번영하게 놔두지 않았다. 그는 스탈린이 항상 소련 세력권 밖이라고 여겼던 무대에서 서방에 도전했고, 미국과 소련이 경쟁하는 분쟁 지대를 유럽 너머로 이동시켰다. 이런 분쟁 지대 중에서 첫 번째로 분출한 사례가 1956년 수에즈 운하 위기로 알려진 사건이었다.

21

봉쇄 뛰어넘기: 수에즈 운하 위기

Leapfrogging Containment: The Suez Crisis

　　1955년 제네바 정상회담에서 평화적 공존에 관해 엄청나게 많은 논의가 흘러나왔지만 근본적인 현실은 바뀌지 않았다. 전 세계에서 압도적인 강대국이었던 미국과 소련은 지정학적 경쟁에 사로잡혀 있었다. 어느 한쪽의 이득은 대체로 다른 한쪽의 손실로 여겨졌다. 1950년대 중반이 되자 미국의 서유럽 세력권은 번영하고 있었고, 미국은 군사력을 동원해서라도 자신의 세력권을 기꺼이 보호하겠다는 의지를 과시함으로써 소련의 모험주의를 억제했다. 하지만 유럽이 교착상태에 빠졌다고 해서 전 세계가 교착상태에 빠졌다는 의미는 아니었다. 1955년에 제네바 정상회담이 개최된 지 불과 2개월 만에 소련은 당시 초과공급 상태에 있던 면화와 무기를 물물교환하는 방식으로 이집트에 주요 무기를 판매했다. 이런 거래는 소련의 영향력을 중동까지 확대하려는 대담한 조치였다. 이집트에 대한 영향력 확보에 나서면서 흐루쇼프는 미국이 소련 주변에 구축했던 방역선(cordon sanitaire)을 사실상 "뛰어넘었고", 미국은 지금까지 서방 세력권 내부여서 안전한 것으로 간주되던 지역에서 소련에 맞서야 하는 과제에 직면하게 되었다.

스탈린은 개도국 세계에 소련의 신뢰성을 걸겠다는 생각이 전혀 없었다. 스탈린은 개도국 세계가 소련으로부터 너무 멀리 떨어져 있고, 너무 불안정하며, 지도자들을 통제하기 너무 어려운 반면에 머나먼 곳에서 모험에 나서기에는 소련이 아직 충분히 강력하지도 않다고 생각했다. 물론 시간이 흘러 소련의 군사력이 신장하게 되면 그가 태도를 바꾸었을지도 모른다. 하지만 바로 1947년까지만 해도 당시 스탈린의 가장 가까운 측근 중 한 명으로 보였던 안드레이 즈다노프는 중동을 서로 경쟁하는 미국과 영국 제국주의자들이 지배하는 지역으로 여전히 묘사하고 있었다.[1]

소련 지도자들은 개도국에 최초로 무기를 판매함으로써 아랍 민족주의에 불을 붙이고, 아랍-이스라엘 갈등을 더욱 다루기 어렵게 만들며, 중동에서 서방의 우위가 심각하게 도전받는다고 인식될 것이라는 사실을 이해하지 못했을 리가 없었다. 연기가 걷히고 나서 보니 수에즈 운하 위기로 영국과 프랑스의 강대국 지위가 소멸되었다. 유럽 바깥에서는 이제부터 본질적으로 미국 홀로 냉전의 방벽을 지켜야 했다.

흐루쇼프는 매우 신중하게 첫수를 두었다. 초창기 무기 판매는 기술적으로 체코슬로바키아와의 거래였기 때문에 소련은 아예 관련되어 있지도 않았다. 물론 이런 속임수는 금방 집어치웠다. 아무리 위장되었더라도 소련 무기의 중동 판매는 서유럽, 특히 영국의 아픈 부분을 눌렀다. 이집트는 인도 다음으로 과거 대영제국의 가장 중요한 유산에 해당했다. 20세기에 수에즈 운하는 서유럽으로 석유를 공급하는 핵심 동맥이 되어 있었다. 제2차 세계대전이 끝난 직후 지위가 약해지기는 했지만 영국은 여전히 스스로를 중동에서 우월한 강대국으로 간주했고, 그 우위를 두 기둥에 의존하고 있었다. 하나는 앵글로-이란 석유회사[2]를 통해 석유를 공급하는 이란이었고, 다른 하나는 전략적 기지 역할을 하는 이집트였다. 아랍연맹(The Arab League)은 외부 세력의 중동 침투에 맞서는 정치적 틀로서 앤서니 이든(Anthony Eden)의 지원으로 1945년에 설립되었다. 상당한 규모의 영국군이 이집트, 이라크, 이란에 잔류했다. 영국 장군인 존 글러브(John Glubb) 중장(글러브 파샤)[3]이 요르단의 아랍 군단(Arab Legion)을 지휘했다.

1950년대에 이 세계가 와해되었다. 모하마드 모사데크(Mohammad Mossadegh) 이란 총리는 1세대 신생 독립국들로부터 환호를 받으며 1951년에 이란 석유산업을 국유화했고, 아바단(Abadan) 지역의 석유시설을 보호하는 영국군의 철수를 요구했다. 영국은 이제 미국의 지원 없이 소련 국경에서 아주 가까운 지역에서 군사행동에 나서기에는 역부족이라고 느꼈고, 미국은 나서려고 하지 않았다. 더욱이 영국은 수에즈 운하 주변에 설치된 자신의 주요 기지로 철수하면 된다고 생각했다.

모사데크의 도전은 미국이 사주한 쿠데타에 의해 2년 뒤 타도되면서 끝났다. (이 당시에 미국은 군사적 개입보다 비밀공작이 여전히 더 정당하다고 생각했다.) 하지만 이란에서 영국의 압도적 지위는 전혀 회복되지 못했다.[4] 1952년이 되자 이집트에서도 영국의 군사적 위상이 무너지고 있었다. 이 지역을 휩쓸고 있었던 민족주의와 반식민주의 정서를 표방하는 청년 장교단이 부패한 국왕인 파루크(Farouq)를 퇴위시켰다. 이들 중에서 주도적인 인물이 가말 압델 나세르(Gamal Abdel Nasser) 대령이었다.

성격이 강하면서도 상당히 매력적이었던 나세르는 아랍 민족주의에 호소하면서 카리스마 넘치는 인물로 성장했다. 그는 1948년 이스라엘과의 전투에서 아랍이 패배하자 깊은 굴욕감을 느꼈고, 유대인 국가의 설립을 서방 식민주의 세기가 정점을 찍은 것으로 보았다. 그는 이 지역에서 영국과 프랑스를 축출하기로 마음먹었다.

나세르의 등장으로 식민주의 이슈를 둘러싼 미국과 NATO 핵심 동맹국 간에 잠복하고 있었던 갈등이 불거졌다. 일찍이 1951년 4월에 여전히 야당 당수였던 처칠은 중동에서 공동으로 행동하자고 촉구했다.

> 우리는 여태까지 지중해에서 짊어져 왔던 모든 정치적 부담을 짊어지거나 혹은 심지어 이 지역을 외교적으로 통제하는 데 있어서 주도적 역할을 맡기에는 더 이상 강력하지 못합니다. 하지만 미국과 영국이 함께하고 프랑스가 협조한다면, … 우리 셋은 가령, 이집트 문제와 수에즈 운하 방어와 관련된 모든 문제를 다루기에 가장 강력한 위치에 있게 될 것입니다.[5]

하지만 미국은 그리스와 터키에서 맡았던 역할을 중동에서 떠맡지 않으려 했고, 정치적으로 우월했던 유럽의 과거 유산을 떠맡거나 식민지 전통과 연계되려고도 하지 않았다. 트루먼과 아이젠하워 둘 다 이란이나 이집트에서 영국의 군사행동과 같은 종류의 분쟁은 유엔에서 결정되어야 한다는 표면적인 이유로 완강히 반대했다. 이들은 실제로 영국 식민지배의 유산과 동일시되고 싶지 않았고, 이런 유산은 유지될 수 없다고 정확히 보았다.

하지만 미국은 자신만의 환상에 빠지는 경향이 있었고, 그중 하나는 개도국 세계의 독립운동이 미국의 경험과 유사했기 때문에 신생국들이 일단 식민주의에 대한 미국의 태도가 유럽 강대국과 확연히 다르다는 사실을 깨달으면 미국의 외교정책을 지지할 것이라는 환상이었다. 그러나 독립운동 지도자들은 미국 건국의 아버지들과 다른 부류의 사람들이었다. 이들은 말로만 민주주의를 외쳤을 뿐, 견제와 균형의 원리를 진정으로 신봉했던 미국 헌법의 작성자들처럼 민주주의에 헌신적이지 않았다. 독립운동을 이끌었던 사람들 대부분은 권위주의적으로 통치했다. 많은 사람들이 마르크스주의자였다. 거의 모든 사람들이 동—서 간의 갈등을 구식 제국주의 체제와 동일하다고 여겼던 체제를 타도할 수 있는 기회로 보았다. 미국이 아무리 유럽식 식민주의와 관계를 끊는다고 하더라도 미국 지도자들로서는 분통이 터질 일이지만 개도국들로부터 진정한 파트너라기보다 제국주의 진영의 유용한 조력자로 인식되었다.

결국, 미국은 봉쇄정책 이론과 집단안보 독트린에 의해 중동으로 끌려왔다. 봉쇄정책 이론에 따르면 모든 지역에서 소련의 팽창을 막아야 하며, 집단안보 독트린에 따르면 실질적이거나 잠재적인 군사 위협에 대항하기 위해서 NATO와 같은 조직의 창설이 권장되었다. 하지만 대부분의 경우 중동 국가들은 미국의 전략적 시각을 공유하지 않았다. 이들은 소련을 자신들의 독립에 위협이 되는 존재라기보다 대체로 서방으로부터 양보를 얻어낼 수 있는 유용한 지렛대로 간주했다. 많은 신생국들은 공산주의 세력이 자신들을 접수하면 자신들보다 미국에 더 큰 위험이 되기 때문에 미국이 보호해주더라도 비용을 전혀 지불할 필요가 없다는 인상을 전달했다. 무엇보다도 나세르와 같은 포퓰리스트 지도자들은 자신들이 서방과 동일시된다면 앞길이 막막할 것이라고 보았다. 이들은 불안정한 대중에게 독립뿐만 아니라 민주주의 국가들부터 행동의 자유를 쟁취해온 인물로 비춰지기를 원했다. 그들로서는 비동맹이 외교정책적 선택일 뿐만 아니라 국내적으로도 필수적이었다.

처음에는 영국이나 미국도 나세르가 무엇을 표방하는지 정확히 이해하지 못했다. 두 나라 모두 나세르가 해소될 수 있는 특정한 불만이 있기 때문에 자신들의 정책에 저항한다고 전제하고 정책을 추진했다. 이런 가설을 시험해볼 가능성도 거의 없었지만, 그나마 이마저도 민주주의 국가들 간의 전제가 달랐기 때문에 퇴색되었다. 영국은 나세르가 영국의 역사적 우위를 받아들이도록 설득하려고 했던 반면, 미국은 나세르를 봉쇄정책이라는 자신의 대전략으로 끌어들이려고 유혹했다. 소련은 (동유럽에서처럼) 국내 통치에 대해 책임질 필요 없이 그들에게 무기를 공급함으로써 "자본주의자들의 포위"를 우회하고 새로운 동맹국을 확보할 수 있는 기회를 포착했다. 나세르는 이렇게 동시에 전개되는 모든 상황을 교묘하게 활용해서 다양한 경쟁자들이 서로 맞붙게 만들었다.

휘발성이 높은 중동에 소련 무기가 유입되면서 이런 흐름이 가속되었다. 영국과 미국으로서는 나세르가 소련 무기가 전혀 이득이 못 된다는 사실이 명백해질 때까지 나세르를 고립시키고, 그런 다음 나세르가 소련과의 유대 관계를 포기한다면—혹은 더 바람직한 상황으로서 보다 온건한 지도자로 교체된다면—관대한 외교정책을 구사하는 게 최선의 대응책이었을 것이다. 20년 후 안와르 사다트(Anwar Sadat)에 대한 미국의 정책이 바로 이랬다. 민주주의 국가들은 1955년에는 정반대의 전술을 택했다. 그들은 나세르의 요구 중 많은 것들을 들어줌으로써 회유하려고 열심히 시도했다.

마치 사막의 신기루처럼 외부 세력들의 희망은 그 희망을 실행해보려는 순간에 증발해버렸다. 영국은 이 지역에 자신의 군대를 주둔시키는 것을 아무리 그럴 듯하게 보이려고 해도 현지 정부의 마음에 들게 할 수 없다는 사실을 깨달았다. 전 세계적인 반(反)소련 전략 차원에서 나세르를 영국과의 파트너십에 참여시키기 위해 중동 문제에서 영국과 거리를 두는 미국의 모순된 정책은 시작조차 하지 못했다. 나세르는 소련과의 유대 관계를 포기해야 할 상상 가능한 동기가 전혀 없었고, 오히려 정반대의 동기가 있었던 것으로 밝혀졌다. 나세르는 소련이나 급진적인 중립국들, 혹은 이왕이면 둘 다에 다가감으로써 미국으로부터 얻은 모든 이익을 상쇄하려고 했다. 미국이 나세르를 회유하려 하면 할수록 잔꾀를 쓰는 이 이집트 지도자는 소련에 끌려 들어갔고, 그럼으로써 판돈을 올리고 미국으로부터 더 많은 이득을 뽑아 먹으려고 했다.

적절한 때가 되자 소련도 마찬가지로 비동맹그룹(Nonaligned Group)을 상대하면서 좌절을 겪었다. 소련이 중동에 침투한 초기에는 모든 게 남는 장사였다. 소련으로서는 무시할 수 있을 정도의 비용만 지불하면 민주주의 국가들이 수세에 몰렸다. 여태까지 서방의 세력권으로 여겨졌던 지역에서 소련의 존재감이 구축되는 동안 민주주의 국가들 간의 내부적 갈등이 증대되었다. 하지만 시간이 지나면서 소련에 열정적이던 중동의 피후견국들은 상상할 수 있는 이득에 비해 지나칠 정도로 위험한 상황으로 소련을 끌어들였다. 그리고 소련이 이런 위험한 상황을 소련의 국익과 연계하려고 할 때마다 이들로부터 경멸까지는 아니어도 불쾌감을 유발했다. 이 덕택에 서방은 소련이 피후견국들이 원하는 목표를 실현해줄 수 없다는 사실을 외교를 통해 증명할 수 있었고, 마침내 사다트가 1972년에 소련으로부터 이탈하면서 정점에 다다랐다.

영국이 중동에 대한 환상을 포기해야만 했던 첫 번째 국가가 되었다. 수에즈 운하를 따라 설치된 영국군 기지는 대영제국에 마지막까지 남아 있던 중요한 전초기지 중 하나였고, 약 8만 명의 병력이 주둔하고 있었다. 하지만 영국은 이집트가 반대하고 미국도 지지하지 않는 상황에서 대규모 군대를 운하 지역에 유지할 처지가 못 되었다. 영국은 1954년에 미국으로부터 압박을 받고 나서 1956년까지 수에즈 기지로부터 병력을 철수하기로 동의했다.

미국 지도자들은 양립 불가능한 두 가지 정책을 병행하려고 애썼다. 중동에서 봉쇄 체제를 구축하기 위해 아직 남아 있는 영국의 영향력을 활용하면서 영국의 제국적 역할을 끝내려고 했다. 아이젠하워 행정부는 터키와 이라크, 시리아, 파키스탄으로 구성되고, 추후 이란도 참여가 가능한 북부권 국가(Northern Tier of Nations)라는 개념을 고안했다. 중동판 NATO인 이 구상은 소련의 남부 국경을 따라 소련을 봉쇄하려는 목적이 있었다.

이 구상은 영국이 후원하는 바그다드 조약으로 결실을 맺었지만, 여러 면에서 결함이 있었던 것으로 확인되었다. 동맹이 유효하려면 어느 정도 공통의 목적의식, 공통의 위험에 대한 인식, 그리고 힘을 합칠 수 있는 역량이 있어야 한다. 바그다드 조약은 이런 요소 중에 아무것도 해당하는 게 없었다. 이 지역에 있는 국가들 간의 분열과 적대감이 소련의 팽창에 대한 공통의 두려움보다 더 컸다. 시리아는 조약에 참여하기를 거부했다. 이라크는 이 조약 기구의 본부가 2년 동안 있었음에도 불구하고 소련의 공세적 태도보다도 아랍 내 급진주의를 막아내는 데 더 관심이 컸다. 파키스탄은 자신의 안보가 소련이 아니라 인도로부터 위협받는다고 보았다.

바그다드 조약의 다양한 회원국 군대들도 초강대국이 침략할 경우 주변국을 지원할 수 있도록 계획되어 있지 않았다. 이들의 기본 목적은 국내 안보였다. 무엇보다도 이 지역에서 가장 역동적인 세력인 나세르가 이 조약을 중동에서의 식민 지배를 쇄신하면서 자신과 동료 급진파들을 고립시키려는 교활한 술수로 간주했고, 이를 좌초시키려고 마음먹었다.

영국과 미국은 이 지역에 대한 소련의 영향력에 대항하는 응징조치를 강구하기에는 너무나 분열되어 있었기 때문에 곧이어서 이집트가 서방 진영에 붙으면 어떤 이익이 있는지를 보여줌으로써 이집트를 소련으로부터 떼어놓으려고 했다. 이를 위해 양국은 이집트와 이스라엘 간 평화 촉진과 나세르의 아스완댐 건설 지원이라는 두 가지 정책을 추구했다.

평화 구상(peace initiative)은 1948년에 무력으로 유대인 국가(이스라엘)를 수립한 게 아랍 급진주의의 근원이라는 믿음에 기초했다. 명예로운 평화가 이런 굴욕감을 없애줄 것이라고 생각되었다. 그러나 그 시점에는 아랍 급진주의자들과 민족주의자들은 명예로운지 여부와 상관없이 이스라엘과의 평화를 추구하지 않았다. 그들에게 유대인 국가는 2,000년이나 된 오래된 주장에 기초해 아랍인들이 초래하지도 않았던 유대인들의 고통을 보상하기 위해 전통적으로 아랍인들의 땅인 곳에 주입된 이질적인 존재였다.

만약 나세르가 이스라엘과 진정한 평화를 구축하려고 했다면, 즉 공존하기로 합의했다면 자신을 아랍 세계의 지도자라고 내세울 수가 없었을 것이다. 아랍 지지자들 앞에서 난처해지지 않겠다고 결심한 나세르는 이스라엘이 1948년에 점령했고 이스라엘 영토의 절반이 넘는 이스라엘 남부의 사막지대인 네게브를 전부 포기하고, 1948년에 추방된 수십만 명의 팔레스타인 난민에게 귀환할 수 있는 권리를 부여하라고 제안했다.[6,7]

이스라엘은 영토 절반을 포기하려고 하지도 않았고, 남은 영토를 뒤덮게 될 모든 아랍 난민의 귀환을 절대로 허용하려 하지 않았다. 이스라엘의 출구전략은 국경 개방과 함께 공식적인 평화 협정을 체결하자고 주장하는 것이었다. 이는 악의가 없는 요청처럼 들리지만, 신생국인 이스라엘을 영구적으로 승인한다는 것을 암시했기 때문에 아랍 지도자들로서는 가장 받아들이기 어려운 요구사항이었다. 영토는 내놓지 않고 평화만 요구하는 이스라엘과 영토는 요구하면서 평화를 규정하지 않는 아랍 국가들 사이에서 교착상태가 불가피했다. 첫 번째 협상에서 이집트에서는 훗날 사다트가 등장할 때까지 그리고 다른 아랍 세계에서는 1993년 9월에 PLO와 이스라엘 간 합의가 나올 때까지 추가로 20년 이상 고수하게 될 문안이 제시되었다

이제 미국과 영국은 다양한 사안을 놓고 서로 불화가 심해졌다. 덜레스는 북부권 국가 정책을 선호했지만 영국이 이를 통솔해야 한다는 데 짜증이 났고, 바그다드 조약이 이집트를 중심으로 운영되기를 원했다. 하지만 이집트는 그 조약을 필사적으로 반대했다. 영국은 나세르를 축출하고 싶어 했다. 하지만 미국은 소련과의 무기 거래가 불편하더라도 나세르를 달래는 게 더 현명하다고 생각했다.

미국과 영국 지도자들은 엉망이 된 양국 간 단결을 회복하고 싶었기 때문에 그들의 관심을 소위 아스완 하이 댐(Aswan High Dam) 건설이라는 대형 프로젝트로 돌렸다. 높이가 111미터, 길이가 3,830미터에 달하는 이 댐은 수단과 접하는 이집트 국경 근처 나일강 상류에 지어질 예정이었다. 이 댐이 완성되면 태초부터 이집트인들이 생계를 의존하면서 살았던 나일강 계곡의 관개를 조절하고 매년 발생하는 나일강 범람으로부터 이집트인들을 해방시켜줄 것이다.

나세르가 가장 싫어했던 적수인 앤서니 이든(Anthony Eden)은 영국과 미국이 아스완댐을 공동 지원하고 미국이 가장 많은 부담(약 90퍼센트)을 짊어진다는 구상을 제일 먼저 제안했다. 나세르를 그토록 제거하고 싶었던 이든이 왜 아스완댐을 가장 지지하고 나섰는지는 순전히 중동 외교를 주름잡은 인물이자 군사적 지원에 이어서 경제적 침투까지 시도한 소련을 꺾어버린 인물로 인식되고 싶었던 그의 열망 때문이라고만 설명이 가능하다. 1955년 12월 14일에 영국과 미국은 두 단계에 걸쳐 이 댐을 건설하겠다고 공식 제안을 했다. 준비 단계에서 일부 제한된 자금이 즉시 가용해질 것이고, 이 단계에서 두 번째 단계를 위한 원조의 성격과 범위가 결정된다는 것이었다. 그리고 두 번째 단계에는 실제 댐 건설도 포함되었다.[8]

이는 이상한 결정이었다. 미국과 영국 정부 둘 다 나세르가 교체되기를 원했고, 나세르가 소련의 영향권으로 빨려 들어가는 상황을 상당히 우려했음에도 불구하고 이런 역사적 공사와 자금 지원을 약속하고 있었다. 서로 불화가 있었던 두 동맹국은 19세기에 수에즈 운하를 건설하면서 서방이 이집트를 재정적으로 통제했던 것처럼, 초기 지원금으로 나세르를 자기편으로 끌어들이지 못하더라도, 두 번째 단계에서 이집트가 재정적으로 자신들에게 많이 의존하게 될 것이라고 여기며 위안을 삼았다.

아스완댐 프로젝트 건은 나세르의 태도를 완화하기는커녕 오히려 나세르에게 본인이 중요한 존재라는 인식을 불어넣었다. 나세르는 자신의 협상력을 유지하기 위해서 잽싸게 일련의 보상적인 조치들을 취했다. 금융 조건을 둘러싸고 집요하게 흥정하면서도 나세르는 아랍과 이스라엘 간 협상이 진척되도록 도와달라는 미국의 간청을 거부했다. 영국이 바그다드 조약에 가입하도록 요르단을 설득하려고 하자 친이집트 폭동이 발생했고, 이로 인해 후세인 국왕은 1956년 3월에 아랍 군단을 지휘했던 영국 사령관인 존 글러브를 해임해야 했다.[9]

5월 16일에 나세르는 대만 장제스 정부에 대한 승인을 철회하고 중화인민공화국과 외교 관계를 수립했다. 이는 미국을 직접 겨냥한 조치였고, 특히 대만에 깊이 전념하고 있던 덜레스가 직격탄을 맞았다. 6월에 신임 소련 외교장관인 드미트리 셰필로프가 이집트를 방문해서 아스완댐 건설과 자금 지원을 제안했고, 이 덕에 나세르는 초강대국끼리의 싸움을 부추기는 자신의 취미를 즐길 수 있었다.

7월 19일에 덜레스는 가식을 벗어던지기로 마음먹었다. 나세르가 중국 공산당 정권을 승인한 행위는 마침내 손봐야겠다고 덜레스가 마음먹게 된 마지막 결정타였다. 이집트 대사가 미국의 모든 기술적 제안을 수용하라는 훈령을 들고 카이로에서 돌아왔을 때,

덜레스는 미국이 그 댐이 이집트의 경제적 역량을 넘어서기 때문에 해줄 수 없다는 결론을 내렸다고 대답했다. 어떠한 원조도 없을 것이라고 밝혔다.

덜레스는 이집트의 강력한 반발에 충분히 대비가 되어 있다고 생각했다. 그는 〈타임〉 편집장인 헨리 루스(Henry Luce)에게 아스완댐에 대한 결정이 "미국이 외교라는 체스에서 오랜만에 큰 수를 둔 셈"이라고 말했다. 덜레스는 나세르가 "아주 곤란한 상황에 빠졌으며 뭘 하건 간에 미국에 유리해질 것입니다. 만약 나세르가 이제 소련 편으로 돌아섰는데 소련이 '못 해주겠다'라고 말한다면, 전 세계에 걸쳐 경제적 미끼를 던지는 소련의 최근 구상 전체가 타격을 받을 것입니다. … 만약 소련이 나세르에게 댐을 지어주기로 동의한다면, 우리는 소련의 위성국들에게 소련이 이집트에 수백만 달러를 제공하는데, 왜 당신네들의 생활 여건이 이렇게 비참한지를 대대적으로 까발리는 계획을 추진할 것입니다."라고 주장했다.[10] 덜레스의 발언에는 "큰 수"를 두면서도 이를 뒷받침하기 위해 기꺼이 큰 위험을 감수하려는 의향이 두드러지게 결여되어 있었다. 이는 선전선동의 역할이 크다고 과대평가하는, 특히 철의 장막 뒤에서 그렇다고 보는 덜레스의 타고난 성향이 드러난 또 하나의 사례였다.

애당초 이 댐의 정치적 근거가 아무리 취약했다고 치더라도 미국이 제안한 원조를 철회하는 방식 때문에 큰 위기가 초래됐다. 주미국 프랑스 대사인 모리스 쿠브 드 뮈르빌(Maurice Couve de Murville, 나중에 드골 정부의 외교장관이 된다)은 앞으로 어떤 일이 벌어질지 정확하게 예언했다. "그들이 수에즈에서 뭔가 저지를 겁니다. 그게 그들이 서방 국가들을 건드릴 수 있는 유일한 방법입니다."[11]

나세르는 1956년 7월 26일 알렉산드리아에서 대규모 군중 앞에서 아랍 민족주의에 호소하는 방식으로 덜레스에게 응수했다.

> 시민 여러분, 이것은 이제 우리가 참여한 전투입니다. 제국주의에 맞서는 전투이고, 제국주의의 방법과 전술에 맞서는 전투이며, 제국주의의 선봉대인 이스라엘에 맞서는 전투입니다. …
> 아랍 민족주의는 진보합니다. 아랍 민족주의는 승리합니다. 아랍 민족주의는 전진합니다. 아랍 민족주의는 자신의 길을 알고 자신의 힘을 압니다. 아랍 민족주의는 누가 적이고 누가 친구인지 압니다.[12]

프랑스에 의도적으로 시비를 걸면서 나세르는 군중에게 말했다. "알제리 전투가 우리의 전투가 아니었다고 우리는 결코 말할 수 없습니다." 연설 중간에 나세르는 수에즈 운하를 건설한 프랑스인 페르디낭 드 레셉스(Ferdiand De Lesseps)의 이름을 언급했다. 이집트군에게 수에즈 운하를 장악하라는 암호였다. 이로 인해 나세르는 연설이 거의 끝나갈 즈음 열광하는 군중에게 이렇게 발표할 수 있었다. "지금 제가 여러분께 말씀을 드리는 이 순간, 여러분의 이집트 형제들 일부가 … 운하 회사와 그들의 재산을 접수하고 운하의 운송활동을 통제하기 시작했습니다. 이집트 영토에 있는 이 운하는 … 이집트의 일부이며 이집트의 소유물입니다."[13, 14]

수에즈 운하 위기의 서막을 특징지었던 민주주의 국가들 간의 관점 차이 때문에 이제 그 위기에 대한 대응까지 엉망이 되었다. 너무나 오랫동안 절치부심하다 1년 전에 마침내 총리가 된 이든은 압박받는 상황에서 결정을 내리는 게 성격상 어울리지 않았다. 처칠의 바로 다음 후임자가 된다는 게 이미 충분히 부담되었지만, 이든이 심리적으로 그리고 실제로 신체적으로 허약했음에도 불구하고 이와 달리 강인하다는 평판을 얻었기 때문에 그러한 부담이 한층 더 가중되었다. 이든은 불과 몇 개월 전에 큰 수술을 받았고, 계속 약을 먹어야 했다. 무엇보다도 이든은 자신의 성격 형성기의 포로였다. 아랍어가 유창했던 이든은 영국이 중동을 지배하던 시절에 성장했고, 필요하다면 단독으로라도 나세르를 막겠다고 결심했다.

프랑스는 나세르에게 훨씬 더 적대적이었다. 아랍 세계에서 프랑스의 주요 관심사는 모로코와 알제리였다. 전자는 프랑스의 보호국이었으며, 후자는 100만 명의 프랑스인이 거주하고 있는 프랑스 본토 행정구역이었다.[15] 북아프리카의 이 두 나라가 독립을 추구하고 있었고, 나세르의 정책은 이에 대한 심정적이고 정치적인 지원을 제공했다. 소련과의 무기 거래로 인해 이집트가 소련 무기가 알제리 게릴라에게 흘러 들어가는 통로가 될 것이라는 전망이 있었다. "히틀러의 정책이 『나의 투쟁』에 쓰여 있듯이, 이 모든 것이 나세르의 저서에 있다."라고 기 몰레(Guy Mollet) 신임 프랑스 총리가 선언했다. "나세르는 이슬람 정복을 재현하겠다는 야심을 갖고 있다."[16]

히틀러에 비유한 지적은 그다지 정확한 게 아니었다. 마치 나세르가 외국을 정복하기로 결심한 것처럼 암시했기 때문에, 이런 비유는 아랍 민족주의자들이 인정하지 않았던 중동의 국경이 오히려 정당한 것처럼 보이게 만들었다. 발칸반도를 제외하면 유럽의 국경은 대체로 공통의 역사와 문화를 반영하고 있었다. 이와 대조적으로 중동의 국경은 제1차 세계대전 후 대체로 유럽 열강인 외세들이 이 지역을 쉽게 지배하려고 그어놓았다. 아랍 민족주의자들의 마음속에서는 이런 국경이 아랍 민족을 갈라놓았고, 아랍의 공통된 문화를 부정하고 있었다. 국경을 지우는 것은 한 국가가 다른 국가를 점령하기 위한 방법이 아니었다. 카부르와 비스마르크가 수많은 주권국들을 통합해 각각 이탈리아와 독일을 창설했던 것처럼 아랍 국가를 창설하는 방법이었다.

이든과 몰레의 비유가 부정확했을지라도, 일단 반(反)유화정책을 명확히 밝힌 이상 후퇴하지 않겠다는 그들의 입장이 분명해졌다. 이들은 어찌 되었건 유화정책이 엄청난 죄악이며,[17] 뮌헨 협정이 영원히 비난받아야 한다고 보았던 세대에 속했다. 어떤 지도자를 히틀러나 혹은 무솔리니에 비유한다면 전혀 타협의 여지가 없다는 말이 되었다. 이들은 승리하든지 아니면 통치할 모든 권리를 잃게 될 것이고, 무엇보다 본인들의 눈앞에서 그렇게 될 것이다.

수에즈 운하가 국유화되자 이든과 몰레는 격렬하게 반발했다. 이든은 나세르가 연설한 다음 날, 아이젠하워에게 전보를 발송했다. "만일 우리가 [단호하게] 행동하지 않으면, 우리와 미국의 중동 전반에 대한 영향력이 궁극적으로 파멸할 것이라고 확신합니다."[18] 이든은 사흘 후에 영국 의회 하원에서 배수의 진을 쳤다.

> 이 거대한 국제수로의 미래에 대한 어떤 합의도, 최근 사건들이 보여주듯이, 이 수로를 순전히 자신의 국가정책상의 목적을 위해 이용할 수 있는 단일 국가의 규제받지 않는 통제하에 들어가게 둔다면 영국 정부에 의해 수용될 수 없습니다.[19]

프랑스도 이에 못지않게 단호했다. 7월 29일에 주영국 프랑스 대사는 영국 외교장관에게 프랑스가 이집트에 대한 공동행동을 위해 자국 병력을 영국 지휘하에 배속시키고 병력을 알제리로부터 빼낼 준비가 되어 있다고 말했다.[20]

덜레스가 8월 1일에 협의차 런던을 방문했을 때는 이런 시각을 공유하는 것처럼 보였다. 덜레스는 어떤 한 국가가 운하를 통제하는 상황을 수용할 수 없으며, 특히 그 국가가 이집트라면 안 된다고 선언하면서 이렇게 주장했다.

> 나세르가 삼키려고 하는 것을 토해내게 하는 방안을 강구해야 합니다. … 이 운하의 국제적 운용을 찬성하는 세계 여론을 끌어내기 위해 진정으로 노력해야 합니다. … 나세르에게 불리한 세계 여론을 만들어내서 나세르를 고립시키는 게 가능할 것입니다. 그렇게 되면 군사작전을 취해야 하더라도 군사작전을 성급하게 취했을 때보다 성공하기 쉬울 것이고, 여파가 덜 심각할 겁니다.[21]

덜레스는 수에즈 운하의 자유로운 항행에 관한 국제체제를 고안하고자 24개 주요 해양국들로 구성된 해양회의(Maritime Conference)를 2주일 후에 런던에서 개최하자고 제안했다.

덜레스의 회의 제안은 당혹스럽고, 영국과 프랑스로서는 짜증이 나고 궁극적으로 굴욕적인 과정의 시작이었다. 심지어 덜레스는 첫 행보로 거친 언사를 분출하면서 시간만 낭비하는 외교를 시도했다. 이 위기 상황에 대해 동맹국 간에 생각이 다르다는 게 금방 명백해졌다. 이든과 몰레는 나세르의 타도나 굴복 그 자체를 목표로 삼았던 반면, 아이젠하워와 덜레스는 아랍 세계와의 장기적 관계 측면에서 이 위기를 바라보았다. 양측이 다 잘못된 선입견에 근거해서 행동했다. 이든과 몰레는 마치 나세르만 없어지면 나세르가 집권하기 이전의 상황이 되돌아올 것처럼 행동했다. 아이젠하워와 덜레스는 설령 나세르가 아니더라도, 이 지역의 어떤 다른 민족주의 지도자를 NATO와 같은 중동지역 안보체제로 끌어들일 수 있다고 믿는 것 같았다. 또한 나세르에 대해 군사행동을 하면 아랍 민족주의에 불을 붙여서 서방의 영향력이 한 세대 동안 파멸될 것이라고 보았다. 이는 수에즈 운하의 통제권 상실보다 훨씬 더 암울한 시나리오였다.

어느 쪽의 가정도 정확하지 않았던 것으로 밝혀졌다. 나세르 이전의 이집트는 영원히 사라졌다. 나세르를 본보기로 삼았던 다른 민족주의 지도자들은 봉쇄정책의 유혹에 마음이 흔들리지 않았다. 이들의 주요 협상카드는 냉전 그 자체였으며, 냉전을 규탄하는 만큼 냉전을 활용했다. 그리고 아랍 민족주의에 더욱 불을 붙이게 될 진정한 이슈는 나세르가 승리하냐, 아니면 패배하냐였다.

엄밀히 분석적인 시각에서 보면, 미국은 나세르의 전투적 민족주의가 건설적인 중동정책에 극복할 수 없는 걸림돌이라는 영국과 프랑스의 인식을 공유했어야 했다. 소련 무기에 의존해본들 소용이 없다는 사실을 확실히 보여줬더라면 이후 수십 년 동안 개도국 세계에서 전개되었던 격변을 미연에 방지할 수 있었을 것이다. 이런 시각에서 본다면 나세르를 제압하는 게 바람직했을 것이다. 그러나 나세르를 패배시키더라도 미국은 영국과 프랑스가 식민 지배를 복원하는 데 동참할 수 없었다. 만약 미국이 동맹국들과 결별해야 했다면—정말로 결별이 필요했다면—수에즈 운하 위기의 시작 단계가 아니라 그 위기를 성공적으로 마무리한 다음에 했어야 했다. 소련의 지원에 의존한다면 이집트에 참담한 결과가 있을 것임을 실제로 보여주고 난 뒤, 나세르의 온건한 후임자가 추구하는 합리적인 민족주의를 지원하는 식으로 대응해야 했다. 실제로 미국은 1970년대에 사다트에게 이런 방식으로 대응했다.

하지만 민주주의 국가들은 이렇게 복잡한 전략을 구사할 준비가 되어 있지 않았다. 영국과 프랑스는 나세르를 타도하기 위한 전제조건으로서 나세르의 요구 사항 중 많은 것을 보다 온건한 후임자에게 들어줄 각오를 해야 한다는 점을 받아들이지 않았다. 미국은 NATO의 두 핵심 동맹국이 강대국이라는 이미지를 훼손하지 않으면서 새로운 환경에 적응하도록 하는 게 미국의 정책에 얼마나 중요한지 이해하지 못했다. 일단 한 국가의 이미지가 훼손되면 그 국가가 국제적으로 중요한 역할을 맡으려는 의향도 같이 훼손되기 때문이다. 그렇기 때문에 당시 영국 재무장관이었던 해럴드 맥밀런(Harold Macmillan)은 아이젠하워의 특사였던 로버트 머피(Robert Murphy) 대사에게, 만약 영국이 지금 나세르에 맞서지 않으면 "영국은 또 다른 네덜란드가 될 것"이라고 말한 것이다.[22,23] 하지만 미국 지도자들은 처음에는 영국과 프랑스와 외교적으로 거리를 두었고, 나중에는 공개적으로 이 두 나라를 반대하고 이들의 능력으로는 중동의 상황을 이끌어가는 데 한계가 있다는 사실을 보여주면서 급진적인 민족주의자들을 자기편으로 끌어들이는 쪽을 선택했다. 다시 말해 미국은 이 두 나라가 강대국으로서의 역할이 끝났다는 사실을 절실히 느끼게 해주었다.

수에즈 운하 체제를 법적 문제로 다루면서 덜레스는 해상 통행로의 잠재적 교란 문제에 초점을 두었고, 이 운하의 자유로운 통과를 방해하는 걸림돌을 우회하는 법적 해법을 다양하게 고안해냈다. 하지만 이든과 몰레는 수에즈 운하의 국유화를 받아들이지 않기로 결심했다. 이들은 이 사안을 나세르를 실각시키거나 최소한 굴욕감을 주는 구실로 만들려고 했다. 혁명가들이 어떤 사안을 기정사실화한 뒤에는 시간을 벌려고 하듯이, 나세르도 결국 그렇게 했다. 그들의 행동이 더 오래 유지될수록 뒤집기가 더 어려워지며, 특히 무력으로 뒤집기가 힘들어진다.

아이젠하워는 무력 사용을 강력하게 반대했고, 수에즈 운하의 자유로운 항행 원칙을 수호한다는 차원에서도 무력 사용을 반대했다. 덜레스는 런던에서 이런 입장을 이미 공개적으로 지지한 적이 있었다. 덜레스는 "현 단계에서는 군사력 사용을 검토하는 것조차도 현명하지 못합니다."라고 강조하는 내용이 담긴 아이젠하워의 친서를 이든에게 전달했다. 아이젠하워는 심지어 더 나아가, 영국이 일방적으로 행동에 나서면 NATO를 기꺼이 지속하려는 미국의 의지가 위태로워질 수도 있다고 암시하면서, 미국의 동맹국들이 소련에 휘둘리게 놔둘 수도 있음을 은연중에 풍겼다. 아이젠하워의 서한은 만약 영국이 위기 해결을 위한 모든 평화적 수단을 다 소진했음을 명확히 보여주기 전에 전쟁이 발발한다면, "서방 동맹국들에 대한 미국인들의 감정에 심각한 영향을 끼칠 수도 있습니다.

제가 과장하고 싶지는 않지만, 총리님께 이 문제가 광범위한 결과를 야기할 만큼 심각해질 수 있다는 점을 분명히 말씀드리고자 합니다."라고 쓰여 있다.[24]

겉보기에는 어떤 두 나라도 수많은 전시 경험을 공유했던 사람들이 이끄는 영국과 미국보다 충돌 가능성이 낮아 보이지 않았다. 이든은 아이젠하워가 영국과 프랑스의 일방적인 행동에 대한 우려를 공개적 반대로 전환할지 모른다는 것을 전혀 믿을 수 없었다. 그리고 아이젠하워는 프랑스와 영국이 결국에는 미국의 지지 없이 감히 행동에 나서지 않을 것이라고 확신했다. 영국과 미국 지도자들은 전시 파트너십과 개인적 우정으로 한층 강화되었던 "특별한 관계(special relationship)"를 소중히 여겼다. 하지만 수에즈 운하 위기 당시 양국 지도자들은 성격의 근본적인 충돌로 인해 좌절감을 겪었다. 영국 지도자들은 덜레스를 까칠한 대화 상대라고 여겼고, 이든은 덜레스를 불쾌하게 여기게 되었다.

존 포스터 덜레스(John Foster Dulles)는 집안 전통과 개인적 취향 덕택에 국무장관 직위에 남달리 적합한 인물로 보였다. 그의 할아버지인 존 포스터(John Foster)는 벤저민 해리슨(Benjamin Harrison) 대통령 시절 국무장관을 역임했다. 그의 이모부인 로버트 랜싱(Robert Lansing)은 베르사유 강화회담 당시 윌슨의 국무장관이었다. 존 포스터 덜레스는 비록 중년이 될 때까지 기업 변호사로 활동했지만, 지속적으로 외교정책 분야에 심취해 있었다.

미국 국무장관들은 전통적으로 미국의 예외주의와 미국의 가치가 보편적으로 타당하다고 단언해왔다. 덜레스도 미국의 예외주의와 관련해서 철학적이지 않고 종교적이었다는 점을 빼면 마찬가지로 다를 바가 없었다. 국제문제와 관련된 그의 첫 경험은 세계평화 증진을 위한 개신교 위원회 위원장으로서의 활동이었다. 그는 한때 자랑스럽게 "국무부에서 나만큼 성경을 잘 아는 사람이 없습니다."라고 말했다.[25] 그리고 엄격한 장로교 신앙 원칙을 미국의 일상적인 외교정책 활동에 적용하려고 했다. 그는 1950년에 이렇게 글을 남겼다. "우리는 이 순간 인간의 근원과 운명이 하느님에게 달려 있다는 종교적 신념을 우리의 정치적 사상과 실천에 더 충실히 반영해야 한다고 확신합니다."[26] 비록 덜레스는 글래드스턴 세대의 영국인이라면 쉽게 알아챘을 고전적인 미국인을 대변했지만, 전후 영국 지도자 세대들은 덜레스의 고결한 척하는 태도에 분개했고 그가 영적이기보다는 표리부동하다고 생각했다.

불행히도 대화 상대에게 설교를 늘어놓으려는 덜레스의 성향 때문에 외교 분야에서 그의 탁월한 식견, 특히 소련 체제의 역학에 관한 그의 사려 깊은 분석이 무색해졌다. 처칠은 덜레스를 "음침한 청교도이자, 입가에 뭔가 묻어 있고 안경 쓴 얼굴이 엄청 희멀건

556

사람"이라고 묘사했으며, 가벼운 분위기에서는 때때로 그를 "딜리스(Dullith)"라고 불렀다.[27] 이든은 처음부터 덜레스를 거의 신뢰하지 않았다. 아이젠하워가 덜레스를 국무장관으로 임명하기 전인 1952년에 이든은 다른 사람을 희망한다고 말로 밝혔다. "내가 그 사람과 일을 같이 못 할 것 같아요."[28]

덜레스는 자신을 상당히 영향력 있는 인물로 만들어준 많은 자질들을 지녔다. 그의 근무 태도나 원칙에 대한 헌신은 아이젠하워에게 감명을 주었다. 콘라트 아데나워는 덜레스를 자신이 알고 있는 사람 중에 "가장 위대한 사람"이자 "자신이 한 말을 지키는" 사람으로 간주했다.[29] 덜레스는 양극 세계를 엄격히 인식했고, 감언이설에 넘어가거나 압박을 받아 소련에 양보하는 일이 없도록 경계했으며, 결의 또한 단호했기 때문에 미국과 소련이 단독으로 협상할지도 모른다고 두려워했던 아데나워나 다른 지도자들로부터 높은 평가를 받았다.

하지만 영국에서는 더 높은 도덕성에 대한 덜레스의 호소가 미국과 영국의 점점 더 양립할 수 없는 시각들을 부각시켰다. 덜레스는 영국과 프랑스가 밝혔던 목표를 시종일관 큰 목소리로 지지했지만, 그만큼 이 목표를 관철하려는 무력 사용을 일관되게 반대했다. 덜레스는 이 위기를 타개하려고 상당히 창의적인 해결책을 제시했지만, 자세히 들여다보면 영국과 프랑스가 전쟁으로 치닫는 것을 누그러뜨리려는 지연술에 불과했다. 만약 덜레스가 자신의 제안을 고수할 각오가 되어 있었더라면, 그 제안은 수에즈 운하 위기를 실용적으로 해결할 수도 있었을 것이고, 비록 영국과 프랑스가 선호하지는 않더라도 수용 가능한 결과가 나왔을 것이다.

하지만 덜레스는 자신이 제안한 해양회의를 나세르가 거부했음에도 불구하고, 미국으로 돌아오자마자 무력 사용을 거부했다. 8월 3일에 덜레스는 이렇게 말했다.

> 우리는 … 폭력에 폭력으로 맞서기를 원하지 않습니다. 우리는 이집트를 포함한 모든 유관국들이 1888년의 국제화 조약이나 이 조약의 조항에 따라 혜택을 누리는 당사국들의 진지한 의견을 존중할 것이라고 믿기 때문에, 무엇보다도 중대한 이해관계가 있는 많은 국가들의 의견을 파악해보고자 합니다.[30]

덜레스가 무력 사용을 고려하기를 거부해서 동맹 외교가 막다른 골목으로 향하게 된 현실을 도덕주의적 수사가 바꿔놓을 수는 없었다. 덜레스가 제안한 수에즈 운하 체제를 나세르가 수용하도록 유인할 수 있는 유일한 방법은 그가 거부할 경우 영국과 프랑스가 군사적으로 개입하겠다고 위협하는 것이었다. 하지만 덜레스는 수에즈 운하의 국제적 통제를 위해 고안했던 자신의 구상들을 무력 사용을 단호하게 포기한다는 성명으로 상쇄시켰다. 결국 실질적으로 나세르가 이런 구상안을 거부하도록 자초한 셈이었다.

덜레스는 수에즈 운하를 사용하는 주요 24개국 회의를 개최하자는 영국과 프랑스의 요구에 동참했다. 이 24개국에는 나세르가 폐기하려고 하는 체제를 구축한 1888년 콘스탄티노플 협약에 서명한 8개국도 포함되었다. 미국은 이집트의 주권과 이집트인들의 참여를 인정하면서도, 회의 참여국들이 사실상 수에즈 운하를 관리하는 새로운 운하 체제를 설립하는 제안에 다수국인 18개국과 함께 찬성표를 던졌다. 덜레스는 다양한 방안을 제시했지만, 실행에서는 여론 동원 이외에는 제재 발동을 꺼리는 것으로 드러났다. 덜레스는 자신의 제안과 그 제안을 다룰 각오 사이에 일관성이 없다는 지적을 부인하면서 도덕적으로 설득하면 나세르가 결국 양보할 것이라고 주장했다. 덜레스는 자신의 견해를 이렇게 밝혔다.

> 대부분의 사람들은 … 인류의 여론을 합당하게 존중합니다. … 그리고 저는 그렇게 믿기 때문에, 이 회의에서 지난 100년 동안 그래왔듯이, 수에즈 운하가 미래에도 인류의 이익을 위해 평화롭게 사용될 것이라고 확신할 수 있는 그러한 도덕적 힘에 따른 판단이 나올 것이라고 확신합니다.[31]

공교롭게도 도덕적 압박은 물리적 힘이 배제된 것과 정확히 비례해서 불충분했던 것으로 밝혀졌다. 나세르는 9월 10일에 런던 해양회의에서 제시된 안을 거부했다.

사흘 후에 덜레스는 또 다른 기발한 안을 제시했다. 이번에는 수에즈 운하를 운영하는 사용국 협회(Users' Association)를 설립하고, 수에즈 운하 양 끝단에 있는 포트사이드(Port Said) 항구와 수에즈(Suez) 항구로부터 떨어진 이집트 영해 밖 수역에 일종의 피켓라인을 설치해서 선박들을 상대로 사용료를 징수하자는 방안을 제시했다. 만약 나세르가 양보하지 않으면 사용국 협회가 나세르를 배제하고 밀어붙이면 되고, 나세르가 동의한다면 운하 사용료 수익 통제권을 국제기구에 넘기는 셈이 된다. 이토록 복잡한 구상은 덜레스가 해양회의에서 그랬던 것처럼 본인의 제안을 약화시키지 않았더라면 실제로 효과가 있었을지도 모른다. 10월 2일 기자회견에서 덜레스는 무력 사용을 재차 거부했다. 그는 이 기자회견을 기회로 삼아 NATO가 수에즈 운하와 같은 종류의 위기를 다뤄야 한다는 제안이 부적절하다는 점도 이든에게 가르쳐주려고 했다.

수에즈 운하 문제에 대한 접근법에서 다소 차이점이 있습니다. 이런 차이점은 아마도 다소 근본적인 사안과 관련이 있습니다. 가령 대서양 조약 지역 같은 일부 지역에서는 세 나라가 조약에 의해 긴밀하게 묶여 있습니다. … 이런 지역에서는 이 세 나라가 … 일치단결하고 있습니다.

　　다른 문제는 다른 지역과 관련이 있으며, 소위 식민주의 문제와 이런저런 방법으로 관련되어 있습니다. 이 문제에 있어 미국은 다소 독자적인 역할을 수행하고 있습니다.[32]

　　딜레스의 법적 해석은 충분히 타당했지만, 나중에는 입장이 완전히 바뀌었다. 미국이 베트남과 다른 소위 "역외 지역" 상황에서 동맹국들의 지지를 필요로 할 때, 동맹국들이 똑같은 논거를 댔기 때문이다. 그리하여 1973년 중동전쟁에서 유럽 동맹국들은 미국이 이스라엘로 공수작전을 할 때, 수에즈 사건 때 발표했던 내용을 역으로 적용해서 영공 통과를 거부했다. 그 이후로 미국의 동맹국들은 NATO 조약에 엄격히 규정된 지역의 외부에서 NATO의 의무를 적용하기를 거부했다. 1956년에 영국과 프랑스를 화나게 한 것은 그러한 법적 해석이 아니라 중동에서 미국이 자신의 사활적 이익을 유럽 동맹국들과 상당히 다르게 규정했음을 딜레스가 강하게 시사했다는 점이었다.

　　이런 입장에 특히 영국이 분개했던 것으로 드러났다. 딜레스의 기자회견 바로 전날, 이든이 아이젠하워에게 문제는 더 이상 나세르가 아니라 소련이라고 전보를 보냈기 때문이다.

예전에 무솔리니가 히틀러의 손아귀에 들어갔듯이 이제는 나세르가 본인이 좋건 싫건 간에 실질적으로 소련의 손아귀에 들어갔다는 사실이 의심할 바 없이 우리의 머릿속을 맴돌고 있습니다. 예전에 무솔리니에게 약한 모습을 보였을 때처럼 이제 나세르를 달래려고 그에게 약한 모습을 보이더라도 마찬가지로 효과가 없을 것입니다.[33]

　　이든에게 딜레스의 성명은 이집트에 대한 궁극적인 위협이 소련에서 비롯되었다는 자신의 주장을 미국이 받아들이지 않았다는 의미였다. 이든은 이집트 문제를 봉쇄정책의 틀에서 엮으려고 했던 반면, 딜레스는 이 문제를 도덕적으로 순수한 이미지를 지키기로 결심한 미국이 건드리지 않으려는 복잡한 식민지 문제로 치부하는 것처럼 보였다.

덜레스가 자신이 얼마나 위험한 게임을 하고 있는지 알지 못했다고 믿기 힘들다. 덜레스는 미국 대중이 고상하고 도덕주의적인 선언에 가장 잘 호응한다고 믿는 것처럼 행동했지만, 실무 경험 또한 매우 풍부했다. 그는 수에즈 운하 위기 동안 보여줬던 자신의 행동에 대해 아무런 설명을 남기지 않았지만, 두 가지 모순되는 충동으로 괴로워했을 수도 있다. 공산주의에 대한 덜레스의 태도를 고려할 때, 십중팔구 소련의 중동 침투에 따른 위험에 대해서는 이든과 몰레의 분석에 동의했을 것이다. 이렇게 보면 왜 나세르의 동기에 대한 그의 해석이 이든의 해석과 구분할 수 없을 정도로 유사하고, 왜 아스완댐을 급작스럽게 거부해서 영국 내각을 놀라게 했는지(영국 내각이 전반적인 경고를 해두었던 상황이었다) 설명이 된다.

동시에 덜레스는 노련한 군 출신 인사만이 할 수 있는 방식으로 전쟁을 극도로 반대하는 대통령을 모시던 국무장관이었다. 아이젠하워는 세력균형의 미묘한 차이에 관심이 없었다. 아이젠하워는 비록 중동에서 장기적으로 전 세계적인 균형상태에 위험이 되는 요소가 있더라도 나중에 저항할 수 있을 정도로 미국이 충분히 강력하며, 미국의 생존이 위태로워지기 전에 충분히 막을 수 있다고 믿었다. 아이젠하워로서는 수에즈 운하 위기가 무력을 동원할 가치가 있을 정도로 충분히 위협적으로 보이지 않았다. 상냥하게 활짝 웃는 사람이기는 했지만, 아이젠하워는 성격이 상당히 강했고 일단 거슬리면 그다지 유쾌한 사람은 아니었다.

딘 애치슨이 예전에 말했던 대로, 국무장관이 얼마나 유능한지는 대통령이 어떤 사람인지를 아는지 여부에 달렸다. 이든과 몰레는 아이젠하워를 쾌활한 얼굴마담이라고 믿었고 그에 대해 잘 몰랐지만, 덜레스는 확실히 알고 있었다. 이 두 사람은 아이젠하워가 9월 2일에 해양회의와 관련해서 이든에게 보냈던 서한에서 암시한 내용을 무시하기로 했다. 이 서한에서 아이젠하워는 다시 한 번 더 무력 사용에 대해 경고했다.

> 근동 지역과 북아프리카 사람들, 그리고 어느 정도는 모든 아시아와 아프리카 사람들이, 특히 러시아인들이 나쁜 짓을 할 수 있다는 사실을 알면서도, 한 세대가 지나도, 아니 한 세기가 지나더라도 극복할 수 없을 정도로 서방에 맞서 단결하게 될 것 같아 두렵습니다.[34]

덜레스는 완강한 아이젠하워와 격분한 유럽 동맹국들 사이에 끼어 있었다. 이든과 몰레는 더 이상 물러설 수가 없었고, 목표만 단호하게 발표해놓고 그 목표를 달성하기 위한 실질적 조치를 계속 거부하는 덜레스의 모순된 태도에 화가 났다. 이들은 아이젠하워가 무력 사용을 얼마나 강하게 반대하는지, 혹은 그의 시각이 얼마나 지배적인지 이해하지 못했다. 덜레스로서는 동맹국들과 나세르 간의 간극보다 자신이 모시는 대통령과 유럽에 있는 대통령의 개인적인 친구들 사이의 간극이 더 큰 문제였다. 그는 자신의 재주로 이 간극을 좁힐 수 있을 거라고 도박을 했고, 시간이 지나면서 유럽 지도자들이나 아이젠하워가 입장을 바꾸게 될 수도 있고, 또는 나세르가 모든 사람의 딜레마를 해결해줄 실수를 하게 될지 모른다고 희망했다. 도리어 덜레스는 프랑스와 영국이 한 번의 필사적인 도박에 모든 것을 걸게 만들었다.

덜레스의 전술이 지닌 딜레마는 9월 13일의 기자회견에서 한 기자의 질문으로 요약되었다. "장관님, 미국이 무력을 사용하지 않겠다고 먼저 선언했고 소련이 선전선동을 통해 이집트를 지지하는 상황인데, 그렇다면 모든 비장의 카드가 나세르 대통령의 손에 있는 게 아닌가요?"[35] 비록 덜레스는 도덕적 힘이 승리할 것이라고 모호하게 답변했지만, 이 질문은 정곡을 정확하게 찔렀다.

민주주의 국가들 간의 균열이 갈수록 커지자 크렘린은 고무되어서 판돈을 올렸다. 소련은 아스완댐에 대한 서방의 원조를 대신하고 중동에 대한 무기 지원을 늘림으로써 미국을 깜짝 놀라게 했다. 신이 난 흐루쇼프는 유고슬라비아 대사에게 이렇게 말했다. "만약 전쟁이 시작되면 우리가 전적으로 이집트를 지원할 것임을 잊지 마시오. 만약 내 아들이 나한테 와서 이집트를 위해 싸우겠다고 자원한다면, 나는 그 녀석더러 가라고 격려할 겁니다."[36]

무력 사용을 포기한다고 두 번째로 밝혔던 덜레스의 10월 2일 기자회견 이후, 절박해진 영국과 프랑스는 독자적으로 밀어붙이기로 결정했다. 이제 영국과 프랑스는 군사개입을 하기까지 몇 가지 전술적 조치만 남아 있었다. 그중 하나가 유엔을 향한 마지막 호소였고, 유엔은 사태가 전개되는 내내 희한한 역할을 했다. 처음에 영국과 프랑스는 미국의 지원하에 유엔을 회피하려고 했다. 비동맹그룹이 이집트와 단결하는 상황이 두려웠기 때문이다. 하지만 외교적 수단이 한계에 달하자, 프랑스와 영국은 유엔이 무용하기 때문에 독자적 행동 외에는 다른 방도가 없다는 점을 보여주고자 마지막 형식적인 제스처로서 유엔에 호소했다. 그리하여 유엔은 국제 분쟁을 해결하는 수단으로부터 무력에 의존하기 전에 거쳐야 하는 마지막 장애물로 변질되었고, 어떤 의미에서는 심지어 무력을 사용하기 위한 구실이 되었다.

예상치 못하게 유엔이 잠시 이 난국에 대처했다. 이집트, 영국, 프랑스 외교장관 간의 비공개 회의를 통해 해양회의에서 도출된 대다수 의견과 상당히 유사한 여섯 가지 원칙에 대한 합의가 도출되었다. 이집트 운영 위원회와 사용국 감독 위원회가 설립되었다. 두 위원회 간의 분쟁은 중재를 통해 해결하기로 했다. 아이젠하워는 10월 12일 텔레비전 연설에서 의기양양하게 이렇게 말했다.

> 알려드릴 소식이 있습니다. 오늘 밤 제가 생각하기에 미국에 알려드릴 수 있는 가장 좋은 소식이 있습니다.
>
> 오늘 오후 유엔에서 수에즈 운하 분쟁의 해결과 관련해서 대단히 흡족한 진전이 있었습니다. 이집트, 영국, 프랑스가 회동했으며, 외교장관 회담을 통해 협상의 기반이 되는 일련의 원칙에 합의했습니다. 이제 큰 위기가 지나간 것 같습니다.[37]

비록 아이젠하워가 "평화가 가까이 있습니다."라고 정확히 말하지는 않았지만, 그의 성명이 자아냈던 축하 분위기는 시기상조였던 것으로 밝혀졌다. 바로 그날 10월 13일 밤에 유엔 안보리는 이 여섯 가지 원칙을 승인해달라는 요청을 받았고 뜻밖의 불쾌한 사건에 마주쳤다. 두 차례 각각의 표결에서 이 원칙은 만장일치로 찬성을 받았지만, 소련이 이행 조치에 거부권을 행사했다.

여섯 가지 원칙은 이 위기를 평화적으로 해결할 수 있었던 마지막 기회였다. 이 거부권이 이집트와 소련 두 나라가 공모해서 빚어진 결과가 아니었다고 일단 가정했을 때, 미국이 이집트를 압박했더라면 이집트가 소련에 거부권을 철회해달라고 요청했을지도 모른다. 그리고 나서 다시 미국이 만약 대결 구도가 형성되면 동맹국들 편에 서겠다고 경고하면서 소련을 압박했더라면 소련이 거부권을 행사하지 않았을지도 모른다. 그러나 미국은 동맹국들과 우호 관계를 유지하면서 동시에 비동맹국그룹에 대한 옵션을 열어두기로 결심했다. 미국이 양립 불가능한 두 정책에 양다리를 걸치려고 시도함에 따라 전쟁이 불가피해졌다.

이든과 몰레는 전쟁을 피하기 위한 모든 절차를 다 밟았다. 해양회의, 사용국 협회, 그리고 이제 여섯 가지 원칙까지 시도했다. 각각의 시도는 시작할 때는 조짐이 좋았지만 결국 좌초했다. 어떤 경우에도 미국은 덜레스가 고안했거나 승인했던 제안을 위해 외교적 영향력을 발휘하지 않았다. 비록 영국과 프랑스는 전쟁을 할 납득 가능한 많은 이유들이 있었지만, 말도 안 되게 뻔한 술수를 구실로 사용함으로써 치명적인 부담을 자초했다. 프랑스가 꾸며낸 계책에 따르면 이스라엘이 이집트를 침공해서 수에즈 운하를 향해 전진해야 했고, 그러면 영국과 프랑스가 항행의 자유라는 명분으로 이집트와 이스라엘이 모두 수에즈 운하로부터 16킬로미터 밖으로 후퇴하도록 요구하게 될 것이다. 물론 충분히 예상되는 대로 이집트가 거부할 경우, 영국과 프랑스가 수에즈 운하 지역을 점령하게 될 것이다. 그 이후에 무엇을 해야 할지는 여전히 애매모호한 상태로 남아 있었다. 이 계획은 미국 대통령 선거 일주일 전에 개시하기로 되어 있었다.

이렇게 난해한 계획에서 모두가 손해를 보았다. 일단 이 계획은 나세르가 수에즈 운하를 장악한 이래 수에즈 운하 운영에 관한 일종의 국제체제를 구축하기 위해 진행되고 있었던 외교에 전혀 부합하지 않았다. 자유항행을 보장하기 위해 국제적으로 승인된 다양한 구상이 무산되었기 때문에 논리적인 다음 수순으로 영국과 프랑스가 이 구상 중 하나를 강제 집행했어야 했다. 만약 이런 일방적인 조치를 취했다면 의심할 바 없이 거센 반대에 직면했겠지만, 그래도 그 전에 진행되었던 외교적 절차를 고려할 때 최소한 이해가 가는 조치였다. 이와 대조적으로 프랑스와 영국이 실제로 행동에 나선 군사적 계략은 너무 뻔하고 너무 자기 잇속만 챙기는 것이었다.

만약 개별 파트너들이 각자 목표를 추진했더라면 차라리 더 나았을 것이다. 영국과 프랑스는 이집트를 공격하기 위해 이스라엘의 도움이 필요한 것처럼 보였기 때문에 자칭 강대국으로서의 위신에 흠집이 났다. 이스라엘은 자신을 식민주의의 앞잡이로 보이게 함으로써 이웃나라가 평화 논의를 거부했기에 갖게 된 도덕적 우위를 상실하고 말았다. 중동에서 영국의 핵심 보루인 요르단과 이라크에서 영국의 입지가 약해졌다. 아이젠하워는 자신이 선거활동 마지막 주에 유대인 유권자들의 적대감을 살 행동을 꺼릴 것으로 보고 맞춰진 계략 때문에 크게 감정이 상했다.[38] 모든 행동 방침들의 불리한 요소들을 결합하는 정책을 찾아내거나 모든 파트너들을 동시에 약화시키는 연합을 구성하려면 인내심이 필요한데, 영국, 프랑스, 이스라엘이 용케 바로 그런 위업을 이루어냈다.

영국과 프랑스는 자신들을 기다리고 있는 국제적 분노를 의식하지 못한 채 일부러 시간을 끄는 것처럼 보이는 군사전략을 채택함으로써 정치적 문제를 한층 더 복잡하게 만들었다. 10월 29일에 이스라엘이 시나이반도를 침공했다. 10월 30일에 영국과 프랑스가 양측(이집트와 이스라엘)에 수에즈 운하로부터 철수하라고 요구했지만, 막상 이스라엘군은 수에즈 운하에 아직 도착하지도 못했다. 10월 31일에 영국과 프랑스는 지상전에 개입한다고 발표했다. 하지만 영국군과 프랑스군은 이후 나흘이 지나도 이집트에 상륙하지도 못했고, 상륙하고 나서 며칠이 지나도 수에즈 운하를 장악하는 임무를 완수하지 못했다.

미국의 정의감이 고조되리라고는 아무도 예상하지 못했다. 이스라엘의 최초 공격으로부터 24시간이 지난 10월 30일에 미국은 이스라엘군이 "기존의 휴전선 뒤로 … 즉각 철수하도록" 요구하는 강력한 결의안을 유엔 안보리에 제출했다.[39] 이집트가 지원하는 테러리즘이나 아랍의 아카바만(Gulf of Aqaba) 불법봉쇄를 규탄하는 요구는 전혀 없었다. 영국과 프랑스가 10월 31일에 무력충돌에 들어가자, 아이젠하워는 같은 날 텔레비전 연설에서 이 두 나라를 공격했다.

> 이 국가들이 그런 결정과 행동을 취하는 게 명백히 그들의 권리인 것처럼, 마찬가지로 우리의 판단에 따라 필요하다면 반대하는 것도 우리의 권리입니다. 우리는 이러한 행동들이 실수로 취해졌다고 믿습니다. 우리는 무력 사용을 국제분쟁의 해결을 위한 현명하고 적절한 수단으로 인정하지 않기 때문입니다.[40]

이렇게 절대적으로 무력을 포기해야 한다는 원칙을 아이젠하워 행정부는 스스로에게 적용한 적이 없었다. 가령 2년 전에 과테말라 정부를 전복하려고 준비했을 때 그러지 않았다. 2년 후에 아이젠하워가 미군의 레바논 투입을 명령했을 때도 그 원칙을 따르지 않았다. 이는 미국의 가장 가까운 동맹국들에 맞서 소련과 입장을 같이했던 최초이자 유일한 사례였다. 아이젠하워는 미국인들에게 영국과 프랑스가 유엔 안보리에서 거부권을 행사할 것이라고 예상되기 때문에 이 사안을 거부권이 적용되지 않는 유엔 총회로 가져가겠다고 말했다.

11월 2일에 유엔 총회는 교전상태를 끝내라고 요구하는 결의안을 64 대 5라는 압도적인 표결로 채택했다. 11월 3일부터 4일로 이어진 철야 회의에서 유엔 총회는 더 강력한 결의안을 통과시켰고 수에즈 운하를 위한 평화유지군에 관한 논의를 시작했다. 이 논의는 영국과 프랑스의 철수를 촉진하는 상징적 조치였다. 유엔군은 주권국의 의지에 반해 그 주권국의 영토에 발을 디딘 적이 없었고, 나세르도 이 평화유지군의 철수를 요구할 것이 뻔했기 때문이다.

11월 5일이 되자 유엔 평화유지군이 설립되었다. 같은 날 영국과 프랑스는 유엔군이 투입되면 철수하겠다고 발표했다. 아마도 자국 병력이 유엔 파견군의 일부가 될 수도 있다는 속셈이 있었을 것이다. 미국이 자신의 가장 가까운 동맹국들을 모욕하는 데 결탁한 쓰라린 상황에 더해서 바로 그날 소련군이 형식적인 유엔의 반대에도 아랑곳하지 않고 헝가리의 자유 투사들을 짓밟았다.

영국과 프랑스의 최후통첩이 있은 지 일주일 후, 그리고 소련 전차가 헝가리의 봉기를 진압하기 시작하고 24시간이 지난 후인 11월 5일 밤, 소련으로부터 소식이 들려왔다. 미국과 동맹국들 간의 균열이 명백해진 덕택에 소련은 최소한의 위험만 부담하면서 이집트의 보호자로서 행세할 수 있게 되었다. 소련은 정말로 많은 발언들을 쏟아냈다. 셰필로프 외교장관은 유엔 안보리 의장에게 서한을 보냈다. 니콜라이 불가닌 총리는 자신의 명의로 이든, 몰레, 아이젠하워, 그리고 이스라엘 총리인 다비드 벤구리온에게 서한을 보냈다. 다섯 개의 메시지 주제는 동일했다. 이집트에 대한 "약탈적" 침략이 중단되어야 하며, 유엔이 그 목적을 위해 공동의 노력을 조직해야 하고, 소련은 협조를 위해 해군과 공군을 준비해놓겠다는 것이었다.

마치 이러한 모든 발표만으로는 충분하게 위협적이지 못한 것처럼 불가닌의 서한은 각각의 수신자에 맞춰서 경고했다. 가령 이든의 경우, 비록 수사적 질문의 형태를 취하기는 했지만 서방 동맹국을 상대로 한 소련의 로켓(핵미사일) 공격 위협이 처음 노골적으로 제기되었다.

> 만약 영국이 모든 형태의 현대적인 파괴 무기를 보유하고 있는 더 강력한 나라들로
> 부터 공격받는다면 어떤 상황에 처하게 될까요? 그 같은 나라들은 현재로서는 영국
> 해안에 해군과 공군을 보내고, 로켓 무기와 같은 다른 수단을 사용하는 것을 자제할
> 수 있습니다.[41]

불가닌은 이 질문이 오해받지 않도록 더 위협적인 문장을 하나 더 추가했다. "우리는 무력을 동원해 침략국을 분쇄하고 동방에서 평화를 회복하기로 완전히 결심했습니다."[42] 비슷한 경고가 몰레에게도 제시되었다. 비록 덜 구체적이었지만 벤구리온에게 전달된 서한은 한층 더 위협적이었다. 이스라엘의 행동이 "국가로서 이스라엘의 존립 자체를 위태롭게" 하고 있다고 강조했기 때문이다.[43]

마지막으로 아이젠하워에게 보낸 서한에서 불가닌은 중동에서의 적대행위를 끝내기 위한 미국과 소련의 공동 군사행동을 제안했다. 더 나아가 제3차 세계대전까지 암시했다. "만약 이 전쟁을 억제하지 못한다면, 제3차 세계대전의 위험이 매우 크며 이 전쟁이 그렇게 확대될 수도 있습니다."[44] 이런 전쟁을 일으킬 수 있는 유일한 다른 나라로부터 메시지가 왔기 때문에 상당히 불길했다.

소련의 위협은 이처럼 엄청난 허세가 두드러졌고, 흐루쇼프 외교의 주된 특징이 되

었다. 소련군이 헝가리에서 자유의 투사들을 무자비하게 탄압하던 바로 그 순간, 소련은 소위 서방 제국주의에 의한 희생국의 운명을 개탄하는 만용을 부렸다. 소련은 1956년 당시 미국과 비교도 안 될 정도로 약했고 특히 핵무기 분야에서도 그랬지만, 성격이 무모했던 탓에 흐루쇼프는 제3차 세계대전이 발발할 수 있다고 위협할 수 있었다. 소련은 정면대결을 할 처지가 못 되었을 뿐만 아니라, 실제로 6년 후 쿠바 미사일 위기에서 정면대결이 임박하자 흐루쇼프는 수치스럽게 물러서야 했다.

아이젠하워는 분개하면서 소련과의 공동 군사행동을 거부했고 미국이 소련의 어떠한 일방적 군사조치에도 저항할 것이라고 경고했다. 동시에 소련의 경고 때문에 미국의 영국과 프랑스에 대한 압박이 심해졌다. 11월 6일에 파운드화 매도 사태가 일어났다. 이전 관행과 달리 미국은 관망했고, 시장에 개입해서 진정시키기를 거부했다.

하원에서 난타당하고 영연방의 지지를 거의 못 받았으며 미국으로부터 완전히 버림받은 이든은 패배를 인정했다. 이든은 11월 6일에 다음 날부터 정전에 동의한다고 발표했다. 영국군과 프랑스군은 지상에 48시간도 채 머무르지 못했다.

영국과 프랑스의 원정은 서투르게 구상되었고 아마추어처럼 실행되었다. 좌절을 겪으면서 계획되었고, 정치적 목적도 명쾌하지 못했기 때문에 실패할 수밖에 없는 운명이었다. 미국은 그토록 결함이 많은 계획을 절대로 지원할 수 없었다. 하지만 미국이 그렇게 잔인하게 동맹국과 거리를 두어야만 했는지에 대한 괴로운 질문이 남아 있다. 미국이 프랑스와 영국의 모험을 지지하거나 혹은 노골적으로 반대하는 것 외에 다른 선택의 여지가 정말로 없었는가? 법적으로 미국은 명확하게 규정된 NATO 영역 밖에서는 영국과 프랑스에 대해 아무런 의무가 없었다. 하지만 이 문제가 엄격하게 법적인 것은 아니었다. 미국에 가장 필수불가결한 두 동맹국을 상대로 이들이 독자적 행동을 할 수 없다는 사실을 그토록 무자비하게 실감하게 해줌으로써 미국의 국익에 정말로 도움이 되었을까?

미국은 유엔이 그렇게 신속하게 검토하도록 압박하거나 도발 원인을 도외시하고 눈앞의 사안에만 초점을 맞춘 결의안을 지지해야 할 의무가 전혀 없었다. 미국은 수에즈 운하의 운영을 차단하려는 모든 다양한 국제적 음모들, 아랍에 의한 아카바만(Bay of Aqaba) 불법봉쇄, 혹은 테러리스트의 이스라엘 공격을 조장하는 나세르의 태도 등에 주의를 환기할 수도 있었다. 무엇보다도 미국은 영국과 프랑스의 행동에 대한 규탄과 헝가리에서의 소련의 행동에 대한 규탄을 연계시킬 수 있었고, 그렇게 했어야 했다. 미국은 수에즈 운하 문제가 오로지 도덕적이고 법적 사안이며, 지정학적으로는 아무런 근거가 없는 것처럼 행동했다. 그럼으로써 미국은 나세르가 무조건적인 승리를 거둘 경우, 즉 이집트가 수에즈 운하의 운영과 관련해 아무런 보장을 해주지 않는 결과가 나올 경우, 소련의 무기로 인해 촉진되었고 소련의 위협 때문에 지속될 수 있었던 과격한 정책이 승리하게 된다는 현실을 회피했다.

이 문제의 본질은 개념적이었다. 미국 지도자들은 수에즈 운하 위기 당시 세 가지 원칙을 제시했고, 각각 오래된 진리를 반영했다. 즉, 미국의 동맹국에 대한 의무는 법적 문서로 명확하게 제한되어 있고, 어떤 국가건 무력에 의지하는 행위는 협소하게 규정된 자위활동을 제외하면 인정받지 못하며, 그리고 가장 중요한 점으로 수에즈 운하 위기가 미국에 자신의 진정한 소명, 즉 개도국 세계에서 리더십을 추구할 수 있는 기회를 제공했다는 것이다.

아이젠하워는 10월 31일의 연설에서 영국과 프랑스를 상대로 최대의 외교적 압박을 가하면서 첫 번째 원칙을 분명히 했다. "법 없이 평화가 있을 수가 없습니다. 그리고 우리를 반대하는 세력에게 어떤 국제적 행동규범을 원용하고, 우리의 우방에게 다른 규범을 원용한다면 법이 있을 수가 없습니다."[45] 국제관계가 전적으로 국제법에 의해 철저하게 규정될 수 있다는 관념은 미국 역사에 깊이 뿌리박혀 있었다. 미국이 국익이나 지정학, 동맹의 영향을 받지 않고 불편부당한 도덕적 중재자로서 행동해야 한다는 가정은 이런 역사적 향수의 일부이다. 하지만 현실 세계에서 외교는 적어도 부분적으로는 사안에 따라 차별하고 우방과 적국을 구분하는 능력을 수반하기 마련이다.

전쟁을 할 수 있는 유일하게 정당한 이유가 자위활동이라는 엄격한 법 해석론적 시각이 1956년 12월 존 포스터 덜레스에 의해서 제시되었고, 덜레스는 NATO 조약 1조가 이런 의무를 창출한다고 해석했다.

> 핵심은 우리가 그 상황에서 그와 같은 공격이 유엔 헌장에 위배되며, 모든 당사국들이 무력 사용을 포기하고 평화적 수단을 통해 분쟁을 해결하도록 요구하는 북대서양 조약 1조 자체에도 위배된다고 간주했다는 점입니다. 우리의 불만은 조약이 위반되었다는 것이지 협의가 없었다는 게 아닙니다.[46]

아무도 북대서양 조약 1조를 이렇게 평화주의적으로 해석한 적이 없었다. 아무도 다시는 그렇게 하려고 하지도 않았다. 군사동맹 조약에 모든 분쟁을 평화적으로 해결해야 한다는 구속력 있는 의무가 담겨 있다는 아이디어는 확실히 상상을 초월하는 발상이었다. 아무튼 실질적인 문제는 법적인 것이 아니라, 동맹이라면 엄격하게 규정된 조약의 영역 밖일지라도 동맹국이 규정한 사활적 이익을 어느 정도 양해해주거나, 이따금 판단의 차이가 있어도 심정적 이해를 보여줘야 하는 암묵적인 의무가 있는지 여부였다.

봉쇄정책을 둘러싼 미국의 초기 논쟁에서 위대한 두 맞수였던 조지 케넌과 월터 리프먼은 분명히 그렇게 생각했다. 조지 케넌은 관용(forbearance)을 촉구했다.

> 우리는 어떤 과거의 경우에 일을 그르친 적이 있었고, 그때 우방들이 우리에게 등을 돌리지 않았습니다. 더욱이 우리는 프랑스와 영국 정부가 이러한 잘못 계획된, 비참한 행동을 하도록 몰아간 절박한 상황에 대해 무거운 책임이 있습니다.[47]

월터 리프먼은 더 나아가 영국과 프랑스의 성공에 미국의 이해관계가 있다고 주장했다.

> 프랑스와 영국의 행동은 결과로 평가받을 것입니다. … 비록 우리가 그 결정 자체를 반대했지만, 이제는 프랑스와 영국이 성공하는 것이 미국의 이익입니다. 우리가 아무리 그들이 시작하지 않았기를 바랐을지라도, 이제 그들이 실패하면 좋겠다고 생각할 수는 없습니다.[48]

미국 정책의 세 번째 전제인 개도국 세계의 지도자로 부상한다는 미국의 은밀한 꿈은 실현 불가능한 것으로 밝혀졌다. 전후 미국 지도자들 중에서 아마도 국익에 관한 이해도가 가장 높았던 인물인 리처드 닉슨은 선거 나흘 전인 11월 2일, 미국을 반식민주의 투쟁의 선봉에 세우면서 이렇게 선언했다.

> 우리가 역사상 처음으로 우리에게 식민지 전통을 반영하는 것처럼 보이는 영국과 프랑스의 대 아시아, 대 아프리카 정책에 대해 독립적인 면모를 보여주었습니다. 이런 독립 선언은 전 세계를 열광시키는 효과가 있습니다.[49]

닉슨이 훗날 발표한 내용에 비추어볼 때, 그가 지시에 따르는 것 외의 다른 행동을 하고 있었다고 믿기 어렵다.[50]

하지만 이게 실제로 일어났던 일의 전부가 아니었다. 나세르는 서방이나 아랍 동맹국에 대한 자신의 정책을 누그러뜨리지 않았다. 설령 나세르가 미국의 압박 덕택에 살아났다고 고백할 의향이 있었더라도 나세르를 지지하는 급진파들이 그렇게 말하도록 놔두지 않았을 것이다. 오히려 나세르는 바로 이 지지층에게 깊은 인상을 주기 위해 온건하고 친서방적인 중동 정부들을 한층 더 공격했다. 수에즈 운하 위기가 발생한 지 2년이 안 되어 친서방 성향의 이라크 정부가 타도되고 아랍 세계에서 가장 과격한 정권 중 하나로 교체되었으며, 궁극적으로 사담 후세인의 등장으로 이어졌다. 시리아도 마찬가지로 갈수록 과격해졌다. 5년도 못 가서 이집트군이 예멘에 개입해서 기존 정권을 전복하려고 했지만 허사로 돌아갔다. 결국 미국이 영국이 포기한 전략적 거점을 물려받았기 때문에 나세르식 급진주의는 모든 분노를 미국을 향해 분출했고, 결국 1967년에 외교관계 단절까지 이르렀다.[51]

　　그렇다고 해서 다른 비동맹그룹 국가들 사이에서 미국의 위상이 신장되지도 않았다. 수에즈 운하 위기가 발생한 지 몇 달 후, 비동맹그룹에서 미국의 처지가 영국보다 더 낫지 않았다. 비동맹그룹의 대다수 국가가 갑자기 미국에 대해 비우호적으로 바뀐 게 아니라 단지 자신들이 협상의 지렛대를 갖고 있다는 것을 이해하게 되었기 때문이다. 수에즈 운하 위기를 통해 이 국가들은 미국이 나세르를 지지해준 것보다 나세르가 초강대국들이 서로 대립하도록 재주를 부려서 큰 성과를 거두었다는 사실을 가장 많이 기억했다. 아울러 수에즈 운하 위기는 비동맹그룹 국가들이 또 다른 중요한 진실을 처음 접하는 사례가 되었다. 미국을 압박하면 미국으로부터 대체로 선의의 항변과 제기된 고충을 덜어주려는 노력이 나왔던 반면, 소련을 압박하면 위험할 수도 있었다. 소련은 변함없이 거칠게 역으로 압박을 가했기 때문이다.

　　수에즈 운하 위기 이후 수십 년 동안 이런 경향이 확대되었다. 미국 정책을 비판하는 게 비동맹그룹 회의에서 의례적 행사가 되었다. 주기적으로 개최되었던 비동맹그룹 회의가 끝나고 발표된 선언문에서 소련의 행동에 대한 규탄은 극도로 드물었고 표현도 신중했다. 미국만 항상 잘못했을 가능성이 통계적으로 보더라도 매우 낮았기 때문에 비동맹그룹의 편향된 태도는 도덕적 판단이 아니라 분명히 이익을 계산해서 반영한 결과였다.

　　수에즈 운하 위기의 가장 심오한 결과가 중유럽의 단층선을 따라 양측에 전달되었다. 당시 이집트 선전선동 활동의 수장이었던 안와르 사다트는 11월 19일에 이렇게 썼다.

> 오늘날 세계에는 강대국이 단 두 나라, 미국과 소련만 있다. … 최후통첩으로 인해 영국과 프랑스는 크지도 않고 강력하지도 않은 강대국이라는 합당한 자리에 놓이게 되었다.[52]

미국의 동맹국들도 똑같이 결론을 내렸다. 유럽 동맹국들은 수에즈 운하 위기를 겪으면서 대서양 동맹의 전제 중 한 가지인 유럽과 미국의 이익이 일치한다는 명제가 기껏해야 부분적으로만 유효하다는 사실을 절실히 깨달았다. 이제부터 미국의 지원에 늘 의지할 수 있기 때문에 유럽이 핵무기가 필요 없다는 주장은 수에즈 운하 위기의 기억과 맞닥뜨리게 되었다. 물론 영국은 항상 독자적인 억제력을 이미 가지고 있었다. 프랑스의 경우 1956년 11월 9일 프랑스의 일간지 〈르포퓰레르(Le Populaire)〉의 한 기사가 향후 프랑스의 확고해진 노선을 표현했다. "프랑스 정부는 의심의 여지없이 조만간 핵무기를 개발하기로 결정할 것이다. … 핵미사일을 사용하겠다는 소련의 위협이 모든 허구와 허상을 일소해버렸다."[53,54]

미국이 가장 가까운 동맹국들을 부인한 행동의 충격은 수에즈 운하 위기에 참여했던 국가들만 느낀 게 아니었다. 전후 유럽에서 미국의 가장 가까운 친구였던 아데나워 총리는 덜레스를 아주 높게 찬양했었다. 하지만 그조차도 수에즈 운하 위기 당시의 미국 외교를 일종의 미국과 소련 사이에서 있게 될 전 세계적 합의의 전조로 간주했고, 유럽이 결국 그 대가를 지불할 것이라고 보았다.

마침 아데나워는 이든과 몰레가 미국의 압박에 굴복하기로 결정했던 당일인 11월 6일에 우연히 파리에 있었다. 크리스티앙 피노(Christian Pineau) 프랑스 외교장관에 따르면, 아데나워는 이렇게 말했다고 한다.

> 프랑스와 영국은 절대로 미국과 소련에 견줄 수 있는 강대국이 못 될 겁니다. 독일도 마찬가지일 것이고요. 이제 이들이 세계에서 결정적인 역할을 할 수 있는 방법은 딱 한 가지가 남았습니다. 즉, 단결해서 유럽을 만들어야 합니다. 영국으로서는 아직 때가 무르익지 않았지만, 수에즈 운하 사건은 영국의 영혼이 이걸 준비하는 데 도움이 될 것입니다. 우리는 허비할 시간이 없습니다. 유럽이 당신의 복수가 될 것입니다.[55]

이 발언은 훗날 불—독 정책의 배후에 있는 논거를 분명히 보여주고 있으며, 이후 1963년 드골과 아데나워 간에 우호조약을 체결하면서 정점에 이르게 된다.

영국도 프랑스처럼 자신이 상대적으로 약하다고 분석하는 동일한 결론을 여러 번 도출했지만, 이런 결론을 상당히 다른 정책에 써먹었다. 영국은 유럽의 단결을 외면하고 미국 정책에 영구히 종속되기로 선택했다. 수에즈 운하 위기 이전에 영국은 비록 마치 강대국인 양 계속해서 행동하고 있었지만 이미 미국에 의존하고 있다는 사실을 충분히 인식했다. 수에즈 운하 위기 이후 영국은 미국과의 "특별한 관계(special relationship)"를 본질적으로 워싱턴에서 결정되는 사안에 대해 최대한의 영향력을 확보하는 수단으로 해석했다.

수에즈 운하 위기의 가장 치명적인 충격은 소련이 받았다. "제네바(정상회담)의 정신"이 있고 나서 1년도 채 안 되어서 소련은 중동에 침투했고, 헝가리에서 봉기를 진압했으며, 서유럽에 로켓(핵미사일) 공격을 하겠다고 위협했다. 그 사이에 국제적 비난은 영국과 프랑스에 집중되었던 반면, 헝가리에서 저지른 소련의 훨씬 더 잔인한 행동은 기껏해야 형식적인 규탄만 받았다.

자신의 이념과 성격 탓에 흐루쇼프는 미국이 이 과정에서 보여줬던 행동이 미국이 고상한 원칙을 추구했기 때문이 아니라 약했기 때문이라고 보았다. 애당초 체코슬로바키아와 이집트 간의 무기 거래로 시험 삼아 시작된 사건이 소련의 주요한 전략적 돌파구가 되었다. 대서양 동맹이 분열되었고 개도국들이 자신들의 협상력을 증대하는 수단으로서 소련에 의지하게 되었다. 흐루쇼프는 도취되었다. 기분이 들뜬 흐루쇼프는 롤러코스터처럼 기복이 심해졌고, 1958년 베를린 최후통첩으로 시작된 연이은 대치구도는 1962년 쿠바 미사일 위기에서 흐루쇼프가 굴욕을 겪으면서 끝을 맺었다.

수에즈 운하 위기로 초래된 고통에도 불구하고 이 사건은 미국이 세계 지도국의 지위로 부상하는 계기가 되었다. 안도의 한숨을 내쉬며, 미국은 수에즈 운하 위기를 자신이 항상 현실정치의 폐해와 세력균형에 잘못 전념한 것에 대해 책임이 있다고 본 동맹국들로부터 벗어나는 계기로 삼았다. 하지만 인생이 그렇듯이, 미국은 때 묻지 않은 채 남아 있을 수 없었다. 수에즈 운하 위기는 세계적인 강대국이라는 현실을 향한 첫걸음이었던 것으로 밝혀졌고, 이 과정에서 얻은 교훈 중 하나는 공백은 항상 채워진다는 것과, 공백이 채워질지 여부가 아니라 누가 채우느냐가 관건이라는 것이었다. 영국과 프랑스를 중동에서 역사적 역할을 수행하지 못하게 축출함으로써 미국은 이 지역에서 세력균형의 책임이 자신의 어깨 위에 고스란히 얹어졌다는 사실을 깨달았다.

1956년 11월 29일에 미국 정부는 파키스탄, 이라크, 터키, 이란 지도자들이 얼마 전 개최했던 바드다드 조약 정상회담을 환영하면서 다음과 같이 선언했다. "미국은 회원국들의 영토보전이나 정치적 독립에 대한 위협을 극도로 엄중하게 예의주시할 것이다."[56] 이는 미국이 바그다드 조약 체결국의 방어를 떠맡겠다는 외교적 표현법이었다. 영국이 이런 역할을 맡기에는 이제 너무 약했고 너무 신뢰를 잃었다.

아이젠하워는 1957년 1월 5일 아이젠하워 독트린으로 알려진 노선의 승인을 요청하는 메시지를 의회에 보냈다. 경제적 원조, 군사적 지원, 공산주의 침략으로부터의 보호로 구성된 대 중동 삼중 프로그램이었다.[57] 1957년 1월 10일 상하원 합동 연설에서, 아이젠하워는 더 나아가 자유진영 전체를 보호하겠다는 미국의 공약을 천명했다.

> 첫 번째로, 미국의 핵심 이익은 전 세계적이며, 동서반구 양쪽과 모든 대륙을 아우르고 있습니다.
> 두 번째로, 우리는 자유진영의 모든 국가와 함께 이익 공동체를 구성하고 있습니다.
> 세 번째로, 이익의 상호의존은 모든 민족의 권리와 평화에 대한 합당한 존중을 요구합니다.[58]

미국은 유럽과 엮이지 않으려고 시도하다가 전 세계 모든 지역의 모든 자유 국가들(즉, 비공산주의 국가들)을 보호하는 의무를 혼자서 떠맡는 입장이 되었다. 비록 수에즈 운하 위기 중에 미국은 여전히 개도국 세계의 애매모호한 균형상태를 유엔을 통해 다루려고 했지만, 이로부터 2년이 채 안 돼서 미군이 아이젠하워 독트린에 따라 레바논에 상륙하게 되었다. 10년 후 미국은 베트남에서 홀로 이 독트린을 관철하려고 악전고투하고 있었으나, 대부분의 동맹국들은 수에즈 운하 위기 당시 미국이 내세웠던 많은 논거들을 원용하면서 미국과 엮이지 않으려고 했다.

22

헝가리: 제국 내부의 격변

Hungary: Upheaval in the Empire

　1956년에 동시에 발생했던 두 사건은 제2차 세계대전 후 국제관계의 패턴을 바꿔놓았다. 수에즈 운하 위기는 서방 동맹의 순진무구함에 종지부를 찍었다. 이제부터 서방 동맹국들은 국익이 완벽하게 조화를 이룰 것이라는 자신들의 공언을 다시는 믿을 수 없게되었다. 동시에 헝가리 봉기가 유혈진압되면서 소련이 필요하다면 무력을 써서라도 자신의 세력권을 유지하려 할 것이고, 해방에 관한 이야기가 공허하다는 사실이 드러났다. 적대적인 군대가 유럽의 분단선을 따라 서로 대치한 채 누가 보더라도 먼 미래까지 냉전이 지속될 것이고 쓰디쓸 것이라는 데 대해 더 이상 아무런 의심이 없었다.

소련의 지배에 맞섰지만 불행히 실패로 끝나버린 헝가리인들의 투쟁은 역사적인 러시아의 제국주의와 소련의 이념, 그리고 헝가리의 격렬한 민족주의가 폭발적으로 결합하면서 시작되었다. 어떤 의미에서 헝가리는 단지 표트르 대제 시절부터 무자비하게 지속됐던 러시아 팽창주의의 또 다른 희생자였다. 역사적으로 러시아라는 나라는 자신의 국경 지역에서 진정으로 독자적인 정책을 추구하려는 민족들을 억압해왔고, 이런 유혹은 탈냉전기까지 집요하게 이어졌다. 그러나 이는 대체로 러시아 문제의 시작에 불과했다. 러시아인들은 독립을 진압한 뒤 엄청난 비용을 들여서 주변국에 군대를 주둔시켜야 했으나, 러시아의 재정만 고갈시킬 뿐 러시아의 안보는 증진하지 못했다. 조지 케넌이 쓴 바와 같이 "차르 정권은 사실은 유럽에 있는 서방 소수민족들을 어리석게 베어 물었다가 소화불량으로 죽었다."[1]

동일한 패턴이 공산주의 치하에서도 반복되었다. 스탈린은 제1차 세계대전이 끝나면서 상실했던 차르 시절의 영토를 전부 되찾았으며, 동유럽 위성국으로 알려지게 된 지역을 추가했다. 붉은 군대가 이 국가들을 점령했고 모스크바에 의해 강요된 소련식 정부가 통제했다. 차르 치하에서도 이미 충분히 복잡했던 제정 러시아식 지배는 공산주의자들 밑에서 한층 더 문제가 많아졌다. 공산주의자들이 지속 불가능한 경제 체제까지 강요함으로써 피지배 국민들의 외세 지배에 대한 증오가 한층 더 깊어졌기 때문이다.

소련식 중앙계획은 장기적으로 감내할 수가 없었던 것으로 밝혀졌고 심지어 소련에서도 그랬다. 위성국들에게는 처음부터 재앙과 같았다. 제2차 세계대전 이전 체코슬로바키아의 생활수준은 스위스와 비슷했다. 이후 체코슬로바키아는 공산진영 전체를 특징짓는 회색빛의 단조로운 형태로 전락했다. 폴란드의 산업기반은 이탈리아만큼 컸으며 이탈리아보다 자원도 더 많았으나 동유럽 수준의 일상화된 빈곤 속에서 근근이 살아가는 형벌을 받았다. 동독인들은 공산주의 체제가 서독의 경제적 번영을 공유하지 못하게 막는 유일한 걸림돌이라고 간주했다. 모든 동유럽국 국민들은 공산주의 이념과 소련의 패권을 위해 자신들의 삶이 희생되고 있다고 확신했다.

소련에서는 공산주의가 스스로를 자생적인 현상으로 내세울 수 있었던 반면, 동유럽에서는 공산주의가 협박을 통해 강요되었고 오래된 민족적 전통들이 질식당하고 있다는 사실에는 의문의 여지가 없었다. 공산주의자들은 위성국의 경찰과 대중매체, 교육제도를 완전히 통제하고 있었지만 사면초가에 처해 있던 소수파였고 본인들도 그렇게 느꼈다. 레닌은 볼셰비키가 자신들의 방식을 주변국에 강요하는 식으로 차르 니콜라이 2세의 정책을 답습한다면 어리석은 일이 될 것이라는 글을 쓴 적이 있었다. 그러나 스탈린이 사망했을 무렵, 공산주의 통치와 차르 전제군주제 간의 중요한 차이는 스탈린이 훨씬 더 잔인하고 강압적이었다는 사실뿐이었다. 궁극적으로 소련의 정책은 이전 역사에서 러시아를 당혹스럽게 했던 똑같은 문제에 직면했다. 소련의 안보를 강화하기 위해 공산화된 동유럽은 전략적 전리품이기보다는 오히려 부담이 될 정도로 소련의 자원과 고위급의 관심을 소모했다.

스탈린은 동유럽 위성국들이 모스크바로부터 완전하고 속속들이 통제를 받을 때만 유지될 수 있다고 믿었다. 1948년에 동유럽에서 유일하게 거의 독자적인 노력으로 집권한 공산주의 지도자인 티토는 유고슬라비아가 소련의 지시로부터 독립된 자신만의 노선을 추구하겠다는 사실을 만천하에 공개했다. 스탈린은 유고슬라비아를 코민포름(Communist Information Bureau)으로부터 퇴출시키는 방식으로 보복했다. 금방 붕괴할 것이라는 스탈린의 기대가 착각이었음을 보여주면서 티토는 서방 민주주의 국가들의 원조로 살아남았다. 서방 민주주의 국가들은 구식 세력균형의 고려에 따라 이념적인 반대를 잠시나마 중단했다.

스탈린은 티토의 독자노선 과시에 맞서 기강을 잡기 위해 이미 유효성이 입증된 방식으로 대응했다. 여론조작용 공개재판을 실시해서 조금이라도 독자노선을 생각해볼 역량이 있는 인물이라면 누구든 간에 사법살인으로 처리했다. 지난 10년 동안 소련에서 있었던 숙청처럼, 이런 무시무시한 숙청의 희생자 중에서 실제로 반대활동에 나섰던 사람은, 설령 있었다고 하더라도 극히 드물었다. 이들은 어쨌든 소련이 강요한 공산주의식 지배를 위해서 일해온 사람들이었다. 체코슬로바키아의 루돌프 슬란스키, 헝가리의 라즐로 러이크, 불가리아의 트라이초 코스토프, 그리고 폴란드의 브와디스와프 고무우카 등이었고, 이 중 고무우카만이 유일하게 목숨을 부지했다. 대중들은 비록 이 사람들이 모두다 소련의 끄나풀이라고 여겼지만, 이들조차 숙청당하는 모습을 보면서 심지어 공산주의 선언을 신봉했던 소수의 사람들조차 공산주의 체제가 도덕적으로 파탄났다는 사실을 절실히 실감했다.

스탈린 후계자들은 스탈린식 탄압을 따라 하기에는 너무 불안했고, 소련 진영 내부에 이단을 허용하기에도 너무 분열되어 있었다. 이들은 두 가지 상충하는 공포에 사로잡혔다. 동유럽에서의 탄압은 너무나 필요한 서방과의 긴장완화를 좌초시킬 수 있으며, 위성국들의 자유화는 공산주의 체제 전체의 붕괴로 이어질 수 있었다. (서방의 반응이 두려웠지만, 그럼에도 1953년 6월에 동독에서의 항쟁을 진압하고자 전차를 보냈다.) 1955년이 되자 이들은 동유럽국 지도부 인사들이 별 탈 없이 공산주의자로 남아 있는 한 동유럽의 민족주의를 수용하기로 결정했고, 새로운 접근법을 적절히 상징하는 존재로서 티토와의 화해를 선택했다. 1955년 5월에 흐루쇼프와 불가닌은 불화를 수습하려고 베오그라드를 방문했다. 하지만 이후의 모든 개혁 시도가 그랬듯이, 자유화하려는 시도는 그 물꼬를 열어젖히고 말았다.

1956년 2월에 있었던 제20차 공산당대회에서 흐루쇼프가 스탈린의 죄상을 낱낱이 밝히는 연설을 하자 공산주의가 한층 더 불신을 받았다. 예외가 있었다면 공산주의를 민족주의적 대의명분에 접목했던 유고슬라비아였다. 티토가 소련에 위협이 된다는 점을 스탈린이 정확하게 알고 있었다는 사실이 금방 드러났다. 위성국 지도자들은 어찌 되었건 간에 대중의 지지를 받으려면 어느 정도 민족주의적이라는 평가를 받아야 하는 역설에 직면했기 때문이다. 이들은 자기 자신을 크렘린의 꼭두각시가 아니라 폴란드계, 체코계, 헝가리계 공산주의자로 내세워야 했다. 흐루쇼프의 베오그라드 방문 여파로 크렘린의 동유럽 위성국 정권에 대한 장악이 갈수록 압박을 받게 되었다.

이런 사건들이 전개되는 내내 미국은 본질적으로 수동적인 태도를 유지했다. 봉쇄 정책의 핵심 전제는 동유럽의 해방(liberation)은 시간이 해결하도록 내버려두고 소련의 통제에 정면으로 도전하지 말아야 하는 것이었다. 1952년 대통령 선거 기간 동안, 존 포스터 덜레스는 〈라이프(Life)〉 지에 "대담한 정책(A Policy of Boldness)"이라는 제목을 붙인 기고문을 통해서 이런 정책이 너무나 수동적이라고 공격했다. 덜레스는 자신이 직접 고안한 용어인 "포로가 된 국민(captive nations)"이라는 표현으로 동유럽 국민들이 "자유 세력의 역사적 지도자인 미국이 '봉쇄'와 '교착상태'라는 부정적인 정책에 전념하고 있는 것처럼 보이기 때문에" 절망에 가까운 상태에 빠져 있다고 주장했다. 그는 미국이 "해방이 일어나기를 원하며 기대하고 있다고 공개적으로 천명"해달라고 촉구했다.[2]

하지만 "해방"이 운용적 측면에서 무엇을 의미했는가? 덜레스는 소련이 어떤 격변이건 다 진압하리라는 것을 의심하기에는 소련을 너무 잘 알고 있었다. 어쨌든 덜레스가 기고문을 작성했을 당시에 스탈린은 여전히 살아 있었다. 따라서 덜레스는 "일련의 유혈 봉기와 보복"을 조장하는 것을 노골적으로 거부했다. 덜레스는 미국의 선전선동과 다른 비군사적 조치에 의해 촉진되는 티토식 "모스크바와의 평화적 결별"을 염두에 두고 있었다고 말했다.

애치슨은 티토가 소련과 단절한 후에 현실정치를 기반으로 티토를 지지했던 반면, 덜레스는 본질적으로 동일한 정책을 "해방"이라고 지칭하면서 보편적 이상주의로 포장했다. 실제로 덜레스의 해방이론은 미국의 위험은 증대시키지 않으면서 소련의 점령국에 대한 통제비용을 증가시키려는 시도였다. 덜레스는 민주주의가 아니라 티토주의를 부추겼고, 덜레스의 아이디어와 애치슨의 아이디어 사이에는 미묘한 수사적 차이만 있었던 것으로 드러났다.

틀림없이 덜레스를 비판했던 사람들은 덜레스가 실제로 밝히지도 않았던 동유럽 해방을 그의 입장으로 보았다. 그러나 덜레스가 비판자들의 잘못된 지적을 고치지 않고 자제했던 점 또한 사실이었다. 덜레스는 라디오 프리 유럽(Radio Free Europe)이나 라디오 리버티(Radio Liberty)처럼 동유럽에서 자유의 원칙이 꺼지지 않게 하면서 항쟁을 촉발하는 감정을 고취하는 것이 주된 목표였던 기관의 주요 후원자였다. 라디오 프리 유럽의 접근법에서 미묘한 뉘앙스는 전혀 없었다. 이론적으로 라디오 프리 유럽의 발표는 정부의 공식 입장이 아니었기 때문에, 라디오 프리 유럽은 "해방"을 최대한 문자 그대로의 의미로 그리고 전투적 의미로 옹호했다. 불행히도 정부가 자금을 지원하는 미국 기관의 "공적" 입장과 "사적" 입장의 구분은 동유럽 자유의 투사들이 이해하기에는 너무나 난해한 문제였다.

그리하여 서방 민주주의 국가들이 수에즈 운하 위기에 정신이 팔려 있던 거의 동일한 순간에 소련도 자신의 핵심 위성국 중 두 나라인 폴란드와 헝가리에서 심각하게 어려운 처지에 있었다.

폴란드에서 먼저 불이 붙었다. 6월에 산업도시인 포즈난(Poznan)에서 발생한 폭동이 유혈진압되었고, 이 과정에서 수십 명이 사망하고 수백 명이 부상당했다. 10월에는 지난 몇 년간 스탈린의 숙청에서 살아남은 폴란드 공산당 중앙위원회 간부들이 폴란드 민족주의라는 대의명분과 손을 잡기로 결정했다. 1951년에 숙청당했고 치욕을 겪었던 고무우카가 공산당 제1서기로 복귀해달라는 요청을 받았고, 1956년 10월 13일에 첫 번째 정치국 회의에 참석했다. 국방장관에 앉혀졌고 1949년부터 폴란드 정치국 국원으로 임명되어 있었던 콘스탄티 로코소프스키(Konstanty Rokossowski) 소련군 원수가 해임되었다. 이로 인해 소련식 후견체제에서 가장 굴욕적인 상징 중 하나가 끝났다. 폴란드 공산당은 폴란드가 이제부터는 "사회주의로 가는 민족적 노선"을 추구할 것이라는 선언문을 발표했다. 폴란드의 열정적인 민족주의 정서와 사회주의에 대한 무관심을 고려할 때, 소련은 이 선언문을 듣고 결코 안심할 수가 없었다.

크렘린은 군사적 개입 방안을 잠시 만지작거렸다. 소련 전차가 폴란드의 주요 도시를 향해 이동하기 시작한 10월 19일에 흐루쇼프는 정치국 국원인 카가노비치와 미코얀,

몰로토프를 대동하고 바르샤바를 전격 방문했다.

폴란드 지도자들은 눈 하나 깜빡이지 않았다. 그들은 소련 공산당 서기장에게 이번 방문이 당대당 차원의 회담으로 다뤄지지 않을 것이며, 따라서 공산당 중앙위원회 본부에서 응대하지 않을 것이라고 통보했다. 그 대신 소련 대표단은 국빈을 맞이하는 장소인 벨베데레(Belweder) 궁으로 가달라고 요청받았다.

마지막 순간에 흐루쇼프가 물러섰다. 10월 20일 소련군 병력에게 기지로 복귀하라는 명령이 하달되었다. 10월 22일에 흐루쇼프는 새로운 지도부가 사회주의 체제를 보전하며 폴란드의 바르샤바 조약 회원국 자격을 유지한다는 약속을 받고 고무우카의 공산당 서기장 취임을 승인했다. 공식적으로는 소련의 방위체제가 온전한 상태로 남아 있었다. 그럼에도 불구하고, 서방과의 어떤 전쟁에서건 폴란드군을 더 이상 완전무결하게 신뢰할 수 없게 되었다.

소련이 물러섰고 폴란드에서 민족주의적 공산주의가 승리하게 되었다. 이런 결과가 나왔던 이유는 부분적으로는 만약 탄압한다면 이미 외세에 대한 저항 의지와 용기가 입증되었고 제정 러시아의 압제와 소련의 잔혹행위를 기억하고 있는 3,000만 명이 넘는 국민을 상대해야 했기 때문이다. 그러나 가장 중요한 점은 크렘린이 같은 시기에 헝가리에서 더 심각한 시험을 받고 있었다는 사실이다.

인구가 900만 명 정도 되는 국가인 헝가리는 주변국들과 똑같이 소련의 탄압을 겪었다. 1940년대부터 헝가리는 무자비한 정통파 스탈린주의자인 마차시 라코시의 통치를 받아왔다. 1930년대에 스탈린은 차르 군대가 1849년에 획득했던 헝가리 국기를 돌려주는 조건으로 그를 부다페스트의 감옥에서 빼냈다. 붉은 군대와 함께 돌아왔던 라코시는 스탈린의 기준에서 보더라도 잔인하다고 여겨질 정도로 억압적인 정치체제를 수립했기 때문에, 만약 많은 헝가리인들이 이런 거래를 알았더라면 당연히 유감스럽게 생각했을 것이다.

1953년의 베를린 봉기 직후에 라코시의 시간이 마침내 끝났다. 라코시가 모스크바로 소환되었다.[3] 다양한 민족이 헝가리를 지배해왔지만, 유대인 왕이 있었던 적은 없으며 소련 지도부가 이제 유대인 왕을 허용하지 않을 것이라고 베리야로부터 잔인한 스탈린 방식으로 통보받았다.[4] 라코시는 개혁 성향의 공산주의자라는 평판을 받는 임레 너지(Imre Nagy)로 교체되었다. 2년이 지나서 모스크바에서 게오르기 말렌코프가 축출되자 너지가 해임되었고, 라코시가 총리로 복귀했다. 또다시 엄격한 정통주의적 공산주의가 강요되었다. 예술가와 지식인이 탄압받았고, 너지가 공산당에서 출당되었다.

하지만 스탈린의 후계자들은 스탈린처럼 극도로 외골수적이지는 않았다. 너지는 목숨을 부지하도록 허용되었을 뿐만 아니라 소련이 다른 공산주의 국가의 국내문제에 개입할 수 있는 권리에 도전하는 논문까지 발표했다. 한편 권력을 다시 장악했던 라코시는 예전 못지않게 국민의 열망에 부응하지 못했던 것으로 밝혀졌다. 제20차 공산당대회에서 흐루쇼프가 스탈린을 격하한 이후, 라코시는 이번에는 그의 측근인 에르뇌 게뢰로 다시 대체되었다.

비록 게뢰는 스스로 민족주의자라고 선언했지만, 라코시와 거의 동일시되었기 때문에 애국적인 물결이 헝가리를 휩쓰는 상황을 막지 못했다. 폴란드에서 고무우카가 공식적으로 권력을 되찾은 10월 23일에 대중의 분노가 부다페스트에서 들끓었다. 학생들이 폴란드에서 성취되었던 개혁을 훨씬 뛰어넘는 수준의 요구사항이 담긴 전단을 배포했다. 여기에는 언론의 자유, 라코시와 그 일당에 대한 재판, 소련군 철수, 너지의 공직 복귀 등이 포함되었다. 너지가 의회 광장에서 수많은 인파 앞에 등장했을 때, 그는 여전히 개혁 성향의 공산주의자였고, 그의 개혁안은 공산주의 체제에 일부 민주적 절차를 도입하는 것이었다. 너지는 실망한 군중에게 공산당이 필요한 개혁을 이행할 것임을 믿어달라고 요청했다.

그러나 미움을 받던 공산당이 자신의 잘못을 바로잡겠으니 믿어달라고 요청하기에는 너무 늦었다. 그 이후의 상황은 마치 주인공이 마지못해 그리고 어쩌면 부지불식간에, 자신이 선택하지 않았으나 운명이 되어버린 임무를 떠맡는 영화의 내용처럼 전개되었다. 비록 개혁주의자였지만 평생 철두철미하게 공산주의자로 살아왔던 너지는 헝가리 봉기 초창기에 등장했을 때만 해도 폴란드에서 고무우카가 그랬듯이 공산당을 지키기로 결심한 것 같았다. 하지만 그는 날이 갈수록 헝가리 인민의 열망으로 인해 한 세기 전에 토크빌이 정의했던 살아있는 진실의 상징이 되었다.

> 경험에 따르면 사악한 정부가 가장 위험해지는 순간은 대체로 스스로 개혁을 시작할 때다. 군주는 대단히 교묘해야만 오랫동안 백성을 탄압하고 난 뒤에 완화하기 시작할 때 살아남을 수 있다. 피할 수 없다고 여기며 참고 견뎌왔던 괴로움은 탈출구가 있는 것처럼 보이는 순간 견딜 수가 없게 된다. 그렇게 되면 개혁은 단지 무엇이 여전히 억압적인지, 그리고 이제는 모든 게 더욱더 견딜 수 없다는 것을 더 명확히 드러내는 역할을 할 뿐이다.[5]

너지는 너무 뒤늦게 빠져든 민주주의의 비전을 위해 자신의 목숨을 대가로 지불해야 했다. 소련은 혁명을 분쇄하고 나서 너지에게 철회할 기회를 주었다. 너지는 거부하고 처형당함으로써 동유럽에서 자유라는 대의명분을 위해 희생한 순교자의 반열에 올랐다.

10월 24일에 대중의 시위가 전면적인 혁명으로 변했다. 이 소요사태에 긴급하게 투입된 소련 전차에 불이 붙었고, 정부 건물이 포위되었다. 같은 날 너지는 총리에 임명되었고, 두 명의 소련 정치국원인 미코얀과 수슬로프가 상황을 평가하기 위해 헝가리에 도착했다. 10월 28일이 되자 소련에서 온 두 사람은 흐루쇼프가 바르샤바에서 했던 것과 비슷한 결론에 도달한 것처럼 보였다. 티토식 헝가리에 합의하자는 것이다. 소련 전차가 부다페스트로부터 철수하기 시작했다. 그러나 이런 조치도 폴란드에서 그랬던 것과 달리 상황을 진정시키지 못했다. 시위대는 이제 다당제 설립, 헝가리 전역으로부터 소련군의 철수, 바르샤바 조약 탈퇴 등과 다를 바 없는 내용을 요구하고 있었다.

이런 상황이 펼쳐지는 동안 미국 정책은 표면적으로는 신중함을 유지했다. "해방"에 관한 많은 이야기가 있었지만, 그럼에도 미국은 이렇게 원초적인 분출이 있으리라고는 분명히 예상하지 못했다. 미국은 헝가리 혁명의 전개를 가능한 한 최대한 도와주고 싶은 열망과 정책이 너무 앞서 나가면 소련이 개입할 빌미를 줄 것이라는 두려움 사이에서 갈피를 못 잡는 것처럼 보였다. 무엇보다도 미국이 두 가지 중대한 위기를 동시에 다룰 수 없다는 사실이 드러났다. 헝가리 학생들과 노동자들이 길거리에서 소련 전차에 맞서 싸우고 있을 때 미국은 침묵했다. 소련은 무력을 사용하거나 무력을 사용하겠다고 위협할 경우 미국과의 관계가 위태로워질 것이라는 경고를 전혀 받지 않았다.

미국은 10월 27일에 "헝가리에서 외국군의 행동으로 유발된 상황"이라는 관점에서 유엔 안보리에 호소하기는 했다.[6] 그러나 이 사안은 너무나 산만하게 처리되었고 소련의 개입이 이미 현실이 되었던 11월 4일까지 이와 관련된 안보리 결의안 표결이 진행되지도 못했다.

이 공백 기간을 라디오 프리 유럽이 채워 넣었다. 이 라디오 방송국은 미국의 입장을 해석하는 역할을 스스로 떠맡았고, 헝가리인들에게 혁명의 속도를 높이고 타협을 거부하라고 촉구했다. 예를 들면, 10월 29일에 라디오 프리 유럽은 임레 너지의 총리 취임을 다음과 같은 적대적인 방송으로 맞이했다.

임레 너지와 그의 지지자들은 현대판 트로이의 목마 신화를 원하고 있습니다. 이들은 부다페스트에서 집권 중인 현 정부가 그들의 지위를 가능한 한 오래 유지할 수 있

도록 휴전을 필요로 합니다. 자유를 위한 투사들은 자신들을 반대하는 정부의 계획

에서 잠시라도 눈을 떼서는 안 될 것입니다.[7]

10월 30일에 너지가 일당제를 폐지하고, 1946년 마지막 자유선거에 참여했던 모든 민주 정당의 대표들로 이루어진 연립정부를 구성했으나, 라디오 프리 유럽은 여전히 확신하지 못했다.

국방부와 내무부는 여전히 공산주의자의 손아귀에 있습니다. 자유의 투사들이여,

이런 상황이 계속되지 않게 하십시오. 여러분들의 무기를 벽에 걸어놓지 마십시오.[8]

비록 라디오 프리 유럽이 미국 정부로부터 자금을 받았지만, 이 방송국은 미국 행정부로부터 공식적인 지침을 받지 않는 독립된 이사회와 관리인들에 의해 운영되고 있었다. 하지만 미국 국무장관이 자신의 발명품이라고 주장했던 "해방" 정책을 선전하는 매체로서 창설된 방송국의 발표문과 미국 정부 간의 차이점을 헝가리 자유의 투사들이 이해하리라고 기대하는 건 무리였다.

아이젠하워 행정부는 공개적으로 입장을 밝힌 경우가 많지 않았고, 입장을 밝힐 때도 무엇보다 소련을 안심시키려는 의도가 간절해 보였다. 의도치도 않게 아이젠하워 행정부의 발표는 라디오 프리 유럽 방송만큼 선동적이었던 것으로 드러났다. 소련군 병력이 10월 27일에 헝가리 수도로부터 철수하는 것처럼 보였을 때, 덜레스는 댈러스에서 마치 미국이 헝가리를 소련 몰래 소련의 위성권 밖으로 꾀어내려고 애쓰는 것처럼 보이는 연설을 했다. 덜레스는 만약 어떤 동유럽국이더라도 소련과 관계를 단절한다면 미국의 원조를 기대할 수 있을 것이라고 말했다. 그리고 "원조 받는 나라들이 어떤 특정한 사회 형태를 채택해야 한다."라는 조건을 붙이지 않겠다고 말했다. 다시 말하자면 미국의 원조를 받기 위해 동유럽국이 민주주의 국가가 될 필요까지는 없으며, 티토식 모델을 추구하고 바르샤바 조약만 탈퇴하면 충분하다는 것이다. 덜레스는 전형적인 미국식 성명을 발표하면서 이런 발언에 덧붙여 어떠한 사심도 없음을 강조했다. 미 국무장관에 따르면 미국은 "위성국들의 독립을 바라는 어떠한 숨은 동기도 없고," 이 나라들을 "잠재적 군사 동맹국"으로도 간주하지 않았다.[9]

어떠한 숨은 동기도 없다는 주장처럼, 미국 외교에서 주로 쓰는 수사적 표현은 안심을 주기는커녕 대체로 예측 불가능하거나 독단적이라는 신호로 해석되었다. 심지어 마르

크스주의를 신봉하지 않는 지도자들 사이에서도 그랬다. 어찌 됐든 소련은 이 단계에서 미국의 의도보다 미국의 행동을 더 우려했다. 8년 전 소련은 미국의 경제원조가 일종의 자본주의자들의 덫이라고 생각해서 동유럽의 마셜 플랜 참여를 거부한 적이 있었다. 바르샤바 조약에서 이탈하는 국가에 경제원조를 제공하겠다는 덜레스의 제안은 이런 두려움을 확인시켜줬을 것이다. 헝가리가 군사동맹을 뒤엎지 못하는 건 무엇보다도 미국이 자제하고 있기 때문이라고 덜레스가 대담하게 암시했기 때문에 정치적 격변의 가능성이 더욱 신빙성을 갖게 되었다.

소련을 자극적인 방식으로 안심시키는 덜레스의 방침과 더불어 아이젠하워의 10월 31일 연설에서 소련이 탄압에 의존한다면 응징을 초래할 수도 있다는 암시조차 빠졌다는 게 유달리 눈에 띄었다. 아이젠하워는 아마도 그 전날 소련이 동유럽 내 소련군 배치 기준을 비록 모호하기는 해도 겉보기에는 솔직하게 발표했기 때문에 유화적으로 말하도록 설득되었을 것이다. 동시에 아이젠하워는 헝가리 내 다른 지역에서 소련군 증원 병력의 이동이 대규모로 같은 시간대에 개시되었다는 사실도 틀림없이 알고 있었을 것이다. 소련을 향한 아이젠하워의 절제된 태도는 똑같은 방송 연설에서 수에즈 운하 위기와 관련해 영국과 프랑스를 비난했던 것과 너무 대조되었다.

헝가리와 관련하여 아이젠하워는 비록 미국이 소련의 동유럽 지배가 끝나기를 바라지만 "우리가 물론 무력에 의존해서 이런 정책을 시행할 수는 없습니다."라고 강조했다.[10] 그런 방침이 "동유럽 인민들의 최선의 이익에도 어긋나고 유엔 원칙의 준수에도 위배되기" 때문이라고 설명했다.[11] 이 말이 진실이기는 했지만 라디오 프리 유럽과 당시 미국의 협조를 간절히 원했던 자유의 투사들로서는 분명하게 와닿지 않았다. 한편 아이젠하워는 계속해서 "우리가 동유럽의 새로운 정부들을 잠재적 군사동맹으로 간주할 것이라는 그릇된 두려움을 없애려고" 노력했다. 그는 "우리는 그런 숨은 목적이 없습니다. 우리는 동유럽 인민들을 친구로 간주하며, 단지 이들이 자유로운 친구가 되기를 기원할 뿐입니다."라고 말했다.[12]

미국이 숨은 동기가 없다고 부인하는 대통령의 발언은 크렘린으로서는 국무장관의 입에서 나왔던 말만큼이나 설득력이 없었다. 마르크스 이념과 러시아 국익이 합쳐진 외교정책을 구사했던 소련인들은 솔직히 어떠한 이기적 동기도 없다고 부인하는 미국의 태도를 전혀 이해할 수가 없었다. 하지만 무력을 사용하지 않겠다는 입장만큼은 소련 정치국이 이해할 수 있었다. 소련이 동유럽에서 보복하기로 결정할 때의 가장 큰 두려움을 해소해줬기 때문이었다. 실제로 소련은 명백하게 보복할 준비를 하고 있었다.

헝가리 혁명의 와중에 아이젠하워 행정부가 발표한 두 가지 공식 성명이 의도치 않게 도발적이라는 게 역설적이었다. 동유럽에서 동맹국을 찾지 않겠다는 미국의 보장 때문에 소련 지도자들은 불안해졌다. 그 말이 마치 동유럽국들이 동맹을 뒤집을 수 있는 옵션을 갖게 되는 것처럼 들렸기 때문이다. 미국의 무력사용 포기는 붉은 군대가 봉기를 진압할 경우 미국의 대응에 대한 소련의 불안을 덜어주었기 때문에 위기에 한층 더 불을 붙였다.

한편 부다페스트의 상황은 개혁적인 정치 지도부조차도 통제하지 못할 정도로 혼란해지고 있었다. 10월 30일에 혁명 세력이 부다페스트의 공산당 당사를 점령했고 당사에 있었던 사람들을 학살했다. 희한하게도 희생자 중에는 너지의 최측근 인사 한 명도 포함되었다. 그날 오후 너지는 민주적 정당들의 연립정부가 존재했던 1945년에 기초해서 새로운 정부를 구성하겠다고 발표했다. 공산당 일당 통치의 종식은 부르주아 계열의 독립 소지주당(Small Holders' Party)의 대표이고 몇 년 전에 반역 혐의로 기소된 적이 있는 벨라 코바치의 내각 참여로 상징되었다. 이에 덧붙여 오랫동안 공산주의에 저항해왔던 상징적 인물인 요제프 민젠티 추기경도 감옥에서 석방되어 열광하는 군중 앞에서 연설했다. 너지는 헝가리 전역으로부터 소련군의 철수를 요구하면서 소련 측 특사로 온 정치국 국원인 미코얀과 소슬로프를 상대로 그런 취지로 협상을 시작했다. 많은 정당들이 사무실을 열었고 신문과 소책자를 발행하기 시작했다.

미코얀과 수슬로프는 너지의 제안이 협상 가능하다는 인상을 너지에게 주고 나서 겉으로는 마치 다음 협상을 준비하는 것처럼 모스크바를 향해 출발했다. 같은 날 저녁인 10월 31일, 〈프라우다(Pravda)〉와 〈이즈베스티아(Izvestia)〉는 둘 다 그 전날 발표되었던 공산주의 동지 국가 내의 외국군 주둔은 피주둔국과 바르샤바 조약기구 회원국 전체의 승인이 필요하다는 크렘린의 공식성명을 게재했다.

> 바르샤바 조약 회원국인 어떤 국가의 병력이든 또 다른 회원국의 영토 내에 주둔하려면 모든 회원국들의 동의가 있어야 하고, 병력이 주둔되어 있거나 주둔이 계획되어 있는 국가의 승인과 요청이 있어야만 한다.[13]

이런 언급에 기초해서 아이젠하워는 앞에서 언급한 10월 31일 방송을 통한 연설에서 소련 정부의 선언을 아주 낙관적으로 해석했다. "만약 소련이 정말로 자신이 발표한 의도대로 성실하게 행동한다면, 세계는 정의와 신뢰, 국가 간의 이해를 향한 우리 세대에

서 가장 위대한 큰 걸음을 목도할 것입니다."¹⁴

　일반적인 원칙 문제에 관한 소련의 성명이 전향적으로 들렸던 만큼이나 미국은 두 가지 결정적인 주의사항을 간과했다. 첫 번째는 철군도 주둔과 동일한 절차가 필요하다는 함의가 있었는데, 이는 소련에게 거부권을 주는 것이었다. 두 번째는 그 문단들이 헝가리의 "사회주의적 업적"이라고 소련이 규정한 것들이 포기된다면 소련이 이를 "허용하지" 않을 것이며, 필요하다면 다른 사회주의 국가와 더불어 수호하겠다는 불길한 경고를 특별히 헝가리에 보내고 있다는 점이었다.

> 인민민주주의 헝가리의 사회주의 업적을 수호하는 것은 현시점에서 노동자, 농민,
> 지식인, 그리고 모든 헝가리 노동 인민의 최우선적이고 신성한 의무이다.
> 　소련 정부는 사회주의 국가의 인민들이 인민민주주의 체제의 기반을 뒤흔들려는
> 국내외 반동세력들의 획책을 허용하지 않을 것이라는 확신을 표명한다. … 그들은
> 평화와 사회주의라는 위대한 대의명분을 뒷받침하기 위해 사회주의 국가들의 우애
> 적 단결과 상호 원조를 강화할 것이다.¹⁵

　이 성명에서 "인민민주주의 헝가리"로 언급했던 국가는 이미 그렇게 스스로를 부르지 않았고, 실제로 더 이상 그 자신이나 소위 사회주의적 업적을 유지할 처지가 못 되었다. 평생 공산당 간부였던 너지는 소련이 보내는 경고의 취지나 자신이 조장하고 있던 변화를 이해하지 못했을 리가 없었다. 하지만 이때까지 너지는 헝가리 국민의 분노와 완강히 반대하는 공산주의 동맹국들 사이에 끼인 채 통제하거나 이끌 수도 없는 물결을 타고 있었다. 폴란드인들과 달리 헝가리인들은 공산주의 정권의 자유화가 아니라 공산주의 정권의 파멸 그 자체를, 그리고 소련과의 평등이 아니라 소련으로부터의 완전한 관계 단절을 요구했다.

　이미 사실상의 연립정부를 수립한 뒤, 너지는 11월 1일에 헝가리의 중립과 바르샤바 조약으로부터의 탈퇴를 선언하는 최종적이고 불가역적인 조치를 취했다. 이 또한 고무우카가 폴란드에서 시도했던 것보다 훨씬 더 많이 나갔다. 너지는 근엄한 성명을 라디오로 발표했고, 나중에 이 성명 때문에 사형을 선고받았다.

> 헝가리 국민정부는 헝가리 인민과 역사에 대한 심오한 책임감에 고취되어, 수백만
> 헝가리인의 분열되지 않은 의지를 밝히며 헝가리 인민공화국의 중립을 선포한다.

헝가리 인민은 독립과 평등에 기초해, 그리고 유엔 헌장의 정신에 따라 주변국들과 소련, 그리고 전 세계 인민들과의 진정한 우호관계 속에서 살아가기를 원한다. 헝가리 인민은 어떠한 강대국 진영에도 참여하지 않은 채 헝가리 국민혁명의 성과를 공고히 하고 더욱 발전해 나가기를 열망한다.[16]

동시에 너지는 유엔에 헝가리의 중립을 승인해달라고 요청했지만, 아무런 답변을 받지 못했다.

소위 세계 공동체는 너지의 호소에 담긴 비애만큼이나 무관심한 태도를 보였다. 미국이나 미국의 유럽 동맹국들도 유엔이 너지의 메시지를 긴급하게 다루도록 하는 조치를 취하지 않았다. 그리고 소련은 자제를 요청하는 호소에 아랑곳하지 않았다. 지난 며칠 동안 헝가리로 쇄도해왔던 소련군은 11월 4일 오전에 경고도 없이 공격했고 헝가리의 혁명을 잔인하게 탄압했다. 과거 스탈린 시절 숙청의 피해자였고, 너지가 공산당 서기장으로 승진시켰으나 며칠 전에 의문스럽게 사라졌던 야노시 카다르가 새로운 공산주의 정부를 수립하고자 소련군과 함께 되돌아왔다. 팔 말레테르 헝가리군 사령관은 헝가리 내 소련군 사령관과 소련군의 철수를 협상하던 도중에 체포되었다. 유고슬라비아대사관으로 피신했던 너지는 유고슬라비아로 안전하게 이동하도록 해주겠다는 약속을 받고 대사관을 나오는 순간 체포되었다. 민젠티 추기경은 미국공사관에 피신해서 1971년까지 머물렀다. 이후 너지와 말레테르는 처형당했다. 스탈린의 영혼이 여전히 크렘린에 건재했다.

소련군 병력이 증강되고 있었던 이 결정적인 시기 내내 유엔은 오로지 수에즈 운하 문제를 놓고 영국과 프랑스를 비난하는 데 몰두하고 있었고, 11월 4일이 되어서야 마침내 헝가리의 비극적 사태에 시선을 돌렸다. 소련의 철수를 요청하는 안보리 결의안은 소련 대사가 즉각 거부권을 행사했다. 총회 특별회기에서 헝가리의 독립권을 확인하고 유엔 참관단의 헝가리 파견을 요구하는 유사한 결의안에 대한 표결이 진행되었다. 이는 그 운명적인 날의 두 번째 결의안이었으며, 그사이에 총회는 중동을 위한 유엔비상군을 창설했다. 중동과 관련된 결의안은 컨센서스로 통과되었고, 심지어 영국과 프랑스도 이 컨센서스에 동참했다. 헝가리 관련 결의안은 표결 결과 찬성 50, 반대 8, 기권 15로 통과되었다. 소련 진영은 반대했으며, 인도나 유고슬라비아와 같은 비동맹그룹 주도국들은 기권했고, 모든 아랍국들도 마찬가지로 기권했다. 중동 관련 결의는 이행되었으나, 헝가리 관련 결의는 무시되었다.

잔인하게 진압된 헝가리 봉기의 여파로 서방이 보다 단호하고 창의적인 외교를 했더라면 이 비극을 미연에 방지하거나 완화할 수 있었는지에 대한 의문이 제기되었다. 분명히 헝가리 내 소련군 병력은 며칠에 걸쳐 대규모로 증원되었다. 민주주의 국가들이 소련군이 공격하지 못하게 막을 만한 힘이 있었을까? 미국 정부가 가장 먼저 해방의 깃발을 들어올렸었다. 라디오 프리 유럽을 통한 미국의 선전선동은 덜레스가 1952년 자신의 〈라이프〉 지 기고문에서 예견했던 수준을 훨씬 넘어서는 희망의 분출을 만들어냈다. 헝가리가 폭발했을 때, 주헝가리 미국공사관은 헝가리의 공산주의 정치 구조가 와해되고 있다는 모든 기자들이 알고 있었던 소식을 틀림없이 국무부에 보고했을 것이다. 찰스 볼렌(Chales Bohlen), 르웰린 톰슨(Llewellyn Thompson), 포이 콜러(Foy Kohler), 조지 케넌(George Kennan) 등과 같이 조언을 제공할 수 있는 탁월한 소련 전문가들이 즐비한 상황에서 국무부가 적어도 소련의 군사개입 가능성을 고려하지 않았다는 것은 믿기 힘들다. 아무튼 아이젠하워 행정부는 소련이 개입할 경우 그 비용을 크게 높이려는 노력을 전혀 하지 않았다.

헝가리에서 격변이 일어나는 동안 미국은 자신의 수사적 표현에 한참 미치지 못했다. 공산주의 세력의 동유럽 통제를 뒤엎기 위해 전쟁을 무릅쓸 용의가 없다는 게 지난 10년의 미국 정책에서 노골적으로 드러났다. 하지만 미국은 이 사태에 영향을 주기 위해 전쟁까지 가지 않는 어떠한 옵션도 진지하게 검토하지 않았기 때문에 미국이 선언했던 것과 실제로 지지할 각오가 되어 있던 것 사이에 상당한 간극이 생겼다. 미국은 경험이 없는 신생 헝가리 정부에 미국이 지원해줄 수 있는 한계가 어디까지인지 전혀 설명해주지 않았다. 그리고 가용한 다양한 통로를 통해서 헝가리인들에게 돌이킬 수 없는 다음 조치를 취하기 전에 이미 얻어낸 이득을 어떻게 공고히 할지에 대해서도 전혀 조언을 해주지 않았다. 미국은 소련 지도부와 대체로 공개 성명에 의존해서 소통했다. 이런 방식은 결국 아이젠하워 행정부가 의도했던 것과 정반대의 유인들을 만들어내고 말았다.

소련의 개입 결정에 관한 계산을 복잡하게 만들거나 적어도 개입에 따른 후과가 없지 않다는 것을 보여주려고 했다면 미국은 더 단호하고 명확한 입장을 밝혔어야 했다. 미국은 소련이 헝가리를 탄압한다면 중대한 정치적, 경제적 비용이 뒤따를 것이고 가까운 장래에 동-서 관계가 얼어붙을 것이라는 경고를 할 수도 있었다. 미국과 유엔은 헝가리 사태에 대해 수에즈 운하 사태와 일관되게 대응을 할 수도 있었다. 하지만 그러기는커녕 미국과 동맹국들은 이 사건의 여파와 아무런 이해관계가 없는 구경꾼인 양 행동했다.

민주주의 국가들은 헝가리 문제로 전쟁할 입장이 전혀 못 되었지만, 소련이 탄압한다면 정치적, 경제적으로 대가를 치를 것이라고 엄포를 놓을 수도 있었다. 물론 사실은 그렇지 않았기 때문에 크렘린은 헝가리에서 한 행동에 대해서 거의 아무런 경제적 대가를 치르지 않았다. 헝가리 비극이 있고 나서 2년 정도 지난 후에 소련이 베를린에 관한 최후통첩을 발표했음에도 불구하고, 해럴드 맥밀런(Harold Macmillan) 영국 총리가 제2차 세계대전 이후 총리로서 최초로 모스크바를 방문했다. 3년이 채 안 되어 아이젠하워와 흐루쇼프는 캠프 데이비드 정신을 축하하고 있었다.

수에즈 운하 위기는 인도나 유고슬라비아와 같은 비동맹그룹 주도국과 아랍국에 영국과 프랑스를 비난할 수 있는 계기를 마련해줬다. 하지만 헝가리 사태와 관련해서 이 똑같은 그룹은 소련의 행동을 비판하기를 거부했고, 유엔에서의 규탄은 말할 필요도 없었다. 헝가리와 수에즈 운하에 관한 유엔 표결을 약간이라도 서로 연계했더라면 바람직했을 것이다. 적어도 영국과 프랑스에 대한 미국의 조치는 헝가리에서의 소련의 행동에 대한 비동맹그룹 국가들의 상호적인 태도에 맞춰졌어야 했다. 나중에 밝혀진 일이지만 헝가리에서 저지른 소련의 부정적 행동에도 불구하고 비동맹그룹에서 소련의 영향력은 전혀 손상되지 않았던 반면, 미국은 수에즈 운하 위기 당시 보여준 태도에도 불구하고 비동맹그룹에 대한 영향력을 확대하지 못했다.

1950년대에 소위 비동맹그룹은 국제관계에 대한 새로운 접근법을 보여줬다. 물론 중립국은 항상 존재해왔지만, 중립국의 가장 두드러진 특징은 수동적인 외교정책이었다. 이와 대조적으로 냉전기 때 비동맹그룹은 자신들이 중립이라고 해서 불개입적인 태도를 취해야 하는 것은 아니라고 보았다. 이들은 힘을 규합하고 자신들의 영향력을 확대하기 위해 고안된 토론장에서 설정된 의제들을 홍보하면서 적극적이고 때로는 예리한 목소리를 내는 행위자였다. 사실상 비동맹이라는 동맹을 구축하고 있었던 것이다. 이들은 국제적 긴장 상황에 대해 불평을 늘어놓을 때는 목소리가 상당히 컸지만, 이런 긴장으로부터 이득을 어떻게 얻어내야 하는지 알고 있었다. 초강대국들이 서로 싸우게 하는 법도 배웠다. 그리고 미국보다 소련을 더 두려워했기 때문에 대체로 공산주의자들의 편을 들었고, 미국을 상대로 했던 것과 똑같이 소련에 대해서도 도덕적으로 엄중한 잣대를 들이대야 한다고 느끼지 않았다.

자와할랄 네루(Jawahalrlal Nehru) 총리는 11월 16일에 인도 의회에 왜 인도가 헝가리에서의 소련의 행동을 규탄하는 유엔 결의안 승인을 거부했는지에 대해서 복잡하고 이해하기 힘든 근거를 댔다.[17] 그는 사실관계가 "모호하고", 결의안이 부적절하게 쓰여졌으며, 유엔의 감시하에 자유선거를 실시하라는 요구는 헝가리의 국가 주권을 침해하는 것이라고 말했다.

사실 관계는 전혀 모호하지 않았고 인도는 전적으로 현실정치의 관행을 따라 대응했을 뿐이었다. 아주 간단히 말해서, 인도는 국제 회의에서 소련의 지지를 포기하고 싶지 않았다. 인도로서는 중국 및 파키스탄과 국경을 맞대고 있는 상황에서 멀리 떨어진 어떤 유럽 국가를 놓고 소련의 분노를 초래하고 잠재적인 무기 공급을 희생시키는 게 말이 되지 않는다고 보았다. 게다가 소련은 그다지 멀리 떨어져 있지도 않았다.

인도 외교관들은 마치 자신들이 순전히 도덕적 가치에 기초해 승자를 선택할 권리를 지닌 안목 있는 청중인 척할지 모르겠지만, 인도는 외교정책을 옥스퍼드 유니언(Oxford Union, 옥스퍼드 대학교의 유서 깊은 토론 클럽—옮긴이)의 토론처럼 생각하지 않았다. 인도 지도자들은 영국에서 학교를 다녔고 미국 고전을 읽었다. 이들은 윌슨과 글래드스턴의 수사에 디즈레일리와 시어도어 루스벨트의 실천을 결합했다. 인도인들의 관점에서 볼 때, 그들의 대화 상대가 인도의 수사적 표현이 인도의 관행에 대한 지침이라거나 혹은 인도의 외교정책이 추상적이고 우월한 도덕성의 지배를 받는다고 착각하지 않는 한 이런 태도는 아주 합당한 것이었다.

헝가리의 비극이 있고 나서 6주일이 지난 12월 18일, 덜레스는 기자회견을 통해 헝가리 봉기에 대한 미국 대응의 배후에 있는 논리를 설명했다. 놀랍게도 덜레스는 여전히 미국의 의도는 평화적이라며 소련을 안심시키려고 했다.

> 우리는 한 무리의 적대적인 국가들로 소련을 포위하거나, 제1차 세계대전 후에 적대 세력으로 소련을 에워싸려는 목적으로 주로 프랑스가 고안했던 소위 방역선(cordon sanitaire)을 되살릴 생각이 없습니다. 우리는 이 점에 있어서, 진정한 독립을 향한 위성국들의 진화—평화적 진화—를 그런 식으로 촉진하기를 희망하는 우리의 정책을 분명히 밝혔습니다.[18]

정말로 놀라운 성명이었다. 소련의 팽창주의에 대항할 능력 있는 세력들로 소련을 포위하려고 시도조차 하지 않는다면 도대체 무엇이 봉쇄란 말인가? 마찬가지로 주목할 만한 사실은 헝가리에서 소련이 무자비함을 과시하고 동시에 중동에서 무력 위협을 보여준 지 얼마 되지도 않았는데 덜레스가 미안해하는 말투로 발표했다는 점이다. 1957년 3월 13일 호주에서 열린 기자회견에서 덜레스는 직설적으로 미국의 태도를 요약했다. 뼛속까지 변호사였던 그는 어떠한 법적 의무도 없다는 논리에 기초해서 자신의 주장을 밝혔다.

우리가 헝가리에 군사원조를 제공할 아무런 근거가 없었습니다. 우리는 그렇게 하 겠다고 약속한 적이 없었으며, 그리고 그렇게 하는 것이 헝가리 인민이나 유럽인들, 혹은 전 세계에 도움이 된다고 생각하지도 않았습니다.[19]

덜레스는 계속해서 핵심을 놓치고 있었다. 문제는 법적인 것이 아니었다. 미국이 자 신의 약속을 이행했는지가 아니라 미국이 자신의 선언이 의미하는 바에 부합하게 행동해 왔는지가 핵심이었다.

미국은 보편적 사명을 선언했기 때문에 불가피하게 원칙과 국익 사이의 간극에 직 면하게 되었다. 수에즈 운하 위기와 헝가리 봉기가 함께 일어난 상황이 그런 경우였다. 미국은 강력하고 보편적 속성을 지닌 자신의 격언에 따라서 외교정책을 수행한다는 위대 한 꿈을 항상 갖고 있었다. 그러나 10년 동안 미국의 정책입안자들은 세계적인 리더십의 애매모호한 상황 때문에 좌절해왔다. 즉, 일상적인 외교에 도움이 되는 불완전한 명분들 을 용인해야 했고 역사적 관점이 아주 다른 동맹국들의 견해에도 주의를 기울여야 했다. 수에즈 운하 위기는 이런 결점을 바로잡고 정책이 원칙에 부합하게 만들 계기를 제공하 는 것처럼 보였다. 미국과 가장 가까운 동맹국들을 공격하는 행동과 관련된 바로 그 고통 이 미국의 도덕적 순수성을 다시 신성하게 하는 역할을 했다는 점에서 속죄의 효과가 있 었다.

헝가리 봉기는 어떤 형태로든 힘을 쓰도록 요구했기 때문에 더 복잡한 사례였다. 하 지만 미국 지도자들은 비록 양심에 거슬리기는 했지만 미국의 직접적인 안보 이익과 무 관한 명분을 위해서 미국인들의 목숨을 걸 의향이 없었다. 원칙은 어떤 애매모호함도 어 떤 차등(gradations)도 허용하지 않는다. 미국은 수에즈 운하 위기에서 자신의 격언을 순 수하게 적용하겠다고 고집할 수 있었다. 그렇게 하더라도 그 후과로 즉각적인 위험이 없 었기 때문이다. 미국은 헝가리 봉기에서 다른 나라들이 한 것처럼 현실정치를 마지못해 따랐다. 만약 원칙을 고집한다면 전쟁, 어쩌면 핵전쟁이라는 피할 수 없는 위험이 뒤따를 것이기 때문이었다. 그리고 목숨이 걸린 문제라면 정치인은 국민과 자기 스스로에게 위 험과 이익의 관계—비록 포괄적이고 대략적으로 정의된다 할지라도—를 설명해야 할 의 무가 있다. 미국이 헝가리를 해방하기 위해서 용감하게 나설 의향보다 소련이 동유럽에 서의 자신의 지위를 수호하기 위해 더 큰 위험을 감수할 각오가 분명히 되어 있었다. 무 엇도 이런 계산을 피해갈 수 없었다. 봉기 이전에 나온 발언들을 보면 미국의 헝가리에 관한 정책은 실제로 빈약했다. 미국의 이익 측면에서 전쟁 위험을 감수하기를 거부하는 태도는 불가피하면서도 적절했다. 물론 소련이 개입할 경우 비군사적 수단을 동원해서 비싼 대가를 치르게 하는 방안조차 꺼렸다는 사실은 설명이 되지 않는다.

헝가리와 수에즈 운하가 나란히 놓이자 냉전의 다음 단계 좌표가 설정되었다. 소련은 동유럽에서 위상을 가까스로 유지했고, 미국을 비롯한 민주주의 국가들은 중동에서의 위상이 상대적으로 위축되었다. 소련은 봉쇄정책을 우회하는 방법을 찾아냈다. 소련군이 부다페스트를 유린했던 다음 날, 무력진압이 여전히 진행되고 있을 때 흐루쇼프는 서유럽을 핵미사일로 공격하겠다고 위협했고, 미국을 상대로 미국의 가장 가까운 두 동맹국에 맞서 중동에서 공동으로 군사행동을 개시하자고 제안했다. 미국은 헝가리를 역사의 진화라는 바다에서 표류하도록 방치했고, 동맹국들에는 무력감을 안겨주었다.

이 당시에는 소련의 태생적 약점이 아직 명확하지 않았다. 역설적으로 힘의 관계를 지지하는 공산주의자들은 나중에 지속 불가능하다고 밝혀졌던 모험적 행동을 개시했다. 공산주의 지도자들은 객관적 요인들에 대해 마음껏 열변을 토했을지도 모르지만, 선진국에서만 발생한다는 혁명이 공산주의 세력권 내부에서 일어나고 있었다는 사실 그 자체는 그대로 남아 있었다. 만약 소련이 동유럽에서 핀란드 체제와 같은 정부를 수립해서 스스로를 에워쌌더라면 장기적으로 훨씬 더 안전해졌을 것이고 경제적으로도 부강해졌을 것이다. 이런 방식은 이 나라들의 내부적 안정과 경제적 발전을 책임질 필요가 없기 때문이다. 대신에 동유럽에서의 제국주의는 소련의 자원을 소진시키고 서방 민주주의 국가들을 겁주기만 했지 소련의 국력을 강화시키지는 못했다. 공산주의가 정부와 언론을 통제한다고 해서 대중이 공산주의를 받아들이는 것은 결코 아니었다. 만약 동유럽의 공산주의 지도자들이 전적으로 소련의 총검에 의존하기를 원치 않았다면, 그들은 반대파인 민족주의 세력의 정치적 프로그램에 어쩔 수 없이 적응해야 했다. 그리하여 피비린내 나는 공포의 초기 단계가 지나간 후, 야노시 카다르는 비록 바르샤바 조약 탈퇴까지는 가지 못했지만 임레 너지가 세웠던 목표를 향해 서서히 나아갔다. 한 세대가 지난 후, 잠복하고 있었던 소련의 약점이 드러나자 헝가리의 봉기가 공산주의 체제의 궁극적인 파탄을 예고한 전조가 되었다. 그 모든 일들이 일어났음에도 불구하고 10년도 못 가서 헝가리는 폴란드보다 내부적으로 더 자유로워졌고 외교정책도 소련으로부터 더 독자적으로 되었다. 그리고 35년이 지난 후, 소련의 자유화 시도라는 다음 국면에 들어서자 소련은 상황 전개에 대한 통제력을 완전히 상실했다.

1956년의 결과는 또 다른 한 세대의 고난과 탄압에 일조했다. 최종적으로 붕괴하기 전까지의 기간이 역사학자에게 아무리 짧게 보일지라도, 전체주의 체제의 속성으로 인해 수많은 희생자들이 겪어야 했던 괴로움은 가늠하기조차 어렵다. 이 사건 직후에 자본주의자들만큼이나 힘의 균형을 오판한 소련은 확신을 가질 만한 충분한 이유를 발견했다. 소련 정치국은 그해의 사건으로 힘의 균형이 자신에게 유리하게 기울어졌다고 해석하고 냉전기에서 가장 심각한 도전에 착수했다. 베를린에 대한 최후통첩을 한 것이다.

23

흐루쇼프의 최후통첩:
1958-1963 베를린 위기

Khrushehev's Ultimatum: The Berlin Crisis 1958-63

　　포츠담 회담에서 승전국 지도자 세 명은 미국, 영국, 프랑스, 소련으로 구성된 4대 점령국이 베를린을 통치하기로 결정했고, 또한 이 나라들이 독일도 공동 관리하기로 했다. 나중에 밝혀졌듯이, 4개국의 독일 공동 관리는 일 년 남짓 지속되었다. 1949년이 되자 서방 구역은 독일연방공화국(서독)으로 통합되었고, 소련 구역은 독일민주공화국(동독)이 되었다.

　　베를린에 관한 4개국 합의에 따르면, 이 도시는 서독이건 동독이건 독일의 일부가 아니었고, 공식적으로 제2차 세계대전에서 승리한 4대 연합국의 지배를 받고 있었다. 소련은 베를린 동부의 넓은 구역을 점령했고 미국은 남부 구역을 가졌으며 영국과 프랑스는 각각 서부와 북부 구역을 가졌다. 베를린 전체가 이제 독일민주공화국이 된 국가의 내부에 있는 섬이 되었다. 해가 갈수록 동독과 소련에게 베를린의 3개 서방 구역은 눈엣가시와 같은 존재로 여겨졌고 공산 진영의 암울한 회색빛 한가운데 자리한 번영의 상징이 되었다. 가장 중요한 사실은 서베를린이 서독으로 이민하려는 동독인들의 통로 역할을 했다는 점이다. 이들은 그냥 지하철을 타고 베를린의 서부 구역 중 한 곳으로 와서 이민을 신청했다.

놀랍게도 베를린이 명백하게 4개국의 지배를 받는 지위였음에도 불구하고, 베를린으로의 통행에 대한 명확한 합의가 협상된 적이 전혀 없었다. 비록 4개국이 베를린으로 가기 위한 다양한 도로나 항공로를 지정하기는 했지만, 통행 메커니즘에 대한 명시적인 합의는 없었다. 1948년에 스탈린은 이런 허점을 이용해서 베를린으로 가는 통로가 수리 중이라는 기술적인 이유로 베를린 봉쇄를 실시한 적이 있었다. 1년에 걸친 서방의 공수작전 끝에 베를린으로의 통행이 회복되었으나 법적 권한은 여전히 모호한 상태로 남아 있었다.

봉쇄 직후 몇 년 만에 베를린은 비상상황에서 더 이상 공수작전으로 필요 물자를 공급할 수 없을 정도의 주요 산업 중심지로 성장했다. 비록 베를린이 여전히 기술적으로 4개국이 관리하는 도시였고 소련이 통행을 책임지고 있었지만, 실제로는 위성국인 동독이 자신의 수도인 동베를린에서 그 통로들을 통제하고 있었다. 그래서 베를린은 매우 취약한 처지가 되었다. 도로와 철도, 항공 노선은 아주 사소한 문제로도 쉽게 차단당할 수 있었다. 이런 문제들은 누적되다 보면 베를린의 자유를 위협할 수도 있었지만 무력으로 저항하기도 어려웠다. 이론적으로, 모든 군사적 수송은 소련이 통제하는 검문소를 통과하도록 되어 있었지만, 이는 허구였다. 동독 경비요원이 출입구를 통제했고, 소련군 장교들은 이견이 있는 경우에 인근 간이건물에서 어슬렁거렸다.

힘의 상관관계(correlation of forces)가 영구히 바뀌었다는 것을 과시할 만한 장소를 찾고 있던 흐루쇼프가 베를린의 취약성을 이용하기로 한 것은 그다지 놀랄 만한 일이 아니었다. 그는 회고록에 이렇게 적었다. "대놓고 말하자면, 유럽에 있는 미국인의 발에 아픈 물집이 있었다. 그게 서베를린이었다. 미국인의 발을 밟아 고통을 느끼게 해주고 싶을 때마다 우리는 독일민주공화국 영토를 가로질러 베를린으로 가는 서방의 교통을 방해하기만 하면 됐다."[1]

흐루쇼프가 베를린에서의 서방의 입지에 도전했던 바로 그 순간, 민주주의 국가들은 현직 소련 공산당 서기장이 평화를 위한 최선의 희망이라고 재차 확신하고 있었다. 존

포스터 덜레스처럼 소련을 매우 회의적으로 바라봤던 사람조차도 1956년 2월 제20차 공산당대회에서 흐루쇼프가 했던 연설(스탈린 격하 발언이 있었다.―옮긴이)을 보고 소련의 정책에서 "주목할 만한 변화"를 인식했다고 공언했다. 그는 소련 통치자들이 "비공산주의 세계에 대한 자신들의 접근법을 근본적으로 변경할 때가 됐다."라고 결론 내렸다고 말했고, "이제 불관용을 덜 표명하고 폭력을 덜 강조하는 외교정책 목표를 추구한다."고 덧붙였다.[2] 같은 이유로 수에즈와 헝가리 위기가 발생한 지 일 년이 채 안 지난 1957년 9월에 르웰린 톰슨(Llewellyn Thompson) 주소련 미국 대사는 모스크바로부터 흐루쇼프가 "서방과의 관계에서 진정으로 데탕트를 원하고 있으며, 어쩔 수 없이 데탕트를 해야만 하는 상황에 있다."라고 보고했다.[3]

흐루쇼프의 행동은 그런 낙관주의를 뒷받침해주지 않았다. 1957년 10월에 소련이 지구 궤도에 스푸트니크 인공위성을 쏘아 올리자 흐루쇼프는 본질적으로 일회성에 불과한 이 성과를 소련이 군사 분야뿐 아니라 과학 분야에서도 민주주의 국가들을 앞지르고 있는 증거라고 해석했다. 심지어 서방에서조차도 계획 체제가 궁극적으로 시장경제보다 더 우수하다고 입증될지도 모른다는 주장이 신빙성을 얻기 시작했다.

아이젠하워 대통령은 거의 유일하게 공황상태에 빠지지 않았다. 군 출신 인사로서 아이젠하워는 시제품과 실제 운용 중인 무기의 차이점을 이해했다. 반면에 흐루쇼프는 자신의 자랑거리를 진지하게 여기면서 우월한 소련 미사일을 일종의 외교적 돌파구로 써 먹는 외교적 공세를 개시했다. 이런 공세는 오랜 기간에 걸쳐 지속되었다. 1958년 1월에 흐루쇼프는 덴마크 기자에게 이렇게 말했다.

> 소련의 스푸트니크 발사는 무엇보다도 … 사회주의 국가들과 자본주의 국가들 간의 힘의 균형에서 사회주의 국가들에 유리한 쪽으로 중대한 변화가 발생했다는 사실을 보여주고 있습니다.[4]

흐루쇼프는 소련이 미국보다 과학적, 군사적으로 앞서 있을 뿐만 아니라 조만간 산업 생산량도 앞설 것이라고 몽상했다. 1958년 6월 4일에 흐루쇼프는 제7차 불가리아 공산당대회에서 "우리는 사회주의 국가들의 산업 생산이 속도뿐 아니라 규모에서도 가장 선진화된 자본주의 국가들을 앞지르는 시기가 다가오고 있다고 굳건히 확신하고 있습니다."라고 말했다.[5]

열렬한 공산주의자인 흐루쇼프는 실제로 이처럼 변했다고 추정되는 힘의 균형을 외교적 자산으로 전환하는 방안을 모색하도록 요구 받았다. 베를린이 그의 첫 번째 목표물이었다. 흐루쇼프는 세 가지 구상을 갖고 도전했다. 1958년 11월 10일에 그는 연설을 통해서 베를린에 대한 4개국 지위 종결을 요구했고, 베를린 통행에 관한 소련의 통제권을 위성국인 동독에 넘기겠다고 경고했다. 그날 이후로 흐루쇼프는 "미국, 영국, 프랑스가 독일민주공화국과 관계를 수립하고 베를린과 관련한 어떤 문제라도 독일민주공화국과 합의하게 하겠다."라고 단언했다.[6] 11월 27일에 흐루쇼프는 이 연설의 핵심내용을 미국, 영국, 프랑스에 공식문서로 전달하면서 베를린에 관한 4개국 협정이 무효라고 선언했고 서베를린이 비무장된 "자유 도시(free city)"가 되어야 한다고 강하게 주장했다. 만약 6개월 내로 아무런 합의가 없으면 소련이 동독과 평화조약을 체결할 것이고 자신의 점령권과 통행로를 독일민주공화국에 넘기겠다고 했다.[7] 흐루쇼프는 서방 동맹국들에게 최후통첩이나 다름없는 메시지를 전달했다.

1959년 1월 10일에 흐루쇼프는 다른 세 점령국에 베를린과 동독의 새로운 지위를 규정한 평화조약 초안을 제출했다. 그달 말에는 제21차 공산당대회에서 자신의 정책에 대한 근거를 상세히 설명했다. 마치 물건을 팔려는 사기꾼처럼 한편으로는 소련의 국력을 아주 높게 올려 잡았다. 흐루쇼프는 중화인민공화국과 더불어 소련이 이미 전 세계 산업 생산의 절반을 만들어내고 있다고 제시했고, 따라서 "국제적 상황이 근본적으로 바뀔 것이다."라고 했다.[8]

흐루쇼프는 공격지점을 아주 능숙하게 골랐다. 베를린으로 향하는 통행로를 동독이 통제하기로 한 결정은 간접적인 도전이었다. 민주주의 국가들은 위성국인 동독을 승인하든지 아니면 누가 통행증에 도장을 찍어줘야 하는가라는 기술적 문제를 놓고 전쟁을 하겠다고 위협해야 하는지의 문제에 직면했다. 하지만 천성적으로 허세를 부리는 성향이 있었던 흐루쇼프는 이런 허세로 소련의 진정한 약점을 감췄다. 동독은 수십만 명의 자국민 인력을 상실하고 있었고, 때로는 동독인들 중에서 가장 유능한 전문직 종사자들이 베를린을 거쳐 서독으로 도망갔다. 베를린은 철의 장막의 거대한 구멍이 되고 있었다. 이런 추세가 지속된다면 자칭 "노동자의 천국"인 동독에 노동자가 아무도 남지 않을 판이었다.

동독은 소련 세력권에서 가장 취약한 고리였다. 더 크고 더 번영하는 서독을 국경 너머 마주 보면서 소련 위성국들로부터만 외교적으로 승인된 동독은 정통성이 부족했다. 베를린을 통한 인력 유출은 동독의 생존 자체를 위협했다. 만약 아무런 조치도 취하지 않는다면 국가 전체가 몇 년 내로 붕괴할 수도 있다고 동베를린 지도자들은 판단했다. 만약 이렇게 된다면 흐루쇼프가 공고화하려 했던 소련 세력권이 엄청난 타격을 받게 될 것이다. 흐루쇼프는 탈출로를 차단함으로써 동독이라는 위성국의 수명을 연장하려고 했다. 그리고 서방에 후퇴하라고 강요함으로써 독일연방공화국(서독)과 서방 간의 연대를 약화시키려고 했다.

흐루쇼프의 최후통첩은 아데나워 정책의 핵심을 찔렀다. 거의 10년간 아데나워는 서방과의 연대를 희생하는 대신 통일을 촉진하자는 모든 제안을 거부했다. 소련은 1952년에 스탈린의 평화 각서로 중립주의를 독일 대중에게 선보여 아데나워를 반대했던 국내 세력들의 지지를 받았다. 아데나워는 미국과 독일의 이익이 동일하다는 명제에 독일의 미래를 걸었다. 독일연방공화국이 대서양 방위체제에 가담하고 동맹국들이 독일 통일을 동—서 외교의 필수불가결한 부분으로 만든다는 암묵적인 거래가 있었다. 따라서 아데나워에게 베를린 위기는 단순한 통행절차를 넘어서는 훨씬 더 큰 문제였다. 독일연방공화국의 친서방 노선이 타당한지가 시험 받았다.

아데나워로서는 동독의 지위가 신장되면서 통일이 동서독 간의 직접 협상에 맡겨져야 한다는 소련의 주장에 힘이 실리는 상황을 피할 수 없었다. 독일 사회민주당(SPD)이 여전히 중립주의 노선을 견지하는 상황에서 이처럼 동맹국들이 독일민주공화국(동독)을 사실상 승인한다면 독일 내부에서 정치적 혁명이 일어나게 될 것이다. 드골에 따르면 아데나워는 1959년 12월에 있었던 정상회담에서 이렇게 말했다.

> 만약 베를린을 잃게 된다면 저의 정치적 입지는 즉각 위태로워질 것입니다. 사민당원들이 본(Bonn, 서독의 수도)에서 권력을 차지할 것입니다. 이들은 소련과 직접 협의를 진행할 것이며 그렇게 된다면 유럽이 끝장날 것입니다.[9]

아데나워의 시각에서 볼 때, 흐루쇼프의 최후통첩은 무엇보다도 독일연방공화국을 고립시키려는 의도가 있었다. 소련의 협상 의제는 서독을 승산 없는 상황에 놓이게 했다. 서방이 어떠한 양보를 하건 간에 그 대가로 기껏해야 베를린 통행이라는 이미 갖고 있는 권리를 받을 뿐이었다. 동시에 위성국인 동독이 (국가로 승인받아) 독일 통일에 관한 거부권을 갖게 되고, 결국 교착상태에 빠지거나 아니면 아데나워가 회고록에서 밝혔던 것과 같은 결과에 이르게 될 것이다.

우리는 독일의 서방 진영으로부터 이탈과 유럽 통합의 포기라는 대가를 지불하고 독일의 재통일을 살 수 없었다. 이렇게 되면 속박에서 풀려난 무방비 상태의 독일이 유럽의 중심부에 들어설 것이고, 반드시 동방과 서방을 서로 싸움 붙이려는 유혹을 받을 것이기 때문이다.[10]

요컨대 아데나워는 흐루쇼프가 개괄적으로 제시했던 조건은 어떻게 협상하더라도 결국 이득이 될 수 없다고 보았다. 하지만 만약 협상이 불가피하다고 밝혀진다면 아데나워는 이 협상을 서방에 의존하는 자신의 노선이 현명하다는 점을 증명하는 기회로 활용하고 싶었다. 그는 흐루쇼프의 최후통첩에 양보로 대응하는 방안을 강력히 반대했으며, 서방의 독일 통일 계획이 자유선거에 기초하기를 원했다.

하지만 영-미 동맹국은 아데나워의 의견에 공감하지 않았다. 특히 영국이 더 그랬다. 해럴드 맥밀런(Harold Macmillan) 총리와 영국 국민은 패망한 적국의 수도를 위해 전쟁 위험을 감수하고 싶지 않았다. 더욱이 이 적국은 강대국이라는 영국의 지위를 파멸시킨 것에 대한 책임이 컸다. 프랑스와 달리 영국은 자신의 장기적 안보를 독일의 미래와 동일시하지 않았다. 한 세대에 두 번이나 영국은 미국의 개입으로 인해 유럽을 거의 정복할 뻔했던 독일의 공격으로부터 간신히 살아남았다. 물론 영국은 대서양 동맹을 지키고 싶었지만, 만약 선택을 해야 한다면 미국과의 결별보다 유럽으로부터의 고립이라는 위험을 감수하려고 했다. 영국 지도자들은 아데나워의 국내적 딜레마보다 아이젠하워의 국내적 딜레마를 훨씬 더 우려했다. 궁극적인 위기 상황에서 국내적 지지를 이끌어낼 아이젠하워의 능력이 영국의 생존에 훨씬 더 중요하다고 본 것이다. 이런 이유 때문에 영국 지도자들은 독일의 서방과의 단결에 판돈을 크게 걸지 않으려 했고, 아데나워의 불안감을 법적 현학주의라는 가면을 쓴 민족주의로 해석했다.

뼛속까지 실용주의자였던 영국 지도자들은 통행증 도장을 찍어주는 권한을 소련 당국자로부터 대리인인 동독인들에게 넘겨줬다는 이유로 핵전쟁의 위험을 감수하겠다는 게 기이하다고 생각했다. 핵전쟁의 끔찍한 결과에 비추어볼 때, 1940년 당시 프랑스의 사기를 떨어뜨렸던 "왜 단치히를 위해 죽나?"라는 구호는 훨씬 더 심기를 불편하게 하는 "왜 통행증 도장 때문에 죽나?(Why die for a transit stamp?)"라는 구호 앞에서 분명 무색해졌을 것이다.

맥밀런은 그리하여 통행 절차를 "개선"할 수도 있고, 최소한 시간이라도 소모할 수 있는 협상이라면 어떤 협상이 되었건 간에 열렬히 지지했다. "만약 모든 국가 원수가 상대방의 영토에서 유유자적하게 돌아다니고 있다면, 사람들은 급작스럽고 치명적인 폭발

이 일어날 것이라고 거의 믿지 못할 것이다."라고 맥밀런은 나중에 회고했다.[11]

동맹국들의 모든 수장 중에서 아이젠하워가 제일 큰 책임을 떠안고 있었다. 핵전쟁의 위협을 감수한다는 결정이 궁극적으로 그의 어깨 위에 놓여 있었기 때문이다. 미국으로서는 베를린 위기를 겪으며 실감하게 된 사실이 있었다. 즉, 미국이 10년 동안 핵무기를 독점하거나 거의 독점적인 지위를 누렸을 때는 핵무기로 인해 신속하고 상대적으로 적은 비용으로 안보를 달성할 수 있었지만, 핵 능력이 동등해지는 시대에는 핵무기가 위험을 감수하려는 미국의 의향을 갈수록 제한하고 그에 따라 외교적 책략을 구사할 자유도 제약한다는 점이었다.

미국 본토가 공격으로부터 본질적으로 안전한 상태로 있는 한, 핵무기는 미국에 예전에 어떤 국가도 누린 적 없었던 이점을 제공했다. 하지만 자주 있는 일이지만, 이런 이점이 막 사라지려던 시점에 그 이점을 가장 정교하게 체계화하는 작업이 이루어졌다. 미국이 핵무기를 독점하던 시기, 혹은 거의 독점하던 시기가 끝나갈 무렵에 델레스는 소련의 공격을 억제하고 향후 한국전쟁처럼 시간을 오래 끄는 교착상태를 피하기 위해 "대량보복(massive retaliation)"이라는 개념을 개발해냈다. 미국이 침략이 발생한 곳에서 대항하기보다 문제를 일으킨 원점을 미국이 선택한 시간에 선택한 무기로 보복하겠다는 것이다. 하지만 대량 보복이 선포되고 있을 무렵에 소련은 수소폭탄과 대륙간탄도미사일을 개발하기 시작했다. 그래서 이런 전략에 대한 신뢰도가 급속도로, 그것도 실제 현실보다 인식 차원에서 더 빨리 사라지기 시작했다. 전면적인 핵전쟁은 베를린 위기를 비롯해서 대부분의 예측 가능한 위기에서 해결책으로 사용하기에는 그야말로 너무나 과도한 해결책이었다. 확실히 민주주의 국가의 지도자들은 흐루쇼프가 거칠게 부풀렸던 소련의 미사일 역량을 너무 글자 그대로 받아들였다(아이젠하워만 두드러지게 예외였다). 하지만 1958년이 되자 만약 전면적인 핵전쟁이 발발하면 며칠 내로 양차 세계대전의 사상자 합계를 왜소하게 보일 정도의 피해가 발생할 것이라는 데는 논쟁의 여지가 없었다.

이런 냉혹한 방정식으로 인해 핵전쟁을 하겠다는 위협을 믿게 만들기 위해 필요한 외교와 세상의 종말에 가까운 위험을 각오하도록 민주주의 사회의 여론을 결집시키는 일이 근본적으로 양립 불가능해졌다. 아마겟돈과 같은 종말[12]이 오더라도 맞설 것이라고 상대방이 믿게 하려면, 도전받을 경우 즉각 대응에 나서야 할 뿐 아니라 어떤 침략국도 시험할 엄두조차 안 나게 정상적인 계산 범위를 넘어서는 무모함을 보여야 했다. 그러나 민주주의 사회의 대중들은 차분하고, 합리적이며, 계산적이면서도 유연한 외교를 원했고, 당연히 그렇게 요구할 권리가 있었다. 다만 이렇게 외교를 한다면 적들로부터 전면적 핵전쟁이라는 극단적 상황까지 감수하려는 미국의 결단력이 의심받았을 것이다.

베를린 위기 초기 단계에서 아이젠하워는 미국 대중을 진정시키는 게 소련 지도자에게 충격을 주는 것보다 더 중요하다고 판단했다. 1959년 2월 18일과 3월 11일의 기자회견에서 아이젠하워는 미국 전략의 근저에 있던 핵위협을 완화하는 다양한 구상을 제시했다. "분명히 우리는 유럽에서 지상전을 하지 않을 것입니다."[13]라고 아이젠하워는 말했고, 구체적으로 베를린 방어를 이 범주에 포함시켰다. 그는 미국이 "총을 쏘면서 베를린으로 가는 길을 터놓을" 가능성이 낮다고 공언했다.[14] 빠져나갈 구멍을 남겨놓지 않으려고 아이젠하워는 핵무기로 베를린을 방어하는 방안도 배제했다. "어떻게 여러분들이 핵무기로 뭐든지 자유롭게 할 수 있다는 건지 저는 잘 모르겠습니다."[15] 이러한 성명은 미국이 베를린을 놓고 전쟁을 무릅쓸 의향이 대단히 제한되어 있다는 인상을 남겼다.

아이젠하워가 온건하게 대응했던 이유는 부분적으로는 대부분의 다른 미국 지도자들처럼 흐루쇼프가 서방으로서는 평화를 위한 최선의 희망이라고 여전히 평가했기 때문이다. 베를린에 관한 흐루쇼프의 최후통첩에도 불구하고 톰슨 대사는 2년 전에 갖고 있었던 본인의 의견을 바꾸지 않았다. 1959년 3월 9일에 톰슨 대사는 흐루쇼프의 최우선 관심사가 국내 문제라고 자신이 받았던 인상을 반복했다. 그에 따르면 벼랑 끝 외교는 경제 개혁과 국내적 자유화를 위한 전제조건인 (동−서방 간) 공존 방식을 개발하려는 흐루쇼프식 시도였다.[16] 어떻게 전쟁 위험으로 공존 방식이 구축될지에 대한 설명은 없었다.

국제사회의 지도자 4인방 중 한 명이자 12년 동안 정치적 황무지를 떠돌다가 공직에 복귀한 지 얼마 안 된 샤를 드골(Charles de Gaulle) 프랑스 대통령은 이런 분석에 전혀 감명을 받지 않았다. 드골은 흐루쇼프의 동기에 관한 영국과 미국의 분석에 동의하지 않았다. 그는 베를린 위기를 통해서 프랑스가 독일연방공화국의 필수불가결한 파트너라는 점을 아데나워에게 보여주기로 결심했다. 드골은 흐루쇼프의 위협보다 독일의 민족주의가 다시 깨어나는 게 더 두려웠다. 최소한 드골은 아데나워에게 서방에 고정될 수 있는 닻을 제공하고 싶었다. 만약 가능하다면 드골은 환멸을 느낀 아데나워를 미국의 지배력이 덜한 유럽 체제에 참여시키려 했다.

아이젠하워와 맥밀런은 소련의 요구 중에서 장기적 피해가 없거나 혹은 거의 없으면서도 충족 가능한 부분이 있는지 찾아보려고 했던 반면, 드골은 이런 전략을 완강하게 반대했다. 그는 탐색해본들 서방이 얻을 수 있는 이익이 전혀 없다고 보았기 때문에 영국과 미국이 촉구했던 "(탐색을 위한) 예비 대화"를 거부했다. 드골은 미국과 영국이 베를린 통행을 "개선"할지도 모른다고 주장하며 마련하고 있던 구체적인 절차변경 계획을 경멸했다. 어찌 됐건 흐루쇼프가 서방세계의 베를린 통행을 개선하려고 최후통첩을 발표했던 것은 아니었다. 드골의 시각에 따르면 이런 도전은 소련의 국내적 구조에 원인이 있는 것이지 소련이 어떤 구체적 불만이 있었기 때문이 아니었다. 아이젠하워는 소련이 군사적으로 열등하다고 이해했다. 드골은 한 걸음 더 나아가 흐루쇼프의 최후통첩을 태생적으로 결함 있고 취약하며 상당히 열등한 정치체제 탓으로 돌렸다.

> 소련이 악담을 내뱉고 요구를 늘어놓는 이러한 소동은 너무나 자의적이고 인위적이어서 광적인 야심을 계획적으로 발산하려는 시도이거나, 아니면 엄청나게 곤궁한 상황으로부터 시선을 돌리려는 시도로 생각됩니다. 저에게는 두 번째 가설이 더 그럴듯하게 보입니다. 공산주의 체제가 그 굴레 하에 있는 국가들을 억누르고 고립시키고 무력으로 위협하고 있음에도 불구하고 … 엘리트와 대중이 공산주의 체제의 낙후성, 결핍, 내부적 실패, 그리고 무엇보다 비인간적 탄압이 자행되는 현실을 더욱 더 느끼고 있고 이들을 기만하고 복종시키기가 갈수록 어려워지고 있기 때문입니다.[17]

따라서 소련의 군사력은 소련 체제에 내재한 끝없는 내부 투쟁을 가리기 위해 고안된 허울이었다.

> 공산진영 내에서 정치적 풍조 간의 투쟁, 파벌들의 음모, 개인 간 경쟁은 주기적인 위기로 이어지며, 이들은 그러한 위기의 추이, 혹은 심지어 그 사전 징후를 보면서 동요할 수밖에 없습니다.[18]

소련의 압박에 굴복한다면 흐루쇼프가 소련 체제의 근본적인 내부 위기로부터 관심을 돌리는 수단으로서 외교적 모험을 하도록 더욱 부추길 뿐이며, 독일이 "서방에서의 안전보장에 좌절을 느끼고 동방에서 미래를 모색할지도 모른다."라는 것이다.[19]

드골은 미국 대통령과 달리 핵전쟁을 개시하는 것에 대해 궁극적인 책임을 지지 않았기 때문에 그토록 명확하게 비타협적인 태도를 견지할 수가 있었다. 하지만 최악의 상황이 닥쳤을 때 드골이 아이젠하워보다 더 핵전쟁을 각오하려고 했을지는 상당히 의심스럽다. 프랑스의 취약성을 감안할 때, 실제로는 덜 감수하려고 했을 것이다. 하지만 드골은 주된 전쟁 위험이 서방의 우유부단함 때문이고 미국만이 소련을 억제할 수 있다고 확신했기 때문에 미국이 단호한 입장을 취하게 하거나 어떠한 양보를 하든 책임지게 하려고 했다. 보기 좋은 게임은 아니지만, 국가이성의 냉정한 가르침에 따른 것이었다. 300년 동안 프랑스 중유럽 정책의 핵심이었던 독일을 약하고 분열된 상태로 놔둔다는 리슐리외의 전통을 드골이 뒤집은 것도 바로 국가이성에 기초한 결과였다.

드골이 갑자기 감상주의에 젖어서 프랑스와 독일 간의 우호관계에 전념한 것이 아니었다. 리슐리외 시절부터 프랑스의 정책은 불길한 독일을 분열 혹은 약화시키거나, 아니면 가급적 둘 다 동시에 달성하는 데 초점을 두어왔다. 19세기에 프랑스는 홀로 독일을 견제하기에는 역부족임을 깨달았고, 그 결과 영국, 러시아, 그리고 한 무리의 소국들과 동맹을 맺었다. 제2차 세계대전의 여파로 심지어 이런 옵션조차 사라졌다. 영국과 프랑스가 힘을 합쳐도 두 차례의 세계대전에서 독일을 패망시킬 수 있을 만큼 강하지 못했다. 그리고 소련군이 엘베강을 따라 주둔하고 있고 동독이 위성국이 된 상황에서 소련과 동맹을 맺는다면, 독일을 봉쇄하기보다 소련이 유럽을 정복할 가능성이 더 컸다. 그래서 드골은 독일과의 전통적인 적대관계를 청산하고 대대로 적이었던 국가와의 우호관계에 프랑스의 미래를 걸었다.

베를린 위기는 드골에게 자신의 전략을 진전시킬 계기를 마련해주었다. 그는 조심스럽게 프랑스가 유럽의 정체성을 수호하는 역할을 맡게 했고, 베를린 위기를 이용해서 프랑스가 유럽의 현실을 이해하고 있고 독일의 국가적 우려에 대해 관심이 깊다는 점을 보여주었다. 드골의 접근법은 독일의 민족적 목표를 지지하는 것과 독일이 독자적으로 혹은 소련과 결탁해 국가적 목표를 추구하지 않게 하는 것 사이에서 아주 미묘한 균형을 잡아야 했기 때문에 복잡했다. 드골은 소련이 동독의 목줄을 쥐고 있기 때문에 소련 지도자들이 독일 통일을 옹호하고 나서거나 어느 진영에도 속하지 않는 독자적인 독일을 프랑스 국경을 따라 수립하는 상황을 두려워했다. 프랑스의 해묵은 독일에 대한 악몽은 독일과 소련 간에 거래가 이루어질지 모른다는 악몽으로 변했다.

드골은 특유의 대담함으로 대응했다. 프랑스는 독일의 군사력과 경제력을 인정했을 뿐만 아니라 심지어 이 분야에서 독일의 우위를 인정하기로 했고, 서독이 프랑스를 유럽에서 정치적 지도국으로 인정하는 대가로 독일의 통일을 지지하기로 했다. 이는 위대한 열정이 아닌 냉철한 계산이었다. 살아있는 동안 독일이 통일되지 못했기 때문에 드골은 틀림없이 성취감을 못 느낀 채 세상을 떠났을 것이다.

덜레스는 드골의 현란한 비타협적 태도와 맥밀런의 보여주기식 협상 추구 사이에서 균형을 잡기 위해 이 문제를 법리적인 세부 사항에 빠뜨려 혼란스럽게 만드는 익숙한 전술에 의지했다. 덜레스는 수에즈 운하 위기 당시에도 이 방식이 상당히 도움이 되었다고 생각했다. 흐루쇼프가 위협적으로 연설한 지 2주일이 지난 1958년 11월 24일에 덜레스는 내용 측면에서는 실제로 양보하지 않으면서 통행 절차만 변경하는 옵션을 모색하기 시작했다. 그는 아데나워에게 자신이 "소련이 자신들의 의무를 준수하도록" 만들어보겠으며 동시에 "[동독] 하급 관리들이 기존 합의를 단지 형식적으로 이행하기만 한다면 사실상의 근거에 기초해 그들을 상대해주겠다."라는 내용이 담긴 서한을 전달했다.[20] 11월 26일의 기자회견에서 덜레스는 동독 관리들이 소련의 "대리인(agent)"으로 활동할 수도 있다는 아이디어를 제시했다. 이런 계략은 수에즈 운하 위기 당시 그가 제안했던 사용국 협회(Users' Association)를 연상시켰다(제21장 참고).[21]

덜레스는 1959년 1월 13일에 한 기자회견에서 한 걸음 더 나아가, 독일 통일에 관한 미국의 역사적인 입장이 변했다는 신호를 보냈다. 자유선거가 독일 통일을 위한 "자연스러운 방식"이라고 주장하고 나서 덜레스는 "이것이 통일을 달성할 수 있는 유일한 방법이라고는 말하지 않겠습니다."라고 덧붙였다.[22] 그는 심지어 두 독일 국가 간의 일종의 국가연합도 수용 가능할 수 있다고 암시했다. "국가들과 민족들이 합쳐지는 다양한 방식이 있습니다."[23] 그는 통일에 대한 책임을 동맹국들로부터 독일인들 자신에게 넘겨야 할지도 모른다고 암시하면서 아데나워 정책의 근간을 약화시켰다.

독일의 반응은 아무도 예상하지는 않았지만 너무 뻔했다. 당시 베를린 시장이던 빌리 브란트(Willy Brandt)는 "충격과 실망"을 표명했다. 브란트는 덜레스의 대리인 이론이 소련이 한층 더 "비타협적인" 입장을 취하도록 부추길 것이라고 말했다.[24]

호전적인 모습은 아데나워의 평소 스타일이 아니었다. 아울러 아데나워는 덜레스를 매우 존경했다. 그럼에도 불구하고 아데나워는 덜레스가 숙고한 내용에 대해 수에즈 운하 위기 당시의 이든과 비슷하게 반응했다. 데이비드 브루스(David Bruce) 대사와의 대화에서 아데나워는 덜레스의 성명이 서방을 통해서, 그리고 자유선거에 기초해 통일을 추구한다는 서독 정부의 정책을 훼손하고 있다고 감정적으로 주장했다. "어떠한 형태의 국가연합도 전혀 받아들일 수 없습니다."라고 그는 말했다.[25]

1959년 1월 중순에 아데나워가 허버트 디트먼(Herbert Dittmann) 외교부 사무차관을 워싱턴에 보내 독일 평화조약에 관한 소련 측 제안에 "충격"을 표명하고 서방의 기존 방침에 기초한 협상 입장을 고수하도록 촉구했을 때, 양측 간 시각 차이가 고통스러울 정도로 극명해졌다. 디트먼의 대화 상대였던 리빙스턴 머천트(Livingston Merchant) 미 국무부 정무차관은 이 위기 상황에서 아데나워가 덜레스로부터 관례적으로 받아왔던 전면적인 지지를 기대하지 못할 것이라고 분명히 밝혔다. 그는 덜레스가 어떠한 "극단적 입장"도 피하고 싶어하며, "러시아인들을 협상 테이블로 끌어오기를 원한다."라고 주장했다. 아울러 독일 측이 "우리에게 새로운 아이디어를" 제공한다면 최상의 기여를 할 수 있을 것이라고 덧붙였다.[26] 위기가 전개되면서 미국과 영국이 "새로운 아이디어"를 요구할 때마다 독일은 매번 동독 정권의 지위를 강화하거나 소련의 요구를 일부 들어주는 방안을 모색해보자고 에둘러 제시했다.

영국과 미국은 독일이 거의 확실하게 대독일 민족주의로 나아가도록 몰아갔던 반면, 자국민을 그만큼 확신하지 않았던 아데나워는 독일인들을 절대로 이런 유혹에 노출시키지 않겠다고 단호하게 결심했다는 점이 역설적이었다. 아이젠하워와 맥밀런은 독일인들이 전향했다고 신뢰했던 반면, 아데나워는 독일인들의 원죄를 잊을 수가 없었다.

맥밀런이 제일 먼저 전열에서 이탈했다. 1959년 2월 21일에 맥밀런은 "탐색을 위한 예비 대화"를 위해 혼자 모스크바를 방문했다. 아데나워가 이런 구상 전체를 못마땅하게 여겼고 동맹국들 간의 의견일치도 없었기 때문에 어떤 양보가 제안될 수 있는지에 대한 맥밀런의 "탐색"에는 이미 익숙한 통행 절차 "개선" 목록이 틀림없이 포함되었을 것이고, 이와 더불어서 세계 지도자들 간의 개인적 관계에 기초한 관례적인 평화 호소도 있었을 것이다.

흐루쇼프는 맥밀런의 방문을 힘의 관계가 자신에게 유리하게 기울어졌다는 사실을 확인해주는 또 다른 사례이며, 앞으로 더 좋은 일들이 생길 것이라는 전조로 해석했다. 맥밀런의 방문 기간 동안 흐루쇼프는 비타협적인 태도로 자신의 요구사항을 재확인하는 연설을 요란하게 했다. 맥밀런 총리가 떠난 후, 흐루쇼프는 다른 연설에서 세계 지도자들 간의 우호적인 개인 관계가 평화로 향한 길을 수월하게 열어줄 것이라는 맥밀런의 제안을 일축했다. "역사는 국가의 국경은 회의를 통해 바뀌는 게 아니라고 가르쳐줍니다. 회의의 결정은 단지 새로운 힘의 정렬을 반영할 뿐입니다. 그리고 이것은 전쟁이 끝났을 때의 승리나 항복의 결과이거나 다른 상황의 결과입니다."[27] 리슐리외나 비스마르크의 입에서 나왔을 법한 현실정치를 대놓고 천명한 것이었다.

아데나워가 폭발하고 나서야 덜레스는 물러섰다. 1월 29일에 그는 "대리인 이론"을 폐기했고 독일 통일로 가는 경로로서 국가연합을 더 이상 시사하지 않았다. 하지만 덜레스의 후퇴는 대체로 전술적이었다. 소신이 변한 것도 아니었고, 성격이 바뀐 것도 아니었다. 2년 전 수에즈 운하 위기 때와 마찬가지로 미국 정책은 아이젠하워의 접근법과 덜레스의 접근법 간의 미묘한 차이를 조화시키는 데 달려 있었다. 소련 체제에 대한 덜레스의 분석을 고려할 때, 그는 십중팔구 아데나워의 시각을 이해했으며 틀림없이 많은 부분을 공유했던 것으로 보인다. 그러나 예전처럼 덜레스는 아이젠하워의 훨씬 더 근본적인 접근법에 자신의 전략을 어떻게 접목시킬지를 알아내야 했다.

결국 아이젠하워는 아데나워가 우려했던 대부분의 이슈가 부적절한 건 아니지만 이론적이라는 인상을 받았다. 아이젠하워의 개인적 심사숙고에 대해 흐루쇼프가 알지 못했다는 점이 실로 다행스러웠다. 일찍이 흐루쇼프가 공식적으로 최후통첩을 했던 1958년 11월 27일에 아이젠하워는 덜레스와의 전화 통화에서 베를린과 베를린 통행로가 유엔의 관할권에 놓이기만 한다면 베를린이 미군 병력이 없는 자유 도시가 된다는 구상을 수용할 의향이 있다고 암시했다.

대통령의 보좌관이나 각료는 자신의 상관과 의견이 다를 경우, 아직 이견이 이론적인 단계에 있을 때 자신의 주장을 개진해야 할지, 아니면 실제로 결정이 내려질 순간까지 기다려야 할지를 결정해야 한다. 대통령들은 대체로 의지가 강한 성격의 소유자여서 자주 심기가 불편해지기 때문에, 어떻게 답하냐에 따라 미래의 영향력이 결정된다. 만약 보좌관들이 가정적인 상황에 대해 이의를 제기한다면, 대통령이 스스로 생각을 바꿀 수도 있기 때문에 괜히 불필요하게 험악한 분위기를 자초할 수 있다. 반면, 만약 사건이 일어나기를 기다린다면, 그들은 갑자기 재촉을 받게 되는 위험을 무릅쓰게 된다. 덜레스는 절충안을 택했다. 아이젠하워에게 "서류상 합의"에 대해 경고하면서 베를린이 계속 자유를 유지하려면 미군이 주둔해야 한다고 주의를 주었다.[28] 나중에 알게 된 일이지만, 실제로 결정을 내려야 할 기회가 생기지 않았다. 그 무렵에 덜레스는 극도로 건강이 나빠졌고, 6개월 후인 1959년 5월 24일에 사망했다.

7월 1일, 아이젠하워는 수용(accommodation)이라는 자신의 입장으로 되돌아갔다. 프롤 코즐로프 소련 부총리와의 회담에서, 아이젠하워는 베를린에 관한 미국의 입장이 비논리적이라는 소련의 불만에 응답했다. "그게 비논리적이라고 인정하지만, 우리의 권리와 의무를 포기하지 않을 것입니다. 우리가 포기할 수 있는 방도가 만들어지지 않는 한 말이죠."[29] 자신의 권리를 포기할 수 있는 방법이 마련될 때까지 그 권리를 유지하겠다는 건 그다지 강력한 주장이 아니다.

아이젠하워는 1959년 9월에 캠프 데이비드에서 흐루쇼프에게 미국은 베를린에 영원히 머무를 의도가 없다고 말했다. "우리는 분명히 50년 동안 그곳을 점령한다는 생각을 해보지 않았습니다."라고 말했다.[30] 곧 자리를 비우려는 도시 하나를 놓고 핵전쟁을 무릅쓰겠다고 하는 것도 마찬가지로 대단한 주장이 아니다.

9월 28일에 아이젠하워는 이보다 한 걸음 더 나가서 소련이 제기한 문제의 기본 전제를 본질적으로 시인했다. 베를린 상황이 정말로 "비정상"이라는 것이다.

> 베를린 상황은 전쟁이 끝난 후의 정전, 즉 군사적 정전으로 야기되었습니다. 그리고 이상하게도 소수, 혹은 수많은 자유로운 사람들이 아주 어색한 상황에 놓이게 되었습니다.[31]

만약 흐루쇼프가 소련의 요구를 세게 밀어붙였거나 혹은 흐루쇼프가 아이젠하워로부터 받았던 수많은 암시에 기초해서 "타협안"을 명확하게 말했더라면 어떤 일이 생길 수 있었는지는 상상해보는 것조차도 괴롭다. 다행히 흐루쇼프는 한 가지 사안에 계속 집중하는 데 한계가 있었고, 자신의 상대적 힘을 오판했으며, 그리고 어쩌면 소련 지도부 내에 분열이 있었기 때문에 이 모든 요인이 합쳐져서 소련의 행동이 의외로 우유부단해졌다. 흐루쇼프가 발표했던 여러 번의 최후통첩은 소강상태를 오갔다. 최종 시한이 왔지만, 소련 지도자로부터 요구사항을 충족해달라거나 아니면 협상을 하자는 요구도 없이 지나가버렸다. 만약 요구사항을 충족해달라고 했다면 서방 동맹국들의 결의가 얼마나 단호했는지 드러났을 것이고, 협상을 요구했다면 적어도 영국과 미국이 베를린의 통행 방식과 지위를 어디까지 개정할 의향이 있는지 시험받았을 것이다. 흐루쇼프가 자신의 목표에 끈질기게 집착하지 못한 덕분에 대서양 동맹은 가장 큰 위기로 치달을 뻔했던 상황을 모면했다.

흐루쇼프는 대립과 협상 중 어느 하나도 일관성 있게 추구하지 않았다. 이 사실만으로도 서방은 소련 체제의 일관성을 의심했어야 했다. 핵전쟁을 위협하고 유럽의 현상 (status quo)에 도전하면서도 적어도 외교적 대결을 염두에 둔 전략조차 개발하지 않았다는 점에서 약 20년 후에 소련 체제를 마비시켰던 상황을 미리 엿볼 수 있었다. 흐루쇼프는 서방이 충분히 양보하지는 않았지만 세력균형이 유리하게 기울어졌다는 흐루쇼프의 허세를 믿는 정치국 내 "매파"와 군사적 실상을 제대로 알고 있으면서 미국과의 전쟁 위험을 조금도 부담하지 않으려고 하는 "비둘기파" 사이에 갇혀 있는 것처럼 보였다.

이런 이상한 과정에서 흐루쇼프는 최종 시한이 도래하기 2주일 전에 외교장관 회담을 개최한 것 말고는 더 이상 보여준 것도 없이 첫 번째 최후통첩이 그냥 경과하게 놔뒀다. 이 회담은 외교장관으로 임명된 지 얼마 안 되었던 안드레이 그로미코가 회담 진행을 방해하는 데 가공할 만한 솜씨를 보여줬기 때문에 진전이 없었다. 그 이후에도 그로미코는 민주주의 국가들의 외교장관들을 한 세대가 넘도록 이런 식으로 괴롭혔다. 최후통첩이 만료되어 가는 상황에서 사실상 소련은 교착상태가 필요하지 않았다. 하지만 교착상태는 아이젠하워가 흐루쇼프에게 미국을 방문해달라고 초청함으로써 시간을 더 벌 수가 있게 했다.

흐루쇼프는 1959년 9월 15일부터 9월 27일까지 미국을 방문했고, 4년 전 제네바 정상회담 당시와 똑같은 종류의 대중의 희열감을 이끌어냈다. 또다시 두 정부수반 간의 회담에서 실제 내용보다 "캠프 데이비드의 정신(the spirit of Camp David)"이라는 구호로 상징되는 분위기가 강조되었다. 〈뉴스위크〉 지는 이번 방문에서 목표로 삼았던 성과가 단연코 실패한 부분보다 훨씬 많다는 것을 보여주는 점수판을 게재했다. 그리고 어떤 실패가 있었던 간에 이는 주로 지도자들이 베를린 문제를 진전시키지 못한 것과 관련 있다고 말하면서, 마치 이 이슈가 사소한 문제인 것처럼 치부했다. 반면, 방문 성과로 문화교류, 교역 증가, 과학협력 확대 등이 있었으나, 이 중에서 정상회담이 필요했던 것은 아무것도 없었다. 가장 자주 언급되었던 이득은 소련 지도자들이 초청자들에 대해 무엇인가 배웠을 것이라는 추정이었는데, 이는 전형적인 미국식 믿음을 반영하고 있었다. 즉, 국가 간 충돌은 이익의 충돌이 아닌 오해에서 비롯되며, 미국을 방문해서 한번 둘러보고 떠난다면 아무도 미국식 방식에 적대적이지 않을 거라는 믿음이다.

〈뉴스위크〉의 설문조사에 따르면, 미국인들은 흐루쇼프가 "대통령으로부터 모든 사람들까지 미국인들은 평화를 원한다."라는 점을 이해했다고 믿었다.[32] 만약 흐루쇼프가 정말로 그렇게 평가했다면 그 효과는 정말로 양날의 검과 같았다. 어찌 됐건 그는 그런 특정한 통찰력을 국가 기밀에 부쳤다. 몇 주가 지난 12월 초에 흐루쇼프는 "자본주의 세계는 사회주의 진영의 타격을 받고 흔들리고 있습니다. … 우리는 승리하겠다는 의지가 있습니다."라고 큰소리를 쳤다.[33]

아이젠하워도 마찬가지로 정상회담에 임했을 때 품고 있던 똑같은 확신을 그대로 유지한 채 회담을 마쳤다. 베를린의 지위를 변경하겠다고 열망하지는 않았지만, 변경할 의향은 있었다. 10월 1일 정상회담이 끝났을 때, 아이젠하워는 위기에서 벗어날 수 있는 적절한 방안에 대한 자신의 아이디어를 고든 그레이(Gordon Gray) 국가안보보좌관에게 이렇게 설명했다고 한다.

우리는 베를린이 비정상적 상황에 있다는 점을 기억해야 합니다. 그 상황은 처칠과 루스벨트라는 우리 지도자들의 실수로 인해 초래되었고, 우리는 그 상황을 감수할

필요가 있다고 여겼습니다. 다. 하지만, 그 아이젠하워는 일종의 자유 도시로 발전시
키기 위한 무슨 방법이 있어야 한다고 느꼈습니다. 이 자유 도시는 어쨌든 서독의
일부가 될 수도 있으며, 이는 유엔이 경찰력 외에는 비무장 상태가 될 이 도시의 자
유와 안전, 안보를 보장하는 당사자가 되도록 요구할 수도 있습니다. 그는 우리 병
력을 그냥 빼내야 하는 시간이 오고 있고, 아마도 금방 그렇게 될 것이라고 반복해서
말했습니다.[34]

다행히 흐루쇼프가 이런 구상이나 다른 구상을 탐색해볼 의향이 없었기 때문에 서
방 동맹국들은 특별한 조치 없이 자연스럽게 시간을 번다는 중요한 목표를 달성했다.
1955년의 제네바 정상회담에서 흐루쇼프는 실질적인 양보를 하지 않고도 긴장완화를 얻
어낼 수 있었다. 1959년에 아이젠하워는 똑같은 성과를 소위 캠프 데이비드의 정신을 원
용하면서 얻어낼 수 있었다.

시한을 또다시 연기시켰다는 것이 캠프 데이비드의 가장 큰 성과였다. 아이젠하워
와 흐루쇼프는 베를린을 점령하고 있는 4개국 정상회담을 개최하기로 동의했다. 그러나
아이젠하워는 먼저 동맹국들과 협의하고 싶었다. 드골은 흐루쇼프가 먼저 파리를 국빈
방문하지 않으면 정상회담을 거부하겠다고 했다. 이 모든 전제조건을 고려할 때 정상회
담을 할 수 있는 가장 빠른 시기는 1960년 5월이었고, 파리에서 개최하기로 되었다. 최
종적으로 정상회담 2주일 전에 미국 U-2 정찰기가 소련 상공을 비행하다가 격추되었다.
이 비행은 흐루쇼프에게 1년 가까이 준비해온 회담 전체를 좌초시킬 수 있는 구실을 제
공했고, 사실 그러는 편이 더 나았던 것으로 밝혀졌다. 베를린에 대한 미국의 차선책이
아이젠하워가 고든 그레이에게 밝혔던 내용을 상당 부분 포함하는, "보장된 도시
(guaranteed city)"라는 계획이었기 때문이다. 실제로 이 구상은 자유 도시(free city)라는
흐루쇼프의 제안과는 이 도시에 부여된 새로운 지위의 명칭 정도만 차이가 있었다.

서방 동맹국들은 흐루쇼프가 최종적으로 대결하기 위한 구실을 마련하고 있을지도
모른다고 며칠 동안 우려했지만, 실제로는 흐루쇼프가 반대로 대결을 피할 구실을 찾고
있었다는 사실이 금방 명백하게 드러났다. 흐루쇼프는 대결을 회피한 것만큼이나 일관되
게 대결하겠다고 위협했지만, 정작 험악한 언사가 대결을 대신했다. 다들 예상했던 바와
정반대로 흐루쇼프는 무산된 파리 정상회담에서 돌아오는 길에 베를린을 방문해서 최종
시한을 한 번 더 연기하겠다고 발표했다. 이번에는 미국 대통령 선거 이후로 미뤄졌다.

존 F. 케네디가 취임했을 무렵에는 흐루쇼프가 처음으로 최후통첩을 발표한 지 거

의 3년이 지나갔다. 시간이 지나가면서 점차 흐루쇼프의 위협에 대한 신뢰도와 전반적인 위기감이 줄어들었다. 베를린 이슈가 진정세를 되찾는 것처럼 보일 때, 케네디 행정부가 카스트로 정권을 전복하려고 했던 피그만 침공 작전이 실패하고[35] 라오스에서도 우유부단한 태도를 보이자, 흐루쇼프는 케네디가 만만한 상대라는 확신이 들었다. 1961년 6월 초에 오스트리아 빈에서 케네디와 정상회담을 했을 때 흐루쇼프는 또다시 6개월이라는 시한을 재설정했고, 냉전 시기를 통틀어 가장 극심했던 대립을 개시했다.

6월 15일에 있었던 정상회담 결과를 보고하면서, 흐루쇼프는 독일 평화조약의 체결을 더 이상 늦출 수 없다고 전 세계에 말했다. "유럽 내 평화 합의가 올해 안으로 이루어져야 합니다." 흐루쇼프는 연설을 하면서 한 번은 전쟁 당시 스탈린으로부터 수여받은 명예 중장 계급장이 달린 제복을 입고 등장했다. 다른 계기에 흐루쇼프는 영국 대사에게 영국을 파괴하려면 원자폭탄 6발이면 충분하고, 프랑스를 말살하려면 9발이면 된다고 말했다.[36] 1960년 9월에 흐루쇼프는 지난 3년 동안 미-소 양측이 준수해왔던 비공식적인 핵실험 금지를 끝냈다. 소련은 핵실험의 일환으로 50메가톤 규모의 초대형 폭탄을 시험했다.[37]

전후 합의를 하자는 흐루쇼프의 요구는 새롭지 않았다. 처칠은 일찍이 1943년에 전후 합의를 요구했고, 스탈린도 1952년에 평화 각서를 통해 제안한 적이 있었다. 조지 케넌도 1950년대 중반 독일에 관한 합의를 지지했다. 그러나 다른 전쟁과 달리 제2차 세계대전은 전후 합의가 없었다. 미국과 소련의 세력권은 공식 합의가 아니라 조금씩 기정사실로 묵인되었다.

유럽의 세력권을 확정짓는 최종 조치가 1961년 8월 13일 아침 일찍 시작되었다. 서베를린 시민들이 눈을 떠보니 자신들이 사실상 감금되었다는 사실을 깨달았다. 동독인들이 소련이 점령한 베를린 구역과 서방 3개국이 점령한 구역 사이에 철조망 장애물을 설치했고, 베를린 도시 주변 전체에 담장을 세웠다. 이 담장의 반대편에 있던 가족들은 졸지에 뿔뿔이 흩어졌다. 날이 지나갈수록 장벽이 보강되었다. 콘크리트 장벽, 지뢰, 감시견이 분단된 도시와 공산주의의 비인간성을 알리는 상징이 되었다. 자국민을 자국 내에 머물도록 설득하지도 못하는 공산주의 정권의 파탄이 전 세계에 노출되었다. 그럼에도 불구하고 공산주의 지도자들은 공산진영의 제방에 난 구멍을 적어도 일시적으로는 메워놓았다.

베를린 장벽 설치로 민주주의 국가들은 베를린 문제의 딜레마를 뼈저리게 실감했다. 이들은 명백한 침략에 맞서 베를린의 자유를 수호할 준비가 되어 있었지만, 그런 수준에 못 미칠 경우 어떻게 대응할지, 혹은 실제로 침략을 어떻게 정의할지 아직 결정하지 못한 상황이었다. 거의 즉각적으로 케네디는 베를린 장벽 설치가 미국이 규정한 침략에 해당하지 않으며 군사적으로 대응하지 않기로 결정했다. 베를린 장벽 건설을 경시하는 미국의 태도는 장벽이 설치된 첫날, 케네디가 요트를 타러 갔고 러스크 국무장관이 야구 경기를 관람했다는 사실에서 드러났다. 워싱턴에는 전혀 위기감이 없었다.

사실 케네디로서는 군사적 옵션이 상당히 제한되어 있었다. 만약 미군 병력이 경계선에 있는 장벽을 제거하면 공산주의자들이 몇백 미터 뒤로 물러서서 다시 장벽을 새로 지을 것이다. 그렇다면 미군들이 장벽을 무너뜨리려고 동베를린으로 진입할 것인가? 동베를린이 사실상 공산주의 위성국인 동독의 수도라고 이미 한참 전에 양보한 상황에서 서방 대중들이 베를린 내부로의 자유로운 이동이라는 명분을 위한 전쟁을 지지할 것인가?

베를린 장벽 설치에 미국이 무력을 동원해서 맞서지 않을 것이라는 게 명확해지자 서베를린과 독일연방공화국은 무의식적으로 알고 있었지만 인정하기가 두려웠던 현실을 직면할 때 오는 그런 충격을 받았다. 아무리 늦었어도 헝가리 혁명 이후, 서방이 기존의 세력권에 군사적으로 도전하지 않을 것이라는 게 분명해졌어야 했다. 브란트는 동독 정권을 승인하게 된 자신의 동방정책(Ostpolitik)이 베를린 장벽 건설에 대한 미국의 반응에 환멸을 느낀 결과였다고 나중에 주장했다. 하지만 베를린 장벽을 허물기 위해서 전쟁을 했더라면 십중팔구 독일인들은 더 큰 충격을 받았을 것이다. 심지어 아데나워조차도 애치슨에게 자신도 베를린을 지킬 수 있는 다른 수단이 없다는 점을 충분히 잘 알고 있고 핵전쟁으로 베를린을 수호하기를 원하지 않는다고 말했다.

두 초강대국은 자신들의 공약과 그 한계를 규정하기 위한 노력의 일환으로 계속 경쟁했다. 7월에 케네디는 국방예산을 대폭 증액했고, 예비군을 소집했으며, 병력을 추가로 유럽에 파병했다. 1961년 8월, 베를린 장벽이 설치된 후에 케네디는 1,500명의 병력을 아우토반으로 보내 소련의 점령구역을 통과하게 했고, 소련더러 제지해보라고 대담하게 부추겼다. 군 장병들은 아무런 제지를 받지 않고 도착했고, 이들을 환영하고자 항공편으로 먼저 도착해 있던 존슨 부통령은 감동적인 연설로 맞이했다. 곧 그러고 나서 1948년 베를린 봉쇄 당시 영웅인 루시어스 클레이(Lucius Clay) 장군이 대통령의 베를린 특사로 임명되었다. 케네디는 베를린의 자유에 미국의 신뢰를 걸었다.

흐루쇼프는 아이젠하워 행정부 시절에 했던 것처럼 똑같은 종류의 막다른 길로 또다시 스스로를 몰아넣었다. 흐루쇼프의 허세는 오히려 미국의 대응을 유발했고, 실제로 흐루쇼프는 맞대응을 꺼렸던 것으로 밝혀졌다. 소련 군사 정보당국 내 거물 간첩이었던 올레그 펜코프스키 대령은 소련의 고위 장교들이 소련의 대비 태세가 부족하다는 점을 잘 알고 있으며, 흐루쇼프의 무모함을 놓고 자기들끼리 자주 투덜거린다고 폭로했다.[38] 일찍이 1960년에 아이젠하워는 흐루쇼프의 엄포를 간파했으며, 자신을 예방한 방문객에게 만약 전쟁이 발발한다면 소련의 보복보다 미국 자신의 핵무기로 인한 낙진 피해가 더 걱정된다고 말했다. 대통령에 취임하고 나서 케네디 또한 전반적으로 전략적인 국력 측면에서 소련이 열등하다는 사실을 즉시 깨달았다.

이런 상황에서는 현상을 유지하길 원하는 쪽이 유리하다. 동시에 베를린 문제로 핵전쟁의 위험을 조금도 부담하지 않으려는 케네디의 태도가 아이젠하워 때보다 한층 더 노골적으로 드러났다. 빈에서 흐루쇼프와의 정상회담을 마치고 돌아오는 길에 케네디는 이렇게 곰곰이 생각했다.

> 아우토반 통행권을 주장하기 위해 … 혹은 독일인들이 독일이 재통일되기를 원하기 때문에 미국인 백만 명의 목숨을 위험에 빠뜨린다는 게 특히 어리석어 보인다. 만약 내가 러시아에 핵전쟁을 하겠다고 위협한다면 이보다 더 크고 더 중요한 이유가 있어야 한다.[39]

아이젠하워의 전략은 봉쇄정책의 초창기에 수립되었던 원래의 각본으로부터 도출되었다. 그는 어디에서건 소련이 서방에 도전할 경우 차단하려고 애를 썼다. 케네디의 목표는 더욱 야심찼다. 그는 미-소 갈등을 초강대국 간의 직접 협상을 통해 최종적으로 끝내기를 희망했고, 베를린 위기를 그 전환점으로 삼기를 원했다. 따라서 케네디 행정부의 백악관은 베를린에 관해 보다 유연한 외교를 계속 밀어붙였고, 필요할 경우 일방적으로 하려고 했다. 아이젠하워에게 베를린은 참고 견디면서 상대방보다 더 오래 버텨야 하는 도전이었다. 케네디에게 베를린은 새로운 세계질서에 관한 자신의 구상으로 향하는 길목에 있는 중간 기착지였다. 아이젠하워와 덜레스는 구체적인 위협을 해소할 수 있는 방안을 제시했다. 케네디는 평화를 항구적으로 막고 있는 장애물을 제거하기를 원했다.

두 대통령의 NATO에 관한 태도도 또한 달랐다. 아이젠하워는 유럽에서 전시 동맹을 지휘했던 반면, 케네디는 미국이 훨씬 더 독자적이고 일방적으로 활동했던 태평양전쟁에 참전했다. 케네디는 협상을 놓고 동맹국들에 거부권을 부여할 준비가 되어 있지 않았고, 사실 소련과 직접 거래하기를 원했다. 이런 태도는 베를린 장벽이 설치된 지 일주일이 지난 1961년 8월 21일, 딘 러스크(Dean Rusk) 국무장관에게 하달된 대통령 지시에서 엿볼 수 있다.

> 협상 일정과 서방의 실질적 입장 둘 다 확정되지 않은 상황에서 4개국 논의를 통해 만족스러운 진전이 있을 것이라는 생각이 더 이상 들지 않는다. 이 두 사안에서 미국의 강력한 입장을 즉각 마련해야 하며, 우리가 다른 어떤 나라의 거부권도 수용할 수 없다는 점을 명확히 해야 한다. … 우리는 다른 세 동맹국에 우리가 무엇을 하고자 하는지, 그들이 우리와 같이 가든지 아니면 뒤에 남아야 한다는 점을 이번 주에 명확히 해야 한다.[40]

딘 러스크는 이 지시에 따라 소련과 직접 대화하고자 4개국 협상을 포기했다. 러스크와 그로미코는 그해 가을에 유엔에서 몇 차례 회동했다. 톰슨 대사와 그로미코 간의 다른 대화도 모스크바에서 이루어졌다. 하지만 소련은 베를린 문제에 대한 협상 의제조차도 동의하려 하지 않았다.

문제는 양측이 핵무기 시대에만 존재하는 특별한 딜레마에 갇혀 있었다는 점이었다. 이들은 각자 자신의 생존을 위해 핵무기를 사용할 수 있었지만, 핵무기가 긍정적 변화를 초래하는 데는 도움이 되지 않았다. 이론적 차원에서 아무리 우위에 있다는 계산이 나오더라도, 달성하려는 목적에 비해 핵전쟁에 따른 위험이 너무 컸다. 전쟁이 발발할 위험이 불과 5퍼센트라 하더라도 이에 따른 피해가 사회 전체, 아니 문명의 완전한 파괴로 이어진다면 감당하기 힘들었다. 결국 양측은 전쟁의 위험 앞에서 뒤로 물러섰다.

동시에 어느 쪽도 외교를 힘으로 대체할 형편이 못 되었다. 긴장 고조에도 불구하고 현상을 유지하자는 주장이 현상을 변경하려는 충동을 항상 압도하는 것처럼 보였다. 민주주의 진영에서는 동맹국들이 의견을 일치시키는 게 불가능했던 것으로 확인되었다. 공산진영에서는 흐루쇼프의 허세 때문에 흐루쇼프 주변 인사들의 기대 수준이 너무나 높아져서, 서방이 제공할 의향이 있는 중대한 양보조차도 크렘린의 강경파에게는 미흡해 보일 정도였다. 결국 흐루쇼프는 쿠바 미사일 배치라는 재앙과 같은 무리수를 둠으로써 교착상태를 타개하려고 했다. 군사력이 외교에 영향을 주려면 얼마나 판돈을 올려야 하는지를 보여준 사례가 되었다.

이러한 정체 경향으로 인해 외교적 구상으로 교착상태를 타개하려고 했던 케네디 행정부의 노력이 불운한 운명을 맞았다. 만약 흐루쇼프가 수용할 만한 수준으로 양보했더라면 결국 대서양 동맹이 약화되었을 것이고, 민주주의 국가들이 용인할 수 있는 수준으로 합의했더라면 흐루쇼프의 입지가 약화되었을 것이다.

케네디 행정부는 소련의 요구사항 중에서 전쟁의 위험을 수반하지 않으면서도 충족시켜줄 수 있는 게 있는지 찾아보려고 노력했지만, 이 또한 결국 실패로 끝날 운명이었다. 1961년 8월 28일에 케네디의 국가안보보좌관인 맥조지 번디(McGeorge Bundy)는 백악관의 의견을 대통령에게 보고했다. "구체적 협상안을 마련하는 실무자들의 지배적인 생각은 동독, 오데르–나이세 선, 불가침 조약, 그리고 심지어 두 개의 평화조약(동서독 개별 평화조약)에 대한 구상을 수용하는 쪽으로 우리의 입장을 바꿀 수 있고, 바꿔야 한다는 것입니다."[41] 이 보고서는 그 대가로 미국이 무엇을 받아낼 것으로 예상하는지는 언급하지 않았다.

이런 태도 때문에 미국은 아데나워와 필연적으로 점차 결별해야 했다. 9월 22일에 행정부에서 유출된 내용이 이 사실을 날카롭게 지적했다.

> 한 유력한 미국 소식통이 오늘, 두 개의 독일 국가가 존재하는 "현실"이 서독에도 이익이 되기 때문에 서독에게 받아들이라고 촉구했다.
> 이 소식통은 서독이 동독인들을 무시하는 대신에 "동독인들과 대화를 함으로써" 독일 통일을 달성할 더 나은 기회를 가지게 될 것이다고 말했다.[42]

1961년 12월에 번디는 독일 국민들이 "우리를 신뢰한 것을 후회할 정당한 이유가 절대 없도록" 보장하겠다는 미국의 "기본적인" 목적을 언급하면서 서독을 안심시키려고 했다. 동시에 그는 이러한 보장이 백지수표로 오해받지 않도록 경고했다. "어떤 독일 정치인도 요청하지는 않았지만, 서방의 정책에 관해서 독일에 거부권을 줄 수는 없습니다. 자유인들로 구성된 파트너십은 한 구성원의 요청만으로 움직일 수 없습니다."[43]

실제로 이런 회유적인 문구들은 서로 상쇄되었다. 미국과 독일이 공개적으로 밝힌 입장은 서로 양립이 불가능했고, 독일은 베를린의 방어를 전적으로 미국에 의지하고 있었기 때문에 서독 정부에 거부권을 주지 않는 것은 두 가지 결과 중 하나만을 낳게 된다. 즉, 케네디 행정부가 자신이 믿지 않는 명분을 위해 전쟁을 무릅쓰든지, 아니면 독일 지도자들이 거부했던 입장을 서독에 강요하든지 둘 중 하나였다. 전자는 미 의회나 여론의 지지를 못 받을 것이고, 후자는 서방과 단결하겠다는 독일의 공약과 대서양 동맹의 결속을 훼손할 것이다.

미국과 서독 간의 관계가 갈수록 더 삐걱거렸다. 국무부는 교착상태와 아데나워와의 결별을 두려워하면서 몇 달 동안 꾸물거렸고, 소련과 직접 협상을 밀어붙이라는 케네디의 지시를 이행하지 않았다. 오히려 회담을 하기는 했지만 새로운 아이디어를 별로 제시하지 않았다. 만약 흐루쇼프가 균형감각이 있었다면, 바로 지금이 서방이 암시해줬던 다양한 제안들 중에서 어떤 것이 확실히 정치적 성과물이 될 수 있는지 판단해야 할 적기라는 사실을 깨달았을 것이다. 하지만 흐루쇼프는 판돈을 높이기만 했고 협상을 회피했다.

외교가 중단되고 동맹국들 간에 긴장이 있던 이 시기에 나는 국가안보회의(NSC: National Security Council)의 비상근 자문위원으로서 백악관의 정책 입안에 간접적으로 관여했다. 나는 비록 이런 이슈가 토의되고 있었고 대통령 주변에서 여러 상반되는 의견들이 소용돌이치고 있다는 사실을 눈치챘지만 최종 결정에 직접 참여하지는 않았다. NATO 전통주의자들—특히, 독설에도 불구하고 눈 밖에 나지 않으며 외부 자문위원으로서 활동하고 있었던 애치슨을 비롯해서—은 협상 자체를 지독하게 꺼렸다. 드골이나 아데나워처럼 이들은 어떤 새로운 통행 절차에서도 상상 가능한 개선의 여지가 없으며, 독일 통일 문제를 놓고 협상을 시도했다가는 혹독한 비난만 받을 것이라고 보았다.

비록 개인적으로 애치슨을 존경하기는 했지만, 나는 그러한 방해 전략이 지속 가능하다고 믿지 않았다. 언제든지 마음만 먹는다면 흐루쇼프는 협상을 강요할 수 있었다. 서방의 어떤 지도자도, 심지어 드골조차도 일단 정면대결을 피하기 위해 모든 수단을 강구해봤다는 것을 보여주지 않고서는 국민들에게 정면대결의 불가피성을 직시하게 할 수 없었다. 나는 소련 측이 제시한 의제를 기초로 협상하는 게 위험하다고 생각했기 때문에, 독일의 미래에 대해서 미국이 계획을 마련하여 선제적으로 나가는 게 긴요하다고 생각했다. 만약 회의를 통해서 결정이 내려지게 하거나 시한에 쫓긴다면 동맹국들 간의 결속력이 약화될 수도 있다고 우려했다. 절차적 측면에서 나는 협상을 지지했다. 실체적 측면에서 나는 아데나워와 애치슨의 전통적 입장에 가까웠다.

내가 케네디 행정부 기간 중 백악관에 몸담았던 짧은 기간 동안, 아데나워와 조우할 기회가 많이 있었다. 이런 조우를 통해서 지금까지 가까웠던 동맹국 간에 베를린 위기가 얼마나 큰 불신을 초래했는지 고통스러울 정도로 실감했다. 1958년에 내 저서『핵무기와 외교정책(Nuclear Weapons and Foreign Policy)』[44]이 출간된 직후, 그 당시에 내가 아직 상대적으로 잘 알려지지 않았던 젊은 교수였음에도 불구하고 아데나워는 나더러 찾아와 달라고 초대했다. 대화 도중에 아데나워는 나에게 발트해부터 동남아시아까지 뻗어 있는 한 덩어리로 보이는 공산진영의 모습에 속지 말라고 강조하면서 말했다. 자신이 보기에 중국과 소련 간의 균열이 필연적이라는 것이다. 그는 그런 상황이 발생한다면 민주주의 국가들이 활용할 수 있도록 준비되어 있기를 희망한다고 말했다.

나는 그런 제안을 전혀 들어본 적이 없었고 믿지도 않았다. 아데나워는 놀라서 침묵하고 있던 내 모습을 틀림없이 묵인으로 해석했을 것이다. 아데나워가 3년 후에 케네디를 만났을 때, 그는 중-소 균열이 불가피하다는 점을 장황하게 설명했고, 내가 동의했다는 말로 마무리를 지었기 때문이다. 그로부터 얼마 안 지나서 나는 케네디로부터 앞으로는 나의 지정학적 통찰을 독일 총리뿐 아니라 자신과도 공유해주면 감사하겠다는 취지의 메시지를 받았다.

아마도 아데나워와 케네디 간의 의견 교환으로 인해 내가 아데나워와 실제보다 더 가깝다고 추정하면서, 백악관은 1962년 초에 나에게 케네디 행정부의 베를린 정책에 대해 갈수록 우려의 목소리를 높이고 있던 독일 총리를 좀 누그러뜨려 달라고 요청했다. 나는 아데나워에게 미국의 협상 접근법과 베를린에서의 우발적 사건에 대비한 군사 계획, 그리고 특별한 배려로서 영국을 제외하고 어떤 동맹국과도 공유한 적이 없던 미국의 핵능력 등을 브리핑하게 되었다.

이는 만만치 않은 임무였던 것으로 밝혀졌다. 내가 브리핑을 시작하자마자 아데나워가 중단시켰다. "이미 워싱턴에서 들었던 내용이에요. 거기서 별로 감명을 못 받았어요. 왜 여기서 감명을 줄 수 있다고 생각하나요?" 나는 정부 관계자가 아니고, 아데나워 총리를 찾아뵙고 우려를 해소해달라는 요청을 받았으며, 결론을 내리기 전에 끝까지 들어달라고 날카롭게 답했다.

아데나워는 당황하지 않았다. 그는 내가 백악관 비상근 자문위원 업무에 얼마나 시간을 할애하는지 물어봤다. 내가 대충 25퍼센트라고 대답하자 그는 차분하게 응답했다. "그렇다면 나에게 75퍼센트의 진실을 말해주고 있다고 가정하겠소." 월터 C. 다울링 (Walter C. Dowling) 미국 대사가 동석한 가운데 이 말이 나왔다. 아데나워의 공식에 따르면, 다울링 대사는 계속 거짓말만 하고 있었던 셈이었다.

그러나 독-미 관계가 저점을 찍고 있는 상황에서조차 아데나워는 신뢰도가 그에게 있어서는 도덕적 책무임을 보여줬다. 비록 핵전략이 그의 주된 관심 분야가 아니었음에도 불구하고, 아데나워는 미국 정부가 나를 통해 제공한 핵무기 브리핑에 함축되어 있던 신뢰의 표시에 깊이 고마워했다. 약 25년 전인 15살 때 독일로부터 이민 왔기 때문에 내 독일어 어휘가 핵무기와 관련된 논의를 감당하기 어렵다는 생각이 들어서 그 부분은 영어로 했다. 우리 통역은 독일 총리의 보좌진 중 한 명이었다. 25년이 지나서 나이가 상당히 들었고 퇴임한 상태였던 그 관리는 나에게 편지를 보내 이렇게 말했다. 그는 여느 충실한 통역처럼 핵에 관한 브리핑을 기록해서 아데나워에게 제출했다고 했다. 총리의 반응은 이 브리핑을 비밀에 부치기로 약속했고, 따라서 사본 한 부라도 보관한다면 약속을 지킬 수 없게 된다는 것이었다. 그가 우리의 대화에서 해당 부분에 관한 모든 기록을 파기하도록 명령했다고 한다.

그럼에도 불구하고, 1962년 4월이 되자 독-미 관계가 걷잡을 수 없게 되었다. 4월 21일에 베를린을 왕래하는 교통을 통제하기 위한 국제통행당국(International Access Authority) 창설을 촉구하는 미국의 계획이 유출되었다. 이 기관은 5개 서방측 당사자(서베를린을 점령하고 있는 3개국과 서독, 서베를린), 5개 공산주의측 당사자(소련, 폴란드, 체코슬로바키아, 동독, 동베를린), 그리고 3개 중립국(스웨덴, 스위스, 오스트리아)으로 구성하도록 되어 있었다. 통일 문제는 동수의 동서독 관리들로 구성되는 위원회들에서 다루도록 되어 있었다.

놀랍지 않게도 아데나워는 통행당국의 창설을 단호하게 반대했고, 특히 동서독이 통행당국에서 동등한 지위를 갖는 것에 반대했다. 더욱이 동-서베를린 양측의 대표단이 참석한다면 이미 허약해진 베를린의 4개국 지위가 더욱 약해질 것이며, 동독의 역할이 한층 더 강해질 것으로 보았다. 통행당국에 참여하는 공산진영 대표단의 숫자가 민주주의 진영 대표단과 같았기 때문에 소련의 협박에 시달릴 수 있는 중립국 세 나라가 결정적인 목소리를 낼 것이다. 아데나워는 이 모든 게 미국의 공약을 대체하기에는 너무나 빈약하다고 보았다.

아데나워는 이 불편한 상황을 타개하고자 적극적으로 나서기로 결심했고, 주요 동맹국을 공개적으로 비판하는 전례 없는 조치를 취했다. 1962년 5월 7일의 기자회견에서 아데나워는 국제통행당국을 단호하게 반대했다.

> 저에게는 이 계획 전체가 실행되지 못할 것처럼 보입니다. 아시다시피 동방과 서방 대표단의 표결이 아마도 서로 상쇄될 것이고 결국에는 세 나라, 즉 스웨덴, 오스트리아, 스위스가 결정적인 목소리를 낼 것입니다. 그렇다면, 여러분들께 여쭙고자 합니다. 만약에 이런 역할을 좋아하냐고 물어봤을 때 이 국가들이 그렇다고 대답할까요? 저는 안 그렇다고 생각합니다![45]

자신의 불쾌감이 어느 정도인지 분명히 보여주고자 아데나워는 개도국 세계에 더 우선순위를 두려는 케네디 행정부의 시도를 씁쓸하게 비꼬았다.[46]

> 저도 마찬가지로 식민지를 반대하며 개발원조를 전적으로 찬성합니다. 그러나 저는 1,600만 명의 (동독에 있는) 독일인들이 자신들의 삶을 영위하도록 허용되어야 한다고 요구합니다. 이 점을 우리의 우방국과 적국에 말하고자 합니다.[47]

이런 이견은 결코 해소되지 못했다. 1962년 7월 17일에 케네디는 신임 소련 대사인 아나톨리 도브리닌에게 "가령 통행당국의 구조 등과 관련해서 우리가 기꺼이 독일인들을 강하게 압박할 수 있는 다른 사안들이 있을 수 있습니다."라고 여전히 이야기하고 있었다.[48] 아데나워가 이미 그런 기구의 구성과 기능 둘 다 반대한다는 입장을 이미 공개적으로 상세히 밝혔기 때문에 흐루쇼프는 자신이 대서양 동맹 내부에 중대한 위기를 촉발할 수 있는 열쇠를 쥐고 있다는 사실을 깨달았어야 했다.

놀랍게도 소련의 성공이 눈앞에 다가온 것처럼 보였을 때, 흐루쇼프가 경로에서 벗어났다. 지난 3년 동안 잡히지 않았던 돌파구를 단박에 거머쥐고자 흐루쇼프는 중거리 미사일을 쿠바에 배치했다. 흐루쇼프는 만약 이런 모험에서 성공한다면 궁극적으로 베를린 협상에서 자신의 협상력이 압도적으로 강해질 것이라고 분명히 계산했다. 똑같은 이유로 케네디는 소련의 전략적 힘이 서반구까지 확대되는 상황을 용납할 수가 없었다. 케네디가 이 위기를 대담하고 능숙하게 대처함으로써 흐루쇼프는 소련 미사일을 철수해야 했을 뿐만 아니라, 이 과정에서 베를린 외교에서 그나마 남아 있던 신뢰마저 잃었다.[49]

자신에게 더 이상 방책이 없다는 사실을 깨닫고 흐루쇼프는 1963년 1월에 베를린 장벽이 "성공"했기 때문에 베를린과 별개의 평화조약이 불필요해졌다고 발표했다. 베를린 위기가 마침내 끝났다. 이 위기는 5년간 지속되었다. 베를린 위기 내내 동맹국들은 비록 많이 동요하기는 했지만 가장 중요한 사안에서 자신들의 입장을 고수했다. 흐루쇼프로서는 동독에 사는 게 내키지 않았던 주민들이 공산주의 유토피아로부터 도망치지 못하도록 장벽을 설치하는 것 외에는 달성한 성과가 없었다.

흐루쇼프가 지나치게 과신하다가 일을 그르친 것이 서방으로서는 뜻밖의 행운이었다. 동맹이 이미 위태롭게 분열되기 직전이었기 때문이다. 아이젠하워와 케네디 행정부 두 시절 다 미국의 입장은 무력 위협을 통한 변화에 저항하는 것이지 변화 그 자체에는 저항하지 않는다는 미국의 전통적 격언에 기반을 두고 있었다. 학술적 진술로서 이것은 위기의 결과가 방법이 아닌 실제 내용으로 판단될 것이라는 일반적인 이해가 있는 경우에만 유별난 것이 아니었다.

그리고 실제 내용 측면에서, 아이젠하워와 케네디 행정부 둘 다 고려하고 있었던 다양한 구상안들은 극도로 위험했다. 모든 구상안들은 기존의 틀을 소련이 요구하는 방향으로 바꿔놓는다는 공통적인 결점이 있었다. 소련이 자신의 입장을 악화시키려고 이런 위기를 시작했을 리가 없었기 때문에 다른 방향일 수가 없었다. 만약 제안되었던 주고받기식 거래 중에 어떤 것이라도 성사되었다면, 소련은 자신이 절대로 하지 말았어야 할 위협을 하지 않는 대가로 동독이라는 위성국의 지위를 실질적으로 개선시키고 기존 통행절차를 변경하는 결과를 얻어냈을 것이다. 아데나워의 두 가지 악몽—동독 공산주의자들이 베를린의 취약성을 이용할 수 있는 수단을 획득하게 되는 상황과, 그리고 서방 동맹에 대한 서독의 의무와 민족적 통일에 대한 열망 간의 간극이 커지는 상황—은 제안된 어떤 협상안에도 내재해 있었다.

전후 동맹 체제가 "창조될 때 현장에 있었다(present at the creation)."라고 자평했던 딘 애치슨은 이 점을 분명히 보았다.[50] 트루먼에게 1961년 9월 21일에 보낸 서한에서, 애치슨은 베를린 문제를 둘러싸고 서방이 "새로운 질서라는 정치적 행보로 분장된" 굴욕적 패배를 당하게 될 것이라고 예언했다.[51] 만약 그런 패배가 불가피하다면 서방 동맹의 미래는 이런 참패의 책임을 누가 질 것인가에 달려 있을 것이라고 그는 주장했다. 애치슨은 1962년 1월에 루시어스 클레이 장군에게 이렇게 서한을 보냈다. "추종자들이 지도자를 버리게 하는 것이 지도자가 추종자들을 따르게 하는 것보다 낫습니다. 그다음엔 누가 뒷수습을 할까요? 누구에게 새 출발을 이끌도록 믿고 맡길 수 있을까요?"[52] 이는 드골의 전략을 거꾸로 한 것이었다.

베를린 위기가 전개되는 동안 독일의 우선순위가 바뀌었다. 전후 기간 내내 아데나워가 가장 의지했던 대상은 미국이었다. 흐루쇼프의 최후통첩이 발표되고 1년이 지나자 더 이상 그렇지 않았다. 국무부가 1959년 8월 26일에 작성한 정보 보고서는 동맹국들이 단결하지 못해서 아데나워가 괴로워하고 있다고 주목했다. 이 보고서에 따르면 아데나워는 여전히 동맹국들 간의 단결이 복원되기를 희망하고 있었다. 그러나 만약 "미국과 영국의 공동행동이 흐루쇼프와 의견 일치가 이루어지는 방향으로 움직이는 것처럼 보인다면 아데나워는 어쩔 수 없이 프랑스에 가장 의지해야만 할 것이다."라고 적시했다.[53]

위기 기간 내내 흐루쇼프는 마치 현란한 첫수를 둔 뒤 상대방이 딜레마에 빠져 게임을 포기할 것이라고 기대하며 뒤로 기대앉은 체스 선수처럼 행동했다. 외교 기록을 읽어

보면 제안되고 토의되고 너무나 자주 암시되었던 많은 협상 옵션들 중에서 왜 흐루쇼프가 아무것도 그 가능성을 검토하지 않았는지 이해하기 어렵다. 이 중에는 국제통행당국, 두 개의 평화조약, "보장된 도시" 구상 등이 있었다. 결국 흐루쇼프는 자신이 설정한 시한에 따라 행동하지 않았고, 서방 동맹국들을 협상으로 이끌기 위해 그가 가졌던 많은 옵션에 따라 행동하지도 않았다. 3년 동안 최후통첩과 피 말리는 위협을 한 뒤에 흐루쇼프가 거두었던 유일한 현실적인 "성공"은 베를린 장벽의 설치였다. 궁극적으로 이 장벽은 소련의 베를린 정책 실패를 상징하게 되었다.

흐루쇼프는 자신이 만든 거미줄에 스스로 묶였다. 덫에 빠진 채 흐루쇼프는 전쟁을 하지 않고서는 자신의 요구사항이 달성되리라고 희망할 수가 없다는 것을 깨달았다. 흐루쇼프는 전쟁 준비가 전혀 안 되어 있었던 것으로 드러났다. 그러나, 그러면서도 별로 얻는 것도 없이 합의했다고 크렘린의 "매파"나 중국으로부터 비난 받지 않으려고 서방의 협상 제안을 감히 받아들지 못했다. 보다 대결적인 노선으로 "비둘기파"를 끌고 가기에는 너무 약했고, "매파"에게 양보를 강요하기에는 자신의 입지가 너무나 불확실했기 때문에 흐루쇼프는 가능한 한 시간을 질질 끌려고 했고, 그러다가 쿠바에 미사일을 배치함으로써 자포자기한 듯이 한 번의 도박에 모든 것을 걸었다.

당시에는 인식되지 못했지만, 베를린 위기는 정점에 이른 쿠바 미사일 위기와 더불어 냉전의 전환점이 되었다. 만약 민주주의 국가들이 내부적 분쟁에 골몰하지 않았더라면 베를린 위기를 소련의 잠재적 약점을 드러낸 사건으로 해석했을지도 모른다. 결국 흐루쇼프는 위기를 촉발하면서 자랑스럽게 내세웠던 목표 중에 아무것도 달성하지 못한 채 소련 영역 깊숙이 자리 잡은 서방의 전초기지를 계속 끌어안고 가야 했다. 그리하여 유럽이 두 개의 진영으로 나뉘어졌다는 사실이 1956년의 헝가리 혁명에서 그랬듯이 재확인되었다. 양측은 이런 상황을 불평하곤 했지만, 어느 쪽도 이런 상황을 무력으로 바꾸려고 시도하지 않았다.

흐루쇼프의 베를린과 쿠바 계획의 실패가 누적된 결과, 1973년 중동전쟁이 끝나갈 무렵에 잠시 불타올랐던 경우를 제외하고 소련은 다시는 미국에 직접 도전하는 위험을 무릅쓰지 않았다. 소련은 장거리 미사일 전력을 대규모로 구축했지만 미국의 확립된 권리에 직접적인 위협을 가하기에는 충분하지 않다고 보았다. 그 대신 소련은 앙골라와 에티오피아, 아프가니스탄, 니카라과와 같은 개도국 세계에서 소위 민족해방전쟁을 지원하는 쪽으로 군사적 압박의 방향을 틀었다.

10년 동안 소련은 더 이상 베를린 통행을 방해하는 시도를 하지 않았고, 베를린 통행은 기존 절차에 따라 지속되었다. 그리고 그사이 동독 정권의 승인이 점진적으로 이루어졌다. 미국이 이런 구상을 강요했기 때문이 아니라 독일 내 모든 주요 정당의 지지를 받은 서독의 결정에 따른 결과였다. 시간이 흘러 동맹국들은 동독 승인을 바라는 소련의 열의를 이용하여 그 전제조건으로 소련이 베를린 왕래와 관련한 통행 절차를 엄격히 확립하고 4개국의 관리를 받는 베를린의 지위를 공식적으로 인정하라고 주장했다. 소련은 이 조건을 1971년에 4자협정(Quadripartite Agreement)을 통해 공식적으로 수용했다. 1989년 베를린 장벽이 무너지고 독일 통일에 이르게 될 때까지 베를린이나 통행로는 더 이상 도전을 받지 않았다. 봉쇄정책이 결국 효과가 있었다.

24

서방 단결의 개념:
맥밀런, 드골, 아이젠하워, 케네디

Concepts of Western Unity:
Macmillan, de Gaulle, Eisenhower, and Kennedy

베를린 위기는 유럽 대륙을 분할하는 분단선을 따라 거의 20년 동안 서로 거칠게 경쟁해왔던 두 세력권을 최종적으로 굳히는 계기가 되었다. 그 과정의 첫 번째 단계인 1945년부터 1948년까지의 기간에 스탈린은 소련의 세력권을 구축했고, 동유럽국들을 위성국으로 바꾸어놓았으며, 암암리에 서유럽을 위협했다. 두 번째 단계인 1949년부터 1956년까지의 시기에 민주주의 국가들은 NATO를 설립하고, 자신들의 점령구역을 독일 연방공화국으로 통합하면서 서유럽 통합을 개시하는 방식으로 대응했다.

이렇게 세력권이 굳어지는 시기에 각 진영은 간헐적으로 상대방 세력권을 해체하려고 시도했지만 모두 실패했다. 독일연방공화국을 서방 진영으로부터 꾀어내려 했던 스탈린의 1952년 평화 각서는 아무런 성과를 못 냈다. 물론 여기에는 스탈린의 사망도 부분적으로 연관이 있었다. 덜레스가 내세웠던 동유럽 "해방"전략의 공허함은 실패로 끝난 1956년의 헝가리 봉기에서 드러났다. 1958년에 있었던 흐루쇼프의 베를린 최후통첩도 독일연방공화국을 서방으로부터 떼어내려고 했던 또 다른 시도였다. 하지만 결국 소련은 위성국인 동독에 대한 통제를 더 강화하는 수준에서 합의해야 했다. 쿠바 미사일 위기 이후 소련은 개도국 세계에 침투하는 데 집중했다. 그 결과로 유럽에서는 안정적인 양극체제가 등장했으며, 이 체제의 모순적 특성은 프랑스의 위대한 철학자이자 정치학자인 레이몽 아롱(Raymond Aron)에 의해 1958년에 다음과 같이 요약되었다.

> 유럽의 현재 상황은 비정상적이거나 터무니없다. 그러나 아주 명쾌한 상황이며, 다들 분계선이 어디인지 알고 있고, 아무도 무슨 일이 발생할 수 있을지에 대해 별로 두려워하고 있지 않다. 1년 전에 경험했던 것처럼, 만약 철의 장막 맞은편에서 무슨 일이 발생한다 하더라도 이쪽에서는 아무런 일도 발생하지 않는다. 그래서 유럽이 명확하게 분할되었지만, 이 체제의 옳고 그름을 떠나서 다른 어떤 체제보다도 덜 위험하다고 간주된다.[1]

바로 정확하게 이런 안정성 때문에 소위 대서양공동체 내부에 잠복하고 있었던 불화가 불거질 수 있었다. 베를린 위기 여파 직후, 영국의 맥밀런(Macmillam)과 프랑스의 드골(De Gaulle), 미국의 케네디(Kennedy)는 동맹의 성격, 핵무기의 역할, 그리고 유럽의 미래를 놓고 상충하는 그들의 시각을 조화시켜야 했다.

맥밀런은 영국이 이제 더 이상 세계적 강대국이 아니라는 뼈아픈 현실을 명백하게 직시해야 했던 최초의 영국 총리였다. 처칠은 동등한 상대로서 미국과 소련을 대했다. 비록 처칠의 태도가 진정한 힘의 균형을 반영했던 것은 아니었지만, 천재적인 능력과 전시 영국이 보인 영웅적 행보를 언급하면서 희망 사항과 현실 간의 격차를 메웠다. 전쟁이 끝난 직후 처칠이 야당 당수 시절 소련과의 협상을 촉구했을 때나 1953년 스탈린이 사망한 후 다시 총리가 되어서 협상을 촉구했을 때에는, 영국이 비록 일류 강대국이 못 되지만 여전히 다른 강대국들의 계산에 영향을 줄 수 있는 주요국의 대표로서 행동한 것이었다. 수에즈 운하 위기 기간 내내 이든은 여전히 독자적 행동 역량을 지닌 강대국의 정부수반으로서 행동했다. 맥밀런이 베를린 위기를 직면했을 무렵에는 영국이 혼자서 초강대국들의 전략적 계산을 바꿀 만한 역량이 있다는 착각은 더 이상 지속 불가능했다.

세련되면서도 우아한 회의론자였던 맥밀런은 구시대 보수당원의 마지막 모습을 대변했다. 그는 영국이 세계에서 가장 우월한 강대국이었고 영국 국기가 세계 거의 모든 곳에서 휘날리던 에드워드 시대(에드워드 7세 재위 기간인 1901년~1919년—옮긴이)의 산물이었다. 맥밀런은 짓궂은 유머감각의 소유자이기도 했지만, 그에게는 영국이 권력의 정점에 있다가 제1차 세계대전이라는 참혹한 경험을 겪은 후 지속적으로 쇠퇴하는 과정에 어쩔 수 없이 참여하면서 생겼던, 떼려야 뗄 수 없는 특유의 우울함도 있었다. 맥밀런은 옥스퍼드 대학교 크라이스트처치 칼리지(Christ Church College) 소속 동기 중 네 명의 생존자와 재회했던 경험을 감동적으로 이야기하곤 했다. 1984년 석탄 광부들의 파업 당시 이미 공직에서 물러난 지 20년 정도 되었던 맥밀런은 비록 자신이 대처 총리를 아주 존경하고 대처 총리가 무엇을 하려는지 이해하지만, 자신이 제1차 세계대전 당시 최전선으로 내보내야 했고, 사심 없이 스스를 희생했던 사람들의 자식들을 상대로 끝까지 싸우는 일은 도저히 못하겠다고 나에게 이야기한 적이 있었다.

맥밀런은 영국의 세계적 역할이 쇠퇴하는 분수령이 된 수에즈 운하 위기에서 영국이 참패함에 따라 다우닝가 10번지에 입성했다.[2] 맥밀런은 아주 위풍당당하게 행동했지만, 어느 정도 거리낌이 없지는 않았다. 전직 재무장관으로서 그는 영국의 경제가 쇠퇴하고 있으며 영국이 핵무장한 초강대국의 방대한 무기에 군사적으로 절대 맞설 수 없다는 사실을 너무나 잘 알고 있었다. 영국은 처음에 유럽공동시장(European Common Market)을 제안 받고 거절한 적이 있었다.[3] 작고 멀리 떨어져 있으며 영국인이 거의 알지 못하는 나라라고 체임벌린이 체코슬로바키아에 대해 1938년에 했던 언급은 한 세기 반동안 지구 반대편에서 식민지 전쟁을 해왔던 국가가 고작 수백 킬로미터 떨어져 있는 유럽 내 위기를 무심하게 바라보던 시각을 정확히 보여줬다.

하지만 1950년대 말이 되자, 영국은 유럽을 압제자가 되려는 국가를 억제하기 위해 영국군이 가끔 개입했던 곳으로만 더 이상 바라볼 수 없었다. 따라서 맥밀런은 유럽 문제로부터 초연함을 유지한다는 정책을 뒤집고 유럽공동체 회원 자격을 신청했다. 하지만 수에즈 운하 위기의 참패에도 불구하고 맥밀런은 영국과 미국 간의 "특별한 관계(special relationship)"를 증진하는 데 관심이 제일 컸다.

영국은 스스로를 오로지 유럽의 강대국이라고만 간주하지 않았다. 어쨌든 영국을 겨냥한 위험은 너무나 자주 유럽으로부터 왔던 반면, 영국을 구원해주는 세력은 대서양 너머로부터 왔다. 맥밀런은 미국과 관계를 끊으면 유럽의 안보가 증진될 것이라는 드골주의자들의 주장을 받아들이지 않았다. 모든 것을 다 고려했을 때, 아마 영국도 최소한 프랑스만큼은 베를린을 위해 싸울 준비가 되어 있었다. 물론 영국이 싸우기로 결정한다면, 그 동기는 베를린 점령권이라는 모호한 개념을 주장하려는 것이기보다는 전 세계적인 세력균형이 위협받고 있다는 판단 하에서 미국을 지원하려는 것이었다.

수에즈 운하 위기에서 미국으로부터 굴욕을 당한 후, 프랑스와 영국은 각자 정반대의 결론을 내렸다. 프랑스는 독자 노선을 가속했고, 영국은 미국과의 파트너십을 강화하는 쪽을 선택했다. 영—미 파트너십이라는 비전은 실제로 제2차 세계대전 이전에도 있었으며, 그 이후로 계속 증진되었다. 일찍이 1935년에 스탠리 볼드윈(Stanley Baldwin) 총리는 이와 같은 구상을 앨버트홀(Albert Hall) 연설을 통해 대략 제시했다.

> 세계 어느 곳에서 유럽이건, 동방이건, 그 어느 곳이건 어떠한 전쟁에라도 맞설 수 있는 가장 큰 안보 수단은 대영제국과 미합중국 간의 긴밀한 공동협력이라고 저는 항상 믿어왔습니다. … 이런 바람직한 목표가 달성될 수 있을 때까지 100년이 걸릴지도 모릅니다. 어쩌면 절대로 실현되지 않을지도 모릅니다. 그러나 때로는 우리가 꿈꿀 수도 있습니다. 저는 미래를 고대하며 세계의 평화와 정의를 위해서 이처럼 세력들이 연합하는 모습을 봅니다. 그리고 저는 사람들이 아직 공개적으로 지지할 수는 없겠지만 그 언젠가는 우리를 따르는 이들이 이런 연합을 보게 될 것이라고 생각할 수밖에 없습니다.[4]

이 꿈이 실현되기까지 100년이 걸리지 않았다. 제2차 세계대전이 시작되면서 영국과 미국은 상호 필요에 따라 결속되었다. 상당히 상이한 역사적 경험에도 불구하고 이런 필요성이 서로에게 스며든 것이다.

양국 관계를 강력하게 구축할 수 있었던 중요한 요인 중 하나는 변화하는 상황에 탁월하게 적응하는 영국의 능력이었다. 딘 애치슨이 지적한 것처럼, 영국이 너무나 오랫동안 제국이라는 환상에 집착해왔고 유럽에서 당대에 어떤 역할을 맡아야 할지 갈피를 못 잡았다는 게 사실이었을 수도 있다.[5] 반면에 미국과의 관계에서 영국은 오래된 나라지만 근본적인 사안에서 자기기만에 빠지지 않았음을 거의 일상적으로 증명했다. 이익과 위험의 균형을 잡는 전통적인 방식으로는 미국의 정책에 더 이상 영향을 미칠 수 없다고 영리하게 계산했기 때문에 영국 지도자들은 특히 수에즈 운하 위기 이후 영향력을 더 크게 행사할 수 있는 길을 선택했다. 영국의 양당 지도자들은 미국의 정책결정 과정에서 자신들을 필수불가결한 존재로 만드는 데 성공했다. 그리하여 미국 대통령과 측근들은 영국과의 협의를 약한 동맹국을 위한 특혜 조치가 아니라 자신들의 통치를 위한 필수 요소로 간주하게 되었다.

하지만 영국은 국제관계에 관한 미국의 철학에 전혀 동의하지 않았다. 영국인들은 인간이 완벽하다는 미국의 시각을 전혀 공유하지 않았고, 도덕이 절대적이라고 선언하는 습관도 없었다. 영국의 철학적 측면에서 볼 때, 영국 지도자들은 대체로 홉스주의자들이었다. 이들은 인간의 본성에서 최악을 예상했기 때문에 실망한 적이 상당히 드물었다. 외교정책에서 영국은 항상 윤리적 이기주의(ethical egoism)라는 편리한 방식을 실천하는 경향이 있었다. 즉, 영국에 좋은 것은 전 세계 다른 나라에도 좋다고 간주되었다.

이런 구상을 실현하려면 내재된 우월의식은 물론이고 상당한 자신감이 필요했다. 19세기에 프랑스 외교관이 파머스턴 영국 총리에게 프랑스는 외교적 카드를 소매에서 몰래 꺼내는 파머스턴의 행동에 마침내 익숙해졌다고 말했을 때, 대가 센 이 영국인은 "하느님께서 카드를 거기에 넣어 놓으셨죠."라고 응수했다. 하지만 영국은 직관적인 절제감각을 갖고 국가적 이기주의를 실천했기 때문에 일반적 선을 대변한다는 영국의 뻔뻔한 태도가 빈번하게 정당화되었다.

맥밀런 시기에 권력에서 영향력으로의 전환이 완료되었다. 맥밀런은 영국의 정책을 미국의 정책에 깊이 결부시키고 미국과의 관계를 능숙하게 관리함으로써 영국의 선택 범위를 넓히기로 결정했다. 맥밀런은 철학적이거나 개념적 측면에서 결코 경쟁하지 않았고, 미국의 핵심 정책에 대놓고 도전하는 경우가 드물었다. 그는 미국에 중심 무대를 선뜻 양보했고 그 대신 장막 뒤에서 영향을 주려고 했다. 드골은 자신을 무시한다면 고통스러워질 것임을 보여주려고 종종 거칠게 행동했다. 반면, 맥밀런은 자신을 무시하는 게 오히려 당혹스러울 정도로 미국이 영국의 견해를 너무 쉽게 요청하도록 만들어 놓았다.

베를린 위기 당시 맥밀런의 전술이 이런 접근법을 구현했다. 맥밀런은 베를린 통행 문제가 핵전쟁에 따른 대학살을 감수할 가치가 있다고 보지 않았다. 반면에 미국과의 관계를 잃을 수도 있다는 위험이 훨씬 더 싫었다. 맥밀런은 핵무기로 대결하는 상황이 오더라도 미국 편에 서기로 했고, 이런 입장은 대부분의 다른 동맹국들이 해줄 수 있는 보장을 훨씬 넘어서는 수준이었다. 하지만 그런 궁극적인 선택에 직면하기 앞서 맥밀런은 가능한 모든 대안을 모색하기로 결정했다. 어차피 해야 할 일이라면 맥밀런은 스스로를 서방에서 가장 평화를 옹호하는 사람으로 내세우고, 미국이 급작스러운 행동으로 치닫지 않게 자제시키며, 영국 대중에게 "영국 지도자들이 양해와 합의에 도달하기 위해 모든 노력을 다했다."라는 것을 보여주려고 했다.[6]

624

수단이 잽싸게 목적으로 변했다. 맥밀런은 능숙하게 협상을 이끌어 자신의 실력으로 소련의 도전을 누그러뜨릴 수 있다고 충분히 확신했다. 맥밀런의 생각에 따르면 외교 절차 자체가 흐루쇼프의 최후통첩이라는 위협을 완화하는 데 도움이 될 수 있었다. 결론이 안 나는 협상을 이용해 충동적인 소련 지도자가 시한을 어떻게 발표하건 간에 그 시한을 계속 늦출 수 있기 때문이다.

흐루쇼프가 최초의 최후통첩을 이미 여러 번 반복했음에도 불구하고 맥밀런은 1959년 2월부터 3월 사이에 무려 11일 동안 소련을 방문했고, 아데나워는 이를 극도로 불쾌하게 여겼다. 흐루쇼프가 맥밀런의 소련 방문을 위협을 되풀이하는 데 이용했던 반면, 맥밀런은 실질적으로 얻어낸 게 아무것도 없었다. 그럼에도 불구하고 영국 총리는 흐루쇼프가 설정한 시한을 회피하기 위한 가장 실용적인 수단으로써 회의 일정을 잡겠다는 목표를 끈질기고 침착하게 추구했다. 그는 회고록에서 이렇게 밝혔다.

> 나는 일련의 회의를 통해, 평화는 아닐지라도 "평화적 공존"(그 당시 용어를 사용하자면)이 세상에서 이견 없이 널리 받아들여지는 상황까지 점진적으로 나아간다는 개념을 너무나 증진하고 싶었다.[7]

하지만 대화 자체가 목표가 된다면 대화는 언제든지 그것을 결렬시킬 각오가 가장 크거나 적어도 그런 인상을 줄 수 있는 당사자에게 휘둘리기 마련이다. 그리하여 흐루쇼프는 실제로 무엇이 "협상 가능한" 것인지 규정할 수 있게 되었다. 너무나 대화를 지속하고 싶었던 맥밀런은 소련의 회담 의제 중에서 상대적으로 안전하게 추구할 수 있는 항목이 뭐가 있는지 파악하려고 창의력을 엄청나게 쏟아부었다. 베를린에 관한 흐루쇼프의 1958년 11월 27일자 공식 각서를 받은 그 다음 날, 맥밀런은 셀윈 로이드(Selwyn Lloyd) 외교장관에게 서한을 보냈다. "우리가 협상을 피할 수 없을 겁니다. 어떻게 진행해야 할까요? 협상이 불가피하게 통일 독일의 미래와 가능한 '비관여 계획(Disengagement Plans)'에 관한 논의로 이어지게 될까요?"[8]

다양한 비관여 계획에는 독일, 폴란드, 체코슬로바키아로 규정된 중유럽에서의 군비제한 지역 설정과 이 국가들로부터의 핵무기 철수라는 공통된 내용이 포함되어 있었다. 이런 무기가 어디에 배치되어 있는가는 맥밀런을 비롯해 (맥밀런보다는 덜하지만) 미국 지도자들에게도 주로 상징적 측면에서 의미가 있었다. 핵전략이 미국의 핵무기에 의존했기 때문에(미국이 보유한 핵무기 중에서 압도적인 분량은 유럽 대륙에 배치되어 있지 않았다), 소련과 비관여 계획을 논의하는 게 맥밀런으로서는 시간을 버는 비교적 무해한 방식처럼 보였다.

아데나워는 일단 미국 핵무기가 독일에서 제거된다면 미국으로 돌아가야 할 것이고, 그렇게 된다면 핵방위에 있어 유럽과 미국 간 긴요한 정치적 연계가 끊어지기 때문에 이런 계획을 모두 반대했다. 아데나워나 적어도 그의 국방 전문가들의 추론은 핵무기가 독일 땅에 배치되어 있는 한 소련이 이 핵무기를 파괴하지 않은 채 중유럽을 공격하려는 위험을 무릅쓰지 않으리라는 것이었다. 그리고 그렇게 하려면 핵공격이 필요하기 때문에 미국도 자동으로 대응하게 될 것이라는 논리가 있었다.

하지만 만약 미국 핵무기가 미국으로 옮겨진다면 독일을 겨냥한 재래식 공격이 실행 가능해질 것이다. 아데나워는 미국이 입게 될 엄청난 피해를 고려할 때, 미국 지도자들이 핵전쟁을 개시하면서까지 대응할지 확신하지 못했다. 그리하여 베를린 문제에 관한 협상 옵션의 탐색은 대서양 동맹의 군사적 전략에 대한 지속적인 논쟁을 대리하는 성격을 띠게 되었다.

맥밀런이나 아이젠하워 중 어느 한 명이 독자적 외교 구상에 착수할 때마다 다른 한 명이 보였던 반응은 정치인 간의 관계에서 허영심이 없을 수가 없다는 사실을 보여주었다. 두 지도자는 개인적으로 친구 사이이기는 했지만, 1959년 초에 아이젠하워는 맥밀런의 모스크바 방문에 짜증이 났다. 그리고 같은 해 가을에 아이젠하워가 흐루쇼프를 캠프 데이비드에 초대했다는 사실을 알았을 때, 맥밀런은 심술이 났다.

> "외교장관 회담에서의 진전 없이 정상회담은 없다."라는 독트린에 매어 있던 대통령이 이제는 이런 독트린에서 벗어나려고 한다. 그가 생각해냈던 유일한 방안은 토론을 말잔치로 대체하는 것이다. 그래서 이제 흐루쇼프에게 미국으로 자신을 찾아와 달라고 요청하고 있고, 소련을 답방하겠다고 약속하고 있다. 이 모든 게 좀 유별난 외교처럼 보인다.[9]

이는 유별나기보다 불가피했다. 일단 영국이 미국과 결별할 수 없다는 사실을 알게 된 이상 흐루쇼프는 아이젠하워에 집중했다. 흐루쇼프가 보기에, 맥밀런은 미국을 협상하도록 유도함으로써 이미 자신의 목적에 기여했다. 흐루쇼프가 원하는 것을 해줄 수 있는 유일한 대화 상대는 결국 아이젠하워였기 때문이다. 그리하여 모든 중요하고 실질적인 논의가 흐루쇼프와 아이젠하워 간에 캠프 데이비드에서, 그리고 이후에는 흐루쇼프와 케네디 간에 오스트리아 빈에서 이루어졌다. 하지만 미국과 소련이 국제적 논의를 독점할수록 일부 NATO 동맹국 사이에서 각자 행동의 자유를 추구하려는 동기도 더 커졌다. 소련의 서유럽에 대한 위협과 소련에 대한 공통의 두려움이 같이 줄어들자 대서양 동맹 내부에서 이견을 표출하는 게 덜 위험해졌다. 드골은 이런 상황을 활용해서 보다 독자적인 유럽 정책을 촉진하려고 했다.

하지만 영국이 어떤 나라의 주도권을 따를 것인지에 대한 선택은 전혀 경쟁이 안 되었다. 맥밀런은 유럽보다 미국에 종속되기를 선호했기 때문에 드골의 구상을 격려할 유인이 전혀 없었고, 어떤 구실이건 간에 유럽과 미국을 분열시키려는 시도에 절대로 동참하지 않았다. 그럼에도 불구하고 영국의 사활적 이익 수호에 있어서는 맥밀런은 드골만큼 아주 집요했다. 이는 소위 스카이볼트 사건(Skybolt Affair)에서 두드러졌다.

영국은 노후화되는 폭격기들의 수명을 연장하려고 당시 개발 중이던 준중거리 공중발사 탄도미사일[10]을 구매하기로 결정했다. 케네디 행정부는 1962년 가을에 사전 경고도 없이 스카이볼트 개발을 취소했다. 기술적 이유로 취소가 결정되었다는 주장이 있었지만, 실제로는 미사일보다 취약하다고 여겨지는 비행기에 대한 의존을 줄이려는 것이었고, 그리고 거의 분명히 영국의 독자적 핵능력을 막으려는 의도가 있었다. 영국과의 사전협의 없이 미국의 일방적인 결정으로 영국 폭격기들이 급속도로 퇴물이 될 운명이었다. 미국에 의존하지 말라는 프랑스의 경고가 확인된 것처럼 보였다.

하지만 스카이볼트 사건은 그 이후에 미국과의 "특별한 관계"에서 나오는 이득이 무엇인지를 유감없이 보여주었다. 맥밀런은 자신이 미국과의 관계를 인내심을 갖고 발전시켜오면서 쌓아둔 청구서를 내밀었고, 이 과정에서 그다지 점잖게 나오지도 않았다.

> 스카이볼트 개발에서 제기된 난관이 영국의 독자적 핵능력을 강제로 없애려는 수단으로 사용되었거나 혹은 사용된 것처럼 보인다면, 정말로 상당히 심각한 결과가 나올 것입니다. 독자적 핵능력을 지지했던 사람들과 이를 반대했던 사람들 양쪽으로부터 깊은 분노를 자아낼 것입니다. 국가적 자부심이 모욕 받을 것이고, 우리는 우리의 힘이 미치는 모든 수단을 동원해서 저항할 것입니다.[11]

케네디와 맥밀런은 12월 21일에 바하마 나소(Nassau)에서 회동하여 영-미 핵파트너십 현대화에 동의했다. 미국은 스카이볼트에 대한 보상 차원에서 영국에 폴라리스 미사일이 장착된 다섯 척의 잠수함을 판매하며, 영국은 이에 맞춰 독자적인 핵탄두를 개발하기로 했다. 핵전략의 중앙통제권 유지에 관한 미국의 우려를 해소하는 차원에서 영국은 이 잠수함들을 NATO에 "배속"시키는 데 동의했고, 다만 "최고의 국익이 걸려 있는 경우(supreme national interest was at stake)"는 예외로 하기로 했다.[12]

영국군의 NATO 통합은 대체로 형식적이었던 것으로 밝혀졌다. 영국은 "최고의 국익"이 걸려 있으면 이 핵잠수함을 언제라도 마음대로 쓸 수 있었고, 당연히 핵무기 사용은 핵심 국익이 걸려 있을 때가 아니면 절대로 고려되지 않기 때문에, 영국은 프랑스가 대결을 통해 억지로 얻어내려고 했던 행동의 자유를 나소 협정(Nassau Agreement)을 통해 효과적으로 받아냈다. 핵무기를 놓고 영국과 프랑스의 태도에서 차이가 있었다. 영국은 실질적인 내용을 위해 형식을 희생할 준비가 되어 있었던 반면, 드골은 프랑스의 정체성을 다시 분명히 하려고 노력하면서 형식과 내용을 동일시했다.

물론 프랑스는 영국처럼 미국의 결정에 대한 영향력을 행사할 가능성이 없었기 때문에 사정이 전혀 달랐다. 따라서 프랑스는 드골의 리더십 하에 대서양 협력의 성격에 관한 철학적 문제를 제기했다. 이는 어떤 면에서 유럽의 리더십을 둘러싼 경쟁으로 변질되었고, 미국으로서는 유럽식 외교의 역사적 스타일을 다시 알게 되는 계기가 되었다.

미국은 제2차 세계대전 종전 이후 다른 어떤 나라도 할 수 없는 방식으로 세계문제를 주도해왔다. 미국은 세계 인구에서 차지하는 비중이 적었지만 전 세계 상품과 서비스의 거의 3분의 1을 생산했다. 이에 더해 핵기술 분야의 탁월한 우위에 힘입어 미국은 상상 가능한 어떤 경쟁국, 혹은 경쟁국들이 힘을 합치더라도 엄청난 차이로 압도하는 우위를 누렸다.

수십 년 동안 이런 과도한 축복 때문에 미국 지도자들은 완전히 황폐해지고 일시적으로 무기력해져서 고분고분해진 유럽의 태도가 과거 두 세기에 걸쳐서 세계를 지배했을 때 보여줬던 모습과 비교해 얼마나 전형적인 모습이 아닌지를 잊어버렸다. 이들은 산업혁명을 시작한 유럽의 역동성, 국가주권이라는 개념을 배태했던 유럽의 정치철학, 약 3세기에 걸쳐 복잡한 세력균형체제를 관리했던 유럽식 외교 등을 떠올리지 못했다. 미국의 필수불가결한 도움에 힘입어 유럽이 회복되자, 유럽 외교의 전통적인 방식이 일부 재현될 수밖에 없었으며, 특히 리슐리외 시절 근대적 국가운영술을 시작한 프랑스의 경우 더욱 그랬다.

이런 필요성을 드골만큼 강하게 느낀 사람은 없었다. 미국과의 논쟁이 정점에 달했던 1960년대에는 프랑스 대통령이 과대망상에 빠졌다고 비난하는 게 유행처럼 되었다. 그의 문제는 정확히 정반대였다. 실패감과 취약하다는 정서가 퍼져 있었던 국가에 어떻게 정체성을 되찾아줄 것인지가 문제였다. 미국과 달리 프랑스는 매우 강력하지도 않았다. 영국과 달리 프랑스는 제2차 세계대전을 국민을 단결시키거나 혹은 심지어 의식을 고양시킨 경험으로 보지 않았다. 제1차 세계대전에서 프랑스만큼 아주 많은 청년 세대를 상실한 뒤 고생했던 나라를 찾아보기가 힘들었다.[13] 이 대재앙에서 살아남은 사람들은 프랑스가 이런 시련을 또다시 견딜 수 없다고 깨달았다. 이런 상황에서 제2차 세계대전으로 악몽이 현실이 되어버렸고, 프랑스가 1940년에 겪었던 붕괴는 군사적으로 뿐만 아니라 심리적으로도 재난이었다.[14] 그리고 프랑스가 기술적으로는 승전국의 일원이 되었지만, 프랑스 지도자들은 대체로 타국의 노력을 통해 자국이 살아났다는 사실을 너무나 잘 알고 있었다.

평화가 왔건만 한숨을 돌릴 수 없었다. 제4공화국은 제3공화국만큼 정부가 불안정했고, 거기에 덧붙여 탈식민지화라는 혹독한 과정을 겪어야 했다. 1940년에 굴욕을 겪었던 프랑스군은 거의 재편되지 못한 채 근 20년 동안 처음에는 인도차이나에서, 그러고 나서 알제리에서 절망적인 식민지 전쟁에 참여해야 했고 각각 패배로 끝났다. 안정적인 정부와 완전한 승리 덕택에 자신감이 고양되어 있던 미국은 어떠한 임무건 자신의 가치에서 볼 때 필요하다면 혼신을 다해서 몸을 던질 수 있었다. 한 세대에 걸친 전쟁과 수십년 간의 굴욕에 시달린 국가를 통치하면서 드골은 실용적 기준이 아니라 프랑스의 자존심을 되살리는 데 기여할 수 있는지 여부를 놓고 정책을 평가했다.

그 결과로 초래된 프랑스와 미국 간의 갈등은 양측이 서로를 극심하게 오해하고 같은 주제를 논의하는 것처럼 보이지 않았기 때문에 더욱더 씁쓸했다. 미국 지도자들은 비록 가식이 없었지만, 자신들의 실용적인 처방을 지나치게 자신만만하게 여기는 경향이 있었다. 너무 많은 열정이 산산조각 났고 너무 많은 꿈들이 취약했던 것으로 드러나 국민들이 회의론에 빠져 있던 상황에서 드골은 프랑스의 뿌리 깊은 불안감을 오만하고 심지어 고압적인 태도로 보완할 필요가 있다고 느꼈다. 미국 지도자들의 개인적 겸허함과 역사적 오만이 드골의 개인적 오만과 역사적 겸허함과 상호 작용하면서 미국과 프랑스 간의 심리적 격차가 분명하게 드러났다.

미국은 서방 동맹국 간의 이익이 당연히 똑같을 것이라고 여겼기 때문에 협의를 모든 이견을 해소해주는 만병통치약처럼 간주했다. 미국의 시각에서 볼 때, 동맹은 주식회사와 같았다. 내부 영향력은 각 당사자가 소유한 지분을 반영한다고 보았고 공동의 노력에 대한 각국의 물질적 기여에 정비례해서 산정되어야 했다.

수 세기에 걸친 프랑스의 외교 전통에서 그런 결론에 이를 만한 요소는 아무것도 없었다. 리슐리외 이래 프랑스의 구상은 변함없이 위험과 보상의 계산으로부터 발전해왔다. 이런 전통의 산물인 드골은 협의체의 성격보다 이견이 발생하는 우발상황에 대비해 옵션을 확보하는 데 관심이 많았다. 드골은 이런 옵션이 협상에서의 상대적 입지를 결정해줄 것이라고 믿었다. 드골로서는 국가 간의 건전한 관계는 분쟁해결의 공식 절차가 아니라 이익의 계산에 달려 있었다. 그는 조화가 자연스러운 상태라고 보지 않았고 이익의 충돌로부터 힘들게 얻어지는 것으로 보았다.

> "자기 본성의 제약을 받는" 인간은 "욕망이 무한합니다." 그로 인해 세계는 서로 대립하는 힘으로 가득 차 있습니다. 물론 인류의 지혜가 종종 이런 경쟁관계가 살인적인 갈등으로 타락하지 않도록 막아왔습니다. 하지만 치열한 경쟁이 삶의 조건입니다. … 결국은, 늘 그렇듯이 균형상태에서만 세계는 평화로울 것입니다.[15]

내가 짧게나마 드골과 서로 알게 되었을 때 그의 완고한 원칙을 접할 수 있었다. 내가 처음으로 드골을 대면했던 경험은 닉슨 대통령이 1969년 3월에 파리를 방문했을 때였다. 드골 대통령이 엘리제궁에서 대규모 리셉션을 하고 있을 때, 보좌관 한 명이 군중 속에 있는 나를 찾아와 대통령이 나와 이야기를 나누고 싶다고 말해왔다. 나는 다소의 경외심을 갖고 그 걸출한 인물 곁으로 갔다. 나를 보자마자 드골은 자기 주변 사람들을 물러나게 한 다음, 인사말이나 다른 사교적인 예의 표시도 없이 이런 질문으로 나를 맞이했다. "왜 베트남에서 안 나오세요?" 나는 약간 망설이면서, 일방적으로 철수하면 미국의 신뢰성이 훼손될 것이기 때문이라고 대답했다. 드골은 그다지 감명을 받지 않았고, 어디에서 그런 신뢰성이 훼손될 수 있는지 물어봤다. 내가 중동이라고 지적하자, 그의 쌀쌀맞은 태도가 우울한 모습으로 변하며 이렇게 언급했다. "거참 아주 이상하구려. 나는 당신네 적들이 신뢰성 문제를 겪고 있는 지역이 바로 중동이라고 생각했는데 말이죠."

그 다음 날, 프랑스 대통령과의 정상회담 이후 닉슨 대통령은 나를 불러서 그 유명한 "국가연합으로서의 유럽(L' Europe des patries)"이라는 드골의 비전에 관해 논평을 해달라고 했다. 드골이 보좌관과 토론하는 것을 좋아하지 않았거나 또는 이 사안의 경우 보좌관이 배석하는 것을 좋아하지 않기 때문에, 무모하게도 나는 그가 방금 설명했던 유럽을 독일이 지배하지 못하도록 프랑스가 어떻게 막을 건지를 드골에게 물어봤다. 분명히 드골은 이 질문이 상세히 답해줄 만한 가치가 있다고 여기지 않았다. 그는 "전쟁으로요(par la guerre)."라고 퉁명스럽게 답했다. 아데나워와 항구적 우호관계에 관한 조약에

서명한 지 고작 6년밖에 안 되었는데 말이다.

드골의 외교 스타일은 프랑스의 국익에만 전적으로 몰두했기 때문에 냉담하고 비타협적이었다. 미국 지도자들이 파트너십을 강조했던 반면, 드골은 국가가 각자 자국의 안보를 책임져야 한다고 강조했다. 미국이 개별 동맹국들에게 전반적인 임무를 할당하고 싶었던 반면, 드골은 그와 같은 분업 형식으로는 프랑스가 종속적인 역할을 맡게 될 것이고 프랑스의 정체성도 파괴될 것이라고 믿었다.

> 위대한 국가는 아무리 우호적일지라도 다른 국가의 결정과 행동에 자신의 운명을 맡기는 상황을 용납할 수 없습니다. … 국가가 통합되면 자국 방어를 책임지지 않기 때문에 관심도 잃게 됩니다.[16]

최소한의 설명과 함께 제안을 하고, 거부되면 일방적으로 실행해버리는 거의 틀에 박힌 드골식 외교 절차는 이런 태도로 설명된다. 드골로서는 프랑스인들이 자신들의 자유 의지에 따라 행동한다고 스스로 생각하고 남들도 그렇게 인식하게 하는 것보다 더 중요한 것은 없었다. 드골은 1940년에 겪었던 굴욕이 일시적인 좌절이었고 엄격하고 비타협적인 리더십으로 극복될 수 있다고 간주했다. 그의 사고방식에 따르면 프랑스는 조금이라도 종속된 것처럼 보이는 상황을 결코 받아들일 수 없었고, 심지어 두렵고도 존경스러운 동맹국인 미국에 대해서도 마찬가지였다.

> 미국—부유하고, 적극적이며, 강력하죠—과 관련해서 프랑스는 의존하는 입장이었습니다. 재정의 붕괴를 막기 위해 프랑스는 변함없이 미국의 지원이 필요했습니다. 프랑스 장병을 위한 무기도 미국으로부터 받았습니다. 프랑스의 안보가 전적으로 미국의 보호에 의존했습니다. … 통합을 가장한 이런 구상은 미국의 권위를 받아들이는 것이 자명하다고 간주하고 있었습니다. 소위 초국가적인 유럽(Supranational Europe)이라는 구상도 마찬가지였고, 프랑스는 그 구상 속에서 그렇게 실체가 사라지게 될 것입니다. … 따라서 정치적 실체도 없고 경제적 동력도 없으며 방위 역량도 없는 유럽은 소련 진영에 맞서는 데 있어서 정책과 경제력, 방위력이 있는 미국이라는 서방 강대국의 종속물에 지나지 않는 존재가 될 운명이었습니다.[17]

드골은 원칙적으로 반미주의자가 아니었다. 그는 자신이 보기에 프랑스와 미국의 이익이 진정으로 일치할 경우 기꺼이 협조하려고 했다. 그리하여 쿠바 미사일 위기 기간에 미국 당국자들은 어떠한 동맹국 지도자보다도 적극적이었던 드골의 전폭적인 지지에 크게 놀랐다. 그리고 그는 중유럽에서의 다양한 비관여(disengagement) 구상을 반대했다. 무엇보다 이렇게 된다면 미군이 너무 멀어지는 반면 소련군은 너무 가까워지기 때문이었다.

> 이런 "탈출"이나 "비관여"는 그 자체로는 우리에게 아무 의미가 없습니다. 만약 군비축소의 적용 범위가 대서양에서부터 우랄산맥 근처까지 아우르지 않는다면 어떻게 프랑스가 보호되겠습니까? 게다가 충돌이 발생할 경우에, 무방비 상태인 독일이라는 무인지대(no man's land)를 건너뛰거나 날아서 건너오는 침략자를 무슨 수로 막겠습니까?[18]

만약 드골이 독자성을 고집했더라도 미국의 유럽 내 역할을 실제로 약화시키는 결과를 초래하게 될 수많은 제안과 그것을 연계하지 않았더라면 이런 주장은 이론적인 수준에 머물러 있었을 것이다. 이런 제안 중에서 첫 번째는 미국이 영원히 유럽에 남아 있을 것이라고 믿어서는 안 된다는 주장이었다. 유럽은 자신의 미래에 대비하기 위해 스스로—프랑스의 리더십 하에—준비해야 한다는 것이었다. 물론 드골은 그런 상황을 원하지 않는다고 주장했고, 자신의 주장이 자기실현적인 예언이 될 수도 있다는 점을 의식하지 않은 것처럼 보였다.

1959년 파리를 방문하는 동안에 아이젠하워 대통령은 이 문제를 정면으로 다루었고, 프랑스 대통령에게 이렇게 질문했다. "왜 미국이 미국의 운명을 유럽과 동일시하겠다는 데 의심하세요?"[19] 수에즈 운하 위기 당시 아이젠하워의 행동에 비추어볼 때, 이런 질문은 이상하면서도 다소 독선적이었다. 드골은 정중하게 미국의 역사에서 더 오래되었던 교훈을 상기시키면서 응답했다. 미국은 제1차 세계대전이 발발하고 치명적인 위험이 3년이나 지속될 때까지 프랑스를 구하러 오지 않았고, 프랑스가 점령되고 나서야 미국이 제2차 세계대전에 참전했다는 것이다. 핵무기 시대에 이런 두 사례처럼 개입한다면 너무 늦다는 것이었다.

드골은 특정 이슈에서 미국의 판단이 프랑스의 판단보다 덜 유럽적이라는 점을 보여주고자 기회를 놓치지 않았고, 흐루쇼프의 베를린 최후통첩을 무자비하게 활용했다. 드골은 프랑스가 서독에 미국보다 더 믿음직한 동맹국으로 여겨지고 점진적으로 프랑스

632

가 미국의 리더십을 대체하기를 원했다. 미국의 일방적인 구상에 따라, 지금까지 지켜져 온 서방의 전후 베를린 정책 기조 중 여러 부분이 외교 의제에 포함되자 아데나워는 점점 더 초조해하는 모습을 보였고, 이는 프랑스에게 위험이자 기회가 되었다. "만약 독일인들이 편을 바꾼다면 유럽의 균형이 뒤집어질 것이고 전쟁의 신호가 될 수 있기 때문에" 위험이 되었다. 반면 독일인들의 두려움이 유럽에서 프랑스의 영향력을 강화시킬 수도 있기 때문에 기회가 되었다.[20]

드골이 염두에 두고 있었던 구상은 비스마르크의 독일 통일 방식에 따라 구성된 유럽이었다. 즉, 국가들을 기반으로 해서 통합을 이루되, 그중 한 나라(프랑스)가 지배적 역할을 하는 방식으로 프랑스가 독일제국 내에서 프로이센이 했던 것과 같은 역할을 유럽에서 맡겠다는 것이었다. 프랑스의 우위라는 리슐리외의 오래된 꿈에 대한 드골의 재정의에 따르면 모두가 각자 나름의 역할이 있었다. 소련은 독일의 분할을 담당하고, 미국은 소련에 맞서 서유럽을 방어하며, 프랑스는 독일의 민족적 열망을 유럽의 단결로 전환하는 역할이었다. 하지만 프로이센과 달리 프랑스는 서유럽에서 가장 강력한 국가가 아니었고, 경제력도 다른 국가들을 지배할 정도로 막강하지 못했으며, 마지막으로 두 초강대국을 포함하는 균형상태를 좌우할 위치에 있지도 않았다.

이러한 입장 차이는 특히 아데나워가 필사적으로 미국과 가까이 있으려고 했기 때문에 시간이 해결하도록 놔둘 수도 있었다. 더욱이 모든 독일 지도자들이 프랑스와 미국 간의 국력 차이를 매우 잘 알고 있었기 때문에 미국의 핵 보호를 정치적 사안에 대한 프랑스의 더 큰 경계심과 맞바꿀 가능성이 없었다.

하지만, 프랑스와 미국 간의 국가적 의견 충돌에서 문제의 본질이 되었고, 지체할 수도 없었던 한 가지 이슈가 있었다. 바로 핵무기 시대의 군사전략에 대한 통제권이었다. 이 점에 있어서는 통합을 고집하는 미국과 독자성을 요구하는 프랑스가 조화될 수가 없었고, 이 논쟁을 완화할 수 있는 완충 장치도 없었다. 핵무기의 위력이 전례가 없었기 때문에 군사전략의 수립에 관해 역사로부터 신뢰할 만한 지침을 얻을 수도 없었다. 모든 정치인이 이 새로운 기술이 정책과 전략에 미치는 영향을 평가하려고 했지만 중구난방이었다. 학술적인 이론으로부터는 결론이 나왔지만 실증적 경험이나 데이터가 없었다.

제2차 세계대전이 종료된 후 첫 10년 동안 미국이 핵무기를 독점하면서 미국의 전지전능함이라는 비전이 실현된 것처럼 보였다. 하지만 1950년대 말이 되자 핵무기를 보유한 양대 초강대국은 곧 과거에는 상상도 할 수 없을 수준으로 서로를 파괴할 수 있게 되었고 문명의 생존 자체를 위협하고 있다는 게 명백해졌다.

국제관계의 속성 그 자체를 막 변화시키고 있었던 혁명의 중심에 이와 같은 깨달음이 자리 잡고 있었다. 비록 그 전에도 무기가 점진적으로 정교해졌지만, 제2차 세계대전이 끝날 때까지 파괴력은 상대적으로 제한적이었다. 전쟁은 자원과 인력을 대규모로 동원해야 했고, 자원과 인력을 비축하고 소집하는 데 시간이 걸렸다. 사상자도 상대적으로 점진적으로 증가했다. 이론적으로 전쟁은 손을 쓸 수 없을 정도가 되기 전에 멈출 수 있었다.

힘이 상대적으로 조금씩 증대될 수밖에 없었기 때문에 한 국가가 합리적인 정치적 목표라고 보기에는 너무나 지나치게 큰 힘을 보유할 수도 있다고 주장했다면 터무니없는 말이라고 치부되었을 것이다. 하지만 핵무기 시대에 바로 이런 일이 발생했다. 어떻게 하면 힘을 더 축적할 수 있을지가 아니라 자신이 쓸 수 있는 방대한 무기를 어떻게 제한할지가 초강대국의 가장 중요한 전략적 딜레마가 되었다. 어느 쪽도 이 문제를 어떻게든 해결하지 못했다. 예전이라면 틀림없이 전쟁으로 폭주했을 정치적 긴장도 핵전쟁의 공포 때문에 억제되었고, 한계 수위가 설정되어 평화가 반세기 동안 유지되었다. 하지만 이런 상황 때문에 정치적 좌절도 생겨났고, 핵무기를 동원하지 않은 도전이 더 해볼 만해 보였고 더 빈번해졌다. 초강대국과 핵 비보유국 간의 군사적 격차가 이보다 더 컸던 적이 없었다. 이런 격차가 실제로 적용될 가능성이 이보다 더 낮았던 적이 없었다. 북한이나 북베트남이 심지어 미군에 맞서가며 그들의 목표를 추구하는 것을 미국의 핵무기로도 억제하지 못했다. 아프가니스탄의 게릴라도 소련의 핵능력에 의해 억제되지 않았다.

핵무기 시대가 되자 역사상 처음으로 전적으로 주권국 영토 내부에서의 기술 개발로 세력균형을 변경할 수 있게 되었다. 한 국가의 핵무기 보유는 과거의 다른 어떠한 영토 획득보다도 세력균형을 훨씬 더 현격하게 변화시켰다. 하지만 이스라엘이 1981년에 이라크 원자로를 폭격했던 유일한 예외를 제외하면, 냉전기에 어떤 국가도 적국의 국력이 그와 같이 증가하는 것을 막으려고 무력을 동원한 적이 없었다.[21]

핵무기 시대에서 전략이 억제(deterrence)로 바뀌었고 억제는 난해한 지적 유희가 되었다. 억제는 사건이 발생하지 않았다는 차원에서 소극적으로만 시험이 가능하고, 왜 어떤 일이 발생하지 않았는지를 증명할 수 없기 때문에 기존 정책이 가능한 최선의 정책이었는지 아니면 거의 효과가 없었던 정책이었는지 평가하기가 매우 어렵다. 적이 공격할 의도 자체가 있었는지를 일단 증명하기가 불가능하기 때문에 어쩌면 억제 자체가 불필요했을 수도 있다. 이처럼 헤아릴 수 없는 요소로 인해 핵문제를 둘러싼 국내외 논쟁에서는 평화주의부터 비타협적 태도까지, 무력하게 만드는 의구심부터 과도한 권력감까지, 입증 불가능한 방어 이론부터 증명이 안 되는 군비통제 이론까지 온갖 주장들이 오 갔다.

어떤 동맹에서라도 있을 수 있는 잠재적 긴장, 즉 이익 불일치의 가능성이 이런 불 확실성으로 한층 더 악화되었다. 역사적으로 국가들은 항상 그랬던 것은 아니지만 대체 로 동맹국을 버리는 결과가 동맹의 의무를 이행하는 것보다 더 위험했기 때문에 동맹을 고수했다. 핵무기 시대에는 이런 원칙이 반드시 유효하지 않았다. 동맹국을 버린다면 궁 극적으로는 참사를 겪을 위험이 있지만, 동맹국의 편에 서서 핵전쟁을 한다면 당장 대재 앙을 확실히 겪게 된다.

핵 억제력을 강화하기 위해 미국과 동맹국들은 도전에 대한 확실하고 맹렬한 대응 을 강조해야 할 유인이 있었다. 위협의 신뢰도를 높이면서도 억제가 실패할 경우 발생할 피해의 규모를 줄이기 위해서 미국은 핵전쟁을 보다 계산 가능하면서 덜 파멸적이게 만 드는 방안을 찾아야 할 유인이 생겼다. 표적 식별, 중앙지휘통제, 유연반응전략이 갈수록 미국의 방위 분야 지식인들 사이에서 유행했다. 하지만 미국의 모든 동맹국들은 핵전쟁 이 더 계산 가능해지고 더 견딜 만해질수록 침략 가능성도 그만큼 커질 수 있다고 두려워 했기 때문에 이런 조치에 반발했다. 그리고 미국이 마지막 순간에 핵무기 발사를 허가하 지 않고 물러설 가능성이 아무리 낮다고 하더라도 엄연히 존재했기 때문에 유럽은 억제 력이 줄어들고 전략이 실현되지 못하는 최악의 상황에 놓일 수도 있었다.

이런 공포는 결코 사소한 게 아니었다. 동시에 프랑스와 영국도 독자적 핵전력이 있 기 때문에 촉발장치가 여러 개라는 문제에 대한 미국 지도자들의 우려도 마찬가지로 결 코 사소하지 않았다. 만약 유럽군이 소련을 타격하게 된다면 미국이 핵전쟁에 휘말릴 것 이다. 소련이 피해를 당할 경우, 이런 피해가 미국에 이익이 되지 못하게 미국을 상대로 보복할 가능성이 충분히 있기 때문이다. 하지만 더 가능성이 큰 시나리오는 어떤 도발로 촉발되었건 간에 소련이 너무나 폭력적으로 대응해서 동맹국들이 완전히 파괴되는 상황 에서도 과연 미국이 수동적으로 방관할 수 있을지 의문시되는 경우였다.

따라서 미국 지도자들은 자신들의 의지에 반해서 억지로 핵전쟁을 할 수밖에 없게 되는 상황을 피하기로 결심했다. 자국 사회가 파멸될 위험을 무릅쓰겠다는 결정은 동맹 국에 의해 그러한 결정을 강요받게 되는 상황을 우려할 필요가 없더라도 이미 충분히 불 길했다. 반면에 이런 딜레마를 해소하기 위해 동맹국들의 독자적 행동 역량을 박탈한다 는 미국식 "해결책"은 유럽 역사에서 실재했던 악몽들과 충돌했다. 유럽 지도자들은 핵 무기로 파괴되는 상황보다 훨씬 덜 절박한 이유만으로 동맹국을 포기해야 하거나 동맹국으로부터 버림받는 상황에 너무나 익숙했다. 그들의 시각에서 볼 때, 그들의 생존은 핵전쟁이 임박했을 때 미국이 유럽과 결별한다는 옵션을 가능한 최대한 못 쓰게 하거나, 아니면 만약 이게 실패할 경우 재보험의 형태로서 마음대로 쓸 수 있는 독자적 핵전력을 보유하는 데 달려 있었다.

핵전략에 대한 미국과 유럽의 접근법 간의 이견은 해결할 수 없는 딜레마였다. 자신의 운명에 영향을 주는 결정에 어느 정도 통제권을 보유하고 싶었던 영국과 프랑스의 열망은 이해할 수 있었고, 그들의 역사와도 부합했다. 동맹국들의 독자적 주도권으로 인해 핵무기 시대의 위험이 더 악화된다는 미국의 우려도 마찬가지로 타당했다. 억제의 관점에서 볼 때, 추가적인 정책결정 지휘부를 만들겠다는 영국과 프랑스의 결정도 실제로 어느 정도 장점이 있었다. 별도의 독자적 핵전력이 존재한다는 점까지 고려해야 한다면 침략국의 계산이 훨씬 더 복잡해질 것이기 때문이다. 전쟁을 수행하기 위해 견딜 만한 전략을 마련한다는 시각에서 볼 때, 통합된 통제체제를 고집하는 미국의 입장도 마찬가지로 일리가 있었다. 이런 상충하는 우려는 조화가 불가능했고, 전례가 없는 상황에서 상상할 수 없는 위험에 직면한 국가들이 자신들의 운명을 결정하려고 했던 시도에 해당했다. 미국은 이런 딜레마를 "해결"하려는 방식으로 대응했고, 드골은 이 딜레마가 해결이 불가능하다고 보고 프랑스의 독자성을 강화하려고 했다.

미국의 정책은 뚜렷하게 구분되는 두 단계를 거쳐 발표되었으며, 개별 단계마다 당시 대통령의 성격이 반영되었다. 아이젠하워는 달래기 힘든 드골을 상대로 프랑스의 핵전력이 불필요하다고 설득하고 독자적 핵전력을 구축하려는 시도를 불신의 상징으로 간주하는 방식으로 접근했다. 미국 특유의 법률주의와 이상주의가 합쳐진 대통령이었던 아이젠하워는 동맹국 때문에 핵전쟁이 발발하는 악몽을 기술적으로 해결해보려고 했다. 1959년에 파리를 방문한 계기에 아이젠하워는 드골에게 동맹 내 국가별로 존재하는 다양한 핵전력을 어떻게 단일한 군사계획으로 통합할 수 있을지를 문의했다. 그 당시 프랑스는 핵개발 프로그램을 이미 발표했지만, 아직 핵무기를 실험하지는 못한 상황이었다.

아이젠하워는 이 질문으로 자신이 아직 받아들일 준비가 되지 않은 대답에 직면했다. 드골에게 핵전력의 통합은 기술적 문제가 아닌 정치적 문제였다. 아이젠하워는 드골이 1년 전에 이사회(Directorate)를 제안했을 때 이미 그 질문에 답했다는 사실을 인지하지 못한 것처럼 보였는데, 이는 두 개념 사이에 간극이 크다는 징후였다. 아이젠하워는 전략적 옵션을 확보하려고 했고, 드골은 정치적 옵션을 추구했다. 아이젠하워는 전시에 대비한 효율적인 지휘 체계에 주로 관심이 있었다. 드골은 전면전(이 정도까지 간다면 어떻게 할 방법이 없다고 생각했다.) 수행 계획보다 어떤 전쟁이건 발발하기 전에 프랑스가 행동의 자유를 유지함으로써 외교적 옵션을 늘리는 데 관심이 컸다.

1958년 9월 17일에 드골은 아이젠하워와 맥밀런에게 바람직한 NATO 체계에 관한 자신의 의견이 담긴 각서를 전달한 적이 있었다. 그는 대서양 동맹 내에 미국, 영국, 프랑스의 정부수반으로 구성된 정치이사회(Political Directorate)를 설치하자고 제안했다. 이 사회는 주기적으로 회합하며, 공동 참모진을 설치하고, 공동 전략을 구상하면서 특히 NATO 외부 지역의 위기와 관련한 전략을 수립하기로 되어 있었다.

> 세계적으로 중요한 정치적, 전략적 문제는 미국과 영국, 프랑스로 구성된 새로운 기구에 맡겨져야 한다. 이 기구는 세계안보에 영향을 주는 모든 정치적 문제에 공동으로 결정을 내리고, 특히 핵무기의 사용을 수반하는 계획을 포함한 전략적 계획을 구상하며, 필요할 경우 실행하는 책임을 맡아야 한다. 아울러 이 기구는 북극과 대서양, 태평양, 인도양 등과 같은 개별 작전 지역들 중 적절한 곳에서 방위를 조직하는 책임을 져야 한다. 이러한 지역들은 필요하다면 더 세분화할 수도 있다.

자신의 제안이 얼마나 진지한지를 보여주려고 드골은 이 제안과 프랑스의 NATO 탈퇴를 연계했다. 그는 "프랑스 정부는 이 기구가 안보에 필수불가결하다고 간주한다. 이제부터 프랑스의 NATO 참여가 향후 전반적으로 어떻게 발전해나갈지는 이 기구에 달려 있다."라고 밝혔다.[22]

어떤 면에서 드골은 미국과 영국 간의 특별한 관계와 동등한 지위를 프랑스에 달라고 요구하고 있었다. 더 깊은 면에서 보자면 드골은 루스벨트가 제안했던 네 명의 경찰관 구상과 유사한 안보체제를 제안하고 있었고, 소련을 대체해서 프랑스가 경찰관이 되겠다는 것이었다. 비록 프랑스의 핵능력이 당시에는 여전히 초보적 단계였음에도 불구하고, 핵무기에 기초한 전 세계적인 집단안보를 추진하겠다는 광범위한 구상이었다.

드골은 핵무기 문제의 정곡을 찔렀다. 핵무기 시대에는 국가 간 조율을 보장하는 기술적인 방편이 있을 수가 없었다. 어떤 핵무기를 사용하더라도 잠재적 위험이 엄청나기 때문에 이런 상황을 모면하려다 보니 여러 국가들이 매우 자국 위주의 이기적 태도를 취하게 되었다. 공동으로 행동하는 유일한 방안은 정치적 관계를 아주 긴밀하게 구축해서 다양한 참여국들이 협의 과정에서 스스로를 단일한 개체로 간주하게 하는 것이었다. 하지만 그런 관계에 이르게 되는 것은 주권국 사이에서 가장 어려운 일이었고, 어쨌든 드골의 외교 스타일 때문에 거의 불가능해졌다.

　드골은 이사회를 프랑스의 핵전력이 독자적으로 행동하겠다고 위협할 정도로 충분히 강력해질 때까지 버티는 임시방편으로 상상했을까? 아니면 프랑스에 유럽 대륙에서의 특별한 지도국 역할을 부여하는 새롭고 전례 없는 협력을 노리고 있었던 것일까? 아이젠하워와 맥밀런 둘 다 이사회라는 아이디어에 아주 냉담하게 반응했기 때문에 이 질문에 대한 답은 결코 알 수가 없을 것이다. 영국은 미국과의 "특별한 관계(special relationship)"를 약화시킬 준비가 되어 있지 않았다. 미국은 핵보유국에 한정된 이사회를 창설함으로써 오히려 핵무기의 확산을 초래하고 싶지 않았고, 하물며 아직 초보적 단계의 핵보유국까지 포함하는 이사회는 더욱 말할 나위도 없었다. 다른 NATO 회원국들도 핵보유국과 나머지 나라들이라는 두 종류의 NATO 회원국이 있다는 점을 암시하는 체제를 거부했다. 그리고 미국 지도자들은 대서양 동맹을 마치 단일한 개체인 것처럼 다루고 싶어 했다. 비록 이런 입장이 수에즈 운하와 베를린 문제를 둘러싼 이견과 어떻게 조화될 수 있는지는 자명하지 않았지만 말이다.

　아이젠하워와 맥밀런은 공식적으로는 얼버무리듯이 응답했다. 이들은 상대적으로 유순하면서 아주 자주 바뀌었던 프랑스 제4공화국의 총리들에게 익숙해져 있었기 때문에 시간이 지나면 드골의 제안도 시들해질 것이라고 기대하면서 본질적으로 관료적인 계획안을 제시하면서 대응했다.[23] 이들은 정례적 협의 원칙은 수락했지만, 정부수반보다 낮은 급으로 한정해서 협의하려고 했으며, 회담 의제도 군사적 사안에만 국한하기를 원한다고 밝혔다.

　실제 내용을 절차에 파묻히게 한다는 아이젠하워와 맥밀런의 전술은 드골이 말만 거창한 경솔한 인물이고 갈 곳이 없다고 가정했을 때만 통했지만, 이 가정이 둘 다 완전히 틀렸던 것으로 판명되었다. 좌절을 겪자 드골은 자신에게 다른 옵션이 실제로 있다는 것을 상대가 실감하게 하는 자신만의 독특한 전술에 의지했다. 그는 미국 핵무기를 프랑스 영토에서 철수해달라고 요구했고, 프랑스 해군 함대를 통합 NATO 사령부로부터 탈퇴시켰다. 프랑스는 1966년에 NATO 사령부로부터 완전히 탈퇴했다.[24] 하지만 이 마지막 운명적인 조치를 취하기 전까지 드골은 역동적이고 젊은 대통령인 존 F. 케네디와 충돌하곤 했다.

　케네디는 신세대 미국 지도자들을 대표했다. 이들은 제2차 세계대전에 참전했지만 전쟁을 지휘하지는 않았다. 이들은 전후 질서의 구축을 지지했지만 창조자는 아니었다. "창조될 때 현장에 있었던(present at the creation)" 케네디의 전임자들은 자신들의 창조물을 유지하는 데 집중했다. 케네디 행정부는 새로운 구조를 만들려고 노력했다. 트루먼과 아이젠하워에게 대서양 동맹은 소련의 침공을 격퇴한다는 목적이 있었다. 케네디는 나중에 신세계질서라고 일컬어지는 체제로 이어지는 대서양공동체(the Atlantic Community)를 창조하고 싶었다.

이런 목표를 추구하고자 케네디 행정부는 자신이 대서양공동체라고 이해했던 체제의 정치적 정의를 발전시키면서 핵무기의 합리적 활용법을 찾기 위한 두 갈래의 접근법을 개발했다. 케네디는 여전히 가장 우세한 군사 독트린이었던 대량 보복이 초래할 대재앙과 같은 결과에 간담이 서늘해졌다. 유능했던 로버트 맥나마라(Robert McNamara) 국방장관의 도움을 받아 그는 아마겟돈과 항복 이외의 다른 군사적 옵션을 제시하는 전략을 개발하려고 했다. 케네디 행정부는 재래식 전력을 더욱 강조했으며, 차별적인 핵무기 사용 방안을 모색했다. 소련의 핵무기 공격에 미국이 갈수록 취약해지면서 소위 유연반응전략(strategy of flexible response)이 생겨났다. 유연반응전략의 지휘 체계와 다양한 옵션은 적의 대응 수준에 따라 미국이 어떤 무기를 어떻게 사용해서 전쟁하고, 어떤 조건으로 전쟁을 마무리할지 결정할 수 있도록 고안되었다.

하지만 이런 전략이 효과가 있으려면 핵무기를 중앙에서 통제, 즉 미국이 통제해야 했다. 케네디는 프랑스의 핵 프로그램이 NATO에 "해롭다"라고 언급했으며, 맥나마라 국방장관은 영국을 비롯한 유럽의 핵전력 구상을 혹평하면서 "위험하고" "비싸고" "구식이 되기 쉽고" "신뢰성이 없다"는 등의 신랄한 수식어를 곁들였다. 조지 볼(George Ball) 국무부 차관도 "핵확산으로 가는 길은 논리적 결말이 없다."라면서 이런 주장에 무게를 실어줬다.[25]

따라서 케네디 행정부는 모든 NATO 핵전력의 "통합(integration)"을 촉구했고, 이 목표를 달성하기 위해 NATO 다국적군(NATO MLF: Multilateral Force)이라는 구상을 제시했다. 이 구상에 따르면 2,400킬로미터에서 3,200킬로미터에 달하는 수백 개의 준중거리 미사일이 NATO 사령부 소속 군함에 탑재되도록 했다. 이 군대가 지닌 동맹의 성격을 강조하고자 참여국 수병들로 군함 승조원을 구성하도록 했다.[26] 하지만 미국이 거부권을 보유했기 때문에 NATO 다국적군은 NATO의 기본적인 핵 딜레마를 해결하지 못했다. 즉, 역할이 겹치거나 아니면 쓸모가 없었다.

1962년 7월 4일에 케네디는 미합중국과 통합된 유럽 간 상호의존 선언(Declaration of Interdependence between the United States and a United Europe)이라는 자신의 고상한 구상을 발표했다. 정치적, 경제적으로 통합된 유럽이 미국의 동등한 파트너가 되어 세계 리더십의 부담과 의무를 공유하도록 했다.[27] 이후 케네디는 1848년에 자유주의 성향의 독일 국민의회가 열렸던 프랑크푸르트 파울 교회(Frankfurter Paulskirche)에서 이 상징적인 선언을 상세히 설명하면서 대서양 파트너십과 유럽통합에 관한 전망을 연계했다.

> 완전히 단결한 유럽만이 동맹의 분열에 맞서 우리 모두를 지켜줄 수 있습니다. 그런 유럽만이 대서양 의제를 놓고 대서양 양안 간의 완전한 상호주의적 논의를 가능하게 해줄 것입니다. 유럽이 그렇게 되었을 때만 우리는 동등한 입장에서의 완전한 타협, 동등한 책임 부담, 그리고 동등한 수준의 희생을 할 수 있습니다.[28]

케네디가 유창하게 제시했던 이 방안은 경제력 성장과 군사적 무력감, 특히 핵 분야에서의 무력감이라는 유럽의 양면성이라는 늪에 빠져 좌초되었다. 미국에는 그토록 매력적이고 필수적으로 보였던 유연반응전략의 특성이 NATO 동맹국들 사이에서 의구심을 불러일으켰다. 유연반응전략의 실질적인 결과는 미국이 전쟁 개시 결정에 관한 더 큰 정치적 선택권을 갖게 되는 것이었다. 바로 이런 자유를 드골은 "핵타격군(force de frappe)"이라고 불리는 1960년대에 창설된 프랑스 핵전력으로 제약하려고 했다. 미국에 그토록 바람직했던 신중함과 유연성이라는 특성이 위기 상황에서 미국이 딴마음을 먹더라도 대비책으로서 핵 자율성을 가져야 한다는 프랑스의 논거를 강화해줬다. 미국의 목표는 핵위협의 신뢰성을 높임으로써 억제력을 강화한다는 것이었지만, 대부분의 동맹국들은 정반대의 방침에 기반해서 억제력을 강화해주기를 원했다. 즉, 결과가 아무리 파멸적일지라도 대량보복전략을 견지해서 적이 부담해야 하는 위험 수위를 높이기를 원했다. 비록 항복이라는 옵션을 배제할 수는 없었지만, 이런 공갈이 먹히지 않을 경우 어떻게 할지에 대해서는 전혀 논의가 없었다.

군사적 통합에 관한 논쟁은 다소 신학(神學)적인 특성이 있었다. 평시에는 NATO 사령부가 주로 기획참모의 역할을 맡는다. 작전 측면에서 개별 동맹국의 군은 각국의 지휘하에 있고, 군을 철수시키는 권리는 너무나 암묵적이어서 문제가 제기된 적이 없었다. 알제리에서 활동했던 프랑스군의 철수 사례와 1958년의 레바논, 1973년의 제4차 중동전쟁, 1991년의 걸프전쟁 등 일련의 중동 위기 당시 미군의 철수에서 잘 드러났다. 신학을 논하고 "통합"의 장점을 논하면서도 미국이건 프랑스건 "통합"이라는 이름하에 어떤 공동 행동이 가능한지 규정조차 하지 못했고, 실제로 협력에 관한 보다 느슨한 프랑스식 개념 때문에 통합이 이루어지지도 못했다. 어떠한 지휘 체계도 드골이 다음과 같이 분석한 본질적으로 정치적인 문제를 해결하지 못했다.

> 우리의 동맹국이자 우리의 친구인 미국인들은 오랫동안 홀로 핵무기를 보유해왔습니다. 그들이 홀로 그런 무기를 보유하고 있는 한, 그리고 유럽이 공격 받으면 즉시 그것을 사용하겠다는 의지를 보이는 한, … 공격이 발생할 가능성이 없기 때문에 미국인들은 프랑스와 관련해서 마치 침공의 문제가 거의 발생하지 않을 것처럼 행동했습니다. … 그러다가 소련도 핵무기를 보유하게 되었고, 그 핵무기는 미국의 목숨 자체를 위태롭게 할 정도로 충분히 강력합니다. 물론 제가 어떤 평가—실제로, 한 죽음의 등급과 또 다른 죽음의 등급 간의 관계를 알아내는 게 가능한지—를 하려는 것은 아니지만, 새롭고 거대한 사실이 거기에 있습니다.[29]

스카이볼트(Skybolt)를 둘러싼 논란이 이런 모든 잠재된 갈등을 막다른 골목으로 몰아갔다. 정치 인생 내내 드골은 미국과 영국 간의 "특별한 관계"에 저항했다. 드골은 이런 관계가 미국과 동등한 강대국으로서 영국의 지위를 상징해주는 반면, 프랑스를 2류 국가로 격하시켰다고 보았기 때문이다. 분명히 케네디는 프랑스의 미사일 프로그램에 대해서도 영국에 제안했던 것과 똑같은 지원방안을 제시했다. 그러나 드골에게는 통합과 조율 사이의 미묘한 차이가 진정한 독자적 정책의 본질을 규정했다. 어찌 됐건 영국과 미국의 지도자들은 나소 협정을 협상했으며, 드골이 이 사실을 언론을 통해 알게 되었다는 사실로 인해 그 제안을 거부할 것이라는 게 확실해졌다.[30] 드골은 자국의 핵능력을 스카이볼트처럼 언제라도 취소될 수 있는 기술과 결부시키려고도 하지 않았다. 그래서 드골은 1963년 1월 14일의 기자회견에서 자신이 제안 받았던 방식 그대로 케네디의 제안을 공개적으로 거부하면서 신랄하게 덧붙였다. "물론 저는 이 제안과 협정이 공개되었고, 내용이 알려졌기 때문에 여기에서 말하는 것일 뿐입니다."[31]

드골은 이렇게 선을 그으면서 이 계기를 이용해 영국의 공동시장 가입에 거부권을 행사했다.[32] 그러면서 미국과 유럽이라는 두 개의 기둥 중에 유럽은 초국가적 노선에 따라 조직되어야 한다는 케네디의 견해를 거부했다.

> 우리의 주권을 위엄 있는 국제 의회에 넘겨주는 그 어떤 체제도 프랑스 공화국의 권리 및 의무와 양립하지 못할 것입니다. 그러나 또한 그런 체제는 의심할 바 없이, 국

민들의 영혼과 육신이 불확실한 상태에 있는 영역에서 여러 국민들, 무엇보다 우리 자신의 국민을 결집하고 이끌기에 무기력하다는 사실을 알게 될 것입니다.[33]

미국의 리더십에 대한 드골의 도전은 며칠 후 절정에 달했다. 드골과 아데나워는 양국이 모든 주요한 사안을 항구적으로 협의하도록 하는 상호우호조약에 서명했다.

양국 정부는 외교정책과 관련한 모든 중요한 문제와, 그리고 무엇보다 공동이익의 문제에 관해 가능한 한 유사한 입장에 도달한다는 목적을 갖고 어떤 결정을 내리기 전에 상호 협의하기로 한다.[34]

이 조약의 실제 내용은 주목할 만한 게 못 되었다. 이 조약 자체는 빈 그릇이나 다름 없었고, 프랑스나 독일 지도자들이 향후 몇 년간 무엇이든지 담을 수 있었다. 하지만 이 조약은 상징적 차원에서 상당히 중요했다. 비스마르크가 1890년에 해임된 이래 프랑스와 영국은 모든 국제 위기에서 독일과 대립각을 세워왔다. 하지만 드골이 미국의 강력한 압박에도 불구하고 영국을 공동시장에서 배제했을 때 프랑스의 고립을 막아준 존재가 독일 총리였다. 프랑스는 미결 사안에 대해 자신만의 독자적 해결책을 강요할 정도로 충분히 강하지 못할지 모르지만, 독일의 지원을 받는다면 다른 국가의 해결책을 거부할 수 있을 정도로는 충분히 강했다.

궁극적으로 쟁점은 왜 국가들이 협력하는가라는 질문으로 요약되었다. 미국의 시각에서 볼 때, 모든 이성적인 사람들은 결국 동일한 결론에 이르게 된다. 따라서 공통의 목표가 어느 정도 당연하다고 간주되고 근본적인 조화를 실천하기 위한 기구가 강조된다. 유럽식 접근법은 국익의 충돌이라는 기나긴 역사에서 비롯되었다. 이런 국익을 조화시키는 것이 유럽 외교의 본질이었다. 유럽 지도자들은 조화를 사안별로 정치적 수완을 발휘해서 이끌어내야 하는 것으로 간주했다. 바로 이런 믿음이 1960년대 핵무기의 통제와 관련한 쟁점이었다. 초국가적 존재로서 유럽을 거부했던 드골의 마음에 이런 믿음이 자리 잡고 있었고, 1990년대 마스트리히트 조약(유럽연합 창설에 관한 조약—옮긴이)에 관한 토론에서도 다시 대두되었다. 의심할 여지없이 드골은 철학적인 동기에 이끌리지 않았다. 리슐리외를 신봉했던 드골은 영국이 유럽 공동체에 가입하면 영국 자체의 비중과 영국과 미국 간의 친밀성으로 인해서 프랑스의 지배적 역할이 위협을 받을 것이라고 인식했다.

그럼에도 불구하고 드골의 답변이 이기적이기는 했지만, 드골의 질문은 미국의 국제적 역할, 특히 탈냉전기 미국의 국제적 역할의 핵심을 찔렀다. 왜냐하면 미국이 아직 체득하지 못한 가장 어려운 교훈 중 하나가 국가들은 공통의 정치적 목표를 공유할 때만 비로소 오랫동안 협력하며, 미국의 정책은 공통의 목표에 도달하기 위한 메커니즘이 아니라 이런 공통의 목표에 초점을 두어야 한다는 것이기 때문이다. 국제질서가 작동하려면 상이한 국익들을 위한 공간을 충분히 남겨두어야 한다. 그리고 국제질서는 이런 상이한 국익들을 조화시키는 시도를 해야 하지만, 절대로 그것들을 그냥 무시해서는 안 된다.

유럽과 미국이라는 두 기둥에 기반을 두고 있고 공통의 지붕을 떠받들고 있는 대서양 파트너십이라는 케네디의 원대한 비전은 드골로부터 끈질기게 저항을 받았다. 드골은 비록 덜 고상하지만, 훨씬 더 복잡한 관계에 대한 본인만의 구상을 제시했다. 두 구상 모두 두 나라의 역사와 가치를 반영했다. 케네디의 구상은 윌슨과 프랭클린 델러노 루스벨트의 유산을 갱신한 것이었다. 드골의 구상은 고전적인 유럽식 균형체제의 복잡한 변형으로서 분단된 독일, 서독의 압도적인 경제력, 유럽 공동체 내 프랑스의 정치적 우위, 일종의 보험과 같은 미국의 핵우산 등에 기반을 두었다.

하지만 드골은 자신이 강력하게 일깨웠던 바로 그 구식의 국익을 강조했기 때문에 결국 패배했다. 현명한 정치가는 지나치게 욕심을 부리지 않는다. 미국과의 의견 충돌을 미국이 유럽과의 관계를 단절할 수도 있는 수준까지 밀어붙이는 태도가 프랑스의 국익과 양립하지 않는다는 점을 고려하지 못했기 때문에 드골의 탁월한 분석이 퇴색되었다. 적어도 소련이 여전히 건재한 동안에는 그러지 말아야 했다. 프랑스는 여기저기에서 미국의 구상을 훼방할 수는 있었지만, 자신의 구상을 강요할 수 있을 정도로 충분히 강력했던 적이 전혀 없었다.

이런 진실을 무시했던 것인지, 받아들이기에는 너무 자존심이 강했던 것인지 여하튼 드골은 빈번히 본질적으로 철학적인 제안을 미국의 의도에 대한 공격으로 변질시켰고, 마치 동맹 내부에 불신의 씨앗을 체계적으로 심는 게 프랑스 정책의 핵심인 양 행동했다. 이 과정에서 드골은 자신의 구상마저도 좌절시켰다. 전쟁과 평화에 관한 결정이 가장 심오한 의미에서 볼 때 정치적이라는 그의 주장은 분명히 맞는 말이었다. 그리고 이사회(Directorate)라는 그의 아이디어는 정치적 목적들을 조율할 필요가 있으며, 대서양 동맹이 관할하는 지역 밖에서는 특히 그렇다는 점에 대해 정확히 주의를 환기시켰다.

하지만 드골은 타당한 주장을 자멸적 수준까지 극단적으로 밀어붙였다. 합의를 의무화하고 절차적 수단으로 자율적 행동을 막으려고 하는 체제를 반대하는 것과 대서양 관계에서 유럽과 미국이 영구히 대립하도록 행동하는 것은 전혀 별개였다. 그의 고압적인 전술은 미국이 국제관계, 특히 동맹을 이해하는 방식과 너무나 어긋났다. 그리고 다른 NATO 회원국들의 사고방식과도 양립할 수가 없었기 때문에 미국과 프랑스 중에서 선택을 강요받는 상황에 몰리면 이들은 항상 전자를 택하려고 했다.

이는 특히 프랑스와 독일과의 관계에서 그랬다. 드골은 불—독 협력을 자신의 외교 정책에서 근간으로 삼았다. 그러나 드골은 베를린 문제에 관한 자신의 정책 덕에 독일의 지지를 받았고 핵무기 통제를 둘러싼 자신의 견해도 상당한 공감을 받았지만, 한계가 있었다. 어떤 독일 정치인도 그 한계를 넘어서 미국과 관계를 끊을 수도 없었고, 끊으려고 하지도 않았다. 아무리 미국의 개별 정책에 대해 불안한 마음이 들더라도 독일 지도자들은 프랑스의 지원만 받은 채 소련을 마주봐야 하는 상황을 바라지 않았다. 독일 정치인들이 핵무기 통제와 유럽통합 문제에 대한 영국과 미국 입장의 상대적 장점을 어떻게 평가하든 간에 그들 중 아무도 미국의 방대한 핵무기 대신에 소규모 프랑스 핵전력에, 혹은 미국의 정치적 지지 대신에 프랑스의 정치적 지지에 의존하는 것을 선호할 수는 없었다. 그래서 드골이 반미노선을 취해서 얻을 수 있는 결실에는 근본적인 한계가 있었다. 드골은 민족주의적인 독일이 등장하지 못하게 하려고 노력했지만, 오히려 독일의 민족주의가 다양한 옵션들 사이에서 책략을 구사하도록 유혹하는 위험을 초래했다.

항상 차질을 빚어서 더 이상 진전을 못 보는 게 1960년대 위기의 특징이었다. 1958년부터 1963년까지의 베를린 위기 이후, 유럽에서 소련이 서방의 이익에 정면으로 도전했던 경우는 더 이상 없었다. 1960년부터 1966년까지의 대서양 위기 이후, NATO 문제는 미국과 프랑스의 구상 간의 평화적 공존 때문에 잠잠해졌다. 1970년대에 닉슨 행정부는 "유럽의 해(Year of Europe)"를 발표하면서 보다 온건한 제안에 기초해서 케네디식 접근법의 정신을 일부 되살려보려고 했다. 이런 시도는 드골주의자들의 반대라는 오래된 암초에 부딪혔고, 상당히 똑같은 이유들로 인해 좌초되었다. 프랑스는 가끔씩 유럽의 진정한 독자적 군사역량을 창출해보려고 했지만 미국의 유보적 입장과 독일의 양면적 태도 때문에 특별한 성과를 거두지 못했다. 수십 년이 지나면서 미국과 프랑스의 접근법 둘 다 상황 변화를 겪게 되었다.

역설적으로 탈냉전기 세계에서 두 경쟁자는 이제 그들의 상호 협력이 창의적인 대서양 관계와 유럽 관계의 열쇠가 된 환경에 놓이게 되었다. 공동의 목적과 분업에 기반해 활동하는 민주주의 국가들의 공동체라는 윌슨식 비전은 전체주의 이념이라는 압도적인 외부 위협이 존재했고 미국이 핵무기를 거의 독점하면서 경제적으로 우월했던 1950년대와 1960년대의 국제질서에 적절했다. 하지만 통합하게 했던 단일한 위협이 사라지고,

공산주의 이념이 붕괴하고, 경제력이 보다 균등하게 배분됨에 따라 국제질서는 국가적 이익과 지역적 이익 간에 보다 미묘한 균형을 잡아야 할 필요성에 직면하고 있다. 케넌과 애치슨, 덜레스가 예언했던 대로 공산주의는 분명히 붕괴했다. 하지만 그 길의 끝에서 기다리고 있었던 것은 윌슨식 이상주의가 아니라 윌슨과 윌슨의 신봉자들이 "구식"이라고 딱지 붙였던 증오심으로 가득 찬 민족주의였다. 만약 드골이 이런 새로운 세계를 보았더라면 전혀 놀라지 않았을 것이다. 의심할 바 없이 드골은 이런 세계를 전혀 "새롭다"고 여기지 않았을 것이다. 드골이었다면 세계는 항상 이래왔고, 단지 양대 패권이라는 일시적 현상으로 잠시 가려져 있었을 뿐이라고 주장했을 것이다.

동시에 공산주의의 붕괴와 독일의 통일은 드골이 가정했던 대부분의 것을 뒤집어버렸다. 프랑스의 국제적 역할을 제외하고 모든 것에 회의적이었던 드골은 프랑스가 역사의 흐름을 전적으로 홀로 관리할 수 있다고 과대평가했다. "신세계질서(New World Order)"(조지 H. W. 부시 대통령이 냉전종식과 걸프전 이후 밝힌 세계질서 구상—옮긴이)는 프랑스의 유럽 내 정치적 우위보다 미국의 압도적인 전 세계적 리더십에 더 적합한 것으로 드러났다. 통일된 독일은 더 이상 경쟁국인 동독에 맞서서 정통성이 우월하다고 동맹국들로부터 인정받을 필요가 없어졌다. 과거 소련의 동유럽 위성국들이 이제 게임의 행위자가 된 상황에서 프랑스는 자신이 새로운 유럽의 균형상태를 홀로 조직할 정도로 강력하지 못하다는 사실을 안다. 러시아와 관계 회복을 추구함으로써 독일을 견제한다는 프랑스의 전통적인 옵션은 구소련의 향후 변화에 관해 예측 가능한 두 가지 결과를 놓고 볼 때 실현 불가능하다. 만약 러시아가 결국 혼돈과 혼란에 빠진다면 독일에 맞서는 견제세력 역할을 맡기에 너무 약할 것이며, 만약 러시아에서 민족주의가 팽배해지고 다시 중앙집권화가 이루어진다면 여전히 수천 기의 핵무기를 보유한 이 신생국이 프랑스의 파트너가 되기에 너무 강력할 수도 있다. 물론 러시아가 프랑스를 선택할 것이라는 결론이 이미 정해진 것도 아니다. 러시아로서는 미국이나 독일을 선택하는 옵션도 적어도 이에 못지 않게 유혹적일 것이다. 무엇보다도 어떠한 방식으로건 간에 독일을 포위하려고 한다면 독일 지도자들이 여태까지 그럭저럭 잠재웠던 민족주의가 다시 깨어날 수도 있다. 이것이야말로 프랑스가 지속적으로 두려워했던 악몽이다. 그리하여 비록 개념상으로는 가장 난해하지만, 미국은 프랑스의 가장 믿음직한 파트너이자 독일과의 우호관계라는 필수적인 정책을 위한 유일한 보장 수단으로 남아 있다.

드골은 당초 미국을 없어도 되는 존재로 만들려고 계획했고 미국은 프랑스를 더욱 완전하게 NATO에 통합시키길 희망했지만, 결국에는 오래된 친구 같은 두 호적수 간의 협력—영국과 미국 간의 특별한 관계와 같은 관계—이 균형상태를 위한 열쇠로 등장했다. 마치 두 세대 이전에 구세계를 어리석은 행위로부터 해방시키고 그들의 목표가 국민국가를 넘어서게 하기 위해 윌슨이 프랑스에 왔을 때 그랬어야 했던 것처럼 말이다.

25

베트남: 수렁 속으로.
트루먼과 아이젠하워

Vietnam: Entry into the Morass: Truman and Eisenhower

모든 것이 최선의 의도에서 시작되었다. 제2차 세계대전이 종료된 후 20년간 미국은 산산조각 난 세계의 파편들을 끌어 모아 새로운 국제질서를 구축하는 데 앞장섰다. 미국은 유럽을 재활시켰고, 일본을 복원했으며, 그리스와 터키, 베를린, 한국에서 공산주의의 팽창을 제압했고, 최초로 평시에 동맹을 체결했으며, 개도국 세계에 기술원조 프로그램을 개시했다. 미국의 우산 밑에 있던 나라들은 평화와 번영, 안정을 누리고 있었다.

하지만 인도차이나에서 미국이 기존에 해왔던 모든 해외개입 패턴이 산산조각 났다. 미국이 20세기 들어서 전개했던 해외 활동에서 직접적이고 거의 인과적인 미국의 가치와 성취물 간의 관계가 처음으로 흐트러지기 시작했다. 자신들의 가치를 너무나 보편적으로 적용함에 따라 미국인들은 이런 가치에 대해서, 그리고 왜 베트남에까지 이런 가치를 가져가야 하는지 처음으로 의문을 품기 시작했다. 자신들의 국가적 경험이 예외적이라는 미국인들의 믿음과 공산주의 봉쇄의 지정학에 내재하는 타협과 애매모호함 사이에 균열이 발생했다. 베트남에서 혹독한 시련을 겪으면서 미국의 예외주의가 역효과를 냈다. 다른 사회였다면 정책의 실질적 단점에 대해 논쟁했겠지만, 미국은 어떤 국제적 역할을 추구할 자격이 있는지를 놓고 논쟁했다. 베트남을 둘러싼 논쟁의 바로 이런 측면이 너무나 고통스럽고 치유하기 어려운 상처를 남겼다.

한 국가의 행동이 당초 의도했던 것과 이 정도까지 다른 결과를 낳았던 경우는 보기 드물었다. 베트남에서 미국은 리슐리외가 3세기 전에 제시했던 외교정책의 기본 원칙에서 벗어났다. "지원받는 대상과 그 대상을 지원해줄 힘은 서로 등비율이어야 한다."(제3장 참고)라는 원칙 말이다. 국익의 분석에 맞춰진 지정학적 접근은 전략적으로 중요한 요소와 부차적 요소를 구분했을 것이다. 그렇게 했더라면 왜 미국이 공산주의 세력이 1948년에 중국의 대부분을 장악해도 방관하는 게 안전하다고 생각했으면서도 150년 동안 독립국도 아니었고 현재의 국경 상태로 독립국이었던 적도 없던, 중국보다 훨씬 더 작은 국가를 미국의 안보와 동일시했는지에 대해 의문을 제기했을 것이다.

현실정치(Realpolitik)의 대가였던 비스마르크는 19세기 당시 가장 가까운 두 동맹국인 오스트리아와 러시아가 독일 국경으로부터 몇백 킬로미터도 떨어지지 않은 발칸반도에서의 혼란을 놓고 서로 극심하게 대립하고 있을 때, 독일이 발칸반도 문제로 전쟁하지 않을 것이라고 분명히 밝혔다. 비스마르크의 말을 빌리자면, 발칸반도는 그에게 포메른 출신 척탄병 한 명의 뼈 한 조각보다도 가치가 없었다. 미국은 이런 식으로 계산하지 않았다. 19세기에 명민하게 외교정책을 구사했던 존 퀸시 애덤스(John Quincy Adams) 대통령은 자국민들에게 "멀리 있는 괴물"을 무찌르려고 해외에서 모험하지 말라고 경고했었다. 하지만 윌슨식 외교정책 접근법에 따르면 무찔러야 할 괴물을 구분하는 게 허용되지 않았다. 세계질서에 대해 보편주의적 입장을 취했던 윌슨주의는 다양한 국가들의 상대적 중요성을 분석하는 데 적합하지 않았다. 미국은 현지 사정이나 지정학과 상관없이 올바른 일을 위해 싸워야 했다.

20세기 내내 미국 대통령들은 연이어서 미국이 "이기적" 이익이 없다고 선언했다. 미국의 국제적 목표에서 유일한 과제까지는 아니더라도 주요 과제는 보편적 평화와 진보였다. 이런 정신에서 트루먼은 1949년 1월 20일에 했던 취임사에서 "모든 국가와 모든 민족이 각자 적합하다고 생각하는 방식으로 그들 자신을 자유롭게 통치하는 …" 세계라는 목표를 위해 미국이 당당하게 전념하겠다고 밝혔다. 아울러 순수한 국익만을 좇지 않겠다고 했다. "우리는 영토를 탐하지 않았습니다. 우리는 누구에게도 우리의 의지를 강요하지 않았습니다. 우리는 우리가 남에게 베풀고 싶지 않은 특혜를 요구하지 않았습니다." 미국은 "평화와 안보를 유지하기 위해 우리와 협력할 자유로운 국가에 군사적 조언과 장비를" 제공함으로써 "평화 애호국을 침략의 위험에 맞서 강하게" 만들려고 했다.[1] 모든 개별 독립국의 자유는 그 나라가 미국에 얼마나 전략적으로 중요한지와 상관없이 미국의 국가적 목표가 되었다.

아이젠하워는 두 번의 취임사를 통해 더욱 숭고한 언어로 같은 주제를 계속 이어갔다. 그는 왕조가 전복되었고 거대한 제국이 사라졌으며 신생국들이 등장한 세계를 묘사했다. 이 모든 혼란 속에서 미국은 지리적 고려나 국익의 계산에 구애받지 않고 자유를 수호하는 임무를 운명적으로 부여받았다. 실제로 아이젠하워는 이런 식의 계산이 모든 국가와 민족이 동등하게 대우받아야 한다는 미국의 가치 체계에 어긋난다고 시사했다. "우리는 자유의 수호가 자유 그 자체처럼, 하나가 되어야 하고 나눌 수 없다고 생각하며 모든 대륙과 민족을 동등하게 존중하고 명예롭게 대우합니다. 우리는 이런저런 인종, 이런저런 민족이 어떤 의미에서 열등하다거나 버려져도 괜찮다는 식의 어떤 암시도 거부합니다."[2]

아이젠하워는 미국의 외교정책이 다른 어떤 국가의 외교정책과도 같지 않다고 설명했다. 미국의 외교정책은 위험과 보상의 균형에서 나온 결과물이 아니라 미국의 도덕적 책임의 확장이었다. 미국 정책의 기준은 실행 가능성이 아니라 그럴 만한 합당한 가치가 있는지 여부였다. 실행은 당연히 가능하다고 여겨졌다. "역사는 오랫동안 약자나 소심한 자에게 자유를 보살피라고 맡기지 않았기 때문입니다."[3] 리더십 그 자체가 보상이 되었다. 미국의 이익은 다른 나라들이 스스로를 돕는 것을 도와준다는 특권으로 정의되었다. 이렇게 상상된 이타주의는 정치적이거나 지정학적인 한계가 있을 수가 없었다.

케네디는 자신의 유일한 취임사에서 미국의 이타심과 전 세계에 대한 의무라는 주제를 한층 더 끌고 나갔다. 자신이 속한 세대가 세계 최초로 민주주의 혁명의 직계 후손이라고 선언하면서 이렇게 원대한 말로 선언했다. "이 행정부는 이 나라가 항상 전념해왔으며, 오늘날에도 우리가 국내와 전 세계에서 전념하고 있는 인권이 서서히 파멸되게 놔두지 않을 것입니다. 우리가 자유의 생존과 성공을 보장하기 위해 어떤 대가도 치르고, 어떤 부담도 감수하며, 어떤 고난에도 맞서고, 친구라면 누구든지 지지하고, 적이라면 누구든지 반대할 것임을 우리에게 호의적이든 적대적이든 간에 모든 국가에 알려줍시다."[4] 미국의 광범위한 전 세계적 개입은 어떤 특정한 국가안보 이익과 연관되지 않았고, 어떤 국가나 지역도 예외로 두지 않았다. 케네디의 감동적인 열변은 영국은 친구가 없고 국익만 있다고 했던 파머스턴의 격언과 정반대였다. 미국은 자유를 추구하면서 국익은 없었고 친구만 있었다.

린든 B. 존슨이 1965년 1월 20일에 취임했을 때는 미국의 민주주의 정부 체제로부터 비롯된 미국의 해외 공약이 이제 국내적 책임과 국제적 책임 사이의 경계를 전부 무너뜨렸다는 주장이 나올 정도로 사회적 통념이 정점에 이르렀다. 존슨이 미국으로서는 어떤 이방인이라도 절망하게 놔두면 안 된다고 주장했기 때문이다. "우리가 한때 '외국'이라고 불렀던 무시무시한 위험이나 문제가 이제는 우리와 항상 같이 있습니다. 만약 우리가 거의 알지도 못하는 국가에서 미국인이 목숨을 잃어야만 하고 미국의 부가 소모되어야 한다면, 이는 그러한 변화로 인해 우리의 신념과 항구적 언약이 치러야 하는 대가입니다."[5]

한참 시간이 지난 뒤, 이런 발언을 권력의 오만 내지 미국의 지배를 추구하기 위한 위선적 핑계라고 인용하는 게 유행처럼 되었다. 이처럼 손쉬운 냉소주의는 미국의 정치적 신념의 본질을 잘못 읽은 것이다. 이 신념의 본질은 "순진무구"하고, 동시에 그런 순진무구함으로부터 비상한 노력을 위한 추동력을 끌어낸다. 대부분의 국가는 구체적이고 규정할 수 있는 안보 위협에 맞서 전쟁을 한다. 20세기에 미국은 제1차 세계대전부터 1991년 걸프전쟁에 이르기까지 집단안보의 신탁관리자로서 대체로 침략이나 불의에 저항해야 하는 도덕적 의무 차원에서 참전했다.

뮌헨 협정이라는 비극을 보면서 청년기를 보낸 미국 지도자 세대에서 특히 이런 공약이 두드러졌다. 침략이 어디서 어떻게 발생했건 간에, 만약 저항하지 않으면 틀림없이 나중에 훨씬 더 악화된 상황에서 저항하게 될 것이라는 교훈이 그들의 심리에 깊이 새겨져 있었다. 코델 헐 이후 모든 미 국무장관이 이 논지를 되풀이했다. 딘 애치슨과 존 포스터 덜레스도 이에 동의했다.[6] 공산주의 세력이 멀리 떨어져 있는 나라를 정복함으로써 제기되는 특정한 위험에 대한 지정학적 분석은 추상적으로 침략에 저항하고 공산주의의 추가적 확산을 막자는 한 쌍의 구호 앞에서 부차적 요소로 여겨졌다. 중국에서 공산주의자들이 승리함에 따라 더 이상 공산주의가 팽창하는 상황을 용납할 수 없다고 미국 정책 입안자들이 확신을 굳혔다.

이 당시 정책 보고서와 공식 성명을 보면 이런 확신이 대부분 문제시되지 않았다는 사실이 드러난다. 한국전쟁이 발발하기 4개월 전인 1950년 2월에 작성된 NSC-64 보고서는 인도차이나가 "동남아시아의 핵심 지역이며 즉각적으로 위협받고 있다."라고 결론을 내렸다.[7] 이 보고서에 소위 도미노 이론이 처음 등장했다. 이 이론은 만약 인도차이나가 넘어간다면 미얀마와 태국도 뒤따를 것이며, 그렇게 되면 "동남아시아의 균형이 심각한 위험에 처하게 될 것"이라고 내다보았다.[8]

딘 러스크는 1951년 1월에 "우리의 능력을 최대한 발휘해서 현재의 노선을 추구하지 않는다면 인도차이나에서 우리의 이익이 크게 침해될 것이며, 그 결과로 동남아시아 내 다른 지역도 그렇게 될 것입니다."라고 선언했다.[9] 전년도 4월에 작성되었던 NSC-68 보고서는 전 세계적인 균형상태가 인도차이나에서 위태로워졌다고 결론을 내렸다. "크렘린이 장악한 지역이 추가로 확대된다면, 크렘린에 맞설 수 있는 적절한 연합체를 구축하지 못할 가능성이 커질 것이다."[10]

그러나 이 보고서가 시사했던 것처럼 공산주의 세력이 매번 이득을 얻을 때마다 소련이 지배하는 영역이 확대된다는 게 사실이었는가? 특히 티토주의라는 경험을 고려해도 과연 그랬을까? 그리고 인도차이나가 공산진영에 추가된다고 해서 그 자체로 전 세계적인 세력균형이 뒤집어진다고 상상할 수 있었을까? 이런 질문들이 제기되지 않았기 때문에 미국은 전 세계적 개입활동이 동남아시아에서 과도한 팽창으로 변질되고 있는 지정학적 현실을 깨닫지 못했다. 월터 리프먼이 예전에 경고했던 것과 정확히 일치했다(제18장 참고).

실제로 위협의 성격이 상당히 달랐다. 유럽에서는 소련이라는 초강대국으로부터 주로 위협을 받았다. 아시아에서는 고작해야 소련의 대리국인 2류 국가가 미국의 이익을 위협했고, 소련이 이 나라를 통제하고 있었는지조차도 의심스러웠다. 오히려 의심스럽다고 이해했어야 했다. 실제로 베트남전쟁이 전개되면서 미국은 대리국의 대리국과 싸우게 되었고, 이 두 나라는 각자 상위 서열에 있는 파트너를 매우 불신했다. 미국은 전 세계적인 균형상태가 북베트남으로부터 공격받고 있다고 분석했고, 북베트남이 중국의 통제를 받고 있다고 추정했으며, 다시 중국이 소련의 통제를 받고 있다고 상상했다. 유럽에서 미국은 역사가 오래된 국가들을 방어하고 있었다. 인도차이나에서 미국은 그 당시에야 비로소 그들의 현재 관점에서 최초로 국가를 수립하고 있었던 사회를 상대하고 있었다. 유럽 국가들은 세력균형을 수호하기 위해 과거로부터 내려오던 전통적인 협력 방식이 있었다. 동남아시아에서는 국가다운 국가가 이제야 형성되고 있었고, 세력균형이라는 개념은 낯설었으며, 기존 국가들 간에 협력했던 선례도 없었다.

유럽과 아시아 간의 근본적인 지정학적 차이와 개별 지역에서의 미국의 이익이 외교정책에 대한 보편주의적이고 이념적인 미국식 접근법에 묻혀버렸다. 미국 지도자들은 체코슬로바키아의 쿠데타, 베를린 봉쇄, 소련의 원자폭탄 실험, 공산주의 세력의 중국 국공내전 승리, 공산주의 세력의 한국 공격을 모두 다 단일한 전 세계적인 위협으로 묶어버렸다. 정말로 어디선가 중앙에서 통제하고 있는 전 세계적인 음모로 인식했던 것이다. 만약 미국이 현실정치를 따랐더라면 한국전쟁을 가능한 한 가장 협소한 차원으로 제한하려고 했을 것이다. 미국은 마니교도와 같은 시각으로 분쟁을 바라보면서 이와 정반대로 행동했다.[11] 트루먼은 한국전쟁이 전 세계적 차원에서 의미가 크다고 보면서 미군 파병을 인도차이나에서 공산주의 게릴라(당시에는 베트민이라고 불렸다)와 전쟁 중인 프랑스에 대한 군사원조 증가 발표와 연계시켰고, 대만을 보호하기 위해 제7함대를 이동시켰다. 미국의 정책입안자들은 1950년대의 소련과 중국의 움직임이 제2차 세계대전 당시 독일과 일본의 동시 공격과 유사하다고 보았다. 소련이 독일을, 중국이 독일과 일본을 각각 대신한다고 여긴 것이다. 1952년이 되자 미국은 프랑스의 인도차이나 내 군비 지출 3분의 1을 보조해주고 있었다.

미국이 인도차이나에 개입하자 완전히 새로운 도덕적 쟁점이 대두되었다. NATO는 민주주의 국가들을 보호했다. 미국은 점령하고 있던 일본에 민주주의 제도를 도입했다. 미국은 소국의 독립을 위협하는 공격을 격퇴한다는 차원에서 한국전쟁에 참전했다. 하지만 인도차이나에서 봉쇄정책을 펼쳐야 한다는 주장은 거의 전적으로 지정학적 측면에서 제시되었기 때문에 당시 미국의 지배적인 이념에 통합하기가 상당히 어려웠다. 일단 인도차이나 방어는 반(反)식민주의라는 미국의 전통에 정면으로 배치되었다. 기술적으로 여전히 프랑스의 식민지였던 인도차이나 국가들은 민주주의 국가도 아니었고 심지어 독립국도 아니었다. 비록 프랑스가 1950년에 식민지 3국인 베트남, 라오스, 캄보디아를 "프랑스 연방 준국가(Associated States of the French Union)"로 변형시켰지만, 이렇게 새로운 명칭을 붙여줘도 독립시켜주지는 않았다. 만약 완전한 주권을 부여한다면 프랑스의 북아프리카 속령(屬領)인 튀니지와 알제리, 모로코에도 이에 못지않게 해줘야 할 것이라고 프랑스가 우려했기 때문이다.

제2차 세계대전 기간 중 미국의 반식민주의 정서가 인도차이나에서 특히 강렬하게 집중되었다. 루스벨트는 드골을 싫어했고, 그 점에 있어서 프랑스를 높게 평가하지도 않았으며, 특히 1940년에 프랑스가 붕괴한 뒤에는 더욱 그랬다. 루스벨트는 비록 얄타회담에서 언급하지 않았지만 제2차 세계대전 내내 인도차이나를 유엔 신탁통치에 맡기는 방안을 생각해보았다.[12] 이런 구상은 트루먼 행정부가 출범한 뒤 대서양 동맹을 구축하는 과정에서 프랑스의 지지가 상당히 필요했기 때문에 폐기되었다.

1950년이 되자 트루먼 행정부는 자유진영의 안보를 위해 인도차이나가 공산주의자들의 손아귀로부터 벗어나야 한다고 결정했다. 이는 사실상 인도차이나에서 프랑스의 싸움을 지원해줌으로써 미국의 반식민주의 원칙을 굽힌다는 의미였다. 합동참모본부가 미군이 NATO와 한국에 동시에 개입하고 있기 때문에 때문에 설사 중국이 침략하더라도 인도차이나를 방어하기 위해 추가로 군사력을 투입할 여력이 없다고 결론을 내림에 따라, 트루먼과 애치슨은 별다른 대안이 없다고 보았다.[13] 그리하여 이들은 프랑스군에 의존할 수밖에 없다고 생각했고, 프랑스군은 미군으로부터 재정지원과 군수지원을 받으며 인도차이나에서 공산주의자들에 맞서 싸워야 했다. 미국은 이 싸움에서 승리한 뒤에 독립을 압박해서 자신의 전략적 확신과 반식민주의 신념을 조화시키려고 했다.

나중에 알게 된 사실이지만, 1950년에 미국이 인도차이나에 개입했던 초기 방식이 이후 미국의 개입 패턴이 되었다. 즉, 미국이 전쟁에 말려들 정도로 충분히 크게 개입했지만, 결정적일 만큼 충분히 중대하게 개입하지는 않았다. 수렁에 빠져들기 시작했던 초기 단계에 미국은 대체로 현지 사정에 무지했고 소위 베트남, 라오스, 캄보디아 연방 준국가라는 현지 당국과 프랑스 식민 당국이라는 두 단계를 거쳐 작전을 한다는 게 거의 불가능했기 때문에 이런 식으로 개입했다.

식민주의 세력과 한패라는 오명을 쓰기 싫어서 합동참모본부와 국무부 모두 프랑스가 인도차이나의 궁극적인 독립을 약속하도록 압박하면서 도덕적 측면을 지키려고 했다.[14] 이처럼 섬세하게 균형을 잡아야 하는 외교는 결국 국무부의 몫이 되었다. 국무부는 인도차이나 정책을 "달걀껍질 작전(Operation Eggshell)"이라고 이름을 붙임으로써 이 정책의 복잡한 성격을 잘 알고 있음을 드러냈다. 이 정책의 아이디어는 프랑스가 공산주의 세력과의 전쟁을 지속하도록 촉구하면서 인도차이나의 독립을 허용하도록 다그치는 것이었다.[15] 어느 누구도 왜 프랑스가 이 지역에서 자신의 존재를 불필요하게 만들어버리는 전쟁에서 목숨을 걸어야 하는지는 설명하지 않았다.

딘 애치슨은 이런 딜레마를 특유의 신랄함을 곁들여서 설명했다. 한편으로는 미국이 프랑스의 "낡은 식민주의적 태도"를 계속 지지한다면 "손해를 볼" 수도 있다고 말했다. 다른 한편으로는 만약 프랑스가 너무 심하게 압박받으면 "알았다. 이 나라를 다 떠맡아라. 우리는 필요 없다."라고 주장하면서 그냥 완전히 포기해버릴 수도 있었다.[16] 애치슨의 "해결 방안"은 미국 정책의 모순을 되풀이한 것으로 드러났다. 미국의 인도차이나에 대한 원조를 늘리면서 프랑스와 프랑스가 택한 현지 지도자인 바오다이에게 "민족주의자들이 바오다이의 편에 서게" 하라고 재촉하는 것이었다.[17] 애치슨은 이런 딜레마를 해소하기 위한 계획을 전혀 제시하지 않았다.

트루먼 행정부의 임기가 끝나갈 무렵에 어물쩍 회피하는 입장이 공식 정책으로 완성되었다. 1952년에 국가안전보장회의(NSC) 보고서는 도미노 이론을 공식화했고 이 이론에 포괄적인 특성을 부여했다. 이 보고서는 인도차이나에 대한 군사 공격을 "적대적이고 공격적인 중공(Communist China)의 존재"에 내재한 위험[18]으로 간주하면서, 동남아시아 국가 중 어느 한 나라라도 잃게 된다면 "나머지 나라들도 신속하게 공산주의에 항복하거나 줄을 서게 될 것"이라고 주장했다. "더욱이 다른 모든 동남아 국가들과 인도, 그리고 장기적으로 중동(적어도 파키스탄과 터키는 예외가 가능할 것으로 보이며)도 공산주의와 제휴하는 상황이 순차적으로 뒤따를 가능성이 아주 커질 것이다."라고 보았다.[19]

만약 이 추정이 현실적이라면, 그와 같은 대규모 붕괴로 말미암아 유럽의 안보와 안정도 틀림없이 마찬가지로 위태로워질 것이고, "일본이 궁극적으로 공산주의를 수용하는 상황을 막기도 극도로 힘들어질 것이다."[20] 이 NSC 보고서는 왜 그렇게 저절로, 혹은 왜 그렇게 전 세계적 차원에서 붕괴가 일어나는지 전혀 분석하지 않았다. 무엇보다도 이 보고서는 말라야와 태국의 국경에 방화벽을 설치하는 방안을 검토하지 않았다. 이 지역은 인도차이나보다 훨씬 안정적이었고, 영국 지도자들도 이런 구상을 선호했다. 미국의 유럽 동맹국들도 장기적으로 유럽에 위험이 될 수 있다는 인식에 공감하지 않았고, 이후 인도차이나 수호를 위해 동참해달라는 요청도 일관되게 거절했다.

잠재적 대재앙이 인도차이나에서 일어나려고 한다는 분석에 이어서 이런 문제에 전혀 부합하지 않는 해결책이 제시되었다. 실제로 이 경우에는 아예 해결책이 되지도 못했다. 적어도 한동안 한국전쟁이 교착상태에 빠져 있었기 때문에 미국이 아시아에서 다른 지상전을 벌일 여력이 없었기 때문이다. "우리는 또 다른 한국전쟁을 감당할 수 없습니다. 지상군을 인도차이나에 투입할 수 없습니다."라고 애치슨은 주장했다. "인도차이나를 인도차이나에서 수호하는 건 헛된 짓이며 실수"라는 것이다.[21] 이런 아리송한 발언은 만약 인도차이나가 전 세계적 균형상태 차원에서 매우 중요하고 중국이 실제로 이 문제의 근원이라면, 미국이 적어도 해군과 공군을 동원해서 중국을 공격해야 한다고 의미하는 것처럼 들렸다. 이는 애치슨이 한국과 관련해서 단호하게 반대해왔던 내용과 정확하게 일치했다. 또한 이 발언은 만약 프랑스와 프랑스의 인도차이나 동맹세력들이 중국의 참전이 아니라 토착 공산군에 의해 패배할 경우 미국이 어떻게 대응해야 할 것인가라는 질문도 열어놓았다. 만약 미국 행정부와 의회가 믿었던 대로 베트남이 중국의 대리인이고, 다시 중국이 소련의 대리인이라면 미국은 진지하게 미국의 지정학적 신념과 반식민주의라는 신념 중 하나를 선택하도록 강요받았을 것이다.

우리는 오늘날 중공이 국공내전 승리 직후 소련이 중국의 독립을 가장 위협한다고 보고 있었으며, 역사적으로 베트남도 중국을 똑같이 두려워했다는 점을 알고 있다. 따라서 1950년대에 인도차이나에서 공산주의 세력이 승리했더라면 아마도 이런 식으로 경쟁 관계가 격화되었을 것이다. 물론 이렇게 되었더라도 서방이 도전을 받았겠지만, 중앙에서 통제하는 전 세계적인 음모와 같은 도전은 아니었을 것이다.

반면 NSC 보고서에서 제시되었던 주장은 이후에 보였던 것처럼 그렇게 피상적이지 않았다. 비록 중앙에서 획책하고 있었던 음모가 없었고 서방이 당시에 알고 있었던 모든 내용에도 불구하고 여전히 도미노 이론이 타당했을지도 모른다. 사정에 정통하고 생각이 깊은 리콴유 싱가포르 총리는 분명히 그렇게 생각했고, 실제로 그의 생각이 대부분 옳았던 것으로 확인되었다. 제2차 세계대전 직후 당시 공산주의는 아직 이념적으로 상당히 역동적이었다. 공산주의식 경제 운용이 경제를 파탄 낸다는 사실은 한 세대가 지난 뒤에야 입증되었다. 민주주의 국가, 특히 신생국에서 많은 사람들은 공산진영이 산업 능력에서 자본주의 진영을 곧 앞지를 것이라고 생각했다. 많은 신생국 정부가 취약했고 내부적으로 반란 위협에 시달렸다. NSC 보고서가 작성되던 바로 그 시점에 말라야에서 공산주의 게릴라전이 전개되고 있었다.

워싱턴의 정책입안자들은 이미 동유럽을 삼켰고 중국을 접수했던 움직임이 인도차이나를 정복하는 것에 대해 충분히 우려할 만했다. 공산주의 세력의 팽창이 중앙에서 조직된 것인지 여부와 무관하게, 동남아시아의 허약한 신생국들을 반(反)서방진영으로 끌고 가기에 충분히 강력해 보였다. 실질적인 문제는 동남아시아에서 도미노의 일부가 넘어질 것인가가 아니라—넘어질 가능성은 이미 있었다—이 지역에서 선을 그을 만한 더 나은 곳이, 가령 말라야나 태국에서와 같이 정치적, 안보적 요소들이 보다 정상적으로 작동하는 국가들 주변에 없을지도 모른다는 것이었다. 만약 인도차이나가 넘어간다면 유럽과 일본조차도 공산주의가 돌이킬 수 없는 흐름이라고 믿게 될 수 있고, 그런 흐름에 순응할지도 모른다는 NSC 정책보고서의 결론은 틀림없이 너무 지나친 측면이 있었다.

트루먼의 후임인 드와이트 D. 아이젠하워는 인도차이나에 대한 연간 약 2억 달러 규모의 군사원조 프로그램(1993년 달러로 10억 달러가 넘는다)[22]과 정책적으로 보완이 필요한 전략 이론을 유산으로 물려받았다. 트루먼 행정부는 전략적 독트린과 도덕적 신념 사이의 잠재적 간극에 아직 직면하지도 않았고, 지정학적 근거와 미국의 역량 중에 하나를 택해야 하는 상황에 몰리지도 않았다. 아이젠하워는 첫 번째 도전을 처리해야 하는 책임을 물려받았다. 케네디와 존슨, 닉슨은 두 번째 도전을 처리해야 하는 책임을 물려받았다.

아이젠하워 행정부는 이전 행정부로부터 물려받았던 인도차이나의 안보에 대한 미국의 공약에 의문을 제기하지 않았다. 인도차이나에서 개혁을 점점 더 압박하는 방식으로 전략적 독트린과 도덕적 신념을 조화시키려고 했다. 취임선서 후 4개월이 지난 1953년 5월에 아이젠하워는 주프랑스 대사인 더글러스 딜런(Douglas Dillon)에게 프랑스 정부가 인도차이나에서 "승리를 거둘 수 있는" 권위 있는 새 지도자를 임명하고, 동시에 "공산주의자들에 맞서 승리를 거두는 즉시" 독립을 부여할 것임을 "명확하고 분명하게 공개적으로 발표하고" "이 발표를 되도록 자주 반복하도록" 압박하라고 촉구했다.[23] 7월에 아이젠하워는 랠프 플랜더스(Ralph Flanders) 상원의원에게 독립시켜주겠다는 프랑스 정부의 약속이 "대담하고 솔직하고 반복적이지 않고 모호하고 우회적인" 방식으로 이루어졌다고 불평을 늘어놓았다.[24]

프랑스로서는 이 사안이 이미 정치적 개혁의 차원을 훨씬 넘어섰다. 인도차이나에서 프랑스군은 전혀 경험하지 못했던 절망적인 게릴라전에 휘말려 있었다. 확립된 전선이 있는 재래식 전쟁에서는 화력이 우세한 쪽이 대체로 승리한다. 이와 대조적으로 게릴라군은 고정된 위치에서 싸우지 않고 주민들 사이에 숨는다. 재래식 전쟁은 영토 장악과 관련이 있는 반면 게릴라 전쟁은 주민의 안전(security)과 관련이 있다. 게릴라군은 어떤 특정한 영토의 방어에 묶여 있지 않기 때문에 어디에서 전쟁할지 상당한 결정권이 있고, 양측의 사상자를 조절할 수도 있다.

재래식 전쟁의 경우, 전투에서 75퍼센트 정도 이기면 승리를 확신할 수 있다. 게릴라전의 경우, 주민 중 75퍼센트만 보호하게 되면 확실하게 패배한다. 한 나라의 75퍼센트 지역에서 안전을 100퍼센트 확보하는 것이 한 나라의 100퍼센트 지역에서 안전을 75퍼센트 확보하는 것보다 훨씬 낫다. 만약 방어하는 군대가 적어도 핵심적이라고 여겨지는 지역에서 주민의 안전을 거의 완벽하게 확보할 수 없다면 조만간 게릴라가 승리하게 된다.

게릴라전의 기본 방정식은 실행하기 어려운 만큼 단순하다. 게릴라군은 패배하지 않는 한 승리한다. 전통적인 군은 결정적으로 승리하지 못하는 이상 패배할 수밖에 없다. 교착상태는 거의 발생하지 않는다. 게릴라전을 하면 어떤 국가라도 장기전을 각오해야 한다. 게릴라군은 병력이 상당히 줄어들어도 치고 빠지기 전술을 오래 지속할 수 있다. 명쾌한 승리는 상당히 드물다. 성공적인 게릴라전은 전형적으로 장기간에 걸쳐 점차 소멸시키는 방식으로 끝난다. 게릴라군에 맞서 가장 주목할 만한 승전사례는 말라야와 그리스에서 있었다. 이 경우 방어하는 군대가 게릴라의 외부 공급선을 차단했기 때문에 성공했다. (말라야는 지리적으로, 그리스는 티토가 소련과 관계를 끊었기 때문에 그렇게 되었다.)

프랑스군이나 10년 후 프랑스의 발자취를 뒤따라갔던 미군도 게릴라전이라는 난제를 결코 풀지 못했다. 둘 다 자신들이 이해했던 종류의 전쟁만을 했고, 그런 종류의 전쟁에 맞춰 훈련받고 장비를 보급 받았다. 즉, 명확하게 그어진 전선에 기초한 고전적인 재래식 전쟁에 맞춰져 있었다. 두 군대 다 우월한 화력에 의지하면서 소모전 방식으로 싸웠다. 둘 다 이런 전략이 적에 의해 역효과가 나는 상황을 보았다. 적은 자국에서 싸우면서 인내심을 갖고 프랑스군과 미군을 지치게 할 수 있었고, 전쟁을 끝내라는 국내적 여론 압박을 조성할 수 있었다. 진전 여부를 판단하는 기준이 애매모호한 상황에서 사상자가 꾸준히 증가했다.

프랑스는 미국보다 신속하게 패배를 인정했다. 베트남 영토의 절반을 지키기 위해 궁극적으로 투입되었던 미군 규모의 3분의 1 병력으로 베트남 전역을 지키려다 보니 병력이 더 흩어질 수밖에 없었기 때문이다. 프랑스는 미국이 10년 후에 당했던 것처럼 심하게 난타 당했다. 프랑스가 병력을 주민들이 많이 있는 중심부에 집중할 때마다 공산주의자들은 시골 지역 대부분을 지배하곤 했다. 프랑스군이 시골 지역을 방어하려고 이동하려 하면 공산주의자들은 마을과 요새를 하나씩 공격하곤 했다.

베트남에 관한 무엇인가가 베트남에 용감하게 뛰어들었던 외국인들의 이성적 판단력을 시종일관 괴롭히고 있었다. 기이하게도 프랑스의 베트남전쟁은 먼 베트남 북서부 구석에 있는 라오스 국경 근처의 디엔비엔푸라고 불리는 교차점에서 절정을 맞았다. 프랑스는 공산군을 유인해서 소모적인 대격전을 펼치려고 정예부대를 그곳에 배치했으나, 그 과정에서 전혀 승리할 수 없는 상황에 말려들었다. 만약 공산군이 배치되어 있던 프랑스군을 무시하기로 했다면, 이 병력은 전략적으로 전혀 중요하지 않은 지역에서 허탕을 치는 셈이었다. 만약 공산군이 미끼를 덥석 물었다면, 그렇게 할 유일한 동기는 결정적인 승리가 가까이 왔다고 믿었기 때문이었다. 프랑스는 무의미하거나 패배하는 상황으로 자신의 옵션을 축소시켰다.

북베트남은 강인하고 교묘했지만, 프랑스는 이를 너무나 과소평가했고 미국도 10년 후에 마찬가지로 얕잡아봤다. 1954년 3월 13일에 북베트남은 디엔비엔푸에서 전면공격을 개시했다. 이들은 이미 첫 번째 공격으로 고지에 있던 두 곳의 외부 요새를 장악한 상황이었다. 북베트남은 갖고 있을 것이라고 생각조차 하지 못한 야포를 이미 한국전쟁 이후에 중국으로부터 지원받았고, 이 야포를 이용해서 두 요새를 점령했다. 그때부터 프랑스군 잔여 병력이 궤멸되기까지는 단지 시간문제였다. 새로 출범한 프랑스 정부는 소모전이 되어버린 전쟁에 지쳐 있었고, 미국의 압박으로 결국은 인도차이나로부터 철수해야 했기 때문에 싸워야 할 목적을 거의 찾을 수 없게 된 상황에서 그해 4월에 제네바에서 회담을 하자는 소련의 제안을 받아들였다.

회담이 임박하자 공산주의자들은 한층 더 군사적 압박을 강화했고, 아이젠하워 행정부는 자신의 이론과 가능성 사이에서 선택을 해야 하는 상황으로 몰렸다. 디엔비엔푸가 함락되자 프랑스는 베트남의 전부는 아니더라도 상당 부분을 공산주의자들에게 양보해야 했다. 디엔비엔푸는 군사 활동을 대규모로 확대해야만 구해낼 수 있었지만, 프랑스는 그럴 자원도 의지도 없었다. 미국은 직접적인 군사행동으로 도미노 이론을 뒷받침할지 결정해야 했다.

프랑스 참모총장 폴 엘리(Paul Ely) 대장이 3월 23일 워싱턴을 방문했을 때, 합참의장 아서 래드포드(Arthur Radford) 제독은 가능하다면 핵무기 사용을 포함해 디엔비엔푸 주변의 공산주의자 세력의 근거지에 대한 대규모 공습을 권고할 것이라는 인상을 주었다. 덜레스는 외교적인 정지 작업 없이 그런 조치를 검토하기에는 집단안보에 대한 의지가 너무나 확고했다. 1954년 3월 29일에 했던 중요한 연설에서, 아이젠하워는 공산주의 세력으로부터 인도차이나를 지키기 위한 집단적 군사행동을 촉구했다. 아이젠하워는 당장 행동하지 않으면 장래에 훨씬 더 큰 비용을 치러야 할 것이라고 전통적인 반(反)유화주의 입장에 따라 주장했다.

> 러시아 공산주의자들과 중국 공산주의 동맹세력이 어떤 수단으로든 자신들의 정치체제를 동남아시아에 강제로 수립한다면 자유진영 전체가 심각하게 위협받을 것입니다. 미국은 이런 가능성을 수동적으로 받아들여서는 안 되며, 공동 행동(United Action)으로 맞서야 한다고 믿습니다. 물론 심각한 위험이 따를 수도 있겠지만, 이런 위험은 우리가 오늘 단호하게 행동하지 못해서 몇 년 후에 직면하게 될 위험보다는 훨씬 덜 심각할 것입니다.[25]

덜레스는 "공동 행동"이라는 깃발 하에 미국, 영국, 프랑스, 뉴질랜드, 호주, 그리고 인도차이나의 준국가들로 구성된 연합체를 구성해 인도차이나에서 공산주의 세력의 준동을 막자고 제안했다. 아이젠하워도 덜레스를 거들어서 집단 행동을 촉구했다. 물론 개입을 촉진하기보다 방해하려는 의도에서 그렇게 한 게 거의 확실했다. 아이젠하워의 비서실장이었던 셔먼 애덤스(Sherman Adams)는 대통령의 태도를 이렇게 설명했다. "1년 전 한국에서 유엔의 지지를 받았음에도 불구하고 공산주의 중국과의 전면전을 회피했던 그로서는 … 영국과 다른 서방 동맹국 없이 인도차이나에서 또 다른 전면전을 일으킬 마음이 전혀 없었다."[26]

겉으로는 가장 순진해 보이는 대통령이 실제로는 가장 복잡했다는 미국 정치의 희한한 현상을 아이젠하워가 구현했다. 이런 의미에서 아이젠하워는 로널드 레이건의 선구자에 해당했다. 따뜻하고 붙임성 좋은 겉모습 뒤에 비범한 조작 능력을 감추고 있었기 때문이다. 2년 후 수에즈 운하 위기 당시 드러났고 다시 베를린 위기 때에도 그랬듯이, 덜레스의 말은 강경노선을 시사했다. 이 경우에는 래드포드가 계획했던 공중폭격이나 그 폭격을 약간 변형시킨 작전을 의미했다. 물론 아이젠하워는 군사행동을 전적으로 회피하는 방안을 선호했다. 아이젠하워는 군사 분야에 아주 해박했기 때문에 단 한 번의 공습작전으로 전쟁의 승패가 좌우될 것이라고 믿지 않았고, 공식 전략인 대량보복에 의존해서 중국에 맞서는 게 내키지 않았다. 동남아시아에서 전쟁을 오래 끌고 싶은 마음도 없었다. 더욱이 디엔비엔푸의 운명과 관련된 기간 내에 공동 행동이 조직될 가능성이 아주 낮다는 점도 예전의 동맹외교에서 이미 충분히 경험했기 때문에 잘 알고 있었다. 아이젠하워에게 있어 이런 식의 접근은 의심할 여지도 없이 편하게 빠져나갈 수 있는 출구를 제공했다. 미국이 식민주의를 지지한다는 오명을 뒤집어쓰는 것보다 인도차이나를 차라리 포기하고 싶었기 때문이다. 아이젠하워는 회고록 중 미공개 부분에서 이렇게 썼다.

> 가장 강력한 반(反)식민주의 국가라는 미국의 위상은 자유진영에 헤아릴 수 없을 정
> 도로 가치 있는 자산이다. … 그렇기 때문에 미국의 도덕적 입지가 통킹만 일대 삼
> 각주, 아니 인도차이나 전체보다 더 수호되어야 했다.[27]

개인적으로 무엇이 마음에 걸렸든 간에 덜레스와 아이젠하워는 공동 행동을 끌어내려고 많이 노력했다. 1954년 4월 4일 장문의 서한을 통해 아이젠하워는 총리로서 마지막 해를 보내고 있던 처칠에게 호소했다.

> 만약 그들[프랑스]이 끝까지 버티지 못하고 인도차이나가 공산주의자들의 손에 넘
> 어간다면, 그 결과로 일어나는 아시아태평양 힘의 균형 변화가 우리와 영국의 전략

적 위상에 미칠 영향은 궁극적으로 재앙적일 수 있습니다. 총리님과 제가 이런 손해를 받아들일 수 없다는 점을 잘 알고 있습니다. 태국과 미얀마, 인도네시아가 어떻게 공산주의자들의 손아귀로부터 벗어날 수 있을지를 알기가 어렵습니다. 우리가 이걸 감당할 여유가 없습니다. 말라야, 호주, 그리고 뉴질랜드가 직접적으로 위협받을 것입니다. 역외 도련선(offshore chain island)이 끊어질 것입니다. 비공산권 시장과 식량 및 원자재 공급원으로부터 차단되게 될 일본이 받는 경제적 압박이 시간이 지날수록 엄청날 것이기 때문에 일본이 공산진영을 수용하는 상황을 어떻게 막을 수 있을지 알기가 어렵습니다. 공산진영은 아시아의 인력과 천연자원, 그리고 일본의 산업적 잠재력을 결합하게 될 것입니다.[28]

하지만 처칠은 설득당하지 않았고, 아이젠하워는 처칠을 더 이상 설득하려고 노력하지 않았다. 처칠은 물론 미국과의 "특별한 관계"에 헌신적이기는 했지만, 일단 영국인이었고 인도차이나에서 얻을 이득보다 위험이 더 크다고 보았다. 그는 도미노가 가차 없이 다 쓰러지게 될 것이라거나 식민지 한 곳에서 생긴 문제가 자동적으로 전 세계적인 대재앙으로 이어질 것이라는 주장을 받아들이지 않았다.

처칠과 앤서니 이든은 동남아시아를 방어할 수 있는 최적의 장소가 말라야 국경이라고 믿었다. 따라서 처칠은 곧 런던으로 출발할 예정이었던 덜레스에게 이든이 영국 내각의 결정을 알려줄 것이라면서 별다른 언질 없이 응답했다. 본질을 회피하는 처칠의 태도는 영국이 공동 행동을 거절한 데 따른 충격을 완화할 방안을 모색하고 있었다는 것을 거의 의심할 여지없이 보여주었다. 만약 긍정적이었더라면 분명히 처칠이 직접 알려줬을 것이다. 더욱이 이든이 덜레스를 싫어한다는 사실은 잘 알려져 있었다. 덜레스 국무장관이 도착하기도 전에 이든은 "아직 패배하지도 않은 적에게 승자의 조건을 강요할 수 있다고 기대하는 게 비현실적이라고 생각했다."[29]

4월 26일에 처칠은 자신의 유보적인 입장을 당시 런던을 방문 중이던 래드포드 제독에게 개인적으로 털어놓았다. 공식 기록에 따르면 처칠은 "러시아인들이 강한 영향력을 행사하며 민족주의자들과 억압받는 사람들의 열정을 동원할 수 있는 주변부에서의 전쟁"에 대해 경고했다.[30] 실제로 처칠이 이런 식으로 언급한 명분에 영국이 말려들 정치적 이유가 전혀 없었다.

영국인들은 동남아시아의 머나먼 정글에서 일어난 사건에 쉽게 영향을 받지 않을 것입니다. 하지만 영국인들은 이스트 앵글리아(East Anglia, 영국의 동부 지역—옮긴이)에 강력한 미군기지가 있다는 사실과, 중국과 전쟁을 한다면 중·소 조약이 발동될 것이고 이 섬(영국제도)이 수소폭탄 공격을 받을 수도 있다는 사실을 잘 알고 있습니다.[31]

무엇보다도 이런 전쟁이 발발한다면 이 백전노장이 총리직에 있던 마지막 해에 추진하려 했던 스탈린 후임자들과의 정상회담이라는 위대한 꿈이 수포로 돌아갈 것이다. 처칠은 "러시아인들에게 서방이 지닌 힘의 함의를 알려주고 전쟁이 어리석은 짓임을 이해시키려고" 이 회담을 계획했다(제20장 참고).[32]

이제 영국의 결정과 무관하게 시간이 많이 지나서, 공동 행동을 하더라도 5월 7일에 함락된 디엔비엔푸를 구해내는 게 더 이상 불가능해졌다. 외교관들은 이미 제네바에서 인도차이나 문제를 논의하고 있었다. 자주 있는 일이지만, 집단안보가 발동되었을 때 공동 행동은 아무것도 하지 않은 데 대한 변명거리가 되었다.

디엔비엔푸 개입을 둘러싼 토론에서 무엇보다 베트남 정책에 드리워지기 시작한 혼란이 드러났고, 지정학적 분석과 전략적 독트린, 도덕적 확신을 합치시키기가 갈수록 힘들어지고 있다는 사실이 명백해졌다. 아이젠하워가 처칠에게 보냈던 서한과 4월 7일의 기자회견에서 밝혔던 내용처럼, 인도차이나에서 공산주의 세력이 승리할 경우 도미노가 일본부터 인도네시아까지 넘어가는 게 사실이라면, 미국은 다른 국가들의 반응과 상관없이 분명히 선을 그어야 했다. 특히 공동 행동에 잠재적으로 참여 가능한 국가들이 기여할 수 있는 군사력이 상징적 수준에 불과했기 때문이다. 집단행동이 바람직하기는 했지만, 정말로 전 세계적인 균형이 위태롭다면 집단행동이 그런 균형을 수호하기 위한 전제조건은 분명히 아니었다. 반면에 미 행정부는 집단행동을 준비하려고 했던 때와 거의 같은 시기에 군사 독트린을 "대량보복"으로 변경했다. 침략의 원점을 타격하겠다는 주장은 현실적으로 인도차이나에서 전쟁을 한다면 중국을 직접 겨냥해야 한다는 의미였다. 하지만 베트남전쟁에 간접적으로만 참여하고 있는 국가를 공습하기 위한 도덕적 근거나 정치적 근거가 없었고, 처칠이 래드포드에게 설명한 대로 서방의 여론을 오랫동안 유지하기에는 명분이 너무 주변적이고 너무 위험했다.

의심의 여지없이 스탈린 이후의 소련 지도자들은 권력을 잡은 첫해에 중국을 위해서 미국에 맞서는 게 극도로 내키지 않았을 것이다. 하지만 미국의 군 지도자들은 목표물이 무엇인지도, 중국에(혹은 인도차이나 내에) 대량보복을 할 경우 어떤 결과가 예상되는지도 설명하지 못했고, 인도차이나의 독립도 여전히 계획에 불과했기 때문에 개입하기 위한 현실적인 근거가 전혀 없었다. 아이젠하워는 미국이 고려해야 할 다양한 요소들이 조화될 수 있을 때까지 현명하게 정면대결을 미뤘다. 불행히 10년 후에도 이런 요소들이 여전히 정리가 안 되어 있었고, 미국은 프랑스가 굴욕적으로 실패한 임무를 그것이 얼마나 방대한지 제대로 알지도 못한 채 자신만만하게 이어받았다.

소련과 중국 둘 다 미국의 개입을 두려워했기 때문에, 은근히 위협하는 아이젠하워와 덜레스의 외교 스타일이 현지 군사적 상황을 따랐을 때보다는 훨씬 나아 보이는 제네바 회담 결과를 도출하는 데 도움이 되었다. 1954년 7월에 체결된 제네바 조약에 의해 베트남은 북위 17도선을 따라 분단되었다. 통일의 가능성을 열어놓고자 이 분단은 "정치적 경계선(political boundary)"이 아니라 국제적으로 감시받는 선거를 실시하기 전에 군대의 재편을 촉진하기 위한 행정적 합의로 설명되었다. 선거는 2년 내에 실시하기로 되었다. 모든 외국군은 300일 이내에 인도차이나의 3개국으로부터 철수하도록 되었다. 외국군 기지 설치나 타국과의 동맹이 금지되었다.

하지만 다양한 조항을 일목요연하게 정리하면 제네바 조약이 공식적이며 엄중하다는 그릇된 인상을 주게 된다. 많은 국가가 이 합의에서 여기저기 다른 부분에 각자 서명했지만, 아무도 체약 당사국이 아니었고 따라서 "집단 의무(collective obligation)"가 없었다.[33] 리처드 닉슨은 뒤범벅이 된 상황을 이렇게 요약했다. "이 회담에 9개국이 모였고, 일방적 선언이 6건 나왔으며, 양자 간 정전 합의가 3건 있었다. 그리고 서명되지 않은 성명이 1건 있었다."[34]

이 모든 것들로 적대행위가 종식되었으며, 베트남이 분할되었고, 정치적 결과는 미래에 맡겨졌다. 아마추어 분석가들은 이렇게 모호한 합의가 협상가들이 혼란스럽고 표리부동했다는 증거라고 종종 지적한다. 그리고 나중에 1973년의 파리 평화협정(Paris Peace Accords)에 대해서도 그렇게 비난을 퍼부었다. 하지만 대부분의 경우 제네바 조약과 같은 애매모호한 문서들은 현실을 반영하고 있다. 이들은 합의가 가능한 부분에 합의했던 것이고, 추가로 정교하게 하려면 새로운 상황 전개를 기다려야 한다는 사실을 충분히 알고 있었다. 때로는 막간에 새로운 정치적 상황이 충돌 없이 나타나는 경우도 있다. 때로는 충돌이 다시 발발해서 각 당사자가 자신들의 제안 조건을 재검토해야 할 때도 있다.

1954년에 불안한 교착상태가 전개되었고, 당사자 중 아직 아무도 이런 상황을 타개할 처지가 못 되었다. 소련은 스탈린이 사망한 후 이렇게 빨리 대결할 준비가 되어 있지 않았고, 동남아시아에서의 이익도 미미했다. 중국은 한국전쟁이 끝난 지 1년도 안 된 상황에서 미국과 또다시 전쟁하는 게 두려웠다. (대량보복이라는 미국의 새로운 독트린에 비추어볼 때 특히 그랬다.) 프랑스는 이 지역에서 철수하고 있었다. 미국은 개입하자니 전략과 여론의 지지 둘 다 부족했다. 그리고 베트남 공산주의자들은 외부로부터 자원을 공급받지 않고 전쟁을 지속할 정도로 충분히 강하지 못했다.

동시에 제네바 회담의 성과 중에서 어느 것도 주요 참가자들의 기본 입장을 바꾸지 못했다. 아이젠하워 행정부는 아시아, 어쩌면 전 세계적인 세력균형에서 인도차이나가 핵심이라는 확신이 바뀌지 않았다. 군사적 개입을 완전히 포기한 것도 아니었고, 다만 식민통치국인 프랑스의 옆에서 개입한다는 입장이었다. 북베트남은 공산주의자들의 통치하에 인도차이나 전체를 통일한다는 목표를 포기한 적이 없었고, 지도자들이 이를 위해 20년간 싸워왔다. 새로운 소련 지도부는 국제적 계급투쟁을 하겠다는 공약을 계속 공언했다. 독트린 측면에서 볼 때, 중국은 공산주의 국가 중에서 당시 가장 급진적이었다. 물론 수십 년 후에는 중국도 대체로 이념적 신념을 국익이라는 프리즘을 통해 보고 있었던 것으로 밝혀졌다. 그리고 중국은 자신의 국익을 인식했기 때문에 비록 공산주의 국가라 하더라도 남부 국경지대에 강력한 국가가 등장하는 상황—공산주의자의 통치하에 인도차이나가 통일되었을 때의 불가피한 결과—에 대해 아주 상반된 태도를 보였다.

덜레스는 이렇게 복잡하게 뒤얽힌 상황을 능숙하게 잘 헤쳐 나갔다. 거의 틀림없이 덜레스는 군사적으로 개입해서 공산주의를 분쇄하고 싶어 했고, 심지어 북베트남에서도 그러고 싶었을 것이다. 가령 덜레스는 1954년 4월 13일에 유일하게 "바람직한" 결과는 인도차이나에서 공산주의자들이 완전히 철수하는 상황이라고 말했다.[35] 하지만 덜레스는 오히려 공산주의자들의 북베트남 지배가 정당해 보이게 하고, 결국 이들의 영향력이 인도차이나 전역으로 퍼지게 되는 결과가 나올 수밖에 없는 회담에 참석했다. "사창가의 청교도(a puritan in a house of ill repute)"[36]라는 태도를 견지하면서, 덜레스는 "비록 구역질이 날 것 같았지만 "프랑스 식민주의라는 오명으로부터 자유로워지는" 합의를 만들어내려고 노력했다.[37] 미국이 베트남에 개입하는 과정에서 처음으로 전략적 분석과 도덕적 확신이 합치했다. 덜레스는 미국의 목표를 "이 지역의 국가들이 안정적이고 자유로운 정부 하에서 평화적으로 영토적 보전과 정치적 독립을 누리고 경제 성장의 기회를 갖는 데 도움이 되는 결정에 도달하도록" 조력하는 것으로 규정했다.[38]

물론 당면한 난관은 미국이 제네바 회담에 공식적으로 참석하기를 거부했다는 것이었다. 미국은 참석하면서도 동시에 참석하지 않은 것처럼 보이려고 노력했다. 즉, 자신의 원칙을 고수하려고 충분히 현장에 있으면서도 일부 원칙을 포기했다는 국내적 비난을 모면할 수 있을 정도로 충분히 옆으로 비켜서 있었다. 미국의 모호성은 미국이 최종 선언을 "주목하며," "최종 선언을 저해하는 무력 사용이나 무력 사용 위협을 자제할 것"이라고 선언하는 성명에 가장 잘 표현되어 있다. 동시에 이 성명은 "미국은 앞에서 언급된 합의를 위반하는 어떤 침략의 재발도 심각하게 우려하며 지켜볼 것이고, 국제평화와 안보에 대한 심각한 위협"으로 간주할 것이라고 경고했다.[39] 나는 외교사를 통틀어서 어떤 나라가 서명하기를 거부했고 그토록 강한 유보를 표명했던 합의를 보장하겠다고 했던 사례를 전혀 본 적이 없다.

덜레스는 북베트남에서 공산주의 세력이 공고해지는 상황을 막지는 못했지만, 인도차이나의 다른 지역에서 도미노가 넘어가는 상황을 막고 싶었다. 덜레스와 아이젠하워가 쌍둥이 악이라고 인식했던 식민주의와 공산주의에 직면하자 덜레스는 프랑스 식민주의를 버렸고, 이제부터 공산주의를 봉쇄하는 데 자유롭게 집중할 수 있었다. 그는 제네바 회담이 미국의 정치적 목표와 군사적 목표를 조화시키고 향후 공산주의 세력의 움직임에 대항할 수 있는 법적 근거를 제공하는 정치적 틀을 만들어냈다는 점에서 가치가 있다고 보았다.

공산주의자들은 북위 17도 이북에서 자신들의 정부 체제를 수립하는 데 몰두했다. 이들은 특유의 야만성을 드러내면서 이 목표를 추구했다. 이 과정에서 적어도 5만 명이 죽었고, 10만 명이 강제수용소에 구금되었다. 약 8만 명에서 10만 명의 공산당 게릴라들이 북베트남으로 이동했고 100만 명의 북베트남인이 남베트남으로 도망쳤다. 미국은 남베트남에서 미국이 지지할 수 있다고 생각하는 지도자로 응오딘지엠을 지목했다. 그는 민족주의자로서는 오점이 없었으나, 불행히도 민주주의에 대한 헌신은 그의 강점이 아니었던 것으로 밝혀졌다.

베트남에 얽히지 않겠다고 아이젠하워가 1954년에 내렸던 현명한 결정은 전술적이었을 뿐 전략적이지 않았던 것으로 판명되었다. 제네바 회담 이후 아이젠하워와 덜레스는 인도차이나가 전략적 측면에서 결정적으로 중요하다고 확신했다. 인도차이나가 진정되고 있을 때, 덜레스는 그해 초에 불발로 끝난 집안안보 구상을 마지막으로 손봤다. 1954년 9월에 창설된 동남아시아조약기구(SEATO: The Southeast Asian Treaty Organization)는 미국에 덧붙여 파키스탄, 필리핀, 태국, 호주, 뉴질랜드, 영국, 프랑스로 구성되었다. 이 기구는 공동의 정치적 목표나 상호 지원하는 수단이 부족했다. 실제로 SEATO 가입을 거부했던 국가들이 회원국들보다 더 중요했다. 인도, 인도네시아, 말라야, 미얀마는 중립을 유지하면서 안전을 도모하려고 했고, 인도차이나 3개국은 제네바 조약에 따라 참여가 금지되었다. 미국의 유럽 동맹국들의 경우, 프랑스와 영국은 아주 최근에 축출되었던 지역을 위해 위험을 부담하려 할 가능성이 낮았다. 실제로 프랑스는 미국이 경솔하게 행동할 가능성이 있는 사안에 대한 거부권을 획득하고자 SEATO에 가입한 게 거의 확실했고, 프랑스만큼은 아니지만 영국도 그랬다.

SEATO의 공식 의무는 뭔가 모호했다. 이 조약은 체결국에 각국의 "헌법 절차"에 따라 "공동의 위험"에 대처하도록 되어 있었지만 막상 공동의 위험을 정의하는 기준도 설정하지 않았고, NATO와 달리 공동행동을 위한 기구도 설립하지 않았다. 그럼에도 불구하고 SEATO는 인도차이나의 방어를 위한 법적 체제를 제공했다는 점에서 덜레스의 목적에 부합했다. 그렇기 때문에 아주 이상하게도 제네바 조약에 따라 가입이 금지된 인도차이나의 세 나라가 공산주의자들의 침략을 받는 경우가 조약 체결국이 공산주의자들의 침략을 받는 경우보다 훨씬 더 상세하게 SEATO에 명시되어 있었다. 별도의 의정서에서 라오스, 캄보디아, 남베트남에 대한 위협이 조약 체결국들의 평화와 안보에도 적대적이라고 규정되어 있었기 때문에 사실상 일방적인 안전보장을 제공하고 있었다.[40,41]

이제 모든 것이 인도차이나의 신생국들, 특히 남베트남이 온전한 국가 구실을 할 수 있을지에 달려 있었다. 신생국들 중에서 기존 국경을 따라 정치적 독립체로서 통치를 해본 나라는 하나도 없었다. 후에(Hue)는 오래된 제국의 수도였다. 프랑스는 베트남을 통킨(Tonkin), 안남(Annam), 코친차이나(Cochinchina)라는 세 지역으로 나누었고, 하노이, 후에, 사이공이 각각 통치하게 했다. 사이공 주변과 메콩강 삼각주 지역은 실제로 프랑스가 진출했던 시기와 거의 비슷한 19세기에 들어서야 베트남의 식민지가 되었다.[42] 기존 정부는 프랑스식 교육을 받은 공무원과, 소위 분파라고 불리는 복잡한 비밀 결사체들로 구성되어 있었다. 후자의 경우 일부는 종교와 연계되어 있었지만, 모두 다 주민을 수탈하면서 생활을 영위하고 자치적 지위를 유지했다.

새로운 통치자인 응오딘지엠은 후에 황실 관료의 자제였다. 가톨릭 학교에서 교육받은 응오딘지엠은 하노이에서 몇 년간 식민지 관료로 근무한 적이 있지만, 자신이 제안한 개혁안을 프랑스가 거부하자 사직했다. 이후 그는 20년간 속세를 떠난 학자로서 베트남이나 해외, 특히 미국에서 대부분의 시간을 보냈고, 일본인들, 공산주의자들, 프랑스의 지지를 받는 베트남 지도자들로부터 각자 자신들의 정부에 동참해달라는 제안을 받았지만 다 거부했다.

소위 자유운동을 이끄는 지도자들은 전형적으로 민주적인 인사들이 아니다. 이들은 몇 년간의 유배와 투옥을 겪으면서도 일단 집권하면 자신들이 추진하겠다는 변혁에 대한 비전을 갖고 끈질기게 버텨왔다. 겸손함이 이들의 자질이 되는 경우가 극히 드물었다. 만약 겸손했더라면 혁명가가 못 되었을 것이다. 지도자가 없어도 되는 정부를 수립한다는 것—민주주의의 정수라 볼 수 있다—은 그들 대부분에게 앞뒤가 맞지 않는 말이었다. 독립투쟁을 하는 지도자들은 영웅이 되는 경향이 있으며, 영웅은 대체로 편안한 동료가 못 된다.

응오딘지엠이 지닌 성품의 특성은 베트남의 유교적 정치 전통으로 말미암아 더욱 심각해졌다. 의견 충돌에서 진리가 나온다고 보는 민주주의 이론과 달리 유교는 진리가 객관적이며, 극소수만이 해낼 수 있다고 여겨지는 엄청난 공부와 교육을 통해 그것을 깨우칠 수 있다고 주장한다. 진리를 추구하는 과정에서의 의견 충돌은 민주주의 이론에서 보는 것과 같은 장점이 있다고 여겨지지 않는다. 진리는 오로지 하나뿐이기 때문에 진리가 아닌 것은 어떤 자격도 가질 수 없거나 경쟁을 통해 개선될 수 있다는 것이다. 유교는 본질적으로 위계적이고, 엘리트주의이며, 가족과 체제, 권위에 대한 충성을 강조한다. 유교가 영향을 끼친 사회 중 다원주의가 제대로 작동하는 체제는 아직 없다. (1990년대 대만이 그나마 가장 가깝다.)[43]

1954년 당시 남베트남은 독립국으로서 지위를 갖출 수 있는 기반이 거의 없었고, 민주주의는 말할 나위도 없었다. 하지만 미국은 전략적 평가를 내릴 때나 민주적 개혁을 통해 남베트남을 지켜야 한다는 신념을 견지할 때나 이런 현실을 고려하지 않았다. 순수한 열정을 품은 채 아이젠하워 행정부는 공산주의자들의 침략에 맞서 남베트남을 수호하고, 미국과 너무나 문화가 다른 사회가 새로 얻은 독립을 유지하며 미국식 의미의 자유를 실천할 수 있게 한다는 명분으로 국가건설(nation-building)이라는 과제에 성급하게 뛰어들었다.

덜레스는 응오딘지엠이 "유일하게 가용한 인물"이기 때문에 일관되게 지지해야 한다고 촉구했다. 1954년 10월에 아이젠하워는 기왕지사 잘해보려는 의도로 응오딘지엠에게 "필요한 개혁에 착수하고 … 그 성과"에 따라 조건부로 원조를 약속하겠다는 내용이 담긴 서한을 보냈다. 미국의 원조가 국내외 모두에서 존경받을 정도로 "국민들의 민족주의적 열망에 부응하는 … 강력한 정부가 있는" 독립된 베트남과 "결합될" 것이다.[44]

몇 년 동안 모든 것이 착착 들어맞는 것처럼 보였다. 아이젠하워 행정부의 임기가 끝날 무렵, 미국은 남베트남에 10억 달러 이상의 원조를 제공했다. 미국인 1,500명이 남베트남에 있었다. 사이공에 소재한 미국 대사관은 전 세계에서 가장 큰 해외공관 중 하나가 되었다. 692명으로 구성된 미국 군사고문단은 제네바 조약이 설정한 외국군 관계자에 관한 제한을 무시했다.[45]

모든 예상과 달리 미국이 제공한 엄청난 정보에 힘입어 응오딘지엠은 비밀 결사체들을 억눌렀고, 경제를 안정시켰으며, 그럭저럭 중앙 통제권을 구축했다. 미국은 이런 놀라운 성과를 매우 긍정적으로 받아들였다. 1955년에 베트남을 방문한 마이크 맨스필드(Mike Mansfield) 상원의원은 응오딘지엠이 "진정한 민족주의"를 대표하며 "자유라는 잃어버렸던 명분에 새로운 생명의 숨결을 불어넣었다."라고 보고했다.[46] 존 F. 케네디 상원의원도 안보와 민주주의라는 두 기둥으로 이뤄진 미국의 베트남 정책을 지지했으며, 베트남이 동남아시아 안보의 "초석"일 뿐만 아니라 "아시아에서 민주주의의 시험장"이라고 묘사했다.[47]

하지만 이후 사건을 겪으면서 미국이 공산주의자들의 압박이 잠시 잠잠해진 소강상태를 즐기고 있었을 뿐이고 항구적인 성과를 거둔 게 아니었다는 사실이 드러났다. 미국만의 독특한 민주주의를 해외에 쉽게 전파할 수 있다는 미국의 가정은 결함이 있었던 것으로 밝혀졌다. 서방에서는 정치적 다원주의가 응집력이 강한 사회에서 번성했다. 그러한 사회는 반대세력을 허용해도 국가의 존립을 위협하지 못할 정도로 강력한 사회적 컨센서스가 견고하게 자리 잡고 있었다. 하지만 국가가 아직 창설되지 못한 곳에서 반대세력은 국가의 존립을 위협하는 존재로 보일 수도 있으며, 특히 안전망을 제공하는 시민사회가 없을 경우에는 더욱 그렇다. 이런 상황에서 반대세력을 반역과 동일시하려는 유혹은 강력하고 때로는 압도적이기 마련이다.

이런 모든 풍조는 게릴라전에서 두드러진다. 정부 기관이 만들어놓은 어떤 사회적 응집력이건 간에 체계적으로 약화시키는 게 게릴라의 전략이기 때문이다. 베트남에서 게릴라 활동은 중단된 적이 없었고 1959년에 한층 더 고조되었다. 게릴라의 초기 목표는 안정적이고 정통성이 있는 제도가 견고하게 자리 잡지 못하게 방해하는 것이었다. 이들이 선호한 공격대상은 정부 관리 중에서 가장 뛰어난 인사들과 가장 형편없는 인사들이었다. 부패하거나 포악한 관료를 "처단"함으로써 대중의 동정심을 얻어내고자 게릴라는 최악의 관료를 공격했다. 그리고 정부가 정통성을 확보하지 못하게 막으면서 효과적인 국가 운영을 좌절시키는 가장 효과적인 방법이기 때문에 가장 우수한 관료들을 공격했다.

1960년이 되자 약 2,500명의 남베트남 공무원이 매년 암살당했다.[48] 단지 소수의 가장 의욕적인 공무원들과 훨씬 더 큰 비율의 가장 부패한 공무원들이 그런 위험에 처하게 되었다. 국가건설과 혼란 간의 경쟁, 그리고 민주주의와 억압 간의 경쟁은 게릴라에게 상당히 유리했다. 비록 응오딘지엠이 미국 모델을 따르는 개혁가였지만, 개혁에 필요한 기간과 혼란을 초래하기에 충분한 기간 간의 불공평한 경쟁에서 이길 수 있었을지는 의문스럽다. 물론, 비록 남베트남이 게릴라전에 휘말리지 않았더라도 응오딘지엠이 더 민주적인 지도자라고 입증되지는 않았을 것이다. 고관대작(mandarin) 출신인 응오딘지엠은 컨센서스가 아닌 덕으로 통치하고, 출세를 통해 소위 천명(天命)이라는 정통성을 획득했던 유교 통치자를 전형으로 삼았다. 베이징부터 싱가포르에 이르는 모든 중국식 지도자들이나 혹은 이 정도로 심각한 국내적 어려움을 겪지 않았던 모든 동남아시아 지도자들이 그랬던 것처럼, 그도 정당한 반대세력이라는 개념 앞에서 본능적으로 움츠러들었다. 잠시 동안, 국가건설에서 응오딘지엠이 이룩한 성취로 인해 민주적 개혁이 뒤처지고 있다는 사실이 가려졌다. 하지만 남베트남 내부의 안보가 악화되면서 미국의 가치와 남베트남의 전통 간에 잠재된 갈등이 깊어질 수밖에 없었다.

미국의 후원 하에 남베트남군이 강화되었음에도 불구하고 안보 상황이 꾸준히 악화되었다. 미군은 미국 정치 개혁가들의 특징이라 할 수 있는 동일한 자기 확신(self-assurance)에 의해 동기 부여되었다. 미군과 정치 개혁가 둘 다 지리적으로나 문화적으로 미국으로부터 멀리 떨어져 있고 갈등으로 점철된 국가에서 성공할 수 있는 묘책을 아무튼 찾아냈다고 확신했다. 이들은 미군을 똑같이 베낀 베트남군을 창설하는 업무를 개시했다. 미군은 유럽에서의 전투에 적합하게 맞춰져 있었다. 미군이 개도국 세계에서 겪은 유일한 경험은 한국이었다. 한국에서의 임무도 대체로 우호적인 주민들 사이에서 국제적으로 승인된 분계선을 넘어 침략한 재래식 군대에 맞서 싸우는 것이었다. 이런 상황은 군사 계획가들이 유럽에서 발생할 것이라고 예상했던 상황과 상당히 유사했다. 그러나 베트남전쟁에서는 명확하게 규정된 전선이 없었다. 하노이로부터 보급을 받는 적은 아무것도 방어하지 않았고 무차별적으로 공격했다. 적은 어디에나 있으면서 아무 곳에도 없었다.

미군 지도부는 베트남에 도착한 순간부터 익숙한 전쟁 방식인 화력과 기계화, 기동성에 의존한 소모전을 적용하기 시작했다. 이 모든 방식은 베트남에서 적용이 불가능했다. 미국식 훈련을 받은 남베트남군은 10년 전 프랑스 원정군이 빠졌던 것과 동일한 덫에 빠졌다. 소모전은 사활이 걸린 대상을 방어하는 것 외에 선택지가 없는 적을 상대할 때 효과가 가장 크다. 그러나 게릴라는 반드시 사수해야 하는 것들이 있는 경우가 드물다. 기계화되고 사단으로 편성된 베트남군은 자국을 위한 전투에 거의 유명무실해졌다.

미국이 베트남에 개입한 초창기 시절에 게릴라전은 아직 초기 단계에 머물러 있었고, 군사적 문제도 아직 두드러지지 않았다. 그래서 마치 정말로 진전이 있었던 것처럼 보인 것이다. 아이젠하워 행정부가 끝날 때까지 북베트남은 게릴라전의 수위를 높이지 않았고, 주요 게릴라전에 보급을 해주는 병참 체제를 마련하기까지 좀 더 시일이 걸렸다. 이를 달성하려고 북베트남은 작고 평화로운 중립국인 라오스를 침략했고, 침략 과정에서 이후 호찌민 루트(Ho Chi Minh Trail)로 알려진 통로를 건설했다.

아이젠하워가 대통령 임기를 마칠 준비를 하고 있을 무렵, 라오스가 사실상 그의 가장 큰 걱정거리가 되었다. 『평화를 유지하며(Waging Peace)』라는 책에서, 아이젠하워는 라오스를 "도미노 이론"의 핵심축이라고 설명했다.

> 라오스가 공산주의에 함락당한다면 마치 연달아 쓰러지는 도미노처럼 캄보디아와 남베트남, 그리고 십중팔구 태국과 미얀마처럼 아직 자유로운 주변국도 이후에 넘어간다는 것을 의미할 수도 있다. 이런 사건이 연쇄적으로 발생한다면 동남아시아 전체를 공산주의자들이 장악하는 길이 트일 것이다.[49]

아이젠하워는 라오스의 독립이 너무나 중요하다고 여겼기 때문에 "동맹국과 함께, 아니면 동맹국이 없더라도 … 싸울" 각오가 되어 있었다.[50] 라오스의 방어는 1961년 1월 전에 있었던 정권 인수인계 기간 중 아이젠하워가 케네디 대통령 당선인에게 해준 가장 구체적인 권고사항이었다.

행정부가 교체되던 시기에 미국의 인도차이나 개입 수준과 성격은 아직 미국의 신뢰도를 회복 불능으로 만들 정도는 아니었다. 미국의 활동은 아직 지역 안보라는 목표와 관련이 있었다. 그리고 이런 활동이 타당하다고 입증해야 정당화되는 정도도 아직 아니었다.

도미노 이론은 통념이 되어 있었고 거의 도전받지 않았다. 하지만 윌슨주의 그 자체처럼 도미노 이론은 틀린 게 아니라 획일적으로 적용하려 든 게 문제였다. 베트남에서 제기된 진정한 문제는 아시아에서 공산주의에 저항해야 할지 여부가 아니라 북위 17도 선을 긋기에 적절한 장소인지 여부였고, 만약 남베트남이라는 도미노가 무너지면 인도차이나가 어떻게 될 것인가가 아니라 가령 말라야 국경과 같은 곳에 또 다른 방어선을 그을 수 있는지 여부였다.

이런 이슈가 지정학적 측면에서 전혀 신중하게 검토되지 않았다. 당시 미국 지도자

세대가 뮌헨 협정으로부터 중대한 교훈을 얻었기 때문에, 후퇴는 어려움을 가중시키고 무엇보다 도덕적으로 잘못된 것이라고 여겨졌다. 실제로 바로 이런 논리로 아이젠하워는 1959년에 미국의 개입을 옹호했다.

> 우리는 우리 자신의 국익을 위해 베트남이 자유롭게 존속하는 데 필요한 사기와 경제 발전, 군사력을 유지할 수 있도록 도움을 줄 필요가 있습니다. … 만약 이 문제를 지속적으로 간과한다면 우리가 나중에 치러야 할 대가가 지금 짊어져야 하는 부담보다 훨씬 클 것이며, 실제로 감당할 수 있는 수준을 넘어설 것입니다.[51]

미국의 보편주의적 전통은 미국이 단순히 전략적 편의에 근거해서 잠재적 희생국들을 구분하는 것을 용납하지 않는다. 미국 지도자들이 미국의 이타성을 들먹였을 때는 정말로 미국이 이타적이라고 믿었기 때문이다. 이들은 미국의 국익에 기반해서라기보다는 미국의 원칙이 정당하다는 점을 입증하고자 한 나라를 지키려고 했을 가능성이 높다.

미국은 공산주의 세력의 팽창주의에 맞서 선을 긋는 장소로 베트남을 선택함으로써 심각한 딜레마에 처하게 되었다. 만약 정치적 개혁이 게릴라들을 패배시키는 방법이었다면, 게릴라들의 힘이 커지는 상황은 미국의 권고가 제대로 적용되지 않았거나, 아니면 이런 권고가 적어도 당시 투쟁 단계에서는 적절하지 않았다는 뜻인가? 그리고 만약 베트남이 정말로, 거의 모든 미국 지도자들이 주장했을 만큼 전 세계적인 균형에 중요했다면, 이는 지정학적 필요성이 결국에는 다른 모든 요인들을 압도할 것이고 미국은 본국으로부터 약 19,200킬로미터 떨어진 곳에서 벌어지는 전쟁을 떠맡을 수밖에 없다는 것을 의미하지 않는가?[52] 이 질문들에 대한 대답은 아이젠하워의 후임자인 존 F. 케네디와 린든 B. 존슨에게 넘겨졌다.

26

베트남: 절망으로 향하는 길에서.
케네디와 존슨

Vietnam: On the Road to Despair; Kennedy and Johnson

　　인도차이나 문제를 다뤄야 했던 세 번째 대통령인 존 F. 케네디는 확고부동한 정책적 전제조건을 물려받았다. 전임자들처럼 케네디는 베트남을 미국의 전반적인 지정학적 상황에서 결정적인 연결고리로 여겼다. 트루먼과 아이젠하워처럼 케네디도 공산주의 세력이 베트남에서 승리하지 못하게 막는 게 미국의 핵심 이익이라고 믿었다. 그리고 전임자들처럼 하노이에 있는 공산주의 세력 지도부를 크렘린의 대리인으로 보았다. 요컨대 케네디는 남베트남의 수호가 전 세계적 봉쇄라는 대전략에서 필수불가결하다고 보았던 두 전임 행정부의 시각에 동의했다.

케네디의 베트남 정책은 많은 면에서 아이젠하워 정책의 연속이었지만 중요한 차이점이 있었다. 아이젠하워는 베트남에서 벌어지는 충돌을 군인의 시각에서 바라보았다. 즉, 북베트남과 남베트남이라는 명확히 구분되는 두 정치적 실체 간의 전쟁으로 인식했다. 케네디 행정부에게 베트콩의 남베트남 공격은 전통적인 전쟁이기보다 비교적 새로운 현상인 게릴라전의 특성을 지닌 준내전에 해당했다. 케네디 행정부는 남베트남을 국가로 건설해서—사회적, 정치적, 경제적, 그리고 군사적으로—미국인들이 목숨을 걸 필요 없이 남베트남이 게릴라를 격퇴할 수 있게 하는 해결책을 선호했다.

동시에 케네디 행정부는 이 충돌의 군사적 측면을 전임자들보다 훨씬 더 종말론적 관점에서 해석했다. 아이젠하워는 베트남에 대한 군사적 위협을 재래식 전쟁이라는 프리즘을 통해서 보았던 반면, 케네디 행정부는 미국과 소련 간에 핵무기를 둘러싼 교착상태가 이미 존재했기 때문에 로버트 맥나마라(Robert McNamara) 국방장관의 말을 빌리자면 전면전은 생각조차 할 수 없는 일이 되었다고 믿었다. 물론 이런 생각은 시기상조였던 것으로 밝혀졌다. 케네디 행정부는 미국이 군사력을 증강한다면 공산주의자들이 한국전쟁과 같은 제한전을 벌일 기회가 제거될 것이라고 확신했다. 케네디 행정부는 경우의 수를 하나씩 배제한 결과 게릴라전이 미래의 추세가 될 것이며, 게릴라전에 대한 저항이 미국이 공산주의를 봉쇄할 수 있는지 궁극적으로 시험받는 계기가 될 것이라고 보았다.

케네디가 대통령에 취임하기 2주일 전인 1961년 1월 6일, 흐루쇼프는 "민족해방전쟁"에 대해 "신성하다"라고 표현했고, 소련이 민족해방전쟁을 지지하겠다고 약속했다. 케네디가 갓 구상한 뉴프런티어(New Frontier) 정책은 이 약속을 미국과 개도국 세계 간의 관계를 새롭게 강조하려는 희망에 대한 선전포고로 여겼다. 오늘날에는 흐루쇼프의 연설이 흐루쇼프의 이념을 문제 삼으며 괴롭혔던 중국을 주로 겨냥했던 것으로 널리 알려져 있다. 당시 중국은 흐루쇼프가 베를린에 대한 최후통첩 시한을 세 번이나 연장하고 핵전쟁에 대한 의구심을 보인 것에 대해 그를 타락한 레닌주의자라고 비난하고 있었다. 하지만 그 당시 케네디는 1961년 1월 31일에 있었던 첫 번째 의회 상하원 합동 연설에서, 흐루쇼프의 연설을 소련과 중국의 "세계 지배를 위한 야망"—그들이 불과 얼마 전에 강력하게 재천명한 야망—을 보여주는 증거로 삼았다.[1]

1965년 9월에 존슨 행정부에서도 똑같은 오해가 발생했다. 린뱌오 중국 국방부장의 "인민전쟁"에 대한 선언이 제3세계 도처에서 혁명을 통해 전 세계 산업강국들을 "포위"하겠다는 거창한 언급을 담고 있었기 때문이다.[2] 존슨 행정부는 이 표현을 중국이 북베트남에 개입할 수도 있다는 경고로 해석했고, 혁명가들의 자립 필요성을 강조한 그의 숨은 메시지를 무시했다. 중국군이 외국에 가지 않는다는 마오쩌둥의 언급에 의해 더욱 강조되었던 이 선언은 다시는 공산주의 해방전쟁에 얽히지 않겠다는 중국의 의도를 강하게 암시하고 있었다. 겉으로 보기에 양측이 다 한국전쟁에서 동일한 교훈을 배웠다. 즉, 둘다 한국전쟁을 반복하지 않기로 결심했던 것이다.

케네디 행정부와 존슨 행정부가 공산주의자들의 발표를 이렇게 해석함으로써 인도차이나는 더 이상 냉전기에 있었던 수많은 전쟁 중 하나로 인식되지 않았다. 뉴프런티어 정책에서 볼 때 인도차이나는 게릴라전을 막을 수 있을지, 그리고 냉전에서 승리할 수 있을지를 결정하는 바로 그 결정적인 전투에 해당했다. 케네디는 이 충돌을 잘 조율된 전세계적 음모로 해석했기 때문에 1961년 6월 오스트리아 빈 정상회담에서 흐루쇼프에게 위협당한 뒤, 동남아시아를 본인의 신뢰도를 회복할 수 있는 장소라고 결론지었다. "지금 우리는 우리의 힘을 신뢰하게 만드는 데 어려움을 겪고 있습니다. 베트남이 그런 장소로 보입니다."라고 그는 당시 〈뉴욕타임스〉의 주요 칼럼니스트인 제임스 레스턴에게 말했다.3,4

무작위적으로 보이는 사건들로 인해 영웅이 부지불식간에 자신의 운명으로 인도되는 고전적 비극처럼, 케네디 행정부는 전임자들이 모면했던 위기—라오스의 미래—를 통해 베트남에 개입하게 되었다. 온화하고 평화를 사랑하는 라오스인들만큼 자신들에게 닥친 고난을 겪어야 할 이유가 적었던 국민은 드물었다. 베트남을 마주 보는 험준한 산맥과 태국과 국경을 이루는 메콩강 삼각주 사이에 끼어 있던 라오스인들은 호전적인 주변국에 그냥 내버려달라는 부탁 외에는 아무런 요청도 하지 않았다. 하지만 북베트남은 이런 소원을 절대 들어주지 않았다. 일단 북베트남이 1959년에 남베트남에서 게릴라전을 개시하자 불가피하게 라오스에도 압박이 가중되었다. 북베트남이 남베트남에 있는 게릴라군에게 베트남 영토를 가로질러 보급물자를 제공하려고 했다면 북위 17도선을 따라 그어진 소위 비무장지대, 즉 베트남을 분단하는 약 65킬로미터의 경계선을 건너 침투해야 했다. 이 정도 거리는 남베트남군이 미국의 지원을 받아 봉쇄할 수 있었다. 그렇지 않으면 북베트남이 조직화된 군대를 동원해서 17도선 너머로 공격을 개시해야 했다. 만약 이렇게 했다면 거의 틀림없이 미국이 개입했을 것이고 어쩌면 SEATO까지도 개입했을 것이다. 북베트남은 베트남전쟁이 상당히 말기에 접어들었던 1972년까지 이런 위험을 각오할 의향이 없었던 것처럼 보였다.

베트남전쟁 내내 공산주의자들의 전략을 특징지었던 냉혹한 논리에 따라, 북베트남은 중립국인 라오스와 캄보디아를 통해 남베트남으로 침투하는 게 17도선을 돌파하는 공공연한 공격보다 국제사회로부터 응징을 덜 받을 것이라고 결론 내렸다. 비록 1954년 제네바 조약에서 라오스와 캄보디아의 중립이 보장되었고 SEATO 조약에서도 재확인되었지만, 북베트남은 자신이 내린 판단을 고수했다. 실제로 북베트남은 라오스의 영토에서 좁고 길게 뻗어 있는 지역을 병합했고 그 지역과 캄보디아에 군기지를 설치했으나, 국제사회는 심각하게 반발하지 않았다. 오히려 당시 세계여론은 북베트남의 해괴한 논리를 받아들였다. 즉, 중립국 영토에 있는 방대한 침투 네트워크를 차단하기 위한 미국과 남베트남의 활동이 전쟁을 "확대하는" 것이라고 비난받았다.

라오스의 영토에서 좁고 길게 뻗어 있는 지역은 북베트남에게 라오스, 캄보디아와 접하는 남베트남의 국경 전체와 더불어 1,050킬로미터에 달하는 정글로 뒤덮인 침투로가 되었다. 6,000명이 넘는 북베트남군 병력이 1959년에 공산주의 조직인 파테트 라오(Pathet Laos)를 지원한다는 표면상의 임무를 내걸고 라오스에 투입되었다. 파테트 라오는 1954년 제네바 조약이 체결된 이래 북베트남의 지원을 등에 업고 북베트남 접경지역인 라오스 동북부 지역을 장악하고 있었다.

군 출신 인사로서 아이젠하워는 남베트남 방어는 라오스부터 시작해야 한다는 점을 알고 있었다. 그는 정권 인수인계 기간 중 케네디에게 자신이 라오스에 개입할 각오가 되어 있으며, 필요하다면 단독으로라도 개입하겠다고 분명하게 말했다. 라오스에 대한 케네디의 첫 언급은 아이젠하워의 조언과 일치했다. 케네디는 1961년 3월 23일 기자회견에서 이렇게 경고했다. "만약 라오스가 중립국으로서 독립된 지위를 상실한다면 동남아시아 전체의 안보가 위험에 빠질 것입니다. 라오스의 안전이 곧 우리 모두의 안전입니다. 라오스는 우리 모두가 준수하는 진정한 중립 상태에 있어야 합니다."[5] 하지만 불과 닷새 후에 새로운 방위 정책을 발표할 때, 케네디는 "오늘날 세계가 직면하고 있는 기본 문제는 군사적으로 해결할 수가 없습니다."라고 주장했다.[6] 라오스를 방어하겠다는 결정과 완전히 모순되지는 않았지만, 이 발언은 군사적 행동에 나서겠다는 메시지가 분명히 아니었다. 북베트남은 자신이 전쟁 중인 것에 대해 아무런 환상도 갖고 있지 않았으며, 전쟁에서 승리하기 위해 가용한 모든 수단을 동원하려고 했다. 케네디는 더 애매모호했다. 그는 정치적 수단을 통해 공산주의자들을 봉쇄하고 싶었고, 만약 가능하다면 타협을 해서라도 그렇게 하고 싶었다.

1961년 4월, 피그만 침공 실패로 충격을 받은 케네디는 개입하지 않기로 결정하고 그 대신 라오스의 중립을 뒷받침해주기 위한 협상에 의존하기로 했다. 미국이 개입한다는 위협이 사라지자 중립에 관한 협상에서 북베트남이 확실히 주도권을 쥐게 되었다. 실제로 북베트남은 1954년 제네바 회담에서 라오스의 중립국 지위를 존중하겠다고 이미 약속한 적이 있었고, 이번에 또다시 같은 조건을 제시했다.

북베트남은 훗날 호찌민 루트라고 불렸던 병참 네트워크를 개발하면서 협상을 1년 동안 지연시켰다. 결국 1962년 5월에 케네디는 주변국인 태국에 해병대를 파병했다. 그러자 협상이 순식간에 마무리되었다. 모든 외국군과 고문단은 국제 검문소를 거쳐서 철수하라고 요구받았다. 태국과 미국 고문단은 모두 예정대로 떠났다. 라오스로 이동했던 6,000명 이상의 북베트남군 관계자 중 정확하게 40명(맞다, 40명이다)이 국제 검문소를 통과해서 떠났다. 북베트남은 나머지 인원에 대해 그 사람들이 거기에 있다는 사실조차 뻔뻔스럽게 부인했다. 이제 남베트남으로 가는 길이 활짝 열렸다.

아이젠하워의 판단이 옳았던 것으로 밝혀졌다. 만약 미국 지도자들이 10년 넘게 주장했던 대로 인도차이나가 실제로 태평양에서 미국 안보의 초석이었다면 베트남보다 라오스가 인도차이나를 방어하기에 더 적절한 장소였고, 아마도 실제로 인도차이나를 방어할 수 있는 유일한 장소였을 것이다. 비록 라오스가 멀리 떨어진 내륙국이었지만 공포와 증오의 대상이자 외세인 북베트남인들이 라오스 영토에서 게릴라전을 펼치지 못했을 것이다. 미군은 훈련받은 대로 라오스에서 재래식 전쟁을 할 수 있었을 것이고, 태국군 병력도 틀림없이 미국의 활동을 지원하려고 했을 것이다. 이런 가능성에 직면했다면 북베트남은 전면전을 하기에 더 유리한 시기를 기다리기 위해 철수했을지도 모른다.

하지만 이렇게 냉정한 전략적 분석은 여전히 주로 이념적 차원에서 인식되었던 충돌에는 적절하지 않다고 여겨졌다. (당시 내 견해도 안 그랬다.) 10년 동안 미국 지도자들은 베트남이 아시아 방어 구상에서 핵심이기 때문에 베트남을 수호해야 한다고 주장해왔다. 외지고 낙후된 산악 왕국이 갑자기 도미노 이론의 근간이라고 주장하고 전략을 수정한다면 국내적으로 일치된 여론이 흔들릴 수도 있었다.

이런 이유에도 불구하고 케네디와 보좌진은 인도차이나를 남베트남에서 방어해야 한다고 결론 내렸다. 남베트남에서의 공산주의 세력의 침략이 미국인들에게 어떤 의미가 있기는 했지만, 미국인들은 이제 막 그러한 임무 수행을 군사적으로 거의 불가능하게 만드는 결정을 내렸다. 라오스를 통한 보급로가 열렸을 뿐만 아니라 교활하면서도 변덕스러운 캄보디아 통치자인 시아누크(Sihanouk) 국왕도 게임이 끝났다고 보고 남베트남과 접하는 캄보디아 국경을 따라 공산주의 세력의 기지가 설치되는 것을 묵인했기 때문이다. 그리하여 또 다른 진퇴양난 상황이 만들어졌다. 만약 캄보디아에 있는 공산주의 세력의 기지를 그대로 놔둔다면 북베트남이 남베트남을 공격하고 나서 휴식과 보급을 위해 안전한 곳으로 철수할 수 있게 될 것이고, 남베트남 방어가 불가능해질 것이다. 만약 기지가 있는 구역이 공격당하면 남베트남과 동맹국들은 "중립국"을 "침략"했다고 강하게 비난받을 것이다.

베를린 위기에 직면한 상황에서 미국인 중에 국명을 들어본 사람이 1퍼센트도 안 되고 중국과 국경을 접하고 있는 라오스에서 전쟁하기를 꺼리는 케네디의 태도는 이해할 만했다. 인도차이나를 완전히 포기한다는 대안은 전혀 고려되지 않았다. 케네디는 10년 동안 초당적 지지를 받아왔던 약속을 번복하고 싶지 않았고, 특히 피그만 침공 실패를 겪은 후에는 더욱 그랬다. 철수한다면 게릴라전이라는 공산주의 세력의 새로운 전략을 극복해보려고 했던 시범 사례에서 패배를 인정한 셈이 되기 때문이다. 무엇보다도 케네디는 미국이 도와준다면 남베트남군이 공산주의 게릴라를 퇴치할 수 있을 것이라고 그동안 받아왔던 조언을 믿었다. 순진무구했던 이 시절에 미국 양당을 이끌던 어떤 정치인도 미국이 수렁으로 치달고 있다는 사실을 거의 감지하지 못했다.

기록을 보면 케네디는 10년 넘게 인도차이나 문제를 공개적으로 언급해왔다. 1951년 11월에 케네디는 불현듯 어떤 생각이 떠올랐고, 이후 그 생각을 단념하지 않았다. 무력만으로는 공산주의를 충분히 막을 수 없고, 이런 투쟁을 하고 있는 미국의 동맹국들이 공산주의를 막기 위한 정치적 토대를 구축해야 한다는 생각이었다.

> 남쪽으로 진격하는 공산주의를 저지한다는 게 일리가 있지만, 무력에만 의존하지는 말아야 합니다. 차라리 들라트르 장군(de Lattre, 인도차이나의 프랑스군 지휘관)의 부대가 아니라 이 지역에 원래부터 있었던 강력한 비공산주의(non-Communist) 정서를 구축하고 방어의 제일선으로서 이런 정서에 의지하는 것이 과제입니다.[7]

딜레스가 디엔비엔푸를 구하려고 공동개입(United Action) 캠페인을 1954년 9월에 펼치고 있을 때, 케네디는 인도차이나가 프랑스의 식민지로 남아 있는 한 개입에 반대한다고 상원에서 연설했다.[8] 프랑스가 철수하고 남베트남이 독립을 쟁취한 1956년이 되자 케네디도 당시 우세했던 정설에 합류할 준비가 되어 있었다. "이건 우리가 성취해낸 결과물입니다. 우리가 버릴 수가 없습니다." 동시에 그는 베트남에서의 충돌은 군사적 도전이 아니라 "자유로운 기업 활동과 자본주의 개념이 무의미하고 빈곤과 굶주림이라는 적이 17도선 너머에 있는 게 아니라 그들 한가운데에 존재하는 나라에서의 …" 정치적, 도덕적 도전이라고 여러 차례 말했다. 또한 케네디는 "우리가 이들에게 제시해야 하는 것은 혁명입니다. 공산주의자들이 제시할 수 있는 그 어떤 것보다도 훨씬 우월한 정치적, 경제적, 사회적 혁명이어야 합니다."라고 강조했다. 그야말로 미국의 신뢰도가 달려 있었다. "만약 남베트남의 존재를 위협해온 공산주의, 정치적 무정부 상황, 빈곤 등 다양한 위험 요소 중 어떤 이유로라도 남베트남이 희생된다면 미국이 책임을 져야 할 것이며, 그럴 만한 타당한 이유가 있습니다. 아시아에서 우리의 위신이 더욱 곤두박질할 것입니다."9

케네디가 언급했던 것처럼 보이는 묘책은 피해국이 침략당할 가능성을 낮추는 것이었다. 과거의 외교에서는 찾아볼 수 없는 용어지만 오늘날 여전히 사용되고 있는 "국가 건설(nation building)"이라는 새로운 개념을 만들어냈다. 케네디는 남베트남인들 스스로가 공산주의자들에 맞서 싸울 수 있도록 남베트남을 강하게 만드는 전략을 선호했다. 시민 행동과 국내 개혁이 강조되었고, 공식적인 발언도 미국의 안보까지는 아니더라도, 미국의 위신과 신뢰도가 베트남에서 위태로운 상황에 있다고 암시하도록 변경되었다.

인도차이나 문제를 다뤄야 했던 행정부들은 새로 출범할 때마다 점점 수렁으로 빠져들었다. 트루먼과 아이젠하워는 군사원조 프로그램을 구축했다. 케네디가 개혁을 강조함에 따라 미국은 남베트남의 국내정치에 갈수록 개입했다. 문제는 남베트남의 개혁과 국가건설이 결실을 맺기까지 수십 년이 걸린다는 점이었다. 유럽에서 미국은 1940년대와 1950년대에 마셜 플랜 원조를 제공했고, NATO 군사동맹이라는 수단을 통해 정치적 전통이 탄탄했던 국가들을 뒷받침해줬다. 그러나 베트남은 신생국이었고, 기반으로 삼을 만한 제도적 토대가 없었다. 남베트남에 안정적인 민주주의 도입이라는 미국의 정치적 목표는 공산주의 게릴라의 승리 방지가 미국의 전략적 목표였던 시기에 달성할 수 없다는 게 미국의 가장 큰 딜레마가 되었다. 미국은 군사적 목표와 정치적 목표 중에서 하나를 수정해야 했다.

케네디가 대통령에 취임했을 때 남베트남에서의 게릴라전은 응오딘지엠 정부가 공고해지지 못하게 할 정도의 폭력 수준에는 도달했지만, 아직 이 정부의 생존 가능성에 의문을 제기할 정도는 못 되었다. 이처럼 게릴라 활동이 정체된 것처럼 보이자 케네디 행정부는 상대적으로 조금만 더 노력하면 완전히 승리할 수 있다는 착각에 빠졌다. 하지만 이런 일시적인 소강상태는 북베트남이 라오스에 집중하고 있었기 때문이었고, 폭풍 전의 고요였던 것으로 밝혀졌다. 라오스를 통한 보급로가 열리자 남베트남에서 게릴라전이 다시 가속되었고, 미국의 딜레마는 점차 해결이 불가능해졌다.

케네디 행정부가 1961년 5월에 존슨 부통령에게 상황을 "평가"하기 위해 사이공(호찌민시)을 방문하라는 임무를 부여함으로써 미국이 베트남이라는 수렁에 빠져드는 여정이 시작되었다. 이런 식의 임무는 거의 예외 없이 이미 결정이 내려졌다는 것을 암시했다. 어떤 부통령도 10년간 지속된 게릴라전을 불과 이틀 내지 사흘 정도 방문한 뒤에 독자적으로 판단할 입장이 못 된다. 비록 부통령은 (대통령에 따라 다르기는 하지만) 대체로 엄청나게 많은 정보와 외교 전문(外交電文)을 접하기는 하지만, 포괄적으로 분석할 수 있을 정도로 보좌진 인력이 충분하지 않았고 보좌진 중에 아무도 이 사안을 계속 들여다보지도 못한다. 부통령의 해외 활동은 대체로 미국의 위신을 걸거나 아니면 이미 내려진 결정에 신뢰성을 부여하려는 의도가 있다.

존슨의 베트남 방문은 이런 원칙이 적용된 교과서 같은 사례였다. 이 방문을 발표하기 전에 케네디는 윌리엄 풀브라이트(William Fulbright) 상원 외교위원장을 만나서 미군이 베트남과 태국에 파병되어야 할지도 모른다고 경고했다. 풀브라이트 상원위원은 관련국들이 직접 지원을 요청한다면 지지하겠다고 약속했다.10 풀브라이트의 반응은 전형적인 미국식 반응이었다. 만약 리슐리외나 파머스턴, 비스마르크 같은 사람이라면 어떻게 국익에 도움이 되는지를 물어봤을 것이다. 풀브라이트는 미국의 법적, 도덕적 입장에 더 관심이 있었다.

존슨의 출발에 맞춰 국가안전보장회의(NSC)는 5월 11일부로 공산주의 세력의 남베트남 지배 방지가 미국의 국가 목표가 된다는 지침을 수립했다. 그 전략은 군사적, 정치적, 경제적, 심리적, 그리고 비밀 활동을 통해 "이 나라에 독자적으로 생존할 수 있고 점점 민주화되는 사회를 수립하는" 것이었다.11 봉쇄가 국가건설로 바뀌고 있었다.

존슨은 인도차이나에서 가장 큰 위험이 공산주의 세력의 도전—이유를 안 밝혔지만 "일시적"이라고 설명했다—이 아니라 굶주림과 무지, 빈곤, 질병이라고 보고했다. 존슨은 응오딘지엠이 존경할 만하지만 자국민과 "동떨어져" 있다고 평가했다. 미국에 주어진 유일한 선택은 응오딘지엠을 지지하거나 아니면 철수하는 것이라고 말했다.12 미국이 신속하게 그리고 단호하게 움직인다면 남베트남을 구할 수 있었다. 존슨은 게릴라전의 속도에 상응하는 기간 내에 어떻게 미국이 굶주림과 빈곤, 질병을 퇴치할 수 있을지 설명하지 않았다.

원칙을 명확하게 천명한 이상 케네디 행정부는 정책을 수립해야 했다. 하지만 그 후 3개월 동안 케네디 행정부는 베를린 위기에 골몰하고 있었다. 다시 베트남으로 눈을 돌릴 수 있게 된 1961년 가을이 되자 베트남의 안보 상황은 미국이 모종의 군사적 개입을 해야만 해소될 수 있을 정도로 악화되었다.

대통령의 군사보좌관인 맥스웰 테일러 대장[13]과 월트 로스토우 국무부 정책기획실장이 적절한 정책을 마련하고자 베트남에 파견되었다. 존슨 부통령과 달리 테일러와 로스토우는 케네디의 핵심 측근이었다. 이들은 존슨처럼 워싱턴을 출발하기도 전에 미국의 베트남 정책에 대해 확고부동한 시각을 갖고 있었다. 이들이 베트남을 방문한 실제 목적은 미국이 베트남 개입을 어느 정도로 그리고 어떤 방식으로 확대해야 하는지를 결정하기 위해서였다.

나중에 알려진 바와 같이 테일러와 로스토우는 베트남 행정부 내 모든 수준에서 미국의 자문 역할을 대폭 늘려야 한다고 권고했다. 8,000명에 달하는 소위 군 병참인력이 투입되었다. 겉으로는 메콩강 삼각주 일대의 홍수 통제를 지원한다는 목적으로 이들이 투입되었지만, 실제로는 스스로 방어하기에 충분한 전투 지원도 갖춰졌다. 권고사항에는 민간 고문단의 대폭 증원도 포함되어 있었다.

사실상 이러한 결과는 케네디 행정부 내에서 미국의 베트남 참여를 자문 수준으로 한정하기 원하는 사람들과 즉각적인 전투 병력 투입을 찬성했던 사람들 간의 타협이었다. 후자의 경우에도 전투 병력의 임무를 둘러싸고 의견이 전혀 일치하지 않았다. 문제의 심각성을 상당히 과소평가했다는 점에서만 양측이 동일했다. 윌리엄 번디(William Bundy) 국방부 차관보 대리[14]는 합동참모본부의 권고에 따라 4만 명에 달하는 전투 병력을 투입하면 "상황을 막을" 가능성이 70퍼센트가 될 것으로 추정했다.[15] 게릴라전에서는 승리와 패배 사이의 중간 지점이 없기 때문에 "상황을 막는다."라는 표현은 물론 미국의 전 세계적인 신뢰가 걸린 상황에서 단지 완패를 미룰 수 있다는 의미였다. 번디는 자신이 밝혔던 30퍼센트 확률의 실패에 프랑스가 1954년에 겪었던 상황과 같은 결과도 포함된다고 덧붙였다. 동시에 로버트 맥나마라 국방장관과 합동참모본부는 북베트남과 중국이 공공연하게 개입할 경우, 승리하려면 20만 5,000명의 미군이 필요하다고 추산했다.[16] 나중에 밝혀진 사실이지만, 이 수치는 미국이 북베트남만 상대하면서 최종적으로 투입했던 미군 병력의 절반에도 못 미쳤다.

관료주의적 타협은 종종 그사이에 무슨 일이 벌어져서 문제가 저절로 해결될 것이라는 무의식적 희망을 반영한다. 그러나 베트남의 경우에는 그렇게 되리라고 희망할 만한 근거가 전혀 없었다. 교착상태를 유지하려면 4만 명이 필요하고 승리하려면 20만 5,000명이 필요하다는 공식적인 추산치를 놓고 볼 때, 케네디 행정부는 8,000명의 병력 투입이 터무니없이 불충분하다거나 아니면 미국이 더 큰 역할을 맡기 위한 첫 번째 단계로 보아야 했다. "상황을 막을" 가능성이 70퍼센트라는 점이 매력적으로 보일 수 있었지만, 프랑스처럼 완전히 실패할 경우 전 세계적으로 어떤 파장이 있을지도 검토해야 했다.

무엇이 중요한지에 대한 케네디의 평가가 아직 바뀌지 않았기 때문에 당시 분위기는 추가로 증원하는 방향으로 확실히 가고 있었다. 1961년 11월 14일에 케네디는 참모진에게 공산주의 세력의 "침략"에 대한 미국의 대응 수준이 "철의 장막 양쪽에서… 이 행정부의 의도와 결의의 척도로 시험받을 것이다."라고 말했다. 만약 미국이 병력을 증강하지 않고 협상을 택한다면, 미국이 "라오스에서의 실제 상황보다 더 약하다고 여겨질 수도 있다."라고 보았다.17 케네디는 1954년 제네바 조약을 이행하기 위해 "협상"하자는 체스터 보울즈(Chester Bowles)와 애버렐 해리먼(Averell Harriman)의 제안을 거부했다. 이 제안은 남베트남에서 미국의 활동을 포기하자는 말을 에둘러서 한 것이었다.

그러나 만약 협상이 거절되고 병력 증원이 불가피한 일로 간주된다면, 미국의 무제한적인 개입은 북베트남이 물러설 경우에만 피할 수 있었다. 하지만 이렇게 되려면 대규모의 즉각적인 병력 증원이 필요했다. 물론 그런 게 가능하다는 전제 하에서 말이다. 미국은 진정한 선택은 전면 개입 아니면 철수이며, 점진적 확전이 가장 위험한 방침이라는 난관에 선뜻 맞설 준비가 되어 있지 않았다.

그러나 불행히도 점진적 확전이 당시 대세였다. 지나치게 무력을 동원하지 않으면서 침략을 저지하려고 고안된 점진적 확전은 제1차 세계대전 직전에 발생한 상황처럼 군사 계획이 정치적 결정으로부터 벗어나는 상황을 예방한다는 더 큰 목적이 있었다. 점진적 대응은 원래 핵전쟁 전략으로 고안되었다. 조금씩 수위를 높여 전면적인 대학살을 피하자는 것이다. 하지만 점진적 대응을 게릴라전에 적용하면 무제한적인 확전을 야기할 위험이 있었다. 매번 제한적으로 개입할 경우 단호한 결의보다는 억제로 해석되고 그럼으로써 적이 수위를 계속 높이도록 조장할 위험이 있었다. 정말로 감당할 수 없을 정도로 위험이 커졌을 때만 적이 합의할 때가 되었다고 판단할 수도 있었다.

만약 역사적 기록을 더 유심히 들여다보면 북베트남 지도자들이 복잡하고 난해한 미국의 전략이론에 주눅 들지 않았고, 서방의 기술을 극복할 수 있는 천부적 재능이 있었으며, 민주주의가 이들의 목표도 아니고 동경하는 체제도 아니었다는 점을 알았을 것이다. 프랑스 치하 시절 독방에 갇혀 있었고 수십 년간 게릴라전을 겪으며 단련된 이들에게 평화로운 국가 건설이라는 즐거움은 전혀 유혹적이지 못했다. 이들은 미국식 개혁을 경멸했고, 공산화하고 통일된 베트남을 수립하고 외세를 축출하기 위해 평생 투쟁하느라 고생했다. 혁명전쟁이 그들의 유일한 직업이었다. 만약 미국이 전 세계를 다 뒤져보더라도 이보다 더 고집이 세고 다루기 힘든 적은 찾지 못했을 것이다.

당시 국무부 정보조사국장[18]이던 로저 힐스먼(Roger Hilsman)에 따르면, 미국의 목표는 베트콩을 "살아남으려고 모든 에너지를 쏟고 있는 굶주린 약탈자 무리"로 격하시키는 것이었다.[19] 그러나 이런 결과를 위해 선례로 삼을 만한 게릴라전이 무엇이 있었는가? 말라야에서는 영국군 8만 명과 그 두 배에 달하는 말라야군을 투입해서 1만 명도 안 되는 적을 소탕하는 데 13년이 걸렸다. 심지어 이들은 외부로부터 충분히 지원도 못 받고 병참선도 확보하지 못했다. 베트남에서 게릴라군은 수만 명에 달했으며, 북베트남이 전투를 위한 후방지역 역할을 했고, 수백 킬로미터의 국경을 따라 기지들을 구축해 놓았다. 게릴라군이 너무 심하게 압박을 받으면 경험이 풍부한 북베트남군이 개입하는 옵션도 항상 있었다.

미국은 그간 계책을 강구해서 기껏해야 교착상태를 만들어냈고, 이마저도 번디의 추정에 따르면 4만 명의 병력이 필요했지만 실제 병력 숫자는 이에 훨씬 못 미쳤다. 케네디가 취임했을 때, 베트남의 미군 숫자는 900명에 가까웠다. 1961년이 끝나갈 무렵에는 3,164명으로 늘었다. 1963년 케네디가 암살당했을 때, 이 숫자가 16,263명까지 늘어났고 더 많은 병력이 준비 중이었다. 1960년에는 미군의 사망자 수가 5명이었고, 1961년에는 16명이 되었다. 1963년에는 123명이 되었고, 전투 병력이 투입되기 전 최후의 평시 기간이었던 1964년에는 200명을 넘어섰다. 하지만 군사적 상황이 현저하게 개선되지는 않았다.

남베트남에서 미국의 군사적 역할이 더욱 확대될수록 미국은 정치적 개혁을 더욱 강조했다. 그리고 미국이 국내적 변화를 더욱 고집할수록 전쟁도 더욱 미국화되었다. 1961년 3월 28일에 케네디 행정부가 최초로 발표한 국방검토보고서에서 케네디는 자신의 핵심논지를 재차 강조했다. 즉, 미국의 전략무기가 아무리 강력하더라도 "전복, 침투, 위협, 간접적이고 암묵적인 침략, 내부혁명, 외교적 공갈, 게릴라전과 같은 무력에 의해" 주변부에서 천천히 야금야금 갉아 먹힐 수 있다는 것이었다.[20] 이런 위험은 결국 정치적, 사회적 개혁을 통해 잠재적 피해자들이 자립할 수 있게 해줘야만 극복할 수 있었다.

케네디 행정부는 인도차이나에서 해결이 불가능했던 것으로 밝혀진 수많은 난제 중 하나를 자명한 이치로 착각했다. 정치적 개혁과 군사적 승리를 동시에 고집함에 따라 악순환을 초래했다. 게릴라군은 폭넓은 범위 내에서 전쟁의 강도를 결정할 수 있었고, 그래서 단기적으로는 개혁 속도와 상당히 무관하게 안보상황을 좌지우지할 수 있었다. 안보상황이 불안해질수록 남베트남 정부가 강압적으로 통치할 가능성이 더 커졌다. 게릴라 활동이 성공적인 이유가 부분적으로라도 지지부진한 개혁 때문이라고 미국이 생각하는 한, 북베트남은 자신이 약화시키려고 하는 남베트남 정부를 미국이 더 압박하도록 계략을 꾸밀 수 있었다. 하노이의 광적인 이념주의자들과 워싱턴의 미숙한 이상주의자들 사이에 끼인 응오딘지엠 정부는 점점 경직되었고 결국 으스러졌다.

설사 응오딘지엠보다 관료적 전통에 덜 물든 정치지도자가 통치했더라도, 게릴라전이 지속되고 지역과 분파, 문중으로 분열된 사회에서 다원화된 민주주의 국가를 형성하기가 여전히 상당히 힘들었을 것이다. 미국의 베트남 구상 전반에 대한 불신은 처음부터 있었다. 미국 지도자들이 대중을 속였기 때문이 아니라 그들이 친숙한 제도를 이질적인 문화에 이식하는 게 쉬울 것이라고 자신의 역량에 대해 스스로를 속였기 때문이다. 기본적으로 케네디 행정부는 윌슨주의의 가정을 실천하고 있었다. 민주주의와 외교에 관한 미국식 관념이 14개 조항의 형식으로 유럽에 접목될 수 있다고 윌슨이 믿었던 것처럼, 케네디 행정부는 베트남인들에게 그들이 스스로를 통치하도록 본질적으로 미국적인 규칙을 제공하려고 했다. 만약 남베트남에서 독재자가 축출되고 훌륭한 민주주의자가 지도자가 된다면 인도차이나에서 들끓고 있는 분쟁이 틀림없이 잦아들 것이라고 가정했다.

미국의 모든 새 행정부는 베트남에 원조를 늘려주면서 개혁을 조건으로 내걸었다. 아이젠하워가 1954년에 그렇게 했고, 케네디는 1961년에 더욱 강하게 나왔다. 미국의 베트남 원조를 대폭 늘리되, 베트남 정부를 전반적으로 자문할 수 있게 해달라는 조건을 붙였다. 예상할 수 있듯이 응오딘지엠은 거부했다. 독립투쟁을 하는 지도자들은 다른 사람의 훈수를 듣는 게 도움이 된다고 생각하는 경우가 드물다. 1962년 말에 베트남을 방문한 맨스필드 상원의원은 초창기 자신의 판단(제25장 참고)을 번복하고 응오딘지엠 정부가 "대중에게 책임을 지고 응답하는 정부를 달성하는 데 가까워지기보다 멀어지는 것처럼 보인다."라는 평가에 동의했다.[21]

이런 판단은 정확했다. 하지만 이런 상황이 정부의 무능함이나 베트남과 미국 간 문화적 차이, 게릴라의 약탈에서 어느 정도 기인했는지가 핵심 문제였다. 케네디 행정부와 응오딘지엠 간의 관계가 1963년 내내 악화되었다. 그때까지 미국의 개입을 지지했던 남베트남의 언론 보도가 적대적으로 변했다. 미국의 목표 그 자체에는 의문을 제기하지 않았으나, 응오딘지엠과 같은 억압적인 지도자와 공동으로 협력해서 공산주의가 아닌 민주적인 남베트남을 세울 수 있는지에 대해 비판이 제기되었다. 물론 이후에는 미국의 목표도 의문시되었다. 응오딘지엠은 심지어 북베트남과의 타협도 고려하고 있다는 의심까지 받았다. 바로 이런 식으로 몇 년 후에는 응우옌반티에우의 후임 남베트남 대통령은 북베트남과의 타협을 거부한다고 규탄받았다.

응오딘지엠 정부와의 최종적인 결별은 남베트남 불교도들과 응오딘지엠 간의 갈등으로 촉발되었다. 응오딘지엠 정부는 정파와 종교 단체, 정당의 깃발 게양을 금지한다는 포고문을 발표했다. 명령을 이행하기 위해 군 병력이 1963년 5월 8일 후에(Hue)에서 항의시위를 하는 불교도들을 향해 발포했고, 몇 명이 사망했다. 시위대는 진정으로 불만을 품고 있었고, 해외 언론이 바로 포착했다. 물론 민주주의의 결여에 대한 불만은 아니었다. 응오딘지엠만큼이나 권위적이었던 불교도들은 어떠한 요구조건도 밝히기를 거부했다. 응오딘지엠이 마음이 내켰다면 그들의 요구조건에 응답했을 수도 있었다. 궁극적으로는 민주주의가 아니라 권력이 문제였다. 게릴라전과 무능으로 마비된 응오딘지엠 정부는 양보를 거부했다. 미국은 응오딘지엠에게 양보하라고 한층 더 압박하면서 응오딘지엠의 동생이자 보안군 사령관인 응오딘뉴를 해임하라고 촉구했다. 그러나 응오딘지엠은 이런 외교적 요구를 자신을 적들 앞에서 속수무책으로 만들려는 권력 게임으로 해석했다. 8월 21일 응오딘뉴의 병력이 수많은 사찰탑들을 급습해서 1,400명의 승려를 체포함으로써 최종적으로 관계가 깨졌다.

새로 부임한 헨리 캐벗 로지(Henry Cabot Lodge) 대사는 응오딘뉴의 해임을 요구하고, 만약 거부할 경우 응오딘지엠에게 "응오딘지엠 자신이 보호받지 못할 가능성에 직면"하게 될 거라고 경고하라는 지시를 8월 24일에 받았다.[22,23] 남베트남의 군부 지도자들은 미국의 향후 원조가 응오딘뉴의 제거에 달려 있다고 공식적으로 통보받았고, 로지 대사의 베트남 측 대화 상대들은 이 통보를 응오딘지엠이 타도되어야 한다는 말로 이해했다. 케네디와 맥나마라는 이후에도 똑같은 요구를 공개적으로 반복했다. 남베트남 장군들이 이런 힌트를 눈치채지 못하는 일이 없도록 미국은 "중앙정부 체제가 붕괴되는 과도기에 직접 지원"을 해주겠다고 말해줬다.[24] 남베트남 장군들이 용기를 내서 동맹국의 재촉에 따라 행동에 옮기기까지 두 달이 걸렸다. 결국 11월 1일에 베트남 군부는 응오딘지엠을 타도했고, 그 과정에서 응오딘지엠과 응오딘뉴를 살해했다.

응오딘지엠을 타도하라고 부추기면서 미국의 베트남 개입이 더 구체화되었다. 궁극적으로 모든 혁명전쟁은 정부의 정통성과 관련이 있다. 정통성을 훼손하는 것이 게릴라의 가장 큰 목표이다. 응오딘지엠의 타도로 북베트남은 그 목표를 공짜로 달성했다. 응오딘지엠 정부 형태가 봉건적이었기 때문에 그가 제거되자 지방 마을까지 모든 수준의 민간행정에 영향이 미쳤다. 이제 권위를 밑바닥에서부터 다시 세워야 했다. 그리고 역사는 이런 혁명의 철칙을 가르쳐준다. 즉, 기존 권위를 광범위하게 제거할수록 후계자는 자신의 체제를 구축하기 위해 더 적나라하게 권력에 의존해야 한다. 따지고 보면 정통성이란 강요받지 않은 권위의 수용을 의미하기 때문이다. 그런 게 없다면 모든 경쟁이 권력의 시험장이 되어버린다. 쿠데타가 발생하기 전에는 마치 10년 전 아이젠하워가 디엔비엔푸라는 위기에서 빠져나왔듯이, 적어도 이론상으로는 미국이 군사작전에 직접 연루되지 않을 가능성이 존재했다. 보다 효과적인 전쟁 수행을 촉진하는 수단으로 쿠데타가 정당화되었기 때문에 정책 옵션으로서 철수가 사라졌다.

응오딘지엠이 제거되었지만 베트남 국민은 미국이 원했던 것처럼 장군들을 중심으로 단결하지 않았다. 〈뉴욕타임스〉는 이 쿠데타를 "동남아 도처에서 공산주의자들의 추가적인 침투를 격퇴할 수 있는" 기회라고 환영했지만,[25] 반대 상황이 발생했다. 다원화된 사회의 근본 토대는 기본적 가치에 대한 컨센서스이며, 이를 통해 서로 경합하는 개인이나 단체의 주장이 암묵적으로 제한된다. 베트남에서는 일단 이런 컨센서스가 취약했다. 쿠데타로 10년 넘게 쌓아 올린 구조가 무너졌고, 정치적 경험이나 정치적 추종자들 없이 서로 경쟁하는 장군들이 그 자리를 채웠다.

1964년에만 정부가 7번 이상 교체되었고, 한 번도 민주주의와 유사한 체제가 들어선 적이 없었다. 전부 다 이런저런 종류의 쿠데타에 따른 결과였다. 응오딘지엠의 후계자들은 응오딘지엠과 같은 민족주의자라는 명망도 없었고 고관대작 스타일의 가부장적 이미지도 없었기 때문에 전쟁을 미국에 떠넘기는 것 외에는 별다른 도리가 없었다. 응오딘지엠이 타도된 여파로 "문제는 미국이 지지할 수 있는 남베트남 정권을 어떻게 격려할 것인가가 아니라 의기양양한 공산주의자들에 맞서 미국이 계속 투쟁할 수 있도록 지지해줄 정권을 찾아내는 것이다."라는 주장이 타당하게 제기되었다.[26]

하노이의 실권자들은 이 기회를 즉각 포착했다. 1963년 12월에 있었던 공산당 중앙위원회 회의에서 게릴라 부대를 강화하며 남베트남으로의 침투를 가속한다는 새로운 전략이 수립되었다. 가장 중요한 점으로서 북베트남 정규군도 투입되었다. "북베트남이 남베트남에 대한 지원을 늘릴 때가 되었으며, 북베트남이 국가 전체를 위한 혁명기지로서의 역할을 배가해야 한다."[27] 그리고 얼마 후에 북베트남군의 정규 부대인 제352사단이 남베트남으로 진군을 개시했다. 쿠데타 이전에 북베트남으로부터 침투해온 세력들은 대부분 1954년에 재편성된 남베트남인들이었다. 이후에는 북베트남인들의 비중이 꾸준히 증가해 1968년 구정 대공세(Tet Offensive) 이후에는 거의 모든 침투 인원이 북베트남인들이었다. 북베트남 정규군 부대가 투입되면서 양측은 루비콘강을 건넜다.

응오딘지엠이 축출된 후에 케네디가 암살당했다.[28] 새 대통령 린든 존슨(Lyndon Johnson)은 북베트남 정규군의 개입을 노골적인 침략의 전형적 사례로 해석했다. 북베트남은 전략을 실행하고 있었던 반면, 미국은 다양한 주장들만 있었고 그중에 어떤 것도 결론까지 밀어붙이지 못했다는 차이가 있었다.

비군사적 승리에 대한 열망과 군사적 대재앙이라는 불안감 사이에서 오도가도 못하면서 미국은 비극적인 진퇴양난에 빠졌다. 1963년 12월 21일에 맥나마라는 신임 대통령에게 남베트남 내부의 안보상황이 매우 불안하다고 보고했다. 미국은 그동안 암묵적이었던 선택에 직면하는 상황을 더 이상 피할 수 없었다. 군사개입을 극적으로 확대하든가 아니면 남베트남이 붕괴하든가 둘 중 하나를 택해야 했다. 케네디 행정부는 비민주적인 동맹국 편에 서서 참전하는 게 두려웠다. 존슨 행정부는 참전보다 비민주적인 남베트남 신정부를 포기하는 게 더 두려웠다.

돌이켜 생각해볼 때 미국이 베트남에서 견딜 만한 대가—물론 여전히 괴롭지만—를 치르고 철수할 수 있었던 마지막 시기는 응오딘지엠이 타도되기 직전 혹은 직후였다. 응오딘지엠과 함께 하면 승리할 수 없다고 보았던 케네디 행정부의 평가는 정확했다. 존슨 행정부는 응오딘지엠의 후임자와 함께 한다면 승리할 수 있다고 착각했다. 쿠데타 이후 상황에 비추어 보았을 때, 응오딘지엠 정부의 무능으로 스스로 붕괴하도록 놔두거나, 최소한 응오딘지엠이 북베트남과 계획하고 있다고 의심받았던 협상을 방해하지 않았더라면 미국이 더 수월하게 발을 뺄 수 있었을 것이다. 이렇게 하면 공산주의자들이 필연적으로 접수할 것이기 때문에 케네디가 그런 구상을 거부한 것은 분석적으로는 정확했다. 다만 미국은 그런 해결책에 따른 여파를 직면할 준비가 안 되어 있었고, 상황을 방치해서 나올 수 있는 결과를 받아들일 준비도 안 되어 있었다는 게 문제였다.

일부 전직 케네디 행정부 인사들은 1964년 대선 이후에 케네디가 미군을 철수시키려고 했다고 주장했지만, 당시에도 여전히 병력이 증원되고 있었다. 이 사람들만큼 신빙성 있는 다른 인사들은 이를 부인했다. 현시점에서 볼 때 케네디의 궁극적 의도에 대해서는 매번 베트남에 투입되는 병력이 늘어날수록 그가 선택할 수 있는 여지가 줄어들 수밖에 없었고, 개입하건 철수하건 그 결과가 더 고통스럽고 비용이 더 커졌다는 정도밖에 말할 수 없다. 그리고 시간이 지날수록 미국의 이해관계도 점점 커졌다. 처음에는 군사 분야에만 국한되었지만 곧 미국의 국제적 평판까지 걸렸다.

케네디가 암살되자 미국이 베트남으로부터 빠져나오기가 더 힘들어졌다. 만약 케네디가 실제로 미국이 지속 불가능한 방향으로 들어서기 시작했다는 사실을 깨달았다면 자신의 결정을 번복하기만 하면 됐다. 반면 존슨은 존경받았지만 암살당한 전임자의 명확한 정책을 파기해야 했다. 케네디로부터 물려받은 보좌관 중에 아무도 베트남에서 손을 떼라고 권고하지 않았기 때문에 그렇게 하는 게 더욱 부담스러웠다. (유일한 예외가 조지 볼 국무부 차관이었지만, 그는 케네디 행정부의 핵심 내부인사가 아니었다.) 취임 직후 이 정도 규모의 철수에 착수하려고 했다면 정말로 상당한 자신감과 지식이 있어야 했다. 존슨은 외교정책에 관해서 극도로 자신감이 없었다.

돌이켜볼 때 신임 대통령이 미국이 이미 엄청나게 많이 투자한 정치적, 군사적 목표가 달성 가능한 것인지, 어떤 수단으로 그리고 어느 정도의 기간을 거쳐야 하는지, 그리고 이렇게 개입하게 된 전제가 실제로 타당한지 등을 분석해봤더라면 좋았을 것이다. 물론 존슨이 케네디로부터 물려받은 노련하고 전문적인 보좌진들이 만장일치로(또다시 조지 볼만 예외였다) 베트남에서 승리하자는 입장이었다는 점은 차치하더라도, 만약 이런 분석을 했을 때 상당히 다른 결과가 나왔을지 의문스럽다. 맥나마라의 국방부나 번디의 백악관 직원들은 엄청나게 많은 분석을 했다. 둘 다 아주 명석한 사람이었다. 다만 이들에게는 미국식 경험이나 미국식 이념과 너무나 상충하는 도전을 평가할 수 있는 기준이 부족했다.

미국이 개입했던 동기는 처음에는 베트남을 잃으면 비공산주의 아시아 국가들의 붕괴로 이어질 것이고 일본마저도 공산주의를 수용할 것이라는 우려에서 비롯되었다. 이런 분석의 측면에서 볼 때, 남베트남이 민주적인지 혹은 심지어 민주화가 가능할지 여부와는 무관하게 미국은 남베트남을 수호하면서 미국 스스로를 위해 싸우고 있었다. 하지만 이런 분석은 미국인들에게는 너무나 지정학적이고 권력 지향적이었기 때문에 금방 윌슨식 이상주의로 대체되었다. 이에 따라 매번 새로운 행정부가 들어설 때마다 곳곳에 안전한 은신처를 둔 게릴라군을 퇴치하고 다원주의 전통이 없는 사회를 민주화한다는 두 가지 과제가 시도되었지만, 어느 것도 달성하기가 상당히 힘들었다.

베트남이라는 들끓는 가마솥에서 미국은 아무리 신성불가침한 신념도 한계가 있다는 사실을 깨닫고 힘과 원칙 사이에서 발생할 수 있는 간극과 어쩔 수 없이 타협해야만 했다. 미국은 자신의 역사와 너무나 배치되는 교훈을 받아들이기를 꺼렸기 때문에 손절하기가 너무나 힘들었다. 그리하여 이러한 두 가지 좌절에서 느낀 고통은 미국이 지닌 최악의 특성이 아니라 최선의 특성에서 비롯된 것이었다. 미국은 국익을 외교정책의 토대로 삼지 않으려고 했기 때문에 무차별적인 도덕주의라는 바다에서 표류하게 되었다.

1964년 8월, 미 구축함 매독스함이 북베트남의 소행으로 추정되는 공격을 받았고, 북베트남에 대한 미국의 보복 공격이 이어졌다. 이 보복 공격은 소위 통킹만 결의를 통해 거의 만장일치로 상원의 승인을 받았다. 이 결의는 결과적으로 몇 달 전 실시된 미국의 공습을 정당화하는 데에도 사용되었다. 1965년 2월에 중부 고원지방 플레이쿠(Pleiku)에 소재한 미군 자문단 막사가 공격 받으면서 미국의 북베트남 보복 공습이 촉발되었고, "롤링 썬더(Rolling Thunder)"라는 암호명이 붙은 체계적 폭격작전으로 신속하게 바뀌었다. 1965년 7월까지 미국 전투부대가 완전히 투입되었고, 주둔하는 미군 병력이 증가하기 시작해서 1969년 초에 54만 3,000명에 이르렀다.

그 뒤 존슨 행정부가 매독스함의 피격을 놓고 미국 국민에게 완전히 솔직했었는지에 대한 논란이 불거졌고, 이런 논의가 갈수록 신랄해지는 베트남 논쟁에 포함되었다. 이 논쟁은 통킹만 결의와 미국의 참전이라는 두 사안의 정당성을 떨어뜨리는 데 사용되었다. 확실히 통킹만 결의는 사실관계의 완전한 발표에 기초하지 않았고, 심지어 전투의 혼란상까지 참작하고 있었다. 하지만 이 두 요소 다 미국이 베트남에 지상전 병력을 투입하도록 결정하게 된 핵심 요소는 아니었다. 오히려 당시 주도했던 인사들이 모두 다 확신에 차 있었다는 점을 감안할 때, 통킹만 결의는 미국이 가게 되었던 길을 따라 걸은 작은 발걸음에 불과했다.

통킹만 결의 채택을 위해 사용했던 방식은 오늘날에는 가능하지 않았을 것이고, 미국의 민주주의는 이런 일을 거치며 나아졌다. 동시에 존슨의 전술이나 그의 진솔함은 미국을 제2차 세계대전 참전으로 끌고 갔던 프랭클린 루스벨트와 비교해도 크게 다르지 않았다. 가령 루스벨트는 미국이 1941년 대서양 해전에 참전하는 구실이 되었던 구축함 그리어함(USS Greer)의 어뢰 피격에 대해 솔직하게 설명하지 않았다. 각각의 경우 대통령은 미국이 용납할 수 없는 것이 무엇인지를 일방적으로 규정했다. 1940년대에는 독일의 승리였고, 1960년대에는 인도차이나의 탈취였다. 두 대통령 다 미군을 위험한 상황에 몰아넣었고, 실제로 위험한 상황이 발생하면 대응할 각오가 되어 있었다. 실제로 위험이 닥칠 가능성도 있었다. 각각의 경우에 참전하겠다는 궁극적인 결정은 당면한 사건을 훨씬 뛰어넘는 고려사항에 기반을 두고 있었다.

미국이 어떤 식으로 참전했는가가 아니라 왜 예상되는 비용과 잠재적 결과를 보다 신중하게 고려하지도 않은 채 참전했는지가 베트남의 악몽이었다. 훗날 걸프전쟁에서 부시 대통령이 보여주었듯이, 지도자가 정치적 목표를 설명하지 못하고 이를 달성하기 위한 현실적인 전략을 제시할 수 없다면, 국가는 50만 명에 달하는 청년들을 머나먼 대륙에 보내거나 국가의 국제적 위신과 국내적 단결을 내걸어서는 안 된다. 미국은 두 가지 기본 질문을 제기했어야 했다. 민주주의의 확립과 군사적 승리를 거의 동시에 달성한다는 게 가능한가? 그리고 더 중요한 점으로서 편익이 비용을 정당화할 것인가? 베트남에서의 지상전에 미국을 뛰어들게 했던 대통령이나 보좌관들은 이 질문에 관한 긍정적 답변을 당연하다고 여겼다.

게릴라전을 성공적으로 수행하려면 군사적 전략과 정치적 전략을 미묘하게 혼합해야 한다. 하지만 미군 지휘관들은 군사적 목표를 정치적 목표에 맞춰 조정한다는 게 달갑지 않았다. 베트남전쟁 내내 정해진 목표를 달성하기 위한 수단이 충분하지 못했다. 그리고 그런 목표들은—달성 가능하더라도—미국이 감내할 각오가 되어 있지 않은 위험을 부담해야만 달성될 수 있었다.

한국전쟁에서 배워야 했던 중요한 교훈 중 하나는, 전쟁이 결론이 안 나고 질질 늘어지면 미국의 국내적 컨센서스가 산산조각 난다는 사실이다. 하지만 미국은 마치 정반대의 교훈을 얻은 것처럼 보였다. 한국전쟁에서 좌절을 겪은 원인은 맥아더가 압록강까지 진격했고 완전한 승리를 노렸기 때문이라는 것이다. 이런 관점에서 볼 때 한국전쟁의 성과는 중국의 승리를 성공적으로 막아낸 것이라고 재해석되었다. 미국의 베트남 개입도 의식적으로 유사한 목표로 한정되었다. 중국의 개입을 촉발하지 않으면서, 남베트남 장악이 결코 허용되지 않을 것이기 때문에 유일한 선택이 협상임을 북베트남에 보여주는 것이다. 그러나 적이 타협을 패배와 동일시하고 있다는 점에 비춰볼 때 어떤 목적을 위한 협상이라는 말인가? 미국 지도자들은 한국전쟁 마지막 2년 동안 매카시즘이 휘몰아치던 시절에 미국 사회가 교착상태에 인내심을 잃고 산산조각 날 뻔했다는 사실을 틀림없이 잊고 있었다.

이론적으로는 딱 두 가지 전략만이 게릴라전에서 승리할 가능성이 있다. 하나는 본질적으로 방어적인 전략으로 적이 주민을 통제하지 못하게 막는 것이다. 이 전략이 성공하려면 상당수 주민들의 안전을 거의 완벽하게 확보해야 한다. 그래야 설령 게릴라가 나머지 주민으로부터 이득을 보더라도 정치적 입지를 충분히 굳히지 못한다. 맥스웰 테일러(Maxwell Taylor) 장군이 미군이 보호하는 일련의 고립된 지역을 구축하는 동안, 남베트남군은 모든 구역을 밤낮으로 장악하려고 하기보다는 명확하게 설정된 공산주의 구역이 공고해지지 못하게 막자고 제안했을 때 이런 전략을 염두에 두었던 것처럼 보인다. 두 번째로 가능한 전략은 은신처나 보급창, 본거지처럼 게릴라가 방어해야 하는 목표물에 대한 공격이었다. 가령 지상군으로 호찌민 루트를 차단하고 은신처가 되는 북베트남과 캄보디아 항구를 봉쇄하는 방식이 있었다. 이 전략을 시도했더라면 최소한 개념적으로는 미군이 그토록 간절히 추구했던 소모전을 비교적 신속하게 유발해서 협상을 통해 결과가 나오도록 압박할 수 있었을지도 모른다.

실제로 미국은 효과가 없는 전략을 채택했다. 베트남 전역에서 100퍼센트의 안전을 확보하고 수색섬멸 작전으로 게릴라를 약화시킨다는 신기루와 같은 전략이었다. 원정군은 아무리 규모가 크더라도, 베트남 외부에 보급로가 있고 광범위한 은신처와 맹렬한 의지를 지닌 적을 상대하기에 전혀 충분하지 못했던 것으로 밝혀졌다. 1966년 말에 팜반동 북베트남 총리는 〈뉴욕타임스〉의 해리슨 솔즈버리(Harrison Salsbury)에게, 비록 미국이 군사적으로 훨씬 더 강력하지만 미국인들보다 더 많은 베트남인들이 베트남을 위해 죽을 각오가 되어 있고, 미국인보다 더 오래 버티기 위해 필요한 시간만큼 싸울 준비가 되어 있기 때문에 결국 미국이 패배할 것이라고 말했다.[29] 결국 그의 평가가 정확했던 것으로 드러났다.[30]

　　존슨은 어떤 "확전"이건 모두 다 단호하게 거부했다. 비록 공산주의자들이 20년 동안 인도차이나의 네 나라를 하나의 전구(戰區)로 간주했고 전체적으로 조율된 전략을 구사하고 있었음에도 불구하고, 미국은 이 나라들이 각각 독립된 존재라고 확신했다. 더욱이 전반적인 국제적 맥락에 대한 미국의 평가는 중국의 개입 가능성에 너무나 사로잡혀 있었다. 린뱌오가 중국군이 외국에 진출하지 않을 것이라는 성명을 발표했지만, 미국은 이를 무시했다. 실제로 마오쩌둥도 중국 공산당에 동정적이었던 미국 언론인 에드거 스노우(Edgar Snow)에게 중국은 국경 외부에 병력이 없으며 자국 영토가 공격받지 않는 이상 누구와도 싸울 의도가 없다고 여러 번 반복했다.[31] 그리하여 15년의 간격을 두고 발발했던 두 차례의 전쟁에서 미국은 중국의 성명을 진지하게 받아들이지 않아서 큰 대가를 치렀다. 미국은 한국에서 중국의 경고를 무시하고 압록강까지 진격했다가 중국의 개입을 촉발했고, 베트남에서 개입하지 않겠다는 중국의 보장을 무시함으로써 승리를 이끌어낼 수 있었던 유일한 전략을 거부했다.

　　중국의 개입을 우려했고, 소련과의 긴장 완화라는 옵션을 유지하기로 결심했으며, 위대한 사회(Great Society)라는 국내 정책에 대한 국내적 컨센서스를 유지하고 싶었던 존슨은 제시한 목표를 달성하지도 못하면서 미국의 국제적 지위를 거는 어중간한 조치를 취하기로 했다. 전 세계적 음모를 물리치겠다는 목표와 전 세계적 충돌을 피하려는 욕구를 조화시키려다 보니 미국의 정책은 망신만 당했다.

　　게릴라가 언제 어디서 전투를 할지 선택할 수 있는 한 소모전은 효과가 없었다. 지속적으로 고통을 가중시키고자 고안된 북베트남 공습도 결정적이지 못했다. 북베트남의 교통 체계는 무력화하기에는 너무나 미비한 수준이었고, 고통을 주기에도 그다지 필수적이지 않았기 때문이다. 이런 교착상태는 북베트남이 추구하던 목적에 부합했다. 특히 교착상태가 남베트남 영토에 국한될 수 있고 엄청난 미국인 사상자를 초래한 경우에 더욱 그랬다. 이 모든 좌절들로 인해 미국에서 반전 기류가 대두되었다. 북베트남이 승리할 수 없다고 절실히 깨닫게 해주려던 폭격작전을 중단하라는 요구가 반전 여론의 시발점이 되었다.

미국은 침략 행위가 이득이 되지 않으며 게릴라전이 미래의 추세가 되지 않는다는 것을 입증하려고 했다. 하지만 미국은 적이 어떻게 손익을 계산하는지 이해하지 못했다. 존슨은 온건한 태도를 보이고 북베트남을 안심시키면서 타협을 제안하는 게 출구라고 생각했다. 하지만 이 모든 것들이 오히려 북베트남의 저항을 부추겼고, 이로 인해 적당히 패배해도 아무런 보상이 없다는 것을 미국이 알게 될 가능성이 높아졌다. 존슨은 미국의 목표를 이렇게 설명했다.

> 우리는 북베트남을 말살하려는 게 아닙니다. 북베트남 정부를 교체하려는 것도 아닙니다. 남베트남에 영구히 기지를 두려고도 하지 않습니다. …
>
> 우리는 북베트남 공산주의자들이 주변국에 총질하지 못하게 막고, 다른 나라를 상대로 한 나라에 의해 고취된 게릴라전이 결코 성공할 수 없다는 사실을 입증하고자 베트남에 있는 것입니다. … 우리는 북베트남 공산주의자들이 침략의 대가가 너무나 크다는 점을 인식하고 평화적 합의에 동의하거나 그들의 싸움을 멈출 때까지 지속해야 합니다.[32]

존슨은 하노이의 공산당 지도자들이 아래와 같은 사실을 이해하기를 원했다.

> 당신들이 군사적 승리가 불가능하다는 사실을 깨닫고 무력 사용을 그만 두는 순간, 우리가 상응하는 화답을 할 준비가 되어 있다는 점을 알게 될 것이며 … 우리는 베트남에서 명예로운 평화를 원합니다. 이런 평화로 가는 열쇠가 당신들 손에 놓여 있습니다. 이 열쇠를 꽂고 돌리기만 하면 됩니다.[33]

존슨은 이런 호소가 불러일으킨 증오나 조소를 마땅히 받아야 할 이유가 없었다. 그는 결국 전통적인 미국식 진리를 다시 말했을 뿐이다. 하지만 존슨이나 미국 사회 둘 다 이런 보장을 하찮게 여겼던 적을 이해할 수 있는 개념이 없었다. 더욱이 미국식 타협 개념은 적에게는 평생 해왔던 투쟁을 포기하고 항복하라고 종용하는 말처럼 들렸다.

690

강인하고 헌신적이었던 하노이의 지도자들에게 안정이라는 개념은 작전상 아무런 의미가 없었다. 이들은 성인이 된 이래 평생 동안 승리를 위해 싸워왔다. 처음에는 프랑스에 맞서 싸웠고 지금은 초강대국에 맞서고 있었다. 이들은 공산주의라는 이름으로 자국민에게 엄청난 괴로움을 안겨주었다. "주변국들을 그냥 내버려둔다."라는 말은 북베트남에 있는 지도자들이 태생적으로 할 수 없는 일이었다. 비스마르크는 한때 독일의 통일이 결코 대화가 아니라 "피와 철"을 통해서 이루어질 것이라고 말한 적이 있었는데, 바로 이게 베트남의 통일에 관한 북베트남의 시각이었다.

모든 설득을 시도해봤던 미국인들은 북베트남에 민주적 과정에 참여해달라고 계속 호소했고, 실행 가능한 선거 계획을 마련하느라 머리를 쥐어짰다. 하지만 국제문제에 관한 미국식 사고 중에서 아무것도 북베트남에게 매력적으로 보이지 않았다. 단지 미국을 교란시킬 수 있는 수단으로만 보였다. 세계에서 가장 가혹한 독재체제를 수립한 북베트남 공산당 정치국은 남베트남에 난립하고 있는 수많은 정당 중 하나가 되는 상황을 필사적으로 거부했다. 북베트남으로서는 무력 사용을 중단해야 할 상상 가능한 유인이 전혀 없었다. 결국 북베트남은 패하지 않는 이상 승리할 수밖에 없었고, 틀림없이 패하고 있지도 않았다. 실제로 미국의 전략은 노골적으로 교착상태를 목표로 삼았고, 북베트남의 패배를 포기한 상황이었다. 존슨이 제안했던 북베트남을 포함한 모두에게 개방된 대규모 재건 프로그램은 쇠귀에 경 읽기였다.[34] 북베트남은 승리를 원했지 원조를 원했던 것이 아니었고, 특유의 오만한 태도로 마치 둘 중에 하나를 골라야 할 필요가 없는 것처럼 행동했다.

일단 미국 여론의 흐름이 반전으로 돌아서자, 존슨을 비판하던 사람들은 외교적 교착상태를 놓고 존슨을 한층 더 비난했다. 이런 비난들이 존슨이 협상하기를 꺼렸다고 보았던 것이라면 요점을 놓친 셈이다. 협상이 개시되기를 열망했던 존슨의 태도는 거의 자멸적으로 보일 정도로 명백했다. 그리고 북베트남은 이런 태도를 보고 시간을 끌수록 더 좋은 제안을 끌어낼 수 있다고 확신했다. 존슨은 폭격중단 명령을 계속 지시함으로써(자신의 회고록에서 16번 지시했다고 밝혔다) 미국이 협상 개시를 위한 참가비용을 일방적으로 지불할 것임을 의심할 나위 없이 드러냈다. 북베트남으로서는 당연히 그 비용을 최대한 높게 잡으려고 했다.

나는 협상을 바라는 존슨 행정부의 간절함과 자신의 목적 달성을 위해 이런 간절함을 활용하는 북베트남의 교묘한 솜씨가 둘 다 드러났던 여러 구상 중 하나에 참여한 적이 있었다. 나는 베트남 문제에 점진적으로 관여하게 되었다. 1950년대를 통틀어 외교정책에 관한 내 생각은 유럽과 핵전략에 집중되어 있었다. 케네디 행정부에는 내가 존경하는 사람들이 많이 있었고, 나는 케네디 행정부의 인도차이나에 대한 활동을 그다지 충분히 숙고하지 않은 채 긍정적이라고 생각했다. 나는 1965년과 1966년에 로지(Lodge) 대사에게 강화조약(講和條約) 관련 자문을 제공하고자 베트남을 세 번 방문하고 나서야, 비로소 이 나라에 대해 진지하게 생각하기 시작했다. 이런 계기로 남베트남의 여러 지방을 둘러보고 미국 대사관의 소위 지방 보고관들과 토론할 기회를 얻었다. 이들은 베트남 내 여러 지방에서 근무하던 유능하고 헌신적인 젊은 외교관들이었다. 이 방문을 통해 나는 현행 전략으로는 전쟁에서 이길 수 없으며, 미국이 북베트남과 협상해서 빠져나와야 한다고 확신했다. 비록 이런 협상의 내용에 대한 명확한 아이디어는 없었지만 말이다.

나는 1967년 여름에 핵군축과 관련된 과학자들이 참석하는 소위 퍼그워시 회의(Pugwash Conferences) 중 한 회의에 참석한 적이 있었다. 내가 인도차이나를 방문한다는 소식을 들은 회의 참석자 두 명이 나를 접촉해서 상당히 흥미로운 제안을 했다. 세계 보건기구(WHO)에 근무하는 레이몽 오브락(Raymond Aubrac)은 1946년 호찌민이 프랑스와 협상하는 동안 파리에 있는 자신의 집에 머물렀을 때 그와 안면을 튼 적이 있었다. 오브락은 호찌민에게 협상이라는 주제를 개인적으로 호소하고자 평화 운동(Peace Movement)에 소속된 동료 과학자 에르베르 마르코비슈(Herbert Marcovish)와 함께 하노이를 방문하겠다고 제안했다. 나는 국무부 차관보가 된 번디와 맥나마라 국방장관에게 이를 알려줬다. 이들은 이 두 과학자가 개인 자격으로 방문하며, 미국의 공식 입장을 대변하려는 게 아니라는 조건으로 베트남 방문을 격려했다.

오브락과 마르코비슈는 하노이를 방문했고 호찌민이 이들을 맞이했다. 호찌민은 미국의 "침략"을 의례적으로 비난하고 나서, 만약 미국이 북베트남에 대한 폭격을 중단한다면 협상할 의향이 있음을 암시했다. 당시 파리 주재 북베트남 대표인 마이반보(Mai Van Bo)가 공식 접촉선으로 지정되었다.

복잡하면서도 분명히 비외교적인 절차라는 수단을 통한 의견교환이 몇 차례 뒤따랐다. 북베트남은 폭격이 중단되기 전에는 미국과 직접 소통하지 않으려고 했기 때문에 나는 개인 자격으로 중개인 역할을 했다. 그럼에도 북베트남은 모든 협상카드를 다 숨겨둔 채 북베트남 측 대표가 공직에 있지도 않은 미국인을 상대하는 것조차 허가하지 않았다. 그리하여 주로 맥나마라 장관에 의해서 메시지가 워싱턴으로부터 나에게 전달되었고, 내가 다시 두 프랑스인에게 전달했으며, 이 두 사람은 마이반보에게 내가 승인받은 어떤 설명이건 간에 전부 다 전달해줬다. 맥나마라는 너무나 전쟁을 끝내고 싶었고, 보이지 않는 나의 대화 상대로부터 협상을 통한 타결을 촉진할 어떠한 단서라도 얻어내라고 반복해서 간청했다.

나는 존슨 대통령과 보좌관들이 모여서 미국의 최종안을 마련했던 회의 중 일부에 참석했다. 우울한 경험이었다. 분명히 존슨은 본능적으로는 폭격중단을 반대했다. 존슨은 자신이 외교정책에 정통하다는 확신이 없었지만, 정치적 경험이 충분했기 때문에 일방적인 양보로 협상을 개시하는 게 이득이 될지 의심했다. 하지만 필사적으로 전쟁을 끝내고 싶었고, 국내 비판자들로부터 난타당하고 있었으며, 외교적 노력을 열망하는 보좌진을 꺾는 게 내키지도 않았다. 결국 존슨이 양보했다. 그 결과 내가 회의실을 떠난 후에 소위 샌안토니오 포뮬러(San Antonio Formula)가 나왔고, 존슨은 1967년 9월 29일 샌안토니오에서 연설을 통해 발표했다.

> 북베트남에 대한 모든 공중 및 해상 공격이 중단되어서 즉시 생산적인 논의로 이어질 수 있다면, 미국은 모든 공격을 중단할 의향이 있습니다. 물론 우리는, 논의가 진행되는 동안 북베트남이 폭격중단이나 제한을 악용하지 않을 것이라고 생각합니다.[35]

샌안토니오 포뮬러는 베트남전쟁에서 가장 결정적인 전환점 중 하나였다. 북베트남이 폭격중단을 악용하지 않는 한 "생산적인" 대화를 하는 대가로 미국은 북베트남에 대한 군사행동을 중단하겠다고 제안했다. 이는 명확한 의무였던 반면, "생산적인"이나 "악용"을 정의하는 기준이 제시되지 않았다. 하지만 미국의 국내적 논란을 부추기는 역량을 이미 과시한 바 있는 북베트남은 폭격중단을 파기하려는 미국의 어떤 시도도 논란을 불러일으키고 시간이 걸린다는 점을 거의 의심하지 않았다. 폭격중단을 "악용"하지 않는다고 해서 북베트남이 게릴라전을 중단해야 할 의무가 생긴 것처럼 보이지 않았고, 그 점에 있어서 이미 하고 있던 것 중에 아무것도 포기할 필요가 없어 보였다. 기껏해야 이 조항은 북베트남이 승리 전략을 확대하지 말아야 한다는 정도만 의미했다.

이토록 일방적인 제안조차 거절하는 게 북베트남의 전형적인 협상 전술이었다. 실제로 북베트남은 이 제안을 곧 개시하려고 했던 전면적인 군사 활동을 보호하는 안전망으로 이용했다. 며칠 안 가서 나의 하노이 채널이 단절되었다. 북베트남인들은 미국의 폭격중단 대가가 뭔가 난해하지만 대단하지는 않다고 파악하고, 회담장에 앉아 제안을 받아들이기 전에 존슨을 더 압박하기로 했다. 구정 공세(Tet Offensive)를 불과 몇 달 남겨둔 시점이었다.

북베트남은 미국인들의 불만이 커진다면 한국전쟁 당시와 마찬가지로 베트남에서의 교착상태를 더 이상 참지 못할 것이라고 정확하게 감지했다. 하지만 그에 뒤따른 국내적 논쟁의 본질에 있어 질적인 차이가 있었다. 미국의 한국전쟁 개입에 대한 타당성은 전혀 문제시되지 않았다. 한국전쟁에서 성공하기 위해 어떤 조치가 필요한지를 놓고 이견이 있었을 뿐이었다. 미국의 베트남 정책을 폭넓게 지지했던 초창기 여론은 갑자기 증발했다. 한국의 경우, 미 행정부를 비판하던 사람들은 미국의 더 많은 조치를 바랬다. 당시 트루먼 정책의 대안은 확전이라는 맥아더의 전략이었다. 베트남의 경우, 비판자들 중 압도적인 다수는 미국의 활동 축소를 촉구했고, 시간이 지나면서 완전히 포기하라고 했다. 이들의 관점은 미국의 전략 수정부터 무조건 철수까지 다양했다. 한국의 경우, 미국 내 반대 여론이 우세해졌다면 미국에 맞섰던 적들이 훨씬 더 안 좋은 대안에 직면했을 것이다. 베트남의 경우, 일단 국내적 균열이 명백해지자, 북베트남은 군사적 압박과 결합된 교착상태 외교가 자신들에게 유리할 것임을 금방 깨달았다. 교착상태에 빠지면 존슨 행정부는 외교적 타개책이 없다고 비난받을 것이고, 미국 사상자가 계속 발생하면 전쟁을 포기하지는 않더라도 단계적으로 축소하라는 목소리가 나올 것이다.

미국의 베트남 정책에 대한 비난은 전쟁에서 승리할 수 있는지, 그리고 목적과 수단 간의 관계에 대한 합리적인 질문이 제기되면서 상당히 판에 박힌 형태로 시작되었다. 월터 리프먼(Walter Lippmann)은 1968년 3월 11일에 이미 확고부동했던 자신의 입장에 따라 베트남 봉쇄를 비판했다. 미국이 지나치게 확장했고, 봉쇄정책이 국가의 목표와 이를 달성하기 위한 자원 간의 합리적인 균형을 파괴하고 있다고 주장했다.

> 사실 그린든 B. 존슨의 전쟁 목표는 무제한적이다. 이들은 아시아 전역의 평화를 약속한다. 그토록 무제한적인 목적을 위해 한정된 수단으로 전쟁에서 승리할 수 없다. 우리의 목표가 무제한이기 때문에 우리는 틀림없이 "패배"할 것이다.[36]

전통적 범주의 사고가 베트남에 적용될 경우 부적절하다는 점을 상징하기 위해 리프먼은 "패배"라는 단어에 따옴표를 붙여서 베트남이 미국의 안보와 무관하다는 것을 나타냈다. 이런 시각에서 볼 때, 철수는 미국의 전반적인 입지를 강화하게 된다.

똑같은 주장이 이미 1966년에 있었다. 풀브라이트 상원의원은 미국이 자신의 "힘과 미덕을" 그리고 "주요한 책임과 보편적 임무를" 각각 혼동함으로써 "권력의 오만"에 빠

694

졌다고 비판한 적이 있었다.[37] 이런 비판은 드골이 베트남이 중립화되어야 한다고 한 데 대해 풀브라이트가 "상황을 혼동하고 있다."라고 힐난한 지 불과 2년도 안 되어서 나왔다. 당시 풀브라이트는 그런 방침이 "예측 불가능한 일련의 사건을 유발할 수도 있다."라고 경고했다. "프랑스가 극동에서 주요 군사강국도 경제대국도 아니며, 따라서 자신의 구상이 촉발할 사건을 통제하거나 영향을 미치지 못할 가능성이 높기 때문"이었다. 1964년에 풀브라이트는 "충돌을 이런저런 방식으로 확대하거나, 아니면 남베트남인들이 현 수준에서 전쟁을 성공적으로 수행할 수 있도록 그들의 역량을 강화하는 노력을 재개하는" 두 가지 "현실적인" 옵션만 있다고 보았다.[38]

2년도 채 안 되는 기간에 무슨 일이 있었기에 풀브라이트 상원의원이 이렇게 베트남의 위상을 핵심적이라고 했다가 지엽적이라고 폄하하게 되었을까? 그리고 존슨 행정부가 그동안 풀브라이트의 제안을 둘 다 실천했는데 왜 이게 오만하다는 것일까? 미국의 국가적 전통에 충실했던 미국 지도자들은 안보적 이유로 미국이 베트남을 지원해야 한다는 주장에 만족하지 않았다. 만약 안보적 이유를 내세웠다면 조만간 비용과 편익을 둘러싼 논쟁이 벌어졌을 것이다. 이 사안을 동남아시아에 민주주의를 도입한다는 관점에서 제시하면서, 이들은 베트남에 들어갈 때도 빠져나올 때도 논리적으로 멈춰야 할 지점을 지나쳐버렸다.

전쟁을 비판했던 사람들은 전쟁을 수행하던 지도자들과 똑같은 길을 따라서 걸었고, 단지 반대 방향으로 갔을 뿐이었다. 이들은 대단히 현실적인 이유에 근거해 결론을 내리는 데서 시작했다. 이 전쟁에서 승리할 수 없으며, 비용이 편익을 초과하고, 미국이 지나치게 확장하고 있다고 보았다. 하지만 똑같은 미국식 이상주의의 산물이었던 비판자들은 그들의 비판을 두 단계의 도덕적 차원으로 급속히 확장했다. 첫 번째로, 북베트남과 남베트남 간에 도덕적으로 거의 차이가 없기 때문에 전쟁을 해야 할 이념적인 이유가 전혀 없다는 것이다. 두 번째로, 미국이 전쟁에 집착하는 것은 실제 판단에 결함이 있는 게 아니라 미국 체제가 도덕적으로 철저히 썩었음을 반영한다는 것이다. 그 결과 거의 보편적으로 지지받았던 정책이 2년 사이에 미국의 외교정책 전반의 도덕성에 대한 비난으로 바뀌었고, 얼마 후에는 미국 사회 자체에 대한 비판으로 바뀌었다.

제2차 세계대전 이후 기간에서 미국은 이때까지 운좋게도 도덕적 확신과 전략적 분석 사이에서 어느 하나만 선택할 필요가 없었다. 미국의 모든 중요한 결정은 민주주의를 증진하고 침략에 저항한다는 두 가지 목적으로 즉각 정당화될 수 있었다. 하지만 남베트남은 아무리 상상의 나래를 펼쳐도 민주적이라고 설명할 수 없었다. 응오딘지엠 이후의 모든 정권은 다들 자신들이 사면초가에 몰렸다고 느꼈다. 그때까지 대중에게 알려지지 않았던 남베트남의 장군들은 전혀 투표로 자신들의 인기를 시험받으려고 하지 않았다. 만약 남베트남의 새로운 통치자들이 자신들의 체제가 북베트남보다 덜 억압적이라고 주장했더라면 설득력이 있었을지도 모른다. 이런 주장도 실제로 종종 제기되었지만, 결코 진지하게 받아들여지지 않았다. 선과 악 간에 절대적인 차이가 있다는 신념을 갖고 자라온 국민들로서는 도덕적 상대주의를 받아들일 수 없었다.

비판자들은 만약 남베트남이 민주주의 기준을 완전히 충족하지 못한다면—실제로 이게 불가능하다고 내심 알고 있었다—완전히 포기해도 마땅하다고 갈수록 주장했다. 시간이 지나면서 베트남을 방어해야 하는 근거로 20년간 안보의 핵심 전제가 되어왔던 도미노 이론이 처음에는 폐기되었고 나중에는 조롱받았다. 리처드 렌필드(Richard Renfield) 예일대학교 교수는 가장 포괄적인 내용의 논문에서 전략적 과잉확장이라는 리프먼의 비판과 베트남전쟁에 참여하는 양측이 도덕적으로 동등하다는 비판을 하나로 묶어서 제시했다. 그래서 이 전쟁이 무의미하다는 결론이 나왔다. 그는 미국이 베트남에서 침략에 저항하기보다 사회 변화를 거부하는 보수주의 세력을 지지하고 있다고 주장했다.[39]

비판자들은 미국의 활동이 도덕적으로 용납될 수 없다는 점을 보여주고자 남베트남의 많은 문제점들을 지적했다. 1968년에 제임스 레스턴(James Reston)은 수많은 사람을 고뇌하게 했던 질문을 던졌다. "이런 학살을 정당화하는 목적이 무엇인가? 우리가 전투를 하면서 베트남을 파괴한다면 어떻게 베트남을 구할 것인가?"[40] 1972년에 풀브라이트는 존슨이 "이 사안이 '자유로운 국민'과 '전체주의 정권' 간의 문제가 아니라 서로 경쟁하는 전체주의 정권들 간의 문제라는 점과, 이 전쟁이 '직접적이건' 아니건, 국제적 침략 전쟁이 아니라 반(反)식민지 전쟁이자 내전이라는 점을" 전혀 이해하지 못했다고 공개적으로 밝혔다.[41]

텔레비전이 당시 막 진가를 발휘하고 있었다. 정규 저녁 뉴스 방송이 수천만 명의 시청자를 끌어오고 있었고, 시청자 수가 가장 인기 있는 인쇄물 기자들이 평생 닿을 수 있기를 원했던 사람의 숫자보다 훨씬 많았다. 그리고 텔레비전 뉴스는 논평을 제공하면서 시각적 자료도 곁들일 수 있다는 이점도 있었다. 뉴스 방송은 드라마와 쇼맨십에 대한 열망을 반영했기 때문에 아무리 의도가 좋더라도 항상 시각이 균형 잡힐 수가 없었다. 물론 베트콩이 통제하는 지역에서 저질러지는 잔혹 행위를 기술적으로 다룰 수 없었던 이유도 있었다. 뉴스 앵커는 대통령만큼이나 많은 사람에게 도달할 수 있어서 정치적 인물이 되었다. 심지어 대통령조차도 그렇게 정기적으로 도달하지는 못했다.

전후 시기 내내 미국인들은 멀리 있는 나라를 돕기 위해 희생해달라는 지도자들의 호소에 부응했다. 미국식 예외주의, 즉 미국의 가치가 보편적으로 적용 가능하다는 믿음은 전후 재건을 위해 상당한 추진력을 주기도 했지만, 베트남이라는 혹독한 시련을 겪으면서 스스로를 공격하기 시작했고 일종의 도덕적 초토화 정책을 채택했다. 사상자가 늘어나자 미국 외교정책에 대한 비판도 정책의 유효성에 대한 문제 제기에서 그 정책의 필요성에 대한 의문으로 옮겨갔다. 베트남이 미국의 동맹국이 될 자격이 있는지에 대한 공격으로부터 베트남에서뿐만 아니라 전 세계적 차원에서 미국이 그럴 자격이 있는지에 대한 문제 제기로 이어졌다.

미국이 과연 전 세계적인 정책을 수행하기에 적합한지가 공격받으면서 특히 뼈아팠던 부분은 이런 공격이 대부분 대학교와 지식인 공동체에서 시작되었고, 그때까지 미국의 국제적 이상주의를 헌신적으로 옹호하던 사람들이 여기에 포함되었다는 점이다.[42] 케네디의 정책 결정에 관여했던 많은 학계 지도자들은 케네디의 암살로 뉴프런티어 정책이 급작스럽게 종결됨에 따라 상당한 충격을 받았고, 자신들이 가르치던 학생들의 반전 시위로 한층 더 흔들렸다. 베트남에서 어떤 식으로 빠져나올지는 더 이상 그들의 관심을 끌지 않았다. 제자들로부터 압박을 받으면서 많은 교수들이 일방적이고 무조건적인 철수 쪽으로 점점 더 다가갔다.

베트남 시위세력 중 급진파들은 20년간 지속된 초당파적 외교정책의 기본 가정에 도전하면서 반공주의를 구식이라고 조롱했다. 하노이를 순례하고 왔던 스토턴 린드(Staughton Lynd)와 톰 헤이든(Tom Hayden)은 "우리는 반공주의자가 되기를 거부한다."라고 말했다. "우리는 저 용어가 한때 갖고 있었던 모든 구체적 내용을 상실했다고 주장한다. 오히려 반공주의는 종종 성폭행만도 못한 외교정책을 정당화하기 위해 미국인들이 사용하는 추상적 사고의 핵심 범주로서 역할을 하고 있다."[43] 심지어 국가 이익에 관한 미국의 원로 철학자인 한스 모겐소(Hans Morgenthau)마저도 미국이 부도덕하다고 선언했다. "우리가 전쟁 규칙의 위반에 관해 말할 때, 모든 다른 특정한 위반들의 뿌리가 되는 근본적인 위반이 바로 이런 종류의 전쟁 수행 그 자체라는 점을 명심해야 한다."[44]

냉전이라는 본질적으로 논쟁의 여지가 없는 진리를 주입 받은 세대의 지도자들에게 이런 항의의 분출은 진정으로 충격적이었다. 전후 컨센서스를 주도적으로 구체화한 인물로서 린든 존슨은 명문대학교의 남성들과 여성들이 쏟아내는 공격에 어떻게 대응해야 할지 몰라 당황했다. 존슨은 이들과의 공통의 언어를 찾는 데 어려움을 겪을수록 이들로부터 더욱 승인받기를 간절히 원했다. 1966년 즈음에 전쟁을 신랄하게 비판했던 데이비드 핼버스탬(David Halberstam)은 예전에 "베트남은 (미국의) 정당한 전 세계적 개입 활동의 일부로서 … 아마도 세계에서 미국의 이익에 진정으로 핵심적인 대여섯 개 국가 중 하나일 것이다. 만약 베트남이 이렇게 중요하다면, 우리가 더 많이 개입해야 할 가치가 있을지도 모른다."라고 주장한 적이 있었다.[45]

존슨은 트루먼부터 케네디에 이르는 전임자들이 사용했던 통설에 호소하는 방식으로 대응했다. 하지만 이런 통설은 비판자들에게 이미 시대에 뒤떨어졌고 심지어 무의미한 것처럼 들렸다. 존슨은 무조건 협상을 하자고 제안했지만, 북베트남 지도자들은 이를 거부했다. 이들은 미국의 국내적 격변을 통제하는 안전밸브를 다루는 솜씨가 아주 영악했다. 이런 흐름을 끊으려고 존슨은 미국이 적대행위를 중단하기 전에 먼저 북베트남이 철수하라는 요구로부터 협상 전 폭격을 중단하겠다는 샌안토니오 포뮬러로 협상 입장을 변경했고, 북베트남의 남베트남 전위부대인 민족해방전선(NLF)과의 대화 거부로부터 이 단체 개별 대표와의 대화 동의로, 그리고 다시 최종적으로 정치단체로서 NLF의 협상 참여 승인으로 협상 입장을 수정했다. 존슨은 또한 인도차이나 전체를 위한 경제원조 프로그램으로 북베트남을 설득하려고 했다. 이런 개별 조치들은 북베트남으로부터는 불충분하다는 이유로, 그리고 미국 내 다수 비판자들로부터는 진정성이 없다고 일축되었다. 미국의 국가적 논쟁이 전략이 없는 승리와 정책이 없는 철수로 양극화되었다.

존슨 행정부를 보다 온건하게 비판했던 사람들은—나도 이 부류에 속했다—협상을 통한 타협을 촉구했다. 하지만 이런 타협에서 진정한 걸림돌은 미국이 아니라 북베트남이었다. 북베트남 공산주의자들은 평생 생사를 다투는 투쟁 속에서 권력을 분점하거나 자신들의 가장 효과적인 압박수단인 게릴라전을 단계적으로 줄여나가는 방식으로 투쟁을 끝내본 적이 없었다. 베트남 공산주의자들은 한 세대 전의 스탈린과 마찬가지로 근본적인 힘의 균형과 동떨어진 협상이나 단순히 협상 과정 그 자체에 맡겨진 협상에 대한 비현실적인 희망을 이해하지 못했다. 존슨은 자신이 유연하면서 사고가 열려 있다고 장담했지만, 북베트남 입장에서는 순진하고 엉뚱하게 보였다.

역설적으로 미국은 승리하기 위해 지불해야 했을 비용을 타협을 위해서도 똑같이 지불해야 했다. 북베트남은 자신이 승리하기에 너무나 약하다고 느낄 때만, 즉 패배한 뒤에만 타협을 받아들이려 했다. 미국은 전쟁 중이 아니라, 전쟁이 끝난 후에만 온건함을 보여줄 수 있었다. 행정부와 온건한 비판자들 양측의 표준적인 "해결책"들은 북베트남의 확고한 투지 앞에서 무의미해졌다. 미국인들에게 살상행위를 종식하는 바람직한 방식으로 보였던 정전(停戰)은 북베트남의 관점에서 볼 때 북베트남을 철수시키려는 미국의 유인책을 제거해버리는 것이었다. 공산주의자들의 장악으로 가는 과정에서의 눈속임(fig leaf) 그 이상이었던 연립정부는 북베트남 지도자들에게 남베트남 정부의 생존을 보장하는 것으로 보였다.

미국 앞에 놓인 진정한 선택은 승리 아니면 타협이 아니라 승리 아니면 패배였다. 북베트남은 현실을 파악하고 있었던 반면, 존슨이나 온건한 비판자들은 그런 현실을 도저히 받아들이려고 하지 않았다는 게 북베트남인들과 미국인들 간의 차이였다. 북베트남에서 현실정치를 실천하고 있었던 사람들은 베트남의 운명이 회담장 테이블이 아니라 현장에서의 힘의 균형에 따라 정해진다고 확신했다.

돌이켜보건대 미국이 협상을 개시하는 조건으로 대가를 전혀 지불할 필요가 없었다는 데는 거의 의문이 없었다. 북베트남은 미국의 양 정당이 협상 결과를 지키겠다고 약속만 한다면 1968년 미국 대선 이전에 협상하기로 결정해놓은 상황이었다. 그러나 북베트남 지도자들은 먼저 군사적 균형을 자신에게 유리하게 해놓으려는 상당한 노력을 하지 않고는 협상을 개시하려고 하지 않았다. 협상에서 유리한 위치를 차지하기 위한 수단은 음력 설날에 일어났던 구정 대공세(Tet Offensive)였다. 1968년을 포함해서 매년 음력 설날 무렵에는 휴전하기로 합의가 되어 있었다. 그럼에도 불구하고 1월 30일에 공산군이 남베트남의 30개 지방 주요 도시를 상대로 대규모 공격을 개시했다. 완전한 기습공격을 감행한 뒤 이들은 사이공의 핵심 목표물을 장악했고, 심지어 미국 대사관 부지와 웨스트모어랜드(Westmoreland) 장군의 본부까지 접근했다. 옛날 수도였던 후에(Hue)가 공산주의자들에게 함락되어 25일 동안 점령되었다.

군사적으로 구정 대공세는 오늘날 공산주의 세력이 패배한 주요 사례로 인식되고 있다.[46] 이 전투는 게릴라가 모습을 드러내고 공개 전투에서 교전한 최초 사례였다. 전국적인 공격을 개시하기로 결정함에 따라, 게릴라가 평소였다면 선택하지 않았을 전장에서 전투를 해야 했다. 미국의 압도적 화력으로 미 육군 교과서가 예측했던 대로 거의 모든 게릴라의 인프라를 전멸시켰다. 그 이후 나머지 전쟁 기간 동안 베트콩 게릴라는 더 이상 유효한 전력이 되지 못했다. 거의 모든 전투를 북베트남 정규군이 수행했다.

일부 측면에서 구정 대공세는 미국의 군사적 독트린의 타당성을 입증했다. 모든 것을 단 한 번의 도박에 던짐으로써 공산주의자들은 미국이 전략상 갈망했던 소모전을 받아들였다. 아마도 이들은 공식 발표에서 밝혔던 것보다 훨씬 더 큰 피해를 입었을 것이다. 혹은 아마도 협상을 하려는 미국의 열망에 기대어 미리 안전망을 깔아놓으려고 했던 것일 수도 있다.

그럼에도 불구하고 구정 대공세는 북베트남에 중요한 심리적 승리를 안겨주었다. 만약 미국 지도자들이 게릴라라는 방어막이 사라진 북베트남 주력 부대를 더 세게 압박했더라면 사건의 흐름이 어떻게 되었을지 다소 우울하게 반추해볼 수도 있을 것이다. 만약 미국이 이때 정말로 모든 것을 걸었다면 존슨은 자신이 제안했던 무조건적인 협상을 얻어내고, 어쩌면 무조건적인 정전도 이뤄낼 수도 있었다. 존슨이 다시 협상을 제안하자 북베트남이 신속하게 72시간도 안 걸려서 수락했다는 점에서 이런 가능성이 살짝 드러났다. 이 제안은 샌안토니오 포뮬러에 기반한 부분적인 폭격 중단과도 결부되어 있었다.

하지만 미국 지도자들이 이미 진절머리가 났던 것이지, 여론이 그들을 등진 것은 아니었다. 여론 조사 결과 미국인 중 61퍼센트는 스스로를 매파로, 23퍼센트는 비둘기파로 간주했고, 70퍼센트가 폭격 지속을 찬성했다.[47] 주눅이 들은 그룹은 그간 계속 개입을 지지해왔던 기득권 인사들이었다. 존슨은 과거 행정부 주요 인사들을 불러 모았고, 대부분 매파였다. 이 중에는 딘 애치슨(Dean Acheson), 존 맥클로이(John Mccloy), 맥조지 번디(McGeoge Bundy), 그리고 더글러스 딜런(Douglas Dillon)처럼 신념이 굳건한 인사들이 포함되어 있었다. 이들 중 대다수가 확전을 끝내고 전쟁 청산을 시작하라고 조언했다. 아직 대체로 알 수 없었던 북베트남의 태도를 고려할 때, 이런 결정은 패배의 시작임이 틀림없었다. 공평하게 말하자면 나도 이 "현인들(Wise Men)"의 말에 대체로 동의했다. 결국 전환점은 발생하는 순간보다 돌이켜보았을 때 더 알아채기 쉽다는 말이 입증되었다.

1968년 2월 27일에는 당시 영향력이 절정에 있었던 텔레비전 앵커 월터 크롱카이트(Walter Cronkite)가 실패를 예견함으로써 백악관에 충격파를 보냈다.

> 베트남에서의 피비린내 나는 상황이 교착상태로 귀결되리라는 게 이제 그 어느 때보다도 확실해 보입니다. 이번 여름의 거의 확실한 대치상황은 주고받기식 협상이나 끔찍한 확전 둘 중 하나로 끝나게 될 것입니다. 우리가 모든 수단을 동원해서 확전한다 해도 적이 우리에게 맞설 수 있기 때문입니다.[48]

마지막 주장은 상당히 의문의 여지가 있었다. 북베트남이 위험과 이익에 관한 상상 가능한 모든 계산에 구애받지 않는 역사상 유일한 나라라는 말은 사실일 수가 없었다. 물론 북베트남이 다른 어떤 나라보다도 고난을 견디는 한계점이 높았다는 것은 거의 사실이나, 설령 그렇더라도 한계점이 있었다. 북베트남이 가장 관심이 적었던 것은 주고받기식 협상이었다. 그럼에도 크롱카이트의 과장된 언급에는 중요한 진실의 일면이 있었다. 북베트남의 한계점이 미국을 분명히 능가했다.

그때까지 미 행정부를 지지했던 〈월스트리트저널〉 또한 전열에서 이탈하면서, 전개되는 상황이 "우리가 갖고 있었던 원래의 훌륭한 목표를 망치고 있는 게 아닌가? … 만약 실질적으로 정부나 국민에게 남는 게 아무것도 없다면, 무엇을 지켜야 하고 왜 그래야 하는가?"라는 질문을 던졌다. 〈월스트리트저널〉은 "미국인들이 아직 베트남에서의 모든 활동이 실패할 운명이라는 사실을 받아들일 준비가 안 되어 있다면, 그럴 준비를 해야 한다."라고 판단했다.[49] 3월 10일에 NBC는 베트남에 관한 특집 프로그램에서 당시 유행하던 어법으로 결론을 맺었다. "다른 모든 논쟁을 차치하더라도, 우리가 이제 베트남을 구하기 위해 베트남을 파괴하는 게 헛된 일인지 아닌지를 결정할 때가 가까워졌다."[50] 시사주간지 〈타임〉도 3월 15일 이런 합창에 동참했다. "1968년에는 베트남에서의 승리 혹은 유리한 합의조차도 세계에서 가장 강력한 국가가 지닌 힘의 범위를 벗어나는 것임을 절실히 깨닫게 되었다."[51]

중진 상원의원들도 논쟁에 뛰어들었다. 맨스필드는 이렇게 선언했다. "우리는 잘못된 장소에 있고, 잘못된 종류의 전쟁을 하고 있습니다."[52] 풀브라이트는 "의회의 승인 없이 그리고 의회에서의 어떠한 토론이나 고려도 없이 행정부가 전쟁을 확대하는 권한"을 문제 삼았다.[53]

이런 공세에 충격을 받은 존슨이 굴복했다. 1968년 3월 31일에 존슨은 일방적으로 북위 20도선 이북 지역의 폭격을 부분적으로 중단하며, 실질적인 협상이 개시되는 즉시 전면적인 폭격 중단이 뒤따를 것이라고 발표했다. 상당한 규모의 증원군이 베트남에 더 이상 파병되지 않을 것이라고 밝히면서, 안심시키려고 자주 들먹이던 "우리의 목표는 결코 남베트남에서의 적의 섬멸이 아니었습니다."라는 말을 또다시 반복했다.[54] 북베트남이 미군 시설을 파괴하는 공격을 개시하고, 후에(Hue)에서만 수천 명의 민간인을 학살함으로써 공식적인 정전을 위반한 지 6주일 후, 존슨은 북베트남 지도자들에게 동남아시아 경제개발에 참여해달라고 요청했다. 경제원조 가능성을 노골적으로 시사한 것이다. 그는 대통령 재선 불출마 선언도 했다. 동남아시아에 50만 명의 병력을 보냈던 대통령은 장병들의 탈출을 후임자에게 맡기게 되었다.

이는 제2차 세계대전 이후에 미국 대통령이 내린 가장 운명적인 결정 중 하나였다. 만약 존슨이 이토록 극적으로 포기하지 않았더라면 베트남 이슈를 놓고 선거에서 경쟁할 수 있었을 것이고, 어떻게든 국민의 신임을 확보할 수 있었을 것이다. 만약 존슨이 건강상의 문제로 두 번째 임기를 감당할 수 없었다면, 선거 이후 후임자와 의회가 어떤 선택에 합의하든 최선의 가능한 옵션을 후임자에게 넘겨주기 위해 남은 임기 동안 북베트남을 계속 압박했어야 했다. 구정 대공세의 여파로 북베트남이 약해졌다는 사실을 감안할 때, 만약 1968년에 압박정책을 구사했더라면 거의 틀림없이 최종적으로 나왔던 결과보다 훨씬 더 좋은 협상의 틀을 만들어냈을 것이다.

존슨이 단계적 축소, 재선 포기, 협상 제안을 동시에 함에 따라 모든 불리한 조건이 합쳐졌다. 그의 잠재적 후임자들은 경쟁적으로 평화를 약속했지만, 구체적 조건을 명확히 밝히지는 못했다. 그리하여 실제로 협상이 시작되자 대중이 환멸을 느끼는 분위기가 조성되었다. 북베트남은 절차적인 대화를 내주고 폭격 중단을 얻어냈고, 비록 북베트남 인력을 투입하긴 했지만 남베트남에서 자신의 인프라를 복구할 수 있는 기회를 얻어냈다. 북베트남은 존슨과 합의해야 할 유인이 없었고, 후임자에게 똑같은 힘의 시험을 반복하려는 유혹을 강하게 느꼈다.

27

베트남: 탈출. 닉슨

Vietnam: The Extrication; Nixon

성공하지 못한 전쟁이라는 최초의 경험으로부터, 그리고 미국의 도덕적 확신과 실제로 가능했던 일이 충돌했던 최초의 해외 개입 활동으로부터 미국을 구출해내야 하는 과제가 닉슨 행정부에 떨어졌다. 이보다 더 고통스러운 외교적 과제는 거의 없었던 것으로 밝혀졌다. 어떤 나라도 괴로움 없이 이런 과도기를 감당할 수 없었다.

알제리에서 철수한 프랑스 사례가 미국이 따라야 하는 모델로 자주 인용되었지만, 실제로는 드골이 알제리 문제를 해결하기까지는 닉슨이 인도차이나 개입을 끝내기 위해 요구되었던 4년보다 더 긴 기간이 걸렸다. 프랑스가 알제리로부터 빠져나오는 과정에서 드골은 백만 명의 프랑스 정착민을 포기해야 하는 부담을 짊어져야 했고, 정착민 가족 중 일부는 알제리에서 몇 세대를 살아온 경우도 있었다. 베트남으로부터 미군 장병을 철수하면서 닉슨은 지난 20년 동안 4명의 대통령이 모든 자유로운 사람들의 안보에 핵심적이라고 천명해온 개입 활동을 청산해야 했다.

닉슨은 이렇게 비통한 과제를 남북전쟁 이후 국내적으로 여론을 가장 다루기 힘든 상황에서 떠맡았다. 25년이라는 세월이 흘렀지만 베트남에 대한 미국 내 국민적 컨센서스가 급작스럽게 붕괴했다는 사실은 여전히 충격적이다.(원저는 1994년에 출간되었다.—옮긴이) 1965년 당시 미국은 공산주의 세력의 전 세계적 음모로 보이는 게릴라전에서 승리하고 동남아시아에 자유로운 정치제도를 수립하는 데 전념했다. 여론도 전반적으로 지지했다. 2년이 지난 1967년에 이 똑같이 대담한 계획은 단지 실패했을 뿐만 아니라 전쟁에 미친 정치인들의 일탈된 정책이라고 인식되기 시작했다. 한때 지식인 공동체는 진취적이고 젊은 대통령의 등장을 축하했다. 그리고 곧이어 그 공동체는 잔혹 행위, 조직적인 거짓말, 전쟁 욕망 등을 이유로 후임자를 매도했다. 후임 대통령의 전략이나 적어도 대통령을 보좌하는 전략가들이 전임 대통령 당시와 똑같았는데도 이 후임 대통령은 비난을 받았다. 임기가 끝나가는 1968년이 되자 존슨 대통령은 폭력 시위대를 물리적으로 차단할 수 있는 군부대나 다른 장소 외에는 더 이상 공개석상에 등장하지도 못했다. 현직 대통령이었음에도 불구하고 존슨은 1968년 자신이 소속된 정당의 전당대회조차 참석하지 못하는 신세였다.

불과 몇 달 간의 휴식기를 거친 뒤에 폭력적인 반전운동이 재개되었고, 존슨 후임자인 닉슨 시기에 더욱 가속되었다. 공론화된 이견이 보다 깊고 근본적인 철학적 차이에서 비롯되었기 때문에 국내적 논란이 매우 격렬해졌고 해결이 거의 불가능해졌다. 닉슨은 베트남에서 명예롭게 빠져나오고 싶었기 때문에 협상을 갈망했고, 자신의 전임자들에 의해 미국에 의존하게 된 수백만 명의 사람들을 북베트남 공산주의자에게 넘겨주는 상황을 모면할 수만 있다면 뭐든지 거의 무방하다고 생각했다. 그는 평화로운 국제질서를 형성하는 미국의 역량이 신뢰도와 명예에 달려 있다고 보았기 때문에 이 두 가지 요소를 아주 진지하게 여겼다.

반면에 평화운동(Peace Movement)을 주도했던 사람들은 이 전쟁을 너무나 혐오스럽게 여겼기 때문에 베트남으로부터 명예롭게 빠져나온다는 말 자체가 터무니없게 들렸다. 닉슨 행정부가 잠재적인 국가적 치욕이라고 인식했던 상황을 베트남 반전 운동가들은 바람직한 국가적 카타르시스라고 간주했다. 행정부는 자유로운 국민들의 보호자이자 부양자라는 제2차 세계대전 이후 미국이 해왔던 국제적 역할을 지속할 수 있는 결과를 얻어내려고 했다. 하지만 평화운동에 참여한 많은 사람들은 바로 이런 역할을 끝내기를 원했고, 바로 이런 모습을 결함이 있는 사회의 오만이자 **뻔뻔함**으로 보았다.

불과 한 세대 만에 미국은 제2차 세계대전과 한국전쟁, 그리고 15년간의 냉전 위기를 거쳤다. 베트남은 너무 많은 노력을 투입했지만 너무 견디기 힘들 정도로 희생이 나왔던 사례가 되었다. 미국의 전통적 가치와 기대와 상충했기 때문이다. 닉슨과 존슨 세대가 청소년기를 보냈던 1920년대와 1930년대에 미국인들은 스스로를 유럽인들의 마키아벨리식 권모술수를 초월한 존재로 보았다. 이 세대가 성년이 된 1940년대와 1950년대에 미국은 정의로운 전 세계적 임무에 나서라는 부름을 받았다고 믿었다. 실제로 미국은 자유진영에서 도전받지 않는 막강한 지도자로 등장했다. 이 사람들의 정치적 경력이 정점에 달했던 1960년대가 되자 베트남 사태를 둘러싼 평화운동이 이러한 전 세계적 임무를 문제 삼았다. 1970년대가 되자 미국에 새로운 세대가 등장했고, 이들은 미국이 더 이상 본연의 순수한 모습을 띠고 있지 않다고 보았다. 이들이 보기에 미국이 전 세계적 문제에 관여할 자격을 갖추려면 먼저 스스로를 개선하는 데 집중할 시간이 필요했다.

그리하여 미국이 전후시기를 통틀어 가장 모호한 도덕적 도전에 직면한 바로 그 순간에 세대교체가 이루어지고 있었다. 전쟁의 잔혹상이 텔레비전에서 적나라하게 묘사되면서 비판자들이 역겨워했고, 미국 동맹국들의 도덕적 수준에 갈수록 확신이 서지 않았다. 살상행위를 즉각 끝내는 해결책이 뭔가 있다고 확신하면서 이들의 심기가 갈수록 틀어졌다. 미국의 예외주의는 미국의 이상주의와 미국의 순진무구함, 미국의 헌신과 함께 미국 정책의 위대했던 시기들 중 하나를 지탱해줬다. 이제 이런 이상주의는 가차없이 미국의 동맹국에도 똑같은 완벽주의를 들이댔고 미국의 선택에 모호함이 없어야 한다고 요구했다. 이를 충족하지 못하면 미국에는 부끄러움만 남고, 동맹국에는 불행한 운명이 기다리고 있을 것이라고 미국의 예외주의는 내다봤다.

미국의 도덕적 고결성이 유연한 외교에 제약을 가했다. 베트남전쟁은 기껏해야 불완전한 대안과 비통한 선택들을 남겨두고 있었다. 평화운동의 직관적 충동에 따르면 미국은 이런 세계로부터 물러나야 했고, 타락하지 않은 도덕적 기둥이라는 원래의 비전을 접어야 했다. 아마도 프랭클린 루스벨트, 존 F. 케네디, 혹은 로널드 레이건과 같은 카리스마 넘치는 지도자였다면 이런 향수에 대처하는 방안을 찾아냈을지도 모른다. 하지만 이런 해결책은 다른 분야에서는 특출했던 리처드 닉슨의 재능을 뛰어넘는 문제였던 것으로 밝혀졌다. 존슨과 달리 닉슨은 국제문제에 대해 상당한 식견이 있었다. 닉슨은 많은 반전주의 비판자들처럼 베트남에서 명쾌하게 승리하는 방안이 설령 예전에 존재했더라도 더 이상 가능하지 않다는 확신을 지니고 대통령에 취임했다. 처음부터 닉슨은 심리적 위축을 초래하는 분쟁으로부터 철수하고 일종의 퇴로를 마련해야 하는 힘들고 생색도 못 내는 과제를 운명적으로 떠맡았다는 사실을 이해했다. 이런 과제를 명예롭게 이행하고 싶다는 태도는 대통령으로서 당연했고, 그게 대통령의 직무 기술내용과도 일치했다. 닉 슨이 감정적으로나 지적으로나 견딜 수 없었던 것은 그가 부러워했던 만큼 존경했던 명 문대학교 졸업생들과 기득권층이 자신이 보기에 미국의 굴욕적 붕괴와 동맹국에 대한 배 신이나 다름없는 노선을 택하라고 촉구했다는 점이었다.

닉슨은 자신이 보기에 특권층이라 할 수 있는 사람들이 주도했던 종종 폭력적인 시 위를 이념적으로 적대적인 사람들이 자신에게 해왔던 개인적 공격이 마침내 정점에 이른 것이라고 해석했다. 그의 눈에는 이런 시위가 베트남 문제를 정치적 투쟁으로 변질시킨 것으로 보였다. 닉슨은 외교 활동을 할 때는 아주 예민하면서도 절묘했지만, 국내정치와 관련해서는 거리의 투사였으며 자신이 생각하기에 많은 전임자들이 사용했다고 항상 믿 어왔던 상투적 수단에 의존했다.

만약 닉슨이 대통령으로서 특별사면을 발표했더라면 취임하기 한참 전부터 불거지 기 시작한 사회적 분노를 누그러뜨릴 수 있었을지는 알 수 없다. 1960년대 후반 무렵에 는 학생들의 격렬한 시위가 전 세계적인 현상이 되었으며 프랑스, 네덜란드, 독일에서도 들끓었다. 이 나라들 중 베트남에 필적할 만한 상황에 얽혀 있던 나라는 하나도 없었고, 미국적 의미의 인종 문제도 없었다. 아무튼 닉슨은 그 당시에 화해를 시도하기에는 너무 불안정했고 너무 취약했다.

공평하게 말하자면 닉슨은 기득권층으로부터 거의 도움을 못 받았고, 어찌 됐건 닉 슨이 직면하고 있는 문제는 기득권층이 떠넘긴 것이라는 사실을 주목해야 한다. 미국을 베트남전쟁에 관여시킨 이전 행정부의 고위 인사들은 닉슨 행정부의 확신을 많은 부분 공유했다. 애버렐 해리먼(Averell Harriman)과 클라크 클리포드(Clark Clifford) 전 국방장 관 같은 사람들은 전후 외교정책에서 초당파적인 컨센서스를 실천했던 주요 인물들이었 다. 평소라면 이 사람들은 위기 상황에서 국민적 단합을 어느 정도 유지해야 한다고 느꼈 을 것이고, 적어도 합의가 도출된 최소한의 평화 프로그램에 대해서는 사면초가에 몰린 행정부의 입장을 지지했을 것이다.

하지만 전후 외교정책에서 컨센서스를 형성해왔던 인물들이 이번에는 대통령을 도 저히 지지할 수가 없었다. 실제로 이들이 평화시위의 첫 번째 공격대상이 되었기 때문이 다. 이들은 자신들이 존경해왔고 오랫동안 핵심 지지층이라고 여겨왔던 남성들과 여성들 이 평화운동의 선봉에 있었기 때문에 이 상황이 유달리 가혹하게 느껴졌다. 이들은 뉴프런티어 정책을 적극 지지하고 실천해왔고, 사실은 아닐지라도 시위대를 자식처럼 여겼다. 존슨 행정부의 핵심 인사들은 평화운동의 방식은 찬성하지 않았지만, 시위대 내 보다 급진적인 사람들과 부지불식간에 사실상의 동맹 관계가 되었다. 이들은 행정부의 정책을 겉으로는 온건하게 계속 반대하면서 합의에 도달하려면 닉슨이 조금 더 양보해야 한다고 계속 입장을 바꿨고, 닉슨은 이들이 국민적 합의를 이끌어내지 못하게 막고 있다면서 더욱 화를 냈다.

닉슨은 명예로운 평화를 도출하기 위해 힘들지만 계속해 나가기로 했다. 내가 이런 활동을 맡았던 주요 담당자였기 때문에 이 사안과 관련된 내 설명은 내가 맡았던 역할과 이 사안의 기본전제에 내가 동의했다는 사실에 불가피하게 영향을 받는다는 점을 밝히고자 한다.

선거 후부터 취임 전까지의 기간에 닉슨은 본인이 협상을 통한 결과 도출에 전념할 것임을 베트남에 통보하라고 나에게 요청했다. 북베트남은 미국의 무조건 철수와 사이공의 응우옌반티에우 정부 타도를 조건으로 제시하며 응답했다. 이게 훗날 북베트남의 표준적인 요구 사항이 되었다.

북베트남은 심지어 닉슨의 공언이 진심인지 시험할 생각조차 하지 않았다. 닉슨이 취임한 지 3주일도 안 되어서 북베트남은 소위 미니 구정공세(Mini-Tet Offensive)라는 공격을 새롭게 개시했고, 이 공격이 지속되던 4개월 동안 평균적으로 매달 1,000명의 미국인이 사망했다. 닉슨의 타협 제안에도 불구하고 완강한 북베트남 지도자들은 전혀 상호주의라는 개념을 떠올리지 않았다. 폭격 중단을 악용하지 않겠다는 존슨 행정부와의 1968년 "양해"에도 불구하고 북베트남은 조금도 자제하지 않았다.

닉슨 행정부는 합리적인 타협안을 통해 국민적 컨센서스를 형성한 다음 미국민들이 단결한 상태에서 북베트남과 맞서기를 희망하면서 출범했다. 하지만 닉슨도 전임자들 못지않게 북베트남의 집요함과 투지를 과소평가했다는 게 금방 명백해졌다. 호찌민은 무능한 남베트남 지도부와 흔들리고 있는 미국의 개입 의지를 고려할 때, 북베트남군이 무조건 승리할 수 있다고 점점 더 확신했다. 현실정치를 구사하는 호찌민은 전쟁터에서 피와 총알로 얻어낼 수 있다고 기대하는 것을 협상 테이블에서 양보할 의사가 없었다.

평화 협상 상대로서 북베트남 지도부를 구성했던 완고한 영웅들보다 더 상대하기 까다로운 인물들은 찾아보기가 힘들 것이다. 닉슨 행정부가 출범했을 때, 베트남이라는 모험을 시작했던 민주당은 공식 노선과 "비둘기파"라는 소수 입장으로 첨예하게 분열되어 있었고, 이 소수 입장은 테드 케네디(Ted Kennedy), 조지 맥거번(George McGovern),

유진 매카시(Eugene McCarthy)와 같은 상원의원들의 지지를 받았으나 민주당 전당대회에서 거부되었다. 공화당 닉슨 행정부는 출범한 지 9개월이 되자 민주당 내 비둘기파 노선보다 더 나갔다. 북베트남은 미국이 양보해준 것을 다 챙기면서도 상호주의를 전혀 내비치지 않았고, 무조건적인 미군 철수 시한을 확정하고 사이공 남베트남 정부를 사실상 공산주의 정권으로 교체하라는 요구를 고수했다. 북베트남은 두 가지 요구사항이 동시에 충족되지 않으면 미군 포로를 석방하지 않겠다고 고집을 부렸다. 북베트남은 불명예까지 더해진 항복이나 다름없는 요구를 하고 있었다.

하지만 대통령은 주어진 과제가 예상보다 더 어렵다고 해서 그것을 포기할 수는 없다. 심지어 닉슨은 취임하기도 전에 이 전쟁을 어떻게 마무리할지 체계적으로 검토하라고 지시해놓은 상태였다. 세 가지 옵션이 분석되었다. 일방적 철수, 군사적, 정치적 압박의 결합을 통한 북베트남과의 정면대결, 그리고 미국이 점진적으로 철수할 수 있도록 남베트남 정부로의 점진적인 전쟁 책임 전환이 있었다.

첫 번째 옵션인 일방적 철수는 훗날 수정주의자들이 많이 추측해보는 주제가 되었다. 닉슨은 취임하자마자 철수 날짜를 발표했어야 하고, 미국의 일방적 결정으로 전쟁을 종결했어야 했다는 주장이 있었다.[1]

역사가 저널리즘처럼 그렇게 단순하다면 얼마나 좋을까. 대통령은 재량권이 상당히 폭넓기는 하지만, 정치적 환경에 구속되며 실제 현실에 의해서도 제약을 받는다. 닉슨이 1969년에 취임했을 때 양당 중 어느 쪽도 일방적 철수를 지지하지 않았고, 어떠한 여론조사에서도 철수를 지지하는 여론이 높지 않았다. 1968년 민주당 전당대회에서 거부되었던 "비둘기파"의 노선은 미국의 공세적 작전 축소, 외국군 상호 철수(북베트남군 포함), 그리고 사이공 정부와 민족해방전선(NLF) 간의 화해 유도 등을 촉구하고 있었다. 이러한 입장의 근거는 상호주의였으며, 일방적 철수는 일언반구도 없었다.

존슨 행정부의 평화 프로그램은 마닐라 포뮬러(Manila Formula)로 이미 발표되어 있었다. 이 포뮬러는 북베트남이 철수하고 6개월이 지난 다음에 미군이 철수할 것이며, 폭력 수위가 줄어든 경우에만 그렇게 하겠다고 제안했다. 그리고 나서도 상당한 규모의 미군이 한국 모델처럼 잔류하기로 예정되어 있었다. 민주당의 공식 노선은 남베트남에서의 자유로운 정치적 경쟁을 촉구하고 있었지만, 어디까지나 군사작전이 끝난 후의 이야기였다. 마지막으로 공화당의 노선은 전쟁의 "탈미국화(de-Americanization)"와 군사전략의 변화, 그리고 "무조건적인 절대 평화"나 위장된 평화에 기초하지 않은 협상을 촉구하고 있었다. 따라서 닉슨이 취임했을 때 양당의 모든 정파는 예외 없이 미국이 철수하기 전에 북베트남이 먼저 이행해야 할 조건을 주장했다. 모두 다 항복이 아닌 타협을 시사했다.

만약 미국이 당장 아무런 조건 없이 일방적으로 철수했더라도 극복할 수 없는 현실적인 문제가 대두되었을 것이다. 50만 명 이상의 미국인들이 70만 명 정도 되는 남베트남군 편에 서서 전투하고 있었으며, 적어도 25만 명에 달하는 북베트남 병력과 그리고 이와 맞먹는 규모의 게릴라와 대치하고 있었다. 만약 닉슨 행정부 초기에 일방적으로 철수하겠다고 약속했다면, 대규모의 미국 원정군이 미국으로부터 배신당한 동맹국인 남베트남의 분노와 북베트남의 완강한 공격 사이에 갇히는 상황이 발생했을 것이다.

미 국방부는 15개월 이내에 질서정연하게 철수하기는 어려울 것이라고 판단했다. 이 기간 동안 잔류 병력이 베트남 양측의 포로가 될 수도 있는 상황까지 미군의 입지가 점차 취약해질 것이다. 만약 남베트남군이 동맹군인 미군을 공격하지 않고 그냥 붕괴한다고 가정해도, 말할 수 없을 정도로 혼란스러운 상황에서 미군이 철수한다는 결과가 나올 것이다. 특히 북베트남이 틀림없이 갈수록 우세해짐에 따라, 이런 상황을 이용해서 더 엄중한 강화조건을 요구할 것이다. 일방적 철수는 무시무시하고 피비린내 나는 대실패를 초래할 잠재적 요인이 상당히 많았다.

무엇보다도 닉슨 행정부는 일방적으로 철수하면 지정학적 대재앙이 벌어질 것이라고 확신했다. 지난 20년간 미국에 대한 신뢰가 고통스럽게 구축되어왔다. 이게 자유진영 체제의 핵심 요소였다. 4명의 대통령을 거치면서 지속되었던 미국의 공약이 여태까지 외교정책 분야에서 보수적이라고 여겨졌던 대통령에 의해 180도 뒤바뀐다면 미국 동맹국들 사이에서 엄청난 환멸을 초래할 것이다. 특히 미국의 베트남 정책의 세부사항에 동의하는지 여부와 상관없이 미국의 지원에 가장 의존해왔던 동맹국들 사이에서 여파가 엄청날 것이다.

이런 상황에서 닉슨 행정부는 자신의 완전한 승리가 불가피하며 일방적 철수를 강요할 수 있다고 생각하고 있는 북베트남의 계산에 영향을 주는 전략이 필요하다고 결론을 내렸다. 따라서 두 번째로 고려되었던 옵션은 정치적, 군사적 수단을 조합해서 상황을 막다른 골목으로 몰아가는 것이었다. 나도 개인적으로 이 전략을 선호했다. 국내적으로 소모적인 갈등을 끝내고 행정부가 보다 여론을 결집시키는 작업에 착수할 수 있다고 믿었기 때문이다. 이 옵션은 세 가지 구성 요소가 있었다. (1) 전쟁을 지속하도록 의회가 승인한다. (2) 공산주의자들의 남베트남 장악에 협조하게 되는 경우를 제외하고 미국이 모든 가능한 양보를 하는 협상에 주력한다. (3) 군사전략을 변경해 남베트남 내부의 인구밀집 지역 보호에 집중하는 한편, 동시에 라오스 내 호찌민 루트를 차단하고 캄보디아 내 군사기지 지역들을 소탕하며 북베트남 항구에 기뢰를 부설하는 등 북베트남의 보급로를 파괴하기 위한 시도를 한다. 4년이라는 기간에 걸쳐 이 모든 조치가 결국 다 채택되었고, 마침내 북베트남이 지난 10년 동안 일관되게 거부해온 조건을 1972년에 수용했다. 만약 이런 조치가 베트남에 대규모 미군 전투 병력이 여전히 주둔 중일 때 동시에 개시되었다면, 그 효과가 더 결정적이었을지도 모른다.

닉슨은 임기 초에 의회를 방문해서 베트남전쟁에서 명예로운 결과를 얻어내겠다는 자신의 아이디어를 설명하고 의회의 승인을 요청할 수도 있었다. 그리고 만약 의회의 승인을 못 받으면 끔찍한 결과가 나오더라도 어쩔 수 없이 일방적으로 철수할 수밖에 없다고 강조할 수도 있었다. 하지만 닉슨은 두 가지 이유로 이런 취지의 조언을 거부했다. 일단 닉슨은 이런 행동은 대통령의 책임을 포기하는 것이나 다름없다고 보았다. 그리고 6년의 의회 경험을 통해 닉슨은 의회가 명확한 선택을 회피할 것이고, 기껏해야 많은 조건을 붙여 빠져나갈 여지를 만들고 애매모호하게 승인해서 오히려 문제를 더 키울 것이라고 확신했다. 이런 예상은 실제로 거의 정확했다.

처음에 닉슨은 베트남 병참체계를 공격하기를 주저했다. 여전히 불안정했던 소련 및 중국과의 관계가 더 악화될 수도 있었고, 훗날 미국의 외교정책이 유연해지는 데 크게 기여했던 삼각관계가 지연되거나 좌절될 수도 있었기 때문이다. 베트남에서의 긴장 완화에 대한 대중의 희망이 꺾인다면 평화운동이 한층 더 격화되었을지도 모른다. 군사적 결과는 너무나 불확실해 보였고, 국내적 비용은 통제 불가능해질 수도 있었다. 만약 "전진전략(forward strategy)"을 추진했다면 닉슨의 최측근 보좌진들로부터 상당한 저항에 직면했을 것이고, 내각을 교체해야 실행에 옮길 수 있었을 것이다. 만약 대통령이 이런 식으로 에너지를 소모하면 다른 필수적이고 장기적 구상에 대한 전망에도 악영향을 줬을 것이다.

미국 국민은 정부에 양립 불가능한 두 가지 목표를 동시에 추구하라고 요청하고 있는 것처럼 보였다. 즉, 전쟁이 끝나기를 원하면서도 미국이 항복하지 않기를 원하고 있었다. 닉슨과 보좌진은 이런 상반된 감정을 공유했다. 이런 모순 사이에서 미국 정책을 끌고 가려고 닉슨은 소위 베트남화(Vietnamization)로 가는 길이라는 제3의 옵션을 택했다. 이 옵션이 모든 난관을 일거에 해결할 수 있는 획기적인 방안이라는 생각이 들었기 때문이 아니라 미국의 베트남 탈출의 세 가지 핵심 요소들 간에 상대적으로 가장 안전한 균형을 잡고 있다고 보았기 때문이다. 즉, 미국이 국내적으로 사기를 유지하고, 남베트남 정부가 홀로서기를 하도록 솔직하게 기회를 제공하며, 북베트남이 합의를 하도록 유인을 제공한다는 세 가지 요소들을 생각해야 했다.

정책의 이 같은 세 가지 측면들을 서로 관리 가능한 관계로 유지하는 것이 미국의 베트남 탈출에 있어 궁극적인 시험대가 되었다.

미국 대중에 대해서는 미군 철수와 진지한 협상 노력을 통해 안심시키고자 했다. 남베트남에는 미국의 대규모 원조와 훈련을 통해 스스로 방어할 수 있는 기회를 제공하려고 했다. 북베트남의 경우는 평화 구상이라는 당근과 북베트남을 소진시키고 미국의 자제에도 한계가 있음을 경고하는 주기적 보복의 채찍에 직면하게 하려고 했다. 복잡한 전략이었던 베트남화는 그럼에도 불구하고 전략의 세 가지 요소들을 동시에 실행하는 게 불가능한 것으로 드러날 위험이 상당히 있었다. 시간이 이미 늦었을 수도 있고, 정책이 이도저도 아닌 걸로 끝날 수도 있었다. 잘해봐야 불확실한 과제였다. 어떤 식으로 철수를 해도 북베트남이 고무될 것이고, 베트남을 떠나면서 내뱉는 말들이 평화운동을 자극할 것이기 때문이었다.

내가 닉슨 대통령에게 제출한 1969년 9월 10일의 보고서—보고서 초안의 상당 부분을 당시 내 보좌관이었고 이후 클린턴 대통령의 국가안보보좌관을 지낸 앤서니 레이크(Anthony Lake)가 작성했다—에서 나는 베트남화의 위험 요소들을 다루었다.[2] 이 보고서는 만약 베트남화가 너무나 오래 걸린다면 대중의 초조함이 줄어들기보다는 커질 수도 있다고 지적했다. 그렇게 된다면 행정부는 매파와 비둘기파 사이의 무인지대에 놓이게 될 것이다. 즉, 매파가 보기에는 너무 수용적이고 비둘기파가 보기에는 너무 호전적이 될 것이다. 두 그룹을 다 달래려고 하는 정부 성명은 "북베트남을 혼란스럽게도 만들 수도 있지만, 우리가 나가기를 기다리는 북베트남에 확신을 심어줄 것이다."

- "베트남화"는 실행 과정에서 갈수록 심각한 문제에 봉착하게 될 것이다.
- 미군 병력의 철수는 미국 대중에게 소금 친 땅콩처럼 될 것이다. 더 많은 장병이 귀국할수록 더 많은 귀국 요구가 있을 것이다. 이는 결국에는, 사실상 일방적인 철수 요구로 이어질 수 있다. 아마도 1년 이내에 이렇게 될 것이다.
- 더 많은 미군 병력이 철수할수록 북베트남이 더욱 고무될 것이다.
- 철수하는 각각의 미군 장병은 남베트남에서의 활동에 상대적으로 더 중요해질 것이다. 이들이 전임자에 비해 미군의 더 높은 비율을 차지할 것이기 때문이다.
- 잔류하는 장병들의 사기 유지가 갈수록 어려워질 것이다. 이들의 어머니들은 말할 필요도 없다.

- "베트남화"는 그 최종 단계 전까지는 미군 사상자의 감소로 이어지지 않을 수 있다. 미군 사상자 비율이 남베트남에 주둔하는 미군 총병력 수와는 무관할 수 있기 때문이다. 매주 150명의 미군을 죽이려면, 적은 아군의 일부만 공격해도 충분하다.[3]

보고서는 이 모든 게 사실이라면 북베트남이 미국의 군사적 패배가 아니라 심리적 패배에 집중할 것이라고 주장했다. 그리고 전쟁을 질질 끌고 협상을 지연시키며 미국의 국내 상황이 엉망이 될 때까지 기다릴 것이다. 이런 예측은 상당히 현실이 되었다.

이 보고서는 우리가 나중에 겪게 될 많은 어려움을 예견했다. 보고서 자체도 무의미해질 운명이었다. 일단 보고서가 대통령에게 제출되었지만, 대통령 집무실까지 들어갔는지는 챙겨보지 않았다. 워싱턴에서는 아이디어가 저절로 채택되지 않는다. 작성자가 자신의 보고서가 채택되도록 싸울 의향이 없다면 자신의 주장이 행동 지침이 되기보다 사후 변명거리가 될 가능성이 더 크다. 나는 북베트남과의 전면 대결을 밀어붙이는 대안이 실행되었을 때 초래될 강력한 반발과 국내적 혼란 앞에서 움츠러들었고, 이 옵션을 체계적으로 검토해보자고 강하게 주장하지도 않았다. 대통령도 이 보고서를 자세히 들여다보지 않았다. 아마도 거의 같은 이유 때문이었을 것이다. 닉슨은 베트남과 관련된 정부 부처 중 어느 곳도 유보적 입장을 표명하지 않는 한 베트남화 옵션을 찬성하는 자신의 결정을 번복할 동기가 전혀 없었다. 그리고 그들 중 아무도 그러지 않았다. 총대를 메기에는 다들 시위에 너무나 큰 충격을 받았기 때문이다.

나는 닉슨이 취임할 무렵에 베트남에서의 유일한 선택들이 고만고만하게 나쁜 것밖에 없다는 점을 보여주려고 그러한 선택의 괴로운 점을 검토했었다. 베트남화가 아주 고통스러울 정도로 힘들 것이라고 해서 다른 옵션들이 더 매력적으로 보이지도 않았다. 베트남전쟁을 비판했던 미국인들은 이처럼 중요한 현실을 제대로 이해하지 못했다. 실제로 다른 사례에서도 마찬가지였다. 외교정책은 종종 불완전한 선택들을 놓고 결정해야 하는 상황을 수반한다. 닉슨이 베트남에서 직면한 선택은 거의 똑같이 마음에 들지 않는 대안들뿐이었다. 20년간의 봉쇄정책 후에 미국은 지나치게 확장한 대가를 치르고 있었다. 남아 있는 선택 중 간단한 게 하나도 없었다.

비록 베트남화는 위험한 방침이었지만, 모든 것을 감안할 때 가능한 옵션들 중에서 최선책이었다. 미국 국민과 남베트남 국민이 미국의 불가피한 철수 상황에 익숙해지게 해준다는 장점이 있었다. 만약 냉혹하게 미군을 감축하는 과정에서 미국이 남베트남을 강하게 만드는 데 성공한다면, 미국의 목표가 달성될 것이다. 닉슨 행정부도 실제로 그렇게 해보려고 했다. 만약 성공하지 못하고 일방적 철수가 유일하게 남은 선택이라면, 혼돈과 굴욕의 위험을 줄이는 수준까지 미군을 축소한 다음에 최종적인 탈출이 이루어질 것이다.

이 정책이 전개됨에 따라 닉슨은 협상을 위해 진지하게 노력하기로 결심했고, 나더러 이 임무를 실행하라고 요청했다. 조르주 퐁피두(Georges Pompidou) 프랑스 대통령이 내 앞에 놓인 상황을 간단명료하게 요약했다. 내가 파리에서 북베트남 측과 비밀 협상을 할 때, 프랑스 대통령실이 행정적 지원을 해줬기 때문에 나는 매 협상 기간이 끝날 때마다 그에게 브리핑을 해줬다. 한때 너무나 힘든 교착상태로 내가 유달리 낙심하고 있을 때, 퐁피두는 무미건조하고 상식적인 말투로 이렇게 말했다. "당신은 성공을 선고받은 거나 마찬가지입니다."

공직자들은 조국을 위해 봉사할 수 있는 시기나 자신들을 기다리고 있는 과제를 자유롭게 선택할 수가 없다. 이와 관련해서 내가 어떤 선택을 할 수 있었다면, 나는 틀림없이 레둑토(Le Duc Tho)보다 더 협조적인 협상 파트너를 택했을 것이다. 그와 하노이에 있는 정치국 동료들은 이념을 통해 배운 것을 경험으로 한층 더 강화했다. 즉, 게릴라전은 승자와 패자에 관한 것이지 타협에 관한 것이 아니라는 사실이다. 초기 단계에서 베트남화는 그들에게 별다른 인상을 주지 못했다. 1970년 레둑토가 매우 자신만만하게 "미국인 50만 명의 지원을 받았는데도 이기지 못하는데, 어떻게 남베트남군이 혼자서 승리할 것이라고 기대하나요?"라고 물었다. 이 질문은 뇌리를 떠나지 않고 우리를 괴롭혔다. 4년 동안 남베트남을 강화하면서 동시에 북베트남을 약화시킨다는 방안은 남베트남이 머지않아 혼자서도 승리할 수 있을 거 같아 보이게 만들었다. 여전히 그조차도 북베트남이 협정을 체결하게 하려면 항구 봉쇄, 북베트남의 공세 저지, 강력한 폭격이 필요했다.

타협에 무관심하고—실제로 교착상태를 무기로 삼으려고 했다—지독하게 완강한 적은 미국의 과거 경험에서 볼 때 매우 생소한 존재였다. 그 어느 때보다도 더 많은 미국인들이 협상을 갈망했다. 하지만 북베트남 지도자들은 승리하려고 전쟁을 시작했지 타협하려고 시작한 게 아니었다. 그리하여 미국 측 논의 주제들—폭격 중단, 휴전, 미군 철수 시한, 그리고 연립정부 등과 관련한 많은 제안들—은 북베트남의 계산과 전혀 무관했다. 북베트남은 극심한 압박을 받을 때, 특히 미국이 폭격을 재개했을 때, 그리고 무엇보다도 북베트남 항구에 기뢰를 부설한 후에 교섭에 응했다. 하지만 압박에 의지하는 전술은 국내 비판자들을 바로 격분시켰다.

북베트남과의 협상은 두 단계로 개최되었다. 파리에 소재한 마제스틱 호텔(Hotel

Majestic)[4]에서 무력충돌과 관련된 네 당사자 간의 공식 회담이 있었다. 이 회담은 미국, 응우옌반티에우 정부, NLF(북베트남의 남베트남 전선 조직), 그리고 북베트남 정부로 구성되었다. 남베트남 정부가 NLF를 승인한다는 인상을 주지 않으면서 NLF가 착석할 수 있는 회담 테이블 모양을 놓고 논쟁하느라 몇 달이 허비되었지만 공식 협상은 바로 결렬되었다. 회담 규모가 너무 컸고, 여론의 관심이 너무 높았으며, 북베트남 정부는 남베트남 정부나 혹은 이 문제에 있어서 자신의 대리인인 NLF에게조차도 동등한 지위를 부여하기를 꺼렸던 것으로 드러났다.

그래서 닉슨 행정부는 소위 사적 회담, 즉 비밀 회담을 지속했다. 이 회담은 미국 대표단과 북베트남 대표단만으로 한정되었고, 존슨 행정부 시기 마지막 몇 개월 동안 협상을 담당했던 애버렐 해리먼(Averell Harriman)과 사이러스 밴스(Cyrus Vance)가 협상의 시작을 맡았다. 늘 그렇듯이 레둑토의 파리 도착은 북베트남이 협상할 준비가 되어 있다는 신호였다. 레둑토는 북베트남에서 서열 5위였지만, 그는 자신을 단지 수석대표 쑤언투이(Xuan Thuy)의 특별 보좌관이라고 불렀다. 마제스틱 호텔에 있는 북베트남 대표단의 단장은 기술적으로는 외교부 직원인 쑤언투이였다.

협상에서 미국은 군사적 이슈와 정치적 이슈를 분리한다는 입장이었고, 1971년 이래 이런 입장에 변함이 없었다. 이 방안은 먼저 휴전을 실시하고, 이어서 미군이 전면철수하고 북베트남의 재보급과 병력 증원이 종료되도록 했다. 남베트남의 정치적 미래는 자유로운 정치적 경쟁에 맡기도록 했다. 1972년 10월에 돌파구가 마련되기 전까지 북베트남은 미군의 완전 철수를 위한 무조건적인 시한 설정과 응우옌반티에우 정부의 해체를 요구했다. 철수 시한은 다른 주제에 대한 협상에 들어가는 입장료이고, 다른 주제의 성공여부와 무관하게 지속되어야 한다고 주장했다. 미국은 타협을, 북베트남은 항복을 각각 요구했다. 타협이 가능해지도록 전장에서 힘의 균형이 형성될 때까지는 절충점이 없었다. 절충점이 생겨도 힘의 균형이 지속되는 동안만 유지되었다.

회담은 변함없이 미국 측이 요청했고, 주프랑스 미국 대사관 무관이던 버논 월터스(Vernon Walters) 장군이 중재자 역할을 했다. (월터스는 이후에 중앙정보부 부국장, 주유엔 대사, 주독일 대사 등 요직을 거쳤고, 대통령이 지시하는 수많은 민감한 업무를 수행했다.) 미국이 첫 번째 수를 두도록 교묘히 유도하는 게 심리적 우위를 구축하기 위한 북베트남의 집요한 계략 중 하나였다. 이 전술은 북베트남이 미국의 국내적 위기를 얼마나 잘 이해하고 있는지를 보여주었다. 만약 레둑토가 얼마간 파리에 있는 동안 미국 정부를 접촉하지 않고 있다면, 이는 그가 기자들이나 파리를 방문한 의원들에게 닉슨 행정부가 북베트남의 평화적 의도를 파악하지 못하고 있다고 분명 암시하는 것이었다. 미국의 국내적 논란을 고려할 때 이런 암시는 어김없이 널리 받아들여졌고, 레둑토는 회담이 개최되는 중에도 이런 암시를 내비쳤다.

레둑토가 1970년부터 1972년 사이에 매번 파리를 방문할 때마다 몇 달에 걸쳐서 대여섯 번의 회담이 개최되었다. (쑤언투이가 혼자 회담에 있었던 경우도 몇 번 있었다. 레둑토가 불참한 회담은 완전히 시간낭비였던 것으로 밝혀졌다.)

협상은 판에 박힌 절차를 따랐다. 북베트남 측 협상단의 공식 수석대표로서 쑤언투이는 마제스틱 호텔에서 했던 회담에서, 우리에게 익숙했던 길고도 지루한 베트남의 협상 입장을 똑같이 읊으면서 시작했다. 그러고 나서 "발언권을 레둑토 특별 보좌관에게" 넘겼다. 브라운 혹은 블랙 마오 슈트를 깔끔하게 차려입은 레둑토는 철학적 이슈에 초점을 맞춘 긴 연설을 했고, 군데군데 과거 베트남의 독립 투쟁에 관한 서사적 이야기를 끼워 넣었다.

협상이 거의 끝날 때까지 레둑토의 주제는 똑같다. 힘의 균형이 북베트남에 유리하게 기울어졌고, 갈수록 더 그렇게 될 것이다. 전쟁은 정치적 목표를 위해 시작되었고, 그렇기 때문에 포로 교환을 위해 휴전하자는 미국의 제안은 터무니없고 받아들일 수 없다. 정치적 해결은 미국이 남베트남 정부를 타도하는 것부터 시작해야만 한다. (한때 레둑토는 도움을 주고자 이 목표를 달성하기 위한 방법, 즉 응우옌반티에우 암살도 제안했다.)

이 모든 것이 흠잡을 데 없이 예의바르고 냉랭한 태도로 도덕적 우위를 풍기면서 마르크스주의자의 언어로 제시되었다. 그는 무지몽매한 제국주의자의 감탄사에는 전혀 개의치 않았다. 레둑토는 이념적 교시에나 나올 법한 난해한 언급조차도 그냥 넘어가지 않았다. 한번은 내가 회담에서 휴식 시간을 갖자고 제의하면서, 내가 생각하기에도 충분히 재치가 있는 마르크스식 표현을 원용했다. "객관적 필요성" 때문에 중단이 불가피해졌다고 말했다. 그러자 레둑토는 나 같은 제국주의자가 마르크스주의 용어를 사용하는 게 부적절하다고 또 10분간 장황하게 설명을 했다.

빙하처럼 천천히 나아가는 레둑토 방식의 배후에 있는 기본 전략은 자신이 미국의 분열을 유리하게 이용할 수 있는 위치에 있기 때문에 시간이 자신의 편임을 전달하는 것이었다. 1970년 2월부터 4월까지 있었던 제1차 회담에서 레둑토는 휴전도, 15개월에 걸친 철수 계획[5]도, 전투 규모의 단계적 축소도, 그리고 캄보디아의 중립화도 거부했다. (아주 흥미롭게도 레둑토가 구체적인 내용까지 밝히지는 않았지만, 불만을 죽 늘어놓으면서도 캄보디아 내 은신처에 대한 "비밀" 폭격은 결코 언급하지 않았다.)

1971년 5월부터 7월까지 진행된 제2차 협상에서 레둑토의 냉소주의가 바닥을 뚫고 새로운 저점을 찍었다. 공개 토론에서 NLF는 7개 항목의 계획을 제시했다. 레둑토는 이와 약간 다르면서 보다 구체적인 9개 항목을 비밀 회담에서 제시했고, 특히 후자가 실제 협상의 토대가 되어야 한다고 강조했다. 그러는 사이에 공산당 대변인은 자신들이 공개적으로 제시한 7개 항목에 대한 답을 달라고 목소리를 높였고, 닉슨 행정부는 북베트남 측 협상가들이 협상하길 원하지 않는다고 분명히 밝혔던 제안에 응답하지 않는다고 공격받았다. 이런 속임수는 닉슨이 이 계략을 공개적으로 밝힐 때까지 계속되었다. 그러자 북베트남은 7개 항목 계획에 관한 두 가지 "부가 설명"을 발표했고, 이로 인해 닉슨은 여론의 압박을 더 받게 되었다. 최종 협상이 끝난 후, 나는 레둑토에게 그 두 가지 부가 설명이 설명하려는 게 정확히 뭐냐고 물었다. 레둑토는 "아무것도 없는데요."라고 미소를 지으며 대답했다.

1972년 8월부터 1973년 1월까지 개최된 제3차 협상에서 돌파구가 마련되었다. 10월 8일에 레둑토는 미국이 남베트남 정부를 전복하라는, 늘 해왔던 요구를 포기하고 휴전에 동의했다. 그때부터 상황이 급속히 결론으로 치달았다. 레둑토는 협상 진행을 방해하던 기간에 보여준 완고한 태도만큼이나 해결책을 모색하는 데 있어 자신이 기발하다는 점을 과시했다. 심지어 협상 개회사도 비록 길이가 예전보다 짧아지지는 않았지만, 진전을 이뤄내자는 훈계조 내용으로 바뀌었다. 하지만 진지한 협상이 개시되었다고 해서 그의 고약한 기질이 자제되지는 않았다. 그가 매일 아침 한참 늘어놓는 이야기의 한 문장은 "당신들이 많이 노력하면, 우리도 많이 노력하겠소."였다. 어느 날 아침에 그는 미국이 많이 노력해야 하며, 자신이 거기에 맞춰서 노력하겠다고 말했다. 단조로움을 깨고자 나는 표현이 달라진 부분이 있다고 그의 주의를 환기했다. "당신들이 알아채셨다니 기쁘네요."라고 그가 태연하게 말했다. "그러나 어제 우리는 많이 노력했고, 당신들은 그냥 노력했습니다. 그래서 오늘은 우리가 순서를 바꾸는 겁니다. 당신들이 노력을 많이 해야 하며, 우리는 그냥 노력할 것입니다."

레둑토의 목표가 단 하나뿐이었던 반면, 미국은 초강대국으로서 목표가 여러 개였다는 게 문제의 일부였다. 레둑토는 혁명가로서 자신의 경력을 승리로 정점을 찍겠다고 결심했다. 미국은 국내적 고려사항과 국제적 고려사항 간에, 그리고 베트남의 미래와 미국의 전 세계적 역할 유지 간에 균형을 잡아야 했다. 레둑토는 숙련된 외과의사가 환자를 수술하듯이 미국의 심리를 다루었다. 닉슨 행정부는 너무나 많은 전선에서 싸워야 했기 때문에 공격적인 외교를 할 기회가 거의 없었다.

실제로 협상 시작부터 그리고 협상 내내 닉슨 행정부는 자신의 선의에 대한 공격을 막아내느라 엄청난 에너지를 쏟아야 했다. 닉슨이 이미 북베트남에 수없이 일방적이고 보답 없는 제스처를 취했음에도 불구하고, 거의 취임하자마자 평화를 위해 충분히 헌신하지 않고 있다는 비판을 받았다. 1969년 9월이 되었을 때 미국은 정치 과정과 혼합 선거 위원회에 NLF가 참여해달라고 제안했고, 병력의 10퍼센트 이상을 이미 철수했으며, 합의가 이루어지면 나머지 병력을 전부 철수하기로 동의했다. 그럼에도 불구하고 일방적 철수와 남베트남 정부 타도라는 공산주의자들의 표준적인 요구사항을 계속해서 읊어대는 장면 외에는 특별한 것을 얻어내지 못했다.

그런데도 1969년 9월 25일에 공화당 소속 찰스 구델(Charles Goodell) 뉴욕주 출신 상원의원은 1970년 말까지 미군 병력 전체를 베트남으로부터 철수하라고 촉구하는 결의안을 의회에 제출하겠다고 선언했다. 10월 15일에는 소위 모라토리엄 시위(Moratorium demonstration)가 미국 전역에서 발생했다. 뉴욕 금융가에서 정오에 있었던 시위에는 2만 명이 모여서 존슨 대통령의 보좌관이자 공보 비서관이었던 빌 모이어스(Bill Moyers)의 전쟁 규탄 연설을 들었다. 3만 명이 뉴헤이븐 그린 공원에 모였다. 5만 명이 백악관이 보이는 워싱턴 기념탑에 모였다. 보스턴에서는 10만 명이 보스턴 커먼 공원에 모여 맥거번(McGovern) 상원의원의 연설을 들었고, 이때 머리 위 상공에서는 평화가 바람직하다는 사실을 행정부가 거부하고 있음을 암시하면서 비행기가 평화의 상징을 그렸다.

평화운동에 구현된 바와 같은, 미국식 예외주의는 베트남으로부터의 탈출의 현실성에 대해 어떠한 논의도 허용하지 않았고, 그런 논의 자체가 마치 행정부가 뭔가 은밀히 전쟁을 지속하기를 원한다는 징후를 보이는 것으로 간주했다. 전쟁을 국내에서 선과 악의 충돌로 바꿔놓으면서, 평화운동은 ―그들이 보기에 훨씬 더 도덕적이라는 이유로― 베트남에서 미국이 붕괴하는 결과를 "명예롭다"고 여겨질 수 있고 그래서 해외에서 모험을 계속하도록 미국 정부를 부추길 수 있는 결과보다 더 선호했다.

이랬기 때문에 평화운동과 행정부 사이에서 공통분모를 찾기가 불가능했던 것으로 밝혀졌다. 닉슨은 베트남 내 미군 병력 수를 3년 만에 거의 55만 명에서 2만 명으로 줄였다. 사상자도 1968년의 약 1만 6,000명, 혹은 전체 병력의 28퍼센트 수준에서 전쟁을 했던 마지막 해인 1972년에는 약 600명 혹은 전체 병력의 1퍼센트로 줄어들었다. 그렇지만 불신이나 고통이 경감되지 않았다. 근본적인 차이를 좁힐 수 없었기 때문이다. 닉슨은 베트남을 명예롭게 떠나고 싶었고, 평화운동은 명예를 위해서는 미국이 베트남을 무조건 떠나야 한다고 믿었다.

만약 전쟁 종결이 유일한 목표였다면 남베트남의 사이공 정부는 비판자들의 눈에 동맹국이 아닌 평화의 걸림돌이었다. 남베트남이 미국의 안보에서 핵심 요소라고 생각했던 당초의 확신은 오래전에 폐기되었다. 베트남에서 미국이 나쁜 친구와 같이 있다는 생각만 남았다. 응우옌반티에우가 연립정부로 대체되어야 하며, 필요하다면 남베트남에 지원하는 미국의 자금을 끊어서라도 그렇게 해야 한다는 것이 비판자들의 새로운 정설이었다. 북베트남 협상가들이 자신들의 정의에 따르면 연립정부란 공산주의자들이 남베트남을 접수하는 상황에 대한 완곡한 표현이라고 공공연히 밝히는 상황에서 연립정부라는 아이디어가 국내적 논란을 잠재울 특효약으로 떠올랐다.

북베트남인들은 실제로 미국인들을 현혹할 수 있는 교묘한 방안을 마련했다. 그들은 자신들의 목표가 NLF(그들의 앞잡이)와 중립적인 정파, "평화, 자유, 독립"을 표방하는 남베트남 정부의 구성원으로 이루어진 3자 "연립" 정부라고 공언했다. 북베트남의 수많은 뻔뻔한 계략들이 그랬듯이, 얼핏 합리적으로 들리는 제안은 진정한 의미가 무엇인지 파악하려면 세세한 부분까지 면밀하게 읽어봐야 했다. 그런 다음에야 3자 단체가 남베트남을 통치하는 게 아니라 최종 합의를 위해 NLF와 협상하게 된다는 게 명백해졌다. 다시 말하자면 공산주의자들이 지배하는 단체가 남베트남의 정치적 미래를 놓고 완전한 공산주의 단체와 협상하게 된다는 것이다. 북베트남은 자기 자신과의 대화를 통해 전쟁을 끝내자고 제안하고 있었다.

하지만 미국 내 토론에서는 이 쟁점이 이렇게 대두되지 않았다. 윌리엄 풀브라이트 상원의원은 자신의 저서 『불구가 된 거인(The Crippled Giant)』에서, 이 이슈가 서로 경쟁관계에 있는 전체주의자들 간의 문제라고 주장했다.[6] 1971년에 남베트남의 "혼합 정부"를 구상했고, 1972년에 민주당 대통령 후보가 될 뻔했던 맥거번 상원의원은 미군 철수와 남베트남에 대한 군사원조 중단을 촉구했다.[7] 닉슨 행정부는 응우옌반티에우 정부를 국제적으로 감시받는 자유선거에 맡기는 위험을 감수할 각오가 되어 있었다. 닉슨 행정부는 미국이 빠져나오기 위해 전임 행정부가 수립해놓은 동맹국 정부를 전복하는 것을 거부했다.

평화운동 입장에서 성공의 기준은 단순히 이 전쟁이 실제로 끝나고 있느냐 여부였다. 만약 부정적인 대답이 나온다면 미국의 협상 태도에 문제가 있다고 여겨졌다. 평화운동은 북베트남의 협상 태도나 전쟁 수행 방식을 규탄하려고 하지 않았고, 그래서 북베트남은 협상 진행을 방해할 유인이 생겼다. 1972년이 되자 미국은 일방적으로 50만 명의 병력을 철수시켰다. 이미 그 전에 남베트남은 자유선거 실시와 미국이 합의 후 4개월 이

내에 자신의 모든 잔여 병력을 철수할 것을 공식적으로 제안했다. 응우옌반티에우는 선거가 실시되기 한 달 전에 사임하기로 합의되어 있었다. 미국은 선거를 감시하기 위한 혼합 위원회 창설을 제안했고, 그 대신 휴전의 국제적 감시와 포로 석방을 조건으로 내걸었다. 이 모든 조치에도 불구하고 미국의 동기나 정책에 대한 비난은 잦아들지 않았다.

국내적 논쟁은 갈수록 전쟁을 종식하기 위한 공식으로써 미국이 철군 날짜를 확정해야 한다는 북베트남의 전제조건에 집중되었다. 철군 시한을 확정하자는 제안이 의회 반전 결의안의 주된 요소가 되었다. (1971년에 22개가 있었고, 1972년에 35개가 있었다.) 결의안이 구속력이 없었기 때문에 발의자들은 가장 바람직한 상황을 제시했다. 즉, 이들은 행정부와 거리를 두되, 그 후과는 책임지지 않으려고 했다. 베트남에서는 어느 것도 보이는 만큼 결코 단순하지 않았다는 점을 제외하면, 그냥 철수해서 전쟁을 끝내는 것보다 더 단순해 보이는 것은 없었다.

북베트남과 NLF 협상단을 만난 뒤, 미국의 평화운동 회원들은 일단 미국이 돌이킬 수 없게 확정된 철수 시한을 약속한다면 포로 석방과 다른 이슈에 관한 합의가 신속하게 뒤따를 것으로 "알고 있다"고 계속 발표했다. 실제로 북베트남은 그런 약속을 한 적이 전혀 없었고, 1968년의 폭격 중단을 놓고 구사한 적이 있던 애를 태우는 모호한 태도를 반복했다. 레둑토는 시한을 확정한다면 다른 문제를 해결할 수 있는 "유리한 환경"을 조성할 것이라고 단언했지만, 실제 협상에 들어가자 그는 일단 철군 시한이 정해지면 휴전이나 포로 석방에 관한 다른 협상 여부에 관계없이 구속력이 있다고 주장했다. 현실 세계에서 북베트남은 포로 석방과 휴전을 남베트남 정부의 전복에 달려 있는 것처럼 만들었다. 레둑토가 마치 정치학 개론 강의를 하는 것처럼 설명했지만, 애당초 전쟁을 치르던 이유는 바로 그 때문이었다.

미국의 국내 논쟁에서 가장 역설적인 점은 북베트남이 실제로는 일방적인 미국의 철수에 전혀 관심이 없었다고 밝혀진 것이었다. 이 사실은 베트남전쟁에 관한 많은 문헌에서 여전히 오해를 받고 있다. 거의 막판까지 북베트남은 자신의 표준화된 조건에서 결코 벗어나지 않았다. 즉, 돌이킬 수 없는 미군 철수 날짜와 함께 철수 과정에서 남베트남 정부를 전복시킨다는 미국의 약속이 그 조건이었다. 호의적인 의원들이 기꺼이 갖다 바치려 했던 다양한 철수 계획의 미묘한 차이에 대해 북베트남은 그게 미국의 분열을 조장하지 않는 한 관심이 없었다. 좀 더 회유적인 철수 일정을 제시함으로써 제안을 더 매력적으로 만들어도 북베트남의 입장을 바꾸지 못했다. 북베트남의 사고 구조에서 볼 때, 전쟁의 결과는 무력으로 결정될 뿐이었다. 북베트남은 어떤 제안이든 자신의 협상력에 영향을 주지 않도록 하면서 기꺼이 챙기려고 했다. 전쟁을 비판하던 사람들은 미국이 한층 더 노력할 의향을 보여준다면 북베트남이 합리적으로 행동하리라고 생각했다. 이런 점에서 그들은 잘못 생각하고 있었다. 미국이 북베트남으로부터 들었던 모든 내용은 결국 항복하라는 우회적인 요구였다. 무조건 철수한 다음에 남베트남의 기존 정부를 전복시켜서 북베트남의 괴뢰정부로 대체하며, 그러고 나서 미국이 더 이상 협상카드가 없어지면 추가 양보를 받아내기 위해 포로 협상을 하겠다는 입장이었다.

나중에 밝혀진 사실이지만, 철수 논쟁은 베트남전쟁의 전환점이 되었다. 미 행정부가 거둔 승리들 중 많은 것들이 실제로는 너무나 많은 비용을 치르고 얻은 결과임을 그러한 논쟁이 보여줬기 때문이다. 닉슨은 미국의 다른 핵심적인 목표들과 맞바꾸지 않는 한 철수 시한 확정에 동의하지 않겠다는 자신의 입장을 고수했다. 그러나 자신의 조건이 충족된 후에 완전히 철수하기로 동의한 대가를 치러야 했다. 그리하여 남베트남은 미국의 다른 어떤 동맹국이 직면했던 적보다 더 완강한 적에 맞서서, 그리고 미국이 다른 어떤 동맹국에게도 요구한 적이 없었던 조건 하에서 홀로 스스로를 지켜야 하는 상황에 놓였다. 유럽에서 미군은 두 세대에 걸쳐 주둔하고 있었고, 한국에서의 정전은 40년 넘게 미군에 의해 지켜져왔다. 베트남에서만 미국은 국내적 반대에 떠밀려 잔류부대를 남기지 않겠다고 동의했다. 이 과정에서 미국은 궁극적으로 타결되었던 합의를 보호할 수 있는 충분한 안전망까지 빼앗겼다.

닉슨은 1972년 1월 25일과 5월 8일에 있었던 두 번의 중요한 연설에서 미국의 합의 조건을 제시한 적이 있었다. 이 조건은 다음과 같다. 휴전을 국제적으로 감시하고, 포로를 귀환하고 실종된 미군에 대해 소명하며, 남베트남에 대한 경제적, 군사적 원조를 지속하는 한편, 남베트남의 정치적 미래를 자유선거에 기초하여 베트남 정당들이 합의하도록 놔둬야 한다. 1972년 10월 8일에 레둑토는 닉슨의 핵심 제안을 수락했으며, 북베트남은 남베트남에서 공산주의 정부를 수립하는 데 미국이 은밀히 협조해야 한다는 요구를 궁극적으로 포기했다. 북베트남은 휴전과 모든 미국인 포로의 귀환, 실종자에 대한 소명에도 동의했다. 응우옌반티에우 정부는 온전한 상태로 남겨졌고, 미국은 이 정부에 군사적, 경제적 원조를 계속 제공하도록 허용되었다.

레둑토는 이제까지는 이런 조건을 논의하는 것조차도 거부해왔다. 그렇기 때문에 그는 다음과 같은 성명으로 돌파구를 상징하는 제안을 내놓았다.

휴전, 종전, 포로 석방, 철군 … 이런 새로운 제안은 정확히 닉슨 대통령 자신이 제안해왔던 것이다. 그리고 우리는 정치적 문제에 관한 많은 원칙들을 제안한다. 당신들도 이런 것을 제안해왔다. 그리고 우리는 이런 문제의 해결을 남베트남 정당들에 맡길 것이다.[8]

　　미국의 정책을 수립해왔던 우리가 지난 4년의 고통스러운 기간 동안 추구해왔던 것들이 마침내 달성하기 직전에 있고, 미국이 미국에 의지해왔던 사람들을 저버리지 않아도 된다는 사실을 알았을 때 느꼈던 들뜬 기분은 그 이후에 있었던 비극과 논란에도 불구하고 지울 수가 없었다. 닉슨은 수없이 많은 계기를 통해 일단 자신이 내건 조건이 충족된다면 즉각 합의하겠다고 선언했다. 1972년 8월 14일에 나는 응우옌반티에우에게 북베트남이 닉슨 대통령의 제안을 지금 상태 그대로 받아들인다면 미국이 신속하게 합의할 것이라고 말했다. 우리는 우리의 서약을 지켜야 할 의무가 있었다. 그리고 서약을 준수하는 것 외에는 다른 선택이 거의 없었다. 만약 우리가 시간을 끌었다면 북베트남은 자신의 제안을 발표하면서 미 행정부에 왜 미국 자신이 내건 조건을 거부했는지 설명하라고 압박했을 것이며, 전쟁 지원 예산을 중단하기 위한 의회 표결을 촉발했을 것이다.

　　여러 요인이 합쳐져서 북베트남은 그간 일관되게 거부했던 것들을 수용하게 되었다. 북베트남 항구에 기뢰를 설치한 결과 보급이 고갈되는 상황이 누적되었고, 1970년과 1971년에 캄보디아와 라오스에 있던 은신처가 공격받았다. 1972년 춘계공세[9]가 실패로 돌아갔고, 닉슨이 북베트남에 대한 폭격을 재개했을 때 북베트남은 소련과 중국으로부터 정치적 지지를 받지 못했다. 닉슨이 재선에 성공하면 상황을 대결 국면으로 몰고 갈 것이라는 두려움이 있었다.

　　아마도 북베트남에서 계산에 신중했던 사람들이 1972년 대선 결과를 크게 오판한 게 결정적이었을지도 모른다. 북베트남은 닉슨이 압도적으로 재선될 것이 확실하며, 만약 그렇게 된다면 전쟁에서 자유로운 재량권을 갖게 될 것이라고 믿었던 것처럼 보였다. 닉슨 행정부는 새로 선출된 의회가 닉슨의 베트남 정책에 더 이상 우호적이지 않고, 어쩌면 닉슨에게 개인적으로 훨씬 더 적대적일 것임을 알고 있었다. 전쟁에 소요되는 예산을 전면 삭감하는 글자 그대로 수십 개의 결의안 중에서 하나라도 통과될 가능성이 있었다. 아마도 1972년 공산주의 세력의 춘계공세를 격퇴하기 위한 비용을 지불하기 위해 1973년 초에 도입되어야 하는 보완 법안에 첨부되는 형식으로 통과되었을 것이다.

　　나는 이 합의로 미국이 국민적 치유 절차를 시작하고 전후 미국 외교정책을 형성했던 초당적인 컨센서스를 재구축할 수 있게 되기를 희망하면서 평화가 찾아올 것이라고 환영했다. 평화운동은 결국 평화라는 자신들의 목표를 달성할 것이며, 한편 명예로운 결과를 위해 애써왔던 사람들은 그들의 인내가 보상 받았다는 만족감을 느낄 수 있었다. 나는 최종 합의와 관련된 조건을 설명하는 브리핑을 하면서, 4년이라는 국내 투쟁에서 적이었던 사람들을 향해 손을 내밀었다.

> 이제 이 전쟁에서 아무도 괴로움을 독점하지 않았고, 아무도 이 논쟁에서 도덕적 통찰을 독점하지 않았다는 사실을 분명히 해야 할 것입니다. 그리고 마침내 미국이 동맹국의 정치적 미래를 규정하지 않는 합의, 모든 당사자의 존엄과 자존감을 지켜주는 합의를 달성했기 때문에 다 같이 인도차이나의 상처를 치유하면서 우리도 미국에서 상처의 치유를 시작할 수 있습니다.[10]

하지만 그나마 희박하게 남아 있던 국민적 화합 가능성이 캄보디아 문제를 둘러싸고 되돌릴 수 없을 정도로 붕괴했다. 캄보디아는 닉슨이 전임자로부터 물려받지 않았던 인도차이나 내 유일한 미국 전투 지역이었기 때문에 당파적 논쟁에 불이 붙었고, 베트남 전쟁 시기에서 가장 격렬한 논란이 되었다.

내가 이 논란을 여기서 재개할 의도는 없다. 이 논란에 관한 상세한 내용은 다른 책에서 다뤄졌다.[11] 행정부를 비판하는 사람들의 비난은 두 가지 핵심 주장으로 압축된다. 닉슨이 쓸데없이 전쟁을 캄보디아까지 확대했고, 그 과정에서 미국 정책이 공산주의 세력인 크메르 루즈(Khmer Rouge)가 1975년에 승리한 이후 자행한 집단학살에 큰 책임을 지게 되었다는 것이다.

닉슨이 경솔하게 전쟁을 확대했다는 주장은 라오스에 대한 1961년부터 1962년 사이의 전략적 오해를 재탕한 것이다. 즉, 북베트남이 인도차이나 3개국 모두에서 전쟁을 하고 있었지만, 미국이 남베트남에만 국한해서 전쟁을 할 수 있었다는 주장이다. 북베트남군은 남베트남 국경 바로 너머 캄보디아 내부에 은신처 네트워크를 구축했고, 이곳으로부터 사단 규모로 미군과 남베트남군을 공격했다. 은신처들은 라오스를 거치는 호찌민 루트나 캄보디아의 항만인 시아누크빌(Sihanoukville)을 통해 보급을 받았다. 모두 다 캄보디아의 중립을 뻔뻔하게 위반하는 행위였다. 미군 철수가 가속되는 상황에서 이런 병참망을 그대로 놔둔 채 갈수록 줄어드는 미군 병력이 외부로부터 무제한 보급을 받으면서 줄어들지도 않는 북베트남군과 맞붙었다면, 남베트남군과 미군의 군사적 입지가 유지되기 어려웠을 것이다. 그런 까닭에 닉슨 행정부는 은신처 지역을 1969년에는 공중에서,

그리고 1970년에는 지상에서 공격한다는 전술적 결정을 내렸다. 공중 폭격은 매주 400명의 미군을 희생시킨 북베트남의 계속되는 공격에 대한 응수였다. 북베트남의 이런 공격은 1968년 당시 폭격을 중단했을 때 존슨 대통령과 맺은 "양해"에도 위배되었다. 지상 공격은 연간 15만 명에 달했던 미군 병력의 철수를 보호하기 위한 전략이었다.

북베트남의 병참 기지를 문제 삼지 않고서는 상상 가능한 미국의 철수 전략 중 아무 것도 실행할 수 없었다. 각각의 사례에서 캄보디아 당국은 미국의 공격을 자국의 중립을 수호해주는 조치라고 여기고 환영했다. 어쨌든 아무도 북베트남군을 캄보디아에 초대한 적이 없었다.

그럼에도 불구하고 미국의 이런 두 가지 군사적 조치는 미국 내에서 아주 감정적인 이슈가 되었고, 오래 전에 군사 전략을 초월한 논쟁으로 변질되었다. 캄보디아는 순식간에 근본적인 베트남 논쟁의 일부가 되었다. 행정부의 정책은 전략을 반영했다. 비판은 전쟁의 도덕적 타당성 그 자체에 초점을 두었다. 미국 국민이 혁명 이론의 성격과 무자비한 속성을 이해하지 못했기 때문에 이런 태도가 더욱 증폭되었다. 모든 증거를 볼 때, 크메르 루즈는 1950년대 파리에서 학생이던 시절부터 광적인 이념가들이었다. 이들은 기존 캄보디아 사회의 뿌리를 뽑고 파괴한 다음, 조금이라도 "부르주아" 교육을 받은 모든 사람들을 몰살시킴으로써 일종의 광적인 유토피아를 만들겠다고 마음먹었다.[12] 크메르 루즈가 미국의 행동으로 인해 살인마가 되었다는 주장은 미국이 독일을 전략 폭격했기 때문에 홀로코스트가 야기되었다는 주장과 도덕적으로 똑같다.

이 장의 목표는 열정이 너무나 격해져서 사이비종교 문학으로 변해버린 사안에 대한 최종 판단을 구하는 것이 아니다. 하지만 캄보디아에서의 미국의 결정이 전술적으로 타당했는지에 관한 최종 판단이 무엇이든 간에, 비극적이게도 학살을 자행한 주체는 크메르 루즈였고, 미국의 국내적 분열에 따른 대가를 치른 사람들은 캄보디아인이었다는 사실을 미국은 인정해야 한다. 크메르 루즈의 맹공격에 저항하려는 캄보디아 정부를 미국이 계속 지원하지 못하게 막았던 비판자들은 자신들이 그토록 요구했고, 결국 이루어낸 미국의 원조 중단 이후 대학살이 뒤따를 것을 알지 못했다. 이들은 분명히 대학살에 경악했다. 하지만 이들은 집단학살을 저지른 적에 대한 오판이 미국인 동포를 향한 비난보다 훨씬 덜 중요하다고 여겼다.

어떤 사회를 시험해보려면 그 사회가 공통의 목표를 추구하면서 이견을 수면 아래로 가라앉힐 수 있는지, 그리고 갈등이 아니라 화해를 통해서 번영한다는 사실을 유념할 수 있는지 여부를 보면 된다. 미국은 인도차이나에서 이 시험을 통과하지 못했다.

하지만 상처가 너무 깊었기 때문에 사람들은 평화가 왔어도 별로 기뻐하지 않았다. 합의가 국민적 치유 수단이 될 가능성이 얼마나 있었든지 간에, 최초로 합의가 타결되고 나서 서명할 때까지의 3개월 동안, 그리고 무엇보다도 1972년 12월 하반기에 B-52 폭격기가 하노이 지역을 폭격함으로써 그렇게 될 가능성이 낮아졌다. 비록 민간인의 피해는 아주 적었지만, 이 폭격으로 반전시위가 분출했다. 1973년 1월 27일에 합의문이 서명되자 탈진감과 조심스러운 안도감이 터져 나왔다.

시위대로서는 북베트남이 미국의 평화 조건을 받아들인 사실만으로 화해될 수 없었다. 이들은 만약 명예로운 평화라는 닉슨의 개념이 유효하다고 받아들여진다면, 미국이 또다시 경멸의 상징이 되어버린 베트남과 같은 종류의 국제문제에 지나치게 개입하도록 유혹받을 것이라고 두려워했다. 그리하여 이들은 전쟁 행위와 외교를 바라보는 것과 동일하게 냉소적으로 평화 합의에 반응했다. 비판자들은 이 합의가 정치적 술책이며, 똑같은 조건이 4년 전에도 가능했고, 응우옌반티에우에 대한 배신이라고 다양하게 주장했다. 응우옌반티에우 정권이 타도되어야 한다는 요구가 몇 년 동안 평화운동의 핵심 사안이었음도 불구하고 말이다.

북베트남과의 합의가 선거에 영향을 주려고 타결되었다는 주장만큼 사실과 동떨어진 주장은 없었다. 모든 것을 고려했을 때, 닉슨은 선거 전에 합의가 타결되면 부담이 될 것이라고 생각했다. 여론조사에서 앞서고 있었던 그는 난공불락이었으며, 강화조건을 둘러싼 논쟁이 있을 때만 위태로워질 수 있었다.[13] 닉슨은 비판자들이 주장했던 내용과 정반대의 이유로 합의를 추진했다. 즉, 행정부가 제시한 조건이 충족되는 즉시 타결될 것이라고 미국 국민에게 여러 번 약속했던 합의가 선거에 대한 고려로 인해 차질이 생기는 것을 원하지 않았다.

닉슨 행정부의 베트남 정책과 관련해서 집요하게 남아 있는 낭설 중 하나는 똑같은 조건을 4년 전에 받아낼 수 있었음에도 불구하고 닉슨이 불필요하게 전쟁을 4년 동안 끌었다는 주장이다. 이런 주장은 세간에 알려진 모든 사실을 망각했다는 문제가 있다. 역사적 기록을 보면, 북베트남이 지난 4년간 일관되게 반대해왔던 미국의 조건을 수용하자마자 미국이 신속하게 합의했다는 사실이 압도적으로 드러난다.

물론, 만약 미국의 목표가 항복이었다면 인도차이나에서의 미국의 활동이 1975년에 대참패로 끝났을 것이고, 그전 언제라도 그런 상황이 발생할 수도 있었을 것이다. 그러나 행정부건 미국 국민이건 항복이라는 목표를 추구한 적이 없었다. 1968년 선거 운동 당시 모든 대통령 후보들이 항복이 아닌 타협을 지지했다. 1972년에 항복을 촉구하던 후보는 압도적인 표차로 낙선했다. 그럼에도 불구하고 독자들은, 돌이켜보았을 때 1969년에 항복을 목표로 했어야 한다고 자유롭게 결론을 내릴 수도 있을 것이다. 1968년 선거운동에서 미국 국민이나 정당이 그런 결과를 지지했다고 제시하는 내용은 어디에도 없다.

고민이 파리 평화협정(Paris Peace Accords)으로 끝나지 않았다. 전쟁이 끝나자마자 미국이 평화를 집행할 권리로 논란의 불씨가 옮겨 붙었다. 닉슨 행정부 고위 인사 중에서 이 협정이 불안정하다고 의심하지 않았던 사람은 아무도 없었다. 우리는 닉슨이 항상 약속했던 대로 양보할 수 있는 한계치까지 해주었다. 국내적 혼란으로 행정부는 운신의 폭이 거의 없었다.

그럼에도 닉슨과 나는 행정부 내 많은 고위 인사들과 더불어 북베트남이 침투활동 재개를 금지한다는 합의 부분을 준수한다면 협정에 명시된 군사적, 경제적 지원을 통해 남베트남이 앞으로 예상되는 북베트남의 압박을 막아낼 수 있을 것이라고 믿었다. 하지만 닉슨은 위반이 일어날 수 있고, 미국의 지원 없이는 저지하거나 저항할 수 없는 규모일 수도 있다고 항상 인식했다. 그는 경제원조 프로그램을 제시하면서 북베트남에 국제공동체에 가입하라고 권유할 준비가 되어 있었다. 하지만 모든 시도가 실패할 경우, 합의 사항을 집행하기 위해 공군력을 동원한다는 옵션은 닉슨 행정부 관계자들의 머릿속이건 공개 발표에서건 결코 배제되지 않았다.

전쟁이 끝나자 행정부는 이번 경험을 통해 배운 교훈으로서, 합의를 이행하는 과정에서 힘을 시험하게 될 수 있다고 보고 단단히 각오했다. 이 합의를 얻어내느라 미국인 5만 명이 희생되었던 만큼, 우리는 이 합의를 수호할 권리가―실제로는 의무였다―당연히 있다고 여겼다. 그렇지 않다면 미국이 체결한 어떠한 평화 합의도 법적으로는 항복과 동등해질 것이다. 지켜지지 않는 조건은 항복이나 다름없다. 만약 한 국가가 강화조건을 집행하도록 허용받지 못한다면 차라리 그런 명분은 그냥 공개적으로 포기하는 게 낫다. 닉슨과 핵심 보좌관들은 수없이 많은 계기에 합의를 수호하겠다는 의사를 밝혔다.[14] 예를 들면 1973년 5월 3일에 발표된 닉슨의 연례 외교정책 보고서(Annual Foreign Policy Report)에는 "그와 같은 경로[심각한 위반]는 인도차이나의 평화를 위해서 어렵게 얻어낸 이익들을 위태롭게 할 것입니다. 그것은 우리와 다시 대결하게 되는 위험을 무릅쓰는 것입니다.[15] … 우리는 북베트남에 협정 위반을 용납하지 않을 것이라고 비공식적으로 그리고 공개적으로 말해왔습니다."[16]

지난 5년간의 패턴이 반복되었다. 만약 상처 없이 새롭게 재선된 대통령이었다면 이 합의를 집행하기 위해 필요한 군사적 조치를 주기적으로 단호하게 취해야 한다고 주장했을 것이다. 하지만 워터게이트 스캔들로 이미 대통령직이 무너지고 있었던 상황에서 그렇게 할 가능성이 없었다. 수천 대의 북베트남 트럭이 호찌민 루트를 따라 이동하고 있었고, 거의 5만 명에 달하는 북베트남군 병력이 남베트남에 진입하고 있었던 반면, 북베트남은 미군 실종자에 관한 적절한 소명을 회피했다. 전부 다 노골적인 합의 위반이었으나 합의를 이끌어낸 정책에 반대했던 사람들은 아무리 심각하게 합의가 위반되어도 닉슨이 합의를 집행할 권한이 없다고 주장했다. 이들은 마치 자신들이 항상 주장해왔던 일방적 철수가 합의였던 것처럼 행동했다. 1973년 6월에 의회는 8월 15일 이후 "캄보디아, 라오스, 북베트남, 그리고 남베트남에서의 혹은 이 나라들에 대한 전투 활동을 직간접적으로 지원하기 위한" 추가 예산 지원을 거부했고, 공중정찰도 여기에 포함되었다.[17] 1973년 7월에는 북베트남에 대한 경제원조 프로그램을 의회가 지지하지 않는다는 사실이 명백해졌다.

이 평화 합의는 자기 집행력이 없었다. 그런 합의는 자기 집행력이 있을 수 없었다. 북베트남은 여전히 베트남을 통일해서 자기 지배하에 두겠다는 목표를 갖고 있었고, 파리에서 서명된 문서로는 북베트남의 항구적인 목표를 바꿀 수 없었다. 파리 평화협정 덕택에 미국은 베트남에서 군사적으로 충돌하는 상황에서 벗어났지만, 남베트남의 수명 연장은 미국의 지원에 달려 있었다. 의회는 미군이 떠난 후에도 인도차이나에서 봉쇄식 정책을 지속할지 여부를 결정해야 했고, 그렇게 하지 않기로 결정했다.

심지어 남베트남에 대한 경제적 원조도 점차 목이 조여지고 있었다. 1972년에 의회는 20억 달러를 원조하기로 표결했다. 1973년에는 지원액이 14억 달러로 줄어들었고, 1974년에는 유가가 4배로 폭등했음에도 불구하고 지원액이 반토막 났다. 1975년이 되자 의회는 최종적인 원조로 6억 달러를 주는 방안을 논의했다. 캄보디아 원조도 완전히 중단되었다. 그렇게 해야 생명을 살리는 데 도움이 된다는 논거가 제시되었지만, 포기하겠다는 말의 완곡한 표현에 불과했고, 나중에 집단학살이 뒤따랐다는 점에서 볼 때 음침한 농담이었다. 1975년에 캄보디아와 남베트남은 각각 2주일 만에 점령되었다. 미국의 감정적 고뇌가 끝났지만, 인도차이나의 비참한 상황은 끝나지 않았다.

전후 세계질서에 크게 영감을 주었던 미국의 이상주의는 그 자신의 무기로 인해 패배하고 말았다. 4명의 대통령이 베트남을 미국의 안보에 긴요하다고 규정했다. 각각 다른 정당 출신인 2명의 대통령이 미국의 선언에 의지했던 사람들을 저버리지 않는 것을 미국의 명예와 동일시했다. 닉슨은 바로 이런 입장을 내세우며 1972년 대통령 선거에서 압승했다. 베트남에 대한 논쟁을 벌이던 양측 다 고전적인 미국 방식으로 자신들의 목표를 도덕적 절대성의 차원에서 인식했지만, 그 간극을 메울 수 있는 수단을 결코 찾지 못했다.

심지어 20년이 지난 후에도 미국 내 토론은 베트남전쟁을 객관적으로 바라보지 못했고, 여전히 이 경험으로부터 교훈을 얻기보다 비난을 퍼붓는 데 열중하고 있는 것처럼 보인다. 공산주의 세력이 승리하면서 베트남전쟁 시기에 끊이지 않았던 한 가지 논쟁은 신속하게 해결되었다. 공산주의자들이 장악하게 되면 벌어질 것이라던 대학살의 망령이 전쟁을 지속할 구실을 찾는 정책입안자들의 허구였는지 여부였다.

캄보디아에서 집단학살이 실제로 일어났다. 새로운 통치자가 적어도 자국민의 15퍼센트를 살해했다. 베트남에서는 고통이 이 정도로 극적이지는 않았지만, 수십만 명의 남베트남인들이 강제수용소의 또 다른 이름인 "재교육 캠프"로 끌려갔다. 1977년 초에 공산당 당국이 5만 명의 정치범을 수용했다고 시인했지만, 독립적인 관찰자들은 대부분 실제 숫자가 20만 명에 근접했다고 믿었다.[18] 소위 남베트남 민족해방전선(NLF)의 경우 서방에서 10년 동안 민주적 연립정부의 핵심요소라고 추정되었고 그렇게 홍보되었지만, 베트남을 정복한 북베트남인들은 자신들의 실제 계획이 완전히 다르다는 것을 명확히 보여줬다. 1969년에 NLF는 소위 남베트남공화국 임시혁명정부(PRG)로 변신했다. 1975년 6월, 사이공이 함락된 지 2개월이 지나서 PRG "내각"이 소집되었고 남베트남 내 은행 기능을 제한적으로 복원하기로 결정했다. 국가 운영에 도움을 주기 위해 자문위원회가 설립되었고, 응우옌반티에우를 반대했던 비공산주의 정치인도 여기에 포함되었다. PRG는 82개국과 외교관계를 수립했다.

하지만 북베트남은 독립된 남베트남만큼은 절대 원하지 않았고, 심지어 공산주의 정부일지라도 마찬가지였다. 티토주의의 유혹이 원천적으로 차단되었다. "내각"의 결정들이 잽싸게 철회되었고, 자문위원회도 아무런 역할을 부여받지 못했으며, PRG가 임명했던 대사들도 전혀 해외에 부임하지 못했다. 남베트남 정부는 북베트남 공산당과 군 관료들이 운영하는 지방 군사위원회의 수중에 놓여 있었다. 1975년 6월이 되자 북베트남 지도자들과 언론이 조기 통일, 즉 남베트남의 병합을 촉구하는 공개 캠페인을 시작했고, 1년도 못 가서 그렇게 되었다.[19]

엄격한 의미에서 볼 때, 유일하게 넘어진 도미노는 비록 캄보디아와 라오스에 불과했지만, 전 세계 다른 많은 지역에서 반(反)서방 혁명가들이 이에 따라 대담해지기 시작했다. 만약 미국이 인도차이나에서 붕괴되고 워터게이트 스캔들로 의기소침해지고 그리고 이후 누에고치처럼 보호막을 치고 움츠러든 것으로 인식되지 않았다면 카스트로가 앙골라에 개입하거나 소련이 에티오피아에 개입했을지 의심스럽다. 동시에, 만약 남베트남이 1960년대 초에 무너졌더라면, 1965년 인도네시아에서 거의 성공할 뻔했던 공산주의 쿠데타가 정부를 전복하고 또 다른 전략적 재앙을 초래했을 것이라는 주장이 상당히 그럴듯하게 제기되었다.[20]

여하튼 미국은 베트남에서의 모험에 대해 상상 가능한 어떠한 이득과 비교하더라도 지나치게 큰 대가를 치렀다. 그토록 불분명한 명분에 너무 많은 것을 걸었던 게 분명히 실수였다. 미국은 성공적이었던 유럽 정책의 원칙들을 정치적, 사회적, 경제적 상황이 근본적으로 다른 지역에 글자 그대로 적용하려 하면서 맨 처음 연루되었다. 윌슨식 이상주의는 문화적 구분을 허용하지 않았고, 집단안보 이론은 안보가 불가분이어서 실이 한 가닥만 뽑혀도 국제질서라는 천(fabric)이 흐트러진다고 보았다.

정책이 국익에 기반하기에는 너무 이상주의적이었고, 전략적 독트린에서 전면전의 요구사항들에 너무 중점을 두었기 때문에 미국은 정치적, 군사적 목표가 뒤엉켜 있는 낯선 전략적 문제들에 대처할 수 없었다. 미국의 가치가 보편적 호소력이 있다는 신념에 도취되어 있던 미국은 유교를 기반으로 형성된 사회에, 그리고 외세의 공격을 받으면서 정치적 정체성을 위해 투쟁하는 민족 내에 존재하는 민주화의 장애물들을 너무 과소평가했다.

베트남전쟁의 결과로 넘어진 도미노 중에서 가장 심각하고 가장 큰 상처를 입은 것은 미국 사회의 응집력이었다. 미국의 이상주의로 인해 정부 당국자와 비판자 둘 다 베트남 사회가 상대적으로 쉽고 신속하게 미국식 민주주의로 전환될 수 있다는 착각에 빠져 있었다. 이런 낙관적인 계획이 붕괴하고 베트남이 전혀 민주주의 국가가 아니라는 점이 명백해지자 환멸이 불가피했다. 또한 군사적 문제의 본질에 대해서도 거의 이해할 수 없는 오해가 있었다. 판단 기준도 없이 정부 관리들은 때때로 사안들을 오해했고, 그래서 때때로 잘못 진술했다. 하지만 이런 정부 관리들이 터널 끝에서 빛을 보았다고 주장했을 때, 이들은 실제로 그렇다고 인식하고 있었다. 아무리 이들의 판단이 잘못 인도되었다 하더라도 이들은 무엇보다 스스로를 기만했다.

최고 정책결정자까지 올라가는 사안은 일반적으로 복잡하다. 단순하고 논란이 없는 사안은 하위 당국자 수준에서 컨센서스로 해결된다. 하지만 일단 결정이 내려지면, 아무리 의구심이 들더라도 정책결정자는 이 결정에 완전히 전념하게 된다. 그리하여 정책결정자가 이런 결정을 확신에 찬 모습으로 제시하면 오해의 소지가 상당히 클 수 있다. 더욱이 이런 거짓된 인상은 자신들의 성과를 미화하려는 관료들의 성향으로 인해 종종 더 심각해진다.

행정부의 의도적인 허위 발표를 폭로하는 것이 언론과 입법부의 중요한 역할이다. 고의적인 허위 발표는 변명의 여지가 없다. 그러나 소위 신뢰성 문제(credibility gap)로 인해 베트남의 기본적 사안들이 영향을 받았다는 주장은 거의 근거가 없다. 미국은 공개적으로 의기양양하게 베트남에 뛰어들었다. 아무도 베트남에 조용히 잠입하지 않았다. 의회는 미국이 어느 정도로 베트남에 개입하고 있는지 인식하고 있었고, 매년 필요한 예산 지출을 표결로 통과시켰다. 공산주의 세력의 신생국 장악을 저지하기를 원했던 게 순진했을지도 모르지만, 그것이 국가적 논쟁의 중심이 된 미국의 핵심 가치에 대한 공격으로 이어지지는 말았어야 했다.

이런 씁쓸한 논란들이 인도차이나에서 실제로 무슨 일이 일어났는가의 문제를 계속해서 혼란스럽게 만들면서, 양대 정당의 4개 행정부에 걸친 20년이 넘는 시기에 대한 지적 공백을 만들어냈다. 이 끔찍한 경험으로부터 초당적 교훈들을 도출하기 시작할 때 미국은 비로소 베트남으로부터 회복될 것이다.[21]

첫 번째로, 미국은 전투에 참여하기로 약속하기 전에 자신이 직면하게 될 위협의 성격과 현실적으로 달성할 수 있는 목표에 대해 명확하게 이해해야 한다. 분명한 군사전략이 있어야 하고 성공적인 정치적 결과를 구성하는 것이 무엇인지에 대한 명확한 정의가 있어야 한다.

두 번째로, 미국이 군사행동에 돌입한다면 더글러스 맥아더 장군이 조언했던 대로 승리에는 대안이 있을 수 없다. 꺼림칙한 불안감은 실행을 주저한다고 해서 진정될 수 없다. 교착상태가 길어지면 인내심이 약화될 것이고, 그리하여 미국 대중의 의지도 약화될 것이다. 전쟁을 하겠다는 결정을 내리기 전에 정치적 목표와 그것을 달성하기 위한 군사전략에 대한 면밀한 정교화가 요구된다.

세 번째로, 민주주의 국가는 국내의 경쟁 파벌들이 서로에 대해 최소한의 자제력을 발휘하지 않으면 진지하게 외교정책을 구사할 수가 없다. 일단 국내 반대파에 대한 승리가 정책의 유일한 목표가 되어버리면 단결이 사라져버린다. 닉슨은 국익 수호가 대통령의 궁극적인 책무라고 확신했고, 이렇게 하는 게 열정적인 국내 반대파의 저항에 부딪히더라도 그렇다고 생각했다. 물론 아마도 당시에 특히 그랬을지도 모른다. 하지만 베트남은 대통령이 행정부의 명령만으로 전쟁을 수행할 수 없다는 사실을 보여주었다. 격렬한 시위, 일방적 철수로 조금씩 옮겨가는 의회 결의안, 그리고 적대적인 언론에 직면했을 때, 닉슨은 임기 초에 의회를 방문했어야 했다. 그리고 자신의 전략을 설명하고 자신의 정책을 승인해달라고 분명히 요구했어야 했다. 만약 의회로부터 승인을 받아낼 수 없었다면 이 전쟁을 청산하는 표결을 해달라고 요구해서 의회가 책임을 지게 했어야 했다.

앞에서 언급한 바와 같이 닉슨은 자신이 보기에 행정부의 책임을 포기하는 것 같은 행동에 따른 끔찍한 결과를 역사가 결코 용서하지 않을 것이라고 믿었기 때문에 이런 조언을 거부했다. 이는 명예로운 결정이었다. 실로 매우 도덕적이고 지적으로도 옳았다. 그러나, 미국식 견제와 균형 제도에서 닉슨이 스스로 떠안았던 부담은 단 한 사람이 짊어질 수 있는 것이 아니었다.

베트남전쟁 기간에 미국은 자신의 한계와 맞서 싸워야 했다. 미국 역사의 대부분 기간 동안 미국의 예외주의는 도덕적 우위를 선언해왔고, 그러한 우위는 물질적 풍요에 의해 뒷받침되었다. 하지만 베트남에서 미국은 도덕적으로 모호하고 미국의 물질적 우위가 대체로 무의미했던 전쟁에 관여하게 되었다. 1950년대 텔레비전 화면에 아름답게 등장했던 그림처럼 완벽한 가족은 덜레스의 도덕적 고매함과 케네디의 원대한 이상주의를 문화적으로 지지하는 그룹이었다. 이런 열망이 좌절되면서 미국은 스스로를 반성하고 자책했다. 확실히 다른 어떤 사회도 자신의 궁극적인 응집력에 대해 미국 정도의 자신감을 갖지 못할 것이다. 미국은 스스로를 산산조각 내면서도 다시 뭉칠 수 있다고 확신했다. 다른 어떤 국민도 쇄신을 하기 위해서 실패라는 위험을 무릅쓰는 데 대해 이 정도로 대범하지는 못할 것이다.

당장의 결과만 놓고 본다면 국내적 상황은 비극적이었다. 하지만 장기적으로 이런 괴로움은 미국의 수많은 위대한 노력들을 고취했던 미국의 도덕적 완벽주의를 과거 어느 때보다도 덜 호의적이고 더 복잡한 국제적 환경의 요구(necessities)와 연결시키기 위해 미국이 지불해야 했던 대가일 수 있었다.

베트남에서의 경험은 미국의 정신세계에 깊이 각인되었던 반면, 역사는 가장 강력한 교훈을 따로 마련해두고 있었던 것처럼 보였다. 미국은 자아성찰을 한 후에 자신감을 회복했다. 소련은 겉으로는 거대한 단일체처럼 견고해 보였지만 도덕적, 정치적, 그리고 경제적으로 지나치게 욕심을 부린 대가로 치명적인 대가를 치러야 했다. 소련은 한동안 팽창주의를 분출한 후에 모순에 빠져 있음을 깨달았고 궁극적으로 붕괴했다.

이러한 상황 전개는 역사가 주는 교훈의 본질에 관한 다소 역설적인 생각을 떠올리게 한다. 미국은 중앙으로부터 지령을 받는 공산주의 세력의 음모로 여겨졌던 상황을 막으려고 베트남에 개입했고, 결국 실패했다. 미국이 실패하자 소련은 도미노 이론을 지지했던 사람들이 그토록 두려워했던 결론을 도출했다. 즉, 역사적 힘의 상관관계가 소련에

730

유리해졌다고 본 것이다. 그 결과 소련은 예멘, 앙골라, 에티오피아, 그리고 궁극적으로 아프가니스탄까지 팽창하려고 했다. 하지만 이 과정에서 소련은 지정학적 현실이 자본주의 국가에 적용되었던 것과 똑같이 공산주의 국가에도 적용된다는 사실을 깨달았다. 실제로 소련은 과도하게 팽창했지만 복원력이 떨어졌기 때문에 미국처럼 카타르시스가 일어나지도 않았고 해체로 이어졌다.[22]

만약 미국이 그냥 소극적으로 있으면서 공산주의의 도전을 역사의 진화에 맡겨두었다면 여전히 사건이 같은 방향으로 흘러갔을지에 대한 의문이 계속 남아 있다. 혹은 그렇게 포기했다면 공산주의 진영이 소련의 붕괴를 늦추거나 어쩌면 막기에 충분한 자극과 자신의 궁극적인 승리에 대한 자신감을 갖게 되었을까?

이에 대한 학문적 답변이 무엇이건 간에, 정치인은 포기를 정책의 원칙으로 삼을 수는 없다. 정치인은 자신의 평가에 대한 확신을 자제하고 예측할 수 없는 상황을 고려하는 법을 배울 수 있을 것이다. 그러나 위협적인 적이 궁극적으로 붕괴하리라는 기대에 의존하는 정책은 당장이라도 발생할 수 있는 수백만 명의 희생자들에게 아무런 위안을 주지 못하며, 정책 결정을 직관에 의존하는 무모한 도박으로 변질시키는 것이다.

베트남을 둘러싼 미국의 고뇌는 미국의 도덕적 양심을 보여주는 훌륭한 증거다. 또한 미국 경험의 윤리적 의미에 대한 질문들에도 훌륭한 답변이 된다. 상대적으로 짧은 기간이 지난 후, 미국인들은 1980년대에 자신의 방향성을 되찾았다. 1990년대가 되자 세계 곳곳의 자유로운 국민들은 또 다른 신세계질서를 구축하는 데 있어 미국의 지도를 다시 기대하고 있다. 그리고 그들의 가장 큰 두려움은 미국이 거만하게 세계에 개입하는 것이 아니라, 또다시 세계로부터 물러나는 것이었다. 이는 우리가 인도차이나라는 슬픈 기억에서 미국의 단결이 의무이자 전 세계의 희망이라는 사실을 상기해야 하는 이유다.

28

지정학으로서 외교정책:
닉슨의 삼각 외교

Foreign Policy as Geopolitics: Nixon's Triangular Diplomacy

닉슨에게는 미국을 베트남으로부터 탈출시키는 괴로운 과정이 결국 전 세계에서 미국의 위상을 유지하는 문제와 관련 있었다. 설령 그런 고난이 없었더라도 미국의 외교정책을 진지하게 재평가해보는 게 적절했을 것이다. 세계무대에서 미국이 거의 압도적으로 우위를 누리던 시대가 끝나가고 있었기 때문이다. 미국의 핵 우위가 서서히 약해지고 있었고, 미국의 경제적 우위도 역동적인 성장을 해 온 유럽과 일본에 의해 도전받고 있었다. 이 두 나라는 미국의 물자 지원을 받아 회복되었고 미국의 안전보장으로 보호를 받고 있었다. 베트남전쟁은 마침내 개도국 세계에서 미국의 역할을 재평가하고 패권의 포기와 과잉확장 사이에서 지속 가능한 입장을 찾아야 할 때라는 신호를 보냈다.

반면 그 이면에서는 냉전기 내내 거대한 단일체라고 여겨졌던 공산진영에 심각한 균열이 발생하면서 미국 외교에 새로운 기회가 열리고 있었다. 흐루쇼프가 1956년에 스탈린 통치시절의 잔혹상을 폭로하고 소련이 1968년에 체코슬로바키아를 침공하면서 전 세계에서 공산주의의 이념적 호소력이 약해졌다. 보다 중요한 사실로서 중국과 소련 간의 균열 때문에 소련이 통일된 공산주의 운동의 선도국이라는 겉치레가 훼손되었다. 이런 모든 상황 전개가 외교적 유연성을 발휘할 여지가 있다는 사실을 시사했다.

지난 20년 동안 윌슨식 이상주의는 미국 지도자들이 활력 넘치는 선교사처럼 전 세계적인 임무를 수행할 수 있게 했다. 그러나 1960년대 말의 미국은—인도차이나에서 교착상태에 빠졌고 국내적 갈등으로 분열되어 있었다—국제적 활동에 대한 보다 복잡하고 미묘한 정의가 필요했다. 윌슨은 국제문제에 익숙하지 않지만 어떤 문제든지 자신만의 최종 해결책으로 해결할 수 있다고 확신하는 국가를 이끌었다. 닉슨은 좌절로 인해 분열된 사회를 물려받았다. 이 사회의 미래는 이 사회가 성취 가능한 장기적 목표를 설정하고, 자기 회의감에 빠지지 않고 역경에 맞서서 그러한 목표를 밀고 나갈 수 있느냐에 달려 있었다.

리처드 닉슨은 거의 내전에 가까운 상황을 물려받았다. 닉슨은 기득권층을 깊이 의심했고 그래서 반대로 기득권층을 대표하는 많은 사람들로부터 불신을 받았지만, 그럼에도 세계를 선도하는 민주주의 국가가 자신의 의무를 포기할 수도 없고 자신의 운명으로부터 물러날 수도 없다고 굳게 확신했다. 닉슨만큼 복잡한 대통령은 거의 없었다. 소심하지만 단호했고, 불안했지만 확고했으며, 지식인들을 불신했지만 개인적으로는 깊이 사색했고, 가끔씩 충동적으로 입장을 발표했지만 끈기와 선견지명이 있는 전략적 구상을 갖고 있었다. 닉슨은 자신이 미국이 지배에서 리더십으로 전환하도록 이끌어야 하는 위치에 있다는 사실을 알았다. 종종 대범하지 못한 발언도 했고 개인적인 따스함을 풍기지도 못했지만, 그럼에도 불구하고 닉슨은 가장 어려운 환경 하에서, 미국 사회를 익숙한 것으로부터 전혀 알지도 못했던 세상으로 이끎으로써 중요한 리더십 시험을 통과했다.

어떤 미국 대통령도 국제문제에 대해 닉슨보다 더 해박하지 못했다. 시어도어 루스벨트를 제외하면 아무도 닉슨만큼 외국 여행을 한 적이 없었고, 진정으로 관심을 갖고 다른 지도자들의 시각을 이해하려 하지 않았다. 닉슨은 처칠이나 드골과 같은 방식으로 역사를 공부하지 않았다. 대체로 어느 한 나라의 상황과 관련된 기본적인 사실을 받아들이기에 충분할 정도로만 그 나라의 과거를 공부했고, 가끔은 그 정도도 공부하지 않았다. 하지만 닉슨은 관심이 있는 어떤 나라건 간에 그 나라의 정치적 역학을 파악하는 기막힌 능력이 있었다. 그리고 지정학적 현실을 정말로 탁월하게 이해했다. 국내정치를 다루는 닉슨의 솜씨는 때때로 야심과 개인적인 불안감으로 왜곡될 수도 있었다. 그러나 외교정책과 관련된 그의 강력한 분석력과 탁월한 지정학적 직관은 항상 미국의 이익에 뚜렷하게 초점이 맞춰졌다.

닉슨은 인간이 본질적으로 선하다거나 근본적인 조화가 집단안보를 통해 유지되어야 한다는 윌슨식 진리를 받아들이지 않았다. 윌슨은 세계가 평화와 민주주의를 향해 거침없이 전진해 나간다고 인식했다. 그리고 이 세계에서 미국의 임무는 이런 필연적인 흐름을 촉진시키는 것이었다. 닉슨에게는 세계가 친구와 적, 협력의 장과 이익이 충돌하는 장으로 나뉘어져 있었다. 닉슨은 평화와 조화가 세상만물의 자연스러운 질서가 아니라 부단한 노력을 통해서만 안정성이 보존될 수 있는, 험난한 세계에 잠시 존재하는 오아시스 같은 것이라고 인식했다.

닉슨은 미국의 국익이라는 개념을 따라 나아가기로 했다. 비록 이런 아이디어가 많은 전통적 이상주의자에게는 불쾌할 수도 있었겠지만 말이다. 닉슨은 만약 미국을 비롯한 강대국들이 18세기식 계몽주의적 정신에 따라 자신들의 이기적 이익을 합리적이면서도 예측 가능하게 추구한다면, 경합하는 이익이 충돌하는 과정에서 균형상태가 등장할 것이라고 믿었다. 닉슨은 시어도어 루스벨트처럼—반면 20세기의 다른 모든 미국 대통령과는 달리—안정성을 만들어내기 위해 세력균형에 의지했고, 강력한 미국이 전 세계적 균형상태를 위해 긴요하다고 간주했다.

이런 시각들은 둘 다 당시에 상당히 인기가 없었다. 닉슨은 시사 주간지 〈타임〉과의 1971년 1월 3일 인터뷰에서 이렇게 말했다.

세계 역사상 장기간에 걸쳐서 평화를 누렸던 유일한 시기는 세력균형이 있었던 때임을 기억해야 합니다. 한 국가가 잠재적 경쟁국에 비해 무한정 더 강력해질 때 전쟁의 위험이 대두됩니다. 그래서 나는 강력한 미국이 있는 세계에 대한 믿음을 갖고 있습니다. 그리고 나는 강력하고 건강한 미국, 유럽, 소련, 중국, 일본이 서로를 이간질하지 않고 서로 균형을 유지할 때, 더 안전하고 더 나은 세계가 될 것이라고 생각합니다.[1]

동시에 닉슨은 미국 사회가 갖고 있었던 본질적인 양면성을 반영하고 있었다. 그는 아주 냉철하다고 인식될 필요가 있었지만 전통적 이상주의로부터 내적인 힘을 끌어내는 데 크게 의존했다. 닉슨의 주장은 전혀 윌슨적이지 않았지만, 어울리지도 않게 닉슨이 가장 흠모했던 대통령은 막상 우드로우 윌슨이었다. 새로 취임하는 모든 미국 대통령은 각료 회의실에 걸어놓기를 원하는 전임자의 초상화를 선택할 수 있었다. 닉슨은 윌슨과 아이젠하워를 골랐다. 닉슨이 윌슨의 낡은 책상을 집무실에 갖다 놓으라고 지시했을 때, 아이러니한 상황이 닉슨을 끈질기게 따라다니는 것 같았다. 백악관 재물 관리인이 갖다 놓은 것은 우드로우 윌슨이 아니라 율리시스 그랜트(Ulysses Grant)의 부통령이었던 헨리 윌슨(Henry Wilson)의 책상이었다.

닉슨은 가끔씩 전형적인 윌슨식 수사를 구사하곤 했다. 그는 "우리는 과거 다른 국가들이 보여줬던 본보기 이상의 것을 세계에 보여줘야 할 운명을 지니고 있습니다. … 물질적 힘이나 군사력으로 제공할 수 없는 정신적 리더십과 이상주의라는 본보기를 보여줘야 합니다."라고 말했다.[2] 실제로 그는 사리사욕이 없는 외교정책을 갈망하는 위대한 미국식 사고를 공유했다.

> 미국을 대변해서 저는 이렇게 말할 수 있습니다. 우리는 다른 누구의 영토도 탐내지 않습니다. 우리는 다른 어떤 민족을 지배하려 하지 않습니다. 우리는 우리 자신만을 위해서가 아니라 지구상의 모든 민족을 위해 평화롭게 살 권리를 추구합니다. 우리의 권력은 이런 평화를 유지하기 위해서 사용될 것이며, 결코 평화를 파괴하려고 사용되지 않을 것입니다. 자유를 수호하기 위해서만 사용될 것이며, 결코 자유를 파괴하려고 사용되지 않을 것입니다.[3]

세계의 미래가 각자 국익을 추구하는 5개 강대국에 의해 결정되어야 한다고 주장하고 나서 바로 이타주의를 거론하는 대통령의 모습은 미국적 경험의 새로운 합성이라 할 수 있다. 닉슨은 윌슨의 열정적인 국제주의와 미국이 필수불가결한 나라라는 신념을 공유했다는 점에서 미국의 이상주의를 진지하게 받아들였다. 그러나 이와 마찬가지로 닉슨은 미국의 임무를 세계가 실제로 작동하는 방식에 대한 본인의 결론과 합치시켜야만 한다고 느꼈다. 비록 닉슨은 미국이 윌슨의 가치를 표방하기를 원했지만, 막상 자신이 이런 가치를 위한 전 세계적 성전으로부터 미국을 퇴각시키는 생색나지 않는 임무를 운명적으로 부여받았다고 고통스럽게 인식하고 있었다.

비록 외국 지도자들과의 광범위한 친분관계를 통해 이들 중 이타적인 사람이 극소수라는 사실을 알고 있었음에도 불구하고 닉슨이 생각했던 구상의 출발점은 미국의 예외주의였다. 만약 자백제를 투여 받았다면, 대부분의 외국 지도자들은 미국 외교정책이 어느 정도 예측 가능하기를 원하며, 이타주의보다 미국의 국익이 더 믿음직하게 여겨진다고 말했을 것이다. 그렇기 때문에 닉슨은 두 가지 노선을 동시에 병행하려고 했다. 윌슨식 수사를 동원해서 자신의 목적을 설명하는 한편, 자신의 전술을 지속하고자 국익에 호소했다.

참으로 역설적인 상황이었다. 과거에 윌슨주의자라고 여겨졌던 사람들이 이제 닉슨이 보기에는 미국의 국제적 역할을 포기하는 것이나 다름없는 정책을 종용하고 있었고, 이로 인해 세계평화 추구라는 미국의 역할에 전념하는 닉슨이 이들과 대척점에 서게 된 것이다. 미국의 전 세계적 책임에 관한 자신의 관점이 직전 전임자들에 비해 축소된 것임을 익히 알고 있던 닉슨은 자신이 생각하기에 윌슨주의와 현실정치가 합쳐지는, 전례 없이 복잡한 국제 환경에서 이상주의적인 미국을 위해 지속 가능한 역할을 규정하는 게 자신에게 주어진 과제라고 보았다.

제2차 세계대전 직후 봉쇄전략으로 인해 미국은 모든 국제위기의 최전선에 투사(投射)되었다. 케네디 시기의 원대한 수사는 미국의 물질적, 정서적 역량을 뛰어넘는 수준으로 목표를 설정했다. 그 결과 미국식 정의로움이 자기혐오로 바뀌었고, 과잉확장이라는 비난은 역할 포기로 이어졌다. 이런 환경에서 닉슨은 베트남이라는 경험을 새로운 관점에서 바라보는 게 첫 번째 임무라고 인식했다. 미국은 여전히 국제사회의 안정을 위해 필수적인 존재였지만, 승리를 위한 전략도 없이 인도차이나에 50만 명의 미국인을 투입하는 무분별한 개입은 지속 불가능했다. 인류의 생존은 궁극적으로 두 초강대국의 관계에 달려 있었다. 그러나 세계의 평화는 미국이 떠맡은 책임 중에서 단순히 도움을 주는 역할과 필수불가결한 역할을 구분할 수 있을지, 그리고 미국이 분열되지 않고 후자의 역할을 수행할 수 있을지에 달려 있었다.

닉슨은 이런 딜레마에 대한 자신의 해답을 좀 색다른 계기에 선보이기로 결정했다. 1969년 7월 25일 닉슨은 동남아시아로부터 루마니아에 이르는 순방길에 오르고자 괌에 있었다. 그날 아침, 그는 최초로 달에 착륙했던 우주인들이 태평양의 존스턴섬(Johnston Island) 근처 바다에 내리는 장면을 보았다. 현대 언론은 가장 참신한 역사적이고 극적인 사건에도 관심을 오래 두지 않으려고 하면서 매번 새로운 뉴스 사이클에 맞춰 새로운 사건을 원하며, 특히 대통령 순방 시에는 더욱 그랬다. 그리고 괌은 우주인이 지구로 귀환한 지점과는 날짜 변경선의 다른 편에 있었고(그렇기 때문에 지구에 귀환한 날짜가 7월 24일로 기록되어 있다), 그래서 다른 뉴스 사이클에 포함되었다.

이 사실을 깨닫고 닉슨은 이 계기에 국제문제에 대한 미국의 새로운 접근법을 인도할 원칙을 발표하기로 했다. 비록 닉슨과 보좌진은 이 새로운 접근법에 대해 자주 논의했지만, 이런 특정한 시점에 대중에게 설명하겠다고 계획한 적은 없었다. 그리하여 닉슨이 미국의 해외 개입에 대한 새로운 기준을 발표했을 때, 나를 포함해서 모든 사람이 놀랐다.[4] 그 후부터 닉슨 독트린(Nixon Doctrine)이라고 일컬어진 이 원칙은 1969년 11월의 연설과 1970년 2월에 발표된 닉슨 대통령의 첫 번째 연례 외교정책 보고서에서 상세히 설명되었다. 연례 외교정책 보고서는 닉슨이 자신의 외교정책에 관한 기본 전제를 대략적으로 제시한, 그 당시로서는 혁신적인 시도였다.

닉슨 독트린은 제2차 세계대전 이후 미국이 군사적으로 개입했던 한국과 베트남 둘 다 미국이 공식적인 안보 공약이 없었던 국가였고, 기술적으로 동맹체제가 적용되지 않았던 지역이라는 역설적인 상황을 다뤘다.(한미동맹은 한국전쟁이 휴전된 후 체결되었다.—옮긴이) 이 지역과 관련해서 닉슨 독트린은 미국의 개입에 대한 세 가지 기준을 설정함으로써 과잉확장과 역할 포기 사이에서 길을 찾으려고 했다.

- 미국은 조약상의 공약을 지킬 것이다.
- 미국은 "만약 핵보유국이 우리와 동맹을 맺은 국가의 자유나, 그 생존이 우리의 안보에 필수적이라고 생각되는 국가의 자유를 위협한다면 방패를 제공할" 것이다.
- 핵무기가 아닌 재래식 침략의 경우, 미국은 "직접 위협받은 국가가 방어를 위한 병력 제공에 일차적 책임을 진다고 기대" 할 것이다.[5]

하지만 실제 현실이 이렇게 공식적인 기준에 딱 들어맞지 않았다. 미국이 자신의 공약을 지키겠다는 보장은 판에 박힌 말이었다. 순결 선언처럼, 이런 발표는 실제 상황이 일어나기 전에는 원칙의 포기를 선언할 가능성이 낮기 때문에 전적으로 믿을 만한 것이 아니었다. 어찌 됐건 핵무기 시대의 핵심 쟁점은 공약이 지켜질 것인지 여부가 아니라 공약이 어떻게 정의되고 해석될 것인지였다. 닉슨 독트린은 핵전략을 둘러싼 동맹국 간 분쟁을 어떻게 해결할지에 대한 지침을 제공하지 않았다. 핵무기가 사용될 것인지,—노골적으로 말해서—누구의 영토에서 사용될 것인지, 동맹국들이 주로 초강대국들에 영향을 미치는 전면적인 핵전쟁에 의지할 것인지, 아니면 침략 당하는 피해국의 영토를 주로 위협협하는 "유연반응(flexible response)"과 같은 전략에 의지할 것인지 등의 문제를 해결하지 못했다.

만약 "우리의 안보에 필수적인" 국가가 핵보유국으로부터 위협을 받을 경우, 미국이 방패를 제공하겠다는 조항은 두 가지 모호한 측면이 있었다. 만약 미국이 미국의 안보에 필수적인 국가를 핵보유국으로부터 위협받을 때만 방어한다면 미국의 안보에 중요한 국가가 핵 비보유국으로부터 위협받거나, 혹은 핵무기를 사용하지 않겠다고 결정한 핵보유국으로부터 위협받는다면 미국은 어떤 입장을 취해야 하는가? 만약 핵위협에 직면했을 때 지원이 거의 자동적으로 이뤄진다면 공식적인 동맹이란 게 필요한가?

아울러 닉슨 독트린에 따르면 위협받는 국가는 자신의 재래식 방어를 위해 더 많이 부담을 짊어져야 했다. 하지만 만약 위협받는 국가가 방위 부담을 분담하지 못하더라도 이와 상관없이 미국의 지원을 믿고 도박을 감행한다면 미국은 어떻게 해야 하는가? 특히 핵보유국의 압박에 직면해서 그렇게 한다면? 역설적으로 닉슨 행정부의 국익에 대한 강조는 국가들이 방어를 위해 더 많이 노력해달라는 미국의 요청을 무시하도록 유인을 제공할 가능성이 있었다. 만약 국익이 정말로 주요한 지침이라면 미국은 피해국의 중요성이나 공동의 방어를 위한 피해국의 기여에 상관없이 미국의 안보에 필수적이라고 여겨지는 어떤 지역이라도 방어해야 했기 때문이다. 바로 여기에 동맹국의 비용 분담(burden-sharing)이라는 이름으로 나중에 두드러지게 되는 모든 딜레마가 있었다.

따라서 닉슨 독트린은 주로 공식적인 동맹에 의해 보호받지 않고 소련 대리국의 위협을 받는 주변부에서의 위기와 관련이 있었는데, 이런 경우는 거의 없었던 것으로 밝혀졌다. 베트남과 같은 또 다른 충돌을 피하려고 "독트린"을 고안하면서 닉슨 행정부는 다시는 되풀이하지 않겠다고 결심했던 베트남과 같은 상황에 주로 적용되는 독트린을 개발해낸 것이다.

하지만 닉슨이 취임했을 즈음에는 동—서 관계는 명백하게 재평가할 필요가 있었다. 소련과의 갈등으로 말미암아 미국이 전 세계적으로 관여하게 되었고, 그러한 갈등에 대한 전략은 베트남이라는 트라우마에 비추어 재고될 필요가 있었다. 재평가가 그토록 어려웠던 이유는 냉전기 내내 봉쇄정책에 관한 국내적 논쟁이 지정학을 배제하는 고전적인 미국식 범주 내에서 진행되었기 때문이었다. 한 집단은 외교정책을 신학(theology)의 일부로 간주했고, 이에 반대하는 사람들은 외교정책을 정신의학(psychiatry)의 일부로 보았다.

봉쇄정책의 아버지들—애치슨, 덜레스, 그리고 이들의 동료들—은 세련된 국제적 감각에도 불구하고 자신들이 고안해낸 정책을 본질적으로 신학적 측면에서 생각했다. 이들은 세계를 지배하려는 소련의 성향이 태생적이라고 보았기 때문에 소련이 자신의 이념을 버리기 전에는 소련 지도자들을 적합한 협상 상대로 간주하지 않았다. 그리고 소련을 타도하는 게 미국 외교정책의 최우선 과제라고 보았기 때문에 포괄적 협상이나 심지어 이런 협상을 위한 외교적 구상도 "우세한 입장(position of strength)"을 통해 소련의 목적을 변화시키기 전에는 부도덕하지는 않을지라도 무의미했다.

해소 불가능한 갈등을 경험해본 적이 없고 분쟁의 해결 수단으로서 타협을 너무나 강하게 신뢰하는 사회로서는 그렇게 냉혹한 노선을 고수하기 위한 인내심을 끌어 모으기가 힘들었다. 애치슨과 덜레스의 도덕적 전제를 신봉했던 많은 사람들은 소련 체제가 이미 변했거나 변하기 직전이라고 주장하면서 협상 시간표를 좀 더 앞당기려고 했다. 미국인들은 너무나 대결을 종식하고 싶었기 때문에 강경한 봉쇄론자조차도 분위기가 바뀌자 취약해졌다. 덜레스가 국무장관이던 시절, 소위 제네바의 정신이나 캠프 데이비드의 정신에서 이런 모습이 드러난 적이 있었다.

"정신의학 학파"에 따르면, 소련 지도자들도 평화를 갈망한다는 점에서 미국 지도자들과 그다지 다르지 않았다. 소련 지도자들이 비타협적으로 행동했던 이유는 부분적으로는 미국으로 인해 불안감을 느꼈기 때문이었다. "정신의학 학파"는 소련 지도부도 미국 정부와 똑같이 매파와 비둘기파로 갈라져 있으며, 소련 지도부 내 평화애호 세력이 힘을 얻을 수 있도록 인내심을 가져달라고 촉구했다. 미국의 국가적 논쟁은 봉쇄정책이 대결과 현상유지 사이에 중간 지대가 없다고 보면서 무엇을 협상해야 할지에 대해 답하지 않는다는 근본적 딜레마를 해결하지 못한 채, 소련 내부에 있을 것으로 추정되는 변화의 규모에 갈수록 집중했다.

1970년대 초가 되자 두 학파 모두 새로운 급진주의로부터 도전받고 있었다. 1940년대의 헨리 월리스의 접근법이 새로운 이름을 달고 부활하면서 봉쇄정책을 완전히 뒤엎는 훨씬 더 놀라운 수사를 동원했다. 이 급진주의는 예전 선구자들이 주장했던 것처럼 미국이 공산주의를 반대할 도덕적 권리가 없다고 주장하는 데 그치지 않고, 공산주의를 반대하면 오히려 공산주의가 더 강해질 것이라고 주장했다. 이 새로운 급진주의에 따르면, 공산주의는 봉쇄될 필요가 없었지만 살아남았다. 마땅히 망해야 한다면, 결국 역사 자체가 공산주의를 망하게 할 것이기 때문이다

소설가 노먼 메일러(Norman Mailer)는 워싱턴 행진(March on Washington)[6]에 대해 서술하면서 베트남으로부터 무조건 철수해야 한다고 주장했고, 한편으로는 이런 시각을

다음과 같이 요약했다.

> 공산주의자들이 아시아에서 승리한다면 … 분열과 분파주의, 종파들이 등장할 것이다. … 따라서 아시아를 내버려두면 정확하게 세력균형을 얻게 될 것이다. … 공산주의가 더 확대될수록 공산주의의 문제가 더 커질 것이고, 세계를 정복하겠다는 공산주의의 집착은 더 약해질 것이다. 공산주의는 팽창하면서 스스로를 봉쇄하게 될 것이다.[7]

새로운 급진주의는 공산주의가 미국의 반대가 아니라 공산주의 자체의 승리로 인해 망하게 될 것이며, 이것이 최선이자 유일한 방안이라고 주장함으로써 봉쇄정책과 정반대되는 노선을 주창했다. 과잉확장이 공산주의의 근본 약점이기 때문에 공산주의가 더 확대될수록 공산주의가 더 확실하게 붕괴한다는 것이다. 미국이 공산주의에 대항하지 않고 자제해야 승리의 씨앗을 뿌린다는 주장이야말로 정말로 소설 같은 모순이었다.

메일러의 시적인 서술은 보다 전문적인 학계 분석가들에 의해 보강되었다. 존 케네스 갤브레이스(John Kenneth Galbraith)[8] 같은 학계 거물인사가 지지했던 "수렴이론(convergence theory)"은 양 진영이 자연스럽게 점점 서로 비슷해질 운명이기 때문에 미국이 공산주의를 반대하면서 큰 위험을 짊어지는 게 사실상 무의미하다고 주장했다.

동─서 진영 간의 관계가 막다른 길에 이르렀다. 전통적인 봉쇄 개념을 따르다 보니 외교적 교착상태에 빠진 것이다. 봉쇄정책의 주요 대안들은 한 세대 동안 전념해왔던 전제를 모두 폐기하도록 요구하는 이단과도 같은 주장들이었다. 하지만 어떤 책임감 있는 미국 대통령도 단순히 나라의 운명을 불확실한 역사의 힘에 맡길 수는 없었다. 카르타고가 로마의 정복자에게 완전히 파괴당하고 수백 년이 지난 후 로마도 결국 멸망했지만, 그렇다고 해서 카르타고에게 위안이 되지는 않았다.

닉슨은 이 세 학파를 모두 거부했고 국익을 미국의 장기적 외교정책의 기본적인 기준으로 설정하기 시작했다. 이런 노력에서 가장 중요한 수단은 대통령의 연례 외교정책 보고서(annual presidential foreign policy report)였다. 미국 외교정책에 관한 이런 보고서가 1970년부터 시작해서 4번 발표되었다. 나와 내 직원들이 초안을 작성한 이 보고서는 대통령의 시각이 반영되었고, 닉슨의 이름으로 발표되었다. 이런 모든 성명에서 그렇듯이 저자의 이름은 대통령이 책임을 진다는 사실 외에는 특별한 의미가 없다. 비록 이 보고서가 새 행정부의 개념적 접근법을 제시하기는 했지만, 완전히 성공적이지는 못했다. 개념보다 사건들에 초점을 맞추고 있던 언론은 베트남과 관련한 부분을 제외하면 보고서 내용을 대체로 무시했다. 그리고 외국 지도자들은 그 보고서를 만일의 경우에 대비해 참모들이 들춰봐야 할 자료 정도로 간주했다.

그렇지만 이 보고서는 당시 학생들에게 닉슨 시대의 외교정책에 관한 최고의 로드맵이었고, 외국 지도자들과 기자들에게도 그랬을 것이다. 하지만 나중에 밝혀진 바와 같이 그들은 그날그날의 외교 활동에만 초점을 맞추느라 너무나 명백한 힌트를 수없이 놓쳤다. 이 보고서의 기본 주제는 미국 외교정책이 이제부터 국익의 분석에 맞춰질 것이며, 미국이 법적 원칙의 해석보다는 정치적 명분을 위해 관여한다는 것이었다. 1970년 2월 18일에 처음으로 발간된 대통령의 연례 외교정책은 이런 입장을 표현했다.

> 우리의 목표는 우선 우리의 이익을 장기간에 걸쳐 건전한 외교정책으로 지원하는 것입니다. 외교정책이 우리와 다른 나라의 이익에 관한 현실적인 평가에 더 근거할수록 세계 속에서 우리의 역할이 더 효과적일 것입니다. 우리가 공약을 했기 때문에 세계에 관여하는 것이 아니라, 우리가 관여되어 있기 때문에 공약을 한 것입니다. 우리의 이익에 맞춰 공약이 정해져야지 그 반대가 되어서는 안 됩니다.[9]

만약 영국이나 프랑스의 정부 문서에 이런 내용이 담겼다면 당연한 내용이라고 치부되었을 것이고, 굳이 특별히 주목할 필요가 있다고 여기지도 않았을 것이다. 미국에서는 대통령이 자신의 정책을 명시적으로 국익과 연계시켜서 단언했던 선례가 없었다. 20세기에 있었던 닉슨의 전임 대통령 중에서 시어도어 루스벨트를 제외하면 아무도 미국의 이상주의를 많은 요인들 중 하나로 다루지 않았고, 혹은 정해진 종착점이 있는 특정한 성전(聖戰)에 반대되는 개념으로서 항구적 관여의 차원에서 미래를 다루지도 않았다.

이 보고서는 소련을 상대함에 있어 미국의 정책은 공산주의자들의 이념에 대한 확고한 의지를 과소평가하거나 공산주의 지도자들이 "이미 자신들의 신념을 포기했거나 포기하기 직전이라는" 망상에 빠지지 않으면서 소련 체제의 본질에 관한 정확한 이해에 기반을 둘 것이라고 적시했다.[10] 그리고 미국은 자신이 소련과의 관계에 감정적으로 의존적이 되지 않게 하겠다고 했다. 진전 여부를 판단하는 기준은 분위기가 아니라 상호 이익을 반영하는 정확한 합의로 표현된 실질적인 내용이 될 것이라고 했다. 무엇보다 폭넓은 분야에서 긴장 완화가 진행되어야 한다고 했다.

우리는 공산주의 적대세력을 무엇보다도 우리가 우리의 이익이라고 간주하는 이익을 따르듯이, 그들도 그들의 이익이라고 인식하는 이익을 추구하는 국가로 간주할 것입니다. 우리가 우리의 행동으로 평가받기를 기대하는 것처럼, 우리도 그들을 그들의 행동으로 평가할 것입니다. 구체적 합의와, 그들이 도와 구축되는 평화 구조는 상충하는 이익의 현실주의적 수용에서 비롯될 것입니다.[11]

1971년의 보고서도 똑같은 주제를 반복했다. "소련의 내부 질서는, 물론 우리가 그 특성 중 많은 부분에 대해 거부감을 숨기지 않겠지만, 그 자체가 우리의 정책 대상이 아니다. 우리와 소련의 관계는 마치 다른 나라들과의 관계와 마찬가지로 그들의 국제적 행동에 의해 결정된다."[12]

국익을 강조하는 입장은 보수주의자들로부터 극심하게 공격을 받게 되었다. 특히 베트남전쟁이 끝나고 국제적 긴장 완화를 촉구하는 목소리가 잦아들자 더욱 그랬다. 하지만 본질적 쟁점은 당시 비판처럼 닉슨이 소련 지도자들을 너무 신뢰했는지가 아니라—닉슨이 구체성을 강조해왔고 인간의 본성을 비관적으로 봤다는 점에서 터무니없었다—소련의 팽창주의를 저지하기에 가장 적합한 전략이었는지 여부였다. 닉슨은 베트남이라는 혼란 속에서 국익이 공산주의의 팽창주의에 대항하고 대중의 지지를 유지할 수 있는 최선의 기준을 제공한다고 믿었다. 그를 비판했던 사람들은 국익을 강조하는 태도가 일종의 도덕적 무장해제라고 보았다.

공산주의 세력권의 추가적 확장을 막겠다고 결심했다는 점에서 닉슨 행정부의 시각은 예전 애치슨과 덜레스의 시각이나 이후 레이건의 시각과 다르지 않았다. 심지어 베트남전쟁이 한창인 상황에서도 닉슨 행정부는 소련의 지정학적 혹은 전략적 위협이라고 여겨지는 문제에 대해서는 무엇이건 간에 아주 예민하게 반응했다. 1970년 소련의 쿠바 해군기지 건설에 대해, 소련의 수에즈 운하를 통한 지대공 미사일 이동에 대해, 시리아의 요르단 침공에 대해, 1971년 인도-파키스탄 전쟁에서 소련의 역할에 대해, 그리고 1973년 아랍-이스라엘 전쟁에서 군사적으로 개입하겠다는 브레즈네프의 암묵적 위협에 대해 이렇게 반응했다. 이런 태도는 포드 행정부에까지 이어졌고 쿠바군 병력의 앙골라 파병에 대해 똑같이 반응했다.

동시에 봉쇄정책에 관한 닉슨 행정부의 접근법은 소련 사회의 변화를 협상의 전제조건으로 고집하지 않았다는 점에서 애치슨이나 덜레스와도 차이가 있었다. 닉슨은 봉쇄정책의 아버지들과 결별했고, 1953년 스탈린 사망 후에 소련과의 대화를 촉구했던 처칠을 연상시키는 노선을 택했다. 닉슨은 협상 과정과 장기간에 걸친 평화적 경쟁이 소련 체제의 변화를 촉진하고 민주주의 국가들을 강하게 해줄 것이라고 믿었다.

닉슨이 협상의 시대라고 규정한 것은 베트남에서 여전히 전쟁이 진행 중인 상황에서도 미국이 외교적 주도권을 되찾게 해주는 전략 역할을 했다. 닉슨은 평화운동(Peace Movement)이 베트남 문제에만 국한되고 미국 외교정책 전반을 마비시키지 못하게 하겠다는 목표를 잡았다. 닉슨의 접근법은 본래 전술적이지 않았다. 닉슨과 보좌진은 핵을 보유한 양대 초강대국의 이익이 어쩌면 긴장 완화를 통해 일시적으로 수렴할 수도 있다고 믿었다. 핵의 균형이 일종의 안정세에 접어들고 있거나, 아니면 일방적 조치나 군비통제 협상을 통해 그렇게 될 수 있는 것처럼 보였다. 미국은 베트남으로부터 빠져나오고, 베트남 이후 시기를 대비하는 새로운 정책을 구상하기 위한 숨 쉴 공간이 필요했다. 한편, 소련은 어쩌면 한숨을 돌려야 하는 훨씬 더 강력한 이유가 있었다. 중국 접경 지역에서의 소련군 사단의 증강은 수천 킬로미터 떨어진 두 전선에서 긴장 상태에 직면한 소련이 미국과의 정치적 해결을 모색할 준비가 되어 있을지 모른다는 점을 시사했다. 특히 닉슨의 전략에서 핵심이었던 중국에 대한 개방정책이 성공한다면 더욱 그렇게 될 가능성이 높았다. 소련 지도부의 이념적 확신이 무엇이든 간에, 그들은 대결을 늦추기 위해 서방과의 관계를 개선하는 데 충분한 이해관계를 갖게 될 수 있다. 우리가 보기에, 소련과 서방의 대결이 늦춰질수록 소련 제국을 결속시키는 과제가 더욱더 감당하기 힘들어질 것이다. 특히 소련의 정치적 문제가 경제 침체로 인해 악화되었기 때문이다. 다시 말하자면, 닉슨과 그의 보좌진은 시간이 공산진영이 아닌 미국 편이라고 믿었다.

소련에 대한 닉슨의 시각은 전임자들보다 훨씬 더 미묘했다. 그는 소련과의 관계를 전부 아니면 전무인 문제로 보지 않았고, 해결 가능성의 정도가 상이한 여러 사안이 뒤섞인 상황으로 보았다. 그는 초강대국 관계의 수많은 요소들을 한데 엮어 전면적 대결("신학자"의 접근처럼)도 아니고 전면적 화해("정신의학자"의 접근처럼)도 아닌 포괄적인 접근을 추구하는 방안을 모색했다. 이런 접근은 협력 가능한 분야를 강조하고, 이 협력을 지렛대 삼아 양국이 심하게 대립하는 분야에서 소련의 행동을 변화시키겠다는 아이디어였다. 이는 이후 전개될 논쟁의 특징을 묘사한 게 아니라 닉슨 행정부가 이해하는 "데탕트(detente)"의 의미였다.

한 분야에서의 협력을 다른 분야에서의 진전과 연계시킨다고 해서 명명된 "연계(linkage)" 정책에 많은 걸림돌이 등장하고 있었다. 군비통제에 관한 미국 내 수많은 유력 인사들의 거의 집착에 가까운 태도가 그중 하나였다. 위협이 안 되는 수준까지 군비를 축소하는 데 집중했던 1920년대 군축협상은 처참하게 실패했다. 이런 목표는 핵무기 시대에 "안전한" 수준의 핵무기라는 말 자체가 모순이었기 때문에 한층 더 복잡해졌다. 그리고 소련처럼 아주 방대한 영토에서 핵무기를 요구받은 대로 적게 보유하고 있는지를 어떻게 검증할지 상상조차 할 수 없었다. 냉전이 끝나갈 때가 되어서야 실제로 감축이 이루어졌다. 그러나 1960년대와 1970년대를 통틀어서 군축은 특정하고 정의 가능한 위험들을 줄이기 위한 노력에 종속되었다. 이 중에서 기습공격을 방지하기 위한 노력이 가장 두드러졌고, 이 구상은 군비통제라는 이름으로 추진되었다.

정책입안자들은 기습공격의 위험을 줄이는 것이 군비통제 협상의 핵심 사안으로 등장할 것이라고 예상하지 못했다. 상식적으로 본다면 강대국이 보유한 엄청난 잠재적 파괴력은 서로를 상쇄하게 되며, 적이 무엇을 하든 간에 감수할 수 없을 정도의 피해를 언제든지 입힐 수 있었다. 그러다가 1959년에 당시 랜드 연구소(Rand Corporation)의 분석가인 앨버트 월스테터(Albert Wohlstetter)가 냉전기에 나왔던 가장 독창적인 기고문을 통해 핵문제에서 상식이 적절한 지침이 못 된다는 사실을 보여주었다. 핵무기를 탑재한 비행기가 상대적으로 소수의 기지에 집중되어 있기 때문에 적의 전략부대가 발진하기 전에 파괴하는 게 기술적으로 가능해질 수도 있었다.[13] 이런 상황에서 공격하는 측은 상대방의 반격을 견딜 만한 수준으로 줄이고 자신의 의지를 강요할 수 있는 위치에 서게 될 수도 있었다. 마찬가지로 기습공격에 대한 두려움은 선제공격을 유혹할 수도 있다. 즉, 예상되는 기습공격을 방지하기 위한 목적으로 공격을 하게 되는 것이다.

월스테터에 따르면 핵균형은 실제로 상당히 불안정했다. 1차 타격능력과 2차 타격능력 간에 격차가 있다는 인식 때문에 국방 분석가와 군비통제 전문가들은 강박상태에 빠졌다. 이런 궁극적 위험으로부터 스스로를 보호하기 위한 합의를 하는 데 양측 모두 관심을 가질 수 있다는 아이디어가 제시되었다. 하버드 대학교, MIT, 스탠퍼드 대학교, 그리고 캘리포니아 공과대학교 소속의 연구그룹들은 군비통제와 전략적 안정성에 관한 이론과 현실적 제안들을 정교화했고, 이는 이후 20년간 정책입안자들을 뒷받침했다.

1947년에 "X"라는 필명으로 작성된 기고문이 정치적 분석에서 큰 업적을 쌓았듯이, 월스테터의 기고문도 전략적 분석에서 큰 업적을 쌓았다. 그 이후 군비통제 외교는 기습공격을 하려는 동기를 최소화하도록 전략군(strategic forces)의 구성과 운영 특성을 제한하는 데 집중되었다.

그러나 군비통제는 그 자체로 복잡한 주제였다. 주제가 너무나 난해해서 정책입안자와 대중 모두의 우려가 깊어졌다. 우선 군비통제는 문제의 속성을 지나치게 단순화했다. 핵전쟁 개시 결정은 핵무기를 잘 아는 과학자들이 아니라 조금만 오판해도 문명 전체는 아니더라도 자신의 사회를 파멸시키게 된다는 것을 아는 정치 지도자들이 내리게 되어 있었다. 어느 쪽도 이 새로운 기술을 실전에서 운용해본 경험이 없었으며,[14] 핵전쟁에서 승리하려면 수천 발의 핵탄두가 동시에 발사되어야 했다. 하지만 냉전기에 소련은 3발 이상을 동시에 시험해본 적이 없었고, 미국은 심지어 실제로 가동 중인 사일로에서 미사일을 한 번도 발사해본 적이 없었다. (미국이 가동 중인 사일로는 미국 한가운데에 있었고, 미국 정부는 시험 미사일이 추락해서 지상에 떨어질 경우 산불이 날까 두려워했기 때문이다. 자신감이 그 정도밖에 안 되었다.)

그리하여 상충하는 목표를 지닌 두 집단에 의해 기습공격의 위험성이 과장되었다. 한쪽에는 기습공격의 위험에 대비해 엄청난 국방예산을 원하는 사람들이 있었고, 다른 쪽에는 국방예산을 삭감하려고 기습공격의 두려움을 들먹이는 사람들이 있었다. 이 사안이 너무나 복잡했기 때문에 브리핑 실력이 중요해졌다. 그리고 감정이 너무 깊이 개입되었기 때문에 전문가들의 결론이 과학적 연구에 따른 것인지 아니면 미리 정해둔 결론을 뒷받침하려고 과학을 원용한 것인지 구분하기가 쉽지 않았고, 실제로 후자였던 경우가 너무나 많았다. 애석하게도 정책입안자들은 크게 엇갈리는 견해를 가진 과학자들이 주는 조언의 인질이 되었다. 취약성, 정확성, 예측 가능성과 같은 난해한 주제에 관한 논쟁은 중세시대의 신학 논쟁만큼 복잡한 경지에 이르렀는데, 사실상 봉쇄정책의 초창기까지 거슬러 올라가는 오래된 철학적 대립의 연장이었다.

1970년대 군비통제를 둘러싼 가장 격렬한 논쟁 당시, 보수적인 비판자들은 소련 지도자들을 신뢰할 수 없으며 소련의 이념이 적대적이라고 경고했다. 군비통제를 옹호했던 사람들은 군비통제 합의가 실제 합의에 따른 이점과는 상당히 별개로 전반적인 긴장 완화 분위기를 조성하는 데 기여한다고 강조했다. 이는 신학자와 정신의학자 간의 해묵은 논쟁이 기술적 외피가 씌워져 재포장된 것이나 다름없었다.

처음에는 군비통제가 봉쇄이론에 단순히 접목되었다. 우세한 입장에 대한 의존은 봉쇄정책의 위험성을 낮춘다고 알려진 군비통제 개념과 나란히 지지를 받았다. 시간이 지나자 군비통제조차 봉쇄정책을 영구적으로 만들어버렸다는 사실이 명백해졌다. 갈수록 정치적 합의에 관한 대화가 줄어들었고, 정치적 합의를 협상하려는 시도도 줄어들었다. 실제로 세계가 군비통제론자들에게 더 안전해 보일수록 정치인들도 익숙한 입장에서 벗어나 정치적 합의라는 미지의 영역으로 나아갈 이유가 더 줄어들었다.

위기가 오고 갔다. 갑작스러운 불꽃이 동남아시아로부터 카리브해와 중유럽까지 타올랐으나, 양측은 상대방이 역사적 진화의 결과로 저절로 붕괴되기를 기다리는 것처럼 보였다. 역사적 진화에 대한 어느 쪽 시각이 옳았는지가 명백해질 때까지 그사이에 군비통제 협상이 삶을 좀 더 견딜 만하게 만들어줬다. 마치 교착상태를 위해 조성된 환경처럼 보였다. 정치적 독트린(봉쇄정책)은 군비경쟁에 아무런 답을 주지 못했고, 전략적 이론(군비통제)은 정치적 갈등에 해결책을 제시하지 못했기 때문이다.

이런 분위기에서 닉슨이 취임했고, 의회와 언론으로부터 신속하게 소련과의 군비통제 협상에 나서도록 압박을 받았다. 그는 소련군이 체코슬로바키아를 점령한 지 6개월도 안 되었는데 마치 아무 일도 없었던 것처럼 외교를 한다는 게 내키지 않았다. 적어도 군비통제가 소련의 팽창주의를 위한 안전판이 되는 일은 막고 싶었다. 닉슨 행정부는 전임 행정부보다 더 강경해 보이고 소련의 이익에 더 위협적으로 인식되는 행정부를 진정시키려는 소련의 열망을 이용해 베를린에 대한 위협을 제거하고 중동 내 긴장을 완화하며, 그리고 무엇보다도 베트남전을 종식하는 데 소련의 협력을 끌어낼 수 있는지 알아보기로 했다. 이런 접근방식은 "연계"라고 지칭되었고, 이후 걷잡을 수 없이 논란거리가 되었다.

정치인에게 주어진 주요한 과제 중 하나는 어떤 주제들이 정말로 연관되어 있고 서로 강화시키는 데 사용될 수 있는지 파악하는 것이다. 대부분의 경우 정책입안자는 이런 문제에서 선택의 여지가 거의 없다. 궁극적으로 사건들을 연계하는 것은 정책이 아닌 현실이기 때문이다. 정치인의 역할은 관계성이 존재할 때 그것을 인식하는 것이다. 다시 말하자면 가장 유리한 결과를 산출하기 위한 유인과 처벌의 네트워크를 만드는 것이다.

닉슨은 취임 선서를 한 지 2주일이 지난 1969년 2월 4일에 국가안보 업무와 관련된 각료들에게 보낸 서한에서 이런 시각을 표명했다.

나는 어느 한 곳에서 위기나 대립이 있으면서 다른 곳에서 협력하는 상황이 오랫동안 동시에 지속될 수 없다고 분명히 믿습니다. 이전 행정부가 특정 사안에서 소련과 상호 이익이 있다고 인식했을 때 합의를 추구해야 하고, 가능한 한 다른 분야에서의 갈등에 영향을 받지 않도록 해야 한다는 입장이었다는 점을 인정합니다. 이런 시각은 문화나 과학 교류 같은 수많은 양자적이고 실용적 사안에서는 타당할 수도 있습니다. 그러나 우리 시대의 핵심 사안들에 대해서는, 나는 우리가 정치적 사안과 군사적 사안 간에 어떤 관계가 있다는 점을 분명히 하기 위해 적어도 충분히 넓은 전선에서 전진하기 위해 노력해야 한다고 믿습니다.[15]

연계에 관한 논쟁은 닉슨 행정부의 기본 입장이 얼마나 단순했는지를 무색하게 할 정도로 오랫동안 지속됐다. 냉전이란 두 초강대국 간의 적대적 관계였다. 닉슨은 다른 모든 분야에서 양국 간 대립이 지속되는 상황에서 어느 한 분야를 개선하려고 골라내는 게 터무니없다고 지적했고, 그 이상이나 그 이하의 말도 하지 않았다. 선택적 긴장 완화는 닉슨과 그의 보좌진에게 민주주의 국가들의 입지를 확실하게 약화시키는 전략으로 보였다. 소련 무기가 중동에서 분쟁을 부추기고 베트남에서 미국인들을 죽이고 있는 상황에서 군비통제처럼 복잡하고 난해한 주제가 평화의 가능성을 시험해보는 사례가 된다는 게 말이 되지 않았다.

연계라는 개념은 외교안보 분야 관계자들 사이에서 거센 비난에 직면했다. 미국 외교안보 관료집단은 더 나은 세계에 대한 자신들의 견해를 널리 알리고 실천하고자 미국 사회에서 다소 비정통적인 경력에 헌신해왔던 인사들로 상당 부분 채워져 있었다. 더욱이 이들의 견해는 조지 슐츠 국무장관이 이후에 지적했듯이, 정책이 결코 완전히 해결되지 않는 관료들 간의 투쟁을 거쳐 형성되는 체제에서 연마되었다. 미국 외교정책은 아주 특정한 문제들에 맞춰져 있는 개별적이고, 때로는 고립된 일련의 다양한 구상들로 나뉘어져 있기 때문에 전반적 개념이라는 시각에서 접근되었던 경우가 매우 드물었다. 임시 방편적인 정부부처 차원의 접근법을 열정적으로 대변하는 사람들이 전반적인 전략을 옹호하는 사람들보다 훨씬 많았고, 후자의 경우는 종종 아무도 없기도 했다. 이런 패턴을 타파하려면 강력하고 단호하면서 워싱턴 방식에 익숙한 대통령이 필요했다.

전략무기 협상 개시와 정치적 사안의 진전을 연계하려고 했던 닉슨의 시도는 군비통제론자들과 소련 전문가들(kremlinologist) 모두의 열정적 신념과 배치되었다. 군비통제론자들은 군비경쟁을 제한하고 싶어 했고, 소련 전문가들은 미국 외교정책이 소련 내부에 있을 것으로 추정되는 정책 논쟁에서 매파에 맞서는 비둘기파에 힘을 실어줘야 한다고 확신했다. 관료들은 언론 유출을 통해 군비통제 그 자체가 목적임을 강조하면서 대통령이 서한에서 개괄적으로 밝혔던 정책을 조금씩 약화시켰다. 비록 "공인된" 내용은 아니었지만, 이런 유출 내용은 전혀 부인되지도 않았다. 1969년 4월 18일자 〈뉴욕타임스〉에서는 "당국자들"이 소련과의 군비 합의를 "닉슨 외교정책의 최우선 목표"라고 설명했다.[16] 4월 22일자 〈뉴욕타임스〉는 "미국 외교관들"이 전략무기제한협상(SALT: Strategic Arms Limitation Talks)이 6월에 있을 것으로 예측하고 있다고 보도했다.[17] 5월 13일자 〈워싱턴포스트〉는 5월 29일까지 협상 개최일이 결정될 것이라는 취지로 행정부 소식통을 인용했다.[18] 군비통제와 정치적 이슈를 연계하려는 닉슨의 입장을 수정하려는 이런 점증적인 압박은 절대로 정면 도전의 형태로 제기되지 않았다. 대신 관료집단이 선호하는 방향으로 사안을 끌고 가기 위해 전술적이고 일상적인 언급들이 동원되었다.

정부에 몸담지 않은 외부 분석가들도 곧 비판에 가담했다. 〈뉴욕타임스〉는 1969년 6월 3일에 미국이 다른 사안과 연계하여 무역을 제한한 데 대해 "자멸적"이라고 지적했다. 이런 제한이 "냉전식 정책"이며, "대결의 시대를 지나 협상과 협력의 시대로 이동해야 할 때가 되었다는 닉슨 행정부의 이론과 부합하지도 않는다."라고 비판했다.[19] 〈워싱턴포스트〉도 똑같이 주장했다. 이 신문은 4월 5일에 "어떤 대통령이건 간에 만반의 준비를 갖출 수 있다고 믿기에는 현실이 너무나 복잡하고 까다롭다. 현재 정치적 사안이 어떻건 간에 이와 별개로 군비통제는 그 자체로 가치가 있고 시급하다."라고 지면에 게재했다.[20] 닉슨은 SALT 회담을 지연시킴으로써 소련과의 대화를 확장하겠다는 의도가 있었다. 관료주의적 타성과 철학적 이견이 결합되어 닉슨이 아껴두고 싶어했을 자산을 소모시켰다.

닉슨 행정부의 접근법이 즉각적으로 성공을 거두었다고 말할 수는 없다. 훗날 국무장관이 된 사이러스 밴스(Cyrus Vance, 키신저에 이어서 국무장관이 되었다.―옮긴이)는 1969년 4월에 전략무기 감축과 베트남 두 가지 사안을 동시에 협상하는 권한을 갖고 모스크바를 방문하려고 했지만 좌절되었다.[21] 두 사안이 너무나 상이해서 비교가 불가능했다. 전략무기 협의 결과는 너무 불확실했고, 북베트남 지도부는 너무 다루기 힘들었으며, 개별 협상에 필요한 기간을 서로 맞추기가 너무 어려웠다.

그러나 결국 닉슨과 보좌진은 다양한 정책이 서로 지지하도록 만들어내는 데 성공했다. 닉슨 행정부가 중국에 극적으로 문호를 개방함으로써 소련이 온건하게 행동하는 큰 유인책을 만들어낸 덕택에 연계가 효과를 발휘하기 시작했다. 체스를 배우는 사람들이 알아두어야 할 기본 교훈은 여러 수 중에서 하나를 고를 때 각각의 선택으로 차지할 수 있는 칸의 숫자를 세어보는 방법이 나쁘지 않다는 점이다. 일반적으로 선수가 더 많은 칸을 차지할수록 할 수 있는 옵션이 더 많아지며 상대방의 옵션이 더 제약을 받게 된다. 마찬가지로 외교에서도 어느 한쪽의 옵션이 더 많아질수록 상대방에게 가용한 옵션이 더 줄어들 것이고, 상대방은 더 신중하게 목표를 추구해야 할 것이다. 실제로 이런 상황은 결국에는 상대방이 적대적 역할을 끝낼 유인을 제공하기도 한다.

일단 소련이 세계에서 가장 강력한 국가와 가장 인구가 많은 국가 간의 영구적 적대적 관계를 더 이상 기대할 수 없게 되면―만약 두 나라 간에 실제 협력이 시작되었다고 인식했다면 더욱 그랬을 것이다―소련이 비타협적으로 행동할 수 있는 범위가 좁아지고,

어쩌면 아예 사라질 것이다. 소련 지도자들은 자신들이 위협적으로 나올 경우 미-중 협력이 심화될 수도 있기 때문에 이런 상황에도 대비해야 했다. 1960년대 후반의 상황에서 미-중 관계 개선이 닉슨의 대소련 전략에서 열쇠가 되었다.

역사적으로 우호적이었던 미국의 대중국 감정은 공산주의자들이 1949년 국공내전에서 승리하고 1950년 한국전쟁에 참전하자 무너졌다. 호의적 감정은 베이징의 공산주의자들을 의도적으로 고립시키려는 정책으로 대체되었다. 이런 심정은 1954년 인도차이나 문제에 관한 제네바 회의에서 덜레스가 저우언라이와의 악수를 거부하는 장면에서 극명하게 상징적으로 드러났다. 저우언라이 총리는 그로부터 17년이 지난 후 베이징에서 나를 만나 인사할 때, 나도 중국 지도자들과의 악수를 거부하는 미국인 중 한 명이냐고 물어볼 정도로 당시 사건이 마음에 맺혀 있었다. 바르샤바 주재 양국 대사들 간의 접촉이 양국 사이에 남아 있던 유일한 외교적 접촉선이었고, 이들은 부정기적으로 만나서 서로 악담만 주고받았다. 1960년대 말부터 1970년대까지 진행되었던 문화혁명—인명 피해와 고통의 규모가 스탈린의 대숙청에 필적했다—기간에는 모든 중국 대사들(뭔가 알 수 없는 이유로 이집트에 있는 대사만 예외였다)이 중국으로 소환되었고, 바르샤바의 대화 채널도 끊기면서 워싱턴과 베이징 사이에는 어떠한 외교적, 정치적 접촉도 남아 있지 않았다.

충분히 흥미롭게도 중-소 분열에 내재했던 기회를 가장 먼저 간파한 지도자는 유럽 외교의 두 노회한 인물인 아데나워와 드골이었다. 비록 독일연방공화국(서독)이 당시에는 아직 전 세계적인 정책을 구사할 입장이 못 되었지만, 아데나워는 읽은 지 얼마 안 된 책에 의지해서 1957년 즈음 이에 대해 이야기를 했다. 드골은 그런 거리낌이 없었다. 그는 1960년대 초에 소련이 중국과의 방대한 국경에서 심각한 문제가 있으며, 이로 말미암아 서방과 좀 더 협력적인 관계를 모색할 수밖에 없게 될 것이라고 정확하게 감지했다. 드골은 드골답게 이 사실로 인해 불-소 데탕트가 가속될 것이라고 믿었다. 소련의 중국 문제를 고려할 때 소련과 프랑스는 상상컨대 협상을 통해 철의 장막을 없애버릴 수도 있고, "대서양으로부터 우랄산맥에 이르는 유럽"이라는 드골의 비전을 추구할 수도 있었다. 그러나 드골이 이끄는 프랑스는 그런 외교적 혁명을 실천하기에는 힘이 턱없이 모자랐다. 소련은 프랑스를 데탕트를 위한 동등한 파트너로 간주하지 않았다. 하지만, 비록 드골의 정책 처방은 프랑스라는 프리즘을 거친 인식으로 인해 왜곡되기는 했지만, 그의 근본적인 분석은 선견지명이 있었다. 미국의 정책입안자들은 오랫동안 이념적 선입견에 눈이 멀어 중-소 분열이 서방에 전략적 기회가 된다는 사실을 감지하지 못했다.

중국에 대한 미국의 시각은 비록 대단한 것은 아니었지만 냉전기의 유사한 패턴을 따라 나뉘어져 있었다. 소수의 중국 전문가 그룹은 중국과 소련 간 균열이 심리적이라고 여겼다. 이들은 미국이 중국의 유엔 회원국 지위를 베이징 정부에 넘겨주고 폭넓은 접촉을 통해 긴장을 완화함으로써 중국의 불만을 해소해주라고 촉구했다. 그러나 대부분의 정통한 시각은 중공(中共)이 구제 불가능할 정도로 팽창주의적이고, 광적으로 이념적이며, 고집스럽게 세계혁명에 전념하고 있다고 간주했다. 미국은 동남아시아를 장악하려는 중국인 주도의 공산주의자들의 음모라고 여겨지던 것을 막으려고 개입했다. 통설에 따르면 소련의 경우는 특히 더 그렇겠지만, 협상을 고려할 수 있으려면 중국의 공산주의 체제가 먼저 변해야 했다.

이런 의견이 예상치 못했던 사람들에 의해 한층 보강되었다. 10년 넘게 소련과 상시적으로 대화하라고 촉구해왔던 소련 전문가들이 중국에 대해서는 정반대의 입장을 취했다. 닉슨 1기 행정부 초기 시절에 전직 주소련 대사들은 미국이 처음으로 중국을 시험 삼아 접촉했다는 사실에 불안감을 느끼고 대통령에게 엄중히 경고했다. 이들은 소련 지도자들이 공산주의 중국에 대해 너무나 피해망상적이어서 미국과 중국 간의 관계를 개선하려는 어떤 시도도 결국 소련과의 대립이라는 받아들이기 어려운 위험을 초래할 것이라고 주장했다.

닉슨 행정부는 이런 시각의 국제관계에 공감하지 않았다. 중국 정도로 큰 나라를 미국의 외교적 옵션에서 배제한다는 말은 미국이 한 손을 등 뒤에 묶인 채 국제적으로 활동한다는 의미나 다름없었다. 우리는 미국의 외교정책 옵션이 늘어날수록 소련의 입장이 온건해지지 단호해지지는 않을 것이라고 확신했다. 넬슨 록펠러의 1968년 공화당 대선 후보 출마를 위해 내가 초안을 잡았던 정책 성명에는 이렇게 명시되어 있었다. "저는 중공과 대화를 개시할 것입니다. 워싱턴, 베이징, 모스크바 간의 미묘한 삼각관계에서 우리는 양쪽에 대한 우리의 옵션을 늘림으로써 소련이나 중국과 각각 화해할 수 있는 가능성을 높일 것입니다."[22] 닉슨은 이보다 훨씬 더 앞서서 동일한 견해를 세계 공동체에 관한 전통적인 미국적 관념에 맞춰진 언어로 제시한 적이 있었다. 그는 1967년 10월 〈포린어페어스〉에 이렇게 기고했다.

긴 안목에서 볼 때, 우리는 중국을 그냥 국제사회 밖에 영원히 놔둘 수 없습니다. 거기서 혼자만의 환상을 키우고, 증오심을 품고, 주변국들을 위협하게 놔둬서는 안 됩니다. 이 작은 행성에서 잠재적으로 가장 유능한 10억 명의 사람들이 분노한 채 고

립되어 살아가게 할 만한 장소는 없습니다.[23]

대통령 후보로 지명된 직후, 닉슨은 더 구체적으로 나왔다. 1968년 9월 한 잡지와의 인터뷰에서, 그는 "우리는 중국을 잊어서는 안 됩니다. 소련에 대해서 그랬던 것처럼 항상 중국과 대화할 기회를 모색해야 합니다. … 변화하기를 가만히 기다려서는 안 됩니다. 변화하도록 모색해야 합니다."[24]

비록 중국은 미국과의 대화 가능성이 아니라 겉으로만 동맹국이었던 소련으로부터 공격받을 수 있다는 두려움 때문에 국제사회에 재가입했지만, 여하튼 닉슨은 자신의 목표를 달성했다. 닉슨 행정부는 중-소 관계의 이런 측면을 즉각 이해하지는 못했지만, 소련 때문에 이런 상황을 의식하게 되었다. 소련의 어설픈 외교정책 때문에 크렘린이 가장 두려워했던 상황이 가속되었다. 이런 사례는 이번이 처음도 아니고 마지막도 아니었다.

1969년 봄에 시베리아에 있는 우수리강을 따라 길게 이어진 중-소 국경지역에서 중국군과 소련군 간에 일련의 충돌이 발생했다. 미국은 지난 20년간의 경험에 근거해서 처음에는 이 소규모 접전을 당연히 광적인 중국 지도자들이 사주한 것으로 여겼다. 이 사건에 대한 재평가가 이루어진 것은 소련의 서툰 외교 덕택이었다. 소련 외교관들이 소련 입장에서 이 사건에 대한 상세한 브리핑을 미국에 제공했고, 이런 충돌이 확대될 경우 미국이 어떤 태도를 취할지를 물었기 때문이다.

미국이 전혀 특별히 관심을 보이지 않았던 사안에 대해 소련이 전례 없이 절박하게 미국과의 협의를 원함에 따라, 우리는 이 브리핑이 소련이 중국을 공격하기 위한 사전작업이 아닌지 스스로 되물었다. 소련의 브리핑으로 촉발된 정보당국의 분석 결과에 따르면, 소규모 접전들이 변함없이 소련의 주요 보급기지에서 가깝고 중국의 통신센터로부터 멀리 떨어진 장소에서 발생한 것으로 확인되었다. 이는 소련군이 실제로 침략자일 경우에만 예상되는 패턴이라는 점에서 이런 의심이 한층 더 굳어졌다. 7,000킬로미터에 이르는 중국과의 국경 전역에 소련군이 무자비하게 증강되었고, 규모가 급속도로 40개 사단을 넘어서면서 이런 분석의 신빙성이 더 커졌다.

만약 닉슨 행정부의 분석이 정확했다면, 비록 세계 대부분의 나라들이 인지하지 못했지만 중대한 국제 위기가 일어나기 직전이었다. 소련의 중국에 대한 군사적 개입은 쿠바 미사일 위기 이래 전 세계적인 세력균형이 가장 심각하게 위협받는다는 것을 의미했다. 브레즈네프 독트린을 중국에 적용한다는 것은 그 전 해에 소련이 체코슬로바키아 정부에 했던 것처럼 베이징 정부도 복종하게 만들겠다는 의미였다. 그렇게 된다면 세계에서 가장 인구가 많은 국가가 핵을 보유한 초강대국에 복속되는 것이다. 이는 무시무시한 중-소 블록을 부활시키는 불길한 조합이자 1950년대에 그토록 공포를 자아냈던 거대한 단일체가 탄생하는 것이었다. 소련이 그렇게 방대한 계획을 실현할 능력이 있는지 여부는 전혀 확실하지 않았다. 하지만 지정학적 개념에 외교정책의 기반을 두고 있는 행정부로서 이런 위험을 짊어질 수 없다는 게 분명했다. 만약 세력균형을 진지하게 고려한다면, 지정학적 대격변의 가능성은 반드시 막아야 했다. 변화가 발생한 뒤에 막기에는 너무 늦을 것이다. 최소한 막는 비용이 기하급수적으로 증가할 것이다.

이런 고려로 인해 닉슨은 1969년 여름에 매우 중요한 두 가지 결정을 내리게 되었다. 첫 번째로 기존 미-중 대화와 관련된 모든 사안을 일단 제쳐두기로 했다. 바르샤바 대화의 의제는 시간 소모가 큰 만큼이나 복잡했다. 양측은 각자의 불만사항을 강조했다. 중국의 불만은 대만의 미래와 미국에 가압류된 중국 자산과 관련된 것이었다. 미국은 대만에 대한 무력 포기와 중국의 군비통제 협상 참여, 대중국 청구권 해결을 원했다.[25]

대신 닉슨은 미국과의 대화에 대한 중국의 태도라는 보다 광범위한 이슈에 집중하기로 했다. 어렴풋이 보이는 미-중-소 삼각관계의 여지를 확인하는 데 우선순위가 주어졌다. 만약 우리가 의심했던 대로 소련과 중국이 미국보다 각자 서로를 더 두려워한다는 게 확인된다면 미국의 외교에서 전례가 없는 기회가 생길 것이다. 만약 이런 근거에 기초해서 관계가 개선된다면 전통적 의제는 자연히 해결될 것이다. 만약 관계가 개선되지 않는다면 전통적 의제는 해결이 불가능한 상태로 남을 것이다. 다시 말하자면, 실질적인 사안들은 미-중 화해의 결과로서 해결되는 것이지, 미-중 화해로 가는 길을 제시하는 것이 아니었다.

미국은 양강 구도의 세계를 전략적 삼각관계로 변화시키는 전략을 실행하면서 1969년 7월에 입장이 변했음을 보여주려고 일련의 일방적인 구상을 발표했다. 미국인의 중화인민공화국 여행 금지가 해제되었다. 미국인은 100달러 가치에 상당하는 중국산 물품의 미국 반입이 허용되었다. 그리고 제한적이나마 미국산 곡물의 중국으로의 운송이 허용되었다. 이런 조치들은 그 자체로는 대수롭지 않았지만 미국의 새로운 접근법을 전달하려는 차원에서 고안되었다.

윌리엄 P. 로저스(William P. Rogers) 국무장관은 닉슨 대통령의 승인을 받고 주요 연설을 통해 노골적으로 암시했다. 그는 1969년 8월 8일 호주에서 공산주의 중국이 아시아태평양 문제에서 중요한 역할을 맡는 것을 환영하겠다고 밝혔다. 만약 중국 지도자들이 내향적인 "세계관"을 버린다면 미국은 "소통 채널을 열겠다."라는 입장이었다. 로

저스는 "중국 본토에 있는 사람들에게 그들에 대한 우리의 역사적 우정을 상기시키고자" 구상된 미국의 일방적인 경제적 조치에 주의를 환기하면서, 미 국무장관이 지난 20년간 했던 발언 중에서 가장 따뜻한 메시지를 전달했다.[26]

그러나 만약 1969년 여름에 소련이 중국을 공격할 위험이 실제로 있었다면, 이처럼 복잡한 계책을 점진적으로 펼치기에는 시간이 충분하지 못했을 것이다. 따라서 닉슨은 대통령 임기 중 아마도 가장 대담한 조치를 취했다. 소련이 중국을 공격한다면 미국이 무관심하게 있지 않을 것이라고 소련에 경고한 것이다. 중국이 미국에 즉각적으로 보인 태도와 상관없이 닉슨과 보좌진은 중국의 독립이 전 세계적 균형상태를 위해 필수불가결하다고 간주했고, 미국 외교의 유연성을 위해서 중국과의 외교적 접촉이 긴요하다고 여겼다. 소련을 향한 닉슨의 경고는 미국의 정책이 국익의 신중한 분석에 기초할 것이라고 새롭게 강조했던 닉슨 행정부의 입장을 단적으로 보여줬다.

중국 국경을 따라 소련군이 증강되는 상황을 우려하면서 닉슨은 미국이 중-소 전쟁에 대해 "깊이 우려하고 있다."라는 취지로 단호하면서도 두 가지로 해석이 가능한 성명을 1969년 9월 5일에 승인했다. 엘리엇 리처드슨(Elliot Richardson) 국무부 차관이 메시지를 전달하는 임무를 맡았다. 리처드슨은 그가 대통령을 대신해서 말하고 있다는 것을 의심받지 않을 정도로 충분히 직급이 높았고, 동시에 소련에 정면도전하는 것으로 비춰질 만큼 이목을 끌지도 않았다.

> 우리는 소련과 중화인민공화국 간의 적개심을 우리에게 유리하게 활용할 생각이 없습니다. 두 공산주의 대국 간의 이념적 차이는 우리 관심사가 아닙니다. 하지만, 이런 반목이 고조되어 국제 평화와 안보를 심각하게 파괴하는 것에는 깊이 우려하지 않을 수가 없습니다.[27]

한 나라가 다른 두 나라 사이의 갈등을 이용할 의도가 없다고 공공연히 선언한다면, 이 나라는 실제로 그렇게 할 능력이 있으며 두 나라가 이 나라의 중립적 태도를 유지하도록 하는 게 좋을 것이라고 암시하는 셈이다. 그래서 마찬가지로 어떤 나라가 군사적 우발 상황에 대해 "깊은 우려"를 표명한다면, 이 나라가 침략행위라고 규정한 행동에 대해서—아직 불특정한 방식으로—피해국을 지원하겠다는 메시지를 전달하는 셈이다. 그리하여 닉슨은 20년간 외교 관계가 없었고, 아직 행정부의 어떤 직급에서도 접촉한 적이 전혀 없었던 나라를 지지할 각오가 되어 있다고 밝혔다는 점에서 20세기 미국 대통령 중에서 특이한 축에 속했다. 더욱이 그 나라의 외교관과 언론들은 사사건건 미국의 "제국주의"를 비방하고 있었다. 미국의 이런 태도는 미국이 현실정치 세계로 되돌아왔다는 사실을 보여주었다.

이 새로운 접근법을 강조하고자 매년 발표된 대통령의 연례 외교정책 보고서에서 미국과 중국과의 관계 개선이 중요하다는 게 매번 강조되었다. 미국과 중국이 직접 접촉하기 전인 1970년 2월에 이 보고서는 중국과의 실질적인 협상을 촉구했으며, 미국이 중국에 맞서 소련과 결탁하지 않을 것임을 강조했다. 이런 내용은 물론 소련에 거꾸로 경고가 되었다. 만약 몰리게 된다면 미국은 항상 이런 옵션이 있다는 점을 암시했다. 1971년 2월의 보고서는 중국과 기꺼이 접촉하고자 한다는 미국의 의사를 반복했고, 미국이 중국에 적대적 의도가 없다고 보장했다.

> 우리는 베이징과의 대화를 시도할 준비가 되어 있다. 우리는 그들의 이념적 지침을 받아들일 수 없고, 중공이 아시아에서 패권을 행사해야 한다는 관념도 수용할 수 없다. 그러나 중국의 정당한 국익을 거부하는 국제적 입장을 중국에 강요하고 싶지도 않다.[28]

또다시 이 보고서는 양대 핵심 공산주의 국가 간의 갈등에서 미국이 중립을 유지하겠다는 입장을 되풀이했다.

> 우리는 갈등을 격화시키는 행동을 전혀 하지 않을 것이고, 장려하지도 않을 것이다. 우리가 어느 한 편과 결탁해서 다른 편에 맞설 것이라는 생각은 터무니없다. …
> 동시에 우리는 중공이나 소련이 상대방에 대한 우리의 정책과 행동에 대해 이래라저래라 지시를 내리는 것을 허용할 수 없다. … 우리는 소련뿐 아니라 중국을 그들의 말이 아닌 행동에 따라 평가해야만 할 것이다.[29]

공산주의 대국들 중에서 어느 쪽과도 결탁하지 않겠다는 보란 듯한 발표는 양측에 미국과의 관계를 개선하라고 권유하는 동시에 지속적으로 미국을 적대할 경우 후과가 있을 것이라고 경고하는 효과가 있었다. 중국과 소련이 미국의 호의가 필요하다고 계산하거나 미국이 상대방 쪽에 가까워질 수 있다고 두려워하는 만큼 두 나라는 미국과 관계를 개선해야 할 유인이 있었다. 그리고 두 나라 다 미국과 더 가까워지려면 그 전제조건으로 미국의 사활적 이익을 위협하지 않고 자제해야 한다는 것을 가능한 한 분명하게 알아듣도록 발표되었다. 실제로 이 보고서는 모든 사람이 읽을 수 있도록 공개되었다.

나중에 알려진 일이지만 중국과의 관계를 위한 새로운 틀을 규정하는 게 그것을 실행하는 것보다 훨씬 쉬웠던 것으로 확인되었다. 미국과 중국이 너무나 완전하게 서로 분리되어 있었기 때문에 어느 쪽도 어떻게 상대방을 접촉해야 할지, 관계 회복이 함정이 아니라는 점을 보장하기 위해 어떠한 공통의 어휘를 활용해야 할지 전혀 알지 못했다.

중국의 어려움이 더 컸다. 부분적으로는 중국의 외교가 너무나 미묘하고 간접적이어서 워싱턴에 있는 우리가 대체로 잘 이해하지 못했기 때문이다. 닉슨이 취임 선서를 한 지 2개월이 지난 1969년 4월 1일, 마오쩌둥의 후계자로 임명되기 직전이던 린뱌오 중국 국방부장은 중국 공산당 제9차 전국대표대회의 보고서에서, 미국이 중국의 주적이라는 그 당시까지의 일반적인 지칭을 삭제했다. 린뱌오가 소련도 동일하게 위협적이라고 설명했을 때 삼각 외교를 위한 근본적인 전제조건이 충족되었다. 린뱌오는 또한 중국의 국경 외부에 중국군이 없으며, 중국 영토가 공격받지 않는 이상 누구와도 싸울 의도가 없다고 마오쩌둥이 언론인 에드가 스노우(Edgar Snow)에게 1965년에 언급해준 내용을 재확인했다.

마오쩌둥의 언급이 그때까지 무시되었던 이유 중에는 중국이 에드가 스노우가 미국에서 매우 중요한 인물이라고 과대평가한 것도 있었다. 베이징 지도부 인사들은 중국 공산주의자들에게 오랫동안 동정적이던 미국 언론인 에드가 스노우가 중국 문제와 관련해 미국에서 특별한 신뢰도를 갖고 있을 것이라고 생각했다. 하지만 미국은 스노우를 공산주의자들의 끄나풀로 인식했고, 그에게 미국의 비밀업무를 맡길 준비가 되어 있지 않았다. 마오쩌둥이 1970년 10월에 건국기념일 열병식을 참관할 때 스노우를 자신의 옆에 세워두었던 제스처는 미국에게 먹히지 않았다. 마오쩌둥이 1970년 12월에 스노우와 인터뷰한 내용도 마찬가지였다. 이 인터뷰에서 마오쩌둥은 닉슨에게 관광객 자격이건 미국 대통령 자격이건 중국을 방문해달라고 초대했다. 마오쩌둥은 통역에게 그가 적어놓은 내용을 스노우에게 전달하라고 지시했지만(자신의 진심을 보여주려고), 미국은 몇 달 후 닉슨의 방문이 다른 채널을 통해 이미 확정된 이후까지 그렇게 초대받았다는 사실을 알지도 못했다.

한편, 미국과 중국과의 외교적 접촉이 1969년 12월 바르샤바에서 재개되었다. 이 접촉은 예전에도 그랬듯이 그다지 만족스럽지 못했던 것으로 확인되었다. 닉슨은 아주 유능하고 신중한 주폴란드 대사인 월터 스토셀(Walter Stoessel)에게 중국 대사대리와 같이 참석하는 첫 사교행사에서 중국 측을 접촉하여 대사급 대화 재개를 요청하라고 지시했다. 스토셀에게 1969년 12월 3일 특이한 장소에서 기회가 왔다. 바르샤바 문화과학궁전에서 유고슬라비아 패션쇼가 열렸다. 미국 외교관이 접근해오는 돌발사태에 대한 지침이 전혀 없었던 중국 대사대리는 처음에는 도망쳐버렸다. 스토셀이 중국 측 통역을 구석에 몰아넣고 나서야 간신히 메시지가 전달될 수 있었다. 하지만 12월 11일이 되어서야 중국 대사대리는 미국 측을 어떻게 상대해야 할지에 대한 지침을 받았으며, 예전의 바르샤바 대화를 재개하고자 스토셀을 중국대사관으로 초대했다.

대화가 거의 즉각적으로 교착상태에 빠졌다. 양측의 표준 의제가 닉슨이 보기에—그리고 나중에 밝혀졌지만 마오쩌둥과 저우언라이가 보기에도 그랬다—미-중 관계의 미래를 결정할 근본적인 지정학적 이슈를 탐색해보는 데 도움이 되지 않았다. 게다가 이런 이슈들은 미국 측에서 의회 및 핵심 동맹국들과의 협의라는 번거로운 절차를 거쳐야 했다. 이 과정에서 설사 진전이 있더라도 틀림없이 오래 걸렸을 것이고, 많은 부분이 거부되었을 것이다.

결과적으로 바르샤바 대화는 회담에서보다 미국 정부 내부에서 더 많은 논란이 초래되었다. 그래서 닉슨과 나는 1970년 5월에 미국이 캄보디아 내 북베트남 게릴라 은신처를 공격한 것을 놓고 중국이 항의 차원에서 대사 간 대화를 중단했음을 알게 되자 다소 안도감을 느꼈다. 그때부터 양측은 좀 더 유연한 대화 채널을 탐색했다. 파키스탄 정부가 결국 이 문제를 해결해줬다. 점점 가속되던 상호교류는 내가 1971년 7월에 베이징을 비밀리에 방문함으로써 최고조에 달했다.[30]

나는 중국 지도자들보다 닉슨식 외교 스타일을 더 잘 받아들이는 대화 상대를 접해본 적이 없었다. 닉슨처럼 이들도 전통적인 의제를 부차적 문제로 간주했고, 무엇보다 일치하는 이익에 기초한 협력이 가능한지를 탐색하는 데 관심이 있었다. 그랬기 때문에 나중에 마오쩌둥이 닉슨에게 처음으로 건넨 말이 "작은 이슈는 대만이고, 큰 이슈는 전 세계입니다."였다.

중국 지도자들은 소련이 브레즈네프 독트린을 실행하는 데 미국이 소련과 협조하지 않겠다는 보장을 원했다. 닉슨은 미국이 소련의 지정학적 공세를 좌절시키는 데 중국이 협력할지 여부를 알고 싶었다. 비록 양측의 목표는 본질적으로 개념적 수준이었지만, 조만간 이런 목표가 실제 외교로 전환되어야 했다. 양측이 각자 제시한 세계에 대한 견해가 나름 설득력이 있어서 공통의 이익에 대한 인식이 자연스럽게 도출되어야 했다. 닉슨은 이런 임무를 맡기에 아주 제격이었다.

이런 이유로 초창기 미-중 대화는 개념들과 근본적인 접근법들을 서로 맞추는 데 주로 초점을 두었다. 마오쩌둥, 저우언라이, 그리고 이후 덩샤오핑은 모두 다 비상한 인물들이었다. 마오쩌둥은 예지력이 있고 무자비하고 때로는 잔혹한 혁명가였다. 저우언라이는 세련되고 매력적이며 총명한 행정가였다. 그리고 덩샤오핑은 기본적으로 확신에 찬 개혁가였다. 이 세 사람은 항구적인 것과 전술적인 것을 구분해내는 본능을 통해 오래된 나라의 경험들을 공들여 분석하고 정제해내는 공통된 전통을 보여줬다.

이들의 협상 스타일은 소련과 달라도 너무 달랐다. 소련 외교관들은 개념적인 사안들을 거의 절대로 논의하지 않았다. 이들의 전술은 자국이 당장 관심을 갖는 문제를 선택한 다음 자신들의 해결책을 끈질기게 강요하는 방식이었다. 상대방을 설득하기보다는 상대방이 지치게 만드는 것이 목표였다. 정치국에서 합의된 내용을 들이대면서 소련 협상가들이 보여줬던 집요함과 맹렬함은 소련 정치의 규율과 내부적 중압감을 반영했고, 외교 협상을 진이 빠지는 소매 거래로 바꾸어놓았다. 그로미코가 외교에 대한 이러한 접근법의 진수를 보여줬다.

중국 지도자들은 정서적으로 훨씬 더 안정된 사회를 상징적으로 보여줬다. 이들은 초안의 세세한 내용보다 신뢰 구축에 더 관심이 있었다. 닉슨과 회담한 자리에서 마오쩌둥은 닉슨에게 중국이 대만에 무력을 사용하지 않을 것이라고 보장하는 데 뜸들이지 않았다. "우리는 당분간 그들[대만]이 없어도 됩니다. 100년 후에 다시 생각해보죠."라고 말했다.[31] 마오쩌둥은 미국이 20년 동안 추구해왔던 보장을 해주면서도 이에 대해 아무것도 상호주의적으로 요청하지 않았다.

저우언라이와 상하이 코뮤니케(Shanghai Communique) 초안을 작성하면서 나는 한번은 중국 측 초안에서 불쾌한 문구를 저우언라이가 반대할 수도 있는 미국 측 초안의 문구와 맞교환하자고 제안한 적이 있었다. "이런 식으로는 아무런 성과도 내지 못할 겁니다."라고 그가 응답했다. "만약 당신이 왜 우리 측의 문구가 불쾌한지 나를 설득할 수 있다면, 내가 그 부분을 빼주겠소."

저우언라이의 태도는 추상적 선의의 산물이 아니라 장기적 우선순위를 확실히 파악한 결과였다. 당시에 중국은 신뢰를 불러일으켜야 했다. 만약 논쟁으로 이겼다면 자신의 이익에 어긋났을 것이다. 마오쩌둥에 따르면 주된 안보 위협은 소련이었다. "현재 미국으로부터의 침략 문제나 중국으로부터의 침략 문제는 상대적으로 작습니다. … 당신들은 병력 일부를 본토로 철수시키기를 원하고 있고, 우리 병력은 해외로 나가지 않습니다."[32] 다시 말하자면 중국은 미국을 두려워하지 않았다. 심지어 인도차이나에서도 두려워하지 않았다. 중국은 미국의 사활적 이익에 도전하지 않을 것이고(미국이 베트남에서 무엇을 하든 상관없이), 주로 소련의 위협에 관심이 있었다. (그리고 나중에 밝혀진 바로는 일본의 위협에도 관심이 있었다.) 전 세계적인 균형상태를 강조한다는 점을 분명히 하려고 마오쩌둥은 자신의 반제국주의 선언을 "허풍(empty cannon)"이라고 일축했다.

이 접근법의 개념적 특성 덕택에 우리의 첫 번째 만남이 편안해졌다. 1972년 2월에 닉슨은 이후 10년 동안 미-중 관계 로드맵이 되었던 상하이 코뮤니케에 서명했다. 이 코뮤니케는 전례가 없는 특징이 있었다. 코뮤니케의 절반 이상이 이념, 국제문제, 베트남, 대만에 관한 양측의 상충하는 견해를 명시하는 데 할애되었다. 묘한 방식으로 양측의 이견을 보인 목록이 양측이 합의한 주제에 더 큰 의미를 부여했다. 양측은 다음 사항들에 합의했다.

- 중국과 미국의 관계 정상화를 위한 진전이 모든 국가에 이익이 된다.
- 양측 모두 국제적인 군사적 충돌의 위험을 축소하기를 원한다.
- 어느 측도 아시아-태평양 지역에서 패권을 추구해서는 안 되며, 각자 다른 어떤 나라 혹은 어떤 국가군이 이런 패권을 구축하려는 시도를 반대한다.
- 어느 측도 상대 측과 제3자를 위해서 협상하거나, 혹은 다른 국가들을 겨냥한 합의나 양해를 체결할 준비가 되어 있지 않다.[33]

외교적 용어를 지우고 보면 이 합의는 최소한 중국이 인도차이나나 한국에서 상황을 악화시킬 일을 아무것도 하지 않을 것이며, 중국이나 미국이 소련 블록과 협력하지 않을 것이고, 양측 모두 어떤 나라가 아시아를 지배하려는 시도를 반대할 것임을 의미했다. 아시아를 지배할 수 있는 유일한 국가는 소련이었기 때문에 아시아에서 소련의 팽창주의를 저지하겠다는 암묵적인 동맹이 탄생했다. (1904년 영국과 프랑스 간 영불협상, 1907년 영국과 러시아 간 영러협상과 다르지 않았다.)

1년도 안 지나서 미국과 중국 간의 양해가 더욱 명백해졌고 전 세계적으로 확대되었다. 1973년 2월에 발표된 코뮤니케에서 중국과 미국은 어떤 나라라도 세계(상하이 코뮤니케의 "아시아"에서 격상되었다)를 지배하려 한다면 공동으로("각자 공약한다"에서 격상되었다) 저항하기로("반대한다"에서 격상되었다) 합의했다. 1년 6개월도 채 안 되는 기간 동안 미-중 관계가 공격적인 적대감과 고립으로부터 가장 두드러진 위협에 맞서는 사실상의 동맹 관계로 변했다.[34]

상하이 코뮤니케와 이 코뮤니케를 이끌어낸 외교 덕택에 닉슨 행정부는 과장되게 표현하자면, 소위 새로운 평화 구조(new structure of peace)를 마련할 수 있게 되었다. 미국의 중국에 대한 개방이 발표되자마자 국제관계의 패턴이 극적으로 변했다. 이후 중국과의 관계는 마치 미국이 자금성에서 통치하는 거친 지도자들의 정책을 설계할 수 있기라도 한 것처럼 서방에서 중국 "카드"라고 언급되었다. 실제로 중국 "카드"는 자체적으로 작동했거나 아예 존재하지도 않았다. 미국 정책의 역할은 국익이 일치하는 분야에서 상대방을 지지하겠다는 각국의 의향을 반영하는 틀을 구축하는 것이었다.

닉슨과 보좌진은 중국이 미국보다 소련을 더 두려워할 이유가 있는 한 중국이 자신의 이익 때문에 미국과 협력할 수밖에 없다고 분석했다. 같은 이유로 중국은 미국에 대한 호의 차원에서 소련의 팽창주의에 반대한 것이 아니었다. 물론 그렇게 하는 게 미국과 중국 양측의 목적에 기여했지만 말이다. 닉슨은 중국 지도자들, 특히 저우언라이 총리의 명쾌한 사고에 감명을 받았지만, 중국과 소련 간의 갈등에서 명확하게 어느 한쪽 편을 드는 것에는 상상 가능한 이득이 없다고 보았다. 미국의 협상 입지는 두 공산주의 대국 중 어느 한쪽이 다른 쪽과 가까운 것보다 미국이 두 공산주의 대국 양쪽 모두에 더 가까울 때 가장 강력해질 것이다.

미국의 중국에 대한 개방은 외교정책에서 특정 인물의 역할을 분석할 수 있는 좋은 연구 사례가 된다. 후세 사람들이 새로운 시도라고 바라보게 되는 노선은 대체로 의식적인 선택과 순수한 모멘텀을 분간하기 어렵게 만드는 일련의 무작위적 행동에서 나온 산물이다. 20년에 걸쳐 지속된 거의 전면적인 고립 이후 미-중 관계가 성립되었기 때문에 모든 것들이 완전히 새로웠고, 그래서 그 이후 일어난 사건의 측면에서 볼 때 상당히 의미심장했다. 양측 모두의 필요에 의해 이런 화해가 발생했고, 두 나라에서 각각 누가 통치하든 이런 시도가 있었을 것이다. 그러나 이런 상황이 순조롭고 신속하게 전개되었고 이 정도로 광범위했다는 점은 이런 결과를 끌어낸 양국 지도자들의 절묘한 능력과 집요함에 상당 부분 기인하며, 특히 미국 측에서 볼 때 국익 분석을 전례가 없을 정도로 강조한 덕택에 가능했다.

헌신적인 공산주의자였던 마오쩌둥은 자신이 3,000년에 걸쳐 중단 없이 지속됐던 자치(self-rule)의 전통을 계승할 사람임을 알고 있다는 자신감을 풍겼다. 마오쩌둥은 거대한 중국을 이념적 탐닉과 문화혁명이라는 섬뜩한 유혈사태에 빠지게 한 뒤에 중국 외교정책에 일종의 실용성을 주입하고 있었다. 수 세기 동안 중국은 멀리 있는 야만족들을 인근 야만족들과 반목시키는 이이제이(以夷制夷) 수법으로 안보를 유지해왔다. 마오쩌둥은 소련의 팽창주의를 매우 우려했기 때문에 중국을 미국에 개방하는 방식으로 똑같은 전략을 채택했다.

닉슨은 마오쩌둥의 동기에는 관심이 없었다. 닉슨의 최우선 목표는 외교정책에 있어 미국의 주도권를 되찾는 것이었다. 베트남의 트라우마를 극복하기 위해 자신이 미국과 소련 간 협상의 시대라고 이름붙인 돌파구를 추구하면서 닉슨은 개인적 관계나 소련의 개종에 의존한 게 아니라 크렘린을 좀 더 유순하게 만드는 수단으로서 유인책들의 균형에 의존했다.

미국이 중국에 개방하고 나자 소련은 서부에서는 NATO, 동부에서는 중국이라는 두 전선에서 도전에 직면했다. 다른 측면에서 소련의 자신감이 높았고 미국의 자신감이 낮았던 시기에 닉슨 행정부는 어떻게든 카드를 다시 섞는 데 성공했다. 닉슨 행정부는 소련의 입장에서 전면전이 너무 위험해지도록 계속 조치를 취했다. 미국이 중국에 개방을 한 뒤에는 전면전의 수준에 못 미치는 압박 역시 소련에게는 너무나 위험해졌다. 소련이 두려워했던 미-중 화해가 가속될 수 있었기 때문이었다. 일단 미국이 중국에 개방을 한 이상 미국과의 긴장 완화가 소련으로서는 최선의 옵션이었다. 소련이 중국보다 미국에 제공할 게 더 많을 수도 있다는 측면에서, 크렘린은 심지어 중국에 맞서는 준동맹을 미국과 체결할 수 있을 거라고 상상했고, 브레즈네프는 닉슨에게 1973년과 1974년에 어설프게 제안을 했다.[35]

새로운 방식으로 외교정책을 펼치면서 미국은 어떠한 세력균형 상황에서도 약자에 맞서 강자를 지원하려 하지 않았다. 평화를 교란할 수 있는 물리적인 힘이 가장 큰 나라인 소련은 두 전선에서 저항에 직면하게 되자 기존의 위기를 완화하고 새로운 위기를 유발하지 말아야 할 유인이 생겼다. 그리고 아시아의 균형상태를 뒤엎을 능력이 있었던 중국은 소련의 모험주의를 제한하는 데 미국의 호의가 필요했기 때문에 스스로를 억제해야 했다. 이 모든 것을 통해 닉슨 행정부는 소련과는 실질적인 쟁점을 해결하려 했고, 중국과는 전 세계적 구상에 관한 대화를 지속했다.

비록 대부분의 소련 전문가들이 닉슨에게 중국과 관계가 개선되면 미-소 관계가 틀어질 것이라고 경고했지만, 반대 상황이 발생했다. 내가 비밀리에 중국을 방문하기 전까지 소련은 거의 1년이 넘게 닉슨과 브레즈네프 간의 정상회담 주선을 교묘하게 미루고 있었다. 일종의 역연계(reverse linkage)로서 소련은 고위급 회담 개최에 여러 가지 조건을 걸려고 했다. 그러다 내가 베이징을 방문한 지 한 달도 안 되어서 크렘린은 입장을 번복했고 닉슨을 모스크바에 초대했다. 소련 지도자들이 미국으로부터 일방적인 양보를 얻어내려는 시도를 포기하자, 모든 미-소 협상이 빨라지기 시작했다.

닉슨은 시어도어 루스벨트 이래 전반적으로 국익이라는 이름으로 외교정책을 실행했던 최초의 대통령이었다. 이런 접근법은 미국인들 사이에서 감성적 반향이 덜하다는 게 단점이었다. 비록 닉슨은 평화의 구조(a structure of peace)를 자주 언급했지만, 이런 구조는 사회적 정서에서 헌신적인 의무감을 불러일으킬 수 있는 수단이 되지 못했고, 예외주의라는 미국식 전통에 고취되어 있던 미국 사회에서는 특히 그랬다. 그리고 국익은 외교정책에 관한 다양한 대통령 보고서에서 암시되었던 것처럼 그다지 자명하지도 않았다. 확고하게 정착된 전통이 없었기 때문에 미국 지도부 인사들은 가령 영국이나 프랑스, 중국의 지도자들만큼 국익이라는 개념을 편하게 여기지 않았다. 심지어 가장 적합하고 평온한 환경에서조차도 닉슨식 접근법에 기반한 외교정책의 전통을 확립하려고 했다면 대통령 임기의 대부분을 보내야만 했을 것이다.

닉슨의 첫 번째 임기 동안에는 이런 교육적 과제를 수행해볼 기회가 거의 없었다. 미국 사회가 시위와 미국 정부가 공산주의의 위협에 집착하고 있다는 확신으로 분열되어 있었기 때문이었다. 닉슨의 두 번째 임기는 시작부터 워터게이트로 인해 시달렸다. 탄핵에 직면한 대통령이 전통적 사고방식을 개조하고자 노력하는 지도자로 받아들여질 가능성이 낮았다.

또한, 닉슨과 그의 동료들이 미국의 이념적 전통에 너무나 거슬리는 방식으로 자신들의 접근법을 제시한 것도 사실이었다. 20년 전에 존 포스터 덜레스는 자신의 현실주의적 분석을 예외주의라는 수사로 포장했다. 10년 후 로널드 레이건은 세부적인 운영 측면에서 닉슨과 별로 다르지 않았던 외교정책에 이상주의적 틀을 씌워서 미국 대중으로부터 지지를 이끌어냈다. 닉슨은 베트남전쟁 시기에 통치를 하고 있었기 때문에 덜레스나 레이건 스타일의 수사를 동원했더라면 불난 집에 부채질을 하는 꼴이 되었을 것이다. 그리고 시기적으로 좀 더 평온했더라도 닉슨은 덜레스나 레이건과 같은 스타일의 수사를 채택하기에는 너무나 이지적인 인물이었다.

닉슨의 외교정책이 거둔 성과가 당연하게 여겨지고, 그것이 방지해왔던 위험이 희미해지면서 닉슨의 (그리고 나의) 접근법이 갈수록 논란이 많아졌다. 만약 워터게이트가 없었더라면 닉슨은 본인의 외교 방식을 지지하도록 미국의 여론을 결집시키고 자신의 방식이 실제로 미국의 이상주의를 옹호하는 가장 현실적인 수단임을 보여줄 수 있었을지도 모른다. 하지만 베트남전쟁과 워터게이트가 합쳐지면서 새로운 컨센서스의 형성을 가로막았다. 인도차이나의 비극에도 불구하고 닉슨은 기민하게 미국을 지배적인 국제적 위치에 올려놓았지만, 그럼에도 불구하고 그의 두 번째 임기 동안 세계에서의 미국의 역할과 공산주의에 대한 미국의 태도를 둘러싸고 유난히 격렬한 논쟁이 진행되었다.

29

데탕트와 이에 대한 불만

Detente and Its Discontents

베트남이라는 의기소침하게 만드는 유혈상황에서 미국을 탈출시키고 더 광범위한 국제문제에 국가적 관심을 다시 집중시킴으로써 닉슨 행정부는 거창하게 말하자면 소위 "평화의 구조(structure of peace)"를 구축하려고 했다. 미국과 소련, 중국 간의 삼각관계는 일련의 주요한 돌파구로 향하는 문을 열어주었다. 베트남전쟁이 끝났고, 분단된 베를린을 왕래하는 통행의 보장이 합의되었다. 중동에서 소련의 영향력이 극적으로 줄어들었고, 아랍–이스라엘 평화 프로세스가 시작되었다. 그리고 유럽안보회의(ESC: European Security Conference)가 있었다(포드 행정부에서 완성되었다). 각각의 사건이 다른 사건에 기여했다. 연계(linkage)가 맹렬하게 작동하고 있었다.

데탕트로 인해 유럽 외교가 새롭게 유연해졌다. 이 지역은 1961년에 동—서 세력권이 각각 최종적으로 통합된 이래 사실상 돌처럼 굳어져 왔다. 빌리 브란트(Willy Brandt)가 1969년 9월 총리로 선출될 때까지 역대 서독 정부는 본(Bonn)에 자리 잡은 서독 정부가 유일하게 정통성이 있는 독일 정부라고 고집했다. 독일연방공화국(서독)은 동독 정권 승인을 거부했고 어떤 정부라도(소련을 빼고) 동독을 승인할 경우 외교 관계를 단절한다는 소위 할슈타인 독트린(Hallstein Doctrine)을 견지했다.

1961년 베를린 장벽이 세워진 뒤에 독일 통일 문제는 점차 동—서 협상 의제에서 사라졌다. 독일의 통일 추진이 잠시 보류되었다. 이 기간 동안 드골이 "데탕트, 앙탕트, 협력"이라는 정책을 천명하면서 미국으로부터 벗어나 소련과의 독자적 협상 가능성을 탐색했다. 드골은 만약 소련이 유럽을 미국의 위성이 아니라 자유로운 행위자로 인식한다면, 크렘린 지도자들이 중국과의 문제를 고려할 때 동유럽에 대한 통제를 완화하도록 설득될 수 있을 것이라고 희망했다. 드골은 서독이 미국으로부터 어느 정도 거리를 둔 다음 대소련 외교에 앞장서는 프랑스를 따라오기를 원했다.

드골의 분석은 정확했지만, 더 유연해진 국제상황을 활용할 수 있는 프랑스의 능력을 과대평가했다. 독일연방공화국은 막강한 미국에 등을 돌릴 생각이 없었다. 그럼에도 불구하고 일부 독일 지도자들은 드골의 구상을 놓치지 않았다. 이들은 프랑스가 갖고 있지 않은 협상카드를 독일연방공화국이 갖고 있을지도 모른다고 믿게 되었다. 드골이 이처럼 첫수를 두었을 때 외교장관이었던 브란트는 드골의 비전에 담긴 함의를 이해했다. 그는 드골의 구상을 지지했던 독일인들에 대해 다음과 같이 회상했다.

> 드골의 구상을 지지했던 독일인들은 드골 장군이 유럽의 핵 억제력이라는 그들의 꿈을 추구하지 않을 것이라는 사실을 알아채지 못했다. (드골은 독일의 핵 억제력 참여를 확고히 거부했다.) 그리고 이들은 드골이 기민련[독일 보수 정당]의 우익세력으로부터 절대 지지받을 수 없는 데탕트 정책을 계획하고 있었고, 실제로 많은 측면에서 이후 우리의 동방정책(Ostpolitik)을 위한 길을 닦고 있다는 사실을 간과했다.[1]

소련의 1968년 체코슬로바키아 침공은 드골의 구상에 종지부를 찍었지만, 역설적으로 브란트가 1969년에 서독 총리가 되었을 때 그에게 길을 열어주었다.

브란트는 독일이 서방에 의존했기 때문에 교착상태가 발생했고 그래서 공산진영과의 관계 회복을 통해 통일을 추구해야 한다는 당시에는 깜짝 놀랄 만한 주장을 제시했다.

그는 서독이 위성국인 동독을 승인하고, 폴란드와의 국경선을 수락하며(오데르-나이세선), 소련과의 관계를 개선해야 한다고 촉구했다. 동—서 관계가 완화되면 소련이 통일 문제에 덜 경직적으로 나올 수도 있었다. 적어도 동독 주민의 여건이 개선될 수 있을 것이다.

닉슨 행정부는 브란트가 동방정책이라고 불렀던 정책에 대해 초기에는 상당한 의구심이 있었다. 동서독이 서로를 유혹하면서, 아데나워나 드골이 두려워했던 것처럼 결국 민족주의적, 중립주의적 구상을 놓고 하나가 될 수도 있었다. 서독의 정치적, 사회적 체제가 훨씬 더 매력적이었지만 공산주의자들은 일단 그들의 국가가 승인을 받으면 돌이킬 수 없게 된다는 것과 그 국가가 통일의 열쇠를 쥐게 된다는 이점이 있었다. 닉슨 행정부는 무엇보다도 서방의 단결을 염려했다. 드골이 이미 프랑스를 NATO에서 탈퇴시켰고[2], 크렘린과의 데탕트라는 독자 노선을 추구함으로써 서방의 공동 전선을 이미 와해시켰기 때문이었다. 미국은 서독의 탈퇴와 홀로서기라는 망령을 두려움의 눈길로 바라보았다.

하지만 브란트의 구상이 탄력을 받을수록 닉슨과 보좌진은 동방정책에 어떤 함정이 있을지라도 동방정책의 대안이 오히려 더 위험하다는 사실을 깨닫게 되었다. 할슈타인 독트린을 계속 유지할 수 없다는 게 이미 갈수록 분명해졌다. 1960년대 중반이 되자 서독은 동유럽 공산주의 정부들이 스스로 결정할 자유가 없다는 어설픈 이유로 이 독트린을 수정했다.

하지만 문제가 더 심각해졌다. 1960년대에 소련이 위성국인 동독이 큰 위기 없이 붕괴하게 놔둘 것이라고 상상할 수가 없었다. 그리고 독일이 민족적 열망을 고집한 결과로—혹은 그런 식으로 그럴듯하게 제기될 수도 있었다—위기가 발생한다면 서방 동맹이 분열될 가능성도 상당히 있었다. 어떤 동맹국도 전시에 그들이 겪었던 고통의 원인인 국가를 통일시키기 위해서 전쟁 위험을 무릅쓰기를 원하지는 않았다. 니키타 흐루쇼프가 베를린을 오가는 통행로를 동독 공산주의자들에게 넘기겠다고 위협했을 때 아무도 장벽으로 달려가지 않았다. 서방 동맹국들은 베를린을 분할하고 독일 분단을 상징하는 장벽이 건설되는 상황을 예외 없이 묵인했다. 몇 년 동안 민주주의 국가들은 독일 통일이라는 아이디어에 대해 입에 발린 말만 했을 뿐 독일 통일을 위해 아무런 행동도 하지 않았다. 이런 접근법은 더 이상 가능하지 않았다. 대서양 동맹의 독일 정책이 붕괴하고 있었다.

따라서 닉슨과 보좌진은 비록 브란트가 아데나워와 달리 대서양 동맹에 대해 감정적으로 집착하지 않는다고 믿었지만, 그럼에도 동방정책을 불가피한 것으로서 받아들이게 되었다. 유럽에서의 전후 현상(status quo)을 교란할 수 있는 국가는 미국과 소련이라는 두 초강대국과 독일, 딱 세 나라였다. 독일은 모든 것을 통일에 복속시키겠다고 결정한다면 그렇게 할 수 있었다. 1960년대에 드골이 이끄는 프랑스는 세력권 체제를 뒤집으려고 했지만 실패했다. 하지만 유럽에서 경제적으로 가장 강력하면서도 영토 문제에 가장 불만이 많은 독일이 전후 질서를 흩트려 놓으려고 했다면 그 결과는 실로 엄청났을 것이다. 브란트가 동방에 자신의 제안을 내놓겠다는 의도를 밝혔을 때, 닉슨 행정부는 그런 시도를 방해해서 독일연방공화국(서독)을 NATO라는 결속과 유럽공동체라는 제약으로부터 풀어놓는 위험을 부담하기보다는 브란트를 지지하기로 결정했다.

더욱이 미국은 동방정책을 지지해줌으로써 20년간 지속됐던 베를린 위기를 끝내기 위해 필요한 지렛대를 얻어냈다. 닉슨 행정부는 동방정책과 베를린 통행을 엄격하게 연계해야 하고, 그리고 이 두 사안과 소련의 전반적인 절제를 엄격하게 연계해야 한다고 주장했다. 동방정책은 독일의 구체적 양보—관계 개선과 같은 무형적 이득을 대가로 오데르–나이세 국경선과 동독 정권을 승인했다—에 기반했기 때문에 베를린 통행과 베를린의 자유에 대한 구체적이고 새로운 보장을 받지 못한다면, 브란트는 절대로 의회의 승인을 받아내지 못했을 것이다. 그렇지 않으면 베를린은 이제 국제공동체로부터 주권을 인정받게 된 위성국인 동독의 영토 180킬로미터 안쪽에 고립된 채 공산주의 세력으로부터 괴롭힘을 받게 될 것이다. 바로 정확하게 이런 상황을 스탈린과 흐루쇼프는 베를린 봉쇄와 최후통첩을 통해 만들어내려고 했다. 동시에 서독은 베를린 문제를 혼자서 끌고 갈 지렛대가 없었다. 유일하게 미국만이 베를린의 고립으로 인한 압박에 저항할 수 있을 정도로 충분히 강력했고 베를린 통행 절차를 바꿀 수 있는 외교적 지렛대도 충분히 있었다.

소련이 통제하는 영토 내부 깊숙하게 고립된 지역이라는 베를린의 법적 지위는 기술적으로 제2차 세계대전의 4대 승전국이 베를린을 "점령"한다는 법적 의제(擬制)에 근거를 두고 있었다. 따라서 베를린에 관한 협상은 필연적으로 미국, 프랑스, 영국, 소련이 진행해야 했다. 적절한 시점에 소련 지도부와 브란트(매우 유능한 측근인 에곤 바르를 통해서) 모두 미국에 접근해서 교착상태를 타개하는 데 협조를 요청했다. 복잡한 협상에서 새로운 4국협정이 1971년 여름에 도출되었고, 서베를린의 자유와 서방의 서베를린 통행이 보장되었다. 그 이후로 베를린은 국제위기 지역 명단에서 사라졌다. 베를린이 다시 전 세계적 의제로 등장한 시기는 장벽이 무너지고 동독이 붕괴했을 때였다.

베를린에 관한 합의에 덧붙여서 브란트의 동방정책 덕택에 서독과 폴란드, 서독과 동독, 서독과 소련 간의 우호조약이 체결되었다. 소련은 스탈린이 설정했던 국경을 서독이 승인해야 한다고 그토록 강조했지만, 이런 주장은 소련이 실제로는 취약하고 불안정하다는 사실을 드러냈다. 패전 이후 일부 영토를 상실했고 다시 동독이 떨어져 나가고 남은 국가인 서독은 겉으로 보기에는 핵을 보유한 초강대국에 도전할 처지가 못 되었다. 동시에 이런 조약들은 적어도 이에 관한 협상이 진행되고 비준되는 동안에 소련의 행동을 절제시키는 큰 유인책이 되었다. 이 조약들이 서독 의회에 제출되어 있는 동안 소련은 서독 의회의 승인을 위태롭게 하는 어떤 행동도 하지 않으려고 했다. 그 후에도 소련은 독일이 다시 아데나워 집권 당시의 정책으로 돌아가지 않게 하려고 신중하게 행동했다. 그리하여 닉슨이 북베트남 항구에 기뢰를 부설하고 하노이를 다시 폭격하기로 결정했지만 소련은 대응하지 않고 침묵했다. 닉슨의 국내적 입지가 탄탄했던 동안에는 전 세계에서 동-서방 진영 간 모든 이슈가 데탕트 덕에 성공적으로 연계되었다. 만약 소련이 긴장 완화에 따른 이득을 거두려고 했다면 마찬가지로 데탕트를 위해서도 기여를 해야 했다.

닉슨 행정부는 중유럽에서 다양한 협상들을 서로 연계시킬 수 있었던 반면, 중동에서는 데탕트 정책을 안전망으로 활용하면서 소련의 역내 정치적 영향력을 축소시켰다. 1960년대 당시 소련은 시리아와 이집트에 무기를 가장 많이 공급하는 국가였다. 그리고 급진파 아랍단체를 조직적, 기술적으로 지원해줬다. 국제회의에서 소련은 아랍 대변인처럼 행동했고 종종 아랍 세계의 가장 급진적인 입장을 옹호하기도 했다.

이런 패턴이 지속되는 한 외교적 진전이 있으면 소련이 지지한 덕택이라고 평가받는 반면, 교착상태에 빠지면 위기가 반복될 위험이 있었다. 모든 당사자가 중동의 근본적인 지정학적 현실을 직시해야 이런 교착상태를 타개할 수 있었다. 즉, 이스라엘은 모든 주변국이 힘을 합쳐도 패배시킬 수 없을 정도로 너무나 강력했고(혹은 너무나 강력해질 수 있었고), 미국은 소련이 개입하더라도 관여하지 않을 것이다. 따라서 닉슨 행정부는 미국이 중동평화 프로세스에 참여하기 전에 미국의 동맹국뿐만 아니라 모든 당사자가 기꺼이 희생할 의향이 있음을 밝혀야 한다고 주장했다. 소련은 긴장을 고조시키는 능력이 탁월했지만, 긴장을 매듭짓거나 우방국의 명분을 외교적으로 진전시킬 수 있는 수단이 없었다. 소련은 1956년에 그랬듯이 개입하겠다고 위협할 수 있었지만, 경험에 비추어볼 때 미국의 반대에 직면하면 뒷걸음질 치는 경향이 상당히 있었다.

따라서 중동평화를 위한 열쇠는 모스크바가 아니라 워싱턴이 쥐고 있었다. 만약 미국이 갖고 있는 카드를 신중하게 쓴다면 소련이 진정한 해결을 위해 기여할 수밖에 없게 되거나, 아니면 소련의 아랍 피후견국 중 하나가 전열을 이탈해서 미국 편으로 돌아서기 시작할 것이다. 둘 중 어떤 경우가 발생해도 급진적 성향의 아랍국에 대한 소련의 영향력이 줄어들 것이다. 그렇기 때문에 닉슨의 첫 번째 임기 초반에 내가 기자를 만났을 때, 새로운 행정부가 중동에서 소련의 영향력을 몰아내려 할 것이라고 충분히 자신 있게 말했던 것이다. 물론 신중하지 못했던 이 발언 때문에 한바탕 난리가 났지만, 이 말은 닉슨 행정부가 막 실행하려고 했던 전략을 정확하게 묘사했다.

소련 지도자들은 자신들의 전략적 딜레마를 이해하지 못한 채 아랍세계에서 소련의 입지를 강화하는 외교적 결과를 미국이 지지하도록 유혹하려고 했다. 그러나 소련이 급진적인 중동 국가들에게 소련제 무기를 대규모로 공급하고, 그들의 외교적 프로그램이 동일한 한 미국은 소련과의 협력에 관심이 없었다. 물론 소련과의 협력을 목표 그 자체로 여겼던 사람들에게는 이 점이 항상 명확했던 것은 아니었다. 닉슨과 보좌진은 소련이 위기를 조장하는 역량은 뛰어났지만 이런 위기를 해소하는 능력은 그에 못 미친다는 점을 보여주는 게 최선의 전략이라고 보았다. 아랍 내 온건주의는 정당한 불만을 지닌 책임감 있는 아랍 지도자들에게 미국의 지지라는 보상을 제공함으로써 촉진될 수 있을 것이다. 그렇게 된다면 소련이 중동 외교에 참여하거나 아니면 중동 외교에서 주변부로 밀려날 것이다.

이런 목표를 추구하면서 미국은 두 가지 상호보완적인 정책을 채택했다. 미국은 소련의 군사적 지원에서 비롯되었거나 소련의 군사적 위협을 수반하는 모든 아랍 측의 조치를 차단했다. 그리고 일부 핵심 아랍 지도자들이 교착상태에 좌절해서 소련과 손을 끊고 미국 편으로 돌아설 때 평화 프로세스를 떠맡았다. 이런 상황이 1973년 중동전쟁 이후에 나타났다.

미국은 그때까지 험준한 길을 가로질러야 했다. 로저스(Rogers) 국무장관은 1969년에 한 가지 계획을 발표했다. 이후 그의 이름을 따서 명명되었던 이 계획은 포괄적 평화합의에 대한 대가로 "사소한" 수정이 가해진 이스라엘의 1967년 국경선을 승인하는 것이었다. 하지만 이 계획은 근본적 현실이 바뀌기 전에 착수되었던 구상들이 겪어야 했던 통상적인 운명을 겪었다. 이스라엘은 국경선 재획정을 수용하기를 거부하면서 이 계획을 좌절시켰다. 아랍국들은 평화에 전념하겠다는 약속을 할 준비가 안 되어 있었기 때문에 이 계획을 거부했다. (이런 약속이 아무리 모호한 것으로 드러나게 될지라도 말이다.)

심각한 군사적 대치상황이 1970년에 발생했다. 첫 번째 상황은 수에즈 운하를 끼고 발생했다. 이집트가 이스라엘에 맞서 소위 소모전(war of attrition)을 개시했다. 이스라엘은 이집트 내부 깊숙한 곳을 대규모로 폭격하면서 보복했고, 소련은 이집트에 주요 방공체계를 설치하고 약 1만 5,000명의 소련군을 배치하는 방식으로 대응했다.[3]

이런 위험은 이집트에만 국한되지 않았다. 요르단 내부에 거의 국가를 수립할 뻔했던 팔레스타인 해방기구(PLO)가 같은 해 말에 비행기 4대를 공중납치해서 요르단으로 날아갔다. 그 즉시 후세인 국왕은 군에 PLO를 공격하라는 명령을 내렸고 PLO 지도자들을 요르단에서 추방했다. 시리아가 요르단을 침공했고, 이스라엘이 동원령을 발동했다. 중동에서 전쟁이 곧 발발할 것처럼 보였다. 미국은 지중해에 해군을 대폭 증강했고, 외부 세력의 개입을 용납하지 않겠다고 분명히 밝혔다. 소련이 미국과의 대결이라는 위험을 부담하지 않으려고 한다는 게 곧 명백해졌다. 시리아가 철수했고 위기가 끝났지만, 이 과정에서 어떤 초강대국이 이 지역의 미래를 구축하는 데 더 적절한지가 아랍 세계에 처음으로 명확하게 드러났다.

닉슨의 전략이 효과가 있다는 신호가 1972년에 처음으로 나타났다. 안와르 사다트 이집트 대통령이 소련 출신 군사 보좌관을 모두 다 해임했고 소련 기술자들에게 이집트를 떠나달라고 요청했다. 비록 처음에는 미국 대선 때문에, 그리고 이후에는 워터게이트로 제약을 받았지만, 이와 동시에 사다트와 백악관 간의 비밀외교 접촉이 개시되었다.[4]

1973년에 이집트와 시리아가 이스라엘을 상대로 전쟁을 했다. 이스라엘과 미국 둘다 완전히 기습을 당했다. 이 사례는 어떻게 선입견이 종종 정보 평가에 영향을 미치는지 보여주었다.[5] 미국의 정보 평가는 이스라엘이 우월하다는 믿음이 지배하고 있었기 때문에 아랍 측의 모든 경고가 엄포라고 일축되었다. 소련이 이집트와 시리아에 전쟁을 하라고 적극적으로 부추겼다는 증거도 없었다. 나중에 사다트는 우리에게 소련 지도자들이 처음부터 휴전하도록 압박했다고 말해주었다. 소련의 아랍 우방국들에 대한 물자 공급도 미국의 이스라엘에 대한 물자 공수와는 규모나 영향 면에서 비교가 되지 않았다.

전쟁이 끝난 뒤에 보니 아랍군이 이전보다 훨씬 더 효과적으로 싸웠다. 하지만 이스라엘은 수에즈 운하를 건너 카이로에서 약 30킬로미터 떨어진 지점까지 진격했고, 다마스커스 외곽지역 근처까지 시리아의 영토를 점령했다. 일단 전쟁 이전의 상황(status quo ante bellum)을 회복하고 그런 다음 평화를 진전시키려면 미국의 지원이 필요했다.

이 사실을 최초로 깨달았던 아랍 지도자가 사다트였다. 그는 전부 아니면 전무라는 과거의 방식을 버렸고, 평화를 향해 단계적으로 나아가면서 지원을 받기 위해 소련으로부터 미국으로 돌아섰다. 심지어 아사드보다 더 급진적이고 소련과 더 가깝다고 간주되었던 하페즈 알아사드 시리아 대통령조차 골란 고원에 관해 미국이 외교적으로 해결해달라고 호소했다. 1974년에 이집트 및 시리아와의 잠정 합의가 있었고, 이에 따라 아랍이 안보를 보장하는 대가로 이스라엘의 철군 절차가 개시되었다. 1975년에 이스라엘과 이집트는 제2차 철수 합의를 체결했다. 1979년에 이집트와 이스라엘은 카터 대통령의 후원하에 공식적인 평화 협정에 서명했다. 그 이후 모든 미국 행정부가 평화 프로세스에 기여를 했다. 가령 제임스 베이커(James Baker) 국무장관이 주선해서 1991년에 이루어진 아랍과 이스라엘 간 최초의 직접 협상과 클린턴 대통령의 후원하에 1993년 9월에 체결된 이스라엘-팔레스타인 합의가 여기에 포함된다. 이런 구상에서 크렘린은 전혀 의미 있는 역할을 하지 못했다.[6]

　여기에서 중동 외교를 상세히 다룰 수는 없다. 미국이 심각한 위기를 초래하지 않으면서 중동에서 소련의 영향력을 축소시키기 위해 어떻게 대(對)소련 관계를 이용했는지에 주로 초점을 두고자 한다. 1970년대의 논쟁에서, 닉슨을 비판하는 사람들은 닉슨이 환상에 불과한 긴장 완화를 달성하기 위해서 소련을 합의에 끌어들이려 한다고 비웃었다. 하지만 닉슨의 중동 외교는 닉슨이 그토록 자주 언급했던 평화의 구조를 닉슨과 보좌진이 어떻게 인식하고 있었는지 보여주는 좋은 사례였다. 평화의 구조는 단지 협력을 위한 협력의 비현실적인 추구가 아니라 지정학적 경쟁을 수행하는 방법이었다. 미국의 전략은 소련이 급진적인 아랍국들과 거리를 두던지 아니면 자국의 영향력 축소를 수용하든지 둘 중 하나를 선택해야 하는 상황에 직면하게 한다는 계획에 근거하고 있었다. 결국 이 전략 덕택에 소련의 영향력이 축소되었고, 미국이 중동 외교에서 중추적 위치에 서게 되었다.

　닉슨 행정부는 이 목표를 달성하기 위해 두 가지 노선을 추구했다. 미국은 중동전쟁 중에 홧김에 혹은 잘못된 정보에 근거해서 결정을 내리는 상황을 막으려고 크렘린과 거의 매일 소통 창구를 열어두었다. 물론 이렇게 하더라도 이익의 충돌로 인한 근본적인 긴장을 모두 막을 수는 없었지만, 오해로 인한 위기의 위험을 줄였다. 동시에 우리는 광범위한 이슈들을 협상했는데, 이는 소련 지도자들이 이해관계를 갖게 해서 상황 악화를 꺼리게 만들기 위한 것이었다. 베를린 협상의 결과로 소련은 1973년까지 중동 문제에서 자제하는 모습을 보여줬다. 그 이후 소련을 중동 외교의 주변부로 몰아낸 왕복외교가 이루어지는 동안에 유럽안보회의가 소련의 반응을 온건하게 하는 데 도움이 되었다. 진전에 관한 주요 기준을 규정하는 것과 합의 자체를 목표로 삼고, 그로 인해 소련의 호의에 의존하게 되는 것 사이에서 섬세한 균형이 필요했다. 데탕트는 단순히 국제적 환경을 평온하게 했을 뿐만 아니라 소련 지도자들이 결정적인 지정학적 후퇴나 다름없는 상황을 받아들이게 하는 제약 조건을 만들어냈다.

　이런 성공에도 불구하고 닉슨 행정부는 자신의 외교정책을 둘러싸고 논란이 고조되는 상황에 직면했다. 외교정책이 어떻게든 바뀌면 이전 노선을 지지하는 사람들이 반발하기 마련이다. 모든 성공적인 협상은 합의가 일방적인 만족이 아닌 상호 양보를 반영한다는 사실을 거부하는 사람들로부터 호되게 비판받기 마련이다. 연계(linkage)는 미국 외교안보 분야 기득권층의 법률주의적 전통에 배치되었다. 중국에 대한 개방은 차이나 로비(대만 로비를 의미한다.―옮긴이) 세력을 불쾌하게 했다. 소련과의 데탕트에 내포되어 있는 적대적이고 협력적인 행동의 조합은 모든 국가가 우호적이거나 아니면 적대적이며, 현실 세계에서 양자의 조합은 존재하지 않는다는 전통적인 흑백의 가정에도 거슬렸다.

이러한 불일치는 윌슨이 고립주의에 빠진 미국이 세계적인 역할을 맡도록 이끌면서 1915년부터 1919년 사이에 직면했던 상황, 루스벨트가 미국이 영국의 편에 서게 하면서 1939년부터 1941년 사이에 대면했던 상황, 그리고 트루먼이 냉전 구조를 발전시키면서 1946년부터 1949년 사이에 씨름해야 했던 상황과 상당히 비슷했다.

핵심적인 차이는 이런 논란이 이제 베트남전쟁과 바로 이어진 워터게이트라는 혼란 속에서 진행되고 있었다는 것이었다. 미국 정치제도에서는 대통령만이 유일하게 전국적인 선거로 뽑힌 인물이며, 또한 국가적 목적을 정의하는 데 있어 유일한 초점이다. 다른 정부기관이 외교정책에 관한 성명을 발표할 수도 있지만, 오로지 대통령만이 장기간에 걸쳐 정책을 실행할 수 있는 위치에 있다. 입법기관인 의회는 사안들을 일련의 개별적 결정으로 나누는 경향이 있고, 그런 다음 상호적 타협으로 해결하려고 한다. 언론은 특정 사안에 대해 방침을 권고할 수는 있지만 그날그날 전개되는 실행의 미묘한 차이(nuances)를 다룰 위치에 있지 않다. 그러나 외교정책의 정수는 바로 장기적 목표를 추구하면서 미묘한 차이를 쌓아가는 능력이다. 그리하여 방향 설정은 대통령의 몫이 된다. 그리고 비록 다른 기관들은 이런 노선을 수정하거나 심지어 좌절시킬 수도 있지만 일관성 있는 대안을 만들어내지는 못한다.

미국 외교정책 분야에서 모든 위대한 새로운 시도는 미국의 다른 기관들과 상호소통하는 강력한 대통령으로부터 나왔다. 대통령은 자신의 도덕적 비전이 논쟁의 틀을 제공하는 교육자 역할을 맡기도 한다. 워터게이트만 아니었더라면 닉슨은 첫 번째 임기에서 달성했던 명백한 외교적 성과를 항구적인 실행 원칙으로 바꾸어 놓을 수 있었을 것이다. 프랭클린 루스벨트가 미국의 국내정책에 대한 새로운 접근법을 만들어내고 공고화했던 식으로, 그리고 트루먼과 애치슨이 봉쇄정책 노선을 설계했던 식으로 말이다.

그러나 워터게이트로 닉슨의 리더십이 무너졌다. 워터게이트라는 비극을 철저하게 캘 의도는 없다. 여기에서는 워터게이트로 인해 닉슨이 자신의 정책상 필요했던 교육 과제를 수행하는 데 필수불가결한 도덕적 권위를 박탈당했다는 사실만 강조하면 충분하다. 그는 일상적인 사안에서는 끝까지 단호하게 행동했으며 안목이 있었다. 그러나 장기적이거나 개념적인 논쟁에서는 근본적인 문제를 제기할 수 있었지만, 해결책을 만들어나갈 정도로 충분히 강하지 못했다. 중재자이자 통합자로서 평형추 역할을 하는 강력한 대통령이 없어지자 논쟁을 벌이던 개별 그룹들의 특정한 견해가 극단으로 치달았다. 그리하여 1970년대 대부분의 기간 동안, 예전의 위대한 미국 구상들의 핵심적 요소였던 주제들을 놓고 갈등이 한층 심화되었다. 그러나 과거 미국의 성장 시기에는 이 과정에서 통합이 이루어져 새로운 방향으로 나아가는 추동력을 얻었지만, 이번에는 그렇지 못했다.

외교정책에 관한 닉슨의 새로운 접근법은 미국의 예외주의에 도전했고, 정책이 초월적인 가치에 대한 긍정에 기반해야 한다는 예외주의의 규범에도 도전했다. 닉슨과 보좌진은 이런 전통적 진리를 새로운 국제 환경에 적응시키는 것이 미국에 주어진 도전이라고 보았다. 미국은 국내적 경험에 근거해서 국제질서를 본질적으로 온화한 것으로, 그리고 외교를 선의와 타협 의지의 표현으로 해석했다. 이런 상황에서 적대감이란 뭔가 일탈적인 것으로 여겨졌다. 반면 닉슨의 외교정책은 세계가 모호한 도전들, 선의보다는 이익을 좇는 국가들, 그리고 최종적 변화보다는 점진적 변화로 이루어져 있다고 보았다. 요컨대, 세계는 관리할 수는 있지만 지배하거나 거부할 수는 없는 존재였다. 그런 세계에서는 명확한 종착점이 보이지 않으며, 한 가지 문제의 해결은 다음 문제로 가는 입장권이 될 가능성이 컸다.

이런 세계에서는 구원(救援) 못지않게 권력 유지에 맞춰진 외교정책이 필요했다. 미국의 전통적 가치는 변함없이 중요했으나, 윌슨 시대와 달리 이런 가치는 더 이상 즉각적이고 최종적인 결과를 낳는 의제로 전환될 수 없었다. 그 대신 이런 가치는 미국이 애매모호한 상황에서 벗어나 예전보다는 더 낮지만 결코 최종적으로 완성될 수 없는 세계를 향해 나아가도록 하는 내부적 힘을 제공하게 되었다.

닉슨과 보좌진은 공산진영을 적이면서 동시에 협력자로 상대해도 모순되지 않는다고 보았다. 공산진영은 근본적인 이념 차원에서, 그리고 공산주의가 전 세계적인 균형상태를 뒤엎지 못하게 막아야 한다는 점에서 적이었다. 반면, 이념적 갈등이 핵전쟁으로 폭발하지 않게 막아야 한다는 점에서는 협력자였다. 하지만 베트남에서의 미국의 환멸이라는 정서적 거리감에도 불구하고, 많은 미국인들은 이익의 계산이 아니라 도덕적 공약의 재확인을 통해 안심을 얻으려고 했다.

대통령이라는 직위가 도덕적 설득력을 상실한 상황에서 미국 외교정책에 대한 전통적 접근법을 배우며 성장한 많은 사람들은—보수주의와 자유주의 양 진영에서—닉슨의 새로운 접근법을 반대하면서 함께 힘을 모았다. 자유주의자들은 국익을 강조하는 새로운 태도가 부도덕하다고 생각했기 때문에 반대했고, 보수주의자들은 지정학적 경쟁보다 소련과의 이념적 경쟁에 더 몰두했기 때문에 반대했다.

외교정책에 관한 미국식 사고가 우드로우 윌슨 이래 자유주의적 아이디어에 기초해 형성되었기 때문에 닉슨의 외교 스타일을 당장 옹호해줄 수 있는 지지세력이 없었다. 국제관계에 대한 미국의 자유주의적 시각에 많은 영향을 주었던 외교전문가들과 법률가들은 실용적인 사례별 접근법을 선호했으나, 닉슨은 이런 방식을 받아들이지 않았다. 닉슨은 집단안보, 분쟁의 법적 해결, 그리고 군축이 국제질서를 위한 유일하면서도 심지어 주요한 수단이라는 윌슨식 관념을 지지하지도 않았다. 그 결과 자유주의자들은 불편한 진퇴양난의 상황에 빠졌다. 소련과의 긴장 완화나 중국에 대한 개방처럼 본질적으로 그들이 찬성했던 외교적 결과물이 국익의 강조나 세력균형처럼 윌슨식 전통에서 배척받았던 원칙들로부터 나오고 있었다. 닉슨 행정부는 소련으로부터의 이민 확대 등 윌슨식 이상에서 유래했던 정책을 성공적으로 홍보하고 있었지만, 비밀외교를 통해 이런 목표를 추구하는 성향이 있었기 때문에 미국 외교정책의 역사적 흐름을 대표하던 인사들과 한층 더 소원해졌다.

보수주의자들은 소련을 지정학적 현상으로 다루는 닉슨의 전략이 생소했고, 마음에 들지도 않았다. 보수주의자들 중 절대 다수는 공산주의와의 갈등을 거의 오로지 이념적으로 보았다. 이들은 미국이 지정학적 도전을 받지 않는다고 확신했기 때문에 봉쇄의 최전선에 있는 이슈들을 주변적 관심사거나 혹은 자신들이 그다지 좋게 평가하지 않는 유럽 국가들의 전통적 투쟁과 너무 가까워서 불편한 문제로 대했다. 닉슨이 베트남을 주요 분쟁의 핵심 요소로 간주했던 것과 달리 이들은 이미 존슨 행정부 시절에 베트남을 주요 분쟁에서 벗어난 지엽적 이슈로 간주하고 포기했다. 도덕적으로 절대주의자였던 보수주의자들은 소련과 어떤 협상을 하더라도 다 불신했고 타협을 후퇴로 간주했다. 공화당 내 보수파 세력은 소련을 당황하게 만들고 미국을 베트남으로부터 탈출시키는 데 전술적으로 필요한 조치로서 중국에 대한 개방을 이를 악물고 용인할 각오가 되어 있었다. 하지만 이들은 소련과의 협상을 항상 미심쩍게 보았고, 우세한 입장(position of strength)에서 공산주의가 붕괴하길 기다린다는 원래의 애치슨-덜레스식 접근법을 가장 편안하게 여겼기 때문에 정치적, 군사적 사안에 대한 광범위한 협상을 도덕적 이슈의 포기로 여겼다.

전통적 보수주의자들은 점차 예상치 못했던 곳으로부터 지지자들을 충원 받았다.

민주당 내부에서 급진파들이 득세하면서 소외감을 느꼈던 자유주의적이고 강력한 반공주의자였던 민주당원들이 동참했다. 조지 맥거번(George McGovern)이 1972년에 민주당 대선후보로 지명되자 자칭 신보수주의자(neoconservatives)들은 완전히 환멸감을 느꼈다.[7] 1973년의 중동전쟁은 이들이 외교정책에 관한 자신들의 견해를 일관성 있게 그리고 전국적으로 밝히는 첫 번째 계기가 되었다.[8]

신보수주의자들이 골수 반공주의자들이었기 때문에, 반공의 보루가 되겠다는 미국의 주장을 지키기 위해 베트남에서 버티고 있는 행정부의 도덕적 지지 세력이 될지도 모른다는 일말의 기대가 있었다. 하지만 보수주의자들처럼 신보수주의자들도 지정학보다 이념에 관심이 더 컸다. 이들 중 영향력이 가장 컸던 일부 인물들은 베트남전쟁을 열정적으로 반대했다. 그리고 이들은 예전부터 품고 있었던 닉슨에 대한 모든 의구심을 신보수주의라는 새로운 진영으로 옮겨오면서도 버리지 않았고, 닉슨이 명예로운 평화를 위해 쓰디쓴 투쟁을 견디고 있다는 사실을 전혀 평가하지 않았다. 이들은 닉슨을 좋아하지도 신뢰하지도 않았기 때문에 닉슨이 대통령직을 유지하려고 핵심적 이익을 포기할지도 모른다고 우려했다.

백악관이 정부 내 기성 관료집단을 무심하게 대하면서 사안이 한층 더 복잡해졌다. 닉슨은 첫 번째 임기 동안, 선거운동 기간에 발표했던 대로 백악관이 외교를 더 많이 직접 챙기게 했다. 닉슨이 핵심적인 외교정책 결정을 절대로 위임하지 않는다는 것을 소련 지도자들이 알게 되자, 아나톨리 도브리닌 소련 대사와 백악관 사이에 직접 접촉할 수 있는 막후 채널이 마련되었다. 이런 식으로 대통령과 크렘린의 최고위층이 가장 중요한 사안들을 직접 다룰 수 있게 되었다.

관료가 한을 품으면 오뉴월에도 서리가 내리기 마련이다. 닉슨 행정부는 기존 절차를 무심하게 뒤엎음으로써 문제를 더 악화시켰다. 협상은 당연히 양보를 서로 주고받는 행위다. 하지만 협상 과정에서 배제된 사람들은 자신들에게 조언을 청했더라면 상대방이 모든 것을 양보했을 것이고, 미국이 양보하는 상황을 피할 수 있었을 것이라며 협상에 대한 망상을 마음대로 이야기하기 마련이다. 닉슨이 이끄는 백악관은 관료조직이라는 통상적인 안전망을 상실한 채, 불안해하는 보수주의자들과 좌절한 자유주의자들, 그리고 공격적인 신보수주의자들로부터 공격받았고 외교정책에서 성공을 거두었음에도 불구하고 이 분야에서 수세에 몰리는 희한한 처지에 놓였다.

미국이 평화운동으로부터 공격을 받아 휘청거리고 있었고, 대통령이 탄핵 절차를 밟고 있었으며(후임자인 제럴드 R. 포드는 선출된 게 아니라 임명되었다), 의회 회기마다 대통령의 무력 위협 권한이 축소되고 동시에 국방예산도 삭감되는 상황에서, 비판세력들은 행정부에 대립 노선을 채택하라고 촉구했다. 닉슨 행정부가 보았던 것처럼, 당면 과제는 지정학적 손실 없이 베트남에서 벗어나는 것이었고 관련된 전장에 맞춰진 대 공산주의 정책을 수립하는 것이었다. 닉슨은 데탕트를 장기적인 지정학 투쟁에서 하나의 전술로 인식했다. 닉슨을 비판했던 자유주의자들은 데탕트 그 자체를 목적으로 간주했고, 보수주의자들과 신보수주의자들은 지정학적 접근법을 역사적 비관주의라고 배격하면서 끊임없이 이념적으로 대립하는 정책을 선호했다.

역설적으로 1973년이 되자 닉슨의 정책으로 인해 동–서 관계가 매우 안정되어서 국내에서 이 정책을 비판해도 안전한 상황이 되었다. 최종적인 결과가 존재하고 개입이 어디까지나 일시적이라는 믿음으로부터 미국 정책이 벗어나는 게 가능한지 혹은 바람직한지와 같은 보다 심오한 문제가 논란의 중심에 자리 잡게 되었다. 닉슨은 다극체제 세계 (multipolar world)에서 점진적인 변화를 추구해야 한다고 주장했다. 이를 위해 인내심이 필요했지만, 인내심은 미국 외교의 전통적 특기라 볼 수 없었다. 닉슨을 비판하던 사람들은 미국이 미국의 예외주의라는 전통에 따라 소련 사회를 즉각 개조하는 목표에 매진해야 한다고 주장했지만, 미국은 핵무기를 독점하던 시절에도 이런 목표를 추진한 적이 전혀 없었다. 외교정책을 전략으로서 지지하는 사람들과 성전(聖戰)으로서 지지하는 사람들 사이에서, 그리고 경쟁 상대인 초강대국이 절제하게 하는 것이 가장 현명한 방침이라고 믿는 사람들과 악을 응징해야 한다고 주장하는 사람들 사이에서 국가적 대논쟁이 불가피했을 뿐만 아니라 필요했다. 대통령직 붕괴가 불가피했던 건 아니었지만, 대통령 탄핵으로 인해 논쟁에서 의미 있는 해결책이 나오지 못했다.

최우선시되는 원칙들이 없어지자 논쟁에 참여했던 사람들이 각자 다른 위협에 초점을 맞추었다. 닉슨에게는 소련의 점진적인 팽창주의에 대한 지정학적 취약성이 악몽이었다. 보수주의자들은 도덕적 무장해제를 우려했고 소련의 획기적인 기술 발전으로 가능해진 종말론적인 핵 대결을 두려워했다. 자유주의자들은 미국이 군사적 안보를 과도하게 추구하는 상황을 우려했다. 보수주의자들은 소련의 군사적 우위를 두려워했다. 자유주의자들은 과도한 확장을 피하려고 했다. 닉슨은 지속 가능한 장기적 전략을 추구했다.

그 결과, 상충하면서도 해결이 불가능한 압력들이 소용돌이쳤다. 자유주의자들은 군비통제에 대한 공약이 조금이라도 느슨해지는 기미가 있는지 유심히 지켜봤다. 닉슨은 쿠바에서부터 중동에 이르기까지 긴장을 늦추지 않고 지정학적 위험에 맞섰다. 보수주의자들은 미국이 핵전략과 이념적 대결로부터 후퇴했다고 비난했다. 이 때문에 자유주의자들은 닉슨의 국방 프로그램이 너무 지나치다고 공격했고, 보수주의자들은 닉슨의 군비통제 정책이 너무 유화적이라고 비판하는 기이한 상황이 발생했다. 닉슨은 국방 프로그램은 보수주의자들의 도움으로 자유주의자들의 반대를 누르고 의회에서 통과시켰고, 의회 승인이 필요했던 군비통제 조치는 자유주의자들의 도움으로 일부 보수주의자들의 반대를 누르고 승인받았다.

대부분의 이런 비판들(결국에는 자유주의자들에게서도 나왔다)은 봉쇄정책의 기본 전제로 되돌아가 강력한 국방력을 유지하면서 소련 체제가 변화할 때까지 기다리라고 요구하는 것이었다. 닉슨은 강력한 국방력이 필요하다는 데는 동의했지만, 소련이 외교 의제를 주도할 수 있게 하고 미국의 국내 위기를 통제 불능으로 몰아가는 정책을 신뢰하지 않았다. 비판자들은 적극적인 동-서 외교가 미국 국민의 경계심을 무디게 할 것이라고 생각했다. 닉슨은 공산주의에 저항하려는 미국의 의지를 뒷받침하려면 외교적 유연성이 필요하다고 믿었다. 그는 소련의 모든 팽창주의적 움직임에 저항하기로 결심했다. 일부 비판자들은 이런 결정을 본질적으로 이념적인 갈등에 유럽식 지정학을 주입하는 조치로 이해했다.

헨리 잭슨(Henry Jackson) 상원의원은 1974년 7월에 자신이 속한 군비통제소위원회에서 저명한 학자들이 작성한 데탕트 비판서를 회람했는데, 이런 주장이 담겨 있었다.

> 오늘날 소련의 용어에서 데탕트나 "평화적 공존"은 소위 "자본주의 국가들"을 향한 노골적이고 호전적인 적대에 대한 전략적 대안을 의미한다. 이는 소련이나 소련의 동맹국들이 서방 자유진영 국가들과의 충돌을 포기했다고 시사하는 게 아니다. … 정면 충돌이 "이념적"이라 할 수 있는 비군사적 수단을 활용하는 간접 전투 방법으로 대체된 것이다. 소련의 관행에서 볼 때 이런 용어는 전복과 선전선동, 정치적 협박, 첩보작전을 포함한다.[9]

미국노동총연맹-산별노조위원회(AFL-CIO)의 위원장이었던 조지 미니(George Meany)는 상원 외교위원회에서 똑같은 생각을 비전문가의 언어로 표현했다.

> 소련이 어떻게 데탕트를 바라보는지는 이렇습니다. 데탕트는 미국의 약점에 기반하고 있습니다. 데탕트는 이념전을 격화시키겠다는 말입니다. 데탕트는 NATO를 약화시키겠다는 말입니다. 데탕트는 소련이 궁극적으로 서방보다 군사적으로 우세

해지겠다는 말입니다. 데탕트는 소련이 동유럽을 소유하겠다는 것을 서방이 승인 한다는 말입니다. 데탕트는 미군을 유럽으로부터 철수시키겠다는 말입니다.[10]

이런 비판 때문에 닉슨 행정부는 매우 짜증이 났다. 닉슨 행정부는 크렘린이 최소한 데탕트가 소련의 목적에 도움이 된다고 여긴다는 사실을 의심한 적이 없었다. 안 그랬다 면 소련이 데탕트를 추구하지도 않았을 것이다. 현실적인 문제는 데탕트가 미국의 목적 에 부합하는지 여부였다. 닉슨과 보좌진은 (공산주의 세력의) 팽창이 없는 평화로운 시기 가 되면 공산주의 내부에서 원심력이 강해질 것이기 때문에 시간이 민주주의 국가들의 편이라고 생각했다.

닉슨 행정부와 실제로 똑같은 정책을 추구했고 그런 방식으로 똑같은 적에게 맞섰던 포드 행정부 시기인 1976년 3월에 나는 데탕트의 근간이 되는 분석을 이렇게 설명했다.

소련의 힘은 경쟁이 되지 않습니다. 소련 체제의 약함과 좌절이 확연하며, 명확하게 기록되어 왔습니다. 소련의 힘이 불가피하게 증가하겠지만, 그럼에도 불구하고 소 련은 군사력, 경제력, 기술력을 전반적으로 평가할 때 우리와 동맹국들보다 훨씬 뒤 처져 있습니다. 소련이 민주주의 산업국들에 도전하는 게 극도로 무모할 것입니다. 그리고 소련 사회는 더 이상 외부 세계의 영향이나 유혹으로부터 단절되어 있지도 않고 외부와의 접촉 필요성에 둔감하지도 않습니다.[11]

본질적으로 이론적이었던 데탕트에 관한 논쟁은 시간의 흐름에 맡겨뒀다면 실제 사 건들에 의해 결판이 났을 것이다. 그러나 비판자들 중에 지적인 지도자였던 헨리 잭슨 상 원의원은 절대로 데탕트가 시간의 시험을 거치게 놔두지 않았고, 데탕트를 중단시키기 위해 지지 세력을 동원했다. 워싱턴주 출신 민주당 당원이자 미국에서 가장 인상적인 공 직자 중 한 명이었던 잭슨은 국제문제, 특히 소련을 진지하게 공부했고, 방위 분야에서 세계 최고 수준의 전문가였다. 그는 박식함과 정부 내 다양한 기관들을 다루는 능력을 동 원해서 의회와 행정부 내부의 동조 세력을 규합했다. 리처드 펄(Richard Perle)이 이끄는 잭슨의 보좌진은 박식함에서는 잭슨에 필적했고, 심지어 잭슨의 정교한 정치적 술수를 능가했다.

비록 잭슨은 닉슨이 국방장관으로 제일 먼저 고려했던 사람이지만, 나중에 닉슨 행 정부의 소련 정책에 가장 완강하게 반대하는 인물이 되었다. 닉슨의 첫 번째 임기 중 대부분의 기간 동안 잭슨은 베트남 문제에 대해 합리적으로 확고한 입장을 견지했다. 또한 잭슨은 예산을 일방적으로 삭감하겠다는 의회의 무자비한 압박에 맞서 미국 국방의 기본 골격을 유지하려고 했던 닉슨을 가장 지지한 사람이었던 것으로 밝혀졌다. 그는 닉슨이 제안한 반탄도미사일(ABM: Anti-Ballistic Missile) 방위 체계가 상원에서 통과되는 과정에서 필수적인 인물이었다. 그럼에도 불구하고 닉슨의 첫 번째 임기가 끝났을 때, 이 두 사람은 소련의 목적을 거의 동일하게 해석했지만 결국 결별했다. 잭슨은 양측의 미사일 방어 지역을 두 곳으로 제한하는 ABM 조약에 동의하지 않았고, 동—서 관계 전반으로 자신의 반대 입장을 확대해나갔다.

닉슨의 미사일 방어 프로그램(ABM)은 당초 미국 주변에 십여 개의 방어기지를 설치하도록 되어 있었다. 만약 원래 계획대로 되었다면 중국의 핵무기와 같은 소규모 핵전력이나 전면적 수준이 아닌 소련의 공격을 효과적으로 막아낼 수 있었을 것이다. 그리고 궁극적으로 소련의 공격을 완전하게 방어하는 핵심 체계가 될 수도 있었을 것이다.

하지만 의회는 매년 미사일 방어기지 수를 줄였고, 1971년이 되자 펜타곤은 차기 회계연도 예산안에 단지 두 곳만을 포함시켰다. 이런 식으로 기지가 배치되면 전략적 목적에 부합하지 못하고 순전히 실험 차원에서만 유용했다. 이에 덧붙여서 의회 다수당은 군에 대한 당시의 반발 정서를 반영해 매 회기마다 국방예산 삭감을 제안했다. (통과되지 못할 것이라고 여기고 닉슨 행정부가 제출조차 하지 않은 프로그램은 예산안에 집계되지도 않았다.)

이런 압박 때문에 국방부가 갑자기 국방부답지 않게 군비통제를 옹호하는 입장으로 돌아섰다. 데이비드 패커드(David Packard) 국방부 부장관은 1970년 초에 닉슨에게 새로운 전략무기제한협상 구상에 즉시 착수해달라고 촉구했고, "빈에서 10월 중순까지, 아니면 늦어도 11월까지 합의를 도출하도록 시도해볼 수 있습니다."라고 말했다. 그는 신속한 합의가 비록 부분적 합의에 그치더라도 매우 중요하다고 보았다. 점차 닥쳐오는 "국가예산 삭감 압박"이 "전략군을 포함한 방위 프로그램에서 엄청난 감축"을 야기할 "가능성"이 있었기 때문이다. 만약 합의하지 못한다면 의회의 일방적 결정으로 "우리의 협상 지렛대가 점차 줄어들" 것이다.[12]

이런 정치적 환경에서 닉슨은 1970년 여름에 알렉세이 코시긴 소련 총리와 서신 교환을 하면서 2년 후에 타결될 SALT 합의를 위한 틀을 짰다. 그때까지 소련은 미국이 기술적으로 우위에 있는 방어용 무기에만 국한해서 군비통제를 협상하되, 소련이 매년 200기 이상 생산하고 있었지만 미국은 전혀 생산하지 않았던 공격용 미사일은 제한을 늦추자고 주장하고 있었다. 닉슨은 이렇게 일방적인 협상에 절대 동의하지 않겠다고 밝혔다.

닉슨-코시긴 간의 서신교환 결과 소련이 양보했고, 공격용과 방어용 무기 둘 다 동시에 제한하기로 했다.

이후 이어진 협상에서 두 가지 합의가 나왔다. 1972년의 ABM 조약은 미사일 방어 기지를 두 곳으로, 미사일 발사기를 200기로 제한했다. 이 정도면 심지어 소규모 공격을 막기에도 너무나 부족한 숫자였다. 닉슨은 미사일 방어의 핵심 체계라도 지키기 위해 이 상한선에 동의했다. 이렇게라도 하지 않으면 의회가 이런 실험적인 프로그램까지 폐기할 것이라고 우려했기 때문이다. 그 당시에 방어용 무기 제한은 상대적으로 논란으로부터 자유로웠다.

비난의 화살을 받았던 것은 양측이 지상 발사건 해상 발사건 무관하게 전략 공격 미사일 전력 규모를 합의 수준에서 5년 동안 동결하기로 한 잠정 합의였다. 미국은 5년 전에 이미 이 수준에 도달해 있었고, 이 정도로 충분하다고 보았기 때문에 추가 생산계획이 없었다. 소련은 매년 200기씩 미사일을 생산하고 있었다. 합의된 상한선에 도달하려면 소련은 구식 장거리 미사일 210기를 해체해야 했다. 폭격기(미국이 우위에 있었다)는 상한 선에 포함되지 않았다. 양측은 각자 자국군의 기술을 자유롭게 개선할 수 있도록 했다.

양측의 미사일 전력은 비교하기가 어려웠다. 미국 미사일은 작고 더 정확했다. 이 중 절반은 다탄두가 탑재되어 있었다. (즉, 각 미사일에 여러 개의 폭발물이 달려 있다는 뜻이다.) 소련 미사일은 더 크고 더 투박하며 덜 유연했다. 소련 미사일은 미국보다 300기 이상 많았다. 각자 알아서 결정하는 한 불균형이 아무에게도 문제 되지 않을 것처럼 보였다. 의심할 여지도 없이 미국이 항공기 분야에서 엄청나게 우위에 있었고, 다탄두 덕에 탄두 분야에서도 우세해지고 있었기 때문이다. 이런 우위는 합의가 시행되는 5년 동안 더 증가할 수밖에 없었다.[13]

그런데도 SALT 조약이 1972년 5월에 모스크바 정상회담에서 서명되자마자 양측이 합의한 발사기 숫자가 불일치하다는 논란이 갑자기 발생했다. 희한한 상황이었다. SALT 협상이 구상되기도 전부터 미국은 이미 상한선을 설정해놓았다. 펜타곤은 닉슨의 첫 번째 임기 내내 이 상한선을 높이려는 노력을 전혀 하지도 않았다. 전략군을 늘려달라는 펜타곤의 요청이 거절되기는커녕 아예 접수된 적이 없었다. 그리고 심지어 1974년에 블라디보스토크에서 있었던 후속 조약에서 더 높은 수준의 동등한 상한선이 합의되고 나서도, 국방부는 1967년에 설정했던 발사기 숫자를 늘려달라고 요청하지도 않았다.

그러나 만약 화성에서 미국의 국내적 논쟁을 유심히 관찰하고 있던 외계인이 미국을 방문했다면, 미국 정부가 자신의 일방적 프로그램에 따라 합의해놓고 미사일 분야에서 어떻게 불평등하게 "양보"를 했는지에 관한 황당한 이야기를 들었을 것이다. 실제로 미국은 SALT가 없었더라도 자신의 일방적인 미사일 프로그램을 바꿀 계획이 전혀 없었고, 전혀 바뀌지도 않았다. 심지어 2년 후에 상한선이 철폐된 후에도 바뀌지 않았고, 레이건 행정부에서조차도 바뀌지 않았다. 소련보다 더 많은 탄두를 보유할 수 있기 때문에 미국이 자발적으로 채택했고 합의가 지속되는 동안 전혀 바꿀 입장이 아니었던 전력 수준이 이 합의의 일부로서 재확인되자 갑자기 위험하다고 지적받은 것이다.[14]

닉슨과 보좌진으로서는 불행하게도 "불평등"이라는 단어 자체가 현실을 만들어냈다. 닉슨 행정부가 발사기와 탄두를 비교하면서 반박하고, 계획된 상한선과 협상 결과로 나온 상한선을 비교하면서 반박하자 비판자들은 따분해했고, 닉슨 행정부가 미국에 불리한 "미사일 갭(missile gap)"을 변호하고 있다는 불편한 감정만 남았다.

닉슨 행정부는 의회의 공세로부터 필수적인 국방 프로그램을 지켜내는 두 가지 수단을 SALT 합의에서 찾아냈다. SALT 합의에 따라 설정된 상한선을 의회가 척도로 삼아야 한다고 주장했고, 이 합의와 국방 현대화를 위한 국방비 45억 달러 증액을 연계시켰다. 20년이 지난 현재(원저는 1994년에 출간되었다.—옮긴이)에도 대부분의 핵심 전략자산(B-1 폭격기, 스텔스 폭격기, MX 미사일, 전략 순항 미사일, 트라이던트 미사일, 잠수함 등)은 SALT 1이 발효 중이었던 닉슨과 포드 행정부 기간에 고안되었다.

미사일 전력에 관한 양측의 논쟁은 실제로는 더 심오하면서도 매우 타당한 우려를 상징했다. 잭슨과 지지자들은 갈수록 군비통제를 강조하는 상황—실제로 언론과 학계는 거의 집착에 가까울 정도로 군비통제를 강조하고 있었다—이 어떠한 진지한 방위 정책에 대한 잠재적인 위협이 된다고 보았다. 새로운 군사 프로그램이 향후 SALT 협상에서 협상 카드로 사용될 수 있다는 이유로 정당화되고 있었다. 잭슨과 그 지지자들은 이런 추세가 방위를 위한 어떤 전략적 논거도 다 허물어뜨릴 수 있다고 두려워했다. 부족한 자원을 비싼 프로그램에 투입했는데 막상 협상 과정에서 해체하자고 제시하려는 게 그 프로그램의 주된 목적이라면 무슨 의미가 있겠는가?

이런 맥락에서 합의의 조항들에 관한 논쟁은 궁극적으로 미국의 전략적 우위가 끝난 상황에 어떻게 대처할 것인가와 관련 있었다. 이론적으로는 지난 10년 동안 핵무기가 너무나 파괴적이기 때문에 교착상태가 불가피하다고 받아들여졌다. 왜냐하면 합리적인 정치 지도자라면 도저히 받아들일 수 없을 만큼 승리의 대가가 컸기 때문이다. 케네디 행정부는 이런 사실을 깨닫고 각자 상대방을 완전히 파괴할 수 있는 억제력에 기반을 둔 "확증 파괴(Assured Destruction)"라는 독트린을 개발하게 되었다.

이런 전략적 독트린은 딜레마를 해결하기는커녕 단지 딜레마를 재정의했을 뿐이었다. 자살하겠다는 위협에 의존하는 국가 전략은 조만간 막다른 길로 몰리기 마련이다. 그리고 SALT 1으로 인해 전문가들이 적어도 10년 이상 알고 있었던 사실을 일반 대중도 깨닫게 되었다. 갑자기 SALT가 이런 상황의 원인으로 비난을 받았다. 하지만 아무런 제한 없이 군비 증강이 이루어졌다면 사태가 훨씬 더 심각해졌을 것이다. 이 딜레마는 물론 충분히 실제로 존재했지만, SALT가 초래한 것이 아니었다. 억제력이 상호파괴와 동일시되는 한 핵전쟁에 대한 심리적 억제가 상당히 압도적일 것이다. 미국은 상대방이 핵무기를 사용하지 못하도록 단념시키는 데 유용한 무기만을 만들고 있었고, 이런 무기는 예상 가능한 정치적 위기에는 전혀 적절하지 않았다. 이런 사실이 알려지자 상호확증파괴로 인해 사람들은 의기소침해졌고 기존 동맹체제가 파괴될 수밖에 없었다. SALT가 아닌 바로 이 점이 진정한 핵 딜레마였다.

그리하여 본질적으로, SALT—그리고 데탕트—에 관한 논쟁은 대단히 이념적인 갈등과 불가피한 전략적 교착상태가 나란히 전개되고 있던 세계에 대한 반발을 반영했다. SALT를 둘러싼 실제적인 갈등은 핵무기로 인한 교착상태를 놓고 전혀 다른 두 가지 평가를 야기했다. 닉슨과 보좌진은 핵전쟁까지는 가지 않으면서 도전을 제기할 수 있는 쪽이 시간이 갈수록 더 세게 협박할 수 있고 야금야금 팽창 정책을 수행할 수 있을 것이라고 결론지었다. 그렇기 때문에 닉슨은 지정학적 위협에 맞서야 한다고 강조했다. 1차 타격으로 적을 무장해제시킬 수 있는 카운터포스 역량(counterforce capability)이 없다면 미국의 전략적 군사력이 갈수록 해외 지역을 충분히 방어하지 못할 것이고, 결국 유럽조차 적절히 방어하지 못하게 될 것이라고 보았다(제24장 참고).[15]

잭슨을 지지하는 단체들은 이 점을 이해했고, 미국이 전략적 우위를 회복하기를 갈망했다. 하지만 이들은 자신들의 우려를 미국이 1차 타격능력을 상실하고 있을 뿐만 아니라 시간이 지나면서 소련이 그런 능력을 확보할 수도 있다는 두려움으로 표현했다. 물론 미국이 1차 타격능력을 상실하고 있던 것은 사실이었지만, 소련에 대한 우려는 사실이 아니었다. 특히 이 논쟁이 있었던 시기에는 전혀 그렇지 않았다.

잭슨의 악몽은 전략적 취약성이었다. 닉슨의 악몽은 지정학적 취약성이었다. 잭슨의 관심사는 군사력의 균형이었다. 닉슨의 주된 관심사는 정치권력의 전 세계적 배분이었다.[16] 잭슨과 그 지지자들은 SALT를 이용해서 미국이 원하는 대로 소련이 전략군 전체를 재편성하도록 압박하려고 했다. 훗날 레이건이 미국의 확고한 군사력 증강이 정치적으로도 유용하다는 것을 입증하기는 했지만, 닉슨과 보좌진은 의회가 국방예산 삭감을 강요하는 시기에 미국이 그럴 만한 지렛대가 없다고 믿었다. 잭슨과 그 지지자들은 이 당시에 전략적 균형(strategic balance)에 주로 초점을 두었고, 전략적 균형에 대한 위협을 대체로 기술적인 문제로 다루었다. 닉슨 행정부는 미국 역사에서는 새롭지만 국가라는 제도만큼이나 오래된 역할을 미국이 맡도록 준비시키고자 했다. 즉, 사소해 보이지만 오랫동안 누적되면 세력균형을 뒤집게 되는 지정학적 이익을 적이 얻는 것을 막으려 했다. 반면, 잭슨과 그 지지자들은 지정학적 변화는 상대적으로 관대하게 넘어갔지만(잭슨은 1975년에 앙골라 내 비공산주의 세력에 대한 원조를 놓고 반대표를 던졌다), 가장 난해한 무기 기술의 함의에 대해서는 열성적이었다.

이러한 교착상태는 SALT를 둘러싼 논쟁을 문외한들이 도저히 이해할 수 없고 무기 전문가들 간에도 의견이 상당히 엇갈렸던 무기 체제의 세부 사항에 대한 논란이 정리될 때까지 훨씬 더 난해한 영역으로 몰고 갔다. 10년이라는 시각에서 볼 때 총량 측면에서는 동등했고 다탄두 측면에서는 동등하지 않았던, 순항 미사일과 소련의 백파이어 폭격기 간의 균형에 관한 논쟁을 읽다 보면 마치 속세와 인연을 끊은 수도원의 필사가가 기록한 중세시대 책자 같은 느낌이 들었다.

이런 논쟁에서 제기된 문제는 근본적이고 불가피했다. 교착상태를 초래한 것은 대통령으로서의 고뇌였고, 이는 의견 일치를 불가능하게 했다. 미국의 이상주의가 대세를 장악하고 있었고 정치적 타협을 위한 어떠한 유인도 통하지 않았다. 대통령은 자신의 특권을 이용해서 처벌을 가할 수도 없었고 보상을 제공할 수도 없었다. 비판자들은 자신들의 관점을 조정할 아무런 정치적 유인이 없었다. 이 논쟁은 자아가 강한 교수들의 교직원 회의에서 느껴지는 분위기를 띠었다. 하지만 역사학자들은 정치적 과정에 있는 전형적인 경우보다는 더 명확하게 정리된 입장들을 볼 수 있어서 유리할 것이다. 미국은 자신의 지정학적 필요성을 직시하지 않고 10년 가까이 미뤄온 것으로 스스로를 자학한 대가를 치렀다.

마침내 공산주의가 부분적으로는 자신이 앓아왔던 경화증의 결과로, 부분적으로는 활기를 되찾는 서방 세계의 압박 때문에 붕괴했다. 그렇기 때문에 역사는 틀림없이 궁극적으로는 미국의 내부 논쟁에서 그들이 서로 상대방을 바라본 것보다 반대 진영을 더 너그럽게 평가할 것이다. 닉슨의 접근법과 보수적 비판자들의 접근법을 경쟁적이라기보다 상호보완적으로 인식할 것이다. 논쟁에서 한쪽은 지정학적 측면을 강조했던 반면, 다른 쪽은 기술적 측면을 강조했다. 양측 다 이 투쟁의 도덕적 본질을 유사하게 인식했다.

군비통제는 미국 외교정책의 본질에 관한 철학적 논쟁의 무게를 짊어지기에는 기술적으로 너무나 버거웠던 것으로 밝혀졌다. 이 논쟁은 서서히 전통적인 미국의 이상주의에 더 부합하고 일반 대중의 공감을 더 많이 받는 사안으로 옮겨갔다. 즉, 인권이 미국 외교정책에서 주요 목표로 자리 잡아야 한다는 주장이 제기되었다.

인권에 관한 논쟁은 당초 소련 국민의 처우를 개선하기 위해 미국이 영향력을 발휘해달라는 호소에서 출발했으나, 점차 소련의 내부적 격변을 촉발시키는 전략으로 변했다. 군비통제의 경우와 마찬가지로 이 쟁점은 목표에는 관심이 없었다. 논쟁의 여지가 없었기 때문이다. 이념적 대립을 미국 외교정책에서 어느 정도로 우선순위를 두어야 하는지가 문제였다.

외교적 사안으로서 소련 출신의 유대인 이민 문제는 닉슨 행정부의 독창적인 아이디어였다. 1969년 이전에는 이런 이민 문제가 동—서 진영 간의 대화에서 전혀 의제에 포함되지 않았다. 이전 행정부는 출신 정당을 막론하고 모두 다 이 문제가 소련의 국내적 문제라고 간주했다. 이미 긴장이 팽팽했던 동—서 관계에 아무도 추가적으로 논란을 야기해서 부담을 가중할 각오가 되어 있지 않았다. 1968년에는 불과 400명의 유대인이 소련으로부터 해외로 이주하도록 허용 받았고, 민주주의 국가들 중에 아무도 문제를 제기하지 않았다.

미-소 관계가 개선되면서 닉슨 행정부는 대통령의 비밀 접촉선을 통해 이 주제를 논의하기 시작했고, 소련의 조치를 미국 정부의 최고위선에서 간과하지는 않을 것이라고 주장했다. 크렘린은 미국의 "제안"에 대응하기 시작했고, 특히 미-소 관계가 개선되기 시작하면서 더욱 그랬다. 매년 유대인 이민자 수가 증가했고, 1973년이 되자 연간 이민자 수가 3만 5,000명에 달했다. 덧붙여서 백악관은 출국 비자를 거부당했거나 가족이 헤어져 있는 사례, 가족 중 일부가 교도소에 있는 경우 등 어려운 상황을 정리해서 소련 지도자들에게 전달했다. 이런 소련 국민 중 대부분은 이민이 허용되었다.

이 모든 일이 외교에 관심이 많은 사람들이 "암묵적 거래(tacit bargaining)"라고 설명하는 것에 의해 일어났다. 아무런 공식적인 요청이 없었고, 공식적인 응답도 전혀 없었다. 소련의 행동을 주목하기는 했지만 공개적으로 인정하지 않았다. 실제로 소련의 이민 관행이 꾸준히 개선되고 있었지만, 그렇게 되도록 미국이 노력했다고 주장하지도 않았다. 닉슨 행정부는 이런 원칙을 너무나 세심하게 견지해서 소련의 이민 관행 개선을 자신의 공이라고 절대로 주장하지 않았다. 심지어 선거 운동 기간에도 그랬다. 헨리 잭슨이 유대인 이민 이슈로 공개적으로 대립하게 될 때까지 밝히지 않았다.

잭슨을 자극했던 것은 1972년 여름에 크렘린이 이민자들에게 "출국세"를 부과하기로 한 희한한 결정이었다. 소련 국민을 교육시키면서 들어간 비용을 소련 정부가 돌려받으려고 한다는 말들이 있었다. 아무런 설명이 없었다. 아랍 세계에서 소련의 입지를 쇄신하려는 시도였을지도 모른다. 소련군 전투 병력이 얼마 전에 이집트로부터 추방된 사례에서 드러났듯이 아랍 세계에서 소련의 입지가 불안했기 때문이다. 그게 아니면 이민 증가를 지지하는 미국인들이 지불할 것으로 기대하고 외환을 벌기 위해 출국세가 도입되었는지도 모른다. 유대인 단체는 이민의 흐름이 줄어들지도 모른다고 두려워하면서 닉슨 행정부와 그들을 오랫동안 지지해왔던 헨리 잭슨 양쪽에 호소했다.

닉슨 행정부는 이 사안을 해결하려고 도브리닌 대사와 계속해서 조용히 협력했던 반면, 잭슨은 소련을 공개적으로 압박하는 기발한 수단을 고안해냈다. 1972년 정상회담의 일환으로 미국은 전시 렌드-리스법(Lend-Lease Act) 부채 해결의 대가로 소련에 "최혜국(MFN: Most Favored Nation)" 지위를 부여하는 합의에 서명했다. 1972년 10월에 잭슨은 어떤 국가라도 이민을 제한할 경우 MFN 지위를 금지한다는 수정법률안을 제출했다. 전술적으로 훌륭한 한 수였다. 최혜국 지위는 실제 내용보다 훨씬 더 거창하게 들린다. 이 규정은 비차별적인 지위를 의미한다. 즉, 특별한 혜택을 부여하지는 않지만 미국이 정상적인 통상 관계를 유지하고 있는 모든 국가들에게(그 당시에 100개국이 넘었다) 제공하는 어떤 특혜건 간에 MFN 수혜국에 똑같이 부여한다는 내용이다. MFN 지위는 통상 분야에서 상호주의에 기초한 정상적인 무역을 촉진한다. 소련의 경제 상태를 감안할 때, 이런 무역 특혜가 별로 대단할 것으로 예상되지는 않았다. 잭슨 수정법안은 소련의 이민 관행을 단순히 공공외교의 대상이 아니라 미 의회의 입법 활동의 대상으로 만들어 놓았다.

닉슨 행정부와 잭슨 간에 실제 내용에서 이견은 없었다. 실제로 닉슨 행정부는 다른 수많은 인권 문제에서도 확고한 입장을 정해놓은 상황이었다. 예를 들자면 나는 반체제 작가인 알렉산드르 솔제니친을 위해 도브리닌에게 여러 번 집요하게 호소했고, 이런 호소가 솔제니친이 소련을 떠날 수 있게 하는 데 도움이 되었다. 하지만 잭슨은 인권 문제에서 조용한 외교를 찬성하지 않았고, 인권 문제에 대한 미국의 헌신이 보란 듯이 확인되어야 한다고 주장했다. 즉, 인권 외교가 성공하면 자랑해야 하고 실패하면 처벌받아야 한다는 말이었다.

처음에는 의회의 압박이 같은 방향을 지향하는 행정부의 노력을 보강하는 역할을 했다. 하지만 얼마 안 가서 차이점이 실행 방법의 차원을 넘어섰다. 유대인 이민을 장려한다는 개념을 고안해냈던 닉슨은 인도주의적 제스처로 이 정책을 추진해왔다. (비록 닉슨이 결코 공개적으로 이 정책을 활용하지는 않았지만 아마도 아주 조금은 정치적 제스처가 있었을 것이다.) 그러나 그는 모든 동—서 관계를 유대인 이민 문제에 종속시키는 것에는 선을 그었다. 미국의 국익이 그 정도까지 연관이 있다고 생각하지 않았기 때문이다.

잭슨과 그 지지자들에게 유대인 이민 문제는 공산주의와의 이념적 대립의 대용품이 되었다. 놀랍지 않게도 이들은 소련이 했던 모든 양보를 자신들의 압박이 효과가 있다는 증거로 여겼다. 소련 지도자들은 백악관의 항의 때문이었는지, 잭슨 개정법안 때문이었는지, 혹은 두 가지 다였는지(이게 더 가능성이 컸을 것이다) 하여간 실제로 출국세를 철회했다. 물론 무엇이 진실이었는지 최종적인 판결은 소련의 외교사료가 공개되어야 알 수 있을 것이다. 행정부를 비판하던 사람들은 이제 대담해져서 유대인 이민자 정원을 두 배로 늘리고 미국이 승인한 일정에 따라 다른 민족들에 대한 이민 제약을 제거해달라고 요청했다. 잭슨과 그 지지자들은 또한 수출입은행의 대소련 차관을 제한하는 법률을 제정했으며(스티븐슨 수정안), 이에 따라 소련은 결국 교역 문제에서 데탕트 이후 동—서 간 긴장이 완화되기 전보다 더 나쁜 처지에 놓였다.

국가를 쇠약하게 하는 전쟁에서 막 벗어나고 있었고 대통령직 위기를 향해 나아가고 있던 국가의 지도자로서 닉슨은 본인의 국익 개념에서 볼 때 필요하고, 미국이 지지할 준비가 되어 있는 위험만 부담하려고 했다. 하지만 닉슨을 비판하던 사람들은 군비통제에서 일방적인 요구를 하고 교역을 제한하고 인권 문제를 제기함으로써 소련 체제의 몰락을 초래하는 미국 외교정책을 원했다. 그 과정에서 국가적 논쟁에 참여했던 핵심 인물 중 일부는 놀라울 정도로 자신의 입장을 번복했다. 〈뉴욕타임스〉는 1971년 사설에서 "관련 없는 사안의 협상을 위한 지렛대로서 미국의 교역을 제한하는 전술은 교역 그 자체보다도 소련의 정책에 긍정적인 영향을 미칠 가능성이 훨씬 낮다."라고 경고했다.[17] 2년이 지난 후, 이 사설을 썼던 논설위원은 입장을 뒤집었다. 그는 조지 슐츠(George Shultz) 재무장관[18]의 소련 방문을 "행정부가 교역과 데탕트에 너무나 열중한 나머지 전 세계 모든 곳의 인권에 대한 미국인들의 똑같이 중요한 관심사를 무시하고 있는"[19] 증거라고 비난했다.

닉슨은 소련의 외교적 절제를 미국과의 교역 증가의 시금석으로 만들어 소련이 국제적으로 더 온건하게 행동하도록 유도하려고 했다. 닉슨을 반대했던 사람들은 교역을 소련 내부에서 격변을 초래하는 수단으로 사용하려고 함으로써 연계를 한층 더 확장했다. 그것도 소련이 한창 강력하고 자신감 넘치던 시절에 그렇게 시도했다. 4년 전에는 냉전주의자라고 공격받았던 닉슨이 이제 와서 너무나 유약하고 소련을 신뢰한다고 비난을 받았다. 1940년대 말에 반공산주의 조사 활동을 하면서 정치를 시작했던 닉슨에게 이런 식의 비판이 가해진 것은 분명히 처음 있는 일이었다.[20]

얼마 안 가서 미-소 관계 개선에 관한 구상이 〈워싱턴포스트〉의 이 사설에서처럼 도전을 받았다.

> 미소 "데탕트"의 실체가 무엇일지에 대한 상당히 어려운 질문이 논쟁 단계에서 정
> 치적 단계로 넘어가고 있다. 상당히 많은 미국인들은 이제 크렘린이 국내 정책을 일
> 부라도 자유화하지 않는 한 소련과의 관계 개선이 바람직하지도 않고, 가능하지도
> 않으며, 안전하지도 않다고 믿는 것처럼 보인다.[21]

미국은 애치슨과 덜레스, 그리고 NSC-68 보고서를 다시 충실하게 믿기 시작했다. 즉, 미국과 소련이 진지하게 협상하기 전에 소련의 목표와 국내적 관행이 먼저 근본적으로 변화해야 한다는 신념으로 돌아서고 있었다. 그러나 초기 냉전 전사들은 때가 무르익었을 때 이런 변화를 초래하는 봉쇄정책에 의존하는 데 만족했던 반면, 후계자들은 소련에 대한 직접적인 압박과 공개적인 요구를 통해 소련 체제에 중요한 변화를 가져오겠다고 약속하고 있었다.

브레즈네프 시기에 닉슨과 당국자들은 소련의 권력 의지가 아직 약화되지 않았을 때 다양한 계기에 소련 지도부에 맞섰던 적이 있었다. 그리고 이들이 정말로 무시무시한 상대라는 사실을 깨달았다. 핵 균형 상황에서 공산주의 체제에 대한 전면적인 공격은 두고두고 씁쓸할 것으로 예상되었다. 베트남 이후 워터게이트의 와중에 있던 우리는 마치 익사할 뻔했다가 간신히 살아났는데 다시 영국 해협을 건너보라고 재촉을 받고 있던 중 그 가망성에 대해 열의를 안 보이자 비관적이라고 비판받는 수영선수의 처지와 같았다. 잭슨은 예전에 반공주의라는 지정학적 투쟁의 망루에 올라서서 자신을 돋보이게 한 적이 있었고, 또다시 그렇게 하려고 했다. 하지만 그의 주변에 몰려들었던 많은 사람들에 대해서도 항상 똑같이 평가할 수는 없었다. 그들이 진심이라기보다는 권력을 유지하려는 의도가 있는 게 아닌지 의심이 들었기 때문이다.

국제위기 상황에서 대통령은 정부의 필수불가결한 구심점이다. 이런 관점에서만 보더라도 워터게이트 시기는 의도적인 미-소 대립 정책을 펼치기에는 이상적인 시기가 아니었다. 대통령이 탄핵 절차 중에 있었고, 베트남이라는 상처가 여전히 아물지 않았다. 행정부에 대한 불신이 너무나 컸기 때문에 소련이 중동에 개입하겠다고 노골적으로 위협

했을 때, 저명한 어떤 기자는 1973년 10월의 한 기자회견에서 미군이 비상 대기상태에 돌입한 것은 워터게이트로부터의 관심을 분산시키기 위한 게 아니냐고 질문했다.

미국이 자신의 도덕적 가치를 주장하는 데 만족해야 하는지, 아니면 도덕적 가치를 위한 성전(聖戰)에 나서야 하는지에 관한 논란은 존 퀸시 애덤스 시대까지 거슬러 올라가는 문제이다. 닉슨은 미국의 목적을 미국의 역량과 연계시키려고 했다. 이런 한계 속에서 닉슨은 유대인 이민에 대한 그의 태도처럼, 미국의 영향력을 동원해서 미국의 가치를 증진할 준비가 되어 있었다. 그를 비판하던 사람들은 보편적인 원칙을 당장 적용할 수 있다고 주장했고, 그게 실행이 가능한지 묻는 것을 도덕적으로 부적절하거나 역사적 비관주의에 빠진 증거라고 성급하게 일축했다. 닉슨 행정부는 미국의 이상주의가 분별력을 가져야 한다고 촉구하면서, 자신들이 중요한 교육적 기능을 수행하고 있다고 생각했다. 미국이 베트남에서 자신의 지정학적 한계를 배워야 한다는 말을 듣고 있던 이 순간에 일부 전국적인 저명 인사들로부터—이들 중 일부는 베트남전 비판에 앞장섰다—미국이 인도주의적 사안들에 대한 전 세계적 개입이라는 무제한적 의제에 착수하라는 재촉을 받고 있다는 게 얼마나 황당한 노릇인가.

레이건 행정부 때 입증되었듯이, 소련에 대한 보다 대담한 정책은 권유할 만한 충분한 이유가 있었다. 물론 대담한 정책에 따른 성과들은 미-소 관계가 발전하고 나서 나중에야 나오게 되지만 말이다. 그러나 데탕트를 둘러싼 논쟁이 한창 뜨거울 때 미국은 아직 베트남의 상처를 치유하지 못했고, 워터게이트도 마무리 짓지 못했다. 그리고 일단 소련 지도자들이 세대교체를 해야 했다. 하지만 1970년대 초에 논쟁이 전개되던 방식으로는 미국의 모든 위대한 구상들을 자극했던 이상주의와 변화하는 세계 환경이 요구하는 현실주의 사이에서 적절한 균형을 잡을 수가 없었다.

데탕트를 비판했던 사람들은 자신들의 주장을 너무나 지나치게 단순화했다. 닉슨 행정부는 사안에 너무나 복잡하게 접근함으로써 교착상태에 기여했다. 예전의 동맹과 우군들로부터 맹비난을 받은 닉슨은 이런 비판이 정치적 동기가 있다고 일축했다. 비록 이런 평가가 옳았더라도 정치적 동기가 있다고 직업 정치인들을 비난하는 태도는 심오한 통찰력에서 나온 행동으로 보기는 어렵다. 닉슨 행정부는 왜 그리도 많은 정치인들이 잭슨의 목소리에 쉽게 동조했는지 스스로 되물어봤어야 했다.

닉슨 행정부 말기 미국의 정책은 무차별적인 도덕주의와 과도한 지정학의 강조 사이에 갇힌 채 답보상태에 놓였다. 교역 확대라는 당근은 철회되었지만 국방비 증액이나 지정학적 대결을 불사하려는 의지 같은 채찍은 제시되지 않았다. SALT가 교착상태에 빠졌다. 소련으로부터의 유대인 이민이 점차 줄어들었다. 쿠바 원정군이 앙골라에 파병되었고, 공산주의 세력의 지정학적 공세가 재개되었다. 쿠바 원정군이 앙골라에 공산주의 정권을 수립하는 동안, 미국의 보수주의자들은 미국의 단호한 대응을 반대했다. 나는 이런 애로사항을 지적했다.

> 어떤 비판자들은 군비통제 협상을 약화시키면서 소련과 보다 건설적인 관계를 구축할 가능성을 차단하고 있고, 다른 비판자들은 우리 국방예산과 정보기관을 축소시키면서 소련의 모험주의에 대한 미국의 대응을 좌절시키고 있습니다. 만약 이 둘이 합쳐진다면, 의도했건 의도하지 않았건 간에 강력하고, 창의적이며, 온건하면서도 사려 깊은 외교정책을 펼칠 수 있는 이 나라의 역량이 결국 파멸될 것입니다.[22]

그리하여 이 기간에 거두었던 중요한 외교적 성과조차 논란의 대상이 되었다. 중동에서 소련의 영향력을 뚜렷하게 축소시켰고 1973년 이래 이 전략적 지역을 지배해왔던 미국의 외교조차 좌절을 겪은 것처럼 수년 동안 제시되었고, 중동평화 프로세스가 탄력을 받고 나서야 회의론자들의 유보적 시각이 일소되었다.

서방 세계의 두드러진 외교적 성과라고 나중에 평가받았던 사례에도 비슷한 운명이 닥쳤다. 바로 헬싱키 협정을 이끌어냈던, 35개국이 참여하는 유럽안보협력회의(CESC: Conference on European Security and Cooperation)가 그 사례였다. 이런 거창한 외교적 절차는 소련의 뿌리 깊은 불안감과 정통성을 향한 채울 수 없는 갈증에서 비롯되었다. 소련은 거대한 군사체제를 구축하고 20여 개 국가를 억압하고 있었지만, 그럼에도 마치 지속적으로 보장을 받아야 하는 것처럼 행동했다. 이미 많은 핵무기를 보유하고 계속 보유량을 증가시키고 있었음에도 불구하고, 소련은 자신이 수십 년간 위협해왔고 역사의 휴지통에 던져버린 국가들에게 자신이 획득한 결과물을 신성하게 해줄 방안을 요구했다. 이런 의미에서 유럽안보협력회의는 흐루쇼프가 베를린에 대한 최후통첩으로 얻어내지 못했던 독일과의 평화조약에 대한 브레즈네프의 대체품이자 전후의 현상(status quo)에 대한 거창한 승인이 되었다.[23]

소련이 정확하게 어떤 이익을 예상하고 있었는지는 분명하지 않았다. 소위 이념적 혁명의 요람인 소련이 역사적 필연성의 희생자라고 선포한 국가들로부터 자신의 정통성을 확인받으려고 고집을 부렸다는 것은 심각한 자기 회의감을 드러내는 것이었다. 아마도 소련 지도자들은 이 회의를 통해 NATO를 약화시키거나 심지어 NATO를 무의미하게 만들 어떤 기구를 남길 수도 있다는 가능성에 희망을 걸고 있었는지도 모른다.

이렇게 함으로써 이들 스스로가 착각에 빠졌다. 어떤 NATO 회원국도 유럽안보협력회의의 선언적이고 관료적인 장식품이 NATO의 군사적 현실이나 미군의 유럽 주둔을 대체할 것으로 기대하지 않았다. 나중에 드러난 사실이지만, 미국을 비롯한 모든 참여국에 동유럽에 관한 정치적 합의를 놓고 목소리를 낼 기회를 주었던 회의에서 소련은 결국 민주주의 국가들보다 잃을 게 훨씬 더 많았다.

닉슨 행정부는 한동안 양면적인 태도를 보이다가 회의에 동참했다. 우리는 소련이 갖고 있었던 의제가 우리와 정반대라는 것을 알고 있었지만, 그럼에도 불구하고 장기적인 기회를 포착했다. 동유럽국들의 국경은 이미 제2차 세계대전 종결 당시에 연합국과 독일의 전시 위성국이었던 동유럽국들 간에 맺어진 평화조약으로 승인되었다. 이 국경은 빌리 브란트에 의해 독일연방공화국(서독)과 동유럽국들 간에 체결된 양자 합의, 그리고 다른 NATO 국가들, 특히 프랑스와 (폴란드와 소련을 포함하는) 동유럽국들 간의 양자 합의로 명시적으로 확인되었다. 더욱이 모든 NATO 동맹국들이 유럽안보협력회의를 계속 요구하고 있었다. 소련 측과 회담을 할 때마다 서유럽 지도자들은 소련의 의제를 수용하는 쪽으로 더 가까이 다가갔다.

그리하여 1971년에 닉슨 행정부는 소련의 절제된 행동을 유도하는 수단에 유럽안보협력회의를 추가하기로 결정했다. 우리는 연계 전략을 구사했고, 헬무트 소넨펠트(Helmut Sonnenfeldt) 국무부 자문관은 이 전략을 정확하면서도 자랑스럽게 요약했다. "우리는 이걸 독-소 조약을 위해 팔았고, 베를린 합의를 위해 팔았으며, 다시 상호균형병력감축(MBFR: Mutual Balanced Force Reduction)을 위해 팔았습니다."[24] 닉슨 행정부와 그 다음 포드 행정부는 미국의 회의 참석 여부가 다른 모든 사안들에서 소련의 절제된 행동에 달려 있게 함으로써 성과를 만들어냈다. 두 행정부는 베를린 협상의 만족스러운 결론을 요구했고 유럽에서의 상호병력감축에 관한 협상의 개시를 요구했다. 이런 사안들이 결론이 난 뒤에 35개국 대표단이 제네바에 모였다. 그들의 힘든 협상 과정은 서방 언론에 대체로 보도되지 않았다. 그리고 나서 1975년에 합의가 타결되었고 헬싱키에서 개최될 정상 회의에서 서명이 이루어질 것이라고 발표되자, 잊혀졌던 이 회의가 다시 주목받았다. 미국이 영향력을 발휘한 덕택에 국경의 승인은 무력으로 국경을 변경해서는 안 된다는 의무로 규정되었다. 물론 이런 의무는 유엔헌장을 반복한 것에 불과했지만,[25] 어떤 유럽 국가도 무력으로 국경을 변경할 역량이나 그런 취지의 정책을 갖고 있지 않았기 때문에, 무력에 의한 국경 변경을 공식적으로 포기한다는 약속은 소련에 전혀 이득이 되지 않았다. 정통성에 대한 이러한 제한적 승인조차도 그에 앞선 원칙의 성명으로 인해 그 의의가 퇴색되었다. 미국이 나서서 협상한 이 성명은 서명국들은 "그들의 국경이 국제법에 따라, 그리고 평화적 수단과 합의에 의해 변경될 수 있다고 고려한다."라고 선언했다.[26]

헬싱키 협정에서 가장 의미 있는 조항은 소위 인권에 관한 바스켓 III였던 것으로 밝혀졌다. (바스켓 I과 바스켓 II는 각각 정치와 경제 이슈를 다루었다.) 바스켓 III는 소련 위성국 체제의 해체 과정에서 운명적으로 중요한 역할을 맡았고, NATO 국가 내 모든 인권 운동가들에게 보증서가 되었다. 미국 대표단은 헬싱키 협정의 최종 조항에 기여했다. 그러나 마땅히 찬사를 받아야 할 사람은 인권 운동가들이다. 이들이 압박하지 않았더라면 진전이 더뎠을 것이고, 최종 결과물도 이에 미치지 못했을 것이다.

바스켓 III는 모든 서명국에 열거된 특정한 기본 인권을 실천하고 촉진하도록 의무를 부과했다. 초안을 작성했던 서방 관계자들은 이 조항들이 반체제 인사와 혁명가들에 대한 소련의 탄압을 금지하는 국제적 표준을 창설하기를 희망했다. 나중에 밝혀진 사실이지만, 동유럽의 영웅적인 개혁가들은 소련의 지배로부터 그들의 나라를 해방시키는 투쟁에서 대중을 결집시키는 요소로서 바스켓 III를 활용했다. 체코슬로바키아의 바츨라프 하벨과 폴란드의 레흐 바웬사 둘 다 소련의 지배뿐 아니라 자국 내 공산주의 정권을 약화시키는 데 이 조항을 활용함으로써 국내외적으로 자유의 투사 반열에 올랐다.

그리하여 유럽안보협력회의는 두 가지 중요한 역할을 하게 되었다. 그 계획 단계에서 유럽안보협력회의는 유럽에서 소련이 온건하게 행동하도록 만들었고, 그 이후에는 소련 제국의 붕괴를 가속화했다.

헬싱키 회담에 대해 그 당시 사람들이 보였던 태도가 자비롭게도 기억에서 희미해졌다. 포드 대통령은 이 회담에 참석하고 1975년 소위 최종 의정서라는 주요 문서에 서명한 것에 대해 역사적 변절행위로 비난받았다. 〈뉴욕타임스〉는 당시 이렇게 사설을 썼다.

> 35개국이 참석한 유럽안보협력회의는 32개월에 걸친 시시한 의미론적 논쟁을 거쳐 이제 정점에 이르고 있지만, 개최되지 말았어야 했다. 그렇게 많은 사람들이 그렇게 오랫동안 그렇게 하찮은 내용을 놓고 씨름한 적이 없었다. … 이제 와서 헬싱키 정상회담을 취소하기에는 너무 늦었다면 … 서방에서 환호성이 나오지 않도록 모든 노력을 기울여야만 할 것이다.[27]

나는 3주일 후에 있었던 연설에서 포드 행정부의 태도를 이렇게 요약했다.

> 미국은 자신감이 있고 우세한 입장에서의 긴장 완화 절차를 추구합니다. 헬싱키에
> 서 우리가 수세에 몰린 것이 아닙니다. 서명된 원칙에 부합하게 행동하라고 우리가
> 모든 대표단으로부터 도전받고 있는 것도 아닙니다. 전후 시기 최초로 헬싱키에서
> 인권과 기본적인 자유가 동서 간 대화와 협상 주제로 승인되었습니다. 이 회담은
> 인도적 행위에 관한 우리의 기준을 제시했습니다. 우리의 기준은 수백만 명에게 희
> 망의 등불이 되어왔고 지금도 여전히 그렇습니다.[28]

이 당시는 우울한 시기였고, 설득을 해봐도 소용이 없어 보였다. 1976년 3월 연설에
서, 나는 약간 화를 내면서 문제를 제기했던 사람들에게 도로 이의를 제기했다.

> 어떤 정책도, 설령 존재한다고 해도, 미국과 소련 간의 경쟁이나 타협 불가능한 이념
> 적 차이를 바로 해소하지 못할 것입니다. 모든 이익을 양립할 수 있게 해주는 정책
> 도 없습니다. 우리는 시간이 오래 걸리는 과정에 참여하고 있고 우여곡절이 있을 수
> 밖에 없습니다. 그러나 모험주의를 처벌하고 절제를 장려하는 정책 외의 대안은 없
> 습니다. "일방통행"이나 "선제적 양보"에 대해 그럴싸하게 떠벌리는 사람들이 구체
> 적으로 이 나라가 해야 한다고 제시하는 게 뭡니까? 정확히 뭘 포기했어야 한다는
> 건가요? 어떤 수준의 대결을 하자는 건가요? 어떤 위협을 하려고 하나요? 어떤 위험
> 을 무릅쓰려고 하나요? 우리의 방위 태세에서 정확히 어떤 변화를 주장하고, 어느
> 정도의 기간 동안에 어떤 수준의 지출을 주장하는 겁니까? 전략적 동등성의 시대에
> 미소 관계의 관리에 대해 어떻게 구체적으로 제안하고 있습니까?[29]

닉슨의 "평화의 구조"는 먼 곳에서의 모험을 끝내기를 원하던 국민적 열망에 응답했
다. 하지만 미국 역사 대부분의 기간 동안 미국인들은 평화를 당연하게 여겨왔다. 전쟁이
없는 상태를 평화로 정의한다면, 미국 정책의 항구적 주제가 되기에는 너무 수동적이었
고 너무 시시했다. 국제관계에 관한 닉슨 행정부의 인식은 물려받았던 인식보다 훨씬 더
현실적이었고, 궁극적으로는 미국 외교정책의 불가피한 조정을 반영했다. 그러나 이런
인식은 익숙한 원칙에 토대를 두지 않았다. 이러한 빈틈은 이후의 행정부들이 채워나갔
다. 미국에서 국제문제의 지정학적 해석은 그 자체로는 불충분했지만 또 그만큼 긴요해

졌다. 반면에 닉슨을 비판했던 사람들은 국제적 환경이 여하튼 상관이 없고, 미국이 선호하는 바가 별다른 노력 없이 미국의 선언만으로 일방적으로 강요될 수 있는 것처럼 행동했다.

닉슨 행정부는 자신이 주도했던 혁명적 변화의 실행 가능한 접근법을 모색하는 과정에서 자신이 미국의 지정학적 필요성이라고 인식하는 것을 강조하는 방향으로 너무 멀리 가버리고 말았다. 닉슨을 비판했던 사람들과 닉슨 행정부를 바로 승계한 사람들은 미국의 원칙에 대한 절대적 입장을 강조함으로써 이를 상쇄하려고 했다. 불가피한 논란이 베트남과 워터게이트라는 이중의 충격으로 국내적 단결이 허물어지면서 불필요할 정도로 고통스러워졌다.

하지만 냉전기에 세계를 단결시켰던 미국은 자신의 방향성을 되찾았고 소련에 맞서 전세를 역전시켰다. 그리고 지정학적 위협이 이념적 도전과 함께 사라지자 미국은 역설적으로 어떤 선택도 내리지 못한 채 1990년대에 자신의 국익이 어디에 있는지를 완전히 새로운 차원에서 숙고해야 했다.

30

냉전의 종식:
레이건과 고르바초프

The End of the Cold War: Reagan and Gorbachev

    미국이 평화의 시대를 기대하고 있을 때 냉전이 시작되었다. 그리고 미국이 갈등이 장기화하는 새로운 시대에 단단히 대비하려던 순간에 냉전이 종식되었다. 소련 제국은 예전에 국경 너머로 분출했던 것보다 더 급작스럽게 붕괴했다. 미국의 러시아에 대한 태도도 똑같은 속도로 불과 몇 달 사이에 적대감에서 우호감으로 바뀌었다.

    이런 중대한 변화는 그다지 협력할 것 같지 않았던 두 사람의 비호를 받으며 전개되었다. 로널드 레이건은 미국식 예외주의의 전통적 진리를 재확인하기 위해 미국이 움츠러드는 것처럼 보이는 시대에 대한 반작용으로서 선출되었다. 공산당 권력 집단 내부의 잔인한 투쟁을 거쳐 출세한 고르바초프는 우월하다고 여겼던 소련 이념에 다시 활기를 불어넣겠다고 결심했다. 레이건과 고르바초프는 각각 자신이 속한 쪽이 최후의 승자가 될 것이라고 믿었다. 하지만 예상치 못했던 이 두 협력자 간에는 결정적 차이가 있었다. 레이건은 미국 사회의 주된 동인을 이해했던 반면, 고르바초프는 소련 사회에 대한 현실 감각이 전혀 없었다. 두 지도자 다 각자 자신의 체제에서 최선이라고 간주했던 것에 호소했다. 레이건은 진취적 기상과 자신감이 가득 차 있는 저장고를 건드리면서 미국인들의 영혼을 해방했던 반면, 고르바초프는 소련이 감당할 수 없는 개혁을 요구함으로써 자신이 대표하는 소련 체제의 종말을 앞당겼다.

1975년 인도차이나의 붕괴 이후 미국은 앙골라로부터 철수했고, 국내적으로도 심각한 분열을 겪은 반면에 소련은 팽창주의적 활동을 비약적으로 강화했다. 쿠바군 병력이 수천 명의 소련 전투 고문단과 함께 앙골라에서부터 에티오피아까지 퍼져나갔다. 캄보디아에서는 소련으로부터 지원과 보급을 받은 베트남군이 오랫동안 고통받아온 이 나라를 예속시키고 있었다. 아프가니스탄은 10만 명이 넘는 소련군에 의해 점령당했다. 이란에서 친서방 성향의 샤 정부가 붕괴했고 급진적으로 반미 성향인 근본주의 정권으로 교체되었다.[1] 이 정권은 52명의 미국인을 인질로 억류했다. 인질 중 대부분이 정부 관리(미국대사관 직원)였다. 원인이 무엇이었건 간에 도미노가 실제로 차례대로 무너지는 것처럼 보였다.

하지만 미국의 국제적 위상이 이렇게 바닥을 찍고 있는 것처럼 보였을 때 공산주의가 흐트러지기 시작했다. 1980년대 초기에는 한때 마치 공산주의가 눈앞에 보이는 모든 것을 휩쓸어버릴 것처럼 기세가 등등했다. 그리고 10년이 지나서 역사가 시대를 평가할 때가 되자 공산주의가 자멸하고 있었다. 10년 사이에 동유럽 위성국 체제가 해체되었고, 소련 제국은 표트르 대제 시절 이후 획득했던 모든 영토를 거의 모두 다 토해내면서 허물어지고 있었다. 어떤 세계 강국도 전쟁에서 패하지 않고 이렇게 완전하고 급속하게 해체된 적이 없었다.

소련 제국은 부분적으로는 역사를 통틀어 거침없이 지나치게 팽창하려는 유혹을 받았기 때문에 실패했다. 소련이라는 국가는 온갖 역경에 맞서서 태어났고, 내전과 고립, 그리고 악랄한 통치자들이 계승되는 상황에서도 어떻게든 살아남았다. 소련은 1934년부터 1941년까지 점점 닥쳐오는 제2차 세계대전을 제국주의자들의 내전이라고 이름 붙여 교묘히 모면했고, 서방 연합국의 지원을 받아 나치의 맹렬한 공격을 극복했다. 이후 미국이 핵무기를 독점한 상황에 직면하자 소련은 어떻게든 동유럽에 위성국 체제를 수립했다. 스탈린이 사망한 후에는 세계적인 초강대국이 되었다. 소련군은 처음에는 인접한 지역을 위협했지만 나중에는 멀리 떨어진 대륙까지 활동 범위를 넓혔다. 미국 내 많은 전문가들이 소련의 전략적 우위가 임박했다고 두려워할 정도로 소련 미사일 전력이 빠른 속도로 증가했다. 19세기 파머스턴이나 디즈레일리와 같은 영국 지도자들처럼 미국의 정치인들은 러시아가 모든 곳에서 진격하고 있다고 인식했다.

제국주의가 이렇게 비대해짐에 따라 치명적인 결함이 생겼다. 즉, 소련 지도자들이 그사이에 균형감각을 상실했고, 자신이 획득한 이득을 군사적으로나 경제적으로나 공고히 할 수 있는 소련 체제의 능력을 과대평가했으며, 매우 취약한 토대에서 글자 그대로 모든 다른 강대국들에 도전하고 있다는 사실을 망각했다. 소련 지도자들은 소련 체제가 진취성이나 창의성을 만들어낼 역량이 치명적으로 부족하고, 막강한 군사력에도 불구하고 소련이 실제로는 상당히 후진국이라는 사실도 절대 받아들이지 못했다. 이들은 생존을 위한 무자비한 시험에서 탈락했다. 소련 정치국에서 출세하기 위해 필요한 자질 때문에 소련 사회가 성장하는 데 필요한 창의성이 억압되었기 때문이다. 자신들이 촉발한 충돌조차 지속시키지 못했다는 점은 말할 나위가 없다.

아주 단순히 말해서 소련은 소련 지도자들이 부여했던 역할을 맡을 수 있을 정도로 충분히 강력하지도 역동적이지도 못했다. 한국전쟁 동안 미국이 추진한 군비 증강에 대해 소련이 1952년 평화 각서를 제시했을 때(제20장 참고), 스탈린은 어쩌면 진정한 힘의 균형에 대해 불길한 예감이 들었는지도 모른다. 스탈린 사망 이후 절망적이던 과도기에 후임자들은 서방으로부터 아무런 도전을 받지 않자, 이게 서방이 취약하다는 증거라면서 자신들의 생존능력을 오판했다. 그리고 이들은 개도국 세계에서 벌어지는 사건들을 소련의 극적인 돌파구라고 인식하면서 자기기만에 빠졌다. 흐루쇼프와 후임자들은 자신들이 스탈린보다 더 잘할 수 있다고 결론을 내렸다. 이들은 스탈린의 기본 전략인 자본주의 세계의 분열 시도보다 베를린 최후통첩, 쿠바 미사일 배치, 개도국 세계 곳곳에서의 모험주의를 통해 자본주의 세계를 패배시키려고 했다. 하지만 이런 노력들은 침체를 붕괴로 바꿔놓을 정도로 소련의 역량을 한참 넘어섰다.

공산주의 세력의 해체는 레이건 행정부의 두 번째 임기에서 뚜렷해졌고, 레이건이 대통령 임기를 마쳤을 때는 돌이킬 수가 없었다. 이런 붕괴의 대단원을 능숙하게 주도한 레이건의 후임 조지 H. W. 부시뿐만 아니라 레이건의 전임자들도 마땅히 정당한 평가를 받아야 할 것이다. 그럼에도 불구하고 전환점이 되었던 시기는 로널드 레이건이 대통령이었던 시기다.

레이건 대통령 기간의 성과는 놀라울 정도였고, 학계 관찰자들로서는 거의 이해할 수 없는 수준이었다. 레이건은 역사에 대해 거의 아는 게 없었고, 그나마 알고 있던 얼마 되지 않는 내용도 자신이 굳게 믿었던 선입견을 뒷받침하도록 짜맞춰진 것이었다. 그는 성경에 언급된 아마겟돈을 실현을 앞둔 예언처럼 대했다. 그가 이야기하기 아주 좋아했던 역사적 일화 중 상당 부분은 실제로는 흔히 알려진 사실에 근거하지도 않았다. 사적인 대화를 나눌 때, 레이건은 한때 고르바초프를 비스마르크와 동일시했다. 둘 다 중앙계획 경제 체제를 자유시장 체제로 전환함으로써 국내적 제약을 똑같이 극복했다는 것이다. 나는 나와 친하면서 동시에 레이건과도 친한 친구에게, 레이건이 독일 측 대화 상대에게 그런 터무니없는 말을 다시는 하지 못하게 경고해달라고 조언했다. 하지만 그 친구는 이 경고를 전달하면 오히려 그런 비유가 레이건의 머릿속에 더 깊숙하게 각인될 것 같아서 안 하는 게 현명하다고 생각했다.

레이건은 외교정책의 세부사항을 따분하다고 여겼다. 그는 유화정책이 위험하며, 공산주의가 사악하고, 미국이 위대하다는 등 몇 가지 기본적인 아이디어는 흡수했으나, 실질적인 사안을 분석하는 일은 그의 특기가 아니었다. 이 때문에 나는 의회 도서관에서 개최된 역사학자 회의에 앞서 가진 대담—나는 비공개를 전제로 했다고 생각했다—에서 이렇게 말했다. "여러분이 레이건과 이야기를 나눈다면, 어떻게 이런 사람이 대통령이, 아니 심지어 주지사가 되어야 한다고 사람들의 머릿속에 떠올랐는지 의아해하실 겁니다. 그러나 역사학자인 여러분이 설명해주셔야 할 것은 어떻게 이토록 지적이지 못한 사람이 캘리포니아를 8년간 장악했고, 워싱턴을 거의 7년간 장악했는가 하는 점입니다."

언론은 내가 했던 발언의 첫 번째 부분에 탐욕스럽게 달려들었다. 하지만 역사학자에게는 두 번째 부분이 훨씬 더 흥미롭다. 결국, 학문적 배경이 가장 일천했던 대통령이 대단히 일관되면서도 적절한 외교정책을 만들어냈다. 레이건이 갖고 있었던 아이디어는 몇 가지 기본적인 수준에 불과했을지도 모르지만, 이것이 때마침 그가 통치하던 시대의 핵심 외교정책 사안이 되었다. 바로 이 점에서 방향감각과 굳건한 확신이 리더십의 핵심 요소라는 게 실제 사례로 입증되었다. 누가 레이건의 외교정책 발표문 초안을 잡았는지는 중요하지 않다. 어떤 대통령도 직접 초안을 작성하는 경우가 없기 때문이다. 속설에 따르면 레이건은 연설문 작성자의 도구에 불과했다고 하지만, 이는 많은 연설문 작성자들이 만들어낸 허구일 뿐이다. 어찌 됐건 레이건은 자신의 연설문을 공들여 작성할 사람을 직접 골랐고, 그 연설문을 대단한 확신감과 설득력을 갖고 전달했다. 레이건과 면식이 있는 사람이라면 누구라도 이 연설들이 그의 실제 시각을 반영하고 있으며 전략방위구상

(SDI: Strategic Defense Initiative)과 같은 일부 이슈는 측근보다 훨씬 앞서 나갔다는 데 거의 의심의 여지가 없었을 것이다.

대통령이 전국적인 선거로 뽑히는 유일한 공직자인 미국 정부체제에서 외교정책의 일관성—만약 일관성이 존재하기라도 한다면—은 대통령의 발표문을 통해 나타난다. 대통령의 발표문은 제멋대로인 관료들에게 가장 효과적으로 지시를 하달하는 기능을 하며 공개 토론이나 의회 토론의 기준을 제시한다. 레이건은 상당히 일관되면서도 지적인 외교정책 독트린을 제시했다. 레이건은 직관적으로 미국식 동기부여의 원천이 무엇인지도 잘 알고 있었다. 동시에 소련 체제가 근본적으로 취약하다는 점도 이해했다. 이런 인식은 당시 대부분의 전문가와 심지어 레이건이 속했던 보수주의 진영의 생각과도 배치되었다.

레이건은 미국인들을 단결시키는 재능이 기가 막히게 뛰어났다. 그리고 색다르게 유쾌하고 붙임성이 좋은 성격의 소유자였다. 그의 언사로 피해자가 되었던 사람들조차도 레이건의 공격을 개인적으로 받아들이기가 힘들 정도였다. 레이건은 1976년 대선 후보에 출마했으나 고배를 마신 과정에서 나를 무자비하게 비판했다. 국가안보좌관으로서 나는 수년 동안 레이건에게 외교정책을 브리핑해준 적이 있었다. 그때는 아무런 항의를 하지 않다가 이제 와서 바로 그 정책을 공격하니 나도 화가 치밀었지만, 내 화가 오래 가지는 않았다. 모든 게 다 끝나고 보니, 나는 선거운동 기간 중의 언사가 아니라 브리핑을 받으면서 레이건이 보여준 상식과 촌철살인의 호의가 기억났다. 1973년 중동전쟁 당시 나는 그에게 우리가 이스라엘이 손실한 비행기를 대체해주고자 하지만, 이에 대한 아랍측 반발을 어떻게 무마해야 할지 확실치 않다고 말한 적이 있었다. 이에 레이건은 "아랍측이 자신들이 격추했다고 주장하는 비행기만큼 전부 다 대체해주겠다고 말하면 어때요?"라고 말했다. 이미 심하게 부풀려진 아랍의 선전선동을 이용해 그런 주장을 하는 측을 불리하게 만드는 제안이었다.

레이건의 단조로운 겉모습 뒤에는 상당히 복잡한 성격이 숨겨져 있었다. 레이건은 친화적이면서도 쌀쌀맞았고, 매우 유쾌하면서도 결국에는 냉담했다. 친밀감이 다른 사람들과 거리를 두는 그만의 방식이었다. 만약 그가 모든 사람을 똑같이 친밀하게 대하고 똑같은 이야기로 다들 즐겁게 해줬다면, 아무도 그와 각별한 사이라고 주장하지 않을 것이다. 그가 대화마다 매번 재탕했던 농담 모음집은 허를 찔리지 않게 하는 보호막 역할을 했다. 많은 배우들처럼 레이건도 혼자 지내기를 좋아했다. 자기중심적인 만큼 매력적이었다. 레이건과 아주 친밀하다고 알려진 어떤 사람은, 레이건은 자신이 알고 있는 가장 친밀하면서도 가장 동떨어진 인물이라고 나에게 말해줬다.

1976년 선거운동 당시 레이건의 수사적 표현에도 불구하고 닉슨, 포드, 레이건 행정부의 국제 환경에 대한 다양한 평가는 개념적으로 의미 있는 차이가 없었다. 세 행정부 모두 소련의 지정학적 공세에 저항하기로 결정했고, 역사가 민주주의 국가들의 편이라고 여겼다. 하지만 이 행정부들이 정책을 미국인에게 설명하는 방식이나 사용했던 전술은 각각 상당히 달랐다.

베트남전쟁으로 인한 국내적 분열에 충격을 받은 닉슨은 소련의 추가적 팽창을 막기 위해 어떤 대결이든 지속하려면 일단 평화를 위해 진지하게 노력하는 모습을 보여줘야 한다고 믿었다. 후퇴하느라 진절머리가 난 국가를 이끌게 된 레이건은 소련의 팽창주의에 집요하게 대결하는 방식으로 저항하는 게 타당하다고 보았다. 우드로우 윌슨처럼 레이건은 미국 국민이 예외주의라는 박자에 맞춰 미국의 역사 내내 전진해왔기 때문에, 지정학적 분석이 아니라 역사적 이상을 통해 궁극적으로 고취될 것이라고 이해했다. 이런 의미에서 닉슨과 레이건의 관계는 시어도어 루스벨트와 우드로우 윌슨의 관계와 같았다. 루스벨트처럼 닉슨은 국제관계가 돌아가는 방식을 훨씬 더 잘 알고 있었다. 윌슨처럼 레이건은 미국인들의 정서가 돌아가는 방식을 훨씬 더 확실하게 파악하고 있었다.

미국의 독특한 도덕적 지위에 관한 레이건의 수사적 표현에는 20세기의 다른 대통령들도 모두 다 한 번쯤 언급했던 내용이 반영되어 있었다. 레이건식 미국 예외주의가 독특했던 이유는 일상적인 외교정책을 수행하는 지침으로서 그것을 글자 그대로 해석했기 때문이다. 레이건의 전임자들이 미국의 원칙들을 가령, 국제연맹이나 마셜 플랜 등 특정한 구상의 토대로서 언급한 반면, 레이건은 1983년 2월 22일 미국재향군인회에서 했던 연설에서처럼 미국의 원칙들을 매일 전개되는 공산주의와의 투쟁에 사용되는 무기로 동원했다.

> 미국인들이 항상 소중하게 간직해온 만고불변의 진리와 가치를 오늘날 세계의 현실과 결합함으로써 우리는 미국 외교정책에 있어 근본적으로 새로운 방향의 시작을 만들어냈습니다. 이 정책은 우리의 소중한 자유로운 정치제도를 부끄러움 없이 당당하게 밝히는 데 기반을 두고 있습니다.[2]

레이건은 그가 카터 행정부와 동일시한 "죄책감 콤플렉스(guilt complex)"를 거부했고, 미국이 걸어온 길을 "오늘날 세계 어디에서나 평화를 위한 가장 위대한 힘"이라고 자랑스럽게 옹호했다.[3] 첫 기자회견에서 레이건은 소련이 자신의 목표를 달성하기 위해

"어떤 범죄라도 저지르고, 거짓말을 하고, 사기를 칠" 준비가 되어 있는 무법한 제국이라는 꼬리표를 붙였다.[4] 이 발언은 1983년에 소련을 "악의 제국(evil empire)"이라고 언급했던 연설의 전조가 되었다. 이렇게 직설적이고 도덕적인 도전은 전임 대통령이라면 다들 주춤했을 것이다. 레이건은 외교적 격언을 무시했다. 동—서 간의 이념적 갈등이 중요하며, 일부 국제적인 투쟁은 권력 유지나 외교가 아니라 승자와 패자의 문제라는 점을 미국인들에게 이해시켜야 한다는 자기가 설정한 임무를 추구하면서 미국의 덕목을 지나치게 단순화했다.

레이건의 첫 번째 임기 때 나온 이 수사적 발언은 데탕트 시대에 공식적인 종지부를 찍었다. 미국의 목표는 더 이상 긴장 완화가 아니라 성전(聖戰)과 개종(改宗)이었다. 레이건은 전투적 반공주의를 선거공약으로 내세워 당선되었고, 자신의 말에 충실했다. 급작스럽게 쇠퇴하는 소련을 상대하는 운 좋은 처지에 있던 레이건은 국익을 강조하던 닉슨의 방식이 너무 상대주의적이라고 거부했고, 카터의 소심함이 지나치게 패배주의적이라고 경멸했다. 그 대신 레이건은 충돌에 대한 종말론적 비전을 제시했는데, 그 결과의 역사적 불가피성으로 인해 충돌이 보다 감내할 만해졌다고 보았다. 1982년 6월, 영국의 상원 로열 갤러리(The Royal Gallery)에서 한 연설에서 레이건은 소련에 대한 자신의 인식을 이렇게 설명했다.

> 역설적인 의미에서 카를 마르크스의 이론이 맞았습니다. 우리는 오늘날 커다란 혁명적 위기를 목도하고 있습니다. 경제질서에 대한 요구가 정치질서에 대한 요구와 직접 충돌하는 위기입니다. 그러나 이 위기는 마르크스주의가 지배하지 않는 서방 자유진영이 아니라 마르크스-레닌주의의 고향인 소련에서 발생하고 있습니다. …
>
> 인센티브가 전혀 없거나 거의 없는 가운데 과도하게 중앙집중화된 소련 경제 체제는 파괴를 위한 도구를 만드는 데 매년 자신이 갖고 있는 가장 좋은 자원을 투입하고 있습니다. 지속적으로 경제 성장이 줄어들고 군사 분야의 생산이 늘어나면서 소련 국민의 삶이 심각한 압박을 받고 있습니다.
>
> 우리가 여기에서 보고 있는 것은 경제 기반에 부응하지 못하는 정치 구조이며, 생산력이 정치적 권력으로 저해되는 사회입니다.[5]

만약 닉슨과 내가 10년 전에 똑같이 말했더라면 데탕트를 비판하는 보수주의자들이 한층 더 격하게 반발했을 것이다. 보수주의자들은 공산주의자와 협상하면 도덕적으로 무장해제 당할 수 있다고 두려워했기 때문에 데탕트를 옹호하는 논리로 역사적 진화를 들먹이는 것을 불신했다. 그러나 이들은 필연적으로 승리한다는 개념이 공산주의와 대결하는 수단으로서 호소력이 있다고 여겼다.

레이건은 핵전쟁이라는 최후의 결전에 대한 자신의 두려움을 소련도 똑같이 느끼게 할 수 있다면 소련과의 관계가 개선될 것이라고 믿었다. 그는 지속되는 팽창주의의 위험을 소련이 절실히 느끼게 해주겠다고 결심했다. 만약 10년 전에 이렇게 수사적 발언을 했다면 국내에서 시민불복종 운동이 걷잡을 수 없이 일어났을 것이다. 또한 아직 자신감이 넘치던 소련과 대결하게 되었을지도 모른다. 만약 10년 후에 이렇게 했다면 한물간 이야기처럼 들렸을 것이다. 1980년대 상황에서 이런 수사적 표현은 전례가 없던 동—서 간의 대화를 위한 토대를 마련했다.

불가피하게 레이건의 수사는 기존 통설을 신봉하던 사람들로부터 신랄하게 공격받았다. 〈뉴리퍼블릭(The New Republic)〉의 메인 칼럼 "TRB"는 1983년 4월 11일에 레이건이 소련을 "악의 제국"이라고 묘사한 데 대해 격분했고, 이런 발언을 "원시적 말투이자 종말론적 상징주의"라고 지적했다.[6] "원시적(primitive)"이라는 단어는 앤서니 루이스(Anthony Lewis)가 1983년 3월 10일 〈뉴욕타임스〉에 게재한 기고문에서도 사용한 표현이었다.[7] 1981년에는 하버드 대학교의 저명한 교수 스탠리 호프먼(Stanley Hoffmann)이 레이건의 전투적 스타일을 "마초주의(machismo)"이자 "신민족주의(neo-nationalism)"이며, 미국의 경제적 취약성이 소련 못지않게 취약하다는 이야기가 나오는 복잡해진 세계에서 특별히 제시하는 것도 거의 없는 "근본주의적 반응(fundamentalist reaction)"이라고 비난했다.[8]

나중에 밝혀진 바와 같이 레이건의 수사적 표현 때문에 비판자들이 예견한 것처럼 주요 협상이 잘못된 적은 없었다. 오히려 레이건의 두 번째 임기 때, 닉슨 행정부의 데탕트 이후에는 찾아보기 힘들었던 광범위하고 강렬한 동—서 간의 대화가 개최되었다. 하지만 이번에는 여론의 지지를 받았고, 보수주의자들도 갈채를 보냈다.

이념적 갈등을 다루는 레이건의 방식이 윌슨주의를 단순화한 것이었다면, 이러한 투쟁의 해결책에 관한 그의 개념도 마찬가지로 미국식 유토피아주의에 뿌리를 두고 있었다. 비록 레이건은 이 사안을 선과 악의 투쟁으로서 바라보았지만, 이 갈등이 결판날 때까지 싸워야 한다고 주장하지는 않았다. 오히려 전형적인 미국식 사고에 따라 레이건은 공산주의자들의 비타협적 태도가 선천적 악의가 아니라 무지 때문이고, 의도적 적대감이 아니라 오해 때문이라고 확신했다. 그래서 레이건이 보기에 이 갈등은 상대방이 개종하면 끝날 가능성이 있었다. 1981년에 있었던 암살 미수사건에서 회복하는 와중에 레이건은 마치 75년에 걸친 공산주의 이념을 개인적 호소로 없앨 수 있는 것처럼 미국에 대한 소련의 의구심을 떨쳐버리려는 차원에서 레오니트 브레즈네프에게 친필로 작성한 서한을 보냈다. 이 서한은 트루먼이 제2차 세계대전이 끝났을 때 스탈린에게 제시했던 보장과 거의 표현이 똑같았다(제17장 참고).

> 우리가 제국주의적 의도를 가지고 있고, 그렇기 때문에 당신들의 안보와 신흥국들의 안보에 위험이 된다고 … 종종 은연중에 암시되고 있습니다. 이런 비방을 뒷받침해줄 증거가 없을 뿐만 아니라 아무런 위험 부담 없이 세계를 정복할 수 있었을 때에도 미국은 그렇게 하려고 전혀 노력하지 않았다는 분명한 증거가 있습니다. … 미국이 제국주의라는 잘못을 범하고 있거나 자신의 의지를 무력으로 타국에 강요하려 한다는 비방이 절대적으로 아무런 실체가 없다고 말씀을 드려도 되겠습니까. …
>
>   서기장 각하, 각하와 제가 대표하는 국민들이 가장 소중히 여기는 목표를 달성하지 못하게 가로막고 있는 장애물을 제거하는 데 우리가 관심을 가져야 하지 않겠습니까?[9]

레이건의 서한에 담겨 있는 유화적 어투와 수신인들에 대해 특별한 신뢰감을 갖고 있다는 작성자의 주장을 불과 몇 주일 전 소련 지도자들이 어떤 범죄라도 저지를 수 있다는 그의 주장과 어떻게 조화시킬 수 있을까? 레이건은 이처럼 명백하게 앞뒤가 안 맞는 상황을 설명할 필요가 없다고 느꼈다. 소련의 행동이 사악할 뿐만 아니라 소련 지도자들이 이념적으로 개종될 가망이 있다는 주장을 둘 다 깊게 믿었기 때문일지도 모른다.

그리하여 1982년 11월에 브레즈네프가 사망한 뒤, 레이건은 1983년 7월 11일에 브레즈네프의 후임인 유리 안드로포프에게 공격할 의도가 전혀 없다고 재차 부인하는 친필 서한을 보냈다.[10] 안드로포프도 얼마 안 가서 사망했고, 병약하고 노쇠한 콘스탄틴 체르넨코가 후임이 되자(과도기적인 임명이라는 게 명백했다) 레이건은 일기장에 속내를 털어놓았다. 적어놓은 내용만 보면 출판하려는 의도가 분명히 담겨 있었다.

> 그에게 우리의 문제에 관해 남자 대 남자로 이야기하고 싶고, 소련인들이 국제사회에 동참한다면 크게 이익이 될 것이라고 설득시킬 수 있는지 알고 싶다는 직감이 든다.[11]

6개월 후인 1984년 9월 28일에 그로미코 외교장관이 레이건 행정부가 출범하고 나서 처음으로 백악관을 방문했다. 또다시 레이건은 미국에 대한 소련 지도자들의 의구심을 불식시키는 게 중요한 목표라는 취지로 일기장에 적어놓았다.

> 우리가 그들의 동기를 의심하듯이 그들이 우리의 동기를 의심한다면 군비축소에서 아무런 성과를 못 낼 것 같은 느낌이 든다. 우리가 그들을 상대로 아무런 저의가 없고, 오히려 그들이 우리에게 저의가 있다고 생각한다는 사실을 이해시킬 수 없는지 알아보기 위해서라도 만나봐야 한다고 생각한다.[12]

만약 소련이 저렇게 행동해온 원인이 지난 두 세대에 걸친 미국에 대한 의구심 때문이었다면, 레이건이 이런 의구심이 소련의 체제와 역사에 깊이 배어 있다고 가정한 것도 당연한 일이었다. 소련의 경계심을 소련 외교장관(더욱이 공산주의 통치의 정수를 대표했던 인물이다)과 단 한 번의 대화로 해소할 수 있다고—특히, 그토록 강경한 반공주의자가—강렬하게 희망했다는 사실은 국민들 간의 상호이해가 정상이고, 긴장 상태가 일탈적 상황이며, 부단하게 선의를 보이면 신뢰 구축이 가능하다는 억누를 수 없는 미국식 확신으로만 설명이 가능하다.

그리하여 공산주의에 재앙과 같은 존재였던 레이건으로서는 1985년 고르바초프와 첫 회담을 앞둔 전날 밤에 이 회담이 두 세대 동안 지속되던 갈등을 해결할 것이라는 희망의 측면에서 긴장된 기대감을 묘사하는 게 전혀 이상하지 않았다. 이런 태도는 리처드 닉슨보다 지미 카터에 가까웠다.

> 브레즈네프를 시작으로 개인적으로 소련 지도자와 일대일로 만나기를 꿈꿔왔다. 양국 외교관들이 권한이 없어서 하지 못했던 일을 우리가 성취할 수 있을지도 모른다고 생각했기 때문이다. 달리 말하자면 정상회담에서 최고위급 인사와 협상하고 담소를 나눈 뒤 두 사람이 서로 팔짱을 끼고 나와서 "우리가 이것에 합의했습니다."라고 말한다면, 관료들이 그런 합의를 망쳐놓지 못할 것이라는 기분이 들었다. 고르바초프 전에는 내 생각을 시험해볼 기회가 전혀 없었다. 이제 내게 기회가 왔다.[13]

이념적 대립에 관한 자신의 수사적 표현과 지정학적 갈등을 관리해야 하는 현실에도 불구하고, 레이건은 마음속 깊은 곳에서 긴장의 원인이 구조적이거나 지정학적이라고 믿지 않았다. 그와 동료들은 세력균형에 대한 관심이 너무 제한적이며 너무 비관적이라고 간주했다. 이들은 점진주의가 아닌 최종 결과물을 얻기 위해 노력했다. 이런 신념 덕택에 레이건 팀은 전술적으로 상당히 유연했다.

한 전기 작가는 레이건의 "꿈"에 대해 이렇게 썼고, 나도 레이건이 이렇게 회고하는 것을 들어본 적이 있다.

> 대통령으로서 로널드 레이건이 가진 환상 중 하나는 미하일 고르바초프에게 미국 관광을 시켜줘서 평범한 미국인들이 사는 모습을 소련 지도자에게 보여주는 것이었다. 레이건은 종종 이런 이야기를 했다. 고르바초프와 같이 헬기를 타고 노동자 계층이 사는 마을 위로 날아가서 공장과 자동차가 빼곡히 들어선 주차장을 둘러보고, 그러고 나서 "내가 모스크바에서 봤던 콘크리트 토끼 사육장 같은 집이 아니라 잔디와 뒷마당, 그리고 아마도 두 번째 자동차나 보트가 진입로에 놓여 있는" 집에서 공장 노동자들이 살고 있는 인근 동네 위를 돌아보는 모습을 상상했다. 헬기가 착륙한 뒤 레이건이 고르바초프에게 현관문을 두드려보라고 하고, 주민에게 "우리 체제에 대해 어떻게 생각하는지" 물어보라고 할 것이다. 노동자들은 그에게 미국에서 사는 게 얼마나 좋은지 말해줄 것이다.[14]

레이건은 고르바초프나 다른 소련 지도자들이 공산주의 철학이 틀렸다는 필연적 사실을 신속히 깨닫게 해주는 게 자신의 임무이며, 일단 미국의 진정한 모습에 대한 소련의 오해가 풀리면 신속하게 화해의 시대로 이어질 것이라고 확신했다. 이런 의미에서, 이념적 열정에도 불구하고 국제 갈등의 본질에 관한 레이건의 시각은 절대적으로 미국식 유토피아적 사고에 머물러 있었다. 레이건은 국익이 양립 불가능하다고 믿지 않았기 때문에 국가 간의 해결 불가능한 갈등을 전혀 인식하지 못했다. 일단 소련 지도자들이 이념적 시각을 바꾸면 고전적 외교의 특징으로 볼 수 있는 그런 종류의 분쟁을 세계가 겪을 필요가 없다는 것이다. 그리고 레이건은 항구적 갈등과 영원한 화해 사이에 중간 단계가 없다고 보았다.

레이건은 궁극적인 결과를 낙관적이고 심지어 "진보적" 시각으로 바라보기는 했지만, 그럼에도 불구하고 끈질기게 대립하는 방식으로 목표를 달성하려고 했다. 그의 사고 방식에 따르면 냉전 종식에 전념한다고 해서 항구적 협상을 옹호하는 사람들이 애지중지 하는 "유리한" 환경 조성이나 일방적인 제스처가 필요한 것은 아니었다. 대립과 회유를 정책상 연속적인 단계로 볼 만큼 충분히 미국적이었던 레이건은 이념적이면서 동시에 전략지정학적으로(geostrategically) 공세를 취한 전후 최초의 대통령이었다.

소련은 존 포스터 덜레스의 재임 시기 이후에는 이런 상황에 대처해야 했던 적이 없었다. 그리고 덜레스는 대통령도 아니었고, 덜레스조차도 자신의 "해방" 정책을 진지하게 실행하려고 하지 않았다. 이와 대조적으로 레이건은 자신의 공언을 글자 그대로 받아들였다. 레이건은 취임 이후 두 가지 목표를 동시에 추구했다. 우선 소련의 팽창주의를 저지하면서 상황이 반전될 때까지 소련의 지정학적 압박에 맞서 싸우려고 했다. 둘째로 소련의 전략적 우위 추구를 중단시키도록 고안된 재무장 프로그램에 착수해서 소련의 전략적 우위를 전략적 부채로 바꿔놓으려고 했다.

이렇게 역할을 뒤바꾸려 했던 이념적 수단이 인권 문제였다. 레이건과 보좌관들은 인권 문제를 거론해서 소련 체제를 약화시키려고 했다. 물론, 레이건의 전임자들도 분명히 인권을 중시했다. 닉슨은 소련 출신 이민자 문제를 놓고 그렇게 했다. 포드는 헬싱키 협정의 바스켓 III에서 가장 큰 진전을 거두었다(제29장 참고). 카터는 인권을 외교정책의 중심과제로 삼았으며, 미국 동맹국을 상대로 강력하게 인권을 증진하려고 했고 정의롭게 행동하라고 요구함에 따라 때로는 해당 국가의 내부적 단결이 위협받기도 했다.[15] 레이건과 보좌진은 한 걸음 더 나아가 인권을 공산주의를 전복하고 소련을 민주화하는 수단으로 여겼으며, 이 때문에 인권이 평화로운 세계를 위한 열쇠라고 보았다. 레이건은 1984년 1월 25일 의회 상하원 합동 연설에서 이렇게 지적했다. "피통치인들의 동의에 의존하는 정부는 주변국들과 전쟁을 하지 않습니다."[16] 1982년 웨스트민스터(영국 의회)에서 연설하면서 레이건은 전 세계적인 민주주의의 물결을 환영하면서 자유로운 국가들에 이렇게 촉구했다.

> 민주주의 인프라와 자유로운 언론, 노조, 정당, 대학 체제를 육성해서 국민들이 자신들의 길을 택하고, 자신들의 문화를 개발하며, 평화적 수단으로 자신들의 이견을 해소할 수 있게 허용하십시오.[17]

국내적으로 민주주의를 개선해달라는 호소는 고전적인 윌슨식 주제의 서막에 해당했다. "만약 이번 세기가 끝나기 전에 자유와 민주주의의 이상이 서서히 성장하는 모습을 보고 싶다면, 민주주의 운동을 돕기 위해 행동에 나서야 합니다."[18]

실제로 레이건은 윌슨주의를 궁극적인 결론까지 끌고 갔다. 미국은 자유주의 체제가 진화하도록 수동적으로 기다리지 않았고, 미국의 안보가 직접 위협받을 경우에만 저항하는 수준에서 그치지도 않았다. 오히려 미국은 적극적으로 민주주의를 증진하려고 했고, 미국의 이상을 실현한 국가를 보상하고 이에 못 미치는 국가를 처벌하려고 했다. 심지어 미국에 특별히 가시적으로 도전하거나 위협적이지 않더라도 그렇게 하려고 했다. 그리하여 레이건 팀은 볼셰비키들이 초창기에 내세웠던 주장을 거꾸로 뒤집어놓았다. 공산주의 선언에 나온 가치가 아닌 민주적 가치가 미래의 물결이라고 주장한 것이다. 그리고 레이건 팀은 일관되었다. 칠레의 보수적인 피노체트 정권과 필리핀의 권위주의적인 마르코스 정권 둘 다 개혁하라고 압박했다. 전자의 경우 국민투표와 자유선거를 하겠다는 동의를 끌어냈고, 이를 통해 정권이 교체되었다. 후자의 경우 미국의 협조를 받아 타도되었다.

동시에 민주주의를 위한 성전은, 특히 탈냉전기와 관련 있는 근본적인 질문들을 제기했다. 이런 성전을 타국의 국내문제에 개입하지 않겠다고 오랫동안 내세웠던 미국의 독트린과 어떻게 조화시켜야 하는가? 어느 정도까지 국가안보와 같은 다른 목적이 여기에 복속되어야 하는가? 미국이 자신의 가치를 증진하기 위해 어느 정도까지의 대가를 치를 용의가 있는 것인가? 어떻게 해야 지나치게 확대하거나 완전히 포기하는 상황을 둘 다 피할 것인가? 레이건 행정부 초창기가 먼 역사처럼 느껴지는 탈냉전 세계는 이런 질문에 답해야 할 것이다.

하지만 레이건이 취임했을 때는 이런 애매모호한 문제가 지난 몇 년 동안 진행되어 온 소련의 거침없는 진격을 막기 위한 전략을 강구하는 것만큼 그를 근심하게 만들지 않았다. 레이건의 전략지정학적 공세는 소련이 과도하게 선을 넘었다는 사실을 분명히 깨닫게 해주려는 목적이 있었다. 레이건의 전략은 공산주의 세력이 획득한 이득이 불가역적이라는 브레즈네프 독트린을 거부하면서 공산주의를 단순히 봉쇄하는 데 그치지 않고, 공산주의를 패배시킬 수 있다는 확신을 보여줬다. 레이건은 앙골라 내 반공주의 세력에 대한 미국의 원조를 금지한 클라크 개정법(Clark Amendment)을 철회시켰고, 아프가니스탄 내 반(反)소련 게릴라에 대한 지원을 대폭 늘렸다. 중앙아메리카 지역에서는 공산주의 게릴라에 저항하는 주요 계획을 수립했고, 심지어 캄보디아에도 인도적 지원을 제공했다. 인도차이나에서 크게 낭패를 겪은 지 불과 5년 만에 대통령이 결연하게 다시 세계 곳곳에서 소련의 팽창에 맞서 경쟁했고, 이번에는 성공했다. 단결한 미국의 위력을 분명히 보여준 것이다.

1970년대에 소련이 얻어낸 이득 중 일부는 부시 행정부가 출범할 때까지 여전히 남아 있었지만, 대부분 뒤집어졌다. 베트남의 캄보디아 점령이 1990년에 끝났고, 선거가 1993년에 실시되었으며, 난민들이 귀환할 준비를 했다. 쿠바군 병력은 1991년까지 앙골라에서 철수했다. 공산주의 세력의 지원을 받던 에티오피아 정부가 1991년 붕괴했다. 1990년에는 니카라과의 산디니스타(Sandinista)가 자유선거를 수락했다. 어떤 공산당도 집권한 상황에서 그전까지는 이런 위험을 수용할 각오가 되어 있었던 적이 없었다.[19] 아마도 가장 중요한 성과로서 소련군의 1989년 아프가니스탄 철수를 꼽을 수 있다. 이 모든 상황 전개가 공산주의의 이념적 열의와 지정학적 확신을 쇠퇴시키는 데 이바지했다. 소위 제3세계에서 소련의 영향력이 붕괴하는 상황을 관찰하면서, 소련 개혁가들은 대가가 크고 헛되기만 한 브레즈네프의 모험을 공산주의 체제가 파탄났다는 증거로 얼마 안 가서 제시했다. 그리고 공산주의 체제의 비민주적인 의사결정 방식을 시급하게 수정해야 한다고 믿었다.[20]

　　레이건 행정부는 레이건 독트린이라고 알려진 정책을 실행하면서 이런 성공을 거두었다. 즉, 미국이 소련의 세력권으로부터 자국을 해방시키려는 반(反)공산주의 게릴라 투쟁을 지원하겠다는 것이다. 이는 소련에 맞서 투쟁하는 아프간 무자헤딘을 무장시키고, 니카라과에서 콘트라 반군을 지원하며, 에티오피아와 앙골라에서 반공산주의 세력을 원조하는 것을 의미했다. 1960년대와 1970년대 내내 소련은 미국에 우호적인 정부에 맞서는 공산주의 반군 세력을 사주했다. 이제 1980년대에 미국은 소련에게 당했던 대로 똑같이 보복하고 있었다. 조지 슐츠 국무장관은 1985년 2월 샌프란시스코에서 한 연설에서 이 개념을 이렇게 설명했다.

> 몇 년 동안 우리는 적들이 공산주의 독재체제를 퍼뜨리려고 세계 곳곳에서 마음껏 반란군들을 지원해주는 모습을 보았습니다. … 공산주의가 일단 승리하면 절대 되돌릴 수 없다고 여겨졌습니다. … 하지만 오늘날 소련 제국은 자신의 내부적 문제와 외부적 연루로 인한 압력을 못 견디고 약해지고 있습니다. … 세계 곳곳에 있는 민주주의 세력들은 우리와 함께할 자격이 있습니다. 이들을 저버린다면 치욕스러운 배신이 될 것입니다. 용감한 남성들과 여성들에 대한 배신뿐만 아니라 우리의 가장 고귀한 이상에 대한 배신도 될 것입니다.[21]

전 세계적으로 자유와 민주주의를 지지하겠다는 고상한 윌슨식 용어는 거의 마키아벨리식 현실주의에 의해 생기가 돌았다. 미국은 존 퀸시 애덤스의 명언처럼 "무찌를 괴물을 찾아 외국으로" 나가지 않았다. 레이건 독트린은 적의 적을 돕겠다는 전략에 해당했다. 만약 리슐리외가 보았다면 진심으로 찬성했을 것이다. 레이건 행정부는 진정한 민주주의 세력(폴란드에서처럼)뿐만 아니라 아프가니스탄의 이슬람 근본주의 세력(이란과 공모하고 있는), 중앙아메리카의 우익 세력, 아프리카의 군벌 부족까지 원조를 제공했다. 미국과 무자헤딘 사이에는 리슐리외와 오스만 제국 술탄 사이에 있었던 정도의 공통점밖에 없었다. 하지만 이들은 공동의 적이 있었고, 국익의 세계에서 공동의 적을 놓고 동맹이 되었다. 결과적으로 이런 정책은 공산주의의 붕괴를 가속하는 데 도움이 되었지만, 미국은 자신의 역사 대부분을 통틀어 회피하려 했던 괴로운 질문에 직면하게 되었고, 공교롭게도 정치인들에게 중요한 딜레마가 되었다. 어떤 목적이 어떤 수단을 정당화하는가?[22]

소련에 대한 레이건의 가장 근본적인 도전은 군사력 증강이었던 것으로 밝혀졌다. 선거운동 기간 내내 레이건은 미국의 국방력 개선이 충분하지 못하다고 늘 개탄했고, 소련이 곧 우세해질 것이라고 경고했다. 물론 오늘날에는 이런 두려움이 핵무기 시대에 군사적 우위의 특성을 지나치게 단순화한 결과라고 널리 알려져 있다. 그러나 소련의 군사적 위협에 대한 레이건의 인식이 정확했는지와는 별개로, 이러한 상황 인식이 지정학적 위험에 대한 관심을 불러일으켰던 닉슨보다 훨씬 더 강력하게 보수주의 지지층을 결집할 수 있었다.

레이건 행정부 이전에는 미국의 냉전 정책을 비판했던 급진파들은 미국이 아무리 노력해도 소련이 어떤 수준에서라도 미국을 따라잡을 것이기 때문에 군비를 증강해도 소용이 없다고 일반적으로 주장했다. 이런 주장은 소련의 군사적 우위가 임박했다는 주장보다도 훨씬 더 부정확했던 것으로 밝혀졌다. 레이건이 주도하던 미국의 군비증강 규모와 속도로 인해 아프가니스탄과 아프리카에서의 패배로 소련 지도부의 마음속에 이미 자리 잡고 있던 의구심이 한층 더 커졌다. 이들은 군비경쟁을 경제적으로 부담할 수 있는지, 그리고 무엇보다 기술적으로 지속 가능한지 의심했다.

레이건은 B-1 폭격기처럼 카터 행정부에서 폐기된 무기체계를 복원했고, 신형 지상 발사 대륙간탄도미사일인 MX 미사일을 10년 만에 처음으로 배치하기 시작했다.[23] 냉전을 종식하는 데 가장 크게 이바지했던 두 가지 전략적 결정은 NATO의 미국 중거리 미사일 유럽 배치와 미국의 전략방위구상(SDI: Strategic Defense Initiative)이었다.

중거리 미사일(2,400킬로미터 사정거리)을 유럽에 배치하기로 한 NATO의 결정은 카터 행정부 때로 거슬러 올라간다.[24] 이 미사일 배치는 소위 중성자탄 배치를 미국이 일방적으로 취소한 데 따른 헬무트 슈미트(Helmut Schmidt) 서독 총리의 분노를 달래려는 목적이 있었다. 당초 핵전쟁을 하게 되더라도 상대적으로 덜 파괴적인 전쟁을 하고자 개발된 소위 중성자탄을 독일에 배치하기로 되어 있었고, 슈미트 총리는 자신이 속한 독일 사회민주당의 반대에도 불구하고 중성자탄 배치를 지지했기 때문이다.[25] 이 중거리 미사일(일부는 탄도미사일이고 일부는 지상 발사 순항미사일)은 실제로는 다른 문제를 염두에 두고 고안되었다. 즉, 소련 영토 깊숙한 곳으로부터 유럽에 있는 모든 목표물을 타격할 수 있는 신형 소련제 미사일(SS-20)에 대응한다는 목적이 있었다.

중거리 미사일 배치를 찬성한다는 입장은 본질적으로 전략적이기보다 정치적이었고, 20년 전 핵전략에 관해 동맹국들 간의 논쟁을 유발했던 것과 똑같은 우려에 기인했다. 하지만 이번에는 미국이 유럽의 우려를 해소하려고 노력했다. 직설적으로 말하자면 소련이 유럽만 공격하더라도 미국이 핵무기로 반격할 것이라고 서유럽이 믿을 수 있는지가 또다시 쟁점이 되었다. 만약 유럽 동맹국들이 미국이 미국 본토에 있는 핵무기(ICBM)나 바다에 있는 핵무기(SLBM)를 이용해 기꺼이 핵 보복에 나설 의향이 있다고 확신했다면 유럽 대륙에 굳이 신형 미사일을 배치할 필요가 없었을 것이다. 그러나 바로 이런 미국의 결의를 유럽 지도자들은 계속 의심했다. 미국 지도자들로서도 유럽의 불안을 달래야 할 이유가 있었다. 미국에 집중된 전면전과 소련의 핵 공갈에 응하는 것 사이에서 옵션을 강구한다는 게 유연반응전략의 일부였다.[26]

물론 대서양 동맹 양측 간의 막연한 상호불신보다 더 정교한 설명도 있었다. 바로 이 신형 무기가 유럽의 전략적 방어와 미국의 전략적 방어를 유기적으로 연계시켰다는 것이다. 소련이 먼저 유럽에 있는 중거리 미사일을 파괴하지 않고는 재래식 전력으로 공격하지 않을 것이라는 주장이다. 이 중거리 미사일이 가까이 배치되어 있고 정확도가 높기 때문에 소련군 지휘소를 궤멸시킬 수 있고, 미 전략군에 의한 엄청나게 파괴적인 1차 타격도 수월해지기 때문이다. 반대로 미국의 보복 전력을 그대로 놔둔 채 미국 중거리 미사일을 공격한다면 이 또한 매우 위험해질 것이다. 심각한 피해를 줄 수 있는 충분한 중거리 미사일이 잔존해 있을 수 있고 파괴되지 않은 미군 보복 전력이 최종 심판자로 등장하게 될 것이다. 그리하여 중거리 미사일은 억제력(deterrence)의 영역에서 격차를 줄였다. 당시의 기술적 용어로 유럽과 미국의 방위는 이렇게 해서 "동조화되었다." 소련은 두 지역 중 어느 한쪽만 공격하더라도 핵전쟁이라는 받아들일 수 없는 위험을 초래할 수밖에 없게 되었다.

기술적 "동조화"는 유럽 다른 지역, 특히 프랑스에서 커지고 있던 독일의 중립주의에 대한 두려움에도 대응했다. 1982년 슈미트가 퇴진한 후 독일 사회민주당은 민족주의와 중립주의로 되돌아가는 것처럼 보였고, 1986년 선거에서 사민당 지도부 주요 인사인 오스카 라퐁텐(Oskar Lafontaine)이 독일의 NATO 통합사령부 탈퇴를 촉구하는 수준에 이르렀다. 미사일 배치에 반대하는 대규모 시위가 독일연방공화국을 뒤흔들었다.[27]

독일과 NATO의 유대를 약화시킬 기회를 포착한 브레즈네프와 후임자 안드로포프는 중거리 미사일 배치 반대를 소련 외교정책의 핵심으로 삼았다. 그로미코는 1983년 초 퍼싱 II 미사일이 서독에 도착하는 날, 소련이 제네바 군비통제 회담에서 퇴장할 것이라고 경고하고자 서독의 수도인 본을 방문했다. 이런 위협은 독일 내 시위자들을 확실히 흥분시켰다. 헬무트 콜(Helmut Kohl)이 1983년 7월 크렘린을 방문했을 때, 안드로포프는 독일 총리에게 이렇게 경고했다.

> 만약 퍼싱 II 미사일을 받아들인다면 서독에 대한 군사적 위협이 몇 배로 커질 것입니다. 두 나라 간의 관계는 틀림없이 복잡한 문제로 어려움을 겪을 것입니다. 독일 연방공화국과 독일민주공화국에 있는 독일인들은 최근 누군가(프라우다)가 언급한 대로 두꺼운 미사일 울타리 사이로 서로를 응시해야 할 것입니다.[28]

소련의 선전선동 기관이 유럽 전역에서 본격적으로 활동에 나섰다. 다양한 평화단체들이 대규모 시위를 했고, 신형 미사일 배치보다 군축에 우선순위를 두어야 한다면서 즉각적인 핵 동결을 촉구했다.

독일이 중립주의의 유혹을 받을 때마다 프랑스인들의 머릿속에서는 민족주의가 떠올랐고, 프랑스 대통령들은 서독에 유럽이나 대서양이라는 대안을 제공하려고 했다. 1960년대에 드골은 베를린 문제에 대해 독일의 입장을 확고하게 옹호해줬다. 1983년에는 전혀 예상치 못하게 미테랑(Mitterrand)이 유럽에서 미국의 중거리 미사일 배치 계획을 가장 지지하는 지도자로 떠올랐다. 미테랑은 독일 내 미사일 배치를 위한 캠페인에 나섰다. "유럽 대륙과 미주 대륙을 분리하려는 도박을 하는 누구라도, 우리의 견해로는 힘의 균형을 위험에 빠뜨리고, 따라서 평화 유지를 위험에 빠뜨리게 될 것입니다."라고 미테랑은 독일 연방의회에서 연설했다.[29] 분명히 프랑스 대통령으로서는, 독일 내 중거리 미사일 배치에 대한 프랑스의 국익이 프랑스 사회주의자들이 독일 사회민주당 동지들에게 느끼는 어떤 이념적 친밀감을 초월했다.

레이건은 소련의 외교적 공세를 무디게 하려는 자신만의 계략을 고안했고, 미국 중거리 미사일과 소련 SS-20 미사일을 맞교환하자고 제의했다.[30] SS-20은 미국의 중거리 미사일을 배치한 원인이기보다 구실에 가까웠기 때문에 이런 제안은 유럽의 방위와 미국의 방위를 "탈동조화(decoupling)"하는 것이 아니냐는 의문이 엄중하게 제기되었다. 하지만 "동조화"의 논거는 난해했던 반면, 특정한 범주의 무기 전체를 폐기하자는 제안은 이해하기가 쉬웠다. 그리고 소련 측은 협상에서 자신들의 입지를 과대평가했고 레이건의 제안 중 어떤 부분도 논의하지 않으려고 했기 때문에, 유럽 국가들은 소위 제로 옵션(zero option)에 따라 미사일 배치를 쉽게 관철할 수 있었다.[31] 레이건과 미국의 계획을 확고하게 지지하던 헬무트 콜 독일 총리가 놀랍게 승리했다. 그리고 병약한 소련 지도부가 서유럽에 겁을 줄 능력을 상실하고 있다는 사실이 드러났다.

중거리 미사일이 배치됨으로써 억제전략이 향상되었다. 하지만 레이건이 1983년 3월 23일 소련 미사일에 맞서 전략방위구상(SDI)을 개발하겠다고 발표했을 때, 그는 전략적 돌파구를 예고하고 있었다.

> 저는 우리에게 핵무기를 만들어준 우리나라의 과학계에 이제 인류와 세계평화라는 대의명분을 위해 그들의 위대한 재능을 써줄 것을 요청합니다. 이런 핵무기를 무기력하고 쓸모없게 만들어버리는 수단을 우리에게 제공해주기 바랍니다.[32]

"무기력하고 쓸모없게"라는 마지막 부분의 표현은 틀림없이 크렘린에게 섬뜩하게 들렸을 것이다. 소련의 핵무기는 초강대국이라는 소련 지위의 초석이었다. 브레즈네프가 집권했던 20년 동안 미국과 전략적으로 동등해지는 게 소련의 최우선 목표였다. 이제 단 한 번의 기술적 타격으로 레이건은 소련이 스스로 파산할 지경까지 내몰리면서 성취하려고 했던 모든 것을 지워버릴 심산이었다.

만약 레이건이 주장하는 대로 100퍼센트 유효하게 방어할 수 있는 체계가 거의 실현되면 미국의 전략적 우위는 현실이 될 것이다. 그렇게 되면 미국이 1차 타격을 한 뒤 소련에 남아 있는 지리멸렬한 미사일군의 반격을 막아낼 수 있기 때문에 미국의 1차 타격이 성공할 것이다. 적어도 레이건의 SDI 선언은 소련 지도부에게 그들이 1960년대에 그토록 무모하게 개시했던 군비경쟁이 그들의 자원을 소모시키거나, 아니면 전략무기 분야에서 미국의 획기적인 발전에 직면할 것이라고 통보한 셈이었다.

레이건의 SDI 제안은 미국의 방위정책 논쟁에서 아픈 곳을 건드렸다. 핵무기 시대 이전에는 자국민의 취약성에 근거한 국가 방어가 터무니없다고 여겨졌을 것이다. 하지만 그 이후의 전략 논쟁은 새로운 특징을 띠었다. 부분적으로 이 논쟁의 아주 많은 부분을 완전히 새로운 참여자들이 주도했기 때문이다. 핵무기 시대 이전에 군사 전략은 총참모부나 군사 참모대학 내부에서 고안되었고, 외부 훈수꾼은 대부분 B. H. 리델 하트(Liddell Hart)처럼 몇 명 안 되는 군사 역사학자였다. 핵무기의 엄청난 파괴력 때문에 전통적 군사 전문가들이 상대적으로 무의미해졌다. 새로운 기술을 이해한 사람이면 누구든지 참여할 수 있었다. 주로 과학자들이 참여했고 다른 학계 인사들도 몇 명 있었다.

자신들이 만들어낸 파괴력에 오싹함을 느낀 대부분의 기술 전문가들은 정치인들이 상당히 무책임하기 때문에 핵전쟁을 견뎌낼 가능성이 조금이라도 있다고 본다면 이들이 핵전쟁의 유혹을 받을지도 모른다고 확신했다. 그래서 가장 무모한 정책입안자조차 겁먹게 만들 정도의 재앙적인 전략을 옹호하는 게 과학자들의 도덕적 책무가 되었다. 이런 접근법은 스스로 인류 문명의 미래를 가장 걱정하고 있다고 생각하는 바로 그 사람들이 결국 문명을 말살시키는 허무주의적 군사 전략을 옹호했다는 점에서 상당히 모순적이었다.

방위 분야 과학자들이 점차 이런 견해를 갖게 되었다. 핵무기 시대의 첫 10년 동안 그들 중 많은 사람들이 아직 존재하지도 않았던 소련의 항공 위협에 맞서 방어체제를 구축해야 한다고 촉구했다. 핵전쟁을 막겠다고 굳게 다짐했던 과학자들은 공격용 무기에 투입될 자원을 다른 곳으로 돌려서 미국이 선제공격할 유인을 줄이는 게 유용하다고 내심 생각했다. 계속 증대되던 소련의 핵 능력이 미국을 초토화시킬 정도로 강력해지자 과학계의 지배적인 조언이 역설적으로 바뀌었다. 이제부터 대다수가 상호확증파괴(MAD: Mutual Assured Destruction)라는 독트린을 열렬하게 지지했다. 이 독트린은 엄청난 규모의 민간인 사상자가 나올 것으로 예상된다면 어느 쪽도 핵전쟁을 시작하지 않을 것이라는 가정에 억제력의 근거를 두었다.

상호확증파괴 이론은 자살하겠다는 위협을 방어의 토대로 삼음으로써 전략이론의 합리성에서 의도적으로 벗어났다. 실제로 이 이론에 의하면 적이 전면적인 핵전쟁을 불사해야만 모면할 수 있는 도전을 제기할 수 있는 쪽이 상당한 이점을 얻었고, 심리적으로는 확실히 그랬다. 1960년대와 1970년대에는 분명히 소련이 여기에 해당했다. 소련의 재래식 군사력이 서방보다 훨씬 월등하다고 추정되었기 때문이다. 동시에 이와 같은 전략에 의하면 핵전쟁이 문명 자체를 파멸시키도록 되어 있었다. 그리하여 SDI는 항복 아니면 인류 파멸이라는 견딜 수 없는 선택을 피하려고 했던 사람들 사이에서 특히 지지를 받았다.

하지만 대부분의 언론과 군사 분야 지식인들은 기존 통념을 고수했고 SDI를 반대했다. 존슨 행정부 당시 공군부 장관을 역임했고 카터 행정부 시절 국방부 장관이었던 해럴드 브라운(Harold Brown)은 SDI에 관한 다양한 회의적 시각을 가장 탁월하게 집대성해서 책으로 냈다.[33] 브라운은 연구 활동에는 찬성했지만, SDI 자체는 아직 실용성이 없다며 반대했다.[34] 공저자 중 한 명인 리처드 베츠(Richard Betts)는 어느 수준으로 SDI를 배치하든 간에 소련이 이 방위 체계를 집중적으로 공격할 수 있을 것이고, 미국이 SDI에 들인 비용보다 더 적은 비용으로 그렇게 할 것이라고 주장했다.[35] 존스홉킨스 대학의 조지 리스카(George Liska) 교수는 이와 반대되는 입장을 취했다. 그는 SDI가 효과적일 수도 있겠지만, 미국 본토가 일단 보호받으면 유럽 동맹국을 보호해줄 유인이 사라질 것이라고 추정했다.[36] 로버트 오스굿(Robert Osgood)은 이런 모든 비판과 함께 1972년의 ABM 조약이 훼손되고 새로운 군비경쟁 활동이 한층 더 복잡해질 것이라는 우려를 추가했다.[37] 많은 서방 동맹국들의 시각을 반영하면서 제프리 하우(Geoffrey Howe) 영국 외교 장관은 "우주 공간의 마지노선"을 설치하려는 시도에 대해 경고했다.

> 배치되기까지 몇 년이 걸릴 것입니다. 몇 년 동안의 불안한 안보와 불안정이 우리의 목표가 될 수 없습니다. 모든 동맹국은 매 단계마다 NATO 영토의 안보가 불가분이라는 공통의 인식을 지속적으로 공유해야 합니다. 그렇지 않으면 대서양 동맹의 두 기둥이 허물어지기 시작할 것입니다.[38]

동맹을 유지하려면 각각의 동맹국의 민간인들을 위험에 완전히 노출된 상태로 두어야 한다는 구상은 신선하기는 했지만, 장기적으로는 의기소침하게 만들었다. 그리고 잘못된 부분도 있었다. 분명히 미국이 자국민을 보호할 능력이 커질수록 유럽 동맹국을 위해 기꺼이 핵전쟁에 나설 의향도 정비례해서 커질 것이기 때문이다.

전문가들은 자신들에게 유리한 모든 기술적 논거들을 가지고 있었지만, 레이건은 소박한 정치적 진실을 확고히 견지했다. 즉, 핵무기가 있는 세계에서 지도자가 우발적 사고나 미친 상대방, 핵 확산, 혹은 다른 예견 가능한 수많은 위험으로부터 자국민을 보호하기 위한 노력을 하지 않으면 이런 재난이 닥칠 경우 후세에 엄청난 비난을 받는다는 것이었다. 복잡한 연구 프로그램 초기 단계에서 SDI의 최대 효과를 입증하기가 불가능하다는 사실은 이 문제가 지닌 복잡성에 내재되어 있었다. 처음부터 완벽한 기준에 따라야만 한다면 어떤 무기도 개발되지 못했을 것이다.

어떤 방어체계라도 집중적으로 공격받으면 분쇄될 것이라는 당시 유행했던 주장은 집중공격이 일사불란하게 이루어지지 않는다는 사실을 무시했다. 레이건이 설명한 대로 어느 수준까지는 SDI가 효과적일 수도 있다. 그 수준을 넘어서면 효과가 점차 줄어들 것이다. 그러나 핵 공격을 개시하는 비용이 충분히 커진다면 억제력도 그만큼 향상될 것이다. 특히 공격하는 측에서 어떤 탄두가 통과해서 어떤 목표물에 도달할지 알 수 없게 된다면 더욱 그럴 것이다. 마지막으로 소련 미사일의 상당 부분을 요격할 수 있는 방어체계가 구축된다면 신생 핵보유국으로부터의 소규모 공격도 훨씬 더 효과적으로 막을 수 있을 것이다.

레이건은 애초에 SDI를 전략적 관점에서 옹호하지 않았기 때문에 기술적 비판에 별로 휘둘리지 않았다. 그 대신 레이건은 핵전쟁을 폐기해야 한다는 "진보적" 명분 차원에서 SDI를 제시했다. 제2차 세계대전 이후 핵 능력을 비롯해서 미국의 군사력 증강에 가장 헌신적이었던 대통령이 동시에 모든 핵무기가 제거된 세계라는 평화주의적 비전을 내세웠다. "핵전쟁은 결코 승리할 수 없으며 결코 해서도 안 됩니다(a nuclear war can never be won and must never be fought)."[39]라고 레이건이 너무 자주 썼던 경구는 레이건을 비판하던 급진주의자가 내세운 목표와 구분이 안 될 정도였다. 하지만 소련을 상대하는 방식에서 보여준 이중성처럼 레이건은 군비증강과 평화주의 둘 다 아주 진지했다. 레이건은 회고록에서 핵무기에 관한 자신의 태도를 이렇게 설명했다.

> 아무도 핵전쟁에서 "승리"할 수 없다. 하지만 핵무기가 존재하는 이상 핵무기가 사용될 수 있는 위험이 항상 있기 마련이며, 일단 첫 번째 핵무기가 사용되면 어디서 그것이 끝날지 누가 알겠는가?
> 그래서 나의 꿈은 핵무기로부터 자유로운 세계가 되었다.[40]

레이건은 성경에 예견된 아마겟돈을 글자 그대로 믿었기 때문에 핵전쟁에 대한 개인적인 혐오가 한층 더 심해졌다. 나는 레이건의 전기를 쓴 사람이 묘사했던 것과 거의 똑같은 말로 레이건이 이런 시각을 자세히 설명하는 것을 들은 적이 있었다.

> 마치 영화의 한 장면을 설명하는 것처럼 레이건은 동방으로부터 침략해오는 2억 명의 군대가 역병으로 궤멸하는 아마겟돈 이야기 속 무시무시한 일화를 들려주었다. 레이건은 "머리에서부터 눈이 불타고, 온몸에서 털이 빠지는" 이러한 "역병"이 핵전쟁을 예언한 것이라고 믿고 있다. 그는 이 구절이 구체적으로 히로시마를 예견한 것이라고 믿는다.[41,42]

평화운동 활동가 중에서 아무도 핵무기 사용을 레이건만큼 설득력 있게 비판하지 못했다. 1983년 5월 16일에 레이건은 MX 대륙간탄도미사일을 배치한다고 밝히면서, 도중에 이 절차가 번복되고 모든 핵무기가 제거되기를 열렬히 희망한다는 말을 덧붙였다.

> 저는 양측이 이런 종류의 무기를 서로 겨누고 있으면서도, 언젠가 어떤 어리석은 사람이나 어떤 미치광이, 혹은 어떤 사고로 인해 우리 모두의 종말을 가져올 전쟁이 촉발되는 일 없이 이 세상이 우리 세대를 넘어 후대에까지 지속될 수 있을지 믿을 수가 없습니다.[43]

레이건이 SDI를 제시했을 때, 모든 대통령이 거치는 관료적 "승인 절차"를 통해 걸러졌음에도 불구하고 그것은 상당히 열정적이고 비정통적인 언어로 표현되었다. 군비통제 협상이 너무 시간을 잡아먹으면 미국이 SDI를 구축해서 핵 위험을 일방적으로 없애겠다는 것이다. 레이건은 미국의 과학이 핵무기를 쓸모없게 만들 것이라고 믿었다.[44]

소련 지도자들은 레이건의 도덕적 호소에는 별로 감동하지 않았지만, 미국의 기술적 잠재력과 심지어 불완전한 방어체계의 전략적 영향을 심각하게 받아들여야만 했다. 14년 전 닉슨이 ABM을 제안했을 때 그랬던 것처럼 소련은 군비통제를 지지했던 사람들이 예견한 것과 정반대로 반응했다. SDI가 군비통제로 향하는 문을 열어주었다. 소련은 중거리 미사일 문제로 결렬시킨 군비통제 협상으로 되돌아왔다.

비판자들은 레이건이 냉소적이고 모든 핵무기를 제거하겠다는 그의 포괄적 전망이 어디까지나 군비경쟁에 박차를 가하려는 시도를 감추기 위한 수단이라고 근거 없이 주장했다. 하지만 레이건은 전혀 냉소적이지 않았으며 필요한 것은 성취 가능하다는 모든 미국인들의 낙관적 믿음을 표현한 것이었다. 실제로 핵무기 폐기에 관한 그의 가장 감동적인 발언은 모두 다 즉흥적으로 나온 말이었다.

그리하여 미국의 전략무기를 현대화하려고 부단히 노력했던 대통령이 이런 무기의 정당성을 없애는 데 크게 이바지하는 역설적인 상황이 발생했다. 레이건이 핵무기에 대해 공개석상에서 밝혔던 말과 아마겟돈이 임박했다고 사적으로 언급했던 말을 글자 그대로 받아들인 적들이나 동맹국들은 자신들이 상대하고 있는 미국 대통령이 미국 방위체계의 중심에 있는 바로 그 무기에 의지할 가능성이 극도로 낮다고 결론을 내릴 수밖에 없었다.

핵무기를 사용하겠다는 위협의 신뢰성이 약해지기 전에 대통령이 "핵전쟁은 결코 해서는 안 된다."라는 표준화된 대사를 얼마나 자주 반복할 수 있을까? 유연반응전략이 기술적으로 실행 불가능해지기 전에 얼마나 많은 핵무기를 감축할 수 있을까? 다행히 소련은 이때가 되자 이런 잠재적 취약성을 시험할 수 없을 정도로 너무나 허약해졌고, 전전긍긍하던 미국의 동맹국들은 점점 빨라지는 소련의 쇠퇴에 정신없이 휩쓸려갔다.

레이건이 전혀 냉소적이지 않았다는 사실은 그가 핵무기 없는 세계라는 자신의 꿈을 실현해볼 기회가 생겼다고 생각할 때마다 명백해졌다. 핵전쟁의 폐기가 객관적으로 무엇보다 가장 중요하기 때문에, 이성적인 사람이라면 모두가 동의할 것이라고 확신했던 레이건은 소련과 양자 차원에서 근본적인 문제를 논의할 준비가 되어 있었다. 동맹국들의 국익도 이 문제와 연관이 있을 수도 있었지만, 레이건은 이들과 협의조차 하지 않고 바로 소련과 논의하려고 했다. 이런 태도는 1986년에 있었던 레이건과 고르바초프의 아이슬란드 레이캬비크에서의 정상회담에서 가장 극적으로 드러났다. 48시간에 걸친 격동적이고 감정적 기복이 심한 회담을 하고 나서 레이건과 고르바초프는 원칙적으로 모든 전략군을 5년 내로 50퍼센트 감축하고 모든 탄도미사일을 10년 내로 폐기하기로 합의했다. 한때 레이건은 핵무기를 모두 다 폐기하자는 소련의 제안을 거의 받아들일 뻔했다.

이런 식으로 레이캬비크 회담은 동맹국들과 중립국들이 다 같이 그토록 오랫동안 두려워했던 미국과 소련의 공동 통치 체제에 가까워졌다. 만약 다른 핵보유국들이 미-소 간의 합의 결과를 거부한다면 공개적인 비난과 초강대국의 압박을 받을 것이고, 아니면 고립될 것이다. 만약 동의한다면, 영국, 프랑스, 중국은 사실상 미국과 소련에 의해 독자적 핵 억제력을 어쩔 수 없이 포기하게 되었을 것이다. 당시 재임 중이던 대처(Thatcher) 정부와 미테랑(Mitterand) 정부, 중국 지도자들은 이런 상황에 전혀 대비가 안 되어 있었다.

레이캬비크 합의는 마지막 순간에 두 가지 이유로 실패했다. 고르바초프는 아직 집권 초기 단계였음에도 불구하고 그야말로 자신의 능력을 과신했다. 그는 전략 미사일 폐기와 10년간의 SDI 실험 중단을 연계하려고 했으나, 협상에서의 자신의 입지와 상대방을 둘 다 오판했다. 만약 고르바초프가 현명하게 전술을 구사하려고 했다면 이미 합의된 사항—즉, 미사일 전력의 폐지—을 발표하자고 제안하고, SDI 실험이라는 사안은 제네바 군비통제 협상에 넘겼어야 했다. 만약 이렇게 했다면 이미 합의된 사항을 동결시켰을 것이고, 틀림없이 대서양 동맹과 미-중 관계 양쪽에서 심각한 위기를 초래했을 것이다. 고르바초프는 더 많이 받아내려고 압박하다가 SDI를 협상카드로 쓰지 않겠다고 레이건이 정상회담 전에 했던 약속에 직면하게 되었다. 고르바초프가 계속 고집을 부리자 레이건은 어떤 외교정책 전문가도 절대로 조언하지 않은 방식으로 대응했다. 그냥 일어나서 회담장을 박차고 나갔던 것이다. 몇 년이 지난 후에 내가 레이캬비크 정상회담에 동석했던 고르바초프 측 고위 보좌관에게 왜 소련이 미국이 이미 수락한 내용에 합의하지 않았는지 물었을 때 이런 대답을 들었다. "우리는 레이건이 회담장을 나갈 수도 있다는 것을 빼고 모든 경우를 다 생각해놨어요."[45]

얼마 지나지 않아서 조지 슐츠는 핵무기를 폐기하자는 레이건의 비전이 왜 서방에 실제로 유리한지를 설명하는 사려 깊은 연설을 했다.[46] 그러나 "핵무기가 더 적은 세계(less nuclear world)"를 지지한다고 교묘하게 표현된 연설 문구는 동맹국들의 우려를 극도로 인식했던 국무부가 핵무기를 완전히 폐기하자는 레이건의 비전에 아직 완전하게 동의하지는 않았다는 사실을 보여줬다.

레이캬비크 정상회담 이후 레이건 행정부는 레이캬비크 회담 의제 중 당장 실현 가능한 부분, 즉 미사일을 전량 폐기한다는 포괄적 합의의 첫 번째 단계로서 구상되었던 전략군 50퍼센트 감축을 추진했다. 유럽에 있는 미국과 소련의 중거리 및 준중거리 탄도미사일을 폐기하기로 합의가 도출되었다.[47] 이 합의는 영국과 프랑스의 핵전력에 영향을 주지 않았기 때문에 25년 전처럼 동맹국 간의 분쟁이 재발하지 않았다.[48] 같은 이유로 독일의 비핵화가 시작되었고, 결과적으로 독일이 대서양 동맹과 탈동조화될 가능성이 생겼다. 독일은 핵 선제 사용을 포기한다는 정책을 채택하기만 하면 막 시작되는 비핵화로부터 모든 혜택을 받게 되지만, 이 정책은 NATO 전략과 미국의 핵무기 배치와 상당히 어긋났다. 만약 냉전이 계속 이어졌다면 독일의 외교정책이 보다 민족주의적이고 동맹을 덜 중시하는 방향으로 전개되었을 것이다. 그렇기 때문에 대처 영국 총리는 군비통제 협상에서 나타나는 이런 추세를 심각하게 우려했다.

레이건은 그간의 마라톤 경주를 단거리 전력질주로 바꾸어 놓았다. 위험을 감수하는 외교와 연계되었던 그의 대결적 스타일은 양대 세력권이 공고해지기 전인 냉전 초기나 스탈린 사망 직후라면 효과적이었을 것이다. 바로 이런 외교를 처칠이 다시 총리직을 맡은 1951년에 제안했다. 일단 유럽의 분단이 고착화되고 소련이 자신감 넘치던 상황에서 합의를 강요하려는 시도는 분명히 심각한 충돌을 초래하고 대서양 동맹에도 부담을 주었을 것이다. 대다수 대서양 동맹 회원국들은 불필요한 긴장을 원하지 않았다. 1980년대에 소련이 침체에 빠지자 전진 전략(forward strategy, 미국 본토가 아닌 해외에 병력을 상주시키는 전략—옮긴이)이 다시 적절해졌다. 레이건이 소련의 의지력이 허물어지는 것을 인식했던 것일까, 아니면 자신의 아집과 기회가 우연히 겹쳤던 것일까?

결국 레이건이 본능에 따라 행동했건 분석에 따라 행동했건 아무런 차이가 없었다. 냉전이 지속되지 않기 때문이다. 적어도 부분적으로는 레이건 행정부가 소련 체제를 압박했기 때문에 냉전이 끝났다. 레이건이 대통령 임기를 마쳤을 때 동—서 간의 의제는 데탕트 시기의 패턴으로 되돌아왔다. 비록 군비축소를 더 강조하고 특정한 무기 범주 전체를 폐기하겠다는 의향이 더 커지기는 했지만 군비통제가 동—서 협상에서 또다시 가장 중요한 요소가 되었다. 국지적 분쟁에서 소련이 이제 수세에 몰렸고 갈등을 부채질할 수 있는 능력도 상당 부분 상실했다. 안보 우려가 축소되자 동맹의 단결에 관한 선언이 계속 발표되었음에도 불구하고 대서양 양안에서 민족주의가 자라났다. 미국은 갈수록 미국 본토와 바다에 있는 무기에 의존한 반면, 유럽은 동유럽에 대한 자신들의 정치적 옵션을 크게 증가시켰다. 결국 이런 부정적 추세는 공산주의의 붕괴로 대체되었다.

가장 급진적으로 바뀐 부분은 동—서 정책을 미국 대중에게 설명하는 방식이었다. 레이건은 이념적 성전과 평화에 관한 유토피아적 환기 사이에 강경한 전략지정학적 (geostrategic) 냉전 정책을 직관적으로 끼워 넣었다. 이런 방식은 선교사와 고립주의자, 신학론자와 정신의학자라는 국제문제에 관한 미국식 사고의 양대 주류에 동시에 호소력이 있었다.

실제로 레이건은 닉슨보다는 고전적인 미국식 사고에 더 가까웠다. 닉슨이었다면 소련을 묘사할 때 "악의 제국"과 같은 표현을 절대로 사용하지 않았을 것이다. 아울러 핵무기를 전부 포기하자고 제안하지도 않았을 것이고, 소련 지도자와 단 한 번의 담판으로 개인적 차원에서 엄청난 화해를 이끌어내서 냉전을 종식할 수 있으리라고 기대조차 하지 않았을 것이다. 진보적 성향의 대통령이 했더라면 비난받았을 준(準)평화주의적 발표를 할 때마다 레이건은 자신의 이념 덕택에 보호를 받았다. 그리고 특히 두 번째 임기에 들어서 동—서 관계를 개선하겠다는 그의 공약과 그의 성공이 합쳐져서 호전적인 수사가 무뎌졌다. 만약 소련이 주요한 경쟁국으로 계속 남아 있었더라도 레이건이 무한정으로 줄타기를 할 수 있었을지는 의심스럽다. 그러나 레이건의 두 번째 임기는 공산주의 체제의 해체가 시작되던 시기와 겹쳤고, 이 해체 과정은 레이건 행정부의 정책으로 앞당겨졌다.

레닌으로부터 일곱 번째 직계 계승자인 미하일 세르게예비치 고르바초프는 전례가 없을 정도의 권력과 위신을 누리고 있던 소련에서 성장했다. 하지만 그는 그토록 많은 피와 재물로 세워진 제국의 종말을 운명적으로 주재해야 했다. 1985년 취임 당시 고르바초프는 핵무기를 보유한 초강대국이면서도 경제적, 사회적으로 쇠락하는 상태에 있었던 나라의 지도자였다. 그가 1991년에 권좌에서 축출되었을 때 소련군은 고르바초프의 맞수였던 보리스 옐친을 적극 지지하고 있었고, 공산당이 불법이라고 선포되었으며, 표트르 대제 이래 모든 러시아의 통치자가 무자비하게 끌어 모았던 제국이 해체되었다.

이런 붕괴는 고르바초프가 서기장으로 공식 지명되었던 1985년 3월 당시에는 망상처럼 보였을 것이다. 그의 모든 전임자가 그랬듯이 고르바초프도 공포와 희망이라는 감정을 둘 다 불러일으켰다. 초강대국의 지도자로서 불가사의한 형태의 정부를 이끌기 때문에 더욱더 불길한 공포가 있었다. 그리고 새로운 서기장이 오랫동안 기다려왔던 평화를 향한 길로 안내해줄 것이라는 희망도 있었다. 고르바초프의 모든 말이 긴장을 완화하는 신호로 분석되었다. 감정적으로 민주주의 국가들은 스탈린 사후 후임자가 매번 등장할 때마다 그랬듯이 고르바초프에게서 새 시대의 여명을 찾아낼 준비가 되어 있었다.

이번만큼은 민주주의 국가들의 믿음이 희망적 사고가 아니었던 것으로 밝혀졌다. 고르바초프는 스탈린에 의해 영혼이 파괴된 소련 지도자들과는 다른 세대의 인물이었다. 그는 이전의 모든 노멘클라투라(공산당 간부를 비롯한 특권 계층―옮긴이)의 산물처럼 억압적이지 않았다. 대단히 총명하면서도 정중했던 고르바초프는 어딘가 19세기 러시아 소설의 추상적인 인물과 같은 측면이 있었다. 코즈모폴리턴하면서도 편협했고, 총명하면서도 어딘가 산만했으며, 직관력이 있으면서도 막상 자신이 처한 핵심 딜레마를 놓치곤 했다.

외부 세계는 거의 소리가 들릴 정도로 안도의 한숨을 쉬었다. 마침내 이제 오랫동안 기다려왔고 지금까지 도저히 갈피를 잡기 힘들었던 소련의 이념적 변환기가 온 것처럼 보였다. 1991년이 될 때까지 고르바초프는 미국에서 신세계질서를 구축하는 데 필수불가결한 파트너로 간주되었다. 부시 대통령이 예상 밖의 장소인 우크라이나 의회를 선택하여 개최한 포럼에서 소련 지도자의 자질을 극찬하고 소련의 단결이 중요하다고 강조했을 정도였다. 고르바초프의 직위 유지가 서방 세계 정책입안자들의 주요 목표가 되었으며, 이들은 다른 어떤 인물이 대체하더라도 상대하기가 훨씬 힘들 것이라고 확신했다. 기이하면서도 반(反)고르바초프 쿠데타로 보이는 사건이 있었던 1991년 8월에는 모든 민주주의 국가 지도자들이 고르바초프를 선출한 공산주의 헌법을 지지하면서 다 같이 "합법성"의 편에 섰다.

그러나 하이 폴리틱스(high politics, 국가 안보와 관련된 외교, 군사 분야―옮긴이)는 나약함을 용납하지 않는다. 비록 피해자가 그런 나약함의 주된 원인이 아니더라도 그렇다. 고르바초프의 신비로움은 그가 이념적으로 적대적이고 핵무기를 보유한 소련의 유화적인 지도자의 모습으로 등장했을 때 정점에 달했다. 그의 정책이 목적보다는 혼란을 반영하기 시작하자 고르바초프의 위상이 하락하기 시작했다. 불발에 그친 공산주의자들의 쿠데타로부터 5개월이 지난 후에 고르바초프는 사임하라는 권유를 받았고 옐친으로 대체되었다. 비록 이 절차가 5개월 전에 서방의 분노를 불러일으켰던 것만큼이나 모든 측면에서 "불법적"이었음에도 불구하고 말이다. 이번에는 민주주의 국가들이 얼마 전에 고르바초프를 지지했던 것과 똑같은 이유를 들면서 잽싸게 옐친 쪽으로 돌아섰다. 불과 얼마 전까지만 하더라도 그토록 자신을 찬양했던 외부 세계로부터 무시당한 고르바초프는 자신의 역량을 넘어서 무리하게 목표를 추구하다가 좌절된 정치인들처럼 잊힌 존재가 되어갔다.

고르바초프는 실제로 자신이 살던 시대에 가장 의미심장한 혁명을 일으켰다. 그는 공산당을 파멸시켰다. 공산당은 그때까지 권력을 탈취하고 유지하는 특별한 목적을 위해 결성되었고 실제로 소련인들 삶의 모든 측면을 통제해왔다. 이 여파로 고르바초프는 지난 수 세기 동안 힘들게 형성되었던 제국의 산산조각 난 잔여물들을 남겼다. 러시아의 과거 제국에 대한 향수를 여전히 두려워하는 독립국들로 조직된 이들은 새로운 불안정 요소로 변해갔다. 이들은 과거에 자신들을 지배했던 종주국으로부터, 그리고 동시에 수 세기에 걸친 러시아의 지배로 인해 자국 영토 내에 거주하게 된 다양한 외부 종족들—이 중에는 러시아인들이 많았다—로부터 위협을 받았다.[49] 이런 결과 중에 고르바초프가 조금이라도 의도했던 것은 아무것도 없었다. 그는 자유가 아닌 현대화를 실현하고 싶었다. 공산당을 외부 세계와 연결시키려고 시도했다. 하지만 그 대신 그는 자신을 만들어주고 최고의 자리에 오르게 해준 제도의 붕괴를 초래했다.

재임 시절 발생한 엄청난 재앙 때문에 자국민으로부터 비난받았고 민주주의 국가들로부터 잊혔으며, 권력을 유지할 수 없는 자신의 무능함에 당황한 고르바초프는 번갈아가며 자신의 운명이 되었던 기쁨도, 치욕도 누릴 자격이 없었다. 정말로 어렵고 어쩌면 극복할 수 없는 일련의 문제들을 물려받았기 때문이다. 고르바초프가 집권했을 때 소련이 겪어온 실패 규모가 얼마나 컸는지가 그제야 명확해지고 있었다. 40년간의 냉전으로 거의 모든 산업국들이 소련에 대항하는 느슨한 연합체를 구성했다. 과거 동맹국이던 중국은 사실상 반대 진영에 가담했다. 소련에 유일하게 남아 있던 동맹국은 동유럽 위성국들이었다. 하지만 이들도 브레즈네프 독트린에 함축된 소련의 무력 위협에 의해 결속을 유지하고 있었으며, 소련의 자원을 증강해주기보다 소진하는 편에 가까웠다. 제3세계에서 소련의 모험도 비용이 컸던 반면 결정적이지 못했던 것으로 판명되었다. 아프가니스탄에서 소련은 미국이 베트남에서 겪었던 것과 동일한 많은 시련을 겪었다. 큰 차이가 있다면 아프가니스탄 문제가 어떤 머나먼 전초기지가 아니라 방대한 제국의 국경에서 발생했다는 점이다. 앙골라부터 니카라과까지 다시 부활한 미국이 소련의 팽창주의를 값비싼 교착상태나 불명예스러운 실패로 바꿔놓고 있었다. 반면 미국의 전략적 군비 증강, 특히 SDI의 경우 침체되고 과중한 부담을 짊어진 소련 경제가 대응을 시작할 수조차 없는 기술적 도전이었다. 서방이 슈퍼컴퓨터와 반도체 혁명을 시작하고 있을 때, 소련의 새로운 지도자는 자국이 기술적 저개발 상태로 미끄러지는 상황을 지켜보고 있었다.

비록 결과적으로 큰 실패를 겪었지만 고르바초프는 소련의 딜레마를 기꺼이 직시했다는 점에서 평가받을 자격이 있다. 그는 처음에 공산당을 숙청하고 중앙계획경제에 시장경제의 일부 요소를 도입함으로써 소련 사회에 새로운 활기를 불어넣을 수 있으리라고 믿었던 것 같다. 비록 고르바초프는 자신이 국내적으로 취하고 있는 조치가 어느 정도 규모인지 전혀 알지 못했지만, 이런 조치를 추진하려면 국제적으로 안정된 시기가 필요하다는 사실은 명확히 이해하고 있었다. 이 점에서 고르바초프가 내린 결론은 스탈린 이후 모든 전임자들이 내린 결론과 별로 다르지 않았다. 그러나 1950년대에 흐루쇼프가 소련 경제가 조만간 자본주의 체제를 따라잡을 것이라고 여전히 확신했던 반면, 1980년대에 고르바초프는 소련이 자본주의 세계와 비교해 경쟁력이 있다고 여겨지는 산업생산 수준을 달성하려면 상당히 오랜 시간이 걸린다는 사실을 알고 있었다.

숨 쉴 공간을 얻고자 고르바초프는 소련 외교정책을 진지하게 재평가하기 시작했다. 1986년에 있었던 제27차 공산당대회에서 마르크스주의와 레닌주의가 거의 완전히 폐기되었다. 이전의 평화적 공존 시기는 계급투쟁이 지속되는 동안 힘의 균형을 재조정하는 일시적 휴식기간으로서 정당화되었다. 고르바초프는 계급투쟁을 완전히 부인하고 공존을 목표 그 자체로 선포한 최초의 소련 지도자였다. 비록 동—서 간의 이념적 차이가 있다고 계속 단언하기는 했지만, 고르바초프는 이런 차이가 국제적 협력이 필요하다는 사실로 대체되었다고 주장했다. 더욱이 공존은 필연적인 대결을 앞둔 잠깐의 휴식기로 여겨졌던 것과 달리, 이제는 공산주의 진영과 자본주의 진영 간의 관계에서 영구적인 요소로 간주되었다. 공존이 궁극적인 공산주의의 승리로 가는 과정에서 필요한 단계가 아니라 모든 인류의 안녕에 이바지하는 요소로서 정당화되었다.

고르바초프는 자신이 저술한 책『페레스트로이카(Perestroika)』—"개혁"을 뜻한다—에서 이런 새로운 접근법을 다음과 같이 설명했다.

틀림없이 차이점이 남아 있을 것이다. 그러나 우리가 그것 때문에 결투를 해야 하는가? 모든 인류의 이익을 위해서, 지구상의 모든 생명체를 위해서 우리를 갈라놓는 것들을 넘어서는 게 더 맞지 않은가? 우리는 선택을 했고, 구속력 있는 성명으로 그리고 구체적 조치와 행동으로 새로운 정치적 관점을 주장했다. 인민은 긴장과 대립에 지쳤다. 이들은 모두가 자신만의 철학적, 정치적, 이념적 시각과 자신만의 삶의 방식을 유지할 수 있는, 보다 안전하고 신뢰할 수 있는 세계를 추구하길 원한다.[50]

고르바초프는 이미 2년 전인 1985년에 레이건과의 첫 번째 정상회담을 마친 후, 기자회견에서 이런 시각을 암시했다.

오늘날의 국제적 상황은 우리와 미국이 각자의 외교정책에서 반드시 고려해야 하는 아주 중요한 특징에 의해 구별됩니다. 제가 말하고자 하는 바가 이것입니다. 현재 상황에서 우리는 두 사회 체제 간의 대결에 관해서 뿐만 아니라 생존과 상호절멸 간의 선택에 관해서도 이야기하고 있습니다.[51]

아무래도 냉전에 잔뼈가 굵은 사람들은 고르바초프의 접근법이 이전의 평화적 공존 시기의 접근법보다 얼마나 더 진전된 것인지 파악하는 데 어려움을 겪었다. 1987년 초에 나는 당시 공산당 중앙위원회 국제부장(대략 백악관 국가안보좌관에 해당한다)이었던 아나톨리 도브리닌을 동굴처럼 생긴 모스크바 중앙위원회 건물에서 만났다. 나는 소련이 지원하는 아프가니스탄 정부를 헐뜯는 발언을 너무나 많이 하는 도브리닌에게 브레즈네프 독트린이 여전히 유효한지 물어봤다. 도브리닌은 쌀쌀맞게 쏘아붙였다. "무엇 때문에 카불 정부가 공산주의자라고 생각하세요?"

내가 이 말을 소련이 아프가니스탄 괴뢰정부에 대한 지원을 끊을 준비가 되었다고 시사하는 것 같다고 보고하자, 워싱턴에서는 도브리닌이 옛 친구를 즐겁게 해주려고 상황을 과장했을 것이라는 반응을 보였다. 내가 거의 10년 동안 "막후 채널"로 소련 측 인사와 접촉해온 경험 중에서 이 같은 경우를 접해본 적이 없었다. 그럼에도 불구하고 이런 회의론은 고르바초프의 외교 독트린 변화가 당장 눈에 띌 만큼 정책 변화로 이어지지 않았기 때문에 타당해 보였다. 소련 지도자들은 자신들의 새로운 독트린을 "서방으로부터 적이라는 이미지를 불식하고", 그럼으로써 서방의 단결을 약화시키는 방법이라고 기계적으로 설명했다. 고르바초프가 1987년 11월에 선언했던 자칭 "신사고"는 "반(反)소련주의라는 고정관념과 우리의 구상과 행동에 대한 의구심을 깨뜨리면서 세계문제에서 자신의 길을 가기 시작했다."[52] 군비통제 회담에서 소련의 전술은 닉슨 초창기에 보여준 자신들의 전술을 되풀이하는 것처럼 보였다. 즉, 근본적인 공격 위협은 그냥 놔둔 채 방어 체계만을 약화시키기 위해 총력을 기울였다.

강대국의 정부는 중량이 수십만 톤에 달하고 선회 반경이 몇 킬로미터에 이르는 초대형 유조선과 같다. 지도자들은 그들이 외부 세계에 미치려고 하는 영향과 관료조직의 사기 사이에서 균형을 잡아야 한다. 정부수반은 정책의 방향성을 설정하는 공적인 특권을 누린다. 하지만 지도자가 무슨 생각을 염두에 두는지 해석하는 일은 정부 관료의 몫이다. 그리고 정부수반에게는 자신이 지시한 사항의 이행 과정을 세세한 부분까지 들여다볼 시간이나 직원들이 없다. 역설적으로 관료조직이 더 크고 복잡할수록 더욱 그러하기 마련이다. 소련 체제보다 훨씬 덜 경직적인 정부에서도 정책 변화는 흔히 아주 더디게 이루어진다.

시간이 지나면서 고르바초프의 독트린 변화는 더 이상 피할 수 없게 되었고, 심지어 그로미코가 30년 가까이 외교장관을 역임하는 동안 형성된 관료조직도 이 변화를 외면할 수 없었다. 고르바초프의 "신사고"는 기존 소련 정책을 새로운 현실에 적응시키는 수준을 훨씬 넘어섰기 때문이다. "신사고"는 역사적인 소련 외교정책의 지적 토대를 파괴했다. 고르바초프가 계급투쟁의 개념을 전 세계적 상호의존이라는 윌슨식 주제로 대체했을 때, 그는 양립 가능한 이익과 근본적인 조화가 있는 세계를 정의하고 있었다. 기존 레닌주의의 정설과 역사적 마르크스주의를 완전히 뒤집어놓은 것이다.

이념이 붕괴하자 소련 외교정책에서 소련의 역사적 근거와 확신이 박탈되었을 뿐만 아니라 소련 특유의 어려운 상황이 한층 더 복잡해졌다. 1980년대 중반이 되자 소련의 정책입안자들은 개별 사안만으로도 이미 극복하기 충분히 어렵고, 합쳐질 경우 도저히 대처할 수 없는 사안들이 즐비한 상황에 직면했다. 이런 사안들로는 서방 민주주의 국가들과의 관계, 중국과의 관계, 위성국 체제의 문제, 군비경쟁, 국내 경제 및 정치 체제의 침체 등이 있었다.

고르바초프의 초기 조치는 스탈린이 사망한 이래 취해졌던 기본 방식과 크게 다르지 않았다. 즉, 분위기를 조성해서, 아니면 적어도 과거에 대체로 분위기를 띄웠던 조치를 통해 긴장 완화를 추구하려고 했다. 1985년 9월 9일 시사주간지 〈타임〉은 고르바초프와의 인터뷰를 게재했고, 고르바초프는 평화적 공존에 관한 자신의 생각을 밝혔다.

저에게 미소 관계를 규정하는 주된 요소가 무엇인지 물어보셨습니다. 저는 그것이 우리가 서로를 좋아하든 좋아하지 않든, 우리는 오직 함께 살아남거나 아니면 멸망할 수 있다는 불변의 사실이라고 생각합니다. 우리가 답해야 하는 주된 질문은, 우리가 서로 평화롭게 살 수 있는 다른 방법이 없다는 점을 마침내 인정할 준비가 되어 있는지, 그리고 우리가 우리의 사고방식과 행동 양식을 호전적인 노선에서 평화적인 노선으로 바꿀 준비가 되어 있는지 여부입니다.[53]

고르바초프가 처한 딜레마는 한편으로는 그의 발언이 말렌코프와 흐루쇼프가 30년 전에 했던 발언의 맥락에서 인식되었고, 다른 한편으로는 이런 발언이 구체적인 반응을 이끌어내기에는 너무나 모호했다는 것이었다. 정치적 해결을 위한 제안이 없는 가운데, 고르바초프는 자신이 동—서 간의 외교가 군비통제와 동일시되었던 지난 20년의 통설(orthodoxy)에 얽매여 있다는 것을 발견했다.

군비통제는 소수의 사람들만 이해하는 난해한 주제가 되었기 때문에 아무리 좋은 의도가 있더라도 해결하는 데 몇 년이 걸린다. 그러나 소련은 즉각적인 완화가 필요했다. 단순히 긴장뿐만 아니라 특히 군비경쟁에 따른 경제적 압박을 완화해야 했다. 합의된 군사력 수준을 설정하고, 비교하기 힘든 체제를 서로 비교하며, 까다로운 검증 절차를 협상하고 나서 다시 이행하는 데 몇 년을 보내는 고달픈 절차를 거쳐서는 이런 목표를 달성할 가망이 없었다. 이런 식으로 군비통제 협상은 오히려 당장이라도 무너질 것 같은 소련 체제를 압박하는 수단이 되었다. 특히 그런 목적으로 고안된 게 아니었기 때문에 더욱 효과적이었다.

고르바초프는 군비경쟁을 신속하게 끝내거나 혹은 적어도 대서양 동맹의 부담을 확대할 수 있는 마지막 기회를 1986년 레이캬비크 정상회담에서 놓쳤다. 그러나 흐루쇼프가 4반세기 전에 베를린을 놓고 그랬듯이, 고르바초프도 매파와 비둘기파 사이에 끼인 것처럼 보였다. 그는 미국의 협상 입장에서 취약한 부분을 잘 이해했을 수도 있으며, 당시에 무엇을 반드시 해야 하는지 거의 확실하게 파악했다. 그러나 군사 보좌관들이 고르바초프에게 SDI가 아무런 제약도 안 받는 상황에서 미사일을 전부 다 해체하겠다고 동의할 경우, 나중에 미국에 새로운 행정부가 들어서서 이 합의를 파기했을 때 대폭 축소된 (혹은 극단적인 상황에서 완전히 해체된) 소련 미사일 전력을 상대로 미국이 결정적으로 우위를 점하게 될 수 있다고 조언했을 수도 있다. 이런 지적은 기술적으로는 맞는 말이지만, 만약 레이캬비크 포뮬러에 기초한 군비통제 합의에 따라 모든 미사일이 해체되었다면 미 의회도 틀림없이 SDI 개발 예산을 승인하지 않았을 것이다. 그리고 레이캬비크에서 합의가 있었다면 미국과 다른 핵보유국들 간에 불가피하게 논쟁이 불거져서 소련이 반사 이익을 얻을 수 있었다는 점도 간과되었다.

후세 사람들은 항상 실패의 책임을 당시 상황보다 개인에게 곧잘 돌리는 버릇이 있다. 실제로 고르바초프의 외교정책, 특히 군비통제는 전후 소련의 전략을 미묘하게 개선한 것에 불과했다. 그리고 이 정책은 두 가지 근거 위에서 독일을 비핵화하고, 보다 민족적인 독일 정책을 위한 전제를 구축하는 방향으로 진행되어왔다. 즉, 미국은 어떤 나라가 자국 방어 측면에서 핵전략에 따른 위험을 꺼린다면 굳이 그 나라를 위해 핵전쟁을 무릅쓰려 하지 않을 것이고, 그리고 독일은 뭔가 자신만의 특별한 지위 때문에 갈수록 비핵화를 지지하고 싶어진다는 것이다.

고르바초프는 1989년 유럽 평의회(Council of Europe)에서 한 연설에서 유럽 공동의 집(Common European Home)이라는 본인의 아이디어를 제시하며 대서양 동맹을 약화시킬 수 있는 메커니즘을 제안했다. 밴쿠버에서 블라디보스토크까지 이어지는 모호한 구조를 지닌 이 구상에 따르면, 모든 회원국이 서로 동맹을 체결하도록 되어 있기 때문에 동맹의 의미가 사실상 무의미한 수준까지 약화된다. 하지만 고르바초프는 이런 정책을 숙성시키기 위한 가장 중요한 전제조건인 시간이 부족했다. 몇 가지 급작스러운 변화가 있어야만 고르바초프가 자신의 우선순위를 재조정할 수 있었다. 그러나 레이캬비크 정상회담 이후 고르바초프는 전략군 50퍼센트 감축과 중거리 미사일에 대한 제로 옵션(zero option)이라는 시간이 많이 걸리는 외교적 절차를 다시 시작해야 했다. 이러한 절차는 완결되려면 몇 년이 걸릴 것이고 군비경쟁이 소련의 본질적 핵심을 소진시키고 있다는 그의 근본적 문제와는 관련이 없었다.

1988년 12월이 되자 고르바초프는 거의 손에 들어올 뻔했던 장기적 이득을 포기했고, 소련군을 일방적으로 감축하며 후퇴했다. 12월 7일에 있었던 중요한 유엔 연설에서, 그는 병력 50만 명과 NATO를 향해 있는 전차의 절반을 포함한 전차 1만 대를 일방적으로 감축한다고 선언했다. 중유럽에 주둔하고 있는 나머지 병력은 순전히 방어적 임무를 위해 재편하겠다고 밝혔다. 중국을 안심시키기 위해 고르바초프는 또한 몽골에 있는 소련군 중 "상당 부분"을 철수하겠다고 발표했다. 비록 고르바초프는 다소 애처롭게 "우리는 미국과 유럽 또한 어떤 조치를 취하기를 희망한다."라고 덧붙였지만, 이런 감축은 "일방적"이라고 명시적으로 언급되었다.[54]

고르바초프의 대변인 겐나디 게라시모프는 이유를 이렇게 설명했다. "우리는 끝없이 반복된 소련의 위협, 바르샤바 조약의 위협, 유럽 공격 등과 같은 근거 없는 낭설을 최종적으로 허물고 있습니다."[55] 그러나 이 정도 규모의 일방적 감축은 대단히 자신감이 있거나 아니면 이례적으로 허약한 상황임을 시사했다. 이 정도로 전개된 상황에서 소련이 자신감 때문에 이렇게 했다고 보기가 거의 힘들었다. 이런 제스처는 지난 50년간 어느 때를 둘러봐도 상상하기 어려웠고, 케넌이 제시한 최초의 봉쇄이론이 궁극적으로 타당하다고 입증해준 셈이었다. 미국은 우세한 입장(position of strength)을 구축했고, 소련은 내부로부터 허물어지고 있었다.

정치인은 좋은 판단력만큼이나 행운도 필요하다. 행운의 여신은 미하일 고르바초프에게 미소를 짓지 않았다. 유엔에서 극적인 연설을 하던 바로 그날, 고르바초프는 미국 방문을 중단하고 소련으로 돌아가야 했다. 아르메니아에서 대규모 지진이 발생했고, 군비경쟁을 포기한다는 그의 극적인 발표가 그날 헤드라인 뉴스에서 밀려났다.

중국 전선 쪽에서는 어떤 군비통제 협상도 개최되지 않았고, 중국도 이 문제에 관심이 없었다. 중국 측은 구식 외교를 구사했고, 긴장 완화를 일종의 정치적 합의와 동일시했다. 고르바초프는 중국에 관계 개선을 위한 협상을 제안하면서 접근하기 시작했다. 그는 1986년 6월에 블라디보스토크에서 연설하면서 이렇게 말했다. "저는 소련이 언제라도 어떤 급에서라도 중국과 선린관계의 분위기 조성을 위한 추가적 조치 문제에 대해 논의할 준비가 되어 있음을 분명히 말해두고자 합니다. 우리는 우리를 가르고 있는―아니, 연결하고 있다는 표현을 더 선호합니다만―국경이 조만간 평화와 우정의 선이 되기를 희망합니다."[56]

그러나 중국에는 말투의 변화만으로 합의할 준비가 되어 있는 외교 분야의 "정신의 학 학파"가 전혀 없었다. 중국 지도자들은 관계 개선을 위해 세 가지 조건을 제시했다. 베트남의 캄보디아 점령을 끝낼 것,[57] 소련이 아프가니스탄에서 철수할 것, 그리고 소련군을 중―소 국경에서 철수시킬 것을 요구했다. 이런 요구 조건은 신속하게 충족될 수 없었다. 우선 소련 지도부의 승인이 필요했고, 그러고 나서 이행 방안을 놓고 오랫동안 협상해야 했다. 중국이 제시한 개별 조건에서 충분한 진전이 있은 뒤, 전반적인 관계 개선을 논의하기 위해 고르바초프를 초대하도록 베이징의 강경한 협상가들을 설득하기까지 거의 3년이라는 시간이 걸렸다.

또다시 고르바초프는 불운에 시달렸다. 그가 1989년 5월 베이징에 도착했을 때, 천안문 광장에서 학생들의 시위가 한창이었다. 고르바초프에 대한 환영 행사가 주최 측에 항의하는 시위로 중단되었다. 나중에 시위대의 함성이 인민대회당 안 협상장까지 들렸다. 세계의 관심이 중국과 소련의 관계가 아니라 권력을 유지하려고 분투하는 중국 지도부에 집중되었다. 사건의 전개 속도가 또다시 고르바초프가 수용할 수 있는 범위를 넘어버렸다.

　무슨 문제와 씨름하건 간에 고르바초프는 똑같은 딜레마에 직면했다. 그가 취임했을 때 반항적인 폴란드에 직면했다. 폴란드에서는 1980년 이래 자유노조(Solidarity)가 더욱더 강력한 요소로 자리 잡고 있었다. 1981년에 야루젤스키(Jaruzelski) 장군에 의해 진압되었던 자유노조가 정치세력으로 재등장했고, 야루젤스키는 이를 무시할 수 없었다. 체코슬로바키아와 헝가리, 동독에서 더 많은 자유를 요구하고 인권에 관한 헬싱키 협정의 바스켓 III를 원용하는 단체들로부터 공산당의 지배가 도전을 받고 있었다. 유럽안보회의에서 정기적인 검토 회의를 가지면서 이 이슈가 계속 살아남았다.

　동유럽의 공산주의 통치자들은 궁극적으로 해결이 불가능한 진퇴양난에 빠졌다는 사실을 깨달았다. 국내적 압박을 완화하려면 보다 민족주의적인 정책을 추구해야 했지만, 그럴 경우 그들은 소련으로부터의 독립을 주장하지 않을 수 없었다. 하지만 이들은 자국민들로부터 크렘린의 하수인으로 여겨졌기 때문에 민족주의적 외교정책만으로는 대중들을 달래는 데 한계가 있었다. 공산주의 지도자들은 자신들에 대한 신뢰 부족을 내부 구조의 민주화로 만회해야 하는 상황에 처했다. 심지어 공산당이 여전히 언론을 통제하는 곳에서도 공산당이 소수가 권력을 장악하고 유지하는 도구일 뿐 민주적 경쟁을 위해 만들어지지 않았다는 사실이 금방 명백해졌다. 공산주의자들은 비밀경찰의 도움을 받아 통치하는 방법을 잘 알고 있었지만, 비밀투표를 통해 통치하는 방법은 잘 몰랐다. 그리하여 동유럽의 공산주의 통치자들은 악순환에 빠졌다. 민족주의적인 외교정책을 추구할수록 민주화에 대한 요구가 거세졌다. 민주화될수록 공산주의자들을 교체하라는 압박이 더욱 격렬해졌다.

　소련의 진퇴양난은 훨씬 더 다루기 힘들었다. 브레즈네프 독트린에 따르면 크렘린은 위성국 체제를 갉아먹고 있는 혁명을 초기에 진압했어야 했다. 그러나 고르바초프는 그런 역할에 천성적으로 어울리지도 않았을 뿐만 아니라, 만약 그렇게 했더라면 그의 외교정책 전반이 훼손되었을 것이다. 동유럽을 탄압했더라면 NATO와 사실상의 미-중 연합이 더 공고해지고 군비경쟁도 심화되었을 것이기 때문이다. 고르바초프는 갈수록 정치적 자살과 자신의 정치권력의 완만한 침식 중에서 하나를 선택해야 하는 상황에 직면했다.

　고르바초프는 자유화를 심화하는 해결책을 택했다. 만약 10년 전에 그렇게 했다면 효과적이었을지도 모른다. 하지만 1980년대 후반이 되자 고르바초프는 권력의 변화를 따라잡을 수 없었다. 따라서 그의 통치는 브레즈네프 독트린으로부터 점진적으로 후퇴하는 것을 의미했다. 자유주의 성향의 공산주의자들이 헝가리에서 집권했다. 야루젤스키는 폴란드에서 자유노조를 상대하는 것을 허락받았다. 1989년 7월 유럽평의회에서 한 연설에서, 고르바초프는 소련의 동유럽 개입 권리를 명시한 브레즈네프 독트린뿐만 아니라 "세력권"을 포기함으로써 위성국 체제 자체도 폐기하는 것처럼 보였다.

> 어느 나라나 사회적, 정치적 질서는 과거에도 변했고 미래에도 변할 수 있습니다.
> 그러나 이런 변화는 그 나라 인민들의 배타적 문제이자 그들의 선택입니다. … 국내
> 문제에 대한 어떤 개입이나 국가―우방국이나 동맹국, 혹은 다른 국가―의 주권을
> 제약하는 어떤 시도도 용납될 수 없습니다. … 유럽이 "세력권"으로 나뉘어져 대결
> 의 장으로 간주되었던 냉전기의 가정들을 기록물 보관소로 보내야 할 때입니다.[58]

위성국 체제를 유지하는 비용이 엄두도 못 낼 정도로 높아졌다. 유럽 평의회에서의 발언은 소련의 역사적 기준에서 볼 때는 아주 명확했지만, 여전히 너무나 에둘러 말하는 것처럼 들렸다. 1989년 10월 고르바초프는 핀란드를 방문한 계기에 브레즈네프 독트린을 분명하게 폐기했다. 고르바초프의 대변인 게라시모프는 언론에 소련이 동유럽에서 "시나트라 독트린(Sinatra Doctrine)"을 채택했다고 농담했다. "프랭크 시나트라 노래를 아시잖아요. '내 방식대로 했어요(I Did It My Way).' 헝가리와 폴란드는 각자 자기 방식대로 하고 있습니다."[59]

동유럽에서 공산주의자들을 살리거나, 혹은 소련에서 공산주의자들을 살리기에는 너무 늦었다. 자유화를 하겠다는 고르바초프의 도박은 실패할 수밖에 없었다. 공산당은 거대한 단일체라는 속성을 상실할 정도로 사기가 저하되었다. 자유화는 공산주의 체제와 양립이 불가능한 것으로 밝혀졌다. 공산주의자들은 공산주의자이기를 포기하지 않는 이상 민주주의자가 될 수 없었다. 이런 방정식을 비록 옐친은 이해했지만, 고르바초프는 결코 이해하지 못했다.

아울러 1989년 10월에 고르바초프는 독일민주공화국(동독) 수립 40주년을 축하하려고 베를린을 방문했고, 이 과정에서 스탈린주의 지도자인 에리히 호네커(Erich Honecker)에게 더욱 개혁지향적인 정책을 추구하라고 촉구했다. 분명히 고르바초프는 이런 축하 행사가 다시는 없을 것이라는 의심이 들었다면 틀림없이 그 자리에 가지 않았을 것이다. 이런 태도는 그때 했던 그의 연설에 반영되어 있다.

우리는 지속적으로 이런저런 분열을 청산하라고 요청받고 있습니다. 우리는 종종 "소련더러 베를린 장벽을 제거하게 하자, 그러면 우리가 소련이 평화적 의도가 있다고 믿겠다."라는 말을 듣습니다.

우리는 유럽에 정착된 질서를 이상적이라고 보지 않습니다. 그러나 현재까지 전후 현실을 승인했기 때문에 유럽 대륙에서 평화가 보장된 것도 사실입니다. 매번 서방이 유럽의 전후 지도를 다시 그리려고 할 때마다, 이는 국제 상황의 악화를 의미했습니다.[60]

하지만 불과 4주일이 지나서 베를린 장벽이 무너졌고, 그리고 10개월이 못 가서 고르바초프는 독일이 통일되고 NATO에 가입하는 데 동의했다. 그때까지 예전 위성국들에서 공산주의 정부가 모두 타도되었고 바르샤바 조약기구가 붕괴했다. 얄타에서 합의되었던 사항이 뒤집혔다. 공산주의가 자본주의를 묻어버릴 것이라는 흐루쇼프의 허세가 허튼소리라는 게 역사에 의해 폭로되었다. 위협과 압박으로 40년간 서방의 결속을 약화하려고 했다가 지쳐버린 소련은 이제 서방의 호의를 간청하는 처지가 되었다. 소련이 위성국들보다도 서방의 원조가 더 필요했기 때문이다. 1989년 7월 14일에 고르바초프는 G-7 민주주의 산업국들의 정부수반에게 이렇게 호소했다.

우리의 페레스트로이카는 세계 경제에 우리가 완전히 참여하는 것을 목표로 하는 정책과 떼려야 뗄 수 없습니다. 소련처럼 큰 시장이 개방된다면 세계는 오로지 이익을 얻게 될 것입니다.[61]

고르바초프는 자유화를 하면 소련이 현대화될 것이며, 그렇게 되면 소련이 강대국으로서 국제적 위상을 유지할 수 있을 것이라는 두 가지 전제에 모든 것을 다 걸었다. 두 가지 기대 중에 아무것도 실현되지 않았고, 고르바초프의 국내적 기반이 위성국처럼 치욕스럽게 붕괴했다.

그리스의 철학자이자 수학자인 아르키메데스는 "서 있을 자리를 나에게 제공해준다면 세계를 움직여 보겠소."라고 말했다. 혁명은 결국 자신이 낳은 것을 다 소진시키게 된다. 왜냐하면 혁명가들은 사회적 해체가 일정 수준을 넘어가면 지렛대를 움직일 아르키메데스의 점(Archimedean point)이 더 이상 존재하지 않는다는 것을 거의 이해하지 못하기 때문이다. 고르바초프는 공산당이 개혁되면 소련 사회를 현대 세계로 이끌 것이라는 확신을 갖고 시작했다. 그러나 그는 공산주의가 해결책이 아니라 문제라는 사실을 도저히 받아들일 수 없었다. 두 세대에 걸쳐서 공산당은 독자적인 사고를 억압했고 개인적 진취성을 파괴했다. 1990년이 되자 중앙계획 체제는 경직되었고, 삶의 모든 측면을 통제하도록 설계된 다양한 조직들은 그들이 감독하도록 되어 있는 집단들과 결탁을 했다. 징계가 일상이 되었고, 진취성을 해방시키려 했던 고르바초프의 시도는 혼란을 촉발시켰다.

고르바초프의 어려움은 생산성을 향상하려는 시도와 시장경제의 일부 요소를 도입하는 가장 단순한 단계에서부터 시작되었다. 계획 체제에서는 책임이란 것이 없으며, 따라서 효율적인 경제를 위한 가장 필수적인 전제조건이 없다는 게 거의 즉각적으로 명백해졌다. 스탈린주의 이론은 중앙계획의 우월성을 전제로 했지만 현실은 상당히 달랐다. 소위 "계획"이라는 것은 실제로 거대한 관료조직들 간의 광범위한 결탁이었으며, 중앙당국을 오도하기 위한 거대한 신용 사기에 해당했다. 생산을 책임지는 관리자들, 배분을 담당하는 정부부처, 그리고 지시를 내리도록 되어 있는 계획자들은 다들 맹목적으로 일했다. 수요가 어떻게 될지도 몰랐고 일단 계획이 수립되면 조정할 방법이 없었기 때문이다. 그 결과 체제의 개별 단위들은 단지 최소한의 목표치를 선택했고, 부족분이 발생하면 공식적인 중앙계획 체제의 뒤편에서 다른 단위들과 은밀히 거래해서 메웠다. 모든 인센티브가 혁신과 반대로 작동했으며 이런 상황이 시정될 수가 없었다. 이른바 지도자라는 사람들이 그들 사회의 진정한 상태를 거의 파악할 수 없었기 때문이다. 소련은 러시아 국가의 초기 역사로 되돌아갔고 거대한 포템킨 마을(예카테리나 여제가 드네프르강을 따라 시찰할 때 낙후된 지역 상황을 은폐하고자 강가에 마을 그림을 그려 속였다고 알려졌다.—옮긴이)이 되었다.

개혁 시도는 이미 흐루쇼프와 이후 코시긴에게 일어났던 것처럼 견고한 현상(status quo)의 무게에 짓눌려 붕괴했다. 적어도 국가 예산의 25퍼센트가 가격 보조에 사용되었기 때문에 효율성이나 경제적 수요를 평가하는 객관적 잣대가 존재하지 않았다. 상품이 구매되기보다 할당되면서 부패가 시장의 유일한 표현 수단이 되었다.

고르바초프는 만연한 침체를 인지했지만, 내재했던 경직성을 타개할 수 있는 상상력이나 기량이 부족했다. 그리고 체제를 감시하는 다양한 기관이 시간이 지나면서 문제의 일부가 되었다. 한때 혁명의 도구였던 공산당은 정교하게 만들어진 공산주의 체제에서 자신이 이해하지도 못하는 체제를 감시하는 기능 외에는 아무런 역할이 없었다. 공산당은 이런 문제를 자신이 통제하고 있다고 주장하는 기관과의 결탁을 통해 해결했다. 공산당 엘리트는 특혜를 받는 고위관료 계급이 되어 있었다. 이론적으로는 국가의 정통성을 담당하기로 되어 있던 공산당 엘리트가 자신들의 특권 유지에 집중했다.

고르바초프는 두 가지 요소를 자신의 개혁 프로그램을 위한 기반으로 삼았다. 신흥 기술관료들의 지지를 얻고자 구조개혁인 페레스트로이카를 택했고, 오랫동안 고통 받았던 인텔리겐치아(지식인 계층)의 협조를 얻기 위해 정치적 자유화인 글라스노스트를 택했다. 그러나 자유로운 표현을 전달하고 진정한 공개 토론을 만들어내는 기관이 없었기 때문에 글라스노스트가 역효과를 냈다. 그리고 군을 위해 따로 비축한 것 외에는 여유 자원이 없었기 때문에 생활수준도 개선되지 않았다. 그리하여 고르바초프는 제도권의 지지를 받지 못한 채 점차 단절되었고, 대중들로부터도 폭넓은 지지를 받지 못했다. 글라스노스트가 갈수록 페레스트로이카와 충돌했다. 심지어 전직 지도자들을 공격하는 것조차 불리한 측면이 있었다. 1989년에 나를 크렘린까지 안내하는 임무를 맡은, 고르바초프의 한 젊은 부하직원은 나에게 이렇게 말했다. "이 모든 게 의미하는 건, 25살이 넘는 모든 소련 국민은 인생을 허비했다는 것이죠."

개혁의 필요성을 유일하게 이해했지만 그 해결책을 수용할 각오가 되어 있지 않았던 집단은 보안 당국이었다. KGB는 정보기관을 통해 소련이 서방과의 기술 경쟁에서 얼마나 뒤처져 있는지를 알고 있었다. 군은 주적의 역량을 파악하는 데 직업적 이해관계가 있었다. 하지만 문제를 이해한다고 해서 해결책이 나오지는 않는다. 보안 당국은 고르바초프의 양면적인 감정을 상당 부분 공유했다. KGB는 정치적 자유화인 글라스노스트가 시민 사회의 규율을 저해하지 않는 한 지지하려고 했다. 그리고 군부 기득권층은 고르바초프가 군을 축소해서 현대화 프로그램을 위한 새로운 자원을 쥐어짜내려고 하지 않는 한 경제적 구조개혁인 페레스트로이카를 불안하게 여기지 않았다.

공산당을 개혁의 도구로 개조하겠다는 고르바초프의 첫 번째 본능적인 시도는 기득권이라는 암초에 걸려 좌초했다. 그의 다음 시도—공산주의 구조를 약화시키되 여전히 보존하는—는 소련을 통치하는 기본적인 도구를 파괴했다. 고르바초프 자신의 권력 기반을 공산당으로부터 그에 대응하는 정부 조직으로 옮기고, 지역 및 지방의 자치를 장려하는 두 가지 조치가 수반되었다.

고르바초프는 두 가지 다 헛짚었다. 레닌 이래 공산당은 유일한 정책결정 집단이었다. 정부는 정책을 집행하는 기관이었고 정책을 구상하지는 못했다. 소련의 핵심 직위는 항상 공산당 서기장이었다. 레닌부터 브레즈네프에 이르기까지 공산당 지도자가 정부 내 보직이 있었던 경우가 상당히 드물었다. 그 결과로 야심 있고 진취적인 사람들은 공산당 조직으로 모여들었고, 정부는 정책적 재능이 없거나 심지어 정책 구상에 관심이 없는 관리자들만 끌어 모았다. 자신의 기반을 소련 체제 내에서 공산당으로부터 정부 조직으로 옮김에 따라 고르바초프는 자신의 혁명을 사무원들에게 맡긴 셈이 되었다.

고르바초프가 장려했던 지방자치도 비슷하게 답보상태에 빠졌다. 고르바초프는 공산주의에 대한 대중적인 대안을 마련하겠다는 자신의 열망과 대중의 의지를 불신하는 자신의 레닌주의적 사고를 조화시킬 수가 없었다. 그래서 고르바초프는 공산당을 제외하고는 어떤 전국 정당도 참여가 금지되는 지역적인 선거 체제를 고안해냈다. 그러나 러시아 역사상 최초로 지역 정부와 지방 정부가 보통선거로 선출되자 러시아의 역사적 죄악이 결국 대가를 치렀다. 300년 동안 러시아는 유럽과 아시아, 중동에서 다양한 민족들을 병합해왔지만, 이들을 러시아에 융합시키지 못했다. 놀랍지 않게도 새롭게 선출된 대부분의 비러시아계 정부들—소련 인구의 거의 절반을 차지했다—은 역사적으로 자신들을 지배했던 러시아인들에게 도전하기 시작했다.

고르바초프는 믿을 만한 지지층이 없었다. 그는 레닌주의 국가의 특징인 방대한 기득권층으로부터 적대감을 샀지만 새로운 지지자들을 끌어들이지 못했다. 공산주의나 중앙집권 국가 개념에 대한 실행 가능한 대안을 전혀 제시하지 못했기 때문이다. 고르바초프는 비록 비인간적인 체제라는 눈가리개에도 불구하고 소련 사회의 문제점을 정확하게 파악했지만, 해결책을 찾아내기엔 역부족이었다. 완벽하게 반투명한, 부술 수 없는 창문이 달린 방에 갇힌 사람처럼, 고르바초프는 외부 세계를 그런대로 선명히 볼 수 있었지만 방 내부의 사정으로 인해 자신이 무엇을 보고 있는지 도저히 정확히 이해할 수가 없었다.

페레스트로이카와 글라스노스트가 오래 지속될수록 고르바초프는 더욱 고립되고 자신감을 잃었다. 1987년 초에 내가 고르바초프를 처음 만났을 때, 그는 의기양양했고 자신이 하고 있는 땜질식 처방이 소련이 패권을 향해 다시 전진할 수 있도록 바꿔놓을 것이라는 자신감을 풍겼다. 1년 후 고르바초프는 자신감이 떨어졌다. 그는 "어쨌든 소련은 다시는 예전 같지 않을 것입니다."라고 말했는데, 이는 엄청나게 힘든 노력에 대한 이상할 정도로 애매모호한 진술이었다. 1989년 초에 만났을 때, 고르바초프는 나에게 자신과 셰바르드나제가 어떻게 1970년대 어느 시점에 소련 체제가 맨 꼭대기부터 밑바닥까지 바뀌어야 한다는 결론을 내리게 되었는지 말해줬다. "뭐가 잘못되었는지 알기는 쉬웠지만, 뭐가 옳았는지 알기는 힘든 일이었습니다."라고 고르바초프는 말했다.

고르바초프는 결코 답을 찾지 못했다. 권좌에 머물렀던 마지막 해에 그는 재앙이 닥쳐오는 게 보이지만 정작 몸을 돌리거나 피할 수 없는 악몽에 시달리는 사람 같았다. 보통 양보의 목적은 핵심적이라고 여기는 것을 보호하기 위한 방화벽을 만들어내는 것이다. 고르바초프는 반대의 목적을 달성했다. 매번 변덕스럽게 추진했던 새로운 개혁은 어설픈 미봉책으로 끝났고 이로 인해 소련의 쇠퇴만 앞당겼다. 매번 양보할 때마다 다음 양보를 하기 위한 빌미가 만들어졌다. 1990년이 되자 발트해 국가들이 소련으로부터 독립했고 소련이 해체되기 시작했다. 고르바초프의 최대 맞수가 고르바초프를 타도하기 위해서 지난 3세기 동안 이뤄낸 러시아 제국을 허물어뜨리는 조치를 취했다는 게 최고의 아이러니였다. 옐친은 러시아 대통령이라는 지위를 이용해 러시아의 독립을 확인함으로써 (그리고 그에 따라, 암묵적으로 소련 내 다른 공화국들의 독립까지도) 사실상 소련을 폐지했고, 그와 함께 소련 대통령이라는 고르바초프의 직위도 폐지했다.[62] 고르바초프는 자신의 문제가 무엇인지 알고 있었지만, 그의 행동은 너무 빨랐거나 너무 느렸다. 자신의 체제에 대한 관용을 베푸는 데는 너무 빨랐고, 가속되는 붕괴를 저지하는 데는 너무 느렸다.

1980년대에 두 초강대국은 스스로를 회복시키기 위해 시간이 필요했다. 레이건의 정책은 미국 사회의 에너지를 자유롭게 했고, 고르바초프의 정책은 소련 사회의 기능장애를 만천하에 드러냈다. 미국의 문제들은 정책의 변화에 쉽게 영향을 받았다. 소련에서는 개혁이 체제 위기를 가속하는 결과를 낳았다.

1991년이 되자 민주주의 국가들이 냉전에서 승리했다. 하지만 민주주의 국가들이 자신들이 상상할 수 있었던 것보다 훨씬 더 많은 성과를 거두자마자 냉전에 관한 근본적인 논쟁이 다시 불거져 나왔다. 소련이 정말로 위협이었는가? 냉전기에 했던 만큼 노력하지 않았더라도 소련이 와해되지 않았을까? 냉전이라는 게 실제로는 국제질서의 기저에 있는 조화를 가로막던 근심 많은 정책입안자들이 만들어낸 발명품이었던가?

1990년 1월에 시사주간지 〈타임〉은 고르바초프를 "지난 10년의 인물(Man of the Decade)"로 선정하면서 이 주제에 관한 핵심적인 내용을 게재했다. "지난 40년간의 대논쟁에서 비둘기파가 계속해서 옳았다."라고 이 특집기사의 기고자는 주장했다.[63] 소련 제국이 결코 실질적인 위협이 못 되었다는 것이다. 미국의 정책이 무의미했거나 소련의 격변을 늦췄을 뿐이라고 지적했다. 지난 40년 동안 민주주의 국가들의 정책이 특별히 크게 칭찬받을 자격이 없으며, 심지어 소련 외교정책의 변화에 대해서도 마찬가지라고 주장했다. 그리고 만약 아무것도 실제로 성취된 게 없고 사건들이 저절로 전개되었다면, 소련 제국의 붕괴로부터 아무런 교훈도 얻을 수 없을 것이다. 특히 냉전 종식으로 인해 필요해진 신세계질서를 창조하기 위해 미국이 관여해야 한다는 교훈도 전혀 없을 것이다. 미국의 논쟁이 다시 원점으로 되돌아왔다. 미국식 고립주의를 향한 오래된 사이렌의 유혹(Siren Song)[64]이 들려왔다. 미국이 냉전에서 실제로 승리한 것이 아니라 소련이 패배한 것이고, 따라서 40년 동안 해왔던 노력이 불필요했다는 것이다. 미국이 그냥 내버려두었어도 상황이 마찬가지였거나, 혹은 어쩌면 더 좋게 풀렸을 것이기 때문이다.

똑같은 논지이지만 조금 다른 주장으로, 실제로 냉전이 존재했고 냉전에서 승리하기는 했지만, 승리는 민주주의라는 아이디어의 몫이라는 지적이 있다. 민주주의가 동-서 간의 갈등을 둘러싼 전략지정학적(geostrategic) 조치와 무관하게 승리했을 것이라는 주장이다. 이 또한 현실도피적인 이야기다. 정치적 민주주의와 자유라는 아이디어는 의심의 여지없이 반감을 품고 있던 사람들, 특히 동유럽 지역의 사람들이 결집하는 계기를 마련해줬다. 통치 집단의 사기가 떨어지면서 그러한 믿음을 가진 사람들을 탄압하는 게 갈수록 힘들어졌다. 그러나 사기 저하는 우선 체제가 정체되면서, 그리고 공산당 엘리트들이 길고도 잔혹한 역사 내내 궁극적인 목적이라고 선언해왔던 투쟁에서 실제로는 자신들이 패배하고 있는 현실을 깨달으면서—고위직일수록 사실을 깨닫게 될 가능성이 더 높았다—초래되었다. 이는 잘해야 닭이 먼저냐 달걀이 먼저냐는 논쟁에 불과했다. 민주주의라는 아이디어가 공산주의에 반대하는 세력들을 결집시켰지만, 공산주의 외교정책과 궁극적으로 공산주의 사회의 붕괴 없이 그 자체만으로 이렇게 빠르게 승리할 수는 없었다.

바로 이게 확실히 국제문제에 관한 마르크스주의 해석론자들의 관점이었다. 이들은 "힘의 상관관계(correlation of forces)"를 분석하는 데 익숙했고, 미국 내 관찰자들보다 소련의 붕괴 원인을 더 쉽게 찾아냈다. 마르크스주의자이며 런던 정경대학 교수였던 프레드 핼리데이(Fred Halliday)는 1989년에 세력균형이 미국에 유리하게 기울어졌다고 결론을 내렸다.[65] 핼리데이는 이 결과를 비극이라고 여겼지만, 자국과 자국 지도자들을 좋게 평가하는 데 인색하고 자학적이었던 일부 미국인들과 달리, 국제정치에서 중대한 변화가 레이건 시기에 발생했다고 인정했다. 미국은 소련의 제3세계 개입에 따른 부담을 아주 크게 만드는 데 성공했기 때문에 "수세에 몰린 사회주의"라고 적절한 제목이 붙은 장에서, 핼리데이는 고르바초프의 "신사고"를 미국의 압박에 유화적으로 대응하려는 시도라고 해석했다.

이런 취지에서 가장 강력한 증언이 소련 측 자료에서 나왔다. 1988년부터 소련 학자들은 데탕트가 와해된 것에 대한 소련의 책임을 인정하기 시작했다. 미국 내 비판자들보다 데탕트의 기본 전제를 훨씬 더 잘 이해하고 있음을 보여주면서, 소련 평론가들은 데탕트가 소련이 기존의 정치적, 군사적 현상(status quo)에 도전하지 못하게 하려는 미국의 수단이었다고 지적했다. 이런 암묵적 양해를 어기고 일방적 이득을 추구했기 때문에 브레즈네프 지도부는 레이건 시대에 소련이 감당할 수 있는 수준 이상의 반발을 초래했다는 것이다.

이와 같은 소련의 "수정주의적" 논평 중에서 가장 먼저 나왔고 가장 흥미로운 주장을 세계사회주의체제 경제연구소(Institute for Economics of the World Socialist System) 소속 교수인 뱌체슬라프 다시체프가 제시했다. 1988년 5월 18일 〈리테라투르나야 가제타〉에 게재한 기고문66에서, 다시체프는 "브레즈네프 지도부의 역사적 오판과 무능한 접근" 때문에 전 세계 주요 강대국들이 단결해 소련에 맞서 연합하게 되었으며, 소련이 감당하지 못할 정도의 군비경쟁을 초래했다고 지적했다. 따라서 세계 공동체를 훼손하려고 하면서 이 공동체와 거리를 두려고 했던 소련의 전통적인 정책은 폐기되어야 했다. 다시체프는 이렇게 썼다.

> 서방이 봤던 것처럼, 소련 지도부는 적극적으로 데탕트를 활용해서 자국의 군사력을 증강하고 미국 및 대체로 모든 대적하는 강대국들과 군사적으로 대등해지려고 하고 있었다. 이런 사실은 역사적으로 전례가 없었다. 베트남에서의 참사로 마비되었던 미국은 아프리카, 중동, 그리고 다른 지역에서의 소련의 영향력 확대에 민감하게 반응했다. …
>
> "피드백" 효과가 작동하면서 소련은 외교정책과 경제적 측면에서 극도로 어려운 처지에 놓였다. 소련은 미국, 영국, 프랑스, 서독, 이탈리아, 일본, 캐나다, 중국 등 세계 주요국들의 반대에 직면했다. 이들의 엄청나고도 우월한 잠재력에 맞선다는 것은 위험할 정도로 소련의 능력을 훨씬 뛰어넘는 일이었다.67

예두아르트 셰바르드나제 소련 외교장관도 1988년 7월 25일 소련 외교부 회의 연설에서 똑같은 입장을 밝혔다.68 그는 아프가니스탄에서의 대실패, 중국과의 반목, 유럽 공동체에 대한 오랜 과소평가, 많은 비용이 드는 군비경쟁, 1983년부터 1984년까지 제네바 군비통제 협상에서의 항의성 퇴장, 소련제 SS-20 미사일의 선제적 배치, 소련에 맞서는 어떠한 잠재적 연합체에도 대적할 수 있을 정도로 강력해야 한다는 소련의 방위 독트린 등 소련의 실수들을 열거했다. 다시 말하자면 셰바르드나제는 소련이 지난 25년간 해왔던 거의 모든 것을 문제 삼았다. 이는 서방의 정책이 소련 입장에서는 상당한 충격이었다는 암묵적 인정이었다. 만약 민주주의 국가들이 소련의 모험주의에 대해 아무런 처벌을 하지 않았더라면 소련의 정책이 성공적이라고 묘사될 수 있었고, 재검토할 필요가 없었을 것이기 때문이다.

양대 정당의 8개 행정부 내내 미국의 정책이 추구한 냉전의 종식은 케넌이 1947년에 예견했던 것과 상당히 비슷했다. 서방이 아무리 호의적인 정책을 펼치더라도, 소련 체제는 인민에게 고난을 강요하고 인민을 통치하는 데 필요한 군대와 보안기관의 유지를 정당화하기 위해 외부의 적이라는 유령이 항상 필요했다. 레이건 행정부 때 정점에 이르렀던 서방의 누적된 대응으로 압박이 가해지면서, 제27차 공산당대회에서 공존에서 상호의존으로 공식 독트린이 변경되자 국내적 억압을 위한 도덕적 기초가 사라졌다. 그러자 케넌이 예견했던 대로, 소련은, 그들의 시민들이 엄격한 규율 속에서 자라왔고, 쉽사리 타협적이거나 수용적으로 변할 수 없었기에, 하룻밤 사이에 가장 강력한 국민사회에서 "가장 허약하고 가장 형편없는 국민사회"[69] 로 전락하게 되었다는 사실이 명백해졌다.

　　앞에서 언급한 대로, 케넌은 결국 자신의 봉쇄정책이 과도하게 군사화되었다고 믿게 되었다. 보다 정확하게 평가하자면, 항상 그랬듯이 미국은 군사 전략에 대한 과도한 의존과 적의 개종에 대한 과도한 감정적 의존 사이에서 계속 갈피를 잡지 못했다. 나 또한 봉쇄라는 이름으로 전개되었던 많은 개별 정책에 비판적이었다. 하지만 미국 정책의 전반적인 방향성은 놀랍도록 선견지명이 있었고, 행정부가 교체되고 놀라울 정도로 다양한 인물들이 관여했음에도 놀랍도록 일관성이 있었다.

　　자신만만한 공산주의 제국이 마치 자신이 미래의 대세인 것처럼 행동하면서 전 세계 지도자들과 국민들이 어쩌면 그럴 수도 있겠다고 믿게 만들고 있었을 때, 만약 미국이 저항을 결집하지 않았더라면 전후 유럽에서 그때 이미 가장 큰 정당이었던 공산당이 승리했을지도 모른다. 베를린을 둘러싼 일련의 위기를 못 버텼을지도 모르며, 비슷한 위기가 더 많았을 것이다. 베트남 이후 미국이 겪었던 트라우마를 틈타서 크렘린은 아프리카에 대리 군대를 보냈고 자국 병력을 아프가니스탄에 투입했다. 만약 미국이 전 세계적인 세력균형을 수호하지 않고 민주주의 사회들의 재건에 도움을 주지 않았더라면, 소련이 훨씬 더 공세적이었을 것이다. 미국은 자신의 역할을 세력균형의 차원에서 인식하지 않았기 때문에 고통이 가중되었고 그 과정이 복잡해졌지만, 이런 시각 덕택에 전례 없는 헌신과 창의성을 끌어낼 수도 있었다. 물론 이런 시각으로 인해 전 세계적인 균형상태를 유지하고, 그럼으로써 세계의 평화를 보전한 주체가 미국이라는 현실 또한 바뀌지 않았다.

　　냉전의 승리는 물론 어느 단일한 행정부의 업적이 아니었다. 40년간 지속했던 미국의 초당적 노력과 70년에 걸친 공산주의의 경직화가 합쳐진 결과로 생겨난 것이다. 레이건이라는 현상은 한 개인의 특성과 기회가 우연히 수렴되면서 나타났다. 만약 레이건이 10년 전에 등장했더라면 너무 전투적으로 보였을 것이다. 10년 후였더라면 너무 편협하게 보였을 것이다. 만약 다른 대통령이 미국 대중을 단결시키는 이념적 호전성과 외교적 유연성을 겸비한 모습을 보였다면 보수주의자들이 절대로 용납하지 않았겠지만, 소련이 약해지고 자기 회의감을 갖기 시작한 시기에는 바로 이런 게 필요했다.

그러나 레이건의 외교정책은 본질적으로 새 시대의 여명이기보다는 찬란한 황혼에 더 가까웠다. 냉전은 거의 미국의 선입견에 따라 형성되었다. 비록 지나치게 단순화되었지만 보편적인 격언을 대부분의 세계문제에 적용할 수 있게 한 압도적인 이념적 도전이 있었다. 그리고 명백하고 현존하는 군사적 위협이 있었고, 그런 위협의 근원은 분명했다. 설령 그렇다고 하더라도 미국이 겪었던 고난은—수에즈 운하부터 베트남에 이르기까지—보편적인 원칙을 잘 들어맞지 않는 특정한 사례에 적용하려고 했던 게 그 원인이었다.

탈냉전 세계에서는 압도적으로 중요한 이념적 도전이 없고, 이 책을 쓰고 있는 시점에는 단 한 건의 전략지정학적 대립도 없다. 거의 모든 상황이 특수한 경우이다. 예외주의는 미국 외교정책에 영감을 불어넣었고, 미국에게 냉전에서 승리할 수 있는 불굴의 용기를 심어주었다. 그러나 다극화된 21세기의 세계에서 예외주의는 훨씬 더 미묘하게 적용되어야 할 것이다. 미국은 마침내 자신의 역사 대부분 기간 동안 회피할 수 있었던 도전을 직시해야 할 것이다. 즉, 스스로에 대한 전통적 인식이 엄밀히 등불인지 혹은 십자군 전사인지 여부는 여전히 미국의 선택을 규정하거나 제한하는가? 요컨대, 미국은 마침내 자신의 국익에 대한 어떤 정의를 개발해야 하는가?

31

되짚어보는 신세계질서

The New World Order Reconsidered

1990년대 초가 되자 윌슨주의가 승리한 것처럼 보였다. 공산주의 이념의 도전과 소련의 지정학적 도전이 동시에 극복되었다. 공산주의에 도덕적으로 반대한다는 목표와 소련의 팽창주의에 저항한다는 지정학적 과제가 융합되어 있었다. 놀랍지 않게도 부시 대통령은 신세계질서에 관한 자신의 포부를 고전적인 윌슨식 표현으로 선언했다.

우리는 냉전을 초월하는 국가들의 새로운 파트너십에 관한 비전을 갖고 있습니다.
협의, 협력, 집단행동에 기초한 파트너십이며, 특히 국제기구와 지역 기구를 통한 파트너십입니다. 원칙과 법의 지배에 의해 단결되고, 비용과 약속 모두의 공평한 분담을 통해 지탱되는 파트너십입니다. 민주주의, 번영, 평화를 증가시키고 군비를 축소한다는 목표가 있는 파트너십입니다.[1]

부시의 후임자인 민주당 출신 대통령 빌 클린턴은 미국의 목표를 아주 유사한 방식으로 표현하면서 "민주주의의 확대(enlarging democracy)"라는 주제를 상세하게 설명했다.

위험과 기회가 있는 새 시대에 우리의 최우선적인 목적은 시장에 기초한 민주주의 국가들로 구성된 세계 공동체를 확대하고 강화하는 것이어야 합니다. 냉전기에 우리는 자유로운 정치제도의 생존에 대한 위협을 억제하려고 했습니다. 이제 우리는 자유로운 정치제도에서 살아가는 국가의 범위를 확대하고자 합니다. 상호 협력하며 평화롭게 살아가면서 번영하는 민주주의 국가들의 세계에서 전 세계 모든 사람의 의견과 에너지가 완전하게 표현하게 되는 그 날을 우리가 꿈꾸기 때문입니다.[2]

그리하여 미국은 20세기 들어 세 번째로 자신의 국내적 가치를 전 세계에 적용함으로써 새로운 세계질서를 창설하겠다는 의지를 밝혔다. 그리고 미국은 세 번째로 국제무대에 우뚝 솟은 것처럼 보였다. 1918년 당시 미국의 동맹국들은 자신들의 의구심을 드러내기에는 미국에 너무나 의존하고 있었기 때문에 파리강화회의는 윌슨에 의해 압도되었다. 제2차 세계대전이 끝나갈 때 프랭클린 루스벨트와 트루먼은 전 세계를 미국식 모델에 맞춰 재구성할 수 있는 것처럼 보였다.

냉전이 종식되자 미국은 국제환경을 자국의 이미지에 맞춰 재구성하고 싶은 유혹을 훨씬 더 크게 받았다. 윌슨은 국내적으로 고립주의로 인해 제약을 받았고, 트루먼은 스탈린의 팽창주의에 맞서야 했다. 탈냉전 세계에서 미국은 지구상 어디라도 개입할 수 있는 유일한 초강대국이 되었다. 하지만 권력은 더욱 분산되었고, 군사력과 관련된 이슈는 줄어들고 있다. 냉전에서의 승리는 미국을 18세기와 19세기 유럽 국가체제와 많은 유사성을 지닌 세계로, 그리고 미국 정치인들과 사상가들이 일관되게 의문시해 온 관행으로 몰아가고 있다. 압도적으로 중요한 이념적 혹은 지정학적 위협이 사라지자, 국가들은 자신들의 단기적 국익에 기초한 외교정책을 갈수록 자유롭게 추구할 수 있게 되었다. 아마도 대여섯 개의 강대국과 다수의 소국들로 이루어진 국제체제에서 질서는 지난 세기에 그랬듯이 경합하는 국익들의 조화와 균형으로부터 등장하게 될 것이다.

부시와 클린턴 둘 다 신세계질서가 마치 코앞에 온 것처럼 그것을 언급했다. 하지만 신세계질서는 여전히 구상 단계에 있으며 최종적으로 어떤 모습이 될지는 21세기가 될 때까지 뚜렷해지지 않을 것이다. 부분적으로는 과거의 연장이고, 부분적으로는 전례가 없는 신세계질서는 이 질서가 계승한 과거 질서처럼 다음 세 가지 질문에 대한 대답으로서 등장할 것이다. 국제질서의 기본 단위체가 무엇인가? 이들이 상호작용하는 수단이 무엇인가? 이들이 무슨 목표를 위해서 상호작용을 하는가?

국제체제는 불안정한 상태로 존속한다. 모든 "세계질서(world order)"는 영속적이기를 열망하며, 이러한 용어 자체가 영원하다는 의미를 지닌다. 하지만 세계질서를 구성하는 요소는 끊임없이 유동적이다. 실제로 매 세기마다 국제체제의 수명이 짧아지고 있었다. 베스트팔렌 조약으로부터 자라났던 질서는 150년간 지속했다. 빈 회의가 창출한 국제체제는 100년간 유지되었다. 냉전을 특징으로 하는 국제질서는 40년이 지나자 종결되었다. (베르사유 합의는 주요 강대국들이 충실히 준수하는 체제로서 작동한 적이 없었고, 두 세계대전 사이의 휴전에 불과했다.) 세계질서의 구성요소, 상호작용하는 능력, 그리고 이들의 목표가 모두 다 이토록 급격하게 이토록 깊게 혹은 이토록 글로벌하게 변화한 적이 없었다.

국제체제를 구성하는 독립체들이 자신의 특성을 바꿀 때마다 혼란스러운 시기가 필연적으로 따라오기 마련이다. 30년전쟁은 대체로 전통과 보편성에 대한 주장에 기반한 봉건 사회로부터 국가이성(raison d'état)에 근거한 근대국가 체제로의 전환과 관련된 전쟁이었다. 프랑스대혁명 전쟁은 공통된 언어와 문화로 규정되는 국민국가(nation state)로의 전환을 상징했다. 20세기의 전쟁은 합스부르크 제국과 오스만 제국의 해체, 유럽의 우위에 대한 도전, 식민주의의 종식으로 인해 발발했다. 매 전환기마다 예전에는 당연하다고 여겨졌던 것들이 갑자기 시대착오적인 존재가 된다. 19세기의 다민족국가나 20세기의 식민주의가 이에 해당했다.

빈 회의 이래 외교정책은 국가(nation)들을 서로 연관시켜왔다. 그래서 "국제관계(international relation)"라는 용어가 존재하는 것이다. 19세기에는 가령 통일된 독일제국의 경우처럼 심지어 새로운 한 국가의 등장으로 말미암아 수십 년간 지속된 혼란이 야기되었다. 제2차 세계대전이 종결된 이래 거의 100여 개의 신생국이 탄생했고, 그중 많은 국가는 전통적인 유럽식 국민국가와 상당히 달랐다. 공산주의의 붕괴와 유고슬라비아의 해체로 인해 추가적으로 20여 개의 국가가 탄생했고, 그중 많은 국가는 수백 년간 지속되었던 피의 굶주림을 재현하는 데 집착했다.

19세기 유럽식 국가는 공통의 언어와 문화에 기초하고 있었으며, 그 시대의 기술을 고려할 때 안보와 경제성장, 그리고 국제적 영향력을 위한 최적의 틀을 제공했다. 탈냉전 세계에서 전통적인 유럽 국민국가들, 즉 유럽협조체제를 제1차 세계대전까지 형성했던 국가들은 전 세계적인 역할을 맡기에는 자원이 부족하다. 유럽연합으로 통합하려는 노력이 성공할 수 있을지 여부가 이들이 미래에 어느 정도 영향력을 행사할 수 있을지를 결정할 것이다. 만약 통합에 성공한다면 유럽은 강대국으로서의 지위를 지속할 것이며, 국민국가로 분열된다면 2류 국가 지위로 미끄러질 것이다.

신세계질서의 등장과 연관된 일부 혼란은 적어도 세 종류의 국가들이 국민국가의 역사적 특성을 거의 공유하지 않으면서도 스스로 "국가(nations)"라고 일컬으며 상호작용하고 있는 상황에서 부분적으로 기인한다. 한편에서는 유고슬라비아나 소련의 계승국들과 같은, 해체된 제국들로부터 떨어져 나온 종족 분파들이 있다. 이들은 역사적 원한과 아주 오래된 정체성 추구에 집착하면서 주로 해묵은 종족 경쟁에서 승리하려고 애를 쓴다. 국제질서라는 목표는 이들의 관심사가 아니며 대체로 이들이 상상하는 범위 밖의 영역이다. 이들은 30년전쟁에 휘말렸던 소국들처럼 국제정치질서에 대한 보다 범세계적인 고려 없이 자신의 독립을 유지하고 힘을 키우려고 한다.

식민지였다가 독립한 일부 국가들은 또 다른 특이한 현상이다. 이들 중 많은 국가들의 현재 국경은 과거 제국들의 행정적 편의를 반영하고 있다. 해안선이 방대했던 프랑스령 아프리카는 17개의 행정구역으로 나뉘었고, 그 이후 각각 개별 국가가 되었다. 당시 콩고라 불렸고 지금은 자이레(Zaire)가 된 벨기에령 아프리카[3]는 바다로 향하는 출구가 아주 좁았기 때문에 서유럽만큼이나 넓은 영토로 이루어져 있음에도 불구하고 단일한 행정구역으로 통치되었다. 이런 상황에서 너무나 자주 국가는 군을 의미하게 되었다. 군이 유일한 "국가" 기관이기 때문이다. 군이 유일한 국가 기관이라는 주장이 무너지면 자주 내전으로 이어졌다. 만약 19세기식 기준의 국가 지위나 혹은 민족자결권이라는 윌슨주의 원칙이 이런 국가에 적용된다면, 급진적이고 예측할 수 없는 국경의 재획정이 불가피할 것이다. 이들에게 영토적 현상 유지의 대안은 끝없고 잔혹한 내전이기 때문이다.

마지막으로 대륙 형태의 국가가 있으며, 이들이 어쩌면 신세계질서에서 기본 단위체가 될지도 모른다. 영국의 식민 지배로부터 등장한 인도라는 국가는 다양한 언어와 종교, 민족을 통합하고 있다. 인도는 19세기 유럽 국가들보다도 주변국들 내부의 종교적, 이념적 흐름에 훨씬 더 민감하기 때문에 외교정책과 국내정책을 구분하는 경계선이 다르고 훨씬 더 취약하다. 이와 비슷하게 중국은 공통의 문자와 공통의 문화, 공통의 역사로 단결된 서로 다른 언어의 집합체이다. 만약 17세기에 종교 전쟁이 없었다면 유럽이 중국처럼 되었을 수도 있고, 유럽연합이 그 지지자들의 열망을 실현한다면 유럽이 중국처럼 될지도 모른다. 이와 비슷하게 냉전 당시 양대 초강대국도 유럽식 의미의 국민국가였던 적이 없었다. 미국은 다언어 민족들로 구성된 상황에서 뚜렷하게 구분되는 문화를 형성하는 데 성공했다. 소련은 수많은 민족을 포함하고 있던 제국이었다. 그 계승국, 특히 러시아 연방은 이 책을 쓰고 있는 현재, 19세기 합스부르크 제국과 오스만 제국처럼 해체될지 아니면 다시 제국이 될지 그 사이에서 갈피를 못 잡고 있다.

이 모든 것이 국제관계의 실체와 방법, 그리고 무엇보다 범위를 변화시켰다. 근대 이전까지 다양한 개별 대륙은 대체로 각자 서로 고립된 채 자신의 활동을 추구했다. 예를 들면 프랑스의 국력을 중국에 견주어 측정해보려고 해도 두 나라가 상호작용하는 수단이 없었기 때문에 불가능했을 것이다. 일단 기술 덕택에 뻗어 나갈 수 있는 범위가 확대되자 다른 대륙의 미래가 유럽 강대국들의 "협조(Concert)"에 의해 결정되었다. 예전의 어떠한 국제질서도 권력의 주요 중심지들이 전 지구에 걸쳐 분산되어 있던 경우가 없었다. 그리고 지도자와 대중이 즉각적이고 동시에 사건을 경험할 수 있게 된 환경에서 정치인이 외교를 구사해야만 하는 경우도 예전에는 없었다.

국가의 수가 급증하고 상호작용하기 위한 그들의 능력도 증가하는 상황에서, 어떤 원칙에 따라 신세계질서가 구성될 수 있는가? 새로운 국제체제가 복잡하다는 점을 고려할 때, "민주주의의 확대"와 같은 윌슨식 개념이 미국 외교정책의 주요 지침으로 기능하면서 냉전기의 봉쇄전략을 대체할 수 있을까? 분명히 이 개념은 완전히 성공하지도 완전히 실패하지도 않았다. 20세기 외교의 가장 훌륭한 활동 중 일부는 우드로우 윌슨의 이상주의에 뿌리를 두고 있었다. 마셜 플랜, 공산주의 봉쇄에 대한 용감한 헌신, 서유럽의 자유 수호, 그리고 심지어 불운했던 국제연맹과 이후 국제연맹의 재현인 국제연합이 이에 해당한다.

동시에 윌슨식 이상주의는 수많은 문제점도 야기했다. 14개 조항에 구현된 바와 같이 민족자결 원칙을 무비판적으로 옹호함으로써 누적된 경쟁의식과 해묵은 증오에 집착하는 민족들의 권력 관계와 이에 따른 불안정한 영향을 고려하지 못했다. 국제연맹이 군사력을 동원하는 집행기능을 부여받지 못했다는 사실은 윌슨의 집단안보 개념에 내재한 문제점을 분명히 보여줬다. 국가들이 정책 수단으로서 전쟁을 포기하기로 한 1928년의 켈로그-브리앙 조약은 실효성이 없었고, 오로지 법적 제약만 존재할 경우 어떤 한계가 있는지 알게 되었다. 히틀러가 보여주려 했던 것처럼 외교의 세계에서는 실탄이 장전된 총이 법률 문서보다 흔히 더 강력하다. 민주주의를 위해 나서 달라고 했던 윌슨의 미국에 대한 호소는 대단히 창의적인 행동들을 낳았다. 그리고 그런 호소는 미국을 베트남전쟁과 같은 재앙적인 성전(聖戰)으로 이끌기도 했다.

냉전이 종식되자 일부 관찰자들이 일컫는 소위 "단극(Unipolar)" 혹은 "단일 초강대국(one-superpower)" 세계가 창조되었다. 그러나 미국은 실제로 전 세계적 의제를 일방적으로 지시하기에 냉전 초기보다 더 유리한 위치에 있지 않다. 미국은 10년 전보다 압도적으로 더 강해졌지만, 그럼에도 불구하고 역설적으로 권력 또한 더욱 분산되었다. 그리하여 미국이 전 세계에 영향을 미치기 위해 자신의 힘을 이용할 수 있는 능력은 실제로 줄어들었다.

냉전에서 승리함으로써 보편적 집단안보라는 윌슨주의의 꿈을 실행하기가 훨씬 더 어려워졌다. 잠재적으로 세계를 지배할 수 있는 국가가 사라진 상황에서 주요 국가들은 평화에 대한 위협을 똑같이 인식하지 않으며, 이들이 인식하는 위협을 극복하기 위해 위험을 똑같이 감수할 의향도 없다(제10장, 제11장, 제15장, 제16장 참고). 세계 공동체는 "평화유지(peacekeeping)", 즉 어떤 당사국에 의해서도 도전받지 않은 기존 합의를 유지하기 위한 경찰 활동에는 충분히 협력할 의향이 있지만, "평화조성(peacemaking)", 즉 세계 질서에 대한 실질적 도전을 진압하는 경찰 활동에 나서기에는 겁이 많다. 놀라운 일이 아니다. 심지어 미국조차도 탈냉전 세계에서 미국이 무엇에 일방적으로 저항할지 아직 분명한 개념을 정립하지 못했기 때문이다.

외교정책에 대한 접근법으로서 윌슨주의는 미국이 독보적인 미덕과 독보적인 힘으로 표현되는 예외적인 특성이 있다고 전제한다. 미국은 자신의 힘과 자신이 추구하는 목표의 장점을 너무나 강하게 확신해서 전 세계적 차원에서 자신의 가치를 위해 싸울 수 있다고 상상했다. 미국의 예외주의가 윌슨식 외교정책의 출발점인 것은 틀림이 없다.

21세기가 다가오면서 거대한 글로벌 세력들이 활동 중이고, 그러한 세력들로 인해 시간이 지날수록 미국은 덜 예외적이 될 것이다. 물론 미국의 군사력은 예측 가능한 미래에는 여전히 타의 추종을 불허할 것이다. 하지만 향후 수십 년간 전 세계에서 발생할 가능성이 높은 수많은 소규모 분쟁—보스니아, 소말리아, 아이티 등—에 힘을 투사하고 싶은 미국의 열망이 미국의 외교정책에 있어 중요한 개념적 도전이 될 것이다. 미국은 다음 세기에도 세계 제1의 경제대국 지위를 유지할 가능성이 있다. 하지만 부가 더 광범위하게 퍼질 것이고, 부를 창출하는 기술도 마찬가지로 그렇게 될 것이다. 미국은 냉전기에 전혀 경험하지 못했던 종류의 경제적 경쟁에 직면할 것이다.

미국은 가장 위대하면서도 가장 강력한 국가이겠지만, 미국에 필적하는 국가들이 있을 것이다. 미국은 "동급 중 최고(primus inter pares)"로 남겠지만, 그럼에도 불구하고 다른 나라들과 같은 나라가 될 것이다. 따라서 윌슨식 외교정책의 필수불가결한 전제인 미국의 예외주의는 다가오는 세기에서는 적실성이 떨어질 가능성이 있다.

미국인들은 이런 전망을 미국이 초라해지거나 쇠퇴하는 징후로 이해하지 말아야 한다. 미국의 역사 대부분 기간 동안, 미국은 실제로 압도적인 초강대국이 아니었고 다른 국가들 사이에 같이 있던 국가였다. 다른 지역—서유럽, 일본, 중국—이 권력의 중심지로 떠오르는 상황에 대해 미국인들이 놀라지 말아야 한다. 결국, 세계의 자원을 공유하고 다른 나라의 경제와 사회를 발전시키겠다는 목표는 미국이 마셜 플랜 때부터 추구해왔던 것이다.

하지만 만약 윌슨주의의 전제가 갈수록 무의미해지고, 윌슨식 외교정책의 요구조건들—집단안보, 경쟁국들의 미국 방식으로의 개종, 법적 절차를 통해 분쟁을 해결하는 국제체제, 그리고 민족자결주의에 대한 완전한 지지—이 갈수록 실현하기 힘들어진다면 다음 세기에는 어떤 원칙에 미국 외교정책이 기반을 두어야 하는가? 역사는 안내서가 아니며 완전히 만족할 만한 유추조차 제공하지 않는다. 하지만 역사는 사례를 통해 교훈을 준다. 미지의 영역으로 들어섬에 따라 미국은 앞으로 다가올 수십 년에 대한 실마리를 찾기 위해 우드로우 윌슨과 "미국의 세기" 이전의 시대를 검토해보는 게 현명할 것이다.

리슐리외의 국가이성이라는 개념, 즉 국익 때문에 국익을 추구하는 수단이 정당화된다는 사고방식을 미국인들은 항상 혐오스럽게 여겼다. 그렇다고 해서 미국인들이 국가이성을 전혀 실천하지 않았다는 말은 아니다. 건국의 아버지들이 공화국 초창기 시절 유럽 강대국들을 교묘하게 상대했을 때부터 "명백한 운명(manifest destiny)"이라는 이름으로 추진되었던 서부 개척에 몰두할 때까지 많은 사례가 있었다. 하지만 미국인들은 자신들이 이기적 이익을 좇고 있다고 공개적으로 시인하는 것을 편치 않게 여겼다. 세계 전쟁을 수행하건 지역적 분쟁에 참여하건, 미국 지도자들은 항상 이익이 아닌 원칙이라는 명분에 따라 투쟁한다고 주장했다.

유럽 역사를 공부한 사람이라면 누구라도 세력균형이라는 개념이 너무나 명백해 보인다. 그러나 세력균형은 국가이성처럼 지난 몇 세기에 걸쳐 개발되었고, 원래는 프랑스의 팽창주의적 욕구를 억제하고자 영국 국왕인 윌리엄 3세에 의해서 전파되었다. 더 강력한 국가를 견제하기 위해 상대적으로 약한 국가들이 연합체를 구성해 단결한다는 개념은 그 자체로는 놀랄 만한 것이 아니었다. 하지만 세력균형은 지속적인 관리를 요구한다.

다가오는 세기에 미국 지도자들은 미국 대중에게 국익이라는 개념을 분명하게 알려주어야 하며, 유럽과 아시아에서 세력균형을 유지하는 게 어떻게 이익이 되는지 명료하게 설명해야 할 것이다. 미국은 세계 다양한 지역에서 균형을 유지하기 위해 파트너가 필요할 것이며, 이런 파트너를 항상 도덕적 고려에만 기초해서 선택할 수는 없다. 마찬가지로 명확하게 정의된 국익이 미국 정책에서 필수적인 지침이 되어야 한다.

대규모 전쟁 없이 가장 오랫동안 지속했던 국제체제는 빈 회의 이후의 체제였다. 이체제는 정통성과 균형상태, 공통의 가치, 세력균형 외교를 결합했다. 공통의 가치는 국가들의 요구 범위를 억제했고, 균형상태는 국가들이 자신의 요구를 주장할 수 있는 능력을 제한했다. 20세기에 미국은 미국의 가치에 거의 전적으로 기반을 둔 세계질서를 창출하려고 두 번이나 시도했다. 이러한 시도는 현대 세계에서 선(善)을 상당히 책임지겠다는 영웅적 노력이기는 하지만, 윌슨주의가 탈냉전기에서 유일한 토대가 될 수 없다.

민주주의의 성장이 앞으로도 미국의 최우선적인 열망으로 계속 남아 있겠지만, 민주주의가 철학적으로 승리한 것처럼 보이는 이 시점에 그것이 직면하고 있는 장애물이 무엇인지 인식해야 한다. 중앙정부의 권력 억제가 서구 정치이론에서 주요 관심사였던 반면, 대부분의 다른 사회에서는 국가의 권위에 힘을 실어주어야 한다는 정치적 이론이 있었다. 다른 어디에서도 개인의 자유를 확대해야 한다는 주장은 없었다. 서구 민주주의는 문화적으로 동질적이고 공통의 역사가 오래된 사회에서 진화했다. (심지어 국민들이 여러 언어를 사용하는 미국도 강력한 문화적 정체성을 발전시켰다.) 사회와 어떤 의미에서 국민이 국가보다 먼저 존재했기 때문에 국가가 사회나 국민을 창조할 필요가 없었다. 이런 환경에서 정당들은 근본적인 컨센서스에 기반한 다양한 입장을 대변했다. 오늘의 소수파는 잠재적으로 내일의 다수파인 것이다.

세계 대부분의 다른 지역에서는 국가(state)가 국민(nation)보다 먼저 존재했다. 국가가 국민을 형성하는 주된 요소였고, 대부분 여전히 그렇다. 정당이 존재하는 경우 그 정당들은 고정된, 대체로 집단적인 정체성을 반영한다. 소수파와 다수파는 그 지위가 영속적인 경향이 있다. 이런 사회에서는 정치 과정이 공직자의 교체가 아닌 지배에 관한 것이며, 만약 교체가 이뤄진다면 헌법에 따른 절차가 아니라 쿠데타로 이루어진다. 근대 민주주의의 핵심인 충성스러운 야당(loyal opposition)이라는 개념은 거의 통용되지 않는다. 오히려 야당은 국민의 단결에 대한 위협으로 여겨지고, 반역과 동일시되며, 무자비하게 탄압받는 경우가 훨씬 더 잦다.

서구식 민주주의는 당파심(partisanship)을 제한하는 가치에 대한 컨센서스를 전제

844

한다. 만약 미국이 자유라는 이상을 보편적으로 적용할 수 있다고 주장하지 않는다면 자신에게 충실하지 못한 것이다. 미국이 국민을 억압하는 정부보다 민주적인 정부를 선호해야 하며, 도덕적으로 확신하는 가치를 위해 대가를 치를 각오가 되어 있다는 것은 논란의 여지가 없다. 민주적 가치와 인권을 증진하는 정부와 제도를 지지하는 데 있어 재량의 여지가 있다는 사실 또한 자명하다. 정확하게 어느 정도의 대가를 지불할 것인지, 그리고 국가안보와 전반적인 지정학적 균형을 비롯한 다른 미국의 핵심적인 우선순위들과의 관계를 어떻게 설정할 것인가라는 문제에서 어려움이 대두된다. 만약 미국의 권고가 애국적인 미사여구를 넘어서는 것이라면, 이런 권고는 반드시 미국이 어느 정도까지 영향력을 행사할 수 있는지에 대한 현실적인 이해를 반영해야 한다. 글로벌한 외교정책을 위한 재정적, 군사적 재원이 삭감되는 상황에서 미국이 도덕적 공약을 너무 남발하는 일이 없도록 유의해야 한다. 지나치게 포괄적으로 선언하면서 막상 이를 뒷받침할 상응하는 능력이나 의지가 없다면, 다른 모든 사안에서도 미국의 영향력이 약해질 것이다.

미국 외교정책의 도덕적 요소와 전략적 요소 간의 정확한 균형은 추상적으로 처방될 수는 없다. 그러나 균형을 잡아야 한다는 인식이 지혜의 출발점이 되어야 한다. 미국이 아무리 강력해도, 어떤 나라도 자신이 원하는 모든 것을 인류 전체에 강요할 수는 없다. 우선순위를 설정해야 한다. 설령 그렇게 할 정도로 자원이 많다고 하더라도, 무분별한 윌슨주의는 일단 미국 대중이 그에 따른 약속(commitment)과 개입을 명확히 이해한다면 지지 받지 못할 것이다. 그리고 윌슨주의는 거의 위험을 수반하지 않는 선언을 이용해서 어려운 지정학적 선택을 회피하려는 구호로 전락할 위험이 있다. 미국의 허세와 그것을 기꺼이 뒷받침하려는 의지 사이에서 미국 정책에 간극이 발생할 위험이 있다. 거의 필연적으로 환멸감이 생길 것이고, 결국 이런 환멸감은 세계문제로부터 완전히 발을 빼기 위한 좋은 핑계가 될 것이다.

탈냉전기 세계에서 미국의 이상주의가 새롭고 복잡한 미로를 지나 자신의 길을 찾아가려면 지정학적 분석을 가미해야 한다. 쉽지 않을 것이다. 미국은 핵무기를 독점하고 있을 때도 세계 정복을 거부했고, 냉전기에 사실상 이익권(spheres of interest) 외교를 구사하고 있었지만, 그럼에도 불구하고 세력균형을 경멸했다. 미국은 21세기에 다른 국가들처럼 필요성과 선택 사이에서, 그리고 국제관계에서의 불변의 상수와 정치지도자의 재량에 달린 요소들 사이에서 길을 찾아가는 법을 배워야 할 것이다.

균형이 가치와 필요성 사이 어딘가에서 자리잡든, 외교정책은 무엇이 핵심이익인지를 정의하는 데서 시작해야 한다. 국가안보를 약화시킬 가능성이 농후한 국제환경의 변화는 위협이 어떤 형식으로 대두되건 간에, 혹은 이런 위협이 아무리 정당해 보이더라도 맞서서 저항해야 한다. 영국은 전성기 시절에 저지대 국가들(벨기에, 네덜란드, 룩셈부르크)에 있는 영국해협 항구가 다른 강대국에 점령되는 상황을 막으려고 전쟁을 불사했고, 설령 성인군자가 통치하는 강대국이 이 지역을 점령한다고 해도 아랑곳하지 않았다. 미국 역사의 상당 부분 동안 먼로 독트린이 미국의 국익을 운용적 측면에서 정의하는 역할을 해왔다. 우드로우 윌슨이 제1차 세계대전에 참전한 이래, 미국은 그와 같은 변화를 반대하는 게 아니라 그 변화를 초래하기 위한 무력 사용을 반대한다는 논거로, 국익을 규정하는 것을 회피해왔다. 먼로와 윌슨의 개념 둘 다 더 이상 충분하지 못하다. 먼로 독트린은 너무나 제한적이고, 윌슨주의는 너무 모호하면서도 너무 법리적이다. 탈냉전기 들어서 거의 모든 미국의 군사행동과 관련된 논쟁에서, 미국이 선을 어디에 그어야 할지에 대해서도 아직 광범위한 컨센서스가 형성되지 않았다는 게 드러났다. 컨센서스 도출도 미국 지도부로서는 큰 도전이다.

지정학적으로 미국은 유라시아라는 거대한 땅덩어리로부터 떨어져 있는 섬이다. 유라시아는 자원과 인구 측면에서 미국을 훨씬 능가한다. 유라시아에서 유럽과 아시아라는 두 중요한 영역권에서 어느 한 곳이라도 단일한 강대국이 지배하는 상황은 냉전이건 냉전이 아니건 여전히 미국에 전략적으로 위험하다고 규정할 수 있다. 그런 세력은 잠재적으로 미국을 경제적으로 능가할 수 있고, 궁극적으로는 군사적으로도 능가할 것이기 때문이다. 지배적인 강대국이 아무리 호의적으로 보일지라도 그런 위험에는 맞서서 저항해야 한다. 만약 이 강대국이 나중에 의도가 바뀐다면 미국이 너무 약해져서 효과적으로 맞서지 못하고, 갈수록 상황을 주도할 수도 없게 될 것이기 때문이다.

미국은 소련의 팽창주의라는 위협 때문에 냉전에 뛰어들었고, 공산주의의 위협이 소멸했다는 가정에 기초해 탈냉전의 많은 부분을 예상해왔다. 소련의 적의(hostility)에 대한 태도가 —봉쇄정책의 관점에서— 세계질서에 대한 미국의 태도를 형성했듯이, 소련의 개혁 노력이 탈냉전기 세계질서에 관한 미국의 사고를 지배했다. 미국의 정책은 러시아가 민주주의에 의해, 그리고 시장경제를 발전시키는 데 에너지를 집중하느라 온건해질 때 평화가 보장될 수 있다는 전제에 기반을 두었다. 이런 관점에서 볼 때, 미국의 주요 과제는 전통적인 외교정책 패턴보다는 마셜 플랜의 경험에서 나온 조치를 활용해서 러시아의 개혁에 힘을 실어주는 것이라고 인식되었다.

다른 어떤 나라에 대해서도 미국의 정책이 그 나라의 잠재적 역량이나 심지어 정책 대신에 그 나라의 의도에 대한 평가에 일관되게 맞춰진 적이 없었다. 프랭클린 루스벨트는 평화로운 전후 질서에 대한 희망을 상당한 정도로 스탈린의 온건함에 걸었다. 냉전기 미국의 운영 전략이었던 봉쇄정책은 소련의 목적을 변화시키는 게 목표라고 선언했고, 이와 관련된 대부분의 논쟁은 기대했던 대로 소련의 목적이 변했는지에 관한 것이었다. 전후 대통령 중에 오로지 닉슨만 소련을 지정학적 도전으로 간주하고 일관되게 상대했다. 심지어 레이건조차도 소련 지도자의 이념적 개종에 해당하는 변화에 많은 기대를 걸었다. 놀랍지 않게도 공산주의의 붕괴 여파로 적대적 의도가 사라졌다고 간주되었고, 월슨식 전통이 이익의 상충을 거부하기 때문에 미국의 탈냉전기 정책은 마치 전통적인 외교정책에서 고려해야 했던 요소가 더 이상 적용되지 않는 것처럼 전개되어 왔다.

지정학과 역사를 공부한 사람이라면 이러한 외골수적인 접근을 불안하게 여길 것이다. 이들은 러시아의 내적인 진화에 영향을 미칠 수 있는 미국의 능력을 과대평가하는 과정에서 미국이 불필요하게 러시아의 국내적 논쟁에 연루되고, 민족주의적 반발을 초래하며, 일상적인 외교적 과제를 무시할 수도 있다고 두려워한다. 이들은 전통적인 러시아의 공격적 태도를 완화하고자 고안된 정책을 지지하며, 그렇기 때문에 경제적 원조와 글로벌 문제에서의 협력을 찬성한다. 그러면서도 이들은 누가 통치하건 간에 상관없이 러시아는 해퍼드 매킨더(Halford Mackinder)가 지정학적 심장부(heartland)라고 지칭한 영토에 걸터앉아 있는, 가장 강력한 제국주의 전통의 계승자라고 주장한다.[4,5] 설령 기대했던 대로 도덕적 변화가 일어난다고 해도 시간이 걸릴 것이며, 그 과정에서 미국은 위험을 줄이는 조치를 취해야 할 것이다.

미국은 경제적 원조를 통해 마셜 플랜 때와 비슷한 결과를 러시아로부터 얻어내겠다고 기대해서도 안 된다. 제2차 세계대전 직후에도 서유럽은 시장경제가 제대로 작동하고 있었고, 관료제도 잘 구축되어 있었으며, 대부분 국가는 민주주의 전통도 있었다. 그리고 소련의 군사적, 이념적 위협 때문에 미국과 긴밀히 연계되어 있었다. 대서양 동맹이라는 방패 뒤에서, 경제적 개혁으로 인해 근본적인 지정학적 현실이 다시 대두되었다. 마셜 플랜 덕에 유럽은 전통적 방식의 국내 통치를 재구축할 수 있게 되었다.

탈냉전기 러시아는 어느 측면을 보더라도 견줄 만한 상황이 존재하지 않는다. 고통을 완화해주고 경제개혁을 장려하는 게 미국 외교정책의 중요한 수단이다. 그러나 이런 수단이 팽창주의 역사가 유구한 이 나라를 상대로 전 세계적인 세력균형을 유지하기 위한 진지한 노력을 대체할 수는 없다.

이 책을 쓰고 있는 시점에서, 지난 2세기에 걸쳐서 팽창했던 방대한 러시아 제국은 해체 상태에 있다. 이런 상황은 1917년부터 1923년까지의 시기와 상당히 유사하며, 그 이후 러시아 제국은 회복되었고 자신만의 전통적인 팽창주의 리듬을 멈추지 않았다. 쇠퇴하는 제국의 몰락을 관리하는 게 외교적으로 가장 만만치 않은 과제 중 하나다. 19세기 외교는 오스만 제국의 와해를 늦췄고, 전면전으로 비화하지 않게 막았다. 20세기 외교는 오스트리아-헝가리 제국의 해체에 따른 결과를 억제할 수 없었던 것으로 드러났다. 제국이 붕괴하면 두 가지 측면에서 긴장의 원인을 유발한다. 제국의 중심이 취약해진 상황을 주변국들이 활용하려 하고, 반면 쇠퇴하는 제국은 주변부에서 자신의 권위를 되찾으려고 시도하기 마련이다.

이 두 가지 과정이 구소련의 계승국들에서 동시에 전개되고 있다. 이란과 터키는 대부분의 인구가 무슬림인 중앙아시아의 공화국들에서 자신의 역할을 확대하려 하고 있다. 하지만, 예전에 소련이 장악했던 모든 영역에서 우위를 회복하려는 러시아의 움직임이 지배적인 지정학적 동인이다. 러시아는 평화유지라는 명목으로 일종의 후견체제를 재구축하려 하고 있으며, 미국은 "개혁주의" 정부의 호의에 초점을 두면서 지정학적 의제를 받아들이기를 꺼리면서 여태까지 묵인해왔다. 미국은 발트해 국가들을 제외하고 구소련 계승국들이 국제적으로 승인되기까지 별로 한 일이 없었다. 미국 고위 정부 관계자의 방문도 흔치 않았다. 원조도 최소한도로 제공되었다. 이 나라들의 영토 내부에서 러시아군이 활동하고 심지어 주둔하더라도 이의가 제기된 적이 거의 없었다. 모스크바는 사실상 제국의 중심으로 여겨지고 있고, 모스크바 또한 그렇게 마음속으로 생각하고 있다.

이는 부분적으로는 미국이 구소련의 영토에서 일어나고 있는 반공주의 혁명과 반제국주의 혁명을 마치 단일한 현상처럼 다루어왔기 때문이다. 실제로는 이 두 가지가 서로 반대 방향으로 작용한다. 반공주의 혁명은 구소련 영토 곳곳에서 상당한 지지를 누렸다. 러시아의 지배를 겨냥하고 있었던 반제국주의 혁명은 비 러시아 공화국들에서는 광범위한 인기를 누리고 있지만, 러시아 연방에서는 극도로 인기가 없다. 러시아 지도부는 역사적으로 러시아를 "문명화"라는 임무의 관점에서 인식해왔기 때문이다(제7장, 제8장 참고). 러시아 내 주요 인물 중 압도적 다수가 정치적 신조와 무관하게 소련 제국의 붕괴나 계승국들의 정통성, 특히 러시아 정교의 요람인 우크라이나의 정통성을 받아들이기를 거부했다. 심지어 알렉산드르 솔제니친조차도 러시아에 우호적이지 않은 외국인이라는 근심거리를 러시아에서 제거해야 한다고 글을 쓰면서도 러시아가 우크라이나와 벨라루스, 그리고 카자흐스탄의 거의 절반으로 이루어진 핵심 그룹을 보유해야 한다고 촉구했다.[6] 이는 과거 제국의 90퍼센트에 해당하는 지역이었다. 구소련의 영토와 관련해서 모든 반공주의자가 민주주의자인 것은 아니며, 모든 민주주의자가 러시아의 제국주의를 반대하지는 않는다.

현실주의적 정책은 보리스 옐친이 이끄는 개혁적인 러시아 정부조차 러시아군을 이전 소련 공화국 대부분의 영토에 주둔시켰고—전부 다 유엔 회원국임에도 불구하고—때로는 접수국 정부의 의사를 거스르면서까지 그렇게 했다는 사실을 알아차릴 것이다. 러시아군은 몇몇 구소련 공화국의 내전에 개입해왔다. 러시아 외교장관은 러시아가 "가까운 외국(near abroad)"[7]에서 평화유지를 독점한다는 개념을 수차례 반복해서 제시했는데, 이는 러시아의 지배를 재구축하려는 시도와 구분되기 어렵다. 평화에 대한 전망은 장기적으로 본다면 러시아의 개혁에 영향을 받겠지만, 단기적으로는 러시아군이 러시아 영토 내에만 머무르도록 러시아를 설득할 수 있을지 여부에 좌우될 것이다. 만약 러시아군이 유럽과 중동에서 과거 제국의 국경을 따라 다시 등장한다면, 러시아와 주변국 간의 역사적 긴장—공포와 상호 의심으로 악화된—이 틀림없이 다시 나타날 것이다(제6장, 제7장 참고).

러시아로서는 옛 제국의 영토 너머 지역과 구별되는 소위 "가까운 외국"인 구소련 공화국에 특수한 안보 이익이 있을 수밖에 없다. 그러나 세계 평화를 위해 이런 이익은 이제 군사적 압박이나 일방적인 군사적 개입 없이 충족되어야 한다. 핵심 쟁점은 러시아와 신생 공화국 간의 관계를 외교정책 분야에서 용인된 규칙을 따르는 국제문제로 다룰 것인지, 아니면 러시아의 일방적인 정책 결정의 결과물로 다룰 것인지이다. 후자의 경우 미국은 기껏해야 러시아 지도부의 선의에 호소하는 식으로 영향을 미치려고 할 것이다. 어떤 영역에서는—가령 이슬람 근본주의의 위협을 받는 중앙아시아 공화국들—미국의 국익이 어쩌면 러시아의 국익과 일치할 수도 있으며, 이는 적어도 이란의 근본주의에 대한 저항에는 해당된다. 러시아가 전통적인 제국주의로 복귀하려는 계획을 꾸미지만 않는다면 이 지역에서의 상당한 협력이 가능해질 것이다.

이 책을 쓰고 있는 시점에서 러시아의 민주주의에 대한 전망은 여전히 불확실하다. 심지어 민주화된 러시아의 정책이 국제적 안정에 도움을 줄 수 있을지조차도 불투명하다. 러시아는 자신의 극적인 역사를 통틀어서 다른 서방 세계와는 상당히 다른 박자에 맞춰 전진해왔다. 러시아는 권력으로부터 자유로운 독립적인 교회가 있었던 적이 없었다. 러시아는 종교개혁과 계몽주의, 대항해시대, 근대적 시장경제를 놓쳤다. 민주주의를 경험한 지도자들도 많지 않다. 구소련으로부터 독립한 신생 공화국들의 지도자들과 마찬가지로 거의 모든 러시아의 지도자들은 공산주의 체제하에서 고위직을 역임했다. 다원주의에 대한 헌신은 이들의 첫 번째 본능도 아니고 아마도 마지막 본능도 아닐 것이다.

더욱이 중앙계획경제로부터 시장경제로의 체제 전환은 어디에서 시도되었건 간에 고통스러웠던 것으로 확인되었다. 관리자들은 시장과 인센티브에 대한 경험이 없었다. 노동자들은 의욕이 생기지 않았다. 장관들은 예전에는 재정정책에 관심을 가질 필요가 없었다. 경기 침체, 심지어 경기 하락이 거의 불가피했다. 어떤 중앙계획경제도 여태까지 시장경제로 가는 과정에서 고통스러운 내핍상태를 피하지 못했고, 많은 미국 전문가들이 권고한 급진적(cold-turkey) 접근법으로 인해 문제가 더 악화되었다. 체제 전환에 따른 사회적, 경제적 비용에 대한 불만으로 폴란드, 슬로바키아, 헝가리에서 공산주의자들이 다시 상당히 득세했다. 1993년 12월의 러시아 의회 선거에서 공산당과 민족주의 정당이 합쳐서 거의 50퍼센트 이상을 득표했다.

심지어 진정한 개혁가조차도 러시아의 전통적 민족주의를 자신의 목표를 달성하기 위해 국민을 통합시키는 힘으로 여길지도 모른다. 러시아에서 민족주의는 전통적으로 열성적이고 제국주의적이었다. 심리학자들은 그 이유가 뿌리 깊은 불안감인지 아니면 타고난 과격함인지를 놓고 토론할 수 있겠지만, 러시아의 팽창주의에 희생되었던 사람들에게 그런 구분은 탁상공론으로 보인다. 러시아에서 민주화와 절제된 외교정책이 반드시 같이 가지 않을 수도 있다. 그렇기 때문에 러시아가 국내적으로 개혁하면 평화가 기본적으로 보장될 것이라는 주장이 동유럽이나 스칸디나비아, 중국에서 지지를 거의 못 받고 있고, 폴란드, 체코, 슬로바키아, 헝가리가 그토록 대서양 동맹에 가입하기를 원하는 것이다.[8]

외교정책적 고려에 따른 행동 방침은 예측 가능한 추세에 대한 대비책을 강구해야 하고, 국내개혁에 모든 것을 다 걸지 말아야 한다. 러시아 내 자유로운 시장경제와 민주주의를 지지하면서도 러시아의 팽창을 막기 위한 장치를 강화해야 한다. 실제로 만약 러시아가 그들의 역사상 처음으로 내부 발전에 집중할 수 있게 된다면 러시아의 개혁이 더 강화될 수 있다는 주장도 있다. 러시아 영토는 상트페테르부르크로부터 블라디보스토크에 이르기까지 11개의 시간대에 걸쳐 있기 때문에 러시아로서는 폐소공포증이 있을 이유가 전혀 없다.

탈냉전의 시기에 공산주의를 탈피한 러시아에 대한 미국의 정책은 개별 지도자들에 초점이 맞춰진 일종의 사회공학에 모든 것을 다 걸었다. 부시 행정부(조지 H. W. 부시) 시기 그 대상은 미하일 고르바초프였으며, 클린턴 행정부에서는 보리스 옐친이었다. 옐친은 민주주의에 대한 개인적 의지가 확고하다고 간주되었기 때문에 러시아의 평화로운 외교정책과 국제 공동체로의 통합을 보증해주는 인물로 대접받아왔다. 부시는 고르바초프가 이끄는 소련이 해체되는 상황을 개탄했으며, 클린턴은 러시아가 예전의 세력권을 재구축하려는 시도를 묵인했다. 미국 지도자들은 전통적인 외교적 수단을 동원해서 러시아가 추진하는 정책을 저지하는 것이 내키지 않았다. 그렇게 한다면 옐친의 (그리고 이에 앞서 고르바초프의) 정적으로 여겨지는 민족주의적 성향의 반대파들을 자극할 수도 있다고 우려했기 때문이다.

미-러 관계는 외교정책 이슈에 대한 진지한 대화가 절실히 필요하다. 진지한 대화를 한다고 해서 러시아에 통상적인 외교적 고려를 하지 않아도 되는 것은 아니다. 그렇게 하면 나중에 러시아가 유혹에 빠져 돌이킬 수 없는 행동을 하게 되었을 때 훨씬 무거운 대가를 치러야만 하기 때문이다. 미국 지도자들은 미국과 러시아의 이익이 어디에서 수렴되고 어디에서 엇갈리는지 진솔하게 대화하는 것을 두려워하지 말아야 한다. 러시아에서 내부투쟁을 오랫동안 겪어온 사람들은 현실주의적인 대화로 평정심을 잃고 얼굴을 붉히는 초심자가 아니다. 이들은 각자의 국익에 대한 상호존중에 기초한 정책을 충분히 이해하고도 남는 사람들이다. 실제로 이들은 추상적이고 동떨어진 유토피아주의에 호소하는 것보다 이런 계산법을 더 잘 이해할 가능성이 높다.

러시아의 국제체제로의 통합이 새롭게 대두되는 국제질서의 핵심과제다. 이 핵심과제는 러시아의 태도에 영향을 미치는 것과 러시아의 계산에 영향을 미치는 것, 이 두 가지 요소 간에 반드시 균형을 잡아야 한다. 체제 전환의 고통을 덜어주려면 충분한 경제적 원조와 기술적 조언이 필요하며, 러시아가 유럽안보회의와 같은 경제적, 문화적, 정치적 협력을 촉진하는 기구에 가입하도록 환영해야 한다. 하지만 역사적인 러시아의 제국적 야망이 재등장하는 상황을 눈감아준다면 러시아의 개혁에 도움이 되기는커녕 방해가 될 것이다. 어찌 됐건 유엔의 승인을 받은 신생 공화국들의 독립이 그들의 영토로 러시아군이 진격하는 상황을 묵인함으로써 암묵적으로 격하되는 일이 없도록 해야 한다.[9]

미국의 대(對)러시아 정책은 러시아의 국내정치 변동이 아니라 항구적 이익에 초점을 맞춰야 한다. 만약 미국 외교정책이 러시아의 국내정치를 최우선 순위로 삼는다면 본질적으로 미국이 통제할 수 없는 힘의 제물이 될 것이고 판단의 기준을 잃게 될 것이다. 외교정책이 혁명적 과정의 모든 변화에 맞춰 조정되어야 하는가? 미국의 마음에 들지 않는 내부 변화가 있을 때마다 러시아와의 관계를 끊을 것인가? 미국이 국내 여론이 원한다는 이유로 러시아와 중국을 동시에 고립시키고 중-소 동맹을 부활시킬 여유가 있는가? 현 단계에서는 국내문제에 참견하지 않는 대러시아 정책이 장기적으로 상황을 보다 안정적으로 이끌어갈 수 있게 할 것이다.

내가 제28장에서 외교정책에서 "정신의학(psychiatric)" 학파라고 정의했던 그룹을 지지하는 사람들은 이런 주장을 "비관주의적"이라고 거부하는 경향이 있다. 이들은 어쨌든 독일과 일본도 변했는데 왜 러시아는 안 되느냐고 반문한다. 하지만 민주주의 국가였던 독일이 1930년대에 반대 방향으로 바뀌었던 것도 사실이며, 독일의 의도에 의존했던 사람들이 갑자기 독일의 힘에 직면해야 했던 것도 사실이다.

정치인들은 항상 미래에 대한 가장 유리한 가정을 함으로써 자신의 딜레마로부터 달아날 수 있다. 하지만 불리하거나 심지어 예측되지 않는 우발적 상황을 방지할 수 있는지 여부가 정치인에게는 중요한 시험대이다. 새 러시아 지도부는 두 세대에 걸친 공산주의의 실정을 극복하는 괴로운 과정을 겪는 중이라고 이해받을 자격이 있다. 그렇다고 해서 이들이 차르와 공산당 정치위원이 300년 동안 탐내왔던 러시아의 방대한 국경 주변 세력권을 물려받을 자격이 있다는 것은 아니다. 만약 러시아가 신세계질서를 구축하는 진지한 파트너가 되기를 원한다면 신세계질서로부터 나오는 이익 못지않게 안정이라는 규율도 수용할 각오가 되어 있어야 한다.

사활적 이익에 대한 일반적으로 받아들여지는 정의에 가장 근접했던 미국의 정책은 대서양 지역의 동맹국들에 대한 것이었다. 비록 NATO는 동맹이 아닌 집단안보를 위한 도구라는 윌슨식 용어로 대체로 정당화되었지만, 실제로는 미국의 도덕적 목적과 지정학적 목적을 가장 조화시킨 기구였다(제16장 참조). 소련의 유럽 정복 방지가 이 기구의 목표였기 때문에, NATO는 어떤 식으로 정당화되었건 간에 유럽과 아시아에서 적대적 국가가 권력의 중심지를 지배하는 상황을 막아야 한다는 지정학적 역할에 잘 들어맞았다.

만약 대서양 동맹을 설계한 사람들이 냉전에서의 승리로 인해 자신들이 창조한 기구의 미래에 의문이 제기된다는 말을 들었다면 믿지 못했을 것이다. 이들은 냉전 승리의 전리품이 영속적인 대서양 파트너십이라는 것을 당연하게 여겼다. 이런 목표를 위해서 냉전기에 몇 번의 결정적인 정치적 전투가 있었고 승리를 거뒀다. 이 과정에서 미국은 항구적 협의체와 통합군사지휘체계에 의해 유럽에 결속되었는데, 그 범위와 지속기간이 연합의 역사에서 볼 때 매우 독특한 것이었다.

대서양공동체라고 일컬어지게 된 체제―냉전 종식 이후에는 유행이 시들해졌고 향수를 자아내는 용어가 되었다―는 공산주의가 붕괴한 이래 제자리걸음을 하고 있다. 유럽과의 관계를 격하하는 게 너무 유행을 타고 있다. 미국은 막상 민주주의 확대를 강조하지만, 이제 세계 다른 어떤 지역보다도 제도가 유사하고 인권과 다른 기본적 가치를 공유하는 사회에 대한 관심이 떨어진 것처럼 보인다. 트루먼, 애치슨, 마셜, 아이젠하워 같은 대서양 동맹의 창설자들도 대부분의 미국인들처럼 유럽식 외교에 대해 의구심이 있었다.

그러나 이들은 대서양 동맹이 없다면 미국이 서반구를 제외하고 도덕적 유대나 공통된 전통이 거의 없는 세계에 홀로 놓인다는 사실도 이해했다. 이런 환경에서 미국은 순수하게 현실정치(Realpolitik)를 실행할 수밖에 없을 것이고, 이는 본질적으로 미국의 전통과 양립 불가능한 것이다.

한때 가장 핵심적인 미국 정책이었던 것이 쇠퇴한 이유는, 부분적으로는 마치 NATO가 더 이상 관리할 필요가 없는 풍경의 일부처럼 당연한 존재로 여겨졌기 때문이다. 어쩌면 더 중요한 점으로서, 지난 15년간 두각을 드러냈던 미국 지도자 세대가 대부분 동북부 기득권층 출신이 아니라 유럽과의 정서적, 인적 유대감이 희박한 남부와 서부 출신이어서 그럴지도 모른다. 더욱이 미국의 윌슨주의를 앞장서서 신봉했던 자유주의자들은 집단안보와 국제법에 의존하기보다 국익이라는 정책을 실천해온 민주적인 동맹국들에 자주 실망감을 느꼈다. 이들은 공통의 가치에도 불구하고 합의를 이루지 못했던 사례로 보스니아와 중동을 인용한다. 동시에 미국 보수주의의 고립주의 분파—예외주의의 다른 형태—는 자신들이 경멸하는 유럽의 마키아벨리식 상대주의와 이기주의로부터 등을 돌리도록 유혹을 받아왔다.

유럽과의 의견 불일치는 가족 불화와 같이 삐걱대는 특징이 있다. 하지만 거의 모든 핵심 이슈에서 미국은 다른 어떤 지역보다도 유럽과 더 많이 협력해왔다. 공평하게 말하자면 보스니아에서 미군이 아니라 프랑스군과 영국군 병력이 지상에 투입되었다는 점을 기억해야 한다. 물론 대중적 수사만 보면 마치 이와 반대인 것 같은 인상을 받지만 말이다.[10] 그리고 걸프전쟁에서 미군을 제외한 가장 중요한 파병군은 역시 영국군과 프랑스군이었다. 공통의 가치와 이익으로 인해 한 세대에 두 번이나 미군이 유럽에 투입되었다. 탈냉전기 세계에서 유럽은 새로운 대서양 정책을 놓고 단결하지 못할 수도 있지만, 미국은 승리를 거둬 온 3세대에 걸친 정책을 폐기하지 말아야 할 의무가 있다. 대서양 관계를 형성하는 두 기본 기구인 북대서양조약기구와 유럽연합을 탈냉전기 세계의 현실에 적응시키는 것이 대서양 동맹 앞에 놓인 과제이다.

북대서양조약기구는 여전히 미국과 유럽 간의 중요한 연결 고리로 남아 있다. NATO가 형성되었을 때 소련군 병력이 분단된 독일의 엘베강에 주둔하고 있었다. 소련군은 재래식 군대로 서유럽을 압도할 수 있다고 대체로 여겨졌고, 핵무기 보유 규모도 급격하게 늘리고 있었다. 냉전기 내내 서유럽은 미국에 안보를 의존했고, 탈냉전기의 NATO도 여전히 이런 상황을 반영하고 있다. 미국은 미국 장군이 총사령관으로 있는 통합사령부를 관리하고 있으며, 방위에 유럽의 분명한 정체성을 부여하려는 프랑스의 시도를 반대해왔다.

유럽 통합의 움직임은 유럽이 한목소리를 내지 못하면 점차 무의미한 존재가 될 것이고, 분단된 독일이 두 진영 사이를 떠돌면서 냉전 중인 양측을 싸움 붙이려는 유혹을 받지 않아야 한다는 두 가지 전제에서 출발했다. 이 책을 쓰고 있는 현재, 원래 6개국으로 구성되었던 유럽연합은 12개국으로 증가했고, 스칸디나비아, 오스트리아, 그리고 궁극적으로 구소련 위성국 중 일부를 포함하도록 확대되고 있다.[11]

이 두 기구를 설립했던 전제가 소련의 붕괴와 독일의 통일로 흔들렸다.[12] 소련군은 더 이상 존재하지 않으며, 러시아군은 예전보다 동쪽으로 수백 킬로미터 후퇴했다. 러시아의 국내적 혼란으로 인해 가까운 장래에 러시아가 서유럽을 공격할 개연성이 낮아졌다. 동시에 예전의 제국을 재건하려는 러시아의 성향 때문에 러시아의 팽창주의에 대한 역사적 두려움이 다시 환기되었고, 특히 이전의 동유럽 위성국들 사이에서 이런 우려가 두드러졌다. 러시아 인접국 지도자 중 아무도 러시아의 이념적 개종이 자국 안보의 열쇠라는 미국의 믿음에 동조하지 않는다. 모두가 보리스 옐친을 반대세력보다 선호하기는 하지만, 어디까지나 상대적으로 덜 위협적인 인물이라는 차원에서 그런 것이지 자신들의 역사적 안보 불안을 떨쳐줄 인물로서 선호한다는 의미는 아니다.

통일된 독일의 등장은 이런 두려움을 가중시켰다. 유럽 대륙의 두 거인이 역사적으로 주변국들을 분할했거나 주변국 영토에서 전쟁했다는 점을 인식하면서, 두 국가 사이에 놓여 있는 국가들은 안보 공백의 발생을 몹시 두려워하고 있다. 그렇기에 이들은 NATO 회원국 가입으로 표현되는 미국의 보호를 그토록 강렬히 원하는 것이다.

NATO가 소련의 붕괴에 적응할 필요가 있다면, 유럽연합은 재통일된 독일이라는 새로운 현실에 직면하고 있다. 재통일된 독일은 유럽 통합의 핵심이었던 암묵적 거래를 위협하고 있다. 독일연방공화국(서독)이 유럽 공동체 내 프랑스의 정치적 리더십을 인정하는 대가로 경제문제에서는 더 우세한 목소리를 내기로 합의되어 있었다. 그리하여 독일연방공화국은 NATO 내부에서 전략적 문제는 미국의 리더십을 통해서, 그리고 유럽연합 내부에서는 프랑스 리더십을 통해서 서방에 결속되어 있었다.

향후 몇 년간 모든 전통적인 대서양 관계가 변할 것이다. 유럽은 이제 예전처럼 미국의 보호가 필요하지 않다고 느낄 것이며, 자신들만의 경제적 이익을 훨씬 더 공격적으로 추구할 것이다. 미국은 유럽의 안보를 위해 기꺼이 희생하려 하지 않을 것이며, 다양한 형태로 드러나고 있는 고립주의의 유혹을 받을 것이다. 적절한 때에 독일은 자신의 경제력과 군사력에 걸맞은 정치적 영향력을 요구할 것이며, 미국의 군사적 지지와 프랑스의 정치적 지지에 정서적으로 그다지 의존하지 않을 것이다.

이런 추세는 아데나워의 전통(제20장 참고)을 물려받은 헬무트 콜(Helmut Kohl)이 총리로 재직하는 한 뚜렷해지지는 않을 것이다. 하지만 콜은 그런 형태의 지도자 중 마지막 인물에 해당한다. 그 이후 세대는 전쟁이나 초토화되었던 전후 독일의 재건 과정에서 미국이 맡았던 역할을 개인적으로 기억하지 못한다. 그리고 초국가적인 기구에 결정을 맡기거나 미국이나 프랑스의 시각에 복속해야 할 감정적 이유도 없다.[13]

미국과 유럽의 전후 지도자들이 이룩한 크나큰 성취는 미국이 유기적으로 유럽에 관여하고 있지 않으면 나중에 대서양 양측 모두에게 훨씬 더 불리해진 상황에서 미국이 관여할 수밖에 없다는 사실을 인식했다는 점이다. 심지어 오늘날에도 더욱 그렇다. 독일이 너무 강력해졌기 때문에 기존 유럽의 제도로는 독일과 다른 유럽 파트너들 간의 균형을 잡을 수가 없다. 그리고 유럽은 심지어 독일과 함께 하더라도 러시아의 부활 혹은 해체라는 소련 붕괴 이후 격변 중 가장 위협적인 두 가지 결과에 홀로 대처할 수 없다.

독일과 러시아가 상대방에게 집착하면서 서로를 주된 파트너나 혹은 주적으로 간주하는 상황이 발생한다면 어떤 나라에도 이익이 되지 못할 것이다. 이들이 너무 가까워진다면 두 나라가 유럽을 공동으로 지배할 것이라는 공포를 야기할 것이고, 만약 싸운다면 유럽의 위기가 고조될 것이다. 미국과 유럽은 독일과 러시아의 고삐 풀린 정책이 유럽 대륙의 중심을 놓고 서로 경쟁하는 상황을 막아야 한다는 공동의 이익이 있다. 미국 없이 영국과 프랑스는 서유럽의 정치적 균형을 유지할 수가 없다. 독일은 민족주의의 유혹을 받을 것이며, 러시아는 글로벌 수준의 대화 상대가 없게 될 것이다. 그리고 유럽이 없다면 미국은 지리적, 지정학적, 그리고 심리적으로 유라시아와 유리된 섬이 되어버릴 것이다.

탈냉전 질서하에서 북대서양 동맹은 세 가지 문제에 직면하게 되었다. 전통적 동맹 구조 내에서의 내부 관계, 대서양 국가들과 구소련 위성국이었던 동유럽국들과의 관계, 그리고 마지막으로 소련 계승국, 특히 러시아 연방과 북대서양 국가 및 동유럽국들의 관계가 그것이다.

북대서양 동맹 내에서의 내부 관계 조정은 대서양 관계에 관한 미국과 프랑스의 입장 간의 끊임없는 주도권 다툼에 좌우되어 왔다. 미국은 통합이라는 기치하에 NATO를 지배해왔다. 프랑스는 유럽의 독자성을 찬양하면서 유럽연합을 결성했다. 그들의 불화의 결과는 유럽의 정치적 정체성을 증진하기에는 미국의 역할이 군사 분야에서 너무 지배적인 반면, NATO의 결속력을 증진하기에는 유럽의 정치적 자율성에 대한 프랑스의 역할이 너무 집요하다는 것이 다.

지적인 측면에서 볼 때 이런 논쟁은 리슐리외의 관념과 윌슨의 아이디어 간 갈등이 반복된 것이다. 이익의 균형으로서 외교정책과 근본적인 조화의 확인으로서 외교 간의 논쟁이었다. 미국으로서는 통합된 NATO 사령부가 동맹의 단결을 상징했다. 프랑스로서는 이게 짜증이 났다. 미국 지도자들은 왜 어떤 나라가 동맹국을 곤경에 처하게 하는 옵션을 보유하려고 하지도 않으면서 독자적 행동을 할 권리를 고집하는지 이해하기가 힘들었다. 프랑스는 유럽의 독자적인 군사 역할에 불안해하는 미국의 모습으로부터 유럽을 지배하려는 숨겨진 의도가 있다고 보았다.

실제로 두 파트너는 각자 자신의 역사를 통해 체득한 국제관계에 대한 관념을 추구했다. 프랑스는 유럽식 외교를 물려받았다. 더욱이 이런 외교 방식은 300년 이전부터 시작되었다. 영국이 세력균형을 수호하는 역할을 포기해야 했던 반면, 프랑스는 좋든 나쁘든 국가이성이라는 정책을, 그리고 추상적 조화의 추구보다는 이익의 정확한 계산을 계속 옹호하고 있다. 비록 이보다 짧은 기간이지만 미국도 그만큼 일관되게 윌슨주의를 실천해왔다. 미국은 근본적인 조화가 존재한다고 확신하면서 유럽과 미국의 목표가 똑같기 때문에 유럽의 자율성이 불필요하거나 혹은 오히려 위험하다고 주장해왔다.

통일된 독일의 서방으로의 통합, 그리고 대서양 동맹과 새로운 러시아와의 관계라는 오늘날 유럽의 두 가지 큰 도전은 리슐리외나 윌슨의 국가운영술을 글자 그대로 적용해서는 대처할 수가 없다. 리슐리외식 접근법은 개별 유럽국들의 민족주의를 조장하고 유럽의 분열을 초래할 것이다. 순수한 윌슨주의는 유럽의 정체성을 약화시킬 것이다. 미국에 대한 반대에 기초해서 유럽의 제도를 구축하려는 시도는 결국 유럽의 단결과 대서양의 결속을 둘 다 파괴할 것이다. 반면에 미국은 NATO 내에서 유럽의 정체성이 커지는 상황을 두려워할 필요가 없다. 미국의 정치적 지원이나 군수 지원이 없이 어떤 규모건 어떤 지역에서건 유럽의 독자적 군사행동을 상상하기가 어렵기 때문이다.[14] 결국 단결의식을 창출하는 것은 통합사령부가 아니라 정치 및 안보 이익에 대한 공동 인식이다.

미국과 프랑스 사이의, 그리고 윌슨의 이상과 리슐리외의 이상 사이의 논란은 상황 변화로 인해 의미가 없어지고 있다. 대서양 동맹과 유럽연합 둘 다 새롭고 안정적인 세계 질서를 위해서 필수불가결한 요소들이다. NATO는 누구로부터건 어느 지역으로부터건 군사적 협박을 받아도 막아낼 수 있는 최선의 보호책이다. 유럽연합은 중유럽과 동유럽의 안정을 위한 필수적 메커니즘이다. 두 기구는 구소련의 위성국들과 계승국들을 평화로운 국제질서와 연계시키기 위해서 필요하다.

동유럽과 구소련 계승국의 미래는 동일한 문제가 아니다. 동유럽은 예전에 붉은 군대에 의해 점령당했었다. 동유럽은 문화적으로나 정치적으로나 스스로를 서유럽의 전통과 동일시했다. 특히 폴란드, 체코, 헝가리, 슬로바키아와 같은 비셰그라드 국가들[15]의 경우 더욱 그렇다. 만약 이 국가들이 서유럽 및 대서양 제도들과의 연계가 없이는 독일과 러시아 사이의 소위 무인지대가 될 것이다.[16] 그리고 이런 연계가 의미가 있으려면 비셰그라드 국가들은 유럽연합과 대서양 동맹에 소속되어야 한다. 이들이 경제적, 정치적으로 생존하기 위해서는 유럽연합이 필요하다. 그리고 안보를 위해서는 대서양 동맹이 필요하다. 사실 어느 한 기구의 회원국이 되는 것은 다른 기구의 회원국이 된다는 것을 의미한다. 유럽연합 회원국 대부분이 NATO 회원국이고, 유럽의 통합이 특정한 수준에 도달한 후에는 한 회원국이 공격받을 경우 다른 회원국들이 이를 무시하리라고는 상상할 수가 없기 때문에 유럽연합 가입은 적어도 사실상 NATO 안전보장의 확장으로 이어지게 된다.

동유럽국들의 두 기구 가입이 막혀 있었기 때문에 이 문제는 현재까지 회피되어 왔다. 하지만 두 기구의 가입 거절 배후에 있는 근거는 유럽과 미국의 정치적 전통 간의 차이만큼이나 확연히 달랐다. 유럽은 유럽연합을 동쪽으로 확대하는 결정을 현실정치(Realpolitik)에 근거하기로 했다. 유럽은 이 원칙을 수용했고 동유럽국들이 경제 개혁을 하는 동안은 준회원 자격을 제안했다. (그리고 그 과정에서 서유럽 경제가 좀 더 오랫동안 이들과 경쟁하지 않게 막아줬다.) 이런 방식에 따르면 최종적인 회원 가입은 시간이 지나면 해결되는 기술적인 문제가 되었다.

비셰그라드 국가들의 NATO 가입에 대한 미국의 반대는 원칙과 관련된 반대이다. 동맹이란 대결을 예상하고 체결되는 것이기 때문에 윌슨이 역사적으로 동맹을 반대했다는 사실까지 거슬러 올라가면서, 클린턴 대통령은 1994년 1월에 있었던 NATO 정상회담을 계기로 대안적인 비전을 제시했다. 클린턴은 미국이 폴란드, 헝가리, 체코, 슬로바키아의 NATO 가입을 찬성하지 않는 이유를 설명하면서, 대서양 동맹은 "동방과 서방 사이의 새로운 선을 그을 여유가 없습니다. 미래에 대결할 것이라는 자기실현적 예언을 만들어낼 수 있기 때문입니다. … 우리에게 유럽에 새로운 선을 그냥 더 동쪽에 그으라고 하는 유럽과 미국의 모든 분에게 말씀드립니다. 우리는 어디든지 민주주의가 있고, 어디든지 시장경제가 있으며, 그리고 어디든지 국민들이 서로의 안보를 위해 협력하는, 유럽을 위한 최선의 미래라는 가능성을 미리 배제하지 않아야 합니다.[17, 18]

이 정신에서 클린턴 대통령은 평화를 위한 동반자 관계(Partnership for Peace)라고 불렀던 구상을 제시했다. 이 구상에 따르면 구소련의 모든 계승국과 동유럽의 모든 위성국들이 일종의 모호한 집단안보 체제에 참여하도록 권유받는다. 윌슨주의와 봉쇄정책에 대한 윌리스의 비판(제16장에서 설명한 바 있다)이 혼합된 이 구상은 집단안보 원칙을 적용한다. 이 구상은 소련과 러시아 제국주의의 피해국들과 가해국들을 동등하게 대하며, 러시아가 참여해서 네 번이나 분할된 폴란드에 부여한 지위를 아프가니스탄과 국경을 접하는 중앙아시아 국가들에도 동등하게 부여한다. 평화를 위한 동반자 관계는 흔히 오해받는 것과 달리 NATO로 가는 중간 단계가 아니며 어디까지나 대안일 뿐이었다. 마치 로카르노 조약(제11장)이 프랑스가 1920년대에 추구했던 영국과의 동맹에 대한 대안이었듯이 말이다.

하지만 로카르노 조약은 공통의 목적에 기반한 동맹과, 위협에 대한 공통 인식이 아닌 특정한 국내 통치조건의 이행에 기반한 다자기구와의 사이에는 절충점이 없다는 사실을 보여줬다. 평화를 위한 동반자 관계는 유럽에서 두 종류의 국경을 창설할 위험이 있었다. 즉, 하나는 안보 보장으로 보호받는 국경이고 다른 하나는 그런 보장을 받지 못하는 국경이다. 이런 상황은 잠재적 침략국들을 유혹하고 잠재적 피해국들을 위축시킬 수밖에 없다. 대결을 회피한다는 명분으로 전략적이고 개념적인 무인지대가 중유럽과 동유럽에서 창출되는 일이 없도록 유의해야 한다. 이런 무인지대는 수많은 유럽 갈등의 근원이 되었다.

평화를 위한 동반자 관계 구상의 일부로서 동유럽의 안보와 러시아의 국제공동체 통합이라는 쌍둥이 문제는 해결이 불가능한 것으로 판명될 것이다. 만약 평화를 위한 동반자 관계가 NATO의 한 측면이 된다면, 현실적인 안보 임무와 전혀 무관한 방향으로 NATO를 전환시켜서 대서양 동맹을 약화하고 동유럽의 불안감을 증폭시킬 것이다. 그러면서도 여전히 충분히 애매모호하기 때문에 러시아를 달래지 못할 수도 있다. 실제로 침략당할 수 있는 잠재적 피해국들은 평화를 위한 동반자 관계를 위험하지는 않지만 적실성이 없다고 여길 수도 있다. 반면 아시아에서는 평화를 위한 동반자 관계가 주로 중국과 일본을 배제하는 인종적인 클럽으로 여겨질 수도 있다.

동시에 러시아를 대서양 국가들과 연계시키는 게 중요하다. 자칭 평화를 위한 동반자 관계라는 제도가 모든 회원국이 실질적으로 동일한 방식으로 이해하는 임무들을 다룬다면 그것을 위한 무대가 있다. 이런 공통의 과제는 경제 개발, 교육, 문화 분야에 존재한다. 유럽안보협력회의(CSCE: Conference for Security and Cooperation in Europe)가 이런 목적을 위해 기능이 확대될 수 있으며, 평화를 위한 동반자 관계로 명칭이 바뀔 수도 있다.

이런 구상하에 대서양 동맹은 공통의 정치적 틀을 구축하고 전반적인 안보를 제공할 것이다. 유럽연합은 과거 동유럽 위성국들의 회원가입을 가속할 것이다. 그리고 북대서양협력이사회(NACC: North Atlantic Cooperation Council)[19]와 아마도 평화를 위한 동반자 관계로 이름이 바뀐 유럽안보협력회의가 구소련 공화국, 그중에서도 특히 러시아연방을 대서양 체제와 연계시킬 것이다. 동유럽의 새로운 민주주의 국가들에까지 안보 우산이 확대될 것이다. 만약 러시아가 자국의 국경 내에 머무른다면 안보에 관한 초점이 시간이 지날수록 평화를 위한 동반자 관계로 옮겨갈 것이다. 공통의 정치적, 경제적 프로젝트가 갈수록 동서 관계를 지배하게 될 것이다.[20]

대서양 관계의 미래는 동서 관계에 달려 있는 게 아니라 미국이 21세기의 예측 가능한 변화에 대처하도록 하는 데 그 관계가 결정적인 역할을 할 것인가에 달려 있다. 이 책을 쓰고 있는 시점에서, 상상 가능한 부상하는 세력들 중 어떤 세력이 가장 우세해지거나 가장 위협적이 될지, 아니면 세력들이 결합해서 그렇게 될지, 그것이 러시아일지, 중국일지, 혹은 이슬람 극단주의 세력일지를 예측하는 건 불가능하다.[21] 그러나 미래가 어떤 식으로 전개되건 간에 이에 대처하는 미국의 능력은 북대서양 국가들과의 협력을 통해 향상될 것이다. 이런 식으로, "역외 지역" 문제로 여겨졌던 사안들이 북대서양 관계의 핵심이 될 것이며, 이런 목적을 위해 북대서양 관계도 재편되어야 할 것이다.[22]

1993년 아시아 정상들과의 회담에서 클린턴이 제안했던 태평양공동체(Pacific Community)가 상징하듯이 아시아에 대한 미국의 이해관계도 급증했다. 하지만 "공동체"라는 용어는 가장 제한적인 의미로만 아시아에 적용된다. 태평양 지역의 관계는 대서양 지역의 관계와 근본적으로 다르기 때문이다. 유럽 국가들이 공통의 제도를 통해 하나의 집단이 되고 있는 반면, 아시아 국가들은 스스로가 뚜렷이 다르고 경쟁 관계에 있다고 인식한다. 주요 아시아 국가들 간의 상호 관계는 19세기 유럽의 세력균형 체제에 있었던 대부분의 속성을 지니고 있다. 어느 한 나라의 힘이 두드러지게 증가하면 거의 틀림없이 다른 국가들이 이를 상쇄하는 조치를 취하게 된다.

여기에서 미국의 태도가 와일드카드가 된다. 미국은 20세기에 두 차례의 세계대전이 있기 전까지 영국이 유럽의 세력균형을 유지했던 것과—비록 철학까지 똑같은 건 아니지만—아주 똑같은 방식으로 세력균형을 유지할 수 있는 역량이 있다. 아시아-태평양 지역이 자랑하는 번영의 토대인 이 지역의 안정은 자연의 법칙이 아니라 균형상태의 결과이므로 탈냉전기 세계에서 갈수록 조심스럽고 신중하게 관리해야 할 것이다.

아시아에서는 윌슨주의를 신봉하는 사람이 드물다. 집단안보에 대한 주장이나 협력이 공통의 국내적 가치에 기반해야 한다는 가식조차 없다. 심지어 몇 안 되는 민주주의 국가들 사이에서조차도 그렇다. 오로지 균형상태와 국익이 강조된다.[23] 모든 주요 아시아 국가들의 국방비 지출이 이미 증가하고 있다. 중국은 초강대국으로 부상하고 있다. 1980년대에 유지했던 경제성장률 수준은 못 되지만, 중국은 국내총생산이 8퍼센트씩 성장하면서 2010년대 말까지 미국의 수준에 근접할 것이다. 그보다 훨씬 이전에 중국의 정치적, 군사적 그림자가 아시아에 드리워질 것이며, 아무리 중국의 실제 정책이 절제된 것으로 드러나더라도 다른 나라들의 계산에 영향을 줄 것이다. 다른 아시아 국가들은 이미 일본을 상대로 하고 있는 것처럼, 갈수록 강력해지는 중국에 대한 균형추를 모색할 가능성이 있다. 동남아시아 국가들은 비록 부인하겠지만, 대체로 중국 및 일본과 균형을 이루기 위해 여태까지 두려움의 대상이었던 베트남을 ASEAN에 포함시키고 있다.[24] 그리고 그렇기 때문에 ASEAN은 미국에 이 지역에 계속 관여해달라고 요청하고 있다.

일본의 역할은 필연적으로 이렇게 변화된 상황에 적응하게 될 것이다. 물론 그들의 국가적 스타일대로 일본 지도자들은 쉽게 알아채기 힘든 미묘한 변화들을 쌓아가며 그러한 조정을 해나갈 것이다. 냉전기 당시, 일본은 역사적인 자립 노선을 포기하고 그 대신 미국의 보호를 받았다. 경제 분야에서 결연한 경쟁자인 일본은 외교와 안보 정책을 미국의 정책에 복속시킴으로써 경제 분야에서 누린 행동의 자유에 대한 대가를 치렀다. 미국과 일본 둘 다 소련을 주된 안보 위협이라고 인식하는 한 미국과 일본의 국익이 일치한다고 간주하는 게 합당했다.

이런 패턴이 계속 이어지지 않을 가능성이 있다. 한국과 중국의 군사력이 신장하고 소련군 중에서 가장 피해를 적게 입은 군사력이 시베리아에 주둔하는 상황에서, 일본의 장기적 전략을 구상하는 사람들은 미국과 일본의 이익이 절대적으로 똑같다고 무한정 당연하게 여기지 않을 것이다. 미국의 모든 새로운 행정부가 기존 정책을 재평가하겠다고 선언하면서(혹은, 적어도 이것들이 바뀔 수도 있다고 암시하면서) 임기를 시작하고 경제적 문제에 관한 대립이 예외가 아닌 원칙이 된다면, 미국과 일본의 외교적 이해관계가 절대로 갈라질 수 없다고 주장하기 어렵다. 여하튼 아시아 본토에 대한 일본의 시각은 지리적 근접성과 역사적 경험 때문에 미국의 시각과 다르다. 따라서 일본의 방위예산은 세계 3위 수준이 될 때까지 서서히 증가해왔으며, 러시아의 국내문제를 감안할 때, 어쩌면 두 번째로 가장 효과적일 수 있다.[25]

1992년 당시 일본 총리였던 미야자와 기이치는 일본이 북한의 핵 능력을 인정할지에 대한 질문을 받았을 때 상당히 일본인답지 않게 직설적으로 "아니오."라고 한 단어로 답변했다. 이게 일본이 독자적 핵 능력을 개발하겠다는 의미인가? 아니면 일본이 북한의 핵 능력을 억누르겠다는 말인가? 이런 질문이 제기될 수 있다는 사실 자체가 일본이 어느 정도까지는 미국의 안보 및 외교 정책에 대한 의존에서 탈피할 가능성이 있다는 점을 시사한다.[26]

다른 주요 국가들과 관련하여 훨씬 더 날카로운 분석이 가능할 것이라는 사실 자체가 아시아의 균형상태가 얼마나 변화하고 있고 어쩌면 불안정해질 수 있는지를 보여준다. 미국이 아시아에서 균형상태를 유지하려고 한다면, 균형이 위태로워질 때까지 기다리면 안 된다. 모든 가용한 아시아 협의체들에 영향력을 행사할 수 있을 정도로 미국의 정책이 충분히 유연해져야 한다. 어느 정도는 이미 이렇게 되고 있다. ASEAN(동남아시아)에서 보조적인 역할이 구축되었고 아시아—태평양 경제협력체(APEC)에 주요 국가들이 참여했다.

그러나 이런 다자주의 제도에 대한 미국 영향력의 한계 또한 명백해졌다. 유럽식 모델에 맞춰 보다 제도화된 태평양공동체를 건설하자는 클린턴의 제안은 정중하면서도 무관심하게 받아들여졌다. 대체로 아시아 국가들이 스스로를 공동체로 여기지 않았기 때문이다. 이들은 잠재적인 아시아의 초강대국들이나 심지어 미국이 자신들의 문제에서 큰 목소리를 낼 수 있게 해주는 제도적 틀을 원하지 않는다. 아시아 국가들은 미국과의 의견 교환에는 마음이 열려 있다. 이들은 미국이 계속해서 충분히 관여해서 비상상황에서 독립을 보전하고 위협을 퇴치하는 데 도와주기를 원한다. 그러나 이들은 공식적이고 태평양 전체를 아우르는 제도를 지지하기에는 강력한 주변국들을 너무나 의심하고 있으며, 어느 정도는 미국까지도 의심하고 있다.

따라서 사안들에 영향을 미치는 미국의 역량은 결국 주로 아시아 주요국들과의 양자 관계에 달려 있게 된다. 그렇기 때문에 미국의 일본과 중국 두 나라에 대한 정책이—이 책을 쓰고 있는 시점에 논란이 되고 있지만—그만큼 결정적으로 중요하다. 우선 미국은 일본과 중국이 상호 의심에도 불구하고 협력하도록 도움을 주는 열쇠 역할을 할 수 있다. 가까운 미래에 노령화된 인구와 침체된 경제에 직면하게 되면 일본은 중국이 초강대국으로 등장하고 러시아가 자신의 힘을 되찾기 전에 기술적, 전략적 우위를 확보하겠다고 결정할지도 모른다. 그 후에 일본은 강력한 균형 수단인 핵기술에 의지할지도 모른다.

둘 중 어느 우발상황에서든지 긴밀한 미-일 관계는 일본을 온건하게 만들고 다른 아시아 국가들을 안심시키는 데 결정적으로 기여하게 될 것이다. 일본의 군사력이 순수하게 독자적일 때보다 미국과 연계된다면 중국이나 다른 아시아 국가들이 덜 우려할 것이다. 그리고 비록 예전보다는 덜 포괄적이겠지만 미국의 안전망이 존재하는 한 일본은 군사력이 덜 필요하다고 판단할 것이다. 동북아시아(한국과 일본)에 미군이 상당한 규모로 주둔해야 할 것이다. 만약 미군이 없다면 아시아에서 항구적인 역할을 맡겠다는 미국의 약속이 신뢰를 못 받을 것이고, 일본과 중국은 갈수록 국가적 행동 방침을 추구하려는 유혹을 받을 것이다. 이는 결국 서로를 그리고 양국 사이의 모든 완충국을 겨냥하게 될 것이다.

유사한 지정학적 이해관계에 근거해서 미-일 관계를 활성화하고 명확히 하려는 노력은 심각한 장애물에 직면할 것이다. 경제 분야에서의 이견은 이미 익숙하다. 문화적 걸림돌이 은근히 더 악영향을 주는 것으로 밝혀질지도 모른다. 이런 점은 두 나라의 의사결정에 대한 서로 다른 접근 방식에서 가장 고통스럽고, 때로는 미치게 할 정도로 명백하게 드러난다. 미국은 지위에 기초해서 결정을 내린다. 권한이 있는 누군가가, 대체로 대통령이나 국무장관이 가용한 옵션 중 선호하는 방침을 선택한다. 일본은 컨센서스에 따라 움직인다. 어떠한 단일 인사도, 심지어 총리조차도 결정을 내릴 권한이 없다. 결정을 내려야 하는 모든 사람이 컨센서스 형성에 참여하며, 모두가 동의할 때까지 이 절차가 완결되지 않은 것으로 여겨진다.

이 모든 것 때문에 미국 대통령과 일본 총리 간의 회담에서는 실제 내용상의 차이가 오해로 인해 훨씬 더 복잡해진다. 미국 대통령이 동의한다고 밝히면 앞으로 행동할 것임을 의미한다. 일본 총리가 찬성한다고 하면 이는 미국의 입장에 동의한다는 말이 아니라, 미국의 입장을 이해했으며 자신의 컨센서스 그룹에 그 입장을 전달하겠다는 것이다. 일본 총리는 자신의 권한이 그 이상이 못 된다는 게 명백하다고 여긴다. 아시아에서 협상이 왕성하게 논의되려면 미국은 더 큰 인내심이 필요하며, 일본은 미래의 협력을 궁극적으로 좌우할 장기적 정책을 의미 있게 논의할 수 있어야 한다.

희한하게도 견고한 미-일 관계는 미-중 관계의 이면이 될 것이다. 일본은 중국 문화에 대한 상당한 친밀감에도 불구하고 존경과 두려움 사이에서, 우호관계에 대한 열망과 지배하고 싶은 충동 사이에서 갈피를 못 잡고 있다. 미-중 관계가 긴장 상태에 놓이면 일본은 중국에 대한 영향력을 강화하지는 못하더라도, 미국의 주도권을 너무 가까이 추종함으로써 적어도 자신의 영향력이 축소되지 않게 하려고 미국과 거리를 두려는 유혹을 느끼게 된다. 동시에 일본이 순수하게 독자적으로 접근하면 중국은 이를 마치 일본이 지배하려는 욕구가 있는 것처럼 받아들일 위험이 있다. 따라서 미국과 중국의 좋은 관계가 미국과 일본의 장기적으로 좋은 관계를 위해서도 필수적이며, 우호적인 중—일 관계를 위해서도 필요하다. 이는 개별 당사국들이 큰 위험을 감수해야만 포기할 수 있는 삼각관계라 할 수 있다. 미국으로서는 이러한 애매모호한 상황이 완전히 편안한 것도 아니다. 국가를 우방국 아니면 적국이라고 꼬리표를 붙이는 미국의 성향과 맞지 않기 때문이다.

모든 강대국과 잠재적 강대국 중에서 중국이 가장 상승일로를 걷고 있다. 미국은 이미 가장 강력하며, 유럽은 더욱 단결하기 위해 노력해야 하고, 러시아는 비틀거리고 있는 거인이며, 일본은 부유하지만 아직까지 소심하다. 하지만 매년 경제성장률이 10퍼센트에 육박하며, 국민적 단결 의식이 강력하고, 계속 군사력이 신장하는 중국은 주요 강대국 중 위상이 상대적으로 가장 많이 신장될 것이다. 1943년에 루스벨트는 중국을 "4명의 경찰관" 중 하나로 구상했지만, 중국은 얼마 안 가서 내전의 혼란에 빠져들었다. 내전 후에 등장한 마오주의의 중국은 독자적인 강대국이 되려고 했지만, 이념적 맹목성으로 좌절을 겪었다. 개혁주의 성향의 지도자들은 이념적 격변을 과거의 일로 돌리고 중국의 국익을 교묘하면서도 집요하게 추구했다. 중국과 대립하는 정책을 추구하면 미국이 아시아에서 고립될 위험이 있다. 어떤 아시아 국가도 미국의 잘못된 정책의 결과라고 여겨지는 중국과의 정치적 갈등에서 미국을 지지하고 싶지 않을 것이고, 혹은 지지할 여유가 없을 것이다. 이런 상황이 되면 압도적으로 많은 아시아 국가들이 정도의 차이는 있겠지만, 속으로는 아무리 하고 싶지 않더라도 미국과 거리를 두려고 할 것이다. 거의 모든 국가가 미국이 중국과 일본을 통합하는 안정적이고 장기적인 틀을 창조해주기를 기대하기 때문이다. 이런 옵션에서 미국이 중국과 대립하게 되면 일본과 중국 두 나라 다 놓치게 된다.[27]

독자적 외교정책의 역사가 가장 오래되고 국익에 기반한 외교정책이라는 전통이 있는 나라인 중국은 무서운 주변국인 러시아와 일본, 그리고 이보다 덜하지만 인도를 견제하는 세력으로서 미국의 관여를 환영한다. 하지만 중국과의 우호적 관계뿐 아니라 중국에게 안보적 위협으로 인식되는 나라들과도 우호적 관계를 동시에 추구하는 미국의 외교정책—이것이 올바른 미국의 입장이다—은 미국과 중국 간의 신중하고 정기적인 대화를 요구한다.

1989년에 천안문 사태가 발생한 뒤 4년 동안 미국이 고위급 접촉을 거부함에 따라 이런 대화가 제약되었다. 이런 조치는 냉전이 최고조에 달했을 때도 소련을 상대로 취한 적이 없었다. 그리하여 인권이 미—중 관계에서 중심에 자리 잡게 되었다.

클린턴 행정부는 현명하게 고위급 접촉선을 복원했다. 미—중 관계의 미래는 이제부터 본질적으로 이런 교류의 실질적 내용에 좌우될 것이다. 분명히 미국은 인권과 민주주의라는 가치에 관한 미국의 전통적인 관심을 포기할 수 없다. 문제는 이런 가치들을 미국이 옹호한다는 사실이 아니라 미-중 관계의 모든 측면에서 어느 정도까지 이런 가치들을 조건으로 삼을 것인가이다. 중국은 미-중 관계가 상호 이익이 아니라 미국의 재량으로 추구되거나 중단될 수 있는 미국의 호의에 기초한다는 암시를 거들먹거리는 행위로 여긴다. 이런 태도는 미국을 신뢰할 수 없고 간섭하는 것처럼 보이게 만들며, 신뢰할 수 없다는 것은 중국인들이 보기에 아주 큰 결점이다.

자신이 속한 지역에서, 아니 자신이 알고 있던 세계에서 역사적으로 우월한 국가였던 중국으로서는 중국의 제도나 국내적 관행에 대해 지시하려는 시도가 깊은 분노를 자아낼 것이다. 이러한 일반적인 민감성은 중국 역사에서 서방의 개입에 대한 중국의 시각으로 인해 확대된다. 19세기 초 아편전쟁으로 중국이 강제로 개항된 이래, 서방은 중국인들에게 끊임없이 일련의 굴욕을 안겨주는 존재로 간주되었다. 동등한 지위, 그리고 외세의 지시에 머리를 절대 조아리지 않겠다는 강력한 주장은 중국 지도자들에게 전술이 아니라 도덕적 책무라 할 수 있다.

중국이 미국으로부터 얻어내고자 하는 것은 중국이 보기에 강력하고 탐욕스러운 주변국들을 견제할 수 있는 전략적 관계다. 이 정도 수준의 외교정책 협조를 이뤄내기 위해서라면 중국은 인권 문제에서 다소 양보할 준비가 되어 있을지도 모른다. 물론 그런 양보가 중국의 자유로운 선택에 따라 제시된 것처럼 보일 수 있어야 한다는 조건이 붙는다. 그러나 미국이 공개적으로 조건을 밝히겠다고 고집한다면, 이는 중국 사회를 미국의 가치로 개종시키고 굴욕을 주려는 시도이자 미국이 진지함을 결여하고 있는 것으로 여겨질 것이다. 이런 식의 태도는 미국이 아시아의 균형상태 그 자체에 대해 아무런 이해관계가 없음을 암시하기 때문이다. 만약 중국이 이런 목적에서 미국을 기대할 수 없다고 본다면 전혀 양보할 생각이 들지 않을 것이다. 미-중 관계와 역설적으로 인권 문제에서도 해결의 열쇠는 글로벌 전략, 특히 아시아 전략에서의 암묵적 협력이다.

미국은 유럽과 관련해서 가치 공동체를 공유하고 있지만, 아직 탈냉전 시기를 위한 공통의 정책이나 적합한 제도를 고안해낼 수는 없었다. 아시아와 관련해서 미국은 바람직한 전반적인 전략을 정의할 수는 있겠지만, 가치 공동체를 정의할 수는 없다. 하지만 상당히 예상치도 못하게 도덕적 목적과 지정학적 목적, 즉 윌슨주의와 현실정치가 융합되는 상황이 서반구 지역에서 일어나고 있다.

서반구 지역에서의 미국의 초기 외교정책은 본질적으로 강대국의 개입주의 정책이었다. 프랭클린 루스벨트가 1933년에 발표한 선린정책(Good Neighbor policy)은 협력을 향한 전환점이 되었다. 1947년의 리우 조약(Rio Treaty)과 1948년의 보고타 협약(Bogota Pact)은 미주기구(OAS)를 통해 제도화된 안보 요소를 제공했다. 케네디가 1961년에 발표한 진보를 위한 동맹(Alliance for Progress)은 해외 원조와 경제 협력을 도입했다. 하지만 수혜국들의 국가 통제주의적 성향 때문에 장기적 안목을 갖고 추진된 이러한 정책은 불운한 운명을 맞았다.

냉전기 동안 대부분의 라틴아메리카 국가들은 권위주의적이고, 주로 군인들이 지배하는 정부가 통치하고 있었고, 이들은 자국 경제를 국가가 통제하도록 하는 데 전념했다. 1980년대 중반부터 라틴아메리카는 경제적 마비 증세를 떨쳐내고 놀라울 정도로 모두가 민주주의와 시장경제를 향해 나아갔다. 브라질과 아르헨티나, 칠레는 군부 통치를 철폐하고 민주적 통치를 선택했다. 중앙아메리카도 내전을 끝냈다. 무분별한 차입으로 파산했던 라틴아메리카는 재정적 규율을 받아들였다. 거의 모든 곳에서 국가가 지배했던 경제가 점진적으로 시장 세력들에게 개방되었다.

부시가 1990년에 발표한 미주를 위한 구상(EAI)과 클린턴이 1993년에 성공적으로 매듭지은 멕시코 및 캐나다와의 북미자유무역협정(NAFTA)은 미국의 역사에서 라틴아메리카를 향한 가장 혁신적인 정책으로 손꼽힌다.[28] 일련의 우여곡절 끝에 서반구는 새롭고 인도적인 글로벌 질서를 위한 핵심적인 요소가 되기 직전인 것처럼 보인다. 민주적 국가들의 모임체가 민주 정치와 시장경제, 그리고 서반구 전체를 아우르는 자유무역을 하겠다고 서약했다. 서반구에 남아 있는 유일한 마르크스주의 독재 국가는 쿠바다. 서반구의 다른 모든 곳에서는 민족주의적이고 보호주의적인 경제정책이 해외투자에 호의적이고 개방적인 국제무역을 지지하는 자유경제체제로 대체되고 있다. 상호주의적 의무와 협력 활동을 강조하면서 알래스카로부터 케이프혼(칠레 최남단)에 이르는 자유무역지대를 창설하겠다는 궁극적이고 극적인 목표가 있다. 얼마 전까지 이런 구상은 절망적인 유토피아식 사고라고 일축되었을 것이다.

NAFTA가 시발점이 되어서 서반구 전체를 아우르는 자유무역체제가 수립된다면 어떤 사태가 발생하더라도 미주지역이 주도적인 역할을 맡게 될 것이다. 만약 1993년에 협상된 관세 및 무역에 관한 일반협정(GATT)의 우루과이 라운드 원칙들이 사실상 자리 잡게 된다면 서반구는 글로벌 경제성장에서 주요 참여자가 될 것이다.[29] 만약 차별적인 지역적 블록화가 우세해진다면, 방대한 시장을 가진 서반구는 다른 지역의 무역 블록과 효과적으로 경쟁할 수 있게 될 것이다. 실제로 NAFTA는 그런 경쟁을 미연에 방지하고 경쟁이 발생하더라도 이길 수 있는 가장 효과적인 수단이다. NAFTA의 원칙을 준수할 준비가 되어 있는 서반구 외부의 국가들에 준회원 자격을 부여함으로써, 확대된 NAFTA 는 자유무역을 준수해야 할 유인을 창출하고 더 보호주의적인 규칙을 고집하는 국가들을 처벌할 수 있을 것이다. 종종 자신의 가치와 필요성 사이에서 균형을 맞출 수밖에 없는 세계에서, 미국은 자신의 열망이 시작되었고 첫 번째 외교정책 구상(먼로 독트린)이 실행 되었던 서반구에서 자신의 이상과 지정학적 목표가 딱 들어맞는다는 사실을 발견했다.[30]

20세기 들어 신세계질서를 창출하겠다고 세 번째로 나선 미국에 무엇보다 중요한 과제는 미국의 예외주의에 내재해 있는 두 개의 유혹 즉, 미국이 반드시 모든 불의를 시 정하고 모든 혼란을 안정시켜야 한다는 인식과 자신의 내부로 시선을 돌리려는 잠재적 본능 사이에서 균형을 잡는 것이다. 미국이 탈냉전기 세계의 모든 인종 분규와 내전에 무 차별적으로 개입한다면, 이런 성전으로 말미암아 미국의 자산이 고갈될 것이다. 하지만 미국이 내부의 미덕을 갈고닦는 데만 골몰한다면, 멀리 떨어져 있고 미국이 점차 통제력 을 잃게 될 다른 나라들이 내린 결정에 미국의 안보와 번영을 맡기는 꼴이 될 것이다.

1821년에 존 퀸시 애덤스가 "먼 곳에 있는 괴물을" 무찌르려는 성향에 대해 미국인 들에게 경고했을 때, 애덤스는 탈냉전기 세계에 존재하게 될 괴물들의 엄청난 수와 규모 를 상상할 수 없었을 것이다. 미국이 모든 악에 맞서 싸울 수는 없으며, 하물며 미국 혼자 싸운다는 것은 말할 필요조차도 없다. 그러나 일부 괴물은 죽이지는 않더라도 최소한 맞 서서 저항해야 한다. 가장 필요한 것은 선택을 위한 기준이다.

미국 지도자들은 일반적으로 구조보다 동기를 강조했다. 이들은 상대방의 계산보다 상대방의 태도에 영향을 주어야 한다고 강조했다. 그 결과 미국 사회는 유별나게 역사의 교훈에 대해 상반된 태도를 보였다. 미국 영화는 종종 극적인 사건을 겪으면서 악당이 어 떻게 도덕적으로 귀감이 되는 인물로 바뀌는지를 보여준다. (어떨 때는 지나치게 역겨울 때 도 있다.) 이는 과거가 모든 것을 다 결정하는 게 아니며 새 출발이 언제라도 가능하다는 국민들 사이에 널리 퍼진 믿음을 반영한다. 현실 세계에서는 그런 변신을 개인 차원에서 거의 찾아볼 수 없고, 하물며 수많은 개인들의 선택이 합쳐진 국가들 사이에서는 더욱 그 렇다.

역사를 거부하는 태도는 과거나 지리, 혹은 다른 불변의 환경과 상관없이 보편적 격 언에 따라 살아가는 보편적 인간상을 찬미한다. 미국의 전통이 국가적 특성보다 보편적 진리를 강조하기 때문에 미국의 정책입안자들은 일반적으로 국가적 접근보다 다자주의 적 접근을 선호했다. 즉, 본질적으로 국가적이고 지정학적이고 전략적인 이슈보다는 군축, 비확산, 그리고 인권이라는 의제를 선호했다.

미국이 역사에 구속되기를 거부하고 계속해서 새로워질 수 있다고 고집함에 따라 미국식 삶의 방식은 대단히 품위가 있고 심지어 아름다워지기까지 한다. 역사에 집착하는 사람들이 자기실현적인 예언을 만들어낸다는 국민적 공포는 대중들의 위대한 지혜가 구현된 것이다. 그럼에도 불구하고 역사를 무시하는 자들은 역사를 반복하게 된다는 조지 산타나야(George Santayana)의 격언은 훨씬 더 많은 사례를 통해 뒷받침된다.

미국과 같은 이상주의적 전통이 있는 나라는 신세계질서를 위한 유일한 잣대로서 세력균형만을 정책의 기초로 삼을 수 없다. 그러나 미국은 균형상태가 자신의 역사적 목표를 추구하기 위한 근본적 전제조건이라는 사실을 반드시 깨달아야 한다. 그리고 이와 같은 더 높은 목표는 수사적 표현이나 가식적 태도로는 달성할 수가 없다. 새롭게 등장하고 있는 국제체제는 미국 외교가 예전에 접했던 그 어떤 체제보다 훨씬 더 복잡하다. 외교정책은 당장의 현안을 강조하고 장기적 구상을 위한 유인을 거의 제공하지 않는 정치체제에 의해 실행될 수밖에 없다. 지도자들은 시각적 이미지를 통해 정보를 얻는 경향이 있는 유권자들을 상대해야 한다. 이 모든 것들로 인해 우선순위의 재고와 역량의 분석을 요구하는 시점에서의 정서와 분위기가 특별히 중요해진다.

분명히 현실정치(Realpolitik)는 자동적인 만병통치약이 아니다. 세력균형은 나폴레옹전쟁이 끝나고 40년 후에 그 정점에 도달했다. 세력균형은 이 시기 동안 순조롭게 작동했다. 균형상태가 균형을 강화하도록 신중하게 설계되었고, 그리고 더 중요한 것으로 적어도 보수주의적 왕실들 사이의 공통의 가치관에 의해 뒷받침되었기 때문이다. 크림전쟁 이후 공통의 가치관이 점점 희박해졌다. 문제들이 18세기 상황으로 되돌아갔으나, 이제는 현대적 기술과 여론의 역할 증대로 훨씬 더 위험해졌다. 심지어 독재 국가도 외부의 위험을 들먹임으로써—그리고 외부적 위협으로 민주적 컨센서스를 대체함으로써—대중들에게 호소할 수 있었다. 유럽 국가들이 민족적으로 통합되면서 행위자의 숫자가 줄어들었고 힘의 구사를 외교적 연합으로 대체할 수 있는 능력도 줄어들었다. 반면에 정통성에 대한 공통의 인식이 붕괴하면서 도덕적 제약은 약화되었다.

미국이 역사적으로 세력균형을 혐오했음에도 불구하고 이런 교훈은 탈냉전기 미국의 외교정책과 관련이 있다. 미국 역사상 처음으로, 오늘날 미국은 자신이 가장 강력한 구성원인 국체체제의 일부이다. 비록 군사적으로 초강대국이지만 미국은 더 이상 자신의 의지를 강요할 수 없다. 미국의 힘이나 이념이 제국적 야심에 별로 도움이 되지 않기 때문이다. 미국이 군사적으로 압도적인 핵무기도 사용 가능한 힘의 측면에서 볼 때 균등해지고 있다.

따라서 미국은 자신이 비록 전 세계적인 차원이긴 하지만 19세기 유럽과 많은 면에서 유사성을 지닌 세계에 있다는 것을 점점 더 알게 될 것이다. 누군가는 메테르니히 체제와 유사한 무언가가 형성되고, 그 체제 안에서 세력균형이 공통의 가치관에 의해 보강되기를 희망할 수도 있다. 그리고 현대에는 이러한 가치가 민주적이어야 할 것이다.

하지만 메테르니히는 자신의 정통성 있는 질서를 창출해야 할 필요가 없었다. 그러한 질서는 본질적으로 이미 존재하고 있었다. 현대 세계에서 민주주의는 결코 보편적이지 않으며, 민주주의라고 선포된 국가들에서도 민주주의가 반드시 같은 잣대로 정의되는 것도 아니다. 미국으로서는 도덕적 컨센서스로 균형상태를 뒷받침하려고 하는 게 합리적이다. 스스로에게 충실하기 위해서 미국은 전 세계가 민주주의에 헌신하는 방향으로 가능한 한 가장 광범위한 도덕적 컨센서스를 구축하기 위해 노력해야 한다. 그러나 미국은 세력균형에 관한 분석을 함부로 등한시해서도 안 된다. 도덕적 컨센서스를 추구하다가 균형상태를 파괴한다면 그 자체가 자멸적이기 때문이다.

만약 정통성에 기반한 윌슨주의 체제가 가능하지 않다면, 미국은 아무리 내키지 않더라도 세력균형 체제에서 활동하는 방법을 배워야 할 것이다. 19세기에 두 가지 형태의 세력균형 체제가 있었다. 파머스턴과 디즈레일리의 접근법으로 대표되는 영국식 모델과 비스마르크식 모델이다. 영국식 접근법은 세력균형이 직접 위협받을 때까지 관여하지 않고 기다리며, 거의 항상 약한 편에 섰다. 비스마르크식 접근법은 가능한 최대한 많은 당사자와 긴밀한 관계를 구축하고, 중첩하는 동맹체제를 구축하며, 그리고 이런 결과로 얻은 영향력을 활용하여 도전자의 요구를 누그러뜨림으로써 도전이 제기되는 것을 미연에 방지하려고 했다.

독일과 두 번이나 세계대전을 겪었던 미국의 경험에 비추어볼 때 이상하게 보일 수도 있겠지만, 비스마르크 방식으로 세력균형을 운용하는 게 어쩌면 미국의 국제관계에 대한 전통적 접근법에 더 잘 맞는다. 파머스턴과 디즈레일리의 방식을 실행하려면 분쟁에 초연하도록 단련되어 있어야 하고, 위협에 직면할 경우 균형상태를 위해 무자비하게 전념할 수 있어야 한다. 분쟁과 위협 둘 다 거의 전적으로 세력균형의 관점에서 평가되어야 한다. 미국은 초연한 태도나 무자비한 모습을 보이기가 상당히 힘들 것이며, 국제문제를 엄격히 힘의 관점에서 해석하려는 의향이 없다는 사실은 말할 필요도 없다.

비스마르크의 후기 정책은 다양한 국가 그룹들과의 공유된 목표에 대한 컨센서스를 통해 사전에 힘을 억누르려고 했다. 상호의존적인 세계에서 미국은 영국이 했던 영예로운 고립을 실천하기가 어려울 것이다. 그렇다고 해서 미국이 세계 모든 지역에 동일하게 적용 가능한 포괄적인 안보체제를 구축할 수 있을 것으로 보이지도 않는다. 가장 창의적인 해결방안은 중첩되는 구조들을 구축하는 것이다. 일부는 서반구에서와 같이 공동의 정치적, 경제적 원칙에 기초한 구조이고, 일부는 대서양 지역이나 동북아시아에서처럼 공통의 원칙과 안보 관심사를 결합하는 구조이며, 다른 것들은 동남아시아와의 관계에서 처럼 주로 경제적 관계에 기반을 둔 구조다.

여하튼 주어진 임무가 너무 커서 실패했다고 역사 앞에서 변명할 수는 없다. 미국은 모든 선택이 가능한 것처럼 보였던 시기로부터 자신의 한계를 깨달을 때만 여전히 다른 국가들보다 더 많은 것을 성취할 수 있는 시기로의 전환을 능숙하게 해내야 한다. 미국 역사 대부분의 기간 동안, 미국은 자신의 생존을 위협했던 외국 세력을 알지 못했다. 그런 위협적인 세력이 마침내 냉전기에 등장하자 완전히 패배시켰다. 이런 경험 덕택에 미국은 세계 다른 국가들 사이에서 홀로 영향을 받지 않으며 미덕과 선행의 본보기를 보임으로써 승리할 수 있다는 믿음을 갖게 되었다.

탈냉전기 세계에서 이런 태도는 순진무구함이 아니라 제멋대로 행동하는 것이다. 미국이 세계를 지배하지도 손을 털고 물러나지도 못하고, 무소불위의 힘을 지녔으면서도 동시에 완전히 취약해진 시대에 미국은 자신을 위대하게 만들어준 이상을 버리지 말아야 한다. 그러나 자신의 힘이 미칠 수 있는 범위를 착각함으로써 미국의 위대함을 위태롭게 해서도 안 된다. 미국의 세계적인 리더십은 미국이 지닌 힘과 가치에서 비롯되지만, 그것은 미국이 다른 국가들과 교류함으로써 그들에게 친절을 베푸는 것인 양, 혹은 이런 호의를 철회함으로써 자신의 의지를 무제한으로 강요할 수 있는 것인 양 행동하는 특권을 포함하지는 않는다.

미국은 현실정치와 어떻게 연계되더라도 역사상 최초로 자유라는 이름하에 명시적으로 창조되었던 사회로서 그 핵심 가치를 반드시 고려해야 한다.[31] 하지만 미국의 생존과 발전은 이 시대의 현실을 반영하는 선택을 할 수 있는 능력에도 달려 있게 될 것이다. 그렇지 않으면 외교정책이 독선적인 가식으로 변질되게 된다. 이러한 각각의 요소들에 주어지는 상대적 비중과 모든 우선순위와 관련된 대가가 정치적 지도자들의 도전과 위상을 규정한다. 어떤 지도자도 하지 말아야 할 일은 선택에 대가가 따르지 않는다든지, 혹은 균형을 맞출 필요가 없다는 식으로 제시하는 것이다.

현대 시대에서 세 번째로 세계질서로 나아가는 여정에서 미국의 이상주의는 여전히 필수적이고, 어쩌면 훨씬 더 필수적이다. 그러나 새로운 세계질서에서, 미국의 이상주의는 불완전한 세계에서의 모든 애매모호한 선택의 상황들을 미국이 견뎌낼 수 있도록 신념을 제공하는 역할을 할 것이다. 전통적인 미국의 이상주의는 미국의 이익에 대한 유용한 정의를 도출하기 위해 반드시 오늘날의 현실에 대한 신중한 평가와 결합되어야 한다. 과거에는 미국의 외교정책 활동이 어떤 종착점 이후부터는 근본적인 세계의 조화가 다시 작동하게 된다는 유토피아적인 비전으로부터 영감을 받았다.

이제부터는 그런 최종 결과가 나올 가능성이 매우 적다. 미국의 이상을 실현하려면 인내심을 갖고 부분적인 성공을 쌓아가야만 한다. 냉전의 특징인 물리적 위협과 적대적 이념이라는 확실성이 사라졌다. 새롭게 등장하는 세계질서를 능숙히 관리하라는 데 필요한 확신은 훨씬 더 추상적이다. 즉, 막상 제시되었을 때 입증될 수 없는 미래에 대한 비전과, 희망과 가능성 간의 관계에 대한 판단도 본질적으로는 추측에 불과하다. 평화, 안정, 진보, 그리고 인류를 위한 자유라는 미국이 과거에 갖고 있었던 윌슨식 목표는 끝이 없는 여정에서 계속 추구되어야 한다. 스페인 속담은 이렇게 말한다. "여행자여, 길이란 없다. 길은 걸어가면서 만들어지는 것이다."

| 감사의 말 |

아무도 지나 골드해머보다 더 많이 기여하지 못했다. 지나는 모든 초안을 포함해 전체 원고를 편집했고, 우리가 했던 모든 노력의 핵심이 되었으며, 탁월한 능력과 무한한 재치, 인내심을 통해 모든 일이 적시에 합쳐질 수 있도록 했다.

존 밴든 휴벨의 역사에 관한 연구는 필수불가결했다. 덧붙여서 이 책이 구체화되는 과정에서 도움이 되는 의견을 수없이 많이 제시해줬다.

옛 친구이자 동료인 피터 로드먼은 연구를 많이 했고, 특히 미국 자료를 파고 들었으며, 이 책의 모든 장을 다 읽어줬다. 도움이 되고 통찰력 있는 그의 제안에 감사드린다.

로즈머리 니허 니허스는 오랫동안 지칠 줄 모르는 보좌역이었다. 그녀도 연구를 했고 특히 한국과 베트남을 연구했으며, 다른 사람들의 연구를 검토했다. 파악하기 어려운 사실을 밝혀냈으며, 아무것도 빠뜨리지 않고 꼼꼼하게 챙겼다. 모린 미너헌과 스테파니 톤으로부터 귀중한 도움을 받았다.

조디 욥스트 윌리엄스가 거의 알아보기 힘든 내 육필 원고를 타이핑했고, 수많은 과장된 표현을 다듬었다. 수잔 맥팔레인은 그녀만의 재치와 배려로 나의 다른 활동을 다 챙겨주어서 내가 이 책에 집중할 수 있도록 자유롭게 해줬다. 윌리엄 G. 하일랜드의 소련 자료에 대한 제안과 노먼 포드호러츠의 초안 검독으로부터 많은 혜택을 받았다.

사이먼&슈스터 출판사의 마이클 코더는 뛰어난 편집자라고 입증되었고 좋은 친구가 되었다. 그는 애당초 상당히 단순했던 아이디어가 초점을 바꿔서 훨씬 더 복잡하고 오래 끄는 과제로 성장하는 과정에서 잘 참고 버텨냈다. 그의 점잖은 지적이 유달리 나를 화나게 할 때마다, 돌이켜보면 그가 옳았다는 점에서 그가 얼마나 이바지했는지 판단할 수 있다. 린 아마토는 사이먼&슈스터 출판사의 모든 활동을 변함 없이 활기차게 효율적으로 조율해주었다. 사이먼&슈스터 출판사의 모든 분들—교열 담당자, 디자이너, 제작 및 판촉 담당 등—이 감동적으로 헌신적이면서 더할 나위 없이 유능하게 일을 해줬다.

내 아내 낸시는 예전에도 그랬고 늘 그렇듯 건전한 조언을 해줬고, 꼭 필요한 정신적 지지를 보내줬다. 원고 전체를 다 읽었고, 대단히 현명한 제안도 해줬다.

이 책에서 부족한 점이 있다면 내 탓이다.

872

| ⓒErich Lessing/MAGNUM Photos.

제19장 덜레스(한국전쟁 전선, 1950년 6월) | ACME.

제20장 드와이트 D. 아이젠하워와 처칠(런던, 1959년)

    | ⓒBob Henriques/MAGNUM Photos.

제21장 흐루쇼프와 가말 압델 나세르(모스크바, 1958년)

    | ⓒErich Lessing/MAGNUM Photos.

제22장 부다페스트 봉기 당시 헝가리 거리의 전사들(1956년 10월)

    | ⓒErich Lessing/MAGNUM Photos.

제23장 존 F. 케네디와 흐루쇼프(빈, 1961년 6월) | Archive Photos.

제24장 케네디와 해럴드 맥밀런(버뮤다, 1961년 12월). 샤를 드골과 콘라트 아데나워(본)

    | (좌)Agence France-Presse/Archive Photos. (우)Deutsche Presse-Agentur/
    Archive Photos.

제25장 프랑스 보병(디엔비엔푸, 1954년 4월) | Ullstein Bilderdienst.

제26장 린든 B. 존슨(1965년 12월) | UPI/Bettmann Newsphotos.

제27장 헨리 키신저와 레둑토(파리, 1973년 1월) | Archive Photos France.

제28장 레오니트 브레즈네프와 리처드 닉슨(1973년 6월) | J. P. Laffont/SYGMA.

제29장 아나톨리 도브리닌과 레오니트 브레즈네프와 같이 있는 제럴드 포드(블라디보스토크,

    1974년 11월) | AP/Wide World Photos.

제30장 미하일 고르바초프와 로널드 레이건(제네바, 1985년 11월)

    | Michel Philippot/ SYGMA.

제31장 미국, 영국, 프랑스, 독일, 중국, 러시아, 일본 국기 | United States: ⓒ Gallant/The
    Image Bank. Great Britain: Paul Trummer/The Image Bank. France: Romilly
    Lockyer/The Image Bank. Germany: ⓒ Patrick Doherty/Stockphotos. China:
    Marcel Isy-Schwart/The Image Bank. Russia: Benn Mitchell/The Image Bank.
    Japan: Hank de Lespinasse/The Image Bank.

| NOTES |

01 신세계질서

1. 국제정치학에서는 국민국가 혹은 민족국가라고 부른다.─옮긴이
2. 미국 독립선언문에는 신이 부여한 생명권, 자유권, 행복추구권이 명시되어 있다.─옮긴이
3. 베스트팔렌 조약은 유럽의 30년전쟁을 종식한 평화 조약으로서 개별 국가별로 종교의 자유를 인정하고 독일 내 수많은 국가들을 주권국으로 인정함에 따라 근대국가 체제를 탄생시키는 계기가 되었다.─옮긴이
4. 『페더럴리스트 페이퍼』는 미국 독립 초기에 13개 식민지 주가 각각 독립국으로 유지될지 혹은 통일된 연방국이 될지에 대한 논쟁이 있을 때, 알렉산더 해밀턴, 제임스 매디슨 등 연방주의자들이 미합중국 수립을 위한 연방헌법을 지지하며 뉴욕시 신문에 게재한 85개의 글을 일컫는다. 『페더럴리스트 페이퍼』 제10장은 공화국이 클수록 특정 파벌이 권력을 다른 집단에 휘두르기가 어려워질 것이라고 명시했다.─옮긴이
5. 무굴제국 당시 악바르 황제와 아우랑제브 황제를 거쳐 17세기 초에 스리랑카와 인도 최남단을 제외하고 전역이 장악되지만, 인도 중부의 데칸고원이라는 지리적 제약으로 무굴제국도 인도 중남부를 사실상 지배하지 못했다.─옮긴이

02 경첩: 시어도어 루스벨트 혹은 우드로우 윌슨

1. 저자는 고립주의가 팽배하던 미국을 국제사회에 참여하도록 이끈 두 대통령을 문을 여닫는 경첩에 비유했다.─옮긴이
2. Robert W. Tucker and David C. Hendrickson, "Thomas Jefferson and American Foreign Policy," *Foreign Affairs*, vol. 69, no. 2 (Spring 1990), p. 148.
3. Thomas G. Paterson, J. Garry Clifford, and Kenneth J. Hagan, *American Foreign Policy: A History* (Lexington, Mass.: D. C. Heath, 1977), p. 60.
4. Tucker and Hendrickson, "Thomas Jefferson," p. 140, *Letters and Other Writings of James Madison* (Philadelphia: J. B. Lippincott, 1865), vol. IV, pp. 491-92에서 인용.
5. James Monroe, William A. Williams, ed., *The Shaping of American Diplomacy* (Chicago: Rand McNally, 1956), vol. I, p. 122에서 인용.
6. George Washington's Farewell Address, September 17, 1796, reprinted as Senate Document no. 3, 102nd Cong., 1st sess. (Washington, D.C.: U.S. Government Printing Office, 1991), p. 24.
7. Jefferson letter to Mme. La Duchesse D'Auville, April 2, 1790, in Paul Leicester Ford, ed., *The Writings of Jefferson* (New York: G. P. Putnam's Sons, 1892-99), vol. V, p. 153, Tucker and Hendrickson, "Thomas Jefferson," p. 139에서 인용.
8. Thomas Paine, *Rights of Man* (1791) (Secaucus, N.J.: Citadel Press, 1974), p. 147.
9. Alexander Hamilton, "The Federalist No. 6," in Edward Mead Earle, ed., *The Federalist* (New York: Modern Library, 1941), pp. 30-31.
10. Jefferson letter to John Dickinson, March 6, 1801, in Adrienne Koch and William Peden, eds., *The Life and Selected Writings of Thomas Jefferson* (New York: Modern Library, 1944), p. 561.
11. Jefferson letter to Joseph Priestley, June 19, 1802, in Ford, ed., *Writings of Thomas Jefferson*, vol. VIII, pp. 158-59, Robert W. Tucker and David C. Hendrickson, *Empire of Liberty: The Statecraft of Thomas Jefferson* (New York/Oxford: Oxford University Press, 1990), p. 11에서 인용.
12. Tucker and Hendrickson, "Thomas Jefferson," p. 141.
13. 미국의 서부 개척시대에 등장했던 표현으로 미국인들이 신세계에 기독교와 민주주의를 전파하라는 사명을 신으로부터 받았다는 의미이다.─옮긴이

14. John Quincy Adams, Address of July 4, 1821, in Walter LaFeber, ed., *John Quincy Adams and American Continental Empire* (Chicago: Times Books, 1965), p. 45.

15. 당시 영국령 캐나다가 워싱턴을 습격해서 백악관까지 불태운 적이 있었다.―옮긴이

16. Message of President Monroe to Congress, December 2, 1823, in Ruhl J. Bartlett, ed., *The Record of American Diplomacy* (New York: Alfred A. Knopf, 1956), p. 182.

17. Ibid.

18. President James Polk, Inaugural Address, March 4, 1845, in *The Presidents Speak*, annot. by David Newton Lott (New York: Holt, Rinehart and Winston, 1969), p. 95.

19. 텍사스는 멕시코 땅이었으나 텍사스 내 미국인이 많아지면서 멕시코에서 탈퇴하고 1836년에 분리독립을 선언했다. 미국과 멕시코 간에 전쟁이 있고 나서 1845년에 미국이 텍사스를 28번째 주로 병합했다.―옮긴이

20. Williams, *Shaping of American Diplomacy*, vol. 1, p. 315에서 인용.

21. Paul Kennedy, *The Rise and Fall of the Great Powers* (New York: Random House, 1987), p. 201 and pp. 242ff와 Fareed Zakaria, "The Rise of a Great Power, National Strength, State Structure, and American Foreign Policy 1865-1908" (unpublished doctoral thesis, Harvard University, 1992), chapter 3, pp. 4ff 참고.

22. Zakaria, Ibid., pp. 7-8.

23. 전함(battleship)과 군함(warship)은 다르다. 후자는 전투를 위한 해군 선박을 통칭하는 반면, 전자는 항공모함이 등장하기 전 근대 해군의 군함 체계 중 가장 크고 강한 함종을 지칭한다.―옮긴이

24. Ibid., p. 71.

25. Paterson, Clifford, and Hagan, eds., *American Foreign Policy*, p. 189.

26. President Roosevelt's Annual Message to Congress, December 6, 1904, in Bartlett, ed., *Record of American Diplomacy*, p. 539.

27. Roosevelt's statement to Congress, 1902, John Morton Blum, *The Republican Roosevelt* (Cambridge, Mass.: Harvard University Press, 1967), p. 127에서 인용.

28. 성경 마태오 복음서 5장 5절, "온유한 사람은 행복하다. 그들은 땅을 차지할 것이다."에 비유했다.―옮긴이

29. Ibid., p. 137.

30. Roosevelt letter to Hugo Munsterberg, October 3, 1914, in Elting E. Morison, ed., *The Letters of Theodore Roosevelt* (Cambridge, Mass.: Harvard University Press, 1954), vol. VIII, pp. 824-25.

31. Blum, *Republican Roosevelt*, p. 131.

32. *Selections from the Correspondence of Theodore Roosevelt and Henry Cabot Lodge 1884-1918*, ed. by Henry Cabot Lodge and Charles F. Redmond (New York/London: Charles Scribner's Sons, 1925), vol. II, p. 162.

33. Blum, *Republican Roosevelt*, p. 135.

34. Ibid., p. 134.

35. John Milton Cooper, Jr., *Pivotal Decades: The United States, 1900-1920* (New York/London: W. W. Norton, 1990), p. 103에서 인용.

36. Blum, *Republican Roosevelt*, p. 134.

37. Roosevelt, in *Outlook*, vol. 107 (August 22, 1914), p. 1012.

38. Roosevelt to Munsterberg, October 3, 1914, in Morison, ed., *Letters of Theodore Roosevelt*, p. 823.

39. Roosevelt to Cecil Arthur Spring Rice, October 3, 1914, in ibid., p. 821.

40. Roosevelt to Rudyard Kipling, November 4, 1914, in Robert Endicott Osgood, *Ideals and Self-Interest in America's Foreign Relations* (Chicago: University of Chicago Press, 1953), p. 137.

41. Woodrow Wilson, Annual Message to Congress on the State of the Union, December 2, 1913, in Arthur S. Link, ed., *The Papers of Woodrow Wilson* (Princeton, N.J.: Princeton University Press, 1966-) vol. 29, p. 4.

42. Roosevelt letter to a friend, December 1914, in Osgood, *Ideals and Self-interest*, p. 144.

43. Woodrow Wilson, Annual Message to Congress, December 8, 1914, in Link, ed., *Papers of Woodrow Wilson*, vol. 31, p. 423.

44. Ibid., p. 422.

45. Woodrow Wilson, Commencement Address at the U.S. Military Academy at West Point, June 13, 1916, in ibid., vol. 37, pp. 212ff.

46. Woodrow Wilson, Remarks to Confederate Veterans in Washington, June 5, 1917, in ibid., vol. 42, p. 453.

47. Woodrow Wilson, Annual Message to Congress on the State of the Union, December 7, 1915, in ibid., vol. 35, p. 297.

48.Woodrow Wilson, An Address in the Princess Theater, Cheyenne, Wyoming, September 24, 1919, in ibid., vol. 63, p. 474.

49. Woodrow Wilson, An Address to a Joint Session of Congress, April 2, 1917, in ibid., vol. 41, pp. 526-27.

50. Ibid., p. 523.

51. Woodrow Wilson, An Address to the Senate, January 22, 1917, in ibid., vol. 40, p. 536.

52. Selig Adler, *The Isolationist Impulse: Its Twentieth-Century Reaction* (London/New York: Abelard Schuman, 1957), p. 36.

53. Ibid.

54. Woodrow Wilson, Address, April 2, 1917, in Link, ed., *Papers of Woodrow Wilson*, vol. 41, pp. 519ff.

55. Woodrow Wilson, An Address in Boston, February 24, 1919, in ibid., vol. 55, pp. 242-43.

56. Woodrow Wilson, Address, January 22, 1917, in ibid., vol. 40, pp. 536-37.

57. 제6장 참고.

58. Woodrow Wilson, Remarks at Suresnes Cemetery on Memorial Day, May 30, 1919, in ibid., vol. 59, pp. 608-9.

59. Woodrow Wilson, An Address Before the League to Enforce Peace, May 27, 1916, in ibid., vol. 37, pp. 113ff.

60. Woodrow Wilson, An Address at Mt. Vernon, July 4, 1918, in ibid., vol. 48, p. 516.

61. Woodrow Wilson, An Address to the Third Plenary Session of the Peace Conference, February 14, 1919, in ibid., vol. 55, p. 175.

62. Roosevelt letter to James Bryce, November 19, 1918, in Morison, ed., *Letters of Theodore Roosevelt*, vol. VIII, p. 1400.

63. Roosevelt to Senator Philander Chase Knox (R.-Pa.), December 6, 1918, in ibid., pp. 1413-14.

03 보편성에서 균형상태로: 리슐리외, 윌리엄 오렌지 공, 피트

1. Louis Auchincloss, *Richelieu* (New York: Viking Press, 1972), p. 256.

2. In *Quellenbuch zur Osterreichische Geschichte*, vol. II, edited by Otto Frass (Vienna: Birken Verlag, 1959), p. 100.

3. Ibid.

4. Ibid.

5. Ibid.

6. Joseph Strayer, Hans Gatzke, and E. Harris Harbison, *The Mainstream of Civilization Since 1500* (New York: Harcourt Brace Jovanovich, 1971), p. 420.

7. Carl J. Burckhardt, *Richelieu and His Age*, trans., from the German by Bernard Hoy (New York: Harcourt Brace Jovanovich, 1970), vol. Ill, "Power Politics and the Cardinal' s Death," p.

61에서 인용.

8. Ibid., p. 122.

9. Jansenius, Mars Gallicus, in William F. Church, *Richelieu and Reason of State* (Princeton, N.J.: Princeton University Press, 1972), p. 388.

10. 명제가 참임을 증명하려 할 때 명제의 결론을 부정해서 가정이나 공리가 모순된다는 점을 보여줘 간접적으로 그 결론이 성립한다는 것을 증명하는 방법―옮긴이

11. 가톨릭 계명상의 잘못된 생각이나 행위를 인지한 채 의도적으로 저지르는 경우가 대죄에 해당한다.―옮긴이

12. Daniel de Priezac, *Defence des Droits et Prerogatives des Roys de France*, in ibid., p. 398.

13. Mathieu de Morgues, *Catholicon francois*, treatise of 1636, in ibid., p. 376.

14. Albert Sorel, *Europe Under the Old Regime*, trans, bv Francis H. Herrick (Los Angeles: Ward Ritchie Press, 1947), p. 10.

15. 이런 국가를 영방국가(領邦國家, territorial state)라고 불렀다.―옮긴이

16. In F. H. Hinslev, *Power and the Pursuit of Peace* (Cambridge: Cambridge University Press, 1963), pp. 162-63.

17. Ibid., p. 162.

18. Ibid., p. 166.

19. 스웨덴은 1700년부터 1721년까지의 대북방전쟁(Great Northern War)에서 러시아에 패배해 국운이 기울었다. 스페인은 왕위 계승 전쟁의 여파로 프랑스 왕가가 스페인 국왕이 될 수는 없었지만 프랑스의 속국 비슷한 수준까지 전락했다.―옮긴이

20. 대북방전쟁과 주변국들의 견제로 말미암아 위축되었고, 18세기 후반부터 주변국에 의해서 분할되기 시작한다. 프로이센, 오스트리아, 러시아에 의해 3차례 분열되면서 1795년에 완전히 소멸했다.―옮긴이

21. Gordon A. Craig and Alexander L. George, *Force and Statecraft* (New York/Oxford: Oxford University Press, 1983), p. 20에서 인용.

22. G. C. Gibbs, "The Revolution in Foreign Policy," in Geoffrey Holmes, ed., *Britain After the Glorious Revolution*, 1689–1714 (London: Macmillan, 1969), p. 61.

23. Winston S. Churchill, *The Gathering Storm, The Second World War*, vol. 1 (Boston: Houghton Mifflin, 1948), p. 208.

24. Gibbs, "Revolution," in Holmes, ed., *Britain After the Glorious Revolution*, p. 62에서 인용.

25. Speech by Secretary of State, Lord John Carteret, Earl of Granville, in the House of Lords, January 27, 1744, in Joel H. Wiener, ed., *Great Britain: Foreign Policy and the Span of Empire, 1689-1971*, vol. 1 (New York/London: Chelsea House in association with McGraw-Hill, 1972), pp. 84-86.

26. Churchill, *Gathering Storm*, p. 208.

27. 유럽에서 이전까지 군은 용병 형태였으나 프랑스가 최초로 국민개병제를 도입했다.―옮긴이

28. 드네프르강은 우크라이나와 벨라루스의 중간지역을 따라 흑해를 향해 흐르고 있다. 우크라이나 수도 키이우를 관통하고 있다.―옮긴이

29. 비스툴라강은 폴란드 중간지역을 따라 북해로 흐르는 강으로 폴란드 수도 바르샤바를 관통하고 있다.―옮긴이

30. 폴란드 분할은 1772년, 1793년, 1795년 3회에 걸쳐 이루어졌고, 1차와 3차 분할은 프로이센과 러시아, 2차 분할은 프로이센과 오스트리아, 러시아 간에 이루어졌다. 3차 분할로 폴란드는 완전히 분할되어 소멸했다. 나폴레옹전쟁 당시 프랑스가 프로이센을 상대로 승리해서 틸지트 조약으로 바르샤바 공국이 세워졌으나, 1815년 나폴레옹전쟁에서 프랑스가 패배하자 다시 폴란드가 분할되고 제1차 세계대전이 종결된 후에야 다시 독립국으로 등장한다. 이후 제13장과 제14장에서 설명되듯이 독-소 조약으로 다시 제2차 세계대전 당시 다시 분할된다.―옮긴이

31. Pitt Plan in Sir Charles Webster, ed., *British Diplomacy* 1813-1815 (London: G. Bell and Sons,

1921), pp. 389ff.

04 유럽협조체제: 영국, 오스트리아, 러시아

1. 소규모 공국이 많은 독일의 Prince는 후작에 해당한다.—옮긴이
2. Sir Thomas Overbury, "Observations on His Travels," in *Stuart Tracts 1603-1693*, edited by C. H. Firth (London: Constable, 1903), p. 227, Martin Wight, *Power Politics* (New York: Holmes and Meier, 1978), p. 173에서 인용.
3. Memorandum of Lord Castlereagh, August 12, 1815, in C. K. Webster, ed., *British Diplomacy*, 1813-1815 (London: G. Bell and Sons, 1921), pp. 361–62.
4. Talleyrand, in Harold Nicolson, *The Congress of Vienna* (New York/San Diego/London: Harcourt Brace Jovanovich, paper ed., 1974), p. 155.
5. Wilhelm Schwarz, *Die Heilige Allianz* (Stuttgart, 1935), pp. 52ff.
6. Asa Briggs, *The Age of Improvement* 1783-1867 (London: Longmans, 1959), p. 345에서 인용.
7. Klemens Metternich, *Aus Metternich's Nachgelassenen Papieren* (8 vols.), edited by Alfons von Klinkowstroem (Vienna, 1880), vol. VIII, pp. 557ff.
8. 여기에 있는 내용들은 저자의 *A World Restored: Metternich, Castlereagh and the Problems of Peace 1812-1822* (Boston: Houghton Mifflin, 1973 Sentry Edition)에서 발췌되었다.
9. Ibid., p. 321에서 인용.
10. Wilhelm Oncken, *Osterreich und Preussen im Befreiungskriege*, 2 vols. (Berlin, 1880), vol. II, pp. 630ff에서 인용.
11. Metternich, *Nachgelassenen Papieren*, vol. VIII, p. 365.
12. 네만강은 오늘날 러시아 칼리닌그라드주와 리투아니아 경계를 따라 흐르고 있다.—옮긴이
13. Oncken, *Osterreich und Preussen*, vol. I, pp. 439ff에서 인용.
14. Metternich, *Nachgelassenen Papieren*, vol. I, pp. 316ff.
15. Nicholas Mikhailovitch, *Les Rapports Diplomatiques du Lebzeltern* (St. Petersburg, 1915), pp. 37ff에서 인용.
16. Schwarz, *Die Heilige Allianz*, p. 234에서 인용.
17. Alfred Stern, *Geschichte Europas seit den Vertragen von 1815 bis zum Frankfurter Frieden von 1871*, 10 vols. (Munich-Berlin, 1913-24), vol. I, p. 298에서 인용.
18. Hans Schmalz, *Versuche einer Gesamteuropaischen Organisation*, 1815-20 (Bern, 1940), p. 66 에서 인용.
19. Lord Castlereagh's Confidential State Paper, May 5, 1820, in Sir A. W. Ward and G. P. Gooch, eds., *The Cambridge History of British Foreign Policy*, 1783-1919 (New York: Macmillan, 1923), vol. II (1815-66), p. 632.
20. Viscount Castlereagh, *Correspondence, Dispatches and Other Papers*, 12 vols., edited by his brother, the Marquess of Londonderry (London, 1848-52), vol. XII, p. 394.
21. Sir Charles Webster, *The Foreign Policy of Castlereagh*, 2 vols. (London, 1925 and 1931), vol. II, p. 366에서 인용.
22. Briggs, *Age of Improvement*, p. 346에서 인용.
23. Webster, *Foreign Policy of Castlereagh*, vol. II, pp. 303ff에서 인용.
24. Castlereagh's Confidential State Paper of May 5, 1820, in Ward and Gooch, eds., *Cambridge History*, vol. II, pp. 626–27.
25. Kissinger, *A World Restored*, p. 311에서 인용.
26. 동방문제는 오스만 제국이 지배하는 발칸반도, 그리스 지역 등의 문제를 일컫는다.—옮긴이
27. 대통령 당선후 재선을 금지하는 헌법을 뒤엎었다.—옮긴이

28. A. J. P. Taylor, *The Struggle for Mastery in Europe 1848–1918* (Oxford: Oxford University Press, 1965), p. 54에서 인용.

29. Canning, R. W. Seton-Watson, *Britain in Europe, 1789–1914* (Cambridge: Cambridge University Press, 1955), p. 74에서 인용.

30. Ibid.

31. Canning's Plymouth speech of October 28, 1823, in ibid., p. 119.

32. Palmerston to Clarendon, July 20, 1856, Harold Temperley and Lillian M. Penson, *Foundations of British Foreign Policy from Pitt (1792) to Salisbury (1902)* (Cambridge: Cambridge University Press, 1938), p. 88에서 인용.

33. Sir Edward Grey, in Seton-Watson, *Britain in Europe*, p. 1.

34. Palmerston, in Briggs, *Age of Improvement*, p. 352.

35. Palmerston's dispatch no. 6 to the Marquis of Clanricarde (Ambassador in St. Petersburg), January 11, 1841, in Temperley and Penson, *Foundations of Foreign Policy*, p. 136.

36. Ibid., p. 137.

37. Gladstone letter to Queen Victoria, April 17, 1869, in Harold Nicolson, *Diplomacy* (London: Oxford University Press, 1963), p. 137

38. Palmerston, in Briggs, *Age of Improvement*, p. 357.

39. 유럽 대륙에서 바라보는 도버 해협 건너 영국의 해안은 석회암으로 된 백악절벽(white cliff)이었기 때문에 영국은 "하얀 나라(Albion)"라는 별칭이 있었다.—옮긴이

40. Disraeli to the House of Commons, August 1, 1870, in *Parliamentary Debates* (Hansard), 3rd ser., vol. cciii (London: Cornelius Buck, 1870), col. 1289.

41. Palmerston to House of Commons, July 21, 1849, in Temperley and Penson, *Foundations of Foreign Policy*, p. 173.

42. Palmerston, in Briggs, *Age of Improvement*, p. 353.

43. Clarendon to the House of Lords, March 31, 1854, Seton-Watson, *Britain in Europe*, p. 327에서 인용.

44. Palmerston to House of Commons, July 21, 1849, in Temperley and Penson, *Foundations of Foreign Policy*, p. 176.

45. Joel H. Wiener, ed., Great Britain: *Foreign Policy and the Span of Empire 1689–1971* (New York/London: Chelsea House in association with McGraw-Hill, 1972), p. 404.

46. Metternich, June 30, 1841, in Seton-Watson, *Britain in Europe*, p. 221.

05 두 혁명가: 비스마르크와 나폴레옹 3세

1. Joseph Alexander, Graf von Hubner, *Neun Jahre der Errinerungen eines Osterreichischen Botschafters in Paris unter dem zweiten Kaiserreich, 1851-1859* (Berlin, 1904) vol. I, p. 109.

2. Ibid., p. 93.

3. Hubner to Franz Josef, September 23, 1857, in Hubner, *Neun Jahre*, vol. II, p. 31.

4. William E. Echard, *Napoleon III and the Concert of Europe* (Baton Rouge, La.: Louisiana State University Press, 1983), p. 72.

5. Ibid., p. 2.

6. 나폴레옹 3세가 분열된 중유럽이 통일되는 상황을 방치했고 통일된 독일의 등장으로 프랑스는 보–불 전쟁에서 패배했다. 그 이후에도 독일이 양차 세계대전에서 라인강 너머 프랑스로 진격했다.—옮긴이

7. Napoleon III to Franz Josef, June 17, 1866, in Hermann Oncken, ed., *Die Rheinpolitik Napoleons III* (Berlin, 1926), vol. I, p. 280.

8. Franz Josef to Napoleon III, June 24, 1866, in Ibid., p. 284.

9. A. J. P. Taylor, *The Struggle for Mastery in Europe 1848-1918* (Oxford: Oxford University Press, 1954), p. 102에서 인용.

10. Hubner to Ferdinand Buol, April 9, 1858, in Hubner, *Neun Jahre*, vol. II, p. 82.

11. Ibid., p. 93.

12. 오늘날 사르데냐와 이탈리아 북서부로 구성되어 있었다.―옮긴이

13. Drouyn de Lhuys to La Tour d' Auvergne, June 10, 1864, in *Origines Diplomatiques de la Guerre de 1870/71* (Paris: Ministry of Foreign Affairs, 1910-30), vol. Ill, p. 203.

14. Wilfried Radewahn, "Franzosische Aussenpolitik vor dem Krieg von 1870," in Eberhard Kolb, ed., *Europa vor dem Krieg von 1870* (Munich, 1983), p. 38에서 인용.

15. Wilfried Radewahn, *Die Pariser Presse und die Deutsche Frage* (Frankfurt, 1977), p. 104에서 인용.

16. Goltz to Bismarck, February 17, 1866, on conversation with Napoleon III, in Oncken, ed., *Rheinpolitik*, vol. I, p. 90.

17. Radewahn, *Pariser Presse*, p. 110에서 인용.

18. Goltz to Bismarck, April 25, 1866, in Oncken, ed., *Rheinpolitik*, vol. I, p. 140.

19. Talleyrand to Drouyn, May 7, 1866, in *Origines Diplomatiques*, vol. IX, p. 47에서 인용.

20. Thiers speech, May 3, 1866, in Oncken, ed., *Rheinpolitik*, vol. I, pp. 154ff.

21. Ibid.

22. Taylor, *Struggle for Mastery*, p. 163에서 인용.

23. Ibid., pp. 205-6.

24. 비스마르크는 빈 회의가 있었던 1815년에 태어났다.―옮긴이

25. 비스마르크의 정치사상에 대한 분석은 저자의 "The White Revolutionary: Reflections on Bismarck," in *Daedalus*, vol. 97, no. 3 (Summer 1968), pp. 888-924에서 인용했다.

26. Horst Kohl, ed., *Die politischen Reden des Fursten Bismarck, Historische-Kritische Gesamtausgabe* (Stuttgart, 1892), vol. 1, pp. 267-68.

27. 프랑스는 1850년대에 뉴칼레도니아, 인도차이나, 북아프리카 등 식민지를 확대했고, 1860년대 초 멕시코가 내전 때문에 외채를 갚지 못하고 채무불이행을 선언하자 멕시코에 무력 개입했다.―옮긴이

28. Otto von Bismarck, *Die gesammelten Werke* (Berlin, 1924), vol. 2, pp. 139ff.

29. *Briefwechsel des Generals von Gerlach mit dem Bundestags-Gesandten Otto von Bismarck* (Berlin, 1893), p. 315 (April 28, 1856).

30. Otto Kohl, ed., *Briefe des Generals Leopold von Gerlach an Otto von Bismarck* (Stuttgart and Berlin, 1912), pp. 192-93.

31. *Briefwechsel*, p. 315.

32. Kohl, ed., *Briefe*, p. 206.

33. Ibid., p. 211 (May 6, 1857).

34. *Briefwechsel*, pp. 333-34.

35. Ibid.

36. Ibid., p. 353.

37. Ibid.

38. Bismarck, *Werke*, vol. 1, p. 375 (September 1853).

39. Ibid., vol. 2, p. 320 (March 1858).

40. *Briefwechsel*, p. 334.

41. Ibid., p. 130 (February 20, 1854).

42. Bismarck, *Werke*, vol. 1, p. 62 (September 29, 1851).

43. *Briefwechsel*, p. 334 (May 2, 1857).

44. Ibid., p. 128 (December 19, 1853).

45. Ibid., p. 194 (October 13, 1854).

46. Bismarck, Werke, vol. 14 (3rd ed., Berlin, 1924), no. 1, p. 517.

47. *Briefwechsel*, p. 199 (October 19, 1854).

48. Bismarck, *Werke*, vol. 2, p. 516 (December 8-9, 1859).

49. Ibid., p. 139 (April 26, 1856).

50. Ibid., pp. 139ff.

51. Ibid.

52. Ibid.

53. Otto Pflanze, *Bismarck and the Development of Germany: The Period of Unification, 1815-1871* (Princeton, N.J.: Princeton University Press, 1990), p. 85.

54. J. A. S. Grenville, *Europe Reshaped, 1848-1878* (Sussex: Harvester Press, 1976), p. 358에서 인용.

55. Bismarck, *Werke*, vol. 14, no. 1, p. 61.

56. Emil Ludwig, *Bismarck: Geschichte eines Kampfers* (Berlin, 1926), p. 494.

57. 성경 창세기 3장 22절을 인용했다.—옮긴이

06 자승자박의 현실정치

1. Report of Laurent Berenger from St. Petersburg, September 3, 1762, in George Vernadsky, ed., *A Source Book for Russian History: From Early Times to 1917*, 3 vols. (New Haven, Conn.: Yale University Press, 1972), vol. 2, p. 397.

2. Friedrich von Gentz, "Considerations on the Political System in Europe" (1818), in Mack Walker, ed., *Metternich's Europe* (New York: Walker and Co., 1968), p. 80.

3. V. O. Kliuchevsky, *A Course in Russian History: The Seventeenth Century*, trans, by Natalie Duddington (Chicago: Quadrangle Books, 1968), p. 97.

4. Potemkin memorandum, in Vernadsky, ed., *Source Book*, vol. 2, p. 411.

5. Gorchakov memorandum, in ibid., vol. 3, p. 610.

6. Gentz, "Considerations," in Walker, ed., *Metternich's Europe*, p. 80.

7. M. N. Katkov, editorial of May 10, 1883, in Vernadsky, ed., *Source Book*, vol. 3, p. 676.

8. 가톨릭은 정교분리가 되었으나 중앙통제 방식으로 바티칸 교황이 보편적인 가톨릭교회의 수장이 되는 반면, 동방정교회는 독립교회 구조를 갖고 있어서 각 나라별로 독립된 교회의 지위를 갖는다.—옮긴이

9. F. M. Dostoyevsky, in ibid., vol. 3, p. 681.

10. Katkov, editorial of September 7, 1882, in ibid., vol. 3, p. 676.

11. B. H. Sumner, *Russia and the Balkans, 1870-1880* (Oxford: Clarendon Press, 1957), p. 72에서 인용.

12. George F. Kennan, "The Sources of Soviet Conduct," *Foreign Affairs*, vol. 25, no. 4 (July 1947).

13. Otto von Bismarck, Gordon A. Craig, *Germany 1866- 1945* (New York: Oxford University Press, 1978), p. 117에서 인용.

14. Robert Blake, *Disraeli* (New York: St. Martin's Press, 1966), p. 574에서 인용.

15. George F. Kennan, *Decline of Bismarck's European Order* (Princeton: Princeton University Press, 1979), p. 11ff.

16. Ibid.

17. 다다넬스(Dardanelles) 해협과 보스포러스(Bosphorus) 해협을 다 일컫는다.—옮긴이

18. 오늘날 중동 지역 중 이집트, 시리아, 레바논, 터키, 이스라엘 등 지중해를 접하고 있는 지역을 일컫는다.—옮긴이

19. Bismarck, February 19, 1878, in Horst Kohl, ed., *Politische Reden*, vol. 7 (Aalen, West

Germany: Scientia Verlag, 1970), p. 94.

20. A. J. P. Taylor, *The Struggle for Mastery in Europe 1848-1918* (Oxford: Oxford University Press, 1954), p. 236.

21. Blake, *Disraeli*, p. 580에서 인용.

22. 영원한 친구도 적도 없으며 영원한 국익만 있다는 격언—옮긴이

23. Taylor, *Struggle for Mastery*, p. 237에서 인용.

24. 인도계 출신 이민자 3세대 출신인 리시 수낙을 최초의 비백인 총리로 배출한 정당도 보수당이다.—옮긴이

25. 런던 하이드 공원에 있었으나 1936년에 화재로 소실되었다.—옮긴이

26. Disraeli speech, June 24, 1872, in Joel H. Wiener, ed., *Great Britain: Foreign Policy and the Span of Empire, 1689-1971*, vol. 3 (New York/London: Chelsea House in association with McGraw-Hill, 1972), 20. p. 2500.

27. Lord Augustus Loftus, *Diplomatic Reminiscences*, 2nd ser. (London, 1892), vol. 2, p. 46.

28. Firuz Kazemzadeh, "Russia and the Middle East," in Ivo J. Lederer, ed., *Russian Foreign Policy* (New Haven and London: Yale University Press, 1962), p. 498에서 인용.

29. 우즈베키스탄은 1991년에야 비로소 독립했다.—옮긴이

30. 히바(Khiva)는 사마르칸트에서 북서쪽으로 약 590킬로미터 떨어져 있으며, 투르크메니스탄과 접경하고 있다.—옮긴이

31. Ibid., p. 499.

32. Kokand, 타지키스탄 접경지역에 있다.—옮긴이

33. Ibid., p. 500.

34. Alan Palmer, *The Chancelleries of Europe* (London: George, Allen and Unwin, 1983), p. 155에서 인용.

35. Ibid., p. 157.

36. Blake, *Disraeli*, p. 646에서 인용.

37. W. N. Medlicott, *The Congress of Berlin and After* (Hamden, Conn.: Archon Books, 1963), p. 37.

38. Bismarck, in Kohl, ed., *Politische Reden*, vol. 7, p. 102.

39. Medlicott, *The Congress of Berlin* 참고.

40. Kennan, *Decline of European Order*, p. 70에서 인용.

41. Ibid., p. 141에서 인용.

42. "기쁜 소식"과 "양떼 도둑들"은 모두 성경에 나오는 구절이다.—옮긴이

43. 독일이 동부와 서부 양쪽에서 동시에 전쟁하는 상황을 일컫는다.—옮긴이

44. Speech by Gladstone, "Denouncing the Bulgarian Atrocities Committed by Turkey," September 9, 1876, in Wiener, ed., *Great Britain*, vol. Ill, p. 2448.

45. A. N. Wilson, *Eminent Victorians* (New York: W. W. Norton, 1989), p. 122에서 인용.

46. Gladstone, Carsten Holbraad, *The Concert of Europe: A Study in German and British International Theory, 1815-1914* (London: Longmans, 1970), p. 166에서 인용.

47. Ibid., p. 145.

48. Bismarck to Kaiser Wilhelm, October 22, 1883, in Otto von Bismarck, *Die gesammelten Werke*, vol. 6C (Berlin, 1935), pp. 282-83.

49. Gladstone to Lord Granville, August 22, 1873, in Agatha Ramm, ed., *The Political Correspondence of Mr. Gladstone and Lord Granville, 1868-1876*, vol. 2 (Oxford: Clarendon Press, 1952), p. 401.

50. 수에즈 운하를 거쳐 갈 수 있는 이집트 동쪽 지역을 일컬으며, 특히 싱가포르까지 지칭한다.—옮긴이

51. Kennan, *Decline of European Order*, p. 39에서 인용.

52. Ibid., p. 258에서 인용.

1. Franz Schnabel, "Das Problem Bismarck," in *Hochland*, vol. 42 (1949-50), pp. 1–27.
2. 야전에서 포위 전술인 망치와 모루 전술(hammer and anvil tactics)에서 나온 표현으로서, 돌격을 저지하는 부대는 모루, 실질적 타격을 가하는 부대는 망치에 비유된다.—옮긴이
3. 출산 당시 사고로 왼팔이 짧았다.—옮긴이
4. 독일어권 국가에서 황제를 뜻하는 단어지만 통상 빌헬름 2세를 지칭한다.—옮긴이
5. Winston S. Churchill, *Great Contemporaries* (Chicago and London: University of Chicago Press, 1973), pp. 37ff.
6. 아프리카에서 프랑스의 횡단정책과 영국의 종단정책이 파쇼다(Fashoda, 오늘날 남수단 코독 지역)에서 충돌할 뻔했다.—옮긴이
7. Frederick the Great, *Memoirs of Prince von Bulow: From Secretary of State to Imperial Chancellor* (Boston: Little, Brown and Co., 1931), p. 52에서 인용.
8. 2022년 2월 러시아의 우크라이나 침략도 비슷한 형식으로 전개되었다.—옮긴이
9. 일본과 러시아의 최초 접촉은 홋카이도와 쿠릴열도에 도착한 러시아 상인을 통해 이루어졌으며, 양국 간 최초의 조약인 시모다 조약(下日條約)은 1855년에 체결되었다.—옮긴이
10. 1689년 네르친스크 조약(Treaty of Nerchinsk)을 통해 청나라와 국경을 설정했다.—옮긴이
11. Maurice Bompard, *Mon Ambassade en Russie, 1903-1908* (Paris, 1937), p. 40에서 인용
12. B. H. Sumner, *Russia and the Balkans 1870-1880* (Hamden, Conn.: Shoe String Press, 1962), pp. 23ff.
13. 영국도 유사하게 과거에 외교부와 식민지부를 별도로 운영한 적이 있었다.—옮긴이
14. Serge Witte, Hugh Seton-Watson, *The Russian Empire*, 1801-1917 (Oxford: The Clarendon Press, 1967), pp. 581-82에서 인용.
15. Lord Augustus Loftus, *Diplomatic Reminiscences*, 2nd. ser., vol. 2 (London, 1892), p. 38에서 인용.
16. 에드워드 7세의 어머니는 빅토리아 여왕이었으나 아버지 앨버트 공은 독일 작센왕가의 방계 출신이었다.—옮긴이
17. Raymond Sontag, *European Diplomatic History*, 1871-1932 (New York: The Century Co., 1933), p. 59에서 인용.
18. Nikolai de Giers, Ludwig Reiners, *In Europa gehen die Lichter aus: Der Untergang des Wilhelminischen Reiches* (Munich, 1981), p. 30에서 인용.
19. 이 카프리비 띠로 인해 나미비아는 잠비아까지 이어지는 좁고 긴 영토가 있다.—옮긴이
20. 헬골란트섬은 브레멘 북쪽 북해에 있으며, 영국을 향해 있고, 독일 해안으로부터 46킬로미터 떨어져 있어서 독일 해안방어에 도움이 된다.—옮긴이
21. 앙탕트는 우호적 협력을 의미하며, 이하 "협상"으로 표기한다.—옮긴이
22. Baron Staal, William L. Langer, T*he Diplomacy of Imperialism*, 1st ed. (New York: Alfred A. Knopf, 1935), p. 7에서 인용.
23. George F. Kennan, *The Fateful Alliance: France, Russia and the Coming of the First World War* (New York: Pantheon, 1984), p. 147에서 인용.
24. Kaiser Wilhelm, Norman Rich, *Friedrich von Holstein: Politics and Diplomacy in the Era of Bismarck and Wilhelm II* (Cambridge: Cambridge University Press, 1965), p. 465에서 인용.
25. 성경 사무엘하 15장 및 17장 등에 나오는 인물로서 다윗왕의 출중한 책사였으며, 다윗이 자신의 충고를 받아들이지 않자 자살한다.—옮긴이
26. Lord Salisbury, Gordon A. Craig, *Germany: 1866-1945* (New York: Oxford University Press, 1978), p. 236에서 인용.
27. 프로이센의 지주 귀족계층—옮긴이

28. Fritz Stern, *The Failure of Illiberalism* (New York: Columbia University Press, 1992), p. 93에서 인용.

29. Malcolm Carroll, *Germany and the Great Powers 1866-1914* (New York: Prentice-Hall, Inc., 1938), p. 372에서 인용.

30. Chamberlain Speech, November 30, 1899, in Joel H. Wiener, ed., *Great Britain: Foreign Policy and the Span of Empire, 1689-1971*, vol. 1 (New York/London: Chelsea House in association with McGraw-Hill, 1972), p. 510.

31. 영국 주류 민족인 앵글로−색슨족도 독일 북부 지역에 거주하던 게르만족 일파였고, 미국 주류 민족도 영국계 아니면 독일계여서 독일계를 아우르는 튜턴(Teuton) 동맹이라는 용어가 등장했다.─옮긴이

32. Sontag, *European Diplomatic History*, p. 60에서 인용.

33. Valentin Chirol, *Fifty Years in a Changing World.* (London, 1927), p. 284에서 인용.

34. 나폴레옹전쟁 당시 대불 동맹이 7번 형성되었고 영국이 주도했다.─옮긴이

35. Memorandum by the Marquess of Salisbury, May 29, 1901, in G. P. Gooch and Harold Temperley, eds., *British Documents on the Origins of the War*, vol. II (London, 1927), p. 68.

36. 원저에는 해군장관(First Lord of the Admiralty)이라고 되어 있으나, 당시 해군장관은 윈스턴 처칠이었고 홀데인은 육군장관(Secretary of State for War)이었다.─옮긴이

37. Sontag, *European Diplomatic History*, p. 169에서 인용.

38. Ibid., p. 170.

39. Kaiser Wilhelm, Reiners, *In Europa*, p. 106에서 인용.

40. Kaiser Wilhelm, Craig, *Germany*, p. 331에서 인용.

41. The Marquess of Lansdowne to Sir E. Monson, July 2, 1903, in Sontag, *European Diplomatic History*, p. 293.

42. Sir Edward Grey to Sir F. Bertie, January 31, 1906, in Viscount Grey, *Twenty-Five Years 1892-1916* (New York: Frederick A. Stokes Co., 1925), p. 76.

43. Sir Edward Grey to M. Cambon, French Ambassador in London, November 22, 1912, in ibid., pp. 94-95.

44. A. J. P. Taylor, *The Struggle for Mastery in Europe, 1848-1918* (Oxford: Oxford University Press, 1954), p. 443에서 인용.

45. 가령 Paul Schroeder, "World War I as Galloping Gertie: A Reply to Joachim Remak," *Journal of Modern History*, vol. 44 (1972), p. 328도 참고하라.

46. Crowe Memorandum of January 1, 1907, in Kenneth Bourne and D. Cameron Watt, gen. eds., *British Documents on Foreign Affairs* (Frederick, Md.: University Publications of America, 1983), part I, vol. 19, pp. 367ff.

47. Ibid., p. 384.

48. Ibid.

49. Sontag, *European Diplomatic History*, p. 140에서 인용.

50. Carroll, *Germany and the Great Powers*, p. 657에서 인용.

51. Klaus Wernecke, *Der Wille zur Weltgeltung: Aussenpolitik und Offentlichkeit am Vorabend des Ersten Weltkrieges* (Dusseldorf, 1970), p. 33에서 인용.

52. Speech by the Chancellor of the Exchequer, David Lloyd George, July 12, 1911, in Wiener, *Great Britain*, vol. 1, p. 577.

53. Carroll, *Germany and the Great Powers*, p. 643에서 인용.

54. D. C. B. Lieven, *Russia and the Origins of the First World War* (New York: St. Martin's Press, 1983), p. 46에서 인용.

55. Taylor, *Struggle for Mastery*, p. 507에서 인용.

56. Lieven, *Russia*, p. 69에서 인용.

57. Taylor, *Struggle for Mastery*, p. 510에서 인용.

58. Ibid., pp. 492-93.

59. 42. Lieven, *Russia*, p. 48에서 인용.

60. Sontag, *European Diplomatic History*, p. 185에서 인용.

61. Craig, *Germany*, p. 335에서 인용.

08 소용돌이 속으로: 군사적 인류파멸 장치

1. Obruchev memorandum to Giers, May 7/19, 1892, in George F. Kennan, *The Fateful Alliance: France, Russia and the Coming of the First World War* (New York: Pantheon, 1984), Appendix II, p. 264.

2. Ibid., p. 265.

3. Ibid.

4. Ibid., p. 268.

5. Ibid., p. 153에서 인용.

6. Gerhart Ritter, *The Schlieffen Plan* (New York: Frederick A. Praeger, 1958) 참고.

7. 벨기에로 우회하느라 진격로가 호를 그린 모양이었다.—옮긴이

8. 앞에서 언급한 대로 오브루체프는 적국에 비해 러시아가 군을 늦게 동원하면 위험해질 수 있다고 지적했다.—옮긴이

9. Frank A. Golder, ed., *Documents of Russian History 1914–1917*, translated by Emanuel Aronsberg (New York: Century, 1927), pp. 9–10에서 인용.

10. Ibid., p. 13.

11. Ibid., p. 18.

12. Ibid., p. 19.

13. 차르 니콜라이 2세와 일가 전부가 1917년 공산주의 혁명으로 몰살당했다.—옮긴이

14. Bethmann-Hollweg, Fritz Stern, *The Failure of Illiberalism* (New York: Columbia University Press, 1992), p. 93에서 인용.

15. Bethmann-Hollweg to Eisendecher, March 13, 1913, Konrad Jarausch, "The Illusion of Limited War: Chancellor Bethmann-Hollweg's Calculated Risk, July 1914," in *Central European History*, March 1969, pp. 48–77에서 인용.

16. 조피(Sophie) 대공비는 왕족이 아닌 백작 가문 출신이었고, 황실 시녀였다.—옮긴이

17. A. J. P. Taylor, *The Struggle for Mastery in Europe, 1848–1918* (Oxford: Oxford University Press, 1954), pp. 521-22에서 인용.

18. Serge Sazonov, The Fateful Years, 1909–1916: *The Reminiscences of Serge Sazonov* (New York: Frederick A. Stokes, 1928), p. 31.

19. Ibid., p. 153.

20. N. V. Tcharykow, *Glimpses of High Politics* (London, 1931), p. 271.

21. 헝가리 성명은 성/이름 순으로 표기하여 Tisza Isván이지만, 여기에서는 서구식 성명 표기를 따랐다. 오-헝 제국의 공용어인 독일어 표기는 Stephen Tisza다. 제22장에서도 마찬가지로 서구식 성명으로 통일해서 표기했다.—옮긴이

22. Sazonov, *Fateful Years*, p. 40.

23. Statement by Sir Edward Grey in the House of Commons on Secret Military Negotiations with Other Powers, June 11, 1914, in Joel H. Wiener, ed., G*reat Britain. Foreign Policy and the Span of Empire, 1689-1971*, vol. 1 (New York/London: Chelsea House in association with McGraw-Hill, 1972), p. 607.

24. Telegram from Sir Edward Grey to the British Ambassador at Berlin, Sir E.. Goschen, Rejecting a Policy of Neutrality, July 30, 1914, in ibid., p. 607.

25. D. C. B. Lieven, *Russia and the Origins of the First World War* (New York: St. Martin's Press, 1983), p. 66에서 인용.

26. 당시 주요 유럽 왕실은 혈연관계로 얽혀 있었다.—옮긴이

27. Ibid., p. 143에서 인용.

28. Ibid., p. 147에서 인용.

29. 최후통첩에는 세르비아의 주권을 침해하는 내용이 많았으나 오스트리아 관리의 영토 진입 및 암살범죄 수사를 제외하고는 다 수용했다.—옮긴이

30. Sazonov, *Fateful Years*, p. 188.

31. L. C. F. Turner, "The Russian Mobilization in 1914," in *Journal of Contemporary History*, vol. 3 (1968), p. 70에서 인용.

32. 오스만 제국도 해체되었다.—옮긴이

09 외교의 새로운 얼굴: 윌슨과 베르사유 조약

1. A. J. P. Taylor, *British History* 1914-1945 (Oxford: The Clarendon Press, 1965), p. 114에서 인용.

2. A. J. P. Taylor, *The Struggle for Mastery in Europe 1848– 1918* (Oxford: Oxford University Press, 1954), p. 535에서 인용.

3. Ibid., p. 553에서 인용.

4. Werner Maser, *Hindenburg, Eine politische Biographie* (Frankfurt/M-Berlin: Verlag Ullstein GmbH, 1992), p. 138.

5. 비스마르크는 프로테스탄트 국가인 프로이센이 주도권을 잡기 원했으며(소독일주의), 가톨릭 국가인 오스트리아까지 포함되면(대독일주의) 프로이센의 주도권이 약해지는 것을 우려했다.—옮긴이

6. Sir Edward Grey to Colonel E. M. House, September 22, 1915, Arthur S. Link, *Woodrow Wilson, Revolution, War, and Peace* (Arlington Heights, Illinois: Harlan Davidson, 1979), p. 74 에서 인용.

7. Woodrow Wilson, Remarks in Washington to the League to Enforce Peace, May 27, 1916, in Arthur S. Link, ed., *The Papers of Woodrow Wilson* (Princeton, N.J.: Princeton University Press, 1966-), vol. 37, p. 113.

8. Woodrow Wilson, An Address to the Senate, Senate, January 22, 1917, in ibid., vol. 40, p. 539.

9. 미국은 1846년부터 1848년까지 멕시코와 전쟁을 해서 캘리포니아, 유타, 네바다, 뉴멕시코, 애리조나 등을 획득했고, 멕시코로부터 분리독립하려는 텍사스를 지원하기 위해 군을 파병했다.—옮긴이

10. Arthur S. Link, *Wilson the Diplomatist* (Baltimore: Johns Hopkins Press, 1957), p. 100.

11. Ibid., pp. 100ff.

12. Woodrow Wilson, An Address to a Joint Session of Congress, January 8, 1918, in Link, ed., *Papers of Woodrow Wilson*, vol. 45, p. 538.

13. Woodrow Wilson, An Address at Guildhall, December 28, 1918, in ibid., vol. 53, p. 532.

14. Wilson, Address to Senate, January 22, 1917, in ibid., vol. 40, p. 536.

15. Anthony Adamthwaite, *France and the Coming of the Second World War, 1936– 1939* (London: Frank Cass, 1977), p. 4.

16. Andre Tardieu, *The Truth About the Treaty* (Indianapolis: Bobbs-Merrill, 1921), p. 165.

17. Wilson's adviser David Hunter Miller, March 19, 1919, in David Hunter Miller, *The Drafting of the Covenant* (New York/London: G. P. Putnam's Sons, 1928), vol. 1, p. 300.

18. Tardieu, *Truth About the Treaty*, p. 173에서 인용.

19. Tardieu, in ibid., pp. 174-75.

20. Bowman memorandum, December 10, 1918, in Charles Seymour, ed., *The Intimate Papers of Colonel House* (Boston/New York: Houghton Mifflin, 1926-28), vol. 4, pp. 280-281.

21. Seth P. Tillmann, *Anglo-American Relations at the Paris Peace Conference of 1919* (Princeton, N.J.: Princeton University Press, 1961), p. 133에서 인용.

22. Woodrow Wilson, An Address to the Third Plenary Session of the Peace Conference, February 14, 1919, in Link, ed., *Papers of Woodrow Wilson*, vol. 55, p. 175.

23. Bowman memorandum, in Seymour, ed., *Intimate Papers*, p. 281.

24. Tillmann, *Anglo-American Relations*, Relations, p. 126에서 인용.

25. Wilson's adviser David Hunter Miller, in Miller, *Drafting of the Covenant*, vol. 1, p. 49.

26. 미국 헌법 제1조 8항 11절은 "The Congress shall have power ··· to declare War···라고 명시되어 있어서 선전포고권은 의회의 권한이다. 다만 최근에는 대통령이 군통수권자라는 헌법 제2조 2항에 따라 전쟁이 아니라 군사작전(operation)이라는 이름으로 전쟁을 개시하고 있다.—옮긴이

27. Paul Birdsall, *Versailles Twenty Years After* (New York: Reynal & Hitchcock, 1941), p. 128에서 인용.

28. Miller, *Drafting of the Covenant*, vol. 1, p. 216에서 인용.

29. Ibid., vol. 2, p. 727.

30. Tardieu, *Truth About the Treaty*, p. 160에서 인용.

31. Ibid., p. 202.

32. Ibid., p. 204.

33. House Diary, March 27, 1919, in Seymour, ed., *Intimate Papers*, vol. 4, p. 395.

34. Sir Charles Webster, *The Congress of Vienna* (London: Bell, 1937).

35. Lloyd George memorandum to Woodrow Wilson, March 25, 1919, in Ray Stannard Baker, *Woodrow Wilson and World Settlement* (New York: Doubleday, Page & Co., 1922), vol. III, p. 450.

36. 1917년에 공산주의 혁명이 발발했다.—옮긴이

37. Louis L. Gerson, *Woodrow Wilson and the Rebirth of Poland*, 1914-1920 (New Haven, Conn.: Yale University Press, 1953), pp. 27-28. 34. Harold Nicolson, Peacemaking 1919 (London: Constable & Co., 1933), p. 187에서 인용.

38. 클레망소 프랑스 총리는 베르사유 강화회의에서 신생국인 핀란드, 폴란드, 발트3국이 소련 공산주의를 막는 방역선(cordon sanitaire)이 되어야 한다고 주장했다.—옮긴이

39. "The Allied and Associated Governments affirm and Germany accepts the responsibility of Germany and her allies for causing all the loss and damage to which the Allied and Associated Governments and their nationals have been subjected as a consequence of the war imposed upon them by the aggression of Germany and her allies."—옮긴이

40. Harold Nicolson, *Peacemaking 1919* (London: Constable & Co., 1933), p. 187.

10 승자들의 딜레마

1. Woodrow Wilson, An Address in the Metropolitan Opera House, September 27, 1918, in Arthur S. Link, ed., *The Papers of Woodrow Wilson* (Princeton, N.J.: Princeton University Press, 1966-), vol. 51, pp. 131-32.

2. Edward Hallett Carr, *The Twenty Years' Crisis, 1919-1939* (2nd ed., 1946) (New York: Harper & Row, paper reprint, 1964), p. 34에서 인용.

3. Ibid., p. 35에서 인용.

4. 일본, 독일은 1933년, 이탈리아는 1937년에 국제연맹을 탈퇴했다.—옮긴이

5. 소련은 당시 안보리에서 대만이 중국을 대표하는 것에 대해 항의 차원에서 출석하지 않았다.—옮긴이

6. 냉전이 끝나면서 소련은 해체되고 있었고 중국은 천안문 사태 이후 혼란한 상황이었다.—옮긴이

7. 독일은 1926년에야 가입을 허용받았고 1933년에 탈퇴했다. 소련은 1934년에 가입했고 1939년에 축출되었다.—옮긴이

8. Anthony Adamthwaite, *France and the Coming of the Second World War, 193-1939* (London:

Frank Cass, 1977), p. 17에서 인용.

9. Stephen A. Schuker, *The End of French Predominance in Europe* (Chapel Hill, N.C.: University of North Carolina Press, 1976), p. 254에서 인용.

10. Ibid., p. 251에서 인용.

11. Ibid.

12. Ibid., p. 254.

13. F. L. Carsten, *Britain and the Weimar Republic* (New York: Schocken Books, 1984), p. 128에서 인용.

14. *Papers Respecting Negotiations for an Anglo-French Pact* (London: His Majesty's Stationery Office, 1924), paper no. 33, pp. 112–13.

15. Minutes of Cabinet Meetings; Conferences of Ministers, Cabinet Conclusions: 1(22), 10 January 1922, Official Archives, Public Record Office, Cabinet Office, CAB 23/29.

16. Carr, *Twenty Years' Crisis*, pp. 200ff.

17. Carsten, *Britain and the Weimar Republic*, p. 81에서 인용.

18. Tardieu letter to House, March 22, 1919, in André Tardieu, *The Truth About the Treaty* (Indianapolis: Bobbs-Merrill, 1921), p. 136.

19. John Maynard Keynes, *Treatise on the Economic Consequences of the Peace* (London: Macmillan, 1919).

20. 3,230억 달러는 이 책이 출간된 1994년 기준이며, 2023년 기준으로 환산하면 약 6,650억 달러가 된다.—옮긴이

21. Edward Hallett Carr, *The Bolshevik Revolution, 1917–1923*, vol. 3 (New York/London: W. W. Norton, paper ed., 1985), p. 16.

22. 소련은 공산혁명 직후 인민위원평의회 산하 외무인민위원이 외교장관 역할을 맡았다. 1946년에야 외교장관이라는 직위가 생겼고 초대 외교장관은 몰로토프(Molotov)였다.—옮긴이

23. 공산주의 이론은 국가를 궁극적으로 소멸해야 할 대상으로 보았다.—옮긴이

24. Ibid., p. 9.

25. V. I. Lenin, *Collected Works* (Moscow: Progress Press, 1964), vol. 26, p. 448.

26. Carr, *Bolshevik Revolution*, p. 44에서 인용.

27. Ibid., p. 42에서 인용.

28. Ibid., p. 70에서 인용.

29. Ibid., p. 161에서 인용.

30. 공교롭게도 러시아는 두 나라 다 각각 2008년과 2022년에 침략했다.—옮긴이

31. Edward Hallett Carr, *German-Soviet Relations Between the Two World Wars, 1919–1939* (Baltimore: Johns Hopkins Press, 1951), p. 40에서 인용.

32. F. L. Carsten, *The Reichswehr and Politics, 1918-1933* (Oxford: Oxford University Press, 1966), p. 69에서 인용.

33. 조약 원문은 소련으로부터 독립한 동유럽 소국들을 보장하고 브레스트–리토프스크 조약 등에서의 배상금 등 경제 및 재정 관련 조항을 포기한다고 되어 있다.—옮긴이

34. George F. Kennan, *Russia and the West Under Lenin and Stalin* (Boston/Toronto: Little, Brown, 1960), p. 206에서 인용.

35. Ibid., p. 210에서 인용.

36. Ibid., p. 212.

11 슈트레제만과 패배자들의 재등장

1. Hermann Graml, *Europa in der Zwischen der Kriegen* (Munich, 1969), p. 154에서 인용.

2. Viscount d' Abernon, *The Ambassador of Peace: Lord dAbernon's Diary*, vol. II (London: Hodder & Stoughton, 1929), p. 225.

3. Graml, *Europa*, p. 130에서 인용.

4. Stephen A. Schuker, *The End of French Predominance in Europe* (Chapel Hill, N.C.: University of North Carolina Press, 1976), p. 255에서 인용.

5. Henry L. Bretton, *Stresemann and the Revision of Versailles* (Stanford, Calif.: Stanford University Press, 1953), p. 38에서 인용.

6. Marc Trachtenberg, *Reparations in World Politics* (New York: Columbia University Press, 1980), p. 48에서 인용.

7. Ibid. 인용.

8. Bretton, *Stresemann*, p. 21에서 인용.

9. F. L. Carsten, *Britain and the Weimar Republic* (New York: Schocken Books, 1984), p. 37에서 인용.

10. Hans W. Gatzke, *Stresemann and the Rearmament of Germany* (Baltimore: Johns Hopkins University Press, 1954), p. 12에서 인용.

11. 키신저가 1994년에 이렇게 전망한 후에 러시아는 2008년에 조지아를 침공했고, 2014년에 크림반도를 차지했으며, 2022년 2월에는 우크라이나를 전면 침공했다.—옮긴이

12. *Gustav Stresemann, His Diaries, Letters and Papers*, edited and translated by Eric Sutton (London, 1935), vol. 1, p. 225.

13. David Dutton, Austen Chamberlain, *Gentleman in Politics* (Bolton: Ross Anderson, 1985), p. 250에서 인용.

14. 로카르노 조약에서 보장받지 못한 독일 동부 국경을 둘러싸고 제2차 세계대전이 발발했다.—옮긴이

15. Ibid., p. 5에서 인용.

16. 히틀러가 1936년에 그때까지 비무장지대였던 라인란트에 독일군을 진주시켰다.—옮긴이

17. Jon Jacobson, *Locarno Diplomacy* (Princeton, N.J.: Princeton University Press, 1972), p. 90에서 인용.

18. Raymond J. Sontag, *A Broken World*, 1919–1939 (New York: Harper & Row, 1971), p. 133에서 인용.

19. Selig Adler, *The Isolationist Impulse: Its Twentieth-Century Reaction* (New York: Free Press, 1957), p. 217.

20. D. W. Brogan, *The French Nation*, 1814-1940 (London: Hamilton, 1957), p. 267.

21. Dutton, *Austen Chamberlain*, p. 251에서 인용.

22. F. L. Carsten, *The Reichswehr and Politics, 1918-1933* (Berkeley: University of California Press, 1973), p. 139.

23. 영어는 spirit과 ghost로 구분되지만, 독일어는 둘 다 Der Geist다.—옮긴이

24. Bretton, *Stresemann*, p. 22에서 인용.

25. Anthony Adamthwaite, *France and the Coming of the Second World War, 1936–1939* (London: Frank Cass, 1977), p. 29에서 인용.

26. Winston S. Churchill, *The Second World War, vol. 1, The Gathering Storm* (Boston: Houghton Mifflin, 1948), p. 74.

27. Ibid., p. 73에서 인용.

28. A. J. P. Taylor, *The Origins of the Second World War* (New York: Atheneum, paper ed., 1983), p. 66에서 인용.

12 환상의 종말: 히틀러와 베르사유체제의 파멸

1. Alan Bullock, *Hitler and Stalin: Parallel Lives* (New York: Alfred A. Knopf, 1992), p. 380.

2. Henry Picker, *Hitlers Tischgesprache in Fuhrerhauptequartier 1941-1942*, ed., Percy Ernst

Schramm (Stuttgart, 1963).

3. 히틀러의 생모로부터 태어난 자식이 히틀러를 포함하여 6명이었으나 히틀러와 막내동생을 제외하면 다들 어릴 때 병으로 죽었고 어머니도 단명했다.—옮긴이

4. 베스트팔렌 조약 이후 프랑스가 강력해졌고 독일에는 수많은 소국들이 생겨났으며, 베르사유 조약 이후 독일은 패전에도 불구하고 대체로 온전했던 반면, 독일 동쪽에는 오-헝 제국 해체와 러시아 혁명으로 수많은 신생국이 생겨났다.—옮긴이

5. Phipps to Simon, November 21, 1933, A. J. P. Taylor, *The Origins of the Second World War* (New York: Atheneum, 1983), pp. 73-74에서 인용.

6. MacDonald conversation with Daladier, March 16, 1933, in ibid., p. 74.

7. Ibid., p. 75.

8. Anglo-French meeting, September 22, 1933, in ibid., pp. 75-76.

9. Martin Gilbert, *Churchill: A Life* (New York: Henry Holt, 1991), p. 523에서 인용.

10. Ibid., p. 524에서 인용.

11. Ibid., p. 523에서 인용.

12. Robert J. Young, *In Command of France: French Foreign Policy and Military Planning 1933-1940* (Cambridge, Mass.: Harvard University Press, 1978), p. 37에서 인용.

13. Anthony Adamthwaite, *France and the Coming of the Second World War, 1936-1939* (London: Frank Cass, 1977), p. 30에서 인용.

14. Paul Johnson, *Modern Times: The World from the Twenties to the Eighties* (New York: Harper & Row, 1983), p. 341에서 인용.

15. Gilbert, *Churchill*, p. 531에서 인용.

16. Ibid., pp. 531-32에서 인용.

17. Ibid., p. 537에서 인용.

18. Winston S. Churchill, *The Second World War*, vol. 1, *The Gathering Storm* (Boston: Houghton Mifflin, 1948), p. 119에서 인용.

19. Gilbert, *Churchill*, p. 538에서 인용.

20. Adamthwaite, *France, 1936-1939*, p. 75에서 인용.

21. 이탈리아는 제1차 세계대전 5대 승전국(미국, 영국, 프랑스, 이탈리아, 일본)이었지만 영토나 식민지 조정에서 보상을 못 받았다는 불만이 많았다.—옮긴이

22. 이탈리아는 제1차 이탈리아-에티오피아 전쟁(1895년-1896년) 당시 아도와 전투에서 참패를 겪는 등 졸전을 거듭하다가 아프리카 국가에 최초로 패배한 유럽 강대국이라는 굴욕을 겪었다.—옮긴이

23. Haile Selassie, June 30, 1936, David Clay Large, *Between Two Fires: Europe's Path in the 1930s* (New York/London: W. W. Norton, 1990), pp. 177-78에서 인용.

24. Josef Henke, *England in Hitlers Politischem Kalkul* (German Bundesarchiv, Schriften, no. 20, 1973), p. 41에서 인용.

25. Gerhard Weinberg, *The Foreign Policy of Hitler's Germany: Diplomatic Revolution in Europe* (Chicago: University of Chicago Press, 1970), p. 241.

26. Anthony Eden, Earl of Avon, *The Eden Memoirs*, vol. 1, *Facing the Dictators* (Boston: Houghton Mifflin, 1962), pp. 375-76.

27. Weinberg, *Foreign Policy of Hitler's Germany*, p. 259에서 인용.

28. Ibid., p. 254에서 인용.

29. Churchill, *Gathering Storm*, p. 196.

30. Gilbert, *Churchill*, p. 553에서 인용.

31. *Parliamentary Debates*, 5th ser., vol. 309 (London: His Majesty's Stationery Office, 1936), March 10, 1936, col. 1976.

32. Adamthwaite, *France, 1936-1939*, p. 41에서 인용.

33. Ibid., pp. 53ff.

34. Ibid.

35. 베르히테스가덴은 독일 동남부와 오스트리아 접경 지역 내륙 깊숙한 산간 지역에 자리 잡고 있다.—옮긴이

36. Memorandum, Foreign Ministry Circular, Taylor, *Origins of Second World War*, p. 137에서 인용.

37. Adamthwaite, *France*, 1936–1939, p. 68에서 인용.

38. Ibid., p. 69에서 인용.

39. 당시 회의 내용을 기록했던 호스바흐 각서(Hossbach Memorandum)는 히틀러가 전면전을 준비하고 있었다는 증거로 뉘른베르크 전범재판에 제시되었다.—옮긴이

40. Gordon A. Craig, *Germany 1866–1945* (New York/Oxford: Oxford University Press, 1978), p. 698에서 인용.

41. Adolf Hitler, *Mein Kampf* (New York: Reynal & Hitchcock, 1940), p. 175.

42. Halifax to Phipps, March 22, 1938, Taylor, *Origins of Second World War*, p. 155에서 인용.

43. Ibid., p. 191.

44. Ibid.

45. Bullock, *Hitler and Stalin*, pp. 582ff.

46. Ibid., p. 589에서 인용.

47. Taylor, *Origins of Second World War*, p. 191에서 인용.

48. Prime Minister W. L. Mackenzie King, September 29, 1938, in John A. Munro, ed., *Documents on Canadian External Relations*, vol. 6 (Ottawa: Department of External Affairs, 1972), p. 1099.

49. Prime Minister J. A. Lyons, September 30, 1938, in R. G. Neale, ed., *Documents on Australian Foreign Policy 1937–49*, vol. I (Canberra: Australian Government Publishing Service), p. 476.

50. Chamberlain to the House of Commons, October 3, 1938, *Parliamentary Debates*, 5th ser., vol. 339 (1938), col. 48.

13 스탈린의 바자회

1. T. A. Taracouzio, *War and Peace in Soviet Diplomacy* (New York: Macmillan, 1940), pp. 139–40에서 인용.

2. Stalin speech to 15th Party Congress, December 3, 1927, Nathan Leites, *A Study of Bolshevism* (Glencoe, Ill.: Free Press of Glencoe, 1953), p. 501에서 인용.

3. Stalin report to 17th Party Congress, January 26, 1934, in Alvin Z. Rubinstein, ed., *The Foreign Policy of the Soviet Union* (New York: Random House, 1960), p. 108.

4. Report to the 7th Congress of the Communist International, August 1935, in ibid., pp. 133–36.

5. Robert Legvold, *After the Soviet Union: From Empire to Nations* (New York: W. W. Norton, 1992), p. 7.

6. Anthony Adamthwaite, *France and the Coming of the Second World War, 1936–1939* (London: Frank Cass, 1977), p. 264에서 인용.

7. Anthony Read and David Fisher, *The Deadly Embrace: Hitler, Stalin, and the Nazi-Soviet Pact 1939–1941* (New York/London: W. W. Norton, 1988), p. 57에서 인용.

8. Donald Cameron Watt, How War Came: *The Immediate Origins of the Second World War, 1938–1939* (London: William Heinemann, 1989), p. 109.

9. Read and Fisher, *Deadly Embrace*, p. 59에서 인용.

10. Ibid.

11. Keith Feiling, *The Life of Neville Chamberlain* (London: Macmillan, 1946), p. 403에서 인용.

12. Watt, *How War Came*, pp. 221–22에서 인용.

13. Read and Fisher, *Deadly Embrace*, p. 69에서 인용.

14. Ibid., p. 72에서 인용.

15. Alan Bullock, *Hitler and Stalin: Parallel Lives* (New York: Alfred A. Knopf, 1992), p. 614.

16. 당시 단치히는 자유시의 지위를 갖고 있었고 국제연맹이 임명한 고등판무관(High Commissioner)이 파견되었다.—옮긴이

17. Gordon A. Craig, *Germany 1866–1945* (New York/Oxford: Oxford University Press, 1978), pp. 711-12에서 인용.

18. Bullock, *Hitler and Stalin*, p. 616에서 인용.

19. Ibid., p. 617에서 인용.

20. 레닌그라드는 제정 러시아 시절 러시아의 수도였던 상트페테르부르크이며, 소련 시절인 1924년부터 1991년까지 레닌그라드로 불렸다.—옮긴이

21. Ibid., p. 620에서 인용.

22. A. J. P. Taylor, *The Origins of the Second World War* (New York: Atheneum, 1961), p. 231.

14 나치-소련 조약

1. Alan Bullock, *Hitler and Stalin: Parallel Lives* (New York: Alfred A. Knopf, 1992), pp. 679-80.

2. Ibid. 인용, p. 682.

3. 제1차 세계대전 이후 신생독립한 핀란드, 폴란드, 발트3국 중에 끝까지 저항한 핀란드는 공산화되지 않은 채 독립을 유지했고, 저항했으나 점령당한 폴란드는 제2차 세계대전 이후 비록 소련의 위성국이기는 했지만 독립국 지위를 유지한 반면, 강하게 저항하지 못한 발트3국은 1991년 소련이 붕괴한 후에야 비로소 독립한다.—옮긴이

4. 제1차 세계대전 당시 소련이 독일과 별도로 이 지역에서 협상하여 동부전선에서 전쟁을 종식하고 전선에서 이탈했으나, 소련은 너무 많은 영토를 포기했고, 독일은 패전 이후 이 당시 합의보다 더 많은 영토를 상실했기 때문이다.—옮긴이

5. Anthony Read and David Fisher, *The Deadly Embrace: Hitler, Stalin, and the Nazi-Soviet Pact 1939–1941* (New York/London: W. W. Norton, 1988), p. 508; Bullock, Hitler and Stalin, p. 687.

6. Read and Fisher, *Deadly Embrace*, p. 509.

7. 유럽 철도 폭은 한국, 미국, 중국과 마찬가지로 표준궤(1,453mm)인 반면, 러시아는 광궤(1,520mm)다.—옮긴이

8. Martin Wight, *Power Politics* (New York: Holmes and Meier, 1978), p. 176에서 인용.

9. *Documents on German Foreign Policy, 1918–1945*, series D (1937–1945), vol. XI, "The War Years" (Washington, D.C.: U.S. Government Printing Office, 1960), p. 537.

10. Ibid..

11. Ibid., pp. 537–38.

12. Ibid., p. 539.

13. Read and Fisher, *Deadly Embrace*, p. 519.

14. Bullock, *Hitler and Stalin*, p. 688.

15. Ibid., p. 689에서 인용.

16. Read and Fisher, *Deadly Embrace*, p. 530에서 인용.

17. Ibid., p. 532에서 인용.

18. 바투미는 흑해에 접해 있는 조지아의 도시이며, 바쿠는 아제르바이잔의 수도이다. 이 두 도시를 연결한 선의 북부 지역이 카프카스이며, 이 이남에는 아르메니아, 이란, 이라크, 시리아, 터키 등이 있다.—옮긴이

19. 우리 시대에는 이것이 소련의 "제안"이 아닌 것처럼 주장되었는데, 내가 보기에는 이 주장이 잘못되었다. Raymond L. Garthoff, *Detente and Confrontation: American-Soviet Relations from Nixon to*

Reagan (Washington: Brookings Institution, 1985), pp. 941-42에서 제기된 주장을(Zbigniew Brzezinski의 주장과 대조하여) 참고하라.

20. Bullock, *Hitler and Stalin*, p. 688.

21. Read and Fisher, *Deadly Embrace*, p. 568에서 인용. 또한 Bullock, *Hitler and Stalin*, p. 716도 참고.

22. 소련에서는 내각에 해당하는 인민평의회(1923-1946) 혹은 각료평의회(1946-1991)의 주석, 즉 위원장이 정부수반으로 간주되었고, 서방세계의 총리에 해당했다.—옮긴이

23. Read and Fisher, Deadly Embrace, p. 576에서 인용.

24. Ibid. 인용.

25. Ibid., p. 640에서 인용.

26. Ibid., pp. 647-48에서 인용.

27. Ibid., p. 629에서 인용.

15 무대에 재등장한 미국: 프랭클린 루스벨트

1. Isaiah Berlin, *Personal Impressions*, edited by Henry Hardy (New York: Viking Press, 1981), p. 26.

2. Ibid., pp. 23-31 참고.

3. Ibid.

4. 제1장에서 밝혔듯이 미국이 자신이 갖고 있는 가치가 보편적이어서 전 세계에 적용해야 한다는 입장과 이런 가치의 수호를 위해 개입하지 않고 스스로 모범이 되어야 한다는 입장이 있다.—옮긴이

5. 당시 해군력은 해군 군함의 총톤수(total tonnage)로 결정되었다. 1921년부터 1922년까지 진행되었던 워싱턴 해군회의를 통해 미국, 영국, 일본, 이탈리아, 프랑스는 총톤수를 5:5:3:1.76:1.76으로 합의했다.—옮긴이

6. U.S. Senate, *Conference on the Limitation of Armament*, Senate Documents, vol. 10, 67th Cong., 2nd sess., 1921-1922 (Washington, D.C.: U.S. Government Printing Office, 1922), p. 11.

7. Selig Adler, *The Isolationist Impulse, Its Twentieth-Century Reaction* (New York: Free Press; London: Collier-Macmillan, 1957), p. 142.

8. U.S. Senate, *Conference on Limitation of Armament*, pp. 867-68.

9. Adler, Isolationist Impulse, p. 214에서 인용.

10. Ibid., p. 216에서 인용.

11. Ibid., p. 214.

12. Frank B. Kellogg, "The Settlement of International Controversies by Pacific Means," address delivered before the World Alliance for International Friendship, November 11, 1928 (Washington, D.C.: U.S. Government Printing Office, 1928).

13. Ibid.

14. Henry L. Stimson and McGeorge Bundy, *On Active Service in Peace and War* (New York: Harper & Brothers, 1948), p. 259.

15. 2014년 러시아의 크림반도 합병 이래 2022년 우크라이나 전면 침공까지 미국은 마찬가지로 제재를 발동하고 강화해왔다.—옮긴이

16. 워싱턴 해군조약은 제23조에 따라 1936년 12월 31일까지 유효하고, 이 날짜로부터 2년 전까지 아무도 종료의사를 밝히지 않으면 연장되며, 이후 종료의사가 접수되면 2년 후에 종료하도록 되어 있다.—옮긴이

17. 양은 선을 상징하고 염소는 악을 상징한다. 성경 마태오 복음서 25장 31절부터 25장 45절까지 내용을 인용했다.—옮긴이

18. Roosevelt Address before the Woodrow Wilson Foundation, December 28, 1933, in *The Public Papers and Addresses of Franklin D. Roosevelt* (New York: Random House, 1938), vol. 2, 1933, pp. 548-49.

19. 응징을 암시하는 성경 구절과 달리 현실에서는 침략국에 대한 조치가 전혀 없었다.—옮긴이

20. Adler, *Isolationist Impulse*, pp. 235-36.

21. Ruhl J. Bartlett, ed., *The Record of American Diplomacy* (New York: Alfred A. Knopf, 1956), pp. 572-77. 1935년 8월 31일에 프랭클린 루스벨트가 서명한 제1차 중립법은 무기 금수를 부과하고 미국인들이 교전당사국 국적의 선박을 이용한 여행을 금지했다. 1936년 2월 29일 프랭클린 루스벨트가 서명한 제2차 중립법(라인란트가 재점령되기 일주일 전)은 제1차 중립법을 1936년 5월 1일까지 연장하고 교전당사국에 대한 차관과 신용 제공을 금지했다. 프랭클린 루스벨트가 1937년 5월 1일 서명한 제3차 중립법은 기존 법을 연장하여 자정에 종료하도록 하고 특정 비군수물품에 관한 "현찰 판매 및 구매자 배송(Cash-and-carry)" 조항을 추가했다.

22. Treaty between the United States of America and Germany, to restore friendly relations and terminate the state of war between them, signed in Berlin August 25, 1921.

23. Hull memo to FDR, March 9, 1936, William Appleman Williams, ed., *The Shaping of American Diplomacy, vol. II, 1914-1968*, 2nd ed. (Chicago: Rand McNally, 1973), p. 199에서 인용.

24. Address in Chicago, October 5, 1937, in Roosevelt, *Public Papers* (New York: Macmillan Co.,1941), 1937 vol., p. 410.

25. Ibid., 1939 vol., Introduction by FDR, p. xxviii.

26. Charles A. Beard, *American Foreign Policy in the Making, 1932-1940: A Study in Responsibilities* (New Haven, Conn.: Yale University Press, 1946), pp. 188ff.

27. Ibid., p. 190에서 인용.

28. Ibid., 이탤릭체 표시는 추가됨.

29. Ibid., p. 193.

30. Ibid.

31. Adler, *Isolationist Impulse*, pp. 244-45에서 인용.

32. Anthony Adamthwaite, *France and the Coming of the Second World War, 1936-1939* (London: Frank Cass, 1977), p. 209에서 인용.

33. Roosevelt Press Conference, September 9, 1938, *in Complete Presidential Press Conferences of Franklin Delano Roosevelt*, vol. 12, 1938 (New York: Da Capo Press, 1972), by date.

34. Radio address to the Herald-Tribune Forum, October 26, 1938, in Roosevelt, *Public Papers*, 1938 vol., p. 564.

35. Ibid., p. 565.

36. Donald Cameron Watt, *How War Came: The Immediate Origins of the Second World War, 1938-1939* (London: William Heinemann, 1989), p. 130.

37. Annual Message to the Congress, January 4, 1939, in Roosevelt, *Public Papers*, 1939 vol., p. 3.

38. Franklin D. Roosevelt, *Complete Presidential Press Conferences of Franklin Delano Roosevelt*, vol. 13, 1939, p. 262.

39. 1890년에 결성된 범미연맹(PAU)은 1948년에 미주기구(OAS: Organization of American States)로 재결성된다.—옮긴이

40. Roosevelt, *Public Papers*, 1939 vol., pp. 198-99.

41. Watt, *How War Came*, p. 261.

42. "The President Again Seeks a Way to Peace. A Message to Chancellor Adolf Hitler and Premier Benito Mussolini, April 14, 1939," in Roosevelt, *Public Papers*, 1939, pp. 201-5.

43. Vandenberg speech in the Senate, "It Is Not Cowardice to Think of America First," February 27, 1939, *in Vital Speeches of the Day*, vol. v, no. 12 (April 1, 1939), pp. 356-57.

44. Adler, *Isolationist Impulse*, p. 248에서 인용.

45. Ted Morgan, *FDR. A Biography* (New York: Simon & Schuster, 1985), p. 520.

46. 샬러츠빌에 있는 버지니아 대학교는 토머스 제퍼슨이 설립했다.—옮긴이

47. Address at the University of Virginia, June 10, 1940, in Roosevelt, *Public Papers*, 1940 vol., pp. 263–64.

48. Churchill speech to the House of Commons, June 4, 1940, in Martin Gilbert, *Churchill: A Life* (New York: Henry Holt, 1991), p. 656.

49. Roosevelt's State of the Union address of January 6, 1941, *Vital Speeches*, vol. vii, no. 7 (January 15, 1941), p. 198.

50. 그 전까지는 독립전쟁, 남북전쟁, 제1차 세계대전 등 전시에만 징병제를 유지했다.—옮긴이

51. Adler, *Isolationist Impulse*, p. 282에서 인용.

52. Ibid.

53. Ibid., p. 284에서 인용.

54. Winston S. Churchill, The Second World War, vol. 3, *The Grand Alliance* (Boston: Houghton Mifflin, 1950), p. 140.

55. Radio Address Announcing the Proclamation of an Unlimited National Emergency, May 27, 1941, in Roosevelt, *Public Papers* (New York: Harper & Brothers, 1950), 1941 vol., p. 192.

56. The Atlantic Charter: Official Statement on Meeting Between the President and Prime Minister Churchill, August 14, 1941, Ibid., p. 314.

57. Ibid., p. 315.

58. Fireside Chat to the Nation, September 11, 1941, Ibid., pp. 384-92.

59. 미국은 이미 석유를 포함한 대일본 금수조치를 시행한 상황에서 1941년 11월 26일 헐 노트(Hull Note)를 통해 일본의 중국 및 인도차이나 반도 철수, 주요국 간 불가침 조약 체결 등을 요구했다.—옮긴이

60. 러-일 전쟁 당시에도 일본은 선전포고 없이 뤼순을 기습 공격해서 전쟁이 개시되었다.—옮긴이

61. Adler, *Isolationist Impulse*, p. 257.

16 평화를 향한 세 가지 접근법: 제2차 세계대전 당시의 루스벨트, 스탈린, 처칠

1. 2개 전차군단과 2개 보병군단으로 구성된 약 25만 명 규모의 제6군은 대(對)소련 작전의 핵심전력이었다.—옮긴이

2. *Churchill & Roosevelt, The Complete Correspondence*, 3 vols., edited by Warren F. Kimball, vol. II, *Alliance Forged, November 1942-February 1944* (Princeton, N.J.: Princeton University Press, 1984), p. 767.

3. Herbert Feis, *Churchill, Roosevelt, Stalin: The War They Waged and the Peace They Sought* (Princeton, N.J.: Princeton University Press, 1957), p. 340에서 인용.

4. James MacGregor Burns, Roosevelt: *The Soldier of Freedom* (New York: Harcourt Brace Jovanovich, 1970), p. 566.

5. Message to Churchill, June 1, 1942, in Kimball, ed. *Churchill & Roosevelt*, vol. I, Alliance Emerging, October 1933-November 1942, p. 502.

6. Elliott Roosevelt, *As He Saw It* (New York: Duell, Sloan and Pearce, 1946), pp. 115–16에서 인용.

7. 제4장에서 언급된 적이 있는 나폴레옹전쟁 직후 빈 회의에서 프랑스를 다시 유럽 5개국 열강 체제로 복귀시킨 탈레이랑 외교장관을 일컫는다.—옮긴이

8. Robert Dallek, *Franklin D. Roosevelt and American Foreign Policy, 1932–1945* (New York: Oxford University Press, 1979), p. 324에서 인용.

9. Cordell Hull, address before Congress regarding the Moscow Conference, November 18, 1943, in *U.S. Department of State Bulletin*, vol. ix, no. 230 (November 20, 1943), p. 343.

10. Winston S. Churchill, *The Second World War*, vol. 4, The Hinge of Fate (Boston: Houghton Mifflin, 1950), p. 214.

11. William Roger Louis, *Imperialism at Bay: The United States and the Decolonization of the British Empire, 1941–1945* (New York: Oxford University Press, 1978), p. 121에서 인용.

12. Ibid., p. 129에서 인용.

13. 필리핀은 1946년 7월 4일 체결된 마닐라 조약으로 독립했다.—옮긴이

14. Ibid., pp. 154-55에서 인용.

15. 미 국무부는 1972년 부장관 직위가 신설될 때까지 차관이 국무부 2인자였고, 지금은 기능별로 6명의 차관이 있다.—옮긴이

16. 나는 이런 분석을 하면서 Peter Rodman이 쓴 『제3세계에 대한 미국과 소련의 접근법』에 많은 신세를 졌다.

17. 주로 중동 및 북아프리카, 남아시아 지역 인종을 일컫는다.—옮긴이

18. Memorandum by Charles Taussig, March 15, 1944에서 인용·Louis, *Imperialism at Bay*, p. 486.

19. 제2차 세계대전 중 가장 치열한 전선은 독일-소련 간 독일 동부 전선이었다. 소련은 자국의 부담을 덜기 위해 독일 서부에 제2전선을 만들어달라고 강력하게 요구했다.—옮긴이

20. Robert E. Sherwood, *Roosevelt and Hopkins: An Intimate History* (New York: Harper & Brothers, 1948), p. 605에서 인용.

21. 동부전선 전투에서는 수십만 명의 사망자가 나왔던 반면, 노르망디 상륙작전은 20만 명 이상이 투입되었으나 양측 전사자 수는 5천여 명에 그쳤다.—옮긴이

22. Feis, *Churchill, Roosevelt, Stalin*, pp. 11-13.

23. Eric Larrabee, *Commander in Chief Franklin Delano Roosevelt, His Lieutenants, and Their War* (New York: Harper & Row, 1987), p. 503 참고.

24. Burns, *Roosevelt*, p. 374.

25. 1920-30년대 소련 정치, 군사 지도부 대학살—옮긴이

26. 1940년 소련이 카틴 숲에서 폴란드 장교와 지식인 2만 명 이상을 학살한 사건—옮긴이

27. 이와 관련하여 나는 아서 슐레신저 2세(Arthur Schlesinger Jr)가 1992년 6월 18일에 배서 대학(Vassar College)에서 했던 프랭클린 루스벨트와 미국의 외교정책(Franklin D. Roosevelt and the U.S. Foreign Policy)에 대한 비공개 연설문을 참고했고 많은 신세를 졌다.

28. Sir John Wheeler-Bennett and Anthony Nicholls, *The Semblance of Peace* (London: Macmillan, 1972), pp. 46ff.

29. *The Memoirs of Cordell Hull*, vol. II (New York: Macmillan, 1948), p. 1452에서 인용.

30. Wheeler-Bennett and Nicholls, *Semblance of Peace*, p. 49.

31. Hull, *Memoirs*, vol. II, pp. 1168–70.

32. 23. Feis, *Churchill, Roosevelt, Stalin*, p. 59에서 인용.

33. William G. Hyland, *The Cold War Is Over* (New York: Random House, 1990), p. 32에서 인용.

34. Sherwood, *Roosevelt and Hopkins*, pp. 572–73에서 인용.

35. Ibid., p. 572에서 인용.

36. Schlesinger speech, "Roosevelt and U.S. Foreign Policy," p. 18.

37. Ibid., p. 17.

38. John Colville, *The Fringes of Power: 10 Downing Street Diaries, 1939–1955* (New York/London: W. W. Norton, 1985), p. 404.

39. Feis, *Churchill, Roosevelt, Stalin*, pp. 131–32.

40. 테헤란 회담 직전인 1943년 11월 22일부터 11월 26일까지 카이로에서 루스벨트, 처칠, 장제스 간의 카이로 회담이 개최되었다. 여기서 태평양전쟁, 4강 체제 구상이 논의되었고, 한국의 독립이 포함된 카이로 선언이 발표되었다.—옮긴이

41. 제2차 세계대전 이전에는 강대국은 서로 대사(Ambassador)를 보내고 대사관(Embassy)을 설치했으며, 강대국이 아닌 경우 공사(Minister)를 보내고 공사관(Legation)을 설치하는 경우도 있었다.—옮긴이

42. Alan Bullock, *Hitler and Stalin: Parallel Lives* (New York: Alfred A. Knopf, 1992), p. 821.

43. Feis, *Churchill, Roosevelt, Stalin*, p. 285. (강조 부분은 추가됨.)

44. Frances Perkins, *The Roosevelt I Knew* (New York: Viking, 1946), pp. 84−85에서 인용.

45. Bertram D. Hulen, "Washington Hails Reds' Step as Great Gain for the Allies,"Allies," *New York Times*, May 23, 1943, p. 30에서 인용.

46. "The United States in a New World," *Fortune*, suppl., April 1943.

47. Roosevelt' s Christmas Eve Fireside Chat on Teheran and Cairo Conferences, December 23, 1943, in *The Public Papers and Addresses of Franklin D. Roosevelt*, 1943 vol. (New York: Harper & Brothers), p. 558.

48. Winston S. Churchill, *The Second World War, vol. 6, Triumph and Tragedy* (Boston: Houghton Mifflin, 1953), p. 198. See also Kimball, ed., *Churchill & Roosevelt*, vol. III, *Alliance Declining, February 1944-April 1945*, p. 351; and Hyland, *Cold War*, pp. 35−36.

49. 리비우는 우크라이나 북서부 폴란드 국경 인근에 있는 도시이며, 전통적으로 폴란드 도시였다. 제2차 세계대전의 여파로 폴란드가 서쪽으로 이동하면서 우크라이나 도시가 되었다.─옮긴이

50. Feis, *Churchill, Roosevelt, Stalin*, pp. 522-23.

51. 일본은 진주만 기습공격과 더불어 홍콩과 동남아시아의 영국 식민지도 동시에 침략했다.─옮긴이

52. 뤼순은 예전에 Port Arthur라고 지칭된 적이 있었으며, 현재는 다롄의 구(區)로 편입되었다.─옮긴이

53. Dallek, *Franklin D. Roosevelt*, p. 520에서 인용.

54. Sherwood, *Roosevelt and Hopkins*, p. 870에서 인용.

55. Franklin Roosevelt' s Inaugural Address, January 20, 1945, in *The Presidents Speak*, annotated by Davis Newton Lott (New York: Holt, Rinehart and Winston, 1969), p. 248.

56. Dallek, *Franklin D. Roosevelt*, p. 521에서 인용.

57. Milovan Djilas, *Conversations with Stalin* (New York: Harcourt, Brace & World, 1962), p. 114 에서 인용.

58. Feis, Churchill, *Roosevelt, Stalin*, pp. 607−8에서 인용.

59. Bullock, *Hitler and Stalin*, pp. 883-84.

60. Churchill, *Triumph and Tragedy* (paper edition with introduction by John Keegan, Boston: Houghton Mifflin, 1986), p. 436.

61. Dmitri Volkogonov, *Stalin: Triumph and Tragedy*, edited and translated from Russian by Harold Shukman (Rocklin, Calif.: Prima Publishing, 1991-92; original ed. New York: Grove Weidenfeld, 1991), pp. 412ff.

62. Bullock, *Hitler and Stalin*, pp. 697ff 참고.

63. Joachim C. Fest, *Hitler*, translated from German by Richard and Clara Winston (New York: Harcourt Brace Jovanovich, 1974), p. 694에서 인용.

64. Churchill, *Triumph and Tragedy*, p. 308.

65. Dallek, *Franklin D. Roosevelt*, p. 505에서 인용.

66. Feis, *Churchill, Roosevelt, Stalin*, p. 270.

17 냉전의 시작

1. James MacGregor Burns, *Roosevelt: The Soldier of Freedom* (New York: Harcourt Brace Jovanovich, 1970), pp. 448−49.

2. 트루먼은 캔자스주에 있는 대학교를 중퇴했다.─옮긴이

3. Selig Adler, *The Isolationist Impulse: Its Twentieth-Century Reaction* (New York: Free Press; London: Collier-Macmillan, 1957), p. 285에서 인용.

4. Truman, National Citizens Political Action Committee 지도부 인사들과의 1945년 5월 면담 내용 부연, Richard J. Walton, *Henry Wallace, Harry Truman, and the Cold War* (New York: Viking Press, 1976), p. 119에서 인용.

5. *Address Before a Joint Session of the Congress, April 16, 1945, Public Papers of the Presidents of the United States, Harry S. Truman,* 1945 vol. (Washington, D.C.: U.S. Government Printing Office, 1961), p. 5 (이후 *Truman Papers*라고 언급); repeated p. 22, in Truman Address of April 25, 1945.

6. W. Averell Harriman and Elie Abel, *Special Envoy to Churchill and Stalin, 1941– 1946* (New York: Random House, 1975), p. 474에서 인용.

7. Winston S. Churchill, *The Second World War, vol. 6, Triumph and Tragedy* (Boston: Houghton Mifflin, 1953), p. 503.

8. Harry S Truman, *Year of Decisions*, Memoirs, vol. one (New York: Doubleday, 1955), p. 260.

9. Herbert Feis, *Churchill, Roosevelt, Stalin: The War They Waged and the Peace They Sought* (Princeton, N.J.: Princeton University Press, 1957), p. 133.

10. Ibid., p. 652에서 인용.

11. Fleet Admiral William D. Leahy, *I Was There: The Personal History of the Chief of Staff to Presidents Roosevelt and Truman Based on His Notes and Diaries Made at the Time* (New York/London/Toronto: Whittlesey House/McGraw-Hill Book Company, 1950), pp. 379–80.

12. Ibid., p. 380.

13. Robert E. Sherwood, *Roosevelt and Hopkins: An Intimate History* (New York: Harper & Brothers, 1948), p. 890에서 인용.

14. Ibid., p. 908.

15. State Department briefing book paper, "British Plans for a Western European Bloc," July 4, 1945, in U.S. Department of State, *Foreign Relations of the United States: The Conference of Berlin (The Potsdam Conference) 1945* (Washington, D.C.: U.S. Government Printing Office), vol. I, pp. 262-63.

16. Terry H. Anderson, *The United States, Great Britain, and the Cold War, 1944– 1947* (Columbia, Mo.: University of Missouri Press, 1981), p. 69에서 인용.

17. Robert J. Donovan, Conflict and Crisis: *The Presidency of Harry S Truman 1945– 1948* (New York: W. W. Norton, 1977), p. 81에서 인용.

18. Ibid., p. 84에서 인용.

19. 현재 폴란드 도시이며, 브로츠와프라고 불린다.—옮긴이

20. Truman, *Year of Decisions*, p. 416.

21. Churchill, *Triumph and Tragedy*, p. 582.

22. 1957년부터 1985년까지 소련의 역대 최장수 외교장관을 역임했다.—옮긴이

23. John Lewis Gaddis, *The United States and the Origins of the Cold War* (New York: Columbia University Press, 1972), p. 266에서 인용.

24. Truman Address on Foreign Policy at the Navy Day Celebration, New York City, October 27, 1945, in *Truman Papers*, 1945 vol., pp. 431–38.

25. Gaddis, *Origins of Cold War*, p. 280에서 인용.

26. "남이 너희에게 해 주기를 바라는 그대로 너희도 남에게 해 주어라."라는 성경 루카 복음서 6장 31절의 말—옮긴이

27. Milovan Djilas, *Conversations with Stalin* (New York: Harcourt, Brace & World, 1962), p. 114.

28. Robert Conquest, "The Evil of This Time," *New York Review of Books*, vol. XL, no. 15 (September 23, 1993), p. 27.

29. Henry A. Kissinger, *Nuclear Weapons and Foreign Policy* (New York: Harper & Brothers, published for the Council on Foreign Relations, 1957), p. 367에서 인용.

30. Ibid., p. 371.

31. Alan Bullock, *Hitler and Stalin: Parallel Lives* (New York: Alfred A. Knopf, 1992), p. 907에서 인용.

32. Joseph Stalin's Election Address, "New Five-Year Plan for Russia," delivered over Radio Moscow on February 9, 1946, reprinted in *The New York Times*, February 10, 1946.

33. Ibid.

34. Ibid.

35. P. M. S. Blackett, *Atomic Weapons and East-West Relations* (New York: Cambridge University Press, 1956) 참고.

36. Winston S. Churchill speech, "The Sinews of Peace," March 5, 1946, at Westminster College, Fulton, Mo., in Robert Rhodes James, ed., *Winston S. Churchill: His Complete Speeches, 1897–1963* (New York/London: Chelsea House in association with R. R. Bowker, 1974), vol. VII, *1943–1949*, pp. 7285ff.

37. Ibid., p. 7292.

38. George F. Kennan, "Long Telegram" from Moscow, February 22, 1946, in *Foreign Relations of the United States, 1946* (Washington, D.C.: U.S. Government Printing Office, 1969), vol. VI, p. 697.

39. Andrei Zhdanov, "The International Situation," delivered at the Founding Conference of the Cominform, September 1947, in U.S. House of Representatives, Committee on Foreign Affairs, *The Strategy and Tactics of World Communism*, suppl. I, "One Hundred Years of Communism, 1848–1948," 80th Cong., 2nd sess., doc. no. 619 (Washington, D.C.: U.S. Government Printing Office, 1948), pp. 211ff.

40. Bullock, *Hitler and Stalin*, p. 922.

41. Ibid., p. 923.

42. Radio Address, April 28, 1947, *U.S. Department of State Bulletin*, vol. XVI, no. 410, p. 924.

18 봉쇄정책의 성공과 고통

1. George F. Kennan, "Long Telegram" from Moscow, February 22, 1946, in *Foreign Relations of the United States, 1946* (Washington, D.C.: U.S. Government Printing Office, 1969), vol. VI, pp. 666–709.

2. Ibid., p. 700.

3. Ibid., p. 699.

4. H. Freeman Matthews, Memorandum by the Acting Department of State Member (Matthews) to the State-War-Navy Coordinating Committee, "Political Estimate of Soviet Policy for Use in Connection with Military Studies," April 1, 1946, in *Foreign Relations, United States, 1946*, vol. I, p. 1169.

5. Ibid.

6. Ibid., p. 1170.

7. Ibid., p. 1168.

8. Ibid., p. 1170.

9. Clark Clifford, "American Relations with the Soviet Union: A Report to the President by the Special Counsel to the President," September 24, 1946, in Thomas H. Etzold and John Lewis Gaddis, eds., *Containment: Documents on American Policy and Strategy, 1945–1950* (New York: Columbia University Press, 1978), p. 66.

10. Ibid., p. 67. (강조 표시 추가됨.)

11. Ibid., p. 68.

12. Ibid., p. 71.

13. Joseph M. Jones, *The Fifteen Weeks* (February 21-June 5, 1947) (New York: Viking Press, 1955), p. 141에서 인용.

14. *Public Papers of the Presidents of the United States, Harry S Truman,* 1947 vol. (Washington, D.C.: U.S. Government Printing Office, 1963), p. 178.

15. Ibid., p. 179.

16. Ibid., p. 178.

17. George Marshall, "European Initiative Essential to Economic Recovery," Address at Commencement Exercises at Harvard University, June 5, 1947, in *U.S. Department of State Bulletin,* vol. XVI, no. 415 (June 5, 1947), p. 1160. (강조 표현 추가됨.)

18. Ibid.

19. Ibid.

20. "X" (George F. Kennan), "The Sources of Soviet Conduct," *Foreign Affairs,* vol. 25, no. 4 (July 1947), p. 575.

21. Ibid., p. 581.

22. Ibid., pp. 579-80.

23. 냉전 초기 봉쇄정책의 근간인 "우세한 입장"은 바이든 행정부 출범 후 다시 등장했다. 제이크 설리번 백악관 국가안보좌관은 2021년 1월 29일 미 평화연구소(US Institute of Peace) 주재 간담회에서 중국 같은 강대국의 도전에 대응하는 전략으로서 우세한 입장 구축을 우선순위로 꼽았다.—옮긴이

24. Ibid., p. 582.

25. 프라하에서 고위 인사를 창문 밖으로 투척하는 사건은 1419년과 1618년에도 있었고, 각각 후스전쟁과 30년전쟁을 촉발했다.—옮긴이

26. Testimony of Ambassador Warren Austin, April 28, 1949, in U.S. Senate, Committee on Foreign Relations, *The North Atlantic Treaty,* Hearings, 81st Cong., 1st sess. (Washington, D.C.: U.S. Government Printing Office, 1949), pt. I, p. 97.

27. Ibid., pt. I, appendix, pp. 334−37.

28. Ibid., p. 337.

29. 오늘날 미국이 체결한 조약 동맹은 NATO, 서반구(리우 조약), ANZUS(호주, 뉴질랜드, 미국), 필리핀, 태국(베트남전쟁 당시 동남아조약으로 체결), 한국, 일본 7개가 있다.—옮긴이

30. 1954년에 발효한 한미상호방위조약도 특정 세력을 거론하지 않고 무력공격(armed attack)이라는 요건만 명시하고 있다.—옮긴이

31. 잠언 28장 1절—옮긴이

32. Ibid., pt. I, p. 17.

33. Ibid., p. 150.

34. U.S. Senate, Committee on Foreign Relations, *Report on the North Atlantic Treaty,* 81st Cong., 1st sess., June 6, 1949 (Washington, D.C.: U.S. Government Printing Office, 1949), p. 23.

35. 북대서양조약 5조는 동맹이 취한 조치는 즉각 유엔 안보리에 보고되며, 안보리가 국제평화와 안보를 회복하고 유지하기 위해 필요한 조치를 취하면 즉각 종료된다고 명시하고 있다.—옮긴이

36. 가령 Acheson's testimony before the Senate Foreign Relations and Armed Services Committees, August 8, 1949, in *State Bulletin,* vol. XXI, no. 529 (August 22, 1949), pp. 265ff, and his address to the U.S. Chamber of Commerce, April 30, 1951, in *State Bulletin,* vol. XXIV, no. 619 (May 14, 1951), pp. 766−70 등을 참고하라.

37. Acheson address, "Achieving a Community Sense Among Free Nations−A Step Toward World Order," before the Harvard Alumni Association, Cambridge, Mass., June 22, 1950, in *State Bulletin,* vol. XXIII, no. 574 (July 3, 1950), p. 17.

38. Winston S. Churchill, *The Second World War,* vol. 6, Triumph and Tragedy (Boston: Houghton Mifflin, 1953; paperback ed., with introduction by John Keegan, 1985), p. 266.

39. NSC-68, "United States Objectives and Programs for National Security," April 14, 1950, in *Foreign Relations,* United States, 1950, vol. I, p. 240.

40. Ibid., p. 241.

41. Ibid.

42. Ibid., pp. 241-42.

43. Ibid., p. 279.

44. Walter Lippmann, The Cold War: A Study in U.S. *Foreign Policy* (New York/London: Harper & Brothers, 1947), p. 13.

45. Ibid., p. 23.

46. Ibid., pp. 61-62.

47. *Winston S. Churchill, His Complete Speeches, 1897–1963*, ed. by Robert Rhodes James, vol. VII, 1943–1949 (New York/London: Chelsea House in association with R. R. Bowker, 1974), p. 7710.

48. Ibid., vol. VIII (1950–1963), p. 8132.

49. Henry A. Wallace, *Toward World Peace* (New York: Reynal & Hitchcock, 1948), p. 118.

50. Henry A. Wallace, Address at Madison Square Garden, September 12, 1946, in Walter LaFeber, ed., *The Dynamics of World Power: A Documentary History of United States Foreign Policy*, 1945-1973, vol. II, *Eastern Europe and the Soviet Union* (New York: Chelsea House Publishers, 1973), p. 260.

51. J. Samuel Walker, *Henry A Wallace and American Foreign Policy* (West-port, Conn.: Greenwood Press, 1976), p. 129에서 인용.

52. Ibid., p. 121에서 인용.

53. Wallace, memorandum for Truman, March 14, 1946, in Harry S Truman, *Year of Decisions*, Memoirs, vol. one (New York: Doubleday, 1955), p. 555.

54. Wallace Address at Madison Square Garden, September 12, 1946, in LaFeber, ed., *Dynamics of World Power*, pp. 258-59.

55. Wallace speech announcing his candidacy for President, December 29, 1947, in Thomas G. Paterson, ed., Cold War Critics: *Alternatives to American Foreign Policy in the Truman Years* (Chicago: Quadrangle Books, 1971), pp. 98–103.

56. 미국 민주당에서 남부 위주의 보수적이고 인종차별적인 의원들이 탈당하여 1948년 창설한 당이며, 1년 동안 존속하다 해산되었다.―옮긴이

57. 2위는 공화당 후보인 토머스 듀이(Thomas Dewey)였다.―옮긴이

58. Wallace, Alonzo Hanby, "Henry A. Wallace, the Liberals, and Soviet-American Relations," *Review of Politics*, vol. XXX (April 1968), p. 164에서 인용.

59. George F. Kennan, *Russia, the Atom and the West* (New York: Harper & Brothers, 1957), p. 13.

19 봉쇄정책의 딜레마: 한국전쟁

1. 1948년 6월 24일부터 단행한 소련의 베를린 봉쇄에 맞서 서방이 수송기로 물자를 수송한 작전―옮긴이

2. U.S. House of Representatives, Subcommittee of the Committee on Appropriations, *Military Functions: National Military Establishment Appropriation Bill for 1949*, Hearings, 80th Cong., 2nd sess. (Washington, D.C.: U.S. Government Printing Office, 1948), pt. 3, p. 3.

3. General MacArthur, interview with G. Ward Price, *New York Times*, March 2, 1949, p. 22.

4. Secretary of State Dean Acheson, "Crisis in Asia: An Examination of U.S. Policy," remarks before the National Press Club, Washington, January 12, 1950, in U.S. *Department of State Bulletin*, vol. XXII, no. 551 (January 23, 1950), p. 116.

5. Nikita S. Khrushchev, *Khrushchev Remembers*, with an Introduction, Commentary, and Notes by Edward Crankshaw, translated and edited by Strobe Talbott (Boston: Little, Brown, 1970),

pp. 368-69. 최근 공개된 소련 자료에 따르면 소련의 역할이 훨씬 더 중요했다는 점을 시사한다. Kathryn Weathersby, "New Findings on the Korean War," *Cold War International History Project Bulletin*, Fall 1993, Woodrow Wilson Center, Washington, D.C 참고.

6. 안보리 결의 82호~85호— 옮긴이

7. Statement by President Truman issued June 27, 1950, in Harry S Truman, *Years of Trial and Hope 1946- 1952*, Memoirs, vol. two (New York: Doubleday, 1956), pp. 338-39.

8. Ibid., p. 339.

9. Ibid.

10. Ibid.

11. Max Hastings, *The Korean War* (New York: Simon & Schuster, 1987), p. 133에서 인용.

12. 압록강과 두만강을 연결하는 북–중 국경선은 실제로는 약 1,350킬로미터에 달한다.—옮긴이

13. 중국은 유엔안보리 결의에 거슬러서 개입하는 데 부담을 느껴 파병군을 정규 중국인민해방군이 아닌 중국인민지원군으로 칭했다.—옮긴이

14. *Public Papers of the Presidents of the United States, Harry S. Truman*, 1950 vol. (Washington, D.C.: U.S. Government Printing Office, 1965), pp. 674-75 (이하 *Truman Papers*로 인용).

15. Truman statement of November 30, 1950, in ibid., p. 724.

16. *Truman Papers*, 1951 vol., p. 227.

17. U.S. Senate, Committee on Armed Services and Committee on Foreign Relations, *Military Situation in the Far East, Hearings, 82nd Cong*, 1st sess. (Washington, D.C.: U.S. Government Printing Office, 1951), pt. 1, p. 75 (이하 MacArthur Hearings로 인용).

18. Ibid., p. 30.

19. Ibid.

20. *Truman Papers*, 1951 vol., pp. 226-27.

21. Ibid., p. 227.

22. MacArthur Hearings, pt. 1, p. 45.

23. Ibid., pt. 2, p. 938.

24. Ibid., pt. 3, p. 1717.

25. Ibid., pp. 1718-19.

26. Truman, *Trial and Hope*, p. 345.

27. MacArthur Hearings, pt. 1, p. 593.

28. Ibid., pt. 2, p. 896.

29. Ibid., p. 732.

30. Ibid., pt. 3, p. 1720.

31. General Matthew B. Ridgway, U.S.A., Ret., *Soldier: The Memoirs of Matthew B. Ridgway* (Westport, Conn.: Greenwood Press, 1974 reprint), pp. 219-20.

32. 원산에 상륙해서 고지전에서 우위를 점하고, 평양–원산 선까지 진출한다는 맹조의 발톱 작전(Operation Talon)을 밴플리트(Van Fleet) 미8군 사령관이 1951년에 입안했으나, 채택되지 않았다.—옮긴이

33. MacArthur Hearings, pt. 1, p. 68.

34. Hastings, *Korean War*, pp. 186ff.

35. Ibid., p. 197에서 인용.

36) MacArthur Hearings, pt. 3, p. 1717.

37. 한국전쟁에서 미군은 약 36,000명이 사망했고, 약 92,000명이 부상당했으며 약 4,700명이 실종되었다.—옮긴이

38. NATO는 1949년에 창설되었으나, NATO의 군사령부인 유럽연합국최고사령부(Supreme Headquarters Allied Powers Europe)는 1951년에 설립되었다.—옮긴이

1. Yevgenii S. Varga, *Changes in the Economy of Capitalism as a Result of the Second World War* (Moscow: Politicheskaya Literatura, 1946), Allen Lynch, *The Soviet Study of International Relations* (Cambridge: Cambridge University Press, 1967), pp. 20-28에서 인용.
2. William G. Hyland, *The Cold War Is Over* (New York: Random House, 1990), p. 63.
3. Joseph Stalin, "Economic Problems of Socialism in the U.S.S.R.," in Bruce Franklin, ed., *The Essential Stalin: Major Theoretical Writings 1905-1952* (New York: Anchor Books, 1972), p. 471.
4. Ibid.
5. Ibid.
6. "Note from the Soviet Union to the United States Transmitting a Soviet Draft of a Peace Treaty with Germany, March 10, 1952," in U.S. Department of State, *Documents on Germany 1944-1985* (Washington, D.C.: U.S. Government Printing Office, undated), Department of State Publication #9446, pp. 361-64.
7. Ibid.
8. "Note from the United States to the Soviet Union Proposing Creation of a Freely-Elected All-German Government Prior to Negotiation of a Peace Treaty, March 25, 1952," ibid., pp. 364-65.
9. "Note from the Soviet Union to the United States Proposing Four-Power Rather Than United Nations Investigation of Conditions for Free All-German Elections, April 9, 1952," ibid., pp. 365-67; "Note from the United States to the Soviet Union Reasserting the Authority of the United Nations to Investigate Conditions for Free All-German Elections, May 13, 1952," ibid, pp. 368-71; "Note from the Soviet Union to the United States Proposing Simultaneous Four-Power Discussion of a German Peace Treaty, German Reunification, and Formation of an All-German Government, May 24, 1952," ibid, pp. 374-78; "Note from the United States to the Soviet Union Reasserting the Need to Investigate Conditions for Holding Free All-German Elections as a First Step Toward German Reunification, July 10, 1952," ibid, pp. 385-88; "Note from the Soviet Union to the United States Proposing a Four-Power Meeting to Discuss a German Peace Treaty, Formation of an All-German Government, and the Holding of All-German Elections, August 23, 1952," ibid, pp. 388-93; "Note from the United States to the Soviet Union Urging 'a Single-Minded Effort ⋯ to Come to Grips with the Problem of Free Elections in Germany, September 23, 1952," ibid, pp. 395-97.
10. Stalin's Remarks at the Closing Session of the Nineteenth Congress of the Communist Party of the Soviet Union, October 14, 1952, *Current Digest of the Soviet Press*, vol. IV, no. 38 (November 1, 1952), pp. 9-10.
11. Alan Bullock, Hitler and Stalin: *Parallel Lives* (New York: Alfred A. Knopf, 1992), p. 968.
12. Nikita Khrushchev, *Khrushchev Remembers*, with an Introduction, Commentary, and Notes by Edward Crankshaw, translated and edited by Strobe Talbott (Boston: Little, Brown, 1970), pp. 392-94.
13. Council on Foreign Relations, *The United States and World Affairs*, 1953, p. 116.
14. John Colville, *The Fringes of Power: 10 Downing Street Diaries, 1939-1955* (New York/London: W. W. Norton, 1985), p. 654.
15. Martin Gilbert, *Winston S. Churchill: Never Despair, 1945-1965* (Boston: Houghton Mifflin, 1988), p. 510에서 인용.
16. Remarks at the White House, February 16, 1950, in *U.S. Department of State Bulletin*, vol. XXII, no. 559 (March 20, 1950), pp. 427-29.

17. Colville, *Fringes of Power*, p. 650.

18. Peter G. Boyle, ed., *The Churchill-Eisenhower Correspondence, 1953-55* (Chapel Hill, N.C./London: University of North Carolina Press, 1990), p. 36.

19. Address "The Chance for Peace," delivered before the American Society of Newspaper Editors, Washington, D.C., April 16, 1953, in *Public Papers of the Presidents of the United States, Dwight D. Eisenhower*, 1953 vol. (Washington, D.C.: U.S. Government Printing Office, 1960), pp. 179-88 (이후 Eisenhower Papers로 인용). 아이젠하워의 연설 초안 관련 이야기는 W. W. Rostow, *Europe After Stalin: Eisenhower's Three Decisions of March 11, 1953* (Austin, Tex.: University of Texas Press, 1982)에서 언급된다.

20. 1955년에 독일과의 재통일 금지 및 영구중립을 조건으로 오스트리아 국가조약이 체결되었다.—옮긴이

21. Letter to Eisenhower, May 4, 1953, in Boyle, ed., *Churchill-Eisenhower Correspondence*, p. 48.

22. Letter to Churchill, May 5, 1953, ibid., p. 49.

23. Speech to the House of Commons, May 11, 1953, in Robert Rhodes James, ed., *Winston S. Churchill: His Complete Speeches, 1897-1963*, vol. VIII, 1950-1963 (New York/London: Chelsea House in association with R. R. Bowker, 1974), p. 8483.

24. Ibid, p. 8484.

25. Boyle, ed., *Churchill-Eisenhower Correspondence*, p. 83.

26. Ibid.

27. George F. Kennan, "Disengagement Revisited," *Foreign Affairs*, vol. 37, no. 2 (January 1959), pp. 187-210. 또한 애치슨의 시각도 Dean Acheson, "The Illusion of Disengagement," *Foreign Affairs*, vol. 36, no. 3 (April 1958), pp. 371-82를 참고하라.

28. Ibid.

29. Henry A. Kissinger, "Missiles and the Western Alliance," ibid, pp. 383-400.

30. Emmet John Hughes, *The Ordeal of Power: A Political Memoir of the Eisenhower Years* (New York: Atheneum, 1963), p. 109에서 인용.

31. Radio and Television Address to the American People Prior to Departure for the Big Four Conference at Geneva, July 15, 1955, in *Eisenhower Papers*, 1955 vol., p. 703.

32. 〈뉴욕타임스〉 사설, 1955년 7월 25일(Editorial, New York Times, July 25, 1955).

33. Memorandum of a Conversation, Department of State, Washington, October 3, 1955, 10:01 A.M., "Call of the British Foreign Secretary re: *Soviet-Egyptian Arms Agreement*," in "Arab-Israeli Dispute, 1955," *Foreign Relations of the United States*, vol. XIV, p. 545.

34. Closing statement at Geneva Foreign Ministers' Conference, November 16, 1955, in *Documents on International Affairs*, Noble Frankland, ed., 1955 vol. (London: Oxford University Press, 1958), pp. 73-77.

35. 우세한 입장을 유지할 수 있는 최소한도로 핵무기를 보유하려고 했다.—옮긴이

36. Khrushchev, *Khrushchev Remembers*, p. 400.

37. Khrushchev report to the 20th Party Congress, Pravda, February 15, 1956, in *Current Digest of the Soviet Press*, vol. VIII, no. 4 (March 7, 1956), pp. 4, 6, 7.

38. Andrei Gromyko, *Memories*, translated by Harold Shukman (London: Hutchinson, 1989).

21 봉쇄 뛰어넘기: 수에즈 운하 위기

1. Andrei Zhdanov, "The International Situation," delivered at the Founding Conference of the Cominform, September 1947, in U.S. House of Representatives, Committee on Foreign Affairs, *The Strategy and Tactics of World Communism*, Supplement I, "One Hundred Years of Communism, 1848-1948," 80th Cong., 2nd sess., doc. no. 619 (Washington, D.C.: U.S.

Government Printing Office, 1948), pp. 213-14.

2. 이란의 지분이 국유화됨에 따라 BP로 바뀐다.—옮긴이

3. "파샤(Pasha)"는 오스만 제국의 최고위층 고관대작을 의미한다.—옮긴이

4. 영국의 MI6와 미국의 CIA가 아약스 작전(Operation Ajax)을 통해 1953년 쿠데타를 부추겨서 모사데크가 축출되고 친미성향의 정권이 들어서지만, 1979년 이란 혁명으로 신정정치가 들어섰다.—옮긴이

5. Churchill remarks in the House of Commons, April 19, 1951, in Robert Rhodes James, ed., *Winston S. Churchill: His Complete Speeches*, 1897-1963 vol. VIII, 1950−1963 (New York/London: Chelsea House in association with R. R. Bowker, 1974), p. 8193.

6. Keith Kyle, *Suez* (New York: St. Martin's Press, 1991), pp. 70ff 참고.

7. 이스라엘–팔레스타인 문제는 크게 국경선, 팔레스타인 지역 내 유대인 정착촌, 팔레스타인 난민 귀환권, 예루살렘의 지위가 주요 쟁점이다.—옮긴이

8. Ibid, p. 85.

9. Ibid, pp. 89ff 참고.

10. Ibid, p. 130에서 인용.

11. Ibid. 인용.

12. Nasser Speech, Alexandria, July 26, 1956, in Noble Frankland, ed., *Documents on International Affairs, 1956* (London/New York/Toronto: Oxford University Press, 1959, issued under the auspices of the Royal Institute of International Affairs), p. 80.

13. Ibid., p. 113; 또한 *Kyle, Suez*, p. 134도 참고.

14. 1869년에 개통된 수에즈 운하는 1888년 코스탄티노플 협약에 따라 중립 지역이 되었고, 모든 선박의 운하 통과가 보장되어 있었다.—옮긴이

15. 프랑스는 알제리를 본토 행정구역인 데파르트망(departement)으로 설정하여 총독이 아닌 지사를 파견했다.—옮긴이

16. Kyle, Suez, p. 115에서 인용.

17. 기독교상의 7대 죄악(cardinal sin)에 비유했다.—옮긴이

18. Anthony Eden, *Full Circle: The Memoirs of the Rt. Hon. Sir Anthony Eden* (London: Cassell, 1960), p. 427.

19. *Parliamentary Debates* (Hansard), 5th ser., vol. 557, House of Commons, Session 1955−56 (London: Her Majesty's Stationery Office, 1956), col. 919.

20. Kyle, *Suez*, p. 145.

21. Eden, *Full Circle*, p. 437.

22. Alistair Home, *Harold Macmillan, Volume I: 1894−1956* (New York: Penguin Books, 1991), p. 405에서 인용.

23. 17세기 황금기(Golden Age)를 구가했던 네덜란드가 영국과의 전쟁 후 쇠퇴했던 운명에 빗댔다.—옮긴이

24. Eisenhower letter to Eden, July 1, 1956, in Dwight D. Eisenhower, *Waging Peace. The White House Years 1956−1961* (Garden City, N.Y.: Doubleday, 1965), pp. 664−65; see also Kyle, Suez, p. 160.

25. Louis L. Gerson, *John Foster Dulles*, The American Secretaries of State and Their Diplomacy, vol. XVII (New York: Cooper Square Publishers, 1967), p. xi에서 인용.

26. Ibid, p. 28에서 인용.

27. 영어 성경에서 3인칭 단수 동사 어미로 -s/-es 대신 -th/-eth 식의 고어 표현이 쓰였기 때문에 종교적이고 엄숙한 덜레스를 비꼰 것으로 보인다.—옮긴이

28. Stephen E. Ambrose, *Eisenhower, vol. two, The President* (New York: Simon & Schuster, 1984), p. 21.

29. Gerson, *Dulles*, p. xii.

30. Dulles statement of August 3, 1956, in U.S. Department of State, *The Suez Canal Problem,*

July 26-September 22, 1956: A Documentary Publication (Washington, D.C.: Department of State, 1956), p. 37 (이후 *Suez Canal Problem*으로 인용).

31. Dulles remarks in radio-TV address, August 3, 1956, ibid, p. 42.

32. Dulles remarks as reported in *New York Times*, October 3, 1956, p. 8.

33. Eden, *Full Circle*, p. 498.

34. Eisenhower, *Waging Peace*, p. 667.

35. *Suez Canal Problem*, p. 344에서 인용.

36. Kyle, *Suez*, p. 185에서 인용.

37. "The People Ask the President," television broadcast, October 12, 1956, in *Public Papers of the Presidents of the United States, Dwight D. Eisenhower*, 1956 vol. (Washington, D.C.: U.S. Government Printing Office), p. 903 (이후 *Eisenhower Papers*로 인용).

38. 가령 Eisenhower, *Waging Peace*, pp. 676-77 참고.

39. *U.S. Department of State Bulletin*, vol. XXXV, no. 907 (November 12, 1956), p. 750.

40. Dwight D. Eisenhower, "Radio and Television Report to the American People on the Developments in Eastern Europe and the Middle East," in *Eisenhower Papers*, 1956 vol., p. 1064.

41. Frankland, ed., *Documents on International Affairs*, p. 289.

42. Ibid.

43. Ibid., p. 292.

44. Ibid., p. 293.

45. *Eisenhower Papers*, 1956 vol., p. 1066.

46. Dulles press conference remarks, December 18, 1956, in *State Bulletin*, vol. XXXVI, no. 915 (January 7, 1956), p. 5.

47. Kyle, *Suez*, p. 426에서 인용.

48. Ibid. 인용.

49. Herman Finer, *Dulles over Suez: The Theory and Practice of His Diplomacy* (Chicago: Quadrangle Books, 1964), p. 397에서 인용.

50. 아이젠하워 행정부 시절, 닉슨은 부통령이었다.—옮긴이

51. 1974년에 다시 외교관계를 회복했다.—옮긴이

52. Kyle, *Suez*, p. 477에서 인용.

53. Ibid, p. 495에서 인용.

54. 영국은 최초의 핵실험을 수에즈 운하 위기가 발생하기 전인 1952년에 했고, 프랑스는 1960년에 했다.—옮긴이

55. Ibid, p. 467에서 인용.

56. "US Support for Baghdad Pact," Department of State press release 604, November 29, 1956, in *State Bulletin*, vol. XXXV, no. 911 (December 10, 1956), p. 918.

57. Special Message to the Congress on the Situation in the Middle East, January 5, 1957, in *Eisenhower Papers*, 1957 vol., pp. 6-16.

58. Annual Message to the Congress on the State of the Union, January 10, 1957, in ibid., p. 29.

22 헝가리: 제국 내부의 격변

1. John Lewis Gaddis, *The Long Peace* (New York/London: Oxford University Press, 1987), p. 157 에서 인용.

2. *Life*, May 19, 1952.

3. 라코시는 유대인이었고, 추후 모스크바로 소환되어 현재의 키르기스스탄에 유배된 뒤 1971년에 사망했

다.—옮긴이

4. Tibor Meray, *Thirteen Days That Shook the Kremlin*, translated by Howard Katzander (New York: Frederick A. Praeger, 1959), p. 7.

5. Melvin J. Lasky, ed., *The Hungarian Revolution* (New York: Frederick A. Praeger, 1957), p. 126에서 인용.

6. Appeal to the President of the Security Council, October 27, 1956, in *U.S. Department of State Bulletin* (November 12, 1956), p. 757.

7. Meray, *Thirteen Days*, p. 140에서 인용.

8. Ibid., p. 169.

9. John Foster Dulles, "The Task of Waging Peace," address before the Dallas Council on World Affairs, October 27, 1956, in *State Bulletin*, vol. XXXV, no. 906 (November 5, 1956), p. 697.

10. Dwight D. Eisenhower, "Radio and Television Report to the American People on the Developments in Eastern Europe and the Middle East," October 31, 1956, in *Public Papers of the Presidents of the United States, Dwight D. Eisenhower*, 1956 vol. (Washington, D.C.: U.S. Government Printing Office, 1958), p. 1061 (이후 *Eisenhower Papers*로 인용). (강조 부분은 추가됨.)

11. Ibid.

12. Ibid., p. 1062.

13. Declaration of the Government of the U.S.S.R. of October 30, 1956, "On the Principles of Development and Further Strengthening of Friendship and Cooperation Between the Soviet Union and Other Socialist States," appearing in *Pravda and Izvestia*, October 31, 1956, in *Current Digest of the Soviet Press*, vol. VIII, no. 40 (November 14, 1956), p. 11.

14. *Eisenhower Papers*, 1956 vol., p. 1062.

15. Government of the U.S.S.R., "On the Principles," p. 11.

16. Paul E. Zinner, ed., *National Communism and Popular Revolt in Eastern Europe* (New York: Columbia University Press, 1956), p. 463에서 인용.

17. Full Nehru speech in *Lok Sabha Debates*, pt. II, vol. 9, no. 3, colls. 260-67, in *Royal Institute of International Affairs*, vol. IV, no. 7, pp. 328-30.

18. Secretary Dulles' News Conference of December 18, 1956, in *State Bulletin*, vol. XXXVI, no. 915 (January 7, 1957), pp. 3-4.

19. Secretary Dulles' News Conference, Canberra, March 13, 1957, in *State Bulletin*, vol. XXXVI, no. 927 (April 1, 1957), p. 533.

23 흐루쇼프의 최후통첩: 1958-1963 베를린 위기

1. Nikita S. *Khrushchev, Khrushchev Remembers: The Last Testament*, with an introduction by Edward Crankshaw and Jerrold Schecter, translated and edited by Strobe Talbott (Boston: Little, Brown, 1974), p. 501.

2. John Foster Dulles, "Freedom's New Task," address to Philadelphia *Bulletin Forum*, February 26, 1956, in *U.S. Department of State Bulletin*, vol. XXXIV, no. 871 (March 5, 1956), pp. 363-64.

3. William G. Hyland, *The Cold War Is Over* (New York: Random House, 1990), p. 97에서 인용.

4. U.S. Senate, *Khrushchev on the Shifting Balance of World Forces, A Special Study Presented by Senator Hubert H. Humphrey*, 86th Cong., 1st sess., Senate Doc. no. 57 (Washington, D.C.: U.S. Government Printing Office, 1959), excerpts from Khrushchev interview with W. Sinnbeck, editor of *Dansk Folkstyre*, January 1958, p. 8.

5. Ibid., (Khrushchev remarks to the Seventh Congress of the Bulgarian Communist Party, June 4, 1958), p. 7.

6. Nikita S. Khrushchev, "Our Strength Lies in Fraternal Unity," address to Friendship Meeting of Peoples of Soviet Union and Polish People's Republic, November 10, 1958, reprinted in *Pravda*, November 11, 1958, in *Current Digest of the Soviet Press*, vol. X, no. 45 (December 17, 1958), p. 9.

7. Soviet Note of November 27, 1958, in *Documents on American Foreign Relations*, ed. by Paul E. Zinner (New York: Published for the Council on Foreign Relations by Harper & Brothers, 1959), pp. 220–31.

8. Khrushchev, Speech to the 21st Party Congress published in *Pravda*, January 28, 1959, in *Current Digest*, vol. XI, no. 4 (March 4, 1959), p. 19.

9. Charles de Gaulle, *Memoirs of Hope: Renewal and Endeavor*, translated by Terence Kilmartin (New York: Simon and Schuster, 1971), p. 223에서 드골이 직접 언급했다.

10. Konrad Adenauer, *Erinnerungen, 1955–1959* (Stuttgart, 1967), pp. 473-74.

11. Harold Macmillan, *Pointing the Way, 1959–1961* (New York: Harper & Row, 1972), p. 101.

12. 성경 요한묵시록에서 유래된 인류 최후의 대전쟁—옮긴이

13. Eisenhower News Conference of March 11, 1959, in *Public Papers of the Presidents of the United States, Dwight D. Eisenhower*, 1959 vol. (Washington, D.C.: U.S. Government Printing Office, 1960), p. 244.

14. Eisenhower News Conference of February 18, 1959, in ibid., p. 196.

15. Eisenhower News Conference of March 11, 1959, in ibid., p. 245.

16. *The Berlin Crises 1958–1961, Documentary Collection for Oral History Session* (Harvard University, 1990), 2 parts, compiled by William Burr, David Rosenberg, and Georg Schild; Burr, "Select Chronology," pt. 1, March 9, 1959, entry (이후 *Berlin Crises project*라고 인용).

17. De Gaulle press conference, September 5, 1961, in *Documents on International Affairs: 1961*, ed. by D. C. Watt, John Major, Richard Gott, and George Schopflin (London: Oxford University Press for the Royal Institute of International Affairs, 1965), p. 111.

18. Press Conference on September 5, 1960, in ibid., pp. 84–85.

19. De Gaulle, *Memoirs of Hope*, p. 223.

20. *Berlin Crises* project, pt. 2, Burr entry for November 24, 1958, Dulles to Adenauer.

21. Dulles' News Conference, November 26, 1958, in *State Bulletin*, vol. XXXIX, no. 1016 (December 15, 1958), pp. 947ff.

22. Dulles' News Conference, January 13, 1959, in *State Bulletin*, vol. XL, no. 1023 (February 2, 1959), p. 161.

23. Ibid.

24. *Berlin Crises project*, pt. 1, Burr entry for November 27, 1958, reporting on Brandt's late November 26 reaction to Dulles' November 26, 1958, news conference.

25. Marc Trachtenberg, "The Berlin Crisis," in ibid., p. 39, recounting Bruce to Dulles message of January 14, 1959.

26. Entry in ibid. Burr, January 13, 1959, recounting Herbert Dittman talk with Livingston Merchant.

27. Khrushchev Speech at Leipzig, March 7, 1959, in *Current Digest*, vol. XI, no. 13 (April 29, 1959), p. 5.

28. *Berlin Crises* project, Trachtenberg essay, p. 46.

29. Ibid., p. 47.

30. Ibid.

31. Jean Edward Smith, *The Defense of Berlin* (Baltimore: Johns Hopkins University Press, 1963), pp. 212–13에서 인용.

32. *Newsweek*, October 5, 1959, p. 19.

33. Khrushchev speech before 10,000 Hungarian workers in "Khrushchev Cites '56 Kremlin Split on Hungary Move," *New York Times*, December 3, 1959, p. 1.

34. Gordon Gray, "Memorandum of Meeting with the President," in Berlin Crises project, Trachtenberg essay, p. 47.

35. 쿠바 출신 망명자로 구성된 반공 게릴라를 쿠바에 상륙시키려고 1961년 4월에 시도한 작전—옮긴이

36. Hyland, *Cold War Is Over*, pp. 120-21.

37. 소위 "차르 봄바(Tsar Bomba)"라는 인류 최대 규모의 수소폭탄 시험이며, 1961년 10월 30일 노바야제믈랴 제도에서 실시되었다.—옮긴이

38. Ibid., p. 120.

39. Michael R. Beschloss, The Crisis Years: *Kennedy and Khrushchev 1960–1963* (New York: HarperCollins, 1991), p. 225에서 인용.

40. Kennedy to Rusk memo, August 21, 1961, *Berlin Crises* project, Trachtenberg essay, p. 78에서 인용.

41. Bundy to Kennedy memo, August 28, 1961, ibid 인용.

42. "U.S. Source Advises Bonn to Talk to East Germany," *New York Times*, September 23, 1961, p. 1.

43. McGeorge Bundy, "Policy for the Western Alliance-Berlin and After," address to the Economic Club of Chicago, December 6, 1961, in *State Bulletin*, vol. XLVI, no. 1185 (March 12, 1962), p. 424.

44. Henry A. Kissinger, *Nuclear Weapons and Foreign Policy* (New York: Published for the Council on Foreign Relations by Harper & Brothers, 1957).

45. Excerpts of Adenauer's May 7, 1962, press conference, 이후 *New York Times*, May 13, 1962, sect. IV, p. 5에서 재출판.

46. 케네디 행정부는 개도국 개발원조를 위한 미 국제개발처(USAID: United States Agency for International Development)를 1961년 11월에 발족했다.—옮긴이

47. Ibid., May 8, 1962, p. 4.

48. Beschloss, *Crisis Years*, p. 400에서 인용.

49. 쿠바 미사일 위기는 1962년 10월 16일부터 29일까지 지속되었다. 소련은 미국 본토 타격능력을 확보하려고 쿠바에 핵미사일을 배치했다. 소련이 쿠바에서 핵미사일을 철수하는 대가로 미국은 터키와 이탈리아에 배치한 주피터(Jupiter) 핵미사일을 철수하기로 합의했다.—옮긴이

50. 'Present at the creation'은 딘 애치슨의 회고록 제목이기도 하다.—옮긴이

51. Acheson letter to Truman, September 21, 1961, in *Berlin Crises* project, Trachtenberg essay, p. 82.

52. Acheson letter to General Lucius Clay, in ibid., pp. 82-83.

53. *Berlin Crises* project, pt. 2, Burr, entry for August 26, 1959, regarding State Department intelligence report, "Germany and the Western Alliance."

24 서방 단결의 개념: 맥밀런, 드골, 아이젠하워, 케네디

1. George F. Kennan, *Memoirs, 1950-1963*, vol. II (Boston/Toronto: Little, Brown, 1972), p. 253 에서 인용.

2. 이든 내각이 붕괴했고 맥밀런이 후임 총리가 되었다.—옮긴이

3. 유럽공동시장을 수락하면 유럽산 수입품의 관세는 면제되는 반면, 영연방국 물품의 관세는 그대로 유지되어 영연방의 결속력이 약해지기 때문이다.—옮긴이

4. Address by Prime Minister Stanley Baldwin at Albert Hall, May 27, 1935, reported in *London Times*, May 28, 1935, p. 18.

5. On the Acheson speech at West Point, December 5, 1962, Douglas Brinkley, *Dean Acheson: The Cold War Years, 1953– 71* (New Haven, Conn.: Yale University Press, 1992), pp. 175–82.

6. Harold Macmillan, *Riding the Storm, 1956– 1959* (New York: Harper & Row, 1971), p. 586.

7. Harold Macmillan, *Pointing the Way, 1959– 1961* (New York: Harper & Row, 1972), p. 101.

8. Macmillan, *Riding the Storm*, p. 577. 이는 협상의 실제 내용에 대한 아이젠하워의 반응과 거의 비슷했다.

9. Macmillan, *Pointing the Way*, p. 82.

10. 원저에는 장거리 순항미사일이라고 나왔으나 실제는 공중발사 탄도미사일(ALBM)이 맞다. 사거리도 1,850킬로미터로 준중거리 미사일에 해당한다.─옮긴이

11. Harold Macmillan, *At the End of the Day, 1961– 1963* (New York: Harper & Row, 1974), p. 357.

12. Text, Joint Communique, and Attached Statement on Nuclear Defense Systems issued on December 21, 1962, by President Kennedy and Prime Minister Macmillan, *U.S. Department of State Bulletin*, vol. XLVIII, no. 1229 (January 14, 1963), p. 44.

13. 프랑스와 드골에 관한 자료 일부는 필자의 *The Troubled Partnership: A Re-appraisal of the Atlantic Alliance* (New York: Published for the Council on Foreign Relations by McGraw-Hill, 1965), pp. 41ff와 *White House Years* (Boston: Little, Brown, 1979), pp. 104ff에서 인용되었다.

14. 제2차 세계대전 당시 프랑스는 독일 침략후 6주 만에 파리가 함락되고 항복했다.─옮긴이

15. "Address by President Charles de Gaulle Outlining the Principles of French Foreign Policy Following the Failure of the Summit Conference," May 31, 1960, in *Major Addresses, Statements, and Press Conferences of General Charles de Gaulle, May 19, 1958–January 31, 1964* (New York: French Embassy, Press and Information Division, 1964), p. 75.

16. De Gaulle Press Conference on April 11, 1961, in Ibid., p. 124.

17. Press Conference on July 29, 1963, Ibid., pp. 233–34.

18. Press Conference on March 25, 1959, in ibid., p. 43.

19. Brian Crozier, *De Gaulle* (New York: Charles Scribner's Sons, 1973), pp. 533f에서 인용. 또한 Dwight D. Eisenhower, *Waging Peace: The White House Years, 1956– 1961* (Garden City, N.Y.: Doubleday, 1965), pp. 424–31도 참고.

20. Charles de Gaulle, *Memoirs of Hope: Renewal and Endeavor*, trans, by Terence Kilmartin (New York: Simon and Schuster, 1971), pp. 229–30.

21. 이스라엘은 이라크 오시라크 원자로를 1981년에 폭격했다. 냉전 종식 후 이스라엘은 이 책이 발간된 후인 2007년에 시리아 원자로를 폭격했다.─옮긴이

22. Crozier, *De Gaulle*, p. 525에서 인용.

23. 프랑스에서는 잦은 총리 교체와 인도차이나전쟁 및 알제리전쟁의 여파로 1958년 의원내각제인 제4공화국이 붕괴하고 드골이 이끄는 이원집정부제의 제5공화국이 출범했다.─옮긴이

24. 프랑스는 2009년에 NATO 사령부에 복귀했다.─옮긴이

25. George Ball, "NATO and World Responsibility," *The Atlantic Community Quarterly*, vol. 2, no. 2 (Summer 1964), p. 211.

26. 이 구상에 대한 상세한 논의는 Kissinger, *Troubled Partnership*, pp. 127ff를 참고.

27. Kennedy's Address at Independence Hall, Philadelphia, July 4, 1962, in *Public Papers of the Presidents of the United States, John F. Kennedy*, 1962 vol. (Washington, D.C.: U.S. Government Printing Office, 1963), pp. 537–39.

28. Kennedy Address in the Assembly Hall at the Paulskirche in Frankfurt, June 25, 1963, in ibid., 1963 vol., p. 520.

29. De Gaulle Press Conference on January 14, 1963, in *Major Addresses*, pp. 216-17.

30. 2021년 호주가 프랑스와의 재래식 잠수함 건조 계약을 파기하고 미국 및 영국과 핵 추진 잠수함을 공동 개발하기로 한 오커스(AUKUS) 합의를 발표한 것도 프랑스는 뉴스를 보고서야 알았다.─옮긴이

31. Press Conference on January 14, 1963, in ibid., p. 218.

32. 1963년에 거부되었던 영국은 퐁피두 대통령 취임 후 1973년에 가입했다.—옮긴이

33. Press Conference on April 19, 1963, Harold van B. Cleveland, *The Atlantic Idea and Its European Rivals* (New York: Published for the Council on Foreign Relations by McGraw-Hill, 1966), p. 143에서 인용.

34. "The Common Declaration and the Treaty Between the French Republic and the Federal Republic of Germany," January 22, 1963, Roy Macridis, *De Gaulle, Implacable Ally* (New York: Harper & Row, 1966), p. 188에서 인용.

25 베트남: 수렁 속으로. 트루먼과 아이젠하워

1. Inaugural Address, January 20, 1949, in *Public Papers of the Presidents of the United States: Harry S Truman*, 1949 vol. (Washington, D.C.: U.S. Government Printing Office, 1964), pp. 112–14.

2. Inaugural Address, January 20, 1953, in *Public Papers of the Presidents of the United States: Dwight D. Eisenhower*, 1953 vol. (Washington, D.C.: U.S. Government Printing Office, 1960), p. 6 (이후 *Eisenhower Papers*로 인용).

3. Ibid., p. 7.

4) Inaugural Address, January 20, 1961, in *Public Papers of the Presidents of the United States: John F. Kennedy*, 1961 vol. (Washington, D.C.: U.S. Government Printing Office, 1962), p. 1.

5. naugural Address, January 20, 1965, in *Public Papers of the Presidents of the United States: Lyndon B. Johnson*, 1965 vol. (Washington, D.C.: U.S. Government Printing Office, 1966), p. 72.

6. Dean Acheson, "The Peace the World Wants," address to United Nations General Assembly, September 20, 1950, *U.S. Department of State Bulletin*, vol. XXIII, no. 587 (October 2, 1950), p. 524; Dulles, Jeffrey P. Kimball, ed., To Reason Why: *The Debate About the Causes of U.S. Involvement in the Vietnam War* (New York: McGraw-Hill, 1990), p. 54에서 인용.

7. Kimball, *To Reason Why*, p. 73에서 인용.

8. Ibid.

9. Thomas J. Schoenbaum, *Waging Peace and War: Dean Rusk in the Truman, Kennedy and Johnson Years* (New York: Simon and Schuster, 1988), p. 234에서 인용.

10. NSC 68, "United States Objectives and Programs for National Security," April 7, 1950, in U.S. Department of State, *Foreign Relations of the United States*, 1950, vol. I (Washington, D.C.: U.S. Government Printing Office, 1977), pp. 237–38.

11. 마니교는 세상이 선과 악, 빛과 어둠과 같은 대립 요소로 구성된 이원론적 선악 요소를 강조한다.—옮긴이

12. William Roger Louis, *Imperialism at Bay: The United States and the Decolonization of the British Empire, 1941-1945* (New York: Oxford University Press, 1978), chh. 1 and 2 참고.

13. George C. Herring, *America's Longest War, The United States and Vietnam 1950–1975* (New York: Alfred A. Knopf, 2nd ed., 1986), p. 18.

14. Ibid.

15. Schoenbaum, *Waging Peace and War*, p. 230.

16. Herring, *America's Longest War*, pp. 18–19.

17. Ibid., p. 19.

18. "United States Objectives and Courses of Action with Respect to Southeast Asia," Statement of Policy by the National Security Council, 1952, in Neil Sheehan, Hedrick Smith, W. W. Kenworthy, Fox Butterfield, *The Pentagon Papers, as Published by the New York Times* (New

York: Quadrangle Books, 1971), p. 29.

19. Ibid., p. 28.

20. Ibid., p. 29.

21. Herring, *America's Longest War*, p. 22에서 인용.

22. 2023년 물가로 20억 달러 정도이다.—옮긴이

23. Ibid., p. 26에서 인용.

24. Ibid., p. 27.

25. Sir Robert Thompson, *Revolutionary War in World Strategy 1945-1969* (New York: Taplinger, 1970), p. 120에서 인용.

26. Stanley Karnow, *Vietnam: A History* (New York: Penguin Books, 1984), pp. 197–98에서 인용.

27. William Bragg Ewald, Jr., *Eisenhower the President: Crucial Days, 1951–1960* (Englewood Cliffs, N.J.: Prentice-Hall, 1981), pp. 119–20에서 인용.

28. Eisenhower to Churchill, April 4, 1954, in Peter G. Boyle, ed., *The Churchill-Eisenhower Correspondence, 1953–1955* (Chapel Hill and London: University of North Carolina Press, 1990), pp. 137–40.

29. Anthony Eden, *Full Circle: The Memoirs of the Rt. Hon. Anthony Eden* (Boston: Houghton Mifflin, 1960), p. 124.

30. Martin Gilbert, *Winston S. Churchill*, vol. VIII, *"Never Despair," 1945–1965* (Boston: Houghton Mifflin, 1988), pp. 973–74에서 인용.

31. Ibid., p. 973에서 인용.

32. Ibid. 인용.

33. Townsend Hoopes, *The Devil and John Foster Dulles* (Boston: Little, Brown, 1973), p. 239.

34. Richard M. Nixon, *No More Vietnams* (New York: Arbor House, 1985), p. 41.

35. Dulles at London press conference, April 13, 1954, Hoopes, *Devil and John Foster Dulles*, p. 209에서 인용.

36. Ibid., p. 222.

37. Herring, *America's Longest War*, p. 39에서 인용.

38. Dulles instructions to Undersecretary Walter Bedell Smith, May 12, 1954, in connection with the Geneva conference, in *The Pentagon Papers*, p. 44.

39. U.S. Declaration on Indochina, July 21, 1954, in *State Bulletin*, vol. XXXI, no. 788 (August 2, 1954), p. 162.

40. Herring, *America's Longest War*, p. 45.

41. SEATO는 인도차이나 공산화 이후 1977년에 해체되었다. 다만, 이 기구의 근거가 되었던 마닐라 조약을 근거로 태국은 미국과 별도의 동맹 조약 없이 조약상의 동맹국 지위를 유지하고 있다.—옮긴이

42. 베트남 남부의 말레이계 참파 왕국은 베트남 북부의 응우옌 왕조에 1832년 합병되었다. 1862년 프랑스는 베트남 남부에 코친차이나 식민지를 창설하고, 청나라와의 전쟁에 승리한 뒤 1887년 베트남, 코친차이나, 라오스, 캄보디아를 합쳐 인도차이나연방 식민지를 수립했다.—옮긴이

43. 이 책이 출판되었던 1994년 당시, 한국과 일본도 아직 정권 교체가 이루어지지 않았다.—옮긴이

44. Eisenhower letter to Diem, October 23, 1954, in Marvin E. Gettleman, ed., *Viet Nam: History, Documents, and Opinions on a Major World Crisis* (Greenwich, Conn.: Fawcett Publications, 1965), pp. 204–5.

45. Herring, *America's Longest War*, p. 56.

46. Senator Mike Mansfield, "Reprieve in Vietnam," *Harper's*, January 1956, p. 50.

47. Senator John F. Kennedy, "America's Stake in Vietnam, the Cornerstone of the Free World in Southeast Asia," address delivered before the American Friends of Vietnam, Washington, D.C., June 1, 1956, in *Vital Speeches of the Day*, August 1, 1956, pp. 617ff.

48. Herring, *America's Longest War*, p. 68.

49. Dwight D. Eisenhower, *Waging Peace: The White House Years, 1956-1961* (Garden City, N.Y.: Doubleday, 1965), p. 607.

50. Ibid., p. 610.

51. "Address at the Gettysburg College Convocation: The Importance of Understanding," April 4, 1959, in *Eisenhower Papers*, 1959 vol. (1960), p. 313.

52. 워싱턴과 하노이 간 직선거리는 실제로는 약 13,000킬로미터다.—옮긴이

26 베트남: 절망으로 향하는 길에서. 케네디와 존슨

1. *Public Papers of the Presidents of the United States, John F. Kennedy*, 1961 vol. (Washington, D.C.: U.S. Government Printing Office, 1962), p. 23 (이후 *Kennedy Papers*로 인용).

2. Lin Piao, "Long Live the Victory of People's War!," *Peking Review*, vol. VIII, no. 36 (September 3, 1965), pp. 9-30.

3. David Halberstam, *The Best and the Brightest* (New York: Random House, 1972), p. 76에서 인용.

4. 1961년 6월 미-소 정상회담에서 흐루쇼프는 아들 뻘인 케네디를 피그만 침공 건과 베를린 문제, 핵전쟁 위협 등으로 호되게 밀어붙였고, 케네디는 "내 인생에서 최악(worst thing in my life)"이었다고 〈뉴욕타임스〉 기자에게 말했다.—옮긴이

5. From Kennedy's opening statement at a news conference of March 23, 1961, in *Kennedy Papers*, 1961 vol. (1962), p. 214.

6. Special Message to Congress on the Defense Budget, March 28, 1961, in ibid., p. 230.

7. *"Let the Word Go Forth": The Speeches, Statements, and Writings of John F. Kennedy, 1947–1963*, selected and with an introduction by Theodore C. Sorensen (New York: Dell Publishing, 1988), p. 371.

8. Ibid., pp. 370ff.

9. Senator John F. Kennedy, "America's Stake in Vietnam, the Cornerstone of the Free World in Southeast Asia," address delivered before the American Friends of Vietnam, Washington, D.C., June 1, 1956, in *Vital Speeches of the Day*, August 1, 1956, pp. 617–19.

10. Lyndon Baines Johnson, *The Vantage Point: Perspectives of the Presidency 1963–1969* (New York: Holt, Rinehart and Winston, 1971), p. 55.

11. National Security Memorandum 52, signed by McGeorge Bundy, Presidential Adviser on National Security, May 11, 1961, in Neil Sheehan, Hedrick Smith, W. W. Kenworthy, Fox Butterfield, *The Pentagon Papers as Published by the New York Times* (New York: Quadrangle Books, 1971), p. 131.

12. Johnson to Kennedy memo, "Mission to Southeast Asia, India and Pakistan," May 23, 1961, in *Pentagon Papers*, p. 134.

13. 한국전쟁 말기 주한8군 사령관과 극동군 총사령관도 역임했다.—옮긴이

14. 당시 국방부 국제안보담당 부차관보였으며, 존슨 행정부에서 국무부 동아태차관보를 역임했다.—옮긴이

15. Bundy, Pentagon Papers, p. 103에서 인용.

16. McNamara memo to Kennedy, November 8, 1961, in *Pentagon Papers*, p. 154.

17. George C. Herring, *America's Longest War: The United States and Vietnam 1950–1975* (New York: Alfred A. Knopf, 2nd ed., 1985), p. 83에서 인용.

18. 1985년 이후 차관보 직위로 변경되었다.—옮긴이

19. Ibid., p. 86에서 인용.

20. Kennedy's Special Message to Congress on Defense Policies and Principles, March 28, 1961, in *Kennedy Papers*, 1961 vol. (1962), pp. 229ff.

21. Guenter Lewy, *America in Vietnam* (New York: Oxford University Press, 1978), p. 26에서 인용.

22. State Department telegram to Lodge in Saigon, August 24, 1963, in *Pentagon Papers*, p. 200.

23. 소위 243호 전문(Cable 243)으로 이 지시가 하달되었다.—옮긴이

24. Ibid.

25. "Opportunity in Vietnam," editorial, *The New York Times*, November 3, 1963, sect. 4, p. 8E.

26. 21. Lewy, *America in Vietnam*, p. 28에서 인용.

27. Ibid., p. 29에서 인용.

28. 응오딘지엠과 케네디는 각각 1963년 11월 2일과 1963년 11월 22일에 암살당했다.—옮긴이

29. Harrison Salisbury, *Behind the Lines—Hanoi* (New York: Harper & Row, 1967), pp. 194-97.

30. 미국이 아프가니스탄에서 전쟁할 때 탈레반 지도자도 "미국은 시계가 있겠지만, 우리는 시간이 있다(You may have the watches, but we have the time)."라고 언급한 적이 있다.—옮긴이

31. Edgar Snow, "Interview with Mao," *The New Republic*, February 27, 1965, p. 17.

32. Johnson Address to the American Alumni Council, July 12, 1966, in *Public Papers of the Presidents of the United States, Lyndon B. Johnson*, 1966 vol. II (Washington, D.C.: U.S. Government Printing Office, 1967) p. 720 (이후 *Johnson Papers*로 인용).

33. Ibid.

34. Johnson Address at Johns Hopkins University, April 7, 1965, in *Johnson Papers*, 1965 vol. I (1966), pp. 396-97.

35. Johnson Address on Vietnam to the National Legislative Conference, San Antonio, Texas, September 29, 1967, in *Johnson Papers*, 1967 vol. II (1968), p. 879.

36. Walter Lippmann, "On Defeat," *Newsweek*, March 11, 1968, p. 25.

37. Fulbright address, "U.S. Is in Danger of Losing Its Perspective," to the School of Advanced International Studies, Johns Hopkins University, Washington, D.C., May 5, 1966, as reprinted in *U.S News & World Report*, vol. LX, no. 21 (May 23, 1966), pp. 114-15.

38. J. William Fulbright speech, "Old Myths and New Realities," delivered in the United States Senate, March 25, 1964, reprinted in *Vital Speeches of the Day*, April 16, 1964, pp. 393-94.

39. Richard L. Renfield, "A Policy for Vietnam," *Yale Law Review*, vol. LVI, no. 4 June 1967), pp. 481-505.

40. James Reston, "Washington: The Flies That Captured the Flypaper," *New York Times*, February 7, 1968, p. 46.

41. Senator J. William Fulbright, *The Crippled Giant: American Foreign Policy and Its Domestic Consequences* (New York: Random House, 1972), p. 62.

42. 미국 대학교과 지적 공동체에 관한 탁월한 분석을 읽고 싶다면 Norman Podhoretz, *Why We Were in Vietnam* (New York: Simon and Schuster, 1982), pp. 85ff를 참고.

43. Ibid., p. 100에서 인용.

44. Ibid., p. 105에서 인용.

45. David Halberstam, *The Making of a Quagmire* (New York: Random House, 1965), p. 319.

46. Lewy, *American in Vietnam*, p. 76; Don Oberdorfer, Tet! (Garden City, N.Y.: Double-day, 1971), pp. 329ff.

47. Arthur M. Schlesinger, Jr., *Robert Kennedy and His Times* (Boston: Houghton Mifflin, 1978), p. 843.

48. "Report from Vietnam by Walter Cronkite," CBS News special, February 27, 1968, Oberdorfer, Tet!, p. 251에서 인용.

49. "The Logic of the Battlefield," *Wall Street Journal*, February 23, 1968, p. 14.

50. "Frank Magee Sunday Report," NBC, March 10, 1968, Oberdorfer, *Tet!*, p. 273에서 인용.

51. "The War," *Time*, vol. 91, no. 11 (March 15, 1968), p. 14.

52. Mansfield statement in the Senate, March 7, 1968, in *Congressional Record*, vol. 114, pt. 5 (Washington, D.C.: U.S. Government Printing Office, 1968), p. 5659.

53. Fulbright statement in the Senate, March 7, 1968, in Ibid., p. 5645.

54. Johnson television broadcast to the American people, March 31, 1968, in *Johnson Papers*, 1968–69 vol. I (1970), pp. 469–96.

27 베트남: 탈출, 닉슨

1. Walter Isaacson, Kissinger: *A Biography* (New York: Simon & Schuster, 1992), p. 484.

2. Henry Kissinger, *White House Years* (Boston: Little, Brown, 1979), pp. 1480–82에 이 보고서가 완전히 인쇄되어 있다.

3. Ibid., p. 1481에서 인용.

4. 지금은 The Peninsula Hotel로 재개장했다.—옮긴이

5. 모든 미국의 철수 계획은 휴전과 모든 포로의 석방이라는 조건부로 진행되었다.

6. Senator J. William Fulbright, *The Crippled Giant: American Foreign Policy and Its Domestic Consequences* (New York: Random House, 1972), p. 62.

7. McGovern remarks on "The Today Show," NBC TV, June 8, 1972.

8) Kissinger, *White House Years*, p. 1345에서 인용.

9. 부활절 공세(The Easter Offensive)라고도 부른다.—옮긴이

10. Kissinger News Conference, January 24, 1973, in *U.S. Department of State Bulletin*, vol. LXVIII, no. 1753 (February 12, 1973), p. 164.

11. Kissinger, White House Years, chh. VIII and XII; Henry Kissinger, *Years of Upheaval* (Boston: Little, Brown, 1982), chh. II and VIII; Peter W. Rodman's exchange with William Shawcross in *American Spectator*, March and July 1981을 참고하라.

12. Karl D. Jackson, ed., *Cambodia 1975–1978: Rendezvous with Death* (Princeton, N.J.: Princeton University Press, 1989)를 참고하라.

13. Kissinger, *White House Years*, pp. 1362ff를 참고하라.

14. Kissinger, *Years of Upheaval*, pp. 1236–40에 있는 미국 성명문 요약을 참고하라.

15. "Fourth Annual Report to the Congress on United States Foreign Policy," May 3, 1973, in *Public Papers of the Presidents of the United States, Richard Nixon*, 1973 vol. (Washington, D.C.: U.S. Government Printing Office, 1975), p. 392.

16. Ibid., p. 395.

17. Second Supplemental Appropriations Bill for FY1973 (HR 9055-PL93-50). *Congressional Quarterly, 1973 Almanac*, 93d Cong., 1st sess. (Washington, D.C.: Congressional Quarterly, 1974), pp. 95, 861–62를 참고하라.

18. Joseph Fitchett, "Saigon Residents Found Intimidated by 'Occupation Force,'" *Washington Post*, November 6, 1978; 아울러 Christopher Dickey, "Former Vietnamese Captive Describes Life—and Death—in Saigon Prison," *Washington Post*, December 20, 1978; Theodore Jacqueney, "They Are Us, Were We Vietnamese," *Worldview*, April 1977; Carl Gershman, "A Voice from Vietnam," *New Leader*, January 29, 1979, pp. 8–9를 참고하라.

19. International Institute of Strategic Studies, *Strategic Survey, 1975* (London: IISS, 1975), p. 94.

20. 초대 대통령 수카르노가 통치하던 시절인 1965년 9월 30일에 좌파 소장파 장교들이 쿠데타를 시도했으나, 훗날 대통령이 된 수하르토가 신속하게 진압했다.—옮긴이

21. 이 책이 발간된 이후 미국과 베트남은 1995년에 외교관계를 회복했다.—옮긴이

22. 소련 정책의 진화에 관한 보다 포괄적인 논의에 관해서는 Peter W. Rodman이 저술했고 Charles Scribner's Sons에서 출간된 『제3세계에서의 냉전』을 참고하라.

1. Richard Nixon, Time, January 3, 1972, p. 15에서 인용. 아울러 Nixon's remarks to Midwestern News Media Executives in Kansas City, Missouri, July 6, 1971, in *Public Papers of the Presidents of the United States, Richard Nixon*, 1971 vol. (Washington, D.C.: U.S. Government Printing Office, 1972), p. 806 (이후 *Nixon Papers*로 인용)도 참고.

2. Remarks at Presidential Prayer Breakfast, February 5, 1970, in *Nixon Papers*, 1970 vol., pp. 82-83.

3. Radio and Television Address to the People of the Soviet Union, May 28, 1972, in *Nixon Papers*, 1972 vol., p. 630.

4. Nixon's Informal Remarks in Guam with Newsmen, July 25, 1969, in *Nixon Papers*, 1969 vol., pp. 544-56.

5. Address to the Nation on the War in Vietnam, November 3, 1969, in ibid., pp. 905-6. 아울러 Nixon's First Annual Report to the Congress on United States Foreign Policy for the 1970's, February 18, 1970, in *Nixon Papers*, 1970 vol., pp. 116ff도 참고.

6. 1963년 8월 28일에 워싱턴에서 있었던 인종차별에 항의하는 대규모 시위이며, 마틴 루터 킹 목사가 "나에게는 꿈이 있습니다(I have a dream)"라는 연설을 했다.—옮긴이

7. Norman Mailer, *The Armies of the Night: History as a Novel, the Novel as History* (New York: New American Library, 1968), p. 187.

8. John Kenneth Galbraith, *The New Industrial State* (Boston: Houghton Mifflin, 1967), ch. XXXV.

9. First Annual Report to the Congress on United States Foreign Policy for the 1970's, February 18, 1970, in *Nixon Papers*, 1970 vol., p. 119.

10. Ibid., p. 178.

11. Ibid., p. 179.

12. Second Annual Report to the Congress on United States Foreign Policy, February 25, 1971, in *Nixon Papers*, 1971 vol., p. 304.

13. Albert Wohlstetter, "The Delicate Balance of Terror," *Foreign Affairs*, vol. 37, no. 2 (January 1959), pp. 211-34.

14. 제2차 세계대전 당시 미국이 일본에 핵폭탄을 투하한 적이 있었지만, 핵보유국 간에 핵전쟁이 일어난 적은 없었다.—옮긴이

15. Henry Kissinger, *White House Years* (Boston: Little, Brown, 1979), p. 136에서 인용.

16. Peter Grose, "U.S. Warns Soviet on Use of Force Against Czechs," The New York Times, April 18, 1969.

17. Peter Grose, "A Series of Limited Pacts on Missiles Now U.S. Aim," *The New York Times*, April 22, 1969.

18. Chalmers M. Roberts, "U.S. to Propose Summer Talks on Arms Curb," *The Washington Post*, May 13, 1969.

19. "Clear It with Everett," editorial, *The New York Times*, June 3, 1969.

20. "Start the Missile Talks," editorial, *The Washington Post*, April 5, 1969.

21. Kissinger, *White House Years*, pp. 265ff 참고.

22. Ibid., p. 165에서 인용.

23. Richard M. Nixon, "Asia After Viet Nam," *Foreign Affairs*, vol. 46, no. 1 (October 1967), p. 121.

24. "Nixon's View of the World—From Informal Talks," in *U.S. News & World Report*, vol. LXV, no. 12 (September 16, 1968), p. 48.

25. 철도 건설을 위해 청나라 말기에 발행되었던 상당한 금액의 국채를 미국이 보유하고 있다.—옮긴이

26. Rogers Address Before the National Press Club, Canberra, Australia, August 8, 1969, in *U.S. Department of State Bulletin*, vol. LXI, no. 1575 (September 1, 1969), pp. 179–80.

27. Richardson address, "The Foreign Policy of the Nixon Administration: Its Aims and Strategy," in ibid., vol. LXI, no. 1578 (September 22, 1969), p. 260.

28. Second Annual Report, in *Nixon Papers*, 1971 vol., p. 277.

29. Ibid.

30. 키신저는 야히야 칸(Yahya Khan) 파키스탄 대통령을 통해 중국과의 관계 개선 의사를 타진했고, 파키스탄을 경유하여 중국을 방문했다.—옮긴이

31. Kissinger, *White House Years*, p. 1062에서 인용.

32. Ibid. 인용.

33. Joint Communique Issued at Shanghai, February 27, 1972, in *State Bulletin*, vol. LXVI, no. 1708 (March 20, 1972), pp. 435-38.

34. 미-중 관계와 대만문제는 하나의 중국 원칙이 담긴 3대 코뮤니케, 대만관계법, 대만에 관한 6가지 보장이 근간이 된다. 특히 하나의 중국 원칙과 관련하여 코뮤니케에는 중국은 하나라는 입장을 미국이 "승인(recognize)"한다가 아니라 "인정(acknowledge)"한다고 표현되어 있어 그 모호성을 두고 논란이 있다. 또한, 중국은 하나의 중국 "원칙"을 내세우나, 미국은 하나의 중국 "정책"을 강조함으로써 대만에 대한 전략적 모호성을 유지하고 있다.—옮긴이

35. Henry Kissinger, *Years of Upheaval* (Boston: Little, Brown, 1982), pp. 233, 294–95, 1173–74 참고.

29 데탕트와 이에 대한 불만

1. Willy Brandt, *People and Politics: The Years 1960–1975*, trans, by J. Maxwell Brownjohn (Boston: Little, Brown, 1976), pp. 123–24.

2. 1966년에 드골 대통령이 프랑스를 나토 통합군사령부로부터 탈퇴시켰고 이후 2009년에 사르코지 대통령이 다시 복귀시켰다.—옮긴이

3. 1969년 3월에 이집트의 나세르는 소모전을 공식 선포했고 양측 간에 포격전과 특수부대 잠입이 있었지만, 1970년 8월에 충돌이 끝나고 나서도 국경선에는 별다른 변화가 없었다.—옮긴이

4. 나세르는 1970년 9월에 사망했고, 사다트가 권력을 승계했다. 이후 사다트는 캠프 데이비드 협정에 반대하는 급진파에 의해 1981년 10월에 암살당했다.—옮긴이

5. Henry Kissinger, *Years of Upheaval* (Boston: Little, Brown, 1982), pp. 459ff 참고.

6. 1993년 9월 오슬로 합의로 이듬해에 이스라엘과 요르단은 외교관계를 수립했으며, 이후 미국의 중재로 2020년 9월에는 아브라함 합의를 통해 이스라엘과 아랍에미리트, 바레인, 모로코가 외교관계를 정상화하기로 했다.—옮긴이

7. 조지 맥거번은 베트남전쟁을 반대하는 등 상당히 진보적이었다.—옮긴이

8. 1973년에 네오콘(neocon)이라는 용어가 처음 등장했다. 보수주의 성향의 싱크탱크인 헤리티지 재단도 1973년에 설립되었다.—옮긴이

9. "Detente: An Evaluation," statement by Robert Conquest, Brian Crozier, John Erickson, Joseph Godson, Gregory Grossman, Leopold Labedz, Bernard Lewis, Richard Pipes, Leonard Schapiro, Edward Shils, and P. J. Vatikiotis, 미 상원 군사위 군비통제 소위에서 사용하는 목적으로 재인쇄, 93rd Cong., 2nd sess. (Washington, D.C.: U.S. Government Printing Office, June 20, 1974), p. 1.

10. Statement of George Meany, President, American Federation of Labor and Congress of Industrial Organizations, to the Senate Foreign Relations Committee, October 1, 1974, in United States Senate, Committee on Foreign Relations, *Detente: Hearings on United States Relations with Communist Countries*, 93rd Cong., 2nd sess. (Washington, D.C.: U.S. Government Printing Office, 1975), pp. 379–80.

11. Henry Kissinger, "America's Permanent Interests," address before the Boston World Affairs Council, March 11, 1976, in *U.S. Department of State Bulletin*, vol. LXXIV, no. 1919 (April 5, 1976), pp. 427–28.

12. Henry Kissinger, *White House Years* (Boston: Little, Brown, 1979), p. 1486에서 인용.

13. SALT 1은 전략 핵무기의 동결에 초점을 두면서 미사일 수는 제한했으나, 핵탄두 수는 제한하지 않았다.—옮긴이

14. 이 논쟁의 세부 내용에 관해서는 Kissinger, Years of Upheaval, pp. 256–74, 1006–28 참고.

15. 핵전쟁 이론에서 적진에 대한 공격은 군사시설을 목표로 하는 카운터포스(counterforce)와 군사적 가치는 없지만 가치가 높은 여타 핵심 민간시설을 목표로 하는 카운터밸류(countervalue)로 구분된다.—옮긴이

16. Coral Bell, *The Diplomacy of Detente* (New York: St. Martin's Press, 1977), pp. 201–222 참고.

17. "Improving U.S.-Soviet Relations," editorial, *The New York Times*, February 22, 1971, p. 5.

18. 슐츠는 1970년대 재무장관을 역임했고, 다시 레이건 행정부에서 국무장관을 역임했다.—옮긴이

19. "Trade and Freedom," editorial, in ibid., September 18, 1973, p. 42.

20. 골수 반공주의자였던 닉슨은 1940년대 말, 미 하원 비미국행위조사위원회(HUAC) 활동을 하며 두각을 드러냈다.—옮긴이

21. "The Requirements of Detente," editorial, *Washington Post*, September 12, 1973.

22. Kissinger, "America's Permanent Interests," pp. 431-32.

23. 유럽안보협력회의는 1995년 9월 1일에 유럽안보협력기구(OSCE)로 상설화되었다.—옮긴이

24. Timothy Garton Ash, *In Europe's Name: Germany and the Divided Continent* (New York: Random House, 1993), p. 260에서 인용.

25. 유엔헌장 2조 4항은 영토보전과 정치적 독립이 무력 사용이나 무력의 사용 위협 대상이 되어서는 안 된다고 명시되어 있다.—옮긴이

26. Ibid., p. 223.

27. "European 'Security' … and Real Detente," editorial, *The New York Times*, July 21, 1975, p. 20.

28. Henry Kissinger, "American Unity and the National Interest," address before the Southern Commodity Producers Conference in Birmingham, Alabama, August 14, 1975, in *State Bulletin*, vol. LXXIII, no. 1890 (September 15, 1975), p. 392.

29. Kissinger, "America's Permanent Interests," p. 428.

30 냉전의 종식: 레이건과 고르바초프

1. 샤는 페르시아 황제를 일컫는다. 팔레비 왕조가 1925년부터 1979년까지 지배했다가 호메이니에 의해 타도되었다.—옮긴이

2. Ronald Reagan, Remarks at the Annual Washington Conference of the American Legion, February 22, 1983, in *Public Papers of the Presidents of the United States, Ronald Reagan*, 1983 vol., bk. I (Washington, D.C.: U.S. Government Printing Office, 1982–90), p. 270 (이후 *Reagan Papers*로 인용).

3. Ibid., p. 271.

4. Ronald Reagan, News Conference, January 29, 1981, in ibid., 1981 vol., p. 57.

5. Reagan Address to Members of the British Parliament, London, June 8, 1982, in ibid., 1982 vol., bk. 1, p. 744.

6. "TRB" (Richard Strout), "Reagan's Holy War," *The New Republic*, April 11, 1983, p. 6.

7. Anthony Lewis, "Onward, Christian Soldiers," *The New York Times*, March 10, 1983, p. A27.

8. Stanley Hoffmann, "Foreign Policy: What's to Be Done?," *New York Review of Books*, April 30, 1981, pp. 33-37, 39.

9. Text of Reagan letter in Remarks to Members of the National Press Club on Arms Reduction

and Nuclear Weapons, November 18, 1981, in *Reagan Papers*, 1981 vol., p.1065.

10. Ronald Reagan, *An American Life* (New York: Simon & Schuster, 1990), p. 576.

11. Ibid., p. 592.

12. Ibid., p. 603.

13. Ibid., p. 634.

14. Lou Cannon, *President Reagan: The Role of a Lifetime* (New York: Simon & Schuster, 1990), p. 792.

15. 1970년대 말에 카터 행정부는 박정희 정부의 인권침해를 문제 삼아서 한미 간에도 갈등이 다소 있었다.—옮긴이

16. Ronald Reagan, Address Before a Joint Session of Congress on the State of the Union, January 25, 1984, in *Reagan Papers*, 1984 vol., bk. I, p. 92.

17. Reagan, Address to British Parliament, June 8, 1982, in ibid., 1982 vol., bk. I, p. 746.

18. Ibid., p. 745.

19. 산디니스타 민족해방전선은 1979년에 혁명으로 소모사(Somoza) 정권을 무너뜨리고 집권했으나 미국의 지원을 받아 1981년 결성된 우익 성향의 콘트라(Contra) 반군조직의 도전을 받았고, 1990년에 선거에서 패배했다.—옮긴이

20. Peter W. Rodman이 저술했고 Charles Scribner's Sons에서 조만간 출간 예정인 제3세계에서의 냉전에 관한 책을 참고하라.

21. Shultz Address, "America and the Struggle for Freedom," February 22, 1985 (Washington, D.C.: U.S. Department of State, Bureau of Public Affairs, February 1985), Current Policy no. 659, pp. 1-5.

22. 아프가니스탄 무자헤딘 지원은 1996년 탈레반 정권의 등장과 아프가니스탄 전쟁으로 이어지는 역설적인 결과가 나왔다. 니카라과의 콘트라 반군 무기 지원은 CIA가 적성국인 이란에 무기를 판매해서 그 대금으로 콘트라 반군에 자금을 지원하다가 발각되어 레이건이 궁지에 몰리는 "이란-콘트라 스캔들"로 비화되었다.—옮긴이

23. MX는 Missile-X, "Missile Experimental"이라는 실험적 성격이 있는 대륙간탄도미사일을 뜻하며, 이후 LGM-118 Peacemaker로 명명되어 1986년부터 배치되었다. 10-12개의 탄두가 장착 가능한 이 미사일은 2005년에 해체되었고, 오늘날 미국은 ICBM은 LGM-30 Minuteman III를 운용하고 있다.—옮긴이

24. 미국이 당시 서독에 배치하려 했던 중거리 핵미사일은 Pershing II였다. 아울러 BGM-109 지상 발사 핵순항미사일(GLCM)도 배치하기로 했다.—옮긴이

25. 중성자탄은 물리적인 파괴력은 떨어뜨리고 방사선으로 인한 살상력을 높인 핵무기이다.—옮긴이

26. 전면적 핵전쟁부터 국지적 분쟁 등 어떠한 유형의 위협에 맞춰 전략핵부터 전술핵까지 선택 가능한 다수의 옵션을 갖춰 억제력에 대한 신뢰를 높인다는 의미다.—옮긴이

27. 중거리 핵미사일 배치로 미-소 간 갈등과 독일 내 시위라는 소위 유럽 미사일 위기가 발생했다. SALT 조약은 전략핵무기만 제한하고 준중거리, 중거리 미사일 등 전술핵무기는 제한을 두지 않았기 때문이다.—옮긴이

28. Leon V. Sigal, *Nuclear Forces in Europe* (Washington, D.C.: Brookings Institution, 1984), p. 86 에서 인용.

29. Mitterrand speech before the Bundestag on the occasion of the Twentieth Anniversary of the Franco-German Treaty of Cooperation, January 20, 1983 (France: Foreign Affairs Ministry, The Press and Information Service).

30. Reagan, Remarks to National Press Club, November 18, 1981, in *Reagan Papers*, 1981 vol., p. 1065.

31. 제로 옵션은 유럽에 배치된 모든 중거리 미사일을 없애자는 미국의 제안이었으며, 소련이 거부함에 따라 중거리 미사일이 서유럽에 배치되었다.—옮긴이

32. "Reagan Proposes U.S. Seek New Way to Block Missiles," *The New York Times*, March 24, 1983, p. A20.

33. Harold Brown, ed., *The Strategic Defense Initiative: Shield or Snare?* (Boulder, Col., and London: Westview Press for the Johns Hopkins Foreign Policy Institute, 1987).

34. Harold Brown, "Introduction" and "Is SDI Technically Feasible?," in ibid., pp. 4–7, 131–32, 138.

35. Richard Betts, "Heavenly Gains or Earthly Losses? Toward a Balance Sheet for Strategic Defense," in ibid., pp. 238–39.

36. George Liska, "The Challenge of SDI: Preemptive Diplomacy or Preventive War?," in ibid., p. 107.

37. Robert Osgood, "Implications for US-European Relations," in ibid., pp. 266–68, 276–78.

38. Dan Smith, *Pressure: How America Runs NATO* (London: Bloomsburg, 1989), p. 184에서 인용.

39. Reagan, Address Before the Japanese Diet in Tokyo, November 11, 1983, in *Reagan Papers*, 1983 vol. bk. II, p. 1575.

40. Reagan, *American Life*, p. 550.

41. Cannon, *President Reagan*, p. 289.

42. 레이건은 요한묵시록 9장과 16장의 내용을 인용했다.—옮긴이

43. Reagan, Remarks at a White House Briefing for Chief Executive Officers of Trade Associations and Corporations on Deployment of the MX Missile, May 16, 1983, in *Reagan Papers*, 1983 vol., bk. I, p. 715.

44. Reagan, Address to the Nation on Defense and National Security, March 23, 1983, in ibid., p. 443.

45. 존 볼턴 전 백악관 국가안보보좌관은 회고록에서 2019년 2월 김정은과의 하노이 회담을 앞두고 레이캬비크 회담 동영상을 보여주면서 "결렬 옵션"을 트럼프 대통령의 머릿속에 입력시켰다고 밝혔다.—옮긴이

46. George P. Shultz, "Nuclear Weapons, Arms Control, and the Future of Deterrence," address before the International House of Chicago and The Chicago Sun-Times Forum at the University of Chicago, November 17, 1986, in *U.S. Department of State Bulletin*, vol. 87, no. 2118 (January 1987), pp. 31–35.

47. 소위 double zero option이라고 부르며, 1987년 중거리핵전력조약(INF)에 따라 미국과 소련은 사거리 500~5,500킬로미터 구간의 미사일을 폐기하기로 합의했다.—옮긴이

48. 중국은 이 조약에 구애받지 않고 핵미사일 개발을 계속했고, 결국 미국은 2019년 8월 INF 조약에서 탈퇴했다.—옮긴이

49. 가령 우크라이나 내 러시아인 비중은 17퍼센트이고, 발트 3국 내 러시아인 비중도 5~25퍼센트이다.—옮긴이

50. Mikhail Gorbachev, *Perestroika: New Thinking for Our Country and the World* (New York: Harper & Row, 1987), p. 139.

51. Mikhail Gorbachev, press conference following Geneva Summit, November 21, 1985, in *Geneva: The Soviet-US Summit, November 1985, Documents and Materials* (Moscow: Novosti Press Agency Publishing House, 1985), p. 18.

52. Mikhail Gorbachev, address on the 70th anniversary of the Great October Socialist Revolution, November 2, 1987, *in Foreign Broadcast Information Service* (SOV-87-212, November 3, 1987), p. 55.

53. "An Interview with Gorbachev," *Time*, September 9, 1985, p. 23.

54. "Gorbachev Pledges Major Troop Cutback Then Ends Trip, Citing Vast Soviet Quake," *The New York Times*, December 8, 1988, p. Al.

55. Ibid., p. A19.

56. Excerpts of Gorbachev's speech in Vladivostok, June 28, 1986, in *The New York Times*, June 29, 1986, p. A6.

57. 베트남이 소련의 원조를 받고 있었다.—옮긴이

58. Excerpts of Gorbachev's speech to the Council of Europe in Strasbourg, France, July 6, 1989, in *The New York Times*, July 7, 1989, p. A6.

59. "Gorbachev, in Finland, Disavows Any Right of Regional Intervention," *The New York Times*, October 26, 1989, p. A1.

60. "Gorbachev Lends Honecker a Hand," *The New York Times*, October 7, 1989, p. 5.

61. "Gorbachev Urges Economic Accords," *The New York Times*, July 16, 1989, p. 17.

62. 소련의 최대 구성국인 러시아가 1991년 6월 12일 독립을 선언해서 소련을 탈퇴했고, 이후 소련은 1991년 12월 25일 해체되었다.—옮긴이

63. Strobe Talbott, "Rethinking the Red Menace," *Time*, January 1, 1990, p. 69.

64. 그리스 신화 오디세이아에 등장하는 바다 괴물로서 아름다운 노래로 선원을 유혹하여 배를 난파시켰다고 한다. 스타벅스 로고이기도 하다.—옮긴이

65. Fred Halliday, *From Kabul to Managua: Soviet-American Relations in the 1980s* (New York: Pantheon Books, 1989), pp. 17, 108–9, 134–35.

66. Vyacheslav Dashichev, "East-West: Quest for New Relations: On the Priorities of the Soviet State's Foreign Policy," in *Foreign Broadcast Information Service* (SOV-88-098, May 20, 1988), pp. 4–8.

67. Ibid.

68. Eduard Shevardnadze, "The 19th All-Union CPSU Conference: Foreign Policy and Diplomacy," *International Affairs* (Moscow), October 1988.

69. "X" (George F. Kennan), "The Sources of Soviet Conduct," *Foreign Affairs*, vol. 25, no. 4 (July 1947), p. 580.

31 되짚어보는 신세계질서

1. President George Bush, "The U.N.: World Parliament of Peace," address to the U.N. General Assembly, New York, October 1, 1990, in *Dispatch* (U.S. Department of State), vol. 1, no. 6 (October 8, 1990), p. 152.

2. President Bill Clinton, "Confronting the Challenges of a Broader World," address to the U.N. General Assembly, New York, September 27, 1993, in ibid., vol. 4, no. 39 (September 27, 1993), p. 650.

3. 1971년 10월 27일에서 1997년 5월 16일까지 26년간 자이레라고 불렸으며, 지금은 콩고민주공화국(Democratic Republic of Congo)으로 불린다.—옮긴이

4. Sir Halford John Mackinder, *Democratic Ideals and Reality* (Westport, Conn.: Greenwood Press, 1962).

5. 영국의 지정학자인 맥킨더는 "동유럽을 지배하는 자가 심장부를 지배하고, 심장부를 지배하는 자가 세계 섬을 지배하며, 세계 섬을 지배하는 자가 세계를 지배한다."라는 심장부 이론을 주장했다.—옮긴이

6. Alexander Solzhenitsyn, "How Are We to Restructure Russia? A Modest Contribution," *Literaturnaya Gazeta*, Moscow, September 18, 1990, in *Foreign Broadcast Information Service* (SOV-90-187, September 26, 1990), esp. pp. 37–41.

7. 러시아는 소련에서 독립한 주변 14개국을 가까운 외국(near abroad)이라고 일컫는다.—옮긴이

8. 폴란드, 체코, 헝가리는 1999년 3월 12일, 슬로바키아는 2004년 3월 29일에 NATO에 가입했다.—옮긴이

9. 그러나 러시아는 조지아와 우크라이나를 각각 침략했다.—옮긴이

10. 미국은 1993년 소말리아 내전에 참여했다가 실패한 여파로 지상군을 투입하지 않고 공중폭격만 했다.—옮긴이

11. 2023년 현재 EU 회원국은 탈퇴한 영국을 빼고 27개국이며, 저자가 언급한 국가들이 다 포함되어 있

다.—옮긴이

12. 초대 NATO 사무총장인 이스메이 영국 장군은 NATO의 목적을 "러시아인을 몰아내고, 미국인을 불러들이며, 독일인을 억누른다(Keep the Russians out, the Americans in, the Germans down)." 라고 언급했고, 그 이후 자주 이 표현이 회자되었다.—옮긴이

13. 콜 총리 이후 슈뢰더(1998년~2005년), 메르켈(2005년~2021년), 숄츠(2021년~)가 총리로 집권하고 있지만 아직 큰 외교정책 변화는 없으며, 러시아의 우크라이나 침공으로 미국과의 결속이 심화되었다.—옮긴이

14. 카다피 축출을 위한 2011년 오딧세이 여명 작전(Operation Odyssey Dawn) 당시, 지중해 작전임에도 불구하고 유럽군은 미국의 화력과 물자 지원에 의존했다. 2022년 러시아의 우크라이나 침략 시에도 우크라이나는 유럽이 아닌 미국의 물자 및 정보 지원에 의하고 있다.—옮긴이)

15. 1991년 2월 15일 헝가리의 비셰그라드에서 개최된 해당 4개국 정상회담에서 이 그룹이 형성되었다.—옮긴이

16. 제1차 세계대전 당시 참호전에서, 양측 참호 사이에 있으며 어느 쪽도 점령하지 못한 채 포격으로 폐허가 된 지역에 비유했다.—옮긴이

17. Remarks by President Bill Clinton to the Multinational Audience of Future Leaders of Europe, Hotel De Ville, Brussels, Belgium, January 9, 1994 (Brussels, Belgium: The White House, Office of the Press Secretary, press release, January 9, 1994), p. 5.

18. 비셰그라드 국가는 2004년 5월에 EU에 동시 가입했고, NATO의 경우 체코, 헝가리, 폴란드는 1999년 3월, 슬로바키아는 2004년 3월에 각각 가입했다.—옮긴이

19. 1997년에 유럽대서양동반자관계이사회(EAPC: Euro-Atlantic Partnership Council)로 계승된다.—옮긴이

20. 유럽안보협력회의는 유럽안보협력기구(OSCE)로 발전했으나 평화를 위한 동반자 관계로 명칭이 바뀌지 않았고, 결국 NATO가 확대되어 대부분의 동유럽국이 가입했다.—옮긴이

21. 2023년 현재 우크라이나─러시아 전쟁과 대만 및 남중국해 문제, 핵개발을 놓고 러시아, 중국, 이란이 모두 도전세력이 되었다.—옮긴이

22. 테러와의 전쟁이나 2011년 리비아 개입 등이 대표적 사례다. 미국은 아프리카에서 영국과 프랑스에 크게 의존하고 있다.—옮긴이

23. 2020년대 들어 역내 일부 자유민주주의 국가들이 공통의 가치를 강조하는 분위기가 두드러지고 있다.—옮긴이

24. 이 책이 발간되었던 1994년 당시, ASEAN 회원국은 6개국이었다. 베트남은 1995년 7월 28일에 7번째 회원국으로 가입했고, ASEAN은 현재 10개 회원국으로 구성되어 있다.—옮긴이

25. 지난 30년 동안 경기침체로 일본의 방위예산은 상대적으로 증가하지 않았다. 2022년 현재 세계 9위 수준으로 한국과 거의 비슷하다. 다만, 기시다 정부가 GDP 2% 수준 증액을 발표함에 따라 2023년부터 증가가 예상된다.—옮긴이

26. 이후 일본은 중국의 부상에 맞춰 인태지역이라는 개념을 도입하고 미국과의 협력을 심화했다.—옮긴이

27. 2010년대 이후 두드러진 중국의 공세적 외교로 미─중 갈등이 심해지자 역내 국가들은 각각 입장이 갈렸다.—옮긴이

28. 트럼프 행정부 출범 이후 NAFTA는 폐기되고, 재협상을 거쳐 USMCA로 대체되었다.—옮긴이

29. 우루과이 라운드 협상 결과 1995년에 세계무역기구(WTO) 체제가 발족했다.—옮긴이

30. 각국의 이해관계가 엇갈리면서 서반구 전체를 아우르는 미주자유무역지대(FTAA)는 당초 2005년에 창설하기로 되었으나 2023년 현재 여전히 지지부진하다.—옮긴이

31. 미국의 독립선언문에는 생명권, 자유권, 행복추구권이 명시되어 있다.—옮긴이

| 찾아보기 |